中国现代哲学研究会成立三十周年纪念文集

北京航空航天大学哲学一级学科学位授权点
北京航空航天大学人文与社会科学高等研究院
深圳市清之扬企业社会责任促进中心
资助出版

中国现代哲学史论（上）

侯　才　乔清举　主编
张耀南　执行主编

人民出版社

第一任会长：石峻

石峻（1916—1999），湖南零陵人。1987 年主持召开中国现代哲学史研究会成立大会暨第一届年会，1987—1997 年担任中国现代哲学史研究会会长。中国首批中国哲学史专业博士生导师，曾任武汉大学哲学系副教授兼图书馆主任、北京大学哲学系副教授、北京师范大学哲学系教授、中国人民大学哲学系教授、中国人民大学校学术委员会委员、中国哲学史学会副会长及顾问、国家古籍整理出版规划小组成员等。著有《中国近代思想史参考资料简编》、《中国佛教思想资料选编》、《汉英对照中国哲学名著选读》、《中国近代思想史》、《中国哲学名著选读》及《石峻文存》、《石峻文脉》等。对中国传统哲学、佛学等有深湛研究。

第二任会长：李振霞

李振霞，1935年生，黑龙江人。1997—2006年担任中国现代哲学史研究会会长。曾任中共海南省委党校副校长、海南省行政学院副院长，国务院特殊津贴专家。

在《中国哲学史》等刊物发表论文百余篇。著有《中国现代哲学史纲要》、《中国现代哲学史大事记》、《当代中国十哲》（获1992年中国图书金钥匙优胜奖）、《改革开放中的现代中国哲学》、《中国当代哲学四十年》、《中国现代哲学人物评传》、《中国现代哲学史纲要》、《李振霞文集》、《我家走出四博士》等。主持完成国家“八五”社科规划重点课题“中国当代哲学40年”等，参加中央党校“九五”国家社科重点课题“评《剑桥中华人民共和国史》”。参加撰写《通俗哲学》（获1979—1983年全国通俗政治理论读物一等奖），参加写作《改革开放中党的建设》（获全国第二届优秀党建读物奖），主编《当代中国十哲》一书。

第三任会长：许全兴

许全兴，1941年生，江苏无锡人。2006—2011年担任中国现代哲学史研究会会长。博士生导师，曾任中共中央党校研究生院院长、中共中央党校学位委员会副主席等，国务院学位委员会第四、五届哲学学科评议组成员，全国博士后管委会第四、五届哲学专家组成员。著有《毛泽东晚年的理论与实践》、《毛泽东与孔夫子——马克思主义中国化个案研究》、《李大钊哲学思想研究》、《百年中国哲学革命》等。在《中国社会科学》、《哲学研究》、《当代中国史研究》等刊物发表论文200余篇。对毛泽东哲学、中国现代哲学、马克思主义哲学有深入研究。

第四任会长：宋志明

宋志明，1947年生，吉林市人。2011—2015年担任中国现代哲学史研究会会长。中国人民大学博士生导师，曾任中国哲学史学会副会长、国际儒学联合会理事等。著有《现代新儒家研究》、《中华儒学源流》、《中国古代哲学研究》、《熊十力评传》、《贺麟新儒学思想研究》、《冯友兰学术思想研究》、《中国传统哲学通论》、《中国近现代哲学四论》等30余部著作。发表论文270余篇。曾获第三届国家图书奖提名奖、“五个一”工程奖（参加人之一）、中国人民大学优秀教学成果一等奖、北京市高等教育精品教材奖、北京市第八届高校名师奖等。在中国近现代哲学、传统文化与现代化等领域有深入研究。

第五任会长：侯才

侯才，1952年生，吉林长春人。2015—2019年担任中国现代哲学史研究会会长。中共中央党校一级教授，博士生导师，马克思主义研究和建设工程重点教材编写项目首席专家。曾任中共中央党校哲学部副主任兼学术委员会主任、国务院学位委员会第六届哲学学科评议组成员等。著有《青年黑格尔派与马克思早期思想的发展》、《郭店楚墓竹简〈老子〉校读》、《竹简老子——考订与注释》（德文）、《马克思的遗产》、《马克思主义哲学形态演变史》等。在《哲学研究》、《德国哲学杂志》、《黑格尔年鉴》等国内外哲学专业权威期刊发表论文100余篇。对马克思主义哲学、哲学基础理论和中国传统哲学等有深入研究。

现任会长：乔清举

乔清举，1966年生，河南禹州人。中共中央党校（国家行政学院）督学、教授、博导，国家“万人计划”哲学社会科学领军人才、“文化名家暨四个一批人才”，冯友兰研究会副会长兼秘书长、中国哲学史学会常务理事、国际儒学联合会学术委员会副主任。著有《河流的文化生命》、《儒家生态思想通论》、《当代中国哲学史学史》等10余部著作。在《中国社会科学》、《哲学研究》等国内外刊物发表中英日韩语种论文150余篇。主持国家社科基金重大、重点项目等10余项。对生态哲学、儒家道家哲学、比较哲学和中国哲学史学史有较为深入研究。2005年、2015年两次获得金岳霖学术奖。2020年荣获凤凰网、岳麓书院、敦和基金会“全球华人国学研究成果奖”。

中国现代哲学史研究会首届理事会名单

会　　长：石　峻

副 会 长：李振霞、袁伟时、许全兴、吕希晨、胡　啸、丁良华

（　以姓氏笔划为序）

常务理事：邝柏林　羊涤生　杨宪邦　张云勋　张儒义　陈俊民

郑家栋　段启咸　曾乐山　傅云龙　焦树安　葛懋春

理　　事：王凤贤　乌兰察夫　尹明新　田光辉　冯贵侗

次旦伦珠　李明友　杨忠文　杨翰卿　何植靖

张军夫　张家驹　郑如心　范　鹏　赵绍铭　赵德志

钟兴锦　钟离蒙　高　军　商聚德　黄克剑　黄宣民

赖泰谦　蔡四桂

由会长、副会长协商聘请傅云龙同志任秘书长。

首届理事会名单

中国现代哲学史首届全国学术讨论会

发起单位名单

1988年1月12日

单　　位	提供经费（元）
中共中央党校	1500、—
中国社会科学院哲学所	1000、—
清华大学	1000、—
北京大学	1000、—
中国人民大学	500、—
复旦大学	500、—
中山大学	500、—
武汉大学	500、—
吉林大学	500、—
江西大学	200、—
南开大学	款未到
中央民族学院	300、—
国防大学	1000、—
解放军南京政治学院	1000、—
解放军上海空军政治学院	1000、—

—1—

单　　位	提供经费（元）
上海社科院哲学所	300、—
黑龙江社科院哲学所	500、—
福建社科院哲学所	500、—
西藏社科院宗教所	500、—
东北师范大学	800、—
陕西师范大学	300、—
北京师范学院	400、—
北京钢铁学院	800、—
武汉水利电力学院	300、—
天津市委党校	700、—
浙江省委党校	500、—
辽宁省委党校	500、—
广东省委党校	300、—
湖南省委党校	200、—

共计二十九个单位

实际收到17，100元

—2—

首届全国学术讨论会发起单位名单

会 情 简 报

由中共中央党校、中国社会科学院、北京大学、清华大学、国防大学等全国二十九个单位联合发起的中国现代哲学史首届全国学术讨论会于1987年12月25日至29日在中共中央党校举行。中共中央顾问委员会委员、中共中央党校校长高扬同志，副校长陈维仁同志，著名学者梁漱溟、贺麟，中国哲学史学会会长张岱年、副会长任继愈、石峻、中国社会科学院哲学研究所所长邢贲思，上海空军政治学院院长孙健等参加了开幕式。全国二十六个省、市、自治区的党校、大学、社科院的近百名同志参加了会议。

在开幕式上，高扬同志讲话对会议表示祝贺。石峻教授在开幕词中指出，中国现代哲学史的研究，既是历史，又与现实密切相关。进行系统的科学总结，不仅有重大的现实意义，更有深刻的理论意义。它是建设有中国特色的社会主义新文化、新思想的一个重要内容。张岱年教授作了《现代中国哲学是中国哲学发展的新阶段》的专题发言。他认为，先秦是中国古代社会大转变时期，出现了学术繁荣的盛况。近现代是中国社会第二次大转变时期，也会出现学术繁荣景象。任继愈、贺麟、邢贲思等学者就如何研究中国现代哲学史及有关问题发了言。会上还宣读了冯友兰、冯契、丁宝兰、肖萐父和马起澜教授给大会的贺信。

这次讨论会的中心议题有三个：1、马克思主义哲学在中国的传播；2、现代西方哲学对中国现代哲学的影响；3、现代新儒家。在会上，同志们本着科学的态度和求实的精神，解放思想，从多视角、多层次、全方位，采用新方法，对大家普遍关注的一些问题各抒己见，展开了热烈的讨论，交流了科研成果。会上，同志们提出了一些有争议性的问题，如马克思主义哲学在中国传播的历史分期、马克思主义哲学中国化、中国现代哲学发展中的"主线"和现代新儒家是否作为一个哲学流派存在等等。会议期间，还请英国著名中国问题专家施拉姆教授和著名学者陈鼓应教授作了学术报告。

会议还讨论了中国现代哲学史研究会章程，选举了首届理事会的会长、副会长、常务理事、理事。会上讨论并一致通过聘请胡绳、郭化若、韩树英、张岱年、任继愈等十几位著名学者、专家为本会顾问。

首届年会简报

首届年会照片

前排就坐的学者和领导由左至右依次为：

中国社科院哲学所所长邢贲思研究员，国家图书馆馆长任继愈教授，中国社科院哲学所贺麟教授，中共中央党校副校长陈维仁同志，中共中央顾问委员会委员、中央党校校长高扬同志，全国政协委员、著名学者梁漱溟先生，中国哲学史学会会长、北京大学哲学系张岱年教授，中国哲学史学会副会长、本学会首任会长、中国人民大学哲学系石峻教授，上海空军政治学院院长孙健同志。

由左到右依次是：傅云龙教授（第一任学会秘书长）、张岱年先生、李振霞教授

刘宏章教授（中共中央党校中外哲学教研室主任）和梁漱溟先生交谈中

梁漱溟、张岱年、石峻三位先生在研讨会上

李振霞教授与任继愈先生合影

"新中国哲学七十年：反思与前瞻"学术研讨会暨中国现代哲学研究会2019年年会
二号楼
湖南韶山
2019.11.02

2019 年年会合影

2020 年年会合影

目 录

上编 总论

下编 分论

前　言

本书为中国现代哲学研究会成立三十周年之纪念文集。

学会于 1987 年成立，尔来卅余载，幸得中国哲学史学会之指导，端赖石峻、李振霞、许全兴、宋志明、侯才历任会长之带领，同仁筚路蓝缕，以启山林；亹亹黾勉，砥砺前行；组织“年会”经年不辍，矢志学术初心不改。涓涓细流汇为沧溟，卷卷微石崇成泰华。生合抱之木于毫末，成九层之台于累土，始千里之行于足下。著书立说，各有建树；潘江陆海，异彩纷呈。2017 年 12 月，年会于杭州召开。同仁或曰，学会成立业已三十年矣，新中国成立亦已七十周年。吾人之学术研究，实与时代偕行，同社会互动；跌宕起伏，起承转合，无不映照时代精神之历历脉动。方今中国，值数千年未有之大变局；现代化进程突飞猛进，人民生活水平日益提升，伟哉盛世！吾人与乎其中，固不敢自大以矜伐其功，亦不必自抑而菲薄其力。其可无言乎？盍编一文集，既以纪念学会之卅载历程，亦寓新中国成立七十周年之庆，以飨读者乎？在人或不免乎野人献芹之讥，于已则适足以慰敝帚自珍之情。咸曰，善。常务理事会遂命余等董其事，历四载，书始成；谓之“时代精神之脉动”，名副其实矣！ 文集中之“现代”，取英文“modern”义，含通常所谓“近代”。“中国哲学”多取“中国的哲学”义；亦兼及“哲学在中国”之义，故所收论文之内容，或为中国传统哲学之现代发展，或为外来哲学在中国之传播；作者则皆为现代中国哲学领域之学者；亦包括港台哲学家和学者，一个中国故也。

是集也，篇分上下，文载七十，言至百万。上曰总论，二十四篇；一论“中国哲学研究之方法论”，一论“现代中国哲学变迁之大势”。下爰分论，四十七篇，于已故艾思奇、杨献珍、郭沫若、梁漱溟、熊十力、马一浮、冯友兰、金岳霖、方东美、牟宗三、唐君毅、汤用彤、侯外庐、张岱年、任继愈、石峻、朱伯崑和汤一介诸令哲之哲学创造或哲学史研究，悉皆加以阐述。文集之编选，力图不遗现代中国哲学史上之重要哲学家，不阙当今现代中国哲学研究之著名学者；前哲应有研究他们之文，时贤应有他们研究之文；既以展示中国现代哲学发展之概况，亦以呈现当代中国现代哲学学界之风貌。文集卷帙已重，目标庶几不差。然时日仓促，诸事纷纭，挂漏之处，或不能免，尚期指正，以待后补。

为本书之出版，人民出版社陆丽云编审焚膏继晷，夜以继日；朱舒然、马啸东、魏云涛、刘卫刚、黄卉诸位同学不辞辛劳，与有力焉；北京航空航天大学人文与社会科学高等研究院、深圳清之扬企业社会责任促进中心慷慨襄赞，鼎力玉成。感谢之忱，无以复加，言不尽意云尔！

侯才　乔清举

2021 年 2 月 8 日

上　编

总　论

百年中国哲学的三次革命

——为纪念辛亥革命一百周年和中国共产党成立九十周年而作

许全兴

引　言

今年是辛亥革命一百周年。

今年又是中国共产党成立九十周年。

一百多年来，中国社会处于深刻的大变革时期，先后发生三次社会革命：推翻封建君主专制制度的资产阶级旧民主主义革命；推翻帝国主义、封建主义和官僚资本主义统治的新民主主义革命；以建立、巩固和完善社会主义制度和实现现代化为目标的社会革命。中国人民经过艰苦卓绝的斗争和奋发图强的建设，使中国社会发生了翻天覆地的变化，取得了过去几百年以至上千年未曾取得的成就，令世界瞩目和惊叹。

哲学虽处于社会意识的顶端，但它与社会的政治经济密切相关。与三次社会革命相适应，中国哲学也发生了三次革命：资产阶级的哲学革命；无产阶级的马克思主义哲学革命；马克思主义哲学的自我革命。一百多年来，中国哲学经历了继春秋战国时期的百家争鸣以来的第二次百家争鸣。现代中国哲学取得了历史性的飞跃，正跻身于人类先进哲学思想之林，愈来愈引起世界人民和哲学家们的关注和重视。

历史是已经过去了的客观实际，不是可以任人随意打扮的小姑娘。但对历史的回顾则因回顾者的观点和视角的不同而不同。在纪念辛亥革命一百周年和中国共产党成立九十周年之际，本文拟从哲学革命与社会革命的关系的视角对百年中国哲学的三次革命作一勾勒，以就教于同仁。

一、百年中国哲学第一次革命：资产阶级的哲学革命

1911 年发生的辛亥革命是中国历史上第一次完整意义上的资产阶级革命。如果把资产阶级革命看作一个历史过程的话，那 1898 年的戊戌变法则可以视为整个中国资产阶级革命的前奏。从哲学史、思想文化史看，戊戌思潮则是中国资产阶级哲学文化革命的酝酿和准备。

受中日甲午战争失败的刺激，以康有为、谭嗣同为代表的资产阶级改良派想仿效俄国、日本，进行君主立宪的维新变法，以挽救中国的衰亡。他们学习和吸取西方的民主主义、空想社会主义和自然科学，为变法维新创制思想武器。他们的政治理想还不是资产阶级的民主共和国，而是资产阶级的君主立宪制，他们的哲学思想也没有能冲破中国传统的藩篱，还迷信孔子，穿着古人的外衣，托古改制，从中国传统的思想文化中寻找思想武器。他们主要依据传统的“变易”哲学和“公羊三世”学，批判“祖宗之法不可变”，鼓吹变法自强。他们对达尔文进化论有所了解，但甚为肤浅(严复译著的《天演论》直到 1898 才正式出版)，主张渐变的庸俗进化论，反对革命进化论。他们是我国最初的资产阶级启蒙思想家，他们的一只脚已跨进了新的时代，一只脚却依然停留在旧的世界。如梁启超所言，他们“固有之旧思想，既根深固蒂，而外来之新思想，又来源浅觳，汲而易竭”。他们的思想是“西学附缘中学”、“不中不西即中即西”①。由此看来，康有为等人在变法失败后坚持尊孔保皇、反对革命共和也在情理之中。

1898 年的戊戌变法遭到反动清政府的血腥镇压而失败。戊戌变法失败宣告改良主义在中国行不通，唯有以革命手段推翻清王朝才是救国的唯一出路。以孙中山为代表的资产阶级革命派举起革命大旗，同反对革命的保皇派进行论战，领导武装起义，十起十落，百折不挠。1911 年的辛亥革命推翻了清王朝的统治，结束了两千余年的封建君主专制制度，使民主共和国的观念从此深入人心。清王朝的灭亡，封建帝制的结束，标志着我国封建社会的终结。毛泽东说：“辛亥革命以后，谁要再想做皇帝，就做不成了。所以我

① 梁启超：《清代学术概论》，天津古籍出版社 2003 年版，第 78、86 页。

们说它有伟大的历史意义。”[①] 革命是由反动清政府逼出来的，决非资产阶级革命派喜好暴力和流血。“告别革命论”者无视历史的本质和真实，否定辛亥革命，实是对历史和革命先辈的亵渎，是一种非历史主义。辛亥革命后不到十年，中国共产党成立。没有辛亥革命，就没有五四新文化运动。没有辛亥革命和五四新文化运动，中国共产党就不可能如此迅速成立。辛亥革命推动了中国历史的进步，有其不可磨灭的历史功绩。

20 世纪初，先进的中国人对西方资产阶级社会科学和自然科学有了较多的译介、传播，达尔文进化论风靡思想界。与资产阶级改良派不同，孙中山等革命派的精神武器完全是现代的西方民主主义的新思想，已抛弃了古人的外衣。他们秉持革命进化论和天赋人权论，反对封建专制制度，批判改良主义，大倡“革命者，天演之公例也”[②]，革命救国论盛于国中。那时革命派忙于同改良派的政治论战和从事武装起义的实际斗争，无暇顾及哲学问题的研究。但他们在革命实践和革命理论中体现出主体的自主精神、奋斗牺牲精神、践履精神和强调精神力量的作用等哲学思想是极为鲜明的。章太炎是名震当时的革命家和学问家。他在论战中提出的“竞争生智慧，革命开民智”[③]和“依自不依他”、“自贵其心”[④] 等哲学思想在一定程度上反映了当时的时代精神。

辛亥革命时期，无论是革命派，还是改良派，都在不同程度上继续着严复提出的“鼓民力、开民智、新民德”的思想启蒙。他们以自由为核心的民主主义思想作武器，批判中国传统的封建专制主义，批判国民性中的奴化意识，倡言思想革命、道德革命，疾呼国民性改造。其中尤以梁启超的新民说的影响为最大，激荡着当时一代青年人的心灵。新民说，今天读来仍有启

① 毛泽东：《关于辛亥革命的评价》（1954 年 9 月 14 日），《毛泽东文集》第六卷，人民出版社 1999 年版，第 346 页。

② 邹容：《革命军》（1903 年），《猛回头——陈天华邹容集》，辽宁人民出版社 1994 年版，第 182 页。

③ 章太炎：《驳康有为论革命书》（1903 年），《章太炎全集》第 4 卷，上海人民出版社 1985 年版，第 180 页。

④ 章太炎：《答铁铮》（1907 年），《章太炎全集》第 4 卷，上海人民出版社 1985 年版，第 369、371 页。

迪，仍有价值。

辛亥革命时期，梁启超、王国维、马君武、章太炎、蔡元培等自觉把西方哲学作为一门学科介绍进中国，中国的大学正式开设哲学课，设立哲学系，开始有专门从事哲学研究和教学的专门家，从而大大提升了中国人的哲学自觉和哲学思想，推动了中国哲学的革命。其中值得特别一说的是王国维。在王国维看来，哲学与美术是“天下有最神圣、最尊贵而无与于当世之用者”①。他认为：哲学实综合研究真、善、美三者，为中国固有之学；外国之哲学与中国之哲学并非不相容，而是相兼通的，有研究和介绍之必要。他研究和介绍康德、叔本华、尼采等人的哲学思想，并运用它们研究中国哲学和《红楼梦》，研究美学，提出美学境界说。他在通州师范学堂和江苏师范学堂讲授哲学和伦理学，力主在大学开设哲学课，批驳反对开设哲学课的守旧论。他称：“人类一日存，此学即不能一日亡也”。“哲学不可不特立一科”②。经蔡元培等人努力，辛亥革命翌年，北京大学成立哲学门。

西方资产阶级革命是思想启蒙运动在先，政治革命在后，哲学革命是政治革命的先导。在中国由于特殊的历史条件，政治革命在先，哲学革命相对滞后。在辛亥革命后，哲学革命继续进行着。

辛亥革命时期最重要的哲学成果是孙中山哲学，其中尤以知行学说为代表。1911 年的辛亥革命虽然建立了民主共和国，但政权很快为代表封建主义和帝国主义的军阀所窃取，共和国名存实亡，辛亥革命失败了。作为这一革命的领导者孙中山对革命的失败进行了哲学反思和总结，于 1919 年发表了《孙文学说》。他认为，革命失败的根本原因是革命党人中了中国传统的“知易行难”学说的毒，因而“信仰不笃”，“实行不力”。为此，他提出“知难行易”学说与之相对立。他从人类认识史上说明“不知亦能行”、“能行必能知”和“能知必能行”。他一方面强调行的重要，论证人们通过“练习”、“试验”、“探索”、“冒险”等实践活动，行其不知以致其所知；另一方面又十分

① 王国维：《论哲学家与美术家之天职》（1905 年），《王国维文集》第 3 卷，中国文史出版社 1997 年版，第 6 页。

② 王国维：《奏定经学科大学文学科大学章程书后》（1906 年），《王国维文集》第 3 卷，中国文史出版社 1997 年版，第 70、71 页。

强调知的指导作用，强调精神和意志的决定作用，强调知（认识世界）的艰难过程。但他缺少辩证法，没有能前进到知与行、认识与实践的辩证统一，得出了知行分任的错误结论。孙中山的知行学说的真正价值不在论证了知难行易，而在于它在总结辛亥革命的经验教训和现代自然科学成就的基础上，对传统的知行学说进行了批判和总结，提出了现代形态的知行学说，将中国古代知行哲学提升到现代的新水平。孙中山未能完成的知行统一的历史任务则由后继者毛泽东在《实践论》中得以完成。

辛亥革命失败的原因之一是革命前革命派对革命的思想理论准备没有足够重视，思想启蒙不力，因而没有形成广泛的思想文化运动，人民普遍不觉悟。辛亥革命后，封建旧思想仍遍布国中，出现了尊孔复辟的逆流。1915年开始的新文化运动实质上是对辛亥革命在思想文化上的补课，是对以孔子为代表的封建专制主义意识形态的总清算和革命。五四新文化运动破除了对孔子的迷信，科学和民主的意识得到广泛传播，是20世纪中国第一次广泛的思想解放运动，标志着中国传统的封建主义意识形态的终结。在此之后，谁再想恢复儒家在意识形态中的独尊地位，都不过是痴人说梦，枉费心机。

新文化运动的哲学武器依然是西方的进化论的发展观。作为资产阶级民主主义者的陈独秀、胡适、李大钊等人认为：孔子之道，虽在中国古代诚属名产，有其价值；但社会是进化的，孔子之道已不适应现代社会的需要；为了建设适合时代潮流的新社会，将中国从黑暗专制引向光明民主，必须输入以科学、民主为核心的西方新思想、新文化。他们的哲学思想具有鲜明的反封建的革命性和强烈的感染力，但从学理上讲，都比较幼稚、粗疏，没有能形成如西方启蒙思想家那样完整的哲学体系。这反映了半殖民地半封建社会资产阶级在理论上的幼稚和不成熟。

二、百年中国哲学第二次革命：无产阶级的马克思主义哲学革命

当人类历史进入帝国主义时代时，世界各国联成一气，中国革命成为整个世界革命的一部分。第一次世界大战引发了俄国十月社会主义革命。俄国

十月社会主义革命的胜利和 1919 年的反帝反军阀的五四爱国运动，推动了马克思主义在中国的迅速传播。1921 年，中国共产党成立。从此中国革命进入了一个新的历史时期，即无产阶级领导的新民主主义革命时期。

马克思主义传入中国，给中国人民带来了新的科学世界观和方法论。与新的社会革命相适应，中国哲学界亦发生了新的哲学革命，即马克思主义的哲学革命。由于中国社会的特点，中国无产阶级的哲学革命是紧随资产阶级哲学革命而发生的，并在时间上两者有很大的交叉。如果说，中国资产阶级哲学革命的准备不充分，那么，中国无产阶级哲学革命的准备同样也是不充分的。

在俄国十月革命的影响下，李大钊、陈独秀等革命民主主义者迅速转向马克思主义，创建中国共产党。他们宣传的重点是唯物史观和社会革命论。他们努力用初步学得的唯物史观和社会革命论指导反帝反军阀的民主革命。为马克思主义哲学在中国早期传播作出重大贡献的还有李达、瞿秋白等人。李达的《现代社会学》堪称这一时期最具水平的哲学代表作。瞿秋白则首次将在俄国学得的马克思主义哲学介绍到中国。

1927 年大革命失败后，中国革命处于低潮，但由于有利的国际形势和中国革命急切的需要，马克思主义的传播却出现了高潮。李达、艾思奇、陈唯实等哲学家冲破反动当局的白色恐怖，开展了哲学的大众化、通俗化的运动，唯物辩证法席卷中国思想界，成为当时哲学界的主潮。这一时期的著作以李达的《社会学大纲》和艾思奇的《大众哲学》的影响为最大，最具有代表性。马克思主义哲学在 20 世纪 30 年代的广泛传播，是马克思主义哲学中国化的重要一环，为尔后毛泽东《实践论》、《矛盾论》的诞生和中国共产党在延安开展学哲学用哲学运动作了理论准备。

在抗日战争时期，随着亡国灭种的民族危机的空前严重，思想文化的民族性凸显，五四新文化运动批孔的片面性日益为文化界所认识。马克思主义与中国具体实际相结合进入到一个更为自觉的时期。理论界、文化界开始认识到，马克思主义不仅要与中国的革命实际运动相结合，而且还要与中国的历史文化相结合，中国共产党应是中国历史文化优秀传统的继承者和弘扬者。在延安的革命文化运动中，理论工作者和文化人明确提出了马克思主义中国化具体化的任务。哲学家艾思奇提出开展马克思主义哲学的中国化现实化的运动。毛泽东则在中共六届六中全会上深刻地阐述了马克思主义中国化问题，提出要研究历史，继承从孔夫子到孙中山的珍贵历史遗产。

新民主主义革命时期哲学革命的最大成果是毛泽东哲学思想。

毛泽东是革命家、军事家，又是学问家、哲学家。他从青年时代起就酷爱哲学，博古通今，融合中外。他自觉地运用马克思主义哲学，指导中国革命，因而能比其他革命领袖站得高些，看得远些，在历史的关键时刻，能把握住革命的方向，抵制共产国际和斯大林在中国革命问题的错误主张，制定出适合中国革命的理论、路线、方针和政策，使革命得到发展和胜利。美国记者斯诺在 1936 年采访毛泽东后便得出这样的结论：毛泽东是“一个精通中国旧学的有成就的学者，他博览群书，对哲学和历史有深入的研究”，“是个认真研究哲学的人”，他有自己的“哲学体系”①。斯诺的结论更为尔后的历史所证实。毛泽东反对教条主义和经验主义，倡导研究理论、研究历史和研究现状三者的结合，致力于马克思主义的中国化具体化。他善于从哲学上思考和总结中国革命，善于把丰富的革命经验和教训（尤其是革命战争经验和教训）上升为哲学理论。他的《反对本本主义》、《中国革命战争的战略问题》、《实践论》、《矛盾论》、《论持久战》等著作，是中国革命血的经验总结，是中国社会尖锐、复杂和曲折的民族矛盾和阶级矛盾在哲学上的反映。毛泽东继承中国哲学重视主观世界的改造和人身修养的传统，他的《为人民服务》、《纪念白求恩》、《愚公移山》等名篇是中国共产党人人生观和价值观的集中反映。他的哲学思想不仅是党和人民集体智慧的结晶，也是数千年中华民族智慧的结晶。毛泽东是中国共产党和中国革命的最主要的领袖，毛泽东哲学思想不同于书斋中专门哲学家的哲学，而是中国共产党的世界观、方法论和人生观、价值观，直接指导着中国革命，推动中国历史的前进。毛泽东哲学思想的诞生标志着中国哲学进入了一个崭新的历史阶段。

在新民主主义革命时期，中国民族资产阶级虽然已不能担当起领导新民主主义革命的任务，但它仍是革命的动力，起重要作用，这在抗日战争时期

---

① ［美］埃德加·斯诺：《西行漫记》，董乐山译，三联书店 1979 年版，第 65、67、68 页。

尤为突出。与此相适应，在无产阶级哲学革命过程中，资产阶级哲学革命仍在继续。

新文化运动标志着中国传统哲学的终结。针对五四新文化运动对以孔子为代表的儒家思想缺乏辩证的态度和担心中国文化中断的忧虑，梁漱溟则公开为孔子辩护，建立融合儒家哲学、柏格森哲学和佛学唯识论为一体的文化哲学，借以论证未来中国和世界的走向应是孔家的道路，开中国传统儒家哲学向现代转化的先河。

如果说孙中山和新青年派分别从知行关系和思想文化上对辛亥革命作出了各自的总结，那么，熊十力则从道德、价值的角度对辛亥革命进行哲学反思。熊十力本人积极参加辛亥革命，他认为辛亥革命失败的根本原因是革命党人的“竞权争利”。于是他决计改“政治救国”为“学术救国”，力图融汇“中国、印度、西洋三方思想”，“明是非”、“正人心”，创立新唯识论。熊十力是近现代自觉创建有自己特色哲学体系的第一人。新唯识论在当时哲学界的影响甚微，但它的问世标志着中国近现代思想家们的哲学自觉意识的提高。新唯识论对后起的港台新儒家有开山之功。

梁漱溟、熊十力虽然想吸取西方哲学，但他们本人并未留学外国，因而对西方哲学的了解是空泛的。在价值取向、思维方式和知识构成方面，留学欧美、深受西方哲学影响的学者们则与梁、熊有显著不同。他们在现代西方哲学主导下改造和吸取中国传统哲学，以形成自己的哲学思想，其中影响较大者有胡适的实用主义哲学、冯友兰的新理学、金岳霖的论道和知识论、贺麟的新心学等。他们的哲学虽然流派各异，社会影响也各不相同，但都是中国传统哲学现代化、外国哲学中国化的成果，都对提高中华民族的哲学自觉、逻辑思维和道德境界有着积极意义。

“逆境出哲学”（毛泽东语）。一个人的智慧和力量在面临生死存亡的紧要关头将得到最大的激发和释放。一个民族也是一样。在 20 世纪上半叶，尤其是在抗日战争时期，亡国灭种的民族危机极大地激发了中华民族的智慧和力量，哲学家们无不以哲学为武器，殚精竭虑为争取民族的独立和复兴尽一份力量。无论是占主导地位的毛泽东哲学思想，还是其他的哲学思想，都在不同方面和不同程度上反映了时代精神和民族智慧。

三、百年中国哲学第三次革命：马克思主义哲学的自我革命

1949 年 10 月 1 日，中华人民共和国成立标志着中国历史进入了新的纪元，中国人从此站立起来了。新中国成立以来的 60 多年，中国社会发生了旨在建立、完善和巩固社会主义制度和实现现代化而进行的第三次社会革命，其中包括毛泽东领导的中国社会主义道路的探索和 1978 年以来的改革开放。与此相应，中国哲学也发生了第三次革命，即马克思主义哲学的自我革命。此次哲学自我革命有着深刻的国内国际背景，主要是革长期存在的教条主义的命，革从苏联传入的哲学教科书体系的命，以建立反映时代精神和民族精神的马克思主义哲学新形态、新体系。

1956 年，我国基本上完成了对生产资料私有制的社会主义改造，初步建立了社会主义基本制度。从这时起，毛泽东试图打破苏联的框框，独立自主地探索适合中国特点的社会主义道路。在哲学上，为了解放思想，他大讲以对立统一为核心的辩证法，以纠正斯大林的形而上学。他的《论十大关系》和《关于正确处理人民内部矛盾的问题》可以看成是第三次哲学革命的发端。到了 20 世纪 60 年代，随着苏联社会矛盾的暴露，毛泽东对苏联斯大林时期形成的辩证唯物主义和历史唯物主义体系提出了批评。他指出中国哲学家搞的是“洋哲学”，而不是“土哲学”，明确提出要改造现行的哲学体系。令人遗憾的是，毛泽东本人在探索适合中国特点社会主义道路过程中陷入迷途，他提出改造哲学体系的任务自然不可能完成。造成毛泽东晚年悲剧的原因是多方面的，个人迷信和教条主义无疑是重要的思想文化根源。毛泽东晚年的严重错误更凸显了马克思主义哲学进行自我革命的极端重要性和紧迫性。

第三次哲学革命真正进行是在由 1978 年中共十一届三中全会开启的改革开放的新时期。在新的历史时期，社会的变革与哲学的变革相互促进、相互推动。受实事求是、解放思想和改革开放潮流的推动和鼓舞，哲学家和哲学工作者破除迷信、解放思想，对现行的辩证唯物主义和历史唯物主义哲学进行全面的反思、总结和革命，哲学发展开始进入了一个百花齐放、百家争鸣的新时期。

马克思主义哲学自我革命是全面的、深刻的，涵盖了哲学研究的态度和

方法、哲学研究的主题、哲学研究的对象、哲学的功能、哲学的内容和体系、哲学家自身等诸多方面的变革。马克思主义哲学的实践精神和批判精神得到了恢复和发扬，哲学家的独立自主人格在逐步确立，哲学家的创新意识在不断提高，马克思主义哲学自我革命在不断展开和深入。30 多年来，实践理论、主体理论、认识理论、辩证法理论、生产力理论、价值哲学、人学理论等取得了显著成果。马克思主义哲学内部逐渐形成了不同的主张和学派，除继续坚持辩证唯物主义和历史唯物主义体系这一派之外，还有主张辩证唯物主义、历史唯物主义、实践唯物主义、实践哲学、类哲学、文化哲学等学派。张岱年的形成于 20 世纪 30—40 年代的综合创新唯物论在新时期得到了新的阐扬，他的综合创新论对哲学和文化的建设产生了重大影响。冯契以实践唯物主义为主导，将马克思主义哲学、中国传统哲学和西方哲学三者冶于一炉，形成自己独特的"智慧说"(《认识世界和认识自己》、《逻辑思维的辩证法》和《人的自由和真善美》三卷)。"智慧说"突出了人的自由和真善美，是我国专门哲学家创建的第一个中国化马克思主义哲学的逻辑体系，值得哲学界重视。

马克思主义哲学进行自我革命并不是要否定辩证的历史的唯物主义基本原理和基本精神，而是作为一种发展环节的辩证的自我否定、自我批判，是革教条主义的命。马克思主义哲学的自我革命是在马克思主义哲学基本精神指导下，立足当代中国和世界的现实，总结和概括中国革命、建设和改革开放的丰富经验，总结和概括 20 世纪苏联东欧社会主义兴衰的经验教训，总结和概括当代科学技术革命新成果，总结和概括百年来世界经济、政治、文化发展的新经验，总结和概括当代世界哲学及社会科学的新成果，总结和概括中国传统哲学的优秀成果，从而形成体现时代精神和民族精神的中国马克思主义哲学的新形态、新体系。马克思主义哲学自我革命正在进行之中①。

随着改革开放的发展和政治民主化的推进，在马克思主义哲学进行自我革命过程中，整个中国哲学界出现了蓬勃发展的新气象，除马克思主义哲学(含马克思主义哲学发展史)外，中国哲学、外国哲学、伦理学、美学、宗

---

① 详见拙著《马克思主义哲学自我革命》一书，中国社会科学出版社 2009 年版。

教哲学、科学哲学、逻辑学等学科均取得了前所未有的发展。中国马克思主义哲学虽居主导地位，但并不是唯一的当代中国哲学。当代中国哲学界已是马克思主义哲学、中国传统哲学与当代西方哲学三者互动的态势。有志于献身于中国哲学的哲学家们在致力于中国传统哲学与西方哲学结合方面取得了重大成果，其中尤以张世英的“万物一体”的希望哲学（其代表作为《哲学导论》）和张立文的“和合学”为最具代表性。笔者虽不完全认同这两位哲学家的基本观点，但充分肯定他们的一家之言对现代中国哲学的价值。

经过自我革命，中国马克思主义哲学已摒弃了独此一家别无分店的教条，不仅承认马克思主义哲学内部有不同的学派，而且承认中国马克思主义哲学与其他流派哲学的共存与竞放。中国马克思主义哲学与其他流派哲学之间既存在着相互矛盾和斗争，又存在着相互依存和同一，它们之间的相互争鸣、相互学习将共同推动中国哲学的繁荣和发展。当代中国哲学正展现为以中国马克思主义哲学为主导的斗奇争妍、五彩缤纷的百花园。

四、百年中国哲学的两大不足

回顾过去的百年，我们可自豪地说，中国哲学革命取得的巨大的历史性进步要超过以往的上千年。那种“五四新文化运动导致中国思想文化中断”的观点是不符合历史实际的。我们要充分估计在过去的百年里中国社会所发生的翻天覆地的革命变革所取得的伟大成就，要充分肯定在过去的百年里中国哲学革命所取得的丰硕成果。

过去百年的历史证明，指导中国社会革命和现代化建设的思想武器，既不是西方的资产阶级民主主义及其哲学，也不是中国传统的以孔子为代表的儒家思想，而是中国马克思主义及其哲学。在纪念辛亥革命一百周年和中国共产党成立九十周年时，我们必须牢记这一最基本的历史经验，否则会走上邪路，带来灾难。

我们在充分肯定20世纪中国哲学革命所取得的成就的同时，也必须清醒地认识到它的不足。这种不足，从客观上讲是由受到中国社会的生产力、经济、政治、文化相对落后的制约所致。从主观上讲，一方面是哲学家们对中国古代哲学的继承和对马克思主义哲学、西方哲学的吸取均不够全面、深入；另一方面则是哲学家们对现代科学技术的最新知识和成就缺乏应有的了解。

现代中国哲学存在的不足自然是多方面的，但对逻辑思维和自由这两个方面的忽视尤为突出。以下略述之。

中国传统哲学重视以知行关系为主要内容的认识论研究。如前所述，孙中山、毛泽东都善于从知行上总结革命经验，把知行学说发展到新的阶段。毛泽东的认识论至今仍有高出于同时代的认识论之处。但自墨经中绝之后，与西方哲学相比，我国逻辑学不发达乃是不争的事实。近代以来，虽然西方逻辑学引进中国，中国人的逻辑思维有很大提高，但总的看来，逻辑思维不发达的状况并没有根本改变，哲学界对逻辑思维的研究很不够。毛泽东是重视逻辑学的，重视逻辑思维的，号召干部要“学点逻辑”，但他讲认识论主要是讲知与行、认识与实践的辩证矛盾运动，而对感性认识如何上升到理性认识只讲了“去粗取精、去伪存真、由此及彼、由表及里”十六字，未能像专门哲学家那样深入理性思维如何对感性材料进行逻辑加工的具体过程（其实这是认识论中最为复杂的内容）。也许因感到这种不足，1961 年，他在庐山与李达会面时提出要研究辩证逻辑问题。毛泽东在晚年自认为是坚持了辩证唯物主义，而实际上却陷入主观与客观相分离的主观主义，究其认识论根源则主要是经验主义。

在改革开放新时期，实践理论突显，强调干中学，摸着石头过河，在实践中开创新路。这完全必要和正确，但由此也掩盖了另一种倾向：对理论和理性思维的忽视。理论界、哲学界只强调实践是检验真理的唯一标准，实践力量是不可抗拒的，它将冲破一切教条的束缚，而忽略了逻辑力量同样也是不可抗拒的，正确的理论将纠正一切错误的实践。中国传统文化重视经世致用，这一优点同时也蕴含着轻视理性和理论思维的不足。一个民族要想站在时代高峰，就一刻也不能没有理论思维。理论思维的不发达至今仍严重影响着我国自然科学和社会科学的创新，严重影响着领导者们的宏观的战略决策。当代中国哲学亟须加强逻辑思维的研究，以提高整个民族的理论思维能力。

现代中国哲学革命存在的另一明显不足是对自由的忽视。哲学不仅爱智慧，是智慧之学，而且爱自由，是自由之学。马克思主义哲学继承和发展了德国古典学自由精神的传统，将“自由人联合体”的思想置于唯物史观的基础上，并作为无产阶级解放全人类的价值理想。马克思主义哲学是无产阶级和广大被压迫者争自由、谋解放的思想武器。但由苏联传入的马克思主义哲学只注重世界观、方法论，却忽视了价值观，忽视了自由、人道、人权等内容。这种不足一直影响到现在。

不仅马克思主义哲学忽视了自由，而且在20世纪30—40年代的非马克思主义哲学也鲜有论及自由和个性解放。中国两千多年的专制统治，摧残个性，缺乏自由、民主传统，国民性中的奴化意识根深蒂固。中国伦理道德的优点是强调国家、民族利益至上，主张社会本位，其缺点则忽视个人和个性自由。如李大钊所言，儒家的修养，“不是使人完成他的个性，乃是使人牺牲他的个性”①。五四新文化运动批判三纲、批判奴性，提倡个性解放、思想自由。然而，冯友兰的境界说则强调个人完全服从社会和宇宙，“尽伦尽职”，以进到物我一体的天地境界，成为圣人。贺麟的“新五伦观念”则强调以“三纲说”为核心，个人应“绝对遵守其份位”，以维持社会的稳定。他们这种无个人自由的人生哲学的缺点反映了中国资产阶级的软弱性。

新中国成立后，由于对阶级斗争和无产阶级专政的片面理解，自由、人道、人权、人性、个性等成为禁语，以致广大国民长期对自由、个性、人道、人权、民主、法治等现代价值观念无有了解。这种思想观念的普遍缺失是导致社会生活中屡屡发生非人道现象的重要缘由。在改革开放新时期，民主、民主化的观念得到提倡，“没有民主就没有社会主义”已成为共识。然而“自由”依然是一个敏感的问题，“自由化”仍是一个贬词。马克思主义哲学中的自由精神没有得到应有的重视。

熊十力在新中国成立后的通信中曾指出：古代移孝作忠，“奴化人民”。“吾国帝制久，奴性深，不可不知。”② 遗憾的是，在当今国学热、尊孔热、

① 李大钊：《由经济上解释中国近代思想变动的原因》（1920年1月1日），《李大钊文集》（下），人民出版社1984年版，第178页。

② 熊十力：《致刘静窗》（1951年12月2月），《熊十力全集》第8卷，湖北教育出版社2001年版，第672页。

读经热中，许多学者缺乏这种清醒的深刻的认识。他们没有认识到中国传统文化中有着很深的奴化意识的缺陷，没有认识到中国传统文化中无有现时代的自由、民主精神。笔者一再指出：中国传统文化的精华必须继承和发扬，孔夫子不能丢，但尊孔读经不可取，有悖时代潮流。少儿读经，绝读不成一个现代人。中国传统文化亟须吸取现代的科学、自由、民主等精神，否则只能为时代所淘汰。

笔者在此提出百年中国哲学革命的这两大缺失，旨在希望学界同仁加强对逻辑思维和自由的哲学研究与宣传，以提高国民的理论思维能力和精神境界。至于对未来中国哲学的展望，笔者在《二十一世纪中国哲学的走向》(《理论前沿》1998 年第 19 期)、《马克思主义哲学自我革命》（中国社会科学出版社 2009 年版）等论著已有说明，故在此不再赘述。

总之，当代中国和世界正处于深刻的大变革之中，中国哲学既面临着严峻的挑战，也遇到前所未有的机遇。在历史上，中国哲学曾有先秦末期的第一次大综合和明清之际的第二次大综合，现在正处于第三次大综合时期。王夫之在"天崩地解"的时代以"六经责我开生面"之自觉进行了第二次大综合，形成了中世纪朴素的辩证唯物主义哲学。当代中国的哲学家和哲学工作者更应有"马列责我开生面"的使命感，进行第三次大综合，创建当代辩证的历史的唯物主义的新哲学，为人类哲学思想发展作出新贡献。

（原载于《社会科学》2011 年第 4 期）

论道德遗产的抽象继承问题

——兼论诠释学视野中的文化传承问题

陈　来

1949 年以后，中国社会结构发生了根本变化，在文化上强调适应新社会的新道德。20 世纪 50　60 年代的意识形态以革命为中心，对传统文化的方针虽然形式上讲批判地继承，但在道德文化领域实际是以革命、批判、否定为主。在这种处境中，冯友兰思想文化关注的重点，便不能不转向论证对传统文化继承的重要性和必要性。他提出的一些论题闪耀着反抗教条主义、维护中华文化的思想光芒，在当时的时代状况下，是非常难能可贵的。

一、哲学遗产的“抽象继承”

1957 年 1 月 8 日《光明日报》发表了冯友兰的一篇文章，题目是《中国哲学遗产底继承问题》，这篇文章是根据他的一个讲演修改而成的。[①] 他在这篇文章中的主要观点被称为“抽象继承法”。

在《三松堂自序》中他将这篇文章作了摘要，我们首先将跟随这个摘要做一些分析，以完整了解他的主张和思想。自序的摘要如下：

> 我们近几年来，在中国哲学史的教学研究中，对中国古代哲学似乎是否定得太多了一些。否定得多了，可继承的遗产也就少了。我觉

---

① 冯友兰在该文最后注“这篇稿子是根据卢育三、朱传棨两位同志所记的我的一个讲演修改成的”。

得我们应该对中国的哲学思想，作更全面的了解。①

这篇文章的写作背景是，1956年中共八大以后，至1957年夏反右开始，由于经过新中国成立后七年的建设，各方面面目一新，毛泽东与执政党有了充分自信，故提出“双百”方针，以求促进文化繁荣发展。② 在这个背景下，1957年初，为贯彻“百家争鸣”，以北京大学为主的哲学学者召开了中国哲学史座谈会，提出了新中国成立以来在日丹诺夫和苏联研究范式影响下带来的种种问题，须加以反思。冯友兰则把这种反思集中在文化遗产的继承问题上。③ 问题的核心是，在日丹诺夫范式下，对古代哲学基本是否定的，很难谈得上继承，因此应该加以改变。然而，怎样改变呢？

在中国哲学史中，有些哲学命题，如果作全面了解，应该注意到这些命题的两方面的意义：一是抽象的意义，一是具体的意义。过去我个人，对中国哲学史中的有些哲学命题，差不多完全注意它们的抽象意义，这当然是不对的。近几年来，我才注意到这些命题的具体意义。当然，注意具体意义是对的，但是只注意具体意义就不对了。在了解哲学史中的某些哲学命题时，我们应该把它的具体意义放在第一位，

① 《三松堂自序》，《冯友兰文集》第1卷，长春出版社2007年版，第176页。翟志成指出，此讲话在1月8日发表，随后在1月22日至26日的中国哲学史座谈会上把这篇文章的观点又报告了一次。见翟志成：《五论冯友兰》，台湾商务印书馆2008年版，第137页。

② 1956年4月毛泽东提出：“艺术问题上的百花齐放，学术问题上的百家争鸣，应该成为我们的方针。”同年5月他又说：“在中华人民共和国宪法范围之内，各种学术思想，正确的，错误的，让他们去说，不去干涉他们。”1956年5月26日陆定一向知识界作题为《百花齐放，百家争鸣》的报告，提出“在人民内部，不但有宣传唯物主义的自由，也有宣传唯心主义的自由”，“对我国文化遗产中的有益成分，有粗心大意一笔抹煞的倾向。这是当前主要的倾向”。1956年7月21日《人民日报》评论员的文章《略论“百家争鸣”》也指出了这一点：“在学术问题上，在科学研究中，如果有人不采取辩证唯物主义的方法，或达到了和马克思主义不一致的结论，他仍然可以有权发表自己的见解。”参见赵修义、张翼星等编：《守道1957：1957年中国哲学史座谈会实录与反思》，上海人民出版社2012年版，第507页。

③ 有关1957年北京大学中国哲学史座谈会，可参见赵修义等编：《守道1957：1957年中国哲学史座谈会实录与反思》，上海人民出版社2012年版。

因为，这是跟作这些命题的哲学家所处的具体社会情况有直接关系的。但是它的抽象意义也应该注意，忽略了这一方面，也是不够全面。①

冯友兰认为，对中国古代哲学的继承，主要是对哲学命题的继承，因此如何分析哲学命题便成为他这篇文章的焦点。他认为，要解决古代哲学的继承，就必须解决哲学命题的分析方法。他提出，一切哲学命题都有双重意义，即抽象意义和具体意义；马克思主义或苏联的研究方法注重哲学命题的具体意义，如提出这些命题的社会阶级基础等；但这样的方法不能解决古代遗产的继承问题。应该承认，冯友兰这个看法，击中了问题的要害。他主张应该注意哲学命题的抽象意义，这样才可能解决继承的问题。这是他此文最主要的论点。

什么是命题的抽象意义和具体意义呢？比如：《论语》中所说的“学而时习之，不亦说乎”，从这句话的具体意义看，孔子叫人学的是诗、书、礼、乐等传统的东西。从这方面去了解，这句话对于现在就没有多大用处，不需要继承它，因为我们现在所学的不是这些东西。但是，如果从这句话的抽象意义看，这句话就是说：无论学什么东西，学了之后，都要及时地、经常地温习和实习，这就是很快乐的事。这样的了解，这句话到现在还是正确的，对我们现在还是有用的。可是，也不是所有命题都有这两方面的意义。有的话只有具体意义，抽象意义不多。如《论语》说：“有朋自远方来，不亦乐乎。”有人把朋作“凤”字解，如果这样，它的抽象意义就不多了。②

他主张，要把哲学命题的意义进行区分，他所说的一个命题的具体意义，其实应该是指提出这一命题的哲学家在提出这一命题时其观念的具体所指。因为哲学命题的意义就是其文字所表达的意义，其本身一定是一般的

① 《三松堂自序》，《冯友兰文集》第1卷，长春出版社2007年版，第177页。
② 同上。

(或抽象的)，而不可能是具体的，但哲学家在说出这个命题时他的所指可以有具体性。如“学”在文字的意义上就是普遍的、一般的，但孔子当时所说的学是指六艺之学，是具体的。所以一个命题往往确实有双重意义。冯友兰认为哲学命题的具体意义不能继承，继承的是其抽象意义。

> 也许，有些命题的抽象意义，是后人加上去的。可是有些命题的抽象意义，确是本来有的。近来我们作了些把古代经典著作翻译成现代汉语的工作。在翻译的时候，我们就感觉到，如果只注意到一些命题的具体意义，翻出来就不正确。如《礼记》说：“大道之行也，天下为公。”这个“天下”应该怎样翻译呢？有人说应该译作“中国”。西方汉学家翻译中国经典的时候，多把天下翻成帝国，这是不对的。因为，先秦所谓中国是指中原，而天下则还包括“蛮貊”。如果把天下翻译成中国，也应该把天下为公译为今日之中国为公或帝国为公，这与原来的意思不完全相合。因为，就那个时候的人对于地理的知识说，他们的所谓天下，其范围不过是今日的中国，但是他们作这个命题时，他们的意义并不限于今日的中国。上面的翻译，都只注意到这个命题的具体意义。这个命题是有这个意义，可是它不止于此，它还有抽象意义。从抽象意义看，古人以为凡“天”以下的地方，都可以称为天下。《中庸》所说的“天之所覆，地之所载，日月所照，霜露所坠”，就是天下这个名词的含义。将来，如果发现别的星球上有人，并和地球上的人有交往，它上面的地方，虽不是地之所载，但天下的抽象意义仍然也可以包括它。这样意义的天下为公我们就要继承下来。①

冯友兰这里主要讲了“天下”的翻译问题，没有讲整个命题的意义。今天来看，“天下为公”的命题，其字面的直接意义指天下是天下人共有之天下，其思想意义则在后世的理解中不断得到丰富。“天下为公”一段在《礼运》篇中是对上古社会的一种理想化的描绘，体现了古代儒家关于大同社会

① 《三松堂自序》，《冯友兰文集》第1卷，长春出版社2007年版，第176页。

的构想，即认为大同社会是公天下而不是家天下，政治制度和伦理观念一切为公而不为己；政权传贤不传子，用人选能不任亲，孝慈既行于家，亦推广于社会。这种古代的天下观和大同社会理想，以及公而无私的价值观，为后世儒家所传承，在中国历史上发挥了重要影响，并成为近代中国人推翻君主制、追求共和、向往理想社会的重要理念基础，这些是应该继承的。

> 我们现在还谈一个问题，就是说，我们分别一个命题的抽象意义和具体意义的这个讲法，是否很特殊呢？其实并不特殊，许多哲学家向来都是这样作的。以研究黑格尔为例。马克思、恩格斯、列宁都认为黑格尔的思想有合理的内核，这就是他的辩证法思想。大家知道，黑格尔是个唯心主义者，黑格尔的辩证法是与他的唯心主义密切联系着的。他讲的发展，就是那个绝对观念的发展，由不自觉经过外在化而自觉，由为自到为他。这是绝对观念的发展。我们认为他的辩证法是合理内核，就是取其发展的抽象意义，而不是取其具体意义，就是说，取其发展而不取其绝对观念。恩格斯在《路德维希·费尔巴哈和德国古典哲学的终结》一书中说，黑格尔的方法与其体系有矛盾，这也是就其方法的抽象意义说的，如就其具体意义说，并无矛盾。马克思说黑格尔是头脚倒置的，要把它扶正过来。这也就是要注意黑格尔的许多命题的抽象意义，不然是不能扶正的。①

冯友兰认为，分别抽象和具体，也是马克思、恩格斯、列宁分析哲学史的一贯方法，如他们都强调马克思吸取了黑格尔的辩证法思想，但具体而言，黑格尔的辩证法是精神观念的辩证法，而马克思则剥离了黑格尔体系中与精神观念联结一体的辩证法，吸取了作为方法的辩证法。在冯友兰看来这也是在抽象的意义上吸取的。换言之，在他看来，哲学史上一切思想家对前人思想的吸取都包含着在抽象意义上的继承，马克思也不例外。他要用马克思的例子来加强他的观点的说服力。

---

① 《三松堂自序》，《冯友兰文集》第 1 卷，长春出版社 2007 年版，第 177 页。

> 因此我们说，把过去哲学中的一些命题从两方面讲，分别其具体意义和抽象意义。许多哲学史家本来就是如此做的，不过我们现在要自觉地这样做。只有这样做，才可以看出哲学史中可以继承的思想还是很不少的。当然，假使过重于在抽象意义方面看，可继承的东西又太多了，甚至连君君、臣臣也有人看做上级和下级的关系，这是不对的。如果过重于在具体意义方面看，那么可继承的东西就很少了。必须两方面都加以适当的注意，适当的照顾。这样，我们就可以对古代哲学思想有全面的了解。①

的确，历史上的哲学史家，可以说本来就是、一直就主要是在抽象意义上去吸取、继承以往哲学命题的。因此，这种区别两种意义的方法，抽象继承的方法，本来就是历史上一切文化传承的方法、途径，并不是冯友兰个人的发明。而他所说的过重于在具体意义上看，就是指强调用阶级或阶级斗争的眼光去看。他所说的命题的两种意义，其实主要就是针对那些被阶级分析方法所否定的命题和思想，而并不是一切哲学命题。因为有些命题可能只有一种意义，如“人非生而知之者”。

> 上面的论证归结到另一个问题。哲学史中的某些哲学命题，我们若专注重于其抽象意义，它是不是对一切阶级都有用呢？要是这样，哲学史中的某些哲学思想，是不是就不是上层建筑呢？庄子早就提出了这个问题。在《庄子·胠箧》篇中说：“盗亦有道……夫妄意室中之藏，圣也。入先，勇也。出后，义也。知可否，智也。分均，仁也。五者不备，而能成大盗者，天下未之有也。由是观之，善人不得圣人之道不立，跖不得圣人之道不行。天下之善人少，而不善人多，则圣人之利天下也少，而害天下也多。……圣人不死，大盗不止。”在当时的统治阶级看，跖是一个大盗；在农民看来，他是农民起义的领袖。这一点我们现在不论。专就庄子这一段话讲，他的意思就是把仁义

① 《三松堂自序》，《冯友兰文集》第1卷，长春出版社2007年版，第178页。

道德看成像刀枪等武器一样，谁都可以用，仁义道德可以为统治阶级服务，也可以为反抗阶级服务。他认为仁义道德就是一种组织力量，谁想组织起来，谁就用它，不用不行。谁用它，它就为谁服务。《庄子》的这段话，可以作为一个例，以说明哲学思想中，有为一切阶级服务的成分。这个问题，我大胆地提出来，作为进一步讨论的基础。①

最后这一段是讲，承认抽象意义是不是使得有些哲学命题可以成为为一切阶级所利用、服务的工具？冯友兰认为确实是这样。他认为，哲学命题的抽象意义是没有阶级性的，或超阶级的，阶级性属于具体意义，可以想见，在当时确认这一点，还是需要理论勇气的。②

可以认为以上的摘要是他自己认可的这篇文章的主要与核心部分。在摘录之后他说："这篇文章的内容，后来被称为'抽象继承法'。这篇文章的有些提法，是不很妥当，但是其基本的主张，我现在认为还是可以成立的。"③那么，哪些提法他后来觉得不很妥当呢？可以成立的基本主张是何所指呢？这个问题我们后面再谈。

二、道德遗产的继承内容

由于这篇文章所说的继承问题，是整个中国哲学的问题，而不仅仅是道德继承的问题，所以冯友兰《三松堂自序》的摘要中没有特别包括道德继承的部分，而本文的主题是要研究他在这一时期的道德思想，为此，我们把这篇文章有关道德继承的部分也引用如下：

① 《三松堂自序》，《冯友兰文集》第1卷，长春出版社2007年版，第178页。

② 汪子嵩"文革"后指出："我现在认为冯友兰先生当时提出的抽象继承法，实在是作为一位有卓见的哲学家，想从当时教条主义的框框束缚中摆脱出来，恢复哲学研究的本来面目，是完全应该肯定的。"见赵修义、张翼星等编：《守道1957：1957年中国哲学史座谈会实录与反思》，上海人民出版社2012年版，第503页。

③ 《三松堂自序》，《冯友兰文集》第1卷，长春出版社2007年版，第178页。

孔子所说的“爱人”也有抽象意义与具体意义。从具体意义看，孔子所说的“爱人”是有范围的。儒家主张亲亲，认为人们因为血缘关系而有亲疏的不同，爱人是有差等的。……这是就孔子底这句话的具体意义说。就其抽象意义说，孔子所谓“人”既然与现在所谓“人”底意义差不多，他所谓“爱人”，也不是没有现在所谓“爱人”底意思。从抽象意义看，“节用而爱人”，到现在还是正确的，是有用的，可以继承下来。我们现在不是也主张勤俭办社，关心群众吗？孔子所说“为仁之方”即实行“仁”底方法为“忠恕”之道，“己所不欲，勿施于人”（《论语・颜渊》）。过去我们说孔子这样讲有麻痹人民、缓和阶级斗争底意义。从具体意义看，可能有这样的意义。但从抽象意义方面看，也是一种很好的待人接物底方法，我们现在还是可以用。①

古代儒家讲仁者爱人，主张仁的思想内涵就是爱人，这里的“人”在命题形式上就是与“物”（动物、物品、物质存在）相对的“人”，而不是像阶级斗争论流行时期所解释的是专指贵族。更重要的是我们如何积极地去运用古代思想资料，即是有些命题在古代没有现代所需要的意义，也无碍于我们在现代运用时扩展其意义，赋予其时代的意义，如节用而爱人。“己所不欲，勿施于人”，当然不是处理阶级斗争和阶级关系的方法，但可以是处理一般人与人的关系的方法，这在社会主义社会的今天仍然适用。冯友兰在大力突出阶级斗争的时代，努力肯定“己所不欲，勿施于人”的伦理意义，是难能可贵的。

还有一点应该注意。在中国哲学史底丰富材料中，有很大一部分是讲修养方法与待人处世底方法。这些思想按其具体意义说，都是封建社会底东西，没有什么可以继承的。但按其抽象意义说，大部分还是可以继承的。《中庸》说：“博学之，审问之，慎思之，明辨之，笃行

① 《中国哲学遗产底继承问题》，《三松堂全集》第 12 卷，河南人民出版社 2001 年版，第 96 页。

之。”这些命题若从其具体意义上说，就要注意“之”字所代表的是什么。若从其抽象的意义上说，不管“之”字代表什么，作为我们的为学方法，还是有很大用处的，是可以继承的。朱熹把这几句话作为白鹿洞书院学规底一部分，称为“为学之序”。就其抽象的意义说，确实是一个很好的“为学之序”。在白鹿洞书院底学规中，还有一条是“言忠信，行笃敬，惩忿窒欲，迁善改过”，这是“修身之要”。这一条底抽象意义，用现在的话讲，就是“说话行动要老老实实，不闹情绪，接受批评”，这还是很好的“修身之要”。另外还有读书底方法。朱熹曾说过读书要“循序而渐进，致一而不懈，从容乎句读文义之间，体验乎操存践履之实”。就其抽象意义说，这也是很好的。①

这部分论及的修养方法和处事准则和道德文化更有直接关系。言忠信，行笃敬，惩忿窒欲，迁善改过，不仅是修身方法，也是德性养成的方法。至于朱熹讲的读书法，更不能把它只看成读封建主义之书的方法，而否认其对读书的一般指导意义。总之，20 世纪 50 年代把一切古代文化看作封建文化，看成封建地主阶级文化的文化，执着于古代文化的具体的阶级性，确实在继承问题上造成了极大的困扰，而冯友兰提出的继承方法正是为了摆脱这种困境而提出来的。但是由于“左”的思潮和教条主义的主宰，加上他的提法很容易被别人与他自己的新理学体系联系起来，所以必然要遭到当时的批判。

以上是冯友兰此篇文章的主要论点和部分。我们认为，任何一个哲学的陈述或命题，以“学而时习之”为例，作者产生它时，本身就是一个具体的共相。但一个即使是具体的观念，见诸文字（或语言），即获得了一般的形式。“举头望明月，低头思故乡”，作者写作时表达的可能是其在某时某地针对某一特定对象而发的相思情感，是具体的，但一旦表达在这带有一般意义的文字形式上，这文字形式便已经是具有相对独立性的普遍形式和共相，后人读此诗句时，或运用此诗句时，便可在其普遍形式所允许的范围内，体

① 《中国哲学遗产底继承问题》，《三松堂全集》第 12 卷，河南人民出版社 2001 年版，第 98—99 页。

验、赋予或表现与原作者不全相同的具体情感。而其他文本的理解或诠释也都如此。文化实践历来如此，文化的传承从来都是对作品在其形式边界之内的一般意义的传承。除非研究李白个人生活史，才会关注这一句诗的具体意义，这是与文化传承、继承所面对的问题完全不同的。如果历史上的作者表达的本来就是一种一般意义上的陈述，如“读书要循序渐进”，则后人的理解当然也就完全从普遍意义上去加以理解了。因此，如果一个陈述或命题在产生时是一个具体的共相，而在文化传承中，其“具体”的一面便被模糊化，人们真正关注、发挥的是其“共相”的一面。文化的实践就是尽力扩展其一般形式的普遍的可能意义，来实现人对文字形式运用的能动性。

1982 年冯友兰在哥伦比亚大学赠予他名誉学位时的答词中说：

> 由于这实际上是一个如何解决不同的文化之间的矛盾冲突的问题。这个问题又进一步表现为如何继承精神遗产的问题，五十年代中期我就提出这个问题，一时讨论得很热烈。
>
> 最简单的解决办法是简单地宣布：过去的哲学都是为剥削阶级服务的，因而毫无继承的价值。现在应当不管过去，只当它并不存在。现在应当从零开始，一切都要重新建立。这种观点显然在理论上过分简单化，在实践上也行不通。过去的存在是一个客观事实，任何主观的观点都无法抹杀它。持这种观点的人不懂得，现在是过去的继续和发展。①

这是在那场讨论 25 年后他第一次表达的态度，而在此后不久的《三松堂自序》中更完整地表达了他晚年的立场。

三、对“继承”的理论分析

1957 年 5 月，冯友兰又写了《再论中国哲学遗产底继承问题》，文章说：

---

① 《三松堂自序》，《冯友兰文集》第 1 卷，长春出版社 2007 年版，第 234 页。

“《光明日报》1957年1月8日登载了我的《中国哲学遗产底继承问题》底一篇文章。……在我那篇文章里有许多地方讲得不够全面；对于有些问题底提法，也不恰当。关于这个论点底有些方面，我当时实在也没有想得很清楚。几番的讨论，给我很大的启发。现在我觉得我底基本论点，倒是更明确了。这大概就是辩证的发展底一个例证吧！”①

在这篇文章中，他首先谈了继承的问题，他说：“所谓继承，包括三个问题：第一，什么是继承，就是关于继承底意义底问题；第二，怎样继承，就是关于继承底方法底问题；第三，继承什么，就是关于继承底内容与选择标准底问题。关于第一个与第三个问题，在我底那篇文章中没有谈到。我所谈的主要的是第二个问题。在我那篇文章中，以至于在后来的座谈会中，这一点没有交代清楚，因此引起了一些混乱。”②

关于什么是继承，他提出：“在历史发展底各阶段中，各阶级从已有的知识宝库中取来的一部分的思想，必须加以改造，使它跟自己的需要与当时的知识水平结合起来，然后才能发生作用。”③又说：“在历史发展底各阶段中，各阶级向已有的知识宝库中，取得一部分的思想，加以改造，使之成为自己底思想斗争底武器，在自己的事业中，发生积极作用。这就是思想继承。在中国历史中，思想继承，本来是这样进行的。”④可见。冯友兰认为“继承”必须要对所选择的古代思想加以改造，跟新的知识水平结合，同时代的需要结合。他认为其实历史上的文化继承一直是这样的。那么，为什么在社会主义时期，继承的问题会遇到困难了呢？他认为西方近代思想和马克思主义，都是从西方近代知识宝库中取得继承的东西，都没有遇到是否要从封建时代知识宝库中取得的要继承的东西，在这方面是个新的问题，“因此中国哲学底继承问题就成为问题”。

可见，其实更重要的问题还是“要不要继承”，如冯友兰所指出的，新

① 《再论中国哲学遗产底继承问题》，《三松堂全集》第12卷，河南人民出版社2001年版，第119页。

② 同上。

③ 同上书，第120页。

④ 同上。

中国成立后一个时期，“大家强调，古代与现在‘毫无共同之处’，好像无论什么事情，都要从头做起。那就无所谓继承问题。现在这种见解已证明为错误的了。大家都承认：即使在封建社会底知识宝库中，也还有不少我们可以继承的哲学思想。我们要把这些思想，加以分析、批判、改造，以为我们建设社会主义社会底事业服务。这是大家都承认的”①。到了1956年，大家在理论上都已经承认中国文化的遗产，有不少可以继承的部分，于是关键就转变为怎样继承、继承什么了。

关于怎样继承，他说：“在《光明日报》那篇文章里，我主要地是企图解决这个问题。我主张在研究古代哲学底工作中，要把哲学体系中的主要命题，加以分析，找出它底具体意义与抽象意义。如果有可以继承底价值，它底抽象意义是可以继承的，具体意义是不可继承的。在研究古代哲学底工作中，我们如果注重其中命题底抽象意义，就可见可以继承的比较多。如果只注重其具体意义，那可以继承的就比较少，甚至于同现在‘毫无共同之处’，简直没有什么可以继承。”② 这就指出了阶级分析方法导致的文化继承困境，在当时已经十分突出。问题是不能仅仅指出其困境，还要在理论上说明其中的问题，这就是冯友兰提出抽象继承法的意义。

关于继承什么，他说：“近来大家都承认我们古代哲学中的优良传统，是其中的有科学性、人民性与进步性的东西，是其中的唯物主义成分，也就是其中的有唯物主义性的东西。这些东西在中国过去的哲学中是很丰富的。我们所要继承的，首先就是这些东西，这是大家都承认的。在《光明日报》那篇文章里，我没有提到这一点，因为我认为这是不成问题的。问题在于怎样继承。”③ 科学性、人民性、进步性是当时党和政府提出的文化继承的标准，对此冯友兰并没有异议，其实，从今天来看，这些标准还值得讨论，尤其是从道德伦理的角度看，这三性都不能解决道德继承的问题。

1957年，在这个有关继承问题的讨论中，作为中共理论家的代表之一

---

① 《再论中国哲学遗产底继承问题》，《三松堂全集》第12卷，河南人民出版社2001年版，第121页。

② 同上书，第122页。

③ 同上书，第128页。

的胡绳提出了一些观点，值得关注。他说："唯物主义者吸取唯心主义哲学所提供的某种思想资料，决不是很简单的，好像从旧房子上拆下砖瓦来安到新房子上一样。""当我们把这些思想资料从唯心主义体系中解放出来以后，也不是使它变成既非唯心又非唯物的成分，而是要给它唯物主义的解释，使它和唯物主义的根本观点相结合起来。"①这和冯友兰当时对继承的理解没有冲突，当时冯友兰自己也强调继承不是现成地搬用吸取，而是要改造，要结合。但胡绳这个提法也包含着严肃的意义，不予以回应，就不能完全解决继承问题上的疑惑。所以冯友兰也指出："我同意这个看法。就是一块砖瓦，从旧房子上拆下来，它必然也带了些石灰泥土之类，必须把这些旧房子底残余去掉，然后才可以安到新房子上，成为新房子底一部分。但是毕竟要有那么一块砖瓦，然后才可以对于它进行改造。如果旧房子上的砖瓦，都是如此同旧房子紧密地联系在一起，以至于同新房子'毫无共同之处'，那么在拆散旧房子底时候，就不会有什么像样的东西遗留下来，也就没有什么东西可以加以改造，使其成新房子底资料了。"②那么，在一个即使是唯心主义的体系中，有没有一些非唯心主义的成分，或既非唯心也非唯物的成分？我们认为应当肯定是有的，如王阳明心学是唯心主义的，但其中的知行合一思想就是非唯心主义的，或既非唯心也非唯物的哲学命题，是应该继承的，即可以加以改造、结合当代的实际需要而继承的。冯友兰所说的，就是在文化资源上要承认有一些新旧时代共同需要的成分，当然在文化传承的实践中旧的成分要经过改造使之成为适应新的需要的成分。至于胡绳所说的要给哲学思想资料以解释，这正是解释学的实践题中应有之义，而解释绝不是具体意义的解释，必然是在其一般形式层次上进行的解释。

四、晚年的分析和反省

在《三松堂自序》中，冯友兰对 1957 年提出的抽象继承论作出了反思。

① 引自《再论中国哲学遗产底继承问题》，《三松堂全集》第 12 卷，河南人民出版社 2001 年版，第 129、130 页。

② 同上书，第 131 页。

如“这篇文章的有些提法，是不很妥当”，其实他早在《再论中国哲学遗产底继承问题》中也承认“在我那篇文章里有许多地方讲得不够全面；对于有些问题底提法，也不恰当”。那么，哪些提法他晚年觉得是不妥当的呢？

“首先是由于‘抽象’这个词的严格的哲学意义没有先说清楚。”① 他在《再论中国哲学遗产底继承问题》中也承认：“……一提到抽象，有些人就会联想到形式逻辑式的抽象。这种抽象诚然是很简单、很省力，但是不能解决实际问题。但是我所说的抽象，不是那种抽象。为了避免误解，我在以下不用‘抽象’与‘具体’这两个字眼，而用‘一般’与‘特殊’这两个字眼。”② 这就是说，他其实更倾向用“一般”来替代“抽象”，以免引起误解，但是他已经习惯使用“抽象”一词，以至于他在后来也还是经常用“抽象”一词。而我们更愿意把他的思想称为“普遍继承法”。

“其实，把哲学的继承归结为对于某些命题的继承，这就不妥当。哲学上的继承应该说是对于体系的继承。一个体系，可以归结为一个或几个命题，但是，这些命题是不能离开体系的。离开了体系，那些命题就显得单薄、空虚，而且对它可以有不同的解释，容易作出误解。”③ 也就是说，他在晚年承认，把继承的问题归结为哲学命题的继承，是不妥当的，突出哲学命题是不妥当的。冯友兰的这种讲法虽然吸取了 1957 年人们对他的批评，但其实，继承也常常是对命题的继承，在实际文化实践中，特别是大众的文化实践中，基本上都是对观念和命题的继承，很少是体系的继承。我们现在多把继承归结到思想和理念的继承，而不再用“命题”的提法。

“说一个命题有抽象意义和具体意义，这也是不妥当的。因为一个哲学命题所说的，总是一般性的原理，是一个抽象的东西。所以一个哲学命题，应该只有抽象的意义。一个一般的原理，在它实现的时候，在它成为现实的存在的时候，总要寄托于一些具体的情况之中，一般寓于特殊之中。人们对于一个一般原理的了解，也可以因其所处的情况或所有的科学知识的不同而

---

① 《三松堂自序》，《冯友兰文集》第 1 卷，长春出版社 2007 年版，第 178 页。

② 《再论中国哲学遗产底继承问题》，《三松堂全集》第 12 卷，河南人民出版社 2001 年版，第 122 页。

③ 《三松堂自序》，《冯友兰文集》第 1 卷，长春出版社 2007 年版，第 180 页。

不同。……其实严格地说，一个哲学命题不能有具体意义，它应该排斥具体意义。我原来所说的具体意义，实际上是一个哲学命题在实际情况中的应用，或是人们对于它的不同了解，这是一个哲学命题所要排斥的。我原来的提法的这些不妥之处，也是引起当时辩论的一个原因。”① 也就是说，他在晚年仍然坚持哲学命题有抽象意义，但不再主张哲学命题有具体意义，只承认哲学命题有具体应用。照这个说法，文本的意义就是普遍的、一般的意义，而文本在实践中的应用才是具体的、特殊的。这也是 1957 年讨论中一些人的意见。② 其实，如果作者原意属于具体意义，则不能完全排斥具体意义。

“其基本的主张，我现在认为还是可以成立的”。除了以上讲的三点不妥外，抽象继承的基本主张，他还是坚持的，认为思想文化的一般性，是继承的对象，继承的不是具体的东西。他说：“无论是继承什么，总得分别那个东西的一般性和特殊性，你只能把它的一般性继承下来，至于其特殊性是不必继承也不可能继承的。比如杜甫的诗说：‘朱门酒肉臭，路有冻死骨。’(《自京赴奉先县咏怀五百字》) 这两句诗我们都认为有人民性，应该继承，但是所要继承的就是为老百姓说话的这个人民性。杜甫写这两句诗是根据他从长安到奉先县路中所见的情况。你可以继承杜甫的诗的人民性，你不需要也不可能继承杜甫的走路，你不需要从西安往奉先县走一趟。”③ 他还说：“原来讲继承的人都是抽象继承，比如说，社会主义革命和社会主义建设，都要将马克思主义的放之四海而皆准的普遍原则与中国的实际相结合，这个继承就是抽象继承。马克思、恩格斯讲的话，主要是根据英国、法国、德国的实际讲的，列宁、斯大林讲的话主要是根据俄国的实际讲的。实际就不会是放之四海而皆准的普遍原则。普遍原则都是从实际中抽象来的，所以才能放之四海而皆准。没有那样愚笨的人，主张把别的国家的实际也继承下来，那显然是不可能的。”④

---

① 《三松堂自序》，《冯友兰文集》第 1 卷，长春出版社 2007 年版，第 181 页。

② 如当时的吴启贤和后来的汪子嵩，见赵修义、张翼星等编：《守道 1957：1957 年中国哲学史座谈会实录与反思》，上海人民出版社 2012 年版，第 284、502 页。

③ 《三松堂自序》，《冯友兰文集》第 1 卷，长春出版社 2007 年版，第 181 页。

④ 同上书，第 180 页。

关于道德遗产的继承问题，1957年座谈会上张岱年先生提供了专文《论道德的阶级性与继承性》参加讨论，张岱年指出，哲学遗产的继承性包含伦理思想的继承性问题，他提问道：“在那些不同时代的，或不同阶级的，彼此不同的道德观念之间，除了相互对抗相互冲突的关系之外，是否也还有相互渗透相互影响的关系呢?”很明显，这个提问本身就包含了对这个问题的肯定的回答。他指出，不同时代不同阶级的不同道德不仅有其共同的根源，也有共同的方面，“这些共同方面似乎不仅是‘形式上的’，其实是‘内容中的’，乃是内容里的不同因素。在人类历史中，有一些道德观念或道德标准是在很长的时期中，对于不同的阶级，起过或者还在起着作用的。它似乎是各阶级所需要的，虽然是用来达到不同的目的。对于同一道德概念，各阶级对之有不同的了解，但在这不同的了解之中，也还有一些共同的成分。惟其如此，所以，古今或新旧道德之间，有其一定的继承关系。”① 张岱年的观点是正确的、合理的。“文革”后，张先生在《中国哲学史方法论》的讨论中，特别提及如何分析哲学命题的普遍意义与特殊意义。他指出：“哲学命题大都是普遍命题，具有两重意义：一方面，它反映了某一客观的普遍规律；另一方面，当一个思想家提出一个命题的时候，他是根据某些特殊事例而提出的，这个命题是某些特殊事例的总结，是这些特殊事例的概括，这就是它的特殊意义。”“但是这些由一定是特殊事例总结出来的规律仍然有一定的普遍意义”。② 这应当可以看作对冯友兰两重意义说的一种补充。张岱年也特别提到对于抽象继承法的剖析，他说：“现在重新考虑这个问题，我认为，冯先生所提出的见解确有错误，但其错误不在于他主张区分哲学命题的抽象意义和具体意义，而在于把这种区分看做继承的主要方法，没有把区分精华和糟粕看做批判继承的主要方法。”③ 张岱年主张哲学命题一般都有两种意义，抽象意义固然可以继承，其具体意义有时也未尝不可以继承，所以继承古代哲学遗产，不限于继承古代哲学命题的抽象意义。同时，并不是所有的命题

① 赵修义、张翼星等编：《守道1957：1957年中国哲学史座谈会实录与反思》，上海人民出版社2012年版，第278页。

② 《张岱年全集》第4卷，河北人民出版社1996年版，第154页。

③ 《张岱年全集》第5卷，河北人民出版社1996年版，第259页。

的抽象意义都可以继承，有些哲学命题的抽象意义也是不可以继承的。由于张先生赞成哲学命题的两种意义的分析，他还找出恩格斯《英国工人阶级状况》中论理论的“抽象的意义”一段话，来支持抽象意义的提法。① 不过我们认为，继承的对象主要还是理论或命题的一般形式和普遍内容，虽然并不是所有命题的一般意义都可以继承。不过，思想文化的继承不限于这里所说的命题的一般形式及其含有的普遍内容，继承的对象亦可指思想方法或世界观、价值观的内容。如恩格斯所说：“像对民族的精神发展有过如此巨大影响的黑格尔哲学这样的伟大创作，是不能用干脆置之不理的办法来消除的。必须从它的本来意义上‘扬弃’它，就是说，要批判地消灭它的形式，但是要救出通过这个形式获得的新内容。”②

从这里可以看出，“抽象继承”不仅仅如冯友兰所说的只是体现在对命题的一般形式的继承，还应该包含着另一个方面，即对精神实质的提炼或抽象，从而加以继承。对传统文化，我们常常需要把一个领域的具体文化现象背后的精神提炼出来，那些具体的文化现象可能是过时了的，但其精神是可以继承的。正如黑格尔所指出的，辩证法理解的否定是对特殊内容或具体的活动规范的否定，而保留其中的普遍本质。贺麟在 1957 年的讨论中提出：“什么东西可以继承？我觉得继承的一定是本质的东西。……一般的东西，如果是指最本质的精神实质而言，我认为是可以继承的。”③ 早在 1923 年梁启超就提出，《论语》的内容“其中一部分对当时阶级组织之社会立言，或不尽适用于今日之用，然其根本精神，固自有俟诸百世而不惑者”。④ 所表达的也是这个道理。对于精神要义的提炼不像对命题一般意义的继承那么直接，要求更为深刻的理论把握和文化透视能力，是创造性的诠释，也是创造性的继承。

① 《张岱年全集》第 5 卷，河北人民出版社 1996 年版，第 261 页。

② 《马克思恩格斯选集》第 4 卷，人民出版社 2012 年版，第 229 页。

③ 赵修义、张翼星等编：《守道 1957：1957 年中国哲学史座谈会实录与反思》，上海人民出版社 2012 年版，第 205 页。

④ 刘东、翟奎凤选编：《梁启超文存》，江苏人民出版社 2012 年版，第 439 页。

五、关于“具有普遍性形式的思想”

这里我们简单论及冯友兰20世纪60年代前期关注以“具有普遍性形式的思想”研究孔子思想的意义，我们把这一关注看作抽象继承论的后续延伸，故放在这里一并叙述分析。

60年代初，冯友兰在写作《中国哲学史新编》试稿时，在分析孔子思想的部分，提出孔子仁的思想是采取了“超阶级的”、“普遍性形式”。这可以看作他在1957年提出抽象继承论后，又一次寻求肯定中国文化可以继承的理论努力。正像1957年一样，他的观点再次受到了很多批判，而他也作了很多辩难。

1960年冯友兰《论孔子》一文，没有作理论上的深入讨论；1961年的《再论孔子》就提出了普遍性形式的问题；《三论孔子》重复并细化了这个方面的讨论：“孔子所说的‘爱人’，‘己所不欲，勿施于人’，‘己欲立而立人，己欲达而达人’，这些话是不可以专照字面了解的。必需注意这些话的具体内容。从这些话的字面意义上看，他的这些话似乎是超阶级的；就其内容看，这些话的阶级性是很明显的。可是，也必须承认，孔子所说的这些话，是以普遍性的形式提出来的。这种形式是不是也有它的一定的历史意义呢？我认为这是有的。马克思和恩格斯有一段话可以说明这一点。”①

这是指马克思恩格斯《德意志意识形态》的一段话，“普遍性形式”这一概念也是出自这一段话：

> 然而，在考察历史进程时，如果把统治阶级的思想和统治阶级本身分割开来，使这些思想独立化，如果不顾生产这些思想的条件和它们的生产者而硬说该时代占统治地位的是这些或那些思想，也就是说，如果完全不考虑这些思想的基础——个人和历史环境，那就可以这样说：例如，在贵族统治时期占统治地位的概念是荣誉、忠诚，等等，而在资产阶级统治时期占统治地位的概念则是自由、平等，等等。一般

① 《三论孔子》，《三松堂全集》第13卷，河南人民出版社2001年版，第147—148页。

说来，统治阶级总是自己为自己编造出诸如此类的幻想。所有历史编纂学家，主要是18世纪以来的历史编纂学家所共有的这种历史观，必然会碰到这样一种现象：占统治地位的将是越来越抽象的思想，即越来越具有普遍性形式的思想。因为每一个企图取代旧统治阶级的新阶级，为了达到自己的目的不得不把自己的利益说成是社会全体成员的共同利益，就是说，这在观念上的表达就是：赋予自己的思想以普遍性的形式，把它们描绘成唯一合乎理性的、有普遍意义的思想。进行革命的阶级，仅就它对抗另一个阶级而言，从一开始就不是作为一个阶级，而是作为全社会的代表出现的；它以社会全体群众的姿态反对唯一的统治阶级。它之所以能这样做，是因为它的利益在开始时的确同其余一切非统治阶级的共同利益还有更多的联系，在当时存在的那些关系的压力下还不能够发展为特殊阶级的特殊利益。①

就《德意志意识形态》的原意而言，是强调历史上任何占统治地位的思想都不是自身独立的，而是统治阶级的思想，所以不能脱离了统治阶级去看那些占统治地位的思想；但统治阶级总是为自己造出一种幻想，即占统治地位的思想是独立的。马克思恩格斯这里所突出的是历史唯物主义强调思想的阶级性的立场。另一方面，马克思恩格斯也强调，近代以来在西方社会占统治地位的是越来越抽象、越来越具有普遍形式的思想，这是由于统治阶级把自己的利益说成全体社会成员的共同利益，把自己的思想赋予普遍性形式，表达为有普遍意义的思想。马克思恩格斯显然认为要透过现象看本质，要看到这些普遍性形式的思想其实是统治阶级的思想。那么什么是具有普遍性形式的思想呢？显然应当是指那些诉诸一般形式的陈述（如“爱人”），而非诉诸具体意义的陈述（如“爱本阶级的人”），借以用普遍性的形式把它的利益描绘成社会全体成员的利益。在冯友兰看来，具有普遍性形式的思想，就是在理论上采用普遍性形式宣称社会全体成员的利益的思想。虽然统治阶级这样做的时候有可能是虚伪的，但也有不站在统治阶级立场这样做的哲学家。

① 《马克思恩格斯选集》第1卷，人民出版社2012年版，第179—180页。

对这类理论命题，诉诸具体意义的陈述就不容易继承，诉诸一般形式的陈述就可以继承。因为只有具有普遍性形式的陈述才有可能被抽象继承。如果具体地表达了阶级的属性，就限制了继承的可能性。

冯友兰说："孔子所说的'爱人'，就其普遍性的形式说是超阶级的爱。在阶级社会中，超阶级的爱是没有的，但是超阶级的爱的言论是有的。这是两回事，不可混同。"① 冯友兰通过把"爱人"的仁学确定为具有普遍性形式的思想，以便把孔子的仁的思想与具体的阶级属性分开，使之成为可以继承的资源。马克思的论述，承认思想史上有具有普遍性形式的思想言论，但马克思并没有说凡是具有普遍性形式的思想就可以继承，而是强调要看清这些普遍性形式思想背后的阶级基础。所以马克思其实并不能真正帮助冯友兰的继承思想。② 毋宁说，冯友兰觉得马克思的"普遍性形式的思想"有助于他关于哲学命题有抽象意义、一般意义的主张。

冯友兰提出用普遍性形式来解说孔子仁学后，遭到不少批判，但他并未屈服，他说："《中国哲学史新编》(1962 年版) 第一册出版后，承各方面的同志提了不少的意见。其中对于第四章第四节'孔子关于仁的思想'的意见比较多，特别是关于所谓'具有普遍性形式'这一点。我在这一方面也提出了一些补充的论证（见拙作《关于孔子讨论中的一些方法论上的问题》，《文汇报》1963 年 11 月 18 日)。我也发现我有些提法不很准确，准备在将来对全书进行修改的时候，加以改正。但是我还没有发现我的主要论点有改正的必要。"③ 可见冯友兰对于他遭到的批评，总是据理力争，而不轻言放弃。他坚持："我认为孔子讲仁的意义，是首先发现别人是'人'；用'人意'去对待人；这就叫做'仁'。这可能只是在作为自然人的意义上，把别人看成跟自己一样。可是这个就不是简单的事。"又接着说："孔子本人和他所代表的

---

① 《三论孔子》，《三松堂全集》第 13 卷，河南人民出版社 2001 年版，第 148 页。

② 有关抽象继承法和马克思主义中可以肯定文化传统的资源，可参看陈卫平：《"抽象继承法"蕴涵的问题：传统哲学何以具有当代价值》，见赵修义、张翼星等编：《守道 1957：1957 年中国哲学史座谈会实录与反思》，上海人民出版社 2012 年版，第 629—638 页。

③ 《关于论孔子"仁"的思想的一些补充论证》，《三松堂全集》第 13 卷，河南人民出版社 2001 年版，第 208 页。

地主阶级，在实际行为中，不可能认为任何别人都与自己处于平等的地位，也不可能平等地爱一切人，但是孔子讲这些话的时候，他是以普遍性形式提出来的。他所讲的仁是一种具有普遍性形式的思想。在春秋末期，地主阶级的代言人提出这样的思想，有其进步的意义。”①

冯友兰在《教学与研究》1963年第4期发表了一篇文章，回应他的《中国哲学史新编》试稿中对孔子思想的分析引起的不同意见，集中在他运用《德意志意识形态》的一段论述。有关这段论述，冯友兰写了好几篇文章加以讨论，其中很多细节与本文的关注没有直接关联，就不加引用了。他谈道：“马克思、恩格斯在《德意志意识形态》这部经典著作中，提出了历史唯物主义的基本原则。在这部书（人民出版社1960年版）53页至55页中，他们提出了各个历史时期的居于统治地位的思想的发生和发展的规律及其阶级根源，由此批判了以黑格尔为代表的唯心史观。这是我对于《德意志意识形态》的这几页的了解。我根据这种了解，在这种了解的指导之下，对于孔子关于仁的思想作分析和估价。我引用了《德意志意识形态》这几页中的话，作为我的理论根据。我的《中国哲学史新编》在以后对于封建社会统治思想的分析，也是在这种了解的影响之下作出来的。我觉得这种了解很能解决问题。”②1962年吴晗提出了封建时代的道德也是可以继承的观点，与冯友兰的抽象继承一致，引起了一场关于道德继承的讨论，从时间上看，吴晗提出的这种观点很有可能是受到冯友兰的影响。

关于哲学的阶级性与普遍性问题，张岱年后来引用了《德意志意识形态》的另一段话：“随着分工的发展也产生了单个人的利益或单个家庭的利益与所有互相交往的个人的共同利益之间的矛盾；而且这种共同利益不是仅仅作为一种‘普遍的东西’存在于观念之中，而首先是作为彼此有了分工的个人之间的相互依存关系存在于现实之中。”③在这里马克思明确肯定有个人利益与共同利益，共同利益既存在于观念形态中，也存在于现实关系中。而

① 《关于论孔子“仁”的思想的一些补充论证》，《三松堂全集》第13卷，河南人民出版社2001年版，第209页。

② 可另参见同上书，第215页。

③ 《马克思恩格斯选集》第1卷，人民出版社2012年版，第163页。

共同利益反映为观念中的“普遍的东西”，就是哲学的具有普遍性形式的思想。因此具有普遍性形式的思想可以说常常就是共同利益的表达。因此张先生说：“许多思想家都重视社会的共同利益，为统治阶级服务的思想家，为了维护统治阶级的长久利益，也在一定程度上重视社会的共同利益。”① 这种重视就表达为观念中的“普遍的东西”。可惜冯友兰没有注意到《德意志意识形态》的这一段话，用共同利益说去支持“普遍性形式的思想”亦即“有普遍意义的思想”，否则，他的提法在面对阶级利益分析方法时会更有抵御的力量。而且，在阶级斗争分析占主流地位的年代，很少有人从古人观察和认识自然与社会的“智慧”的角度去肯定文化继承的必要性和重要性。因为“智慧”已经几乎被“阶级利益”所覆盖了。② 在我们看来，哲学命题如果表达了阶级利益，那也一定体现在理论命题形式即其一般意义的本身中，离开理论命题的形式另外挖掘的阶级利益，都不是命题的具体意义。在我国思想文化界，阶级斗争分析法带来的迷惑必须在理论上加以清理，才能完全确立文化继承的合理性。

六、诠释学的文本理论与创造性继承

冯友兰所引起的关于哲学遗产的抽象意义与具体意义的讨论，尤其是“怎样继承”的问题，我们可以在西方哲学的诠释学发展中看到相关的论述，并帮助我们更深入、更广泛地理解这一讨论所关联的哲学意义。

让我们简单梳理一下诠释学史上有关“文本”的讨论。

（一）诠释

根据现有的研究，诠释学可以分为两种形态，一种是文本探究的诠释学，一种是文本应用的诠释学。文本探究型诠释学以研究文本的原始意义为

---

① 《张岱年全集》第 4 卷，河北人民出版社 1996 年版，第 155 页。

② 只有贺麟在 1957 年座谈会关注了民族的生活经验、智慧、思想总结，并指出从辩证法来讲承继是包含否定、保存和提高的过程。见赵修义、张翼星等编：《守道 1957：1957 年中国哲学史座谈会实录与反思》，上海人民出版社 2012 年版，第 200 页。

根本任务，这种诠释学认为，由于时间的距离和语言的差别，过去文本的意义对我们变成了陌生的，因此我们需要把陌生的文本的语言转换成我们现在的语言，把陌生的意义转换成我们所熟悉的意义，语文学的诠释学即是此类诠释学的主要模式，意在重构作品的意义和作者原初所想的意义。[①]而文本应用型诠释学旨在把经典文献中已知的意义应用于我们要解决的问题上，应用于具体现实问题上，在这里，经典的意义是明确的，无须重加探究，我们的任务只是把经典的意义应用于现实问题。应用的方法原则是一般和个别的统一，即在一般和个别发生冲突时调和一般与个别，或是放宽一般意义以包括个别，或是通过阐明使个别意义纳入一般。这个讲法与冯友兰区别一般意义和具体意义近似，在冯友兰看来阶级分析就是无视一般，只讲个别。上面所说的这两种类型的诠释学，有德国学者称之为独断型诠释学和探究型诠释学，我们则略为改变，名之为文本应用型诠释学和文本探究型诠释学。[②]在这个意义上，冯友兰所讲的文化继承问题，就是文本应用型诠释学的问题，而不是文本探究型诠释学的问题。明确这个基本分别是很重要的。

在欧洲历史上，诠释学的早期形态是圣经学，18 世纪出现的语文学则试图从语文学和文献学对古典文本进行分析和解释。19 世纪施莱尔马赫试图把以往的诠释学综合为“普遍的诠释学”，“以便把诠释学领域加以扩大，包容所有流传下来的文本和精神产品，而不只是那些经过特别选择的古典的、权威的或神圣的著作。由于这种范围的扩大，诠释学失去它原来强调的理解文本就是阐明和传达神圣真理的使命，而代替这种传达真理使命的是，文本被认为是作者的思想、生活和历史的表现，而理解和解释只不过是重新体验和再次认识文本中所自产生的意识、生活和历史”。因此普遍诠释学的任务不是像圣经学那样使我们去接近上帝的神圣真理，而是发展一种“避免误解的技艺学”，包括语法的解释技术和心理的解释技术，一种有助于我们避免误解文本、他人的讲话、历史的事件的方法。也可见圣经学是真理取向

① 洪汉鼎：《诠释学——它的历史和当代发展》，人民出版社 2001 年版，第 17 页。

② 同上书，第 20—21 页。

的，古典学是历史取向的。实际上中国古来汉学的经学与文献训诂学的方法也是如此，属于这种“普遍的诠释学”。

按照 19 世纪普遍诠释学早期代表阿斯特的看法，解释有三要素，即文字、意义、精神。他认为对古代文本和文字的研究，既要揭示古代的普遍精神和生命，又要理解作品的特殊精神和思想，因此对古代文本的理解就有两个层次，普遍和特殊。“文字的解释就是对个别的语词和内容的解释，意义的诠释就是对它所在段落关系里的意味性的解释，精神的解释就是对它与整体观念的更高关系的解释。”① 这里也涉及了文本理解中普遍与特殊的不同层次，“解释”关注语词的字面解释，而“诠释”关注段落的整体意义，这显然就是两个层次的东西。中国古代，训诂学对应的就是文字，义理学对应的是意义、精神。

现在来看施莱尔马赫，他认为理解的对象独立于理解者，我们应当把理解对象置于它们赖以形成的历史语境中。而我们要理解的东西不是作品的真理内容，而是作者个人的个别生命。于是他认为，文本的意义就是作者的意向或思想，而理解和解释就是重新表述或重构作者的意向或思想。他主张只有我们重构了作者的心理状态，我们就算诠释了作者文本。所谓重构作者的心理状态，就是努力从思想上、心理上、时间上设身处地地体验作者的原意。② 可见，他重视的不是普遍的、一般的真理内容，不是寻找一种广大读者共通共感或可分享的内容，而是作者生命的独特的具体表现。他的诠释学即是文本探究型诠释学的代表。从这个角度看，冯友兰所说的孔子“学”的具体意义应即属于作者的意旨，从而施莱尔马赫的诠释学方法可谓重视文本的具体意义的方法。

按照更早的斯宾诺莎的看法，“作品可能意指的东西远比作者所想的更多”，而解释就是把包含更多的那些东西展开来。而与之相反，施莱尔马赫认为理解的只是对作者意图的重构，而不涉及作品的真理内容。理解不是对于一个共同关心的主题达到可分享的理解，而只是作者具体的意图和动

① 洪汉鼎：《诠释学——它的历史和当代发展》，人民出版社 2001 年版，第 66 页。

② 同上书，第 75 页。

机。[1] 作品的真理内容即作品的一般意义、普遍抽象的意义，而作者意图则属于具体意义。这与冯友兰提出的抽象意义或一般意义，与具体意义的区分是相通的，可见作品意义和作者意图的区别其实是诠释学的基本问题。换成冯友兰的语言，也可以说作品的一般意义和具体意义的区分是诠释学的基本问题。

最后来看伽达默尔的哲学诠释学。他反对把理解限定为重构作者心理，认为如果我们了解了话语与书写文字的差别，那么话语一旦变成了文字，它所包含的作者思想就已不是原先的思想。

> 通过文字固定下来的东西已经同它的起源和原作者的关联相脱离，并向新的关系积极地开放。像作者的意见或原来读者的理解这样的规范观念实际只代表一种空位，而这种空位需不低由具体理解场合填补。
>
> 这使我面临一个抉择，就是“在心理上重构过去的思想”，还是“把过去的思想融合在我们自己的思想中”？……我决定反对施莱尔马赫而赞成黑格尔。[2]

就是说，作者的原意已经不重要了，重要的是文字固定下来的文本，这是开放给理解者的。作者的原意即具体意义，文字固定下来的东西就是文字表达的内容真理，是一般的普遍的意义。所以应当被理解的东西不是作者的具体意指，而是普遍的、一般的真理。“在心理上重构过去的思想”，是文本探究型诠释学，而“把过去的思想融合在我们自己的思想”中，则是文本应用型诠释学。我们今天所主张的文化继承实践，强调的也正是这种“过去和现在的综合”的古为今用的精神。

（二）理解

伽达默尔主张，理解的对象和目的不是作者的意图，而是阐明和揭示真

① 参见洪汉鼎：《诠释学——它的历史和当代发展》，人民出版社 2001 年版，第 75 页。

② 同上书，第 217 页。

理的思想，真理的思想不是作品的具体意义，而是作品的普遍意义，这才是真理。他指出，正如老师向学生讲授欧几里得几何学时，他决不只是重构或复制欧几里得的意图，而是阐明具有真理性的几何学原理。另外，要真正阐明过去的真理或历史的真理，决不是单纯重复或复制过去的东西或历史的东西，过去的东西或历史的东西之所以对我们来说是真理，决不是因为他在过去是真理，而今天不是真理，因此真正的真理性的东西永远是过去和现在的综合。他所说的过去的真理或历史的真理，就是指过去的文本所包含的真理内容。正是在这里，伽达默尔返回到黑格尔。黑格尔在其《精神现象学》里说命运虽然把那些古代的艺术作品给予了我们，而没有把那些作品的周围世界、它们现实的春天和夏天给予我们，但艺术女神却“以一种更高的方式把所有这些东西聚集到具有自我意识的眼神和呈递的神情的光芒之中”。伽达默尔说，黑格尔在这里超出了理解问题在施莱尔马赫那里所具有的整个范围，他“以一种更高的方式”在自身中把握了艺术的真理，因为黑格尔在过去与现在的综合中看到了真理性。① 也就是说黑格尔是从普遍性真理的层面而不是具体历史性去把握这个问题。

从以上的诠释学发展历史可知，在 18 世纪以来，诠释学对待文本问题围绕“何为理解”有两种基本路向和形态，一种是强调作者意图的具体历史性的理解路向，以施莱尔马赫为代表。一种是重视文本的真理内容，重视文本的一般意义的理解路向，以伽达默尔为代表。用伽达默尔在上面所举的黑格尔的话为例，他所说的“以一种更高的方式”，即摆脱了具体而上升到普遍一般的方式。黑格尔所说“那些作品的周围世界、它们现实的春天和夏天”就是指作品的具体历史性，而他所说的“艺术的真理”则是普遍一般性，黑格尔显然认为把握艺术真理的普遍性更重要。施莱尔马赫为代表的即是我们所谓文本探究型的诠释学，伽达默尔的哲学诠释学路向，亦即是所谓文本应用型诠释学的路向。施莱尔马赫朝向具体，伽达默尔朝向普遍和一般。贺麟在 1957 年座谈会也提出文本的超时代的普遍性问题：“关于哲学遗产的承继问题……马克思也曾经提出过这样一个问题，当他谈到希腊文艺的社会背景

① 参见洪汉鼎：《诠释学——它的历史和当代发展》，人民出版社 2001 年版，第 218 页。

时他说：‘困难还不在于理解希腊的艺术和史诗与一定的社会发展形态有关，困难是，它们何以仍能给予我们以艺术的满足，并且就某些方面说，还是当作规范和高不可及的模本。’这个问题换句话说，也就是有一定阶级基础，是一定的社会和时代的产物的哲学或艺术，何以有其普遍性，可以为别的时代、别的社会、别的阶级服务。”①马克思说的“与一定的社会发展形态有关”就是黑格尔说的“那些作品的周围世界、它们现实的春天和夏天”，是指作品或文本的社会历史的具体性；而马克思所说的“艺术满足”和“规范”、“模本”就是黑格尔所说的作品的普遍性艺术真理。可见马克思自己也遇到了如何肯定文化的超越时代的普遍性价值的问题，并感到困难。我们认为，古人对真善美的把握，对历史经验的总结和对历史规律的揭示，只要是把握了其中的普遍性真理及其表现形式，就会散发其超越时代、跨越国度的永恒魅力。只是，这种真理的本然光芒有时会被特定的历史境况所遮蔽，也会由于人的眼神执着在具体性上而看不到它。

古典诠释学致力追求一种客观的解释，把解释的标准视为对作者意图的复制，其解释是唯一性的和绝对性的。而在哲学诠释学看来，不必追求这样一种文本意义的狭隘的客观性，“因为这样一种客观性丢弃了文本意义的开放性和解释者的创造性”②。哲学诠释学特别强调“前理解”或“前见”在解释活动中的重要作用，重视前理解对解释的创造性，认为解释开始于前理解，前理解可以被更合适的理解所代替，这种不断替代的过程构成了理解和解释的意义活动。③

伽达默尔写到，理解就不只是一种复制的行为，而始终是一种创造性的行为。按照他的看法，任何传承物在每一新的时代都面临新的问题和具有新的意义，因此我们必须重新理解，重新加以解释。传承物始终是通过不断更新的意义表现自己，这种意义就是对新问题的新回答，而新问题之所以产

① 赵修义、张翼星等编：《守道 1957：1957 年中国哲学史座谈会实录与反思》，上海人民出版社 2012 年版，第 199 页。

② 洪汉鼎：《诠释学——它的历史和当代发展》，人民出版社 2001 年版，第 5 页。

③ 参见同上书，第 6 页。根据伽达默尔和洪汉鼎的解释，前见应当属于具体的诠释学境况，它是由解释者的传统和现有的生存境况所规定的，应当属于“现时代的参与”。

生，是因为在历史的过程中新的视域融合形成，而我们的解释从属于这一视域融合。① 所谓视界融合是指，文本是从它的问题视域出发讲话，我们也同样是从我们的视域出发理解，通过诠释学经验，文本和我们的诠释被相互联系起来。视域融合产生了一个原作者所处问题视域与解释者问题视域的一个融合，通过这种视域融合文本和我们得到某种共同的视域。② 这也就是过去和现在的综合。伽达默尔提出“传承物”的概念，明确地显示出哲学诠释学与“传承”问题的内在关联。

施莱尔马赫曾力图把真理内容与作者意图分开，只关注作者意图，“这使得诠释学传统本来所具有的真理内容的理解消失不见，更何况原有的应用功能也不见了”③，照伽达默尔的看法，诠释学自古就是一种使文本的意义和真理运用于当下的具体境况的任务，而这些在施莱尔马赫的思想中都消失不见了。这也就是说，只注重具体意义的方法使得文本应用与实践的能力消失不见了。伽达默尔的哲学诠释学就是文本应用型诠释学的代表。

哲学诠释学强调应用实践，其中又特别重视“创造”的观念，强调理解不是复制和还原为具体，而是就文本的普遍意义发生创造的行为，创造的诠释。伽达默尔所代表的哲学诠释学强调一切理解都包含应用，这鲜明地表现了诠释学的实践能力。④ 伽达默尔对创造性的突出强调则表示创造性应当是诠释的本质，这种创造性要体现在应用中。⑤ 所以，用哲学诠释学的眼光来看文化继承问题，不仅必然强调传承物的普遍意义，还必定强调“创造性地继承”。

（三）文本

在历史上，传统的诠释学主张文本只能有一种真正的意义，哲学诠释学

---

① 参见洪汉鼎：《诠释学——它的历史和当代发展》，人民出版社 2001 年版，第 219 页。

② 参见洪汉鼎：《诠释学——它的历史和当代发展》，人民出版社 2001 年版，第 234 页。

③ 同上书，第 81 页。

④ 参见同上书，第 3 页。

⑤ 郁振华在他的文章《1957 年中哲史座谈会上的冯友兰和贺麟》中也注意到诠释学对应用的重视，参见赵修义、张翼星等编：《守道 1957：1957 年中国哲学史座谈会实录与反思》，上海人民出版社 2012 年版，第 642 页。

则接受一个文本根据不同理解可有不同意义，从文本意义的一元论转而为多元论，于是本来只对一种意义开放的诠释学变成了向多元意义开放的诠释学。① 伽达默尔在《真理与方法》中说："文本的意义超越它的作者，这并不是暂时的，而是永远如此。因此理解就不只是一种复制的行为，而始终是一种创造的行为。"② 文本的意义超越文本的作者，这就意味着，在重要性上，文本的一般意义要超过作者的具体意图。

还应提到与伽达默尔同时的利科。与历史上的斯宾诺莎近似，利科提出，诠释学的核心问题是语义问题，认为词和语句都有双重的意义或多种的意义（冯友兰所说的命题即是语句），表达语义的结构中，直接的最初的文字意义附加地指称某种间接的引申的比喻的意义。③ 这显然认定，语句的意义除了最初的、文字字面的直接意义外，还有间接的、引申的意义，所以文本的意义不是单一的。利科对文本的定义是"文本就是由书写而固定的语言"。他认为文本完全不同于说的言语，说的言语中，说话者的意向和说出的话的意义常常是重叠的，而在写的言语或文本中，说话者的当下性不存在了，只有文本和它的意义，文本成了独立存在的东西。"文本表明的东西不再与作者意谓的东西一致"。一旦摆脱了说话者的当下性，文本可以超出由说话者这种语境所有的种种历史的社会的限定。说话者不在了，重点就落在了文本及它所说的东西上，而不是作者要说的东西上了。④ 这也是主张理解要超出作者意谓的东西，而进入文本自身超越作者限定的东西。这也就是我们在前面分析过的，具体观念见诸文字，即获得了一般的形式。一旦表达在这带有一般意义的文字形式上，这文字形式便已经是具有相对独立性的普遍形式和共相，而超越了作者的具体意旨。

如前面所说，如果文本的意义不是一元的，文本的意义可以随着不同时代不同人群的视界融合而有不同的意义，则坚持某一种具体意义就没有意义

① 参见洪汉鼎：《诠释学——它的历史和当代发展》，人民出版社 2001 年版，第 2 页。

② 同上书，第 2 页。

③ 参见同上书，第 299 页。

④ 参见张汝伦：《意义的探究——当代西方释义学》，辽宁人民出版社 1987 年版，第 248 页。

了。既然人的理解完全超越了具体意义，如伽达默尔所说，文本的意义超越了作者的意图，作者的意图是单一的，但文本的意义随着不同的理解而是多元的，人可以根据自己的时代的前理解对文本的意义加以创造性的诠释，以满足实践的应用，这就是创造性诠释。即使是反对伽达默尔的贝蒂也认为存在着"重新创造的"解释类型，即把作者可能的意向或含糊的东西，带到完全的表现。解释者致力于把一种意义语境转换成另一种意义语境，并在这意义上重新创造该作品。①

当然，文本的具体意义与作者意图并不能等同，具体意义包含各种具体性，包含着作者意图。二者是同一层次的具体性，但作者意图意旨只是具体意义的例子而不是全部。对我们来说，重要的还不是把作者意图归入具体意义，而毋宁是，哲学诠释学虽然没有明确提出"一般意义"，但其体系肯定文本的一般意义和具体意义的分别，并重视文本的一般意义，从而可视为为冯友兰的哲学方法提供了一种支持。② 同时，也应看到，文本的一般形式为创造性诠释提供了边界条件，这种规定可以使诠释创造性的方向和范围受到约束，而不会走向毫无约束的反面。

所以，我们并无意于涉入文学领域文本与作者的复杂讨论③，只是想表明，诠释学中对文本的不同看法，可能有助于我们对文化继承问题的理论分析。20 世纪 50 年代流行的对传统文化的阶级分析法是一种意识形态的粗暴的简单方法，只是强调作者意图的历史具体性的一种特殊形态；但冯友兰针对文化继承而提出的命题具有一般和具体两种意义，在哲学上自有其价值，而这只有扩展到哲学诠释学的视野，才能更广地理解冯友兰提出文本的两种意义和重视传承物普遍、抽象意义的立场。这也使我们发现了诠释学应用于

---

① 参见洪汉鼎：《诠释学——它的历史和当代发展》，人民出版社 2001 年版，第 267 页。

② 当然，马克思的阶级分析并非与诠释学所说的作者意图分析完全一致，马克思的阶级分析并不是专就作者的声言和意图而言，更强调公开的声言和作者意图可能是虚假的，要求看穿作者其声言之背后客观上代表什么阶级。自然，如果作者明确声言其阶级性，这属于具体意义，也就谈不上一般意义。而马克思似更强调关注那些并未明确声言其阶级性的文本，并力求去揭示其阶级性。然而，如何保证这种揭示是正确的而不是强加的，始终是一个考验。

③ 可参见张隆溪：《阐释学与跨文化研究》，三联书店 2014 年版，第 71 页。

当代文化的一个重要领域。

很明显，普遍诠释学的方法适用于历史的史料解读，如思想史、哲学史、文学史的学习都需要以普遍诠释学作为基本理解、阅读的方法，以掌握作品的原意、作者的意图，这是重要的史学学科方法。而哲学诠释学适用于对文化传承的实践的理解，它所要阐释的，不是一个或一段文本的原始意义，而是一个或一段文本是如何在历史上不断传承、解释、运用的（这种传承、解释、运用是在保持其文字形式的同一性的条件下发生的），它的关注点和思想史史料的细读把握不是一回事情。所以伽达默尔明确说哲学诠释学不是提供具体的理解方法。对我们而言，哲学诠释学面对的是作为文化资源的文本的传承、诠释、活用，对于文本必定是张大其一般性，并加以创造性继承和转化，以合于应用实践的需要。历史上的诠释实践也是如此，最明显者如对“天下兴亡，匹夫有责”的诠释，顾炎武提出这一命题，其具体本意是有关“学统”、“道统”的兴亡，人人都有责任；但后人运用此命题时无意或有意地都将之理解为对国家的兴亡人人有责，以服务于民族国家的建设。所以，思想史探究面对的文本解读，既需要普遍诠释学以避免误解，确定其具体意义，也需要哲学诠释学以理解其一般意义在历史上发生的变化与作用。而对于文化继承问题，对于文化传承问题，则不需要以普遍诠释学去执着文本的具体意义，而可以完全集中在哲学诠释学对文本普遍一般意义的创造性诠释和应用上。哲学诠释学的努力显示出一个真理，那就是，“创造的继承”与“创造的诠释”在文化的传承发展中占有核心的重要性。这对我们今天理解传统文化的“创造性转化与创新性发展”，应当有参考的价值。

总之，文化传承是继承和发展的统一，只有通过创造地继承，和有继承地创造，才能在文化的发展中使文化连续性和创新性得到统一。文化的传承创新应当注重以下几个方面：第一，重视文化发展的连续性，继续倡导继承、弘扬中华文化。第二，重视对古代文化进行辩证的分析和选择，取其精华、去其糟粕。第三，重视典籍文本的开放性和解释者的创造性，古为今用、推陈出新。历史传承的文本在每一时代都面临新的问题、新的理解，而不断需要更新其意义，当代的文化继承，不能停留在文本的训诂层次，而是使文本积极地向新时代开放，把文本的思想和我们自己的思想融合在一起，成为过去与现在的视界融合。当代的文化传承，不是把古代文本的意义视作固定的、单一的，而是使今人与历史文本进行创造性对话，对典籍文本作创造性诠释，对传统文本的普遍性内涵进行新的诠释和改造，以适应当代社会文化的需求。

通过冯友兰的个案，回顾以冯友兰为中心的关于传统文化继承的思想讨论，结合哲学诠释学的视野，我们可以清楚看到，当代中国文化传承发展的关键是从“批判的继承”转变为“创造的继承”，通过对传统文化的“创造性诠释与应用实践”，实现在扬弃中继承，在继承中发展，在发展中创新，使中国文化在保持认同的同时不断发展创新。

（原载于《文史哲》2017 年第 1 期）

“中国现代性”的追寻

——对现代中国哲学发展主线的一种描述

侯　才

在中国，由于历史传统和既有体制等原因，哲学的发展与现实社会实践和社会生活有着极为紧密的联系。其突出的一个表现是，哲学发展的主题及内在逻辑明显的直接为社会实践和社会生活所规定。

1840 年以来，随着鸦片战争的爆发，封闭的民族壁垒被打破，古老的中华帝国走向衰亡，中国社会开始逐渐向现代社会过渡。现代化成为贯穿国家和民族的社会实践和社会生活的宏大主题，并进而规定了近代以来包括新中国成立以来的哲学发展的主线和主旋律。

因此，有一定理由和根据从现代性的视域对近代以来的中国哲学特别是现代中国哲学的发展进行描述和解读。

一、现代性的视域和“中国现代性”

“现代性”概念是 20 世纪后期才受到广泛重视的一个概念。据现有研究成果，“现代性”概念至早出现于 17 世纪上叶，18 世纪在波德莱尔那里获得全新的、现代的意义，19 世纪开始流行，而把现代性作为哲学问题来探讨则始于黑格尔。这一概念的出现，可以看作人类社会的现代化进程达到自我意识的一个标志。

何谓“现代性”？当代哲学家们对此理解各不相同。有人解释为新的社会知识和时代，有人解释为与当代现实相联系的思想态度和思想模式，有人解释为后传统秩序或工业化世界的行为制度和模式，等等。实际上，现代性是现代化过程的质的规定性，它表现在现代化过程中的制度、模式、行为、观念、态度等各个领域和方面，但绝不直接等同于这些领域和方面本身。现代性的底蕴和本质规定则是主体性。而主体性又有客体尺度和主体尺度即科学性和价值性两个基本的维度，其具体体现就是对科学理性和个性自由的追求。在现代化前期，主体性主要通过科学理性得到彰显；在现代化后期，主体性则主要通过个体的存在和自由得到昭示。主体性成为现代性的底蕴的现实原因和客观根据是，由于近代大工业和理论自然科学的出现，人的实践能力发生根本性的质变，人在总体上成为真正意义上的主体，并由此将自身从周围的自然中提升出来。由此，决定了人类实践和认识的重心从自然向人、从“实体”向主体的迁移，也决定了人类社会从古代向现代、从农业社会向工业和“后工业”社会、从自然经济向商品经济或市场经济的转型。

资本主义大工业、近代理论自然科学以及世界市场的创立开辟了现代化的历史进程，从而塑造了在不同的发达资本主义国家所呈现的各具特色的资本主义的现代性。但是，现代化过程是整个人类历史从而也是每一民族、国家所必经的发展阶段。因此，不同类型的后发民族、国家势必都面临着不同形式的现代性塑造的任务。

马克思对资本主义的批判，在一定意义上可以解读为对资本主义现代性的一种批判。由于马克思的共产主义构想是后资本主义社会，从而是后现代社会，马克思不可能去思考和设想一种普遍的现代性模式，也不可能就现代性的一般问题作出分析和阐述。但是他的共产主义构想作为一种资本主义批判理论，实际上是一种反资本主义现代性或后资本主义现代性理论，不仅为现代西方流行的种种后现代性理论提供了资源和启示，而且，也为现代经济落后国家在现阶段构建和塑造新的现代性提供了资源和启示。

中国的现代化进程在本质上可以归结为对中国特色的现代性——简言之，“中国现代性”——的追寻和塑造过程。所谓“中国现代性”，就是中国现代化过程的质的规定，它体现在中国现代化实践、道路、模式和理论之中。就思想理论来说，它主要是依据马克思的共产主义构想即后资本主义现代性的理论，以及借鉴当代西方各种现代性和后现代性理论而在立足于中国现代化实践的基础上形成和发展起来的。

二、“中国现代性”追寻的轨迹和逻辑

现代中国哲学的发展以现代性的追寻为主线、以人的主体地位的确立为中心，经历了民主主义革命时期、新中国的计划经济体制时期和改革开放时期三个大的阶段。

在民主主义革命时期，对中国现代性的求索首先鲜明地体现在20世纪上半叶中国思想家、政治家们的思想中。从龚自珍的“众人之宰，非道非极，自名曰我”（《壬癸之际胎观第一》），康有为的“人即天”（《中庸注》），严复的“意自在，故我自在”（《天演论·卷下·论九真幻按语》）、“惟与以自由”（《群儿权界论·译凡例》），到鲁迅的“立人”（《文化偏至论》）和青年毛泽东的“贵我”（《〈伦理学原理〉批注》），都体现了对现代性的自觉追求，闪烁着主体性精神的光耀。

特别值得提及和考察的是五四运动。五四运动是中国由古代社会向现代社会、由农业社会向工业社会跃进的必然产物，是现代化过程开启的思想和文化标志，是现代性的真正启蒙。它既是旧民主主义革命思想启蒙的继续，又是新民主主义革命思想启蒙的开篇。

西方近代之初的启蒙运动本质上也是现代性的启蒙运动。与西方近代启蒙运动相比，中国这场现代性的启蒙运动既有其一般性，也有其特殊性。这种特殊性尤其表现在，由于五四运动是由新文化运动和爱国反帝运动两部分构成，各自直接面临的具体任务和课题不同，初看上去这两个部分似乎彼此相悖甚至相互否定：前者表现为对外来物的欢迎和接纳，后者则表现为对外来物的拒斥和抵御，以至于胡适等学者认为后者对前者来说不啻于一种挫折。但实际上，从更高的视点来看，尽管两者形式不同，却都是因现代性的滞后和缺失而引起。两者均统一于现代性，只不过一个主动，一个被动；一个积极，一个消极。因此，五四运动作为现代性的启蒙运动堪称是一种正反两方面经验的双重启蒙。

五四运动作为一场现代性的启蒙运动，其基本精神是作为现代性底蕴的主体性精神。反帝爱国运动维护和捍卫的是民族的主体性。新文化运动则涉及每个社会成员的主体性。被称为五四运动“总司令”的陈独秀所提出的“新

文化运动是人的运动”(《新文化运动是什么?》)这一命题鲜明地体现了这一点。就被视为新文化运动的两面旗帜——“科学”和“民主”而言，科学（近代自然科学以及由此产生的科学精神、科学态度和科学方法）主要体现人对自然和整体客观世界的主体性，民主则主要体现人对社会关系特别是社会政治关系的主体性。科学主要表达主体性在技术、经济和知识层面的诉求，民主则主要表达主体性在政治（制度、原则）层面的诉求。科学主要体现人是自然、客观世界的主体，民主则主要体现人是社会关系的主体。科学体现主体的客观性和科学性的尺度，民主则体现主体的主观性和价值性的尺度。至于陈独秀一再强调的“自由”(学术上的思想自由)、“平等”(法律上的平等人权）和“独立”(伦理上的独立人格)，也均是主体性的不同价值要求和体现。因此，五四运动实质上是从经济、政治和作为观念形态文化的不同层面对主体性的一种全面的呼唤，标志着中国哲学主体性的觉醒与实践启蒙。

在近代中国，资本主义现代性的输入一开始就与资本主义殖民性相伴随，即采取资本主义殖民性的形式，这就使被输入的资本主义现代性同时染有殖民性的色彩。五四运动也鲜明地体现了这一特点。其实，这正是资本主义现代性内在矛盾的完整表现。这一特点带来的历史效应自然也是双重的：一方面，人们认同资本主义现代性，希冀借鉴和接纳资本主义现代性的优长，甚至主张全盘输入资本主义现代性；另一方面，人们又敌视、防范和拒斥资本主义现代性，因为资本主义的现代性与资本主义的殖民性二者之间毕竟有着内在的逻辑关联。就五四新文化运动来说，主要表现为对资本主义现代性的一定认同甚至全盘接纳，即较为彻底地摈弃固有文化传统，全盘输入西方文化。而就五四反帝爱国运动而言，则主要表现为对资本主义现代性（实际上是对资本主义现代性弊端）的拒斥和警醒。这样，就在某种意义上弥补了新文化运动的缺失和不足，从而为俄国十月革命后马克思主义在中国的传播奠定了思想基础。

在民主主义革命时期，包括其哲学思想在内的马克思主义在与文化保守主义和文化自由主义的竞争中，愈益获得广泛传播和影响，逐渐与中国传统文化相融合，并伴随新民主主义革命的胜利，最终取得主流意识形态的地位。

马克思主义及其哲学所以能够在中国获得如此影响，归根到底是因为它作为一种反资本主义现代性或后资本主义现代性的理论，体现了对资本主义现代性的扬弃和超越，适应了中国现代化实践及其进程的需要。

马克思主义中国化的过程，是中华文化赋予马克思主义以特殊的民族文化资源、要素以及特质的过程，或者说，是赋予马克思主义以民族性的过程；同时，也是马克思主义赋予中华文化以现代性成分并推动其进行现代性转换的过程，或者说，是赋予中华文化以现代性的过程。就后者而论，有理由认为，马克思主义在与中国革命和建设事业相结合的过程中，不仅在某种程度上丰富和拓展了中华传统文化的内涵，促进了中华传统文化的现代性转换和提升，而且借此从文化的内核或根基上推动了中国社会的“现代转型”。

从现代性视角来看俄国十月革命对于中国发展的意义，首先在于它为近代中国文化及其哲学的发展输送和注入了一种反资本主义现代性而又超越资本主义现代性的资源，这就是马克思主义及其哲学在中国的传播。

新中国的成立，意味着中华民族主体性的确立。但民族主体性的确立不等于每个社会成员的个体主体性的确立。在实行计划经济体制期间，我国的现代化建设取得了一定的成就，但也经历了曲折。发生失误和挫折的总的认识论根源，是在思想上将现实中的社会主义混同于马克思和恩格斯所构想的理论社会主义，并且将其与当代资本主义绝对对立起来，彻底否定和排斥资本主义现代性，进而试图逾越现代性，直接进入马克思主义创始人所设想的后资本主义社会或后现代社会。事实是，经济落后国家或许可以避开资本主义，但却不能避开现代性。在这样的思想的指导下，在实践中势必导致种种挫折和失败。反映到哲学层面上，社会成员的个体主体性必然遭到抹杀和否定。

如果说，由于历史条件的限制，现代性问题特别是主体性的意识和要求在五四新文化运动中还主要滞留在实践操作层面，存在着一定的盲目性，那么，它在 1978 年真理标准大讨论开启的当代中国哲学的新发展中，则最终找到和获得了理论上的表达和自觉。纵观改革开放以来中国哲学的发展，其中尤其贯穿了现代性特别是主体性原则这条红线：1978—1980 年的真理标准讨论；1980—1984 年的人性、异化和人道主义讨论；1981 年以后的主体性和

“实践唯物主义”讨论以及价值论讨论；1992 年以后逐渐深化的对主体性原则的反思和对“现代性”概念的直接探讨；等等。这些讨论，特别是对“现代性”概念及其相关理论的直接探讨，标志着中国现代化真正达到哲学上的自我意识和理论上的自觉。

这些哲学讨论看上去似乎题目纷杂。但是如果仔细辨析，就不难发现其中贯穿的内在逻辑：由真理性的认识和检验问题进展到人的实践活动，由人的实践活动进展到作为实践活动主体的人及其主体性，由作为实践活动主体的人及其主体性进展到人自身的价值性，以及最后由人自身的价值性进展到现代性。这一线索的内在关联是：真理性的认识根源于人的社会实践活动；而人是实践活动的主体，主体性是主体的规定，实践不过是主体性的载体和表现；真理和价值则是主体及其实践活动所内含的两个基本向度。这样，现代性的完整内蕴实际上已经通过改革开放以来的诸种哲学讨论得到了全面的展开和探究。

其中，需要反思和重新品评的是 1980—1984 年开展的人性、异化和人道主义的讨论。这场讨论虽然以政治化而告终，但就其历史意义和作用而言，堪与真理标准的讨论相媲美。其重要功绩在于，在理论上，肯定了人是马克思主义的出发点；在实践上，则肯定了人是我国现代化事业的中心，即人是我国现代化事业的创造者、主体和目的。这场讨论，表明了在新的历史条件下人的自我意识和自我觉醒，为中国特色社会主义价值目标的确立奠定了重要的理论基础，特别是使哲学研究回归到马克思主义哲学的现实前提和出发点，从而最终在客观上为“以人为本”为核心的“科学发展观”的提出做了重要的思想和理论上的准备。

与此同时，与学术界哲学研究发展线索彼此交织、相互推动的，是执政党和国家指导理念的不断深化和发展：由真理标准大讨论所开启的党的“实事求是”思想路线的重新确立，到“三个有利于”判断标准的制定，到“三个代表”重要思想的提出，以及再到以“以人为本”为核心的科学发展观的创立。

应该说，这些马克思主义中国化的最新成果实际上都是对现代性问题在党和国家发展理论和战略层面的一种自觉反映和应答，集中体现了“中国现代性”的自我意识和理论自觉。因此，它们共同构成一种“中国现代性”的实践理性范式，在对“中国现代性”的实践塑造和创生中发挥了重大作用。

三、中国现代性的进一步塑造

全球的现代化进程还远未完结。中国的现代化建设以及“中国现代性”的塑造也在过程中。可以说，“路漫漫其修远兮”。

有观点认为，中国现代性的未完成性根源于启蒙与革命的矛盾。由于五四以后，革命压倒和逾越启蒙，成为20世纪上半叶的主流，导致中国现代性的中断和未完成性。其实，从宏观的历史尺度来看，或许可以说，革命也是争取现代性。因为，建立统一的、独立的民族国家，捍卫和实现民族国家的主体性，是争取和实现现代性的必要前提。所以，毋宁说，革命本身也是现代性的一个必要组成部分。

现代性蕴含了创造与毁灭、赢取与丧失、进步与退步等等的悖论，象征和表达了深刻的人类生存矛盾以及尖锐的文化和社会冲突。西方发达国家通过资本主义生产方式开启了现代化的进程，并使资本主义与现代性重叠、结合在一起，一开始就成为占主导地位的现代性形态。

在当代，这种占主导地位的现代性因其全球化而具有了普适性，而现代性的内在矛盾不仅没有被消除，反而变得更为深刻，以至哲学家们几乎都一致认定，在现存的现代性中蕴含着无可避免的危机，从而，也引发了种种后现代理论和思潮。

由此提出的一个总体性的时代课题是：塑造、构建和实现一种合理的现代性。

在此情势下，中国作为一个发展中的国家，作为一个在现代化过程中已初具“中国道路”和“中国模式”雏形的大国，如何成功塑造和完成“中国现代性”？而当代中国哲学如何负载起自己的塑造“中国现代性”的时代责任和历史使命？

当代中国哲学要完成自己的使命，必须创造性地解决科学性与价值性以及时代性与民族性的关系问题。

首先，就现代性本身的内在矛盾来考察，特别是就作为现代性本质规定的主体性的内在矛盾来考察，必须解决和实现科学性与价值性的统一。

众所周知，近代以来，伴随着人的主体地位的确立，人们实践的主观态度和关注的重心由客体规定的尺度转移到主体意义的尺度，由对客观对象认知的真理性或科学性的追求转移到对主体存在的价值性的追求，科学性与价值性日益分裂了，并由此导致了现代性的危机。所以，要解决和实现科学性与价值性的统一，首先必须找到科学性与价值性分裂的根源。

对此，哲学家们已经给出了一些不同的答案。海德格尔将其追溯到作为一种“架构”（Gestell）的技术的主宰，伽达默尔将其归因于人类对自身所创造的文明成果的依附，即“人类对在自己周围作为我们的文明所建立起来的东西的依赖性”①，等等。笔者则以为，这种科学性与价值性分裂的深层的社会根源在于：在由迅疾发展的科技和工业所造就的巨大生产力不仅使人真正成为主体，而且日益充分地提供满足人们不断增长的需求的手段的情况下，人们为自己的欲望和享受所左右，丧失了自我，乃至用“欲求取代了需求”，陷入了欲求不断被相对满足又不断被刺激、产生和扩张的恶性循环。换言之，主体自身缺失了主体。丹尼尔·贝尔在其《资本主义文化矛盾》中曾提出“欲求取代需求”② 这一值得重视的命题。按照他的理解，“需求”与“欲求”的本质区别在于，前者主要是生理的，而后者则主要是心理的；前者是有限的，可以相对满足的，而后者则是漫无止境和无法满足的。或许还可以补充的是，前者主要是自然主义的，后者则完全是功利主义和享乐主义的。

由此可见，科学性与价值性分裂的根源实际上是主体性自身发生了危机，即人虽然凭借工业和科技的力量成为自然和万物的主人，但却未能让人自身真正成为自身的主人，也就是说，成为自身的需要、欲望和本质的主人。因此，当代中国哲学有责任构建一种“自我主体性”，即使人成为人自身之主体的主体性，不仅使人成为自然和万物的主人，而且也使人真正成为

① ［德］伽达默尔：《科学时代的理性》，薛华等译，国际文化出版公司 1988 年版，第 131 页。

② ［美］丹尼尔·贝尔：《资本主义文化矛盾》，赵一凡等译，三联书店 1989 年版，第 280 页。

自身的主人，成为自身的需要、欲望和本质的主人。康德曾提出：人为自然立法，人为社会立法，人为道德立法。根据现代化过程的既有实践，我们有必要予以补充：人为人自身立法。因为人只有为人自身立法，才能真正做到为自然、社会和道德立法。

科学性和价值性的分裂还有其直接的认识论方面的原因。在古代，人与自然、主体与客体的关系尚未分化，人们对自身价值的关注寓于对自然统一性的追寻之中。近代以降，诸种自然科学由经验科学上升为理论科学，认识论在哲学理论中占据了中心地位，精神原则、科学理性成为至高的主宰，在这种情境之下人们主要关注的是如何客观地认识和把握外在对象，揭示客观外在对象的隐秘的本质和运动规律。这种状况固然有助于人们认清和把握外在对象，但同时也造成了人们对自身存在的忽略和遗忘。在现代，伴随认识重心向人自身存在的迁移，人自身存在的意义和价值问题愈益进入人们的视野，人们比以往任何时候都更为关心作为主体的人的自身的意义和价值的实现。但与此同时，也容易诱发主体性的恶性膨胀，导致极端个人主义、极端功利主义和享乐主义，等等。

科学性与价值性的这种分裂，也反映到哲学自身发展的形式方面。由于近代以来有关自然和历史的实证知识和具体科学从哲学中分化出去，哲学不再是包罗万象的“科学之母”，客体认知与主体意义、真理追求与价值取向、科学精神与人文精神等等就由哲学之内的统一演化成了某种哲学外部的分离甚至对立，导致科学理性脱离价值目标的统摄，而价值日标则脱离科学理性的基础。正因如此，也就给哲学提出了一项根本的任务，即作为必要的纽带和桥梁，把这外在的双方联结和统一起来，从而完整地体现哲学的本性和功用。

总之，解决和实现科学性与价值性的统一，是消除主体性危机、塑造合理的中国现代性的关键。

其次，就现代性外部考察，特别是就当代中国文化发展所面临的矛盾考察，要塑造合理的中国现代性，必须解决和实现时代性与民族性的统一。

从广义文化的角度来说，近代以降，中国文化就处在古今中外文化矛盾的交汇点上。解决古今中外文化的矛盾，成为当代中国文化赖以发展的一种必然形式和契机。

这种当代中国文化矛盾的底蕴和实质到底是什么？以往的学者们提供了种种不同的解答，由此也形成了各种不同的解决方案：从张之洞的“中体西用”，到上海十教授的“本位文化”（《中国本位的文化建设宣言》）；从胡适的“全盘西化”，到李泽厚的“西体中用”，再到张岱年等一些学者所力倡的“综合创新”，如此等等。

其中，冯友兰先生的学术历程尤其值得人们回味和思考。冯友兰先生把自己一生的学术目标概括为对东西文化之争的解答。按照他自己的描述，他对当代中国文化矛盾的认识经历了一个由“东西之分”到“古今之异”再到“社会类型”“转化”的过程。他在《三松堂自序》中说：“在五四运动时期，我对于东西文化问题，也感觉兴趣，后来逐渐认识到这不是一个东西的问题。一般人所说的东西之分，其实不过是古今之异。……在三十年代，我到欧洲休假……，在这个时候，我也开始接触了一些马克思主义。……我认识到，所谓古今之分，其实就是社会各种类型的不同。……某一个国家或民族在某一历史时期是某一类型的社会，而在另外一个时期可以转化成为或发展成为另一种类型的社会。”①

冯友兰先生最终把当代中国文化矛盾归结为社会转型问题，这在当时不失为一种洞见，有一定的合理性和意义。但是，即便把文化的矛盾归结为社会的转型，似乎也仍然是一种现象学的描述，并未深入到问题的底蕴。

或许，可以把当代中国文化矛盾的实质概括为时代性与民族性的关系问题，其合理的解决答案在于实现其时代性与民族性的统一。

单纯而论，中国传统文化的现代化，要解决的是前现代性与现代性（乃至后现代性）的矛盾。但是，在文化全球化的历史背景下，中国传统文化不可能自身孤立的发展，必然要寻求和借助具有现代性的外来的文化资源。而具有现代性的外来的文化资源也必然对中国传统文化产生影响。这样一来，中国传统文化的现代化与具有现代性的外来文化资源的中国化这两者就联结、重合在一起，成为当代中国文化发展统一过程的两个不可分割的方面。

---

① 冯友兰：《三松堂自序》，三联书店 1984 年版，第 259—260 页。

如果说，中国传统文化的现代化要解决的是前现代性与现代性的矛盾，可以归结为"时代性"这一核心问题；那么，具有现代性的外来文化资源的中国化解决的则是世界性与民族性的矛盾，可以归结为"民族性"这一核心问题。所以，中国传统文化的现代化与具有现代性的外来文化资源的中国化的关系，在本质上就可以被归结为"时代性"与"民族性"的关系。

基于上述这一理解，可以肯定的是，合理的中国现代性的塑造必须将时代性与民族性结合、统一起来。为此，在现阶段，特别是在中国对世界的影响与日俱增、中国哲学的世界化日益迫切的情势下，应将中国传统文化的现代性转换作为马克思主义中国化的必要前提提到社会实践的首位上。

（原载于《哲学研究》2010 年第 4 期，原文刊发时有所删节，现以手稿原文刊出，并对极个别文字作了校订）

论三种资源的会通与创新

宋志明

“中国哲学”是一种现代学术话语。把“中国”和“哲学”两个词关联在一起，是中国现代哲学家的一大贡献。所谓现代中国哲学，可以说就是中国固有哲学、西方哲学、马克思哲学三种资源的会通与创新。“会通”是一种态势，“创新”是一个目标。在建构“中国哲学”的过程中，老一辈哲学家取得了理论思维成果，也留下了经验教训。如何吸收他们的理论思维成果和经验教训，是我们应该做、必须做的事情。本文对此话题谈一点粗浅的看法。

一、学科意识的自觉

“中国哲学”与“中国固有哲学”是两个不同的概念。前者建立在哲学学科意识自觉的基础之上，而后者并没有建立在这样的基础之上。中国固有哲学与古希腊哲学一样，都属于包罗万象的学问，被视为“一切学之学”。西方哲学家在17世纪中叶突破了这种观念，实现了哲学学科意识的自觉，把哲学定位为关于世界观(含人生观）的学问，使哲学成为一种独立的学科。到20世纪初叶，中国哲学家在西方哲学的影响下，也实行哲学学科意识的自觉，建构起“中国哲学”的现代形态。哲学学科意识的自觉是中国现代哲学家取得的最重要的理论思维成果。

蔡元培是第一个获得哲学博士学位的中国学者，他对哲学的理解颇具代表性，表明对哲学的学科性质有了新的认识。他不再把哲学理解为“综合之学”，而是理解为各门学科分化出去之后的独立学科。他在《简易哲学纲要》

写道：

“哲学是人类思想的产物，思想起于怀疑，因怀疑而求解答，所以有种种假定的学说。普通人都有怀疑的时候，但往往听到一种说明，就深信不疑，算是已经解决了。一经哲学家考察，觉得普通人所认为业已解决的，其中还大有疑点；于是提出种种问题来，再求解答。要是这些哲学家有了各种解答了，他们的信徒认为不成问题了；然而又有些哲学家看出其中又大有疑点，又提出种种问题来，又求解答。有从前以为不成问题的；有从前以为是简单问题而后来成为复杂问题的。初以为解答愈多，问题愈少。那知道问题反而随解答而增加。几千年来，这样的递推下来，所以有今日哲学界的状况。”① 在这里，蔡元培表达了一种自觉的哲学学科意识。他认为，在科学发展起来之后，哲学作为一门学科，不再是包罗万象的学问，而是不断深化的思考方式。哲学研究应该突出问题意识，体现怀疑精神。这是一种理性主义的眼光，契合五四时期的时代精神。他强调，哲学处在发展的过程中，不是僵化的教条。现代哲学同古代哲学的区别在于，不再受到宗教的限制，甚至具有取而代之的功能。他叫作以美育代宗教。概括起来，蔡元培关于哲学学科的看法，有三个要点：第一，哲学是关于认识论的学问，应当诉诸理性，讲究逻辑证明，不能建立在“圣言量”上面，不能以引证代替论证。第二，哲学是关于世界观的学问，提出一种关于世界总体的理论。第三，哲学是关于人生观的学问，帮助人们树立一种指导人生实践的价值理念。基于对这种认识，蔡元培在任北京大学校长期间，创办了中国大学的第一个哲学系。

同蔡元培一样，冯友兰也认为，讲哲学不能诉诸直觉，必须诉诸理性。他在《中国哲学史》中说：“无论科学、哲学，皆系写出或说出之道理，皆必以严刻的理智态度表出之。”“故哲学乃理智之产物；哲学家欲成立道理，必以论证证明其所成立。”“欲立一哲学的道理，谓不辩为是，则非大辩不可；既辩则未有不依逻辑之方法。”至于哲学的研究范围，包括三大部分：一是宇宙论，“目的在求‘对于世界之道理’”；二是人生论，“目的在求‘对于人

① 高平叔编：《蔡元培哲学论著》，河北人民出版社 1985 年版，第 305 页。

生之道理'"；三是知识论，"目的在求'对于知识之道理'"。①

最早表述哲学学科自觉意识的中国马克思主义理论家是瞿秋白。1923年，他担任上海大学社会科学系主任，讲授《社会哲学概论》。他在讲义中指出，最初的哲学是一切知识的总称，"随后智识渐渐分类、综合、组织而成系统，就发生种种科学，——从哲学之中分出；至今所剩的仅仅是方法论和认识论"。"科学分工的结果，使哲学仅仅能成为综合一贯的智识，有统率精神物质各方面的智识而求得一整个儿的宇宙观之倾向；更因科学进步而智识系统日益严密，于是，哲学——所谓'求宇宙根底的功夫'愈益得以深入。然而初民哲学与现代哲学仍旧同样是人对宇宙的认识。"② 他明确地指出，各门科学纷纷独立之后，作为学科的哲学便只成为"求宇宙根底的功夫"，也就是关于世界观的学问。

以上三位哲学家的哲学信仰不一样，但在哲学观上却存在着共识，都认识到哲学乃是一种关于世界观的学问。这种共识表明：中国哲学的发展已经突破古代哲学的框架，跨入现代哲学的论域。由于中国哲学家对于哲学学科的自觉意识比西方哲学家晚，不可避免地会受到西方哲学的影响。他们有意无意地把西方哲学这样一种特殊的哲学形态，误认为"标准"的哲学形态，过分看重中西哲学的共性，而忽略了"中国哲学"的特殊性。他们在突破中国固有哲学的局限的时候，也疏离了本民族的优良精神传统，陷入单数哲学观的误区，没有充分意识到哲学形态的民族性和多元性。对于这种单数哲学观，也有人提出质疑，表示认同复数哲学观。金岳霖在冯友兰著《中国哲学史》审查报告中坦言："我很赞成冯先生的话，哲学根本是说出一种道理的道理。但我的意见似乎趋于极端，我以为哲学是说出道理来的成见。哲学一定要有所'见'，这个道理冯先生已经说过但何以又要成见呢？哲学中的见，其理论上最根本的部分，或者是假设，或者是信仰；严格的说起来，大都是永远或者暂时不能证明与反证的思想。如果一个思想家一定要等这一部分的思想证明之后，才承认他成立，他就不能有哲学。这不是哲学的特殊情形，

---

① 冯友兰：《中国哲学史》上册，中华书局1992年版，第4—6页。

② 黄美真等编：《上海大学史料》，复旦大学出版社1984年版，第268页。

无论甚么学问，无论甚么思想都有，其所以如此者就是论理学不让我们丢圈子。”[①] 讲哲学就是讲道理，当然应该遵循理性主义的路径，不过，要想对结论做出完全充分的论证，显然是十分困难的。任何一种哲学结论作为一种整体性的论断，难以从形式逻辑的角度找到充分的理由，难以达成所有人的共识。哲学结论不可避免地带有假设或信仰的色彩，故而金岳霖称之为“成见”。“成见”与“道理”的区别在于，前者是复数，而后者是单数。梁启超也认为中国哲学有别于西方哲学区别。1927 年，他在《儒家哲学》一书中写道：“中国学问不然，与其说是知识的学问，毋宁说是行为的学问。中国先哲虽不看轻知识，但不以求知识为出发点，亦不以求知识为归宿点。直译的 Philosophy，其涵义实不适于中国，若勉强借用，只能在上头加个形容词，称为人生哲学。中国哲学以研究人类为出发点，最主要的是人之所以为人之道：怎样才算一个人？人与人相互有什么关系。”[②] 很可惜，金岳霖和梁启超的复数哲学观并未引起哲学界的重视，也没有改变单数哲学观占主流的情形。

二、三种资源的外在会通

中国现代哲学家取得的第二项重大的理论思维成果，就是致力于三种哲学思想资源的会通，力求建构“中国哲学”的新形态。令人遗憾的是，由于受到单数哲学观的限制，他们对中国哲学的民族性认识不足，未超出“外在会通”的层面。

梁漱溟认为中国文化与西方文化选择的路向不同，前者以“意欲调和持中”为基本特征，后者以“意欲向前要求”为基本特征，然而他却不否认中西哲学之间有可沟通性。他发现，“只有孔子的那种精神生活，似宗教非宗教，非艺术亦艺术，与西晚近生命派的哲学有些相似”[③]。他把儒学同生命哲

① 冯友兰：《中国哲学史》下册附录，中华书局 1992 年版。

② 《梁启超哲学思想论文选》，北京大学出版社 1984 年版，第 488 页。

③ 梁漱溟：《东西文化及其哲学》，上海商务印书馆 1922 年版，第 153 页。

学加以会通，找到了开启现代新儒家思潮的路径。他的会通以二者之间的相似点为前提，属于一种外在的会通方式。

冯友兰从单数哲学观出发，运用新实在论的方法研究中国哲学史，取得的成绩是写出两卷本的《中国哲学史》。他在该书的《绪论》中指出，中国哲学史所讲的内容，就是“中国之某种学问或某种学问之可以西洋所谓哲学者名之者也”。同梁漱溟一样，他也努力寻找中西哲学的相似点共同点，未超出“外在会通”的范围。从今天的视角看，我们当然可以批评冯著旧版《中国哲学史》有傍依西方哲学之嫌，但他毕竟从哲学学科自觉意识出发，对中国固有哲学做了比较系统的处理，把中国哲学史学科初步建立起来。我们不必苛求前辈，因为他们在起步阶段，只能这样做，没有别的选择。中国哲学史研究水平长久没有得到提升，不能归咎于前辈，而应当归咎于我们自己。冯友兰撰写完《中国哲学史》之后，不再满足于仅仅做一个哲学史家，开始创建自己的哲学体系。从 1939 年开始，他陆续出版“贞元六书”，创立了“新理学”体系。在“贞元六书”中，《新理学》是关于宇宙论或世界观的专著，《新原人》是关于人生论或人生观的专著。关于知识论，他没有写出系统的专著。他创建的新理学体系，“外在会通”的特征也颇为明显。其中使用的主要范畴理、气、道体、大全等等，取自中国传统哲学，而“共相单独存在”的观念则取自新实在论。

贺麟是研究西方哲学的专家，也在努力寻找中西哲学的相似点，力求把二者会通在一起。他信奉单数哲学观，认为哲学只有一个，“无论中国哲学西洋哲学都同是人性的最高表现，人类理性发挥其光辉以理解宇宙人生，提高人类精神生活的努力，无论中国哲学，甚或印度哲学，都是整个哲学的一支，代表整个哲学的一方面。我们都应该以同样虚心客观的态度去承受，去理会，去撷英咀华，去融合贯通，去发扬光大”①。中国哲学虽有儒、道、墨三家，亦可归结为唯心、唯物两派；西方哲学虽有唯心、唯物两派，亦可归结为儒、道、墨三种类型。因此，二者之间不存在不可逾越的界限，完全可以会通。他创立的新心学体系，也是“外在会通”的产物，一面承接中国陆

① 贺麟：《哲学与哲学史论文集》，商务印书馆 1990 年版，第 127 页。

王的学脉，一面承接鲁一士“绝对唯心主义”理念。

金岳霖虽不认同单数哲学观，但在会通中西哲学方式上，同上述哲学家大体一致，也采取“旧瓶装新酒”的模式，写出《论道》一书。道既是金岳霖本体论学说的出发点，又是归结点。他从道出发，抽象出能的范畴，又从能导出式的范畴，最后又把二者都囊括到道之中，从而形成“道—能—式—道”的架构。道是金岳霖本体论思想的核心。他说：“最崇高概念的道，最基本的原动力的道决不是空的，决不会像式那样的空。道一定是实的，可是它不只是呆板地实像自然律与东西那样的实，也不只是流动地实像情感与时间那样的实。道可以合起来说，也可以分开来说，它虽无所不包，然而它不像宇宙那样必得其全然后才能称之为宇宙。自万有之合而为道而言之，道一，自万有之各有其道而言之，道无量。”① 在金岳霖那里，道是中国哲学的“旧瓶”，可是其中装的“新酒”却来自西方的新实在论，仍未超出“外在会通”的范围。北京大学教授林宰平对金氏“旧瓶装新酒”的做法颇有微词，认为中国哲学并不是“旧瓶”，也无需装什么西洋的“新酒”。

由于处在战争年代，加上接受马克思主义哲学的时间很短，中国马克思主义者暂时还来不及考虑这种新哲学如何同中国固有哲学会通的问题，把更多精力放在马克思主义普遍原理如何同中国革命实践相结合的考量上。毛泽东形象地把马克思主义喻为“矢”，主张“有的放矢”，即运用马克思主义的立场、观点、方法，解决中国革命的实际问题。在反对教条主义的思想斗争中，中国马克思主义者提出“马克思主义中国化”的口号，但还未充分认识到马克思主义哲学同中国固有哲学相结合的必要性。李大钊在《原人社会于文字书契上之唯物的反映》一文，运用大量的中国文化史上的资料，说明社会存在决定社会意识的原理。他还在《时》一文中引用庄子的“朝菌不知晦朔，蟪蛄不知春秋”、“吾生也有涯，而知也无涯”等名句，用以说明主观认识的局限性，可以看出中国固有哲学曾对他接受和理解唯物史观发生了潜在的影响，但他作为中国早期的马克思主义者，不可能充分地认识到马克思主义哲学同中国固有哲学相结合的必要性。中国马克思主义理论工作者运用马

① 金岳霖：《论道》，商务印书馆 1987 年版，第 17 页。

克思主义哲学研究中国古代思想史取得许多成果，如郭沫若著《十批判书》，侯外庐著《中国思想史》，但也没有考虑如何用中国固有资源丰富马克思主义哲学的问题。毛泽东把中国固有哲学中的某些思想材料与马克思主义哲学结合起来，提出“实事求是”、“一分为二”等命题，对马克思主义哲学的表示呈现出中国特色，但也不能算是两种资源的有机结合。总的来看，两种资源尚处在相互外在的情形，未达到“内在会通”的程度。

三、“哲学”与“中国”的疏离

现代意义上的“中国哲学”的建构，迈出的第一步是“外在会通”，接下来的第二步本该是“内在会通”，可是这一步竟迟迟没有迈出，反而蹈入“哲学”与“中国”的疏离，切断了二者之间的关联。1949 年以后，在“左”的思潮主导下，复数哲学观无人敢讲，单数哲学观成为中国哲学理论工作者的唯一模式。不过，这种唯一可以讲的哲学，并不是冯友兰心目中的“道理”，而是来自苏联哲学教科书的“原理”。在“哲学是单数”视域中，“中国哲学”的概念没有存在空间，只容许讲“某种哲学在中国”，不容许讲“中国自己的哲学”。

苏联哲学教科书在中国流行开来以后，中国哲学理论工作者只能唯“苏联老大哥”马首是瞻，仿佛世界上只有一种哲学，就是苏联哲学教科书讲的那种哲学。苏联哲学教科书在中国掌控了话语权，讲哲学只允许用一种声音，不容许出现不同的说法；只容许认同单数的哲学观，不容许认同复数的哲学观；只容许讲普遍性，不容许讲特殊性。在这样的语境中，哲学家独立的哲学思考能力被限制住了，不可避免地导致“中国哲学”意识的失落。

在苏联哲学教科书中，哲学的讲法被单一化、简单化，一律归结为关于思维与存在关系问题的研讨，把这个问题说出适用于任何哲学的“基本问题”。至于为什么说是“哲学基本问题”，教科书并未作出充分的论理，只是引证恩格斯的一段话为理论依据。在《路德维希·费尔巴哈和德国古典哲学的终结》中，恩格斯的确有关于“哲学基本问题”的说法。他写道：“全部哲学，特别是近代哲学的重大的基本问题，是思维和存在的关系问题。”对于恩格斯的说法，我们不能脱离具体的语境，做教条主义的理解。我们不能忽略恩格斯同时说的另一句话："但是，这个问题，只是在欧洲人从基督教中世纪的长期冬眠中觉醒以后，才被十分清楚地提了出来，才获得了它的完全的意义。"① 引用者没有注意到，恩格斯所说的"全部哲学"，是在西方哲学语境中讲的，指的是"德国古典哲学"，并不是指人类的全部哲学。恩格斯没有系统地研究过中国哲学，也没有系统地研究过埃及哲学、印度哲学等，不会贸然下一个"全部哲学"的断语。从形式上看，恩格斯似乎做了全称判断，实际上则是特称判断，特指德国古典哲学或者西方哲学。因此，从恩格斯的论断中，不能得出"物质与精神关系的问题适用于任何哲学"的结论。如果作出这样的结论，显然是对恩格斯的误解，并站不住脚的。

恩格斯从来没有把"哲学基本问题"公式化、普遍化，不否认在各个不同的时代可以有不同的问题意识，不否认不同的民族可以有自己独特的问题意识。恩格斯只是以西方哲学史为例说明他的论断，并没有论及其他民族哲学史的情况。他特别提到，思维对存在的地位的问题，在西方中世纪经院哲学中，具体地表现为精神与自然界何者为本原的问题。在这里，恩格斯谈的显然是西方中世纪哲学的特殊性，并不是整个人类中世纪哲学的普遍性。如果不顾西方中世纪哲学的具体情形、具体特点，把恩格斯的具体分析简单地套用到其他民族的哲学史上，无疑有违于恩格斯的本意，并且背离了马克思主义具体问题具体分析的原则。在西方中世纪，基督教神学占统治地位，哲学只不过是神学的婢女，上帝创世论的思想影响很大。正是针对这种情况，哲学家们才把精神和自然界何者为本原的问题，当作哲学基本问题来思考。世界是从来就有的？还是上帝创造的？这是西方人才会有的这样一种困惑，是在基督教统治地位的文化背景中才会提出的问题。中国古人从来没有上帝创世说的观念，根本就不可能提出这样的问题。在中国古代，也有类似创世说的传说，如盘古开天地、女娲造人等，但只是小说家言，不能作为一种非常严肃的学术观点拿到台面上。我们不能用看待西方近代哲学眼光去看待中国固有哲学。

---

① 《马克思恩格斯选集》第 4 卷，人民出版社 1995 年版，第 223、224 页。

思维和存在的关系问题不是任何哲学必须讨论的基本问题，也不是马克思主义哲学必须讨论的基本问题。马克思在《关于费尔巴哈的提纲》中，没有单独使用“存在”这个西方哲学常用的范畴，另外创立了“社会存在”这样一个新范畴。所谓“社会存在”，是指属于人的存在，并非指与人毫无关系的客观世界本身。马克思的基本观点是“社会存在决定社会意识”，并不泛泛而谈“存在决定意识”。其实，“客观世界本身”作为一个整体，具有无限性，并不能成为人认识的对象。人只能以客观世界的部分为认识的对象，得出具体的结论，而无法以客观世界整体为认识对象，因为人自己就在“客观世界”之中，无法与之对象化。人不可能站在“客观世界”之外，因而无法对“客观世界是什么”作出判断。换句话说，对于思维与存在何者为第一性的问题，人无法给出答案，无法达成共识。马克思指出，自己创立的新哲学，同以往的西方哲学有原则区别：以往的哲学以“解释世界”为宗旨，而“问题在于改造世界”。追问思维与存在何者为第一性，恐怕仍旧属于“解释世界”的哲学话语，显然有违于马克思创立新哲学的初衷。

当“哲学”与“中国”的关联被切断之后，在中国，马克思主义哲学、西方哲学史、中国哲学史成为三个各自独立的二级学科。讲西方哲学史，主要任务是批判“资产阶级哲学”，用不着讲“中国”；讲马克思主义哲学，只讲教科书就够了，也用不着讲“中国”；至于讲中国哲学史，其实并不讲“中国固有哲学”，只讲“中国思想材料”，以便为“哲学原理”提供例证。在这种语境中，中国哲学理论工作者丧失了创新能力，患上了失语症，不能做思想家，只能做宣传家，跟着苏联哲学教科书的说法亦步亦趋。

四、内在会通与创新诉求

1978 年党的十一届三中全会以后，中国历史发展迈入新的历史阶段，“中国”和“哲学”再次被关联起来，迈入“内在会通”发展阶段，表达出强烈的创新诉求，失落已久的“中国哲学”意识开始复苏了。这在高清海、冯契、冯友兰三位当代著名哲学家的身上，得到充分的体现。他们突破单数哲学观的藩篱，重申哲学的多元性，提出关于哲学的新见解，并且在此基础上，谋求实现马克思主义哲学和中国固有哲学的“内在会通”。“内在会通”的诉求在于，不再讲“马克思主义哲学的中国化”，而要讲“中国化的马克思主义哲学”。

高清海教授较早对苏联哲学教科书的讲法表示怀疑。我在吉林大学哲学系读硕士生期间，他多次对我们说，马克思主义哲学不应当只有苏联哲学教科书这样一种表述方式，中国哲学理论工作者不能被教科书的讲法捆住手脚，而应当大胆探索，找到一种有中国特色的新讲法。他认为，苏联哲学教科书把辩证唯物主义同历史唯物主义相提并论，用一个“和”字联系在一起，已经破坏了马克思主义哲学体系的完整性，不可能再讲成“一整块钢铁”。对苏联哲学教科书只讲物不讲人的倾向，他提出批评，强调哲学研究的对象并不是与人无关的外在世界，而应当是属人的客观世界。他主编的《马克思主义哲学基础》同苏联哲学教科书有明显的区别，其中有当代中国哲学家的独到见解。他不再照着苏联哲学教科书讲，而是按照中国哲学家的理解，接着讲中国化的马克思主义哲学。

冯契教授指出，中国化马克思主义哲学应当体现出两点意向：一是化理论为方法，二是化理论为德性。他大胆地把“德性”这一中国固有哲学范畴引入马克思主义哲学的讲法中。“化理论为德性”的具体内涵，就是培育“平民化自由人格”理念，把马克思主义与中国固有哲学的优良传统有机地结合在一起。冯契心目中的“平民化的自由人格”，就是马克思倡导的共产主义新人。按照他的理解，“共产主义事业正像马克思说的要‘由于人’和‘为了人’。这个事业要通过新人来建设，而且这种建设是为了使人成为新人。培养人，让人能够真正从事共产主义事业，这是一个头等的大事。我们搞共产主义是为了什么？还不是为了让人成为新人”①。冯契的人格理念既是接着马克思主义哲学讲的，也是接着中国固有哲学讲的，并且把这两种思想资源融会贯通。中国固有哲学特别重视人格问题，冯契继承了这个传统，同时又超越了这个传统，他在马克思主义哲学的指导下，找到了新的讲法。在中国固有哲学的人格理念中，儒家推崇圣人，强调人的道德素质；道家推崇真

① 冯契：《人的自由和真善美》，华东师范大学出版社 1996 年版，第 309 页。

人，强调人的精神境界。这两种人格理念的共同缺陷是缺少发展的观念，对人的能力素质重视不够，因而很难塑造出现代社会所需要的理想人格。冯契着眼于中国社会现代化发展的精神需求，把传统人格理念同马克思主义关于人的全面发展的观点结合在一起，完成了新人格的理论设计。这种新人格既有很高的道德素质，也有很高的精神境界，还有很强的能力素质。总之，新人格是全面发展的平民，不是古人所憧憬的单向度的圣人。

冯友兰教授在晚年坦言，自己虽然曾经上过那些假马克思主义理论骗子的当，但决不因此而放弃马克思主义哲学。他郑重声明："路是要自己走的；道理是要自己认识的。学术上的结论是要靠自己的研究得来的。一个学术工作者所写的应该就是他所想的。不是从什么地方抄来的，不是依傍什么样本摹画来的。"他不顾年事已高，决定二度重写中国哲学史。"只写我自己在现有的马克思主义水平上所能见到的东西，直接写我自己在现有的马克思主义水平上对于中国哲学和文化的理解和体会，不依傍别人。"① 他把哲学定位为精神现象学，而不再定位为西方哲学历来讲论的自然现象学。他说："哲学是人类精神的反思。所谓反思就是人类精神反过来以自己为对象而思之。人类的精神生活的主要部分是认识，所以也可以说，哲学是对于认识的认识。对于认识的认识，就是认识反过来以自己为对象而认识之，这就是认识的反思。"② 按照这种说法，不应该再把哲学视为解释世界的"物学"，而应当视为人类自我反思的"人学"。如果把哲学视为"物学"，尚可归结为"一"，因为人类住在同一个地球之上；而把哲学视为"人学"，由于反思的主体各不相同，就只能归结为"多"了。按照冯先生的这种新哲学观，哲学的主题是人，而不是物。这同马克思在《关于费尔巴哈的提纲》中的看法是一致的。至于哲学的功用，他认为应当有两个："一是锻炼、发展人的理论思维的能力，一是丰富、提高人的精神境界。"③ 关于第一点作用，恩格斯已经谈到，冯先生表示完全同意。至于第二点作用，则是中国哲学家才会有的独到

① 冯友兰：《中国哲学史新编》第1册，人民出版社1982年版，第1、2页。

② 同上书，第9页。

③ 同上书，第27页。

见解。在西方哲学家的眼里，哲学起于好奇，同人的精神境界没有什么关系，只有中国哲学家才会如是观。冯先生认同中国的精神传统，他说："用中国的一句老话说，哲学可以给人一个'安身立命之地'。就是说，哲学可以给人一种精神境界，人可以在其中'心安理得'地生活下去。"① 由此来看，冯先生的新哲学观保有鲜明的中国特色。

以上三位中国当代哲学家的讲法，不再受苏联哲学教科书的限制，表现出中国人特有的哲学识度，指示出"中国哲学"的发展方向。令人遗憾的是，由于天不假以时日，他们还未来得及完全实现自己的想法。他们的未竟之志，难道不应该由我们来完成吗？

（原载于《东岳论丛》2013 年第 1 期）

① 冯友兰：《中国哲学史新编》第 1 册，人民出版社 1982 年版，第 27 页。

中国现代哲学主题刍议

——关于20世纪三四十年代中国哲学发展的一些回顾与思考

田文军

在中国现代哲学转型与建构的历史进程中，是否存在一个基本的且与中国社会发展的现实要求密切关联的理论课题呢？或者说有没有其他理论无法替代且能够不断地从方法学的层面，为中国社会的现代化道路提供理论支持的主要课题呢？在笔者看来，对这个问题的回答应当是肯定的。因为，在中国现代哲学的转型与建构中，实际上存在这种基本的或主要的理论课题。这种理论课题的基本内容即是对事物共殊关系的探讨与辨析。在中国现代哲学史上，围绕这种基本的或主要的理论课题而展开的哲学活动，主要出现在20世纪的三四十年代。在这一时期的哲学活动中形成的关于事物共殊关系的理论系统，不仅在不同的层面上对于中国社会的现代化具有重要的方法论意义，同时，也为我们全面了解中国现代哲学的转型与发展提供了一个重要的关切视域。基于这样的理解，本文对20世纪三四十年代的中国哲学运动作一些历史的回溯，并围绕中国现代哲学主题及其相关问题作一些论析与解释。

一、三部哲学论著与同一个哲学论题

在中国现代哲学发展的历史上，曾经在同一时间段内出现过三部以不同的研究方法、不同的思想资源，不同的理论系统探讨同一个哲学对象的哲学著作。这就是：1937年毛泽东发表的《矛盾论》，1939年正式出版的冯友兰的《新理学》，1940年出版的金岳霖的《论道》。在同一时间段内，围绕共同的哲学问题，即探讨事物的共相与殊相的关系而形成三种不同的认识成果，这在中国现代哲学史上，是一个十分有趣的文化现象；中国现代哲学史上的这段历史，也是一段值得人们高度关注的历史。对于这段历史，任何一位治中国哲学史的学者皆不陌生，人们对于出现在这一历史时期的三部哲学著作的内容，大都非常熟悉。但是，在中国现代哲学史研究中，人们或注意对文化思潮的研究，着力探讨文化保守主义、自由主义与马克思主义之间的歧异与争锋，将中国现代哲学的发展，理解为不同社会思潮相互交错、排拒与发展的历史；或注重对专人专著的研究，人们关于毛泽东、冯友兰、金岳霖哲学研究的专门成果即十分丰富；或注重于专门问题的研究，专探有关中国现代哲学史上的知识论问题、本体论问题等。但是，由于各种各样的原因，人们很少从中国现代哲学基本的或主要理论课题的角度，将毛泽东、冯友兰、金岳霖的三部哲学著作联系起来进行理论的考察，并通过这样的考察，来了解中国现代哲学发展的历史轨迹与发展前景，辨析构成中国现代哲学的传统资源、西学因素与现实要求。这种状况是应当改变的。因为，1937 年毛泽东发表《矛盾论》,1939 年冯友兰正式出版《新理学》,1940 年金岳霖出版《论道》，这些看似偶然的历史事件，实际上反映了中国现代哲学发展的一种内在趋向与时代要求，表明中国社会与中国文化的现代化需要，规定与确立了中国现代哲学需要解决的基本的或主要的理论课题。

从《矛盾论》、《新理学》、《论道》问世的历史背景来看，当年毛泽东、冯友兰、金岳霖以不同的方式辨析事物的共殊关系，实际上即是以对于现代中国哲学主要的理论课题的领悟与自觉为思想前提和认识基础的。冯友兰晚年论及他的《新理学》时曾经说过“新理学”的自然观的主要内容，是共相和殊相的关系的问题。并认为自己探讨的问题是一个古老的哲学问题，但自己的探讨是“接着讲”，而不是“照着讲”。对于一个在中外哲学史上人们都曾经涉猎的古老的哲学问题，冯友兰为什么要“接着讲”？这除了冯友兰认定共相与殊相，一般与个别的关系问题“是一个真正的哲学问题”之外，一个更为重要的原因，即是冯友兰意识到在步入现代历史以后的中国继续探讨这个“真正的哲学问题”，仍然是中国社会文化发展的现实要求。在《新理学·自序》中，冯友兰曾以哲学家的语言表达自己对于这种时代要求的理解：

“此书虽‘不着实际’，而当前有许多实际问题，其解决与此书所论，不无关系。故虽知其中必仍有需修正之处，亦决及早印行，以期对于当前之大时代，即有涓埃之贡献”①。

金岳霖对待社会现实生活的态度有别于冯友兰，更不同于毛泽东。金先生实际上是一位比冯友兰更为典型的学院派哲学家。但其《论道》的理论重心同样是辨析事物的共殊关系。作为一个专业方向重在知识论与逻辑学领域的学者，金先生为什么会对形上学问题产生兴趣？用金先生自己的话说即是“一个向来不大谈超现实的思想的人何以会忽然论起道来”。这值得人们深入思考。因为金先生自己也认为：“有好些书有那何为而作底问题。”②金先生论及《论道》的写作缘由，没有像冯友兰那样直接与解决中国社会发展的现实问题联系起来，而是首先说到自己对于哲学的兴趣：“我最初发生哲学上的兴趣是在民八年底夏天。那时候我正在研究政治思想史，我在政治思想史底课程中碰着了 T.H.Green。我记得我头一次感觉到理智上的欣赏就是在那个时候，而在一两年之内，如果我能够说有点子思想的话，我底思想似乎是徘徊于所谓‘唯心论’底道旁。民十一年在伦敦念书，有两部书对于我的影响特别的大；一部是罗素底 Principles of Mathematics，一部是休谟底 Treatise。罗素底那本书我那时虽然不见得看得懂，然而它使我想到哲理之为哲理不一定要靠大题目，就是日常生活中所常用的概念也可以有很精深的分析，而此精深的分析也就是哲学。”③在我们今天看来，金先生当年对于哲学的兴趣，其实也是可以纳入当时中国的知识精英出于改变国家民族积贫积弱的现实，发奋学习西方科学文化这种时代背景来加以解释的。

金先生写作《论道》另一个原因，实际上是他的民族情结与文化使命感，他曾说过：“中国思想中最崇高的概念似乎是道。所谓行道、修道、得道，都是以道为最终的目标……国人对之油然而生景仰之心的道，万事万物之所不得不由，不得不依，不得不归的道才是中国思想中最崇高的概念，最基本

---

① 《三松堂全集》第 4 卷，河南人民出版社 2000 年版，第 3 页。

② 金岳霖：《论道》，商务印书馆 1987 年版，《绪论》第 1 页。

③ 同上书，第 3—4 页。

的原动力。对于这样的道，我在哲学底立场上，用我这多少年所用的方法去研究它，我不见得能懂，也不见得能说得清楚，但在人事底立场上，我不能独立于我自己，情感难免以役于这样的道为安，我底思想也难免以达于这样的道为得。”① 这里所谓情感上“以役于这样的道为安”，思想上“以达于这样的道为得”，即可以理解为金先生在心灵深处仍将自己的工作与生活纳入中国人主张的“行道、修道、得道”的范围。他要基于哲学的立场，以自己的方法论释作为“中国思想中最崇高的概念，最基本的原动力”的道，目的似也在于参与中国人的“行道、修道、得道”。而在 20 世纪三四十年代，中国人“行道、修道、得道”的具体内容则不可能游移于中国社会文化的现代化这一时代课题之外；中国人“行道、修道、得道”的日标只能是振兴中华，复兴自己的民族文化。只不过金岳霖先生论及《论道》写作的缘由时没有如此直白的表达而已。他仅以哲学家的语言论释了自己对于复兴民族文化的关切与期盼。

毛泽东写作《矛盾论》，目的更是在于指导中国革命实践。冯友兰晚年认为《矛盾论》中论析的真正的哲学问题之一即一般与个别、共相与殊相的关系问题，并认为毛泽东的《矛盾论》实即是他《中国革命战争的战略问题》一文的哲学表述：“《中国革命战争的战略问题》和《矛盾论》这两篇文章，前者发表于 1936 年 12 月，后者发表于 1937 年 8 月。就发表时间说，前者早于后者八个月，但不能说《矛盾论》中那两个要点只是毛泽东在这八个月中才发现的；只能说毛泽东在 1936 年前后的几年之间，就已形成这一套思想。他先用军事学的形式发表出来，那就是《中国革命战争的战略问题》；后来又用哲学的形式把它发表出来，那就是《矛盾论》。这两篇文章互相发明，互为表里。”② 冯友兰关于毛泽东因革命实践的需要而意识到现代中国哲学的理论课题，并形成自己哲学思想的见解是合于实际的。在中国现代哲学史上，毛泽东对事物一般与个别、共相与殊相的探讨与辨析，确实典型地体现了哲学自身的实践性品格。

冯友兰认定毛泽东在 1936 年前后的几年之间形成了自己关于事物共殊

① 金岳霖：《论道》，商务印书馆 1987 年版，第 16 页。

② 《三松堂全集》第 10 卷，河南人民出版社 2000 年版，第 599 页。

关系的理论，则向人们揭示了中国现代哲学史上另一个重要的发展线索：即人们意识并领悟中国现代哲学的理论主题，并围绕这一理论主题形成系统的哲学理论，只能出现在20世纪的三四十年代。因为，中国现代哲学的这种理论课题的确立，以自鸦片战争以来中国人对“中国向何处去”这一问题的探讨形成基本答案为前提。这种答案，要而言之，即是中国要强盛，中华民族要复兴，必须使自己的民族文化由古典形态转换为现代形态，实现中国社会文化的现代化。尽管人们对于中国社会文化现代化的具体道路的理解有所不同，但探讨中国社会文化的现代化，都必须思考所谓中、西、古、今的矛盾，解决东西方不同民族文化之间的矛盾，以及中国传统文化与现时需求之间的矛盾。人们探讨事物的共殊关系，即是从哲学的层面探讨如何解决中、西、古、今的矛盾，探讨如何实现中国文化的现代化。因为，当现代化乃国家民族强盛的必由之路成为人们的共识之后，如何使中国社会文化实现现代化即成为人们急需解决的实践课题与理论课题。而这种实践课题与理论课题的确立，正是毛泽东、冯友兰、金岳霖等人得以建构自己的哲学系统的现实基础与时代根据。

二、同一个哲学论题的三种诠释路向

在中国现代哲学史上，毛泽东的《矛盾论》、金岳霖的《论道》、冯友兰的《新理学》大体上形成于同一个历史时期，且都以事物的共殊关系作为自己的诠释对象，但其诠释方法各具特色，并不相同。具体考察毛泽东、金岳霖、冯友兰对事物共殊关系的辨析及其辨析方式，对于我们了解中国现代哲学的历史发展，揭示中国现代哲学发展的内在趋向是十分有益的。

冯友兰晚年论及自己的哲学活动，曾经认为：“中国哲学家的著作大都是因事见理，而西方哲学家的著作大都是就理论理。这就是说，中国哲学家的著作大都是从殊相讲到共相，从特殊讲到一般，从具体讲到抽象，西方哲学家的著作大都是从开始就讲一般，从共相到共相。”① 冯友兰曾经留学美

① 《三松堂全集》第1卷，河南人民出版社2000年版，第215页。

国，熟知西方的哲学方法。但是，他辨析事物的共殊关系，建构自己的“新理学”，仍然始于对经验的释义，而非始于对概念的分析。所谓始于对经验的释义，是说冯友兰辨析事物的共殊，首先仍是肯定“事物存在”，在肯定事物存在的基础上，进而分析事物的存在，推导事物何以存在，从而引申出共殊的观念，辨析事物的共殊关系。

冯友兰在“新理学”中辨析事物的共殊，主要是通过“理”与“气”，“实际”与“真际”等范畴进行的。其中“理”与“气”又是冯友兰表述事物共殊的主要范畴。在“新理学”中，“理”与“气”即是通过对经验的释义建立起来的。在冯友兰看来，事物存在是经验中的事实。对于经验的释义，即是解释经验中的事物为什么总是这样的存在或那样的存在，或说解释现实的事物何以“各如其是”。冯友兰的解释首先是肯定凡事物必都是某种事物，进而由“某种事物是某种事物”，肯定“必有某种事物之所以为某种事物者”。他将这种推导的结论表述为“有物有则”。所谓“有物有则”，亦即有物有“理”。“理”是使某种事物成为某种事物的根据或必要条件，是事物的本质属性，或说事物的共相。

在“新理学”中，“气”这一范畴是通过对“存在底事物必都能存在”的肯定与推导建立起来的。因为，在冯友兰看来，“能存在底事物必都有其所以能存在者”。这种使“存在底事物”“所以能存在”的东西是作为现实事物存在基础的“质料”。他将这样的“质料”，称之为“气”。“理”与“气”同为事物存在的基本条件。“理”为事物存在的“依照”，“气”为事物存在的“依据”；“依照”决定事物“是什么”，“依据”决定事物“成为实际底的‘是什么’者”；从“理”、“气”对于事物存在的作用看，“理”、“气”不存在先后的问题。但是，从共殊的作用看，“理”、“气”则是不能等同的。因为“气”本身仍是存在，是存在则须具备存在之性，具备存在之性，即需依照存在之理。这种观念使冯友兰实际上肯定“理”在“气”先，强调共相高于殊相。

“实际”与“真际”也是冯友兰表述殊相与共相的重要范畴。“实际”乃作为形而下者的“器世界”，“真际”则是作为形而上者的“理世界”。“器世界”可说是殊相的集合，“理世界”则是共相的集合。冯友兰在辨析“实际”与“真际”关系时的基本观念是“有实者必有真。但有真者不必有实”。所谓“有真者不必有实”，实际上是认定共相可以离开殊相而有；“有实者必有真”，则是说实有必为真有，实际只是真际中本有的各种事物之理的具体显现。这样的理解，使冯友兰断言“理世界在逻辑上先于实际的世界”，从一个更高的层面上肯定共相独立于殊相，高于殊相。

冯友兰辨析事物的共殊，表明他自觉地意识到了时代为中国现代哲学规定的理论课题。但他对于事物共殊关系的理解，又偏离了事物共殊关系的实际。对于自己辨析事物共殊时的理论失误，冯友兰晚年曾认为其认识根源，在于不了解共相的具体：“如果了解了具体的共相那个道理，‘理在事中’的道理就不难了解了……这是一个关于认识的问题，并不是一个关于存在的问题。就存在说，本来没有谁先谁后、谁上谁下的问题。其所以有这些问题，就是因为把关于认识的问题与关于存在的问题混淆了。”① 冯友兰的这种自省是深刻的。混淆认识问题与存在问题，确实是导致冯友兰有关事物共殊关系的结论出现片面的重要原因。

但是，冯友兰在《新理学》中关于事物共殊关系的结论，与他在《新事论》和《新原人》中对事物共殊关系的理解，似有不同。《新事论》探讨社会文化问题，讲文化的类型，论释中国文化的现代化道路，强调文化的民族性，已经注意到事物共殊之间的联结。《新原人》中讲“大全”，“大全”即宇宙或“群有”，也可以说是殊相的总名。“如果把‘有’了解为‘群有’，‘有’就是‘群有’，‘群有’是殊相，‘有’这个共相就寓于这一群殊相之中……不过照这样的了解，‘有’这个共相就不是一个抽象的共相，而是一个具体的共相了。”②《新理学》所讲之“理”是抽象的共相，《新原人》所讲“大全”已涉及具体的共相。尽管冯友兰当时没有清楚地意识到自己思想的差别，但这种差别实际上已经存在。由这样的差别，我们似可看到冯友兰辨析共殊的思想变化。

金岳霖辨析事物的共殊，开始于对命题的分析。《论道》的第一章名为“道，式—能”，第一章中的第一个命题则是“道是式—能”。“道”与“式”、“能”是金岳霖辨析事物共殊关系的基本范畴。金岳霖肯定共相的实在，与

---

① 《三松堂全集》第 1 卷，河南人民出版社 2000 年版，第 228 页。

② 同上书，第 215 页。

他对“可能”与“能”的分析关联。《论道》曾通过对“共相是个体化的可能，殊相是个体化的可能底各个体”这一命题具体论释作为共相的“可能”的实在。在金岳霖哲学中，“可能”虽与共相有关，但“可能”并非定是共相。金岳霖对“有能”、“有可能”曾有专门的辨析，论及“有可能”时，曾说“这里所谓可能是可以有而不必有‘能’的‘架子’或‘样式’；一部分是普通所谓空的概念，另一部分是普通所谓实的共相”①。所以，“共相虽是可能，可能可不一定是共相。可能虽可以有能，而不必有能”②。金岳霖对“可能”的这种分析，认定“空的概念”与“实的共相”都属于“可能”，同时也肯定有无具体的表现乃“空的概念”与“实的共相”的区别，这种肯定实际上即是要肯定共相的实在与具体。他所谓“共相是个体化的可能，殊相是个体化的可能底各个体”的命题正是以这样的“可能”观念为基础而形成的。他具体诠释这一命题，则进一步肯定了共相的实在与具体：“照本文底说法，共相当然是实在的。相对于任何同一时间，可能可以分为两大类：一是现实的，一是未现实的。未现实的可能没有具体的、个体的表现，它根本不是共相；因为所谓‘共’就是一部分个体之所共有，未现实的可能，既未现实，不能具体化，不能个体化，本身既未与个体相对待，所以也无所谓‘共’。”③ 在金岳霖看来，所谓共相的具体与实在，即在于其为现实的“可能”。金岳霖也不否认共相有别于殊相：“共相当然实在，不过它没有个体那样的存在而已。一方面它是超时空与它本身底个体的，另一方面它既实在，所以它是不能脱离时空与它本身底个体的。”④ 对共殊关系的这种理解，使得金岳霖既肯定共相的普遍，认为“共相超它本身范围之内的任何个体”，同时也强调共相的实在，认为“它又不能独立于本身范围之内的所有的个体”。冯友兰曾经高度评价金岳霖以逻辑分析的方法辨析事物共殊关系所作出的这种结论。认为他肯定殊相与共相的联系与区别，强调共相的具体与实在，既正确地论释了共相的实在与具体，又深刻地指出了共相的内在与超越；实际

---

① 金岳霖：《论道》，商务印书馆 1987 年版，第 21 页。

② 同上。

③ 同上书，第 73 页。

④ 同上书，第 74 页。

上总结了中外哲学史上关于事物共殊关系的论争，克服了论争中出现的思想片面。由于金岳霖以分析的方法深刻地论释了事物的共相与殊相的联系与区别，可以说他在中国现代哲学史上，围绕时代为中国现代哲学规定的理论课题，建构起了一种最具理论特色的哲学系统。这种哲学系统在中外哲学发展史上，都具有重要的历史地位和理论价值。

毛泽东论析事物共殊的思想方法，既不同于冯友兰，也不同于金岳霖。他基于唯物辩证法的观念，在肯定事物即是矛盾，“没有矛盾就没有世界”的基础上辨析矛盾的普遍与特殊，深刻地论析了事物的共性与个性、普遍与特殊的关系：“矛盾的普遍性和矛盾的特殊性的关系，就是矛盾的共性和个性的关系。其共性是矛盾存在于一切过程中，并贯串于一切过程的始终，矛盾即是运动，即是事物，即是过程，也即是思想。否认事物的矛盾就是否认了一切。这是共通的道理，古今中外，概莫能外。所以它是共性，是绝对性。然而这种共性，即包含于一切个性之中，无个性即无共性。假如除去一切个性，还有什么共性呢？因为矛盾的各各特殊，所以造成了个性。一切个性都是有条件地暂时地存在的，所以是相对的。”[①] 从这种论述中我们可以看到，毛泽东认为矛盾的普遍与特殊的关系问题即是事物的共性与个性的关系问题，肯定“共性，即包含于一切个性之中，无个性即无共性”；同时也认为共性不同于个性，强调共性的普遍性、绝对性，个性的暂时性与相对性。毛泽东这种“无个性即无共性”的论断，也可以说是既肯定共相的具体，又肯定共相的实在，揭示了事物共殊关系的联结与实质。肯定共相的具体，本是唯物辩证法的一大理论传统。列宁在其《谈谈辩证法问题》一文中曾经指出：“个别一定与一般相联而存在。一般只能在个别中存在，只能通过个别而存在。任何个别（不能怎样）都是一般。任何一般都是个别的（一部分，或一方面，或本质）。任何一般只是大致地包括一切个别事物。任何个别都不能完全地包括在一般之中，如此等等。”这里所谓“任何一般都是个别的（一部分，或一方面，或本质）”即是强调具体的共相。毛泽东吸纳唯物辩证法的这种思想资源，运用中国传统的哲学概念，论释矛盾的普遍与特殊，正

---

① 《毛泽东选集》第一卷，人民出版社 1991 年版，第 319—320 页。

确地解析共殊之间的联结，也为解决时代赋予中国现代哲学的理论课题作出了重要贡献。

与冯友兰、金岳霖这类职业哲学家身份不同，毛泽东是革命家。冯、金二人依凭哲学家思想的敏锐，领略时代对哲学的呼唤而辨析事物的共殊，毛泽东作为革命家则因直接感受到实践的需要而探讨事物的共殊关系。他在领导中国革命的实践中，之所以强调“必须将马克思主义的普遍真理和中国革命的具体实践完全地恰当地统一起来”，正是由于他从哲学的层面认识到了“共性即包含于一切个性之中”，形成了自己关于事物共殊关系的理论。这种理论从思想方法的层面帮助他领导中国人民取得了革命的胜利。因此，就毛泽东的《矛盾论》对于中国社会文化现代化的理论价值与实践价值而言，不论冯友兰的《新理学》，还是金岳霖的《论道》，都无法与其同日而语。

三、三种解释路向留给人们的思考

冯友兰在《三松堂自序》中论及哲学史研究与哲学创作，认为“哲学史的重点是要说明以前的人对于某一哲学问题是怎么说的；哲学创作是要说明自己对于某一哲学问题是怎么想的”。这是他的经验之谈。毛泽东的《矛盾论》、冯友兰的《新理学》、金岳霖的《论道》，在中国现代哲学史上的同一个时间段内探讨事物的共殊关系，并各以自己的思想方法形成了自己的理论系统，解释了事物共殊之间的区别与联结，形成了中国现代哲学史上最具理论深度的认识成果。对于这一历史文化现象留给我们的启示，不论是从哲学史研究的角度，还是从哲学创作的角度，都值得深入思考与总结。

从哲学史研究的角度来看，毛泽东、冯友兰、金岳霖等人在20世纪三四十年代基于不同的学术立场探讨事物的共殊关系，并能形成各具思想特色的认识成果，这表明现代中国哲学的创建与发展，既存在不同的理论追求、思想方式，也存在共同的理论课题与发展方向。《周易·系辞传》中有“天下同归而殊途，一致而百虑”之说。此说也可用于概括中国现代哲学发展的某些特色。就“同归”与“一致”来说，现代化当是现代中国社会文化发展的趋势与方向，这样的方向也是现代中国哲学的发展方向；就“殊途”与“百虑”来说，现代中国哲学的发展，则实际上是在多种哲学理论和哲学方法的交流碰撞、融会互补、改造创新的过程中进行的。

从毛泽东、冯友兰、金岳霖等人的哲学活动来看，时代的要求以及他们对于时代要求的自觉，使他们的理论活动旨趣都指向事物的共殊关系。不同的政治立场、不同的学术背景及人生态度，又使得他们探讨事物共殊关系的思想方式、理论目标以及对于事物共殊关系的理解有所不同。毛泽东作为现代中国革命的领导人物，在哲学资源方面，除了有选择地利用某些中国传统的哲学观念外，理论上自觉地吸纳了马克思主义哲学的认识成果。马克思主义哲学强调唯物论与辩证法的有机统一，并基于这样的观念，肯定共相的具体，正确的揭示了事物共相与殊相的联系与区别。毛泽东结合自己的革命实践，继承马克思主义的理论传统，以中国哲学的语言对事物的共殊关系作出了简略又不失深刻的理论阐释，建构起自己的哲学系统。冯友兰论释事物的共殊关系，理论方面存在片面。但他在辨析事物共殊关系的过程中，不仅传介借鉴了西方哲学的理性主义传统，而且对中国哲学的理性主义传统实际上也进行了系统地清理与辨析，这对于改变中国哲学传统的思维方式，是极为有益的。金岳霖的《论道》，则不仅在关于事物共殊关系的理解方面达到了很高的认识层次，并且为人们系统地借鉴和运用西方的逻辑分析方法提供了一个范例。

因此，从哲学史研究的角度来看，毛泽东、冯友兰、金岳霖等人的哲学活动与理论成果给予我们的启示有二：其一，现代中国哲学的发展，不可能滞限于传介西方的哲学理论、哲学思潮与哲学方法，也不可能滞限于诠释我们民族自有的哲学资源与哲学传统。只有从时代要求出发，具备清晰的问题意识，既妥善地解决利用中国哲学传统资源、继承中国优秀哲学传统与中国哲学现实需要之间的矛盾，又正确地处理继承利用民族的哲学传统与吸纳他民族优秀哲学成果之间的关系，使古、今、中、西贯通整合，才可能实现中国哲学自身的更新与发展。其二，现代中国哲学史研究，只有充分顾及时代对于哲学的要求，以及在现代中国哲学发展中具体理论课题的确立与解决，才有可能真实地揭示中国现代哲学发展的历史轨迹，正确地评断不同的哲学家对于现代中国哲学发展的理论贡献，确立其在现代中国哲学史上的历史地位。从而完成冯友兰所说的哲学史所应担负的考察历史上人们“对于某一哲学问题是怎么说的”这种特殊的学术理论任务。

从哲学创作的角度来看，毛泽东、冯友兰、金岳霖等人探讨事物的共殊关系，各以自己的理论与方法，为解决中国现代哲学面临的这一理论课题作出了重要贡献。但关于事物的共殊关系问题，并没有因为中国现代哲学史上已经形成多种关于事物共殊关系的理论而不再是一个“真正的哲学问题”。人们对于事物共殊关系的探讨，也不会因为中国现代哲学史上已经出现多种有关事物共殊关系的理论而止步不前。因为，中国社会文化的现代化是一个漫长的历史过程。在这个历史过程中，中国人民始终面临着正确处理传统与现代，本民族的文化成果与他民族的文化成果之间的关系这一理论课题与实践课题。当我们确定了自己的民族和文化的现代化目标以后，即必须努力使这种目标成为现实。而要使这样的目标成为现实，有关事物共殊关系的问题即不会游离于我们的思想之外。因为，从哲学的层面正确地理解与诠释事物的共殊关系，可以不断地为我们的现代化建设提供思想方法的指导。在我们的现代化事业中，当人们过于看重一般性的原则和经验的时候，我们应当冷静地意识到自己的民族和文化所具有的特殊；当人们过于强调自己的民族和文化的特殊的时候，我们又应当对作为一般的民族和文化的发展方向、目标保持清醒的头脑。唯有正确地理解事物的共殊关系，科学地追求民族文化的发展，才会不断地将我们的现代化事业推向前进。事物的发展，需要不断地从旧的形态走向新的形态。中华民族和中华文化的发展也是如此。在我们民族和民族文化的发展中，辨析事物的共殊关系，将会是一个常探常新的哲学课题。因此，在我们回顾与考察形成于中国20世纪三四十年代的几种有关事物共殊关系的理论之后，需要我们直面的另一个问题当是：回答自己对于这一哲学问题是“怎么想的”。而当人们在新的历史条件下，再以不同的思想理论具体论释自己对于这一哲学问题是“怎么想的”的时候，那将是新的中国哲学发展历程的开始。

（原载于《社会科学》2009年第4期）

现代中国哲学的身份意识和形态特征

景海峰

作为智慧之学和对宇宙、人生一般观感的学问，哲学在中国古代早已有之。但现代学术形态和学科化体系的“哲学”，却是在西学东渐的过程中仿照了西方哲学的形式和方法，经过几代人的努力之后，才在中国建立起来的。这一学术形态在西方化的普遍有效形式和民族性的传统积淀之间不断地发生着位移和变换，经历了艰难的调适过程，至今也没有完全稳固下来。从晚清康有为、章太炎等人开始，援引西学，摧破儒家中心主义的经学体系，到五四时代对西学的全盘性接纳，再到三四十年代依样画葫芦式的哲学体系建构，以及此后的反复摇摆和不断调整，“中国哲学”的内容算是逐渐被确定下来，面貌也渐趋于明晰，而且已然成为中国现代学术的一个重要组成部分。但在现代中国哲学的内部仍明显存在着巨大的张力，倾向于西化的学者蔑视哲学的民族性因素，甚至不承认中国历史上有哲学，而保守的思想家则忧心忡忡，认为西方化的框架和表达不但没有建造起中国式的智慧系统，反而把古人的识见给糟蹋掉了。在传统和现代、普遍性和民族性、西方化和中国化之间，中国哲学的身份性始终是含混不清的，对于什么是“中国哲学”的问题，至今仍充满着歧义和争论。

一、旧体系的崩解和新身份的建构

在“哲学”概念和新的哲学范式传入中国以前，中国思想实体的主流表达形式，先秦有诸子学之名，两汉谓之经学，魏晋有玄学，隋唐有佛学，宋明则称理学（道学）和心学，清以考据学显赫。中古以还，儒、释、道各擅胜场，有所谓“三教”之说；而儒家实居于中国文化之主干地位，故又有经学时代内部的种种分法。降及晚清，儒家阵营在经历了“汉学”与“宋学”大战，今文经学与古文经学之争，经学与子学激辩之后，呈现出了分崩离析的状态。特别是在一浪高过一浪的新学（西学）思潮的冲击下，原有的经学体系逐渐地趋于瓦解，“儒”的身份性和对儒家的认同感渐渐变得模糊起来。如号称今文大师的康有为，“喜以经术作政论”①，“轻古经而重时政”，“其先特为考据之反动，其终汇于考据之颓流”②。他的所作所为，实际上是用西学西术颠覆了儒家的经学系统。而作为朴学殿军的章太炎更是“离经叛道”，不但“激而诋孔”，夷孔子于诸子之列，而且破除儒家的“独学”之位，化经学于“国故”之中。后来的章门弟子与《新青年》派联手，在北京大学掀动一场轰轰烈烈的新文化运动，成为儒家的掘墓人，以至于斯，渊源有自耳！正是在这样一种原有的学术系统裂散、学术身份迷失的境况下，西方的“哲学”观念及其范式才渐入于中国，演化成为中国传统学术发生现代转型的一个重要方面。

由中国传统学术一转而为中国的“哲学”等，实经历了一个复杂而多向的嬗变过程。一方面，这是中国原有的学术思想体系在遭遇西方文化的强烈冲击之后，应因求变，自我更新所作出的反应；另一方面，它也是中国传统学术积弊沉重、无以自拔而试图寻求外援式突破的一种自愿选择。从传统学术到具有某种现代性意义的“中国哲学”，既有模仿、比附和移植的成分，也有自我发现、不断调整，进而主动会通的因素。在这个复杂的过程中，旧有身份的丧失和新身份的建构，是我们观察和理解这一转型的重要视角。沃勒斯坦（I.Wallerstein）在谈到现代学术的制度化过程时，举出了三个标志性的方式：一是大学系科的建制化和学科的体制化；二是组织性的团体结构和学术圈建立；三是为新知识定位的书籍分类系统。③ 这三项内容虽说主要是

① 梁启超：《清代学术概论》，东方出版社 1996 年版，第 69 页。

② 钱穆：《中国近三百年学术史》下册，中华书局 1986 年影印版，第 532 页。

③ 参见沃勒斯坦的《所知世界的终结——二十一世纪的社会科学》一书中的第十五章“社会学的遗产，社会科学的前途”，冯炳昆译，社会科学文献出版社 2002 年版，第 240—242 页。及《超越年鉴学派?》一文，载《学科·知识·权力》，刘健芝等编译，三联书店 1999 年版，第 213—215 页。沃勒斯坦对社会科学之制度化的分析，又见其主著：*Unthinking Social Science: The Limits of Nineteenth-Century Paradigms*, Polity Press, 1991。

发生在19世纪的欧洲，但对于我们分析20世纪“中国哲学”的身份建构也不无意义。

就第一项内容而言，中国有建制化的哲学系科始于1914年，当时北京大学设立了中国哲学门，并开始开设“中国哲学史”这门课程，有了陈黻宸的第一部《中国哲学史》讲稿。但这只是形式上的，实质的身份转换可能要到胡适的《中国哲学史大纲》(1919年）问世才算起头。陈黻宸只能算得上是一个国学家（或曰史学家)，而胡适才是现代中国哲学的真正开山。在20世纪最初的一二十年间，国学实扮演了一个重要的学术转换的过渡性角色。一方面，它填补了经学解体以后，中国学术在结构形式方面的真空状态，为传统资源的贮存立下了汗马功劳，当时一流的传统知识人皆以国学名家即是实例。另一方面，它也为新知识系统的出世拓展了空间，涵育了既有现代性又有中国特色的学术形式，为制度化的学科建设奠定了某些基础。[①] 而第二项内容，“成立国家学者机构”，则是晚至30年代的事情。1935年，中国哲学会成立并召开第一届年会，算是有了一个哲学从业者的组织，同时也将《哲学评论》(创办于1927年）收归于旗下，在学院化哲学的建设方面稍臻完备。[②] 第三项表面上只是图书分类法，而实际关乎知识价值的判定和身份认同的归属。“自《隋志》采用《七录》之分类法，删并为四部四十种后，一千二三百年来，官簿私录，十九相沿，视为天经地义，未敢推翻另创。”[③] 四部分类既撑架开了中国传统学术的规模格局，也突显和维持了儒家经学在全部知识领域中的至高无上地位，故千年未易。随着西学的传入和新知识视野的扩大，重建书籍分类法和纳入新的学科项目就成为当务之急。戊戌变法前，康有为引介日本之新学，撰述《日本书目志》(1896年)，首创新分类法，并列入了“哲学”一科。但他的十五门之分颇显杂乱，多有乖谬。如将哲学、

---

① 陈以爱在《中国现代学术研究机构的兴起——以北大研究所国学门为中心的探讨》一书中，对国学在中国早期的制度化学科建设中所起的作用有详细的考论，可为参证。见氏著第一章，江西教育出版社2002年版，第1—48页。

② 参阅日本学者吾妻重二的《民国时期的学院哲学（Academic Philosophy）——论〈哲学评论〉与中国哲学会》一文，载《玄圃论学续集》，湖北教育出版社2003年版。

③ 姚名达：《中国目录学史》，上海古籍出版社2002年版，第77页。

论理学、心理学、伦理学和物理、化学、天文、地质、生物等统归为一门，总称“理学”。[①] 但不管怎样，这算是首次确定了“哲学”科目。在随后的《东西学书录》(1899 年）和《译书经眼录》(1904 年）中，皆保留有“哲理”类别。到了民国前夕的《涵芬楼新书分类目录》(1911 年)，“哲学”一科一跃而成为十四部类之首，并且摆脱了旧分类法的缠绕而独立成军。“哲学部”包含了伦理、论理、心理、哲学四门，自成一大部类。这样，哲学便从此在新的知识分类体系中得到了确认，并且在知识谱系的排序之中位居前列，这多少能让人联想到四部旧法之中经学的尊荣。

通过对上述三种方式的观察，我们大致能了解到清末经学解体以后，传统学术是怎样一步一步地向现代性的知识系统靠拢的。在这一嬗变过程中，书院教育慢慢被大学体制所取代，知识的创造方式和传授途径发生了根本性的改变，知识的专业化和知识人的职业化，也是人们在传统社会环境下所无法想象的。在科举制度废除之后，知识人的社会角色、自我期许，以及与社会系统发生联系的方式都大大地改变了，以知识自身为主轴的人际交往和社会网络变得重要起来，并且逐渐成为以知识谋生的从业者的一种内在要求。知识系统的重新梳理和排队，彻底打破了原有的学术图景，一部分知识改头换面、乔装打扮、重新定位，一部分知识得到升迁，有些知识隐匿了，而有些则被彻底地逐除。在这一转型中，哲学部分地取代了经学的位置，成为新知识系统的主脑。哲学在西方本有崇高之地位，在漫长的知识建构历史上，作为众多知识之母体和基点的哲学以其包容性见长，它总是孕育着无限的可能性，“虚而不屈，动而愈出”。只是到了近代，在科学的清晰界定面前，哲学的优先性地位才逐步丧失。“随着实验性、经验性研究对于科学视界的重要性日益加强，哲学在自然科学家的眼里也日益成为神学的替代物，同样因其先验的真理断言不可验证而备受责难”[②]。到了孔德(A.Comte)，更明确宣

① 《日本书目志》卷 2“理学门”共录 19 科，其中“哲学”一科收书 22 种，包括井上圆了的《哲学要领》、井上哲次郎的《哲学字汇》等。见《康有为全集》第三集，上海古籍出版社 1992 年版，第 622—623、652—653 页。

② ［美］华勒斯坦等:《开放社会科学——重建社会科学报告书》，刘锋译，三联书店 1997 年版，第 6 页。

布了科学和哲学的离异，哲学探究客观知识的合法性就此终结。在新的知识结构中，哲学在科学的逼视和监护下，仅在有限的领域之内发挥着作用，部分地获得它的合法性。实际上，清末西学东来，最受中国人青睐和追捧的首先是科学。百余年来，科学主义大畅其道，于今犹烈，其根深矣！但科学向为中国所缺，原有的传统知识（特别是主流学术）实难攀附，明眼人都知道这是八竿子打不着的两件物事。所以，容易比附的自然是那些缺乏清晰性、留有较大诠释空间的知识，而哲学便恰当其选。

向哲学的凑泊，容纳下旧体系崩解之后的无数碎片，经学的某些内容乃至于方式寻得了立足之地，子学在儒家的独尊地位瓦解之后，更是承接着晚清诸子学复兴的势头而一发不可收拾，以前所未有的舒展姿态蓬勃生长。对向往和迷恋科学的中国人来讲，哲学身份可以说是不得已而为之的“次选”，所以，“中国哲学”一刻也没有忘记涂饰它的科学性。除了不断地与宗教划清界限、对神学采取严厉的批判和坚决的摒斥之外，还在凡是能够与科学“沾亲带故”的地方大下挖掘之功夫，以期增强自身的合法性依据。在相当长的一段时期，“中国哲学”不但以不违背科学的理性主义外衣保护自己，从而谋得了现代学科化知识的位置；而且施以援手，将已经被划入了宗教的释、道二家挽救出来，收留了不少其中与科学并不能相容的东西。释、道二家也乐于挤向哲学一堆，以稍减既为宗教而必与科学对抗的恶名。与此相关的是，儒家则坚决拒斥被引向宗教的归类，而把自己牢牢地定位在哲学的阵营当中。这样，中国传统学术在经历了西潮的强大冲击和自身的痛苦裂变之后，部分地在现代性的知识体系当中找到了存身之地，“中国哲学”便是其中最为重要的领域之一。这一新的身份建构，使明“道”求“理”的中国学问在很大程度上避免了被科学彻底摒弃的结局，从而得以在所谓“普遍主义”的学术形式底下分得了一杯残羹。

二、身份认同的复杂性

将中国传统的经、子之学冠以“中国哲学”的名义，显然是不得已而为之的事情，要想在近代化的学术形式和现代大学的学科体制当中获得生存权，似乎也只能如此。但这中间显然不只是一个“更名改姓”那么简单的问题，要不然陈黻宸、谢无量等人不就成了现代中国哲学的开山祖了吗？

对于这一点，蔡元培有非常清楚的认识，他在给胡适的《中国哲学史大纲》所作“序”中，明确地概括出了新旧体系相异的四个方面：一是逻辑的方法和旧学问方法之不同，二是注重观念史的问题意识和平铺直叙的历史叙事之间的差别，三是打破旧观念和重构中国学术的价值体系不一样，四是系统化的学术研究之距离。这四个方面均是比照着西方哲学说的，而且是以西方哲学的形式为标准。关于系统化，他说：

> 我们要编成系统，古人的著作没有可依傍的，不能不依傍西洋人的哲学史，所以非研究过西洋哲学史的人不能构成适当的形式。①

所以他特别赞赏胡适著作的开天辟地之功，认为这本书划开了新旧两个时代。胡适的著作是在其博士论文《先秦名学史》的基础上扩写的，特重逻辑，显然与书的主题有关；但选取名家为研究对象，着重于经验逻辑的方法，这本身就是受了西方近代哲学的影响和感召。而冯友兰则表达得更为直截了当：

> 哲学本一西洋名词。今欲讲中国哲学史，其主要工作之一，既就中国历史上各种学问中，将其可以西洋所谓哲学名之者，选出而叙述之。②

所以他的《中国哲学史》便成了一本名副其实的按图索骥之作——按西方哲学之框架，索中国思想之材料。他虽然区分了“中国底哲学”和“中国的哲学”，并且肯定“中国底哲学”成立的可能性，但他所讲的实际上就是“中

---

① 蔡元培：《中国古代哲学史大纲序》，见胡适：《中国哲学史大纲》(上卷)，商务印书馆 1919 年版，第 1 页。

② 冯友兰：《中国哲学史》上册，中华书局 1961 年重印本，第 1 页。

国的哲学”，即用“普遍哲学”的形式在中国的材料当中搜寻一过、编织成篇，也就相当于他所说的“哲学在中国”。[①] 金岳霖在其审查报告中，则根本否定“中国哲学”的可能性，认为所谓中国哲学史只能是用“普遍哲学”的模式在中国传统学术当中提炼出可以称之为哲学的东西，而中国并无固有的哲学可言，所以讲“中国哲学”是困难的。

如果说深受英美实在论影响的胡适及“清华学派”金、冯等人，比较多地倚重于西方哲学的理念和框架，对哲学思想所谓民族性的因素考量不多；那么现代新儒家诸哲则于此凝思颇久，情形也要相对复杂些。早年的梁漱溟和熊十力不太顾及近代学术学科化、体制化的特点，谈论中西，皆显笼统。他们的运思显然也不由西方哲学入手。在三四十年代之交，熊十力改作《新唯识论》，由文言变语体文，明显的变化之一，即是系统化的加强，特别引入了一些西方哲学的范畴和模式。他在《摧惑显宗记》中解释道：

> 二三子于哲学之分类，必明了不紊，方好认清其所研究之对象，自找问题。而后读古今哲学书籍，不至在名言中转，自有抉择之鉴与引申触类之乐也。[②]

他认为哲学当分为本体论（形而上学）、宇宙论、人生论（生命与伦理）、知识论（认识论）四类。“吾人今日依四类以探索中国哲学，即见其包含此四类而毫无遗漏”。同时，熊十力也指出了西方哲学于此“不免分截太甚”，而中国哲学则区分的没有那么严格。所以他说：

> 《新论》直将本体论、宇宙论、人生论融成一片，此是老夫苦心处，亦是不失吾先圣哲精神处。[③]

---

① 关于这个问题的分析，可参阅陈来的《近代化的中国哲学——从冯友兰的哲学观念谈起》一文，载《现代性与传统学术》，陈少明主编，广东人民出版社 2003 年版。

② 熊十力：《摧惑显宗记》，《熊十力全集》第 5 卷，湖北教育出版社 2001 年版，第 537 页。

③ 同上书，第 539 页。

由此，他大谈所谓本体论等，试图为当代儒学建立一新的形而上基础。对此，梁漱溟、马一浮等人却颇不以为然，甚至提出了严厉的批评。[①] 梁漱溟认为，作为“爱智之学”的哲学源自古希腊，尔后西洋人发达了它，东方并无此学。如果说东方也有哲学的话，“那在印度只不过是其宗教生活（瑜伽功夫）中无意而有的一种副产物，在中国则只是其道德生活（人生实践）中无意而有的一种副产物。如此而已”[②]。所以，谈中国的学问不能离开实践，所谓中国的哲学思想，皆是古人“从其反躬向内的一种实践活动而来”，“从来空想空谈不成学问”。在梁漱溟看来，宗教和道德的价值要高于哲学的价值，实践要优于理论，所以东方人没有必要因自家没有“哲学”而感到羞愧，好像矮人一截。相反，如果硬要贴上“哲学”的标签，反而是自跌身份、自折其价。他说：

> 儒家身心性命之学不可等同于今人之所谓“哲学”，在熊先生何尝不晓得，却竟随俗漫然亦以哲学称之。这便有意无意地模糊了儒家特征，没有尽到“原儒”任务。[③]

显然，梁漱溟和熊十力对学院化的近代学术之认同感是不一样的。梁氏显得更保守些，所以基本上不与学院派的所谓哲学家们打交道。而熊十力则要开放得多，他不但与现代中国的哲学从业者团队保持着较多的联系，而且在学术的体系化方面有意地借鉴和靠近了西方的哲学形式。第二代新儒家基本上承续了熊先生的理路，在中西思想的融合方面做得更多，在借用西方哲学的范式及其方法上也走得更远。牟宗三明确指出：

> 中国学术思想既鲜与西方相合，自不能以西方哲学为标准来定取

① 关于熊十力与梁漱溟等人在这一问题上的差别，以及梁漱溟对熊十力所展开的批评，详情可参阅拙作《和而不同两大师——熊、梁辩难所引发的问题与思考》，载《学人》第7辑，江苏文艺出版社1995年版。

② 梁漱溟：《勉仁斋读书录》，《梁漱溟全集》第7卷，山东人民出版社1993年版，第757页。

③ 同上书，第755页。

舍。若以逻辑与知识论的观点看中国哲学，那么中国哲学根本没有这些，至少可以说贫乏极了。若以此断定中国没有哲学，那是自己太狭陋。中国有没有哲学，这问题甚易澄清。什么是哲学？凡是对人性的活动所及，以理智及观念加以反省说明的，便是哲学。①

根据这个定义，他不但认为中国有哲学，而且中国哲学要比西方哲学高明得多（唐君毅也以相类似的判教心态和方式作过相同的判断）。相反，对于胡适、冯友兰等人以西方哲学为标准，来在中国思想中选取合乎西方哲学之题材与问题、以成立“中国的哲学”之做法，唐、牟曾大加斥责，认为那是“莫大的愚蠢与最大的不敬”。

总而言之，对于“中国哲学”的肯定，构成了现代中国学术界的主流态势，除了少数学者不承认中国有哲学，或者认为中国学术不必称为“哲学”之外，大部分人都已接受了“中国哲学”的说法，并且用之已习以为常。这种“承认”的背后之共同理据为：一是认同于现代学术制度化、大学教育科系化、学问研究专业化的即存现实，认为哲学是一门在现代社会条件下有存在价值的合法性知识。二是将哲学看作是文化的高级形态，表现文明的精神内核，所以是否拥有哲学是一个民族成熟与否的标志，也是判定一种文化之优劣高下的基本尺度。② 三是默认哲学所具有的某些基本形式，尽管学界在这方面存在着巨大的差异和张力，但这仍不失为构成某种共同致力的目标和营造出业内气氛的首要前提。四是相信中西文化可以交融和会通，“人同此心，心同此理”，在比较和借鉴当中，中西思想可以达致某种基本共识，或可预见得到中国哲学之未来发展的乐观前景。

“中国哲学”的身份性经历了一个不断地选择和调整、逐渐加厚和清晰

① 牟宗三：《中国哲学的特质》，上海古籍出版社 1997 年版，第 3—4 页。

② 是否承认中国有哲学的问题，往往包含了民族主义的情结和叙事内容。当肯定了哲学的正面价值之后，大多数中国学者的反应便是：中国怎能没有哲学呢?! 于是乎，“中国有没有哲学”的讨论也就变成了“中国岂能没有哲学”的辩论。为了驳斥黑格尔等人的说法，中国学者这么多年来没有少费笔墨，在字里行间往往充盈着凛然的民族之气。我们观察冯友兰、牟宗三等人所作的“中国哲学”创制工作，尽管立场不同、取径有异，但其民族主义的文化心理却是如出一辙。

化的过程。早期受英美实在论的影响，秉持着比较严苛的逻辑主义标准征人选材，重视所谓逻辑化的系统，着意挖掘具有知识论和方法论意义的内容。这样，先秦之老子、名家、后墨，魏晋之玄学系统，朱熹理学，戴震《孟子字义疏证》，便大受重视。后来德国观念论的影响渐占上风，重视人文理念的发现和精神发展史的描述，则思孟一派、北宋诸子、陆王心学等，又大畅其道。受苏联马哲教科书的影响，以唯物、唯心划界，以辩证法取人，于是乎荀子、王充等脱颖而出，成了超等哲人。中古唯物势弱，简直是一片黑暗（宗教唯心主义），只好扶起一个不见经传的范缜，再强拉柳（宗元）、刘（禹锡）入伙。又硬让张载、王夫之等人成立一个所谓的"气学派"，以便和宋明时代之理学加心学的强大唯心主义营垒操戈对阵。近二十年来，受西方二战后对科学主义的反思，以及对宗教的重新理解与定位的影响，再加之"两个对子"的解构，佛教、道教等长期被打入另册的资源又备受重视，昂首挺胸地走入了"哲学"的殿堂，一下使原本寂寥落寞的"缝隙"（如隋唐、金元等）变得丰满起来。一个世纪的排列与组合、选项与证明，"中国哲学"似乎仍是一道无解的难题。该想的都想到了，该说的也都说了，但除了古人头上不断变换着的"帽子"和其位置的几度升降之外，我们究竟得到了什么？关键是我们无法用中国的"原料"、西方的"调味品"，再加上现代性的"厨艺"，配制出适合当代中国人口味的"精神大餐"，更遑论几代人梦寐以求的民族精神之"盛宴"！由此，"中国哲学"的内容表面上看来好像是越来越丰厚了，但在不定的漂浮状态，恰似被风儿吹动的云朵，厚积与消散只在瞬间，风起云涌的浓重和热烈并无法掩盖内核的稀薄与空洞。随着专业化和体制化的加固，"中国哲学"的面貌好像是越来越清晰了。但从近年来重现的中国哲学合法性危机的讨论中，又让人感觉到了它背后问题的复杂性，原有的种种疑虑非但没能消除掉，朦朦胧胧的问题又接踵而至。①"中国哲学"似乎又变得不那么清楚了，难道历史又回到了起点?！总之，在"厚"与"薄"、"清晰"与"模糊"的矛盾之中，"中国哲学"的身份性依然是问题重重。

① 比较集中的三组文章分别见:《中国社会科学文摘》2003 年第 1 期（葛兆光、李申),《中国人民大学学报》2003 年第 2 期（张立文、张祥龙、张志伟、彭永捷),《江汉论坛》2003 年第 7 期（陈来、葛兆光、王中江、景海峰、陈少明、干春松、彭国翔)。

三、“中国哲学”形态的难题

对“中国哲学”身份性的反思，已成为当前中国思想界的急迫课题，因为人们越来越多地感觉到了既有模式的缺陷和一种左右不逢源的困境。依傍西方哲学的系统、模仿西方哲学的形式而建构起来的“中国哲学”，并未能提供当代社会所急需的那种民族精神动员的能量，也未能成为现代人与其文明的泉源之间有效往来的精神之筏。它在传续中国文化传统的功能方面显得是那么的捉襟见肘、力不从心，以至于我们常常要暗自思忖：这到底是拉近了我们与传统之间的距离，还是在传统与我们之间设置了无形的障碍？它是架起了沟通传统与现代的桥梁，还是在传统与现实生活之间空添了几重公案？即便是它所追求的现代化形式，同样也难言成功。模仿的相似性并没有获得西方人士的青眼（近期的德里达即是显例），反倒是在国内的哲学从业者之间加重了一些“老死不相往来”的气氛。“中国哲学”的合法性危机已是一道抹之不去的阴影，喧哗几度，欲罢还休，它成了现代中国人心中长久的伤痛。“中国哲学”形态的困境，也是我们这些哲学从业者的困境。沃勒斯坦说过一段话，读来有椎骨之痛：

> 我们这些社会科学家必须彻底改造我们自己，否则我们会变得对社会没有意义，沦落于某个小学院的小角落里，作为被忘却的神祇的最后一批僧侣，不得不在无意义的例行仪式中消磨时光。①

当然，反思“中国哲学”的建构史和揭示它所面临的种种困境，并不是要简单地否定前辈学者们所做的工作，也无须再一次地回到解答诸如中国有没有哲学、中国思想算不算哲学之类的西方式问题的语境当中去；而是要从根本上来检讨“中国哲学”何以成立的基础，亦即在欧洲中心主义的笼罩之下，西方话语如何配置了中国思想的身份性、确立下现代式表达的诸多本质主义

① ［美］沃勒斯坦：《所知世界的终结——二十一世纪的社会科学》，冯炳昆译，社会科学文献出版社 2002 年版，第 169 页。

的要素。只有经过这样的一番反省，才能激活民族文化的主体意识，中国哲学之“自我”的觉醒方是可能的。

德里克（A.Dirlik）在谈到欧洲中心主义对东西方关系的影响时说道：

> 欧洲中心主义是这样一种中心主义，它在历史进程中已经横扫全球，涉及到了其竞争对手不甚关心的生活层面；它使全球的生活发生了革命，在新地方重新安排了各种社会的位置，还改变了它们的历史轨迹——已经到了这样一种地步，不提及欧洲中心主义，谈历史就是毫无意义的。[①]

又说：“欧洲中心主义就是现代性的形成的契机，不参考欧洲中心主义，就无法理解现代性。”[②]20世纪前叶，西哲东来和随后的“中国哲学”之模仿建构，恰是欧洲中心主义甚嚣尘上之时，中国的积贫积弱，使得民族文化遭遇到了空前的危难，民族思维的主体意识丧失殆尽，传统资源的独特性意义也不复存在。在文化一元论的社会进化观念之深刻影响下，“先进的西方”和“落后的东方”成为前置性的不移之框架，一切都以西方为价值的标准，西方取得了绝对的话语主导权。正像德里克所说的，欧洲中心主义的普遍性不仅具有跨区域的、全球性的空间意义，而且在价值上也是排他的，即不允许有另一种普遍性的存在。一旦确立了西方的普遍性，它的支配性力量便无处不在：从概念到参照系，从理论到意识形态。所以，“无论把中国放在与西方‘相等同’的位置上，还是说它是西方的‘他者’，同样地都是以西方为中心的，这一点应当是毋庸置疑的”[③]。“中国哲学”的建构，从一开始便被纳入到了欧洲中心主义的普遍性之下，在理念和框架上，则牢牢地系附于西方话语支配权力的基础上，西方哲学的摹本地位和优先性存在早已确定。在

---

① ［美］德里克：《后革命氛围》，王宁等译，中国社会科学出版社1999年版，第165—166页。

② 同上书，第154页。

③ 黄宗智：《学术理论与中国近现代史研究——四个陷阱和一个问题》，载《中国研究的范式问题讨论》，黄宗智主编，社会科学文献出版社2003年版，第112页。

这种情况下，要么不谈“中国哲学”，只要谈，就跳不出如来佛的手掌心，必染上西方的“底色”。所谓的“西化”，所谓的“传统”，只不过是程度不同而已。

欧洲中心主义是“一个多头怪物，而且有许多化身”，沃勒斯坦归纳出了它的五种表现：历史研究法，普遍主义，西方文明的假定，东方学，进步论。① 所谓“历史研究法”，就是凭借特定的欧洲历史成就来解释欧洲对现代世界的支配。在这种历史观中，人类社会发展的模式是如一的，人类的进化和成长都走着相同的道路。欧洲人启动了工业革命，开创了现代性、资本主义、科层化和个人自由，走在了世界的前列，所以也就获得了领导的权力。其他民族只能亦步亦趋地跟上，并且随时接受欧洲标准的评判。不用说，这种历史观是何等的深入到了“中国哲学”体系的骨髓之中，并且潜移默化地支配着我们的各种历史叙事和对人物、事件的评价。②“普遍主义”认为存在着放诸四海而皆准的科学真理，牛顿—笛卡尔式的宇宙观和思维方式支配了意义世界的描述，作为有威望的知识种类和社会话语的裁决者，科学取代了哲学。正是在这种情况下，多少“东方的智慧”被冰封于冷宫，又有多少中国思想的宝贵遗产被打入了另册！“文明”与野蛮、原始性相对，现代欧洲认为自己不仅是几种文明中的一种，而且是独一无二和特别的“文明开化者”。“东方学”即是对非西方文明的一种程式化的“他者”塑造和表述。按照赛义德（E.Said）的说法，这是“西方文化内部对东方的一种知识权威”，它通过构形、传播和再生产传统，来向读者“表述东方、抑制东方、最后是再现或代表东方说话的思维方式”。③ 实际上，“中国哲学”的研究一刻也没

① 参阅［美］沃勒斯坦《所知世界的终结——二十一世纪的社会科学》一书中的第十一章“欧洲中心论及其化身”，社会科学文献出版社 2002 年版，第 184—193 页。

② 对于这种单线演进的一元历史观，赛义德在《东方主义在思考》一文中称之为“历史主义”（historicism）而大加批判。认为它是东方主义的遗产和认识论基础之一，由维柯、黑格尔、马克思、兰克、狄尔泰等承续。“历史主义意味着，与人性相联的人类历史，要么以欧洲和西方的极点而告终，要么以欧洲和西方的有利位置来加以审视”。而大量的人类历史，实际上是被遗忘或失落了。见罗钢、刘象愚主编：《后殖民主义文化理论》，中国社会科学出版社 1999 年版，第 15 页。

③ 《赛义德自选集》，谢少波等译，中国社会科学出版社 1999 年版，第 19—20 页。

有离开过西方“中国学”的启发和引导，从早期的“汉学”到晚近的“中国研究”，在系统、观念、方法，乃至于问题意识上，是何等的深入到了中国叙事的内里，一步一步地引领着前行，并且左右着它的步履。“进步”是欧洲启蒙运动的基本主题，后来变成了世界历史的根本解释①，沃勒斯坦称之为“欧洲中心论的最后堡垒、退守的阵地”。这个观念对于近代中国思想来说，其影响力是颠覆性的；迄今为止，我们似乎也仍旧看不到“中国哲学”能走出其笼罩的任何迹象。

毫无疑问，欧洲中心主义的上述表现早已内化成了“中国哲学”所含具的基本理念，并且成为其本质主义的要素；以至于我们今天批判和清除欧洲中心主义的影响，差不多就等于是在拆解“中国哲学”的整个系统。除了欧洲中心论所濡染的底色之外，作为追求现代性的学术体系，“中国哲学”的形态也深深地受到了社会科学制度化的影响。沃勒斯坦的世界体系论在分析西方近代文明（资本主义）被“普遍化”的过程时，主要举出了三种机制：一是社会科学的制度化，二是意识形态的制度化，三是运动机制。② 正是通过这些体制化的东西，西方文明的价值理念和具体形式在全球范围内取得了普遍化的效应，从而完成了其对非西方文明的“文化殖民”。就社会科学的制度化而言，其主要表现在学科结构的建立，围绕着研究、分析和训练，形成了一些实在的生产结构，产生出了大量的文献。“学科的制度化进程的一个基本方面就是，每一个学科都试图对它与其他学科之间的差异进行界定，尤其是要说明它与那些在社会现实研究方面内容最相近的学科之间究竟有何

① “进步”是一个颇为复杂的观念。科学哲学家劳丹（L.Laudan）将其作了两层分疏：一是物质、社会或精神的进步，一是“认知上的进步”，即科学的理性目标方面的进步。这两种进步不一定是同构的，而且过程也很不一样。见［美］劳丹：《进步及其问题——科学增长理论刍议》，方在庆译，上海译文出版社 1991 年版，第 9—10 页。这里所说的“进步”，显然是指第一种，即比较接近于孔多塞（Condorcet）式的。孔多塞在《人类精神进步史表纲要》（1795 年）一书中，对这样一种物质、社会或精神上的进步作了非常详细的描述。参见中译本，何兆武等译，三联书店 1998 年版。

② 参阅王正毅著《世界体系论与中国》一书的第二部分之第四章“世界体系的文明分析”，特别是第一节“世界体系作为一种被‘普遍化’的文明”。商务印书馆 2000 年版，第 181—207 页。

分别”①。“中国哲学”的身份建构过程就是一个不断地清晰“自我”边界的过程。在学科制度化的要求下，一方面不断地清除那些不合乎“普遍哲学”规格的内容，把自身从原属民族文化语境的特有情景之中“剥离”出来；另一方面又要时时地注意到与中国的史学、文学、政治等相邻学科的区别，在不易分割的原料当中，进行着小心翼翼的“挑拣”和“撕裂”。这样，西方的价值和形式就被有效地带入到了中国思想的表达过程之中，在谋求现代性、具有了普遍化的学科形式的同时，“中国哲学”也就在本质上被彻底地西方化了，成为戴着中国面具的西方式哲学。正像赛义德所说的：

> 这些创建者们的工作开辟了一个研究领域和一套观念体系，这些观念体系自身又可以产生一个学者群，其谱系、传统和雄心既为这一领域所独有，又能为普通公众所接受。②

“中国哲学”得以成立和延续，它的学科地位的奠定和合法性的依据，也就全都包括在这一体制化的机制当中了。

“中国哲学”的模仿者身份和“小学生”地位，决定着它卑弱和谦恭的姿态；“进步”观念所实施的等级安排，也把中国哲学的叙事内容牢牢地钉在了前现代的素朴性位置上。“其结果是，在东方学中达成了一种普遍认同：某些东西、某些话语方式、某些作品类型得到了东方学家们的一致接受。他们将自己的著作和研究建立在这些东西之上，而这些东西反过来又对新的作家和学者们形成很大的压力。东方学因而可以被视为一种规范化(或东方化)的写作方式、想象方式和研究方式，受适用于东方的各种要求、视角和意识形态偏见的支配”③。这是东方学的情景，也大体上适用于“中国哲学”研究状况的描述。在这种素朴状态中，中国思想的叙述方式和解释程度也只能对应着西方哲学早期的内容，因而充斥着简单和机械的气息。如我们最为熟悉

① ［美］华勒斯坦等：《开放社会科学——重建社会科学报告书》，刘锋译，三联书店1997年版，第32页。

② ［美］赛义德：《东方学》，王宇根译，三联书店1999年版，第159页。

③ 同上书，第258页。

的“借用”，莫过于“相似性”的比较：中国的某思想家就像是西方的某甲，因为他有和某甲相似的东西。从而他的地位就由这种相似性得到确立，因为这种相似中预设了他的思想与某种价值的暗合，而这种价值的标准却是来自西方。由这种相似性所确证和建构的知识，在各种流行的《中国哲学史》教科书中，触处皆是，毫不稀奇。中国思想的内容是素朴的，它的知识缩结也只能用“相似性”这样素朴的方式来处理！福柯（M.Foucault）在《词与物》中，对这种流行于17世纪之前的构建知识的方式作了相当细致的分析，指出：到了理性主义时代，“相似性”已经被其他方式所取代，这就是科学的、理性的知识建构方法，它标志着西方近代的开始。① 如果按照福柯“知识考古”的形态分类，“中国哲学”系统中大量的知识建构恐怕还达不到西方17世纪的水平。有学者抱怨：“二十世纪初以来的中国哲学界也只知向西方哲学片面地学习概念逻辑法和传统哲学观，没有充分吸收后黑格尔的新思潮。其结果就近乎引狼入室，将自家的思想元气摧折殆尽。”② 实际上，这不仅仅是一个引进不当和视野不够的问题，关键还在于被指派身份的根本性局限：“中国哲学”本来就是素朴的，如何能消受得起现代主义的奢侈品！为可怜的身份定位所限，再加上后天之不足——意识形态的强力钳制、政治及社会动荡的支配性影响，以及长期的封闭性状态等等，“中国哲学”要面对知识经济的时代和全球化的挑战，不手足无措，还能怎样呢？

四、身份重构及未来挑战

“中国哲学”的弱势和有限性，实际上是在与西方“普遍主义”理念的映照和互动之中，被逐渐地塑造而形成的。西学东渐之后，西方文化被看作是世界上唯一具有现代性描述能力的知识体系，它能够描述自身，也能够描

① 福柯分析了四种相似性形式：“适合”、“仿效”、“类推”、“交感”，认为它们在16世纪末以前的西方文化中，“一直起着创建者的作用”。到了17世纪，经培根、笛卡尔等人的批判，这种知识建构方式为“理性主义”的新构型所取代，从此西方进入了科学知识的时代。见[法]福柯：《词与物》，莫伟民译，上海三联书店2001年版，第23—35、72—75页。

② 张祥龙：《中国哲学研究方法的多元化》，《中国人民大学学报》2003年第2期。

述“他者”，在自身和“他者”的交互镜像之中产生出具有世界意义的普遍知识。也就是说，它既是地方性知识的生产者，也是唯一能够制造出普遍性知识的母体。西方的知识体系，不仅表达和诉说了西方自身，也涵盖了东方——代为立言和倾吐。所以，普遍性意义只能在西方所提供的知识系统当中寻找，而中国文化只配谈论地方性知识。“中国哲学”从一开始就与普遍性无缘，它只能描述仅属于中华民族自己的心理感受和所思所想；而这些历史上的成果，也只有和西方所提供的普遍性知识相一致或不违背时，才能够肯定它们的意义。这一“普遍性”的前置和追求所谓“普遍规律”的期许（哲学尤其如此），使得“中国哲学”只能紧随在西方的后面，聆听它的教诲，等待它的发现，以便证实或者应和那些令人激动的被认为是带有普遍意义的知识。沃勒斯坦指出：“认为以探寻普遍规律为宗旨的社会科学能够产生出普遍的知识，这是一场打赌。”因为“无论人们怎样真诚地追求普遍性，迄今为止，在社会科学的历史发展过程中，对于普遍性的期待从来没有真正地实现过”①。一般来讲，自然科学的普遍性要大于社会科学，而社会科学的普遍性又大过哲学人文知识。对自然科学普遍性的承认和达致的共识，是西方近代文化的重要成果，也是理性主义“祛魅”运动的主要目标之一。对科学的乐观主义向往，使得人们把自然科学的普遍性推及到了社会科学，乃至于人文知识领域，西方文化又挟着自然科学成功之威，获得了这一“推及”的解释权和主导地位。在整个20世纪，中国为了走向富强，不但要解决“技不如人”的问题，在自然科学方面向西方学习；而且以其整体性思维的惯性，随顺了“普遍主义”的理念，认定了自己文化上的劣势。这样，西方在一切方面都尽量地被解释或塑造成了理想的榜样，反过来却不惜对自家的文化作过度的贬损，五四时代的全盘性反传统和80年代的全力拥抱“蓝色文明”，皆表现出这样的情形。这种心态背后的理据就是对“普遍主义”的认同与坚信，而只有西方才能提供这种普遍性的知识——从自然到社会，乃至于思维方法。

① ［美］华勒斯坦等：《开放社会科学——重建社会科学报告书》，刘锋译，三联书店1997年版，第53页。

靠美化“他者”来击破迷梦、警醒同胞，不失为是放下“架子”的有效策略；自我贬损的身份认定也能起到相当的自励心志的作用。这种“负向建构法”和弱者姿态的身份认同不一定是20世纪前叶中国学人的本愿，但它确实构成了那个时代之学术的整体特征。赛义德说：“身份的建构与每一社会中的权力运作密切相关，因此决不是一种纯学术的随想。”① 西方的几百年强势所造就的话语霸权，形成了所谓“文明的西方”与“落后的东方”、“进步”与“保守”、“现代”与“传统”等等既定的模式，它们深深地嵌入在了现代中国叙事的幕景之中。这种从军事、经济到政治、文化，乃至于心理、习俗，高下立判的优势，成为西方长久保持“导师”位置的资本，也是中国只能甘当“小学生”的基本缘由。但这一相差悬殊的身份镜像，在今天的中国越来越遭到了强烈的质疑，人们不但怀疑西方所谓的“普遍性”，而且对仅作为西方之“他者”的自我身份也感到了深切的不满。

近二十年来，随着中国经济的急速增长和社会结构的重大改变，一场民族复兴的伟大运动正在悄然来临。民族主体意识的觉醒，呼唤着对自己文化的重新评估和对自我文化身份的重新认定。长期以来仅作为西方之“他者”镜像的中国文化身份正在消解，而新的自立的中国文化身份将要诞生。当然，中国文化的身份重构可能是一个艰难的过程，要花费相当长的时间，并且需要不断地调节与西方文化的关系。正像赛义德所说的：

> 每一文化的发展和维护都需要一种与其相异质并且与其相竞争的另一个自我（alter ego）的存在。自我身份的建构牵涉到与自己相反的“他者”身份的建构，而且总是牵涉到对与“我们”不同的特质的不断阐释和再阐释。每一时代和社会都重新创造自己的“他者”。因此，自我身份或“他者”身份绝非静止的东西，而在很大程度上是一种人为建构的历史、社会、学术和政治过程，就像是一场牵涉到各个社会的不同个体和机构的竞赛。②

① ［美］赛义德：《东方学》，王宇根译，三联书店1999年版，第427页。

② ［美］赛义德：《东方学》，王宇根译，三联书店1999年版，第426—427页。

在这里，我们并不是硬要用“以其人之道还治其人之身”的法子，弄出一个所谓的“西方主义”(Occidentalism）来，以作为东方的“他者”。而是要在欧洲中心主义已成明日黄花、启蒙时代的价值体系面临坍塌，特别是中西关系出现重大调整和新的格局的情况下，来深入反思中国文化所可能拥有的价值和意义，以重新确立其身份。显然，作为中国文化之重要组成部分的先秦诸子、儒家经学、释道二家等，在百年来的“中国哲学”建构当中已大多被化作了材料性的身份，而没有了实质性的身份。它们的原有系统完全被打乱了，思想之间的脉络和有机联系已不复存在，与日常生活的关系也已基本中断，差不多变成了一堆似曾相识而又如此陌生的“碎片”和“瓦砾”。要想把这些经过裁剪、拼装、移位和嫁接之后的东西重新恢复起来，并不是那么容易的一件事情；况且这还并非只是简单的“复原”，而是一边要做清理的工作，一边还要寻求新的建构。

中国思想主体性的复位和身份的重构面临着许多困难。一方面需要反思近百年来“中国哲学”建构和发展的历程，从中总结出有益的经验和教训来，是其所是，非其所非，并从根本上打破它的局限性，走出目前的困境。另一方面又要面对全球化的挑战，寻求适宜的自我身份和新的表达方式，以化解地方性知识的困限，以把中华民族的声音带入到世界性的场域中去。

就反思过去而言，既要打破“西高中低”、“以西解中”、“西体中用”等等思维的定势和习惯的方法，彻底摒弃西方中心主义的陈腔滥调，把我们的思想从欧洲中心论的牢笼中解放出来，展开新的思维想象和精神的创造。又不是简单地回到狭隘的“义和团情结”和民族本位主义的立场，盲目地拒斥西方；相反，和西方文化的互动关系需要在更大的范围和更为细致的层面上来展开，其深度和有效性应是以往任何时候都无法相比的。既要回归经典，让我们的精神找到一个可栖息的家园；需花大力气重新梳理和诠释古代的典籍，把流失或遗落了的思想果实拣拾回来，把散开了的、杂乱的思想碎片穿缀起来，把断裂了的精神巨链再连接起来。又不可能重回经学的老路，再过往昔老儒“皓首穷经”的日子；我们需要的是紧贴时代脉搏、具有全球视野、与人类命运和文明前景休戚与共、具有生机勃勃创造精神的思想劳作，只有这种工作才能真正接得上中华民族历代先贤的“共慧命”。

就迎接未来而言，经济全球化、政治单一多极化、文化多元化，可能是相当长的一个时期内我们所要面对的场景，中国哲学的思考在很大程度上将要在这样一个思想平台上来展开。中国哲学有没有前途？中国哲学能不能在未来全球化的思想格局当中发出自己的声音、并占有一席之地？就看中国哲学能不能在各式各样的挑战面前，从容不迫地应对之，并能有效地化解之。或者说能拿得出比其他文明更为优异的解决方案来。沃勒斯坦在展望21世纪的社会科学时，共列举了六种挑战：一是来自弗洛伊德（S.Freud）的挑战，尤其是其在《文明及其不满》等著作中所暗含的意蕴，它关系到现代性、理性，乃至于文明的基础等问题。① 二是对欧洲中心论的挑战，即东方主义的出现，各种后殖民话语对文明图式的重新清理和铺摆，把文明对话和各自的身份性带入到了一个全新的时代。三是布罗代尔（F.Braudel）的两种时间概念，特别是“超长时段”的意识，彻底更换了历史思考的场景。四是源自自然科学和数学内的一种知识运动的兴起，这就是“复杂性研究”。普利高津（I.Prigogine）提出“时间之矢”和“确定性的终结”两个重要概念，全面开启了一种新的认识论场域，“对复杂系统的分析对于社会科学分析来说具有深远的重要意义”②。五是女权主义的挑战，这种挑战正以意想不到的速度和形式在全球范围内迅速蔓延。六是对现代性的各种讨论和质疑，包括何为“现代”？何为“自然”？等等复杂问题的思考。③ 这些挑战对未来的中国

① 沃勒斯坦认为，弗洛伊德所揭示的个人心理的差异击破了任何普遍性建构的可能，对理性的诸多模式都是一种否弃。“在这个意义上，后现代主义以其最极端的唯我论形式，把弗洛伊德的这项前提推到其最终目的地”。弗洛伊德虽开启了后现代主义的思绪，但后现代主义者并没有认真地对待这种挑战（见［美］沃勒斯坦：《所知世界的终结——二十一世纪的社会科学》，社会科学文献出版社2002年版，第254页）实际上，福柯在《词与物》中，是把“精神分析”放在了所有人文学科之上，“精神分析与人种学在我们的知识中占据着一个享有特权的地位”（［法］福柯：《词与物》，莫伟民译，上海三联书店2001年版，第488页）。它是一种批判功能，内在于所有的人文学科；同时它又是一种有关无意识的科学，不能和一般的人文学科相提并论。详见《词与物》的第十章第五节“精神分析与人种学”。

② ［美］华勒斯坦等：《开放社会科学——重建社会科学报告书》，刘锋译，三联书店1997年版，第67页。

③ 关于上述六种挑战，请参阅［美］沃勒斯坦：《所知世界的终结——二十一世纪的社会科学》一书的第十五章。社会科学文献出版社2002年版，第250—267页。

哲学来讲，都具有高度的相关性，因为它们既是西方文化自身发展之内在逻辑的展开，也是全球化背景下各种文明之间相互促动的结果。中国哲学的身份重构，只能在这样多元而复杂、深刻而显律动的场所之中，才能够实现；也只有经受住了这种种挑战的考验，中国哲学的身份重建才是真实可信的。

（原载于《萧萐父教授八十寿辰纪念文集》，湖北教育出版社 2004 年版）

作为时代的自我理解的哲学史研究

——中国近现代哲学史研究的一个向度

高瑞泉

最近30年来，作为现代学术形态之一的中国哲学史研究，总体上说收获甚丰。不过由于需要覆盖的历史之宏阔与思想之复杂，自然其进展就不易平衡。比较而言，中国近现代哲学史在20世纪80年代一度受到比较多的关注、曾经出现过一批力作，但是随着现代新儒家成为显学，中国近现代哲学丰富多样的内容对学术界的吸引力有所减弱。学术风气的转移原是平常事情，正如章学诚所说，“夫万物之情各有其至，而一时风尚，必有所偏”①。在一些人那里，“天人合一”、“良知”之类成了口头禅；复活的“道统论”欲将近现代哲学史研究压缩在十分狭窄的领域。如何从整体上把握这一转变时代哲学发展的历史，开拓出中国近现代哲学史研究的新境界，既为人们的哲学观所影响，也必然有方法论上可以反思的问题。

一

作为现代学术形态的中国哲学学科是20世纪刚刚建立起来的，尽管如果从《庄子·天下篇》算起，哲学家对中国哲学的历史反省可谓源远流长，不过真正的哲学史意识是与现代学院体制下的学科分界联结在一起的。所以我们看到标以“中国哲学史”的著述，都是大学教授所作，一定包含了教科书的功能。幸运的是，从一开始，最重要的“中国哲学史”都是哲学家的创

① 《文史通义·与钱献之书》。

作。举其大要，有胡适的《中国哲学史大纲》、冯友兰的两卷本《中国哲学史》和七卷本《中国哲学史新编》、冯契先生的《中国古代哲学的逻辑发展》和《中国近代哲学的革命进程》两种。三位哲学家的哲学不同、对哲学史著述的哲学自觉程度有异，其所撰写的哲学史之面貌也各有特色。除了这些差异以外，我们还可以看到，他们对于中国近现代哲学史的研究也大不相同。胡适写了半部中国哲学史，自然可以不论；冯友兰先生研究的重心在古代，近代的部分不但简单，而且“没有指出什么真正的哲学问题是这个时代思潮所讨论的中心。这一册《新编》看起来好象是一部政治社会思想史”①，对于这一点，冯友兰先生的解释是：“不是我的作风改变，而是由于时代不同了。”

> 这个时代是中国历史的第二次大转变，这个转变比第一次大转变更剧烈，更迅速，范围也更广大，这是一次东西文化全面斗争，其范围牵涉到每一个中国人的生活和思想，其结果关系到中华民族的生死存亡。所以在这个时候，每一个中国人都投身于思考这个问题、参加这个斗争的实际行动中。每一个大思想家同时也是一个政治社会活动家，他们都是一派政治社会活动的领袖，他们的思想和活动就是这个时代思潮的中心。要想在他们的思想和活动之外另找一个纯哲学的中心问题，那是不现实的，也是不可能的。②

换言之，尽管在冯友兰先生看来，近代思想就其关系到现实而言有其重要性，但是就“纯哲学”的眼光看，并无价值。至于其第七册所写的现代中国哲学史，也许因为特殊的言说环境，似乎更没有在系统性上着意。其中的变化是隐隐约约地将现代化作为一评判标准，而将金岳霖、冯友兰和熊十力

---

① 这样处理中国近代哲学史，在当时并不是冯友兰先生个人的独特做法。侯外庐先生主编的《中国近代哲学史》（人民出版社1987年版）也是以政治思想为主要内容的。而且他对哲学史的分期方式，也几乎完全按照政治史的标准，即把鸦片战争到五四称作近代。这与后面我们会讨论到的将鸦片战争到中华人民共和国成立整个划为近代，在时代划分上也有所不同。

② 冯友兰：《中国哲学史新编》第6册，人民出版社1989年版，第1—2页。

的哲学，都看成是“中国哲学现代化”的一部分。

以《中国近代哲学的革命进程》一书使中国近代哲学史脱离政治思想史的附庸地位而真正成为“哲学史”的冯契先生则说：

> 真正的哲学都在回答时代的问题，要求表现时代精神。中国近代经历了空前的民族灾难和巨大的社会变革，“中国向何处去”的问题成了时代的中心问题……在思想文化领域中表现为“古今中西”之争，那就是：怎样有分析地学习西方先进的文化，批判继承自己的民族传统，以便会通中西，正确地回答中国当前的现实问题，使中华民族走上自由解放、繁荣富强的道路。……时代给哲学领域提出了各种需要解决的问题。①

“中国向何处去”问题的各种答案或方略，就其直接的形态而言，当然是政治社会思想。但是时代的中心问题通过政治思想的复杂争论给哲学创造提供了动力——首先就是在历史观、认识论、方法论和价值观等领域都尖锐地提出了问题。

他进而又说：

> 时代精神不是抽象的，它通过思想家个人的遭遇和切身感受而体现出来。一个思想家，如果他真切地感受到时代的脉搏，看到了时代的矛盾（时代的问题），就会在他所从事的领域里（如哲学的某个领域里），形成某个或某些具体问题。这具体的问题，使他感到苦恼、困惑，产生一种非把问题解决不可的心情。真正碰到了这样令人苦恼的问题，他就会有一种切肤之痛，内心有一种时代责任感，驱使他去作艰苦、持久的探索。如果问题老得不到解决，他就难免心有郁结，甚至产生如黄宗羲所说的“龙挛虎跛、壮士囚缚”的心态，迫使他作强力

① 冯契：《认识世界和认识自己》，《冯契文集》第1卷，华东师范大学出版社1996年版，第3—5页。

的挣扎、抗争。如果他在这个问题的探索中有所前进，就会感到精神上有所寄寓，情感上得到升华，于是就体验到人生真正的乐趣、真正的价值。①

在文章开头就大段地引用前贤的论述，是想说明，对于中国近现代哲学史的研究，像对许多重大哲学问题的研究一样，人们的认识并不一致。且不说，在很长一段时间内，对于相当一批学者，尤其是海外的汉学家（除了因为“冷战”需要而零星地有所研究），中国近现代哲学史基本上没有进入他们的视野。“文革”结束以后，中国近现代哲学史的研究出现了开创性的工作，甚至一度成为学术研究的热点。究其原因，当时中国正处于改革开放的初期，人们迫切需要从鸦片战争以来150年的历史经验中寻找“中国如何实现现代化”的方案，也就是感到了龚自珍所谓“欲知大道，必先为史”。在思想解放的潮流下，许多原先由于意识形态禁忌而长久消失于人们视野的哲学家，重新进入了学术研究活动。按照“唯物”、“唯心”等简单标准来划界的做派被舍弃以后，“现代化”开始成为一个坐标。“中国哲学与现代化”和“中国哲学的现代化”是中国哲学界普遍关心的问题。但是，持冯友兰先生那样观点的人为数甚多：现代化以及围绕它出现的种种政治社会思想，虽然有其时代的重要性和广泛性，但是对于哲学家的哲学而言，似乎并非如此。如果不是说完全无关的话，至多也只是外在关系。

其实，时代与哲学之间，既有外在关系，又有内在关系。就最一般的意义说，所谓“外在关系”，是指相关的两项，不因为其关系项的改变而改变；所谓内在关系，则指相关的两项中的一项改变了，另一项也将随之发生改变。只有综合内在和外在两层关系，才能如实把握时代与哲学的关系，把握时代的一般观念与哲学史的关系，把哲学史的研究视为探求时代精神的入门向导。

在西方哲学史上，大约黑格尔可以被归结为主张“内在关系”说的一派，

① 冯契：《认识世界和认识自己》，《冯契文集》第1卷，华东师范大学出版社1996年版，第6页。

他这么论述哲学与时代的关系：

> 它是精神的整个形态的概念，它是整个客观环境的自觉和精神本质，它是时代的精神、作为自己正在思维的精神。这多方面的全体都反映在哲学里面，以哲学作为它们单一的焦点，并作为这全体认知其自身的概念。……由此可以推知哲学与它的时代是不可分的。所以哲学并不站在它的时代以外，它就是对它的时代的实质的知识。①

就黑格尔本人的哲学史观而言，他还主张另一层意义的“内在关系”说，即把哲学史看成“绝对精神”发展的最高阶段。所以是一个合乎逻辑、有规律的渐次推进的过程。用他的话说，就是“哲学史当然以自行发展的理性为目的，这并不是我们加进去的外来目的；这就是它本身的实质；这实质是个普遍的本源，表现为目的，各个个别的发展形态都自动地与它相适应”②。因此，哲学史是一个有机的系统，各个历史阶段的哲学都指向其最后也是最高阶段的目的。由此演化出哲学史研究中“历史与逻辑的统一”方法。这当然是一种特别强烈的“内在关系”说，在他那个客观唯心主义的体系中，概念、范畴之间的辩证推进，要求合乎内在一致性，不妨说是第一序的“内在关系”；哲学史与社会历史生活的关系，则可以说是第二序的内在关系。

我们知道，哲学史要研究观念演变的内在逻辑，强调思想及其论证的内在一致性，当然是学术界的共识。它甚至扩大到思想史的研究，因此有阿瑟·Q.洛夫乔伊强调思想的“内在”理路，或者所谓“内在的辩证法的工作”：“始终必须承认的是哲学家们（甚至普通人）运用（do）理性，恰如一个思想者尾随另一个。他们推理的暂时结果，在相当程度上是一个逻辑上有根据的且具有逻辑启发性的结果。”③

另一方面，黑格尔“历史与逻辑统一”的方法，也很受后人的批评，譬

① ［德］黑格尔：《哲学史讲演录》第1卷，商务印书馆1983年版，第56—57页。

② 同上书，第114页。

③ ［美］阿瑟·Q.洛夫乔伊：《反思观念史》，丁耘、陈新主编：《思想史研究》第1卷，广西师范大学出版社2005年版，第34—36页。

如新康德主义者文德尔班说，“哲学史的发展，在某一些时期内，只能完全由内在联系去理解，也就是说，只能通过思想内在的必然性和‘事物的逻辑’去理解”。人类最基本的问题与思维提供的解决方案之间的矛盾，使得哲学史研究中，“逻辑的、内在联系的因素无疑是非常重要的”。但是，他同时说，黑格尔的逻辑与历史的方法的一致，过于强调思想的必然性，阉割了历史的偶然性，哲学的发展“不是单独依靠‘人类’或者‘宇宙精神’的思维，而同样也依靠从事哲学思维的个人的思考、理智和感情的需要、未来先知的灵感、以及倏忽的机智的闪光”。除了这种个人的因素以外，还有一种“来自文明史的因素”：

> 因为哲学，从时代的一般意识的观念和从社会需要获得问题，也获得解决问题的资料。各特殊科学的重大战果和新产生的问题，宗教意识的发展，艺术的直观，社会生活和政治生活中的革命，——所有这些都不定期地给予哲学以新的动力，并限制哲学兴趣的方向；此兴趣时而突出这些问题，时而突出那些问题，并暂时把另一些问题排斥在一边；所有这些也同样限制这问题和答案在历史进程中经受的种种变化。①

文德尔班的哲学史方法论，除了时代要素和逻辑要素以外，新增加了哲学家个人创造的因素。在这个近乎多元论的哲学史观中，它所要消解的是黑格尔最重视的历史必然性。因此，哲学与时代之间所具有的内在关联，在表达为概念系统的决定性上，有所削弱；时代给予哲学的是“动力”和“兴趣的方向”；更何况它要通过哲学家“整个人”的精神创造活动，才能实现。这里我强调“整个人”，不仅说哲学是理智的产物，也是“情感的需要”（兴趣）和“洞见”的产物。换言之，时代的“动力”作用是通过哲学家个人出于对时代问题的感受而生的特殊“兴趣”来表现的，而其实现，则要依赖哲学家的“洞见”和创造性理论思维活动。

因此，我在更宽的意义上看待“哲学是时代精神的表现”。

---

① ［德］文德尔班：《哲学史教程》，罗达仁译，商务印书馆 1987 年版，第 20—22 页。

第一，有各种各样的哲学家，但是在发生历史性转折的“大时代”，人们最关注的问题终究会折射为哲学的探索和创造。没有一个人对世事完全无动于衷而能成为哲学家，他们不纠缠于生活的琐事，只是为了更深入、也站得更高地洞察这个世界。不过时代精神能否得到和如何得到创造性的哲学表达，很大程度要依靠哲学家个人的天才，他们将偶然性加诸哲学史的进程。

第二，中国近现代就是这样的一个“大时代”，真正有创造性贡献的哲学家，大多以表现时代精神的历史使命自任。冯契先生已经明言，可以暂时不论。冯友兰先生在他的哲学史写作中，其实也有此意图。他像许多人一样，称近现代是过渡时代，又说这个时代的中国是“旧邦新命”，“旧邦新命，是现代中国的特点。我要把这个特点发扬起来”。即以哲学史为中心来发扬中国文化传统。① 其他现代新儒家也大多如此，如梁漱溟认为中西印三种文化的差别，根本上还是哲学的差别；牟宗三充分认识到哲学是文化的核心，近代以来“中西”之争和“中西”会通，本质上是个文化问题，它的解决有待于中西哲学的会通。②

第三，在同时代的哲学家的形态各异的哲学思维和论述后面，我们可以发现某种或某些共同的或至少是相似的预设、信念和昆廷·斯金纳所谓的“意图”（intended force）。这种意图与哲学家特定的语境和面对的读者有

---

① 冯友兰说：“中国现在所经之时代，是生产家庭化底文化，转入生产社会化底文化之时代，是一个转变时代，是一个过渡时代。”（《贞元六书》上，第267—268页）又说：“中国人的城里人底资格，保持了一二千年，不意到了清末，中国人遇见了一个空前变局。中国人本来是城里人，而此时忽然变成乡下人。这是一个空前的变局，这是中国人所遇到底，一个空前底挫折，一个空前底耻辱。”（同上书，第345页）“旧邦新命，是现代中国的特点。我要把这个特点发扬起来。我所希望的，就是用马克思主义的立场、观点和方法重写一部《中国哲学史》。……我生在旧邦新命之际，体会到，一个哲学家的政治环境对于他的哲学思想的发展、变化，有很大的影响。我本人就是一个例子，因此在《新编》里，除了说明一个哲学家的哲学体系以外，也讲了一些他所处的政治社会环境。这样做可能失之复杂。但如果作得比较好，这部新编也可能成为一部以哲学史为中心而又对于中国文化有所阐述的历史。”（《中国哲学史新编》自序，《三松堂全集》第8卷，河南人民出版社2000年版，第5页）

② 牟宗三说：“中西哲学之会通是核心地讲，由此核心扩大而言也可说是中西文化之会通。……哲学就是指导文化发展的一个方向或智慧，也即指导一个民族文化发展的方向与智慧。”（《中西哲学之会通十四讲》，上海古籍出版社1997年版，第1—2页）

密切的关系，更与哲学家本人的政治、社会、文化倾向有密切的关系。不过哲学家会以更为概念化更具统一性的方式来表达，因而也仿佛较为间接。又由于哲学家通常会借助于先前已有的哲学概念、命题来表达，因此有时仿佛只是沿着完全独立的脉络在发展。当旧有的概念不足以表达其意图时——生活和实践的优先性决定了剧变时代常常会出现这类情景——哲学家就需要创造新的概念。个人创造能力的大小，对于哲学史来说似乎是偶然的，哲学家把这种偶然性带进了历史。但是，倘若他（们）用精致、周延的系统理论所表达的意图正好与历史的趋势相合，时代精神就得到最集中的表现。前贤说“一代有一代之学”，论学要“知人论世”。探讨哲学家的那些“前哲学”的精神活动，“哲学分析和历史证据有可能实现对话。对过往言论的研究会引出某些特殊的问题，能够获得相应的哲学旨趣的洞见。假如我们采用一种更为明确的历时性（diachronic approach），许多问题将变得更为清楚。其中我们会很快想到概念革新现象，以及语言和意识形态变迁的研究”①。因此，时代精神与其说是一套概念、一组范畴，还不如说是围绕着某个中心问题而形成的某种（类）主导观念——它既是认识的概括，又是意图的表现。

第四，说“哲学是时代精神的表现”，这里的“哲学”是在比较宽泛的意义上使用的，至少不局限于现代学院体制内或教科书式的哲学。正如哈贝马斯分析西方“学院哲学”与“通俗哲学”在理解时代以及对时代意识的影响力有区别那样②，现代意义上的“学院哲学”不但在中国出现甚晚，而且与时代意识如果不是渐行渐远的话，至少也常是若即若离的关系。中国近代，在传统的四部之学转变为现代学术制度的过程中，真正有创造力、能够代表时代意识的，既不是官方哲学如钦定的《四书集注》之类，也不是“学院哲学”；而常常是活跃在民间、借助于现代新闻出版事业或团体活动而传播的“通俗哲学”或“通俗概念”。甚至像现代新儒家中的梁漱溟、熊十力那样的哲学家最初也是在现代学院体制之外表现出其创造力的。因此，我们

---

① ［英］昆廷·斯金纳：《观念史中的意涵和理解》，丁耘、陈新主编：《思想史研究》第一卷，广西师范大学出版社 2005 年版，第 77 页。

② ［德］哈贝马斯：《现代性的哲学话语》，曹卫东等译，译文出版社 2004 年版，第 60 页。

研究哲学与时代的关系，不可只局限于“学院哲学”和“学院概念”，而应该对“通俗哲学”和“学院哲学”作辩证的综合，更宽广地把握社会的精神现象。

二

当我们以上述方法论的基点来考察近现代中国特殊语境中哲学与时代的关系时，首先注意到的是这样一种现象：150 年来，如何认识自己的时代，成为中国人普遍遭遇的一大困惑。当初李鸿章们惊叹“三千年未有之大变局”；而今天，一切不存偏见的人们，不管他的个人价值取向如何，都不能否认这样一个事实：晚近一个半世纪，中国社会发生了前所未有的巨变。在这整个过程中，中国人不断地试图给时代定位，“过渡时代”、“革命时代”、“建设时代”，都是时间中流动而未定的概念。这种流动性尤其表现为，中国人不断地宣称自己进入了“新时代”。20 世纪 40 年代，著名的《观察》杂志曾经刊载过一篇文章《时代的分析》，作者问：“人人都说我们的时代是大时代，然而这大时代究竟是什么？”结果他一连串用了八个词来说这个大时代：人民时代、超国族时代、综合时代、动力时代、原子时代、计划时代、平衡时代和艺术时代。[①] 对于时代的性质与价值评判，更是分歧日出，不断有人重提狄更斯的《双城记》开头的那段话[②]，对于时代我们似乎无法取得共识，认识自己的时代成为时代的问题。时代认识首先要求在历史中定位，但是现在人们再也无法用以往的治乱循环来解释“三千年未有之大变局”，历史观的变迁由此凸显。中国近代哲学变革最重要的结果之一，就是进化论代替循环论成为社会的主流意识。在 20 世纪末发生新的转变以前，无论是“学

---

① 陈友松：《时代的分析》，《观察》第 1 卷第 3 期。

② 《双城记》的开头是这样一段话：“那是最美好的时代，那是最糟糕的时代；那是智慧的年头，那是愚昧的年头；那是信仰的时期，那是怀疑的时期；那是光明的季节，那是黑暗的季节；那是希望的春天，那是失望的冬天；我们全都在直奔天堂，我们全都在直奔相反的方向——简而言之，那时跟现在非常相象，某些最喧嚣的权威坚持要用形容词的最高级来形容它。说它好，是最高级的；说它不好，也是最高级的。”

院哲学”还是“通俗哲学”，大多在“进步”和进步主义的笼罩下。换言之，“进步”成为近现代中国哲学的共同范式。“进步”（包括在此以前的“进化”以及由此衍生的“发展”）的观念，不仅是对历史经验的归纳，而且是对现实与未来的规范。作为规范，它将一个现代性价值确立成现代社会的公共意识。

对于中国近代进化论哲学，人们已经有相当多的论述。但是基本上都着眼于进化论话语本身，以及进化论在把握历史发展规律上的有效性及其限度。哲学家借进化论所欲表达的“意图”，或者说哲学家所体会到的社会需求——时代精神，如果不是完全被遮蔽的话，至少也是有所忽略了。那么，我们要追问，当“进步”上升为价值时，哲学家不断讨论它，难道只是重复一种宣称或断言？其实，回到那个时代，从19世纪中叶到20世纪初，几代中国知识分子在中西文化比较的一个问题上存有基本的共识：与西方强烈的动力性相比，“静”是中国文化的特点。① 他们将文化作简单规约的整体性判断是否正确，姑且不论，但是，具有思想史意义的是，他们的确就这样做了判断。它意味着要“救亡图存”，中国人必须转静为动（变、进化、进步）。因此哲学家更多地关心“进步”如何可能？我们要什么样的“进步”？它们构成了“进步”范式内对于时代问题哲学思考的共同“意图”。自19世纪中叶以来，中国哲学从要不要变的争论，所产生的“如何(向何处）变”，和“如何能够（获得动力）变”的问题，现在获得了一个方向上的转换。

换言之，“动力的追求”成为哲学家的共同意图，表示出对于现代性的一种认可。按照本杰明·史华慈的说法：“可以说现代性的核心是一种‘浮士德冲力’（Faudtian Spirit)，一种不惜一切代价追求知识的无限欲望。它影响了现代文化的各个方面。”② 它构成了中国哲学作为时代的自我理解的重要内容。具体地说，它展现为三种不同的哲学派别：

第一种是以经典物理学和生物进化论为基础所构成的机械论世界观与社会达尔文主义的不同程度的结合。从严复讲“大宇之内，质力相推”开始，

---

① 关于这一问题，拙文《现代性与中国文化精神的近代转向》有比较详细的论述，见《江苏社会科学》2001年第6期。

② 许纪霖、宋宏编：《史华慈论中国》，新星出版社2006年版，第202页。

这派理论倾向与把物质进化、物种进化、人类进化看成统一的宇宙过程。机械的力量、生存竞争和人类的自觉意志，分别是这三个领域中进步的动力。尽管人类的活动与自然之间有某种程度的紧张，但是这派理论主要是用勾画一个客观世界的新图景，来论证激发人类能动性的必要和迫切。

第二种是中国化的马克思主义。马克思主义在中国的传播，一开始就集中在唯物史观：尽管在宇宙论上马克思主义分享着进化论的世界图景，但是它的问题集中在历史发展的普遍必然性与人类的主观能动性之间的矛盾。中国化的马克思主义以实践论为中心，而实践是主体能动地改造客体、同时也改变自身的活动；同时强调辩证法是客观世界固有的法则。总之，它倾向于从主客体交互作用的方向上去获得发展的动力。

第三种是以现代新儒家为代表。沿着“返本开新”的理路，他们以思孟学派——陆王心学一路的心性论为中心，撇开以虚静为第一原理的那些理论，返回到人的内心和精神活动中寻找动力。从梁漱溟开始，他们就质疑主体改造世界的活动的作用：“马克思主义说生产力为最高动因。这所以使生产力发展可钝可利的在哪里呢？还在人类的精神方面。……这物质生活的欲求，难道不是出在精神上么？”[①] 熊十力则将这种文化—历史观进一步玄学化，创造了以“翕辟成变”为中心的宇宙论。宇宙大化流行，表现为两种趋势；一种是凝固的物化的趋势，另一种是主宰的精神的力量。一翕一辟就是大用流行，但“辟以运翕”，所以总是精神战胜物质。“夫是行健以物而不物于物之自性力，对翕而言谓之辟，对物而言，则谓之心。”熊十力的动力论是从其心本论中引发的：动力来自心力。其后学牟宗三则将“心本论”向道德理想主义发展，按照《大乘起信论》之“一心开二门”说，牟将“智的直觉”赋予人。它是创生的原则，直觉之即创生之，“智的直觉即是良知、本心、自性清净心底妙用。此妙用用于良知等本身，良知等即呈现，用于照物即见物自身”[②]。换言之，智的直觉（良知）是动力的源泉。通过“良知的自我坎陷”，可以开出科学和民主。

---

① 梁漱溟：《东西文化及其哲学》，《梁漱溟全集》第1卷，山东人民出版社1989年版，第375页。

② 牟宗三：《中国哲学十九讲》，上海古籍出版社1997年版，第286页。

总之，以上所述可以明了，如果我们在哲学史研究中注意近代哲学的开展与时代的自我认识之关系，那么我们可以说，以动力的追求为中心的现代性，构成了古代中国哲学向现代哲学转变的共同向度。黑格尔说："说到底，现代世界的原则就是主体性的自由，也就是说，精神总体性中关键的方方面面都应得到充分的发挥。"哈贝马斯在将其分解为四种内涵，即个人主义、批评的权利、行为自由和唯心主义哲学。① 作为对现代的自我理解，黑格尔将现代性理解为主体性；尽管在中国，将主体性本身当作一个关键概念来讨论是20世纪80年代的事情，但是强调主体能动性，可以说是贯穿20世纪中国哲学的主旨。

三

主体能动性是对进步如何可能（动力的追求）的一个回答，在逻辑上该问题优先于我们如何（要什么样的）进步的问题；但是在历史上出现的，并非前后割裂的两个问题。当进步主义确立其王位的时候，也就是反思开始的时候；因为现代性的分裂同时已经出现。

我们知道，"进步"的理想具体化就凸显为五四时代确立的"民主"和"科学"。② 对于进步而言，民主和科学既是其目标，又是实现其自身的形式。但是，随后发生的"科学与玄学"的论战，表明这两个目标并非自动统一的，其更深的意义是揭示了科学主义和人文主义的分裂、实证主义和非理性主义的分裂。它最早是王国维的个人体验："哲学上之说，大都可爱者不可信，可信者不可爱。"③ 而"科玄论战"之所以具有更大的思想史意义，是因为从此以后，中国的启蒙知识群体公开地分化，表征了现代性深刻的内在矛盾，由此也将王国维个人的体验提升为时代的问题。

---

① 参见［德］哈贝马斯：《现代性的哲学话语》，曹卫东等译，译林出版社2004年版，第20页。

② 陈独秀最初在《敬告青年》中的提法是"科学与人权"："国人而欲脱蒙昧时代，羞为浅化之民，则急起直追，当以科学与人权并重。"（《青年杂志》第1卷第1号）

③ 王国维：《文集续编·自序二》。

科学主义用独断论来对应这一问题，他们以为自然科学的方法在整个宇宙均为普适的，包括可以用以处理人性与人的自由这样幽深难明的问题。这种用科学覆盖人文的路数招致了人文主义的反驳。以现代新儒家为代表的玄学派人文主义，大多采用“划界”的方式：他们不同程度地承认科学的功能，但是同时也坚拒科学对于人文的宰制。他们或者像梁漱溟那样，以为科学是“意欲”（will）向外追求的结果，而伦理宗教等人文价值则是“意欲”向内、向后的产物，它可以使人进达孔子所谓“刚”的境界：“刚的动只是真实的感发而已。我意不过提倡一种奋发向前的风气，而同时排斥那向外逐物的颓流……只有这样向前的动作可以弥补了中国人夙来缺短，解救了中国人现在的痛苦，又弥补了西洋的弊害，应付了世界的需要”①。或者像熊十力那样，创作《新唯识论》时称：“今造此论，为欲悟诸究玄学者，令知实体非是离自心外在境界，及非知识所行境界，唯是反求实证相应故。”② 沿着尊德性的方向先立乎其大，“性智“可以转化为”量智”，道德性的“本心”可以有效地发用为普遍必然的科学知识。熊十力的后学牟宗三也讲“分”，不过他是先分而后合，虽然承认有普遍的真理，但是以为西方哲学只有康德才可以成为与中国哲学会通的“间架”，而康德不承认人有“智的直觉”，使得他依然只在现象界讨论。“康德对 nounema 还是消极的，对之消极就是由于他不承认人有智知，也即康德只承认我们有识知而无智知。”所谓“智知”其实就是儒家所说的“德性之知”。“智的直觉”表示我们的良知本身是个创造的本体，“一心开二门”使我们能够将科学和人生、知识与智慧统一起来。③ 或者像冯友兰那样，以为哲学虽然不反对科学，但也不依赖科学，它不需要以科学为根据，甚至和科学无关。哲学只对“真际”有所肯定，对“实际”无所肯定，所以不会随科学的变动而变动。哲学之所能只是提高人的人生境界，它着意于解决人的安身立命之本。

还有另一种“分”的路向，以金岳霖为例，他区分了元学和知识论的两

---

① 梁漱溟：《东西文化及其哲学》，《梁漱溟全集》第 1 卷，山东人民出版社 1989 年版，第 538 页。

② 熊十力：《新唯识论》，中华书局 1985 年版，第 43 页。

③ 参见牟宗三：《中西哲学之会通十四讲》，上海古籍出版社 1997 年版，第 93 页。

种态度："研究知识论我可以站在知识论底对象范围之外，我可以暂时忘记我是人，凡问题之直接牵扯到人者我可以用冷静的态度去研究它，片面地忘记我是人适所以冷静我底态度。研究元学则不然，我虽可以忘记我是人，而不能忘记'天地与我并生，万物与我为一'，我不仅在研究底对象上求理智的了解，而且在研究底结果上求情感的满足。"① 所以，他在《知识论》以外，另作了《论道》。

与上述重"分"的路向不同，还有一种重"合"的路向。与金岳霖同样感受到时代的问题，冯契却把它转变为："由于中西方哲学的交流和会通，是否有可能提供一种新的视角，来解决科学主义和人文主义对立的问题，这也是值得哲学家郑重考虑的大问题。"② 冯契先生的方案是沿着实践的唯物论的方向，吸取中国古代哲学在转识成智、获得关于性与天道的认识的资源，对近代中西哲学的冲撞、会通及哲学革命做了独特的批判，进而着重讨论如何由无知到知、由知识到智慧的辩证过程，创立了他的"智慧说"。它在认识论领域自觉地沟通天与人、科学与人文：坚持认识始终离不开"整个的人"。"理性不是干燥的光"，古代儒家从不离开人伦关系谈论认知，人类的实践是社会性的活动，总是以人为目的，因此人的认识虽然以求真为目的，却离不开善和美。另外，哲学追求智慧，但是智慧并非天赐神授，思维与存在的统一是个辩证的过程，它以科学知识为必要的基础。"正是通过这种认识的辩证运动，本然界被人的认识和智慧所照亮。功夫和本体统一，可以说物质的本体即现实世界在认识过程中展开，而精神即自我本来不是本体，是本体的作用，但功夫所至，就是本体，因而在认识的发展过程中，精神越来越具有本体论的意义。"③ 所以我们可以说，"智慧说"从实践论为中心的科学认识论着手，得到了一个人本主义的结论。

无论是"分"还是"合"，无论是怎么"分"，哲学前贤的创造性贡献都出于他们对时代重大问题的思考与回答：科学与人生的分离、科学主义与人

① 金岳霖：《论道》，商务印书馆 1987 年版，第 17 页。

② 冯契：《认识世界和认识自己》，《冯契文集》第 1 卷，华东师范大学出版社 1996 年版，第 12 页。

③ 同上书，第 108 页。

文主义的对立，既在中国近代表现为独特的“同一性危机”，又具有世界的普遍性。从更一般的意义上说，它是现代性的危机。中国哲学家的工作，则是对现代性的反省，以及在此反省基础上提出的新的可能选择。以此为中心，对现代性的反省或批判，还辐射到其他问题，譬如功利主义、唯科学主义、工具理性批判等等。它们在相当长时期处于支流或潜流以后，在 20 世纪末期才上升为显性的话语。

四

围绕着“现代性”，中国近现代哲学经历了从追求到反省的历史。这并非要把哲学史研究简约化，放弃其内在丰富性。相反，我在这里只是以此为例来说明，除了文本诠释、概念辨析、资料考证等传统方法以外，适当地注意哲学史研究中知识社会学的路径，不但让哲学史的学术发展保持着它与生活世界的联系，而且可以将更丰富、宏阔的精神现象纳入哲学史研究的视野。因为现代性与现代化运动天生联结在一起，而那场运动如此深刻而广泛地改变了我们的生活，那些让专业哲学家陷入沉思的时代问题，一定也同时引起社会的广泛反响。事实上，近代以来中国社会曾经产生过众多社会思潮，不仅那些带有“通俗哲学”性质的哲学思潮，而且有政治、文化、文学、宗教等的思潮。中国近现代哲学的历史本身就是在“古今中西”的文化争论中展开的，诸多社会思潮一方面给予同时代哲学家以思辨的动力，另一方面也给后人考察验证哲学思辨的妥当性提供更广阔的场景。

换言之，如果我们充分意识到哲学与时代精神的关系，那么我们应该意识到哲学与同时代的其他意识形态以及整个社会精神现象之间的关系。时代的问题和时代精神并不仅仅表现在哲学；不过哲学是以概念化系统安排的方式来表现时代精神，因而就更为集中深刻，更为精致明确罢了。所以冯友兰先生当初也说过：

> 每一个时代思潮都有一个真正的哲学问题成为讨论的中心，哲学更以讲清楚这个问题为要……哪一个时代思潮的哲学中心问题讲清楚

了，这个时代思潮的来龙去脉也就清楚了。①

我在这里要说的是，这对关系的另一个方向：理解一般时代思潮对于研究哲学史具有重要的意义。生活与实践的能动性和优先性决定了，在哲学家作出新的哲学体系创造以前，通常一些新的观念已经相当流行。这里有一个从语词史到观念史的转变。由于生活世界的变动，最初是一些新的语词出现了，譬如19世纪末，随着进化论的传播，“进化”、“进步”、“竞争”和“创造”这些语词很快变得使用频率甚高，同时又具有前所未有的新意——获得了正面的价值。这表示一些新的观念产生了。哲学家对此加以反思，无论是直接采用原来的语词，还是借用一个哲学术语来表达其反思，都可能包含了概念的创新。因此，从更广阔的社会精神现象包括社会思潮的研究中去进入哲学史的研究，由于采用了一种昆廷·斯金纳所谓的“历史性方法”，我们可以重新接上那些已经被哲学家割断的哲学与经验之间的联系，使得问题的历史脉络和历史证据更为明显。许多时候我们还可以借此重新评估哲学家对时代的理解和诊断，而不会仅仅局限于他们的概念框架是否自洽。

这样看待中国近现代哲学史，将有许多值得深入研究的领域，许多有待探讨的问题。我一直坚持这样的看法：就单个哲学家的个人成就说，中国近代可能没有黑格尔、康德或朱熹、王阳明那样的大家；但是就150年哲学探索的整体内容而言，其丰富程度足与春秋战国媲美。在这150年中，无论沿着传统的经学—国学的路向作哲学史的诠释，还是将外国哲学家的思想学说介绍进汉语世界，或者独辟蹊径作出个人的哲学创造，都构成了中国近现代哲学史的一部分，都是值得珍视的文化遗产。不过，这与现在流行的所谓“同情的理解”的说法还有些差别。

何谓“同情的理解”？如何解释与实践“同情的理解”的原则，包括它要成为学术研究的方法论原则需要厘清之边界与前提在何处？都非常值得讨论。② 我所知道的是，陈寅恪先生曾经说过：

---

① 《三松堂全集》第10卷，河南人民出版社2000年版，第4页。

② 据我非常有限的了解，最初在研究中国哲学史的学者中提出这一主张时，多少是针对以往流行的“大批判”式的论著，或民族虚无主义的，特别是对儒学研究中的反传统

> 所谓真了解者，必神游冥想，与立说之古人，处同一境界，而对于其持论所以不得不如是之苦心孤诣，表一种之同情，始能批评其学说之是非得失，而无隔阂肤廓之论。①

陈先生是历史学家，这是他在审查冯友兰先生的《中国哲学史》上册的评语，表达了对实证主义方法的批评。如果说是指在理解前哲时需要做必要的社会史还原，做到知人论世，从而充分把握其客观根据的话，那么它是学术研究的必要原则。如果将“同情”说成情感的排他性认同，并将其置于“理解”的前提，那么事实上就变成了“立场”优先了。其实，在哲学史的研究中，“同情的理解”是否可以普遍化不是没有疑问的：哲学就是在争论中进展的，同一个问题不同的学派和人物可以有绝然相反的解答，研究者之同情寄托在何方？所以，就哲学史研究而言，重要的不是“同情的理解”；强调“同情”在先的“理解”，难保不弱化我们分析的锋芒，甚至可能演变为某种新的教条。在“道统”论者那里，中国哲学的实在论传统之被冷落，就是明证。我以为，在这里，最底线的态度是“平等的眼光”，较高明的标准是“批判的头脑”。这并不表示我们对前贤缺乏敬意，因为对一个哲学家最好的尊重，无过于对他的学说作批判性的研究。毋庸置疑，这里的“批判”当然是在康德批判哲学的意义上运用的。因此，近代以来围绕着那些最重要问题展开的哲学讨论都是我们的研究对象，不论参与者是何人。而现在我们应该将“平等的眼光”和“批判的头脑”更扩大地使用于研究社会思潮、观念变革，通过思想史与社会史结合的方法，尝试着把握民族精神的主流，使我们的哲学史研究真正有助于时代的自我理解。

（原载于《哲学研究》2007年第5期）

主义有某种纠偏的意义。至于其中一部分人把它误置为立场优先的原则，是后来渐渐发生的转变。

① 陈寅恪：《冯友兰中国哲学史上册审查报告》，《金明馆丛稿二编》，上海古籍出版社1980年版，第247页。

关于“以哲学史为中心的思想史研究”的再思考

李维武

开展“以哲学史为中心的思想史研究”，是笔者在10多年前结合自己所从事的19—20世纪中国哲学研究而提出的，希望以此作为拓展和深化19—20世纪中国哲学研究的一种新的方法论。① 这些年来，笔者在19—20世纪中国哲学研究中，对这个新的方法论作了进一步的思考、探讨与运用。在这里，把自己的所思所得，以“再思考”的形式作一概括性说明，以求教于方家同道。

一、哲学史与思想史的区分

“哲学史”与“思想史”，这两个概念在中国学术史上出现并为学术界广泛使用，已有近百年的时间。新文化运动中，胡适在北京大学主讲“中国哲学史”课程并著《中国哲学史大纲》（卷上），李大钊在北京大学开设“史学思想史”课程并撰《史学思想史》讲义，就是这两个概念在当时已经广泛使用的证明。此后近百年间，中国学者撰写了许多部题名为“哲学史”或“思想史”的著作。

① “以哲学史为中心的思想史研究”的最初提出，是在笔者为张世保著《从西化到全球化——20世纪前50年西化思潮研究》一书所写序中：“一个关注中国历史命运和未来发展的20世纪中国哲学研究者，尤其应当关注20世纪中国哲学中这些直接来自文化历史进程的哲学问题，关注这些与‘中国向何处去’这一时代大问题密切相关的哲学问题。基于此，我在指导自己的博士生作20世纪中国哲学研究时，提出了开展‘以哲学史为中心的思想史研究’，希望引导一批同学有志于此。”

但长期以来，这些被称为“哲学史”或“思想史”的著作，往往并没有作“哲学史”与“思想史”的明确区分，或者把“哲学史”和“思想史”看作是大同小异的概念，或者认为思想史包含了哲学史、哲学史被包含在思想史中。特别是一些标明为“思想史”的著作，主要论述的其实还是哲学史的内容。如吕振羽著《中国政治思想史》、侯外庐著《中国近世思想学说史》以及侯外庐主编的五卷本《中国思想通史》，实际上都是以哲学史为主要内容的思想史著作。这种思想史的书写方式，在今天的一些思想史学者看来，只是一种“大号哲学史”①。

中国学术界以自觉的学科划分意识，对哲学史与思想史的各自内涵及其两者关系进行深刻反思，并真正地把哲学史与思想史明确区分开来，则是20世纪80年代的事情。1983—1984年，中国学术界曾就哲学史与思想史的关系问题展开讨论。《哲学研究》发表了一批相关文章，并在编者按中指出了所要解决的主要问题：“中国哲学史与思想史的关系问题，长期以来没有得到解决。这与中国古代文、史、哲不分，以及哲学与伦理、哲学与政治密切联系等传统有关。哲学史研究的基本内容是什么？思想史是不是一门独立的学科？哲学史与思想史有些什么联系与区别？如何正确解决这些问题，关系到哲学史与思想史研究的深入和发展。”② 这场讨论是完全学术性的，规模并不算大，参与者也不很多，但对哲学史研究和思想史研究都产生了很大的影响。

这次讨论的一个重要理论成果，在于厘清了哲学史与思想史的各自内涵，从而使哲学史与思想史开始明确区分开来。通过讨论，人们不仅认识到哲学史与思想史是两种不同的学问，而且认识到哲学史与思想史分属于两个不同的学科：哲学史属于哲学学科，思想史则属于历史学学科。作为哲学学科的分支，哲学史所研究的是哲学发生发展的历史，主要探讨哲学自身的范畴与问题在历史上的逻辑开展；作为历史学学科的分支，思想史所探讨的则是人的精神生活发生发展的历史，走向了对社会生活中的思潮、意识、观

① 葛兆光：《思想史研究课堂讲录》，三联书店2005年版，《自序》第3页。

② 《关于中国哲学史和思想史关系问题·编者按》，《哲学研究》1983年第10期。

念、群体性心理的具体研究。简言之，哲学史着重于探讨形而上的“思”，思想史则着重于探讨非形而上的“史”。“思”是指哲学思维的抽象性、逻辑性，“史”则是指历史运动的现实性、经验性。由此可见，探讨“思”的哲学史与探讨“史”的思想史具有相对的独立性，两者并不是大同小异的，也不是前者包含在后者之中的。

基于对哲学史与思想史关系的新认识，哲学史学者与思想史学者分别作出了努力，凸显了哲学史的“思”的特征和思想史的“史”的特征。在哲学史方面，提出了中国哲学史的“泛化”与“纯化”问题。周继旨的《关于中国哲学史研究对象、范围的“纯化”与“泛化”问题》一文，就集中反映了当时哲学史学者对这一问题的看法，认为“一部内容过于‘泛化’了的哲学史，就混同于一般的思想史，失去了自己应有的特点”，因此需要“对中国哲学史的研究对象来一番‘纯化’，把不属于哲学范畴的内容‘排除’出去”①。20世纪80年代在中国哲学史研究中盛行的哲学范畴研究，旨在把抽象性、逻辑性的“思”与现实性、经验性的“史”分离开来，体现了哲学史学者在“纯化”方面所下的功夫。在思想史方面，葛兆光著两卷本《中国思想史》的问世，鲜明地体现了思想史学者把思想史区分于哲学史的自觉。尽管人们对葛著有不同的意见，但有一点看法当是一致的，这就是它已不再是那种以哲学史为主要内容的思想史著作了，改变了那种“大号哲学史”的思想史书写方式。需要说明的是，这里所说的思想史着重于非形而上的“史”，并没有任何贬抑的含义。形而上与非形而上，在这里只是就研究对象的性质和特点言，形而上意味着“思”的抽象性、逻辑性，非形而上则意味着“史”的现实性、经验性，不是说后者不如前者重要。一些对思想史有自觉认识的学者，也是这样看待思想史的。如孙歌著《思想史中的日本与中国》一书，自序的题目即《在形而下层面结构原理》②，强调了思想史研究的性质和特点在于立足“形而下层面”。

考察自20世纪80年代以来的哲学史研究与思想史研究，就会发现由于

① 周继旨：《关于中国哲学史研究对象、范围的“纯化”与“泛化”问题》，《哲学研究》1983年第10期。

② 孙歌：《思想史中的日本与中国》，上海交通大学出版社2017年版，《序》第1页。

研究者们开始自觉地意识和把握哲学史与思想史不同的性质和特点，使得哲学史研究与思想史研究获得了各自独立的发展空间，从而有力地推进了两者的开展。

二、哲学史与思想史联系的重构

哲学史与思想史被明确区分开来以后，给中国哲学史研究所带来的影响是双重的，既有积极的一面，也有局限的一面。积极的一面在于：在中国哲学史研究中凸显了对形而上的“思”的重视，更重视哲学史内容的抽象性、逻辑性，从而凸显了哲学史的内在逻辑开展，使中国哲学史研究更具有哲学意味，深化了中国哲学史研究。从20世纪80年代开展的中国哲学范畴研究，到20世纪90年代转而进行的中国哲学问题探讨，可以看到哲学史学者从“思”的方面逐渐深化哲学史研究的轨迹。局限的一面在于：这种对形而上的“思”的重视，又不免疏离了非形而上的“史”，使中国哲学史研究由于过分强调抽象的逻辑开展，而忽视了来自历史文化的现实性、经验性。这样一来，中国哲学史研究往往只知在纯哲学的思辨中打圈子，而看不到还有许多这圈子之外的来自历史文化的丰富而深刻的思想内容。对于哲学史的探讨，当然少不了对哲学演进的内在逻辑的揭示，但又不能使这种逻辑缺乏现实性和历史感，成为一种纯粹在思辨中开展的抽象的东西。

针对由此所导致的哲学史研究中“思”与“史”的疏离，中国哲学界的有识之士又提出把“思”与“史”重新结合起来、重构哲学史与思想史联系的要求。在这方面，笔者的老师萧萐父先生在1989年写过一篇题为《哲学史研究中的纯化和泛化》的短文，表达了他对中国哲学史的“泛化”与“纯化”问题的新思考：“鉴于哲学史研究曾羼入许多非哲学的思想资料，往往与一般思想史、学说史浑杂难分，我们曾强调应当净化哲学概念，厘清哲学史研究的特定对象和范围，把一些伦理、道德、宗教、政法等等非哲学思想资料筛选出去，使哲学史纯化为哲学认识史，以便揭示哲学矛盾运动的特殊规律。但进一步考虑哲学与文化的关系，文化是哲学赖以生长的土壤，哲学是文化的活的灵魂，哲学所追求的是人的价值理想在真、善、美创造活动中的统一实现；哲学，可以广义地界定为‘人学’，文化，本质地说就是‘人化’。因而这些年我们又强调哲学史研究可以泛化为哲学文化史。以哲学史为核心的文化史或以文化史为铺垫的哲学史，更能充分反映人的智慧创造和不断自我解放的历程。”① 萧老师在这里所说的哲学与文化的关系以及哲学史研究的“泛化”方法，所依据的是马克思的“哲学正变成文化的活的灵魂”② 的思想，体现了对马克思主义哲学史观的坚持。从主张哲学史研究的“纯化”，到重提哲学史研究的“泛化”，实则提出了哲学史与思想史联系的重构问题，要求在哲学史研究中把“思”与“史”有机地结合起来。萧老师的这篇短文只有几百字，对于这一问题没有作更多的论述，但却是十分富有启发性的。

类似的思考在冯契那里也提出了。进入 20 世纪 90 年代后，冯契主编了《中国近代社会思潮研究丛书》，带领一批中青年哲学史学者，把近代中国哲学史研究拓展为以社会思潮史为主体的思想史研究。他在丛书总序中写道：“收入本丛书的著作，它们所研究的，可以主要是哲学思想，或者政治思潮，或者文化及宗教思潮，即每一部著作的侧重面可能颇不相同，但作为丛书整体，强调的是社会思潮。换句话说，不管这些思潮的侧重面在哪里，它们都是对整个社会发生广泛影响的思潮，而不是只在狭窄的专业圈之内发生影响的理论。所以，收入本丛书的著作与一般的近代哲学史或思想史的著作将有很大的不同，它常常需要跨越政治、哲学、宗教、文学艺术、教育乃至俗文化、社会生活方式等诸多领域，从而反映出社会思潮自身的广度与深度。在方法上，本丛书注重研究在中国近代特定的社会历史条件下，西方思想如何传入并影响中国，而中国古代传统又如何被发掘、继承及转化，从而使形成的一系列社会思潮既具有时代特征，又富于民族特点。由于其中相当一部分社会思潮是在西方同类思潮的传播下发展起来的，所以为了把握它们的近代民族特点，又需要通过中西比较的途径。”③ 这清楚表明，19—20 世纪

① 萧萐父：《哲学史研究中的纯化和泛化》，《吹沙集》，巴蜀书社 1991 年版，第 410 页。

② 马克思：《〈科隆日报〉第 179 号的社论》，《马克思恩格斯全集》第 1 卷，人民出版社 1995 年版，第 220 页。

③ 冯契：《“中国近现代社会思潮研究丛书”总序》，《冯契文集》第 11 卷，华东师范大学出版社 2016 年版，第 739 页。

中国哲学研究需要有一个更为广大的视域，这不仅是一个研究范围的扩大问题，更是一个研究范式的转换问题；这一思维范式转换的根本点在于，由哲学史所强调的“思”而转向思想史所强调的“史”。萧老师曾同笔者谈到冯契与他的关系，称这一关系为“师友之间”。据笔者的研究和体会，两位先生之间确有许多相似相通之处。在重构哲学史与思想史联系的问题上，两人也有相似相通的地方，这就是重视哲学史研究的现实性和历史感。

正是在这一大背景下，特别是受到萧老师这篇短文的启发，笔者结合自己所从事的19—20世纪中国哲学研究，提出了“以哲学史为中心的思想史研究”的方法论，以求在哲学史研究中把形而上的“思”与非形而上的“史”结合起来，改变那种只注重哲学史自身的逻辑展开而忽视哲学史与历史文化之间联系的状况。具体到19—20世纪中国哲学，笔者认为关注这一时代的中国哲学与历史文化的关联，要着重从三个方面加以把握：一是由历史文化扩大19—20世纪中国哲学研究的问题域；二是建立19—20世纪中国哲学与中国思想世界的联系；三是凸显19—20世纪中国哲学与历史文化环境的联系。下面，就分别从这三个方面，具体说明如何开展“以哲学史为中心的思想史研究”。

三、从思想史发现19—20世纪中国哲学的问题

哲学史要重视问题的研究，这本来是哲学史研究的题中应有之义。20世纪80年代，由于哲学史与思想史的明确区分，以及由此而来的哲学史研究对哲学范畴的重视，中国哲学史研究中的问题意识曾一度被遮蔽、被淡化。进入20世纪90年代后，随着哲学史研究由对哲学范畴的重视转向对哲学问题的重视，问题意识之于中国哲学史的重要性逐渐成为哲学史学者的共识。笔者在1990年完成的博士学位论文《20世纪中国哲学本体论问题》，就从一个方面体现了中国哲学史研究重心由哲学范畴向哲学问题的转移。

但是，中国哲学史的问题有哪些？这些哲学问题从何而来？在这些问题上，哲学史学者却存在着相当大的分歧。在许多人看来，哲学史中的哲学问题当然是历史上的哲学家所提出来的，并为以后的哲学家们反复探讨而逐渐

深化，但很难说哪个哲学家能够成为这些哲学问题的终结者。张东荪就说过："一部哲学史不是问题的解决，乃是问题的翻新。"① 这些哲学问题，是哲学自身的提问方式和自身的问题。哲学史的核心问题，如本体论与认识论问题，就是这样的问题。还有的问题虽然不能算是哲学史的核心问题，如历史观与文化观问题，但在一定意义上也是这样的问题。哲学家们环绕这些古已有之的问题所展开的反复思考与不断探讨，就构成了哲学史开展的内在的逻辑环节和逻辑进程。冯契在《中国古代哲学的逻辑发展》一书中，指出哲学史上提出的广义认识论问题主要有四个：一是感觉能否给予客观实在？二是理论思维能否达到科学真理？三是逻辑思维能否把握具体真理（首先是世界统一原理、宇宙发展法则）？四是人能否获得自由？这些问题都属于哲学自身的提问方式和自身的问题，因而了解和把握中国古代哲学的逻辑发展必须从这些问题入手。当然，他又指出，西方哲学家和中国哲学家由于各自的历史文化环境的不同，因而对这四个问题的理解各有特点：西方哲学家更注重对前两个问题的思考与探讨，中国哲学家更注重对后两个问题的思考与探讨，由此形成了西方哲学史与中国哲学史各自的特色与精义。但这四个问题都是哲学自身的提问方式和自身的问题，则是没有疑义的。

在中国哲学史上，除了哲学自身的提问方式和自身的问题外，还有一些特殊的提问方式和特殊的问题。这些特殊的提问方式和特殊的问题，来自历史文化、来自社会生活、来自时代，总之是来自马克思所说的"现实世界"②；特别是在那些历史文化发生巨变、社会生活充满矛盾、国家民族前途面临选择的时代，就会从现实世界中提出一些需要反复思考与不断探讨的重大问题，受到忧国忧民的哲学家的关注与求索。这些来自现实世界的特殊的提问方式和特殊的问题，不是哲学史上古已有之的，也不是各个民族、各个国家的哲学发展中都会出现的，因而与哲学自身的提问方式和自身的问题相比，不具有那么强的思辨性和那么浓的哲学味，往往处于哲学史与思想史交叉的边缘性位置，以至被人们看成是思想史的问题而不是哲学史的问题。但

① 张东荪：《哲学究竟是什么》，《东方杂志》第34卷第1号（1937年）。

② 马克思：《〈科隆日报〉第179号的社论》，《马克思恩格斯全集》第1卷，人民出版社1995年版，第220页。

这些问题由于关乎国家民族的命运与前途，且需要经过哲学家的反复思考与不断探索，因而也同样是十分重要的哲学问题，特别是对于显示一个民族、一个国家哲学史的特殊性具有十分重要的意义。19—20 世纪中国，正是这样一个经历巨变、充满矛盾、选择道路的时代；这个时代的中国哲学家，不仅要面对来自哲学自身的提问方式和自身的问题，而且要面对来自现实世界的特殊的提问方式和特殊的问题。正是这样，冯契在衡论 19—20 世纪中国哲学时，根据自己青年时代投入革命洪流的亲身感受，特别凸显哲学问题的时代性和现实性，特别强调“哲学要把握时代脉搏”①、“哲学要回答时代的问题”②。可以说，这种哲学与现实世界的密切关联，这种哲学对时代之问的回答，正是 19—20 世纪中国哲学的显著特点。因此，19—20 世纪中国哲学研究，应当关注这些来自现实世界的特殊的提问方式和特殊的问题，把这些内容纳入哲学史研究中来。

鸦片战争后中国哲学家反复探讨的“中国向何处去”问题，就是这样一个时代大问题。毫无疑问，这个问题是 19—20 世纪中国哲学的特殊的提问方式和特殊的问题。在西方哲学的开展中，在中国古代哲学的开展中，都不会提出这个问题；只有当中国在鸦片战争后被卷入全球性现代化运动、需要在世界历史整体发展中作出选择时，这个问题才会尖锐地提到中国人面前，成为 19—20 世纪中国哲学的重大问题。冯契在《中国近代哲学的革命进程》一书中就指出，近代中国的时代中心问题是“中国向何处去”，“许多有成就的思想家并不是专门研究哲学的，他们研究哲学主要是为了回答‘中国向何处去’的问题”③。因此，他强调：“研究中国近代哲学，首先要看到这一特点：中国近代史上很多思想家是爱国者，是革命家，他们代表了中华民族的希望，代表了中华民族的优秀传统。他们的热情、意志、思想都集中在解决

① 冯契：《哲学要把握时代脉搏》，《冯契文集》第 11 卷，华东师范大学出版社 2016 年版，第 513 页。

② 冯契：《哲学要回答时代的问题》，《冯契文集》第 8 卷，华东师范大学出版社 2016 年版，第 279 页。

③ 冯契：《中国近代哲学的革命进程》，《冯契文集》第 7 卷，华东师范大学出版社 2016 年版，第 5 页。

‘中国向何处去’的问题。”① 然而，由于“中国向何处去”这个问题的特殊性，在许多人看来，这个问题只是思想史问题而不是哲学史问题，因而容易为哲学史学者所忽视。

这类容易被忽视的来自现实世界的哲学问题，在19—20世纪中国哲学中还有很多。例如，环绕“中国向何处去”这一时代大问题，一百多年来中国哲学家又探讨了一系列相关的重大问题，诸如封闭与开放、守旧与维新、改良与革命、立宪与共和、启蒙与救亡、旧民主主义与新民主主义、资本主义与社会主义等等。这些看似不属于哲学史而只属于思想史的问题，却构成了19—20世纪中国政治哲学开展的主要内容。政治哲学在21世纪的今天已经受到中国哲学界的广泛重视，但是研究者们或者只重视罗尔斯的著述，或者只重视古代儒家的思想，希望从这些地方发掘出建构21世纪中国政治哲学的资源，而很少关注19—20世纪中国哲学家环绕上述问题所进行的艰苦探索，以此作为21世纪中国政治哲学的直接源头。其所以如此，一个重要的原因，就是感到这些问题以及由此引发的思考和探索，时代性、现实性很强而思辨性、抽象性较弱，既不曾在西方哲学史上出现过，又不曾在中国古代哲学史上出现过，只是属于思想史的内容而不是属于哲学史的内容。

与“中国向何处去”这一时代大问题相联系，还有19—20世纪中国哲学中的历史观与文化观的一些问题。历史观与文化观的一些内容，也可以说是哲学自身的提问方式和自身的问题，如历史的进化问题、规律问题、动力问题，文化的华夷之辨、文质之辨、古今之辨，都是古已有之的；但对于19—20世纪中国哲学来说，历史观与文化观的更主要内容却是今才有之的，是与近现代中国的历史走向和中国文化的重新选择直接联系在一起的。比如：如何看待鸦片战争后中国社会历史所发生的天翻地覆大变局？如何看待由此而来的中西古今文化的碰撞、交流、融合？如何看待中国传统文化在全球性现代化运动中的价值和作用？如何面对西方文化的强烈影响来选择中国文化发展的道路？这些来自现实世界的问题，引起了19—20世纪中国哲学

① 冯契：《中国近代哲学的革命进程》，《冯契文集》第7卷，华东师范大学出版社2016年版，第5页。

家的普遍关注和反复探讨，直到21世纪的今天这种关注和探讨也还在继续之中。这种关注和探讨所形成的思想成果，不是思辨的历史哲学或文化哲学，而是对中国历史走向和中西古今文化关系的具体阐发，因而往往被看作是思想史的内容而不是哲学史的内容。

笔者提出“以哲学史为中心的思想史研究”，就是希望从思想史视域对19—20世纪中国哲学的问题域加以拓展，把这些处于哲学史与思想史交叉的边缘性位置的问题，把这些看似不属于哲学史而只属于思想史的问题，都纳入19—20世纪中国哲学研究中来，作为19—20世纪中国哲学的重要问题。因此，笔者主张在看待19—20世纪中国哲学问题时，既重视来自哲学自身的提问方式和自身的问题，又重视来自现实世界的特殊的提问方式和特殊的问题，将这两类提问方式和问题有机结合起来，作一综合性考察和总体性理解。这就形成了19—20世纪中国哲学基本问题的层次性和结构性。从逻辑上看，即从哲学问题由一般到特殊、由抽象到具体看，这些哲学问题集中在三个层面上：在最抽象的层面上，是本体论与认识论问题；在居中的层面上，是历史观与文化观问题；在最具体的层面上，是政治哲学问题。这样一来，就使19—20世纪中国哲学研究拥有了更为宽阔的问题域，获得了鲜明的时代性和强烈的历史感，能够更完整地展现这一时代中国哲学的丰富内容，更系统地反映这一时代中国哲学家的思想贡献。

四、从思想史拓展19—20世纪中国哲学的研究空间

拓展哲学史的研究空间，对于推进哲学史研究来说，是一项重要的工作。从方法论上看，这一拓展工作大体上包括两个方面的工作：一是哲学史内部的拓展，另一是哲学史外部的拓展。哲学史内部的拓展，主要是对哲学史的内在逻辑进程进行重新梳理，以及对进程诸环节研究的深入与细化；哲学史外部的拓展，主要是建构和拓展哲学史与思想史的联系，把更多的与哲学史有关联的思想史内容纳入哲学史研究中来。这种哲学史外部的拓展，也就是从思想史拓展哲学史的研究空间，构成了“以哲学史为中心的思想史研究”的重要内容。

在19—20世纪中国哲学研究中，如何从思想史拓展哲学史的研究空间，把更多的与哲学史有关联的思想史内容纳入哲学史研究中来呢？关键一点，在于进入19—20世纪中国思想世界，从中发掘出、梳理出那些具有哲学史意义的思想史内容，由此来重构哲学史与思想史的联系。在这里，笔者感到有三个方面的思想史内容尤其值得发掘和梳理。

一是哲学与其他相邻学科的联系。进入20世纪后，现代学科体系取代传统经学体系在中国得以确立，成为现代学术、教育和知识发展的基本框架。由此而来，不仅有了专门的哲学学科，而且有了哲学与其他相邻学科的联系。这种联系从实质上看是一种思想史的联系：哲学为其他学科提供了思维框架，其他学科则为哲学开展提供了更大空间。不论是哲学与自然科学诸学科的联系，还是哲学与人文科学、社会科学诸学科的联系，都具有这种思想史的意义。因此，从思想史拓展19—20世纪中国哲学的研究空间，可以从哲学与相邻学科的这种思想史联系入手，从中发掘出哲学对这些学科的影响，梳理出这些学科中所蕴含的哲学因素，将这些内容纳入哲学史研究中。在这方面，前辈学者已经做了富有启发性的开拓工作。前述李大钊撰写的《史学思想史》讲义，其着力点就在于阐发史学思想史中的历史观开展，指出："历史观本身亦有其历史，其历史亦有一定的倾向。大体言之，由神权的历史观进而为人生的历史观，由精神的历史观进而为物质的历史观，由个人的历史观进而为社会的历史观，由退落的或循环的历史观进而为进步的历史观。神权的、精神的、个人的历史观，多带退落的或循环的历史观的倾向；而人生的、物质的、社会的历史观，则多带进步的历史观的倾向。神权的、精神的、个人的、退落的或循环的历史观可称为旧史观，而人生的、物质的、社会的、进步的历史观则可称为新史观。"① 他所说的"新史观"，就是唯物史观；而他所说的"旧史观"，则是唯心史观。正是从这些历史观中，他敏锐地发现了史学思想史中所蕴含的哲学思想，发现了哲学与历史学的思想史联系，由此开展了唯物史观史的研究，从唯物史观史来阐发马克思主义哲学。这成为李大钊在中国传播马克思主义哲学的一大特点。因此，《史学

① 李大钊：《史观》，《李大钊文集》第3卷，人民出版社1999年版，第229页。

思想史》作为一部思想史著述，对于从哲学与相邻学科的思想史联系入手，发掘和梳理出其中所蕴含的哲学思想，将这些思想史内容纳入哲学史研究中来，具有示范的意义。

二是观念史研究。观念史研究在进入21世纪后受到了中国学术界的关注。尽管今天人们还很难就何谓观念史达成一致的看法，但大概都会认为观念史是思想史的一种形态或一个分支。作为思想史的观念史，当然重视“史”，包含了许多历史的内容，并非一种抽象的观念演绎。但一般的思想史所重视的“史”，有许多不是以观念形式所表达的思想碎片，甚至表现为群体性的心理动向和精神诉求；而观念史对“史”的重视，集中在思想史中的重要观念的生成与演变，这些重要观念都是由哲学家、思想家所创造和阐释的，也是由以后的哲学家、思想家所承继和发挥的，是思想史中用文字表达、有脉络可循的内容。这些重要观念具有凝聚人心的作用，集中体现了一个民族、一个国家在一个时代的精神生活；而这些重要观念的变化，则反映了一个民族、一个国家的时代精神和民族精神的变化。由此可见，观念史与哲学史之间存在着交叉、贯通之处。从思想史来拓展19—20世纪中国哲学的研究空间，可以从观念史与哲学史的联系入手。19—20世纪是中国人的精神生活发生大变化的时代，许多新观念为中国哲学家、思想家所引入、所阐发、所高扬，用以建构中国人的新的时代精神和民族精神。“自强”、“进化”、“维新”、“革命”、“科学”、“民主”、“平等”、“社会主义”等等，就是这些新观念中的特别重要者，集中体现了中国人精神生活的新变化，高度凝练了中国人复兴民族的理想追求，对塑造现代中国发生了深刻影响。19—20世纪中国的时代主旋律和思想世界的总体走向，正是通过这些重要观念的提出、演变及其影响体现出来。这些重要观念之所以具有如此巨大的影响力，就在于它们不仅反映了时代的要求，而且具有理论的品格，或者就是哲学观念，或者具有哲学内核，或者多少带有哲学意味。正是这样，这些重要观念的提出、演变及其影响，应当成为19—20世纪中国哲学研究的重要内容。

三是社会思潮史研究。社会思潮史同观念史一样，也是思想史的一种形态或一个分支。所谓社会思潮，都是针对并为解决某种重大社会问题而出现的，与实际生活、社会实践、下层民众有着更为密切的联系，吸引了广大民众的认同、响应与参与，甚至演变为声势浩大的群众运动。正是这样，社会思潮史又与观念史不同，不是凸显历史中观念的发生与演变，而是凸显历史中群体性的思想运动，这就必然涉及更为广泛的“史”的内容。19—20 世纪的中国，社会生活的巨大变迁和各种社会矛盾的发生发展及其彼此消长、相互影响，激起了不同形态的社会思潮起伏纵横于中国思想世界，并在不同程度上转化为变革中国社会的实际运动。诚如冯契所论：“在短短百年间，特别是在 19 世纪末至 20 世纪前半叶的数十年间，如此多的思潮纷呈涌动，在数千年的中华文明史上可以说是没有前例的，它集中地表现了中华民族在近代历史条件下，思想的空前活跃，争鸣的空前激烈，精神的迅速高扬。”① 社会思潮虽具有广泛的民众性，但并非就与哲学无关。一个能够产生持久有力影响的社会思潮往往具有哲学内核，这个哲学内核在社会思潮的开展中有着自己生成、辐射与更新的过程。因此，就这些社会思潮最核心的内容言，仍然是以哲学家、思想家的思想创造为其主体的，而非仅为群体性的心理认同和心理表达。特别是一些持续时间长、社会影响大、具有鲜明奋斗目标的社会思潮，其间都存在着经过哲学家、思想家的自觉创造而形成的哲学内核。这是因为，一个社会思潮只有具有了自己的哲学内核，才能形成自己思想的原创性的活水源头，才能在较长久的时间中有力地保持自己思想的活力与激情，才能在理论上说服人、在思想上吸引人，从而形成自己掌握群众、动员群众、激励群众的理论力量。在 19—20 世纪中国思想世界中，那些曾在长时间中产生过很大影响的社会思潮，往往都形成了各自不同的哲学内核。改良主义、三民主义、自由主义、科学主义、文化保守主义等，作为社会思潮是如此；一个世纪来深刻影响了中国历史进程的马克思主义，作为社会思潮更是如此。正是这样，对这些社会思潮进行研究，阐发其中的哲学内核，不仅是 19—20 世纪中国思想史研究的重要内容，而且也值得纳入 19—20 世纪中国哲学研究中来。

---

① 冯契：《“中国近现代社会思潮研究丛书”总序》，《冯契文集》第 11 卷，华东师范大学出版社 2016 年版，第 737 页。

这三个方面的思想史内容清楚表明，进入19—20世纪中国思想世界，了解和把握其中的思想史与哲学史的具体联系，就能够把更多的与哲学史有关联的思想史内容发掘、梳理出来，纳入哲学史研究中来。由此观之，从思想史视域出发，确能为19—20世纪中国哲学研究拓展出一个相当大的空间。

五、从思想史考察19—20世纪中国哲学的历史文化环境

开展“以哲学史为中心的思想史研究”，还在于从思想史考察19—20世纪中国哲学的历史文化环境。历史文化环境无疑是影响哲学史的重要因素。但在以往的哲学史研究中，存在着把历史文化环境简单化的问题，基本上只注意到经济和政治的影响，而没有看到影响哲学史的还有更为复杂的历史文化因素。特别是一些鸦片战争后才出现的新的历史文化因素，如近现代报刊的出现、现代大学哲学系的设立、现代思想文化运动的兴起，就对19—20世纪中国哲学开展产生了十分重要的影响。对这些新的历史文化因素进行专门性研究，现在主要是思想史学者的工作，哲学史学者则很少问津。但是，若要从历史文化环境入手，拓展和深化19—20世纪中国哲学研究，就需要认真看待思想史的相关研究，从中吸取有启发性的内容。

自19世纪中叶起，近现代报刊在中国的出现和发展，为中国人提供了一种中国古代社会从未有过的纸质新媒体，不仅使人们之间的信息传播和思想交流方便、快捷、及时，而且深刻影响了19—20世纪中国哲学发展，推动了中国哲学的现代转型和传统更新。从19世纪与20世纪之交开始，一些中国哲学家自觉地与报刊建立起密切的联系，不仅积极在报刊上发表文章，而且还亲自参与创办、主持报刊。20世纪中国的许多重要哲学家，如严复、章太炎、王国维、陈独秀、李大钊、胡适、张东荪、张君劢、李达、瞿秋白、毛泽东等，都曾有过主办报刊或主笔报刊的经历。近现代报刊与20世纪中国哲学相关密切者主要有三种类型：一是时政—思想性报刊，二是学术性报刊，三是哲学刊物。时政—思想性报刊在报道时政要闻的同时，往往兼有思想性内容，其中也包含哲学的内容。这些哲学的内容虽然有限，但却因

与时政评论、时代思潮结合在一起，能够于一时之间对中国思想世界投下很大影响。学术性报刊主要以大学学报和学人刊物为主，也包括一些报纸上的学术副刊。这类报刊以发表学术论文为主，能够容纳更多的哲学内容，特别是能够发表一些专业性强的哲学论文，使之在学术圈和哲学界内传播并产生影响。专业性的哲学期刊在20世纪20年代初开始在中国出现。由尚志学会和中国哲学会先后主持的《哲学评论》，是20世纪上半叶办刊时间最长、学术影响最大的哲学期刊，著名哲学家冯友兰、金岳霖、贺麟都先后参与编辑部工作。这使得《哲学评论》与当时中国哲学开展建立起十分密切的联系。20世纪30—40年代，正是中国哲学家建构现代形态中国哲学体系的时期，有熊十力的“新唯识论”、冯友兰的“新理学”、贺麟的“新心学”、金岳霖的“道论”和“知识论”相继建构，这些体系成为中国哲学的现代转型和传统更新的标志性成果。《哲学评论》发表了这些哲学家的许多专业性论文，有力支持了他们的这一工作，以至晚年金岳霖在回忆录中将这一时期称之为“《哲学评论》时代”①。《哲学评论》还发表哲学青年的作品。冯契在师从金岳霖读研究生期间撰写了长篇论文《智慧》，就发表在这个刊物上。在文章的开篇，冯契提出本文的主旨在于探讨“元学怎么可能”这一哲学根本问题；以后他一直沿着这一方向探索，终于在20世纪80年代建立起“智慧说”这一中国化和个性化的马克思主义哲学新体系。

辛亥革命终结了封建国家对经学教育体制的长期支撑，现代大学哲学系由此在中国开始设立，为中国哲学发展提供了一个新的历史文化环境。现代大学哲学系建构起现代哲学教育制度，按照大学哲学教育的目标，设置现代课程体系，对哲学系学生进行专业培养和专门训练，使之初步具有从事哲学研究的知识结构与能力结构。1912年，北京大学中国哲学门创建，成为中国最早建立的哲学系；冯友兰是北大哲学门的第二届学生，成为中国哲学史上由现代大学哲学系培养的第一个著名哲学家。1915年，武昌中华大学中国哲学门设立，是为中国南方最早建立的哲学系；恽代英是中华大学哲

① 金岳霖：《金岳霖回忆录》，北京大学出版社2011年版，第173页。

学门的第一届学生，以后成为中国共产党早期著名革命家兼思想家。现代大学哲学系作为一种教学组织，将不同学术主张的哲学家集合在一起共事，使他们之间有了更密切的联系和更多的交流，从而促进了20世纪中国哲学的开展。上述四位建构现代形态中国哲学体系的哲学家，都任教于著名大学哲学系。随着现代大学哲学系的发展，不同大学的哲学系之间逐渐形成了各自的风格和传统。如在20世纪30年代的北平，北京大学哲学系与清华大学哲学系成为当时国内最为著名的哲学系，分别聚集了一批著名哲学家在其中任教，北大哲学系有胡适、熊十力、汤用彤、张颐、贺麟诸子，清华哲学系有金岳霖、冯友兰、沈有鼎、张申府、张岱年诸子，由此形成了两种不同风格和传统的哲学共同体：北大哲学系更具有传统哲学色彩，偏重于哲学史的研究；清华哲学系则更带西洋哲学色彩，对哲学理论的创造更有兴趣。晚年张岱年根据自己的亲身体会对此作过说明：“在30年代，北京大学哲学系与清华大学哲学系，学风有所不同。北大哲学系在胡适的影响之下，重视考据，重视历史的研究。清华哲学系在金岳霖、冯友兰的领导之下，赞赏英国穆尔（G.E.Moore）、罗素（B.Russell）的逻辑分析方法，致力于建立自己的理论体系。”① 抗日战争时期，由于长沙临时大学—西南联合大学的组建，这两个大学哲学系融合为一体，不仅形成了一个空前壮观的专业哲学家阵容，而且汇聚了两个哲学系的不同治学风格，使之互为补充，相得益彰。新中国成立后，中国马克思主义哲学家开始创办马克思主义哲学指导下的大学哲学系。20世纪50年代中期，李达主持重建武汉大学哲学系，从筹办之始就确定了明确的目的，要把武大哲学系办成“马克思主义的哲学系”。时任李达学术助手的陶德麟老师后来回忆说：“这种重建不是简单地恢复，而是创办一个有自己特色的新的哲学系。这个哲学系应当以马克思主义哲学为主体，同时在马克思主义指导下建设其他学科。”② 萧萐父老师也曾对笔者说过，李达当年同他谈话时就明确提出，重建后的武大哲学系，不是办成以讲康德、黑格

① 张岱年：《北大哲学系的历史地位》，《张岱年全集》第8卷，河北人民出版社1996年版，第552页。

② 陶德麟：《李达同志与武汉大学哲学系的重建——为庆祝武汉大学哲学系重建40周年而作》，《陶德麟文集》，武汉大学出版社2007年版，第808页。

尔为主的哲学系，也不是办成以讲程、朱、陆、王为主的哲学系，而是办成马克思主义的哲学系。萧老师成为中国马克思主义早期启蒙说的承续者和发扬者，实与李达指导下的武大哲学系这一具体环境相关联。①

进入 20 世纪第二个 10 年后，中国近现代文化在中西古今文化的碰撞、交流、融合中有了更大的发展，现代思想文化运动开始在中国兴起。1915—1924 年的新文化运动，20 世纪 30 年代的左翼文化运动，就是典型的现代思想文化运动。现代思想文化运动虽不是严格意义上的哲学运动，但却对 20 世纪中国哲学开展产生了深刻影响。新文化运动作为鸦片战争后最为深刻的思想文化革新运动，对中国旧文化、旧思想所展开的猛烈批判，特别是对孔子的批评、对孔教的抨击、对儒家纲常的否定，为中国新文化、新思想的发展开辟了道路，促成了各种新哲学思想的传播和发展，特别是促成了马克思主义哲学作为一大思潮崛起于中国思想界。新文化运动后，中国哲学家进一步反思这一运动的哲学提问，开始建构现代形态中国哲学体系，形成中国哲学现代传统。因此，新文化运动成为中国哲学古今之变的一大枢纽。左翼文化运动是在中国共产党直接领导下所兴起的现代思想文化运动，是中国马克思主义者在新形势下对新文化运动精神的承继和发扬。这一运动中的唯物辩证法运动，有力地推进了马克思主义哲学中国化，形成了具有中国特点的马克思主义哲学形态。艾思奇的《大众哲学》，李达的《社会学大纲》，毛泽东的《实践论》、《矛盾论》，都是其重要成果。因此，这些现代思想文化运动，不仅发展出延续至今的革命文化和社会主义先进文化，而且对中国哲学的现代形态和现代传统起了重要的塑造作用；至于中国马克思主义哲学的发端与发展，更是与这些现代思想文化运动密切地联系在一起的。

总之，近现代报刊的出现、现代大学哲学系的设立、现代思想文化运动的兴起，这些鸦片战争后新的历史文化因素，对 19—20 世纪中国哲学开展产生了十分重要的影响。从思想史考察 19—20 世纪中国哲学的历史文化环

① 参见李维武：《早期启蒙说的历史演变与萧萐父先生的思想贡献》，《武汉大学学报（人文科学版）》2010 年第 1 期。

境，这些内容都是必须予以关注、加以研究的重要因素。

六、完整理解“以哲学史为中心的思想史研究”

“以哲学史为中心的思想史研究”，作为19—20世纪中国哲学研究的方法论，需要有一个完整的理解。

这个方法论的提出，其具体背景是哲学史与思想史的明确区分以及由此所带来的“思”与“史”的疏离，而其学理根据实在于马克思所说的哲学与现实世界的联系。马克思在创立自己的哲学时，强调“哲学不是在世界之外”，强调哲学“同自己时代的现实世界接触并相互作用”①。“以哲学史为中心的思想史研究”，就是要在19—20世纪中国哲学研究中体现马克思哲学的这一精神。

因此，“以哲学史为中心的思想史研究”固然重视哲学史与思想史的联系，但并不是要把属于哲学的哲学史变成属于历史学的思想史。提出和运用这个方法论，旨在改变哲学史研究中忽视哲学史与历史文化之间联系的状况，并不意味着在哲学史研究中可以忽视或遮蔽哲学史自身的逻辑开展。哲学史之为哲学史，就在于从历史上纷纭复杂的精神现象和思想碎片中揭示出哲学开展的内在逻辑进程。这也就要求在重构哲学史与思想史的联系时，对这种新的联系的把握仍然要以哲学史为中心。也就是说，哲学史研究在重申“史”的意义时，不能离开“思”来讲“史”，不能只有“史”而无“思”，而在于把“思”与“史”有机结合起来。

这样一来，可以看出“以哲学史为中心的思想史研究”与历史学的思想史研究在方法论上的区别：历史学的思想史所涉及的“史”，往往是以历史上的思想碎片的形态呈现出来，有的思想史学者通过对这些思想碎片的多方拼接来复原思想史的大致面貌，有的思想者学者即以这些思想碎片作为思想史的本真原貌；而“以哲学史为中心的思想史研究”，尽管也重视“史”，也

① 马克思：《〈科隆日报〉第179号的社论》，《马克思恩格斯全集》第1卷，人民出版社1995年版，第220页。

重视历史的思想碎片，但又必须从“史”中探寻出“思”的内在逻辑与展开脉络，从这些思想碎片中揭示出哲学发展的“一以贯之”之“道”。

这些都表明，“以哲学史为中心的思想史研究”，并不是一般意义的思想史研究，而归根到底仍然是一种哲学史研究。

（原载于《中国高校社会科学》2018年第6期）

试论“中国哲学史学史”

柴文华

“中国哲学史学史”是20世纪80年代以来日益引起人们关注的一个课题，并取得了一些重要的研究成果。“中国哲学史学史”就是中国哲学史的史，也就是中国哲学史学科的发展史。它经历了前史、创立、马克思主义化和港台发展几个阶段。反思“中国哲学史学史”，对于当下和未来的中国哲学史建构具有重要的启发价值。

一

20世纪30年代前后，高校历史学科中就有“中国史学史”这门课程，著名的历史学家蒙文通等都有过这方面的论著。“中国史学史”就是中国史学发展的历史。那么与此相应，可不可以有“中国哲学史学史”呢？1983年，冯友兰在为他的《中国哲学史》再次印刷时所作的《新序》中说：“历史学是发展的，除了它所讲的历史之外，它本身也有一个历史，这就叫史学史。中国哲学史的研究，也有它的史学史。这部书……除了它所讲的中国哲学的历史之外，它本身又是中国哲学史的史学史的一部史料。”[①] 冯友兰还谈到了他的《中国哲学史新编》，他说：“我希望它将来也能成为中国哲学史的史学史的一部史料。作为史料看，它不能代替这部两卷本《中国哲学史》，理由很简单，因为它是二十世纪晚期中国社会的产物，而这部两卷本是二十世纪早期中国社会的产物。”[②]冯友兰

① 冯友兰：《中国哲学史》，中华书局1961年版，《新序》第1页。

② 同上。

在此肯定了“中国哲学史学史”的存在，并希望他不同时代的中国哲学史著作能够成为“中国哲学史学史”的史料。张岱年在他的《中国哲学史方法论发凡》一书中说：“‘哲学史’这门学问也有一个发展演变的过程，对于‘哲学史’这门学问的发展演变过程的研究，可以称为‘哲学史学史’。研究中国哲学史，对于中国哲学史这门学问的历史也要有比较明确的认识。”① 张岱年也认为存在着“哲学史学史”并指出了其意义。

进入 21 世纪以来，“中国哲学史学史”问题引起越来越多的关注，一些学者站在世纪之交的交汇点上，对 20 世纪中国哲学史学科的发展进行了回顾和总结。

张岱年认为：“20 世纪中国哲学史的研究，有四部书影响较大：第一本是胡适写的《中国哲学史大纲》（上卷），第二本是冯友兰写的《中国哲学史》（后来改写成《中国哲学史新编》），第三本是侯外庐主编的《中国思想通史》，第四本是我写的《中国哲学大纲》。”② 这是就社会影响的角度立论的，但显然是不周全的。

刘文英指出：“自 20 世纪初开始，中国哲学史逐渐从传统的经学史和子学史中分化出来，成为一门相对独立的学科，凸显出中国哲学史的特殊对象和特殊性质。百年来，中国哲学史伴随中国社会和中国文化的风风雨雨，走过了一条曲折的道路，但它始终在中国人文社会科学中扮演着极其重要的角色……在新世纪，中国哲学史的优秀传统将在中国现代化中发挥特殊的积极作用。同时将广泛地、深入地走向世界，而真正成为世界哲学智慧的重要资源。”③

周桂钿指出：“在这 100 年中，主要可以分为四个阶段：第一阶段，是头 20 年，基本上保持中国传统的国学研究模式。第二阶段，胡适《中国哲学史大纲》（卷上）于 1919 年出版，标志着用西方模式研究中国哲学的开始。第三阶段，侯外庐主编的《中国思想通史》出版，标志着用马克思主义哲学

---

① 《张岱年全集》第 4 卷，河北人民出版社 1996 年版，第 129 页。

② 张岱年：《二十世纪中国哲学史研究概况》，《南通师范学院学报（哲学社会科学版）》2001 年第 4 期。

③ 刘文英：《中国哲学史百年述评与展望》，《中国哲学史》2001 年第 1 期。

指导研究中国传统思想的开始。第四阶段，开始改革以后，中国哲学的研究领域不断拓展，百花齐放，硕果累累。”①

其他如臧宏的《中国哲学史研究百年反思》（《华东师范大学学报（哲学社会科学版）》2001年第1期）、李宗桂的《二十世纪中国哲学研究的审视和新世纪的展望（下）》（《学术界》2002年第2期）、张祥浩的《中国哲学史研究的世纪回顾》（《东南大学学报（哲学社会科学版）》2000年第2期）、张耀南的《从“合法性”的讨论到“中国哲学史学史”的构建》（《北京行政学院学报》2004年第2期）、乔清举的《关于当代中国哲学史学史的若干思考》（《哲学动态》2008年第7期）等，都探讨了相关的主题。

近年来，田文军发表有《冯友兰与中国哲学史学》（《学术月刊》1999年第4期）、《谢无量与中国哲学史》（《江海学刊》2007年第5期）、《张岱年与中国哲学问题史研究》（《周易研究》2009年第6期）、《陈黻宸与中国哲学史》（《武汉大学学报（人文科学版）》2010年第1期）、《王国维与中国哲学史》（《人文杂志》2011年第5期）等论文，还著有《萧莲父先生与现代中国哲学史学》（三联书店2011年版），从个案角度广泛研究了“中国哲学史学史”的重要内容。

笔者也围绕“中国哲学史学史”发表了一系列论文，如《中国哲学史方法论的近代化——胡适和冯友兰的中国哲学史方法论》（《哲学研究》1992年第9期）、《论冯契对中国哲学史研究的贡献》（《哲学研究》1997年第2期）、《对冯友兰中国哲学史方法论的动态研究》（《哲学研究》2002年第11期）、《“海阔天空各自飞”：中国哲学史研究方式管窥》（《学习与探索》2003年第2期）、《论冯友兰的中国哲学观——纪念冯友兰先生诞辰110周年》（《河南师范大学学报（哲学社会科学版）》2005年第1期）、《胡适和冯友兰中国哲学史研究的个性特征》（《哲学研究》2005年第2期）、《论“中国哲学史”的建构》（《深圳大学学报（人文社会科学版）》2007年第1期）、《论中国哲学史学科的创立及诠释框架》（《哲学研究》2008年第1期）、《中国学术史方法论论纲》（《求是学刊》2011年第5期）、《现代视域与传统原典的结合——中国哲学史书写

---

① 周桂钿：《中国哲学研究一百年》，《东南学术》2000年第4期。

的一个较佳选择》(《河北学刊》2013年第3期)等。

二

从严格意义上说，中国哲学史学科的诞生是20世纪第二个10年的事情，但却经过了古代的长期孕育，古代的学术史、学术思想史、学术史方法论构成了“中国哲学史学史”的“前史”。

(一) 先秦是中国古代学术史、学术思想史、学术史方法论的诞生时期

中国最早的学术史著作《庄子·天下篇》，概述并评判了当时的学术思想，提出“《诗》以道志，《书》以道事，《礼》以道行，《乐》以道和，《易》以道阴阳，《春秋》以道名分”的论断，概括了儒家“六经”各自的特征。《庄子·天下篇》所涉及的人物有墨翟、禽滑釐、相里勤、苦获、已齿、邓陵子、宋钘、尹文、彭蒙、田骈、慎到、关尹、老聃、庄周、惠施、公孙龙等，分析有独到之处，评论也较为公正，如“墨翟禽滑釐之意则是，其行则非也”，认为他们反对奢侈的立意是对的，但强调过头就不对了，这是用两点论的视域评判学者的学术思想。

《荀子·非十二子》的主要理论倾向是“非”，即批判十二子的种种错误与弊端，涉及的人物有它嚣、魏牟、陈仲、史鱼酋、墨翟、宋钘、慎到、田骈、惠施、邓析、子思、孟轲等，但也承认他们的学说“其持之有故，其言之成理”。《荀子·非十二子》推崇舜禹之治，孔子、子弓之学。

《韩非子·显学篇》站在法家的立场，认为儒墨显学为“愚诬之学”，但也动态展示了儒墨两家的后来发展，认为孔子之后，儒家分为八派，墨子之后，墨家分为三派。

(二) 汉代是中国古代学术史、学术思想史、学术史方法论的重要发展时期

《史记》中设有《儒林传》等，重点记叙的还是先秦的学术人物、派别及其学说。《仲尼弟子列传》记载了孔子易学流传至汉的过程，在谈到商瞿

时说：“鲁人，字子木，少孔子二十九岁。孔子传《易》于瞿，瞿传楚人馯臂子弘，弘传江东人矫子庸疵，疵传燕人周子家竖，竖传淳于人光子乘羽，羽传齐人田子庄何，何传东武人王子中同，同传菑川人杨何。何元朔中，以治《易》为汉中大夫。”（《史记》卷67，《仲尼弟子列传》）。《史记》的《儒林传》无疑是最早的儒学史，为后代正史中的《儒林传》开了先河。

这一时期值得重视的学术史名篇还有司马谈的《论六家要旨》，它对先秦六家的学术宗旨进行了概括和品评，具有推崇道家学说的思想倾向。《论六家要旨》采用的主要是两点论的价值评判方法，在指出研究对象短处的同时也肯定其长。如云：“尝窃观阴阳之术，大祥而众忌讳，使人拘而多所畏；然其序四时之大顺，不可失也。”（《史记》卷130，《太史公自序》）认为阴阳家之短在于禁忌避讳多，使人拘束畏惧，其长在于揭示了四季运行秩序的道理，即“天道之大经”。“儒者博而寡要，劳而少功，是以其事难尽从；然其序君臣父子之礼，列夫妇长幼之别，不可易也。”（《史记》卷130，《太史公自序》）指出儒家之短在于皓首穷经，虽广博但不得要领，虽勤劳但少见功效，其长在于规范了人伦秩序。“墨者俭而难遵，是以其事不可遍循；然其强本节用，不可废也。”（《史记》卷130，《太史公自序》）认为墨家之短在于俭而过，生活粗鄙，丧礼体现不出等级差别，其长在于强本节用，这是人丰家富之道。“名家使人俭而善失真；然其正名实，不可不察也。”（《史记》卷130，《太史公自序》）认为名家之短在于太注重名词概念，论说云山雾罩，丢失了常理和真实性，其长在于探讨了概念和对象之间的关系，并注重验证。法家“严而少恩。然其正君臣上下之分，不可改矣”（《史记》卷130，《太史公自序》），认为法家之短在于严酷刻薄，泯灭了人伦恩爱，其长在于主张主尊臣卑，明确各自的职分，不得相互逾越。《论六家要旨》的辩证分析方法并没有贯彻到底，它对道家的评价是单面的褒扬。“道家使人精神专一，动合无形，赡足万物。其为术也，因阴阳之大顺，采儒墨之善，撮名法之要，与时迁移，应物变化，立俗施事，无所不宜，指约而易操，事少而功多”（《史记》卷130，《太史公自序》），认为道家能够使人精神专一，行为合于大道，它是对阴阳、儒、墨、名、法各家精华的吸收，并且能够与时俱进，应用到日常生活中无所不宜，主旨精练而容易操作，用力不多而功效不小，等等。

《史记》之后，班固的《汉书》是汉代断代史的典范，也具有重要的学术史、学术思想史、学术史方法论意义。与《史记》不同，《汉书》具有明确的推崇儒学的思想倾向，并在《七略》的基础上创立《艺文志》，著录历朝历代历史文献，开创了后代正史中另一种范例。

（三）宋元明清时期是中国古代学术史、学术思想史、学术史方法论的繁荣时期

从魏晋到隋唐时期，出现了不少佛教史籍，其中有僧人传记，如《高僧传》、《续高僧传》等；有记载宗史的，如《宝林传》、《楞伽师资记》等。禅宗史籍在宋代得到了发展，北宋有著名的“三灯”：《景德传灯录》、《天圣广灯录》、《建中靖国续灯录》；南宋有著名的“二灯”：《联灯会要》、《嘉泰普灯录》。这些灯录体史籍既记载了佛教及其学说源流，又对儒家学术史、学术思想史、学术史方法论的发展产生了重要影响。

朱熹 14 卷的《伊洛渊源录》以二程为叙述中心，上起周敦颐，下至尹焞，共计 49 人，勾画出二程学术的承传源流。周汝登 18 卷的《圣学宗传》“一方面取径《伊洛渊源录》……另一方面，著者则以‘蠡测’为目，附于所辑论学语后，借以评判学术是非，抒发一己之见……显示了著者的学术倾向”[①]。孙奇逢 26 卷的《理学宗传》是一部以记载理学宗师和弟子为主兼及其他朝代某些大儒的学术史著作，涉及 170 位学者。除此之外，还有《宋元学案》、《理学备考》、《学案小识》、《清儒学案》等。

宋元明清时期学术史、学术思想史、学术史方法论方面的代表作是黄宗羲的《明儒学案》。《明儒学案》学术史思想、学术史方法论的要点有四。首先，强调学术宗旨的重要性：“大凡学有宗旨，是其人之得力处，亦是学者之入门处。天下之义理无穷，苟非定以一二字，如何约之，使其在我。故讲学而无宗旨，即有嘉言，是无头绪之乱丝也。学者而不能得其人之宗旨，即读其书，亦犹张骞初至大夏，不能得月氏要领也。”（《明儒学案·发凡》）学

① 陈祖武：《中国学案史》，东方出版中心 2008 年版，第 56—57 页。

术宗旨是一个人学问的支撑点，也是学习者或研究者的入门路径。如果讲学的人没有宗旨，就会有网无纲；学习者或研究者把握不到宗旨，就会陷入迷惘和困顿。这个学术宗旨实际就是逻辑主线，它是学问之网的中心，恰似繁茂枝叶的树干，神经系统的中枢。无论对于学术体系的建构者还是学习研究者来说，都是至关重要的。这显然是一种抓主要矛盾的辩证的学术史思想。其次，注重学派、学说的动态发展。学术和世界上的其他所有事物一样都不可能是固态的，而是处在一种不断的发展变化之中，学派如此，学者也是如此，《明儒学案》正是立足于这种辩证智慧，对学派和学者进行了动态考察和描述。比如他对王阳明心路历程的描述就是非常生动具体的，认为“先生之学，始泛滥于词章，继而遍读考亭之书，循序格物，顾物理吾心终判为二，无所得入。于是出入于佛、老者久之。及至居夷处困，动心忍性，因念圣人处此更有何道？忽悟格物致知之旨，圣人之道，吾性自足，不假外求。其学凡三变而始得其门”（《明儒学案》卷 10，《姚江学案》）。认为王阳明早年“摸着石头过河”，在词章、朱子学、佛老之间徘徊，变化三次才找到门径。“自此以后，尽去枝叶，一意本原，以默坐澄心为学的。有未发之中，始能有发而中节之和，视听言动，大率以收敛为主，发散是不得已。江右以后，专提‘致良知’三字，默不假坐，心不待澄，不习不虑，出之自有天则。盖良知即是未发之中，此知之前更无未发；良知即是中节之和，此知之后更无已发。此知自能收敛，不须更主于收敛；此知自能发散，不须更期于发散。收敛者，感之体，静而动也；发散者，寂之用，动而静也。知之真切笃实处即是行，行之明觉精察处即是知，无有二也。居越以后，所操益熟，所得益化，时时知是知非，时时无是无非，开口即得本心，更无假借凑泊，如赤日当空而万象毕照。是学成之后又有此三变也。”（《明儒学案》卷 10，《姚江学案》）学成之后又有三变才日益成熟。这种动态法使人“每读完一案，便觉得这个人的面目活现纸上”[①]。能够生动具体展示出一个学者的心路历程。再次，强调个人的创见：“学问之道，以各人自用得著者为真。凡倚门傍户，依样葫芦者，非流俗之士，则经生之业也。此编所列，有一偏之见，

① 梁启超：《中国近三百年学术史》，上海三联书店 2006 年版，第 45 页。

有相反之论，学者于其不同处，正宜着眼理会，所谓一本而万殊也。以水济水，岂是学问！”（《明儒学案·发凡》）黄宗羲在此特别反对拾人牙慧的炒陈饭或依傍别人，主张揭我之须眉，发我之肺腑，这些见解可能不够成熟，可能存在矛盾，但是弥足珍贵。这对我们今天的理论研究依然富有启发，学问的价值和生命力正在于它的原创性，我们书写哲学史，选裁的标准之一也是研究对象的创建。最后，坚持两点论的评判原则。《明儒学案·莫晋序》云："黄梨洲先生《明儒学案》一书，言行并载，支派各分，择精语详，钩玄提要，了如指掌。……凡宗姚江与辟姚江者，是非互见，得失两存。”这个“是非互见，得失两存”即是两点论的评判方法，它是具有永恒价值的评判方法。因为金无足赤，人无完人，任何一种理论都不可能是完美无缺、无懈可击的，因此作为研究者和评判者必须既能看到其长，也能看到其短，这才是比较公正的评判。

总体来看，中国古代的学术史著作涉及不少学术史思想和哲学史方法论问题，包含许多合理元素，如注重史料分析、动态把握、突出宗旨、提倡创见、辩证评判等，但也具有朴素性、自在性等局限，还构不成“中国哲学史学史”自身，只能是“中国哲学史学史”的萌芽形态。

三

真正意义上的“中国哲学史学史”的出现和展开是在中国哲学史学科的创立时期，主要代表人物有谢无量、胡适、冯友兰、张岱年等。

中国哲学史学科创立于20世纪上半叶，特别是10—30年代，但却经历了近代的过渡阶段。王国维是较早具有现代哲学理念的人，他在介绍西方哲学的同时反观中国传统哲学，对先秦哲学、宋代哲学、清代哲学、传统哲学概念等做了研究，可惜未能形成完整的中国哲学史研究著作。陈黻宸是在北京大学最早讲授中国哲学史的人，并著有《诸子哲学》、《中国哲学史》，但由于他对现代哲学的理解不足，其《中国哲学史》也主要是上古思想史，总体上没有跳出传统学术史的范围，在当时的影响也有限。

谢无量1916年出版的《中国哲学史》是最早出版的中国哲学史著作，

是中国哲学史学科的开山之作。对这部著作的历史定位，学界存有争议。如果从文本出发，这部著作虽然有传统的印记，但包含着突破传统经学方法运用现代哲学理念书写中国哲学史的思想倾向。谢无量是通过哲学与科学的比较以及对二者关系的考察来理解哲学的。他认为哲学是“大知”，是“全备之学”；科学是“小知”，是“偏备之学”。虽然随着科学的发展，一些学科相继独立，但科学的基本原理是来源于哲学的。换句话说，哲学是科学的基础。①谢无量认为，虽然哲学产生的地域有差别，但所探讨的问题大体相同，可以分为形而上学、认识论、伦理学三类。而哲学史的任务就是描述哲学发展演化的过程和趋势，在尊重历史的基础上解读和阐释哲学家的主要思想，并通过逻辑的方法对各种思想的异同进行考察。基于对哲学和哲学史的上述理解，谢无量重点对中国哲学史上的本体论、宇宙论、伦理学思想等作了考察，也涉及诸多认识论、政治思想。总体来说，“首先，谢无量对哲学的分类显然是一种西方哲学分类模式，与后来的胡适、冯友兰等人的分类思路近同；其次，谢无量运用了许多西方哲学语言或概念来描述中国哲学史的问题……再次，谢无量已经初步具备了中西哲学的比较意识”②。因此，我们应当肯定谢无量《中国哲学史》在中国哲学史学科创立过程中的重要作用。当然，谢无量对哲学和哲学史的理解还较为宽泛和肤浅，还不是完全意义上用现代方法对中国哲学史的书写。

胡适 1919 年出版的《中国哲学史大纲》（卷上）是中国第一部用现代方法书写的中国哲学史。对于胡适这本书在中国哲学史学科创立过程中的地位，学界给予了充分的肯定。这本书出版时，蔡元培为其作序，称赞胡适有“汉学”的遗传性，对西方哲学也很有心得，又“心灵手敏”，有充分的基础和条件编写中国古代哲学史。③蔡元培认为，这本书的特长主要是“证明的方法”，“不但可以表示个人的苦心，并且为后来的学者开无数法门”；“扼要的手段”，“截断众流，从老子孔子讲起”；“平等的眼光”，“各有各的长，各

① 参见谢无量:《中国哲学史》（一），中华书局 1916 年版，第 2 页。

② 柴文华:《论中国哲学史学科的创立及诠释框架》，《哲学研究》2008 年第 1 期。

③ 参见姜义华主编:《胡适学术文集》，中华书局 1991 年版，第 1—2 页。

有各的短，都还他一个本来面目”；“系统的研究”，显现出各家学说“递次演进的脉络”。① 胡适对哲学和哲学史有明确的认识，把哲学界定为探索人生终极问题的学问，包含宇宙论、知识论、人生哲学、教育哲学、政治哲学、宗教哲学六个方面。而哲学史就是根据年代和学派记叙历史上哲学家各种哲学问题的种种研究方法和解决方法。胡适是一个非常重视方法的人，早在新文化运动时期就提出了“怀疑的态度”、“评判的态度”、“科学试验室的态度”、“历史的态度”等，把西方近代的科学方法、哲学方法和清代学者的治学方法融为一体，提炼出“大胆的假设，小心的求证”的十字箴言。胡适在中国哲学史这门学科的发展中作出了自己的重要贡献，其原因之一，就是把“历史的态度”具体运用到了中国古代哲学史的研究当中，开创了用现代方法研究中国哲学史的先例，标志着中国哲学史这门学科的真正独立。胡适认为，哲学史有三个目的：一是“明变”，二是“求因”，三是“评判”。而要达到上述三个目的，还要整理史料，即原料和副料。谈到审定史料的方法时，胡适特别强调了“证据”的重要，这实际上是在中国哲学史的研究领域对科学方法、逻辑方法的强调。胡适指出，研究哲学史的证据即是哲学史史料，大概分为五种：第一是书中的史事，是否与作者的年代相符。第二是文字，因为每个时代的文字是不同的，如果文字出现问题，就有作伪的嫌疑。第三是文体，这与文字是一个道理，每个时代都有特定的文体。第四是思想，凡著书立说能成一家之言的人，他的思想总有系统脉络可循，不至于有太大的矛盾之处。以上四个方面可以叫作内证。第五是旁证。因为前四种都是从本书里找出来的，而从别的书中找出来的证据就是旁证。旁证的重要有时不亚于内证。② 总之，胡适关于哲学史目的“明变”、“求因”、“评判”的论述，是“历史的态度”的具体运用。因此，胡适的哲学史方法论本质上是一种历史主义的方法。但同时胡适也重视证明等科学方法、逻辑方法，体现出鲜明的科学精神，代表着中国哲学史方法论自觉化、现代化时代的到来。

---

① 同上书，第 1 页。

② 参见姜义华主编：《胡适学术文集》，中华书局 1991 年版，第 20—22 页。

冯友兰20世纪30年代初出版的《中国哲学史》（上、下卷）是中国第一部运用现代方法书写的完整的中国哲学史。冯友兰自觉以西方哲学为参照系统，从宇宙论、人生论、知识论等方面梳理中国传统思想，从而制作出中国哲学史这件新衣。冯友兰作为一个专业哲学家，他的中国哲学史研究更注重历史上哲学家哲学思想的挖掘和研究，这一点与胡适侧重史料的考证有所不同。作为一个现代新儒家的代表，冯友兰依据考证，把孔子作为中国哲学的第一人，并对儒家哲学多有肯定，这与胡适把老子作为中国哲学的第一人，更重视墨家、名家的学说又有不同。冯友兰把中国哲学史分为子学时代和经学时代，研究的内容涵盖了从先秦到清代的中国哲学，这与胡适把中国哲学史分为古代、中世、近世，而收笔于古代也有区别。当然，冯友兰的中国哲学史书写与胡适也有不少共同点，最重要的就是对历史主义方法和逻辑主义方法的重视。冯友兰把历史分为两类：一类是信史、客观的历史，一类是人写的历史。信史只有一个，人写的历史有多个。哲学史也是一样，有客观的哲学史，有人写的哲学史。客观的哲学史只有一个，人写的哲学史可以有多个。由于历史和哲学史年代的遥远、历史家和哲学史家的主观性、人文领域假设的不可验证性，从而使得人写的历史和哲学史很难完全符合客观的历史和哲学史。在这种状况下，历史家和哲学史家并不能听之任之，而是要尽心地写出信史，以最大的努力去接近客观的历史和哲学史，而人写的历史和哲学史，它们价值的大小也是依赖于它们符合客观的历史和哲学史的程度。这反映出冯友兰既看到了历史和哲学史模型和原型之间的距离，同时主张忠实于信史的历史主义的实事求是态度。冯友兰进一步指出，哲学史的写作应该“知人论世”，因为精神文明是由物质文明决定的，有某种物质文明就有某种精神文明，所以哲学史的书写一定要与当时的时代背景相结合，只有这样，才有可能揭示哲学思想产生和发展的深层原因。子学时代哲学为什么那么发达，是由于当时的思想界特别自由、特别活跃，深层的原因在于当时是一个大变动的过渡时代，也就是经济、政治等方面发生了重大的变化。冯友兰这种“知人论世”的中国哲学史方法论显然与马克思主义的历史唯物论有相同之处，也反映出冯友兰早年受到过历史唯物论的影响，并尝试用历史主义的方法研究中国哲学史。与胡适一样，冯友兰也主张用科学方法、逻辑方法研究哲学，书写哲学史。在冯友兰看来，哲学方法即是科学方法，二者存在着密切的关联。研究哲学、书写哲学史，都是要建立一种理论，也就是成立道理，所以必须持之有故言之成理，这就离不开逻辑。研究哲学、书写哲学史有一个使用逻辑的水平高低问题，但不存在使不使用逻辑的问题。后来冯友兰指出，西方哲学对中国哲学的最大贡献就是逻辑分析方法，他"新理学"哲学体系的建构虽然终于"负的方法"，但主要使用的是"正的方法"，这也反映出冯友兰对科学方法、逻辑方法的一贯重视。

张岱年的《中国哲学大纲》是中国第一部中国哲学问题史、中国哲学范畴史。该书 1937 年即完成了初稿，1943 年印为讲义，可以看作是中国哲学史学科创立时期的代表作。从该书宇宙论、人生论、致知论的版块划分来看，主要是以西方哲学为参照的，如张岱年自己所说："如此区别哲学与非哲学，实在是以西洋哲学为表准，在现代知识情形下，这是不得不然的。"① 该书系统探讨了中国哲学范畴的提出、演变以及在不同时代的不同含义，有助于我们把握中国哲学的内在逻辑结构。该书探讨的中国哲学范畴非常丰富，有"道"、"气"、"太极"、"阴阳"、"五行"、"变易"、"反复"、"两一"、"大化"、"始终"、"有无"、"坚白"、"同异"、"天人"、"性"、"善恶"、"心"、"仁"、"兼爱"、"无为"、"有为"、"诚"、"明心"、"践形"、"义利"、"命"、"非命"、"兼独"、"自然"、"人为"、"损益"、"动静"、"理欲"、"情"、"无情"、"不朽"、"致知"、"名辩"等等。

不难看出，用西方哲学作为诠释框架研究中国哲学肇始于谢无量，而大成于胡适和冯友兰，包括张岱年。这是一种典型的"以西释中"模式，虽然在今天看来这种模式有削足适履的偏颇，但在当时无疑令人耳目一新，标志着人们摆脱了经学思维方式的束缚，把哲学史从一般的学术史当中剥离出来，使中国哲学史成为一门独立的学科而自立于学术之林，开创了"中国哲学史学史"的自觉时代。

此外，在中国哲学史学科的创立时期，钟泰 1929 年出版有《中国哲学史》，坚持"以中释中"；范寿康 1937 年出版了《中国哲学史通论》，开了"以

① 张岱年：《中国哲学大纲》，中国社会科学出版社 1982 年版，第 17—18 页。

马释中”的先河。[1] 这些都为中国哲学史学科的创立增添了光彩。

四

运用马克思主义理论研究中国社会、历史、思想史、哲学史肇始于中华人民共和国成立之前，以郭沫若、侯外庐等人为代表，也包括冯友兰、范寿康等人，但真正形成规模则是中华人民共和国成立之后，大陆中国哲学史的书写进入马克思主义化阶段，主要代表人物有冯友兰、张岱年、任继愈、冯契、萧萐父等。

笔者在一篇文章中曾经提到，作为哲学家的冯友兰只有一个，因为20世纪50年代以后，冯友兰虽然对自己的“新理学”作过反省，但没有建构新的哲学体系。而作为中国哲学史家的冯友兰则有“两个”：一个是作为中国哲学史现代化阶段开创者之一的冯友兰，一个是作为马克思主义的中国哲学史家之一的冯友兰。[2]20世纪70年代末以后，冯友兰在已届高龄、体弱多病的情况下，以顽强的毅力陆续完成了七册本的《中国哲学史新编》，实现了用马克思主义的立场、观点和方法重写一部《中国哲学史》的愿望。毫无疑问，在《中国哲学史新编》第七册中，冯友兰强调不依傍别人，要有“海阔天空我自飞”的学术自主精神，具有“回归自我”的意味。如他把“仇必和而解”看作客观辩证法以及对毛泽东思想的辩证分析。又如他在第十一章《〈中国哲学史新编〉总结》中说：“真正哲学的性质，如我在《新理学》中所说的‘最哲学的哲学’，是对于实际无所肯定，科学则是对实际有所肯定。”[3] 他赞赏金岳霖“哲学是概念的游戏”的说法，认为哲学所谓“宇宙”是一个概念，也就是“大全”，“大全”是受用的，它可以提高人的精神境界，把自己从“我”这个洞穴中解放出来，等等。[4] 但整体而言，七册本的《中

---

① 参见柴文华：《论中国哲学史学科的创立及诠释框架》，《哲学研究》2008年第1期。

② 参见柴文华：《对冯友兰中国哲学史方法论的动态研究》，《哲学研究》2002年第11期。

③ 冯友兰：《中国现代哲学史》，广东人民出版社1999年版，第236页。

④ 同上书，第240—241页。

国哲学史新编》是以马克思主义哲学作为参照系统和评价尺度来书写的，运用了对子分析、历史分析、阶级分析、辩证分析等方法，即使是在《中国哲学史新编》第七册中，也有这方面的明显印记。该书的分析基础是马克思主义的社会形态理论和中国现代革命的民主主义两分法，如该书第一节《中国现代革命时期的阶级》的分析，又如《总结》中谈到“内圣外王之道”时说：“在中国封建社会里，封建统治者利用这个传统的说法欺骗人民”①，等等，都反映出中国哲学史学科发展的马克思主义化阶段的一些主要特征，应该看作马克思主义化阶段的“中国哲学史学史”的代表作之一。冯友兰在新中国成立后成为马克思主义的中国哲学史家，有外在的原因，也有内在的原因，因为他从20世纪20年代末开始就受到过马克思主义哲学的影响，并尝试用历史唯物论的一些观点分析中国传统哲学思想，这是他转变的自身根芽。冯友兰立足马克思主义的立场、原则和方法对中国哲学史的建构一方面有深刻之处，另一方面也有那个时代机械化的代征。但透过表层人们不难发现，冯友兰的《中国哲学史新编》有浓郁的哲学韵味、深邃的历史透视、细密的文献分析、立体的逻辑美感，对每一位哲学家哲学思想的解读都有独到之处，在“中国哲学史学史”上占有重要地位。

张岱年在《张岱年全集》的《自序》中说过：“我信持唯物论、赞同辩证法的基本态度是始终不变的。”② 新中国成立后，张岱年在《中国哲学大纲》的基础上，又运用马克思主义哲学作为参照和评价系统，广泛研究了中国哲学史的众多领域，出版了《中国唯物主义思想简史》、《中国哲学史方法论发凡》、《中国哲学史史料学》、《中国伦理思想研究》等，成为马克思主义化阶段的“中国哲学史学史”的重要代表。张岱年认为，唯物主义是真理，是哲学思想发展中的主导力量，因此，他在20世纪50年代应中国青年出版社之邀撰写了《中国唯物主义思想简史》，总结了周秦至明清中国唯物主义思想萌芽、成长以及达到高峰的发展历程，涉及从孔子到李塨等数十位哲学家的唯物主义思想。张岱年强调：“要明确肯定中国自周秦以来有一个唯物主义

① 冯友兰：《中国现代哲学史》，广东人民出版社1999年版，第248页。

② 《张岱年全集》第1卷，河北人民出版社1996年版，《自序》第4页。

传统，必须理解中国古代唯物论的理论内容，充分认识其历史的价值。”①20世纪70年代末以后，北京大学、武汉大学等高校在研究生中开设了哲学史方法论的课程，张岱年把他的讲稿整理出版，名为《中国哲学史方法论发凡》，这是中国哲学史方法论领域的较早的系统性研究成果。该书在界定“哲学”和“哲学史”的基础上，探讨了阶级分析方法、理论分析方法、历史和逻辑统一的方法、整理史料的方法以及哲学遗产的批判继承等问题。在“中国哲学史史料学”领域，冯友兰于20世纪60年代初就出版有《中国哲学史史料学初稿》。张岱年认为这是一本开创性著作，而他80年代初出版的《中国哲学史史料学发凡》“详略取舍，与冯先生的书不尽相同，但是主要内容是基本一致的”②。他指出：“中国哲学史史料学的任务，就是对于中国哲学史的史料作全面的调查，考察各种史料的来历，确定其作为真实史料的价值。”③该书分八章探讨了从先秦一直到孙中山时期的中国哲学史史料。中国传统哲学从一定意义上说是“伦理型”的，所以伦理思想非常发达，总结这份珍贵的历史遗产非常必要和重要。20世纪80年代以后，大陆学界对中国伦理思想史的研究出现了一股热潮，张岱年也应邀撰写了《中国伦理思想研究》一书。该书的特色类似于《中国哲学大纲》，可以看作一部中国伦理问题史，它不是以人物或历史时间顺序而是以各种问题为主对中国传统伦理思想进行解读，涉及人性、仁爱、义利、理欲、纲常、意志自由、天人关系、道德修养、理想人格等问题。可以看出，新中国成立后的张岱年以马克思主义哲学为参照系统和评价尺度，对中国哲学的内容作了广泛的研究，是一位杰出的马克思主义的中国哲学史家。

任继愈在《任继愈自选集》中说：“全国解放后，开始学习马克思主义，学着用历史唯物主义来观察社会和分析历史现象。初步学到了这个方法，使我十分振奋。回头来再剖析我中华民族的文化，就有了下手处，过去看不清楚的，现在看得比较清楚了，这个选集的文章都是用历史唯物主义观点来观

① 《张岱年全集》第4卷，河北人民出版社1996年版，第103页。

② 《张岱年全集》第4卷，河北人民出版社1996年版，第269页。

③ 同上书，第273页。

察中国文化、说明中国哲学发展的习作。”① 作为中国当代著名的中国哲学史家，任继愈多年来以马克思主义哲学的视域研究中国哲学，主编有《中国哲学史》、《中国哲学发展史》、《中国佛教史》、《中国道教史》等影响广泛的著作，在“中国哲学史学史”上占有重要地位。任继愈主编的四卷本的《中国哲学史》曾经是高校的权威教材，影响较为广泛，是“以马释中”的典型。后来又主编有《中国哲学发展史》（已见出版的有先秦卷、秦汉卷、魏晋南北朝卷、隋唐卷），对中国哲学的发展历程作了细密的勾勒和深入的阐释。任继愈中国哲学史的研究集中在儒释道三教，尤其关于儒教的观点影响较大。在任继愈看来，宗教具备的所有元素在儒教中几乎都有：儒教有教主，即孔子；有教义，即《四书五经》；有祭祀活动，如祭天、祭祖、祭孔等；有祭祀场所，即孔庙；有众多的各阶层的信徒，所以儒学是一种宗教。任继愈指出，儒教在汉代以后才开始形成，朱熹是集其大成者。儒教的主要特征是把孔子和儒家经典神圣化、政教合一、提倡宗教道德修养和禁欲主义等。任继愈肯定了儒教的历史合理性，认为它是中国哲学思维发展的一个不可缺少的环节，是适合古代经济、政治体制的一种意识形态，对古代社会的稳定和发展作出过重要贡献。但任继愈同时指出了儒教的消极性，认为它限制了中国的科技发展，束缚了人们的思想，压制了个性意识，任继愈还赞同戴震、鲁迅等人的说法，认为儒教是以理杀人、以理吃人。不难看出，任继愈承认儒学是宗教，但他是站在马克思主义的立场对它进行了辩证分析，与近年来儒教倡导者对待儒教的态度大不一样。此外，任继愈对道教、佛教也有深入系统的研究，为整个中国哲学史的研究作出了突出贡献，在“中国哲学史学史”上占有重要地位。

冯契在20世纪80年代先后出版了上、中、下三册本的《中国古代哲学的逻辑发展》和《中国近代哲学的革命进程》等中国哲学史著作，以马克思主义哲学的视域解读了从孔子到毛泽东的整个中国哲学的发展历程，成为马克思主义化阶段“中国哲学史学史”的重要代表作。冯契的中国哲学史研究有明确的问题意识，其提出的观点往往令人耳目一新。冯契针对流行的中国

① 《任继愈自选集》，首都师范大学出版社2009年版，第23页。

古代哲学认识论和逻辑学不发达的观点，提出了这样的问题：既然我们把哲学史看作人类认识史的精华，如果说中国古代哲学中认识论不发达，何以见得中国古代哲学在世界哲学中的地位呢？明代之前，中国的科学技术在许多领域领先于世界各国，中国人的那么多科学发明和创造，是用什么逻辑、什么方法搞出来的呢？按照冯契的理解，如果说广义认识论也是认识论，如果辩证逻辑也是逻辑学，那么，中国古代不但伦理学发达，认识论和逻辑学也不算不发达，理所当然的，中国古代哲学在世界哲学史上应该占有一席之地。① 冯契的中国哲学史研究还有另一个特色，就是注重逻辑结构的开发。冯契选择了列宁在《谈谈辩证法问题》中列举的欧洲哲学史的几个圆圈作为参照系统，勾画出了整个中国哲学发展的螺旋结构。从总体上说，中国哲学的发展经历了三个大的圆圈，分别以荀子哲学、王夫之哲学、毛泽东哲学的诞生为标志。前两个大圆圈都以朴素唯物论和朴素辩证法的结合为特征，而毛泽东哲学则是唯物主义和辩证法相互统一的中国的马克思主义哲学。冯契还重点对中国古代哲学两个大圆圈中的小圆圈进行了描述。冯契所借用的“圆圈”这一概念只是一个形象的比喻，它所展示的是哲学发展的螺旋式上升的轨迹。

萧萐父与李锦全主编的《中国哲学史》是20世纪80年代之后又一部权威的高校教材，影响广泛。该书与冯契的《中国古代哲学的逻辑发展》有异曲同工之妙，都提倡运用历史与逻辑相统一的方法深入研究中国哲学发展的内在逻辑结构。萧萐父的中国哲学史研究有深度的现实关切，他以中国当代社会的现代化为关注重心，深入探讨中国传统文化与现代化的接合点问题。他在这一问题上的主要思路与西化派和现代新儒家均有不同，但与胡适从墨家、名家、乾嘉学派的治学方法中寻求中国传统文化与现代化的接合点相似，把明清之际的启蒙思潮看作中国传统文化与现代化的接合点。萧萐父认为自己是侯外庐一派，重视中国早期启蒙思潮的价值，把它看作中国传统文化中的现代化根芽。萧萐父还是船山学的倡导者和研究专家，对王夫之的整

① 参见冯契：《中国古代哲学的逻辑发展》（上册），上海人民出版社1983年版，第41—47页。

个哲学体系作了系统而细密的解读，充分肯定了王夫之在中国哲学史上的重要地位。

总体而言，马克思主义化阶段的中国哲学史研究以20世纪80年代为界，之前大致可以称作“对子结构”阶段，之后大致可以称作“螺旋结构”阶段。两个阶段都是运用马克思主义哲学的基本原理作为诠释框架对中国哲学史的书写，其中不乏深刻的地方，但也有教条化的偏向。这一时期，还有杨荣国、孙叔平以及其他中国哲学史专家撰写的大量中国哲学史著作，共同书写了马克思主义化阶段的“中国哲学史学史”。

五

综上所述，我们可以作出如下分析和展望：

第一，“中国哲学史学史”虽然有漫长的“前史”阶段，但其真正的历史还不到一个世纪。在这不足百年的历史中，虽然有关中国哲学史的著述比较丰富，但从书写模式的角度来看，无外乎三种：一种是“以西释中”，以谢无量、胡适、冯友兰、张岱年等为代表；一种是“以中释中”，以钟泰等为代表；一种是“以马释中”，以范寿康、冯友兰、张岱年、任继愈、冯契、萧萐父等为代表。毫无疑问，“以西释中”、“以马释中”为中国传统哲学的书写开创了新的范式，标志着中国哲学史学科走出经学时代而实现了独立化，对中国哲学史学科的深入发展具有重要意义。但不可回避的问题是，由于“以西释中”、“以马释中”的教条化，也带来了削足适履、湮灭中国哲学的主体性等问题，应当引起我们足够的重视。

第二，与大陆中国哲学史研究的马克思主义化相同时，在我国港台也出现了一批研究中国哲学史的重要成果，但总体而言都是“中西融通”、“以西释中”式书写方式的延续和发展。牟宗三的《中国哲学的特质》、《中国哲学十九讲》，唐君毅的《中国哲学原论》等是儒家哲学与西方哲学的对话；劳思光的《新编中国哲学史》是运用西方逻辑解析这个“思想上的显微镜”去探寻中国哲学的“基源问题”；罗光的《中国哲学思想史》是基督教文明与中国思想的对话。这些都构成“中国哲学史学史”的重要内容，有待进一步深入研究。

第三，20世纪90年代以后，特别是进入21世纪以来，中国哲学史的研究和书写进入到“海阔天空我自飞”的自主化或多元化的时期，人们在反思“以西释中”、“以马释中”的诠释框架的同时对中国哲学史的书写方式进行了多方面的探讨，如主张自话自说，用思想史、观念史涵化哲学史等。当下和未来的中国哲学史书写肯定是多维度和多样态的，而现代视域与传统原典的结合应该是较佳选择。“从一定意义上说，视域决定了原典的意义，如果我们今天没有哲学人类学的视域，就没有中国传统哲学人类学思想的研究；如果我们今天没有生态伦理学的视域，就没有中国生态伦理思想的研究。因此，以现代视域研究传统原典可能会产生贴标签、牵强附会等一系列问题，但也符合中国哲学走向世界的历史发展趋势，无疑是我们今天的中国哲学史书写所无法绕开的。”① 与此相关的问题是，“中国哲学史学史”是一个开放的系统，随着中国哲学史学科的进一步发展，“中国哲学史学史”还会增加更为丰富的内容。

（原载于《求是学刊》2014年第4期）

① 柴文华：《现代视域与传统原典的结合——中国哲学史书写的一个较佳选择》，《河北学刊》2013年第3期。

中国哲学研究反思：超越“以西释中”

乔清举

在世界范围内，针对中国古代或传统思想展开的哲学的研究已逾四个世纪。基于一手史料，对“中国哲学”学科的形成过程及其主要特点进行整体性反思，展望其未来发展，是一件有价值的工作。

一、“中国哲学”概念的形成与中国哲学学科的出现

“中国哲学”的概念、近代（modern）意义的中国哲学研究，首先出现于欧洲的法国、德国，其次出现于亚洲的日本、中国。中国哲学作为一个学科则首先形成于日本。

最早把中国的某种学问与“哲学”联系起来的是传教士利玛窦。他说：“中国人所熟悉的唯一较高深的哲理科学就是道德哲学。”“中国哲学家之中最有名的叫作孔子。”①“道德哲学”和“中国哲学家”都蕴涵着“中国哲学”的观念。利玛窦1582年来华，1610年去世。可见，至迟1610年之前，“中国哲学”的观念已经出现。1687年，传教士柏应理（Philippe Couplet）在巴黎以拉丁语出版了《中国哲学家孔子》②，该书导言使用了“中国哲学”（philosophiam sinicam）概念，这可能是此概念在世界范围内首次出现。③

① ［意］利玛窦、金尼阁：《利玛窦中国札记》（上册），何高济、王遵仲、李申译，何兆武校，中华书局1983年版，第31页。

② 关于此书的具体出版过程，参见罗莹：《〈中国哲学家孔子〉成书过程刍议》，《北京行政学院学报》2012年第1期。

③ Philippe Couplet，Proemialis declaration, see Confucius Sinarum Philosophus，Paris,

柏应理在导言中用106页篇幅介绍中国哲学，可视为世界范围内中国哲学研究的开始。莱布尼茨于1715年1月至1716年3月间撰写《致德雷蒙先生的信》(后被编辑为《论中国人的自然神学》)，自然而然地把《性理大全》称为“中国哲学”，其中又有“我在中国哲学中，另又找到反驳拜偶像者的有趣理论”之语。① 中国哲学首次进入大学课堂，至晚是在1721年7月21日。当天，德国启蒙思潮的开创者之一沃尔夫用拉丁语发表《中国人的实践哲学》的演讲，赞扬中国的理性主义。1816年，黑格尔在海德堡大学讲授哲学史，也把“中国哲学”列为一章——不过，众所周知，他的态度是否定性的。欧洲的中国哲学通史、专论著作，据笔者的不完全统计，至1934年，较为重要的至少有12种。②

欧洲本有哲学传统，欧洲人用哲学的“棱镜”来透视中国的某种学问，亦属顺理成章。“中国哲学”概念在东亚的出现，语境则与欧洲迥然不同。

1687, p.XII.(《中国哲学家孔子·关于工作缘由与目标的说明》，此题目由罗莹教授帮助翻译，谨致谢忱。)

① 秦家懿编译：《德国哲学家论中国》，三联书店1993年版，第93、114页。

② 1.[法] A.雷米萨：《中国哲学》(A. Rémusat, De La Philosophie Chinoise, 1843)。2.[法] G.鲍狄埃：《中国哲学史要略》(G. Pauthier, Esquisse d'une Histoire de la Philosophie Chinoise, 1844)。3.[法] G.鲍狄埃：《中国哲学》(载于《哲学科学词典》，Philosophie des Chinoise im Dictionnaire des Sciences Philosophique)。4.[德] E.艾特尔：《中国哲学史大纲》(E. Eitel, Outlines of a History of Chinese Philosophy, 1876)。5.[德] M.冯·勃兰特：《中国哲学及其国家——儒家思想》(M.Von Brandt, Die Chinesische Philosophie und der Staate– Konfuzianismus，1898)。6.[德] W.格鲁伯：《中国哲学》(W. Grube, Chinesiche Philosophie，1909. 载《当代文化》)。7.[德] 杜伊森：《一般哲学史》(P. Deussen，Allgemaine Gschichte der Philosophie，1920)，其第一卷第675—715页专门介绍中国哲学。8.[德] E.岑克尔：《中国哲学史》(E.V. Zenker，Geschichte der Chinesischen Philosophie，1926)。9.[德] 莱因哈特：《中国哲学：哲学史专论》(E. Reinhardt, Chinesische Philosophie: Geschichte der Philosophie in Einzeldarstellungen，1927)。10.[德] 卫礼贤：《中国哲学》(Richard Wilhelm，Chinesische Philosophie，1929)。11.[德] 阿尔佛雷德·佛尔克：《中国古代哲学史》(Alfred Forke，Geschichte der alten Chinesischen Philosophie，1927)，《中国中世纪哲学史》(Geschichte der mittelalterlichen Chinesischen Philosophie，1933)，《中国近世哲学史》(Geschichte der neueren Chinesischen Philosophie，1934)。12.[法] 米歇尔·葛兰言：《中国思想》(Marcel Granet, La pensée chinoise，1934)。1—7资料来源于Alfred Forke，Geschichte der alten chinesischen Philosophie，Hamburg, Commissionsverlag L. Friederichsen & Co.,1927，p.3.

它是近代化的产物，其中包含一定的历史必然性。这个过程，中日之间又有较大差异。

至迟于1623年，中国已接触到“philosophy”的概念。当时学者将其译作“斐禄所费亚”、“理学”、“爱知学”等。① 由于当时整个东亚尚未遭遇西方的军事侵略和文化冲击，故“philosophy”并未产生影响。此可谓“哲学”传入东亚的史前史。

“philosophy”再次传入，则是东亚救亡图存，进入近代化阶段的产物，代表着其固有传统出现断裂。明治维新时期，日本学者西周之所以最终把“philosophy”定译为“哲学”，本意是为了“别于东洲之儒学”②。这可得到井上哲次郎的证实。他指出，西周认为：“如果把哲学译为性理学，就会被认为是儒教中的一派，所以采用了哲学的译语。”③那么，在西周的心目中，“哲学”和“儒学”究竟有什么区别呢？高坂史郎认为有四个方面。其一是“汉文逻辑与日语逻辑的不同”。西周用新造的日语表达形式，“乃是从汉文逻辑学过渡到日文逻辑学，从而与西洋逻辑相对应”④。其二是“修己与治人、心理与物理的区别”。西周用“哲学”把“个人的道德与政治、经济学分离”。其三是“学问的体系性的导入”。西周认为，学术的真理性“取决于由此学问在其与全部学问的关系中所处的位置。这是体系化的意义”，他的志向“是把学问从先王之道、孔子、孟子的权威中解放出来”。⑤ 其四是“方法论的差异”：关于学问的体系化，西周“提出了体系（system）和方法（method）

---

① 《超性学要》卷1，第7、17页，转引自陈启伟：《“哲学”译名考》，《哲学译丛》2001年第3期。关于明末哲学概念的传入，陈文考证甚详，可资参考。又，陈启伟认为，“知”不能涵盖“智”。此说不确，在古汉语中二者相通。

② ［日］高坂史郎：《儒学から哲学へ》，藤田正道、卞崇道、高坂史郎编：《東アジアと哲学》，东京中西屋出版公司2003年版，第210页。

③ ［日］井上哲次郎：《明治哲學界の回顧》，东京岩波书店1933年版，第13—14页。按：“哲学”译语得到流行，也有赖于西周在政府中的地位和井上哲次郎《哲学词典》的推动。见［日］三宅雄二郎：《明治哲學界の回顧附記》，东京岩波书店1934年版，第87页；［日］井上哲次郎等：《哲学字汇》（全），東京大學三學部，1950年。

④ ［日］高坂史郎：《儒学から哲学へ》，藤田正道、卞崇道、高坂史郎编：《東アジアと哲学》，东京中西屋出版公司2003年版，第212页。

⑤ 同上书，第215页。

两个方面”。他指出，体系化乃是“‘确立真理的目的，建立与之相通的条理，无所遗漏地求知，形成一个统一体。’而方法则是……归纳法”。西周认为，自古以来无论东洋还是西洋都是演绎法，而近来一切都是由归纳法所决定的。西周高举归纳法，“与儒学、中国人的思考方法诀别”。[①] 以上四点，实质在于日本在学术上脱离中华文化母体，引入近代化学术体系。这是整个日本社会“脱亚入欧”的一个重要方面。当时学者三宅雄二郎便说，通过“哲学”，大家“彻底转变了把穷理作为最高学问的立场”。[②] 可见，把“philosophy”译为“哲学”，标志着东亚学术、文化以及历史进程的近代转型。这种转变的历史必然性在于人类进入普遍交往发生、世界历史形成的全球化时代；东亚必须通过近代转型才能融入世界。

照西周的逻辑和明治时期的社会风潮来看，“中国哲学”的概念是不成立的。可是，19 世纪 80 年代又是日本中国哲学概念形成、中国哲学学科奠基的时期。“中国哲学”在日本出现的历史必然性，可从思想史的内在逻辑和日本确立自我认同的历史发展逻辑两个方面得到说明。

思想史的内在逻辑基于一个简单的事实：中国也有哲学。这个事实是日本学者通过西方哲学的视角发现的。三宅雄二郎说，他在听了美国人费诺罗萨（Fenollosa）教授从笛卡尔到黑格尔的哲学史课程后发现：“支那也有类似事物，印度也有类似事物，如此说来，则支那哲学、印度哲学也都应该设立为科目。”[③] 当时“中国哲学”的重要提倡者井上哲次郎说，他在研究哲学之初所抱的想法是，哲学的典型是由希腊经中世纪到近世欧洲的哲学，一切与此无关者都不是哲学。但是，“这在方法论上是非常错误的。西洋哲学者仅仅把希腊以来的哲学称为哲学是错误的，也必须把印度、中国哲学考虑进内。叔本华、哈特曼、杜伊森在相当程度上都是这么做的。尤其是杜伊森，主攻东洋哲学，致力于发挥其价值。可是，作为东洋国家的日本，受了支那、印度哲学那么大的影响，却忽视、无视它们，一知半解地简单地将其作

---

① ［日］高坂史郎：《儒学から哲学へ》，藤田正道、卞崇道、高坂史郎编：《東アジアと哲学》，东京中西屋出版公司 2003 年版，第 218—219 页。

② ［日］三宅雄二郎：《明治哲學界の回顧附記》，东京岩波书店 1934 年版，第 89 页。

③ 同上。

为西方哲学的延长而附属于西洋哲学，作为东洋人，这样的立场公平吗?”① 由此，以井上哲次郎、三宅雄二郎为代表的学者，“从中国思想与佛教思想之中找到哲理，在‘东洋哲学’这一整体概念之下树立起了‘支那哲学’、‘印度哲学’”，以与“西洋哲学”相对抗。②1881 年东京大学设立“印度、支那哲学讲座”③，这是“中国哲学”在世界范围内成为近代意义的独立学科的开始。1883 年，井上撰写了东洋哲学史讲义。④ 此后，日本出版了一系列有关中国哲学的著作。⑤

就日本自我认同的确立来看，“中国哲学”实质上为此提供了理论基础。在近代欧洲词汇中，“文明”的含义是狭窄的，往往指西方近代及其根源古希腊文明，其他民族则被视为蒙昧甚至野蛮。日本接受的正是这种意义的“文明”观。在明治时代的日本学者看来，“哲学”以及以它为理论支撑的近代化工业代表着人类的“进步”与“文明”。所谓“脱亚入欧”，乃是进入“文明”阶段。与“文明”概念不同，近代欧洲主客体概念的含义却是十分广泛的，不限于人与自然，也扩展到国际关系。“文明”即是主体性，“文明世界”具有主体资格；反之则是“客体”。近代西方把其哲学上的主客对立，主体征服客体的主张扩展到国际关系上，借贸易自由之名，对落后国家实行征服和殖民。“黑船事件”以及中国先于日本所遭受的种种挫败，使得明治时代的日本学者认识到、接受并极力在东亚推行这种逻辑。福泽谕吉的“征韩论”

① ［日］井上哲次郎:《明治哲學界の回顧》，东京岩波书店 1933 年版，第 85 页。

② ［日］高坂史郎:《東洋與西洋的結合——明治哲學家們的追求》，《日本問題研究》2012 年第 3 期。

③ “支那”系德语“中国”的发音，近代以来日本用此音而不称“中国”，有蔑视之意。本文为保持日文原貌，仍用此名，读者鉴之。

④ 此书井上作为教材在东京大学使用，然因不惬井上之意，未予出版。“我于明治十三四年开始计划编著东洋哲学史，关于中国哲学、印度哲学之材料，装订成册，堆满书笥。然待整理之处颇多，虽欲付梓，恐亦需十年以上之功方可。”（［日］井上哲次郎:《日本陽明學派之哲學》“序”，东京富山书房 1900 年版，第 1 页）。

⑤ 如［日］小柳司气太的《宋学概论》（1894 年）、［日］松本文三郎的《中国哲学史》（1898 年，日本第一本中国哲学史通史）、［日］远藤隆吉的《支那哲学史》（1900 年）、［日］高濑武次郎的《支那哲学史》（1910 年）、［日］宇野哲人的《中国哲学史讲话》（1914 年）、［日］渡边秀方的《中国哲学史概论》（1924 年）等。

即是其产物。可是，对于作为东方的日本来说，“文明”是西方的；单纯接受“文明”，成为西方式的主体，确立这样的自我认同，并不可行。首先，日本不可能成为西方式的文明主体。至少，从政体上说，它不接受美国式的民主，甚至也不接受英国式的君主立宪制。其次，作为一个后发现代化国家，它必须依靠国家的力量加速推进现代化进程，追赶欧美列强。这样，就必须强化国家的力量而不是个人的权利与民主。所以，近代日本具有双重任务、双重身份。一方面，厕身于欧美诸强，成为所谓“文明”的一员，并在国内极端主义者看来，进一步获得侵略中韩各国的“资格”；另一方面，维持自己的特殊性，确立现代意义上的自我认同和主体性。日本文化本身在哲学方面乏善可陈，日本汉学在心理上有把自己看作中华文明的传统，“对于日本汉学来说，中国可以算是自己内部的世界”①，故中国哲学不幸被其利用为抵制当时国内西化思潮、保存日本文化的国粹主义的工具。这是明治时期日本“中国哲学”学科成立时重要的历史背景。

“哲学”再次进入中国，其语境与传教士相对平等的介绍截然不同，而是近代遭受屡次失败之后，国人欲学习与吸收西方文明，改造固有文化的时代风潮的反映。“哲学”代表着近代士人对于西方文化认识新阶段。1890年，黄遵宪介绍东京大学学科，提到“哲学（黄注‘讲明道义’）”一科。②1899年1月2日，梁启超于《清议报》第二期开辟“支那哲学”专栏，刊登谭嗣同的《仁学》，此或为“哲学”概念运用于中国材料之始。这一时期，国人对于“哲学”态度，既有自觉拒斥，也有主动接受。1902年，湖广总督张之洞和湖北巡抚端方上《筹定学堂规模次第兴办折》，提出“不可讲泰西哲学”③，而《京师大学堂章程》即无哲学一科④。对此，1903年，王国维撰《哲

① ［日］沟口雄三：《日本人视野中的中国学》，李甦平等译，中国人民大学出版社1996年版，第112、113页。按该书原名为《作为方法的中国》。

② 参见黄遵宪：《日本国志》卷32，光绪十六年羊城富文斋刊版，第18页。

③ 桑兵：《近代“中国哲学”发源》，《学术研究》2010年第11期。

④ 《京师大学堂章程》，《京师大学堂档案选编》，北京大学出版社2001年版，第150页。1902年1月张百熙出任京师大学堂官学大臣，聘请吴汝纶出任总教习。吴1902年出访日本考察学校教育，了解到东京大学的文科大学学科体系中有“哲学科”。他在访问井上哲次郎时，曾询问日本的教育精神。井上特别强调：“贵国亦要先讲西洋自然科学，

学辨惑》，力主“哲学为中国固有之学”，“专门教育中，哲学一科必与诸学并立”①。然而，可能是源于对于“哲学”的惧怕之故，直到1912年3月严复出任北大校长进行学科改良时，也不过是把经学和文学合并为“国学科”，哲学学科仍未得立。② 但是，与官方相对立的是，在民间，书名含有“哲学”概念的哲学类翻译书籍已经颇为流行。据统计，仅1901—1904年间，社会上各类出版机构从日文翻译的此类著作已达34种③，如《哲学要领》（井上圆了著，罗伯雅译，广智书局1900年版）、《哲学原理》（井上圆了著，王学来译，闽学会1903年版）等④。1912年，北京大学设立“哲学门”，其中有“中国哲学”科，近代意义的中国哲学学科至此在中国确立。

中国的第一部哲学史著作是陈黻宸的京师大学堂《中国哲学史》讲义（1914年），随后出现了谢无量（1916年）、胡适（1919年）与宣称采用“本土化”研究方法的钟泰（1929年），以及陈元德、范寿康等人的著作。但学界公论，真正奠定中国哲学学科基础的是冯友兰的《中国哲学史》上、下卷（1931年、1934年）。新中国成立后各类中国哲学史教材，与港台地区唐君毅、牟宗三、劳思光、罗光等人的著作，甚至冯友兰晚年的《中国哲学史新编》诸册，均与之存在承续关系。

然无所谓哲学者，则教育之精神难立也。”（吴汝纶：《东游丛录》四，东京三省堂书店，明治三十五年十月刊行）可见，吴应该了解到了“哲学”及其重要性的。但吴氏1903年即逝去，或许他未想张百熙建立设立哲学科，或许他建议了而未得到采纳，总之，京师大学堂的学科体系中没有哲学学科。又：服部宇之吉1903年起受聘为京师大学堂教习，讲授“伦理学”。如果从伦理学也属于哲学的角度看，也可以说京师大学堂有哲学课程。《中国近代出版史料》二编，转引自［日］实藤惠秀：《中国人留学日本史》，三联书店1983年版，第240页。

① 傅杰编：《王国维论学集》，中国社会科学出版社1997年版，第216、219页。

② 王学珍等主编：《北京大学纪事》（1898—1997），北京大学出版社2008年版，第49页。张百熙出任京师大学堂官学大臣，聘请吴汝纶出任总教习。

③ 参见《中国近代出版史料》二编，转引自［日］实藤惠秀：《中国人留学日本史》，三联书店1983年版，第240页。

④ 陈应年：《近代日本思想家著作在清末中国的翻译和传播》，《中日文化交流史论文集》，人民出版社1983年版，第278页。

二、世界范围内主流中国哲学研究范式反思

就世界范围来看，中国哲学研究的著作，尤其是通论、通史性著作的出现，法国最早，德国最深入（德国佛尔克著三大卷的中国哲学史绝非特例），日本最多，英语国家的研究起步较晚。美国在 20 世纪 40 年代邀请冯友兰前往主讲中国哲学史，《中国哲学简史》一书即其讲稿。50 年代以后冯著两卷本《中国哲学史》由卜德译出，长期成为美、欧地区中国哲学必读书目。60 年代以后，狄百瑞的 Sources of Chinese Tradition① 和陈荣捷的 A Source Book in Chinese Philosophy② 相继出版，标志着美国中国哲学研究进入一个新的阶段。进入 80 年代以来，成中英、杜维明、傅伟勋诸位的研究逐渐产生影响。近十数年黄勇、姜新艳等一批学者崭露头角。美国的中国哲学研究，基本上以英美文化为背景，开辟了儒家的宗教性、儒家与自由主义、儒学与生态、儒学与民间书院教育等研究领域，出现了“本体诠释学”（成中英）、“角色伦理”（安乐哲）等研究范式，形成了由南乐山（R. Neville）一语反讽而成真的“波士顿儒家”等派别。这些研究主题和方式对当前国内的中国哲学研究产生了相当程度的影响。然而，就通史性研究而论，诚如杜维明所说，包括美欧和港台地区在内的中国哲学研究，虽然在不少具体问题上已经突破了冯友兰，但迄今为止仍尚未出现一部能够取代冯著的通史。这意味着，在中国哲学史研究范式的意义上，英美学者的思考，尚未超出冯友兰的设定。

以冯友兰《中国哲学史》上、下卷为界，把此前这一学科草创时期各国的主要哲学通史著作和此后包括中国港台地区在内的代表性著作作为整体进行考察，可以发现以下五方面的普遍特点。

第一，迄今为止的中国哲学研究，基本上只有“以西释中”一种模式，不存在“本土化的研究”模式。不同的只是这种模式运用得是否恰当、熟练以及程度有多深。“释”不一定是等同或者比附，而是以某一种西方哲学为

---

① Compiled by Wm. Theodore De Bery and Wing-Tsit Chan，*Sources of Chinese Tradition,* New York, Columbia University Press, 1964.

② Wing-Tsit Chan, *A Source Book in Chinese Philosophy,* Princeton, Princeton University Press, 1973.

基准来说明中国哲学，分析其异同。

莱布尼茨说明中国哲学是自然神论，沃尔夫揭橥中国人无需宗教即可有道德生活的理性主义，黑格尔用理念的内涵由抽象到具体的发展过程分析道家的无，都是以西释中。俞宣孟等学者认为，中国没有对于“作为存在的存在”的探究，所以无哲学。① 但雅斯贝尔斯指出，道“作为所有存在的根源及终极的‘无’自身乃是真实的存在”，“道作为超存在而存在”②，是“存在于一切存在物之中的原本的存在”③。他认为，“这是老子敏锐深刻的基本思想”④。这显然是从本体论的角度解释老子哲学，并可由此认定中国哲学的一种形态。

在东亚，井上哲次郎首次采用德国观念论（idealism）研究东方哲学，宣告了东亚以西方哲学框架整理自己传统史料的开始，以及近代化的对象性态度的确立。这种做法包含的假定是：西方哲学为中国哲学研究的元理论；东亚学问的存在方式发生根本转折，道统灭亡，文化的连续性中断；中国传统学问沦为对象、客体、过去的死物；圣贤之学、义理之学转变为“哲学”，实有诸己的功夫论态度遭到摈弃。这是近代以来“中国哲学”形成的过程。后来的研究，大体不出这种思维方式。日本学者接受“哲学”后，放弃了希圣成贤的传统态度，成为拥有“哲学”工具的“主体”，开始把中国哲学作为“客体”进行研究，甚至居高临下地进行批评。⑤

对中国来说，选择“哲学”概念来理解自己的某些传统学问，无疑是“以西释中”的思路。这门学科即使不叫“哲学”，而叫道学、道术、义理之学，也不可能回到与西方接触之前的状态。这不仅是因为西方哲学背景会影响到这门学科的选材，更重要的也是因为我们的语言体系和思维方式已被“哲学地”定型了。其实，择出经学、子学的某些部分作为一个学科的思路本身，

---

① 参见俞宣孟：《中国传统哲学中没有本体论》，《探索与争鸣》1987年第6期。

② ［德］卡尔·雅斯贝尔斯：《大哲学家》，李雪涛主译，社会科学文献出版社2005年版，第817页。

③ 同上书，第819页。

④ 同上书，第816页。

⑤ 参见［日］小柳司氣太：《支那哲學是什麼?》，《六合雜誌》1894年版，第175号，第33页。

便是西方哲学的投射。这种“哲学地”思考的过程，使得中国哲学研究一定程度上也是一种“建构”，或在某种意义上，是用“哲学”整理中国材料的“先天局限”。

第二，迄今为止绝大多数中国哲学研究，在一定意义上也都是“比较研究”。中国历史上没有一门一以贯之地作为独立学科的“哲学”。佛尔克说：“直到最近，纯粹哲学的概念还不为中国人所知，因为那里还不存在一种无条件的科学（Wissenschaft）和一种为真理而真理的研究。”[①] 鲍吾刚也认为，中国没有“导出作为科学的抽象来”[②]，作为哲学家名称的“子”，所指十分宽泛。孔子、孟子是“子”，但天文家、星占家、占卜家、画家、音乐家、军事家也都可以叫“子”。名称不能互用、子的宽泛性，都是中国无哲学学科的证明。因此，笔者认为，无论是“中国的哲学”，还是“哲学在中国”，都是以“哲学”为背景或舞台的演出；不同的只是演出者是否有自觉意识此点而已。这意味着，迄今为止的中国哲学研究也都是“比较哲学研究”。这是前一个结论的逻辑结果，是采用“哲学”范式必然产生的宿命和中国哲学史研究在方法上的先天限定。海德格尔根据对德文“研究”的分析指出其中包含的“定位”的含义，借用此义可知，“比较”意味着必须把中国的史料放在“哲学”的格局中，才能显示出其哲学意义，如是方为中国哲学研究。以陈黻宸的《中国哲学史》讲义为例，可以说明这一点。陈氏就“哲学”的含义及其可否用于中国学问，写了一篇挥洒自如的导论。他的基本倾向是虽用哲学之名，而实拒其于中国学问之外。他认为，“哲学”乃是数典忘祖而窃取西洋之名，“哲”不过是“智”，“古中国神圣相传之学，果能以智之一义尽之欤？”[③] 倒是惠施之术更近于西方所谓哲学，而惠施是算不得圣贤的，所

---

① Alfred Forke，Geschichte der alten chinesischen Philosophie，p.1.

② Wolfgang Bauer, Geschichte der chinesischen Philosophie: Konfuzianismus, Daoismus, Buddhismus, Muenchen, Verlag C.H.Beck, 1991, p.19.

③ 陈德溥编：《陈黻宸集》（上），中华书局 1995 年版，第 414 页。陈不赞成“哲学”的态度是一贯的。他在 1902 年回答《新民丛报》对他主编的《新世界学报》关于“哲学”的认识的批评中指出：“中人向所解哲学颇狭，鄙意如英文之‘philosophy’，日文虽译为‘哲学’，中人宜译为‘理学’。古书‘理学’范围甚大，鄙人尝谓世人专指宋儒为‘理学’，荒谬无其伦比。”（见《陈黻宸集》（下），第 1019—1020 页）

以用“哲学”实在是小觑了圣贤；“哲学”运用于中国学问并不恰当，自己所写的只是“讲义”，算不上“史”。① 鉴于“哲学”的局限性，陈黻宸把哲学等于道术，又把道术等于儒术，从而把哲学等同于儒学。② 虽然陈黻宸对于“哲学”的局限性有敏锐感悟，但他未能“哲学地”思考。他用儒学代替哲学，他的讲义从伏羲、神农起写到文王、武王、太公止，论人物之思想，了无出自哲学视角的分析，多为散见于各类史籍中史料的汇集，只可叫作“历史人物故事集”，实难称为“哲学史”。

把远藤隆吉采用德国观念论撰写的《支那哲学史》和钟泰的哲学史中关于孔子哲学的论述进行比较，同样很能说明第二个结论。钟泰强调：“中西学术，各有统系，强为比附，转失本真。”③ 他申明自己“命名释义，一以旧文”④，所以他的研究被当作“以中释中”的典范。他论孔子哲学，未与世界哲学或世界文明对照，未突出何为孔子思想之核心。他论仁，亦未使用西方哲学术语，只是罗列了若干材料，无进一步的说明。相比之下，远藤把孔子与晚孔子 10 年出生的苏格拉底及后来出生的芝诺等人相比，感慨“旷代之圣人，东西不谋而并出哉！”⑤ 这种联系一则表明了孔子思想的“哲学”性

---

① 陈德溥编：《陈黻宸集》（上），中华书局 1995 年版，第 414 页。

② 同上书，第 415—416 页。

③ 钟泰：《中国哲学史》“凡例”，上海商务印书馆 1929 年版，第 1 页。

④ 同上。

⑤ ［日］远藤隆吉：《支那哲学史》第 1 册，金范臣译，京师大学堂 1903 年版，第 6 页。国图藏有此书。根据书中清朝官员禁止盗版的公告可知，译本的出版时间不早于 1903 年，但具体出版时间、地址，书中无载，故无法断定。此书学者较少论及，前述 34 种哲学译著即无此书。又，章太炎《訄书》所引远藤语：“孔子之出于支那，实支那之祸本也。夫差第《韶》、《武》，制为邦者四代，非守旧也。处于人表，至严高，后生自以瞻望弗及，神葆其言，革一义，若有刑戮，则守旧自此始。故更八十世而无进取者，咎亡于孔氏。祸本成，其胙尽矣。”此段并不见于中文译本，其态度也与中文译本相去有间，不知是章氏之误抑或中文译本之误。中文译本作：“世人或以为孔子之尚古之祸支那乎，是则未中肯綮之论之甚也。……谓孔子之（进化主义者），不可也；谓孔子之（守旧主义者），不可也。两种之主义浑然融合其中者，孔子之所以为孔子也。……虽然，孔子之出于支那上古中中间，盖支那之祸根也。何则，孔子者，生民以来未有之人物也，贵于当时，又贵于后世，钦慕之，崇拜之，使支那之精神不免为守旧的一原因，则孔子之圣惊之也。故支那之进步，非孔子其人之罪，盍莫非支那之运命哉。”（同上书，第 9—11 页）

质，一则通过东西文明史的比较说明了孔子在世界哲学家中的地位。关于孔子的哲学，远藤分为“孔子教学之来历”、“教学”、“结论”三部分。“来历”部分说明了孔子对于前代的继承，认为孔子所主“即礼也”[①]。此部分论述周代的“德”，使用了“主观”、“客观”概念，认为德是主观的，制度是客观的。这对概念的引入，对于理解中国哲学意义重大。“教学”部分是远藤论述孔子哲学的主要部分，其中指出“孔子教之眼目”在于“人格之完成也，在使人成圆满之发达也”。把孔子哲学定位为教化理论，把教化的目的定为人格及其圆满，都是钟泰所没有的视角。远藤认为，“孔子之教，以礼可蔽其全体矣”。由礼，远藤导出了仁的概念，并基于德国观念论作出多方面的说明。他指出，礼属于知识，行之则属于意。意可起于伦理，亦可起于欲，因而“意志之冲突，每起于精神界”。为避免此种冲突，需要有“意志之锻炼功夫，此即孔子教之真相也”。“经过锻炼之意志为仁。仁者，无差别之境界，即属于绝对者也，所以统一我之精神界者也。”[②]远藤理解的仁，颇似黑格尔的绝对精神。远藤认为，孔子教的人格之完成，乃是“知情意三者之融合”，此亦为“常识之教（common sense doctrine）”[③]，是德国文化中的教养之义。上述说明，使我们对于仁的理解的深度远超钟著。相比之下，钟著只可谓材料整理或《论语》导读，至多是一部儒学史；既缺乏远藤的哲学，又缺乏胡适的汉学，所以虽问世于二氏之后，却无甚影响。而远藤的深度，则恰恰来源于仁与德国观念论的联系与比较。远藤还给读者提供了一个孔子哲学的体系，即教——礼（中心）——意志之锻炼——仁的概念演进的逻辑体系，而这种体系意识也是钟著所缺乏的。钟著虽叫哲学史，却没有“哲学地”处理史料。胡适的《中国哲学史大纲》之所以能够产生影响，就在于它开始讲“哲学”了，而它之所以被冯著两卷本取代，原因之一也是它还不够“哲学”。可见，没有比较，就没有哲学史；只要是哲学史，就得“哲学地”思考。在这种情形下，中国哲学研究先天地带有西方哲学的痕迹。当代美国的中国哲

---

① ［日］远藤隆吉：《支那哲学史》第1册，金范臣译，京师大学堂1903年版，第7页。
② ［日］远藤隆吉：《支那哲学史》第2册，金范臣译，京师大学堂1903年版，第8页。
③ 同上书，第10页。

学研究也不例外。

第三，不同的西方哲学对于中国哲学有不同的适合度，这也是中国哲学史学史的一个基本事实。谢无量采用的是宇宙论、知识论的模式①，胡适采用的是实用主义。中国哲学史的真正奠基之作是冯友兰的《中国哲学史》上、下卷，采用的是新实在论。比之实用主义，新实在论对于中国哲学具有更大的适用性；但其运用于陆王心学则显欠缺。牟宗三以康德哲学来解释中国哲学，对于陆王的理解更为深入，但对于程朱却显得武断。他认为程朱是他律道德，是歧出、别子为宗。这样，牟宗三便把中国哲学的一大派别、影响了东亚文化几百年的程朱理学排斥于儒学正宗之外了。牟宗三对于康德自律思想的理解妥当与否，两岸学者多有讨论。此处不欲再参与其中，只想提出一点，即牟宗三忽略了康德哲学的启蒙意义，导致他对于康德“理性”概念的认识不够深入。其实，在康德那里，自律是理性的自我立法，这种理性直接地说是实践理性，间接地说则为启蒙意义上的广义的“纯粹理性”。实践理性和思辨理性同为“纯粹理性”②，“其实只能是同一个理性，只是在其运用中必须被区别开来罢了”③。牟宗三未能把握这种“纯粹理性”的思想，截出“实践理性”，以与“理论理性”相对立，由此引出“良知坎陷”的话题。而事实上，康德的理论理性和实践理性是相互贯通的，“纯粹理性”本身也是“实践的”，不存在“实践理性”如何开出“理论理性”的问题。

牟宗三出于自身的立场，对于朱熹哲学加以系统的新解读。学界一般囿于牟宗三对冯友兰的批判以及对于朱熹别子为宗的判教，认为两人关于朱熹哲学的认识是相反的，这其实并不准确。牟宗三只是在对朱熹哲学的价值判断上与冯友兰相反，而他对于朱熹哲学内容的认识，则与冯友兰惊人的一致。如，冯友兰重视朱熹的格物思想，把它作为认识论话题；牟宗三同样把朱熹的心简化为认知心，把心理关系归结为横摄的认知关系。④ 这是二人

① Alfred Forke，Geschichte der alten chinesischen Philosophie，p.3.

② ［德］康德：《实践理性批判》，邓晓芒译，人民出版社 2003 年版，第 122 页。

③ ［德］康德：《道德形而上学基础》，杨云飞译，邓晓芒校，中国社会科学出版社 2009 年版，第 4 页。

④ 参见牟宗三《心体与性体》第 3 册（台北正中书局 1969 年版）的有关部分。李明

都采取近代西方主客对立思路的结果。又如，二人都忽略了儒家的功夫论思想，把儒学简化为一种概念的演进体系。这在冯友兰那里是自觉的、十分明显的；在牟宗三处则因其常讲“逆觉体证”，上述问题表面上看不太明显。把朱熹的心理关系思想仅仅归结为认知，就是向概念化方向的化约。牟宗三采用了康德、黑格尔哲学，故对朱熹哲学进行这样的化约是不可避免的。冯友兰同样受德国哲学的影响，把哲学归结为概念体系，这种情况直到新理学创立后才有所改观。对于功夫论的忽略，使得牟宗三未能认识朱熹所谓心的复杂含义，把儒家哲学的重心错置于道德自律。笔者以为，儒学和康德哲学的最大差异恰好在功夫论。儒家本质上把自律作为道德的前提，比如，郭店竹简《五行》篇说：“仁形于内谓之德之行，不形于内谓之行；义形于内谓之德之行，不形于内谓之行。”① 所谓“形于内”，指行为的内在性，即发自本心。这是道德行为和非道德行为的区别。非出于本心的行为，可符合道德而非道德行为，不值得珍贵。所以，《性自命出》篇有“虽能其事，不能其心，不贵”的说法。② 这都表达了道德应是自律性行为的含义。但是，儒家并不把重点置于道德行为应是自律的，而是置于如何才能做到自律。前者是康德哲学的特点，后者才是儒学的特点。如果说康德是道德自律说，儒家则可以说是“超自律”说。超自律说探究的是如何使一个人在任何时间任何地点任何情形下都能够自觉地自动地以至于自发地做出自律行为。这要求人们在道德范畴与作为个体的人之间形成体之于身、实有诸己的关系，用朱熹的话说则是“心与理一”③。与理合一的心是“从心所欲而不逾矩”的心，近乎“实践理性”。朱熹的心的这层含义，被主客对立的思维范式所屏蔽。

比牟宗三更为偏激的或许是劳思光的《新编中国哲学史》。这部哲学史的元理论或方法论是“基源问题研究法”④，核心在于所谓“设准”。劳氏强调，

辉认为，朱熹的心理关系是一种“认知上的赅摄”（李明辉：《康德与儒家》，台北联经出版事业公司 1990 年版，第 10 页）。

① 荆门市博物馆：《郭店楚墓竹简》，文物出版社 1998 年版，第 149 页。

② 同上书，第 180 页。

③ 黎靖德编：《朱子语类》第 3 册，中华书局 1986 年版，第 985 页。

④ 劳思光：《新编中国哲学史》第 1 卷，台北三民书局 1981 年版，第 15 页。

“基源问题研究法，最后必与一套设准相配合”[①]；所谓“设准”，乃是据以评论中国哲学的西方哲学。劳氏哲学史的基源问题实为“道德主体性”概念，源于新康德主义。他指出，事实和价值不同；道德是一个由人的主体性来确立的价值世界，不同于单纯自然界，唯有确立人的主体性的哲学，才配称哲学。在先秦，只有孔孟，在宋明，只有陆王，确立了人的主体性概念，确立了价值世界，故孔孟陆王为中国哲学之主流。劳氏哲学史实际上是沿牟氏之路而更为偏激地发展，恰如新康德主义是康德哲学的发展一样。

有一种观点认为，冯友兰的中国哲学史研究，比之牟宗三更为严重地剪裁了中国文化。[②] 这实属站在牟氏立场上的观点。其实，所谓“偏”，不过是运用西方某派哲学来审视中国哲学。借用伽达默尔的诠释学来说，乃是研究者的前见与中国哲学史料的“视域融合”[③]。无论新实在论，还是观念论，各家都有局限于自己的先定视域的偏，这是运用不同“哲学”范式的必然结果。以康德哲学为方法论不足理解朱熹哲学的全部内涵，这并不意味着以新实在论为方法论就理解了朱熹哲学的全部内涵。不过，冯友兰作为一个哲学史家，对于其他诸派有相当程度的包容；而牟宗三则首先是个“新儒家”，对于朱熹哲学缺乏一定的同情和包容。但是，也需要指出，偏处也正是各家苦心孤诣的建树之处。设若没有冯友兰对于新实在论关于理的潜存的运用，关于朱熹的理我们就不可能得到“逻辑在先”的深入认识。劳思光对新康德主义的运用则加深了我们对孟子、陆王的理解，如他认为孟子的“性善”即“价值意识内在于自觉心。质言之，即价值根源出于自觉之主体”[④]，为我们展开了孟子理解的一个新维度。但是，在他那里，“中国文化精神以儒学为主流”，故哲学史只是儒学史，儒学史只是孔孟、陆王史，其余则不足观矣。[⑤] 这比牟宗三的新道统史观还要武断。与之相反的“偏”，是罗光

① 同上书，第 17 页。

② 参见郑家栋：《“中国哲学史”写作与中国思想史传统的现代困境》，《中国人民大学学报》2004 年第 3 期。

③ ［德］伽达默尔：《真理与方法》上卷，洪汉鼎译，上海译文出版社 1999 年版，第 394 页。

④ 劳思光：《新编中国哲学史》第 1 卷，台北三民书局 1981 年版，第 165 页。

⑤ 参见劳思光：《新编中国哲学史》第 3 卷上，台北三民书局 1981 年版，第 315 页。

的《中国哲学思想史》。罗氏把“天”变为“上帝”，强调其客观性和超越性，强调孔子的人文主义“以天为基础”①，显露出浓厚的士林哲学色彩；而其对于“天”、“理”的理解，又是其成绩所在。可见，成偏合一，所成即所偏，所偏即是所成，恰是中国哲学研究的特点。中国哲学研究或没有一种一劳永逸的解决方案。时代在前进，哲学在发展，方法论也在更新。

第四，无论意识到或承认与否，迄今为止，中国哲学的价值大都是靠西方哲学挺立的。对于此点最早有自觉意识的，当推王国维。他指出：“若夫西洋哲学之于中国哲学，其关系亦与诸子哲学之于儒教哲学等。今即不论西洋哲学自己之价值，而欲完全知此土之哲学，势不可不研究彼土之哲学。异日发明光大我国之学术者，必在兼通世界学术之人，而不在一孔之陋儒，固可决也。”② 此论揭示了西方哲学对于中国哲学的意义。其中的悖论在于，对于“中国”哲学研究而言，越是“西方”的，越能显示中国哲学的价值。钟泰和远藤隆吉的孔子研究的对比已经表明了这一点。再将钟著和渡边秀方的《中国哲学史概论》③ 加以比较，更可明确这一点。就阐扬固有文化价值的初衷而言，二者是一致的。钟著关于孔子哲学，如前所述只是简单地叙述了几个概念，显示不出孔子的哲学贡献，和西方哲学相比有何特点，以及在中国乃至人类文明史上的重要地位。渡边秀方把孔子与释迦牟尼、耶稣相提并论，指出孔子与他们的不同在于不借助于权道，而是“树立万古不灭的人道教”；《论语》和《圣经》、佛教的经典“同其尊贵，而在其史的正确的点上，则较后二者之为奇传怪谈所围附，有言行依依，拨云见日的特色”④。这就说明了孔子在人类文明史上的地位，孔子哲学的特点。关于孔子思想的内容，渡边分为“概说”、“仁的本体”、“政教观”等部分，指出孔子无本体论、观念论一类的思辨形而上学；孔子是个“伦理学者”，怀抱伟大的超越生死的宗教信念，又不是迷信的盲信。孔子的学说是“以汉族古来宗教的对象——天的至诚至纯、公平无私的观念为本的，为

① 罗光：《中国哲学思想史》（先秦篇），台北学生书局 1982 年版，第 229 页。

② 傅杰编：《王国维论学集》，中国社会科学出版社 1997 年版，第 379 页。

③ ［日］渡边秀方：《中国哲学史概论》，刘侃如译，上海商务印书馆 1929 年版。

④ 同上书，第 34—37 页。

自家伦理学的根源的”[1]。仁的范畴也是以庄严的天道为基础而建设的，仁是人天贯通的“崇高的道德观念”[2]，庄严、玄妙的道德律，包含着行动的特性。孔子的政教观是法周公，布善政于当时，此乃是仁在现实社会的落实。渡边较为全面地说明了孔子哲学的特点，他以及远藤都靠德国观念论树立起孔子哲学的地位，而钟著则除了借用一个“人的主体能动性”概念外，没有提供任何新思想，对于树立孔子哲学地位毫无帮助。由此可见西方哲学在确立中国哲学的地位和价值方面的根本性作用。德国研究者把道与作为存在的存在相对照，美国研究者通过自由主义、民间自治等话语体系以显示中国哲学尤其是儒家哲学的价值，都标明了西方哲学对于中国哲学研究的意义。

纵览国内中国哲学史学史可以发现，西方哲学作为方法论不断被不同时代的学者所运用。王国维的康德、叔本华、尼采哲学，胡适的实验主义，冯友兰的新实在论，牟宗三的康德哲学，贺麟等人的康德、新黑格尔哲学，劳思光的新康德主义，罗光的新士林哲学，近年胡塞尔现象学、英美分析哲学、海德格尔和萨特等人的存在主义、伽达默尔的诠释学等，每一种新解释都加深了对于中国哲学的理解，重新挺立了中国哲学的价值。这种状况同时也促使学界反思，中国哲学究竟类似哪一种西方哲学？什么是中国哲学？我们丧失了对未受西方影响的中国哲学的本来面貌的把握，甚至陷入因此而引发的某种失语之中。

第五，中国哲学研究陷入“以西释中”的状况，根本上意味着西方哲学在很大程度上构成了中国哲学研究的方法和价值框架。以冯、牟的研究为例，价值观截然相反的二人都从主客对立出发过度简化了朱熹哲学，这意味着在被运用于中国哲学研究之时，西方哲学已然成为“化理论为方法”的“方法”本身。在某种程度上，这也是近代以来整个中国思想史的特点，或内在于多数近代中国思想家心灵深处的隐秘冲动，即寻求西方富强的具有最终决定性意义的方法，以作为改造固有文化的出发点。哲学往往被认为是高于制度或文化的最高学问，而西方哲学因此也就成为方法本身。这种逻辑的

---

① ［日］渡边秀方：《中国哲学史概论》，刘侃如译，上海商务印书馆 1929 年版，第 40 页。

② 同上书，第 44 页。

极致是将西方哲学普遍化为价值标准；研究则成为一种“对于”中国哲学的自上而下的俯视或批判。别子为宗的判教可谓典型一例。对于这种态度，较为流行的观点是单纯将其视为否定性的、负面意义的。但笔者认为，对此还须基于客观的态度，作出辩证的分析。一方面，中国学术陷入“以西释中”境地，是采用“哲学”范式的必然结果。只要采用了“哲学”，就不可避免地陷入把他者作为主导性话语，用来证明中国哲学的是与非、有价值与无价值的境地。另一方面，这种状况也有其积极意义。首先，它确立了“中国哲学”的概念，奠定了中国哲学作为一门学科得以成立的可能性，打开了理解中国学问的新视角。可以说，就学科意义而言，没有西方哲学，就没中国哲学。其次，现在也有不少研究是通过与西方哲学的对照来肯定中国哲学的价值，态度与过去根本不同。从这个角度看，“以西释中”只表现在研究方法上；而在结论上，在一些学者那里反倒是西方哲学被中国化了。如牟宗三认为，康德没有中国圣贤之学所具有的人可以有智的直觉的思想，因而并不圆融。在这里，“以西释中”的最终效果就是逆向的。可以说，越过中西之隔，站在没有中国传统文化包袱的西方学者的角度上，会发现中国哲学的确别有一番天地。当前美国、法国的许多研究，其实都是在寻求中国哲学的特点，以补西方哲学之不足。比如，南乐山基于儒学人性论提出对于社会契约论的批评性纠正，就是一个典型的例子，只是他的态度较为平和。他主张，从实用主义的视角看，“儒家的礼仪从根本上说是形而上学的”；“儒家有一种身处世间的形而上学的符号语言学含义”。① 白诗朗（J. Berthrong）也指出：“中国哲学还意味着可以说是超越中国思想家智慧创造的东西。”不过，西方学者与中国学者在学术立场上并不相同。白诗朗的学术立足点是超越东亚和中国的。他说：“作为一个北美人，我绝不会参与到东亚儒学复兴的发展过程之中；东亚文化绝不会是我的文化。然而，作为一个对儒学观点倍加赞许欣赏的人，我可以同其他当代的儒学家讨论今天的一些重大文化问题。”② 西方

① ［美］南乐山：《波士顿儒家具有讽刺性的几个方面》，哈佛燕京学社主编：《波士顿儒家》，江苏教育出版社 2009 年版，第 6 页。

② ［美］白诗朗：《对北美“新儒学”的思考》，哈佛燕京学社主编：《波士顿儒家》，江苏教育出版社 2009 年版，第 15、26 页。

学者面对中国哲学的态度，有时还表现出更为极端的防御性。如罗尔斯顿认为，在把东方的传统观点应用于当代环境问题时，必须注意到东方宗教的基本目标和根源于西方的哲学、科技、宗教的生态危机的不同。东方哲学，包括道家、佛教等，或许能帮助东方评价自然，但并不能帮助西方评价自然，或者面对具体的生态危机，为西方提供一个可用于决策的模型。① 另一位美国著名的生态哲学家哈格罗夫甚至提出了警惕“东方思想的侵入”的言论。②

中国哲学研究之所以呈现出以上五个特点，根源有二：其一是“哲学”对于中国学问的适用性，即广义的中国哲学的“合法性”问题；其二是中国哲学史学科的“历史承担”，即这门学科的目的性问题。

严格地说，中国哲学的合法性问题自学科草创以来就一直存在。在中国，20 世纪二三十年代冯友兰在两卷本序言中探讨中国哲学的取材、研究方法等问题，张岱年把哲学作为“类名”，实质上都是对于合法性问题的意识和解决。在日本，西周起初把“philosophy”翻译为“哲学”，本身就意味着“中国哲学”不合法。但是，诚如前述，井上哲次郎等人后来又发现“中国哲学”是可以成立的，所以日本在世界范围内率先确立了中国哲学学科，出现了多种中国哲学通史。当然，这些著作也作出努力以辨别中西哲学的不同。在学科建制上，东京大学有“中国哲学研究室”，早稻田大学则是“中国思想研究室”，但“思想”和“哲学”并不形成对立。1995 年后沟口雄三把东大中国哲学研究室改为“中国思想与文化研究室”，仅反映了他本人的学术旨趣。一方面，他一直是从事思想史研究的，未免偏爱、偏颇；另一方面，他对于哲学的多样性其实并无深入体会，不过是以一种哲学来概括哲学的全部。近十年国内进行的“中国哲学合法性”问题讨论，除了德里达说中国没有哲学的原因外，未必没有受到日本学术界的影响。这些讨论，在方法论上总有纠缠不清之感。本文拟重申“概念认识论”③ 的方法，以期推进对于此问题的解决。

---

① Holmes Rolston III, “Can East Help the West to Value Nature?” *Philosophy East and West*, Vol.37, No.2, 1987, p.174.

② 参见［美］哈格罗夫：《环境伦理学基础》，杨通进译，重庆出版社 2007 年版，第 134 页。

③ 参见乔清举：《论儒家思想与人权的关系》，《现代哲学》2010 年第 6 期。

概念的意义实质上大于它的内涵义项的总和，还包括它的产生的历史背景、形式特征、实际运用的效果和内涵的开放性四方面内容。具体到“哲学”概念，应包括：(1) 出于智慧之爱的无条件的真理追求；(2) 作为一个学科的连续性和一贯性；(3) 作为一门学问的形式体系性；(4) 不同的构成部分，如形上学（宇宙论，本体论）、人生论、知识论，包括后来又分化出去的逻辑学、美学、伦理学、宗教哲学等；(5) 内涵的开放性，如形而上学和反形而上学的分析哲学，都可以叫作哲学等。

中国哲学合法性问题的解决与中国有无哲学的问题相关。此处的“有”和“无”可进一步分析为全有 / 全是、殊有 / 殊是以及全无 / 全非、殊无 / 殊非四个层次。全有是有哲学的全部上述五个义项，殊有是只有其中的一部分义项。与之相反的是全无和殊无。在近十年来中国哲学合法性问题讨论中常常出现的逻辑矛盾是由部分推出全体：肯定中国有哲学者从殊有推出全有，否定中国有哲学者从殊无推出全无。大家说中国有哲学的时候，往往意味的是全有。可是，我们并无作为智慧之爱的无条件的真理追求的哲学，也缺乏其作为一个学科的连续性等，这些都是殊无，而一些学者据此否认中国有哲学，这又意味着全无。但由于存在理学、玄学等殊有，全无也是不成立的。上述中国哲学研究的五个方面的普遍特点之所以产生，主要学理原因即在于中国的学问与哲学的是又不全是、非又不全非的复杂关系。我们有哲学的某些部分，中西哲学存在相通之处。比如，中国古代的“自然”概念和古希腊的“自然”概念就有相通之处。“自然”的概念首次出现于《道德经》，其本义并不是自然界，而是自己而然，是一种自生、自主的力量。儒家哲学中与自然界相当的“天地”概念在《易传》中被规定为“生生”。“自然”的自主性生意的含义也可以在古希腊哲学中发现。亚里士多德提出了“自然”的六种含义：(1)“生物的创造”；(2)“一生物的内在部分，其生长由此发动而进行”；(3)“每一自然事物由彼得于自然者，开始其最初活动。那些事物由于与其它事物接触或有机结合而得到增益者，此之谓生长”；(4)“任何事物所赖以组成的原始材料”；(5)“自然事物的本质”，“创生过程的终极目的”；(6) 事物的“怎是”。[①]

---

① 参见［古希腊］亚里士多德：《形而上学》，吴寿彭译，商务印书馆 1959 年版，第

此六个含义中的前三项，都与儒道哲学相近。又如，王弼把老子的道理解为“无”，说“无形无名者，万物之宗也。不温不凉，不宫不商。听之不可得而闻，视之不可得而彰，体之不可得而知，味之不可得而尝”①。这个“无”，显然和黑格尔的无任何规定性的“纯存在”相通。中西之所以出现上述相通现象，根本原因在于人类所面对的自然世界本质上是同一的，而人类的思维方式和存在方式的可能性也是有限的，而这必然使人类哲学具有共通性。由此角度着眼，用哲学的方法整理中国的一些学问或固有材料，是合法的。同时，人类的哲学活动无疑也存在着多样性，比如中国的确缺乏哲学的某些部分，且其某些与西方相通之处也有自己的特色，如王弼所谓“无”和黑格尔所谓纯存在，其背后的思维框架便相差甚远，而这常使人们在用哲学的方法于中国的材料时，总难免有削足适履之感。鉴于此，一些学者在研究中曾有意识地点明中国哲学的欠缺，并努力作出修补，如冯友兰着力于建立中国哲学的实质性体系。遗憾的是，哲学概念的内涵中极为关键的作为智慧之爱的无条件的、系统的真理追求一点，国内哲学通史大都未予说明，近十年合法性讨论也鲜有涉及，而这恰好是当下中国文化最为缺乏的观念。

中国哲学学科的“历史承担”直接源于这门学科出现的历史必然性。人类从近代以来便进入了有机联系、相互影响的世界历史时代，没有任何民族能够外在于时代、隔绝于其他文明而独善其身。中国自清末以来，也在不断寻求进入世界历史的通道。和日本相似，中国采纳哲学学科，反映了中国的现代转型。近代以来世界与中国发展的历史趋势，为中国哲学学科的成立提供了合法性的基础。

所谓其历史承担或这门学科建立的目的，一言以蔽之，就是完成中西古今的历史性对接。具体地说，首先，因为整个社会对于哲学还不甚了解，所以，中国哲学学科必须说明什么是哲学。其次，因为哲学不是中国固有的学科，所以中国哲学必须引进西方哲学，通过二者的对比来说明自身。第三，中国哲学还必须具有沟通中外学问的“桥梁”作用，即通过这

87—89页；《物理学》，张竹明译，商务印书馆1982年版，第44页。

① 楼宇烈校释：《王弼集校注》上册，中华书局1980年版，第195页。

个学科引进西方哲学或者说哲学本身，从而至少部分地起到促使西方哲学以至于文化进入中国的作用。第四，中国哲学学科也必须至少能够从哲学这一侧面说明中国近代以来落后的原因，满足人们通过新学问以自新图强的社会需求。第五，中国哲学学科又不能因为以上几条要求就否定中国文化，而还必须肯定其固有价值，满足受此文化浸润数几千年的人们对于自己传统的怀恋和肯定。冯友兰的《中国哲学史》上、下卷之所以至今仍是一部不可替代之作，就是因为它较为圆满地完成了中国哲学史学科的历史承担。冯友兰指出，他采用“哲学”来评价中国史料，而不是以中国的“义理”来评价西洋史料，是因为哲学在近代学问体系中有其地位，与科学相联系。其实，不止科学，国际社会中政治、法律体系等也都与“哲学”相关。中国今天能够发展科学、进行国际交往，在一定意义上也都是拜“哲学”所赐，其中中国哲学学科与有力焉。认为冯友兰的哲学史只是迎合了西方人的口味，是相当片面的看法。

合法性讨论中对于“哲学”的批评，有助于对此范式的自觉反思。不过，这些批评似乎隐含对于哲学范式的额外要求，这促使我们应对于中国哲学学科进行划界。需要看到，哲学作为一种视角、范式，它不起、也不能不合理地被要求它起儒学或经学的作用；它不排斥也不能代替后者，后者也不排斥和代替它。像任何学科一样，哲学也有其边界。学科的多样化有助于民族文化素质和思维水平的提高，在此意义上，未来应有哲学地接续传统的方式。

三、“哲学”的期待：中国哲学学科的世界意义

前述关于中国哲学学科的五个普遍特点所表明的西方哲学相对于中国哲学的强势地位，并不意味着中国哲学只能为当今世界哲学话语体系提供少数概念，而不能提供新的问题思路与论证角度。鉴于哲学概念的开放性，作为在拥有几千年历史的十几亿人口的大国中至今仍然起着作用的文化传统和思维方式，中国哲学是不容忽视的；没有中国文化的世界是不完整的。这要求研究者不是把中国哲学视为已死之物，仅仅用几种新方法轮流整理一番而

已；而是采取建设性的立场，树立传统中断后而又重新继之而起的态度，对于当今全人类所遭遇的全球性问题提出基于中国哲学的解决，在理解和诠释中发展之。

要确立建设性的立场，打破近代以来东亚流行的那种把中国哲学作为已死的客观对象，认为自己可以与之保持一定距离、“客观地”观察、审视、批判的做法。相反，要建立和这种哲学的“对话”关系，基于其内在价值，从现实出发不断地和这种哲学进行视域融合的互动；达到既扩展现有的哲学知识，又加深对“中国哲学”的理解的效果。这种理解同时也是建构和发展。以经学或儒学取代哲学甚至取消“中国哲学”，可能只是对问题的消极逃避，而非积极面对。把中国哲学作为活着的、生长着的传统对待，重新赋予其以应有的活力，是诠释学立场的基本要求，也是解决合法性问题的一个途径；根本地说，合法性问题唯有通过新的哲学建构方可得到彻底解决。可举出康德、海德格尔、于连吸收中国哲学来建立自己哲学的例子，说明这种态度的可行性。

照德国学者佐勒的研究，康德的自律思想源于中国哲学。他指出，沃尔夫在《中国实践哲学》中提出，中国人的道德观念是“自主的”（autonomous），在康德那里，“中国实践哲学提出的自主伦理学（autonomous ethics）就一变而为关于如何仅依赖理性而使意志自主的自律伦理学（ethics of autonomy）”①。被认为颠覆了西方形而上学传统的哲学家海德格尔，也直接吸收了老子的思想。他认为，西方哲学长期以来只是研究“存在者”，而遗忘了“存在”本身。他所说的“存在”是无（Nichits），但不是西方传统意义上的无规定性的纯粹存在（Non-being），而是老子“三十辐共一毂，当其无，有车之用”中的具体的虚空之无，是“die Leere”②。这个虚无，也是澄明的前提；是沟通天地人神四方的基础。海德格尔用水壶的中空来说明它。他说，壶中倾注作为天地之赠品的饮料：“在倾注之赠品中，同时逗留着大地与天空、诸神与终有一死者。这四方是共属一体的，本就是统一

① ［德］G. 佐勒：《古中之今——沃尔夫的〈中国实践哲学〉及其欧洲语境》，张书友译，《世界哲学》2010 年第 5 期。

② ［德］海德格尔：《物》，《演讲与论文集》，孙周兴译，三联书店 2005 年版，第 176 页。

的。”① 关于中国哲学的智慧性，柏应理《中国哲学家孔子》的副标题即是“或用拉丁文展现的中国智慧”。佛尔克也肯定中国的智慧。法国汉学家葛兰言说：“古代中国，与其说拥有哲学，不如说其拥有智慧。”② 弗朗索瓦·于连同样赞成中国哲学具有智慧性。在他看来，“智慧”比哲学还要高级，西方哲学已失去，只能在中国哲学中找到。他说：“中国没有建立起本体论的大厦，智慧是‘道’。中国称孔子是‘圣人’，圣人没有偏见，所以‘无意’。道家的思想家庄子说，因为圣人的‘心’不受约束，所以对每一个‘然’（事物的每一个方面）都是完全开放的；因为，圣人要领会的，是事物的本来面目，是其‘自然’，好比风吹万物会发出不同的声响。因此，我们不是要通过确定客体来认识事物，而是要意识到事物内在性的根源。”③

康德、海德格尔、于连通过对中国哲学的诠释形成他们的哲学，乃是中国哲学对于西方哲学的实质性贡献，此可谓中西哲学在新基础上的相通，而其特色则逐渐为西方哲学所理解和吸收，所以，质疑“中国哲学”的“合法性”，实乃多余。在国内外哲学界深度交流成为现实的当今，我们应当“回归哲学本身”。哲学原本是爱智之学、真理的探究，而智慧的样态是多样的，真理也是多方面的。所以，哲学首先是一种“活动”，当然，这不是分析哲学意义上的清除模糊表述，而是哲学地思考的活动，是探究本身。对“作为存在的存在”的探寻是哲学，同样，对于“虚无”的探究、“拒斥形而上学”、运用高度技术化的逻辑分析以及梅洛·庞蒂的身体现象学、中国的功夫论等等，也都是哲学。在英美，海德格尔哲学通常存在于文学系，中国哲学通常存在于东亚系，这些都不过是英美分析哲学

---

① ［德］海德格尔：《物》，《演讲与论文集》，孙周兴译，三联书店 2005 年版，第 176—177 页。关于海德格尔未予承认或有意掩盖的对于中国哲学的吸收，还可参看莱因哈特·梅依的《海德格尔与东亚思想》（张志强译，中国社会学科出版社 2003 年版）有关部分。又，这个“无”本来是反西方传统形而上学的，可在卡尔纳普看来仍然是形而上学的。可见，西方哲学家内部对于形而上学亦有不同认识。

② Marcel Granet: La pensée chinoise · Introduction, Paris: Editions Albin Michel, 2004, p.5.（《导言》系南开大学中国哲学专业博士研究生金鑫特为本文翻译。）

③ ［法］弗朗索瓦·于连：《圣人无意——或哲学的他者》，闫素伟译，商务印书馆 2004 年版，第 3 页。

的哲学观的偏狭性的表现。中国哲学学科的存在有助于世界保持对“哲学”概念的开放性理解，促进不同文明的平等对话，丰富哲学的内涵，扩展其外延，这是当今中国哲学学科可以对世界哲学作出的贡献之一。康德、海德格尔、于连的做法启发我们，可以通过诠释建立新的中国哲学，确立中国文化的主体性。这是本文对中国哲学的世界意义的更进一步的未来期待。诠释是在精神上接续近代以来的断裂，中国文化的主体性以“哲学”的形式出现，但不是“西方哲学”；它以传统中国学术为基本精神，又不是宗教激进主义地回到从前。这种新的哲学，既是接着西方讲，也是接着中国讲。这是当代中国哲学学科应有的态度。主体性实质上是原创性，是在广泛吸收西方哲学的基础上，沿着中国哲学发展的延长线，提出新的理念以影响世界。如以道德哲学为例，中国哲学功夫论的特长即可对当今世界提供十分有益的启发——西方道德哲学缺乏从道德理论或伦理规范落实到具体道德实践活动的思考，知行分离。

纵观西方伦理学从古代美德伦理、近代规范伦理等到现代元伦理学、当代新规范伦理学的发展过程会发现，无论是亚里士多德的美德伦理还是罗尔斯的正义论，都是伦理学或道德哲学的概念体系、知识体系。亚氏美德伦理学没有充分论述德性如何落实的问题。康德伦理学著作虽然叫作“实践理性批判”，可是，“实践理性”仍然是一种理论，而非实践。康德伦理学有意把情感因素排除于道德哲学之外的客观效果便是切断了“实践理性”落实到实践的通道，从而使他的伦理学保持为一种纯粹理论体系的特点。黑格尔说：“哲学史上的事实和活动有这样的特点，即：人格和个人的性格并不十分渗入它的内容和实质……在哲学史里，它归给特殊个人的优点和功绩愈少，而归功于自由的思想或人之所以为人的普遍性格愈多，这种没有特异性的思想本身愈是创造的主体，则哲学史就写得愈好。”[①] 这表明，西方伦理学实质上是一种与个人，尤其是生理的、肉体的个人无关的抽象化的概念游戏。罗蒂把这一传统称作我们的“镜式本质”，即只是

① ［德］黑格尔：《哲学史讲演录》第1卷，贺麟、王太庆译，商务印书馆1959年版，第7页。

静态地反映，而不是动态地实行，而伦理学的根本恰在于知行合一。欧洲启蒙哲学借助于中国哲学形成的“理性”，只是一个无神的、涵盖认知和伦理的纯粹理论性质的概念，在当代需要朝着身体力行性质的实践方向发展。这一发展有几个要点。第一、根据中国哲学理论认知和道德践履不分割、德性和理性相互引发的特点，确立认知理性和德性统一的理性概念。第二、根据中国哲学功夫论的思想，把这种理性还原到身体，身心统一，形成理性的具体性观念，使伦理原则能够体之于身、实有诸已，形成德性，“化伦理为德性”。西方传统之所以陷入知行分离的弊端，就是因为它把修养、修行留给了宗教，而把哲学作为了纯粹的理论思维活动。第三、使德性能够自我发动、自我落实。这是上一步功夫的深化，也是道德规范的具体落实。心与理一、致良知是其功夫。应该指出，西方哲学不是没有认识到道德应该是实践的，而是落实不到实践。第四、进一步做到这种发动和落实不是勉强的、生硬的，而是自如的、流畅的。这是中国哲学的境界论思想，也是前述“超自律”的含义所在。“从心所欲而不逾矩”即是这一境界的表现。以上几点，当代西方哲学已有一些接近的苗头，梅洛·庞蒂的身体现象学值得重视。中国哲学在角色伦理、环境伦理方面对于西方哲学的启发，已经得到安乐哲、南乐山、白诗朗、塔克（M. Tucker）等人的深入研究，这都是对于合法性疑虑的解构。这也意味着现代中国哲学研究的方向，其实是朝着突破“学科”界限，向哲学创造发展；当代美国的中国哲学研究尤其具有这种趋势。上述美国学者的中国哲学研究都不局限于一种知识的兴趣，而主要是针对当今人类遭遇的种种困境，基于儒道思想加以创造性地哲学回答。港台地区的当代新儒学思潮、旅居美国的李泽厚的实践本体论哲学、大陆张立文的和合学、杨国荣的新道论哲学、胡孚琛的新道家哲学，均可谓哲学创造的典型例子。最近牟钟鉴提出了“新仁学”，陈来也提出了“仁学本体论”，这些体系性的哲学建构的出现和完善，将会使“合法性”焦虑涣然冰释。

在道德及环境哲学领域之外，中国哲学还可以在政治哲学与国际关系原则等方面提供新的研究启示。当然，中国哲学影响世界、参与世界哲学话语体系的道路还很漫长和艰辛。在可以预见的时期内，当今世界哲学话语体系仍难免基于欧美文化，且其决定性地位难以动摇。中国本土之外，除了在日本、韩国等局部地区，世界范围内中国哲学研究仍然难以成为主流学术；我们仍有许多基础性的、艰辛的工作需要处理，建设新的哲学的任务，绝不会是一件仅仅随着经济发展就能水到渠成地得以完成的事情。

（原载于《中国社会科学》2014 年第 11 期）

中国现代哲学再开展的逻辑理路

周海春

海德格尔曾经对形式的逻辑学提出了批评，因为这种逻辑学无法真正地使得逻辑学和哲学关联起来。“逻辑学应该是不同的，应该成为哲学的逻辑学！”① 海德格尔也认识到，想要对西方两千多年的传统进行改造是一种冒险的行为。自亚里士多德以来，西方哲学的主要思考逻辑是建立在“什么是什么”这一命题基础上的。随着语言分析哲学的兴起，形而上学的终结也主要是针对这一命题及其背后包含的哲学问题而来的。中国现代哲学的开展也注意到类似的问题，但是从总体上看，中国现代哲学的开展还是受到“什么是什么”为核心的哲学逻辑系统的影响。对于中国哲学的语言特质的自觉把握，最有成就的成果应该是张东荪，其《知识与文化》一书，自觉地分析了古代汉语与中国哲学思想逻辑的关联，为进一步探索中国现代哲学开展的理路提供了理论思考的前提。

一、××是××

“什么是什么”的语言表达式在洪堡特看来是一种富于曲折变化的语言。根据洪堡特对不同民族语言哲学的分类，中国古代汉语不属于富于曲折变化的语言体系。“不管从哪个方面看，汉语里都没有任何东西可以称为曲折形式。”② 古代汉语表达思想在某种意义上说就是把字罗列在一起完成的。“汉语的语

---

① ［德］马丁·海德格尔：《从莱布尼茨出发的逻辑学的形而上学始基》，赵卫国译，西北大学出版社 2015 年版，第 5 页。

② 同上书，第 113 页。

法之所以可能，完全是靠句子的短小和简单。”[①] 至于字之间的罗列关系是否遵循一定的语法规则则另当别论。“汉语激发起并维持着针对纯思维的精神活动，避开一切仅仅属于表达和语言的东西。”[②] 在把词联结为句子时，汉语并不利用语法范畴。“在汉语里，所有的词都用来直接表达概念，而不指明语法关系。”[③]“之”在主语后有属格的意义；在动词后有宾格的意义。“之”有区分开的意义，也有联系的意义。“这类词不是语法形式的标志，而是指出一个思想片段向另一思想片段的过渡。”[④] 小人之中庸——“汉语的这个句子其实就是把概念小、人、中间、坚持一个接一个排列起来，其中的语气助词‘之’表明，前两个词作为一个组合应该与后两个词相联系。”[⑤] 中国古代汉语的意义表达不限于主谓结构，尤其是主谓结构的命题表达上面，往往是字意自身包含的逻辑延展性导致的范畴体系。

其一，是字的组合显现一定的过程性。“理解汉语始终必须从词的意义开始。”[⑥] 当一个字和其他范畴结合在一起表达思想的时候，并不总是一种严格的对象化的思维模式，而是过程性的思维模式。西方语言是一种声音语言，声音语言显示了主客体关系的断裂，并且保持着一种远距离作用。而中国古代汉语体现了强烈的过程性思维。汉语的词序并不能明确地指出，句子里的每个词都具有什么样的语法形式，而只是表达了一个思想的组成部分。“严格地说，在汉语里词序只是指出，哪个词决定着（bestimmt）哪个词。”[⑦] 这种决定作用包括：一个概念的范围由另一个概念的范围加以限定；一个概念指向另一个概念。“它更突出了思想。”[⑧]“汉语对表达有意义的独立概念的词作了大胆的处理，让它们一个个孤立地存在，然后把它们串起来，同时

---

① ［德］威廉·冯·洪堡特：《洪堡特语言哲学文集》，姚小平编译，湖南教育出版社2001年版，第121页。

② 同上书，第120页。

③ 同上书，第132页。

④ 同上书，第115页。

⑤ 同上书，第112页。

⑥ 同上书，第149页。

⑦ 同上书，第116页。

⑧ 同上书，第118页。

排斥一切本身不具意义、只起粘附和联系作用的成分。"[①] 字和字之构成句子描述一个事物发展的过程。如"子夏曰：百工居肆以成其事，君子学以致其道"(《论语·子张》)。道是"学"的过程性展开，是一个过程的两个不同的阶段和发展程度。如"攻乎异端"中"攻"和"异端"的关系在语法上可以分析成谓语和宾语的对象性关系，也可以分析成过程性关系。在过程性的视野中，"攻"等同于"功"，"异端"是用功夫导致的一个结果。洪堡特说："换言之，汉语的艺术性在于，它只是把概念简单地一个个排列起来，这样，概念之间的一致和对立不仅可以像在所有其他语言中那样被感觉和悟识到，而且以一种新奇的力量作用于精神，促使精神去跟踪概念，再现出概念的关系。由此便产生了一种显然不依赖于基本推理的趣好（plaisir），我们可以将之称为纯智力的趣好，因为它针对的只是概念的形式和组织。"[②] 洪堡特还说："我认为，这种风格取决于概念之间的直接交触，以及概念与其表达之间的崭新关系，而概念与表达的关系则受到以下因素的约束：几乎没有任何语法标记；拥有一种基于汉语句法的组构艺术，即把词一个个排列开来，使得概念之间的相互关系从概念结构本身中凸显出来。"[③] 洪堡特指出古代汉语"它的简洁、精炼的风格以独到的方式将生命力注入叙述和描写，并使情感的发抒获得某种表现力。"[④]"汉语没有把词改造得适合于句子中的运用。"[⑤]

其二，涉及命题、定义等情况的时候也有中国哲学自身的特点。"中国思维不是始自指称的事物而是事物由此划分的整体或集合。"[⑥] 提问、"是什么"往往涉及个体事物在某种情境或者事件中出场。很多提问的定义式样的回答往往是用具体的示例来回答，当然示例本身有一定的逻辑关系，这个逻辑关系是一般的，但又不是一个简单的具有一般性的回答。其中包含着从整

① ［德］威廉·冯·洪堡特：《洪堡特语言哲学文集》，姚小平编译，湖南教育出版社2001年版，第118—119页。

② 同上书，第158页。

③ 同上书，第159页。

④ 同上书，第162页。

⑤ 同上书，第163页。

⑥ ［英］葛瑞汉：《论道者：中国古代哲学论辩》，张海晏译，中国社会科学出版社2003年版，第479页。

体划分殊相，从殊相显示共相的运作。往往是回答两个对象之间的限量、归属、过程、符合、适当等等的关系的。命题有时不是关心这样思考的真和假的问题，而在于主体及环境是否适当。把长句切断，阻碍了思想沿着一串更长的命题的发展。“甚至句子的统一性也不是完全由词的不同位序来确定，我们往往没有把握断定一串词表达的是一个命题还是两个命题。”① 在古代汉语中，在语词和句子的关系上词的地位更为核心。“中国人不是根据那些严格界定各种命题的语法形式来排列整理词语，而是把每个词当作孤立的对象来处理，以至接连不断地切断句子，只是在概念绝对需要的场合才把词相互联系起来。”②

其三，主客体的在场性。如“见”。《左传・昭公十八年》：“夏，五月，火始昏见”。一般把“见”翻译成“出现”，出现侧重于客体的方面，任何出现都意味着看见。“见”表达了这种“出现”与“看见”的在场性。

其四，事件出场的优先性。《庄子・逍遥游》中许由说：“归休乎君，予无所用天下为！”一种翻译是：“你请回吧！我要天下做什么呢？”此翻译当中比较强调“我”的主体性，而不是“我”的出场性。“我”是否在“天下”中出场是中国古代汉语的一个基本的使用方式。此句当为“天下对我没有什么用”，表示“我”不愿被大家关注，不愿在“天下”中出场。

其五，主语和宾语或者补语往往被隐含，主动和被动不分。“他们也极少标明动词是主动的还是被动的，让一个形式包括起同一动词的这两种形式。”③《庄子・应帝王》记载说，列子受命去追一个人，然而此人已逃，他向老师报告说：“已灭矣。”这里是说，此人已经逃走了，还是说被我灭了呢？显然是前者。主客体往往是可以省略的，只要符合这一动态过程，或者相应规定的事物都可以进入到句子所规定的主客体范围之中。这就决定了中国古代哲学语言并不是以纯粹的事实性的个体世界为哲学关注的焦点的，而是把事实和意义统一起来，并以意义为根本的旨归。主语或物主代词主语往往不

① ［德］威廉・冯・洪堡特：《洪堡特语言哲学文集》，姚小平编译，湖南教育出版社 2001 年版，第 134 页。

② 同上书，第 135 页。

③ 同上书，第 109 页。

规定动词，而恰恰由动词来规定物主代词，主语表示对某类行为的占有，或者可以被归到（包括否定）某个系列之中。古代汉语并不专心去描述事实，而是关心秩序，关心建构意义世界，并把对意义世界的理解带入了对事实世界的理解之中。无主语性在西方思想家那里被认为是和集体主义以及缺乏完整的个性化相关联的。

张东荪对中国古代汉语中的“什么是什么”的句式进行了一定的分析。比如：“仁者人也”。“‘……者……也’这个式子不表示‘相等’。换言之，即不是正式的缀词。我们不能拿他当作英文的 is 来对待。”① 在张东荪看来，“者”起到语音和语顿的作用。中国古代汉语中很多“是”的句式并不能与英文的 to be 相当。“为”也不等同于英文的 become。在张东荪看来，中国人的心思根本上是非亚里士多德的。

“什么是什么”的句式本身蕴含了一种本体的追求。现象背后有本质，本体有属性。个体归属于一般，主体和客体之间有较为强烈的主客体关系。用中国传统哲学的话语来说，就是有内外之别。“是”具有强烈的行为主义的色彩，自然涉及个体和社会，个体和类的关系。行为发生的精神动因和行为的结果之间都会形成一种逻辑的区分。相反，当磨平这些区分的时候，则要强调万物一体，没有内外之别，没有知行的区分。“什么是什么”的句式背后隐藏的主要的哲学逻辑是一般和个别。而中国古代哲学对内外的区分，对知行的区分本身就包含着一种抵制的态度。陈汉生认为“在中国古代的确不存在柏拉图式的实在论（也不存在抽象的集合或类的理论），公孙龙并不构成一个例外”②。

张东荪看到了一般和个别的局限。“故第二点是中国哲学不是形式哲学（form philosophy）。因为中国人没有‘种’（genus）与所属的‘类’（species）之分别，其故乃是由于不把‘属性’（attributes）中的‘重要者’（essentials）标举出来。”③ 如何理解中国古代哲人所说的“类”呢？“至于所谓‘以类取’

① 张东荪：《知识与文化》，岳麓书社 2011 年版，第 195 页。

② ［美］陈汉生：《中国古代的语言和逻辑》前言，周云之等译，社会科学文献出版社 1998 年版，第 3 页。

③ 张东荪：《知识与文化》，岳麓书社 2011 年版，第 117 页。

与‘以类与’乃根据‘辞以类行’而来。但于此所谓‘类’却决不和亚里斯多德所谓 genus 相同。于此所谓以类取即等于取比，取比亦就是取譬。以其相近相似而比之。乃是触类旁通的意思，并不限于指其有所属。”① 中国古代哲人讲“类”，更多地是归类，而所规之“类”和被归到某类中的事物之间并不在一般和个别的关系，只要彼此之间有某种形式上的一致性，就可以归入某类。一个事物在这个标准下可以归入这类，在另外一个标准下可以归入另外的一类。

从逻辑上说，中国古代占据主导地位的思维逻辑是：事物本身可以从不同的角度找到与其他事物的相类关系，从而构成一种类别秩序。张东荪说：“可见《易经》的哲学是完全站在‘相关变化’（functional relation 即相涵关系）之上。”②“而中国人的五行则和八卦的命意差不多。决没有‘原质’的意思在内。”③ 乾、坤、巽、离、坎、兑、震、艮不过是把世界分成八个层次，形成八个界限。可以归入乾的事物与乾之间没有一般和个别的关系。所以八卦以及六十四卦都是用象征来表示变化的式样。“中国人的‘君’‘臣’‘父’‘子’‘夫’‘妻’完全是各为一个‘函数’或‘职司’，由其互相关系，以实现社会的全体。”④

二、中国哲学开展的两条哲学逻辑道路

张东荪其实在探索中国古代哲学现代开展的另外一条逻辑进路，即不同于一般和个别范式的逻辑进路。但从实际的创造性成果来看，最为成功的依然是一般和个别的逻辑进路。可以说，在中国哲学史上有两种与古代汉语的使用特性密切相关的逻辑进路：一种是个别一般的逻辑进路；一种是多元和合相涵的思路。这两种思路在中国现代哲学史上都有现代的表现和回应。其中一般和个别的思路占据理论的主导和优势。

---

① 张东荪：《知识与文化》，岳麓书社 2011 年版，第 192 页。

② 同上书，第 190 页。

③ 同上书，第 191 页。

④ 同上书，第 116 页。

一般和个别是中国近现代哲学家处理中西文化及其哲学的关系问题的一个重要的理论范式。冯友兰首先明确加以运用，牟宗三、徐复观、张岱年等都在不同程度上再度使用。中国哲学的未来发展需要对这一范式进行一定的反思。

金岳霖提及一种哲学主张和普遍的哲学形式的问题是写作中国和研究中国哲学以及中国哲学史必须面对的问题。其中已经揭示了一个基本的逻辑关系：一般和个别。这二者的关系是日常生活和学术的基本性的问题。

张岱年在《中国哲学大纲》中使用一般和个别来处理中西哲学的关系问题，不过他首先解决的哲学名称的类与特殊性问题，他把哲学看作一个类称。

冯友兰之对一般和个别逻辑的运用更加彻底，贯穿了方法论、社会历史哲学、文化观、本体论等多个层面。我们仅就中国哲学和中国哲学史本身的宏观方面来加以说明。在中西文化的转换那里，冯友兰看作是类别的转换，而在哲学那里他则认为只是程度的不同。冯友兰把一般和个别应用于对哲学本身的分析当中，哲学有哲学之本然系统，有各种本然哲学系统。冯友兰用近代逻辑学的成就，分析中国传统哲学的概念，其所用的近代逻辑学成就主要就是一般和个别的思维逻辑。

牟宗三力主中西哲学会通，思考了会通的程度、限度，在哪些层面上会通、在什么问题上会通等问题。他认为哲学会通的可能性在于哲学真理既有普遍性又有特殊性。牟宗三会通的具体的哲学架构就是“一心开二门”。“一心开二门”是说开生灭门、开真如门。他指出中西哲学都是“一心开二门”，这是共同的哲学架构。

徐复观也用共性和个性的概念来解释中西文化的关系问题。他认为在共性上应该承认有世界文化，在个性上应该承认有民族文化；文化的个性是不断向文化共性的上升；其过程是个性与个性之间、共性与个性之间的接触、吸收导致个性的重新凝集从而不断扩大共性和形成新的个性。

牟宗三主要依据中国哲学的资源参照西方哲学得出了一个一般的哲学架构，不同的哲学家还可以依据另外的哲学资源提出更多的一般哲学架构。一般和个别的处理方式还蕴涵一个难题，那就是以抽象出来的一般指导研究中国哲学的个别，自然就会支解中国哲学的个别。一般要从个别中得出，中国哲学特殊性的揭示其实就是中国哲学家的一般性。中国哲学的未来发展更需要能够涵盖中国哲学诸多人物和派别的一般，而不是外在设定的一般哲学的剪裁、支解。用一般和个别的理论范式处理中国哲学和西方哲学的关系和中国哲学的现代化的问题显示了中国哲学力图通过这一范式实现中国哲学的一般化、合法化的努力，有着它特殊的意义。但如何处理个别和一般的关系本身就是一个哲学难题。

一般的哲学实际上成了现代哲学家处理哲学和中西哲学关系的一个形而上学的立场，用一个形而上学立场处理中西关系在近代就已经发端，道器的处理方式其实还是把道当作了超越中西的最高范畴，中体西用论把体当作了超越中西的范畴，后来的仁等范畴的运用都有这样的形而上学的最终立场的意义。从这一方面看，这一运用方式虽然为冯友兰等明确使用，却是近现代大多数思想家的基本的逻辑思路。中国哲学的未来发展是否需要、是否能够走出一般的哲学设定带来的相关的局限性？用处理中西文化及其关系作为动力和目的来作为研究中国哲学的基本出发点，必然要找到一定的理论模型作为融会中西的基本尺度，一般和个别范畴在使用中出现的问题从另一个侧面启发我们思考另外一个问题：那就是中国哲学的研究是否一定要在中西文化及其关系问题的引领下进行。另外，用一般和个别的逻辑关系说明中国哲学史还存在普遍适用性的问题。中国哲学史上还存在另外一种逻辑思考。

冯友兰自己多少也意识到一般和个别的哲学缺陷，尤其是运用到中国哲学语境中的缺陷。“因为我常讲抽象，张荫麟曾经给我说个笑话，说是柏拉图有一次派人到街上买面包，那个人空手回来，说没有‘面包’，只有方面包、圆面包、长面包，没有光是‘面包’的面包。柏拉图说，你就买一个长面包吧。那个人还是空着手回来，说没有‘长面包’，只有黄的长面包，白的长面包，没有光是‘长面包’的长面包。柏拉图说，你就买一个白的长面包吧。那个人还是空着手回来，说没有‘白的长面包’，只有冷的长白的长面包，热的长白面包，没有光是‘白的长面包’的白的长面包。这样，那个人跑来跑去，总是买不来面包。柏拉图于是饥饿而死。”① 柏拉图的这个学生

① 冯友兰：《冯友兰自述》，中国人民大学出版社 2010 年版，第 219—220 页。

应该说真的进入了哲学的思维，因为的确，“面包”是一般，世界上并没有一个具体的叫作“面包”的东西。有的只是具体的面包，而具体的面包一定有形状，有味道，有冷热等具体的属性。不过这个仆人虽然懂得一般，懂得了解概念本身，却不知道一般和个别的关系，面包包括各式各样的面包，拿一个回来就可以了。柏拉图对于他的仆人的愚笨倒是有办法解决，可以拉着他到面包房，指着一块面包说：就是它。概念的重要性就是可以忽略很多个别的属性和特征，包括众多的个别事物，从而可以达到人与人之间的交流，不必亲自面对那个具体的事物。

西方哲学的概念还好办一些，如果到了中国古代汉语的语言这里，麻烦就更大了。冯友兰也听说一个笑话。“说是先生给学生讲《论语》，讲到‘吾日三省吾身’，先生说。‘吾’就是我呀。学生放学回家，他父亲叫他回讲，问他‘吾’是什么意思？学生说‘吾’是先生。父亲大怒，说‘吾’是我！第二天去上学，先生又叫学生回讲，问‘吾’是什么意思？学生说‘吾’是我爸爸。先生没有办法叫学生明白，说‘吾’是‘我’。这个‘我’是泛指，用哲学的话说，这个‘我’是‘抽象’的我，既不是他的先生，也不是他的爸爸。”① 在这个笑话中有点难办了，因为你任意找一个人来，叫他告诉学生说，“吾”就是“我”，那个学生总还是想，“吾”就是说话的那个人。中国古代汉语本身就是通过个别事物的形象来展现与其相关的各种意义的，并没有明确地区分出单数和复数，把一般和个别运用到中国哲学中会遇到语言的困难。

以一般和个别的逻辑把握中国古代哲学并不能算错。在中国古代哲学的历史发展过程中，存在“什么是什么”的逻辑思维，而且这一思维从墨家学说开始就有逐渐繁荣的趋势。告子的“生之谓性”中的“谓”显然接近西方哲学的“是”，而“生”和“性”之间显然也包含一般和个别的关系。《吕氏春秋·贵公》记载：“荆人有遗弓者，而不肯索，曰：‘荆人遗之，荆人得之，又何索焉？’孔子闻之曰：‘去其「荆」而可矣。’老聃闻之曰：‘去其「人」而可矣。’故老聃则至公矣。”② 在这个故事中，显然包含着个人和人类的区

① 冯友兰：《冯友兰自述》，中国人民大学出版社 2010 年版，第 219—220 页。

② 李启谦、骆承烈、王式伦编：《孔子资料汇编》，山东友谊书社 1991 年版，第 88 页。

分。但这不意味着，这一思维模式是中国哲学的全部或者核心。

其实不单单是张东荪关注到中国哲学有自己独特的哲学逻辑。熊十力也用体用论的哲学走了一条和冯友兰等不同的哲学道路。在此不详细论述。部分关注中国哲学史的哲人并不是完全认同一般和个别的逻辑把握中国哲学。陈汉生当然是一个典型的例子。他把中国哲学的主导逻辑说成是部分整体学的本体论。“我认为中国的本体论是部分整体学的本体论，因为对于对象的每一个抽象集合，人们都可以把该集合的所有元素当作一个不连续的质料，从而构造一个具体的部分整体学的对象。”① 陈汉生的叙述有其合理性。但是命名值得探讨。因为整体和部分的逻辑思路和一般和个别的逻辑思路殊途同归。对于一些中国哲学的素材不能用整体和部分的逻辑来表述。比如朱熹谈到理一分殊的时候举过一个例子，“理一”就像房屋，“分殊”就像有厅、有堂。从表面来看，这是一个整体和部分的关系，其实不然，“理一”和“分殊”的关系不是整体和部分的关系。其实厅堂就是房屋本身，不过所居之位不同。离开了房屋的整体，也就无所谓厅堂了。“理一”绝对不能分成部分，分殊不是部分。为了避免误解，陈汉生说描述的情形可以命名为多元和合的逻辑。这里所说的多元和合中的多元是独立、自足的，和合起来的整体不是多元不是部分，而是独立起作用的一元。

三、中国哲学再开展的多元和合相涵逻辑进路

中国古代哲学中有一条多元和合相涵逻辑的发展线索。这一线索体现在易学、白马非马、言意之辨、独化、理一分殊之中。能够体现中国哲学思维的两个基本点可以概括为场有和多元和合相涵。场有是对主客体思维的限制，而多元和合是对一般与个别思维的超越。

张东荪和梁漱溟都思考过阴阳范畴的问题，阴是一个阴阳，阳也是一个阴阳，那么该如何理解阴阳范畴呢？如果认为归结到阳下面是事物是个别，

① ［美］陈汉生：《中国古代的语言和逻辑》，周云之等译，社会科学文献出版社 1998 年版，第 38 页。

则会遇到较大的问题。比如男人和女人相对的时候，男人是阳，但是如果单独把男人拿出来，男人本身有阴有阳。显然阳不是一类，归于阳属性下面的事物也不是个别。具有阳的属性的事物和阳之间不存在一般与个别的关系。

五行顺序在不同文本中并不相同，五行概念内涵也不相同，要注意鉴别。如郭店楚墓竹简中的五行是仁、义、礼、智、圣。五行生克关系为：金生水，水生木，木生火，火生土，土生金；金克木，木克土，土克水，水克火，火克金。这一五行范畴体系体现了中国哲学范畴的基本特征。五行范畴具有较大的解释力，从人的肉体到人的精神，从植物到动物，到天地万物，都可以划分到五行之下。从五行之下有很多事物而言，五行是抽象的，具体事物是具体的，抽象和具体有机统一起来。但是五行并不是一般，称之为金的并不一定固定在金上。比如西方是金，说话也是金，少女也是金，但是三者并不是一类，并且如果从出生日期来看，少女可能是土命等等。之所以会如此，就在于五行之间是机体性关联的结构，五行是相对成立的，每一范畴均通过个别体验者的体验而获得新的意义，或发展为相关的意义。五行每一基本范畴均为一种具有规范性的价值，故能直接或间接地规范思考和行为，并因之发展了一套有关实用的解释学或指导个人的修养论。中国哲学的范畴不仅具备了范畴应具备的认识真实之意，而且也具备了规范行为、广泛应用等意义，更成为一切其他多元范畴系统之根本，进而把其他范畴看作其应用，以及在不同层次上具体的变化。五行一元和多元之间可以实现有机统一性。每一个行，具有无限的拓展空间，是多；但均可归结为一行。五行之间不构成整体和部分的关系，因为每一行都是独立的一元，整体不是机械的。所以可以说是多元和合相涵。

八卦类象的道理与此相同。王弼《周易略例》提出了这样一个问题：只要一类就可以把不同的象归入进来，只要合义就可以把某物并入某卦之下。健可以是马，也可以是父，健是类，马和父之间不能替换，而是不同种类的事物。从语言表达式来说，可以说人是张三，也可以说张三是人。是只是起到显示的意义。二者之间只要有某种共同性就可以了。这种同一性可以是属性，也可以是某种关系的模式具有类似的结构，而且属性和关系结构之间往往是不能分开的。海德格尔认为，“主词—谓词关系的特性就是同一性之特性”[1]。在海德格尔看来，这种统一必须先行。中国哲学有着特殊的把握这种同一性的方式。如道就具有最高的统一性，因为道生一。探究中国古代思想的特殊的哲学逻辑，才能更好地论证中国思想的哲学性问题。

之所以命名为多元和合相涵，就在于中国古代的和谐思想蕴含了一种不同于个别和一般的逻辑关系。和谐是以土与金木水火杂，以成百物。和谐强调事物是多元成就的，这个多元并不是部分，自身有其独立的价值。如果多元或者二元自身没有了独立性，就成了同。多元之间是济其不及、以泄其过的关系，有选择，有肯定，有否定。

孟子和告子辩论性的问题，其中也包含了对一般与个别的逻辑缺陷的认知和对其缺陷的利用。生之谓性，生是一般，就像白可以涵盖白羽之白、白雪之白、白玉之白一样。既然如此就存在一种个别可以互换的逻辑。既然都是一类的事物，个体的差异就不那么重要了，犬之性、牛之性和人之性都是个别，都是性之一般下的个别，彼此相近。性有产生、生命、生活、肉体等等不同含义。“性”和“生”是一个逻辑层次的概念。把“生”的东西说成“性”，就像把白说成白一样。那么有可能得到结论是什么呢？天下万物都是生命，都有机体，都有生活，有产生和灭亡的过程。那么，就无法区别人性和物性，人的价值和物的价值有什么不同。孟子正是看到告子的这一说法包含的这一可能性，从句子形式上进行了推导。把“生”说成“性”，牛、犬都是“生”的东西，人也是生的东西，这样就会混淆这些类别存在物的“性”的差别。

白马非马论是多元和合相涵逻辑的集中表达。在公孙龙那里，马 = 形；白 = 色；白马 = 色 + 形（且白马突出色）。由于色不等于形，所以“白马非马”。按照另一方的看法，白马 = 色 + 形，白马自然包含马，有白马，自然就是有马。按照另一方的看法，天下是没有无颜色的马的，如果还有没有颜色的马，如果有也不应该叫作马了。按照公孙龙的逻辑，“马”是可以和“色”分开的，如果二者相合，就是白马。按照一般和个别的逻辑，不能把白马看

① ［德］马丁·海德格尔：《从莱布尼茨出发的逻辑学的形而上学始基》，赵卫国译，西北大学出版社 2015 年版，第 143 页。

作是“马”与“白”之间的相“合”。白马是“相与”，而白和马却是“不相与”，现在说“白马 = 白 + 马”就是讲不通的了。马是共名，白马是别名，有白马是单称。如果按照这个逻辑，显然有白马就是有马，有白马就是有马，而有马又包含有黄马，这样推导下去，有白马就是有黄马。显然这是不合逻辑的。既然有白马不等于有黄马，就意味着有马不等于有黄马，马就不等于黄马，黄马不等于马，当然白马也不等于马了。论证双方实际上坚持的是不同的哲学理念。一种哲学理念是从现实的事物着手考虑问题：现实的马都是有颜色，有形状的，并没有无颜色的马。马的概念是一个涵盖现实的有各种颜色的马的一个一般的概念。这个一般的概念是一种理论的抽象。白马作为个别显然是可以在一般的马的范畴之下，所以白马是马这个判断就是成立的。前面是个别；“是”是联结一般和个别的概念，而后面是一般。判断就是把个别归结为一般。按照这个逻辑理念，马这个范畴本身就不能脱离具体的马来理解，也就是说不能脱离有颜色的马来理解；白也不能脱离具体的事物来理解；既然不可以脱离开来理解，那么也就不能把白马看作是“马”与“白”之间的相“合”。白马是“相与”，而白和马却是“不相与”，现在说“白马 = 白 + 马”就是讲不通的了。白马非马论则坚持另外的逻辑。白和马都是独立的，二者是和合在一起的，是互涵的，二者可以分开。不可以把白马非马论的“指”和“指物”理解成一般和个别的关系。就像“白”和定在白马上的白之间不是一般和个别、整体和部分的关系。白马是个别，白马上的白本身就是白，并不是个别的白，而脱离白马的白也不是一般的白。

如果说白马非马论只是逻辑上的论证，独化论则是在现实上把事物看成是多元和合相涵的。假设具体事物是 a/b/c/d。“a/b/c/d”之间是“相因”、“俱生”、“玄合”的关系。这里的“相因”不是因果条件关系。“a/b/c/d”之间的“玄合”可以说“独”的关系，是“自尔”的关系，是“冥合”的关系。或者说“a/b/c/d”不是敞开的关系，而是遮蔽的关系，就像有一个大幕，遮住了彼此的关系，但是彼此却可以独立地和“天”相沟通。“a/b/c/d”之间不是因果条件关系，物“无待”，不必“寻其所由”。“a/b/c/d”之间有两种关系。a 有本有末，本是相对于“天”的关系，“末”是相对于 b 的关系。相对于 b 的关系形成了内外的关系，a 为内，b 为外，a 背离了本的主宰，“丧主于内”，就会以相对的内外关系“自矜”，把相对关系中显示出来的我，被 b 制约的“我”当成了“我”；同时也会把“b”看成外物，从而“宗物于外”。

“a/b/c/d”“天”是什么关系？首先要考虑先后的逻辑分布。先“a/b/c/d”，后“天”，“天”更像是“境界”。a/b/c/d 之间和天之“圆圈”单线联系。a/b/c/d 和天当然是单线联系，但不妨碍彼此相聚，并且彼此“共成”。天即不是“无”，也不是“有”，可以说是“造物者”，不过这个造物者，不有不无。

郭象这样讲有什么意义呢？有利于讲入世和出世的问题，讲名教和自然，讲人生和政治。用西化一点的语言，用今天的话说，“独化”保证了“共赢”，“独化”保证了“自由”，保证了“个性”，保证“平等”。有“自矜”，区别内外，是无法实现“齐”，无法实现平等的。之所以要坚持这一认识，是因为郭象追求的是诱然皆生，同焉皆得，万物共成，本末内外，畅然俱得，泯然无迹。郭象希望超越内外，担心内外的逻辑引起事物之间地位上的不平等，希望借助“独化”的道理，针砭一方被另一方强制。多元和合相生的逻辑是中国哲人的突出哲学成就，其中包含着自由、民主、平等的种子。孟子反驳告子就抓住了一般和个别思维的问题。比如白羽之白、白雪之白、白玉之白都是白，白是一般，其他白是个别，那么这些白在某种意义上就可以互换，一种个别的或者特殊的白就可以代表一般的白，而一般的白可以否定个别的白的价值和意义。从这一意义上来说，中国古代思想的特殊哲学逻辑的探究对于建构中国特色的哲学话语体系是很有意义的。

（本文部分内容发表于《中国哲学导论》，科学出版社 2016 年版）

从“经”“纬”维度看中国哲学史的五种诠释体例

王向清　沈　款

恰当地选择研究坐标的“经”即纵轴，“纬”即横轴，确定好诠释体例，以便合理地组织哲学史料，准确地揭示哲学理论发展的内在逻辑，是哲学家在撰写哲学史著作之前必须解决的问题。本文考察了现有哲学史的五种诠释体例，探讨了它们的长处和不足，肯定以时代为“经”、以学理为“纬”的诠释体例包容性强，存在的不足容易被克服，因而为当今学术界所认可。

一、以时代为“经”、以学理为“纬”：中国哲学史的第一种诠释体例

谢无量撰写的《中国哲学史》运用了以时代为“经”、学理为“纬”的叙述体例。1915 年，中华书局出版了谢无量撰写的《中国哲学史》一书，这是我国第一本哲学史通史著作，也是第一本体现现代学术规范的中国哲学史著作。之所以断言该书是现代意义的哲学史著作，是因为它抛弃了传统的经学方式，代之以现代学术规范。

谢著《中国哲学史》采取了以时代为“经”、学理为“纬”的诠释体例。全书 30 多万字，共分三编，各编由上、下篇构成。第一编为《上古哲学史》，第一编上考察古代及儒家的哲学发展，由哲学之渊源、六艺哲学、儒家哲学等构成。第一编下考察道、墨诸家及秦代哲学思想的发展，由道家、墨家、法家、名家、杂家、秦灭古学构成。第二编为《中古哲学史》，也由上下篇组成，分别探讨两汉、魏晋六朝唐哲学思想的流变。第三编为《近世哲学史》，探讨宋元明清哲学的发展。

谢无量所著《中国哲学史》有以下特点：

首先，开创了以“时代”即年代为“经”纵轴、以学理为“纬”即横轴的诠释体例。谢著《中国哲学史》先将整个中国哲学史的发展历史分为上古、中古、近世三大阶段，这就是以时代为“经”即纵轴；接着便以学理为“纬”即横轴梳理特定时代内诸子百家的哲学思想的产生、发展和相互诘难。诸如第一编《上古哲学史》就探讨了儒家、道家、墨家、法家、名家、杂家等诸子百家的哲学思想及其相互诘难与回应。第二编《中古哲学史》考察了两汉、魏晋六朝唐的哲学思想，共由22章组成，这些篇章除了总论，不是学派，便是学人。

其次，谢著虽然仍有浓厚的经学色彩，但也引进了现代学术规范，包括西方哲学的概念、命题，哲学二级学科的划分等。说它保留了较浓厚的经学形式，是因为它在诠释思想家的哲学思想时，使用的名言系统仍是经学形式的。它在探讨孔子的哲学思想时，就先将其概括为“仁说”、“性说”、“德治论”、“忠恕”、“孝悌”、“五伦”及“五常”① 等经学已有的观念。说它引进了现代学术规范，是因为它使用了现代西方哲学的概念、命题等。比如，谢著《中国哲学史》认为哲学可以划为“形而上学、认识论、伦理学三种”，就是以现代学术规范为依据的。在阐述老子的哲学理论时，它运用了“实践道德论”和“政治论”、“战争论”② 三个范畴；在考察庄子哲学思想时，运用了“辩证法”和“同一律”③ 两个范畴；在探讨管子的哲学思想时，使用了“功利主义”这一范畴。这些现代哲学范畴的使用，表明谢著《中国哲学史》初步具有现代学术意识。

当然，作为第一本通史型的《中国哲学史》，还存在这样那样的不足。

首先，时代之“经”即研究坐标的纵轴过于粗略，遗漏了不少本应提及的时代节点。谢著《中国哲学史》的《中古哲学史》考察了魏晋六朝唐哲学思想的发展，就比较明显地存在这一问题。表现在两方面：第一，它以“六朝佛教之盛行”介绍佛教在中国的传播及盛行就如此。对于佛教的传入和兴盛

---

① 谢无量：《中国哲学史校注》，王宝峰等校注，华东师范大学出版社2018年版，第57—73页。

② 同上书，第113—120页。

③ 同上书，第135页。

这一重大历史事件，谢著并没有将它划分为几个小阶段即几个时代节点，仅仅五个版面的叙述就简单了事。在这一编中，遗漏了隋代哲学这一时代节点。

其次，学理之“纬”显得疏漏、简略。这体现在两方面，一是本该作为学理之“纬”的重要观点、学人没有收入。还是以谢著《中国哲学史》中魏晋六朝唐的内容安排来说明。“言意之辨”、玄学的发展历程是魏晋时期哲学讨论的重要内容，谢著却没有涉及。隋代部分哲学家王通、智顗等人的学术思想构成了哲学发展的环节，谢著予以忽视。唐代柳宗元的哲学思想在天人关系、知行关系等方面有特点，谢著没有收入。而对明清哲学的讨论则存在更多的弊端，李贽、王船山、魏源等著名思想家都没收入。二是对以纳入学理之“纬”学人的哲学思想的介绍过于简单。一部中国哲学通史，从唐虞哲学一直叙述到清末，总字数才30多万，用于刻画某位思想家哲学理论的字数可想而知。

1929年，之江大学钟泰先生在商务印书馆出版了专著《中国哲学史》。作为一部通史型的中国哲学史，它也采取了以时代为“经”、以学派、学人为“纬”的诠释体例。该书将整个中国哲学的发展历程分为《上古哲学史》、《中古哲学史》、《近古哲学史》、《近世哲学史》四编即四大阶段，稍稍弥补了谢著中国哲学史在时代之“经”划分方面的粗略。

二、以学理为“经”、以时代为“纬”：中国哲学史的第二种诠释体例

1934年9月，上海商务印书馆出版了冯友兰先生撰写两卷本的《中国哲学史》。该著采用了以学理为“经”，以时代为“纬”的中国哲学史诠释体例。

冯友兰先生所著《中国哲学史》根据哲学理论是否带有原创性将中国古代哲学的发展历史分为“子学时代”和“经学时代”两个大的阶段。子学时代起自春秋战国的诸子百家争鸣，终结于汉武帝“罢黜百家，独尊儒术”学术方针的实施。这一历史时期内，儒、道、墨、名、法、兵、阴阳等家，充分发表各自的见解，以平等身份相待，没有地位尊卑之分，彼此相互诘难、辩论。“子学”的特点表现为富于创新、标新立异、生动活泼、横向发展。“子

学”的实质是提出原创性理论，创立学派。经学时代起自西汉的董仲舒，终于清末的康有为。在冯友兰看来，“在经学时代，诸哲学家无论有无新见，皆须依傍古代即子学家时代哲学家之名，大部分依傍经学之名，以发布其所见”①。经学以《易》、《诗》、《书》、《礼》、《乐》、《春秋》等六经为基本文献。治经学的人必须以六经为出发点，做一点字面上的阐发。

冯友兰著《中国哲学史》的上册为第一篇，即作者本人所说的《子学时代》。《子学时代》由《绪论》、《泛论子学时代》、《孔子以前及其同时之宗教的哲学的思想》、《孔子及儒家之初起》、《墨子及前期墨家》、《孟子及儒家中之孟学》、《战国时之“百家之学”》、《〈老子〉及道家中之〈老〉学》、《惠施、公孙龙及其他辩者》、《庄子及道家中之庄学》、《〈墨经〉及后期墨学》、《荀子及儒家之荀学》、《韩非及其他法家》、《秦汉之际之儒家》、《〈易传〉及〈淮南鸿烈〉中之宇宙论》、《儒家之六艺论及儒家之独尊》等 16 章构成。

冯友兰先生所著《中国哲学史》下册考察的是经学时代中国古代哲学家哲学思想的形成和发展。《经学时代》由《泛论经学时代》、《董仲舒与今文经学》、《两汉之际谶纬及象数之学》、《古文经学与扬雄、王充》、《南北朝之玄学》、《南北朝之佛学及当时人对于佛学之争论》、《隋唐之佛学》、《道学之初兴及道学中“二氏”之成分》、《周濂溪、邵康节》、《张横渠及二程》、《朱子》、《陆象山、王阳明及明代之心学》、《清代道学之继续》、《清代之今文经学》等章组成。《经学时代》也是学理作为“经”，再按时代考察相关学者的哲学理论。经学时代各章在探讨相关学者的哲学思想时，同样分列若干二次标题展开讨论。比如《朱子》一章就从“理、太极”、“气”、“天地人物之生成”、“人物之性”、“政治哲学”、“对于佛家之评论”等二级标题展开探讨。

冯友兰先生著《中国哲学史》的特点：

首先，开创了以学理为“经”、以时代为“纬”的中国哲学史诠释体例。冯友兰的《中国哲学史》问世前，已有谢无量的《中国哲学史》、胡适的《中国哲学史大纲》（即《中国古代哲学史》）、钟泰著《中国哲学史》等中国哲学史著作问世。这些著作的叙述体例都是以时代为“经”，以学理（学派）

① 冯友兰：《中国哲学史》下册，华东师范大学出版社 2000 年版，第 3—4 页。

为“纬”；冯友兰独辟蹊径，开创了以学理为“经”，以时代为“纬”的中国哲学史诠释体例，成一家之言。《中国哲学史》将中国哲学的历史发展分为“子学时代”和“经学时代”两个大的阶段，无论精准与否，都有创新意义。

其次，中国哲学史在考察同一学派时，坚持以时代为“经”，以学理为“纬”的诠释体例。《中国哲学史》的《子学时代》在考察以孔子为代表的儒家学说的展开时，先探讨孔子的哲学思想，然后考察孟子的哲学思想，再研讨荀子的哲学思想。这显然是以时代为“经”，以学理为“纬”。同样，它在考察道家学派时，先检审老子的哲学思想，再探讨庄子的哲学思想，也是如此。

冯著《中国哲学史》也存在以下不足：

一是对“经”“子”地位的认识与正统观念不一致。一般认为经过孔子删定的六经（《诗》、《书》、《礼》、《乐》、《周易》、《春秋》）比“子”的地位高。正因为如此，四库全书将中国古典文献分为经、史、子、集四大类，“经”承载了先王之道，地位高于“子”，因而“六经”之学相比“诸子”之学重要，也就是“经学”比“子学”重要。在笔者看来，“经学”包括了两层差别绝大的含义：一是孔子删定的六经所包含的先王之道，是尔后修身齐家治国平天下的依据；二是孔子以后儒生对六经的考据与阐发形成的学问，包括古文经学、今文经学。而子学也有两个基本的含义：一是诸子偏离六经而提出的学问之道、治国之道等；二是后代儒者阐发的经学提升而成，如二程、朱子的学问本是子学，后来上升到经学的地位。这就是说，必须分清经学的两层含义。冯友兰先生将《中国哲学史》分为《子学时代》与《经学时代》，认为子学时代是开立宗派，提出原创性学问的时代，而经学时代只是注解的时代，似乎与传统观念不太一致。当然，如果将六经当成“子学”也未尝不可，但必须有所交代。

二是把“经学”和“子学”的关系理解为绝对不变的。从通常的观点看，“经学”（六经之学）高于“子学”，但在中国学术史上，却有不断将“子”提升为“经”，从而将“子学”提升为“经学”的事例。“六经”也因此渐次扩容为七经、九经、十经、十三经，而这些提升为“经”的，此前乃“子”。换言之，以前为“经”的，可以提升为“子”、“经学”可以提升为“子学”。但冯友兰先生却把“经”与“子”、“经学”与“子学”绝对化，这与学术史的发展有出入。

三、以学术主旨为“经”、以学人为“纬”：中国哲学史的第三种诠释体例

1934年，中华书局出版了蒋维乔、杨大膺撰写的《中国哲学史纲要》。这部中国哲学史首次采用了以学术主旨为“经”，以学人为“纬”的诠释体例。

《中国哲学史纲要》全书为分“卷上”、“卷中”、“卷下”三大部分。“卷上”包括《作书旨趣》、《新划定中国哲学的派别》、《自然主义派哲学》、《人为主义派哲学》、《享乐主义派哲学》五章。“卷中”由《苦行主义派哲学》、《神秘主义派哲学》两章组成。“卷下”由《理性主义派哲学》、《结论》两章构成。从篇章结构看，《中国哲学史纲要》采取了以学术主旨为“经”的诠释体例。而在各学派下，《中国哲学史纲要》选择了若干学人的哲学理论予于介绍，体现了以学人为“纬”的叙述体例。如在《自然主义派哲学》这一章中，该书选择了老子、庄子两位学人的哲学思想予以介绍。在这一章的“后论”里，该书认为关尹子、列子都是自然主义哲学家，而杨朱、吕不韦、刘安、王充也有自然主义派哲学的倾向。在考察“人为主义派哲学”时，该书选择了孔子、孟子、荀子三位思想家的哲学思想予以介绍。在考察“享乐主义派哲学”时，该书选择了扬朱、郭象、嵇康、阮籍等人的有关思想，并认定陶渊明、李太白、白居易是享乐主义派哲学的践行者。[①] 在不同学术主旨下，选择不同思想家的哲学思想予以阐发，就是以学人为“纬”的诠释体例。

蒋维乔、杨大膺所著《中国哲学史纲要》有以下特点：

首先，创造了以学术主旨为“经”、以学人为“纬”的中国哲学史第三种诠释体例，有开先河之功。《中国哲学史纲要》以“自然主义派哲学”、“人为主义派哲学”、“享乐主义派哲学”、“苦行主义派哲学”、“神秘主义派哲学”、“理性主义派哲学”等六个学术主旨为“经”，以老子、孔子、杨朱、墨子、魏伯阳、周濂溪等思想家为“纬”，提纲挈领地勾勒整个中国哲学史

① 参见蒋维乔、杨大膺：《中国哲学史纲要》，知识产权出版社2014年版，第90—100页。

的萌芽、初创、形成。优点是主题突出、条理清晰。

其次、提出了以学术主旨划分中国哲学学派的依据。以往，学术界根据《庄子·天下篇》、《荀子·非十二子》、《史记·太史公自序》、《前汉书·艺文志》等典籍的看法，将先秦学派分为道家、儒家、墨家、名家、法家、杂家等六派，并将后起的宋明理学可以归并为儒家。蒋维乔、杨大膺认为这种划分的依据先秦时代，随着时间的推移诞生了一些新的派别。基于此，他们主张在整理中国哲学的历史发展时，有必要依据学术主旨重新划分学派。他们划分的结果，就是前面介绍的六大哲学派别。在他们看来，自然主义派哲学即道家学派；人为主义派哲学即原来的儒家学派和法家学派；享乐主义派哲学即道家中的杨朱自我派，以及魏、晋、六朝的玄学派；苦行主义派哲学即墨家学派和名家学派；神秘主义派哲学为汉晋时代的神仙家；理性主义派哲学是融化儒、释、道三家而来的宋、明理学。① 从他们根据学术主旨作出的重新划分看，有一定道理。

蒋维乔、杨大膺所著《中国哲学史纲要》存在的不足：

其一，对“经”和“纬”的考察都有遗漏现象。《中国哲学史纲要》的诠释体例是以学术主旨为“经”，但却遗漏一些有鲜明学术主旨的哲学派别。如以忍受今世苦难，追求来世幸福为价值取向的佛家哲学就没有纳入研究的视野；又如对以诡道取胜的兵家哲学也没有纳入研究视野。它的叙述体例是以学人为“纬”，但在考察同一学术主旨的学派时，遗漏了一些学术地位高、构成中国哲学发展环节的学者。如在考察人为主义派哲学的儒家人物时，只考察了孔子、孟子、荀子，子思、董仲舒等大儒都没有涉及。

其二，学术主旨分类的标准太随意。从逻辑的观点看，以学术主旨将中国哲学史上的学派分成“自然主义派哲学”、“人为主义派哲学”、“享乐主义派哲学”、“苦行主义派哲学”、“神秘主义派哲学”、“理性主义派哲学”等六大派别，这已不是划分而是分类了。对学派分类必须根据它们根本性的属性来划分，而不是随意根据无关紧要的一些属性来划分；否则，就显得非常荒谬。法家与儒家的学术主张基本上是对立的，而《中国哲学史纲要》却根据

① 参见蒋维乔、杨大膺：《中国哲学史纲要》，知识产权出版社 2014 年版，第 13—15 页。

强调人为将他们归入人为主义学派哲学就如此。在中国哲学史上，墨家、兵家、炼丹家都主张任主观努力实现自己的价值追求，那都可归入人为主义派哲学了。因而，《中国哲学史纲要》用以学派分类的学术主旨有失严谨。

四、以哲学问题为“经”、以学术观点为“纬”：中国哲学史的第四种诠释体例

20 世纪 30 年代末，张岱年先生推出的《中国哲学大纲》则是以问题为“经”，以学术观点为“纬”诠释体例。

《中国哲学大纲》先依据涉及的问题将中国哲学分为《宇宙论》、《人生论》、《致知论》三大部分，然后以三大问题为“经”渐次展开。上部《宇宙论》由《本根论》、《大化论》两篇组成；中部《人生论》包括《天人关系论》、《人性论》、《人生理想论》、《人生问题论》四篇；下部《致知论》包括《知论》、《方法论》两篇。上、中、下三部分展开而成的八篇即八大学术问题作为诠释体例的“纬”。当然，“经”、“纬”的地位是相对的，当八大学术问题析出各章所对应的学术观点时，八篇即八大学术问题则成为诠释体例之“经”，而具体的学术观点则成为诠释体例之“纬”。如《人生论》的第四篇包括的《人生问题论》包括“人生问题”、“义与利”、“命与非命”、“兼与独”、“自然与人为”、“损与益”、“动与静”、“欲与理”、“情与无情”、“人死与不朽”① 等学术观点，就是进一步诠释的“纬”。

如不细心思考，会以为以哲学问题为“经”，以学术观点为“纬”的中国哲学史的第四种叙述体例与以学术主旨为“经”，以学人为“纬”的中国哲学史的第三种叙述体例没有区别。但实际上这两种叙述体例有根本性的区别：以哲学问题为考察的“经”即纵轴，对同一个哲学问题的解答不同的学派、学者有不同的见解，因而可以容纳许多学术观点；而以哲学派别的学术主旨为“经”，则只能涉及同一学派下相同观点学者的类似观点，因而能容纳的东西有限。这也是《中国哲学史纲要》单薄，而《中国哲学大纲》厚实

---

① 张岱年：《中国哲学大纲》，商务印书馆 2015 年版，第 567—708 页。

的主要原因。

张岱年所著《中国哲学大纲》有以下特点：

首先，开创了以哲学问题为“经”，以学术观点为“纬”的诠释体例。《中国哲学大纲》先以中国哲学涉及的“宇宙论”、“人生论”、“致知论”三大问题作为诠释体例的“经”，然后以八篇涉及的八个问题作为叙述体例第二次的“经”，再以解答八大问题的各种学术观点作为叙述体例的“纬”，层层推进，成为考察中国哲学的第四种诠释体例。

其次，涵盖面广。与蒋维乔、杨大膺所著《中国哲学史纲要》以自己确定的六大哲学派别为“经”，以学人为“纬”的诠释体例相比，《中国哲学大纲》的涵盖面要广得多，内容丰富得多。前者涉及六大哲学派别的学术主张，才30余万字；后者以三大哲学问题为“经”，层层推进，达70余万字。如前所述，《人生论》这一篇下面就安排了“人生问题”、“义与利”、“命与非命”、“兼与独”、“自然与人为”、“损与益”、“动与静”、“欲与理”、“情与无情”、“人死与不朽”、“志功问题简述”、“人生问题论综论”，几乎涵盖了人生问题的方方面面。涵盖面广，意味着尽可能多地搜集了已有的学术观点，也就使诠释体例之“纬”得到了拓展。

《中国哲学大纲》存在的不足：

第一，中国哲学涉及的某些重要问题没有作为考察对象。《中国哲学大纲》选择了中国哲学涉及的三大问题作为诠释体例的“经”即纵轴展开研究，富有特色和新意。但三大问题能否涵盖中国哲学涉及的所有内容呢？应当说这很难。比如说，先秦时期，名辩逻辑还是较发达的，探讨了思维领域不少问题，似乎可以以“思维规律论”来概括。

第二，学术观点作为诠释体例之“纬”也有拓展的空间。比如，本书第二大部分《人生论》的第四篇在探讨“人生问题论”时，从“义与利”、“命与非命”、“兼与独”、“自然与人为”、“损与益”、“动与静”、“欲与理”、“情与无情”、“人死与不朽”等学术观点进行考察，应当说这已很完备。但回顾中国哲学史上的人生问题，有些学术观点还没有纳入考察对象。比如儒道两家在人生价值追求上的“入世与出世”的对立，佛家与俗家在追求人生幸福方面的“来世与今生”的矛盾等也可以作为学术观点探讨。

五、以学者为“经”、以学术问题为“纬”：中国哲学史的第五种诠释体例

20 世纪 40 年代中后期，冯友兰先生所撰写的《中国哲学简史》采取的就是这种诠释体例。1947 年，冯友兰受聘担任美国宾夕法尼亚大学讲座教授，讲授中国哲学史。讲义整理后命名为《中国哲学简史》，1948 年由美国麦克米兰公司以英文出版。中文版《中国哲学简史》于 1985 年由北京大学出版社出版。

《中国哲学简史》包括《中国哲学的精神》、《中国哲学的背景》、《各家的起源》、《孔子：第一位教师》、《墨子：孔子的第一个反对者》、《道家第一阶段：杨朱》、《儒家的理想主义派：孟子》、《名家》、《道家第二阶段：老子》、《道家第三阶段：庄子》、《后期墨家》、《阴阳家和先秦的宇宙发生论》、《儒家的现实主义派：荀子》、《韩非和法家》、《儒家的形上学》、《世界政治和世界哲学》、《将汉帝国的理论化的哲学家：董仲舒》、《儒家的独尊和道家的复兴》、《新道家：主理派》、《新道家：主情派》、《中国佛学的建立》、《禅宗：静默的哲学》、《新儒家：宇宙论发生论者》、《新儒家：两个学派的开端》、《新儒家：理学》、《新儒家：心学》、《西方哲学的传入》、《中国哲学在现代世界》等 28 章。

《中国哲学简史》除了第一章《中国哲学的精神》、第二章《中国哲学的背景》属于导言性质，最后两章探讨中国哲学与西方哲学的融合以及如何走向世界外，其他各章基本上也是以学人为“经”的叙述体例。“新道家”、“新儒家”包含的五章虽然以“学派”命名，但实质上指向学人；否则，安排两章即可，没必要设置五章。各章在探讨相关思想家哲学理论时，都先从若干有内在联系的学术问题出发，在充分阐述的基础上，总结该思想家的学术观点。比如，它在考察荀子的哲学理论时，就围绕“人的地位”、“人性的学说”、“道德的起源”、“礼、乐的学说”、“逻辑理论”、“论其他几家的谬误”①等学术问题进行阐释。

---

① 《三松堂全集》第 6 卷，河南人民出版社 2001 年版，第 127—135 页。

《中国哲学简史》诠释体例的特点：

第一，开创了以学人为“经”，以学术问题为“纬”的中国哲学史诠释体例。从上面给出的篇章结构看，该书基本上是以学人为“经”即作为诠释的纵轴，以学人的学术观点作为“纬”即诠释的横轴展开诠释的。

第二，强调逻辑论证。在冯友兰先生看来，中国哲学文献往往以名言隽语、比喻例证表达自己的观点，缺乏逻辑论证和内在联系。《中国哲学简史》在向读者展示中国哲学的发展历史时，一是注意挖掘思想家提出相关观点的依据以及观点之间的内在联系。二是条理清晰。该书在考察了中国哲学形成的背景，中国哲学的特点、中国人哲学思维的特点等问题的基础上，按照儒、道、墨三家，兼顾佛家、名家等学派，从古代依次往后考察，条理非常清晰。

《中国哲学简史》叙述体例的不足：

首先，整体性、系统性不足。以学人为“经”、以学术问题为“纬”的诠释体例，呈现给读者的印象有零碎、不系统之感。不同的学者围绕同一学术问题进行解答，牵涉的时间跨度大，不得不置于不同的章节中探讨，显得整体性、系统性不强。

其次，整合力不足。以学人为“经”、以学术问题为“纬”的诠释体例关注的是先秦朱子显学思想的延续、变迁。基本特点是以儒、墨、道、法、名等学派为基本线索，考察其代表人物对学术界关注的学术问题的见解。而对于那些难以隶属这些学派的学者，则往往不予研究。如王安石的哲学思想，李贽、顾炎武、黄宗羲、王夫之的启蒙思想都没有纳入考察视野。换言之，这种诠释体例的整合力不足。

五、余论

也许是看到了上述中国哲学史后四种诠释体例的不足的难以克服，20世纪40年代以后撰写、出版的中国哲学史著作绝大部分采取了以时代为“经”、以学理为“纬”的叙述体例。

最有代表性的是中国哲学史学科泰斗冯友兰先生在20世纪60—80年代

初撰写的《中国哲学史新编》放弃了自己30年代初《中国哲学史》以学理为“经”、以时代为“纬”，20世纪40年代中后期《中国哲学简史》以学人为“经”、以学术问题为“纬”的诠释体例，改为以时代为“经”，以学理为“纬”的诠释体例。《中国哲学史新编》共七册，160余万字。该书按时代先将中国哲学的历史发展分为六个时期，上古至春秋时期、战国时期、两汉时期、魏晋南北朝隋唐时期、宋明时期、清代时期、现代时期，然后在这六个时期下按学术观点分81章予以展开。冯友兰先生的中国哲学史研究历程表明以时代为“经”、以学理为“纬”的中国哲学史诠释体例相对来说是合理的、可行的。

冯契先生对先哲和时贤所著的中国哲学史著作作过比较，对中国哲学史叙述体例的优点和不足有清醒的认识。他所撰写的《中国古代哲学的逻辑发展》采用了以时代为“经”、以学理为“纬”的叙述体例。《中国古代哲学的逻辑发展》勾勒了由原始的阴阳、五行说直到1840年鸦片战争爆发这一漫长历史时期中国古代哲学的发展历程。该书由《绪论》和《先秦》、《秦汉——清代（鸦片战争以前）》两篇构成，共70余万字。第一篇《先秦》由《中国古代哲学的诞生》、《儒、墨、道、法诸子的兴起》、《百家争鸣的高潮》、《先秦哲学的总结阶段》四章构成。第二篇《秦汉——清代（鸦片战争以前）》包括《独尊儒术与对儒家神学的批判》、《玄学盛行与儒、道、释的鼎立》、《儒、道、释的相互作用与合流》、《理学盛行与对理学的批判》、《中国古代哲学的总结阶段》五章构成。两篇将中国哲学的发展划为两个大的阶段，就是以时代为“经”展开诠释。两篇涵盖的九章都设计了相关学派的学术问题予以讨论，就是以学理为“纬”。粗看起来，《中国古代哲学的逻辑发展》将中国传统哲学的发展划为两大阶段似乎有点粗略，但它的第二层次是根据诸子百家学术展开脉络倒推时代划分各章的，因而是较精细的。换言之，作为冯契中国哲学史诠释理论的时代之“经”是较精细而非粗略的。

从突破“两军对垒”到关注“合法性”

——论改革开放新时期中国哲学史研究的趋向

陈卫平

改革开放新时期的30年，中国哲学史研究领域发生了深刻而巨大的变化。详述这样的变化不是本文能胜任的。这里只是就其发展的大体趋向作一概括。这个趋向就是：20世纪80年代以“认识史”来突破“两军对阵”；20世纪90年代以后出现了两个趋向，一是从“认识史”到形上智慧，一是从“认识史”到生活世界；进入21世纪后，关注中国哲学的“合法性”问题。在进行上述概括的同时有所评论。

一、20世纪80年代的主潮：从“两军对垒”到“认识史”

30年前，“实践是检验真理的唯一标准”鼓荡起思想解放的潮流，极大地动摇了唯经典为真的价值观念。它在中国哲学史领域的突出标志，是冲破了长期被奉为马列经典的“两军对垒”公式。所谓“两军对垒”，就是认为哲学史是唯物论和唯心论、辩证法和形而上学两军对垒的历史；是前者不断战胜后者的历史；并对唯物主义和唯心主义作了对应的革命、进步和反动的政治分析和阶级分析。这个公式源自苏共中央书记日丹诺夫1947年在讨论亚历山大洛夫的《西欧哲学史》会上的讲话。[①] 新中国成立之初，这篇讲话

① 日丹诺夫：“科学的哲学史，是科学的唯物主义世界观及其规律底胚胎、发生、发展的历史。唯物主义既然是从与唯心主义派别斗争中发生和发展起来的，那么，哲学史也就是唯物主义与唯心主义斗争的历史。”（[苏联] 日丹诺夫：《日丹诺夫论文学与艺术》，人

被翻译、出版，成为指导哲学史包括中国哲学史研究的体现了“马克思主义党性原则”的经典。

不过，在1957年哲学界还是对此提出了质疑。这一年的一月下旬，由北京大学哲学系主持召开了全国性的“中国哲学史座谈会”，集中讨论了两方面问题：一是如何评价唯心主义；二是怎样继承中国哲学的遗产。很多与会者在这两方面都对日丹诺夫公式提出了异议。关于如何评价唯心主义，冯友兰、朱光潜、贺麟、朱伯崑等以中国哲学史的史实说明，哲学史并不像日丹诺夫讲的那样，只是唯物主义与唯心主义单纯斗争的历史，而是两者既互相对立、排斥。又互相渗透、促进；唯心主义和唯物主义并非绝对与反动、进步相对应的。就继承中国哲学遗产来说，按照日丹诺夫的观点，只讲唯物、唯心的斗争，划分进步与反动，而中国传统哲学中有鲜明唯物论色彩的东西不多，基于唯心论的思想观点则很多，由此可以继承的哲学遗产东西就很少了。冯友兰有虑于此，提出了“抽象继承法”，即传统哲学的具体意义与当时的政治、阶级有关，不能继承，而其抽象意义则是可以继承的。任继愈委婉地指出，日丹诺夫的说法有三处不够全面：第一，限于唯物、唯心的斗争，偏重自然观、认识论，就会在社会历史观方面留下空白，让中国哲学史失去了许多有价值的内容；第二，忽视辩证法与形而上学的对立，而中国哲学史上的辩证法却相当丰富；第三，未给唯心主义流派以应有的历史地位，不能反映哲学史的全貌。尽管这些异议是以原则上肯定日丹诺夫公式为前提的，但当时以马克思主义理论家自居的关锋，还是将这些异议打成“修正主义思潮”。会议总结性的发言，依然维护了日丹诺夫公式的权威。[①] 不久，在反右风暴中，对日丹诺夫公式的质疑作为异端另类而遭到了批判。因而“两军对垒”就成了裁剪哲学史的唯一权威公式，划分唯物、唯心成了哲学史研究的唯一内容和价值评价的唯一尺度。被这样僵化的教条所束缚，中国哲学史的研究几乎千人一面。“文革”后期的评法批儒，“四人帮”又将这

民文学出版社1959年版，第84页）冯友兰《关于中国哲学史研究的两个问题》（《人民日报》1956年10月23日）说，以往用“唯物主义与唯心主义‘两军对垒’”来叙述中国哲学史。

① 参见《哲学研究》编辑部编辑的《中国哲学史问题讨论专辑》（科学出版社1957年版）一书中的相关文章。

一公式与儒法斗争对应起来，法家在政治上进步，是唯物的；儒家在政治上反动，是唯心的；两者的对立与斗争贯穿中国哲学史的始终。当时出版的以此为主线的中国哲学通史著作，风行全国。这就使得这一公式打上了“文革”全面专政的极左印记而得以强化。于是直到 20 世纪 80 年代之前，“两军对垒”的公式始终禁锢着人们的头脑。

20 世纪 80 年代初，中国哲学史领域在对“四人帮”的所谓儒法斗争作了拨乱反正之后，开始挣脱“两军对垒”的公式。其实 1957 年会议对这个公式的异议，已经在一定程度上揭露了它的机械性、片面性、狭隘性。可以说，这些弊病在20世纪80年代以前的学术研究的实践中，已有充分的表现。当时盛行讨论中国哲学史研究的方法论，最重要的内容是揭示和分析这些表现。这突出地反映在 1979 年在太原举行的“文革”结束后的第一次全国性的中国哲学史讨论会上。于是，摈弃这样的公式已成为人们的主流认识。

那么，摈弃这一公式之后，哲学史研究的指导原则是什么呢？当时尚未完全摆脱从马克思主义经典著作中寻找答案的习惯。因此，普遍地接受了列宁的提法，即哲学史“简略地说，就是整个认识的历史”①。整个 20 世纪 80 年代的中国哲学史研究，大体上是以此为指导的。这主要表现在以下三个方面。

首先，在通史研究方面，强调哲学史是人类的认识史，因而都力图勾勒出中国哲学史所体现的认识发展规律，即黑格尔、列宁都说过的近似于一串圆圈的认识矛盾运动，黑格尔把哲学史比做圆圈，列宁称赞道：“一个非常深刻而确切的比喻!! 每一种思想＝整个人类思想发展的大圆圈（螺旋）上的一个圆圈”，并在《谈谈辩证法问题》中列出了欧洲哲学史的几个“圆圈”。②当时出版的中国哲学通史著作几乎都有对于“圆圈”的描述，尽管不尽相同，但都是为了说明列宁讲的“人的认识不是直线（也就是说，不是沿着直线进行的），而是无限地近似于一串圆圈、近似于螺旋的曲线。”③

① 列宁：《哲学笔记》，人民出版社 1960 年版，第 399 页。

② 同上书，第 271、411 页。

③ 同上书，第 411 页。

其次，在个案研究即对某一哲学家或哲学体系的研究方面，突出这些哲学家和哲学体系作为人类认识过程的一个环节，具有哪些值得汲取的理论教训，从而对以往被全盘否定的唯心主义哲学家或哲学体系给予比较客观的评价，其依据在于列宁说过："从粗陋的、简单的、形而上学的唯物主义的观点看来，哲学唯心主义不过是胡说。相反地，从辩证唯物主义的观点看来，哲学唯心主义是把认识的某一个特征、方面、部分片面地、夸大地发展（膨胀、扩大）为脱离了物质、脱离了自然的、神化了的绝对"；"哲学唯心主义是经过人的无限复杂的（辩证的）认识的一个成分而通向僧侣主义的道路"；唯心主义"不是没有根基的，它无疑是一朵不结果实的花，然而却是生长在活生生的、结果实的、真实的、强大的、全能的、客观的、绝对的人类认识这棵活生生的树上的一朵不结果实的花"①；重新评价著名的唯心主义哲学家如孔子、孟子、朱熹、陆九渊、王阳明等，成为那时引人注目的景观；1986年开始，在方克立的倡议下，对现代中国最大的唯心主义流派现代新儒学的研究逐渐成为"显学"。这些研究的总体倾向是强调这些唯心主义哲学家的思想也是认识之树的"花朵"，而非一无是处的"毒草"。

再次，在专题研究方面，侧重于范畴、概念的研究。这是20世纪80年代中国哲学史研究的热门话题，之所以如此，因为列宁说过："范畴是区分过程中的一些小阶段，即认识世界的过程中的一些小阶段，是帮助我们认识和掌握自然现象之网的网上纽结"；"从逻辑的一般概念和范畴的发展与运用的观点出发的思想史——这才是最需要的东西"②；哲学史作为认识史，是通过范畴、概念的演进而得到集中表现的。张岱年的《中国哲学大纲》在此时再版，并得到高度重视，很重要的原因就在于它是以概念、范畴的嬗变来梳理中国哲学史的开创性著作。这个时期很多中国哲学史研究的论著，或是考察某些传统哲学概念、范畴的历史演变；或是建构某个哲学家的概念、范畴体系；或是辨析某个哲学流派的概念、范畴。

上述三方面的研究，在打破"两军对垒"的教条之后，使中国哲学史的

---

① 列宁：《哲学笔记》，人民出版社1960年版，第411—412页。

② 同上书，第90、188页。

研究出现了生气勃勃的新气象；其重要意义在于使人们看到了中国哲学史完全可以有新的研究视野和研究方法。

二、20世90年代的趋向之一：从“认识史”到形上智慧

到了20世纪90年代，中国哲学史研究形成了与哲学史是“认识史”相衔接而又不同的一个新趋向：从知识层面即狭义的认识论进入智慧层面。就是说，研究的重心不再是作为认识（知识）成果的中国哲学，而是作为民族智慧的中国哲学。这在冯契、庞朴、汤一介、张世英和王树人等人的论著中有着比较充分的反映。

冯契在20世纪90年代出版了由《认识世界和认识自己》、《逻辑思维的辩证法》、《人的自由和真善美》三部著作组成的“智慧说三篇”。它们虽是哲学理论著作，却有相当篇幅是研究中国哲学史的。该书的“导论”中指出：单纯讲知识，是无所谓民族特色的，而“智慧学说，即关于性与天道的认识，是最富于民族特色的，是民族哲学传统中最根深蒂固的东西”①。因此，其智慧说的理论建构，正是以把握中国哲学的民族智慧为基础的。如果把他20世纪80年代的中国古代哲学的通史著作《中国古代哲学的逻辑发展》与“智慧说三篇”相比，可以看到前者重在揭示中国哲学发展所体现的人类认识的圆圈，而后者则重在探求中国哲学的智慧学说即关于性与天道的认识，并且更深入、更集中地指出，与西方哲学相比较，中国传统哲学的民族智慧，主要不表现在考察如何从无知到有知的知识层面上，而是表现在考察如何从知识到智慧的智慧层面上。

这可以说是20世纪90年代很多学者的自觉选择。比如庞朴，他的《一分为三——中国传统思想考释》指出：“智慧与知识有质的不同。《吕氏春秋·别类》讲得好：‘小马，大马之类也；小智，非大智之类也’。其中根据，

① 冯契：《认识世界和认识自己》，《冯契文集》第1卷，华东师范大学出版社1996年版，第23页。

当在于小智只是认识论意义上的知；而大智已是一种德——明德，它既是认识论的，也是伦理学的，更准确地说，它是理智的德性，德性的理智。”① 在他看来研究中国哲学史就要阐发这样的“大智”，即德性和认知相统一的智慧。再比如汤一介，他在《在非有非无之间》中，对于自己近20年来的中国哲学史研究回顾道：20世纪80年代初致力于传统哲学范畴的研究，目的是为了破除“把古今中外哲学家统统都纳入唯心与唯物对垒的教条，而企图从人类认识史的角度考察中国哲学的发展”；20世纪80年代中期，从传统哲学有关真善美的基本命题，即“天人合一”、“知行合一”、“情景合一”来研究范畴，则已显露出由认识史走向形上智慧的端倪，“中国传统哲学关于真善美的问题为什么追求三个‘合一’？我认为中国传统哲学或者与西方哲学不同，它并不偏重于对外在世界认知的追求，而偏重于人自身价值的探求”；20世纪90年代初，这一走向就变得明确了，有关传统哲学真善美的再研究，旨在论证“中国哲学所注意的是追求一种真善美的境界，而西方哲学则注重在建立一种真善美的价值的思想体系。前者可以说是追求一种‘觉悟’，而后者则是对‘知识’的探讨”；尔后进一步阐明传统哲学的智慧体现于“普遍和谐观念”、“内在超越精神”、“内圣外王之道”这些相互联系的理论。② 进入21世纪后，他提出了有关“中国解释学”的构想，依然与探讨智慧有关。他认为中国古代有三种解释经典的典型：一是对历史事件的解释，如《左传》对《春秋》的解释；二是整体性的哲学解释，如《系辞》对《易经》的解释；三是社会政治运作型的解释，如《韩非子》的《解老》、《喻老》。他试图揭示这三种解释方法所具有的不同于西方解释学的“很鲜明的特点”。③ 如果说汤一介以往的研究侧重于传统哲学在“得”即如何获得对世界和自己的认识这方面的智慧，那么“中国解释学”侧重于传统哲学在“达”即如何表达对世界和自己的认识这方面的智慧。

把握中国哲学的民族智慧，特别需要与西方哲学相比较。上述三位的著

① 庞朴：《一分为三——中国传统思想考释》，海天出版社1995年版，第186页。

② 参见汤一介：《在非有非无之间》，中正书局1995年版，第72—142页。

③ 参见汤一介：《我的哲学之路》，新华出版社2006年版，第285页。

述已是以西方哲学为参照的，但他们擅长的学术领域是中国哲学史。张世英、王树人以研究西方哲学名世。他们从这一学术专长出发，通过中西哲学的比较来阐发中国哲学的民族智慧。张世英的《天人之际——中西哲学的困惑与选择》，比较了中国哲学的天人合一和西方哲学的主客二分两种传统，指出以抽象普遍性为最高原则和以寻找普遍规律为目的的哲学都应该终结；“普遍规律可以交给科学去探讨，那是个知识问题，而超越自我，提高境界，则是任何科学所不能代替，这里需要的是陶冶和修养，需要的是超越知识”[①]。显然，他是从超越知识的智慧层面来研究中国传统哲学的。这一研究思路在王树人那里，则以其书名《传统智慧的再发现》作了鲜明的表达。他指出：“‘智慧’这个范畴，就是一个有不同理解的范畴，我们认为，首先要看到，它与知识这个范畴是不同的。如果说知识的问题在于问对象是什么，那么，智慧的问题则在于问为什么是如此”；并声明这本著作力图“从智慧的层面和高度，以西方文化为大背景，在比较中探索中国传统文化问题”。[②]通过中西哲学的比较，他把中国传统哲学的智慧聚焦于“象思维”，以为这是中国传统哲学具有原创性意义的贡献。对此的详尽论证是他出版于21世纪的著作《回归原创之思——“象思维”视野下的中国智慧》。

上述五位学者对智慧的说法不尽相同。不过，他们都以智慧和知识相对，后者指向经验的“形下”之域，前者则是非经验的“形上”之思。他们不约而同地把追寻形上智慧作为研究中国哲学的着眼点，确乎表现出20世纪90年代中国哲学史研究从“认识史”到“形上智慧”的趋向。当然，这一趋向的出现，并不是截然以20世纪80年代和20世纪90年代为界的。应当说，从智慧层面来研究中国哲学，在20世纪80年代中期已有萌芽。前述的冯契、汤一介在那时的论著，都或多或少地显示出从智慧层面来关注中国哲学的眼光。如冯契在《中国古代哲学的逻辑发展·绪论》中，指出应当改变实证主义以知识论为中心的狭义认识论，并提出了广义认识论可以概括为“感觉能否给予客观实在”、“普遍必然的科学知识何以可能”、“逻辑思维

---

① 张世英：《天人之际——中西哲学的困惑与选择》，人民出版社1995年版，第6页。

② 王树人、喻柏林：《传统智慧的再发现——常青的智慧与艺魂》（上），作家出版社1996年版，第308、2页。

能否把握具体真理”、“理想人格如何培养”四个问题，以为前两个问题关注知识之所以可能的条件，后两个问题指向形上智慧；而中国传统哲学更为关注后两个问题。不过，在20世纪80年代中期，比较明确提出研究中国传统哲学智慧的，则是李泽厚。他的《中国古代思想史论》指出，他所要探讨的是传统哲学的智慧，“这里所用的‘智慧’一词，不只是某种思维能力、知性模式，它不只是wisdom intellect；而是指包括在内的整体心理结构和精神力量，其中也包括伦理学和美学的方面，例如道德自觉、人生态度、直观才能等等。中国思维的特征也恰恰在于它的智力结构与这些方面交融渗透在一起”①。从20世纪90年代萌芽初出，到20世纪90年代中期成为趋向，这对中国哲学史的研究具有以下两方面的新意义。

首先，表现了回归智慧的自觉意识。哲学的本意在希腊文是“爱智慧”，在汉语里“哲”字也有“智慧”之义；追寻智慧是哲学的题中之义。然而，在西方近代，随着实证科学的崛起，哲学上发生了“认识论的转向”，认识论成了研究实证科学知识之所以可能的知识论。哲学由此逐渐与智慧相疏离，投向科学主义怀抱。20世纪80年代把哲学史看作“认识史”．基本上仍囿于这样的认识论。这与当时哲学界热衷于控制论、系统论、信息论的状况是相一致的。因此，由“认识史”走向探求智慧，表现了对智慧的回归。这一回归的自觉性，是以20世纪80年代末90年代初对科学主义的反思和人文精神的讨论为思想背景的。这一回归意味着突破知识论和科学主义的立场，而以哲学的本性来观照中国哲学史。

其次，更契合中国传统哲学的本来面貌。从先秦和古希腊开始，中西哲学都以追寻形上智慧为己任。但两者追寻的理路有所不同。西方哲学对于智慧的追寻，以追求普遍必然性的科学知识为动力。这就决定了它在追寻智慧的过程中较多地考察了知识论的问题。中国传统哲学对于智慧的追寻，以达到人生最高境界为目的，作为最高智慧的形而上之“道”，就展现为天人合一的境界：既是宇宙万物的终极存在，又是人生的终极关怀。因此，中国传统哲学对于智慧的追寻，很少涉及纯粹的知识论问题。所以，从智慧层面来

① 李泽厚：《中国古代思想史论》，人民出版社1985年版，第297页。

研究中国哲学史，更能揭示中国传统哲学的民族特征。

三、20 世纪 90 年代的趋向之二：从“认识史”到生活世界

进入 20 世纪 90 年代，中国哲学史研究还出现了与哲学史是“认识史”相衔接而又不同的另一新趋向：从重在揭示哲学家的思想是如何作为人类认识史的某个环节，转而强调哲学家的思想是怎样进入实际生活世界，真正在芸芸众生中起作用的，以及生活世界为哲学家的思想提供了怎样的资源。就是说，中国哲学史的研究，不只是把握思想观念自身的发生、承继、转换的历史轨迹，还应当找出思想观念和生活世界之间双向互动的联系。这一研究进路的代表性著作，是葛兆光的 100 多万字的两卷本著作《中国思想史》。

葛兆光认为“‘思想’这个词语比‘哲学’富有包孕性质”，所以，“‘思想史’在描述中国历史上的各种学问时更显得从容和适当”。① 可见，其著作虽冠之以“思想史”，实际上内涵哲学史。这部著作有长达十余万字的“导论”，专论“思想史的写法”。它的宗旨，简而言之，就是批评以往“关于中国思想史叙述与解释的习惯”，即把思想史编织为睿智哲人的著述不绝如缕的“经典话语系统”，于是“思想史的视点就被提升到了形而上的、精神性的层面，思想成了思想家的著述，思想被经典化，思想史也就成了思想家的历史或者经典的思想史”。同时他提出另外一种写法，即以“一般知识、思想与信仰”为切入点来考察思想传统的建构。所谓“一般知识、思想与信仰”，就是为人们“日用而不知”的，但在“日常生活中起着解释与操作的作用，作为人们生活的规则和理由”，它们可能“在相当长的一个时段中，看不出什么变化”，而不像“经典话语”那样，总是前推后涌、波澜起伏；“一般知识、思想、信仰的传播并不在精英之间的互相阅读、书信往来、共同讨论，而是通过各种最普遍的途径，比如观看娱乐性演出中的潜移默化（如宗教的仪式法会、商业集市的演剧说唱）、一般性教育中的直接指示（如私塾、小

① 葛兆光：《中国思想史》第 1 卷，复旦大学出版社 1998 年版，第 6 页。

学、父母与亲友教导对经典的世俗化演绎）、大众阅读（如小说、选本、善书以及口头文学）等等”，因而思想史应当去“想象和推测这种非常直接而且真正有效的思想土壤和背景”。当然，这并不意味着“思想史就不关心那些精英和经典的思想，事实上他们的思想仍然是思想史上占据大部分篇幅的”。[①] 这样的另一种写法，就是不能忽视经典文献之外的生活世界里的思想传统。

葛兆光是史界学人，这一研究进路的出现，与20世纪90年代中国历史学界的学术旨趣有关联。在历史学界．如果说20世纪80年代是文化史凸显，那么20世纪90年代则是社会史勃兴。史学界这一转向的目的，不是把社会史作为历史学的一个分支予以强调，而是要瓦解以往以重大事件和显要人物为框架的历史叙述。这无疑是受到了西方年鉴学派和后现代史学的影响。年鉴学派关注“长时段”的研究，认为重大事件和显要人物只是短时段里昙花一现的东西，最终决定历史发展的力量是变化缓慢但在长时段起作用的事物，而这些事物常常体现于芸芸众生平凡无奇的日常生活中。葛兆光坦率地承认，其研究思路的形成，得益于法国年鉴学派的启发。后现代史学有各种流派，其最根本的特征，是将以往被认为展示了真实过去的历史文本，视作“文学的虚构”、“写作出来的话语”，因此，历史研究的目光应当投向被这些文本遮蔽的东西。作为对上述西方史学的吸取和借鉴，20世纪90年代突起的社会史研究，就是要把历史研究的着重点移到社会日常生活，即城乡基层的社会生活、经济生活、民间组织、民情风俗等。哲学史就其学科性质来说，也是一种“史”的研究，是哲学和史学的交叉。因此，史学界标举社会史和哲学史面向生活世界，可以说是相互呼应，同气相求。

对于葛兆光亮出的新写法，有肯定的，也有否定的，甚至有尖锐的否定性的批评。这说明这一研究进路引起了人们的思考。这主要有以下两个方面。

首先，它促使人们思考的是，“经典话语”是否就能代表哲学传统。以往对此几乎是没有人提出质疑的。这表现于学术研究中，常常是从列举经典

---

① 葛兆光：《中国思想史》第1卷，复旦大学出版社1998年版，第9—16页。

文献的论述入手，推导出中国哲学存在什么样的传统。如果从生活世界来观照中国哲学，这样的推导就很成问题了。因为“经典话语”只有在对实际生活世界产生影响的过程中，才会内化为一般人的思想观念，从而真正形成具有普遍意义的规范、引导人们行为的传统。然而，“经典话语”在生活世界的各个领域和各社会阶层中产生的影响是颇为复杂的，在这中间“经典话语”的原意往往或多或少地有所变异，甚至完全丢失。还有“经典话语”是被倡导的，然而被倡导的东西，在实际中有被接受的，也有不被接受的，即没有为人们普遍接受而成为实际的传统。所以，只有考察生活世界，才能真切地认识“经典话语”到底代表了怎样的哲学传统，哪些“经典话语”是实际支配社会的传统。要做这样的考察，就需要把表现生活世界的种种文物（如书画、碑刻、信札、公文）纳入构筑哲学史的思想资源之中。这不仅仅是对哲学史的资源的拓展，更重要的是把哲学传统存在的语境置于社会生活的各种场景，向人们展示中国哲学传统的社会性和丰富性。

其次，它引起人们思考的是，中国哲学史被“经典话语”的叙述所遮蔽的实际演变过程是怎样的。用“经典话语”贯穿起来的哲学史，实际上描写的是思想发展的逻辑必然性，而将与之无关的都予以忽略和撇除；但是历史的实际发展过程并非是按照逻辑的必然性来设计的；因此，中国哲学史的实际发展过程就被遮蔽了。这种遮蔽大概有以下三种：一是在这一个精英和下一个精英之间的哲学发展被抹掉了，留下了一段空白，如葛兆光指出的唐代7—8世纪的200年间；二是原本在当时社会里没有多少影响的哲学家却得到了彰显，如王夫之；三是原本在当时社会里有很大影响的哲学思想只是一掠而过，如“荆公新学”。如果从生活世界来切入中国哲学史，这些被遮蔽的东西就会走进研究的视野。这无疑更有利于广泛地反观中国哲学史，有利于发掘更多的思想传统与思想资料，有利于更深刻地总结中国哲学史的经验教训。

事实上，20世纪90年代以来出现的中国哲学史研究的亮点，如关于传统哲学尤其是儒学与社会政治制度的互动、宋明理学与书院讲学的兴衰、宗法礼俗与传统儒学的落实、传统哲学与以经学为核心的学术建构的关系、传统哲学的地域性问题、从书信及日记等分析哲学家的思想与人格的矛盾等，都在不同程度上表现了用生活世界的视野考察中国哲学史的眼光。

20 世纪 90 年代中国哲学史研究的两个趋向，说到底是由哲学的本性决定的。哲学从诞生之日起就以追寻形上智慧为己任，而这一追寻总是以生活世界为本源的；脱离了生活世界的哲学只是概念游戏，而丢掉了形上智慧的探索，哲学就失去了思想的光辉。因此，哲学的根本要求是追寻形上智慧和面向生活世界的统一。20 世纪 90 年代以来中国哲学史研究中的两个趋向，正反映了哲学的这个根本要求。同时，这无疑对于研究中国哲学是更为恰当的。因为中国哲学固有的传统强调，形而后有形而上、下之分①，形而上、下之统一就是哲学对“形”（真实世界）的把握。如果把生活世界理解为“形而下”，那么可以说上述的两个趋向体现了按照中国哲学本身的理论传统来研究中国哲学史的自觉意识。

四、21 世纪的关注：中国哲学“合法性”问题

上述自觉意识的进一步伸长，必然会反思以往的中国哲学史研究是否合乎中国哲学本身的理论传统。于是进入 21 世纪，中国哲学史领域就展开了关于中国哲学“合法性”问题的讨论。这一讨论从 2001 年发端，在四五年内绵延不断，至今余音缭绕。收录有关论文最多的是美国的汉学刊物《当代中国思想》（*Contemporary Chinese Thought*），它从 2005 年秋季号、冬季号到 2006 年春季号，连续 3 期均为讨论中国哲学“合法性”（The Legitimacy of Chinese Philosophy）的专辑。《中国社会科学》2003 年第 6 期发表《中国哲学的合法性问题研究述要》。《学术月刊》在 2004 年第 1 期将“中国哲学的‘合法性’问题研究”列为“2003 年度中国十大学术热点”之一，并在同年第 2 期和 2007 年第 2 期哲学学术问题一年来的讨论综述中，列出“关于中国哲学史学科问题”和“‘中国哲学学科范式创新’问题研究”，这是中国哲学“合法性”的题中之义；该刊 2005 年第 1 期在“2004 年度中国十大学术

① 如王夫之言：“有形而后有形而上”，“形而后有上”。王夫之：《周易外传》，中华书局 1977 年版，第 203、204 页。

热点”中的“对哲学本体论的研究”里指出，这一研究是从对中国哲学学科的质问和反思，走向了对中国哲学学科的积极建构，在同一期和2006年第3期的哲学学术问题一年来的讨论综述中，两次列出“关于重写中国哲学史”，这也是中国哲学“合法性”的题中之义。① 这一讨论不仅是中国哲学史界的“热点”，也关联到西方哲学、马克思主义哲学的研究领域，并且为国外汉学界所瞩目。这一讨论还波及港台学术界。香港中文大学在2005年和2006年两次召开中国哲学诠释方法的研讨会，台湾的中国哲学学会、东吴大学哲学系分别在2006年和2007年召开了中国哲学研究方法和经典诠释的学术会议；台湾《哲学与文化》2007年4月号以“中国哲学方法论专题”为中心刊发论文。② 这些研讨会和论文集中讨论了中国传统哲学的言说方法并由此反思怎样的诠释方式对于中国传统哲学是恰当的，而这正是中国哲学“合法性”问题的重要内容。

这一讨论归结起来主要有三个方面：一是中国哲学史作为独立学科是否有“合法性”；二是20世纪以来通行的中国哲学史叙述方式是否有“合法性”；三是中国哲学的构建如何才能有“合法性”。尽管讨论并未就此得出一致认同的结论；但其中表达出了强烈的学科自觉意识，如有的讨论者所指出的：“对于中国哲学‘合法性’的怀疑，大可不必把它看成是对中国哲学史学科的一种挑战，其实它本身可能促进中国哲学史学科的一种自觉”。这无疑是有意义的。

中国哲学史作为独立学科是否有“合法性”？这主要是围绕中国古代有无“哲学”而展开的。如果中国古代没有哲学，那么以此作为主要对象的中国哲学史能否作为独立的学科存在，自然就有了“合法性”问题。质疑者认为，“哲学”这个概念来自西方，中国古代思想中没有与此相应的部分，所谓的中国哲学史是依傍西方现代学科标准而削足适履的产物，用“中国思想

---

① 上述专辑和综述收录和引证的论著，有2部著作和61篇论文。本文以上述文献为主要评论对象。

② 参见白奚：《西方的诠释，中国的回应——香港中文大学“中国哲学方法论之反思与探索”国际学术会议侧记》，《中国哲学史》2005年第3期；李贤中：《中国哲学研究方法探析》，《文史哲》2008年第1期。

史”取代“中国哲学史”也许能更恰当地表现中国传统思想的民族性。辩护者认为，何为哲学，这在西方没有统一答案，而且现代、后现代西方哲学，表现出某种与中国传统哲学相类似的运思倾向；中国古代没有西方那样构造的哲学，但其对于宇宙人生根本原理以及认识此种原理的方法的探究，在中国古代同样有着悠久的历史；诞生于五四时期的中国哲学史学科，虽然以西方哲学为范型，但体现了从经学中独立出来的现代性，与此同时，如何使其具有民族性，从胡适到冯友兰再到张岱年都作了有益的探索，展示了中国哲学史成为兼具现代和民族性的独立学科的可能性。

上述争辩揭示了内在于中国哲学史作为独立的学科是否有“合法性”这一问题的现代性与民族性的矛盾：中国哲学史作为独立的学科，是指其体现了中国思想中固有的民族性呢？还是指其以西方现代学科标准从中国传统思想中拣择可称之为哲学的东西予以重构呢？金岳霖1930年在冯友兰《中国哲学史》审查报告里，提出“所谓中国哲学史是中国哲学的史还是在中国的哲学史呢?”实际上已经揭示了这个矛盾。① 如果说70年前对这一矛盾的揭示，在很大程度上是对建构独立的中国哲学史学科即“中国哲学的史”的疑虑大于信心，那么70年以后再次尖锐揭示这一矛盾，则大体上已对建构独立的中国哲学史学科有了比较明确的方向，即其作为独立学科的“合法性”在于现代性与民族性的统一。这一学科意识的新自觉与哲学界近些年对现代性的研究有关。近些年现代性研究表明：现代性并非只有西方的单一向度，“中国的现代性”是多元现代性的向度之一。这就为兼具现代性、民族性的中国哲学史作为独立学科的“合法性”提供了理论呼应。因为“中国的现代性”这个概念无疑是以现代性与民族性的统一为内涵的。

20世纪以来通行的中国哲学史的叙述方式是否有“合法性”？这在讨论中是以“重写中国哲学史”的命题作了表达。所谓“重写”是以反思20世纪以来通行的中国哲学史叙述方式的弊端为前提的。质疑者认为，中国传统哲学常常以隐喻和体悟作为言说其宗旨的方式，融入实际生活中；然而20

---

① 参见陈卫平：《“金岳霖问题”与中国哲学史学科独立性的探求》，《学术月刊》2005年第11期。

世纪以来的中国哲学史叙述方式，以来自西方哲学的概念抽象、逻辑分析为主导模式，因而往往扭曲了中国传统哲学的“原生思想生态”，遮蔽了它在具体历史场景中的多重含义，这样“汉话胡说”的哲学史必须重写，应当“退耕还林”，以中国传统哲学的言说方式来重写中国哲学史。辩护者认为，20世纪以来用西方哲学的概念化、逻辑化的叙述方式书写中国哲学史，确有不少弊端；但它不仅对于我们澄清传统哲学的概念、内在理路是必要的，而且它也可以帮助我们“发现”传统哲学的新意义（对《墨经》的逻辑和科学的“发现”）；如果不加分析地恢复中国传统哲学的言说方式，那么重写的中国哲学史只能倒退为“子学史”、“经学史”、“道学史”；反思20世纪中国哲学史叙述方式的弊病，不是要否弃概念分析和逻辑论证，而是不要把这样的叙述方式单一化、固定化。

争辩双方的问题指向是一致的：怎样的叙述方式才能使书写的中国哲学史成为真实的信史？中国哲学史学科的重要使命之一，就是真实地展示中国哲学演变的历史。“重写中国哲学史”的命题凸显了对这一使命的自觉。这种自觉意识在胡适和冯友兰创制中国哲学史学科时已经有了，但主要局限于史料一隅，即史料的真实性以及质疑史料的真实是否可担保哲学史的真实。① 与他们相比，当下“重写中国哲学史”对这一使命的自觉，有着新的高度和新的视野。前者表现为形成了这样的主流认识：叙述方式的多元化是中国哲学史走向真实信史的方法论基础。后者表现为两个方面：借鉴西方现代哲学（如现象学、诠释学），激活中国传统哲学的言说方式；借鉴社会史的方法，把哲学史放回具体的历史场景（如“制度儒学”、“生活儒学”、“礼俗儒学”等）。

中国哲学的构建如何才能有“合法性”？这是讨论中关于如何构建具有“主体性”的中国哲学的实质所在。这里的“主体性”，是指能与西方哲学比肩而立，对有普遍意义的时代问题作出原创性回答而又与中国思想传统一脉相承；没有如此主体性的中国哲学不具有“合法性”。广义上的“中国哲学”

① 参见陈卫平：《中国哲学史研究的学科自觉——从胡适到冯友兰》，《中国哲学史》2003年第2期。

有既成和生成两种性质：前者将中国哲学看作在历史中既成的研究对象，即通常说的“中国哲学史”，后者把中国哲学视为正在生成过程的理论建构，即通常说的“当代中国哲学”。显然，“合法性”问题中的前两方面“合法性”属于既成性的“中国哲学”，这第三方面“合法性”则属于生成性的“中国哲学”。然而，“中国哲学”的既成形态是其生成性建构的出发点。这意味着把凝结在中国历史上的哲学思维成果作为构建当代中国哲学理论的资源，是中国哲学史学科的一个重要使命。因此，关于如何构建具有“主体性”的中国哲学的讨论，反映了对这一使命的自觉。

这在很大程度上，是出自对新时期以来“主体性”挺立的中国哲学理论成果匮乏的思考。从五四到20世纪40年代结束，在这30年里产生了不少富有中国哲学“主体性”的成果：熊十力的“新唯识论”、冯友兰的“新理学”、金岳霖的《论道》、贺麟的“新心学”、张岱年的“天人新论”。如今的30年与那个30年相比，落差不小，其中显而易见的一个原因，是后者的那些理论体系的构建都与中国传统哲学存在着“接着讲”关系，这样的“接着讲”就是把以西方哲学作为参照背景来研究中国哲学史与创新当代中国哲学相联系。如此的“接着讲”在现今的30年里是极为罕见的。正是有鉴于此，发扬光大这样的“接着讲”成了讨论中如何构建具有“主体性”的中国哲学的主流意见。就是说，接着中国哲学的传统讲，并不意味着构建具有“主体性”的中国哲学只是单一地以中国传统哲学作为资源；相反，必须把西方哲学的传统作为“接着讲”的重要参照和视域借鉴，因为只有这样，才能使得“接着讲”的话题和论域一方面是面对普遍性时代问题和具有普世性质的，另一方面在回应西方哲学面临的一些问题中彰显中国哲学传统智慧的独特个性。当然对于这样的“接着讲”如何进行，诸如怎样来进行中西哲学的比较参照、接着怎样的中国哲学传统讲等等，讨论中是见仁见智的。这里对此不作细述。这里想指出的是，从如何构建具有“主体性”的中国哲学成为中国哲学“合法性”问题的一个方面，可以看到这一问题实际上是将既成性的中国哲学的“合法性”与生成性的中国哲学的“合法性”连接了起来，而这意味着与当代中国哲学的理论创新相联系，正在成为中国哲学史研究的重要趋向。这种趋向在前述的冯契、张世英那里已有表现。冯契“智慧说”的宗旨在于：不仅要回答从无知到知、从意见到真理的过程是怎样的，而且要回答从抽象真理到具体真理、从知识到智慧的过程是怎样的。如前所述，他认为相对西方哲学而言，中国传统哲学较多考察了后一过程。他的中国哲学史研究致力于论证这一点，是为了给其哲学理论构建提供资源。张世英认为，未来中国哲学的“必由之路”就是“取中国传统的天人合一之优点与西方的主客关系思维方式相结合”①。他对中国哲学史的考察正是试图构建这样的中国哲学。不过，中国哲学“合法性”的讨论把中国哲学史研究与中国哲学理论构建相联系的趋向强化和突出了。讨论中把中国哲学史研究的“自己讲”与创新中国哲学理论的“讲自己”联成一体就鲜明地反映了这一点。这表明中国哲学界对于哲学史研究和哲学理论创新的互动已有了相当的自觉。中外哲学史表明，这样的自觉互动将会涌现出众多杰出的哲学史和哲学理论的成果。因此，我们有理由期待下一个 30 年出现如此的盛况。

（原载于《学术月刊》2008 年第 6 期）

---

① 张世英：《哲学导论》，北京大学出版社 2002 年版，第 349 页。

20 世纪二三十年代中国哲学史研究模式述论

曹树明

“中国哲学史”源远流长。从《庄子·天下篇》、《荀子·非十二子》、《论六家要旨》到《明儒学案》，都可以视为广义的中国哲学史。然而，近代意义的中国哲学史则是始自20世纪胡适的《中国哲学史大纲》。学界回顾这个学科在20世纪的发展时，倾向于把1900年至1949年作为一个阶段，并以胡适和冯友兰为其代表人物。而胡、冯都是以西方哲学为准来整理中国传统哲学的。因此，这种倾向容易使人产生一种误解，即1900年至1949年的中国哲学史仅有一种西方化的研究模式。而事实并非如此。本文认为，不应该笼统地把1900年至1949年作为一个阶段，而应把二三十年代提取出来专门加以研究。因为1919年之前中国哲学史尚未近代化而处于经学史的樊篱之中，而20世纪40年代侯外庐等著《中国思想通史》第一卷的出版则标志着以较为成熟的马克思主义哲学为指导的中国哲学史研究的开始。正是基于此，我们把二三十年代称为中国哲学史学科的创立期。

一

20世纪二三十年代是近代意义的中国哲学史学科形成和初步发展的年代。从中西交流和互动的视角看，此时期的中国哲学史大致有四种研究模式，即西方化研究模式、中国化研究模式、中西结合的研究模式和初级马克思主义研究模式。

（一）西方化研究模式

西方化研究模式的使用催生了近代意义的中国哲学史。它的基本特点是“以西释中”，即以西方哲学为参照系统，运用西方哲学的概念术语，借鉴西方哲学的方法，并以西方哲学史的框架对中国传统学术进行整理，从中找出与西方哲学相对应的所谓“中国哲学”。这种研究模式以胡适和冯友兰为代表。

众所周知，严复就已经用西方的进化论观念来评点老庄，国学大师王国维更是撰有《论性》、《原善》、《释理》等论文以西学来整理和重构中国哲学。遗憾的是，他们的研究没有超出国学的范围，更没有写出中国哲学的通史著作。国内第一本中国哲学通史是谢无量的《中国哲学史》(中华书局,1916年)，该书在《绪言》中明确了“哲学”一词的由来及其本意，并以西方哲学为准对哲学进行分类。可知，谢氏的主观意图是以西方哲学来架构中国传统的义理之学。然而，由于缺乏系统的西方哲学训练，他没有完成这个任务。其书中包罗“六艺九流”，以“道术”为哲学，且以儒家学说为中国哲学的正宗，尚未脱离经学垄断学术的传统观念。因而，该书仍然属于传统经学史，虽有近代意义的“中国哲学史”之名而无其实。

胡适则是近代意义的中国哲学史之实的开创者。1919 年，《中国哲学史大纲（卷上)》(以下简称《大纲》) 出版，标志着中国哲学史学科的成立。该书借鉴西方方法梳理中国传统哲学，在形式和内容上都给人耳目一新之感。从形式上看，《大纲》使用了胡适自己所倡导的白话文，采用了新式标点，而且改变了前人注疏古代经典的写作方式，把引用的古文用小字低一格写，作者的话作为正文用大字顶格写。这对具有浓厚崇古心理的中国人来说是不可思议的。这种做法表明胡适已经从前人的“信古”走向“疑古”，所以这不只是一种形式的改变，更是一种精神信念的转化。从内容上看，《大纲》主要在以下三个方面有所突破：第一，有了明确的哲学观和哲学史观，划定了哲学史的研究对象和范围。胡适认为：“凡研究人生切要的问题，从根本上着想，要寻一个根本的解决：这种学问叫做哲学。”“若有人把种种问题种种研究法和种种解决办法，都依着年代的先后和学派的系统一一记叙下来，便成了哲学史。”① 因为人生切

① 胡适：《中国哲学史大纲》，上海古籍出版社 1997 年版，第 1—2 页。

要的问题不止一个，所以哲学包括宇宙论、名学及知识论、伦理学、教育哲学、政治哲学和宗教哲学等门类，这些也就是哲学史的研究对象和范围。此外，他还借鉴西方从黑格尔《哲学史讲演录》开始的哲学史分期，把中国哲学分为古代哲学（自老子至韩非）、中世哲学（自汉至北宋）和近世哲学（南宋至清）。第二，有了哲学史方法论的自觉，完成了中国哲学史的系统建构。《大纲》认为哲学史有三个目的，即“明变”、“求因”和“评判”，这其实是对哲学史方法论的概说。其中“明变”是寻找古今思想沿革变迁的线索，在胡适看来，“名学方法”即逻辑方法应是这条线索的枢纽。①“求因”是明了逻辑方法之所以沿革变迁的原因。“评判”则是以各家学说在思想、风俗政治和人格塑造的过程中发生的效果对其进行价值判断，这是西方实用主义在中国哲学史方法论上的应用。有了这种方法论的自觉，《大纲》改变了古代学术史“平行记述”的编写方式，采用西方近代哲学和科学方法对中国哲学史进行系统的建构，从纵的方向探究各家学说之源和产生的效果，从横的方向追索每一哲人、每一学派的逻辑方法。第三，注重哲学史研究的基础工作，对史料进行分析。胡适认为，要达到上述哲学目的，先须做一番根本工作，即研究史料，他称之为“述学”，这个工作要经过搜集史料、审定史料真伪、去除不可信的史料和整理史料几个步骤才能完成。正是出于对史料可信性的重视，《大纲》采取了“截断众流”的做法，从老子开始讲起。② 此外，书中不采用“六家”、“九流”之说，没有出现“道家”、“名家”等概念，把法家称为“所谓法家”，也是摒弃前人成说直接回到可靠史料的努力。从历史学维度看，《大纲》重视史料考证是一大优点。然而，从“哲学史”这一史学分支的维度看，过分重视历史考据则是一个缺陷，因为哲学史要求对哲学家的思想做深度的哲学分析，而《大纲》对此有所忽略。

冯友兰的两卷本《中国哲学史》在一定程度上弥补了《大纲》的这一不足，正如他在《自序》中所说：“吾非历史家，此哲学史对于‘哲学’方面，

---

① 胡适在《中国哲学的线索》一文中说：“找出方法的变迁，则可得思想的线索。”（《教育杂志》第13卷第11号，1921年11月20日）

② 1914年，北京大学开办“文科哲学门”。史学教授陈黻宸讲授“中国哲学史”课程，从伏羲讲到姜太公。

较为注重。”① 从胡适到冯友兰，完成了从“疑古”到“释古”、从“汉学”到“宋学”、从“评判”到“同情”的转变。冯著上卷完成于 1929 年底，1931 年 2 月由上海神州国光社出版，下卷完成于 1933 年 6 月，1934 年 9 月上海商务印书馆出版该书的上下两卷。与《大纲》相比，《中国哲学史》至少有以下三个方面的进展：第一，深化了哲学观和哲学史观。冯友兰依然把西方哲学作为中国哲学的标准，他明确表示：“今欲讲中国哲学史，其主要工作之一，即就中国历史上各种学问中，将其可以西洋所谓哲学名之者，选出而叙述之。”② 冯氏不谈西方“哲学”的具体定义，而是直说它所包含的内容。他克服了胡适谈哲学内容时标准不一的缺点，采用了宇宙论（又分本体论和宇宙论）、人生论（又分心理学和伦理学、狭义的政治社会哲学）和知识论（又分狭义的知识论和狭义的论理学）的三分法，并认为中国传统义理之学中的天道部分、性命部分约略相当于宇宙论和人生论，而西洋哲学的知识论部分在中国思想史的子学时代还有人讨论但宋明以后就没有人研究了。在哲学史观方面，冯友兰的主张有三点值得注意：（1）哲学史有客观的哲学史和主观的哲学史之分；（2）中国哲学没有形式上的系统而有实质上的系统，故而讲中国哲学史要从形式上无系统的哲学中找出其实质的系统；（3）中国哲学史分为子学时代和经学时代。这种分期虽然是根据中国哲学发展的自身特点，但也是有弊病的。因为经学时代的提法太过笼统，不能反映魏晋以后中国哲学内部儒道释之间的消长和互动关系。第二，确立了中国哲学史的主要哲学派别和主要代表人物。如先秦有孔子和儒家、墨子和墨家、孟子和孟学、老子和老学等，汉代有《淮南子》、董仲舒和今文经学、谶纬和象数之学等，清代有清代道学、康有为、廖平等。这些哲学派别和代表人物成了其后中国哲学史写作的基本研究对象。第三，对西方哲学的应用由生硬裁制到较为贴切圆融。胡适利用实用主义生硬地裁剪中国哲学，对不合实用主义者进行批判否定。他还改变了美国实用主义不突出政治作用与意义的特点，以政治说明哲学的产生和实质，从而扭曲了中国哲学的特点。冯友兰则把新实在论哲

① 冯友兰：《中国哲学史》上册，中华书局 1961 年版，《自序》第 1 页。

② 同上书，第 1 页。

学较为贴切地融入了中国哲学史研究。如“超乎写的历史之上另有历史之自身巍然永久存在”，“在先秦真正进入了哲学领域并自觉作出了贡献的是公孙龙”等观点，都是他把新实在论作为解读中国哲学的新视角而不是作为简单的裁剪工具所得出的结论。

西方化研究模式为中国哲学史的近代转化开创了先河。它是中国哲学史学科建构过程中最具魅力的也是生命力最强的一种模式，在20世纪20—30年代乃至整个20世纪的中国哲学史研究中占据着无可争议的主导地位。但是它利用西方哲学的框架结构、问题意识、价值系统以至话语方式裁剪、整理甚至改造中国传统义理，其局限性是不言而喻的。最大的局限性就是它片面强调哲学的普遍性并以西方哲学为哲学的普遍形式，而对中国哲学自身的理论特质即特殊性没有给予应有的观照。这样势必会产生金岳霖式的疑问：“所谓中国哲学史是中国哲学的史呢？还是在中国的哲学史呢？”① 实践证明，在这个模式下所写的中国哲学史，只能是“在中国的哲学史”。

（二）中国化研究模式

与胡、冯相反，钟泰倡导中国化研究模式。该模式的基本特点是不以西方哲学为参照系统，而是根据中国传统文化的自身特点确定研究方法，采用中国特有的话语方式和问题域整理中国哲学的内容。它与谢无量《中国哲学史》都采用“以中释中”的方法，但也有与之不同的显著特征：一是不再推崇儒家的独尊地位，而是平等看待各家各派；二是具有了明显的方法论意识。

钟氏《中国哲学史》是他在之江大学任教期间完成的，1929年由商务印书馆出版。该书发行后，长期以来被学界忽视，原因大致有二：一是西方化研究模式的主导地位使然；二是该书被误认为是对传统学术史的简单回归。而就笔者所见，它至少具有以下四个方面的独特特征：

第一，运用中国旧有话语方式，同情了解各家各派。钟氏认为，研究中国哲学史不能采用西方化研究模式，因为“中西学术，各有统系，强为比附，

---

① 金岳霖：《审查报告二》，冯友兰：《中国哲学史》下册，中华书局1961年版，第5页。

转失本真。此书命名释义，一用旧文。近人影响牵扯之谈，多为葛藤，不敢妄和”①。即中国和西方的学术分属不同的系统，用西学比附中学，反而会丧失中学本义。所以他主张用中国旧有的话语方式“以中释中”。金天翮为他的书作序时说，古今做学问的人有“高明”和“沉潜”两种。其中“高明”者喜欢开辟新途径，“以古人之言行就我”，“以疑古为求学之方”，“握今之辔以驭古之迹”，从而“学术思想既不得保其统绪，雅颂政教且随之以倾”。而“沉潜”者，“择术焉醇，其观古焉涵泳反复，久而得其通儒者经世之体也”。② 这显然是对胡适的批评和对钟泰的赞扬。然而，钟泰并不是如他所说只通“儒者经世之体”，其书中没有崇儒倾向，而是对于各家各派都持同情了解的态度，能抉明各家各派学说之所以然。这与传统学术史以儒家为正宗、以经学垄断学术的学风是迥然有异的。

第二，简单介绍上古思想，展示哲学渊源。以前的中国哲学史是从三皇五帝讲起，一年半载才讲到周公或《尚书》。胡适则截断众流，从老子讲起，把《诗经》作为中国哲学的结胎时代。其实，这两种做法都是有缺陷的。梁启超曾对胡适的做法表示不满：“讲古代史，若连《尚书》、《左传》都一笔勾销，简直是把祖宗遗产荡去一大半，我以为总不是学者应采的态度。”③ 在此点上，钟氏和梁启超看法是相同的：“中国哲学，至周代始有系统可言。然其渊源所自，则甚遥远。如孔子赞《易》，《易》固肇端于伏羲之八卦也，子思传《中庸》，执中之说，固尧之所以命舜也。今杂录上古以来，先民传说见于载籍，撮为此章。其不曰哲学而曰思想者，书阙有间，无可参验，过而予之，以诬古人，所不敢也。”④ 因而，他在第一章和第二章写“上古之思想”和“王官六艺之学”，介绍《尚书》、《左传》、《周礼》中的基本思想。这样，作为中国哲学之源的背景部分既不显得冗长，也没有被完全忽略。

① 钟泰：《中国哲学史》（一），辽宁教育出版社 1998 年版，《凡例》。

② 金松岑：《序》，钟泰：《中国哲学史》（一），辽宁教育出版社 1998 年版。

③ 梁启超：《评胡适之〈中国哲学史大纲〉》，《饮冰室合集 3 · 文集之三十八》，中华书局 1989 年版，第 53 页。

④ 钟泰：《中国哲学史》（一），辽宁教育出版社 1998 年版，第 3 页。

第三，介绍中国哲学史的代表人物，归纳其核心思想。钟氏搜罗的人物很是翔实，从老子到曾文正公几乎遍及先秦至清代的主要哲学家和思想家。此外，他还对每个人的核心思想进行归纳。如老子从“道”、“无为”、“三宝”和“婴儿”四方面讲，孔子用“仁”、“忠恕”、“孝弟”、“五伦”、“成己成物”、“富教”、“小康大同”、“知命之学”等解说，张载以他的两篇代表作“正蒙”、“西铭”概括，王阳明分“知行合一”、“致良知”、“存天理去人欲”三部分介绍，朱子用“理气”、“天命之性气质之性”、“居敬穷理”总结，等等。这些成果对现在的中国哲学史研究仍有参考价值。

第四，自觉运用史传方法，系统梳理中国哲学史。钟氏采用史传的体例整理中国传统哲学，叙述各家思想的基本要旨，探究它们的源流和发展，比较它们的同异。在介绍某一家的哲学思想时，他以人物为中心进行。而总结一个时期的特点时，如“两汉儒学之盛”、“南北朝儒释道三教之争”、“宋儒之道学”、“清儒之标榜汉学”等，钟氏则以事件为中心进行。对某一个学派，他只是详细讲其代表人物的思想。此外，钟氏著作中还常见“老子附管子”、“庄子附列子”、“吕东莱附陈龙川”等章节，这也是史传体例的写法。他在《凡例》中说：“史家纪传，有合有分。或以附从，或以连及。此书亦兼四体”①，即是对这一特点的概括。

中国化研究模式立足于中国传统自身探究中国哲学史的内容，对西方哲学观念和方法不予采纳。这种做法固然可以在一定程度上突出中国哲学本身的特点，而哲学毕竟是从西方引进的近代学科形态，因而这种研究模式也会使中国哲学的话语方式陷于与近代学术的隔绝状态，所以比较意义上的中国哲学特质不易凸显，与其他近代学科如社会学、考古学等之间的跨学科交流也难以展开。因此，它的存在虽然有一定的合理性，但也必然会被更为优化的研究模式所掩盖。

（三）中西结合的研究模式

从长远来看，中西结合的研究模式是更为合理的。该模式的基本特点是

---

① 钟泰：《中国哲学史》（一），辽宁教育出版社 1998 年版，《凡例》。

“平竟中西”，即关注中西两种哲学形态，既不主张全盘西化，也不主张复古守旧，既借鉴西方哲学中相应的概念术语、问题意识、逻辑方法，观照哲学的普遍性或统一性，又重视挖掘中国哲学自身的理论特质，强调哲学的特殊性或民族性，表现出兼采中西之长的理论路向。梁启超和张岱年是这种模式的代表。

梁启超晚年退出政坛，专事学术研究。他偏好学术史，但也有对哲学史的专门论述，尤其在哲学史方法论上颇多建树。然而，他对此问题的探讨并不集中，而是散见于其学术史、思想史和哲学史论著。笔者则试图从其《清代学术概论》（1920 年）、《中国历史研究法》（1921 年）、《先秦政治思想史》（1922 年）、《儒家哲学》（1927 年）、《中国历史研究法补编》（1930 年）等著作中整理出他关于哲学史方法论的观点。

梁启超习惯于把“哲学”称为“道术”[①]，因为他有见于中西哲学之异。在《儒家哲学》开篇，梁氏指出，“西洋哲学由宇宙论或本体论趋重到论理学，更趋重到认识论。彻头彻尾都是为‘求知’起见”，“中国学问则不然。与其说是知识的学问，毋宁说是行为的学问”。儒家哲学讲“智仁勇”三达德，西方所谓爱智，不过儒家三德之一，所以儒家哲学的范围要大于西方哲学的范围。“儒家既然专讲人之所以为人，及人与人之关系，所以他的问题，与欧西问题，迥然不同。西方学者唯物唯心多元一元的讨论，儒家很少提及。西方学者所谓有神无神，儒家亦看得很轻。”[②] 基于这种看法，他没有采用西方哲学的三分法来框限儒家哲学，而是提出了中西通用的哲学研究法：问题的研究法、时代的研究法和宗派的研究法。《儒家哲学》就是以时代研究法为主兼用其他两种方法完成的。《先秦政治思想史》也采用这些研究方法。《中国历史研究法补编》则统观整个中国哲学史（中国道术史）提出了“三系”之说：“中国道术史，看起来，很难做。……不过，若把各种道术分为主系、

① 梁启超说：“实在以‘儒家道术’四字为最好。此刻我们仍然用‘儒家哲学’四字，因为大家都用惯了”，“哲学二字我实在不爱用”。（梁启超：《清代学术概论》，天津古籍出版社 2003 年版，第 103、105 页）“道术史——即哲学史。”（梁启超：《中国历史研究法》，东方出版社 1996 年版，第 307 页）

② 梁启超：《清代学术概论》，天津古籍出版社 2003 年版，第 100—101 页。

闰系、旁系三类，好好的去做，也不是很难。”① 其中“主系”指中国人自创的有价值有权威的学派，“闰系”指对主系所作的解释，“旁系”指中国化的外来思想。梁启超认为，主系有两个时代，即先秦和宋明（包括元代）。闰系包括汉朝到唐初、清朝两个阶段。旁系则是六朝隋唐间的佛学。做中国道术史，可把先秦和宋明两个主系分做上下两篇，全部精神集中于此。主系须看内容，闰系只看大概，只看他们一群向哪里走。佛教虽是旁系，但应该用做主系的方法研究，因为它含有半创作性。这些方法是他从中国哲学史本身得出的，而不是取自西方。

那么，梁启超是不是反对运用西方哲学的方法呢？当然不是。众所周知，他素有融合中西的文化情怀。在中国哲学史的研究上也不例外，因为他也有见于中西哲学之同。在他看来，国学可以分为“德性的学问”和“文献的学问”两块。“儒家学问专以研究‘人之所以为道’为本，明乎‘仁’，人之所以为道自见”，属于“德性的学问”，应该用“内省”和“躬行”的方法研究，“文献的学问”则应该用科学的方法研究。② 科学的方法就是西方哲学的方法。在《人生观与科学》一文中，他又强调：“人生关涉理智方面的事项，绝对要用科学方法来解决；关涉情感方面的事项，绝对的超科学。”③ 梁启超把这两种方法运用于写作实践。在《清代学术概论》中，他用西方实证主义的科学方法诠释和会通以戴震为代表的清代考证学。在对《中国哲学史大纲》的评价中，他也大为赞赏胡适用西方知识论观念所做的某些分析。这是对“援西入中”的认同。然而，梁启超也对胡适滥用西方哲学做了批判，说他以“知识论”来讲孔子，只是“弃菁华而取糟粕”，“拿生物进化论的意义来解释”庄子哲学，不可取。④ 因为在他的理念中，中国哲学的独有精神

① 梁启超：《附录中国历史研究法补编》，载《中国历史研究法》，东方出版社 1996 年版，第 308 页。

② 梁启超：《治国学的两条大路》，《饮冰室合集 3 · 文集之三十九》，中华书局 1989 年版，第 118、110 页。

③ 梁启超：《人生观与科学（对于张丁论战的批评）》，《饮冰室合集 3 · 文集之四十》，中华书局 1989 年版，第 23 页。

④ 梁启超：《评胡适之〈中国哲学史大纲〉》，《饮冰室合集 3 · 文集之三十八》，中华书局 1989 年版，第 61、65 页。

只能用中国的方法来阐发。

于上可知，梁氏是强调中西结合的。遗憾的是，他的理论和实践并没有受到后人的应有关注。这大概是因为他在学术史方面成绩太显著，从而使人们忽视了他在哲学史方面的贡献。同样以中西结合为研究模式的张岱年的《中国哲学大纲》则反响很大，虽然发生在该书问世几十年之后的 80 年代。《中国哲学大纲》完成于 1937 年，由于战乱未能如期出版，但它应该属于 30 年代。该书以问题为纲，参照西方哲学，但主要是基于中国古代哲学的实际，显示中国哲学的整个条理系统。

与梁氏相比，张岱年具有更为明显的哲学意识。他认为“哲学是研讨宇宙人生之究竟原理及认识此种原理的方法之学问”。在此基础上，张岱年针对以西方哲学为哲学唯一范型的观点，提出“类称”和“特例”的概念，把西方哲学和中国哲学都作为哲学这一类称的特例。如此，西方哲学就不再是标准，只是哲学的一种。这就为他探究中国哲学固有问题的源流和发展铺平了道路。张岱年也明言：“求中国哲学系统，又最忌以西洋哲学的模式来套，而应常细心考察中国哲学之固有脉络。”① 因为中国哲学“许多问题的提法与排列的次序，都与西方哲学不尽相同”②。因而，张岱年指出，我们必须了解中国哲学的特色，才不至于以西洋或印度的观点来误会中国哲学。他还举例予以说明，认为不知道中国大部分哲学家以天人合一为基本观点，则不会了解中国的人生论；不知道中国哲学不作非实在的现象与在现象背后的实在之别，便不能了解中国哲学中的宇宙论。在他看来，中国哲学的特色有六个，即“合知行”、“一天人”、“同真善”，“重人生而不重知论”、“重了悟而不重论证”、“既非依附科学亦不依附宗教”，其中前三者是重要的，后三者是次要的。

在运用西方哲学的问题上，张岱年认为，可以采用西方哲学诠解中国哲学，但要立足于中国哲学本身的特质。他把自己研究中国哲学的方法概括为四点：“审其基本倾向”、“析其辞命意谓”、“察其条理系统”和“辨其发

① 张岱年：《中国哲学大纲》，中国社会科学出版社 1982 年版，《自序》第 19 页。

② 张岱年：《中国哲学大纲》，《新序——对于过去中国哲学研究的自我批判》第 6 页。

展源流”。其中“审其基本倾向”是对中国哲学自身特征的审视，而“析其辞命意谓”则是对西方解析法的吸收。解析法就是逻辑分析方法。30 年代，张岱年特别推崇解析法：“逻辑解析可以说是二十世纪初以来在哲学中最占优势的方法，而也是最有成效的方法。多数第一流的哲学著作全是用逻辑解析法写成的。逻辑解析对于哲学实可以说有根本的重要。如欲使哲学有真实的进步，更不能不用解析。”① 他还注重解析法和辩证法的相资为用，提出所谓“辨证的解析”的概念。《中国哲学大纲》对这两种西方哲学的方法都予以应用，正如张岱年自己所说：“对于中国哲学之根本观念之意谓加以解析，这可以说是解析法在中国哲学上的应用”，“考察概念学说之发展与其对立互转，这可以说是辩证法在中国哲学上之应用”。②

《中国哲学大纲》在整体框架上仍然采用了宇宙论、人生论和致知论的哲学三分法，但是与简单套用西方哲学框架的做法是有区别的，它是“因其固然”、“考察中国哲学之固有脉络”所得。也正因为此，张岱年又在三分法的基础上进行细化，把宇宙论分为本根论和大化论两篇，人生论分为天人关系论、人性论、人生理想论和人生问题论四篇，致知论分为知论和方法论两篇。其中每篇又以中国哲学的特有问题为纲进行写作，如本根论就从道论、太极阴阳论附五行说、气论一、理气论、唯心论、气论二、多元论等方面论述。此外，张岱年还很重视中西哲学范畴的比较研究。这些都是中西结合研究模式的具体表现。

中西结合的研究模式展示了一种平实而又开放的文化心态，是一种相对优化的研究路径，指示着今人研究中国哲学的前进方向。但是，如何具体应用这种研究模式也是需要学人在实践中不断摸索的。梁、张的研究只是一个良好的开端。

（四）初级马克思主义研究模式

初级马克思主义研究模式以李石岑、范寿康为代表。该模式的基本特点

① 张岱年：《逻辑解析》，载《大公报·世界思潮》第 60 期，1933 年 11 月 30 日。

② 张岱年：《中国哲学大纲》，中国社会科学出版社 1982 年版，《自序》第 18、19 页。

是试图以社会存在决定社会意识的唯物史观为基础，以马克思主义哲学的辩证唯物论为指导思想和方法论对中国哲学进行阐述和评价。之所以称之为初级马克思主义研究模式，是因为它还不完全具备成熟的马克思主义研究模式的基本特征①，对马克思主义的理解还比较简单、初步。

李石岑是 20 初“西学东渐运动”的主要代表之一。他先是服膺柏格森和尼采哲学，最后转向马克思主义哲学。《中国哲学十讲》是他于 1932 年在福建省教育厅暑期讲学会上的讲稿，1935 年世界书局出版。

该书是以马克思主义哲学为指导思想的中国哲学史研究著作，它虽然不是系统的通史，但涵盖了从先秦至明清的主要哲学派别。全书分中国哲学和西方哲学的比较研究、儒家的伦理观、墨家的尚同说及其实践精神、道家的宇宙观、名家之观念论的辩证法与形式论理、《中庸》的哲理、禅家的哲理、什么是理学、体用一源论和生的哲学等十讲。第一讲从两个视角比较中西哲学。从发展过程的视角，李石岑把中国哲学和西方哲学都划分为“成长期”、“嬗变期”和“发展期”三个阶段。对每一时期，都是先介绍社会背景，然后选出中西具有代表性的哲学家比较同异。对社会背景的关注，是以社会存在决定社会意识的唯物史观理念为基础的。从思想实质的视角，他从辩证法、唯物论和辩证唯物论三个方面观察中西哲学，还对唯物辩证法的对立统一规律、质量互变规律和否定之否定规律做了阐发。以下九讲，李氏也注重对社会背景的描述和以唯物辩证法为指导对各家各派的评论，同时比照中西哲学，如他说“儒家既以拥护封建组织为职责，当然不能不提出它的十足的唯心论，用它的唯心论以掩盖其对小人羁縻和剥削的痕迹”、“惠施的思想是站在肯定矛盾之观念论的辩证法的立场。他能认识事物的矛盾性、发展性和

① 成熟马克思主义研究模式的基本特征是：“第一，历史唯物主义原则。认为一种哲学思想是在一定的社会政治经济背景下发生，具体到一个哲学家那里，一般要对其做出阶级性的分析和判定。第二，党性原则。认为哲学史是人类认识史，其发展过程表现为唯物主义和唯心主义、辩证法和形而上学的斗争，因而要通过分析论证对哲学家的思想或哲学命题做出哲学性质的判定。第三，认为历史有内在的发展规律，哲学史也存在着超越作为个体的哲学家之上的客观发展规律，即唯物主义和唯心主义、辩证法和形而上学斗争，转化和胜利的规律；哲学史研究的理论目标就是探索、揭示这种规律。”（崔大华：《20 世纪中国哲学史诠释模式的变迁》，《文史哲》2004 年第 1 期）

联系性”、“就西洋哲学的情形说，一个唯我论者必定是个唯心论者，而一个唯心论者，却不一定是唯我论者。船山则二者兼而有之，而唯心的倾向更强于唯我”① 等，都是这个特点的表现。

与李石岑几乎同时，范寿康的《中国哲学史通论》完成并出版，而且也采用了马克思主义的研究模式。该书是范执教武汉大学期间所做，1933年成稿，1936年由上海开明书店出版。范氏自己声名：“查本书内容平平，但观点却与当时各家不同，主以唯物辩证法阐述我国历代各家之思想。”② 在《绪论》中，他用很大篇幅介绍了马克思主义关于“社会发展的一般的原则”、“社会形态推移的至要阶段”、“社会的存在与社会的意识”的理论。以此为据，范寿康划分作为社会存在的中国历史的各个阶段，并分析在每一社会存在形态上产生的社会意识即哲学思想。然而，他对社会存在形态的划分还是值得商榷的，至少把“自秦初至清鸦片战争”看作“前资本主义制”、把“自鸦片战争至现在”看作“资本主义制”是不够准确的。尽管如此，范氏试图运用马克思主义的唯物史观和辩证法阐述中国哲学的努力还是显而易见的，如他说“孔子的道的不行是当然的，因为他是一个当时贵族阶级的代言人，他的政治论根本与实际社会的演进的必然的法则不相适合的缘故”、“惠子的思想与今日之辩证法亦多符合，凡上所说大体就是‘对立物统一的原理’”、“思想家的思想要不外为社会的现实的反映，韩非当然不是例外”。③

李、范的初级马克思主义研究模式自有它深刻的一面，也为其后成熟的马克思主义研究模式奠定了基础。但他们对马克思主义哲学的运用还是不纯熟的。虽然他们看重社会存在和社会意识的关系，但在具体论述时则是论社会存在归社会存在，论哲学思想归哲学思想，没有深刻地揭示二者之间内在的必然联系。

---

① 李石岑：《中国哲学十讲》，江苏教育出版社2005年版，第33、143、298页。

② 范寿康：《中国哲学史通论》，三联书店1983年版，《三联重版〈中国哲学史通论〉序言》第1页。

③ 同上书，第68—69、121、234页。

二

考诸《庄子・天下篇》、《荀子・非十二子》、《明儒学案》等可知，中国历史上广义的哲学史都是在“以中释中”的单一性思维方式下进行“平行记述”的。而近代意义的中国哲学史是在中西文化交流互动的场景下建构的。因而，著者的思维方式就不再是单一性的，而是呈现出差异性。如上文所示，二三十年代的中国哲学史有四种主要的研究模式。这种状况的出现是必然的。首先，这是中国哲学史学科形成发展的必然要求。其时，中国传统文化经过五四新文化运动的冲击已经示弱。相对而言，西方近代文化日益占据强劲地位，加上哲学学科本身就是来自西方，学人在建构中国哲学史时就不得不对之有所观照和思考，改变单纯的“以中释中”的境况，进而“以西释中”或“平竟中西”。其次，这是诠释学的规律造成的。中国哲学史的研究基于研究者对它的理解和解释，而理解和解释不会是纯然客观的，必然会带有主观成分。因而，研究者的主观思维倾向和深层文化背景就成为他选择研究模式的内驱力。

总体而言，二三十年代的中国哲学史研究具有如下特点。第一，具有学科自觉意识。传统国学也有分类，最流行的就是经、史、子、集的四部分类法。其中与近代学科相关的只有子部的医学和天文学，其他诸如物理、化学、政治、经济、伦理包括哲学等都没有形成专门的学科。二三十年代的学人则把中国哲学史从传统国学中分离出来，作为一门独立的学科加以研究。第二，具有鲜明的方法论。中国古人的为学途径是注疏圣贤经典，强调价值判断，方法意识不浓。西方人则非常重视分析思维的方法，强调对思想资料的逻辑架构。这些方法也被时人引入了中国哲学史。第三，具有整体系统观念。系统地整理和研究古代哲学思想，这是古人没有做过的工作。近人则给形式上无系统的中国哲学套上一个整体的形式系统。第四，具有哲学观或文化观基础。表现为四种研究模式分别站在文化自由主义、文化保守主义、综合创新文化观和马克思主义的立场。以上四个特点可以说是近代意义中国哲学史的优点。然而，这个时期的中国哲学史研究也有明显的缺点。第一，断然舍弃了作为中国文化之源的上古时期的许多有价值的哲学思想。从胡适开始，中国哲学史就从先秦诸子讲起，而不顾这之前的丰富的哲学资源。虽然有梁启超和钟泰的纠偏，但总的来说上古哲学被抛置脑后了。第二，受预设论历史观的支配，进行“六经注我”的工作，对中国哲学的同情了解不足。即预先假定中国传统文化里肯定存在譬如宇宙论、人生论、知识论等近代哲学内容，从此出发去寻找历史性的佐证，而不是从历史性研究中延伸出近代意义。这样，“设身处地”地与作者处于同一心境的移情作用就不会得到充分发挥，具有特定时空定位的立体的哲学发展历程也会被挤压在一个平面。

但是，研究模式的多元化是值得提倡的。然而，笔者注意到，这种态势在以后的中国哲学史研究中并没有一直保持下去。50—70 年代，马克思主义研究模式独霸天下，日益教条化，甚至把中国哲学史的研究作为服务于浅近的现实政治的工具。80 年代以来，学界经过方法论的反思试图改变这种做法。但在走出马克思之后，中国哲学界又走进了以西方现当代哲学解释中国哲学的路径。至今为止，以现象学、结构主义、存在主义、精神分析学等西方思想来解释中国哲学的方法仍然处于垄断的地位，这其实是纯粹的“以西释中”老路。虽然很多人已经注意到它的局限性，但这种状况并没有实质性的改观。“探寻中国哲学本身的特质”更多地停留在了口头上，此方面产生重大影响的研究成果并没有出现。我们这样说，不是否定西方化研究模式继续存在的合理性，而是倡导研究模式多元化情境的再现，认为各种研究模式应该结合起来，推进中国哲学研究的良性发展。

西方化研究模式（包括马克思主义研究模式）强调历史的近现代转型从而在某种程度上造成了历史的变异性，中国化研究模式重视传统民族性特征从而保持了历史的延续性。它们都还是中国哲学史研究的重要方法。因为没有变异的中国哲学史缺乏世界哲学眼光，中国哲学的优良传统会因此陷于故步自封而失去现实性。而没有延续的中国哲学史忽视中国哲学本性，其所蕴含的西方哲学也必然会在中国失去生命之基，从而成为一种无根的哲学。从理论上讲，真正意义上的中国哲学的近现代转型发生的首要前提应是了解中国哲学的原始本义，即对中国哲学做客观真实的“还原化”介绍。在没有把握其本义之前而一味地强调近现代转型的“世界化”，就会丧失中国哲学的本真，丧失了本真也就谈不上真正的近现代转型。反之，不顾中国哲学近现代转型的“世界化”的现实要求而一味地“还原”其本义，则与西方哲学的交流与对话就成为问题，中国哲学的发展更是无从谈起。因而，中国哲学史研究应该是在“世界化”和“还原化”的良性互动中前进的。这就要求西方化和中国化研究模式继续发挥作用。但它们又都失之偏颇，所以不是我们的最佳选择。而中西结合的研究模式能够兼容二者，因此它将在充分利用前两种模式的研究成果的基础上，成为 21 世纪中国哲学史的主导研究模式。

（原载于《中国哲学史》2007 年第 2 期）

比较哲学的“第三条路线”

——一个方法论的讨论

姚新中

无论如何定义和解释，比较哲学在世界哲学界日益受到重视已是不争的事实。相比之下，比较哲学对于中国哲学而言有着更为特殊的意义。一方面，诞生于古希腊的philosophy（哲学）对于一部分学者而言乃是一个外来的思想词汇，是“西学”在强势文化背景下“东渐”的产物，中国哲学学科虽然仿造西学体例建成已有百余年，但对“中国哲学”的合法性疑问却始终未能彻底根除。① 就此而论，中西比较哲学的兴起与成功将在很大程度上证成中国哲学的独立资格与平等地位，并从根本上回答中国哲学的合法性问题。另一方面，比较哲学不等于哲学比较，它虽然以比较为核心论证方法和主要呈现形式，但比较不是它的最终目的，其终极旨归应当是新型态的哲学，因为比较哲学就是以比较的方法实现哲学突破和创新的哲学样态。因此，比较哲学，尤其是中西比较哲学的成功将会为中国哲学在世界哲学舞台上提供更多的话语权，为世界哲学贡献更多的中国智慧，也为中国哲学创新研究提供更多的方法和途径。但不可否认，比较哲学目前无论是在中国还是在世界范围内，都还是一个很不成熟的学科领域，尤其是在方法论、研究领

① 郑家栋:《“中国哲学”的合法性问题》，韩国东洋哲学会主办的“奇高峰与21世纪东洋哲学”学术研究会的演讲，2001年9月，后发表于赵汀阳主编:《论证》第三辑，广西师范大学出版社2003年版；张志伟:《中国哲学还是中国思想——也谈中国哲学的合法性危机》,《中国人民大学学报》2003年第2期；彭永捷:《论中国哲学学科存在的合法性危机——关于中国哲学学科的知识社会学考察》,《中国人民大学学报》，2003年第2期；彭永捷主编:《论中国哲学学科合法性危机》，河北人民出版社2011年版；李存山:《“中国哲学合法性”问题》,《中国社会科学报》2014年9月5日。

域和界限范围等问题上还存在许多不确定性，也没有达成基本的学术共识。比较哲学距离我们美好的期待还有很长的一段路要走。为了推进比较哲学的深层研究，本文将尝试从比较哲学的“第三条路线”视角来考察比较哲学的方法论问题，试图解决第三条路线与第一、第二条路线的差异，第三条路线形成的内外动因和展开过程，以及第三条路线与中国哲学话语权等当今重要的理论和实践问题。

一、比较哲学的“第三条路线”

比较哲学虽然方兴未艾，但在许多问题上还缺乏普遍接受的定论和共识。对于什么是比较哲学、如何比较不同的哲学以及为什么要进行哲学比较，不同的学者往往有不同的定义或不同的价值偏好，这些不确定性直接影响着我们对比较哲学方法论的思考，也左右着我们的比较进路。美国学者郝大维和安乐哲认为“比较哲学也许比其他任何哲学更容易被比较者自身的偏爱所累。将中国哲学和西方哲学进行比较尤其如此”①。就当前而言，比较哲学常用的进路大致可以分为两类：一是“平行的进路”，即把两种不同的哲学体系或观点平等地看待，不预设价值的高低，研究路线是自“同”而“异”再到“同”，从而达到所追求的“客观”、“公正”的比较结果；二是“自高而下的进路”，即从某种自认为处于价值高位的哲学出发，对其他哲学观点进行评价性的比较，自“异”而“同”，并形成前后一致的体系与结论。两种进路各有优劣，在比较哲学领域都有各自的市场和拥趸，但与此同时我们也会发现，两者中无论哪一种进路都存在其自身无法克服的方法论局限：前者受现象学方法论的影响，由于太过注重比较的客观性而废弃了哲学的价值立场和思想使命，以至于“因公废私”，将比较沦为“罗列”或“平铺直叙”；后者则“以私废公”，为了保持自己所偏好哲学的价值“高位”而不惜借比较之名强行“吞噬”“他者”的哲学立场，从而使比较沦为“兼并”。二者中

① ［美］郝大维、安乐哲：《孔子哲学思微》，蒋弋为、李志林译，江苏人民出版社2012年版，第1页。

无论哪一种，都很难为现时代的比较哲学研究提供合宜的方法论支撑，也无法使比较哲学上升至一个成熟学科领域的高度。

很多学者在比较哲学的第一条路线中看到了哲学的不确定性。因为把哲学比较视为平等地罗列不同的哲学概念，并极力在思想的差异中找出哲学的共性，这样的论证很难化解不同哲学之间的张力，也无法形成有序的哲学体系。进而言之，把不同哲学或哲学观点作等量齐观，寻求哲学比较的公正性只是一个美好愿景，在现实的具体研究中，几乎是不可能实现的。因为每一个哲学学者对特定的问题或观念都会有着自己的观察视角和理解视域，价值自设出发点或如伽达默尔所说的“前结构”、“前理解”是无法避免的，它必然会影响我们对其他哲学观点、其他解释的看法、评价和解释。从事比较哲学的不同学者也会因为哲学背景不同，看问题出发点的差异，而对同一问题得出相距甚远的理解。①

为了克服这样的歧义，使比较哲学具有更大的确定性，一些学者提出了比较哲学的第二条线路，即认为比较哲学是而且只能是从某一个特定哲学体系或结构出发来检查、理解、解释其他哲学体系的观点和方法，并寻求把这样的理解或解释系统化、专门化。这样的研究虽然能够产生评价、解释的一贯性和比较的确定性，但由于具有强烈的“主观性”，而且采用的是“霸权主义”比较方法，即通过比较追求“万法归宗”，归结到比较者自己所认定的某种特定哲学体系或观点上，因此也就不可避免地会把比较哲学简化为哲学比较，甚至把比较变成对自己的特殊观点和理解加以论证或辩护的工具。这不是通向比较哲学的自由之途，正如罗蒂所指出的：“再描述具有巨大的威力，但大多数的人都不愿被再描述，他们希望别人按照他们的意思来了解他们”，因为，再描述很有可能“把他们认为最重要的东西变得一文不值、落伍过时，或毫无意义”；在罗蒂看来，这种生硬的再描述实际上就是“侮辱”。② 安乐哲等对于罗蒂的这一观点有着更为简洁的转述：“生硬地重新定

---

① 《庄子·德充符》里对此早就有所警告，由于人们的视角不同，所看到的事情也必然是千差万别：“自其异者视之，肝胆楚越也；自其同者视之，万物皆一也”。

② ［美］理查德·罗蒂：《偶然、反讽与团结》，徐文瑞译，商务印书馆 2003 年版，第 127 页。

义实际上就是羞辱"①。因此，如果顺此而行，比较哲学便可能会导致对其他哲学观点的扭曲，进而使比较哲学研究成为偏见丛生的领地。②

我们的问题是，在进行比较哲学研究中，我们是不是只能在这两种进路之间做出非此即彼的方法论选择？比较哲学中有没有超乎这二者之上的"第三条路线"可循？回答应该是肯定的，诸多学者也已经开始对此作出了有益的探讨。③在我们看来，所谓比较哲学的"第三条路线"就是主张哲学比较既不是把不同哲学完全平等地看待，也不是把比较的对象全部纳入自己的哲学体系之中，而是通过让来自不同传统或具有不同风格的哲学观点或思想进行合作式对话、互镜式学习、共生式融通，从而最终为哲学思想的创新与突破、哲学事业的延续与发展贡献新的力量，形成世界哲学共同体。与第一和第二条路线从静态的观点看比较不同，第三条路线主张把比较哲学看作一个动态的过程，认为比较哲学既需要包容的态度也需要提升的诉求，既倡导平等又坚持融合。④如果说第一条路线的首要手段是"分析"，第二条路线的有效工具是"论辩"，那么第三条路线的基本方法就是"对话"，并通过对话找到不同哲学体系内部的同源性。循着第三条路线，比较哲学是一个哲学创新的过程，在这一过程中，比较者需要依据特定的标准来对不同哲学或观点进行分析和评判，比较的目的不是仅仅看到异同，而是要发现隐含于两种或

---

① ［美］郝大维、安乐哲：《孔子哲学思微》，蒋弋为、李志林译，江苏人民出版社2012年版，"中译本序"第6页。

② 这样的比较在方法论上也是孔子强烈反对的："子绝四——毋意，毋必，毋固，毋我。"（《论语》9·4）

③ 牟博等在《论比较哲学中的建设性交锋—交融的方法论策略》一文中提出："去探索那些来自各种哲学传统或者来自（同一传统或不同传统间）做哲学的不同风格／取向的不同思想方式、方法论途径、眼光、洞察、基本观点或概念性／解释性资源，如何能够通过反思性批判和自身批判而相互学习、携手为共同的哲学事业和／或一系列哲学上的共同问题和关切做出贡献。"（《社会科学战线》2008年第9期）

④ 吴根友注意到"'比较'研究不应当以研究者自以为是的某种理论为标准来判决另一种理论的是非、高下，而是将用来做'比较'的两种或两种以上的理论相互作为对方的参照，寻找出其中的异同，并进而辨析出其中的'异中之同'与'同中之异'，最终达到一种'视域的融合'。"（吴根友：《判教与比较——关于"比较哲学与比较文化研究"》，《哲学动态》2011年第5期）

两种以上哲学观点之中但又高于其上的思想可能性，发现“差异中的相同”和“相同中的差异”，并在比较中超越比较的对象而创造出新的哲学概念和价值秩序。① 只有这样做才能既避免前两条路线各自的弊端，同时也为比较哲学开拓出广阔的研究前景。当然，这样做的难度会非常大，即使那些具有丰厚哲学积累和素养的学人，也许会有“劳而无功”的可能，甚至有可能会因为新提出的见解不同而引起新的纷争。但从长远来看，只有着眼于高于所比较对象哲学的包容性、创新性，才有可能使比较事半功倍，真正实现比较哲学的内在价值和创新性突破。

二、第三条路线形成的内外动因

“比较哲学”一词最初是由法国哲学家保罗·马松—奥赛尔（Paul Marson-Oursel）于 1923 年在《比较哲学》一书中提出。在该书中，作者提出比较哲学应当采取实证主义的方法；又说各种文明中均有哲学，但欧洲、印度和中国哲学是世界哲学中的三个主要思潮；认为比较哲学既不是求同，也不是求异，而是求哲学中的相似之处，并认为这可以作为将来各种哲学之间进行相互学习、相互融通的途径。② 马松—奥赛尔对于比较哲学的方法和内容的理解在多大程度上至今仍然有效是可以商榷的，但值得注意的是，他对于东方哲学的重视使得“比较哲学”一词在诞生之初就已经容纳中国哲学于其中，换句话说，“哲学”虽然诞生于西方，但如果否认东方哲学、中国哲学是一种独立于西方哲学而存在的哲学范式，那么“比较哲学”是否仍然是一个有意义的学术领域便是十分可疑的。毋庸置疑，比较哲学的兴起同第一次世界大战后世界格局新变化松动了自启蒙哲学以来盛行的“西方中心主义”

---

① 这类似于但不等同于起源南北朝时代，到了隋唐还继续盛行的佛教中的“判教”：在佛教中根据义理的浅深、说时的先后等方面，将后世所传的佛教各部分，加以剖析类别，以明说意之所在。虽然自有判教以来，就未得一致的见解，且由于诸家所见各异，遂生宗派之别，成为中国佛教宗派成立的原因之一，但这样未必不是推动中国佛教大发展的重要推手。如果比较哲学能以扬弃的立场做到如此，其成果将会远远超出我们的预想，从而为形成新的思想流派铺平道路。

② 参见金炳华等编：《哲学大辞典》，上海辞书出版社 2001 年版，第 74 页。

立场有着密切的关联。自此以后，哲学不再囿于西方，而是开始将目光投向遥远的东方，其标志性成果之一便是1939年在夏威夷大学召开的第一届东西方哲学大会，从新的视角理解比较哲学日益为人们所重视，并且开始了一个长期积累的过程。一方面，文明的碰撞使得比较哲学的兴起成为20世纪的应然；另一方面，哲学自身诠释系统的演变也使得哲学比较有了更为丰富的价值和意义。哲学自身所蕴含的比较性也是比较哲学在现时代能够取得长足发展（虽然远未成熟）的重要推手。而所有这些方面也都提示着比较哲学第三条路线的可能性与现实性。

人类文明的发展本就是一个多文化、多民族不断冲突、融合，在比较鉴别中相互取长补短的过程。随着冷战的结束和世界经济与政治的日益一体化，不同国家与地区之间在全球范围内的交流也日益频繁，不同文化之间的差异以及由此所引发的文化与政治冲突也越来越吸引着人们的关注。美国学者亨廷顿提出了“文明冲突”理论，认为在冷战结束后的“新世界里，最普遍的、重要的和危险的冲突不是社会阶级之间、富人和穷人之间，或其他以经济来划分的集团之间的冲突，而是属于不同文化实体的人民之间的冲突”①。亨廷顿的论断在学界虽然尚有争议，但至少可以达成共识的是，文化之间的冲突已经成为人类社会无法忽视的一种分裂力量。文化之间并不只是冲突的关系，即使亨廷顿也承认，“在冷战后的世界，文化既是分裂的力量，又是统一的力量”②。因此，问题的关键就在于我们如何理解文化之间的差异和文明的冲突？而更重要的是如何在差异和冲突中实现和谐、共存？这些问题正是当代比较哲学第三条路线得以提出的根本原因。比较哲学的第三条路线既不赞同那种“你好我也好”的文化乡愿主义比较，也不赞同那种“你死我活”的文化霸权主义比较，而是主张“你活我也活”、“己达达人”的文化共生主义比较。因为无论是文化乡愿主义还是文化霸权主义比较，都无法真正揭示那些张力与隔阂背后所隐藏着的深层理念、思维方式与价值追求之间的差异与共性，从而也就无法真正化解不同哲学与文化之间的内在张力；只

① ［美］塞缪尔·亨廷顿：《文明的冲突》，周琪等译，新华出版社2012年版，第6页。

② 同上。

有通过文化共生主义的哲学比较，探究文化一元与多元、互斥与共生背后所体现的哲学理念，通过对话促成不同哲学间的“互镜式”学习、融合、提升，才有可能在一种更高层次的文化水平上对不同哲学加以比较和会通，从而为新时期哲学创新开拓出更多可能性。①

比较哲学之所以引起人们关注还因为哲学自身诠释系统的不断演变与对话。法国哲学家德勒兹（Gilles Deleuze）曾说：“哲学是一门创造概念的学科。”“哲学的目的就是不断地创造新概念。”② 概念是哲学用以把握世界、诠释真理的途径，如果一个哲学家不能创造属于自己的哲学概念，那么我们也很难说这个哲学家有什么价值可言。③ 正因为概念属于哲学家个人，所以不同的哲学体系往往会出现不同的哲学概念或诠释系统，不同时期、不同文化传统下的哲学对于同样的现象和问题的解释与回答往往也会呈现较大的差异。但也正是这些概念与诠释系统之间的差异为比较哲学奠定了思想基础。因为，哲学概念虽然是哲学家个人的，但哲学思想却是全人类的。不同时空的哲学家使用着不同的概念，但他们所面对的生活世界和问题域却常常是相似的，比如世界的本原、真理问题、如何实现公正和幸福，等等。正因为相似的问题域中存在着差异性回答，哲学比较才富有意义，因为通过比较，我们拓宽了生活世界的可能性。安乐哲认为，“在比较哲学中，异比同更有意义”，“正是这种十分重要的差别才使人认识到，对某一种文化中的问题和困难，还存在着可供选择的其他回答，才能够为中西两种文化提供相互补充的机会”。④

① 在一定意义上，我们的比较哲学第三条路线也与杜维明近来所极力倡导的“合作式对话”有相同之处。杜维明力倡和实践“文明对话”并得到越来越多的共鸣者。他认为对话有两种途径，一种是“比较式对话”，比较相似和不同，但是这个路向愈发显示出方法论上的不足。为此，他提出“合作式对话”，除了对流派的差异与交融进行细致考察外，要基于相同的文本，进行不同的文化解读、解释、学习，对话者在介入文本、交互探讨的过程中发现各类思想传统中的丰富和深度。（李念：《杜维明——让精神人文主义成为全球话语》，http://www.sohu.com/a/82115304_119909）http://www.aisixiang.com/data/10082.html。

② ［法］吉尔·德勒兹、菲力克斯·迦塔利：《什么是哲学?》，张祖建译，湖南文艺出版社 2007 年版，第 205 页。

③ 同上书，第 207 页。

④ ［美］郝大维、安乐哲：《孔子哲学思微》，蒋弋为、李志林译，江苏人民出版社 2012 年版，第 2—3 页。

随着全球化时代的降临，人们的生活视域变得愈发开阔，生存境遇间的关联也愈发紧密，面对共同的生活世界，不同国家的哲学家、不同哲学背景下的思想者、不同学科体系中的研究人员越来越多地在国际会议和学术交流中不期而遇，由此产生思想的交锋或共鸣，促使我们以一种更为客观和宽容的眼光去追究相同中的差异和差异中的相同，而非只是简单地对“他者”哲学表示赞同或否定，从而也就为比较哲学的第三条路线设定了理论场景、做了思想上的铺垫。

此外，哲学自身的内在比较性也是比较哲学得以发展的重要推手。对于哲学观念强弱的判定和价值秩序的重置，自古以来就缺乏统一的范式，不同哲学家往往会采用不同的方法和标准做出不同的回答，由此引发的学者间、哲学家与其他领域的思想家（如政治学家、经济学家）之间的交锋和交融，自古希腊、先秦中国等轴心时代的原初哲学形态诞生以来，便一直贯穿在中外哲学演进的过程中。庄子坐而论道，评判百家；荀子非十二子，一家独尊。亚里士多德高呼“爱吾师更爱真理”；耶稣则宣称“让那死了的人去埋葬他们的死人，跟着我来”。黑格尔虽然把哲学史比喻为死人的王国，但我们知道，正是这些思想的战争才是加深人们哲学思考、扩展哲学领域、形成哲学体系的重要推手和动力。“罗伯特·艾林森（Robert Allinson）曾提出过一个很好的问题：比较哲学和哲学本身有什么区别？既然所有的哲学或者是对以往哲学的反叛，或者是对以往哲学的补充，所谓的‘比较哲学’岂不是个神话？”① 但这句话如果反过来理解则恰恰说明哲学自其产生之日起就带有比较的性质，没有比较，就没有哲学，比较的必要性蕴含在哲学内在本性之中。而随着哲学“资料库”的扩大，可比较的范围和对象越来越多，比较哲学也必须学会以一种更具开放性的方法和态度来面对这个“资料库”，跳出“死人王国”的窠臼，超越第一条和第二条路线，让哲学在更具开放的比较中创造更多的可能。这可以说是比较哲学第三条路线出场的哲学必然性。

正是在这些动因的合力推助下，第三条路线的比较哲学才具有现实的可

① 倪培民：《探涉比较哲学的疆域》，《学术月刊》2006 年第 6 期。

能性和发展的空间。人们自觉地采用共生比较的视角和方法来研究不同文化的哲学理念或不同哲学体系、不同哲学概念之间的异同，自觉思考造成这些思想异同的社会、文化、价值与哲学原因，探索这些异同及其社会根源对我们当下哲学思考所带来的影响，寻求跨哲学、跨学科、跨文化的对话、融通、共生、互补。比较哲学的第一与第二条路线尽管也追寻哲学之间的共通性，但在面临“内”与“外”、“我”与“他”的关系问题时，很难做到恰当的平衡。相反，第三条路线则为哲学的差异与相通预设了方法论前提，提出了前后一致的原则，从而为真正的比较哲学划出了更为合理的界限。

三、第三条路线的展开

比较哲学有着自己的界限，并非把任意两个要素放在一起，也不是漫无目的的文字游戏。只有当我们认为比较的观念具有较高的思想启发价值时，观念的比较才成其为比较哲学。比较哲学在方法论上的展开，最重要的无外乎确定比较的目的以及实现该目的的手段。第三条路线在比较的目的与方法及二者的关系上，显露出不同于第一、第二条路线的特色。

哲学比较经常会涉及两个以上的比较要素，这时就会出现多项博弈以及如何平衡比较三个或更多要素之间关系的问题。因此，我们需要尽可能地把复杂问题简单化，把多项因素还原为两项，从而为比较做出方法论准备。两两比较的方法多种多样，就比较对象而言，可以分为纵比、横比、同比、异比、同异交比，而就如何比较而言，则有平行比较、差等比较、描述性比较、解释性比较、评价性比较等等。确定比较对象之后，比较哲学还要回答为什么要比的问题，因为比较哲学有着明确的价值指向。为什么比的问题涉及比较哲学的目的，而这正是方法论首先要回答的问题。只有确立了特定比较哲学课题的目的，我们才能选取达到目的的最有效方法或手段。但这样说并不是主张“目的至上”，因为如果过分强调目的决定手段，我们就可能面临“为达目的可以不择手段”的风险。比如，为了证明某两个哲学观念具有相同性，我们可能会选取对实现这一目的有利的材料而忽略与之相反的解释，从而落入“片面真实”的陷阱。

但比较哲学的目的与手段之间也并非如此简单的单向决定关系，而是双向的、相互作用的复杂系统。手段既要服务于目的，同时也可能左右目的的实现，在特殊情况下甚至会导致在比较的过程中修正或重置目的。也就是说，比较的手段和目的在比较哲学中是动态变化的，它们之间的关系可能会此消彼长或彼消此长。目的与手段关系的变化，也会对我们在开始比较时所做的方法论预设做出修正或调整，甚至引进或拒斥某种特定的方法。

就方法论而言，第一条路线的错误在于过于宽泛地设定目的，而第二条路线的错误则在于固化比较哲学中的目的与手段。前者认为比较的目的无外乎罗列对象和发现共性，而后者则是要消解异质哲学，并以此作为比较的前提预设，从而把霸权主义作为唯一行之有效的方法。在这方面，Hendrik Kraemer 为我们提供了一个经典的例证。他说，“除了基督教伦理之外，世界上所有的伦理学都是某种形式的幸福论”①。这样的预设目的，不仅暴露了第二条路线在方法论上的简单与粗暴，而且提示了比较哲学与比较宗教之间的复杂关联。实际上，比较哲学的第一和第二条路线都与比较宗教学有着千丝万缕的联系，甚至可以说是比较宗教学的衍生品。早期的比较宗教有利于第一条路线，古代的多神教容易把各宗教看作平等的，希望看到各宗教的共性。但当一神教统治宗教世界之后，宗教之间的平等性也就消失了。现代意义上的比较宗教学产生于 19 世纪以基督教为代表的一神教对多神教、基督教文化对非基督教文化的批评与改造，由此助长了第二条路线的比较哲学。在很长一段时间，以基督教为出发点的宗教比较不可避免地带出宗教观念的哲学背景、宗教信仰的哲学论证以及宗教现象的哲学依据，在比较宗教长足发展背景下，东西方哲学家越来越关注宗教的哲学性问题。同时，这样的宗教比较方法论，即以本宗教的信念来预设比较的目的，以断言或攀附为手段，也不可避免地影响到比较哲学的方法论，成为第二条路线的有力

① “All ethics in the world, except the Christian ethic, are some form of eudaemonism”, Hendrik Kraemer, *Christian Message in a Non-Christian World*, Kregel Publications, Grand Rapids, 1956, p.88.

推手。①

在东西方哲学比较的领域，赛义德所提出的“新东方主义”为拒斥19—20世纪西方哲学在解释东方哲学时所采取的第二条路线提供了理论依据，也为重新认识东西方哲学或中外哲学各自的特点和价值，为东西方哲学比较开辟出新的进路和方法。而兴盛于20世纪，以考古学、人类学、语言学诸领域的发展为基础的交叉学科，以及寻求普世宗教伦理的努力则为比较哲学第三条路线的突起奠定了学术基础，文明冲突理论也警示人们，仅仅靠强势手段是无法达到“各美其美、美人之美、美美与共、天下大同”的目的的。只有在第三条路线中，比较才不再仅仅是一种宗教或哲学对其他异类宗教或哲学的批判，而是在目的与手段上都既注重比较的一致性，又留下足够的空间，允许不同哲学体系或观念各具特色地共生，从而最终形成包涵多样性的世界哲学。

四、第三条路线与中国哲学话语权

第三条路线的比较哲学不是一个封闭的内循环系统，而是一个开放包容的体系，它力求把不同哲学观念、价值、体验等纳入其中，以期使哲学比较的内容得到极大的丰富。在这样的哲学中，比较的意义便不在于简单地罗列彼此或消解对方，也不只是为比较选定适当目的和方法，而是要通过比较来彰显那些在单个哲学观念中所隐含或不明显的思想意义和价值，在于比较本身所产生的价值考量。就此而言，比较哲学第三条路线的确立对于中国哲学话语权的争取有着重要的意义。

由于近代中国哲学学科是在与西方哲学范式的比照中确立的，因此，中

① David Little 和 Sumner B. Twiss 指出，在比较宗教学领域存在着三种主要的滥用现象。第一种是试图把某种宗教的所有传统视为一个类型，如基督教、佛教、伊斯兰教，然后把它们进行比较，这样做极有可能犯过度简单化的错误。第二种是把从辩护的目的出发来进行宗教比较研究，这样比较的结果就毫无客观性而言。第三种是以比较研究为由头，试图引出一些理论来解释宗教的起源和发展。See David Little and Sumner B. Twiss, *Comparative Religious Ethics*, Harper & Row, Publishers, San Francisco, 1978, pp.17-18.

国哲学从一开始就带有比较哲学的痕迹。有学者已经提出“中国哲学从一开始就是比较哲学”,“比较哲学就是中国哲学的命运”①。但问题在于，中国哲学自建成以来，始终未能化解中西之间的张力，中国哲学的言说方式也始终未能跳出“自说自话”和“汉话胡说”的左右窠臼。因此，中国哲学要想把哲学的命运攥在自己手中，就必须超越比较哲学的前两种路线，通过“互镜共生”和“构建哲学命运共同体”的第三条路线来为中国哲学的“登场”奠定方法论的基础。首先，中国哲学话语权的确立不能通过第一条路线，因为不仅仅因为当代中国哲学与古代中国哲学的脱节，而且因为当代中国哲学已经无法褪去西方哲学的范式，中西哲学的平直比照根本无法彰显中国哲学的比较价值；其次，中国哲学话语权的确立也不能通过第二条路线，因为第二条路线实质上是一种霸权主义的比较路线，无论是“以西释中”还是“以中释西”，都与中国哲学的内在追求相矛盾。因此，中国哲学话语权的确立只能通过比较哲学的第三条路线来形成，也即通过中西古今哲学间的对话、互镜与会通来为彼此提供更多的思想可能，以便使中国哲学的思想资源能够更好地参与到世界哲学的创新之中。在过去的一百多年间，中国哲学实际上一直都在努力寻求独立的话语权。最初，通过比较哲学的第一条路线，中国哲学所要寻求的是中国思想的哲学身份以及中国哲学与西方哲学的平等地位，希望通过比较哲学来获得西方哲学的承认，并成为世界哲学的一部分。为此冯友兰先生仿照西方哲学范式整理中国思想，指出“所谓中国哲学者，即中国之某种学问或某种学问之某部分之可以西洋所谓哲学名之者也”②，从而创建出与西方哲学看似具有“平等”身份的中国哲学史。此后，随着主体性中国的觉醒，中国哲学开始依循第二条路线来抵制西方哲学的同化，同时也主动去论证中国哲学高于其他哲学，并试图把其他哲学纳入自己的理解和观照之中。比如，当代学者提出儒家哲学强调人的主体性、关系理性和社群主义，并以此为基准来批判西方哲学中以个人主义、权利意识、思辨理性为基础的思想倾向。这样的做法固然丰富了哲学的内容，但也存在着滑入第二条

① 吴根友:《比较哲学与方法及其理论难题的化解》,《哲学动态》2013年第5期。

② 冯友兰:《中国哲学史》(上册),华东师范大学出版社2010年版，第6页。

路线即霸权主义方法论的风险，如此则不但不能有效地提升中国哲学在世界哲学中的地位，反而会对中国哲学的时代创新产生诸多负面的影响。

因此，中国哲学要想为自己争取话语权，就不能只限于中国哲学自身的思想系统，还必须通过比较哲学的第三条路线来扩充哲学视野和文化影响力，从而把中国哲学的“寻根意识”和“全球意识”完整地结合起来。正如萧萐父先生所指出的：“只有把‘寻根意识’和‘全球意识’结合起来，通过‘两化’（注：“即中国传统文化的现代化和西方先进文化的中国化”①），实现中国文化的解构重构，推陈出新，做出新的综合创新，才能有充分准备地参与世界性的‘百家争鸣’，与世界学术多方面接轨、多渠道对话，从而对人类文化的新整合和新发展做出应有的贡献。”② 也就是说，未来中国哲学要在世界哲学的舞台上获得话语权，就必须通过比较哲学的第三条路线来处理好中国与世界、传统与现代之间的创造与转换。中国哲学不仅要是中国的，更要是世界的，中国哲学只有能够为世界哲学的创新提供新的概念和视角，才能够获得世界性的话语权。这样的“人类视角，中国眼光”③ 和“中国话语，世界视野”相辅相成，这对于第三条路线的比较哲学至关重要。首先，当代中国哲学的话语权要建立在对古今中外哲学认真学习、细致比较的基础上。古今之比是比较哲学的第一大领域，对于我们继承和发展中国传统哲学具有重要意义，对于理解古代思想和当今哲学的异同也不可或缺。其次，我们一定要在中外哲学比较过程中，论证中国哲学的特殊性和普遍性。自 16 世纪以利玛窦为代表的天主教传教士带来系统的西方思想开始，中国哲学一直在探索与西方哲学思想的异同，以及如何理解这些异同。19 世纪以降，中西之间的这种比较呈现了加速度的趋势，部分原因在于西方哲学对中国哲学的强势改造，部分原因在于中国哲学以外来哲学为鉴开始了对自身体系的建构。时至今日，在中华文明复兴之际，中国哲学开始了寻求新的思路来理解自己的传统和哲学，或者如冯友兰所说的“接着讲”，或者如张立文所倡导的“自

---

① 萧萐父：《吹沙三集》，巴蜀书社 2007 年版，第 8 页。

② 同上。

③ 李泽厚：《中国哲学登场》，中华书局 2014 年版，第 167 页。

己讲”、“讲自己”，都蕴含着通过比较来扬弃中西哲学的对立，并以包容的态度主动与印度哲学、日本哲学、非洲哲学等进行比较，以便形成为中外所认可的中国哲学话语体系。第三，古今中外的交叉比较也已经成为比较哲学第三条路线扩展的一个重要方面。古代中国哲学思想不仅为现代中国哲学所重视，也日益引起现代西方学者的兴趣。更为重要的是，这样的跨文化、跨时代交叉比较并不是当今哲学家们的一时兴趣，而是由来已久的思想传统。第四，在同一话语体系之下比较不同的哲学体系或观点，也彰显了第三条路线的价值和意义。先秦儒家与道家的比较、20 世纪存在主义与现象学之间比较、功利主义与义务论之间、西方马克思主义与中国马克思主义之间的比较，都已经成为当代哲学研究中的重要课题，并由此产生了许多重要而新颖的观点和学说，从而有力地推动了哲学和比较哲学在广度和深度上的发展。

总之，比较哲学“第三条路线”的提出、发展和深化不仅能够为新时期比较哲学的繁荣奠定新的方法论基础，而且能够容纳更多的哲学体系与思想可能，从而为中国哲学的时代创新和中国哲学话语的世界性提供新的动力、开拓出新的发展视角和方向。

（原载于《哲学动态》2018 年第 1 期）

生活中的逻辑分析与直觉思维

胡　军

一

20 世纪 40 年代前后，分析哲学曾经在学术界有过强大的影响。其时的维也纳学派就坚信逻辑分析方法是哲学研究的主要的或唯一的方法。尤其在知识论的研究领域内哲学家们运用的方法就是逻辑分析方法。现在看来，这样的看法自有其偏颇之处。但我们应该承认的是，逻辑分析方法是哲学研究的必要方法。具体说就是，如果没有逻辑分析方法，那么哲学研究确实会举步维艰，难有所获。然而我们同时也必须清楚地看到，只有逻辑分析方法也并不能真正地解决哲学面临的种种问题。在某些生命哲学家们看来，逻辑分析方法不仅不能解决任何哲学问题，却有破坏哲学的嫌疑，在他们看来，分析哲学走到哪里，哪里的哲学就死了。对分析哲学做如斯观，虽不免有失公允，走向了另一个极端，但也不是全无道理。在维也纳学派的哲学家们看来，哲学并不是与科学并列的一种学科，而仅仅是一种活动，一种分析科学命题究竟有无意义的活动。所以哲学如果有其存在权利的话，那么它也只不过是科学的一种工具。

众所周知，中国现代著名哲学家金岳霖是一位首先从西方引进数理逻辑的学者，十分重视逻辑分析方法在哲学研究中的重要作用，并自觉地以这一方法构造了自己庞大而精密的形而上学和知识理论体系。但他却明确地指出，逻辑分析方法本身是有局限性的。在进行哲学思维的时候，我们必须或者说不得不遵守逻辑分析方法的法则，逻辑分析方法的法则是与思想的任性和随意不相容的。于是，金岳霖这样说道：“希腊的 Logos 似乎非常之尊严；

或者因为它尊严，我们愈觉得它底温度有点使我们在知识方面紧张；我们在这一方面的紧张，在情感方面难免有点不舒服。”① 在其哲学思想体系中，他没有把逻辑看作是最高的境界，而是把逻辑置于中国的概念“道”之下。在他看来，“道”才是哲学中最上的概念，最高的境界。“道”得到了希腊逻辑的补充和加强，虽然不免多少带有点冷性，“可是‘道’不必太直，不必太窄，它底界限不必十分分明；在它那里徘徊徘徊，还是可以怡然自得”②。

金岳霖本人也曾经这样说过：“哲学就是概念游戏”。所谓的概念游戏是说，哲学家的职责是对概念做精深细致的分析，揭示出被分析概念的种种含义及与其他概念的联系。金岳霖这种说法就是典型的分析哲学家的说法。记得好像德国哲学家莱布尼茨就说过，哲学有两种，一种是公布于众的哲学，这样的哲学的任务是对所使用概念做细致精深的分析。还有一种哲学是自己私下里所信奉的信念体系。其实在金岳霖的内心深处，哲学也有两种，所不同的则是，他将这两种哲学都公布了出来。他的知识论研究所运用的是分析的方法，而他的形而上学思想体系所运用的则主要不是分析的方法，或者说 Logos 在他的思想体系中并不是最高的。正是在这后一种意义上，金岳霖指出，概念越是分明，就越不能具有暗示性。因此他这样说道：“然而，安排得系统完备的观念，往往是我们要么加以接受，要么加以抛弃的那一类。作者不免要对这些观念考察一番。我们不能用折衷的态度去看待它们，否则就要破坏它们的模式，这里也和别处一样，利和害都不是集中在哪一边。也许像常说的那样，世人永远会划分成柏拉图派和亚里士多德派，而且分法很多。可是撇开其他理由不说，但就亚里士多德条理分明这一点，尽管亚里士多德派不乐意，亚里士多德的寿命也要比柏拉图短得多，因为观念越是分明，就越不能具有暗示性。中国哲学非常简洁，很不分明，观念彼此联结，因此它的暗示性几乎无边无涯。”③

冯友兰也有着几乎同样的看法。他早年是由于自学逻辑学而走上了学习

---

① 金岳霖：《论道》，商务印书馆 1987 年版，第 16 页。

② 同上书，第 19 页。

③ 同上书，第 16 页。

和研究哲学的生涯。他认为“逻辑是哲学的入门”，是逻辑引导着他走进了哲学的殿堂，所以他也就十分强调逻辑分析分法对于中国哲学的重要意义和价值。他说：“就我所能看出的而论，西方哲学对于中国哲学的永久性贡献，就是逻辑分析方法。……逻辑分析方法正和这种负的方法相反，所以可以叫做正的方法。………正的方法的传入，就真正是极其重要的大事了。它给予中国人一个新的思想方法，使其整个思想为之一变。……重要的是这个方法，而不是现成的结论。中国有个故事，说是有个人遇见一位神仙，神仙问他需要什么东西。他说他需要金子。神仙用手指头点了几块石头，石头立即变成了金子。神仙叫他拿去，但是他不拿。神仙问：‘你还需要什么呢？’他答道：‘我要你的手指头。’逻辑分析方法就是分析哲学家的手指头，中国人要的是手指头。”①

可见，冯友兰对于逻辑分析方法的重要性给予了极高的评价。他早期的哲学创造活动所运用的主要的或唯一的方法似乎就是逻辑分析方法。但在中年之后，特别是在创立了自己的哲学思想体系之后，他逐渐地意识到了，逻辑分析方法并不是哲学研究的唯一的方法。于是他这样评论道：“我在《新理学》中用的方法完全是分析方法。可是写了这部书（《中国哲学简史》）以后，我开始认识到负的方法也很重要……现在，如果有人要我下哲学的定义，我就会用悖论的方式回答：哲学，特别是形而上学，是一门这样的知识，在其发展中，最终成为‘不知之知’。如果的确如此，就非用负的方法不可。”② 或者说，负的方法对于形而上学来说或许具有更重要的地位。于是，他又这样说道：“一个完全的形而上学系统，应当始于正的方法，而终于负的方法。如果不终于负的方法，它就不能达到哲学的最后顶点。但是如果它不始于正的方法，它就缺少作为哲学的实质的清晰思想。神秘主义不是清晰思想的对立面，更不在清晰思想之外。它不是反对理性的；它是超越理性的。”③

---

① 冯友兰：《中国哲学简史》，北京大学出版社 1985 年版，第 378—379 页。

② 同上书，第 387 页。

③ 同上书，第 394 页。

在冯友兰看来，逻辑是哲学的入门，但要达到哲学的最高境界却不能依赖于逻辑分析的方法。这样的看法是冯友兰完成了自己的哲学思想体系的创建之后形成的。正是基于这样的看法，他反复地指出，哲学的功用并不在于使人获得更多的知识，而在于使人提高其境界。“新理学”认为其使命在于使人成为圣人，达到一种崇高伟大的精神境界。在此境界之中，人自觉到自己与宇宙为一。与宇宙为一，在冯友兰看来，也就是超越了理智，达到了一种形而上的境界。我们追求这一境界的过程始于分析经验事物，所以我们也就不得不依赖于逻辑分析方法。但是哲学所要达到的顶点却是超越经验的。冯友兰明确地说过：清晰思想不是哲学追求的目的，但它确是每个哲学家所需要的不可缺少的训练。这也就是说，逻辑分析方法是哲学的手段或工具或训练，而不是哲学的真正的目的。哲学的真正的目的是追求最高的精神境界，达到这样的精神境界不是借助于支离破碎的分析方法能够做到的。在达到这样的精神境界之前，我们要说很多的话，要写很多的书，做很多的讨论或分析。但这些仅仅是进入哲学顶点的学术性的预备功夫，它们本身还不就是哲学。只有在静默中你才有可能领略到哲学的最高顶点或最高境界。①

如果沉湎于逻辑分析方法，把方法本身看成是哲学的目的或哲学本身，认为论证或分析是哲学的核心，就无疑是误解了哲学的性质，误把手段当成了目的。这样做，诚如金岳霖所说的那样，“哲学家就或多或少地超脱了自己的哲学，他推理、论证，但是并不传道”②。如斯，哲学也就成为布满技术性的问题，掌握它需要时间，需要训练，需要学究式的全神贯注于技术性或方法论的问题。经过这样的训练之后，哲学工作者往往会迷失自己的方向，全然不知哲学为何物。维也纳学派的哲学家就是误入了此种歧途之中。严格说来，他们不能称之为哲学家，充其量只能叫作哲学工作者。因为真正的哲学家，在金岳霖看来，“从来不但是提供人们理解的观念模式，它同时是哲学家内心中的一个信念体系，在极端情况下，甚至可以说就是他的自传”③。

① 参见冯友兰：《中国哲学简史》，北京大学出版社 1985 年版，第 387 页。

② 金岳霖：《论道》，商务印书馆 1987 年版，第 20 页。

③ 同上。

把逻辑分析方法或论证看作是哲学的核心，就会使哲学和哲学家分离，这就改变了哲学的价值，使世界失去了绚丽的色彩。

上述的看法涉及了概念思维的某些重要特点。

概念是反映对象本质属性的思维形式，它具有间接性、概括性、抽象性、离散性、排他性等属性。概念认识使认知主体通过事物现象把握其本质的认识。但它们不能揭示作为认知客体的对象的整体属性。而且反映在概念认识中的事物的本质只是客观事物某一方面的本质，它与客观事物有着较大的差异，因为客观的自然界、社会生活是无穷无尽的、极其复杂的，其中的每一事物都处在与其他事物的错综复杂的关系网络之中。而概念的认识为了要达到对某一对象某一方面的认识，就必须要淡化甚至要坚决地排除认识对象和其他事物之间的联系，也必须要淡化或排除对象这一方面的性质和其他方面性质的联系。这就是认识上的离散性、排他性，其结果就使认识客体在一定程度上变了形。概念认识的这一特点决定了逻辑思维的性质，即它永远无法完整地描述和说明这个无限的对象世界。

而且概念一经形成就具有稳定、静止、凝固的特性，而认识对象则不一样，它们却处在永恒的运动变化过程之中。当然事物的运动变化也会呈现出一种相对静止的状态。然而这种所谓的静止是相对的，因为静止是运动的一种特殊状态，是相对的，而运动应该说是绝对的。所以作为对象的事物不可能是绝对静止的。但是概念一经形成，它就具有普遍的性质，它们不可能随事物的运动变化而运动变化。所以概念是绝对静止的，正因为如此它们也就不能够完全地反映和把握外在事物运动变化的全貌。就此而言，概念的认识常常使人的认识或思想倾向于僵化、停止、封闭。正因为这样的原因，它们往往要落后于现实的运动变化。

概念本身不包含矛盾，或者说概念不能反映客观事物自身所包含的矛盾，而客观事物自身却是充满着种种复杂的矛盾。

二

现在的问题是，我们究竟如何才能进入哲学的最高的顶点呢？冯友兰坚信，要进入这样的最高顶点，我们就必须要借助于静默或采用负的方法或他所谓的“直觉概念”。在这里所谓的“哲学的最高的顶点”就是冯友兰境界理论中的“天地境界”。要进入这一境界，无疑概念的分析是必须要走的第一步，但它仅仅是入门的途径，而绝不是“天地境界”本身。如果说科学的宇宙是有限的话，那么哲学的宇宙是无限的。在冯友兰的哲学思想体系中，人要进入“天地境界”必须要能够与这样的无限宇宙同其广大。这就是他所说的“同天”。人有这样的境界，必须首先要有“觉解”。冯友兰指出，“解”是一种类似于概念的分析，而“觉”不必依赖于概念。在他看来，纯粹依赖于概念分析，我们根本不可能进入这样的境界。但如无概念分析，我们也同样不可能进入这样的境界。这正如朱熹所说的那样，必须经过今日格一物，明日格一物的积累，我们才能最终达到“豁然贯通”的境地。他说：“盖人心莫不有知，而天下之物莫不有理，惟于理有未穷，故其知有不尽也。是以《大学》始教，必使学者即凡天下之物，莫不因其已知之理而益穷之，以求至乎其极。至于用力之久，而一日豁然贯通焉，则众物之表里精粗无不到，而吾心之全体大用无不明矣。”①

禅宗南派创始人六祖慧能积极提倡“顿悟成佛”说，主张不立文字，专靠当下的领悟把握佛理。他所谓的“顿悟”大意是说要凭自己的智慧或根器“单刀直入”，直接把握佛理，“一闻言下便悟，顿现真如本性”。所以他们反对念经拜佛，甚至反对坐禅。他们之所以如此行事，是因为在他们看来，佛性就是人性，这就是他们倡导的“本性是佛”说。“本性是佛，离性无别佛”。既然人性即是佛性，所以我们也就大可不必向身外去求，当然也就更不必长途跋涉去西天取经了。“佛向身中作，莫向身外求”。佛不在遥远的彼岸，而就在自己的内心之中。只需返身内求，当下体认，“自性若悟，众生是佛”。因为佛性就在人性之中，当然也就无须念经拜佛，同样也不必立文字。内在的佛性不能通过文字来求得全盘的把握。“真如佛性”不在语言文字之内，也不能通过念经拜佛这些外在的形式表现出来。更有甚者，禅宗思想中还有

① 朱熹：《大学章句：补格物传》，见冯友兰：《中国哲学史》下册，中华书局 1961 年版，第 919 页。

着大量的非逻辑的思想成分。如著名的善普大师的偈语:“空手把锄头,步行骑水牛,人从桥上过,桥流水不流。”其他又如“看!海中生红尘,大地浪滔滔,尽是聋耳人”、“昨夜木马嘶石人舞”等等。这些说法显然是不符合常人所谓的逻辑思维规则的。可能是禅宗意识到,依靠逻辑思维方式或借助于语言文字不可能使人获得精神方面的无限的追求。

在他们看来,要真正把握佛法大意,只有抛却语言文字。于是雪峰义存禅师如斯说道:“我若东道西道,汝则寻言逐句。我若羚羊挂角,若向甚么处摸。”可见,“佛法大意”不在语言文字之内。如在语言文字之中,那么我们也就可以遵循逻辑思维的规则寻找摸索。但是禅宗是坚决反对如此的做法,直斥之为“死于句下”。“佛法大意”本不在语言文字之中,所以我们不可以通过语言文字的迹象来求索。这就是所谓的“羚羊挂角”。

可能是基于如上的看法,日本禅学大师铃木大佐在其《通向禅学之路》一书中这样说道:“我们通常总是绝对化地思考‘A 是 A’,却不大去思考‘A 是非 A’或‘A 是 B’这样的命题。我们没有能突破知性的各种局限,因为它们已经非常强烈地控制了我们的大脑。然而,在这方面禅宗却宣称,语言是语言,它只不过是语言。在语言与事实并不对应的时候,就应当抛开语言而回到事实的时候。逻辑具有实际的价值,应当最大限度地活用它,但是当它已经失去了效用或越出了它应有的界限的时候,就必须毫不犹豫地喝令它‘止步’!从意识觉醒以来,我们探索存在的奥秘来满足我们对理性的渴望。我们找到的却是‘A’与非‘A’对立二元论即桥自桥、水自水、尘土在大地上飞扬的二元论。可是,随着期望的增长,我们却没有能够得到我们所期待的精神的和谐宁静、彻底的幸福及对人生与世界更靠近一步都不可能,灵魂深处的苦闷也无法表露。正好,这时光明降临在我们全部存在之上,这,就是禅宗的出现。因为它使我们领悟了‘A 即非 A’,知道了逻辑的片面性。……”①

“花不红,柳不绿”,这是禅者所说的玄妙之处。把逻辑当作终极真理,就只能作茧自缚,看不见活生生的事实世界。可是,现在我们找到了全面转

① [日] 铃木大拙:《通向禅学之路》,上海古籍出版社 1989 年版,第 36 页。

换的金钥匙，我们才是实在的主体，语言放弃了对我们的支配力，当我们具有了发自本心的活动，锄头也不再被当作锄头的时候，我们就赢得了完完整整的权利，也没有锄头一定要是锄头的时候。不仅如此，按照禅宗的看法，正是当锄头不必是锄头的时候，拒绝概念束缚的物的实相才会渐渐地清晰呈露出来。

概念与逻辑的专制崩溃之日，就是精神的解放之时。因为灵魂已经得到了解放，也就再不会有违背它的本来面目使它分裂的现象出现了。由于获得了理性的自由而完完全全地享有了自身，生与死也就不再折磨自己的灵魂了。因为生与死之间的二元对立已不复存在，死即生，生即死，虽死而生。过去我们总是以对立、差别的方式来观察事物，与这种观物方式相应，我们又总是对事物采取对立的态度，可是现在我们却达到了能即物体察的新境界。这正是铁树开花，正是处雨不濡！于是，灵魂便是一个完整的、充满了祝福的世界。

禅宗上述看法的一个思想资源就是道家。道家的最高范畴是“道”。“道”是形而上的本源，“道生一,一生二,二生三,三生万物”。这种形而上的“道”是不可言说的，也不是语言所能够把握的。老子勉强地给它一个字叫作“道”。在老子看来，不可言说的“道”显然是不同于可以言说的道。在老子看来可以言说的“道”显然不同于可以言说的道。所以他说：“道可道非常道，名可名非常名。”这就是说，可以言说的道不是永恒的道，可以用语言表达的名不是永恒的名。反过来就是，凡是能够用语言表达的东西都不是永恒的或形而上的。永恒的或形而上的东西都不在语言之内。所谓的分析论证对象既然是对概念或文字的分析，所以道家的“不道之道”、“不言之辩”、“不言之教”，当然也不在概念的分析或论证的范围之内。庄子则进一步发展了这一思想，他说道：“筌者所以在鱼，得鱼而忘筌。碲者所以在兔，得兔而忘碲。言者所以在意，得意而忘言。吾安得夫忘言之人而与之言哉！”（《庄子·外物》）

说到这里，我不禁想起了著名的哲学家维特根斯坦。他就曾经在可以言说的东西与不可言说的东西之间划下了一道严格而明确的界限。他这样说道：“诚然有不可言说的东西。它们显示自己，此即神秘的东西。哲学的正当方法固因如此：除可说者外，即除自然科学的命题外——亦即除与哲学无关的东西外——不说什么。于是，每当别人要说某种玄学的事物，就向他指出：他对于他的命题中的某些符号，并未给以意谓。对于别人这个方法是不能令人满意的——他不会觉得这是在教他哲学——但这却是唯一正当的方法。我的命题由下述方式而起一种说明的作用，即理解我的人，当其既已通过这些命题，并攀越其上之时，最后便会认识到它们是无意义的（可以说，在他已经爬上梯子后，必须把梯子丢开）。他必须超越这些命题，然后才会正确地看待世界。对于不可言说的东西，必须沉默。"① 命题是可以言说的东西，外界的实在是不可言说的。对于不可言说的，我们必须保持沉默。只有在沉默中，我们才能把握它。冯友兰认为，维特根斯坦的"保持沉默"就是在以"负的分法"来讲形而上学。

其实早在维特根斯坦之前，柏格森就以一种十分明确的方式突出了直觉方法的重要性。他认为，概念的分析只能停留在事物的外围、现象，而不能洞察事物的本质。他指出，要真正能够把握事物的实质就不能仅仅运用理智的力量，还必须进一步借用直觉的力量。只有直觉才能够使我们从总体上把握事物内在的本质。概念只能运用于死的寂静的事物，而不能运用于生活和运动。他认为，哲学的真正的世界观，是直觉，是生活。人的生活是一种动态的流水；宇宙中充满着创造的精神，它是一种活生生的动力，是生命之流。生命之流是数学等自然科学知识所无法把握的，只能由一种神圣的同情心，即比理性更接近事物本质的感觉所鉴赏。他说：哲学是从其过程、生命推动力方面来理解和把握宇宙的艺术。

正是基于这样的看法，柏格森指出，概念的思维模式应该是科学思维的模式，应该是理智的模式，所以概念思维不应该是哲学思维的模式。或者说概念思维模式是哲学思维中的低级模式。哲学应该属于直觉的领域。当然他并没有将这两者完全地对立起来，认为它们是可以统一起来的，但此统一的基础应该就是直觉。他这样说道："科学和形而上学在直觉中统一起来了。一种真正直觉的哲学必须能实现科学和哲学的这种渴望已久的统

① 转引自韩林合：《〈逻辑哲学论〉研究》，商务印书馆2000年版，第595页。

一。”[①] 根据这样的看法，直觉并不反对概念的认识，而是一定要以概念的认识为其基础。

由于概念不能使我们把握认识对象及其本质，所以我们只能在概念认识的基础上依赖于直觉。那么我们是怎么样借助于直觉而把握事物的呢？柏格森说，直觉是“一种单纯而不可分割的感受”。我们可以阅读为例来理解什么是直觉。在阅读中，我们显然是不能仅仅停留在文字或概念式的认识之中。作家在其创作过程中也显然没有把文字或概念看作是其真正的目的，因为他是要借助于文字或概念来揭示出一定的精神境界或生活状态，帮助我们进入这一境界或状态之中。如果我们不能领会作家的创作企图，而只是停留在语言文字或概念的解读或注疏之中，那么我们也就完全误解了作家的创作意图。在此，我们应该意识到的是，语言文字或概念仅仅是一种工具或手段。这正如中国古代思想家王弼所说的那样：“言者所以明象，得象而忘言。象者所以存意，得意而忘象。”（《周易·明象》）他认为，言是得象的工具，象也只是得意的手段。因为言和象都是得意的工具，所以得到了意就应该抛弃言和象。如果拘泥于物象，就会妨碍对于物象的表达。基于这样的认识，所以要想能够真正把握住义理，就得忘象。于是，他这样说道：“然则忘象乃得意者也，忘言乃得意者也。得意在忘象，得象在忘言。”（同上）这就是说，要能够真正得到义理或境界或状态，我们就应该通过文字或概念直接进入义理或境界或状态。相反，如果我们拘泥于语言文字或概念，那么我们也就永远不可能真正地进入境界或状态或义理之中。

三

为了明白这一层意思。我们可以以阅读屠格涅夫的作品为例来做些说明。

屠格涅夫非常善于描写俄罗斯大草原的风光。他在《猎人笔记》中的《白净草原》一篇中有这样精彩的一段：

---

① ［法］亨利·柏格森：《创造进化论》，商务印书馆 2004 年版，第 233 页。

> 这是七月里晴朗的一天，只有天气稳定的时候才能有这样的日子。从清早其天色就明朗；朝霞不像炎热的旱田那样火辣辣的，不像暴风雨前那样暗红色的，却显得明净清澈，灿烂可爱——从一片狭长的云底下宁静地浮出来，发出清爽的光辉，沉浸在淡紫色的云霞中。舒展着的白云上面的细边，发出像小蛇一般的闪光，这光彩好像炼过的银子。……但是忽然又迸出动摇不定的光线来——于是愉快地、庄严地、飞也似的升起那雄伟的发光体来。到了正午时候，往往出现许多又柔软的白边的、金灰色的、园而高的云块。这些云块好像岛屿，散布在无边地泛滥的河流中，周围环绕着纯清色的、极其清澈的支流，它们停留在原地，差不多一动也不动；在远处靠近天际的地方，这些云块互相移近，紧挨在一起，它们中间的青天已经看不见了；但是它们本身也像天空一样是蔚蓝色的，因为它们都浸透了光和热。天边的颜色是朦胧的、淡紫色的，整整一天都没有发生变化，而且四周都是一样的；没有一个地方酝酿着雷雨；只是有的地方挂着浅蓝色的带子：这便是正在洒着不易看出的细雨。

我们在阅读这一片段时肯定没有感觉到任何的困难，所以很容易在我们的心目中形成一幅关于俄罗斯大草原的极其美丽的画卷。我们可能没有去过白净草原，但通过阅读屠格涅夫的这篇散文，我们却也能身临其境，仿佛闻到了俄罗斯大草原散发出的浓郁的芬芳气息。之所以能使我们身临其境是因为我们没有让自己停留在语言文字或概念之上，而是通过阅读屠格涅夫的语言文字在自己的内心深处直接地与所描写的对象达成了一种交融。这种交融就是我们在欣赏文学作品时经常运用的说法“情景交融”。读者直接进入了阅读的对象之中，与对象融成一片。心理学的知识以及阅读经验告诉我们，在阅读的时候一个优秀的读者，其注意力并不是完全投放在语言文字之上，他是在不经意间或无意识地阅读语言文字时直接地进入作品对象之中，与对象打成一片。通过阅读屠格涅夫的上述文字描述，我们能够直接走进俄罗斯大草原的风景画之中。如果仅仅停留在语言文字含义的分析和理解之上，那么我们所注意到的景象是割裂成碎片的，不成片段的。如果你对俄语不是很精通，那么你阅读屠格涅夫的上述描写的俄文版就绝对不可能进入俄罗斯大草原美好景色之中，因为那时的你已经全部注意力投放在了语言文字上了，尽管你通过词典对屠格涅夫的这一描述中的每一格概念或语词都有很精深的了解。

其实在学习和研究哲学思想的时候也存在着同样的情形。我们在此可以学习和研究孔子思想为例说明这一点。孔子在中国应该是一个尽人皆知的圣人。对孔子思想略知一二的人都知道，孔子的思想以仁与礼为其核心。孔子云："克己复礼为仁"，又说："仁者爱人"，"夫人者，己欲立而立人，己欲达而达人。能近取譬，可谓仁之方也已"。《论语》中论及"仁"的语录不下100条。研究孔子思想的学者都热衷于罗列此书中关于仁的条目来分析和研究孔子的思想。这似乎是学界基本的做法。

这样的研究分法无可厚非。因为学术研究，尤其是哲学思想研究，对思想家所使用的概念做"条分缕析"的工作是天经地义的事情。但是，如果把哲学思想体系仅仅看作是概念的抽象分析的话，应该是有一定的道理的。这应该是学术研究训练的基础。但这却不应该是学术研究工作的全部。因为学术研究的本质是思想对思想的认识，哲学尤其是对智慧的追求，而智慧是精神的自觉，是自觉地追求无限和超越的境界。对语词或概念的条分缕析是达到这样境界的准备性的工作，而不就是思想或精神境界本身。这样看来，过语言文字关是从事哲学思想或学术研究的第一步，所以对哲学原典的注疏或诠释或解读是哲学思想研究不可或缺的训练。但这绝对不可能代替哲学或学术思想本身。过了语言文字关后，更重要的是还得过思想关。有的人能够并擅长文字注疏，却过不去这思想关。

如果采取这种立场来学习和研究孔子的思想，那么我们就不能仅仅停留在对孔子用来表达自己思想的概念或语词的爬梳和分析之上，而应该进一步进入孔子思想的境界中去。用法国哲学家柏格森的话说，你必须要能够"入戏"。用我们现在的说法就是，你必须能与孔子本人进行对话或交流，使自己的心灵直接地孔子的相碰撞，或者还是用柏格森的话说，与孔子进行一种理智的交融，这种交融使人自身置于对象之内，以便与其独特的从而是无法表达的对象相符合。所说的"无法表达的对象"就是思想，就是人格，就是生命，就是哲学所要达到的精神境界。这就要求在阅读《论语》之时，我们既要细心地阅读经典，理解其中的每一字每一句，也要不断地掩卷思索玩味，想见孔子的为人处世，时时努力地进入孔子思想的深处，极力使自己成为孔子本人，与孔子的生命之流贯通融会在一起，仿佛身处孔子的时代境遇之中。这样长期的沉潜蕴含，体味深查，我们也就能够逐渐地进入孔子思想之中，领略他的思想妙处。学习和研究中国传统思想尤其要重视这一点，而不能只是停留在概念的演绎、分析之上。把研究的兴趣完全地投放在语言文字或抽象概念的分析演绎之上，往往使我们丢失了中国传统思想的精义和韵味。

我们并不像中世纪基督教的著名神父德尔图良那么极端，完全否认逻辑技巧的效用。他这样说道："啊！早已逝去的亚里士多德呀！你为异端发现了辩证的技巧、破坏的技巧、可以论断一切却什么也不能完成的技巧！"逻辑技巧论断一切，但却什么也不能完成，这就是逻辑思想面临的困境。当然我们不会学德尔图良，我们承认逻辑思维的重要作用。但同时我们也要指出的是，逻辑思维并不是哲学思想的全部，它自有其不可摆脱的局限性，所以应该得到直觉思维的补充。在紧张的逻辑思维之后，直觉思维的能力就会逐渐地得到展现。它产生一种勃发的、动态的顿悟境界，给人的思想灌注巨大的清新感和欢乐感，从而加速理性思维的运思，加大理性思维的流量；它使人们能够在问题丛生的杂乱中找到摆脱思维困顿的突破口，从而明确前进的方向。一旦直觉思维的能力处在紧张的运思之时，它就会呈现出一种特别的境界。在此境界中，直觉思维能以一种直接、整体的方式顿悟和体认周围一切的奥秘。这时各种局部的形式及其界限消退了，它们形成了一个浑然融合的整体。在这样的境界中，主体和客体之间的界限消失，两者融为一体。这就是柏格森所说的"入戏"。我进入了作品中的主人翁的生命深处，仿佛我自己就是主人公。

（原载于《中国文化》2018 年第 1 期）

“两极相联”与中西之间

——论欧洲近代哲学中的儒家哲学元素

张允熠

1853 年，马克思用“两极相联”① 这一黑格尔曾使用过的谚语来指称中欧之间的思想际会，西方汉学家又把这称为“伟大的相遇”②。所谓“两极”，一极指地球的西端即欧洲，另一极指地球的东端即中国。这里，我们谨以马克思曾借用的成语为题以揭示中西哲学交往的史实和二者相联的心路，以便从外证与内证相符、历史与逻辑一致的向度上回顾和还原 17—18 世纪中西方思想文化交往的真相，并通过梳理西方学者对“中学西传”回应的学理脉络，开显中国哲学或思想文化对欧洲近代哲学的渗透以及在人类文明发展史上的伟大贡献。

一、哲学思想的中西际会

中国哲学何时传入欧洲？虽然早于 16 世纪之前，已出现了中国思想文化西传欧洲的涓涓细流，但史料表明，利玛窦于 1594 年用拉丁文翻译中国《四书》以及罗明坚、金尼阁等人的此类著述，应被视为中国哲学西传的正式开始。至 18 世纪末，大量中国经史典籍被介绍、翻译到了西欧。美国学者埃德蒙·莱特斯指出：16—18 世纪随着耶稣会士往来中西之间，欧洲人对

---

① 《马克思恩格斯选集》第 1 卷，人民出版社 1995 年版，第 690 页。

② D.E.Mungello, *The Great Encounter of China and the West 1500-1800*, Lanham: the Rowman Littlefield Publishing Group, 1999.［美］孟德卫：《1500—1800 中西方的伟大相遇》，江文君等译，新星出版社 2007 年版。

中国的见闻“最典型的传送方式就是透过在东方的教士之书信，托寄回在欧洲的教士。这些书信结集出版后，成为18世纪欧洲士人间大量流通的读物。书志编纂学者对这些书信集散布的状况加以研究（研究的项目包括：购书者系何人？收藏这些书信集的是哪家图书馆？哪些书商？），结果显示散布之广相当可观——从波兰到西班牙都有所发现”①。据统计，仅法国一国派往各国的耶稣会传教士寄回法国的信函就有34卷之多，其中16—26卷约11卷是从中国寄来的。②

17世纪是欧洲启蒙运动酝酿和近代哲学形成的时期，中西际会，以儒学为载体的中国哲学流布欧洲，孔孟儒学中的人文主义、“易学”原理和朱熹理学中的“太极”、“理”、“道”、“阴阳二气”等范畴，使欧洲思想界耳目一新，儒学中所表现出的理性精神深深地吸引了西方思想家，一时成为批判基督教神学的他山之石和重构欧洲哲学的重要思想资源。美国学者罗博特姆指出：“（儒学）这种人文主义在很多方面有别于文艺复兴时期的人文主义形式。后者在很大程度上基于个人主义。经过17世纪，欧洲人逐渐从这种个人主义观点过渡到人是社会动物的观念，直到以人的需求和愿望为基础的社会观念被创造出来（这里还有一场运动，直到百科全书派的时代才达到高潮，大约在1750—1778年间）。儒学以自己的优势加入了这两场重要的运动。”③儒家道德理性主义既强调个人道德操守，又强调道德责任，“在这两方面关于道德完美性的学说是一种更广泛、更普适的理念，必然会对正服膺于文艺复兴时期人文主义的人们产生巨大的吸引力”④。

然而，作为一种异质文化，中国哲学毕竟只有融入欧洲哲学语境或通过欧洲化进程才有可能发挥作用。因此，我们有必要透过中西之间的历史性际会来分析两种哲学的异同，以及欧洲对中国哲学的回应和中国哲学融入欧洲

① ［美］埃德蒙·莱特斯：《哲学家统治者》，《中国哲学史研究》1989年第1期。

② 贾植芳：《序》，朱静编译：《洋教士看中国朝廷》，上海人民出版社1995年版，第2页。

③ Arnold H. Rowbotham, “The Impact of Confucianism on Seventeenth Century Europe”, *The Far Eastern Quarterly Published by Association for Asian Studies* Vol. 4, No. 3, 1945.

④ Arnold H. Rowbotham, “The Impact of Confucianism on Seventeenth Century Europe”, *The Far Eastern Quarterly Published by Association for Asian Studies* Vol. 4, No. 3, 1945.

的途径。

（一）中西哲学的异同

毋庸置疑，中西哲学之间的差异是显而易见的。除通常认为西方哲学有逻辑体系、中国哲学缺少逻辑之外，人们通常认为西方哲学有本体论而中国哲学无本体论、西方哲学有形而上学而中国哲学无形而上学，等等。差异固然存在，却被夸大了。实际上，二者异名而同指。在中西哲学邂逅和交流过程中，最初遇到的是语言和翻译问题。翻译外来名词和术语，通常采用两种方式，一种是借词，一种是译词。对于一种指称对象，如果人有我有，就用译词；反之，就用借词。一般说来，一个文化势位高的民族，在翻译外来语言时必然译词多于借词。相反，则是借词多于译词。对于物质名字，无论人有我无或人无我有，翻译上较易对应，歧义不大。而对于一些抽象名词，尤其是对于哲学范畴，就很难找到确切的对应词，这样，歧义必然发生。例如像 being（to be 的名词形态）这个高度抽象的哲学术语，有学者指出：“对于西方哲学这座大厦来说，具有奠基石的功效，对于我们追溯西方哲学思想方式来说，又有行经走纬的作用。”[①] 解读和辨析 being 概念，从中世纪到现代，在西语体系中争执了数百年，引进汉语时，更难寻到一个与此百分之百确切对应的同义词，一般译成“是”、“有”、“在”、“存在”等，然而译法不同，对于理解西方哲学本质却“差之毫厘，谬之千里”。诸如 philosophy（哲学）、ontology（本体论）、metaphysics（形而上学）、logos（逻格斯）、nous（理性）等哲学范畴，也存在着类似的翻译情况。

“哲学”——并非一个音译的借词，而是一个实意相应的汉译词。日本学者西周在把拉丁文的 philosophia 译为“哲学”之前，也曾译成“希贤学”、“儒学”、“理学”等。在西周看来，西方的 philosophia 在中国学说体系中本来就存在，它就是“儒学”、“理学”、“义理之学”或“性理之学”。东西方在追求人生宇宙的真理上，其心其理是相通的，只不过表现方式有所不同罢了。用“哲学”二字翻译 philosophia，西周是第一人，但用汉字对译 phi-

① 俞宣孟：《西方哲学中“是”的意义及其思想方法》，《中国社会科学》2001 年第 1 期。

losophia，西周则晚之又晚。早于他二三百年前，1595 年，利玛窦在《天学实义》里首次将 philosophia 译为“理学”，同时，他在写往欧洲的信件中，又把中国的“理学”和“性理之学”对译成 philosophia，这是欧洲人始知中国有哲学的最早记载。不过，利玛窦只承认中国哲学是一种“道德哲学”①，曾德昭在《大中国志》一书中认为中国不但有“道德哲学”（在孔夫子那里），而且还有一种“自然哲学”（在《易经》中）。②20 年后，意大利人马尔蒂尼（卫匡国）在欧洲出版了《中国上古史》，该书认为“易学”原理跟毕达哥拉斯学派相同，都是把“数”看成宇宙本体，“易学”就是 philosophia。③

正因为在西方来华人士的眼里中西各有其“哲学”，所以他们才致力于在两种哲学之间寻求最大公约数的译词，同时也不可避免地使用一些借词。如，1623 年艾儒略在《西学凡》一书中既用了译词又用了借词，他界定“理学”说：“理学者，义理之大学也。人以义理超于万物，而为万物之灵，格物穷理，则于人全而于天近。然物之理藏在物中，如金在沙，如玉在璞，须淘之剖之以斐禄所费亚之学。”④ 这样，艾儒略就在“格物穷理”和形上形下的意义上把西方哲学（斐禄所费亚之学）与中国哲学（义理之学）等同起来。在葡萄牙人傅泛际和李之藻合译的《寰有诠》、《名理探》中，对 Philosophia（斐禄所费亚）一词还使用了“性学”（超性之学）、“爱知学”等译名⑤，其中“爱知学”比西周的“哲学”译名更贴合“斐禄琐费亚”本义。在诸多译名中，“理学”流行较广：中文叫理学，西文就叫“斐禄琐费亚”，反之，西方人叫“斐禄琐费亚”，中国人就叫“理学”。

有学者坚持认为：西方哲学又称“形而上学”（metaphysics）或“本体论”（ontology），而中国没有“形而上学”和“本体论”。这里仍然存在着一个中

---

① 利玛窦认为，中国人“所熟悉的唯一较高深的哲理科学就是道德哲学”，见利玛窦等：《利玛窦中国札记》，何高济等译，中华书局 1983 年版，第 31 页。

② ［葡］曾德昭：《大中国志》，何高济译，上海古籍出版社 1998 年版，第 59—60 页。

③ Martin Martinius, *Sinicae historie decas prima*, Amsterdam, Joannem Blaev Press, 1659；转引自胡阳、李长铎：《莱布尼茨二进制与伏羲八卦图考》，上海人民出版社 2006 年版，第 58 页。

④ ［意］艾儒略：《西学凡》，载明刻本《天学初函》。

⑤ ［葡］傅凡际译义：《名理探》，李之藻达辞，三联书店 1959 年版，第 7 页。

西哲学之间的意译或通约的误区。所谓“形而上学”，即追求形上的终极和超验“本体”的学问，而所谓“本体论”，古希腊哲学中并无此概念，它实为一个德文词汇（ontologie），是莱布尼茨学派的沃尔夫最早命名的——由于 on to 是一个希腊词，ontology 即是关于 on to（being）的学问。being 在从希腊文转译为拉丁文等印欧语系时早已出现了歧义，再将它译成汉语时，其争议之大更可想而知了。于是，便出现了“万有论”、“存有论”、“存在论”、“本体论”等多种关于 ontology 的中文译名。

殊不知，“本体论”一词在汉语中被普遍使用恰是出于中国哲学语境自身的理解，因为对“本体”的研究实为中国哲学固有之问题。例如，儒、释、道三家都讲“道”，“道”就是中国哲学的本体，围绕着何者为“道”以及如何得“道”，中国哲学内部有长达两千年的争辩，在魏晋时期，是关于“有”、“无”的争辩，在宋明时期，是关于“理”、“事”，“心”、“物”的争辩。把“有”看成本体，“有”就是“道”；把“无”看成本体，“无”就是“道”。宋明理学诸大师虽然都把“理”作为本体，但认为最高的本体是“太极”，所谓“无极而太极”即是此意。而心学家们把本体安置在人们的内在精神世界之中，如王阳明反复强调“知是心之本体”，“本体”就是一种自我意识，“致良知”也就成了认知本体的内省功夫。可见，把“being”理解为“本体”，用“本体论”翻译 ontology，尽管并不合西方哲学原意，但却打通了中西哲学各家各派的话语通道，从而使中国哲学语境中的西方哲学范畴禀赋了中国属性。

对“逻格斯”（logos）“形而上学”（metaphysics）一词的解读同样如此。“逻格斯”在汉语中被译成“道”、“理性”或“宇宙精神”，但无论怎样译，这一外来的抽象语汇很难确切地呈现原意，致使如今仅把它作为一个借词使用，曰“逻格斯”。“逻格斯”通常也指“本体”；“形而上学”这一译名，源自对《易经》“形而上者谓之道，形而下者谓之器”的理解——“道”就是形而上的超验本体，器是形而下的经验物体，中国古代哲人关于“道器”、“理气”、“心物”、“体用”、“本末”、“知行”、“天人”、“动静”等对立范畴的辨析，就包括形上与形下、超验与经验的思辨，它构成了中国哲学的轴心话题。由此来看，中西哲学都有对本源性、至上性实体的追求，基于中国哲学所理解的“本体论”来翻译西方的ontology、metaphysics、logocentrism，确为异名而同指、实同而名殊而已。

强调中西哲学“名异而实同”，并不是说二者毫无差别。首先，两者在形式和方法上有异，即西方哲学更强调“道”、“器”二分，由此形成了重本质主义、基础主义的认知论路线；中国哲学更强调“道”、“器”的合一，由此形成了重整体和动态平衡的“体用一源，显微无间”的一元论传统。其次，在“道器”、“本末”、“体用”、“主客”、“心物”、“天人”、“动静”、“知行”等诸多范畴的“合一”中，中国哲学强调“一分为二”与“合二为一”的相互包含性，这赋予了中国哲学辩证特色；出于逻辑规律（不矛盾律）的思维定式，欧洲哲学的“二元对立”通常指两种性质相反事物的对立，如“此岸”与“彼岸”，这种对立终难统一。而中国哲学的“对立”指的是同一事物正反（阴阳）两个方面的对立，所谓“一物两体”，“两体”本来就是“一物”。其三，中国哲学重视现实世界，而西方哲学重视此岸与彼岸的分野，否则，就不可能有精神超越，从而不仅限制了对超验的信仰本体的追求，也限制了对科学理性的知识本体的探索。因此，西方哲学排斥“绝对的”统一观，中国哲学缺少“不矛盾律”的逻辑认知论。

（二）欧洲启蒙思想家对中国哲学的回应

16—17世纪，继希腊哲学之后，儒家哲学西传，进一步点燃了欧洲启蒙主义的火种。罗博特姆写道：“当一位支持者大声说道：‘如果柏拉图从地狱中出来，他会发现他的理想国在中国实现了！’他的话表示承认在欧洲思想解放的使命中，孔子和柏拉图在两次运动中担任着相同的角色。”[①]“两次运动”指的是文艺复兴和启蒙运动，前者受益于希腊（柏拉图），后者则得力于中国（孔子）。莱布尼茨的《论中国哲学》、马勒伯朗士的《一个中国哲学家与一个基督教哲学家的对话》、沃尔夫的《论中国人的实践哲学》、伏尔泰的《论孔子》、魁奈的《论中国的专制主义》等著作，都是这个时代著名

① Arnold H. Rowbotham, “The Impact of Confucianism on Seventeenth Century Europe”, *The Far Eastern Quarterly Published by Association for Asian Studies,* Vol. 4, No. 3, 1945.

欧洲启蒙哲学家对儒家哲学传入后所做出的回应。

实际上，从文艺复兴到启蒙运动期间，欧洲知识分子“对东方的一切都着迷”，中国道德哲学的传入更为欧洲人所看重。法国史学家 G. 莱姆森认为，17—18 世纪的欧洲，“思想之转变，不仅由于抽象之思考，且亦由于具体的新事实之发现。此具体的新事实，即指中国文化之传入欧洲，予当时思想家以鼓励是也”①。写作《18 世纪英国思想史》的斯蒂芬爵士② 指出，自从非基督教的中国与欧洲发生联系以后，才使得英国人对人类历史开始有了正确的认识，他在《从中国人那里借来的议论》一文中写道：“欧洲自由思想家认为孔子的学说，是理性的结晶，智慧的宝库。彼等攻击基督教神学所持之理论，几全为孔子的学说。”譬如，“鲍林白洛克（Lord Bolingbroke）以贵族政治家身份，宣扬中国文化尤力，其致 Swift 函有云：‘孔孟皆为最奇特形而上学家，同时亦为最佳之道德家。其学说分三部：一、个人对自己之责任，二、个人对家庭之责任，三、个人对国家之责任。总之，每人皆可做哲学家，亦可担任公务，以前之人如此，今后之人亦如此。进而为政治家，退而为哲学家”③。

欧洲近代哲学产生于 17 世纪，笛卡尔、斯宾诺莎、莱布尼茨三人被称为“欧洲哲学之父”。笛卡尔是被奉为欧洲哲学开创山门的人，斯宾诺莎属于笛卡尔学派的左派，而莱布尼茨深受笛卡尔和斯宾诺莎的影响，也属于以笛卡尔为代表的欧陆唯理论学派。而唯理论学派所“唯”之“理”（理性），不是基督教经院哲学中神秘的“逻各斯”或“奴斯”，而是 reason，朱熹哲学之“理”，恰被启蒙思想家翻译为 reason。儒家哲学在欧洲思想界的传播，莱布尼茨无疑是关键人物。莱布尼茨接触《易经》哲学有着多元、广泛的渠道。其一是斯比塞尔、卫匡国、基歇尔④ 等人的著作。1660 年斯比塞尔在荷

① 宋晞：《中国文化与世界》，台北新中国出版社 1970 年版，第 22 页。

② 莱斯利·斯蒂芬（Lesile Stephen，1832—1904），英国维多利亚时代著名的传记作家，文学评论家，因写作出版了《英国名人大辞典》和《18 世纪英国思想史》而被英国政府授予爵士头衔。

③ 宋晞：《中国文化与世界》，台北新中国出版社 1970 年版，第 22 页。

④ 基歇尔（Athanasius Kircher，1602—1680）耶稣会士，德国 17 世纪著名的数学家、百科全书式的学者和东方学者，卫匡国的数学老师。基歇尔在欧洲被称为“最后的一个文

兰莱顿出版了《中国文史评析》，书中记载了《易经》，这可能成为莱布尼茨早期了解中国哲学的参阅文献。① 斯比塞尔对中国哲学的了解，借助于卫匡国于1658年出版的《中国上古史》，这部书对中国“易学”的介绍，早于莱布尼茨自称发现“二进制”21年之久；其二是殷铎泽与柏应理等人合写的《中国哲学家孔子》一书，莱布尼茨在1687年12月9日写给友人的信中明确提到他已读过这本书；其三是他与来华耶稣会士白晋等人的通信——“莱布尼茨与在华耶稣会士白晋之间的通信，提供了从1697年到1704年那个时代哲学知识最激动人心的传播”②。莱布尼茨的“易学”研究，“增强了他对知识普遍性的信念，并且是17世纪欧洲对中国哲学兴趣的一个智力高点”③。“莱布尼茨以他的论述方式对新儒学术语的阐述，成为17世纪欧洲哲学家对中国哲学知识最渊博的解释。”④ 实际上，莱布尼茨早在20岁时，就已经在一篇《论组合的艺术》的论文中提到了中国文化，他的青少年时代完全有可能从其父遗留给他的大量家藏图书和文献中接触过《易经》哲学及其卦图；莱布尼茨在临终前写给德雷蒙论中国哲学的信中，还提到了德国汉学家安德列·弥勒⑤ 及其于1678年出版的《阿布杜拉·白达瓦鲁斯中国史》一书中的“伏羲卦图”，白达瓦鲁斯正是13世纪对欧洲思想界产生过巨大影响的阿拉伯学者。⑥

艺复兴人物”。

① 胡阳、李长铎：《莱布尼茨二进制与伏羲八卦图考》，上海人民出版社2006年版，第38页。

② D. Garber& M. Ayers, *The Cambridge History of Seventeenth-Century Philosophy*, Cambridge University Press, 1998, p. 88.

③ Ibid., p. 97.

④ Ibid., p. 98.

⑤ 安德列·弥勒（Andre Muller, 1630—1694），柏林法官，17世纪德国著名汉学家。弥勒从来没有到过中国，但热心研究中国，他1678年著有《阿布杜拉·白达瓦鲁斯中国史》（Abdallae Beidavaei historia Sinensis），介绍了13世纪阿拉伯学者阿布杜拉·白达瓦鲁斯（Abdalla Beidavaeus）对《易经》的研究。

⑥ ［德］莱布尼茨：《致德雷蒙先生的信——论中国人的哲学》，庞景仁译，《中国哲学史研究》1982年2、4期与1982年第1期。

（三）中国哲学融入欧洲哲学的主要路径

美国学者雅可布逊认为，17—18 世纪中国哲学对欧洲的影响有两条线索可寻——“一条是由莱布尼茨经由培尔到休谟，另一条是由魁奈经过亚当·斯密到休谟”[①]。就第一条路向来说，莱布尼旅居法国时与唯物主义哲学家培尔因观点不同发生过辩论，费尔巴哈曾说：“正如莱布尼茨是他那个时代的万能的天才，是一个在各门科学中都有所建树的天才，培尔也是他那个时代的——不是在同一规模内——包罗万象的批判家。”[②] 培尔批判了莱布尼茨哲学中的经院哲学遗痕，但却把莱布尼茨《论中国人的自然神学》中的“自然神学”视为与斯宾诺莎无神论一样的典型。至于休谟，其《人性论》一书就是在法国完成的，休谟明确承认其学说与笛卡尔、斯宾诺莎、莱布尼茨、马勒伯朗士等人的观点有密切关联：“休谟对斯宾诺莎的了解主要是通过比埃尔·培尔的《历史批判辞典》中的有关条目。休谟步培尔的后尘，主要考察了斯宾诺莎关于实体和属性的学说，并与培尔的观点如出一辙。”[③] 莱布尼茨深受斯宾诺莎的影响，休谟既受莱布尼茨的影响同时又受斯宾诺莎的影响，培尔则发挥了中介作用。

就第二条路向来说，法国重农主义学派的首领魁奈是 18 世纪欧洲宣扬中国思想文化的又一重镇，而亚当·斯密的经济思想深受其影响。亚当·斯密又是休谟的忘年交，两人自 1754 年之后一直保持着密切的书信往来。[④] 亚当·斯密的两部名著《道德情操论》（1759）和《国富论》（1776），都是在哲学讲稿的基础上形成的，其道德哲学原理与休谟的《人性论》有异曲同工之妙。《人性论》成书的时间早于亚当·斯密的两部著作，应该说休谟影响了亚当·斯密更符合逻辑。

这两条路线反映了以儒学为标识的中国哲学在欧洲的传播主要得力于德、法、英三国中的顶尖哲学家，两条路线交集于莱布尼茨其人。莱布尼茨

---

① ［美］N. P. 雅可布逊：《休谟哲学可能受东方影响》，《中国哲学史研究》1986 年第 1 期。

② 《费尔巴哈哲学史著作选》第 3 卷，商务印书馆 1984 年版，第 176 页。

③ 周晓亮：《休谟及其人性哲学》，社会科学文献出版社 1996 年版，第 58 页。

④ 周晓亮：《休谟》，湖南教育出版社 1999 年版，第 14 页。

终生热爱中国文化不是偶然的，他与笛卡尔学派的深厚渊源及其在荷兰的游历奠定了他重视中国哲学的基础。荷兰的阿姆斯特丹是启蒙时期中欧文化交流的中心，笛卡尔在那里度过了大半生直至去世，1658年卫匡国的《中国上古史》也在阿姆斯特丹刊行，莱布尼茨正是在那里结识了斯宾诺莎。沐浴“东方余风流韵”的斯宾诺莎少年时有一位耶稣会士的家庭教师，18世纪法国著名学者阿让斯曾指出斯宾诺莎的“实体”同中国的“理”十分类似，甚至认为它只不过是用西方的“神”直接替换了中国的“理”而已。① 因此，雅可布逊说：“莱布尼茨以后，东方哲学就成了欧洲哲学的一个基本特色。”②

二、中国原理纳入了欧洲的思维形式

由上文而知，中欧哲学的对译和中国哲学的西传，实起因于耶稣会士的传教活动所引发的两大文明系统之间的邂逅性相遇。就中国哲学对欧洲的影响来说，“伟大相遇”的史实仅为外证，内证则需要从对中国哲学融入西方哲学学理内部的分析和论证中开显出来。

（一）中国“实体”（自然神论）与无神论

西方学界普遍认为，文艺复兴以后，由于新知识（希腊和东方学）的发现，一场旨在用新的自然概念取代启示神学的运动在欧洲兴起。从根本上讲，这“新知识”乃是由于儒家哲学的输入才激活了对它的记忆——“他们发现了中国早在几个世纪前已经明确地解决了问题”，“自然神论和中国热的产生在这一时期的思想中，是并行的潮流”③。它力求回答这样的问题：人与宇宙的关系，以及人与人之间的关系能够用除了启示神学之外的其他

---

① Marquis D’Argens, *Chinese Letters: Translated from the Originals into French*, London Press, 1741, pp.89-93. 张弛：《重农主义与中国的“自然法”》，《学术界》2013年第2期。

② ［美］N. P. 雅可布逊：《休谟哲学可能受东方影响》，《中国哲学史研究》1986年第1期。

③ Arnold H. Rowbotham,“The Impact of Confucianism on Seventeenth Century Europe,” *The Far Eastern Quarterly,* Vol. 4, No. 3, 1945.

方案解决吗？或者说，人类思想理性化的进程能够带来某种自然和理性的结合吗？

众所周知，斯宾诺莎的实体就是“自然神”，“自然神”是隐蔽的无神论，源于斯宾诺莎与笛卡尔共同的学术师承，即自幼接受的教育所赋予他们哲学具有浓郁的“东方余风流韵”。笛卡尔从 8 岁到 16 岁在耶稣会学校中接受了 8 年教育，影响了他的一生，致使“他的著作泛发着一股从柏拉图到当时的任何哲学名家的作品中全找不到的清新气质”①。人们从笛卡尔学派的实体论中，不难看到儒家哲学实体的身影，那就是“理”或“道”。

当年来华的耶稣会士虽然“崇先儒拒后儒”，但他们翻译的《四书》，却是经过朱熹注释的，因此不可避免地接受了朱熹新儒学思想。朱熹吸收了中国古代哲学家老子“道”的理念，建立了其客观主义的“理”学体系，在他那里，“理”（实体）具有先验性、超时空性、生物性和主宰性，它为自然和社会立法，但却不是人格化的上帝。“未有天地之先，毕竟也只是理。”②“形而上者，无形无影是此理；形而下者，有情有状是此器。”③“所谓浑然全体，无声臭之可言，无形象之可见，何以知其粲然有条如此？盖是理之可验，乃依然就他发处验得。”④朱熹的这种“理”，按照欧洲人的观点，就是那种以理性实体或物活实体取代“上帝实体”的“自然神论”。莱布尼茨在《论中国哲学》一文中，非常准确地从利用斯宾诺莎的“实体”来诠释朱熹的“理”，他指出：“中国人的理就是我们在上帝的名称之下所崇拜的至上实体”，“要断定中国人是否承认精神实体，我们尤其应该研究他们的‘理’或规范，它是万物的第一推动者和理由，而且我相信它和我们的神的概念是一致的。”“实体”在斯宾诺莎那里就是“神”，但斯宾诺莎的“神”恰恰不是神而是物。莱布尼茨与斯宾诺莎的不同就是他强调活力论的“精神实体”，他明确提到了《朱子》这本书：“书名为《朱子》的第 28 卷关于哲学第 13 页的一段。著者说得非常好：心非气，而气之力。……我想象他的意思是要说：理(姑且这样说)

---

① ［英］罗素：《西方哲学史》下卷，商务印书馆 1976 年版，第 80 页。

② 《朱子全书》第 14 册，上海古籍出版社、安徽教育出版社 2002 年版，第 114 页。

③ 《朱子全书》第 17 册，上海古籍出版社、安徽教育出版社 2002 年版，第 3185 页。

④ 《朱子全书》第 23 册，上海古籍出版社、安徽教育出版社 2002 年版，第 2779 页。

是万物的精华、精力、力量和主要的体，因为他特意把理同气的物质区别开了，在这里好像不意味着原始的精神实体，而是一般地意味着精神实体或隐得来希，即像灵魂那样具有始动性和知觉或行动的规范的能力。”① 莱布尼茨对朱熹“理”的理解不脱当时欧洲文化背景和欧洲哲学话语传统——“‘理’是一般的精神实体或‘隐得来希’即灵魂”，如果把这句话再翻回汉语，那就是标准的欧式“活力论”和莱布尼茨的“单子”论了。显然，这其中有朱熹哲学的影子。

在谈到朱熹的鬼神观时，莱布尼茨写道：“《朱子》第 28 卷第 2 页问：‘这些鬼神是气吗？’他答道：‘它们与其是气本身，还不说是气中有力、活力、主动性。’”“这位中国哲学家在第 39 页上说，天上的鬼神即天上的帝王叫做神，因为天上的气到处扩散。”“中国人不相信天上有任何生命，有智慧的神，只相信有气，它有主动性或作用。”“中国作者给予神的不仅是力量或主动性，而且还有智慧，因为神让人畏惧、崇敬。把气——即稀薄的物体——看作是神的载物体。……鬼神只不过是气、物质。”“我认为（总的来说），他们古代圣贤的意图是尊敬理或至上的理性。理及其作用到处可见，有时直接在粗笨的物体中，理在这些物体中是这些物体的创造者；有时表现为理本身的使者即下级鬼神，有德性的灵魂就结合在鬼神之上。”② 从中，我们既读懂了莱布尼茨的“单子论”，也发现了斯宾诺莎的身影——这显然已是一种地道的、欧化的泛神论或自然神论的观点了。“无神论”在欧洲本含贬义，而“自然神论”或“泛神论”作为“无神论”的代名词，则是进步思想家用来反教会、批判有神论的理性工具。

（二）朱熹哲学与“有机论”

当代哲学界一般把英国哲学家怀特海的过程哲学称为“有机哲学”，然而李约瑟却认为，在中西哲学比较中，中国哲学是“有机论”，尤以朱熹哲学为代表；在西方哲学内部中，莱布尼茨是“有机论”，而且是欧洲哲学史

① ［德］莱布尼茨：《致德雷蒙先生的信：论中国人的哲学》，庞景仁译，《中国哲学史研究》1981 第 2、4 期与 1982 第 1 期。

② 同上。

上第一个“有机论”哲学体系[①]。李约瑟指出：莱布尼茨受到了中国哲学特别是朱熹哲学的影响。

正是《中国哲学家孔子》一书，把朱熹哲学推介给欧洲思想界。该书在《导言》中说：“儒家自汉代以来，在中国具有至高无上的权威，这种权威在明代就集中表现在将程朱理学作为顶礼膜拜的偶像，‘非朱之言不尊’，‘言不合朱子，率鸣鼓而攻之’。”[②]《导言》还介绍了中国哲学的“太极”概念，指出：即使是朱熹本人也承认，无论是伏羲还是文王、周公，都没有使用过“太极”这一概念，“太极”一词只是孔子自己在《易经》的“附录”[③]中写上去的。“太极”即是一个包括阴阳既对立又统一的辩证体系，朱熹认为，自太极至万物化生，统是一个大源，由体达用，从微至著，内含着对宇宙生成的见解。基于这一点，李约瑟认为：“中国最伟大的思想家朱熹（12 世纪）曾建立起一个比欧洲任何思想都较接近于有机哲学的哲学体系。”所谓“有机哲学的哲学体系”，在朱熹之前，中国哲学的全部背景都是如此，在朱熹之后，则有莱布尼茨的哲学如此。[④]

所谓有机哲学就是指有生命力的哲学，即贯穿着辩证思维方式的哲学，简言之，有机哲学就是辩证法。在希腊哲学中，亚里士多德的“活力论”即“灵魂说”主要是说明有机体或生物学的理论，而在哲学领域，西方向来是形式逻辑和形而上学思维方法占统治地位，尤其近代牛顿力学引发的机械论哲学，使得希腊哲学的辩证法无人问津了。莱布尼茨哲学的“前定的和谐”命题，是自笛卡尔以来的第一个辩证法命题，其来源于莱布尼茨对朱熹理学的研究，“他（莱布尼茨）的‘预先建立的’和谐说（虽然是用有神论者的词汇写的，但这是当时欧洲环境所必需的），在那些谙熟中国宇宙观的人，便觉得不陌生。万物之间，皆不相互施行作用，它们只在一个和谐的意志下

---

① Needham，*Science and Civilization in China*, Vo1.II, Cambridge University Press, 1956, p.500.

② 吴孟雪：《柏应理和〈中国哲学家孔子〉》，《中国文化研究》1996 年第 3 期。

③ 指孔子作的《易传》，即“十翼”。

④ ［英］李约瑟：《中国古代科学思想史》，陈立夫等译，江西人民出版社 1999 年版，第 364 页。

共同活动。此种思想对中国人已不是什么新观念……”[①] 所谓“预先”或“前定”，即是先于“神”创世之前而定，这意味着“和谐”是自然秩序，而不是神意。二是物质与精神的统一。“单子”既是一种精神实体，同时又是一种具有生命力的物活体，这与中国哲学的“理气合一”、“形神一体”完全契合。莱布尼茨在分析了朱熹“理”跟“气”的一些基本特征之后指出：“这里的‘理’似是不指第一类精神实体而指普通的精神体或单子。”[②]“单子”就是“理”，而“理”也就是“单子”。莱布尼茨学说与斯宾诺莎学说最大的不同就是在斯宾诺莎那里只有一个“实体”，而在莱布尼茨那里有无数“实体”，这些“实体”都具有精神性或“能动性”，“能动性是一般实体的本质”[③]，这跟朱熹对“理”、“气”和“太极”的描写具有本质上的同构性，如朱熹说：“太极理也，动静气也。气行则理亦行，二者常相依则未尝相离也。”[④]“天地之化，往者过，来者续，无一息之停，乃道体之本然也。然其可指而易见者，莫如川流，故于此发以示人。”[⑤] 李约瑟指出，正是朱熹的这种思想促成了莱布尼茨的“有机论哲学”。

“有机论哲学”通过“莱布尼茨——沃尔夫学派”在德国思想界有着长达一个世纪的统治，深深地扎根在德国哲学界，康德、费希特、谢林、黑格尔等人，都受其熏陶。马克思曾在给恩格斯的信中明确表达了他对莱布尼茨的敬佩，列宁也曾指出莱布尼茨的“前定和谐”包含着“深刻的辩证法”。康德的“星云假说”，实质上是一种最典型的“有机论的自然观”，恩格斯曾指出，正是康德的“星云假说”在欧洲传统的形而上学的思维方式的观念上“打开了第一个缺口”。其实，康德的有机论的宇宙生成观早在朱熹那里就有过类似表述，如朱熹说：“天地初开只有阴阳之气。这一个气运行，磨来磨

---

① ［英］李约瑟：《中国古代科学思想史》，陈立夫等译，江西人民出版社 1999 年版，第 364 页

② ［加］秦家懿编译：《德国哲学家论中国》，三联书店 1993 年版，第 81 页。

③ 北京大学哲学系外国哲学史教研室编译：《十六—十八世纪西欧各国哲学》，商务印书馆 1975 年版，第 519 页。

④ 《朱子全书》第 17 册，上海古籍出版社、安徽教育出版社 2002 年版，第 3128—3129 页。

⑤ 《朱子全书》第 6 册，上海古籍出版社、安徽教育出版社 2002 年版，第 144 页。

去，磨得急了，便拶去许多渣滓。里面无处出，便结成个地在中央。气之清者便为天，为日月，为星辰，只在外，常周环运转，地便在中央不动，不是在下。”①朱熹反对“神创说”，他指出：“天地万物之理，无独必有对，皆自然而然，非有安排也。”②朱熹的这种见解远早于康德的有机宇宙生成论。

（三）“理”、“道”、“性”与“理性”

柏应理等人的《中国哲学家孔子》的另一重要贡献就在于它把儒家的“理性”概念介绍到了欧洲。如《大学》第一段的第一句原文为：“大学之道，在明明德，在亲民，在止于至善。”而该书的拉丁译文意为：“伟人们做学问的目的，在于精炼或改进我从上天汲取而来的理性（ rationalem naturam），这就如同一面最明亮的镜子，惟有扫除了蒙于其上的邪欲瑕疵，才必然会恢复它那无比的清澈。（伟人们做学问的目的）还在于使人民得到更新或再生（renov ando seu reparando），当然，要依靠他们本身的榜样和规劝。（伟人们做学问的目的）还在于立场坚定，保持最大的德行。”这里，“道”译成为“理性”。再如《中庸》第一段的第一句原文为：“天命之谓性，率性之谓道，修道之谓教。”《中国哲学家孔子》译为：“上天置于人们心中的东西叫做理性。这种用理性造成的、并对之加以模仿的东西，叫做法则，或叫做和理性的一致。反反复复、勤劳不辍地按照这种法则实践并亲身遵循之，那就叫做教育或善德之学问。”③这里把“性”译成“理性”，把“道”译成法则，并认为其与“理性”一致。从中可以发现：中国哲学的“理性”从传入欧洲起，就纳入了欧洲化思维的进程，成为欧洲近代哲学“理性”概念的重要源头之一。

实际上，早于《中国哲学家孔子》一书，利玛窦等人在16世纪就把中国哲学的“理”与“道”译成了西文的reason（理性）。17世纪，欧洲哲学界开始广泛使用“理性”，到了18世纪，“理性”成为整个思想界一个高扬的名词，就像一首乐章中高亢的音符——这是时代的最强音。18世纪的欧洲进入了一

---

① 《朱子全书》第14册，上海古籍出版社、安徽教育出版社2002年版，第119页。

② 《朱子全书》第13册，上海古籍出版社、安徽教育出版社2002年版，第171页。朱熹在《近思录》中的这段话来自程颢，见《二程遗书》卷11。

③ 吴孟雪：《柏应理和〈中国哲学家孔子〉》，《中国文化研究》1996年第3期。

个理性的时代，“理性”一词在欧洲虽然有着本土的思想来源，但随着中国哲学的传入，中世纪“理性”（神性）发生了质变，出现了取代上帝的一种“纯粹理性”。① 所谓“纯粹理性”，一是不受“物性”羁绊，绝对超验；二是不杂任何“神性”，绝对纯粹。而在此之前，欧洲的理性皆不纯粹。谢林说：“我们一定能够——以便回到我们的主题上来——在中国人的意识中找到一种上帝的替代物，更确切地说是一种原始神明的替代物。”② 欧洲人在经历了黑暗的中世纪后才认识到了“纯粹理性”的存在，而中国却很早就达到了这个境界。

“理性”在希腊和基督教哲学传统中大致有三个用词，一是 reason，二是 nous，三是 logos。基督教神学和经院哲学的“理性”多是用 nous 和 logos，它们都没有脱离“神性”，甚至等同于“神性”，如《圣经》上说“道（logos）成肉身”，nous 被理解为“宇宙灵魂”，等等。而 reason 一般被理解为毕达哥拉斯学派的思想。《中国哲学家孔子》一书在把“道”翻译成拉丁文 rationalem（理性）的同时，还用了另一个拉丁字 naturam，即“自然性”。因此，在欧洲人的心目中，儒家的“理”张扬了一种“自然律”（natural law），即“天道”，也即“理性”。如：“孔子所说‘天’，即为自然；所说之‘天道’，即为自然的道理；所说‘顺天而行’，即为自然的道理来行。自然的道理，即理也。”③ 埃德蒙·莱特斯认为在欧洲人吸收儒家思想的学术背景后面，“透过两大学说之间的争论而尤为突出。一派学说是基督教主张的启示说；一派主张 18 世纪所谓的‘自然道德律’或‘理性’说，此说可溯其源古典希腊罗马。这个争论是西方本土固有，但这个本土争论却为吸收中国

---

① 莱布尼茨曾把朱熹的“理”称为“至上理性”，所谓“至上理性”即超越任何经验的纯先验的理性，这是“纯粹理性”的一层含义；“纯粹理性”的另一含义是不杂任何神性的理性，如德国古典哲学家谢林说：“经过宗教原则的彻底转变和市俗化，中国人的意识完全避开了宗教过程，并在一开始即达到了其他民族经过神话过程才能达到的纯理性的境地。”见［德］夏瑞春编：《德国思想家论中国》，陈爱政等译，江苏人民出版社 1995 年版，第 150 页。从莱布尼茨到谢林，欧洲哲学家曾把这种“至上理性”和“纯粹理性”追溯到中国哲学那里。

② ［德］夏瑞春编：《德国思想家论中国》，陈爱政等译，江苏人民出版社 1995 年版，第 138 页。

③ 宋晞：《中国文化与世界》，台北新中国出版社 1970 年版，第 22 页。

思想预先铺设好路途”①。可见，欧洲人是基于欧洲固有的“理性”范式来接引、理解和吸收宋明理学之“理”的。

启蒙思想家所推崇的“理性”的流行表明过去被视为“万恶之源”的无神论合法地楔入了欧洲思想界。马克思在《神圣家族》中指出：“皮埃尔·培尔不仅用怀疑论摧毁了形而上学，从而为在法国接受唯物主义和合乎健全理智的哲学作了准备，而且他还证明，由清一色的无神论者所组成的社会是能够存在的……”② 这里所说的“清一色的无神论者所组成的社会”就是指的中国社会。笛卡尔学派的另外一位重要人物马勒伯朗士写了一篇《一位中国哲学家与基督教学者的对话》的冗长文章，对话中的一方“基督教学者”可视为马勒伯朗士本人，对话中的另一方“中国哲学家”可视为朱熹的化身。马勒伯朗士把中国哲学的“理”就界定为无神论，反对把“理”说成是“上帝”，因为“理”没有脱离物性。马勒伯朗士对朱熹“理”的“物”性认识与莱布尼茨把“理”比为“神”的做法从逆向上接近了朱熹“理”的本色。因为在朱熹那里，“理”一方面是超验的，“且如万一山河大地都陷了，毕竟理却只在这里”③；另一方面，“理”与“气”又是不可分的，“天下未有无理之气，亦未有无气之理”④。莱布尼茨与马勒伯朗士都是有道理的。马勒伯朗士在欧洲近代哲学史上是一个有重要地位的哲学家，“中国哲学所以在18世纪欧洲，变成为唯物论和无神论，变成革命的哲学，这一位笛卡儿中派的麦尔伯兰基（马勒伯朗士）的解释，对于法国百科全书派是有一定的影响的”⑤。

18世纪法国学者雷缪萨⑥ 曾用希腊哲学中的“逻各斯”（logos）翻译中

---

① ［美］埃德蒙·莱特斯：《哲学家统治者》，《中国哲学史研究》1989年第1期。

② 《马克思恩格斯文集》第1卷，人民出版社2009年版，第330页。

③ 《朱子全书》第14册，上海古籍出版社、安徽教育出版社2002年版，第116页。

④ 同上书，第114页。

⑤ 朱谦之：《中国哲学对欧洲的影响》，河北人民出版社1999年版，第219页。

⑥ 亚培·雷缪萨（Jean Pierre Abel Rémusat，1788—1832），法国著名的中国学家。雷缪萨把法显的《佛国记》翻译成法文，他翻译的《玉娇李》法文版本名为《两个表姐妹》；他还翻译了儒家的《中庸》和老子的《道德经》，他把“道”译成希腊哲学的“逻格斯”；他还认为老子的哲学与犹太哲学和毕达哥拉斯相近，相信“老子西行化胡说”，甚至认为西亚哲学和希腊哲学有可能来自老子哲学。

国哲学中的“道”，黑格尔表示质疑①，在他看来，“逻各斯”有神性，而“道”只是物性的抽象，应为“理性”，他写道：“中国人承认的基本原则为理性（reason）——叫做‘道’。”②

（四）道德哲学与“实践理性”

罗博特姆说：“柏拉图曾传授过道德法则，但是，柏拉图是理论化的和形而上学的，而孔子则是实践的，却是更重要和更成功的（后来，当伏尔泰对希腊的形而上学抱着嘲笑和鄙夷的态度而转向儒家的实践人文主义时，他支持了这一观点）。”③16 世纪中国哲学初传欧洲时，利玛窦最早把它界定为一种“道德哲学”。到了德国哲学始祖莱布尼茨那里，他对中国的“实践哲学”十分推崇④，莱布尼茨逝世之后，沃尔夫的哲学统治德国思想界近半个世纪⑤，沃尔夫在1721年7月发表了一篇给他带了厄运的演讲，题目就是《论中国的实践哲学》。沃尔夫说：“中国人的智慧自古以来遐迩闻名，中国治理国家的特殊才智令人钦佩。”“在我们眼中，孔子常常被看作如此伟大的智慧的始祖。这种看法恰恰表明了对中国情况的一无所知。早在孔子前的漫长岁月里，中国已经为自己拥有最卓越的法而自豪了。”这种“法”是什么呢？他认为，这就是“至善的准绳”，是“正派高尚的品德”。沃尔夫宣称：“中国人的哲学基础同我个人的哲学基础是完全一致的。”⑥即使在他因宣扬中国哲学受到打击之后，仍然没有放弃对中国和中国哲学的正面评价，事隔 24 年之后，又发表了一篇题为《在一个哲学王治理下人民的真正的幸福》。康

---

① ［德］黑格尔：《哲学史讲演录》第 1 册，商务印书馆 1996 年版，第 126 页。

② G. W. F. Hegel, *The Philosophy of History*，Canada: Ontario Press, 2001, p.153.

③ Arnold H. Rowbotham. “The Impact of Confucianism on Seventeenth Century Europe”, *The Far Eastern 1uarter*ly, Vol. 4, No. 3, 1945.

④ ［德］莱布尼茨：《中国近事・序言》，张允熠等编著：《中国：欧洲的样板——启蒙时期儒学西传欧洲》，黄山书社 2010 年版，第 237 页。

⑤ 康德从幼年时就跟随弗朗茨・阿尔伯特・舒尔茨（Franz Albert Schultz）学习，1732 年，又进入舒尔茨任校长的腓特烈学院（Collegium Fridericianum）学习拉丁文。而舒尔茨是沃尔夫的学生，因此，康德是莱布尼茨的三传弟子。

⑥ ［德］沃尔夫：《关于中国人道德哲学的演讲》，张允熠等编著：《中国：欧洲的样板——启蒙时期儒学西传欧洲》，黄山书社 2010 年版，第 255、267 页。

德作为沃尔夫的再传弟子，在其“三大理性”批判中，《实践理性批判》居于核心地位。到了18世纪，虽然康德开始贬低中国哲学，然而尼采却把他称为“哥尼斯堡的中国人”。这里的“中国人”三字实指“孔夫子”。因为在当时欧洲的语境中，孔子常被称为“中国人”①。马克思在提到“中国人”时还把他与古希腊哲学家毕达哥拉斯相并列——马克思在《德意志意识形态》中曾说“完善的中国人才是共产主义者”②，这里，“完善的中国人”即指孔子。

那么，究竟怎样来看待康德与中国哲学之间这种复杂的关系呢？学者谢文郁认为：“对于尼采来说，康德用德国人的思路表达了中国思想，正在毒害德国人。”康德哲学中究竟哪些要素属于中国思想呢？“我们不难在康德思想中找到儒家的影子。比如，儒家的核心概念‘诚’在康德那里用‘善良意志’来指称；修身养性的根本原则‘率性而动’在康德的‘自我法则’中得到了相当充分的表达。我想，康德思想中的儒家成分还需要更多的研究和讨论；但有一点可以肯定的是，康德消化并吸收了中国儒家思想。”③有意思的是，毛泽东早年也说过：“吾国宋儒之说与康德同。”④“康德之意见。吾国先儒之说亦然。”⑤在毛泽东看来，康德“绝对命令”的道德律，就是宋儒的“天理”！

不过，无论康德还是黑格尔，都没有公开承认吸收了中国哲学思想要素。在哲学史上，除马克思公开承认他继承了黑格尔又批判了黑格尔之外，主动承认吸收了别人思想的哲学家微乎其微。尤其康德，他“相当自信地认为，他的思想不是任何其他思想的翻版，而是自成一家的创造。所以，他的道德哲学不提卢梭的贡献，当然也没有必要提及中国儒家思想的贡献”⑥。理性的先验性和至上性、道德的形而上性和实践的自律性以及“止于至善”的终极关怀，等等，这些正是康德哲学能够打通中西之间的主要隧道。

---

① 参见《马克思恩格斯全集》第1卷，人民出版社1956年版，第37、713页注18。

② 《马克思恩格斯全集》第3卷，人民出版社1960年版，第312页。

③ 谢文郁：《哥尼斯堡的中国人》，《全国新书目》2008年第9期。

④ 《毛泽东早期文稿1912.6—1920.11》，湖南出版社1990年版，第215页。

⑤ 同上书，第128页。

⑥ 谢文郁：《哥尼斯堡的中国人》，《全国新书目》2008年第9期。

三、中国哲学与黑格尔

以上我们撮要讨论了中国哲学纳入欧洲思维形式进而转化为欧洲哲学理念的若干内证，实际上，中国哲学（包括佛、道哲学）对近代欧洲哲学思想的渗透远不止这些。单就 17 世纪以来中欧哲学的融通而言，最不可忽视的是德国哲学，而黑格尔哲学又是德国近代哲学发展的里程碑。因此，我们有必要把黑格尔哲学作为个案提取出来给予专门剖析。

（一）黑格尔哲学的实质

“绝对精神”作为黑格尔哲学的核心范畴，有着基督教的 logos、新柏拉图主义与斯多葛派的 nous 的痕迹，然而，它更有着自笛卡儿、斯宾诺莎以来欧洲近代哲学“实体”论的基础和莱布尼茨以来德国唯理论哲学自身的土壤。马克思曾经指出：“在黑格尔的体系中有三个要素：斯宾诺莎的实体，费希特的自我意识以及前两个要素在黑格尔那里的必然充满矛盾的统一，即绝对精神。第一个要素是形而上学地改了装的、同人分离的自然。第二个要素是形而上学地改了装的、同自然分离的精神。第三个要素是形而上学地改了装的以上两个要素的统一，即现实的人和现实的人类。”① 跟黑格尔前辈们的“实体”论不同，黑格尔的“绝对精神”是一个纯粹逻辑概念的推衍方式，是“主观精神”和“客观精神”辩证否定的对立统一。“绝对精神”在经过了一系列辩证发展的过程之后，最终完成了自我实现和自我认识的阶段，它是“理性”的最高阶段。

黑格尔哲学的概念大厦在公式上可以表述为“三一式”，在方法上可以归结为“否定之否定”，在理念上可以概括为“有、无、变”，简而言之，即对立面的统一。相互否定、相互包含、相互转化、相互肯定；你中有我，我中有你，“有”即“无”，“无”即“有”，“有”与“无”合一抱团而成“太极”——这就是“绝对精神”的图式表达。黑格尔在《哲学史讲演录》中对道家哲学尤其《老子》一书中“无”的论述是值得重视的。黑格尔认为，老

① 《马克思恩格斯文集》第 1 卷，人民出版社 2009 年版，第 341—342 页。

子的《道德经》不属于儒家经典，但在哲学上却是十分重要的一部书。这部书不仅讲了"理性产生了一,一产生了二,二产生了三,三产生了整个世界"的思想，而且提出了"绝对的原则，一切事物的起源、最后者、最高者乃是'无'……这种'无'并不是人们通常所说的无或无物，而乃是被认作远离一切观念、一切对象，——也就单纯的、自然同一的、无规定的、抽象的统一。因此这'无'同时也是肯定的；这就是我们所叫做的本质"①。在这里，黑格尔从本体（being）来阐解老子的"无"，认为它就是无规定的"本质"。黑格尔在《逻辑学》中又说："无是与它自身单纯的同一，是完全的空，没有规定，没有内容，在它自身中并没有区别……无是（being）在我们的直观或思维中；或者不如说无是空的直观和思维本身，而那个空的直观或思维也就是纯有。——所以，无与纯有是同一的规定，或不如说同一的无规定，因而一般说来，无与纯有是同一的东西。"② 这里，黑格尔关于"无"的观点与其对老子"无"的理解如出一辙。

在西方哲学史上，本来没有"无"这个范畴，正是黑格尔首先把"无"纳入了他的思辨哲学体系。直至后来海德格尔的"无"，也是其存在论中的重要范畴。黑格尔之所以批判康德，因为康德的"物自体"不可知，是悬隔于他的实践理性之外而被实践理性拒斥的对象。而在黑格尔这里，"物自体"不仅是可知的，而且是能动的、生生不息的、终极的本体——这就是"绝对理念"即太极。

"有无变"、"正反合"、"否定之否定"、"对立统一"，等等，这些辩证命题在黑格尔那里都是指的同一事物两种属性的相成相辅，这是黑格尔哲学不同于欧洲哲学传统最显著的地方——在欧洲哲学史上，我们绝难发现"正反合"、"否定之否定"命题的前迹，但对于熟知中国儒、道哲学思维的人来说，却丝毫不陌生。欧洲哲学的实体论渗进了中国哲学元素，黑格尔的主观辩证法中有着中国式的思维逻辑。要深入探寻这一问题，我们就不能无视中国哲学近两个世纪期间对欧洲哲学潜移默化的影响，更不能忽略从莱布尼茨以来

---

① [德]黑格尔：《哲学史讲演录》第1册，贺麟等译，商务印书馆1959年版，第131页。

② [德] 黑格尔：《逻辑学》，杨一之译，商务印书馆1966年版，第69—70页。

儒家哲学对德国哲学的渗入。无论是斯宾诺莎的“神”、莱布尼茨的“单子”、康德的“物自体”、费希特的“自我意识”、黑格尔的“绝对理念”，人们从这些众多的“实体”论背后能看到中国哲学“理”、“道”、“心”、“性”、“诚”、“太极”等概念的身影；从莱布尼茨的“前定和谐”到黑格尔的“对立统一”——我们在这种德国式的思辨形式中可以清晰地看到中国哲学特征的绰影。为此，我们有必要揭开黑格尔“西方主义”的面纱而窥其背后的东方主义情结。

（二）黑格尔西方主义背后的东方主义情结

费尔巴哈说过：“谢林学派对东方向往，乃是这个学派的本质特征，与此相反，向往西方贬抑东方，即是黑格尔学派的本质特征。”① 因此，人们通常认为黑格尔是西方中心主义的精神代表。实际上，知识渊博的黑格尔从来不否认东方在人类历史上的伟大贡献，他说：“亚细亚在特性上是地球的东部，是创造的地方。”就像太阳从东方升起在西方落下一样，“精神的光明”也从亚洲升起，而它大放光芒却是在欧洲，“前亚细亚最为特异的，便是它没有闭关自守过，将一切都送到了欧罗巴洲。它代表着一切宗教原则和政治原则的开始，然而这些原则的发扬光大则在欧罗巴洲”②。他甚至用“盲人”来隐喻中世纪的欧洲，后者既然得到了启蒙，周围的一切都看清楚了，那么，他现在就要“转而思索它自己内在的东西……他重视他自己内在的太阳，更过于他重视那原来的外界的太阳”③。这就是黑格尔强调的“自由的”“精神”。在黑格尔看来，依太阳自东向西运行，中国是“最东方”的，相当于人类的幼年期，接着是希腊，代表着人类的青年期，罗马是人类的中年期，而以日耳曼为主的欧洲则是人类的老年期。太阳运行的轨迹，也就是“精神”从“一个人”的自由（东方的君主专制）向“全体人”的自由（日耳曼世界）发展的过程。黑格尔用充满诗意的笔调写道：“世界历史从‘东方’到‘西方’，因为欧洲绝对地是历史的终点，亚洲是起点。世界的历史有一个东方……历

① 《费尔巴哈哲学著作选读》上卷，三联书店1962年版，第1页。

② ［德］黑格尔：《历史哲学》，王造时译，上海书店出版社1999年版，第108页。

③ 同上书，第110页。

史有一个决定性的‘东方’，就是亚细亚。那个外界的物质的太阳便在这里升起，而在西方沉没那个自觉的太阳也是在这里升起，散播着一种更为高贵的光明。”① 黑格尔的“欧洲中心主义”是对人类历史的一种追述，东方是起点，作为“最东方”的中国是“太阳升起的地方”。正像黑格尔所说，东方这个“外界的太阳”却潜移默化地变成了他“内在的太阳”。

“内在的太阳”就是深藏内心世界的本质力量。为了深入研究中国，黑格尔在写《历史哲学》时几乎阅读了当时他所能搜集到的所有关于中国的文字材料和译成西文的各种中国经籍。有学者说：“我们来看一看黑格尔在《哲学史讲演录》和《历史哲学》中所用的有关中国的资料，不得不对他对资料搜集得完整表示惊讶。实际上黑格尔在1822—1823年冬季学期开始在柏林大学讲授《历史哲学》时，他将三分之一的时间都用在了准备‘绪论’和‘中国’一章上面去了。”② 除此之外，黑格尔对前人的中国文化观也是熟悉的，他知晓马可·波罗的游记，就是再往前的中西交通史也有所了解。③ 黑格尔对中国文化和哲学所下的这番功夫，早已为国外学者注意：“黑格尔凭借着这种巨大的参改材料，自己感觉有了不少的知识上的培养，我们现在确实已十分认识中国了。我们已有了中国文学和它的全部生活，以至它的历史之深切的知识。”④ 从黑格尔的《历史哲学》中，人们能够读到他对中国专制统治的揭露和批判，但这并不能掩饰他对中国的推崇和向往。他承认中国历史悠久：“历史必须从中华帝国说起，因为根据史书记载，中国实在是最古老的国家。”⑤ 他认为在中国实际上不存在着贵族阶层，除皇室以外，人人平等；科举选拔官吏的制度值得欧洲人学习，如说：“只有那些机敏的人才能参政。要职都由最具有科学文化知识的人担任，因此中国常常被称为理想的国

① ［德］黑格尔：《历史哲学》，王造时译，上海书店出版社1999年版，第110页。

② 李雪涛：《论莱布尼茨、黑格尔和雅斯贝尔斯对中国的认识——德国思想家对中国认识的范式转换》，张西平主编：《莱布尼茨思想中的中国元素》，大象出版社2010年版，第195—196页。

③ ［德］威泰福格尔：《黑格尔的中国观》，叶青编：《黑格尔：其生平其哲学及其影响》，上海辛垦书店1935年版，第429页。

④ 同上。

⑤ ［德］黑格尔：《历史哲学》，王造时译，上海书店出版社1999年版，第122—123页。

家，甚至于被当作我们应当效法的样板。”① 他注意到科学和文化在中国受到重视，“如果我们谈到中国的科学，那么我们迎面碰到的便是关于它教育先进、历史悠久的显赫名声。假如我们深入一步，那么我们看到的是：科学极受尊重，确切地说，公开受到政府发起的高度评价和促进”②。不过，黑格尔的中国观是矛盾的，他说：“中国人和印度人一样，在文化方面有很高的声名，但无论他们文化上的声名如何大，典籍的数量如何多，在进一步的认识之下，就都大为减低了。”③

（三）从莱布尼茨到黑格尔

黑格尔的时代，中国文化和哲学已在欧洲传播了近二百年，欧洲近代理性主义哲学从肇始发展到顶峰。在德国，这是一个由莱布尼茨、沃尔夫公开推崇中国转而走向康德、赫尔德等人公开贬损中国的精神旅程。黑格尔同莱布尼茨一样，对中国的一切怀有好奇心。他同样看重《易经》中所包含的哲学原则，如果说，莱布尼茨从阴阳两爻中看到了“零”与“一”，黑格尔却从中发现了“有”与“无”、“肯定”与“否定”、“正题”与“反题”。④ 黑格尔视阳、阴两个爻符互为正、反对立范畴，而阴阳“两仪”出于“太极”，“太极”自然就是“正反合”了。《易·系辞传》又强调“一阴一阳之谓道”，如果说“阴”是正题（肯定），“阳”是反题（否定），那么，“道”就是“阴”与“阳”的“合题”即“否定之否定”了。这实为中国的阴阳辩证法所独有。

中国哲学的“道”或“太极”，在黑格尔那里就叫“绝对理念”或“绝对精神”。“道”在《周易》哲学中就是“有无变”——“道”从形而上的抽象本体到派生出具体形象的天地万物、变化出无穷的大千世界和精神现象，其逻辑过程与黑格尔的“绝对精神”通过三个环节两次否定而生出自然、社会和精神现象何其相似乃尔！黑格尔在评述《老子》的“道”时透露出他的

① G. W. F. Hegel, *The Philosophy of History,* Canada: Ontario, 2001, p.141.

② ［德］夏瑞春编：《德国思想家论中国》，陈爱政等译，江苏人民出版社 1995 年版，第 129—130 页。

③ ［德］黑格尔：《哲学史讲演录》第 1 册，贺麟等译，商务印书馆 1959 年版，第 118 页。

④ 同上书，第 121 页。

这一发现。他说：“这派（道家）的主要概念是‘道’，这就是‘理性’。”[①]“‘理性产生了一，一产生了二，二产生了三，三产生了整个世界’”[②]——在这个《老子》的生化公式中，“一”是正题，“二”是反题，“二”是对“一”的扬弃，但却保留着、包含着“一”；“三”是“二”的否定，但是“三”即保留着“一”又包含着“二”和前两项的部分要素，这是一个“否定之否定”的圆圈。黑格尔还分析了《老子》中“万物负阴以抱阳，冲气以为和”这句话，说：“到了这里，还有两点需要提说一下。第一，我曾引证了‘三’，因为在那里我们想要看出别的类似这种形式的发生和起源……第二点需要说明的，这个IHV是绝对的来源，是‘无’……‘无’同时也是肯定的，这就是我们所叫做的本质。”[③]黑格尔认为他的哲学“本质”就是《老子》哲学的“无”，这非常值得玩味！

有趣的是，列宁在批判波格丹诺夫时，曾指出黑格尔的“绝对理念”就是把康德的唯心主义的一切矛盾和费希特一切弱点集中起来，“编成了一条中国式的辫子”[④]。而最早注意到黑格尔哲学与中国哲学之间极其相似的人恰是马克思和恩格斯。恩格斯曾写道：“现代泛神论，也就是说，黑格尔，在中国人（孔夫子——引者注）和袄教徒那里已经可以找到……”[⑤]1850年，马克思和恩格斯在他们合写的一篇《国际述评》中再次写道：“中国的社会主义跟欧洲的社会主义像中国哲学跟黑格尔哲学一样具有共同之点”[⑥]。既然黑格尔哲学与中国哲学“具有共同之点”，那么，令人费解的是：为什么黑格尔对中国哲学的公开回应却是一种极力贬低的评价呢？这也是发人深思的。

---

① ［德］黑格尔：《哲学史讲演录》第1册，贺麟等译，商务印书馆1959年版，第125—126页。

② 同上书，第128页。

③ 同上书，第130—131页。这句话中的IHV三个字母分别是汉语“夷”、“希”、“微”的拉丁文发音的第一个字母。来自《老子》原文为：“视之不见名曰夷，听之不闻名曰希，博之不得名曰微。”

④ 《列宁选集》第2卷，人民出版社1992年版，第175页。

⑤ 《马克思恩格斯全集》第47卷，人民出版社2004年版，第228页。

⑥ 《马克思恩格斯全集》第7卷，人民出版社1959年版，第265页。

首先，黑格尔成长于欧洲“中国热”流行的时代，他的前辈们对中国哲学和文化正负两面评价在他的思想中都有体现。我们发现，黑格尔对中国哲学的批评也不全是他自己的观点，相当一部分是借用了别人的说法。其次，“中国热”的消退归根到底取决于西方资本主义的强势崛起和中国国势的急剧跌落，黑格尔逝世不久，中英鸦片战争爆发，中国从此沦为西方的半殖民地，时过境迁，西方人很少再会赞美自己的“手下败将”，相反，侮辱、贬低中国人和中国文化的西方主义和种族主义言论成为时尚，黑格尔的中国观不可能脱离这一时代背景。如，他读过英使马戛尔尼 1793 年使华的笔记和 1798 年出版的该使团副使斯当东的使华纪实，这对当时欧洲的“中国迷”可谓是当头一瓢冷水，“中国热”沉寂下去，批判甚至抹黑中国之风一时流行起来。

其次，学者的特殊心态也不容忽视。黑格尔一再贬低中国哲学，斥责这些东西“枯燥”、“空虚”、“原始的理性”，他对此“不感兴趣”，云云。但他又写道：“一个人如果把从别人那里学来的东西算做自己的东西，他愈要反对或贬斥那些东西。或者宁可说，他是被刺激起来反对它们的，因为他的见解是从别人的见解造出来的。”① 可见，探讨两种思想体系之间有无相互影响和彼此吸收，决不能依据学者本人的表白，而主要应取决于两类证据，一是外证，二是内证。外证指二者之间有无建立事实上的客观联系和信息交流；内证即在学理上看它们有无共同之点或相似之处。如果内、外证都有，还要看发明者孰先孰后。从事实和逻辑一致的角度来看，相比两千多年前的儒、道哲学，黑格尔哲学显然是后来者，同时又是超越者。

四、结语

始于四百年前中西哲学的“两极相联”和“伟大相遇”，以及欧洲哲学家对中国哲学的回应，对欧洲近代哲学产生了重要影响，其显著标志便是在哲学领域用“理性上帝”取代了“神本上帝”。启蒙时代的欧洲思想界所需

① ［德］黑格尔：《小逻辑》，贺麟等译，商务印书馆 1981 年版，第 17 页。

要的正是一个理想化了的中国，他们运用来自中国的“理性”和无神论哲学作为反封建、反教会的思想武器。同时，被西方思想家看重的中国哲学“原则”，逐渐融为欧洲哲学范畴，纳入了西方的思维形式，中国元素被深深掩埋在西方语境深处。

英国剑桥大学于1998年出版了《剑桥17世纪哲学史》，该书在第一部分“17世纪哲学的语境”中列出了造成欧洲近代哲学产生的三大要素，其中把中国文化西传和欧洲思想界对中国文化的回应作为重要背景之一单独列为一章，认为在促使欧洲近代哲学的形成中，中国哲学是一个重要的影响因素和思想资源，西方从此“获得了儒家哲学中非常顶尖的知识”①。罗博特姆回顾了儒家思想对法国、德国和英国影响的证据，认为中国哲学的重要影响在17世纪欧洲的三种运动中可感受到它的存在：(1) 激发了针对基督教基本教义的批判精神；(2) 唤醒了对个人与国家关系问题的兴趣；(3) 意识到了学者在社会结构中的地位②。这三种运动的学理依据皆得力于理性主义思潮的兴起。

西方哲学无疑有着自身大本大源的发展理路——这主要得力于希伯来文化即“犹太——基督教”传统，但由于以儒学思想为主的中国哲学的输入，其与文艺复兴时期发现的希腊思想共同形成了理性时代“两个平行”的推动力，致使欧洲思想界执牛耳的重要思想家如莱布尼茨学派以及伏尔泰等人“都毋庸置疑地受到了中国思想的影响”③。“启蒙思想家们的兴趣是要在中国发现普世主义的内容，是要从犹太——希腊——基督教传统之外汲取榜样。他们了解中国并非出于自我兴趣，而是要从中国文化中挖掘资源来推动启蒙运动的发展。”④ 美国学者孟德卫说，启蒙哲学家们认为诸如基督教那样依靠神的启示和信仰的宗教是造成许多社会问题的祸根所在，因此，“启蒙思想

① D.Carber &M.Ayers, *The Cambridge History of Seventeenth-Century Philosophy*, Cambridge University Press, 1998, p. 88.

② Arnold H. Rowbotham. “The Impact of Confucianism on Seventeenth Century Europe”, *The Far Eastern Quarterly,* Vol. 4, No. 3, 1945.

③ Ibid.

④ ［美］孟德卫：《1500—1800中西方的伟大相遇》，江文君等译，新星出版社2007年版，第174页。

家寻求用自然神论（理性宗教）来替代基督教（启示宗教）"[①]，中国哲学便成了他们的依皈。"启蒙哲学家们赞美儒家道德，认为它无须借助宗教便能教导人们是非对错。事实上，启蒙哲学家们简直把孔子当作他们的圣人。"[②]

欧洲的启蒙哲学家们还认为，中国的基于道德理性的政府正是欧洲中世纪世袭领主制所最缺乏的。在欧洲的中世纪，平民无法进入政治圈子，反观中国，官员皆由考试录取而来，官员即学者，学者即官员，中国的政治体制为平民进入统治阶层铺设了通道，这种官僚科层体制是中国在人类历史上的首创，因此，他们高度赞美中国不拘一格选拔人才的科举考试制度："儒学体系中最让欧洲人感到欢欣的要素之一就是学者在中国的地位。欧洲大陆的学者们的这种共识可以追溯到17世纪晚期启蒙运动开始之时……这个东方帝国就被视为是一块摧毁了政治家和学者之间樊篱的土地。当伏尔泰在政治改革的领域中小心翼翼地探索时，他把'哲学家'做王的中国作为理想国，并以此提议选拔'启蒙哲学家'出任内阁部长。伏尔泰被称为'费尔梅的孔夫子'，这只不过表达了一个多世纪以来知识分子阶层内心中的一种向往而已。"[③] 当我们发现文官制度在19世纪的英国突然平地而起、知识分子以平民身份也可"封官加爵"时，我们就不能忽视中国元素对欧洲文化的实质性渗透。

事实上，欧洲哲学正是从17世纪才开始真正走向了实践理性和主体性的发展道路。自沃尔夫、康德之后，道德哲学和人文主义已经成为西方哲学的主流，而纯逻辑的本体论渐次让位给自然科学而沦为工具理性。当我们听到人们谈论普遍道德和"全球伦理"的重建时，我们就无法否认儒家哲学至今仍具备的普遍性价值；"当弗兰克说出当时（16—18世纪）的中国是世界经济的中心时，在中国学术界引起轩然大波，一些学者极为震惊。这种看法自然无法理解中国传统文化，尤其是儒家文化为何被启蒙思想家所接受、所

① ［美］孟德卫：《1500—1800中西方的伟大相遇》，江文君等译，新星出版社2007年版，第169页。

② 同上书，第174页。

③ Arnold H. Rowbotham. "The Impact of Confucianism on Seventeenth Century Europe", *The Far Eastern Quarterly,* Vol. 4, No. 3, 1945.

赞扬……”① 中国思想在欧洲社会进步中所发挥的“他山之石”的重要作用，欧美人并不忌讳承认这一史实：“实际上，当时，中国的考试制度和儒家伦理观给欧洲留下的印象，较之欧洲的科学和数学给中国留下的印象，要深刻得多。”②

然而，从19世纪末至整个20世纪，西方哲学又出现了新的危机。理性主义复兴导致了欧洲近代哲学革命，它的进一步发展则走向了反面：传统形而上学被强力“拒斥”，工具理性和科学主义思潮泛滥，哲学本体论已不再具有知识论价值和实际意义。恩格斯早在19世纪80年代就预告了哲学的终结，进入20世纪，许多知名哲学家都相继从各自的学理角度进一步断言哲学终结，如海德格尔所言：“尼采把他自己的哲学标示为颠倒了的柏拉图主义。随着这一已经由卡尔·马克思完成了的对形而上学的颠倒，哲学达到了它的最极端的可能性，哲学进入其终结阶段了。”③ 然而，与西方相比，中国人始终是一个哲学的民族。在相当于西欧的神学（宗教）时代，中国则是一个以伦理为核心的哲学时代。诚如冯友兰先生所讲，中国文化从根本上看就是一个以哲学代宗教的文化，“一条比宗教提供的途径更为直接的途径……通过哲学而熟悉的更高价值，比通过宗教而获得的更高价值，甚至要纯粹得多，因为后者混杂着想象和迷信。在未来的世界，人类将以哲学代宗教，这是与中国传统相合的”④。其实，19世纪的西方学者也有类似的认识，德国哲学家谢林就曾断言中国人因为避开了西方人经过宗教的曲折历程，才获得了纯粹理性。西方理性主义哲学达到顶峰之后，随之而来的是现代实证主义、分析哲学和非理性主义哲学的峰起，经过一百多年的发展，其积弊之重延宕至今呈现出深层次危机：要么以唯科学主义、工具理性、物化思维、人的本质力量的异化体现人的“在场”，要么以张扬唯意志论、直觉论、“现象学”

① 张西平：《启蒙思想与中国文化——16—18世纪中国文化经典对欧洲的影响再研究》，《现代哲学》2014年第6期。

② [美]斯塔夫里阿诺斯：《全球通史》，吴象婴等译，上海社会科学出版社1999年版，第79页。

③ 孙周兴选编：《海德格尔选集》，上海三联书店1996年版，第1244页。

④ 陈来编选：《中国哲学的精神》，上海文艺出版社1998年版，第312页。

的“存在”以还原意识的人，甚至把哲学碎片化一种纯粹的语言分析工具，等等。现代西方哲学在“拒斥形而上学”中把真正的哲学抛弃了，人类得以“安身立命”的大道理没人讲了，正如德里达说：哲学被解构的不再是哲学了，以至于其解构主义也不是哲学，只能算作一种“思想”了……[①] 人们开始呼吁“重建形而上学”。“重建形而上学”离不开中国哲学的在场，三百多年来，从莱布尼茨到海德格尔，相当一批欧洲主流哲学家无不把欧洲思想界寻求支援力量的关注目光一再投向中国，试图从跨文化角度汲取东方的智慧和营养。

然而，基于跨文化的视角，我们应着眼于人类理智共性的“普照的光”，而不是拘泥于对中国哲学文本所谓绝对正确、无误的理解或诠释。且不用说当年莱布尼茨、伏尔泰、沃尔夫以及他们的后来者黑格尔、海德格尔等人在异质文化的隔膜下无法完整、准确地理解中国儒家的经典，就是今天的中国人又何尝能够真实无误地完全理解自己祖先的坟典呢？中西之间存在着一个文化沟壑，古今之间存在着一个文化沟壑，日耳曼人的近代欧洲与古希腊、古罗马之间也存在着一个文化沟壑，因此，跨文化的哲学交流，重在思想的启蒙、启发、启示。跨越沟壑的文化传播和交流既为一种同质的共求，更是一种异质的互补，唯有如此才能对人类的文化总量有所增益，对其品质有所提升。由此来看，欧洲哲学对中国哲学的需求不在于原汁原味，而在于后启蒙的创造性转化和创新性发展。同理，当今中国哲学对西方哲学的吸收，也在如此。

（原载于《文史哲》2018 年第 4 期）

① 杜小真、张宁主编：《德里达中国讲演录》，中央编译出版社 2003 年版，第 82 页。

“休谟法则”与中国现代哲学思潮

卢　兴

中国现代哲学思想的演进在很大程度上受西方哲学思潮的影响，随着西方科学理性精神的引进和传播，中国哲学界产生了“科学主义”与“人本主义”两大思潮。综观这两派之间的数次论战，“事实世界”与“价值世界”之间的划界问题成为争论的焦点。这一问题不仅是中国哲学发展的自身问题，也是现代性哲学无法回避的普遍问题，其根本症结集中于西方近代以来形成的关于“事实”与“价值”的二分法，后者就是哲学史上著名的“休谟法则”。本文通过考察“休谟法则”在中国语境中所产生的效应及其与中国现代哲学思潮之间的关系，试图对中国现代科学主义和人本主义两大思潮的内在问题予以揭示。

一、“休谟法则”与实证主义哲学

西方近代的不少哲学家认为，道德可以如几何学和代数学那样具有论证的确定性。而在休谟看来，科学方法对道德问题是无能为力的，因为科学只能回答“是什么”的问题，而不能告诉我们“应当怎样”。休谟“大吃一惊地发现”：“在我所遇到的每一个道德学体系中……我所遇到的不再是命题中经常的‘是’与‘不是’等连系词，而是没有一个命题不是由一个‘应该’或一个‘不应该’联系起来的。”[①] 在休谟看来，由以“是”或“不是”为连系词的事实命题不能推导出以“应该”或“不应该”为连系词的价值命题，

---

① ［英］休谟：《人性论》下卷，关文运译，商务印书馆 1980 年版，第 509—510 页。

而以往的道德学说总是混淆两者的区别，因此他断言这一区分足以“推翻一切通俗的道德学体系”①。休谟区分了“是”(be) 与“应当”(ought to) 两种命题，实质是将“科学”与“道德学”加以区分，这关涉到科学的“划界”问题，尽管这在他本人那里表述得并不十分明确。其后的经验主义者发展了休谟的这一思想，并将“是”与“应当”的区分固定化为“事实”(fact) 与“价值”(value) 的区分，即所谓“休谟法则”(Hume's Law)。在一般的意义上，“事实”与“价值”的区分不仅限于两类命题，而在广义上更普遍地指两大领域：前者是指能够为经验所证实或证伪的领域，其对象具有客观性，可以通过“真”或“假”加以判断，这一领域称之为“事实世界”；后者指超越于经验之上的道德、审美、信仰或终极意义领域，对其的判断在于对于主体是否具有意义，这一领域称之为“价值世界”。

伴随着19世纪自然科学的发展，实证主义哲学得以兴起并成为一股巨大的思想运动，对西方现代哲学和社会科学产生了深远的影响。其创始人孔德继承了“休谟法则”，并且进一步将其作为“实证科学”与“形而上学”划界的原则。孔德强调科学必须具有“实证性”，即基于经验观察，保证逻辑严密并且能够接受经验的检验，科学研究应做到“价值中立”；而那些无法通过经验检验的、以追求超验为特征的“形而上学”则被排斥于“科学”之外。孔德所倡导的实证主义原则明确表达了“事实”与“价值”的二分，进而体现为“科学”与“形而上学”的划界，后者可以视为“休谟法则”的变体。

作为实证主义第二代的代表人物，马赫更加明确地宣称：“我的观点是排除一切形而上学的问题的，不论这些问题被认为只是此刻不能解决的或根本无意义的。”② 其后，在第三代实证主义即逻辑实证主义者那里，“休谟法则”得以更为坚决地贯彻。维特根斯坦将人生问题排斥于科学和语言之外，“人生问题的解答在于这个问题的消除”，“对于不可说的东西我们必须保持沉默”③。石里克将拒斥形而上学作为实证主义的最基本特征：“人们想把一个

① [英] 休谟：《人性论》下卷，关文运译，商务印书馆1980年版，第510页。

② [奥] 马赫：《感觉的分析》，洪谦等译，商务印书馆1986年版，第284页。

③ [英] 维特根斯坦：《逻辑哲学论》，贺绍甲译，商务印书馆1996年版，第104—105页。

看法当作实证论的观点，这种看法就是否定形而上学的可能性。"[1] 逻辑实证主义者通过语言分析的方法，认为传统形而上学讨论的问题完全是"一串空洞的无意义的废话"，是人们对语言的误用。

这里有必要澄清这样一个问题：单就概念的内涵而言，"事实 / 价值"与"科学 / 形而上学"这两组概念并非是在同一标准之下所作的区分，如果说"科学"主要涉及的是"事实"的话，那么"形而上学"与"价值"之间并没有严格的对应关系。只有以下两种情况中这两种区分可以等同：其一，在一些形而上学的捍卫者那里，超越本体不仅存在，而且是价值性的，因此形而上学就是关于价值本体的学问；其二，在经验论或实证主义的系统中，以上两组概念都可以视为"经验 / 经验之外"的区分而相互替代。对于后一种情况，如果跳出经验论的系统，以上两组概念就没有对应关系，比如康德关于"理论理性"和"实践理性"的区分大致可以类比于"事实"与"价值"的区分，但不能视之为"科学"与"形而上学"的区分，原因在于康德的形而上学包括"自然的"和"道德的"两方面。上述两种情况在现代中国都存在，分别表现于人本主义和科学主义两大思潮之中，因而在现代中国思想史上，关于"科学"与"形而上学"问题的探讨总是与"事实"与"价值"这一"休谟法则"密切相关，"形而上学"与"价值"之间取得了某种相关性。

二、"休谟法则"与中国科学主义思潮

中国近代思想的发展是以"西学东渐"为基本特征的，随着西方科学技术的传播，实证主义思潮得以引入，"休谟法则"及其变体鲜明地体现在中国的科学主义[2] 思潮之中。

严复首先把实证主义介绍到国内，他所接触的是第一代实证主义者穆勒、斯宾塞的哲学。他认为科学知识来自经验归纳，其范围是"对待之域"，而超出"人心之域"的本体世界是"无对的"，因而不可思议，"万物本体虽

① 转引自洪谦主编：《现代西方哲学论著选辑》(上)，商务印书馆 1993 年版，第 418 页。

② 在本文中，"科学主义"相对于"人本主义"而言，指注重科学精神的思潮，是广义和中性的概念，以区别于下文所论及的具有排他倾向的"唯科学主义"。

不可知，而可知者止于感觉”①。以上是比较典型的经验论，坚持了科学与形而上学的划界。但在他的思想体系中，形而上学并没有因此被排斥，在其内心中事实世界与价值世界也并未达到王国维那样紧张对立，耐人寻味的是在面对本体问题时他更加认同于黑格尔而远离了穆勒。因此，在严复那里，“休谟法则”被贯彻，但形而上学却得以保留。

五四新文化运动高举“科学”和“民主”大旗，这时“科学”不再仅仅从属于“富强”的目的，进而作为一种独立的价值得到弘扬。“科学”获得了“无上尊严的地位”和“几乎全国一致的崇信”，“没有一个自命为新人物的人敢公然毁谤‘科学’的”②。在这种对“科学”的普遍信仰的氛围里，西方实证主义思潮被越来越多的知识分子所接受，然而，由于中国当时特殊的历史环境和时代主题，作为其核心的“休谟法则”反而并没有被中国的实证主义者所严格遵奉，科学在“技进于道”的过程中被价值化了，超出了“事实”的范围而成为一种人生态度和权威信仰。这突出地表现在1923年开始的“科玄论战”之中。

实际上早在1922年9月胡适所写的长文《五十年来之世界哲学》中，他就明确提出“我们观察我们这个时代的要求，不能不承认人类今日的最大责任与最需要是把科学方法应用到人生问题上去”③。这可以视为科学派的根本态度。科学派主将丁文江高举“科学万能”的旗号，认为无论宇宙自然、人类社会，还是人的内心世界都可以纳入科学的范围之内，而科学的进步伴随着形而上学的退避：“在知识界内，科学方法是万能的，不怕玄学终久不投降。”④他不仅要用“万能”的科学方法统一自然科学与社会科学，而且还要统一每个人的人生观，并且将这种统一的最大阻碍归咎于形而上学：“世界上的玄学家一天没有死完，自然一天人生观不能统一”⑤。另一位科学家唐

---

① 严复：《〈穆勒名学〉按语》，《严复集》第4册，中华书局1986年版，第1036页。

② 胡适：《〈科学与人生观〉序》，《胡适文集》第3卷，北京大学出版社1998年版，第152页。

③ 胡适：《五十年来之世界哲学》，同上书，第302页。

④ 丁文江：《玄学与科学——评张君劢的〈人生观〉》，张君劢等：《科学与人生观》，辽宁教育出版社1998年版，第47页。

⑤ 同上书，第40页。

钺则更加明确地认定所有心理现象无不受制于因果律，而对于“爱”和“美”等情感事项都要尽量用科学方法来解决，在根本上取消了情感的“超科学方面”。①

从科学派的论调中可以比较明确地看出其把“科学”与“玄学”对立起来，这种拒斥形而上学的思想倾向是与西方实证主义的影响密切联系的。但是，实证主义的中国传人却在很大程度上背离了作为这种哲学之基础的“休谟法则”，在科学派那里，“事实世界”与“价值世界”的界限变得模糊。②“科学”是没有界限的，它不仅在事实领域制定着规则，而且主宰着价值领域如道德、信仰、审美等。这里的“科学”已不仅仅是孔德意义上的“实证科学”，而成为一种价值指向和终极信仰，成为“真”、“善”、“美”甚至“上帝”的代名词。这种科学的“价值化”与价值领域的“事实化”或“科学化”相伴随，表现为科学方法渗透到人类精神生活的每一个角落。以上这种“科学崇拜”被研究者称之为“唯科学主义”（Scientism），美国学者郭颖颐将其定义为：“是一种在与科学本身几乎无关的某些方面利用科学威望的一种倾向。”③

这场声势浩大的“科学论战”实际上是“中西文化论战”的延续，在中国的语境中，“科学”与“形而上学”的关系问题转换成了一个文化选择的问题，这是实证主义在中国演化的一个鲜明的特点；同时在中国现代思想景观中，“科学派”与“西化派”这两个内涵不同的概念在外延上等同起来。吊诡之处在于，就抹杀“事实”与“价值”两个领域的界限这一点而言，具有鲜明西化倾向的唯科学主义者与中国传统文化“一元化”的思维模式具有某种类似之处。但是，本文并不赞同林毓生先生关于以上两者有内在继承关系的论断④，

① 参见唐钺：《心理现象与因果律》、《一个痴人的说梦——情感真是超科学的吗?》，张君劢等：《科学与人生观》，辽宁教育出版社 1998 年版，第 40 页。

② 尽管唐钺曾在文中提到“事实判断”与“价值判断”的区分（参见同上书，第 200、247 页），但他却将所有关于人格、文艺、情感和审美的问题归入“事实”的范围之内，以反驳玄学派。这正是科学派把价值领域“事实化”的表现。

③ ［美］郭颖颐：《中国现代思想中的唯科学主义》，雷颐译，江苏人民出版社 1995 年版，第 17、1 页。

④ 参见林毓生：《民初“科学主义”的兴起与含意——对“科学与玄学”之争的研究》，

理由在于中国唯科学主义者的基本思想都可以在西方实证主义那里找到源头，并且这种将科学价值化的取向在西方也有其传统[①]；另外林先生的结论无法解释下文将探讨的文化保守主义者所持的立场。

三、"休谟法则"与中国人本主义思潮

较之于科学主义者抹杀"事实"与"价值"之间界限的立场，人本主义者却坚决捍卫着"休谟法则"的二元划分。以上两派对"科学"与"形而上学"的态度显然是不对称的，前者要以"科学"取代形而上学，从而将价值世界"事实化"；后者并不否认科学的作用，只是将其适用范围限定于"事实世界"，而强调"价值世界"是科学的因果法则所不及的，原因在于人是具有自由意志的存在物，人生的复杂性为形而上学提供了存在的理由。与科学派直接受英美实证主义的影响不同，中国人本主义思潮更多地受欧陆哲学的影响，其中康德关于"理论理性"和"实践理性"的区分成为他们理解"休谟法则"的重要中介。

作为最早接触康德哲学的中国知识分子，王国维面对"事实"与"价值"两个世界的分裂产生了"可信"与"可爱"之间的内心紧张："知其可信而不能爱，觉其可爱而不能信，此近二三年中最大之烦闷。"[②] 王国维关于"可信"与"可爱"的区分不等于"科学"与"形而上学"的划分，这显然有别于实证主义而更近于康德哲学；同时他也并不把这种区分用于分判中西文化，而是在人类精神之普遍性的意义上揭示出两大领域的差异。

"科学"在五四时期作为一种崇高的价值引入中国，同时也成为西方现代文化的象征，在这种"启蒙话语"之下，各派都不怀疑科学本身的真理性，

收入氏著：《中国传统的创造性转化》，三联书店 1988 年版。该文认为现代中国的科学主义受传统文化中"有机式世界观"和"一元论思想模式"的影响而形成的。

① 参见［美］郭颖颐：《中国近代思想中的唯科学主义》，雷颐译，江苏人民出版社 1995 年版，第 16—26 页。

② 王国维：《静安文集续编 · 自序二》，《王国维遗书》第 5 册，上海古籍出版社 1983 年版，第 21 页。

争论集中于科学是否有其限度的问题，而这一问题不自觉地与中西文化争辩结合起来，正如前文所论科学主义者大都是西化派的代表，以捍卫人生价值为特征的人本主义思想家往往成为文化问题上的保守主义者，不同于前者，后者明确地贯彻了“事实”与“价值”的二元划分。

在作为论战导火索的“人生观”讲演中，张君劢历数了“科学”与“人生观”的五大差别：科学是客观的、论理的、分析的、为因果律所支配、起于对象之相同现象；而人生观是主观的、直觉的、综合的、自由意志的、起于人格之单一性。“惟其有此五点，故科学无论如何发达，而人生观问题之解决，绝非科学所能为力，惟赖诸人类之自身而已。”[①] 在论战中张君劢从未否定科学的确定性及其作用，仅是力图限定科学的范围而为“价值世界”留下余地，因此他将道德、美术和形而上学称之为“科学以外的知识”。但是唯科学主义者既不容许这种独立于因果律之外的自由意志存在，也不能容忍张氏对孔孟思想以及宋明理学的温情，在那个科学乐观主义和西方文化优越论为主导的年代，玄学派显然寡不敌众。

尽管“科玄论战”以科学主义的胜利告终，但是人本主义思潮并未绝迹，相反他们更鲜明地举起文化保守主义的旗帜，以一系列二元区分重申着“休谟法则”，代表性的如熊十力和冯友兰。熊十力划分了“性智”与“量智”两种能力，前者是对本体的体证与觉悟，后者是对外在境物的思量与推度，“量智只能行于物质的宇宙，而不可以实证本体。本体是要反求自得的，本体就是吾人固有的性智”[②]。对应于这两种能力，玄学与科学的区别在于：“玄学上‘真理’一词，乃为实体之代语，科学上‘真理’一词即为事物间的法则。前者为绝对的真实，后者之真实性只限于经验界。”[③] 熊十力所讲的“本体”和“实体”具有鲜明的价值意味，在他那里，“事实世界”（经验界）与“价值世界”（本体界）的分别是非常明确的，而基于“量智”的科学只能在

① 张君劢：《人生观》，张君劢等：《科学与人生观》，辽宁教育出版社 1998 年版，第 35 页。

② 熊十力：《新唯识论·明宗》（语体文本），《新唯识论》，中华书局 1985 年版，第 255 页。

③ 熊十力：《十力语要》卷 2，中华书局 1996 年版，第 137 页。

事实世界发挥作用，而在此之外还有更高明的“性智”及其主宰的价值世界。冯友兰划分了“真际”和“实际”：前者指本然世界（“理世界”），其为形而上学的对象；后者为自然世界，是科学的对象。科学的方法不能越界，形而上学具有自身独特的“负的方法”，并且在哲学家的眼中“真际”高于“实际”。与冯氏的人生境界说相关，“理世界”是“宇宙大化流行”，人觉解“道体”、“大全”就达到了最高的“天地境界”①，因此这里的“真际”带有鲜明的价值义涵，也正因为这一点冯友兰才被归入现代新儒家。在熊、冯等人的新儒家立场看来，形而上学的本质就是在价值领域确证本体，因此“科学/形而上学”与“事实/价值”对应起来，但在这一过程中事实意义上的形而上学却被人本主义者所忽视。

在人本主义思潮中，最为明确地用“休谟法则”以批判唯科学主义的人物当属牟宗三，他将五四以来泛化科学的态度称之为“科学一层论”、“理智一元论”，这种态度不了解科学的态度与范围，把世界视为“在理智面前平铺的事实之一层”。他认为：“是以在科学的‘事实世界’以外，必有一个‘价值世界’、‘意义世界’，这不是科学的对象。这就是道德宗教的根源，事实世界以上或以外的真美善之根源。”② 借用康德关于“现象”和“物自身”的划分，牟宗三建立了“两层存有论”的哲学体系，其根本立场就是依据着“休谟法则”：“如果‘物自身’之概念是一个价值意味的概念，而不是一个事实概念，则现象与物自身之分是超越的，乃是能稳定得住，而吾人之认知心（知性）之不能认知它乃始真为一超越问题，而不是程度问题。”③ 基于其新儒家的立场，牟宗三宣称“德行优先于知识”④，这也可以表述为“价值优先于事实”；关于两个世界的沟通，他提出“良知坎陷说”，把事实世界视为价值世界“自我否定”的结果，是第二序的世界。因此在这里“休谟法则”不仅仅是一个划界原则，同时还是一种“文化判教原则”，只有注重价值的文化系统才是高明的、圆满的。因此，这种人本主义的态度自然地转变为文

① 冯友兰：《新原人》，《三松堂全集》第4卷，河南人民出版社1986年版，第625页。

② 牟宗三：《道德的理想主义》，台湾学生书局1985年版，第254页。

③ 牟宗三：《现象与物自身》，台湾学生书局1975年版，第7页。

④ 同上书，第22页。

化保守主义，这种文化观将西方文化视为“见道不真”，其重物质而轻精神，造成“人类精神之量化”、“人类心灵庸俗化”等时代弊病；而只有中国儒家文化证成了德福一致的“圆教”，因此，“西方哲学在这一方面的活动所成的理想主义的大传统，最后的圆熟归宿是向中国哲学的‘生命之学问’走。不管它如何摇摆动荡，最后向这里投注”①。

现代中国的人本主义思潮作为“唯科学主义”的对立面，始终强调限制科学的范围以保留价值世界，因此“休谟法则”以不同的表述形式被坚决捍卫着。这种倾向自“科玄论战”初现端倪，经由熊十力、冯友兰的发挥阐扬，进而在牟宗三那里表现为一种强势的“价值优位论”。同时以上倾向又不可避免地与中西文化的冲突交织在一起，发展为一种新的“华夷之辨”。一般而言，中国文化保守主义者坚决反对唯科学主义，但极少反对科学，也不将科学视为与传统文化及其价值学说决不相容的异物。他们力图以价值理性指导工具理性，将理智和科学知识纳入一个完整的文化体系中加以安顿，在这个目标下他们在西方文化中找到了理想的思想资源，即康德关于“理论理性”和“实践理性”的二元划分。上文曾提到康德的这一划分本身无助于处理“科学”与“形而上学”的关系问题，但是在以“价值形上化”和“形上学价值化”为特征的儒学传统中，这种类比又是可能的和切题的。

四、余论

20 世纪后期的西方哲学力图突破“休谟法则”，如普特南认为科学事实的合理性或可接受性建立于融贯性、预见性和功能简单性等原则的基础上，这些原则实际上都是一些价值预设，都有主体性参与其中，因而他宣告“事实/价值二分法的崩溃”②。普特南的上述观点批评了作为实证主义教条的“休谟法则”，也构成了对唯科学主义的内在批评。尽管如此，广义上的“事实世界”与“价值世界”的区分并未因此失去效力，原因在于这一区分并不仅

① 牟宗三：《中国哲学的特质》，上海古籍出版社 1997 年版，第 8 页。

② 参见［美］希拉里·普特南：《事实与价值二分法的崩溃》，应奇译，东方出版社 2006 年版。

仅建立在休谟所发现的两类命题的差异之上，更是根源于人类理性的多层性和多向性，正如康德的先验人类学所揭示“思辨理性”与“实践理性”两种不同指向的理性能力，两者之间存在着深刻的差异和张力。正是在这个意义上，广义上的“休谟法则”依然具有跨时代的普遍意义，“事实世界”与“价值世界”的分化是现代性所产生的必然效应，对两者区分的自觉是人类理性发展成熟的重要标志。

尽管20世纪的中国思想家并没有明确声称对于“休谟法则”的继承或是反对，但是以上两个世界的区分及其关系确实成为各派思潮所无法回避的哲学问题，因此所谓“休谟法则”并不仅是西方哲学的课题，同时也是中国现代哲学自身演进所要认真思考的内在问题。之所以可以这样说，原因在于西学东渐过程的深入将科学的本质和界限问题展现在中国知识分子面前，而中国文化自身的现代化使两个世界的紧张对立凸显为时代课题，要求中国思想家必须在理论上对此课题提出解决之道。

对比中国现代思想史上的科学主义和人本主义两大思潮，其共同点在于肯定科学在事实世界的积极作用，这表明科学作为现代性不可或缺的要素得到了知识分子的广泛承认，这一共识显然应当归功于五四新文化运动。而两者的分歧主要集中于科学的界限问题，由此产生了对“事实世界”与“价值世界”关系的不同立场，颇有意味之处在于：就现实后果而言，西方实证主义所奉行的“休谟法则”在中国为科学主义者所摒弃而为人本主义者所坚持，同时两派各自都走向了极端化，导致了“唯科学主义”和“价值优位论”。

基于中国现代化的时代主题，“事实 / 价值”问题与中西文化问题交织在一起，使这一问题的探讨更加复杂化。科学主义派大多坚持西化的立场，认为源自西方的科学不仅能够促使中国社会和文化走向现代化，而且解决中国人的精神信仰和终极意义问题；人本主义派在文化观上大多秉持着保守主义的立场，认为中国传统文化能够为中国人民提供价值依归，与科学所主宰的事实世界并行不悖。由此我们不难发现中国现代思想家的哲学立场与文化观念有某种内在的联系。也正出于这个原因，科学主义派和人本主义派都不可能立足于“人类精神之一般”的高度真正处理好“事实”与“价值”、“科学”与“形而上学”的关系。

出于不同的原因，现代中国的科学主义者和人本主义者都将“科学 / 形而上学”的区分在某种程度上等同于“事实 / 价值”的区分，而真正推动西方科学进步的“事实领域的形而上学”[①]却没有得到双方足够的重视，这一点对于中国的现代化进程而言不可不谓是一种偏失和遗憾。尽管如此，中国现代哲学史上关于“休谟法则”及其衍生问题的讨论依然具有深远的意义，对于我们今天促进“科学精神”与“人文精神”的和谐发展、从事“中国现代性”的合理建构具有重要的借鉴意义。

（原载于《思想战线》2013 年第 4 期）

① 关于这一问题的具体探讨，参见卢兴、吴倩：《“事实 / 价值”等于“现象 / 本体”吗？——对牟宗三“良知自我坎陷说”的一个检讨》，《河南社会科学》2011 年第 4 期。

从三个“文化宣言”看中国现代化的文化努力

——以民族精神自我挺立为视角

李宗桂

中国的现代化，从肇始期鸦片战争算起，迄今已一百六十余年。其间，中国社会经历了从物质文化到制度文化再到思想文化的变革，现代化的目标至今还未全面实现。[①]在这漫长的途程中，中国知识分子为了中国现代化的实现，为了民族复兴，在文化层面作了坚韧的努力。其中，先后三个“文化宣言”的发表，彰显了中国知识分子在追求中国现代化方面的文化努力，以及对于中华民族精神的自我挺立的价值理念。

五四新文化运动，无疑是中国知识分子在文化层面促进中国现代化的最为典型也最有成就的努力之一。但是，思想文化的变迁特别是其在现代化进程中的作用，是一个漫长而艰辛的过程，具有繁复的机制。因此，在五四以后的相当长的时期中，如何进一步从思想文化的深层结构入手，促进中国文化的现代化进而促进中国社会的现代化，是所有具有社会良知的知识分子的努力方向。

正是在这样一个思想轨迹上，从20世纪30年代中期到21世纪初期，大约70年的时间内，中国的知识分子发表了三个“文化宣言”[②]，阐发了对中

---

① 详见李宗桂:《文化批判与文化重构——中国文化出路探讨》第一章“传统论题的近代转换”，陕西人民出版社1992年版，第1—45页。

② 在这三个“文化宣言”之外，其实还有别的“文化宣言”，比如2001年10月由李伯淳执笔，张岱年、季羡林等86位“中华文化研究者”签名的《中华文化复兴宣言》(载李伯淳主编:《中华文化与21世纪——当代学者论人类未来百个方面的趋势》，中国言实出版社2003年版，第1—8页)。该“宣言”着眼于阐发“21世纪是中华文化复兴的时代”，论说相当口号化，参加签名的人中，相当部分并非真正意义的“中华文化研究者”，且与本文主题有相当距离，故不予置评。

国文化价值、中国文化与世界文化的关系、中国文化和世界文化发展前景的见解，从而为中国的现代化提供了思想文化方面的资源。这三个"文化宣言"分别是：1935 年 1 月，王新命、陶希圣、黄文山、萨孟武等 10 位教授发表的《中国本位的文化建设宣言》①；1958 年元月，牟宗三、徐复观、张君劢、唐君毅 4 位教授发表的《为中国文化敬告世界人士宣言——我们对中国学术研究及中国文化与世界文化前途之共同认识》②；2004 年 9 月，许嘉璐、季羡林、杨振宁、任继愈、王蒙等 70 位学者发表的《甲申文化宣言》③。三个"文化宣言"发表的时代不同，阐发的中国文化观和世界文化观有异，但其精神实质和核心价值指向，是力图促进中国文化的现代化，进而促进中国社会的现代化，彰显了民族文化的主体性，昭示了民族精神的自我挺立。

一、三个"文化宣言"的主要内容和价值主题

第一个"文化宣言"发表于 1935 年 1 月。这个时候，是 1915 年开始的五四新文化运动二十年，1933 年的"中国现代化问题"讨论后两年，胡适、陈序经鼓吹"西化"风头正劲之年④，九一八事变后四年，抗战全面爆发前两年。中华民族可谓内忧外患极为深重，如何挽救民族危亡，挺立民族文化的主体，弘扬民族文化的精神价值，是思想文化界面临的重大现实问题，也是文化发展的根本路向问题。

---

① 王新命等：《中国本位的文化建设宣言》，《文化建设》月刊第 1 卷第 4 期，1935 年 1 月 10 日。

② 这个"宣言"的题目，1958 年发表在香港《民主评论》元月号上的是《为中国文化敬告世界人士宣言——我们对中国学术研究及中国文化与世界文化前途之共同认识》；而在唐君毅自己的著作《中华人文与当今世界》下册（台湾学生书局 1975 年版）中，该"宣言"作为"附录"之一登载出来，题目是《中国文化与世界——我们对中国学术研究及文化与世界文化前途之共同认识》。两者的内容没有什么不同。

③ 许嘉璐等：《甲申文化宣言》，《文学报》2004 年 9 月 9 日第 1 版。

④ 胡适论述其全盘西化观点的代表作：一是 1929 年发表的《今日中国的文化冲突》，二是 1934 年连续发表的三篇论"信心与反省"的文章。陈序经全面论证其"全盘西化"主张的著作主要有二：一是 1934 年出版的《中国文化的出路》，二是 1933 年在广州岭南大学完成的《东西文化观》。

《中国本位的文化建设宣言》明确提出了建设中国本位的文化的目标。“宣言”作者们劈头便说：“在文化的领域中，我们看不见现在的中国了。”“中国在文化的领域中是消失了；中国的政治的形态，社会的组织，和思想的内容与形式，已经失去它的特征。”在这种情况下的人民，“渐渐的不能算得中国人”。因此，他们肯定地说：“从文化的领域去展望，现在世界里面固然已经没有了中国，中国的领土里面也几乎没有了中国人。”这是说，从世界文明的范围看，由于当时的中国失去了固有的特征，因而文化意义上的中国没有了；而由于中国文化特质的丧失，由这文化所陶冶的中国人也没有了。简言之，当时的情势是：既无文化意义上的中国，也无文化意义上的中国人。这可真正是前所未有的惊世骇俗之论！前贤有云：有亡国有亡天下，亡天下即是亡文化！作为在文化领域颇有专业建树的王新命等十教授，真正感到忧愤之至！他们决心振衰起颓，“从事中国本位的文化建设”，从而“使中国能在文化的领域中抬头”、“使中国的政治、社会和思想都具有中国的特征”。为了达到这个目的，十教授提出了一个基本的原则：批评的态度、科学的方法，检阅过去的中国，把握现在的中国，建设将来的中国。

在上述基础上，十教授对中国文化的历史发展做了一个“总清算”。他们认为，从文化的视角看，中国曾经在世界上占有很重要的位置。从太古到秦汉之际，都在上进的过程中。“春秋战国形成了我们的希腊罗马时代”，那是中国文化大放异彩的隆盛期。“但汉代以后，中国文化就停顿了”，直到鸦片战争，由于列强侵入，中国文化才发生了很大的质的变动，“古老的文化起了动摇，我们乃从因袭的睡梦中醒觉了”。伴随这种醒觉，先后有了曾国藩、李鸿章的洋务运动，康有为、梁启超的维新变法。十教授批评说，曾、李的洋务运动对于西方先进文明“完全是技艺的模仿”，康、梁的维新运动“不过是政治的抄袭”，“都可说是‘中学为体、西学为用’的见解”，属于“改良”性质的变动，不能满足当时改造中国、振兴中华的要求。孙中山领导的辛亥革命，立志把中国“从根上救起来”，把西方先进文明“迎头赶上去”，“主张对中国的社会、政治、经济作彻底的改造”。十教授肯定了“以解放思想束缚为中心的五四文化运动”，认为经过这个运动，中国人的思想“遂为之一变”，继而是“打倒军阀打倒帝国主义的声浪遍于全国，由此形成了一个伟大的国民革命”。其后，经过数年努力，中国的政治改造达到了相当的成功。这时，应当着力建设。而文化建设对于经济社会发展的作用，与政治建设、经济建设一样，甚至更为迫切。他们认为，在文化建设方面，复古的主张是行不通的，西化的主张照样是行不通的。古代的中国已经成为历史，历史不能而且也不需重演；“完全模仿英美”（或者意大利、德国，或者苏俄），是轻视了中国空间时间的特殊性。道理很简单：其一，中国“应有其独特的意识形态”；其二，中国当时是在农业的封建社会和工业的社会交嬗的时期。因此，文化建设既不应当复古，也不应当西化，而应挺立自我，拿出自己既顺应世界文明发展潮流而又适合中国国情的主张。

十教授提出的文化建设基本主张是：中国本位的文化建设。围绕这个主张，他们提出，中国本位的基础是：“此时此地的需要”。因为，中国有它自己的特殊性；中国有自己的时代性。在这个“基础”之上，对于中国古代的制度思想，“存其所当存，去其所当去”。良好制度伟大思想，应当发扬光大，贡献于全世界；不良制度卑劣思想，应当淘汰务尽、无所吝惜。对于欧美文化，应当以现代中国的需要为标准，吸收其所当吸收，而不应全盘吸收。本位文化建设的目的，是要“使在文化领域中因失去特征而没落的中国和中国人，不仅能与别国和别国人并驾齐驱于文化的领域，并且对于世界的文化能有最珍贵的贡献”。要而言之，在文化建设方面，中国既要有自我认识，也要有世界眼光；既不闭关自守，也不盲目模仿。根据这种认识，文化建设就应当是：不守旧，不盲从，根据中国本位，采取批评态度，应用科学方法；检讨过去，把握现在，创造将来。十教授诠释说：不守旧，是淘汰旧文化，去其渣滓，存其精英，努力开拓新的道路。不盲从，是取长舍短，择善而从。根据中国本位，采取批评态度，应用科学方法来检讨过去，把握现在，创造将来，是要清算从前的错误，提供目前的需要，确定将来的方针，“用文化的手段产生有光有热的中国，使中国在文化的领域中能恢复过去的光荣”。从根本上说，是要复兴中国文化，振兴中华。

这篇《中国本位的文化建设宣言》发表以后，受到广泛关注，引起轩然大波。四个月以后的 5 月 10 日，针对当时的种种质疑和批评，十教授又发表了《我们的总答复》一文，重申了“宣言”的观点，对当时争论的几个关键问题做了阐释，具体是：何谓中国本位？何谓不守旧？何谓不盲从？中国本位和“中学为体，西学为用”有何不同？什么是中国此事此地的需要？对于反帝反封建的态度怎样？这样六个问题。其中，重点对“此时此地的需要”给予了说明：“充实人民的生活，发展国民的生计，争取民族的生存”。最后总结道：“故中国本位文化建设是一种民族自信力的表现，一种积极的创造，而反帝反封建也就是这种创造过程中的必然使命”①。

针对十教授的观点，当时的西化派健将胡适发表了《试评所谓“中国本位的文化建设”》一文，激烈批评“宣言”的观点和方法。胡适认为，“中国本位的文化建设”“正是中学为体西学为用的最新式的化妆”，所谓“根据中国本位”，正是“中学为体”；所谓“采取批评态度，吸收其所当吸收”，正是“西学为用”。十教授的“宣言”“正是今日一般反动空气的一种最时髦的表现”。② 同为西化派健将甚至比胡适西化更为彻底的陈序经，认为十教授的中国本位的文化建设本质上“是一个复古与守旧的宣言”，没有跳出“中体西用”论的思维框架。③ 对于十教授的《我们的总答复》一文，陈序经一方面认为，“态度是偏于复古的”，“跳不出折衷派的圈子”，是抱残守缺、复古倒退；另一方面，陈序经又认为，“十教授已有意无意的趋于全盘西化的路上”。④ 严既澄发表《〈我们的总答复〉书后——向〈中国本位文化建设宣言〉的起草者进一言》，认为十教授的“根本主张其实是和所谓全盘西化说大体相近的”，“今日惟一的能够表现中华民族的自信力的……也就是所谓‘全盘西化’”。⑤

参与这次本位文化建设论争的人士甚多，发表的论文，仅收入马芳若编辑的《中国文化建设讨论集》的，就有 160 篇之多！限于篇幅和本文主题，

① 王新命等：《我们的总答复》，《文化建设》第 1 卷第 8 期。

② 胡适：《试评所谓“中国本位的文化建设”》，载氏著：《胡适论学近著》，上海商务印书馆 1935 年版。

③ 陈序经：《评〈中国本位的文化建设宣言〉》，《全盘西化言论续集》，岭南大学学生自治会编，1935 年，第 98 页。

④ 陈序经：《读十教授〈我们的总答复后〉，《大公报》1935 年 5 月 20 日。

⑤ 严既澄：《〈我们的总答复〉书后——向〈中国本位文化建设宣言〉的起草者进一言》，《大公报》1935 年 5 月 22—23 日。

此处兹不赘述。值得注意的是，无论是本位文化派，还是全盘西化派，其思维方式和终极价值有共同之处：其一，都是从思想文化层面入手思考并力图解决中国社会的现代化问题；其二，都是要实现振兴中华、复兴中华文明的目标。当然，两派之间的争论，并非无稽之谈，而是反映了不同知识分子群体在如何实现现代化的途径和方式上的根本性区别。通过这场论争，全盘西化派宣扬了文化建设要充分注意文化的世界性、突破狭隘民族主义藩篱的观点，从而扩大了自己主张的影响；本位文化派张扬了文化的民族性，强调了文化建设需要充分关注并适应本国本民族的现实需求，而不能脱离中国实际盲目照搬西方，从而坚持了文化建设的民族立场和民族文化价值。其实，尽管双方论争十分激烈，看似文化建设的目标手段都极不相同，但隐藏在论争表象背后的深层问题意识却是十分强烈而一致：探求中国文化建设的途径、模式和目标，建设现代性的文化，通过文化现代化为中国社会的现代化提供动力，寻求中国现代化的方向。拂去历史的尘埃，抛却那个特定时代的意识形态语境，从文化发展的民族性和继承性一面来看，平心而论，十教授“文化宣言”是中国自鸦片战争以后在文化建设方面的主体意识的第一次群体性觉醒，是对中体西用文化价值观的突破，是对全球视野中的文化建设的民族性问题的自觉。这种主体意识的觉醒和民族性的自觉，在中国近代思想文化史上具有独特的价值。在全球化时代，我们如何既适应世界文明发展的潮流，又坚持文化建设的民族自主性和独立性①，“本位文化建设”论者的某些思路和见解，值得我们借鉴。同样，全盘西化论者对于本国文化痼疾的针砭，对于民族文化封闭性的超越，特别是对西方文化优长之处的阐释和认同，也值得我们思考。其实，两派都注意到了当时的国情，只是本位文化派强调的是文化的继承性，主张在守成中创新；全盘西化派强调的是文化发展的惰性，主张在变革中守成。相对而言，本位文化派重视的是文化变迁中的民族文化主体性的坚守，全盘西化派重视的是文化变迁中的民族文化的创

① 参见李宗桂以下诸文：《经济全球化与民族文化建设》，《哲学研究》2001 年第 1 期；《文化全球化与当代中国文化建设》，《南开学报》2002 年第 5 期；《文化自觉与文化发展》，《中山大学学报（社会科学版）》2004 年第 6 期；《重视传统文化的民族性》，《人民日报》2005 年 2 月 4 日。

新。二者互相针砭却又互相发明，形成了独特的张力。不过，从历史文化传统、当时的国情和后来的文化发展实际看来，本位文化派的主张更有价值理性。本位文化论既能避免全盘西化论带来的民族文化主体性的丧失，又能超越中体西用论的弊端。道理很简单，中体西用论是要保存封建社会、封建文化这个体，而本位文化论明确宣布“反帝反封建”是民族文化创造性发展的“必然使命”。当然，本位文化论对于西方文化的优长之处，其认识并不到位，这是毋庸讳言的。

在十教授的本位文化建设宣言发表33年后的1958年，现代新儒家重镇的牟宗三、徐复观、张君劢、唐君毅四位教授，联名发表了《为中国文化敬告世界人士宣言——我们对中国学术研究及中国文化与世界文化前途之共同认识》。

本来，这篇“宣言”撰写和发表的初衷，是为了纠正西方汉学界对于中国文化的偏见，顺便端正某些中国人对本国文化的错误认识。1957年6月28日，唐君毅致牟宗三、徐复观函中说：“学术文化宣言承兄等嘱草初稿，弟于上月曾费半月之力，草了四万余字。以太长，不甚类一般宣言，用意在针对西方人对中国文化及政治之误解求加以说服”①。同年11月28日，唐君毅在致徐复观、牟宗三的信中就说：“此文本意是教训西方人治汉学者，今虽不能即译为英文，但仍表示吾人之一声音与态度。同时间接可端正若干中国人之态度。”②

唐君毅、牟宗三、徐复观、张君劢四教授拟议并发表“文化宣言”的20世纪50年代后期③，中国在世界上地位卑弱，中国文化被外国人尤其是西方人误解甚至歪曲甚多。在这种情况下，唐君毅等四教授能够坚守中国文化的精神价值，阐扬民族文化，正面揭示西方人研究中国学术文化的偏颇，力

① 唐君毅：《致牟宗三》之第十二，载氏著：《书简》，《唐君毅全集》第26卷，台北学生书局1991年版，第174页。

② 唐君毅：《致徐复观》之第三十七，载氏著：《书简》，《唐君毅全集》第26卷，台北学生书局1991年版，第116页。

③ 唐君毅是现代新儒家“文化宣言”的执笔者，但发表时的署名顺序是牟宗三、徐复观、张君劢、唐君毅。这是由于唐君毅是“宣言”的执笔者，本着中国文化固有的谦逊精神，唐君毅将自己署名在末尾。其实，“宣言”强烈灌注了唐君毅的思想，体现了唐君毅的文风，故以下将唐君毅列为首位。

图端正某些中国人对于民族文化和西方文化的不恰当态度，无疑具有重要的文化价值。本文下节将作具体评析，此处不赘。

与前述两个“宣言”相映成趣的是，在中国大陆实行改革开放政策二十多年后，中国正在“和平崛起”之时，2004 年 9 月 3 日至 5 日，中华民族文化促进会在北京举行“2004（甲申）文化高峰论坛”。[①] 会议结束时发表了《甲申文化宣言》，新华社发布了通稿，大陆几乎所有重要媒体都刊登或报道了这一“宣言”的要点。[②] 该次论坛由许嘉璐、季羡林、任继愈、杨振宁、王蒙五人发起[③]，“宣言”则由参加该次“文化高峰论坛”的 70 位学者共同署名。“宣言”的基本思想背景是“全球化”。“宣言”认为，全球化“这一显见的世界趋势既推动了人类文明特别是科技成就和企业经验的共享，也凸显出国家、民族、地区之间不同文明的差异、分歧和冲突”。因此，“宣言”签署者们借该次论坛之机，“向海内外同胞，向国际社会表达我们的文化主张”。

概括而言，《甲申文化宣言》签署者们的主张是：一、提倡文明的多样性。认为：文明多样性是人类文化存有的基本形态。期待经历过全球化的洗礼，原生状态的、相对独立的多样文明将获得更为广泛的参照，更为坚定的认同。主张文明对话，以减少偏见、减少敌意，消弭隔阂、消弭误解。反对排斥异质文明的狭隘民族主义，更反对以优劣论文明，或者将不同文明之间的关系形容为不可调和的冲突，甚至认为这种冲突将导致灾难性的政治角力和战争。二、主张文化多元化，认为任何国家民族都有自己文化创造、文化发展和文化选择的权利。文化多元化对于全球范围的人文生态，犹如生物多样性对于维持物种平衡那样必不可少。每个国家、民族都有权利和义务保存和发展自己的传统文化；都有权利自主选择接受、不完全接受或在某些具体

---

① 中华民族文化促进会会长是时任全国政协副主席的叶选平。

② 有趣的是，绝大多数媒体和学术刊物，都是以新闻报道或者观点摘编的方式介绍《甲申文化宣言》的内容，真正全文刊登该“宣言”的极少，目前见到的纸质载体全文刊登者，只有《文学报》2004 年 9 月 9 日第一版，以及人民日报社主办的《大地》2004 年第 18 期。

③ 许嘉璐，时任全国人大副委员长；季羡林，曾任北京大学副校长；任继愈，曾任中国社会科学院世界宗教研究所所长、国家图书馆馆长；杨振宁，曾获诺贝尔物理学奖的美籍华人学者；王蒙，著名作家，曾任文化部部长。

领域完全不接受外来文化因素；同时也有权对人类共同面临的文化问题发表自己的意见。国家不论大小、历史不论长短、国力不论强弱，在文化交往和交流方面均享有平等权利。反对文化沙文主义和文化歧视。三、中华文化是海内外华人的精神家园、情感纽带和身份认同。她不但有自强的力量，而且有兼容的气度，灵便的智慧。四、中华文化在当今世界具有独特的价值。中华文化注重人格、注重伦理、注重利他、注重和谐的东方品格和释放着和平信息的人文精神，对于思考和消解当今世界个人至上、物欲至上、恶性竞争、掠夺性开发以及种种令人忧虑的现象，对于追求人类的安宁与幸福，必将提供重要的思想启示。五、发展中国文化应当吸收世界各国文化的优长之处。当今中国人应当与时俱进，反思自己的传统文化，学习和吸收世界各国文化的优长之处，发展中国的文化。接受自由、民主、公正、人权、法制、种族平等、国家主权等价值观。六、呼吁包括中国政府在内的各国政府，推行积极有效的文化政策：捍卫世界文明的多样性，理解和尊重异质文明；保护各国、各民族的文化传统；实现公平的多种文化形态的表达与传播；推行公民教育，激励国家、民族和地区间的文化交流。①

《甲申文化宣言》发表以后，在海内外特别是在中国大陆引起了强烈的反响，赞美、认同者大有人在，质疑、反对者也不乏其人。

值得注意的是，《甲申文化宣言》发表之时，中国在世界上的地位和影响与《中国本位的文化建设宣言》发表时的20世纪30年代、与现代新儒家《中国文化与世界》文化宣言发表时的20世纪50年代，已经大为不同，世界形势也已发生了根本的变化。全球化时代的到来，中国和平崛起的态势，使得海内外关心、热爱中国文化的华人，都在思考如何安顿中华民族的精神生命，如何在经济全球化、政治多极化、文化多元化的世界文明格局中，发展中国文化，促进人类文明与社会的健康发展。尽管由于这个“宣言”的签署者人员庞杂、行文过于浮泛，缺少学理的分析，内容和观点具有明显的杂凑现象，但这个“宣言”的发表，毕竟反映了新世纪中国知识分子文化自觉意识的觉醒，反映了和平崛起中的中国文化价值的自我认知，以及中国文化

---

① 《70位专家学者联名发表甲申文化宣言》，《光明日报》2004年9月6日。

在新的世界文明发展格局中的某种要求。

总的看来，三个“文化宣言”尽管发表时代不同，参与人士各异，价值目标参差，但是，站在今天的中国文化发展高度，从全球化视野进行考察，它们的价值主题却有着本质上的一致，这就是：促进中国文化的现代化，进而促进中国社会的现代化；坚持民族文化的主体性，挺立中华民族精神，实现中华文明的复兴。

二、现代新儒家“宣言”的文化价值

现代新儒家的“文化宣言”发表以后，引起了港台和海外华人学者的高度关注，并产生了始料未及的效果，迄今仍然受到包括大陆学术界在内的海内外华人学术界的重视。相比而言，三个“文化宣言”中，现代新儒家的“文化宣言”篇幅巨大、论述深入、见解独到，具有独特的思想史价值，对中国文化的发展和建设具有积极的借鉴意义，也最能反映中国知识分子在实现现代化方面的文化努力，以及对民族文化主体性的挺立。因此，本节特专门论析。

现代新儒家“文化宣言”之所以能够在海内外引发长久的关注和思考，特别是在中国大陆实行改革开放、重新审视中国传统文化的价值后，受到越来越多的人士的关切，与其所阐发的基本内容和观点有密切关系。

该“宣言”一共12部分，分别为：(1) 发表此“宣言”的理由；(2) 世界人士研究中国学术文化的三种动机、道路及其缺点；(3) 中国历史文化精神生命之肯定；(4) 中国哲学思想在中国文化中的地位及其与西方文化之不同；(5) 中国文化之伦理道德与宗教精神；(6) 中国心性之学的意义；(7) 中国历史文化所以长久之理由；(8) 中国文化之发展与科学；(9) 中国文化之发展与民主建国；(10) 我们对中国现代政治史之认识；(11) 我们对于西方文化之期望，及西方所应学习于东方之智慧者；(12) 我们对于世界学术之期望。“宣言”洋洋洒洒4万余字，围绕上述问题作了尽情的阐发。

现代新儒家作为中国文化价值的保守者，他们在面对内外冲击的时候，首先就要令人信服地阐释中国文化的价值所在，护卫并弘扬中国文化的精神生命。"宣言"明确提出，中国人安身立命的精神家园是中国文化，而不是别的。"真正的智慧是生于忧患"。"中国文化问题，有其世界的重要性"。将近全球人口四分之一的中国人，其生命与精神的寄托和安顿，不仅关乎中国人自身，也关乎全人类的共同良心。应当承认，中国文化有其活的生命力，中国的历史文化，是无数代中国人以生命心血所写成，是一客观的精神生命之表现。中国民族精神生命的核心，是中国哲学思想。中国文化的特质，在于其"一本性"，亦即中国文化在本原上是一个体系，有一脉相承之统绪。"在政治上，有分有合，但总以大一统为常道"。中国的义理之学，其目标在于人之道德人格的真正完成。这个人格的完成，系于人之处处见于义理之当然，而不见利害、祸福、得失、生死。中国心性之学，是中国学术思想的核心，是天人合德之说的理由所在。《中庸》所讲的"道并行而不悖"，成就了中国文化的博大性格，而博大正是中国文化能够悠久的根源。中国文化的"当下即是"的精神和"一切放下"的襟抱，"圆而神"的智慧，"温润而恻怛或悲悯之情"，使文化能够悠久的智慧，天下一家之情怀等，都是中国文化特有的精神价值，而中国人不仅能够凭此以为精神家园，而且也是西方文化所应学习之处。① 应当说，现代新儒家在"宣言"中对中华民族精神家园的重视，特别是对中华民族精神家园内容的具体阐释，蕴含了深刻的文化智慧，彰显了他们对中华民族安身立命之道的真诚关切和切实建设。

"宣言"在充分肯定中国文化的精神价值的同时，也实事求是承认西方文化的优长之处，提出中国文化应当自觉地向其学习。在"宣言"作者看来，科学和民主是西方文化的优长之处，中国传统文化没有发展出科学和民主，因而应当向西方学习。在"宣言"第八、第九两个部分，作者深入论述了中国文化历史中的缺陷，说："我们承认中国文化历史中，缺乏西方之近代民主制度之建立，与西方近代之科学，及各种实用技术，致使中国未能真正的现代化工业化"。质言之，中国没有能够实现现代化，就是因为缺乏民主和科学，而要实现中国的现代化，就必须建立民主政治和近代科学。应当说，"宣言"的作者在这个问题上是很坦诚、很有理性意识的。当然，"宣言"

① 李宗桂：《评唐君毅的文化精神价值论和文化重构观》，《哲学研究》1989 年第 3 期。

作者为中国文化历史没有开出民主和科学作了辩护，认为：中国的文化思想具有民主思想的种子，其政治发展的要求，倾向于民主制度的建立；中国文化并不是反科学的，并不轻视科学实用技术。中国文化中的天下为公、人格平等的思想，“即为民主政治思想根源之所在，至少亦为民主思想之种子所在”。这些见解，当然可以讨论。但“宣言”坦率承认中国文化没有开出民主制度和近代科学，不仅反衬了西方文化的长处，而且凸显了中国文化的缺失及其应当向西方文化学习的地方，进而昭显了中国文化未来发展路向应当以科学民主为重要价值追求的取向，为重构中国文化的价值系统提供了异质资源。这表明，“宣言”具有开阔的世界眼光和开放兼容的胸襟，也反映了现代新儒家在“保守”中国文化本根基础上尊敬并学习西方文明的诚恳态度。

“宣言”的另一独特价值，是明确提倡中西文化应当相互学习。在 20 世纪 50 年代，中国在世界上地位不振。就文化意识而言，要么是极端的崇洋媚外，要么是极端的排洋仇外，前者以港台地区为代表①，后者以大陆地区为典型。② 在当时的特定历史条件下，“宣言”能够明确提出并详细论述了中西文化应当相互学习的观点，不仅反映了宏阔的全球意识，而且体现了挺立中国文化精神价值的民族立场，难能可贵。

“宣言”贯穿始终的一个精神，或者说自始至终洋溢着的文化气息，是对于文化的民族性(民族特质）的高扬。近代以来，由于中华民族灾难深重，中国的现代化步履维艰，要救亡，要图强，就必须向西方学习，使得不少人对于中国文化的价值发生怀疑，并在学习西方的过程中逐渐忘记甚至企图消解中国文化的特质。“宣言”从诠释中国文化的特殊性入手，始终坚持民族文化精神的自我挺立，强调中国文化所以能够悠久的历史文化因由，强化了中华民族的文化本根意识。这不仅在“宣言”发表的那个时代具有特殊的意

---

① 台湾“中央研究院”近代史研究所研究员翟志成说：“在港台当时正极端‘崇洋媚外’的文化界和知识界，任何沾得上洋味的东西，其身价立增十倍。”见氏著：《儒学与现代化：港台新儒家的文化宣言》，“儒学与海峡两岸文化根基学术研讨会交流论文”，北京，2008 年 1 月 21—25 日。

② 中国大陆在 20 世纪 50 年代，由于受到国际上的封锁打压，自上而下都有一种严重的排洋仇外思想和情绪。

义，而且在全球化的今天，仍然具有普遍的意义和恒久的价值。

“宣言”强调对民族文化应当具有温情和敬意，不仅对于崇洋媚外的文化心理是有力的针砭，而且对于全盘否定民族传统文化的虚无主义，也是深刻的批判和合理的矫正。至于“宣言”所反复申论的要对本民族文化的过去、现在和将来有一个清醒的认识和合理的评价的思想观点，则更是体现了文化自觉意识，而文化自觉意识的张扬，是文化进步的必要条件。①

质言之，唐君毅、牟宗三等四教授依据上述问题而诠释的关于“中国文化与世界”的观点，具有若干独特的价值。这些独特的价值，主要表现为：(1) 理性阐释了中国文化的价值，弘扬了中国文化的精神生命；(2) 实事求是承认西方文化的优长之处，确认了西方文化应当被我民族学习吸收的地方；(3) 提倡中西文化相互学习的立场和方法；(4) 重视文化的民族性，强化了中华文化的本根意识；(5) 给全世界中国人昭示了对待民族文化应有的温情和敬意；(6) 凸显了文化自觉意识。这些，在全球化的今天，在弘扬中华文化、建设中华民族共有精神家园的时候，仍然值得我们很好地总结、借鉴。

三、三个“文化宣言”的思想同异及其对中国文化发展路向的启迪

显而易见，上述三个“文化宣言”的发表，彰显了20世纪以来中国文化发展的某种足迹，反映了中国知识分子在为实现现代化途程中的文化努力。

从文化比较的角度考察，三个“文化宣言”所关涉的相同问题是：

其一，都在民族本位基础上关注并辨析了中西文化的关系。

王新命等十教授的《中国本位的文化建设宣言》，其着眼点是中国本位，而中国本位的提出，对应的是西方文化的问题，这是不言而喻的。不过，本位文化建设更加强调的是中国文化的特殊性，强调文化建设要以民族文化

① 参见李宗桂：《文化自觉与文化发展》，《中山大学学报（社会科学版）》2004年第6期。

为本位，以“此时此地”的需要为根据。唐君毅、牟宗三等四教授的《为中国文化敬告世界人士宣言》，其出发点本身就是为了匡正西方人对于中国历史文化和思想学术的偏见和误解，以及矫正某些中国人对于本国文化的偏误，其直接的、主要的对象是西方人和西方文化。不过，相对本位文化建设论者，现代新儒家们更加强调中西文化的平等和对话、交流，更加注重中国文化建设在世界文化发展格局中的地位和作用，较之本位文化建设论者，思路更开阔，眼光更高远。相对于本位文化论者对于西方文化的抵制，现代新儒家不仅表现出学习西方先进文化的真诚态度，而且表现出对于西方科学民主等先进文化的深刻认识和自觉认同。许嘉璐等七十位学者的《甲申文化宣言》，以全球化为观照，直面西方，强调中外文化关系是平等关系，重视文化多元化的价值，“主张文明对话，以减少偏见、减少敌意，消弭隔阂、消弭误解”；认为文明没有优劣之分，反对狭隘民族主义和文化沙文主义。由于这个“宣言”的签署者来自海内外华人世界，分属多个不同的专业领域，因此，这个“宣言”的主张可能更多地反映了全球化态势下的中国文化人对于中国文化在当今世界地位的维护。

其二，都涉及了民族自信力的问题。

本位文化“宣言”看到的，更多的是民族自信力的减弱甚至丧失的问题，因而主张文化建设要以“本位”为主，防止西化，以增强自信，找回在文化领域已经消失的中国和中国人。可以说，本位文化论者是从“防西”的角度“立中”、“挺中”。现代新儒家文化“宣言”则通过对中华文化特殊价值的阐发，强调中华文化对于本民族以及对于世界文化的价值，从而在中华文化“花果飘零”之际，增强民族自信。同时，通过对西方文化优秀成分的认知和接受，增强本民族文化的机体，从而增强民族文化的自信和力量。可以说，这是通过“容西”、“融西”而彰显并增强民族文化的自信力。《甲申文化宣言》通过对“中华文化注重人格、注重伦理、注重利他、注重和谐的东方品格和释放着和平信息的人文精神”的强调，突出其对于思考和消解当今世界个人至上、物欲至上、恶性竞争、掠夺性开发等不良现象的价值所在，突出对民族文化价值的信念。可以说，这是通过“释中”而“会西”，进而挺立民族文化自信立场。

其三，都涉及了文化的民族性问题。

三个文化“宣言”，都从不同侧面，诠释了中华文化的民族特质，阐发了民族文化的独特贡献和对于人类社会的贡献所在，对于抵制乃至消解国际上的文化霸权主义、文化沙文主义，对于坚持文化建设的民族性，都有积极的意义。

其四，都涉及了学习、吸收西方文化的问题。

本位文化建设“宣言”明确宣示，“吸收欧美的文化是必要而且应该的”。现代新儒家文化“宣言”更是明确而又具体地阐释了何以应当而且必须学习并吸收西方文化的问题，具体指出了西方文化中科学民主对现代化建设的必要性，以及如何接纳的问题。《甲申文化宣言》则明确提出，“接受自由、民主、公正、人权、法治、种族平等、国家主权等价值观”，反映了对于西方文化中具有普遍价值的成分的认可。

其五，都涉及了民族振兴的问题。

本位文化建设“宣言”作者的目标，最终是“建设将来的中国”，“检讨过去，把握现在，创造将来”，“使中国在文化的领域中能恢复过去的光荣，重新占住重要的位置，成为促进世界大同的一支最劲最强的生力军”。现代新儒家文化“宣言”则是要振衰起颓，为中国文化的重开新局做学术文化方面的积累。《甲申文化宣言》表示要通过创造和实践，促进文化价值的体现和文明的进步，为弘扬中华文化而不懈努力，与世界各国人民一道，为促进人类文明与社会发展而奋斗。

其六，都涉及了中华民族精神家园构建的问题。

本位文化建设“宣言”的发表，其直接动因之一，便是认为文化领域、文化精神价值层面的中国和中国人不见了，故而要实行本位文化建设，这本质上是要为中华民族寻找、构建精神家园。现代新儒家文化“宣言”，着重阐释心性之学的价值，就是要为中国人揭示安身立命之道，为中华民族精神家园的构建提供历史资源。《甲申文化宣言》更是明确宣称：中华文化“至今仍是全体中国人和海外华人的精神家园、情感纽带和身份认同”。

诸如此类，都反映了三个“宣言”之间的相通、相容和相融之处，反映了一代又一代中国知识分子为祖国现代化的实现而在文化领域做出的艰苦努力。

当然，毋庸讳言，三个文化“宣言”具有颇为不同的方面。这主要表现为：其一，时代背景不同。本位文化建设“宣言”发表之时，中国文化的发展面临如何对待西化的现实问题，本位文化建设派要和西化派争夺文化建设的话语权；而反帝反封建的时代重任正压在中华民族肩头。现代新儒家文化“宣言”发表之时，中国文化既面临强势的西方文化的压力，又面对大陆当时“左”倾僵化意识形态对于中国传统文化的摧残问题，“花果飘零”的心态和“灵根自植”的期盼，强烈地激励着“宣言”当事人。《甲申文化宣言》发表之时，已是全球化时代，中国正在世界上和平崛起，中国的综合国力空前强盛，在国际上的地位是百年来前所未有的重要。

其二，参与人员的成分不同。本位文化建设“宣言”和现代新儒家文化“宣言”，其参与者都是对中国文化研究功力深厚的教授，而《甲申文化宣言》的参与者，包括来自教育、科技、文学、历史、哲学、语言、音乐、艺术、戏曲、戏剧、广播、电影、电视、书法等专业领域的人，教授、官员、画家、作曲家、演员、作家、教授，等等，因而难以形成具有深度的共识。

其三，文化视角不同。本位文化建设“宣言”背后，有当时的官方背景，以及相应的官场话语模式；《甲申文化宣言》的背后，也有隐约的官方背景或者说受到官场话语模式的影响，字里行间官样文章形态毕露；而现代新儒家文化“宣言”则纯粹采取的是民间立场或者说是学者立场，故而没有官样文章的华丽和炫奢，有的只是学者们对于自己文化主张的切实阐扬，及其对中国文化精神价值的自觉维护。

总的说来，三个“文化宣言”在文化价值上各有千秋，但都反映了一代知识分子在实现中国现代化问题上的文化努力，体现了民族精神的自我挺立。

中国文化的发展路向问题，百年来争论多多。透过上述对三个“文化宣言”的阐析，观照百年来的中国现代化历程，我们可以得到一些启迪，主要的有：

第一，现代化不是西化。这个认识，通过百年现代化建设的历程的考察，特别是通过海峡两岸中国人的现代化建设实践，已经有力地证明了这个朴素的真理。北京大学教授罗荣渠的《中国近百年来现代化思潮演变的反思》一文①，有理有据地阐明了这个真理。同理，香港中文大学教授金耀基的《中国现代化的动向》一文②，运用台湾现代化进程的事实，理性地阐明了这个真理。本文此处要强调的是，三个“文化宣言”所阐释的中国文化的发展路向，所坚守的价值准则，正是对于中国现代化特质和路向不能唯西是从的基本价值的坚守。

第二，现代化不是物化。现代化当然是以工业化为重心，以社会物质财富的迅猛增长为基本追求。但是，现代化并不仅仅是工业化，并不仅仅以物质财富的增长为唯一追求。现代化的基本价值追求，是人化，是人的全面现代化，是社会的全面现代化。因此，物质、经济的追求之外，还有精神、文化层面的追求，以及制度层面的追求。几者的有机统一，才是真正意义的、全面的现代化。三个“文化宣言”所张扬的最为基本的价值，正是中国文化的基本价值，是精神心灵层面的安顿，是使得中国人之所以为人的价值根据所在。

第三，建设现代化的中国，应当挺立民族精神层面的自我，坚持文化建设的主体性三个“文化宣言”的重要而又共同的特征之一，是坚信民族文化的精神价值，相信中华民族能够自己拯救自己、自己解放自己。在现代化建设中，不能没有民族精神的烛照。弘扬中华民族精神，挺立中华民族的价值自我，不放弃文化建设中的主体性，是推进现代化的有力保障。

第四，建设现代化国家，应当注意文化的民族性特质，坚持中国特色。“中国特色”问题，其实并非最近30年来的事情。早在20世纪30年代到40年代期间，关于中国的现代化、中国文化的发展，应当是“中国的”、“现代的”，一度是引领社会发展的主调。金耀基早在20世纪70年代撰写的著名文章《中国现代化的动向》中，针对台湾现代化的经验和偏差，明确指出：“未来中国的现代社会必须既是现代底（普通底），又是中国底（特殊底），

① 罗荣渠：《中国近百年来现代化思潮演变的反思》，载氏主编：《从西化到现代化》，北京大学出版社1990年版，第1—36页。

② 金耀基：《中国现代化的动向》，载《中国现代化的历程》，台北时报文化出版企业有限公司1980年版，第3—34页。

我们应追求怎样的价值这个问题，一方面可从传统遗产中得到启示，另一方面也可从现代化先进社会之经验中获得讯息”①。“中国现代化后的社会之内涵必是‘现代底’与‘中国底’，这是从社会变迁之本质发展上说（因文化传统不可能全消失），也是从我们所希冀的目的上说的（因我们也不希望完全失去中国之文化传统）”②。在现代化的文化建设中，“最重要的则是如何突显文化的中国性”③。如果我们从科学理性出发，省察海峡两岸现代化的实际，应当承认，金耀基的论说颇为深刻、符合实际而又发人深省。根据这样一种认识去考察评析三个“文化宣言”对于中国现代化的主张，对于中国文化特质的肯认，我们就不难看到也不难承认，中国的现代化，既要是现代而非古典的，又要是中国而非西方的。质言之，中国社会的现代化，中国文化的现代化，其基本路向，应当是“中国特色（本位）的现代化”，这是三个“文化宣言”的内在价值追求，也是给我们的重要思想启迪。

（原载于《社会科学战线》2008 年第 10 期）

---

① 金耀基：《中国现代化的动向》，载《中国现代化的历程》，台北时报文化出版企业有限公司 1980 年版，第 16 页。

② 同上书，第 24 页。

③ 同上书，第 26 页。

论中国现代哲学的现代化

——“新外王”亦须“新内圣”

耿彦君

近年来，笔者一直在思考中国现代哲学如何现代化的问题，思考的结果也曾与学界同仁们进行过交流。这些问题包括：“道”与“技”的问题；“德”与“业”的问题和“内”与“外”的问题。时逢中国现代哲学学会成立30周年之际，我对这些问题又进行了一次整体思考，将围绕着“内圣外王”问题展开讨论。我觉得即使我们要讲由“内圣”开出“外王”或“新外王”，那么“新外王”亦必须源自“新内圣”。

“内圣外王”一语出自《庄子·天下》：“内圣外王之道，暗而不明，郁而不发，天下之人各为其所欲焉以自为方。”① 道家后来虽也主张所谓“内圣外王”的理想人格，也有“圣有所生，王有所成，皆原于一”的阐发，但他们的“圣王”说却认为圣人是超然世俗的，“顺物自然而无容私焉，而天下治矣”②。不过，“内圣外王”这个“旧瓶”终究还是被儒家装了“新酒”。梁启超曾言，“内圣外王”道出了中国学术之全部。按照梁先生的意思，“内圣外王”——“内足以资修养，外足以经世”。由此可见，“内圣外王”思想本身一方面既源远流长——即作为中国传统哲学主流中两大支柱“心性之学”与“为政之道”的统一（侯才先生曾有类似的说法）；另一方面，其内容在各个不同的历史阶段又得到了不同程度的继承和发展，体现了各个时期的不同特征。时至今日，人们对其在历史上所起到的作用乃至它今日还能否起到

① ［清］郭庆藩撰：《庄子集释》第4册，中华书局1961年版，第1069页。

② ［清］郭庆藩撰：《庄子集释》第1册，中华书局1961年版，第294页。

相应的作用，已是众说纷纭了，这里毋庸赘述。我对“内圣外王”思想的一些考虑尽管还不是十分透彻，在论证上也许还存在着某些疏漏，但还是愿意结合其在不同发展历程中表现出的不同特征、得失以及它在中国现代哲学构建中的相关问题来与诸位同仁交流一下。

一、复杂历史背景条件下的产物

春秋战国时期，社会发生了重大的变动，周王室在经济和政治上的权势已渐趋失控，僭越者横空出世，“挟天子以令诸侯”、“礼乐征伐自诸侯出”。这种礼崩乐坏的局面，使先秦诸子们特别是儒家学派的“祖述尧舜，宪章文武”以及心目中的“大同”、“小康”社会理想遭到毁灭性的破坏和打击。理想与现实的巨大差距，促使他们反复思考，以探求医治当时社会病患的“妙药良方”。“内圣外王”思想就是在这样的背景下形成的。

“内圣外王”思想在先秦时期的形成与发展中，儒家学派的代表孔子、孟子和荀子起了重要的作用。

孔子并没有明确提出“内圣外王”的概念，但《论语》中所反映出的这种意思是很明显的。“子贡曰：‘如有博施于民而能济众，何如？可谓仁乎？’子曰：‘何事于仁，必也圣乎！尧舜其犹病诸！夫仁者，己欲立而立人，己欲达而达人’。”[①] 在孔子看来，圣人高于仁者，圣人具有至高、至大、至神的理想人格和境界，同时也是这种人格的理想典范和代表，是为人者的最高果位。这种境界就连尧舜都难以完全达到，更何况一般凡夫俗子呢？孔子还讲：“圣人，我不能看见了；能看见君子，就可以了。”[②] 这一方面表明孔子对当时人们道德状况的失望，另一方面也说明孔子对圣人人格标准的期许之高。孔子看到了曾长期作为规范人们行为和维系社会稳定力量的“周礼”日趋动摇、瓦解和失效。他赞同“绘事后素”，认为解决这一问题的首要方式就是要唤醒人们内心本有的道德理性的自觉，重新彰显自控能力以适应社会

---

① ［清］程树德著，程俊英、蒋见元点校：《论语集释》第 2 册，中华书局 1990 年版，第 427—428 页。

② 同上书，第 487 页。

的行为规范。他强调道德作为规范、伦理纲目的重要性，但他更重视道德实践，重视在“业”中体现出来的“德”。在他看来，道德伦理纲目（礼乐）恰恰是在“业”中体现出来的“德（仁）”之后方制定出来，本质上是“德业一如”的。难怪子夏问他“巧笑倩兮，美目盼兮，素以为绚兮。何谓也?”他答:“绘事后素。”子夏又说:“礼后乎?”孔子说:“启予者商也！始可与言诗已矣。”①

孔子的贡献在于他不仅为“内圣外王”思想奠定了“内圣”的基本内容，还将其归宿落到了“外王”即“业”之上。开启了“内圣外王”思想“内外无间”、“德业一如”的理论进路。

孟子首先继承发展了孔子的思想，认为“圣人”已臻于道德的极致。《孟子·离娄上》说:“规矩，方员（圆）之至也；圣人，人伦之至也。”②他把圣人规定为人伦之至，当然有其贡献，但只将其限定于“人伦”，实则已抽去了“外王”的其他许多内容，是离“业”言“德”，惟“德”而无“业”，以后如何能从“德”中“开”得出“业”来？孟子虽然后来又把“圣”的含义阐释为“仁且智”、“仁者无敌于天下”、“修其身而平天下”，似乎将内圣与外王之间的关系明晰、密切化了。但有人认为，“孔孟作为圣王人格的开辟者，对于内圣与外王的差别以及由内圣走向外王的具体途径并没有清醒的认识，在他们看来，内圣如完成，外王也就自然跟着完成”③。我基本同意这种观点，实际上，孔孟的开启之功也是贡献与局限并存。第一，在“内外无间”的前提下，讲“由内圣走向外王”是个贡献；但“对于内圣与外王的差别以及由内圣走向外王的具体途径并没有清醒的认识”则是其局限性；第二，将“内圣”与“外王”的实现或完成分为先后，是一个局限；但讲“内圣如完成，外王也就自然跟着完成”则是贡献，因为孟氏还原了“内圣”与“外王”本来就是一个整体的关系。实际上，无“外王”何谈“内圣”；无“内圣”又

① ［清］程树德著，程俊英、蒋见元点校:《论语集释》第1册，中华书局1990年版，第157—159页。

② ［清］焦循:《孟子正义》，《诸子集成》第1册，中华书局1954年版，第288页。

③ 宁陶、谢有长:《“内圣外王”思想的源流及发展历程探析》，《哈尔滨学院学报》2007年第9期。

何谈“外王”呢？从某种角度讲，说孟子开启了“心性不二”的理论进路也是有道理的。

荀子与孟子在“内圣外王”的理论进路上存在着差异。荀子强调理想人格的外在事功，孟子则强调在“仁且智”的内在道德修养方面铸造“圣人”——也就是说，孟子强调“内圣”，荀子强调“外王”。荀子明确了“内圣外王”的“内外”、“主客”差别，内圣是主观的、内在的，外王是客观的、外在的。看上去虽然在主张“圣王人格”是主客观的统一，所谓“人（仁）君之道”就是“圣王之道”；但荀子还是把修身视作治国的前提，认为个人的心性道德修养比治国安邦、建功立业的事功更为重要。总起来看，荀子讲的“圣王之道”毕竟还是集内在修养与外在事功为一体的，是“尽伦”与“尽制”的结合体。荀子的这一思想，在后来的儒家经典《礼记·大学》中得以充分地阐释和发挥，即所谓“三纲领八条目”的圣王人格理论，可以说荀子开启了“家国一事”的理论进路。

总而言之，具有“内外无间”、“德业一如”、“心性不二”和“家国一事”特征的“内圣外王”思想是在特定的历史时期由以孔子、孟子、荀子为代表的先秦儒家学者开启、形成和发展起来的。

二、从“自内开显”到“与外无涉”

“内圣外王”思想的演进经两汉、魏晋至隋唐的所谓“歧出”，已经有了新的变化，其中以董仲舒的“王者圣人化”最具代表性。

自董氏提出“罢黜百家，独尊儒术”的纲领性口号，其时提倡和践行的“内圣外王”思想就已经与先秦孔子、孟子、荀子开启时代的思想格局有所区别。其中具有“人皆可以成圣”意蕴的思想被此时“只有王者才是圣人”的理论教条所取代；先秦儒家重视道德主体性的“内圣”之学，变成了由圣王用礼义整治人情的“教化之学”。在董仲舒看来，“唯圣人能属万物于一而系之元也……是以春秋变一谓之元，元犹原也，其义以随天地终始也”①。董

① ［清］苏舆撰，锺哲点校：《春秋繁露义证》，中华书局1992年版，第147页。

氏以“天人感应论”为依凭，将作为道德楷模、智慧化身和帝王典范的圣人权威与其道德品性一起纳入了帝王的人格要求之中，在圣与王结为一体的转化过程中，使之成为德政要求的理论前提。董仲舒“王者圣人化”的贡献在于拒斥了“专职（空壳）圣人”，使圣人内容中有了实实在在的功业成分，特别是对“外王”的正面肯定，“无道昏君”之类是与“外王”根本无涉的，甚至不可以“王”称之；局限性在于使“内圣外王”的思想内容单一、政治化了，将“外王”之属完全系于庙堂之上。

宋明时期的学者们在承袭道统、吸取佛老智慧的基础上对“内圣外王”思想进行了再诠释。但无论是程朱理学还是陆王心学都偏重于“内圣”之学。特别是程颢等心学一派受濂溪先生影响颇深，转而向内追求孔颜之乐，而不是尧舜禹汤的千秋功业，这也可以说是“内圣外王”思想演进中的一次大转向。这次转向不仅涉及“德业”、“仁智”问题，也凸显了“内外”问题。

明道先生尝曰：“昔受学于周茂叔，每令寻仲尼、颜子乐处，所乐何事。”① 在仁与智的关系上，明道“消智归仁”，正所谓“仁为笼罩；智为隶属”。他一再强调：“夫天地之常，以其心普万物而无心；圣人之常，以其情顺万事而无情。故君子之学，莫若廓然而大公，物来而顺应。”② 在他看来，圣人之喜，以物之当喜；圣人之怒，以物之当怒。是圣人之喜怒，不系于心，而系于物也。关于这一转向，我们也可以认为这是明道先生接受了道家“至人之用心若镜，不将不迎，应而不藏，故能胜物而不伤”思想的某种启发。在他们看来，圣人也是有喜有怒的，但因为其心“廓然而大公”，没有私念，像镜子一样，任凭物的来去而不加迎送，如实反映而无所隐藏。或喜或怒的时候，也不过是外界当喜当怒之物在他心中引起相应的情感罢了。只要对象消逝了，它所引起的情感也随之消逝。如此一来，圣人虽然有情却无累，所以能胜物而不为物所伤。就此而言，在对内消解乃至避免不良情绪、情感、心情的“解脱论”意义上，明道以及后来的诸多“心学”一派学者都是有大贡献的。向“内”寻求“孔颜之乐”并非不可以，然而这种向内转化以求得“不

① ［宋］周敦颐著，陈克明点校：《周敦颐集》，中华书局1990年版，第75页。

② ［宋］程颢、程颐著，王孝鱼点校：《二程集》第二册，中华书局1981年版，第460页。

因物而伤情之乐”仅仅限于“吟风弄月”、“浴乎沂，风乎舞雩，咏而归”之乐，而未将其导向也可以从“砍柴担水”、“洒扫应对”乃至“忠君爱国”、“建千秋功业”之中寻得大乐。这就存在问题了，这就是其局限性。

王阳明的“内圣外王”说在坚持“内圣”的基础性和目标一致的前提下，对“内圣”所涵内容的变动及对“内圣”主体（承载者）的界定做了许多工作。与孔孟的“内圣”相比，阳明的圣人说中剔除了“智”与“勇”的因素，只保留了“仁”，表现出单一化的特点。在他看来，“圣人之所以为圣，只是其心纯乎天理，而无人欲之杂。犹精金之所以为精，但以其成色足而无铜铅之杂也。人到纯乎天理方是圣。金到足色方是精。然圣人之才力，亦是大小不同。犹金之分两有轻重。尧、舜犹万镒，文王、孔子有九千镒。禹、汤、武王犹七八千镒，伯夷、伊尹犹四五千镒。才力不同而纯乎天理则同。皆可谓之圣人；犹分两虽不同，而足色则同。皆可谓之精金”①。这就是说，人要成为圣人，只在于他的德行合于“天理”而与其才能大小无关，正如“成色足而无铜铅之杂”就是“精金”一样。他对后世学人批评道，“后世不知作圣之本是纯乎天理，却专去知识才能上求圣人。以为圣人无所不知，无所不能，我须是将圣人许多知识才能逐一理会始得。故不务去天理上着工夫，徒弊精竭力，从册子上钻研，名物上考索，形迹上比拟，知识愈广而人欲愈滋，才力愈多而天理愈蔽。正如见人有万镒精金，不务煅炼成色，求无愧于彼之精纯，而乃妄希分两，务同彼之万镒，锡铅铜铁杂然而投，分两愈增而成色愈下，既其梢末，无复有金矣”②。就“内圣”的内容而言，阳明的圣人标准具有很大的局限性：重德性，轻能力，把德性看成是成圣的唯一依据，我觉得这是他逊于董仲舒之处。而就“内圣”的主体而言，则具有平民化倾向。阳明“内圣”思想中的“主体”已经不仅仅限于“君王”本身，而是有把所涉扩大至普通平民百姓的意味。他说：“良知良能，愚夫愚妇与圣人同。但惟圣人能致其良知，而愚夫愚妇不能致，此圣愚之所由分也。”③“夫良知

① 吴光、钱明等编校：《王阳明全集》上册，上海古籍出版社1992年版，第27页。
② 同上书，第28页。
③ 同上书，第49页。

即是道，良知之在人心，不但圣贤，虽常人亦无不如此。”① 在阳明看来，为“内圣”不仅仅是统治阶级的事情，一般的老百姓通过“致良知”的功夫也都可以成圣，因为每个人都有成圣的内在潜质——“良知”。只不过常人由于物欲之蔽不肯循着良知发用流行将去，故而离道远矣。我认为，王阳明的“圣王平民化”正是其大大超越于董仲舒之处。

总之，宋明理学的“内圣外王”思想有着自己独特的贡献，丰富了中国文化乃至世界文化中“解脱论”、“道德论”的内容。但其局限性也决不能忽视。宋明理学由“向外开出”转为“向内寻求”的这种理路，特别是阳明学的“内圣与外王无涉”论，则进一步加重了某种危机。“内圣”之学不与“外王”结合，就容易流于空疏。自宋以来虽有陈亮、叶适等事功学派与之相互补充，但理学毕竟是主流，遂导致整个宋明儒学显得“内圣强而外王弱”，让人们对其渐有“百无一用”之感，给后世带来的消极影响也是显而易见。

三、“内圣外王”到“新内圣外王”

自近代鸦片战争以降，从以龚自珍、魏源为代表的改良派到后来以康有为、梁启超为代表的维新派都在开始反省传统的“内圣外王”思想。遗憾的是，他们几乎都维护传统的“内圣之学”，只是在“外王”方面存在某种分歧。五四新文化运动以追求自由、民主和科学为目标，对传统儒学“内圣外王”思想采取了全盘否定的态度，资产阶级民主主义者也企图以抛弃传统、全盘西化的方式来建立新道德、新政治、新学术；但这些东西在现实社会中并没有产生他们所预期的实际效果。梁启超的《欧游心影录》则代表了人们对科学的质疑，现代新儒家也认为单靠抛弃传统在中国推行民主与科学行不通，中国需要科学与民主，但只有从中国固有文化中才能引申、发挥和建立起科学来。所以现代新儒家把“返本开新”作为思想纲领和孜孜以求的历史使命。所谓“返本开新”，即是返传统儒学之本，开科学、民主之新。换句话说就是由所谓“内圣”（儒家谓之为“心性之学”）开出新“外王”（科学、民主）。

① 吴光、钱明等编校：《王阳明全集》上册，上海古籍出版社 1992 年版，第 69 页。

牟宗三在《从儒家的当前使命说中国文化的现代意义》一文中把儒家学术分为三个发展阶段，“我们在此先照察一下儒家在过去两千多年中的‘发展’。大体说来，可分成两个阶段。今天则属儒家学术的第三阶段”[①]。牟宗三的观点，“儒家学术的第一阶段，是由先秦儒家开始，发展到东汉末年”[②]。“宋明理学是儒家学术发展的第二个阶段，就是对着前一个时期的歧出而转回到儒家的主流。”[③]“儒家学术第三期的发展，所应负的责任即是要开这个时代所需要的外王，亦即开新的外王。”[④]在牟宗三看来，儒学第三期发展的使命在于：第一，道统之肯定。即肯定道德宗教之价值，护住孔孟所开辟之人生宇宙之本源。第二，学统之开出。此即转出“知性主体”以容纳希腊传统，开出学术之独立性。第三，政统之继续。此即由认识政体之发展而肯定民主政治为必然。此后的一些学者认为这是牟氏对现代新儒家“返本开新”命题的较为具体的表述。甚至还有些学者认为当今哲学工作者们的主要工作就是如何来诠释牟氏的主张，就是如何处理好“由德性主体开出知性主体来”的问题，也就是如何从“内圣”转出或开出新“外王”来的问题。就如何“转出”而言，现代新儒家学者们包括牟宗三自己也曾付出过巨大的努力。唐君毅曾为解决这个问题而提出所谓的“暂忘说”，牟宗三则提出了“良知自我坎陷说”。这些问题在20世纪80—90年代末也一直是现代新儒学的研究者们所关注的重点（诸多博士、硕士论文也在讨论这个问题），大家褒贬不一。但大多数学者认为现代新儒家对传统儒学的转化工作是失败的，无论在“返本”还是“开新”上都存在问题。尽管牟宗三先生的“三统相继开出”说在一定程度上解决了“内圣”开出“外王”在逻辑上的思辨环节问题，是个很大的贡献，但总体上还是很粗糙。在我看来，如此的“内圣”是开不出“外王”的，因为“外王”要求“内圣”必须内在的涵摄“外王”，也就是说“新外王”必须自“新内圣”中开出。

“内圣外王”思想的发展历程几乎是伴随着整个儒学的兴衰变化而沉浮

---

① 封祖盛编：《当代新儒家》，三联书店1989年版，第157页。

② 同上书，第157页。

③ 同上书，第159页。

④ 同上书，第162页。

不已；在理论和实践上的贡献与局限也是同时并存。我们认为，仅就历朝历代“内圣外王”思想的局限性而言，问题的关键主要在于没有梳理好“内圣”与“外王”思想在演进过程中二者之间的辩证关系。这些问题主要包括：

首先，是“内圣外王”思想内容上的单一政治化倾向问题。按照传统儒家学者的理解，“内圣外王”之“王”，是仅与政治相关的“居于庙堂之上”的“王”，他们所讲的“内圣”与“外王”的关系，是道德与政治的关系。是把道德政治化、政治道德化了。两千多年来一直沿着这个理论进路来处理问题，使人们在理论上将此二者纠缠不清，在实践上却又处理得不明不白。它所造成的危害也越来越大。所以，必须改变这种模式，突破这个界限，要使具有政治单一化性质的“内圣外王”思想展开为具有包含多种领域、样式的综合化性质。

其次，是“内圣外王”思想中的政治王者化问题。传统儒家学者把“内圣外王”思想中的“外在人格目标”君主化，其所谓“内圣外王”之“王”，是仅与政治相关的“君王、帝王”之“王”。

再次，是“内圣外王”思想中的平民化问题。后来的学者们更是将这种人格标准推向平民化，即“外王”不必“王”。有些宋明儒学者(如王阳明的“内圣与外王无涉”）以及现代新儒家学者（如冯友兰的“极高明而道中庸”）都曾做过努力。他们所讲的“外王”已经不再是仅以国家的最高首领、君主为人格目标的“外王”，而是现实社会生活之中具有相当能力和技艺的普通民众了。

最后，是“内圣外王”思想中德、业关系上的泛道德主义倾向问题。《易传》中常讲“进德修业”、“崇德广业”和“盛德大业”。将德业二者的关系说得很清楚。二者具有相互区别、包含、对立、转化等诸多关系。沿着这个思路，“内圣外王”思想中的“内”与“外”也应是这样的关系。但在“仁为笼罩，智为隶属”观念的支配下，二者之间则有了先后、主辅、隐显、体用之分。按理说，儒家学者这么来理解没有什么不妥；然而在一些人看来，“内圣”是“外王”的基础和根据，是“外王”的必由之路，是“外王”的充分条件。也就是说，只要达到了真正的“内圣”之境界，“外王”也就是必然的结果。故而传统儒学特别关注对“内圣”思想的阐发乃至认为“外王”

与“内圣”无涉。也就是干脆以“内圣”涵括、消解和取代“外王”。这是先割裂二者关系、然后再用“内圣”将“外王”吞噬以至于完全取消的理路。这与我们所主张的“内圣与外王一体”、“内圣即外王”、“外王即内圣”完全不是一回事。因为我们所主张的“一体”，绝不是用其中的一个取代另一个，而是二者的辩证统一。

四、结语

冯友兰先生的“内圣外王”学说虽然很重视“外王”，但其思想的核心仍然是“人生境界说”。从某种角度讲，冯友兰先生的“内圣”学说，其实质已经不再是儒家传统意义上所讲的“内圣外王”之学了，这里的“外王”与“内圣”可谓“相互涵摄”。值得注意的是，这里讲的“涵摄”不是其中的一个简单地包含或取消另一个，如王阳明的“内圣与外王无涉”。仅就言说而言，只言“内圣”便已经讲了“外王”，讲到“外王”就已经讲到了“内圣”。在冯先生这里，我们觉得“内圣”和“外王”具有“整体合一性”和“不可分离性”，是不会出现由“内圣”而“外王”或者由“内圣”开出“外王”这样问题的。因为事实上根本就不会有一个只具“内圣”空壳而没有“外王”功业造福于社会的“圣人”存在。同理，是否具有“内圣”的品格，必须要在“外王”的功业之中透显出来。它们之间的关系就是“内圣”之中有“外王”，“外王”之中有“内圣”。进而言之，就是“内圣”即“外王”；“外王”即“内圣”。

我们还要再三强调的是：无论是所谓“内在超越”还是“外在超越”，它们所要解决和能够解决的问题，就其直接性而言，都是“超越层面”的问题。换句话说，具有“超越性”的理论，也只能解决具有“超越层面的问题”。而这种“超越性”的理论对“现实层面、世俗层面”问题的解决则只能是间接的、辅助指导性的。前者是内在的、主观的、精神的、经验的、心情、心绪方面的；后者是外在的、客观的、现实的、物质的。前者是“解脱论”的，后者是“创化论”的。“解脱论”与“创化论”不可分离但又不可混为一谈，因为其对象、任务和方法各自有其独特的理论进路。早期儒家的“内圣外王”思想所注重者乃是“解脱论”，以如何处理好自己的内在情绪为主，并不是

“创化论”的，也并不十分关心和处理外在的客观事物。他们的关注点在于如何处理好人的情感，如何运用某种直觉直接体证“仁者与万物一体”的境界，获得心理上的愉悦感和精神上的某种圆满。难怪牟宗三先生认为中国哲学的特质是“即哲学、即宗教”，我赞成这种观点，但我同时又认为中国哲学的特质还应包括“非哲学、非宗教”。是“即哲学、即宗教”，同时又是“非哲学、非宗教”。我觉得，这样来界定中国哲学的特质才更为妥帖。正因为它是“即哲学、即宗教”才会是“非哲学、非宗教”；也正因为它是“非哲学、非宗教”才会是“即哲学、即宗教”。

张岱年先生在《辟“万物一体”》中也一再告诫“内在经验的改变”不能代替“外在客观世界的改变”，解决内在世界“情感”、“心理”问题的“解脱论”不能代替解决外在世界“现实”、“物质”问题的“创化论”。张岱年先生认为：“东方与西方的哲学史中，都有不少的哲学家，认万物一体的神秘经验为人生最高境界。在此境界，觉得与万物为一体，与天地合一，与宇宙之全合一。觉得我没有了，同时又觉得一切皆我，我扩大至于极度。以为人如达此境界，便会得到无上至乐，解除了一切苦恼。”① 在张先生看来，“与万物为一体的神秘境界，实并未有了不得的价值。人生的理想应是人的实生活之趋于圆满，应是生活与世界之客观地改变，不应是内在的经验上的改变。我们宁费很大的力量，使世界上互仇互嫉的情况稍微改易一点点，不取在个人的经验上突然觉得万有之完全谐和”②。张先生不同意乃至反对单纯地改变内在的经验的世界。作为唯物主义者的张先生当然不同于现代新儒家那些学者，先生早年在马克思主义哲学传播过程中曾有过重要的理论贡献。他也是中国哲学马克思主义化的最重要的代表人物之一。所以说，他站在辩证唯物主义的立场上力主哲学的功能在于改造客观的现实世界，而反对“通过改造内在的主观的经验世界而得到人生最高境界”，强调“要之，一切神秘经验不足以为人生最高境界”。③ 毋庸置疑，先生的主张是正确的；但总觉得

① 《张岱年全集》第 1 卷，河北人民出版社 1996 年版，第 81 页。

② 同上书，第 82 页。

③ 同上。

对于其中所透显出的轻视“经验世界之改造”的“内在直觉体证”之意，还是值得商榷的。同时，我们严格区分“创化论”与“解脱论”的界限并不是要绝对地割裂二者的关系，而是要明确直接与间接，主要目的性与辅助指导性之间界限，如果颠倒了主辅或以“辅”代“主”，就会给解决问题造成障碍。归根结底，儒家的“心性之学”（内圣外王）的缺陷也是一种理论和实践上的双重“僭越”，正是以“解脱论”代替了“创化论”。解决内在世界“情感”、“心绪”问题的“解脱论”怎么能够代替解决外在世界“现实”、“物质”问题的“创化论”？岂能直接地去解决那些客观的现实问题？这无异于“缘木求鱼”。所以说，旧“内圣”根本无法开出新“外王”，“新外王”也不能完全缘于“旧内圣”，“内圣”必须是新的。进而言之，“外王”也不是“开”出来的，是与“内圣”融为一体的具有了现代社会“新”形势下崭新内容的新“内圣外王”在社会实践中自我呈现出来的。所以说，这个新的“内圣外王”学说，也必然是或只能是中、西、马的融合之学（方克立先生称之为“马魂、中体、西用”）。所以说，这个新的“内圣外王”学说之“新”，一方面是“内圣”与“外王”的关系之“新”，另一方面则是“内圣”与“外王”的内容之“新”。至于这个新的“内圣外王”学说——中、西、马的“融合之学”思想体系究竟如何构建，则需要我们进一步努力工作。

中国现代自由三义

—— 一个导论

蔡志栋

一、"自由"的重要性

"自由"在人类历史上，尤其是现代史上处于什么地位？这是一个庞大的问题。但按照马克思恩格斯在《共产党宣言》里所说的"代替那存在着阶级和阶级对立的资产阶级旧社会的，将是这样一个联合体，在那里，每个人的自由发展是一切人的自由发展的条件"①，自由如果不是在历史上已然成为不争的事实，至少，从某种角度看，人类的历史就是一部追求自由的历史。当然，何谓自由本身也是一个复杂的问题。

这种对于自由的重要性的认识绝非局限于马克思等少数人，似乎具有很强的意识形态的味道。当代学人伊曼纽尔·沃勒斯坦（Immanuel Wallerstein）也指出，现代世界本质上只有一种思潮，那就是自由主义，而激进主义（马克思主义）和保守主义分别是自由主义的左倾和右倾。② 当然必须指出的，这并非意味着只有自由主义在讲自由。不如说，沃勒斯坦在以一种极而言之的方式表明自由在现代思想史上的核心地位。不必多说的是，从启蒙运动时期起，"自由"、"平等"、"博爱"就是进步的人士高举的旗帜。

---

① [德] 马克思、恩格斯：《共产党宣言》，中央编译局译，中央编译出版社 2005 年版，第 46 页。

② 参见 [美] 沃勒斯坦：《三种还是一种意识形态？——关于现代性的虚假争论》，汪民安、陈永国、张云鹏主编：《现代性基本读本》上册，河南大学出版社 2005 年版。

回顾中国现代史，我们也会发现自由处于十分重要的地位。随着康有为的著作的逐步挖掘，我们蓦然惊觉原来号称保皇党领袖的康有为也对自由情有独钟。在2007年首发的12集本的《康有为全集》中，“自由”一词四处可见。其弟子梁启超虽然三番五次地借罗兰夫人的口说：“呜呼自由！天下几多之罪恶，假汝之名而行。”① 但是，这句话反过来理解就是，“自由”十分重要，所以具有成为冠冕的价值。在其论述中国政治思想史的名著《先秦政治思想史》中，事实上，梁启超有意无意地以自由（和平等）作为衡量先秦诸子的标准。他说：

春秋战国间学派繁茁，秦汉后，或概括称为百家语，或从学说内容分析区为六家为九流。其实卓然自树壁垒者，儒墨道法四家而已。……惟欲令学者先得一概念以为研究之准备，故先以极简单之辞句叙说如下。

一、道家。信自然力万能而且至善，以为一涉人工便损自然之朴。故其政治论，建设于绝对的自由理想之上，极力排斥干涉，结果谓并政府而不必要。吾名之曰“无治主义”。

二、儒家。谓社会由人类同情心所结合，而同情心以各人本身最近之环圈为出发点，顺等差以渐推及远。故欲建设伦理的政治，以各人份内的互让及协作，使同情心于可能的范围内尽量发展，求相对的自由与相对的平等之实现及调和。又以为良好的政治，须建设于良好的民众基础之上，而民众之本质，要从物质精神两方面不断的保育，方能向上。故结果殆将政治与教育同视，而于经济上之分配亦甚注意。吾名之“人治主义”或“德治主义”或“礼治主义”。

三、墨家。其注重同情心与儒家同，惟不认远近差等。其意欲使人人各撤去自身的立脚点，同归依于一超越的最高主宰者（天）其政治论建设于绝对的平等理想之上，而自由则绝不承认，结果成为教会

① 梁启超：《饮冰室文集点校》第二集，吴松等点校，云南教育出版社2001年版，第711页。

政治。吾名之曰“新天治主义”。(对三代前之旧天治主义而言)

四、法家。其思想以“唯物观”为出发点，常注意当时此地之环境，又深信政府万能，而不承认人类个性之神圣。其政治论主张严格的干涉，但干涉须以客观的“物准”为工具，而不容主治者以心为高下。人民惟于法律容许之范围内，得有自由与平等。吾名之曰“物治主义”或“法治主义”。①

这里梁启超所说的主要是政治自由，属于我们所要讨论的自由的一个部分、一种类型；但他对自由的重视可见一斑。

严复虽然主张将“自由”改为“自繇”，因为前者容易给人恣意妄为的印象。但这种将语词进行改变而不是全然舍弃的做法本身就显示了自由作为现代观念的不可抗拒，只是严复提醒我们要注意语词和含义之间的某种联系，而且，要注意清理自由的负面因素。由于我们讨论的是作为范畴(论题)和观念的自由，所以这种语词上的区分可暂不考虑。换而言之，“自由”也罢，“自繇”也罢，在我们看来，都是在说自由。

在思想史上紧随其后的辛亥革命时期诸思想家、革命家章太炎、孙中山等人也高度重视自由。章太炎在其自诩为“一字千金”的《齐物论释》中着力阐发的就是绝对的自由和平等。这种自由已经超越了现实生活，不再纠缠于调整人际关系。从这个角度看，它是形上的自由，而不是政治自由，和精神自由密切相关。孙中山的革命事业可以看作追求自由的实践。他屡次在不同场合对作为其思想代表的“三民主义”作出解释。可以看出，他不断地将“三民主义”和西方资产阶级革命时期的自由、平等、博爱相等同。虽然有时候他会以平等来指称“三民主义”，即，民族主义意味着民族的平等，民权主义意味着人民的平等，民生主义意味着社会经济的平等，但是，有时候他也以自由来指称“三民主义”。

五四新文化运动揭开了中国现代思想史更加复杂的场景。如果我们将此间及其后的主要社会思潮分为中国化的马克思主义、自由主义和文化保守

① 梁启超:《先秦政治思想史》，东方出版社 1996 年版，第 77—78 页。

主义（以现代新儒家为代表）三家，那么就会发现至少在自由的问题上他们有共同的话题，虽然有不同的答案。① 这里要说的是，自由主义当然以自由为核心，不过，中国化的马克思主义也绝非拒斥自由，而是有着自己的说法。事实上，早期马克思主义的代表人物陈独秀在其著作中屡次提及自由概念。新版的《陈独秀著作选编》② 如果需要冠以若干个关键词，其中一个是"马克思主义"，还有一个是"自由"。③ 另一位代表人物李大钊明确指出："西谚有云：'不自由毋宁死'。夫人莫不恶死而贪生，今为自由故，不惜牺牲其生命以为代价而购求之，是必自由之价值与生命有同一之贵重，甚或远在生命以上。人之于世，不自由而不生存可也，生存而不自由不能忍也。试观人类生活史上之一切努力，罔不为求得自由而始然者。为求得自由而始然者。他且莫论，即以吾国历次革命而言，先民之努力乃至断头流血而亦有所不辞者，亦曰为求自由而已矣。"④ 中国现代马克思主义的代表毛泽东也表达了对自由的渴望和艰苦卓绝的追求。其诗句"万类霜天竞自由"所透露的肯定个体性、多样性，主张百花齐放的精神还是扑面而来，鼓舞人心。1937年，毛泽东写作了名文《反对自由主义》，直接地看当然是在批评自由。但这种批评针对的是散漫无羁、不讲纪律意义上的自由。事实上，类似的批评我们在康有为、严复那里就可以发现了。因此，《反对自由主义》并不能成为毛泽东否定自由的证据。我们必须说，毛泽东呈现的是不同于自由主义的自由。其后，通行的马克思主义哲学原理教科书明确将在认识世界的基础上改造世界作为自由的经典教义。对此我们自然记忆犹新。虽然这已经是老生常谈，但是，从思想史的角度看，这个现象表明中国化的马克思主义自有其自由观。而且这个自由观相当明确。更不必说，在学术研究领域，晚近以创造了"智慧说"体系闻名的冯契所著的一部代表作为《人的自由与真善美》；进入21世纪，中国共产党明确提出建设社会主义核心价值体系，2012年又将自由作为社会主义核心价值观之一："倡导富强、民主、文明、和谐，倡

① 其间的丰富性正是我们将来讨论的重要内容，在此不展开。

② 任建树：《陈独秀著作选编》（全六卷），上海人民出版社2009年版。

③ 还有的可能是"民主主义"、"学术"等。

④ 《李大钊全集》第1卷，人民出版社2006年版，第228页。

导自由、平等、公正、法治，倡导爱国、敬业、诚信、友善，积极培育和践行社会主义核心价值观。”[①] 至于以现代新儒家为代表的文化保守主义，回顾梁漱溟、熊十力、贺麟、冯友兰等人，自由也是其念兹在兹的话题。梁漱溟说，我们“对于自由另有一种新讲法”[②]。熊十力说：“古者儒家政治理想，本为极高尚之自由主义。”[③] 徐复观则有着比较接近自由主义的气质，他将自由作为思想探索的重要内容。

不妨如此总结：自由是中国现代思想史上的重要观念。它为主流思潮所肯定。虽然也有人从某种角度对它表示质疑、否定[④]，但也必须正视它的存在而予以认真对待。

二、何谓“自由”？——“两个改变”及其辅助

然则，何谓自由？

这的确是一个十分令人头疼的问题。古今中外，有多少思潮就有多少种对自由的理解。我们无意于介入这些争论。我们的态度是，与其争论，不如自己推出关于自由的理解。所谓自由，就是主体在改变世界的过程中改变自己（下文为了方便，简称为“两个改变”）。在这个过程中，世界和主体（人）都从本然的状态改变为、发展为应然的状态，也就是自由的状态。这是我们所说的自由的主线。

为了成功地做到“两个改变”，需要两个辅助：其一为认识论、方法论的辅助。中国化马克思主义所说的自由就是认识世界改变世界已经包含了这个意思。显而易见，正确的认识对于成功的改变世界性命攸关。建立在错误的认识基础之上的改变世界往往导致碰壁，头破血流，在这种状况下，现实

① 胡锦涛：《坚定不移沿着中国特色社会主义道路前进　为全面建成小康社会而奋斗——在中国共产党第十八次全国代表大会上的报告》，《人民日报》2012 年 11 月 8 日。

② 《梁漱溟全集》第 1 卷，山东人民出版社 2005 年版，第 701 页。

③ 《熊十力全集》第 4 卷，湖北教育出版社 2001 年版，第 148 页。

④ 比如贺麟就提醒我们自由会杀人：“自由平等等观念何尝不吃人？”（贺麟：《近代唯心论简释》，上海人民出版社 2009 年版，第 204 页）

依然强硬，主体的愿望也没有得到实现，请问主体如何感受到自由？当然，自由绝非自由感所能代替，但毋庸置疑，自由感是自由的重要构成。其二为政治哲学的辅助。简而言之，在正确地认识世界获得真理之后，并非可以直接地按照真理的指导来成功地实现“两个改变”。改变世界需要群体的力量，而群体如何形成统一体，而不是互相掣肘，甚至内在分裂，这是需要妥善解决的问题。事实上，对于政治哲学在“两个改变”过程中的重要性，早在荀子那里就有清晰的认识。荀子说：

> 水火有气而无生，草木有生而无知，禽兽有知而无义，人有生有气有知亦且有义，故最为天下贵也。力不若牛，走不若马，而牛马为用。何也？曰：人能群彼不能群也。人何以能群？曰：分。分何以能行？曰：义。故义以分则和，和则一，一则多力，多力则强，强则胜物。（《荀子·王制》）

所谓“胜物”用现在的话来说就是改变世界。荀子认为，人因为能够“明分使群”，所以能够改变世界；否则，就会处于禽兽一般为世界所压制的地位。

当然，也许有人说凭借我一个人的力量也能够改变世界。而且，在现代社会据说人沦为了原子式的个人，每一个人都是一座孤岛。在现实经验中，躲进小楼不仅能够自成一统，而且似乎也能吞吐宇宙。至于琐碎的改变世界的做法那更是不一而足（比如，凭一己之力撕掉一张纸）。但是，个体之所以能够这么做，是以群体为前提的。躲进小楼之所以也能成一统，因为事实上他已经使用到了群体的事物，比如思想资料（书籍）、工具（计算机、网络）……更加明显的是，个体不必因为生存而担心。但为什么个体能够在小楼内生存下去，这不是他一个人能够解决的问题。而为什么他人的劳动成果比如粮食能够为小楼之内的人享用，这就涉及权利义务的设计了。讨论至此，我们发现也许只要引入社会分工论，就能逐渐论证出政治哲学对于“两个改变”的重要性。这个问题本身需要更多的篇幅加以展开，但其基本原理是十分明显的。

不过，这个明显的道理在笔者这里却是经过一番艰难困苦而发现的。多少年前，笔者刚刚踏上学术道路，在研究中国近现代美学和冯契先生的美学的过程中，我认为自由就是合目的性和合规律性的统一，换而言之，在以上所说的自由结构中，我当时把握到的是自由的主线和第一个辅助。自然，这是中国化马克思主义的基本认识，我只是在美学领域加以运用，并且揭示出中国现代美学对于崇高的肯定这一特质。① 进而，我认为不仅在美学领域，而且自由本身也就是在正确的认识世界的基础上改变世界，在改变世界的过程中自我也得到了相应的改变。这就是自由。

但是，在随后的阅读思索和人生实践中，笔者发现这种对于自由的认识存在着严重的偏差。关键就在于对第二个辅助即政治哲学缺乏深刻的认识。此可以从两个方面加以述说。第一个方面，众所周知，无论对于自由有什么样的争论，自由主要的表现为政治自由，这是毋庸置疑的。而我原先的自由观居然舍弃了政治自由。这是一个不可饶恕的罪过。第二方面，忽视了政治哲学的自由观虽然肯定着对世界的改变，但由于它不能调节群体内部的各种权利义务关系，实际上很难做到成功地改变世界。另外，原先的自由观由于不涉及群体内部各种现实利益关系的调整，而是一味主张认识世界，将此界定为自由之全部，那就很容易走向忘却对世界的改变，而是埋头于认识过程本身，最终将指向外在（世界）和内在（自我）相统一的自由退化为仅仅指向内在的自由。此之谓自由的内化。本质上它只是一种自由感。但是，由于世界当然包含人类世界，当中的种种不公、丑恶自然会影响主体的认识，于是，主体始终难以感受到自由。笔者很爱以《庄子》里面的“庖丁解牛”的典故来加以说明：在思想史的研究中，“庖丁解牛”总是被解读为正确认识对象（牛）之后成功改变世界而获得自由的典型。② 当然，那个寓言也是以庖丁的“踌躇满志”、“提刀四顾”作为自由状态的描述的。显然，这种自由观以上文所说的自由的主线和第一个辅助为主。问题在于，如果庖丁进一步询

① 参见蔡志栋：《金刚何为怒目?》，华东师范大学硕士学位论文，2004 年。蔡志栋：《金刚何为怒目？——冯契美学思想初论》，《华东师范大学学报（哲社版）》2005 年第 2 期。

② 参见冯契：《中国古代哲学的逻辑发展》，上海人民出版社 1983 年版，第 220—221 页。

问：我为什么要给文惠君杀牛？我杀了牛之后有什么报酬？如果没有，为什么？如果有，又是多少？为什么是这样一个数额的报酬？谁定的？等等。一旦这些问题涌上庖丁的心头，他就会发现自己也许只是一个奴隶，也许具有某些自由权，但所得远远少于自己付出的……请问，在这种情况下，他还可能自由吗？正是出于对这些问题的思索，笔者推进了原先对自由的理解，简而言之，引进了政治哲学作为第二个辅助。① 于是形成了目前我们对于自由的新理解。

三、三种自由的确立

在我们的新理解中，从问题的角度看，认识自由、政治自由以及人格自由等三种自由得以确立。

按照我们一开始所论述的以“两个改变”作为主要内容的自由观的提示，显然，我们需要研究世界如何从本然状态改变为应然状态，人如何从本然状态改变为应然状态，这里所说的应然状态主要说的就是自由状态；我们还需要研究认识论辅助和政治哲学辅助两个领域的自由问题，这就有认识自由和政治自由的论题。因此，我们有四个部分值得研究：认识自由、政治自由以及世界的自由和人格的自由。不过，我们认为，世界的自由可以分为两个部分，一部分姑且称之为自然世界的自由问题，一部分则可以称之为社会世界的自由问题。虽然其实在任何领域都有认识论的问题，但是，似乎自然世界较多的和认识自由相关，而社会世界则较多的和政治自由相关。因此，世界自由问题可以划归为政治自由或者认识自由。原来的四个问题就可以转变为三个问题：认识自由、政治自由和人格自由。当然，既然我们把自由的主要线索理解为“两个改变”，那么，首当其冲的是要说清楚何谓“改变”？我们所理解的改变主要指的是感性实践。无疑在这个问题上也存在传统到现代的转换问题，即，实践观念有着传统的和现代的区别。众所周知，一般认为传统儒家把实践主要理解为道德实践，孔子对于“稼穑”之类在现代得到肯定

---

① 参见蔡志栋：《现代和谐的哲学基础——以冯契为例》，上海市社联学术年会（2007）青年学者文集，上海人民出版社 2007 年版。蔡志栋：《章太炎后期哲学思想研究》，上海社会科学院出版社 2013 年版。

的劳动并不首肯。但是，现代实践至少在毛泽东那里被界定为生产斗争、阶级斗争和科学实验三项。这期间转折如何发生，也是一个有趣的问题。这是我们在将来的研究中试图展开的话题，这里只能暂时从略。

再次强调，从问题的角度看，我们的主要研究对象就是认识自由、政治自由以及人格自由。

但是，这些自由又是指的什么？当然，这是我们需要一大本书的篇幅来解决的核心问题。在此只是对论述的策略做出一定的说明。

在一般性的研究观念、概念、范畴的著述中，主要研究对象显然就是这个观念、概念、范畴。这自然没错。然而，如果我们承认观念本身不是单纯的，它不仅和其他观念处于复杂的联系之中，而且，其内部也是纵横交错、曲径通幽，那么，我们就也许不得不同时承认，对于观念、概念、范畴的研究可以转化为对于问题、次一级的概念和组成环节的研究。因此，“认识自由是什么”的问题可以理解为“我们如何获得认识的自由”，甚至“我们如何获得真理”。在认识论领域，真理和自由具有可置换性。两者的含义从某种角度看是一致的。于是我们可以看到，我们并不在乎那些思想家们是否明确地使用到了“认识自由”这样的字样，只要他们在讨论认识论问题，表达他们的真理观、阐述其达到真理的内在机制、知与行(理论与实践）等问题，那就是我们的讨论材料。

同样，类似的研究策略也适用于政治自由和人格自由的研究。

按照我们的理解，所谓的政治自由是广义的，它内在的包含了政治自由的组成、它的保障和实现等问题。从概念的角度看，在讨论政治自由时，我们会涉及权利义务之间的关系，自由权的保障问题和实现问题：主要表现为民主制度的建设和分配正义的实现。甚至某种程度上涉及政治哲学和认识论的关系问题，以及政治德性问题。我们也不会固执地认为，只有出现“自由”这个词语时，这段思想才是值得我们研究的。因为，难道权利不是政治的重要组成部分吗？而且，很明显的是，很多时候，尤其在自由主义者那里，自由就是自由权利的简称；权利也是契约论传统中讨论自由的逻辑起点。

而所谓的人格自由或者说自由人格问题，同样不以有没有相关的字样为取舍材料的标准。我们认为，所谓自由人格，本质上也就是培养自由德性的问题，也就是知情意的全面发展的问题。因此，它也必然涉及认识自由(知)的问题。由于这个问题我们已经单独列出加以讨论，所以在此并不详论。自由人格还涉及道德品质的培养问题。同时，我们一直认为，情感是自由人格的重要组成部分。这点务必明确，得到强调。①

对于自由人格的这些特征梁启超的如下言论或许可以帮助我们进一步理解。他说：

> 人类心理有知、情、意三部分。这三部分圆满发达的状态，我们先哲名之为三达德——智、仁、勇。为什么叫做“达德”呢？因为这三件事是人类普通道德的标准，总要三件具备才能成一个人。三件的完成状态怎么样呢？孔子说：“知者不惑，仁者不忧，勇者不惧。”所以教育应分为知育、情育、意育三方面。——现在讲的智育、德育、体育，不对。德育范围太笼统，体育范围太狭隘。——知育要教到人不惑，情育要教到人不忧，意育要教到人不惧。②

梁启超的这段话有些地方需要澄清。显然，他把智育和情育也包括进了“普通道德”之中。这就是一种广义的说法。其所谓的道德不是今日所说的狭义的道德，而是指的某种内在的德性。“德者，得也。”(《管子·心术上》)另外，自由人格的内涵也不单单达到孔子所说的“知者不惑，仁者不忧，勇者不惧”的状态，而是包含更丰富的内容。③不过，梁启超明确认为道德教

---

① 自由人格当然包含了情感维度的规范性设定。但是，“情育”的问题在很长一段时期内没有得到高度重视，和道德哲学的研究相比，形势寥落。与情感相对应的美学当然是现代的显学，不过不大有人从情感教育的角度来研究美学。对此，早在民国时期梁启超就有所批评：“讲到学校里的教育吗，…情育…意育，可以说完全没有，剩下的只有第一层的知育。”（梁启超：《为学与做人》，《饮冰室文集点校》第六集，吴松等点校，云南教育出版社2001年版，第3335页）事实上，中国现代情育的问题是我们未来的又一项研究计划。

② 梁启超：《饮冰室文集点校》第六集，吴松等点校，云南教育出版社2001年版，第3333页。

③ 而且，为什么人的心理结构可以作知情意的区分，而不是另外一种编排方式？这是值得进一步研究的问题。

育即我们所说的自由人格的培养包含三部分内容，这是正确的。

从另一个角度看，人格自由也就是精神自由。此层含义也为梁启超所言及：

> 我们国学的第二源泉，就是佛教。佛本传于印度，但是盛于中国。……曰："一众生不成佛，我誓不成佛。"即孔子立人达人之意。盖宇宙最后目的，乃是求得一大人格实现之圆满相，绝非求得少数个人超拔的意思。儒、佛所略不同的，就是一偏于现世的居多，一偏于出世的居多。至于他的共同目的，都是愿世人精神方面完全自由。现在自由二字，误解者不知多少。其实人类外界的束缚，他力的压迫，终有方法解除，最怕的是"心为形役"，自己做自己的奴隶。儒佛都用许多的话来教人，想叫把精神方面的自缚解放净尽，顶天立地，成一个真正自由的人。①

可见，所谓自由的人也就是顶天立地的人，解除了心的束缚，在心的层面上自做主人。虽然梁启超在此主要以佛学和儒学来加以论说，但是，显然，如果我们把精神自由作为自由人格的另一种表述，那么，其他的德性也可以囊括进来加以讨论，构成自由人格的内在要素。比如，陈鼓应等人便喜欢用庄子来诠释精神自由。

同时，以此自由三义反观中国现代思想史，我们就会发现中国现代自由观是多元化、多层次的。

所谓多元化指的是自由不是自由主义的专利，它也为其他思潮所尊重、提倡，而在各个思潮之间，对自由的理解存在着一定程度的差异。简而言之，文化保守主义也有自己的自由观。梁漱溟便明确说过："对于自由另有一种新讲法"②。熊十力将大同世界解释为真正的自由世界。

中国化马克思主义也有自己的自由观。中国共产党早期领导人李大钊在

---

① 梁启超：《饮冰室文集点校》第六集，吴松等点校，云南教育出版社 2001 年版，第 3346 页。

② 《梁漱溟全集》第 1 卷，山东人民出版社 2005 年版，第 701 页。

其名文《Bolshevism的胜利》中的一段话可以从一个侧面说明这个问题。他认为俄国十月革命的胜利意味着“人道的警钟响了！自由的曙光现了！试看将来的环球，必是赤旗的世界！”① 值得注意的是，在此之前他认为法国大革命呼唤的也是“自由平等博爱”，何以一百多年后十月革命才预示着“自由的曙光初现了”？原因就在于此时的李大转变为了一个马克思主义者，他认为马克思主义论域中的自由才是真正的自由。西方学者 Charles T. Sprading 在其所作 Liberty and the Great Libertarians 一书的序言中指出，有些自称是社会主义者的人物也对自由贡献了精湛的理解。② 换而言之，诠释自由从来不是自由主义的专利。

自由之多层次指的是我们应该从不同论域来讨论自由。早就有很多学者注意到，当大家对自由莫衷一是之际，其实彼此所讨论的自由并非同一个对象。比如，虽然我们要强调各个学科之间的交叉和隐秘联系，但是，审美自由和政治自由所指并非一回事，前者指的是某种精神状态，后者首先指的是社会权利。当然，我们也不否认有的思想者会将精神性的内在自由等同于政治自由。从我们的研究规范来说，这是一种混淆，它只具有思想史的意义：表明在那个思想家乃至其所代表的思潮那里，政治自由实际所指为何，显示了其思想的特征和限度。对此，冯契先生在其“智慧说”之一翼《人的自由与真善美》中有一段话可为这种多层次的自由做背书：

> 本篇主要从哲学上探讨人的自由和真、善、美这三者的关系。“自由”既是一个政治概念，也是一个哲学范畴。严复用“自由”这个词来翻译“Liberty”，也用它来翻译“freedom”。所以，从严复以来，中国人所用的“自由”一词，既是指“自由、平等、博爱”中的自由，又是指和必然、必要相对的那种自由。当然，这两者是密切联系的。中国近代思想家就是因为十分关心民主自由、关心政治上的自由解放等问题，而特别热中于探讨哲学上的自由问题的。但哲学范畴和政治概念

① 《李大钊全集》第2卷，人民出版社2006年版，第263页。

② Charles T. Sprading, *Liberty and the Great Libertarians*, Golden Press, 1913, pp.5-6.

既有联系，又有区别。①

当代自由主义思想家罗尔斯（John Rawls）也对自由的多层次性作了某种提示。在《政治自由主义》中，他说：

> 个人凭借其两种道德能力（正义感和善观念的能力）和理性能力（判断能力、思想能力，以及与这些能力相联系的推论能力）而成为自由的。②

冯契先生区分了政治自由和哲学性的自由，后者包括了真善美的统一。如前所说，广义上真善美都可以作为精神性的自由，也即人格自由的内涵，不过我们将“真”单独列出，作为认识自由的问题加以研究，如此，哲学性的自由中就包含了认识自由和人格自由（狭义）两项。可见，自由是多层次的。这些层次之间以我所说的“两个改变”及其辅助形成比较统一的整体。

至于罗尔斯，他所说的道德能力是广义的，包含了政治能力（正义感）和狭义的道德能力（善观念的能力），理性能力无疑涉及认识论问题。显然，罗尔斯是在从能力的角度讨论人如何才能获得自由。如果我们承认能力必须有对应物或曰外在化，那么，这些自由能力就可以分别对应政治自由、道德自由和认识自由。一定程度上也和我们对自由的区分相似。

---

① 冯契：《人的自由和真善美》，华东师范大学出版社 1996 年版，第 1 页。

② ［美］罗尔斯：《政治自由主义》，万俊人译，译林出版社 2002 年版，第 19 页。

中国哲学基本精神及其现代价值

王国良

习近平总书记近年来发表了一系列关于弘扬中国传统文化的重要论述，特别强调要讲清楚中华文化积淀着中华民族最深沉的精神追求，是中华民族生生不息、发展壮大的丰厚滋养；讲清楚中华优秀传统文化是中华民族的突出优势，是我们最深厚的文化软实力；强调要深入挖掘和阐发中华优秀传统文化"讲仁爱、重民本、守诚信、崇正义、尚和合、求大同"的时代价值，使中华优秀传统文化成为涵养社会主义核心价值观的重要源泉。中国道路必须依托中国精神与中国力量。实现中华民族的伟大复兴，必须要有中国精神。传承与创新中国精神，有助于增强中华民族的文化自信，有利于塑造中国的"软实力"。所谓"软实力"，是指本国的文化所具有的影响力、号召力、吸引力。中国哲学精神，是指在中国哲学文化体系中具有始基性的、原创性的精神价值观念，由具有鲜明的中国文化特色的概念名词所组成，在几千年的中国历史发展中始终起着积极作用，特别是经历近百年艰辛曲折革命历程考验证明仍然具有先进意义的价值观，这些基本价值观构成中国优秀传统文化的话语体系。中国哲学有五种精神传统薪火相传，能够"跨越时空，超越国度"，"有永恒魅力，有时代价值"，构成中华文化软实力。这五种精神是：自然精神、仁义精神、民本精神、生生不息精神、天下主义精神。自然精神是指人与自然和谐共存，人与自然为一体；仁义精神是治国理政价值取向，也是个人立身处世的基本价值依据；民本精神是指注重人民的生存与发展，把民意看成是政权合法性的基础；生生不息精神是指注重生命生存、自强有为的精神；天下主义是指破除宗教、国家的界限，针对全天下而发表思想文化原理，以建立人类命运共同体、构建全人类共同价值观为自己的责任。本文依次论述，以求正于方家学人。

一、自然精神

自然精神，主要是指人与自然的和谐共存，人顺应自然、根据自然的节律而生活，自然界不是人类的敌人，不是人类的征服对象，而是人类的亲人与朋友，是人类生存的家园，热爱自然就是关爱人类，维护自然就是维护人类自己的家园。中国文明的起源与农业自然经济模式有密切联系。早在新石器时代，华夏先民就开始了定居的农业生活。农业生活不仅培育了家园感、故乡情，而且最易引发对自然环境的亲和感，人们对不变的土地、树木、山川河流与周而复始变化的四时寒暑、日月运行由逐渐认识了解而感到熟悉亲切。中国较早的经典之一《诗经》中的许多篇章表现了人类跟随自然的节奏而生活的过程和情趣，人们在自己的生活中体验到与生动的自然界有不可名状的息息相通之处，由此积淀为人与自然和谐冥契的统一心理。《豳风·七月》虽然流露出农业生活忙碌辛苦的感叹，但更表现华夏先民跟随自然节奏生活的时新情绪："春日载阳，有鸣仓庚"，"四月秀葽，五月鸣蜩"，"七月食瓜，八月剥枣"，"九月筑场圃，十月纳禾稼"，"朋酒斯享，日杀羔羊。跻彼公堂，称彼兕觥，万寿无疆"。诗中表现先民通过劳动感受到自然的流转生机以及人的性情与自然性情相交融的和谐统一，表现出生活就是人与大地万物的相互依托，以及在辛苦之后享受劳动成果的舒畅心情。

《诗经》所表现的人与自然和谐共存的社会心理对中国文化有深远影响，儒道文化之起源都与此有极大关联。以老子、庄子为代表的道家哲学思想的核心概念是"道"与"无为"。道与无为的根本含义就是自己如此，顺其本然，道是自然意识的概念结晶。老子说"天道自然无为"，"道法自然"（《老子》），庄子主张"顺物自然"，提倡自得其得，自适其性。庄子以怀古的形式追忆的至德之世有轩辕氏、祝融氏、伏羲氏、神农氏之多种。如果剔除其中的乌托邦成分，至德之世就略同于早期的农业生活："神农之世，卧则居居，起则于于，民知其母，不知其父，与麋鹿共处，耕而食，织而衣，无有相害之心，此至德之隆也"（《庄子·盗跖》）。

以孔子为创始人的儒家继承发展了春秋以来的人文精神，但也饱含了自然精神。《论语·先进》记载，一日，孔子与诸弟子闲坐，孔子请众弟子各言其志。前三位弟子都以积极入世、有所建树为职志，孔子未予置评。轮到曾点时，曾点“舍瑟而作，对曰：‘异乎三子者之撰’。子曰：‘何伤乎？亦各言其志也’。曰：‘莫春者，春服既成，冠者五六人，童子六七人，浴乎沂，风乎舞雩，咏而归’。夫子喟然叹曰：‘吾与点也！’”曾点所述，正是参加古代民俗的狂欢节。春天出游，浴乎沂，就是到沂河里泼水洗浴，朱熹《四书章句集注》说“今上巳祓除是也”。舞雩，即鲁国社稷坛所在地，朱羲注说“舞雩，祭于祷雨之处，有坛坫树土也”。古代民俗，祭天祷雨之时，往往歌舞随之，故“风乎舞雩”也包括观乐，参加民间艺术节。孔子说“吾与点也”，就是赞同欣赏曾点的志向，伴随春风起舞，与自然融为一体。可见孔子也把对自然意识的高峰体验视为人生的极乐境界。同样，孔子、孟子所追随的尧舜时代的理想社会，也是以自然意识为依托。中国文化没有走上宗教信仰超脱出世之路，也依赖自然意识的疏导作用。

人与自然和谐共存，还包含以农为本的生产生活顺应自然节奏、保护自然环境、维护生态平衡的思想。至迟完成于秦汉时期的《礼记·月令》，就已明确要求人们根据自然界的变化来调整自己的生存活动。《月令》要求人们根据一年十二个月天文、气候的变化节奏开展农事活动以及政治活动。例如春季，孟春之月，“命祀山林川泽，牺牲毋用牝（母畜），禁止伐木，毋覆巢（倾覆鸟巢），毋杀孩虫（幼虫）”，“毋竭山泽，毋漉陂地，毋焚山林”。中国很早就有“虞”“衡”等机构，专门负责山林川泽的管理，把维护生态环境视为政府行为。春秋战国时期许多国家政府都规定春季禁止伐木采樵、在动物繁殖期间禁止捕杀鸟兽等等。据《论语·述而》记载，孔子“钓而不纲，弋不射宿”，孔子为满足生活需求，也钓鱼打猎，但孔子不用鱼网打鱼，用鱼网捉鱼有把鱼不论大小一网打尽之嫌，孔子打猎，但不射归巢的鸟，或歇宿的鸟，因为归巢的鸟有可能要产卵或养育幼雏鸟。司马迁《史记·孔子世家第十七》曾记录孔子的话说：“刳胎杀夭则麒麟不至郊，竭泽涸渔则蛟龙不合阴阳，覆巢毁卵则凤皇不翔。何则？君子讳伤其类也。夫鸟兽之于不义也尚知辟之，而况乎丘哉！”此段话不一定为孔子所言，但肯定代表儒家的思想，表明孔子对破坏生态平衡、破坏人类与自然和谐共存的举动的义愤。孟子就曾告诫人们要有节制地利用自然："数罟不入洿池，鱼鳖不可胜食也；斧斤以时入山林，材木不可胜用也"（《孟子·梁惠王上》）。《管子·八观》指出："山泽虽广，草木毋禁；壤地虽肥，桑麻毋数；荐草虽多，六畜有征，闭货之门也。"因此要有节制地使用地力资源，如果盲目种植，无限地放牧，就会导致地力资源的耗竭，堵塞财货之源。荀子把维持生态看成是政治稳定、国富民安的基础："上不失天时，下不失地利，中得人和"，"则万物皆得其宜，六畜皆得其长，群生皆得其命"，"草木荣华滋硕之时，则斧斤不入山林，不夭其生，不绝其长也；鼋鼍鱼鳖鳅鳣孕别之时，罔罟毒药不入泽，不夭其生，不绝其长也；春耕、夏耘、秋收、冬藏，四者不失时，故五谷不绝，而百姓有余食也；污池渊沼川泽，谨其时禁，故鱼鳖犹多，而百姓有余用也；斩伐养长不失其时，故山林不童，而百姓有余材也"。（《荀子·王制》）

儒家学者认为，人与自然为一体，但人毕竟高于自然。《尚书》中就提出了人高于自然的观点："惟天地，万物之母，惟人，万物之灵"（《尚书·泰誓》），天地生万物，人是万物之精华与灵长。荀子与《礼记》都表述了"人最为天下贵"的思想。荀子说："水火有气而无生，草木有生而无知，禽兽有知而无义，人有气、有生、有知亦且有义，固最为天下贵也"（《荀子·王制》）。荀子认为人高于自然之处在于人具有德性伦理和具有合群的团队精神。北宋理学家周敦颐和明代王阳明也认为人在宇宙自然的长期发展中因具有"中正仁义"之德性而高于动物，"惟人焉，得其秀而最灵"①。实际上，人的"知"与动物的"知"也有根本区别，动物的智慧只能服务于自己的本能需要，而人的智慧比如孟子的良知良能与王阳明的良知，则能够认识自然万物，利用自然万物为人类的需要服务，人类正是通过认识与利用自然而生存。孟子曾指出，人正是通过种桑养蚕而使50岁以上者可以衣帛，通过饲养鸡豚狗彘之畜而使70岁以上者得以食肉，通过耕田种植而使数口之家得以温饱。王阳明则认为人有良，故高于自然万物："天地无人的良知，亦不

① 周敦颐：《太极图说》，《周敦颐集》，中华书局1990年版。

可为天地矣。盖天地万物与人原是一体，其发窍之最精处，是人心一点灵明。风霜露雷，日月星辰，禽兽草木，山川土石，与人原只一体，故五谷禽兽之类皆可以养人，药石之类皆可以疗疾。只为同此一气，故能相通耳。”①自然万物，包括动物，都在与人的关联中才物尽其用，各遂其性。天地万物不能认识、支配自然，只有人能够认识自然、规定自然。王阳明认识到，自然万物是互相依赖、互相为用的序列，低一级的生物服务于高一级的生物，人处于这一序列的最高处，人虽然要关爱万物，但不得不取万物以为用，这是具有合理性的有价值的推理。

儒家认为人高于自然，必须利用自然而生存生活，但正如前述，儒家强调在利用自然的同时更要保护自然，关爱万物，把自然看作人类的生存家园，要维护自然的生态平衡，注意自然资源的可持续发展，决不允许破坏自然，破坏自然甚至会危及国家的安全。

西方哲学在认识自然、利用自然、支配自然方面自有其长处。但现代工业文明的发展所导致的环境污染和生态危机越来越威胁着人类自身生存，西方哲学受到犹太教与基督教支配自然、征服自然思想的影响②，过度张扬主客二分，导致滥用自然、剥削自然、破坏自然，结果是破坏人类自己的生存家园，过分地突出人与自然的区分，没有看到人与自然、植物、动物虽有级差区别，但根本一体的本质特征，缺乏怜惜、关爱自然之心，甚至受到进化论的消极影响，把人类也分出优劣等级，蔑视所谓“劣等民族”，缺乏人类平等同类的关爱同情心，过分夸大自然界的自然选择、生存竞争，并运用于人类社会，把人类社会变成屠场，对天神天意缺乏敬畏之心，导致天命的沦丧，诸神的退隐。现在，保护环境、维护自然界生态平衡、保持自然资源的可持续发展几乎成为全人类共同价值。中国哲学的自然观在这方面可以提供丰富的理论资源，对人类中心主义为满足人类需求而牺牲自然环境的弊病起到矫正与遏制的作用，有助于人们从新的视角看待自然。西方许多环境哲学家在分析环境危机的思想与文化原因、探寻环境哲学智慧与文化传统的关系

① 王阳明：《传习录》下，《王阳明全集》，上海古籍出版社 1992 年版。

② 参见［英］克莱夫·庞廷：《绿色世界史》，上海人民出版社 2002 年版，第 160—161 页。

时，都不约而同地转向中国古代思想文化，中国文化人与自然和谐共存的思想、人与自然同根同源又有序列差别的思想被西方学者概括为“在自然之中生存”的合理生态思维。①

二、仁义精神

仁义是儒家哲学基本价值观的第一原则。不讲仁义，离开仁义，儒家价值观许多具体细目都将失去基础。“仁”的基本内涵是普遍的关爱人类，并延伸到对自然万物的一体关照。“樊迟问仁，子曰‘爱人’”（《论语·颜渊》），平等爱人可说是仁的基本含义。“爱人”就是对一切人的尊重和爱敬之情，把人当作是具有平等人格的人而对待，即“出门如见大宾，使民如承大祭”（《论语·颜渊》），“居处恭，执事敬，与人忠”（《论语·子路》）。孔子提出一条君子“可以终身行之”的基本社会交往准则是：“己所不欲，勿施于人”（《论语·颜渊》）。这是推己及人的行为方式。即根据自己的思想情感意愿去类推他人。自己不愿意的，也勿强求他人。这就是仁的品格体现在社会交往主面的含义。“夫仁者，己欲立而立人，己欲达而达人”（《论语·雍也》）。这是从正面出发对他人的类推，自己有所树立、有所成就，也要允许别人有所树立、有所成就；或者说，自己有所树立、有所成就，应该有助于、有利于别人有所树立、有所成就，而不是损害别人的成就和利益，表现出君子“厚德载物”的襟怀风度。“君子成人之美，不成人之恶，小人反是”（《论语·颜渊》），在具体的行为方式上君子应该“温良恭俭让以得之”（《论语·学而》），行“恭宽信敏惠”（《论语·阳货》）于天下。甚至要具备“不念旧恶”（《论语·公冶长》）的宽容精神。孟子也认为“君子莫大乎与人为善”（《论语·公孙丑上》）。这都可以说是“仁者爱人”的原则在社会交往中的运用，使人际关系充满和谐的人情味。

但这并不意味着要君子无原则地讨好取媚他人，君子应该以“贞”、“直”、“忠信”立身，“以直报怨，以德报德”（《论语·宪问》）反对“巧言

① 参见［美］彼得·S. 温茨：《现代环境伦理》，《代总序》，上海人民出版社2007年版。

令色”，不搞虚假表面的一套。对于那些不得罪人的滑头“乡愿”孔孟都斥之为“德之贼也”。

“义”的基本内涵是“适宜”，延伸为恰当、公平、公正，孔子说：“君子义以为上”（《论语・阳货》），儒家判断是非有一个标准，即“义以为上”，见利应该思义，义就是适宜正当的行为[①]，衡之于利欲，应是“可欲之谓善”（《孟子・尽心下》）。“无欲其所不欲”（《孟子・尽心上》）。如果“非其有而取之，非义也”（《孟子・尽心上》）。“君子喻于义，小人喻于利。”（《论语・里仁》）“君子之于天下也，无适也，无莫也，义之与比”（《论语・里仁》）。孔子在这里明确把“义”即公平公正看作天下普遍使用的原则。孟子把仁义连在一起使用，提倡行仁义，荀子提出“义之所在，不倾于权，不顾其利，举国而与之不为改视”（《荀子・荣辱》）。

物质利欲不能有损个体品格，权威势力、外在诱惑也都不能改变个人意志的坚定性，君子应该“当仁不让于师”（《论语・卫灵公》）。“乐其道而忘人之势”（《孟子・尽心上》）。志意修、道义重则可以轻王公。“富贵不能淫，贫贱不能移，威武不能屈”（《孟子・滕文公下》）。只要个体选择正确，行为光明正大，就“难狎”、“难胁”，就能够做到“不诱于誉，不恐于诽，率道而行。端然正己，不为物倾侧”（《荀子・非十二子》）。这就不愧为“诚君子”。

唐代韩愈提出“博爱之谓仁”（《原道》），宋儒把仁解释为“生”、“生意”、“天地生物之心”，以仁作为生命本体。近代谭嗣同吸收佛教“众生平等”的学说，在《仁学》中把“仁”解释为“通”，仁就是众生平等，万物平等。毛泽东同志对“仁义”作出现代解释发挥：“要特别忠于大多数人民，孝于大多数人民，而不是忠孝于少数人。对大多数人有益处的，叫做仁；对大多数人利益有关的事情处理得当，叫义。对农民的土地问题、工人的吃饭问题处理得当，就是真正的行仁义。”[②] 习近平同志明确把“讲仁爱”认定为中华

---

① 《中庸》：义者，宜也。

② 原文刊载于 1939 年 5 月 15 日《解放》周刊，原题为《中国共产党中央委员会为开展国民精神总动员运动告全党同志书》。转引自梁衡：《文章大家毛泽东》，《人民日报》2013 年 2 月 28 日。

民族核心价值，并且说："亲仁善邻，国之宝也"①，把仁义拓展运用到国际关系，由此建立合作共赢、共同发展的国际关系新秩序。而有的国家却把国家间的政治定义为"争强权"，一味追求"强权统治下的和平"，实际上就是搞霸权主义。这种国际关系绝对不合理不公正，也不可能长久维持。只有建立亲仁善邻的国际关系新秩序，才能真正有利于世界和平。

由仁义形成一系列基本价值观，在中国历史上长期起着积极作用，并为广大人民所熟知：仁义，仁爱，仁民爱物，仁政，仁义礼智信，智仁勇，仁人志士，仁至义尽，仁厚，仁慈，义勇，当仁不让，恻隐之心，博爱，敬爱，忠信，与人为善，恭宽信敏惠，温良恭俭让，信义和平，礼义廉耻，正义，道义，仗义，有情有义，义不容辞，义无反顾，义愤填膺，见义勇为，等等。

儒家哲学历来追求崇高人格理想，以君子、圣贤为理想，严于律己，正己正人，坚持正义，宁死不屈，宁折不弯，舍生取义，杀身成仁，路见不平、拔刀相助。对崇高人格的追求与西方个人自由价值观各有特色。

仁义价值观在现代经济交往中创发出"互惠互利"、"合作双赢"等新观念，在国际交往中创发出"共同发展"、"人类命运共同体"等新观念。

三、民本精神

中国的民本思想源远流长。一般认为民本思想就是要统治者关注民生。但仔细分析儒家民本思想，可以分为两个层次：第一，执政者应重视人民的利益甘苦，为人民谋福利，即"民为邦本"；第二，民心、民意构成政权合法性的基础，即"得民心者得天下"。

相传民本思想起源于夏代。《尚书·五子之歌》借太康兄弟之口述大禹的训诫说："民为邦本，本固邦宁"，意思是说，人民构成国家政治稳定的根本基础，只有基础巩固、稳固、才能实现国家的长治久安。春秋时期，民本思潮再度兴起，以孔孟为代表的儒家继承了民本思潮与传统，将其拓展弘扬

① 习近平：《在俄罗斯"中国旅游年"开幕式上的致辞》，《人民日报》2013年3月23日。

到空前的高度，并滋生民主思想的萌芽，对君主专制政体构成某种威胁，至少是使民本意识成为后世知识分子士大夫阶层的普遍共识。《左传·桓公六年》说："所谓道，忠于民而信于神也。上思利民，忠也。"孔子说："务民之义，敬鬼神而远之"（《论语·雍也》）。孔子之道就是忠民利民，孔子认为执政最根本的一条就是要取信于民，"自古皆有死，民无信不立"（《论语·颜渊》）。民本政治要求为政以德行仁，使民以宽，使民以时，节用而爱人，因民之所利而利之，简言之即利国利民。在君主政体框架内，孔子要求儒臣在行政层面限制君主个人私欲，决不允许通过损害社稷人民利益来满足君主纯属个人的意志欲求。孟子进一步开拓了孔子的民本政治道路，提出仁政学说。仁政的内容极其丰富，包括抽象的原则与具体的政策，如"视民如伤"、"与民同乐"、"制民之产"、"省刑罚、薄税敛、深耕易耨"、"关市讥而不征"等等，同时要"格君心之非"（《孟子·离娄上》），所谓"君心之非"就是"好色"、"好货"之类属于个人的奢侈贪欲。孟子提出"民为贵，君为轻，社稷次之"（《孟子·尽心下》），把人民放在第一位，这是非常可贵的思想（后面将论及，孟子这里已有民主思想的萌芽）。荀子也提倡为政要重视人民利益，"足国之道，节用裕民"（《孟子·富国》）。他还形象地第一次将君民关系比喻为舟与水的关系，这一比喻在后世（如魏征）经常被引用："君者，舟也，庶人者，水也；水则覆舟，水则覆舟"，"故君人者欲安，则莫若平政爱民矣"（《孟子·王制》）。

儒家的民本思想中已包含民主思想的萌芽，即把民心、民意看成是政权合法性的基础。早在《尚书·洪范》中就有"谋及庶人"的说法。春秋时期开明政治家子产不毁乡校的传说也多少体现了民本民主意识。孟子对民本意识的提升，表现在对君主权力的合法性进行了探讨。据《孟子·万章上》记载，万章问："尧以天下与舜，有诸？"孟子曰："否，天子不能以天下与人。"万章问孟子，有没有尧把天下让给舜这回事，孟子认为天子个人无权把天下让给某个人，天子只有推荐权，实际上一个人统治权的获得，是"天与之，人与之"，"天与之"是"使之主祭，而百神享之，是天受之"，而"使之主事，而事治，百姓安之，是民受之也"。从"天受"这方面看，孟子仍未摆脱"君权神授"模式，从民受方面看，颇有民主思想萌芽。从孟子本人思想倾向看，则是从“天受”走向“民受”。因为天自己不能表达意见，必须借助“行与事示之”，“天视自我民视”，最终仍是以民意来决定君主权力正当与否。孟子在与万章讨论禹“不传于贤，而传于子”是否合法时提出自己的解释，按照孟子的解释，禹原来是推荐益，而不是推荐自己的儿子启，但在禹死后，“朝觐讼狱者不之益而之启，曰吾君之子也。讴歌者不讴歌益而讴歌启，曰吾君之子也”（《孟子・万章上》）。因此，启继禹获得权位，是人民选择的结果，由此看来，民意才是君主权力的基础，“得乎丘民为天子”（《孟子・尽心下》），如果违反民意，失去民心，不论是通过禅让还是通过继世获得权位，都将被废除，例如桀纣之类，残民以逞，暴殄天物，就被废除，身弑而国亡。荀子也同样把“天下所归”视为君主权是否合法的基础，并与孟子一样，承认在下位者有“诛暴国之君若诛独夫”（《正论》）的革命权力。荀子思想的高峰处在于提出“天子唯其人”（《荀子・正论》），即天子的条件只根据本人的才能品格决定，“能则天下归之，不能则天下去之”（《荀子・儒效》），人民的选择最终决定君主在位的合法性。《礼记・礼运》篇借孔子之口说：“大道之行也，天下为公。选贤与能，讲信修睦”，已达到先秦民主思想的巅峰，是儒家学派人物经过几百年的奋发努力、不息抗争而获致的思想成果。“天下为公”，传统的解释是统治权不为一家一姓私有，后来多按《吕氏春秋・贵公篇》的解释来理解，即“天下非一人之天下，天下之天下也”。

自秦以后，民本思想经历代思想家提倡而绵延不绝。明清之际，有黄宗羲出，再次高举民本民主的大旗，沉痛批判专制君主是“天下之大害”（《明夷待访录・原君》）。黄宗羲认为，君和臣共同的职责是为“天下万民”，“天下之治乱，不在一姓之兴亡，而在万民之忧乐”（《明夷待访录・原臣》），黄宗羲痛斥秦汉以来所建立的君主专制制度是“非法之法”。他高出孔孟之处在于，对民主制度方面的思考透露出近代民主的黎明曙光。比如他曾设想把学校变成议政机构，“天子亦遂不敢自为非是而公其非是于学校”（《学校》），学校已颇有议会雏形。学校不仅议政，而且还有监督弹劾郡县地方行政官吏的权力。黄宗羲的思想有强烈启蒙色彩，已朦胧地接近近代民主的观念，但仍只是笼统的设想，没有推出民权理论，未能从法理角度对执政者的权力、任期加以限制，未从法律方面提出如何保证人民参政的体制，从总体上未超越君主专制政体的框架。近代维新派与革命派在宣传民主共和思想时，多借用中国的民本思想来阐释西方的民主思想。梁启超肯定黄宗羲的《明夷待访录》"确实含有民主主义精神"①，并与谭嗣同辈将其书节钞印发，"秘密散布，于晚清思想之骤变，极有力焉"（《清代学术概论》）。孙中山借"天下为公"来阐发民权主义，认为"提倡人民的权利，便是公天下的道理。……天下为公，人人的权利都是很平等的"（《对驻广州湘军的演说》）。民本思潮终于在近代汇入民主的潮流中去。

平心而论，中国先秦儒家的民主思想与希腊相比并不逊色。人性平等是孔孟荀的基本观点，孟子提出"人皆可为尧舜"，荀子认为"涂之人可以为禹"，都是认为人人都有能力成为圣人、最高领导人。孟荀还以天下人民的认可、归依、公选作为获得执政权力地位的合法依据(如果说天意也起作用，天意也是通过民意来表现)，以天下为公为最高原则。但民主思想不等于民主制度。中国缺少契约理论，缺少立法意识，没有思考如何从法律制度方面保证个人权利实现，保证人民意愿的实现。由于缺乏制度的依托，儒家的民主思想只能以民本意识的形式发生作用影响。当人民普遍不满时，中国历史上频频发生革命。但革命后都没有建立法律制度巩固革命成果，限制统治者权力，保障人民权力。新的当政者作为得利益者，都首先想到如何巩固、保持自己的统治地位，而不是如何保证和扩大人民的权利。

民本诚然不等于民主，但可以向民主方向发展。而且民本思想在历史上也主要是起积极进步作用，对统治者的言论和行动起到一定的约束和牵制作用，对苛政暴政也起到防范作用。在民主制度建立以前，民本意识可能是最有效的维护人民利益的思想潮流之一。应该指出，即使建立了民主制度，也不能遗弃民本思想，不能得鱼忘筌，得意忘形，民本意识仍能对执政者权力的运用起到软约束的积极作用，缓解人民与执政者之间可能发生的冲突。事实证明，许多实行民主制的国家，执政者反而对民生漠不关心。现在国家领导人提倡以人为本，以民为本，关注民生，同时在政治方面依靠群众，走群

---

① 梁启超:《中国近三百年学术史》，中国书店 1985 年版，第 47 页。

众路线，不断扩大和完善人民群众的合法权利，就是对民本思想的继承与发展。

四、生生不息精神

中华文明和中国哲学具有源远流长的重“生”传统，远古先哲很早就认识到天地具有生人生物的功能。《诗经·大雅·烝民》中有“天生烝民，有物有则”①，《左传》中有“民受天地之中以生”②。孔子曾说道：“天何言哉？四时行焉，百物生焉，天何言哉？”③天不说话，只是运行不已，产生万物，表明儒家认为天的功能就是“生”。荀子认为人与自然万物相生相养的前提依然是人与自然同根同源，并肯定“生”为自然之本，“天地者，生之本也”④，万物与人都是由自然的长期演化发展而产生，“列星随旋，日月递炤，四时代御，阴阳大化，风雨博施，万物各得其和以生，各得其养以成”，人也是因自然天功的作用而“形具而神生”⑤。《易传》中说“天地之大德曰生”⑥，肯定了自然界生生不息，天地的根本德行就是“生”。《系辞上传》一开篇便阐释了天地生人生物的创化过程：“在天成象，在地成形，变化见矣。是故刚柔相摩，八卦相荡。鼓之以雷霆，润之以风雨，日月运行，一寒一暑，乾道成男，坤道成女。乾知大始，坤作成物。”⑦在天上成为（日月风雷云雨）的现象，在地上成为（山川草木鸟兽）的形态。刚与柔相互摩擦，八卦（天地雷风水火山泽）互相冲激。用雷电鼓动，用雨水滋润，日月的运行构成一寒一暑，阳化为男，阴则成为女。阳成为创造之始，阴配合着生成万物。

《易传》中说：“生生之为易”⑧，“易”就是讲变化，即阴阳的化生万物，

---

① 程俊英译注：《诗经译注》，上海古籍出版社 2004 年版。
② 《左传·成公十三年》，杨伯峻译注：《春秋左传注》，中华书局 1981 年版，第 860 页。
③ 《论语·阳货》，杨伯峻译注：《论语译注》，中华书局 2006 年 1 版，第 211 页。
④ 《荀子·礼论》，安小兰译注：《荀子》，中华书局 2007 年版，第 161 页。
⑤ 《荀子·天论》，安小兰译注：《荀子》，中华书局 2007 年版，第 111 页。
⑥ 《系辞下传》，周振甫译注：《周易译注》，中华书局 1991 年版，第 255 页。
⑦ 《系辞上传》，周振甫译注：《周易译注》，中华书局 1991 年版，第 229 页。
⑧ 同上书，第 234 页。

是生生不停的。万物的创生不是偶然完成的，而是持续不断生成的过程，有着无限的生机。《乾》卦辞曰："元、亨、利、贞。"这四个字代表了生命演进的四个不同的时期，即始、通、和、正，有始有终，形成一个生生不息的循环系统。

以朱熹为代表的宋代儒学的积极价值，就在于把孔孟仁学与《周易》的"生生之德"结合起来，认为仁的重要内涵是"生"，宇宙最高本体"理"是"生之理"，仁、生、理相同，这是理学家对孔孟仁学的创新。

朱熹认为人性的内涵就是仁义礼智，"在人，仁义礼智，性也。"①"性是实理，仁义礼智皆具。"② 仁作为本体原则，朱熹给仁的内涵充实了新的内容，仁是生的意思，仁是生生、生生不息，是生物之心。这样，仁道与《易传》中的易道结合、统一起来了。"仁者，天地生物之心"③ 的命题与《易传》中的"生生之谓易"、"天地之大德曰生"等命题结合起来，使"生生不息"成为儒家哲学的最高原则。

王阳明第一次把良知提升为宇宙万物的本体，良知的实质精神与《易传》中的生生不息的生命精神有着内在的联系。王阳明曾宣称："良知即是易。其为道也屡迁，变动不居，周流六虚，上下无常，刚柔相易，不可为典要，惟变所适。此知如何捉摸得，见得透时，便是圣人。"④ 如能认识良知的灵活变化，就能真正把握良知的本质，也就自成圣人。良知的最积极意义表现为良知的奋发进取、自强有为的精神："诸君只要常常怀个'遁世无闷，不见是而无闷'之心，依此良知忍耐做去，不管人非笑，不管人毁谤，不管人荣辱，任他工夫有进有退，我只是这致良知的主宰不息，久久自然有得力处，一切外事亦自能不动。"⑤ 良知说蕴含的自强精神，也是先秦儒学中倡导行动的"力行"精神的再生，是对孔子的"发愤忘食，乐以忘忧，不知老之将至"（《论语·述而》）的奋斗精神的继承与弘扬。

---

① 《朱子语类》卷 4，中华书局 1986 年版，第 63—64 页。

② 同上。

③ 《朱子语类》卷 6，中华书局 1986 年版，第 112 页。

④ 《王阳明全集》，上海古籍出版社 1992 年版，第 1173 页。

⑤ 《王阳明全集》卷 3，语录三，上海古籍出版社 1992 年版，第 101 页。

王畿将性、心的形上层次降到形下层次，将性、心与生理与气结合起来，具有积极意义。王阳明曾提到人与万物一气流通，王畿则明确地说："良知之流行，即所谓气。"[①] 王畿不再以天理伦常说性，而以气说性，"才有性之可名，即以属在气，非性之本然矣"。作为气的性就是生命、生理、生机："性是心之生理，性善之端，须从发上始见，恻隐羞恶之心即是气，无气则亦无性之可名矣。"[②] 他以生生不息之生命重建天人合一："一体生生与万物原是贯彻流通，无有间隔。"[③]

王畿以气解性，以气质言性，以性为人之生机，生命本体，以人的物质需求的满足与追求作为天则，真性流行，表现出人性内涵的转换轨迹。

戴震创造性地把气本体论与生命本体论结合起来，提出"气化流行，生生不息"的宇宙本体论，把人类看成是气化生生的产物，把生生确立为人的本质，以生命为本体实现人性的重建、天人合一的重建，系统提出中国生存论哲学的基本原理，完成"生生不息"由体达用的统一。

戴震把气本体论与生命本体论结合起来，提出"气化流行，生生不息"[④] 的伟大命题，把物质一元论、宇宙发生论、过程演化论融为一体，是真正的"即存有、即活动"的本体论，是中国哲学本体论的综合创新。"气化流行"，指物质运动变化运行不已，"生生不息"，指生人生物滋长、绵延、发展，扩张。戴震突出"生生不息"这一中国哲学的伟大原理："天地之气化，流行不已，生生不息"，"一阴一阳，流行不已，生生不息"。[⑤]

戴震尤其重视生命动力性的"生生"的意义："生生者，化之原，生生而条理者，化之流"，生生之谓仁，"生生，仁也！""生生之呈其条理，显诸仁也。"[⑥] 对于人类来说，"饮食男女，养生之道也，天地之所以生生也"[⑦]。人类也是气化流行的产物，"气化曰阴阳，曰五行"，阴阳五行杂糅万变而生

① 《性命合一说》，《明儒学案》卷12，中华书局2008年版，第255页。

② 同上书，第254页。

③ 《维扬晤语》，《明儒学案》卷12，中华书局2008年版，第241页。

④ 《孟子字义疏证》卷中，《戴震集》，上海古籍出版社2009年版，第287页。

⑤ 《绪言》上，《戴震集》，上海古籍出版社2009年版，第356页。

⑥ 《原善》上，《戴震集》，上海古籍出版社2009年版，第333页。

⑦ 《原善》下，《戴震集》，上海古籍出版社2009年版，第347页。

人生物，“凡分形气于父母，即为分于阴阳五行，人物以类滋生，皆气化之自然”。①

戴震把生和仁结合起来，认为只有生的满足和实现才是仁的实现，不仅是个人的生的实现，而且同时是他人以至于全体人的生的实现，才完成了仁，“人之生也，莫病于无以遂其生。欲遂其生，亦遂人之生，仁也。欲遂其生，至于戕人之生而不顾者，不仁也”②。这也就是孔子说的“己欲立而立人，己欲达而达人”(《论语·雍也》)，可以说，戴震继承了孔孟的真精神。

戴震把仁，即生生不息的运行解释成自然与人的共同本质，确立人的本质为生生不息，人道的根本原则就是生生不息，这是戴震对中国哲学的伟大贡献。

先秦儒家初步建立“天—生—仁”的联系，理学家把仁解释为生生不息，以生生释仁，把儒学的核心概念仁与生生不息的大易传统结合起来。明清时期，许多思想家重新肯定人的自然本性，把人的本质解释为“生生”，对仁概念在天人方面作出了统一的解释。对天人的生生不息的本质的统一的解释最后在戴震那里得到总结。生生不息是人的本质，人的生存与发展作为生生不息，不是简单水平的周而复始循环重复，而是不断地由弱渐强、由简单到复杂、由抽象到丰富。生生不息渗透到中国文化的血脉中，转化为自强不息、刚健有为的中华民族优秀传统，“野火烧不尽，春风吹又生”。自强有为的精神激励中华民族自信、自尊、自强，致力于对至善理想的追求，在艰难挫折中奋发图强，为理想不懈奋斗。生生不息还表现为应变能力，崇尚变化革新，日新又日新，追求进步与发展。人生代代无穷已，有如长江大河波涛汹涌，奔腾不息。

五、天下主义精神

20 世纪 90 年代以来，全球化理论风行世界，这种理论认为全球化就是

① 《孟子字义疏证》卷中，《戴震集》，上海古籍出版社 2009 年版，第 291 页。

② 《孟子字义疏证》卷下，《戴震集》，上海古籍出版社 2009 年版，第 311 页。

西方化，就是西方的自由民主人权观念、市场经济、科学技术将支配世界，包括英语将成为世界性语言。甚至有人宣称“历史终结”（福山），西方文明将取代其他所有文明而成为普世文明。但福山先生所说的“普世文明”，并非来自对全人类共同价值的总结概括，而是排斥其他文明，认为西方文明“应该”成为普世文明，强迫世界其他地区接受。然而我们也听到来自西方的恰恰相反的论点，认为中华文明有可能成为统一世界的文化基础。早在20世纪70年代，西方著名历史学家汤因比就声称：“将来统一世界的大概不是西欧国家，也不是西欧化的国家，而是中国。”① 汤因比认为，统一世界，要具有世界主义、天下主义理想，现在各民族中具有最充分准备的，是两千年来培育了这种独特思维方法的中华民族，“在漫长的中国历史长河中，中华民族逐步培育起来的世界精神”②。西方长期以来并未建立世界普适性文化，而是对其他地区强行推行自己的政治文化理念。

世界共进大同之域可能是极为漫长而复杂的过程。但汤因比教授有一点看法经得起检验，即中国文化中确实具有天下主义传统。梁启超早在《先秦政治思想史》中就提出中国文化有天下主义精神，认为我国先哲言政治，皆以“天下”为对象，先秦学者皆是针对全天下而积极地发表其学理上之意见，这是世界主义之真精神。

天下主义，或者说世界主义，就是破除宗教、国家的界限，针对全天下而发表思想文化原理，以建立普适天下的世界和平与秩序、提高全人类的文明教养为自己的责任。与天下主义相区别，西方文化长期以来培育出一种个人主义传统。绝大多数西方学者和政治家都承认个人主义是西方文明的传统。

天下主义发端于春秋战国时代，当时许多思想家都不以种族国家为念，而是着眼于全天下提出政治原理、思想学说，思以其学易天下，以安定天下、引导天下从无序走向有序为己任。孔子和老子最先表现出对天下主义观念的承认和接受。孔子说：“君子之于天下也，无适也，无莫也，义之与比”

① 《展望二十一世纪——汤因比与池田大作对话录》，国际文化出版公司1985年版，第289页。

② 同上书，第287页。

(《论语·里仁》)。君子对于任何国家、任何人，既不刻意亲密，也不随意疏远，而是根据道义准则作出选择判断，这是历史上第一次意义明确的天下主义的宣示，表达了天下主义的精华。天下主义是道义主义，也是文化主义。文化只有高低之分，没有国界畛域的区分。孔子曾欲“乘桴浮于海”，“欲居九夷”，当有人怀疑九夷之地愚陋不可居时，孔子曰：“君子居之，何陋之有?”(《论语·子罕》)这里传达的信息是很清楚的，君子所到之处传布文化教育，可以改变九夷之地朴野愚陋的境况。故孔门中有“四海之内皆兄弟”的思想。孟荀都是自任以天下之重，以“天下之归心”为己任，“达则兼济天下”，“夫天未欲平治天下也，如欲平治天下，当今之世，舍我其谁也(《孟子·公孙丑下》)。荀子活动于战国后期，此时已是“四海之内若一家”，“无幽闲隐僻之国”，荀子高举天下主义大旗，提出“仁眇天下，义眇天下，威眇天下”(《荀子·王制》)，主张以文化统一天下。道家以自然为宗，但所持天下主义之气象博大，丝毫不让于儒家。老子也是动辄言天下，“以天下观天下”，“以无事治天下”，“抱一为天下式”。庄子的《天下篇》总结百家学术之源流裂变，更是先秦学术史之名篇。

天下主义通过《易传》、《大学》、《中庸》、《春秋公羊传》的阐释而成为系统的文化主义原理，对后世思想观念文化起到构造性影响。《易传》从天地人统一的普遍原理出发，提出普适天下的哲理观念：“观乎天文，以察时变，观乎人文，以化成天下”(《易经·彖传》)，“圣人感人心而天下和平”(《彖传》)，“与天地相似，故不违。知周乎万物而道济天下”(《系辞上》)，“举而措之天下之民谓之事业”(《系辞上》)。《易传》作者认为“天下同归而殊途，一致而百虑”(《系辞下》)。《大学》之道，就是个人从认知开始，以平治天下为最高目标，即格物致知、诚意正心、修身齐家治国平天下，这也是儒家核心内容的内圣外王之道。《中庸》提出要立天下之大本，“为天下道，为天下法，为天下则”，把文明教化向全世界传播：“是以声名洋溢乎中国，施及蛮貊；舟车所至，人力所通；天之所覆，地之所载，日月所照，霜露所坠；凡有血气者，莫不尊亲”。梁启超先生认为天下主义“其气象如何伟大，理想如何崇高”，即此数语，“已可概见”(《先秦政治思想史·本论》)。《春秋公羊传》分“三世”说明天下主义之进化轨迹：第一是“据乱世”，

“内其国而外诸夏”；第二是“升平世”，“内诸夏而外夷狄”；第三是“太平世”，“夷狄进至于爵，天下远近大小若一”（《春秋公羊传·隐公元年注》）。

天下主义观念还蕴含着人文主义的伟大信念。“故远人不服，则修文德以来之”（《论语·季氏》），天下主义者处理对外关系，依靠高度的文明德教使“远人”心悦诚服地归顺，而不是凭恃武力战胜征服。在国家主义盛行、人们凭借武力强大而横行霸道的时代，天下主义不免相形见绌，充分暴露其弱点而不见用。但历史事实同样证明，如果没有较高的文明，仅仅凭借武力，谁又能够维持长治久安呢？当然，我们今天总结历史教训，已经可以明确地作出结论，要实行天下主义，必须建设强大的军事力量作为后盾。

近代以来，采取天下主义的文化中国与采取集体利己主义和社会达尔文逻辑的西方“民族国家”相遇，中国遭受了一系列的战争失败。当然，近代中国在政治经济科学技术方面已全面落后于西方。先进的中国知识分子在检讨批判中国传统文化时，发现其重大缺陷之一就是人民缺少民族意识，缺少民族凝聚力，因此要唤起民族精神，从此天下主义开始转变为民族主义。从洋务运动（也称自强运动）、戊戌变法，经辛亥革命、五四运动到现在，民族主义与爱国主义联系在一起，在中国已深入人心。从一定意义上说，正是中国民族意识的觉醒，才改变了中国灭亡的命运，使中国逐步走上成功富强之路。近代以来，持和平的天下主义的中国与好战的、掠夺的民族主义的西方相遇，没有以先进武器为后盾的天下主义遭到失败，开始转向民族主义而获得成功。但正如池田大作所说：“中国人的民族主义是对鸦片战争以来，包括日本在内的外国侵略势力，做出的不得已的反应”。“我想所谓民族主义是对外反应的一个方面，基本上还是大力推行这世界主义，中华主义。”① 现在中国人民正阔步走上强盛之路，致力于中华民族的伟大复兴，努力实现中国梦，同时积极带动世界其他地区共同发展，积极打造“人类命运共同体”，努力探索构建“全人类共同价值观”。

天下主义内蕴于中国文化之中，与中国文化的其他优秀成分如水乳交融，密不可分。在现代历史发展中，又融入了马克思主义国际主义的合理成

① 《展望二十一世纪——汤因比与池田大作对话录》，国际文化出版公司1985年版。

分。中华民族的伟大复兴，同时也意味着天下主义文化的复兴。当今的世界仍然是放大了的战国时代，至少是天下并不太平。有少数国家动辄以武力相威胁，推行强权政治。虽然现在有联合国机构，可以协商讨论解决国际问题，但没有根本的约束力，有些国家为了达到自己的目的，可以避开联合国、绕开联合国独断专行。没有天下主义理念的贯彻，世界和平的伟大理想就不可能实现。因此，从中国天下主义文化中衍生发展出来的“人类命运共同体”和“全人类共同价值”观念，当为促进世界和平与发展、促进世界共进大同作出积极贡献。

中国哲学在两千多年的中华文明发展历程中逐渐形成五种精神。这五种精神薪火相传，能够“跨越时空，超越国度”，“有永恒魅力，有时代价值”，构成中华文化软实力，这五种精神是：自然精神、仁义精神、民本精神、生生不息精神、天下主义精神。自然精神意识是指人与自然和谐共存，人与自然为一体；仁义精神是治国理政价值取向，也是个人立身处世的基本价值依据；民本精神是指注重人民的生存与发展，把民意看成是政权合法性的基础；生生不息精神是指注重生命生存、自强有为的精神；天下主义是指破除宗教、国家的界限，针对全天下而发表思想文化原理，以建立人类命运共同体、构建全人类共同价值观为自己的责任。这五种传统具有鲜明的中国特色，构成中华文化软实力，能够成为培育社会主义核心价值观的哲学基础和文化支撑，势将在中华民族伟大复兴过程中持续发挥积极作用。而且，这五种精神传统本身也将在经济社会文化发展中创新转化，有助于当代中国自身话语体系建设，有助于形成中国精神与中国力量，为当代中国价值观建设作出重要贡献。

（原载于《文化软实力研究》2016年第1期）

论中国传统文化的当代转换

杨翰卿

中国特色社会主义的文化，渊源于中华民族五千年文明史。我们要建设面向现代化、面向世界、面向未来的民族的科学的大众的社会主义文化，一项十分重要的任务就是要扬弃和发展我们民族的历史文化传统。

对如何继承我国历史文化传统问题，许多学者提出过有价值的意见，如“传统文化的更新”、“传统文化的变革”、“传统文化的创新”、传统文化的“创造性转化”或“现代转换”等，对于学习和吸收我国文化传统起了很大的推动作用。但是，总的来看，在传统文化的创新或转换的主体立场、思维方式、价值认同、创新或转换的方式方法等方面，还存在着不同程度的差异乃至分歧，有的方面还没有得到应有的强调，值得进一步深入探究和倡扬。我们认为，中国传统文化的当代转换，有两个质的规定：一是其时空性规定，即中华民族对自己的传统文化进行当代的转换；二是对我国传统文化进行分析、研究、衡估、选择、改造、扬弃、创新发展，即进行当代的转换工作。简言之，中国传统文化的当代转换，也就是中国传统文化的现代化，就是中国传统文化与当代中国实际相结合并经过当代中国实践选择、改造和转进的过程。这至少需要从中国传统文化当代转换的前提、原则、方式三个方面进行思考。

一、转换的前提：科学合理地评价中国传统文化

中国传统文化的当代转换，前提是如何评价中国传统文化，进而关涉评价的主体、对象及评价过程三个要素。主体的理性自觉与科学合理地规范评

价对象和过程，直接影响着评价中国传统文化的水平及其合理转换。

合理评价中国传统文化的首要前提是科学的主体定位，明确评价主体自身所应有的时空象限。作为评价主体的人既是时代的，又是民族的，是时代主体和民族主体的统一。主体的时代性决定了评价中国传统文化的现代化立场；主体的民族性决定了评价中国传统文化的民族性立场。这二者既不可或缺，又不可分割。中国传统文化的现代化，内在地蕴含着中华民族的民族性，而中国文化作为民族文化，其民族性的挺立和生生不息的延续与光扬，也内在地融摄着现代化的意蕴。这是那些把现代化片面地等同于西方化或资本主义化、把民族化视为完全的回归传统的人所没有意识到的。坚持评价中国传统文化的现代性与民族性立场的统一，也是文化自身发展的规律所决定的。任何一种自成体系的文化都既具有时代性，又具有民族性，是时代性和民族性相结合的统一体。在对待中国传统文化的基本立场中，马克思主义的批判继承显然是坚持民族性和现代性统一的。而全盘西化论却无视文化评价的民族性，把中国文化的现代化等同于西方化；中国文化本位论或保守主义，又偏执于其所理解的文化民族性，对文化评价的现代性表现出冷漠或偏见。在把中国文化的现代化等同于西方化这一点上，中国文化本位论与全盘西化论又具有某种一致性。鉴于此，我们需要进一步确立评价中国传统文化的现代化立场和民族性立场。只有坚持中国特色社会主义的现代化立场，坚持与这种时代性相结合的当代中华民族的民族性立场，来评价中国传统文化才是正确的。

科学合理地评价中国传统文化，还需要评价主体具有多维的思维理性。如果用单一的或某一二种思维理性去思考中国传统文化，其结果会导致评价的片面性。评价主体的多维理性，包括理论的、价值的、伦理的、工具的等诸多方面，是多样性的统一。评价主体只有具备多样性统一的思维理性，才能对中国传统文化进行全面的科学合理的评价。就像对待一件文物或古化石，在一个不识者看来，只不过是腐朽了的废铜烂铁或顽石而已，无任何价值可言；反之，对于识者，却能够充分发现其重要价值，从而加以发掘、研究和保护。在这样的意义上，中国传统文化价值的有无及有何价值，在于主体的审视能力。而且，对评价主体的素质和能力的要求，也是由中国传统文化作为评价对象的复杂性所决定的。从内容上看，中国传统文化既有关于自然的，又有关于社会人文的、政治的、经济的、科学技术的等等。其中包含着或多或少的合理认识，这是人类的共同精神财富，不能因为强调意识形态的阶级性而对其合理认识也加以否定。从时限性上看，中国文化有古代的传统，也有近代和现代的传统。从学术派别上看，先秦时期就产生了儒、墨、道、法、阴阳、名、兵、农等诸子百家，在发展中又有彼此的会通、融合和衍化，形成了新道家、新法家、新儒学及佛、道宗教文化，等等。从马克思主义的哲学党性原则来看，有唯物主义的传统和唯心主义的传统，辩证法的传统和形而上学的传统等。从文化层面上看，又有哲学的、道德价值与人生追求的、科学技术的、文学艺术的、终极关怀的等不同层面。所以，评价中国传统文化，如果仅仅局限于某一种视域或方面，结果都会失之偏颇。在传统文化与现代文化的关系上，也存在着现代观照传统和传统化育现代的双向作用。这就是说，对待传统文化，不能简单化和片面化。

由对中国传统文化评价主体、评价对象的复杂性所决定，对中国传统文化进行价值评价和意义发现也是一个无穷的过程。一般地说，中国传统文化对于现代化具有积极和消极、正面和负面两种性质的价值和作用。问题的关键是对这些价值必须进行具体分析。在这方面，我国近现代特别是 20 世纪以来，具有非常值得总结的经验和教训。

彻底否定和全盘肯定中国传统文化，是两种形而上学的简单办法和态度。前者无视中国传统文化在现代的地位、作用和价值，被中国传统文化的负面因素所障蔽，评价尺度主要是“西方文化中心”论；后者是只看到中国传统文化的积极、合理方面，自觉不自觉地坚持“华夏中心”论和“东方文化主导”论。从历史的发展来看，从 20 世纪初到 70 年代，尽管其间对中国传统文化的观照方式有很大差异，但所表现出的主要倾向可归约为偏执于揭露传统文化与现代化的对抗和消极作用，主要是否定而不是超越，继承明显不足。80 年代特别是 90 年代以来比较引人注目的观点则是以文化的民族性为基点，强调通过中国文化价值系统的自身转换来实现中国文化的现代化，甚至于出现了“一句论语”就能治天下，达到中国大治、世界大治的观点，在某种意义和一定程度上又表现出继承有余的倾向。

具体地分析中国传统文化的现代价值和作用，实际上是统一而多元的思维理性和科学合理的主体时空定位与中国传统文化这个复合体的有机结合，从而构成对中国传统文化的多种层面、丰富内容进行现代评价的体系。就宏观方面而言，中国传统文化对于现实的积极正面价值和作用，至少具有下列方面：

（1）具有历史文化动力的作用。中华民族创造了悠久的、灿烂辉煌的优秀传统文化，它的“自强不息”精神具有巨大的历史穿透力，对于我们现代的中华民族来说，无疑会产生极大的激励作用，促使我们去创造更加灿烂辉煌的有中国特色社会主义文化。这种激励和促进，是我们文化建设和发展的巨大内驱力，具有任何外在动力不可替代的积极作用。正如邓小平同志所说：“要懂得些中国历史，这是中国发展的一个精神动力。”①

（2）具有历史文化资源的价值。恩格斯说：“现代社会主义……同任何新的学说一样，它必须首先从已有的思想材料出发，虽然它的根子深深扎在经济的事实中。”② 这段话说明了观念文化的创造同已有思想材料的积累性与资源性的关系。建设中国特色社会主义现代化的新文化，要开发利用世界上古今中外一切优秀的文化资源，其中首先是开发利用好我国历史传统中优秀的文化资源。张岱年先生说：“中国文化的优秀传统有丰富的内容，其中最主要的是两个基本思想观点：一是人际和谐，二是天人协调。”“这类优秀传统文化在今天应该得到进一步的阐扬。”③ 作为源远流长的文化资源，它具有吸纳、融摄和嫁接包括西方近现代文化在内的世界上一切优秀的异质文化的性质，是马克思主义中国化过程中与中国实际相结合的一个重要方面和内容，是中国传统文化现代化的文化主体，是以社会主义思想道德为核心的社会主义精神文明建设重要的原料和营养。

（3）具有与世界其他文化交流的作用。随着历史的进步和社会的发展，世界文化交流的趋势会增强，频度会增加。文化交流的性质和形式多种多

① 《邓小平文选》第三卷，人民出版社 1993 年版，第 358 页。
② 《马克思恩格斯选集》第 3 卷，人民出版社 2012 年版，第 391 页。
③ 张岱年：《传统文化的发展与转变》，《光明日报》1996 年 5 月 4 日。

样，就中西方文化来说，历史上有西学东渐，也有东学西进，尽管一度存在西重东轻的情况，但交流毕竟是双向的。我们在吸取西方优秀文化成果的同时，也向西方宣介了中国文化，其中主要是中国传统文化的精华。随着中国在世界上经济和政治地位的变化，中国文化也必然发挥越来越大的作用，这是中国这个文化古国对人类应有的贡献。现在一些西方学者也把目光转向东方，转向中国的传统文化特别是儒家文化，不管是出于力图用儒家文化作为消除资本主义现代化弊端的良药，还是出于"文明冲突"论对于中国文化的复兴怀着某种恐惧和不满，从中都可以看出西方对中国传统文化的重新估价和审视，以及对其自身文化发展趋势的某种忧虑和不安。

由于中国传统文化中的积极成分和价值，并不是以纯粹的面貌存在的，而是与消极乃至落后的内容交织着，因此，进行发现、发掘、研究和转化的工作，就是一项十分艰巨、复杂的任务。

二、转换的原则：坚持正确理论的指导和辩证的转化

对中国传统文化进行分析与综合、解构与重构、发掘与扬弃、转化与创新，都有一个运用什么样的思想理论为指导的问题。可以说 20 世纪以来国人在这方面的努力和创造，取得了许多重大进展与成就，但有的也留下了这样那样的缺憾与偏颇。我们的观点是：必须以不断发展着的马克思主义为指导和思想武器，当前特别是要以当代中国的马克思主义、马克思主义在中国发展的新阶段——邓小平理论为指导。

运用西方近现代的某种思想理论对中国传统文化实施解构、整合或重构，是 20 世纪以来我国文化建设与发展中的一大景观。其中主要是援西学入儒。在这一过程中，德国古典哲学中的康德哲学、黑格尔哲学，现代西方哲学中的新实在论、生命哲学、新黑格尔主义等都产生了重大影响。将这些不同的流派和学说与中国的儒家思想特别是宋明新儒学相结合，分别建构了"新理学"、"新心学"等理论体系，对于推进中国传统哲学与文化的现代化作出了重要贡献。一方面是吸收了西方哲学与文化中的优长，譬如理性主义和逻辑分析方法，民主与科学等，弥补了中国哲学与文化在逻辑思维和学理

分析方面的不足，以及注重“内圣”而轻视“外王”等倾向；另一方面是由此阐扬和维护了中国哲学与文化中所涵摄的积极的基本精神，使之获得了新的生命与活力。但是也必须看到，我国学人主要在三四十年代这种会通中西的努力所具有的共同缺陷：其一是所援引和根据的一般是西方近现代资产阶级的某一二种思想理论，无论哪一种，尽管都具有某种程度的真理性和科学性，但整体上都是非科学的理论，且遑论国人在学习、借鉴和引进中理解和把握的分寸；其二是援西学入儒在促进儒家文化现代化的同时，也造成了中国传统文化现代化过程中一定程度的片面化发展。这是需要加以总结和吸取经验教训的。

马克思主义传入中国以后便历史地提出和遇到了与中国传统文化的关系问题。总起来看，有三种结果，即马克思主义的中国化；中国传统文化的现代化；以及由于对马克思主义的教条化而导致对中国传统文化的简单化。前两种结果是我们希望和努力实现的，后者给我们提供了深刻的教训。

马克思主义中国化的理论成果是产生了毛泽东思想、邓小平理论。这两大理论成果是马列主义与中国革命和建设实践、与新的时代特点相结合的产物，也是与中国传统文化相结合的产物。前一种结合表明用科学理论指导实践和在实践中丰富发展科学理论的重要性与不可分性；后一种结合不仅揭示了只有用马克思主义科学理论分析中国传统文化，从中汲取营养，使马克思主义获得民族形式，才能与社会实践一起在更完整的意义上丰富发展马克思主义，使马克思主义在中国生根开花，实现马克思主义的中国化，而且还揭示了只有坚持不断发展着的马克思主义科学理论的指导，才能对中国传统文化进行全面科学的甄别、选择、更新和转化，从而使中国传统文化真正实现现代化。

马克思主义中国化与中国传统文化现代化可以说是同一过程的两个方面。马克思主义通过结合中国传统文化的精华，吸收其丰富营养，获得民族形式，成为中国化的马克思主义。中国传统文化通过用马克思主义的立场观点来进行研究发掘，取其精华，弃其糟粕，实现中西文化之优长的创造综合，从而获得新的生命，成为中国特色社会主义的新文化。这一工作是历久弥新、由浅入深、逐步发展的。中国现代学术史上曾经涌现出了像郭沫若、范文澜、侯外庐、杜国庠等一大批用马克思主义观点研究中国传统思想文化的学者和代表人物。这一传统和精神已经和正在得到发扬光大，并取得了丰富的成果。正是由于在马克思主义传入中国后，越来越多的人致力于用马克思主义研究发掘中国传统文化，才使中国传统文化的精华不断得到阐扬，获得新的生命和活力，推进着中国传统文化现代化的进程。

由于历史的种种复杂的原因，对马克思主义教条化、形而上学化的理解，也曾造成了对中国传统文化简单否定的态度，这是我们值得记取的深刻教训。在马克思主义中国化和中国传统文化现代化的历史过程中，出现这种偏差和错误或许是难免的，但认真总结经验教训却是非常必要的。在这方面，从历史的表现来看，对于马克思主义与中国传统文化的关系，要么割裂开来，要么对立起来；无论割裂或对立，都否定了马克思主义与中国传统文化的相通性和互融性。结果必然是，或者教条化地固守马克思主义的词句和已有观点，拒斥和彻底否定中国传统文化；或者鼓吹文化本土化，把马克思主义看成是外来文化而拒斥马克思主义的指导。前者割断了文化发展的连续性和历史继承性，后者则固守文化传统，无以实现其现代转化和新生。

文化建设和发展的历史实践表明，实现中国传统文化的转化和更新，必须坚持马克思主义科学理论的指导。邓小平说："属于文化领域的东西，一定要用马克思主义对它们的思想内容和表现方法进行分析、鉴别和批判。"① 这是一个重要的原则。同时，马克思主义又是不断发展的理论，坚持马克思主义科学理论的指导，就要坚持发展着的马克思主义，否则势必削弱甚至失去其科学性。

辩证转化是实现中国传统文化转化和更新的又一原则。这是正确评价中国传统文化的逻辑必然和坚持马克思主义科学理论指导的基本要求。作为辩证转化对象的中国传统文化，其自身的构成成分是复杂的，概括起来主要有以下几个方面：（1）主流文化和非主流文化。这是就某种文化在历史上的地位和影响而言的，某一种或某学派文化在历史上地位的高低和影响的大小，并不表明其所拥有真理的多少。区分传统文化中的主流和非主流，对于考察

① 《邓小平文选》第三卷，人民出版社 1993 年版，第 44 页。

和认识文化的历史发展及其原因，是必要的；但从继承历史文化优秀传统的角度，却应该是唯优秀是取，兼容并蓄，从善如流。在传统文化的历史发展中，主流文化和非主流文化往往呈现着互相吸收、交融激荡、错综复杂的变化。我们必须认真研究各种文化契合和影响该时代的特征与机制，从而过滤出体现当代要求的时代精神和闪光的优秀传统来。（2）精华文化和糟粕文化或进步文化和落后文化。毛泽东在《新民主主义论》中指出："中国的长期封建社会中，创造了灿烂的古代文化。清理古代文化的发展过程，剔除其封建性的糟粕，吸收其民主性的精华，是发展民族新文化提高民族自信心的必要条件；但是决不能无批判地兼收并蓄。……我们必须尊重自己的历史，决不能割断历史。但是这种尊重，是给历史以一定的科学的地位，是尊重历史的辩证法的发展。"① 中国传统文化是精华和糟粕并存、真理和谬误混杂、进步的和落后的交织在一起的，尊重历史也就是要从这种历史的实际出发，进行认真的清理、研究，也就是对于中国传统文化的历史发展进行马克思主义的辩证的分析、综合和转化。（3）学术文化和大众文化或雅文化和俗文化。在中国传统文化中，学术文化往往以典籍的形式保存流传下来，大众文化却主要以口头传播、风俗习惯等形式更广泛地流传。学术文化和大众文化也具有互相渗透、互相影响、互相制约、互相促进的辩证性质和特征。中国传统文化自古有雅俗之分，雅文化亦可称为士大夫文化或精英文化，俗文化亦可称为通俗文化或大众文化。这种区分中包含了不同阶级文化的区分，但并不完全是阶级文化的区分。雅俗文化的关系也是相反相成的。辩证地对待雅文化与俗文化，也是对中国传统文化的研究发掘、转化利用的途径和方法之一。（4）官方文化和民间文化（也有的将中国文化区分为庙堂文化和山林文化）。周秦以来，我国各种思想文化大多随着社会历史的变化而改变着自身的形态，同时也改变着自己的历史地位，有的由民间文化上升为官方意识形态，有的又由官方意识形态降至民间文化（当然也有的中途断绝）。思想文化的这种社会地位上的转化和改变，与其对真理的探求和揭示，具有一定的相关性又有彼此不一致的非联系性。所以，对于各种思想文化既要关注其

① 《毛泽东选集》第二卷，人民出版社 1991 年版，第 707—708 页。

在历史上的社会地位、作用和影响，也要不论官方与民间、显学与隐学，一概置于现代性的天平上来衡量。(5) 汉族文化与少数民族文化。中国是一个多民族组成的大家庭，我们既有源远流长的汉族文化，又有丰富多彩的少数民族文化。这两种文化不断地发生着交流、渗透、融合和衍化。近年来，对于少数民族思想文化的研究愈来愈受到重视，得到加强，这对于丰富和增强建设中国特色社会主义文化的民族性内涵，具有深刻而重要的意义。(6) 本土文化和外来文化。外来文化作为异质文化输入我国，历史久远，且具有适应中国本土文化而改变自身面貌，植根于中国文化土壤或嫁接连体于中国某种思想文化之上的特点。本土文化在历史发展中也吸纳融合外来文化而达到自我改造、充实和完善。这样看来，中国传统文化是作为动态系统，由发展着的本土文化与输入中国并得到一定改造的外来文化构成的。在这样的意义上，中国古代文化的优秀传统里既有本土文化的主要成分和精髓，也包含着外来文化的因子。从这种视角辩证地看待中国传统文化，对于文化建设和发展的综合创新无疑具有启迪意义。

上述多种多样、相反相成的文化成分共同构成了中国传统文化这一庞大的复合体。这就要求我们在评价、清理和批判继承中国传统文化时，要坚持马克思主义的辩证原则，从传统文化本身的辩证特点出发，全方位、多角度、多层面、完整系统、具体深入地进行研究发掘，既不能把各种思想文化成分平分秋色，等量齐观，也不能主观地钟情于一，更不可以偏概全。只有坚持辩证法，对中国传统文化的多种成分进行批判与继承、分析与综合相统一的辩证的转化，才能对中国特色社会主义文化建设作出应有的贡献。

三、转换的方式：形式、内容和作用的转换

不同程度地承认中国传统文化资源中有合理成分，有适合于现代化建设的积极因素，这已基本成为不争的事实。但如何发掘、利用这些资源和价值，至今仍见智见仁，探讨正在继续。我们认为，就有中国特色社会主义文化与中国传统文化的关系而言，应当是对中国传统文化从形式、内容、作用等多方面进行挖掘、整理、阐释、转化，从而使其构成中国特色社会主义文

化的一个有机组成部分。这是一个对中国传统文化进行分析诠释、综合创造的过程。在这一历史过程中，传统思想文化资源无论从形式、内容、作用哪个方面来看，已时过境迁的那些，需要根本置弃；有些可以直接继承过来，为今所用；有些则需要转化和更新。所有这些，都属于中国传统文化转换这一庞大而艰巨的工程。

（1）形式转换，即中国传统文化中语言、概念、范畴的转换。毛泽东在20世纪40年代就曾号召要“用气力”、“下苦功”、“向人民群众学习语言”，“还要多多吸收外国的新鲜东西”、“新鲜用语”，“学习古人语言中有生命……有生气的东西”①。对于古人的语言，毛泽东首先将其分为“已经死了的”和“有生命、有生气的”两种。他坚决反对去用已经死了的语汇和典故，同时强调应该继承有生命、有生气的好的东西。毛泽东实际上已提出了学习古代语言的方法和原则，并且身体力行，率先垂范。区分出传统文化语言、概念、范畴中死的和活的，标准就是看其是否有“生命”、“生气”。这是第一步。死了的东西，例如“天命”、“天君”、“天官”、“天志”、“阳尊阴卑”、“转世轮回”、“神心”等等，只能作为历史的概念、范畴，加以了解和认识，不可为今所用。活的也就是有生命、有生气的东西，有的可以直接继承，有的则可以通过改造、更新加以继承。比如荀子所述“水则载舟，水则覆舟”，《孙子兵法》中讲的“知己知彼，百战不殆”，《后汉书》中讲的“星星之火，可以燎原”，魏征讲的“兼听则明，偏听则暗”等等，都可以直接继承。像“实事求是”、“相反相成”、“诚”、“信”、“理智”等等，经过改造、更新或完善，便可以较好地为今所用。

（2）内容转换，也就是将传统思想文化中的一些命题、观点、理论进行新的诠释，赋予新的内涵，使其富有新的意义。例如，我们对中国古代哲学中“实事求是”的唯物论思想，“人定胜天”的能动精神，“知行合一”、“践履笃实”的实践精神和务实精神，“一分为二”的朴素辩证法，重视群体利益的人生价值观等等，进行马克思主义的科学分析，并在社会实践基础上将其进一步提高与升华，就能转换成为中国化的马克思主义哲学。又如，孔子

① 《毛泽东选集》第三卷，人民出版社1991年版，第837—838页。

讲“学而时习之”，我们今天除了需要了解认识孔子当时提出这一命题的背景、内容和用意外，还可以进行新的理解和阐释，即讲学习。对讲学习如果再进一步作内容的转换，现在我们当然要强调学习马列主义、毛泽东思想、邓小平理论，还要学习现代经济知识、法律知识、科技知识等。再如，传统文化中儒、道讲的“有为”、“无为”，都具有辩证的性质。我们今天除了了解认识其各自的含义外，也可以进行新的诠释，作内容上的转化。总的来说，中国传统文化中具有积极意义和当代价值、应当在思想内容上进行转换的，至少或主要的有以下两个方面：其一，体现和表达民族精神的内容。如“天下兴亡，匹夫有责”的忧患意识和爱国主义；“兴利除弊”的改革精神；重民贵民的民本思想；“自强不息”，不畏强暴，不怕困难的独立自主、自力更生、吃苦耐劳精神；注重和谐的“和合”思想；“厚德载物”的宽容精神和关于吸收异质文化的“会通精神”；等等。其二，扬善抑恶，注重人格和道德修养的伦理精神和人生价值观念。如“己所不欲，勿施于人”的“仁爱”精神；“勿以恶小而为之，勿以善小而不为”的律己观念；“三军可夺帅，匹夫不可夺志”的人格思想；“杀身成仁”、无私奉献、“以天下为己任”的重气节和大公无私的人生价值观念；“立己立人，达己达人”的重道德精神；等等。

值得指出的是，中国传统文化中这些具有积极意义和当代价值的思想内容，又有层次之分。第一层次是自强不息、兼容并蓄、高度融合的精神。体现在不屈不挠地奋斗和求索；对各种合理的、有价值的东西都能兼容并蓄，为我所用；对异质文化有高度的融合力，并在融合的基础上有新的创造。第二层次是务实的精神。体现在直面现实人生，勤劳、实干，践履笃实，不尚空谈。第三层次是伦理精神。体现在崇尚道德、重视群体、勇于奉献、宽人严己、追求理想人格和理想社会等。

（3）作用转换，这是进行中国传统文化当代转换的立足点问题。也就是说，要从现实的需要出发，通过对传统文化中积极的形式和内容的系统转换，寻求传统文化中的民族智慧，经验教训，为解决当代的重要社会问题，提供思想方法、历史借鉴，用以补充与丰富现实斗争的智慧和经验。换言之，也就是使中国传统文化的精华，经过新的诠释，赋予新的时代内容之后，在现实社会中重放异彩，发挥其应有的作用。我们要把经过马克思主义科学理论洗礼的优秀文化传统，作为社会主义精神文明的重要组成部分，变成国人的价值观念、社会意识和文化精神。如此，才能真正称得上中国传统文化的现代化。

四、结语

综上所述，我们对中国传统文化当代转换的总体思路和把握，可以简要地概括为以下几点：

（1）分析综合。分析综合贯穿于中国传统文化转换的全过程。张岱年先生说："关于未来文化建设，有两句话，一是'胸有成竹'，即建设有中国特色的社会主义文化的目标要确定；二是'目无全牛'，即对中西文化都不要看作一个整体，而应加以具体分析。"① 分析即对传统文化的解剖，这种分析是具体的、全面的。有分析就要有综合，辩证的分析与综合是统一的。分析是"目无全牛"，综合是根据新时代的需要而重构新的"全牛"。也就是说，在对中国传统文化进行科学分析的基础上，将各种不同成分、要素重新组合、建构，创造出新的东西，使之成为中国特色社会主义新文化的组成部分。

（2）创新发展。分析综合内在地包含着创新发展。分析综合是创新发展的前提和方法，创新发展是分析综合的旨归和价值指南。坚持对传统文化的分析综合，应当鲜明地突出其创新发展的实质。创新发展可以说是文化发展的规律。中国传统文化不仅仅是历史文化，更重要的它是传统文化。之所以为传统，说明在历史发展中必有文化的积累和积淀，因此，传统文化中包含着本民族世世代代的创新和发展。我们应当根据当代现实的需要，遵循文化辩证发展的规律，去积极地扬弃传统，推进传统，发展传统。

（3）一体多元。这是中国传统文化当代转换和建设中国特色社会主义文

① 张岱年：《关于马克思主义与儒学关系的几点看法》，《马克思主义与儒学》，当代中国出版社 1996 年版，第 2 页。

化的总体目标和结构特征。“一体”就是中国特色社会主义文化的系统总体，“多元”就是中国特色社会主义文化系统中的涵蕴东西方文化之精华，包括哲学、经济、政治、法律、文学艺术、宗教、军事等等不同门类学说的观念体系，它们以马克思主义的科学理论为指导，同时渗透和灌注着我国传统文化的优秀精神，体现出鲜明的民族特色和时代气息。

（原载于《中国社会科学》1999 年第 1 期）

中国文化现代化历程的哲学省思

李翔海

自鸦片战争后中国文化被迫走上现代化道路以来，历史已走过一个半世纪。而今，随着21世纪的到来，中国文化的发展又面临着新的问题与契机。值此之际，对中国文化现代转型的思想主题与发展逻辑予以梳理，对其成就与问题予以评析，对于更好地把握中国文化的当代走势无疑是必要的。①

一、现代性：中国文化现代转型的基本思想主题

中国文化的现代化是以“以夷为师”为历史起点的，虽然它在归根结底的意义上不能等同于西化，但中西文化客观上存在着的势差决定了中国文化的现代化必然与向西方学习相伴随。对于现代性的追求正是由此成为处在由传统向现代转型过程中的中国文化的基本思想主题。

对何谓“现代性”的问题有着见仁见智的种种争论，本文赞成把现代性最基本的内容归结为理性精神的突显、个人主义的兴起与进步历史观的出现三方面。② 其中，“理性精神的突显”③ 居于基础性地位。这不仅是由于理性

① 需要指明的是，由于鸦片战争以来均属世界历史的现代范畴，加之中国文化自1840年后就事实上是开启了现代化的历程，因此，本文所指涉的时间包括了通常意义的近现代。

② 详论参见唐文明：《何谓现代性？》，《哲学研究》2000年第8期。

③ “理性”是一个义涵颇为丰富的概念。在广义上，它可以指与迷信、愚昧无知相对立的人之健全的理智、思想和知识。这里所谓“理性”，系指以人类健全的理智为基础的、首先在西方主体与客体二分的文化传统之中表现出其成熟形态的、以现代科学精神为核心内容的人类精神机能。

精神构成了西方文化传统一以贯之的基本理论特质，更是由理性精神在现代化过程中的重要作用所决定的。在中世纪，人不仅自觉地变成了神的奴仆，而且面对自然也是十分弱小的。文艺复兴特别是启蒙运动之后，人们发现，正是由于人作为万物之灵具有认识与改造世界的理性能力，人完全能够亦应当成为世界的主人。由此，人类开始了在理性的主导下认识进而征服世界的历程。正是理性精神使得人类在一定意义上堪称取代了万能之神的地位："面对这种理性的统一性，神与人的区别就变成无关紧要的事情了……管理万物的精神与创造万物的神相似，都是自然界的主宰，与神相像的人具有支配定在的主权，是主人，具有指挥权"①。由此，理性精神的突显成为现代社会区别于前现代社会的基本标志。进步历史观的出现与个人主义的兴起也是建立在认可人之理性能力的基础上的。只有充分显发理性能力，人才能有效地认识、改造自然与社会，从而使人类社会的不断发展成为可能。同样，现代民主政治的兴起是以公民具有对于自身作为独立政治主体的理性自觉为前提的。如果社会成员对自身所应享有的基本权利、义务与自由没有清醒的认识，个人主义显然就无从兴起。在这个意义上，科学与民主可以说都是理性精神的产物。因此，正是理性精神的突显构成了现代性的核心内容，现代性的成就与问题无一不与理性有关，因而人们对现代性的是非毁誉也总是离不开对理性的评说。

由于师法西方成为中国文化现代化的基本理路，而现代性则构成了西方现代文化的核心内容，中国文化现代转型的一个重要的价值目标就体现为对现代性的追求。与此相关联，与传统中国文化相比，现代中国文化的一个最为显明的特点就在于：在中国文化传统中并未得到突显的理性精神在中国近现代文化中逐渐得到显发，随着现代化进程的不断推进，素重"德性"的中国文化传统正在逐渐演变为一个为"理性"所浸润的价值系统。尽管由于中国文化现代化的后发性，国人对现代性的认识有一个逐渐明确与深入的过程，但就中国文化现代化的整体历程来看，对现代性的追求堪称已贯穿于现

① ［德］马克斯·霍克海默、特奥多·阿多尔诺：《启蒙辩证法》，洪佩郁、蔺月峰译，重庆出版社 1990 年版，第 7 页。

代中国文化的全幅层面。在这方面，鸦片战争时期出现的“师夷之长技以制夷”的文化范式、戊戌变法中提出的“统筹全局而全变之”的文化范式以及五四新文化运动中打出的科学、民主旗帜，可以看作是中国文化对现代性的追求不断从器物层面深入到制度直至理念层面的基本标志。由此，五四新文化运动也就为20世纪中国文化的发展规约了基本的精神方向。发端于这一时期并在日后的发展中鼎足而立的中国马克思主义派、自由主义西化派与文化保守主义派，虽然在具体的文化主张与文化内容上有着相当差异，但就其基本的理想目标而言，他们都是力图实现现代化的①，亦即都是以现代性为其基本思想主题的。

二、从“外在冲击”到“内在转化”：现代中国文化发展演进的内在逻辑

就发展演进的内在逻辑而言，现代中国文化走过了一个现代化的价值理想从“外在冲击”到“内在转化”的过程。换言之，现代化始于作为一个外在化的存在而对中国文化传统产生冲击，而终于成为内在于中国文化的价值理想。

由于在发生学意义上现代化对于中国文化并不具有内发性，因此，对中国文化现代化的整体发展历程而言，“外在冲击”可以说是一个不可或缺的阶段。一方面，西化浪潮对于中国文化之腐朽传统的揭露、批判，为中国文化现代化价值系统的重建廓清了内涵空间。对于后起的现代化文化系统而言，没有这种外在化的冲击作为解构的力量，要想进行真正意义上的现代建构亦是不可能的。另一方面，正是这种冲击为中国文化的现代化确立了科学、民主等现代化的价值目标，促使中国文化在被动之中开始走上了现代化之途。

当然，中国文化现代化并没有停留在被动接受外在冲击的阶段，而是在经历冲击的过程中，逐渐开启了通过将现代化内化为现代中国文化生命的基

① 详论参见方克立：《现代新儒学与中国现代化》，《南开学报》1989年第4期。

本价值目标，从而实现由“外在冲击”到“内在转化”之转折的历史过程。正是五四新文化运动构成了这一历史性的转折点。这表现在以下两个方面。

其一，新文化运动标志着西方现代文化对中国文化传统的冲击已深入到了精神理念的层面，在形式上可以看作是对中国文化传统中腐朽成分的解构达到了较为彻底的程度。正是在新文化运动中，中国先进的知识分子终于认识到中西文化更为深刻的差距不在物质与制度层面而在文化理念层面。有鉴于此，陈独秀把精神伦理的觉悟看作是吾人之“最后的觉悟”①，胡适则进一步提出，“我们必须承认我们自己百事不如人，不但物质上不如人，不但机械上不如人，并且政治社会道德都不如人”②。姑且不论胡适全盘西化的偏颇倾向，“百事不如人”的结论的确表明当时中国知识分子已清楚地意识到了西方现代文化对中国文化传统的全幅冲击。可以认为，以五四新文化运动为标志，西方现代文化对中国文化传统的批判与解构深入到了核心层面，从而为真正完成中国文化现代建设中“破”的历史任务提供了可能性。

其二，新文化运动构成了中国文化现代化进程中由“破”到“立”的历史分界线。我们注意到，在有关研究中，不少人着力强调了新文化运动对中国文化传统“彻底”批判的一面。事实上，这只是事情的一个方面。众所周知，新文化运动是在中国文化现代转型过程中出现的，其基本的理想目标是推进中国文化的现代化。在这个意义上，激烈的反传统只是为实现理想目标而采取的某种特殊的手段。我们认为，尽管新文化运动在整体上确实具有激烈反传统的特征，但恰恰是它构成了中国文化现代化进程中由“破”到“立”的历史转折点。这主要表现在以下几个方面。第一，新文化运动对中国文化传统中已落后于时代要求的有关成分颇为彻底的批判和解构，为中国文化的现代重建提供了基本前提，廓清了内涵空间。第二，新文化运动中不仅出现了对传统持彻底批判态度的全盘西化派，而且也出现了力图立足于民族本位以重建中国现代文化的文化保守主义派。就其都以实现中国文化的现代化为

① 参见陈独秀：《吾人最后之觉悟》，《独秀文存》，安徽人民出版社 1987 年版，第 41 页。

② 胡适：《请大家来照镜子》，《胡适文存》第 3 集第 1 卷，亚东图书馆 1930 年版，第 47 页。

基本理论出发点而言，全盘西化派和文化保守主义派都应归之于“新文化”的范畴。如果说前者是以一种极端方式表现了解构中国文化传统的彻底性，那么后者则是以一种同样极端的方式表现了建构具有中国民族特色之现代文化的热切性。两者的并存可谓是以一种别致的形态表征了新文化运动既“破”又“立”的基本价值取向。第三，正是发端于新文化运动的自由主义西化派、保守主义的现代新儒家派与中国马克思主义派一起，共同构成了中国现代思想史上鼎足而立的三大思潮，成为推进中国文化现代化的主要力量。由此，新文化运动成为中国文化现代化进程中由“破”到“立”的历史分界线。如果说此前主要体现为一种中国文化逐渐被由外而里不断解构的过程，此后中国文化发展演进的主旋律则是要寻求中国文化的现代重建。即使是全盘西化派，其基本的理论目标也依然是要建设现代“中国”文化，尽管其全盘西化的文化建设道路与其理论目标之间事实上是南辕北辙的。

当然，五四新文化运动之后，中国文化的现代重建并没有径直走上坦途。与 20 世纪中华民族坎坷的现代命运相联系，中国文化的现代重建亦可谓一波三折。在经历了长期的动乱之后，新中国的成立为中国文化的现代重建奠定了坚实的基础，但却又不幸在一段时间里受到了“左”倾思想的干扰。随着改革开放时代的到来，中国文化的现代建设终于在一个更为理性、宽和的社会文化氛围中迎来了历史性的新契机。随着对中国现代化历程屡遭挫折之经验教训的反省，随着改革开放后对“左”倾文化观念的清除与对马克思主义文化方针的全面贯彻，特别是对建设中国特色社会主义文化道路的深入探讨，国人对中国文化传统给予了更多关注。在国际上，“西方文化中心论”的时代正在过去，民族文化多元开展的历史合理性得到了更有力的肯定；工业东亚一定程度上具有东方特色的现代化模式的出现也从一个侧面加强了国人确立具有民族特色之现代文化的紧迫感。由此，20 世纪 90 年代以来出现了在现代中国文化发展史上具有重要意义的思想转变，人们对“文化重构”倾注了更多的理性思考。其中一个明显的标志，就是在沉寂多年之后，中国思想文化界再次掀起了“国学热”。可以说，正是在“国学热”中，实现了现代文化论争主题的“中心置换”。与先前历次的文化论争大多侧重于从文化之时代性的视角来反省、批判中国文化传统不同，如何更好地批判继承民族文化传统，在中国当代文化的建设中更为充分地体现中国文化的民族特质并使之贡献于当代世界，成为“国学热”中备受关注的中心话题。正如有的论者在20世纪末指出的，“如果说，本世纪初学者们的任务是如何‘开窗’而让‘西学东渐’，那么，本世纪末的学者们的任务则是如何开门，而让中国文化精神走向世界，在新的世界格局中加入自己的声音”①。

尽管“国学热”难免出现鱼龙混杂、泥沙俱下的情况，但是它在中国现代文化史上的重大意义，却是应当予以肯定的。在以“以夷为师”为中国文化现代化之历史起点，经历了长期主要是对中国文化传统施以否定性的批判之后，“国学热”的兴起可以看作是中国现代文化建设中真正完成了从重“破”到重“立”的历史性转变的一个重要标志。它构成了从五四新文化运动开始注重中国文化的现代重建，到真正完成从外在冲击到内在转化之转变的结穴处。这种转变必将对中国文化的未来发展进一步产生深远影响。

三、民族文化慧命的延续与发展：中国文化现代转型的主要成就

回顾中国文化的现代化历程，应当说，虽然道路颇为曲折但毕竟取得了相当的成就。概括而言，这主要包括以下几方面。

其一，在特殊的历史条件下，延续了中国文化的民族慧命，为中国文化面向未来的发展争得了历史性契机。尽管中国文化在以往也曾遭遇过大大小小的危机，但它们在归根结底的意义上都不能与近代以来中国文化的危机相提并论。这一危机有着内因外缘两方面的原因。一方面是中国文化传统在度过鼎盛时代之后，在世界历史的近代已陷入全面的衰退之中。认定中国文化早已死亡，这是不少西方汉学家一度达成的共识。这种观点虽然不免偏颇，但它确实注意到了中国文化的内在生命力正趋衰微这一事实。另一方面，中国文化现代转型的时代正是全球范围内“西方文化中心论”盛行的时代。现代化被指认为是人类文化共同的发展目标并在相当程度上被等同于西方化，非西方文化被认为只能是在彻底抛弃自身民族传统的基础上，全盘照搬西方

① 《后现代主义讨论综述》，《中国文化报》1993年4月11日。

文化的现代化模式。在这样的时代背景下，中国文化的民族慧命无疑面临着断灭的现实危险性。

令人欣慰的是，经过一个多世纪的艰难坎坷，中国文化遭遇灭顶之灾的危险性终于得以避免，中国文化的民族慧命终于得以延续和发展。这固然是由于中国文化传统蕴含了可久、可大的内在生命力，但无论如何也与中国文化之民族慧命的现代承担者们为延续、发展中国文化而作出的自觉努力有着密切关联。从广义上讲，由于文化归根结底与政治、经济紧密相连，因而，近代以来中华民族争取民族独立与建设民族国家的艰苦努力，都可以看作是为中国文化的现代开展奠定了基础。从精神文化层面看，中国现代三大思潮都堪称是为延续、发展中国文化的民族慧命作出了贡献。作为现代中国思想文化的主流思潮，中国马克思主义派构成了护持民族文化慧命的生力军。从"古今中外"之文化方针的阐发到"建设中国特色社会主义文化"之时代任务的提出，就鲜明地体现了这一点。由于保守民族文化的基本精神构成了以新儒家为代表的文化保守主义的基本理论立场，因而他们对中国文化的热切护持也是自不待言的。与特定历史条件下形成的特殊的民族意识相联系，即使是全盘西化派，其主观愿望也是要建设"中国"文化。胡适明确认为，所谓"全盘"的西化在事实上是不可能的，由于文化自有其保守性，全盘西化的结果"当然是一个中国本位的文化"①。同样，主张全盘西化最为彻底的陈序经也专门强调了全盘西化与民族意识的统一。② 经过国人一个多世纪艰苦卓绝的不懈奋斗，中国文化已没有了"断灭之虞"，其民族慧命经受住了存亡续绝的历史考验。尤其值得欣慰的是，由于历史的因缘际会，现代中国成为马克思主义、中国传统文化与西方现代文化的汇聚之地，这就为中国文化面向未来的发展准备了更为充分的思想资源。伴随着中华民族的伟大复兴，有中国特色的社会主义新文化的建设必将为中华民族文化慧命注入新的、更为深厚绵长的生机与活力。

其二，尽管中国文化至今仍没有彻底完成现代转型，但经过现代文化因

---

① 胡适：《试评所谓"中国本位的文化建设"》，《独立评论》第 145 号，1935 年。

② 参见陈序经：《对于一般怀疑全盘西化者的一个浅说》，《全盘西化言论集》，岭南大学青年会，1934 年，第 121 页。

子的长期浸润，中国文化已在一定程度上具备了现代文化的价值取向与思想框架。

首先，中国文化的基本价值取向已完成了向现代的转变。近代以来，在西方现代文化的比照下，中国文化传统遭到了来自内外两个方面的严厉批评。批评的焦点在于中国文化传统没有发展出现代科学与民主。中国文化关注的中心是以内敛的方式通过达致和谐来寻求人之生命意义的安顿。它对“技”与“艺”的关注也总是服务于这一主题，因而很难发展出独立的学理系统，而只能流于实用。这样，尽管中国文化在历史上曾经发展出了高度的物质成就，但当人类社会发展到世界历史阶段，依然停留在实用手工技术水平的中国文化所具有的征服自然的力量就不可能与已发展出理论自然科学的西方文化同日而语。同样，中国文化传统虽然在奠基时代就已表现出了浓厚的民本意识，但由于它具有颇为鲜明的人治色彩，也由于历史发展的种种因缘际会，中国社会在春秋战国之后就走上了长期的封建道路。在皇权专制统治下，老百姓被看作是自身没有任何自主权利而只能接受专制权力之恩赐的存在者。这样，一方面是专制体制在对普通民众施以暴政，另一方面则是因为没有发展出现代科学而陷于贫穷，中国传统社会的愚昧落后于此不难见出一斑。而处于前现代阶段的中国文化，却恰恰是以论证这一社会形态存在之合理性为其基本的理论落脚点的。在这个意义上，可以认为，被封限于封建社会的中国文化传统在基本价值取向上确有与现代化逆向的成分。经过一个多世纪现代文化的冲击与浸润，中国文化的基本价值取向终于发生了深刻的变化。纵观中国文化的现代化历程，人们所着力掘发的传统精神资源，都自觉不自觉地集中在与科学、民主等现代精神相联系，至少是不明确反对现代精神的成分上。相反，那些与现代精神背道而驰的内容，则不仅因被轻忽而鲜有人提倡，而且还遭到了各方面颇具理论深度的批评。时至今日，可以认为，在基本价值取向上中国文化已基本完成了由前现代向现代的转化，科学、民主、自由等现代精神已内化为中国文化的内在要求。

其次，中国文化已初步具备了现代性的思想框架。与对现代性的追求成为近代以来中国文化的基本思想主题相表里，中国文化现代化的一个总体趋势，就是如何在一个素重“意志”的文化系统中充分“开显”“理性”之基本精神。可以说，如何达成与意志相联系的德性与理性之间的内在连接，如何从素重德性的中国文化传统中发展出作为理性之承载者的知性主体，以为理性在中国文化中确立内在根据，构成了中国文化现代化基本的时代课题。在这一点上，现代新儒学是一个典型代表。或许是因为人们将中国文化没有发展出科学与民主归罪于儒学传统的反激，新儒家对如何在素重德性的儒家文化中接纳科学与民主的问题作了较多的论述。其理论成绩集中体现在第二代新儒家的重镇牟宗三在20世纪中后期所提出的“良知自我坎陷”说中。① 尽管这一学说招致了多方批评，而且其有关理论也确有未安之处，但就其主观愿望而言，这一学说的基本意旨又确实是要在以往以圆融无碍的形态存在的儒学本体中确立主客、能所二分对立的“对列之局”②，换言之，亦即要在以儒学为代表的中国文化传统中开出能够涵容现代性的思想架构。因此，在基本精神方向上，它不仅从一个侧面表征了中国文化对现代性的基本精神已有了比较完整的理性自觉，而且所体现出的调适德性与理性、力图在中国文化中为理性精神确立形上根据的理论努力，对中国文化的现代新开展而言实有其内在的必然性。在与后现代主义的比较中，有论者曾指出，新儒学实际上是要把整个学理系统完全纳入启蒙理性的观念框架之中。③ 这一论断虽然未必完全允当，但它确实从根源上准确地抓住了新儒学是要按照以启蒙理性为核心的现代性来重塑儒学之现代形态这一理论特质。在充分突显理性之重要意义这一点上，新儒学堪称是现代中国文化的一个缩影。正如儒学的现代变革所表征的，随着现代化的推进，素重德性的中国文化逐渐演变成为理性精神所浸润的文化系统。过去片面注重主观境界的中国文化终于在接纳理智理性的客观架构方面迈出了坚实的步伐。不仅主客对列的科学理性架构已出现在中国文化中，而且现代中国人也正在由过去缺乏权利意识的“天民”逐渐成长为具有独立意识、足以作为政治实体的现代公民。具有现代意义的文化价值系统已初步确立。

---

① 详论参见牟宗三在《现象与物自身》（台湾学生书局1975年版）中的有关论述。

② 牟宗三：《政道与治道》，台湾学生书局1983年版，第53页。

③ 参见梁燕城：《西方后现代主义与中国儒家哲学》，《社会科学战线》1994年第2期。

第三，中国文化的世界化也迈出了坚实的步伐。近代以来中西文化交流的历史表明，尽管向西方学习构成了其主体内容，但两者之间事实上是一种双向互动的关系。近代以来一直与西学东渐相伴随的“东学西渐”的“暗流”就清楚地表明了这一点。由此，中国文化的现代化事实上是与世界化相伴随的，20 世纪虽然是中国文化极度困厄的时期，同时也可以说是中国文化逐步走向世界的重要时期。时至今日，中国文化不仅不再被简单地看作是已僵死的“遗迹”，而且已融入“世界文明”① 之中，产生了相当的世界性影响。这至少在以下三个层面得到了明确的表现：其一，作为一个现代民族国家，自 1840 年以来中国尽管发生了巨大变化，但在归根结底的意义上它依然还是具有深厚的中国特色的，依然还是透显着中华民族文化之基本精神的。亨廷顿将当代中国依然称为“儒教国家”虽然并不确当，但却也以一种别致的方式折射出了当代中国与中国文化传统之间“剪不断，理还乱”的内在关联。而今，随着中国国际影响的不断增强，中国文化也正在不断走向世界。其二，中国文化的基本精神特质在经过现代转化后，已在一定程度上融入了现代东亚社会，成为形塑现代东亚社会与文化的重要力量之一。现代化过程中“东亚模式”的出现与“亚洲价值观”的崛起就在一定程度上表征了这一点。其三，随着“世界历史”的不断发展，中国文化在西方产生了更大范围的影响。如果说汤因比、李约瑟等倡导人类文化将向中国文化复归、以南乐山等为代表的“波士顿儒学”② 的出现还可以说是某种特例的话，当代美国哲学家理查·罗蒂的下面一段话或可代表当代西方思想文化界对中国文化的一般性态度：“在一切非西方的文化间，中国的文化无疑是最古老、最具影响力，也是最丰富多彩的。人们或许因此而可以希望，在西方理解自身过程中最近

① 关于“世界文明”的概念可参见［美］菲利普·李·拉尔夫、罗伯特·E. 勒纳、斯坦迪什·米查姆、爱德华·伯恩斯等：《世界文明史》下册，赵丰等译，商务印书馆 1999 年版，第 735 页。

② 关于“亚洲价值观”和汤因比、李约瑟中国文化观的论述，可参见李翔海：《论当代中国的国际文化环境》，《学术月刊》1998 年第 1 期；西方学者关于“波士顿儒学”的论述，可参见美国波士顿大学教授约翰·伯斯郎：《道的传播：波士顿儒学初探》，何世健译，《文化与传播》第四辑，海天出版社 1996 年版。

发生的变化，将有助于西方知识分子从中国方面多多获益”①。

四、现代与后现代之间的张力：当代中国文化面临的困境

经过一个多世纪的艰苦努力，中国文化的现代转型已取得了巨大的历史性成就，这就为中国文化面向未来的发展奠定了坚实基础。在世纪之交的文化讨论中，有人正是据此作出了“二十一世纪将是中国文化的世纪”的论断。我们认为，虽然21世纪人类文化的发展不会简单延续西方文化中心论的发展轨迹，但也不可能走向中国文化中心论。事实上，面向21世纪，中国文化的现代转型在已取得巨大的历史性成就的同时，也面临着深刻的矛盾和问题。全面探讨当代中国文化的存在境遇显然是本文所难以胜任的。立足于本文的特定视角，我们要指出的是，与中国文化由传统向现代的转型这一基本的时代课题紧密相连，在当代人类文化面临着后现代转向的特殊历史时期，中国文化所面临的历史性困限在于：如果说，此前中国文化的现代化之路虽然相当坎坷，但从前现代走向现代的基本取向还是颇为单一的，在西方后现代文化的比照之下，依然以现代化为基本价值取向的中国文化由于前现代、现代与后现代之间的张力而不能不陷入两难困境。

正如历史的发展已表明的，自文艺复兴以来，现代化逐渐成为人类追求的理想目标。它不仅在西方成为主导性价值取向，而且经西方文化的传布在全球范围内产生了深远的示范性影响。尽管现代化从起步之日起就存在对它的批评性意见，但与人类一往无前地走向现代化的迅猛势头相比，这种批评在相当长的时间里只是历史长河中的涓涓细流。随着后工业社会的来临，对现代化的批评终于在西方酿成一场全面性的思想运动，形成了后现代主义思潮。后现代主义对文艺复兴以来人类社会与文化的发展进行了从根反省，面对当代人类所面临的深重困境，对在西方文化主导下所成就的以启蒙理性为核心内容、以工业化为基本运作方式的“现代性”做出了全面的批判，并进

① ［美］理查·罗蒂：《哲学和自然之镜》中译本作者序，李幼蒸译，三联书店1987年版，第16页。

而提出了“走出现代性”的主张。在后现代思想家看来，“如果说后现代主义这一词汇在使用时可以从不同方面找到共同之处的话，那就是，它指的是一种……认为人类可以而且必须超越现代的情绪”。因为尽管直至最近，“现代”还几乎总是被用作赞誉之词，但随着时间的推移，“人们不再把现代性看作是所有历史一直苦苦寻求以及所有社会都应遵守的人类社会的规范，而越来越视之为一种畸变”。因此，“人们越来越强烈地感觉到，我们可以，而且应该抛弃现代性，事实上，我们必须这样做，否则，我们及地球上的大多数生命都将难以逃脱毁灭的命运”。①

尽管后现代主义作为一股社会思潮有着自身的局限，但并不能由此而轻忽其思想意义。在一定程度上，后现代主义的出现是人类社会发展史上具有划时代意义的历史事件，它标志着人类对于自身前途命运的思考已指向了“现代”之后，而达到了一个新的历史高度。正因如此，后现代主义甫经出现很快就产生了较大影响，成为国际学术界广泛关注的热点问题之一。在中国，后现代主义也同样迅速产生了回响，以至于在进行世纪之交的回省时人们将后现代主义在20世纪末的兴起看作是中国思想文化界“特别引人注目”的现象之一。②

后现代主义的兴起及其现实影响无疑复杂化了中国文化在当代的存在境遇。当中国文化还没有全幅享受到现代化积极成就的时候，西方则已对现代化的弊病提出了全面而尖锐的批评，这就体现出了中国文化的当代发展与西方文化之间存在的时代性势差。由此，在西方文化发展历程中主要是以历时性的形态依次出现的前现代、现代与后现代文化现象，在当代中国则在相当程度上以共时性的形态被同时挤压在一个平面上。这就不能不使中国文化的未来发展面临着深刻的困境与严峻的挑战。概要而言，这种困境与挑战至少包括了以下三个方面的基本内容。

第一，在基本价值取向上，中国文化如何才能真正走出“现代”与“后

---

① ［美］大卫·格里芬编：《后现代科学》英文版序言，马季方译，中央编译出版社1995年版，第16页。

② 参见《20世纪末中国哲学研究重大问题检讨之七·新儒学研究“编者按”》，《求是学刊》2001年第2期。

现代”之间的“两难困境”？在现代与后现代的比照之下，一方面，由于现代对比起前现代所具有的历史性的进步意义，由于“现代”阶段的不可逾越，当代中国文化没有理由轻言解构和颠覆现代性，终止走向现代化的历史进程；另一方面，就人类文化面向未来的发展动向而言，现代化却又已处于被批判、被超越的地位。如果中国文化只是依然一条鞭地追求西方式的现代化，那它岂不是只能永远跟在西方文化后面亦步亦趋？

第二，在评价标准上，理解和诠释中国文化的基本价值系统、思想框架与话语体系怎样才是更为合理的？怎样才能更好地把握中国文化的基本理论特质及其优长与缺失？长期以来，人们开展相关研究的一个基本特点，就是将中国文化放在现代化的背景之下，以现代性为基本的价值标准来对其予以论衡。在相当程度上，后现代主义正是要对现代性的基本价值系统予以颠覆乃至翻转。在现代性与后现代性的比照之下，怎样的评价中国文化的基本范式才是更为合理、合时、合宜的？

第三，在具体的思想资源上，中国文化的当代建设应当怎样更好地处理古今中西多种文化资源之间的关系？后现代主义的兴起，使得中国文化与西方文化之间呈现出一种更为复杂的关系状态。一方面，作为西方文化之最新发展的后现代主义的某些理论特质与中国文化传统之间形成了相当尖锐的对立（如虚无主义、反基础主义、碎片化、平面化等）；另一方面，后现代主义在思想主题（由以对外在自然的追寻为中心变为更加注重人之内在生命意义的安顿）、价值取向（注重人与自然的和谐）以及言说形式（教化哲学、拟文学哲学）等方面又确与中国文化传统之间具有一定程度的亲缘性与类同性①。而与此同时，则是在同属于西方文化的现代与后现代之间出现了相当程度的差异乃至断裂。在这种情况下，中国文化应当怎样在继续吸纳西方现代文化之优长的同时，面对西方后现代主义的挑战？中国文化可以向后现代主义学习些什么？与此相应，我们应当怎样更好地批判继承自身的文化传统？面对人类多元文化并存发展的时代趋势，中国文化可以为当代人类贡献

① 详论请参见李翔海：《论现代新儒学与后现代主义》，《教学与研究》1998 年第 9 期；《西方后现代转向与中国哲学的当代意义》，《南开学报（哲学社会科学版）》1999 年第 6 期。

怎样的智慧资源？

当代中国文化所面临的困境与挑战表明，中国文化的现代转型在今天又到了一个新的历史关头。由于现代与后现代之间的张力构成了上述困境的核心内容，如何对其挑战做出创造性的回应，就成为面向21世纪中国文化建设的一个重要课题。

五、结语：中国文化面向21世纪的双重历史任务

中国文化在当代所面临的上述两难困境，历史地证明了"综合创新"文化方针的正确性。中国现代三大思潮马克思主义派、自由主义西化派与保守主义现代新儒家派分别以"综合创新"、"全盘西化"和"中体西用"为基本文化主张。如果说"中体西用"论由于不可能带来中西文化在根本精神层面的真正会通，已在历史发展进程中比较充分地暴露了其内在的局限，后现代转向则有利于我们更为真切地见出"全盘西化"论的根本制限。西化派主张完全照搬的显然正是西方现代文化。毫无疑义，在后现代性的比照之下，无论如何它已失去了被全盘因袭的价值意义。不同于偏于一隅的西化派和新儒家，中国马克思主义派植根于中华民族"百虑而一致，同归而殊途"和"会通以求超胜"的智慧精神之中，在文化建设中兼重时代性与民族性，鲜明地体现了综合中西文化之长以创造新的中国文化的精神品格。如果说，中国文化的现代化道路事实上是体现为文化之时代性与民族性的对立与互动（西化派与新儒家分别以偏执的方式凸显了时代性与民族性对中国文化现代化不可或缺的重要意义），因而实际上是体现为一个"综合创新"的历史过程，那么，面对今天中国文化的两难困境，除了以更为成熟的理论形态自觉地走综合创新之路外，可以说别无他途。立足于这样的认识，我们认为，面向21世纪，中国文化要想真正摆脱在现代与后现代之间的两难困境，以下几个方面的工作不容轻忽。

第一，必须切实挺立民族文化精神的主体性。在中国文化现代转型的过程中，全盘西化论曾经产生了广泛影响。西化思潮的一个基本的偏颇，就是对自己的民族文化采取了虚无主义的态度，只知一味地照搬西方。如果说由

于中国文化的现代化历程是与向西方学习相伴随的，在现代性成为中国文化之基本价值追求的背景下，西化派的有关文化主张还能够在一定程度上起到积极作用，那么，在今天，如果不能切实挺立民族文化精神的主体性，面对现代与后现代之间的张力，就只能陷入左冲右突之境而无所适从。为此，必须根据中华民族伟大复兴的实践要求，确立民族文化的主体精神，按照“以我为主，为我所用”的原则，以更为主动、自觉、开放、平实的文化心态来批导、择拣、吸纳、融汇不同形态的西方文化资源。这可以说是要走出两难困境不可或缺的理论前提。

第二，必须立足于新的综合与新的创造，明确中国文化面向21世纪所应当完成的双重历史任务。新的综合与新的创造，既是综合创新文化方针的核心内容，也是中国文化生命面向21世纪进一步开展的内在要求。正如上文的分析所显示的，自19世纪中叶以来，中国文化在由传统向现代的转型中经历了一个由极度困厄到复苏进而生长发荣的过程，其内在逻辑表现为由“外在冲击”到“内在转化”的发展演进。如果说，在“外在冲击”阶段，中国文化的现代转型只能是主要以西方现代性来作为自己的基本型范的话，当进入“内在转化”阶段之后，中国文化的现代转型就已具备了挺立民族文化精神的主体性，通过“以我为主”的发展而成就具有自身特质的现代文化形态的理论可能性。由此，面向21世纪，以现代转型的历史性成就为基础，中国文化民族慧命的进一步开展就逻辑地指向了新的综合与新的创造。由于今天所谓的“现代性”仅仅体现了西方文化之成就与问题，因而它既不是完备的也不应当是封闭的，面向未来的人类文化完全有可能通过各民族文化的交融互汇而成就更为合理、更为康健的现代性。在这个意义上，我们赞同哈贝马斯关于现代性是一项尚未完成的事业的论断。立足于这样的认识，我们认为，要真正走出“两难困境”，面向21世纪的中国文化必须在学习西方的基础上，走出一条既师法西方又超胜西方的现代化道路。为此，必须切实完成双重历史任务：一方面必须继续向西方学习的历史进程，以西方式的现代化为基本的参照系，真正实现价值系统从前现代向现代的转换；另一方面又必须坚决超越形形色色的“西方文化中心论”，面对多元文化并存发展、交流互汇的发展走势，借鉴后现代文化的警策性意义，以面向世界的眼界和心胸，通过充分掘发出中国文化传统所独具的优良的民族特质，建立既体现时代精神又具有充分的中国民族风格与做派的新型文化，以求超越西方式的现代性，为人类成就一个对应于“传统”的、更为合理的“现代性”做出自己的贡献。

其三，为达此目标，必须摒弃因为机械地持守时代性之一维而坚持非此即彼之僵硬思考的思维模式，在古今中西的多种文化资源之间形成高度辩证的联结。正如人们已经注意到的，由于过于突显时代性这一维度，现代性思维往往在前现代与现代之间持守一种非此即彼的思考模式，而使两者陷入了尖锐的对立。同样，在今天，这种思考模式又被人们延续到了对于现代与后现代关系的思考中。如果说，强调前现代与现代的对立是为了维护在人类现代化过程中的特定历史时期西方文化对于非西方文化的中心地位，在走出了“西方文化中心论”的今天，人类文化更为重要的课题则是如何集中多民族文化共同体的智慧解决“地球村”所面临的共同问题。为达此目标，必须摒弃上述因为机械地持守时代性之一维而在各种文化资源之间坚持非此即彼、二元对立的僵硬思维模式。由于从前现代到现代、后现代之间存在着环环递进的关系，而前现代与后现代之间又有着“奇妙之暗合”的一面，面对中国文化的双重历史任务，我们完全可以将共时性地呈现在同一个平面上的前现代、现代与后现代文化因子均看作是一个整体的“诠释圆环”中的不同组成部分，在挺立民族文化精神之主体性的基础上，以中华民族伟大复兴的实践为“理解平台”，通过互诠互释、互融互汇，在古今中西的多种文化资源之间形成具有互补结构的辩证联结，以为“以我为主，为我所用”的新的综合与新的创造提供丰富的思想资源。

面对困境与挑战，中国文化的历史任务无疑是十分艰巨的。但是，我们坚信，面对人类文化多元开展的当代走势，有中国文化独异的精神特质作为基础，有中国文化内蕴的强盛生命力作为保障，经过中国文化慧命之当代承担者的呕心沥血、不懈奋斗，伴随着中华民族的伟大复兴，中国文化当代建设的历史任务一定能够完成，中国文化一定能够成为21世纪人类多元文化中具有举足轻重之影响力的重要一元。

（原载于《中国社会科学》2002年第6期）

下　编
分　论

百年来中国马克思主义文化研究的主流学派

杜运辉

马克思主义综合创新文化学派，是百年来中国马克思主义文化研究的主流学派。在悠久深厚的唯物论和辩证思维影响下，中国古代涌现出“和实生物，同则不继”（《国语·郑语》）、“损益可知”（《论语·为政》）、“天下同归而殊途，一致而百虑”（《易传·系辞传》）、“其言虽殊，辟犹水火，相灭亦相生……相反而皆相成”（《汉书·艺文志》）、“一本而万殊”（黄宗羲《明儒学案·发凡》）、“欲求超胜，必先会通”（徐光启）等文化观点。然而，只是到了20世纪，中国人民找到了马克思主义的思想武器，才逐渐揭示和阐发了文化发展的综合创新规律，开创了文化研究的新模式和文化实践的新道路。

一、马克思主义综合创新文化学派的发展历程

鸦片战争以来“数千年来未有之变局”（李鸿章《因台湾世变筹画海防折》）迫使国人重新思考“中国向何处去”，“这个时代的中心问题在思想文化领域中表现为‘古今中西’之争”①。中国人逐渐认识到中国封建农耕文化不能有效地“同化”西方近现代资本主义工业文化，由此“师敌（夷）之长技以制敌（夷）”（林则徐、魏源）、“彼之所长，我皆有之”（曾国藩）、“舍己从人，取于人以为善”（谭嗣同）与洋务派“中体西用”等文化观相继而生，虽逐渐突破经学束缚而走向“中学”与“西学”之会通，但皆在清政府的经

① 冯契：《认识世界和认识自己》，上海人民出版社2011年版，第2页。

济、政治、军事实践中归于失败。辛亥革命后制度化儒学失势，主导性意识形态的空白深化了西方文化思潮和尊孔、复古思潮的交织杂糅。新文化运动后期特别是五四运动后马克思主义广泛传播，一方面使中国文化的基本国情呈现为中国传统文化、西方文化和马克思主义对立互动、错综交融的新格局，另一方面也为破解中国文化出路的难题提供了新思路和新方法。方克立指出，反映当今世界发展潮流和国内阶级力量的对比的中国近现代思想有“中国的马克思主义者、自由主义的西化派和现代新儒家”① 三个基本派别，分别代表着新民主主义和中国特色社会主义、西方资本主义、“中体西用”式的儒家资本主义三种现代化模式。从思想层面来看，三种模式的核心争端是如何处理中、西、马文化资源的地位和相互关系。在长期的艰难探索和文化论争中，逐渐形成富有民族特色的马克思主义综合创新文化学派，她经历了萌蘖初生、奠定雏形、基本成熟、曲折发展、复苏重兴、繁荣深化六个阶段，呈现出中国共产党领袖群体与马克思主义学者颇具特色而又紧密配合的理论样态。

从新文化运动后期到20世纪20年代，中国早期马克思主义者运用唯物史观和唯物辩证法，很快就超越了进化论的直线性思维，初步回答了对待中西文化的正确态度和中国文化的现实出路。李大钊是中国马克思主义文化观的开创者，早期在“民彝”、“青春”、“调和”哲学指导下主张“综合异派文明兼容并收”②、创造“第三新文明”；成为马克思主义者后，他探讨新文化的变革方向、根本动力、依靠力量及其“个性自由”与“大同团结”相统一、物心两面和灵肉一致的改造、共性与特性相结合等基本特征，“一方面是个性解放，一方面是大同团结”③，奠定了中国马克思主义文化观的基调，对毛泽东、张申府、张岱年、冯契等都产生深远影响。陈独秀早期在“绝无调和两存之余地”的进行曲中也交织着辩证思维的活泼音符，认为文化“每以立异复杂分化而兴隆，以尚同单纯统整而衰退”④，主张尊重正当学术讨论自由，“尊疑尚异”、“自由独到”，对新旧思想兼收并蓄而“综合”、“创造”。

① 《方克立文集》，上海辞书出版社2005年版，第218页。

② 《李大钊全集》第2卷，人民出版社2006年版，第223页。

③ 同上书，第283页。

④ 任建树主编：《陈独秀著作选编》第2卷，上海人民出版社2010年版，第43页。

他后来主张“在旧社会里造出一新社会来”、“社会之新旧变迁终属相续而相错”①，但未解决文化多样性与主导性的关系等问题。张申府最早运用对勘法（唯物辩证法）研究文化，1926年就提出设立“文化学”。他认为对西方文化既不能“蔑”（“反动地反对”）又不应“媚”（“囫囵地维护或颂扬”），对中西文化亦不能“一脚踢”或“一兜包”，复古主义的“保守东方旧化说”、全盘西化式的“移植西洋旧化说”和中体西用式的“机械地融合东、西两化说”都行不通，只有“顺‘物质’之可能，先就物质的基础，而引之趋合于理想。为理想之形成，应将东、西所有旧有的东西，都加以估重、评衡及别择”②，创建超出中西旧文化的“第三文化”。这可谓李大钊“第三新文明”论的具体和深化。

李达、张申府等反映了“北伐成功”以来“以马克思体系的辩证唯物论为主要思潮”③的时代特征，孙道昇则认为张申府可谓“解析法的新唯物论”④之代表。不仅如此，张申府、张岱年兄弟更自觉地运用唯物辩证法探讨文化问题，奠定了马克思主义综合创新文化观之雏形。张申府在1932年提出“百提，伊里奇（我本曾译伊里赤），仲尼，三流合一”⑤，最先从中、西、马三“学”角度标举“三流合一”文化旗帜，标志着马克思主义综合创新文化观的正式诞生。张岱年认为“文化问题只有用唯物辩证法才能正当的处理”⑥，他不仅最早认同“三流合一”，而且把“三流合一”与“创造的综合”相结合。他反对“全盘西化”与“读经复古”，阐明文化的世界性与民族性、联续性与变革性、独创性与开放性、整体性与可析取性等基本矛盾，坚信中国文化的社会主义发展前途，初步建构了马克思主义综合创新文化观的理论框架，达到20世纪30年代马克思主义文化观的最高成就。1937年，毛泽东连续发表《实践论——论认识和实践的关系——知和行的关系》和《矛盾论》，

---

① 任建树主编：《陈独秀著作选编》第3卷，上海人民出版社2010年版，第75、280页。

② 杜运辉编：《燕赵文库·张申府集》上册，河北人民出版社2017年版，第192页。

③ 郭湛波：《近五十年中国思想史》，北平人文书店1936年版，第196页。

④ 孙道昇：《现代中国哲学界之解剖》，《国闻周报》1935年第12卷45期。

⑤ 杜运辉编：《燕赵文库·张申府集》上册，河北人民出版社2017年版，第614页。

⑥ 同上书，第247页。

这两部著作虽未专门探讨文化问题，却为马克思主义文化观提供了新的理论基础。此外，鲁迅的“博采众家，取其所长，留其精粹，融合新机”文化观和苏渊雷的“文化综合论”，也都值得我们高度重视。

20世纪40年代，毛泽东的马克思主义文化观趋于成熟，指明了新民主主义文化的历史渊源、现实基础和开放视野，主张在中国化马克思主义指导下批判地接受中国优秀传统文化和国外先进文化并加以创新。他所倡导的“古今中外法”[①]等成为马克思主义综合创新文化观的经典表达。张申府提出“合孔子、列宁、罗素而一之”，认为以孔子、罗素、列宁为代表的中、西、马三种文化资源之间并非敌对冲突而是相补相充，只有辩证地综合“中国古来最好的传统”、“西洋历来最好的传统”和“世界新的方在开始的传统”，才能够创立“新世界中的新中国的新指标、新象征”[②]。张岱年完成“天人五论”和《文化通诠》，提出以“文化系统论”、“文化变迁论”、“文化类型论”为主要内容的文化哲学元理论，并为综合创新文化观奠定了“兼和”哲学基础。与毛泽东、艾思奇等以“斗争性”与“同一性”相对应不同[③]，张岱年认为“冲突”（“乖违”）与“和谐”相对应，“和谐”即“对立之聚合而得其平衡”或“相异者或对立者之结聚而相成相济”[④]，包含“相异，即非绝对同一”、“不相毁灭，即不相否定”、“相成而相济，即相互维持”和“相互之间有一种均衡”四种情形。这就意味着：“对立”和“冲突”的解决方式不仅仅有相互转化、一方消灭另一方和同归于尽，而且还有着“兼赅众异而得其平衡”、“富有日新而一以贯之”[⑤]这种多样性统一之可能，这在文化研究上无疑有着极其重

① 《毛泽东文集》第二卷，人民出版社1993年版，第400页。徐特立曾形象地论述“古今中外法”：“因此我们要用辩证法，古今中外法，把古今结合，中外结合，变为我的。象吃牛肉也好，吃狗肉也好，吃下去了，把它变为我的肉，这就对了，绝不是说吃了狗肉，我就变成了狗肉。”见《徐特立教育文集》，人民教育出版社1986年版，第123页。

② 杜运辉编：《燕赵文库·张申府集》下册，河北人民出版社2017年版，第143—144页。

③ 参见《毛泽东选集》第一卷，人民出版社1991年版，第332页；《艾思奇全书》第2卷，人民出版社2006年版，第590页。

④ 杜运辉编：《燕赵文库·张岱年集》上册，河北人民出版社2017年版，第778页。

⑤ 同上书，第825页。

大的理论价值和实践意义。

20世纪五六十年代，毛泽东在不同场合阐述了文化的民族性、多样性、开放性、创造性等原则，提出“古为今用，洋为中用”① 著名命题。他主张抵制和批判外国资产阶级的腐败制度和思想作风，主张“向古人学习是为了现在的活人，向外国人学习是为了今天的中国人”，“在中国自己的基础上，批判地吸收西洋有用的成分”，促进中外文化的有机结合以“创造出中国自己的、有独特的民族风格的东西”。② 但是，“百花齐放”、“百家争鸣”文化方针未能完全落实，而“左”倾错误不断强化；特别是在“文化大革命”时期，马克思主义哲学内部的多样性，马克思主义与中国传统文化、西方文化之间的沟通交流都不复存在，对马克思主义的教条化、对西方文化的封闭化和对中国传统文化的虚无化，导致马克思主义综合创新文化学派出现曲折乃至沉寂的暂时低潮。

“文化大革命”结束特别是党的十一届三中全会以后，马克思主义综合创新文化学派逐渐从复苏走向繁荣。张岱年在1979年提出区别精华与糟粕就是批判继承的主要方法和基本原则，1987年正式提出“文化综合创新论”，主张“在马克思列宁主义原则的指导下，以社会主义的价值观来综合中西文化之所长而创新中国文化”③。他严肃批判新时期的“全盘西化”论和“儒学复兴”论，坚持中国特色社会主义新文化的发展道路；论证文化系统的可分性和文化要素（文化元素）的可选择性和重构性，着重在价值观和思维方式的核心层面探索中、西、马三种文化资源之比较与会通。

20世纪90年代以后，张岱年的“文化综合创新论”日益得到学界特别是“曾亲自受教于张岱年并高度认同其综合创新文化观的一批学者刘鄂培、衷尔钜、方克立、程宜山、王东、刘仲林、李存山等为代表的第二代”④ 的深入阐发和翔实论证。刘鄂培提出“兼和”是张岱年学术思想的精髓。方克立在1990年提出：“自由主义的‘全盘西化’派、保守主义的‘儒学复兴’

① 《毛泽东书信选集·致陆定一》，人民出版社1984年版，第598页。

② 《毛泽东文集》第七卷，人民出版社1999年版，第82、83页。

③ 《张岱年全集》第6卷，河北人民出版社1996年版，第253—254页。

④ 杜运辉：《张岱年文化哲学研究》，中国社会科学出版社2014年版，第215页。

派和马克思主义的‘古为今用、洋为中用、批判继承、综合创新’派（可简称为‘综合创新’派)”[①]是五四以来的三个最主要思想派别，这不仅第一次在中国现代三大思潮中把马克思主义综合创新文化学派确立为中国马克思主义文化研究的主流学派，而且第一次把张岱年等马克思主义学者的“综合创新”文化观与我们党的文化方针融为一体，彰显了马克思主义综合创新文化学派的完整图景和历史地位，可谓马克思主义综合创新文化学派发展的里程碑。方克立在2006年提出“马学为魂，中学为体，西学为用，三流合一，综合创新”[②]，通过明辨主导性之“体”与主体性之“体”、“道体器用”之“体”与“器体道用”之“体”，从而把张岱年文化体用思想发展为“魂、体、用”三元模式，开拓了马克思主义综合创新文化观的新境界。此外，李锦全“矛盾融合，承传创新”、张岂之“兼和守正创新”、程恩富“世情为鉴，国情为据，马学为体，西学为用，国学为根，综合创新”、孙熙国“以时代实践为本，以马克思主义为魂，以中国传统文化为体，以外来文化为具”等观点，也都是马克思主义综合创新文化观的表达方式。这一时期，马克思主义综合创新文化观逐渐成为我国思想文化界占主导地位的一种文化理论，有力地推动了中国特色社会主义文化的稳健前行。新时代马克思主义文化观研究更加呈现出中国共产党领袖与学界紧密互动的新态势，习近平同志对处理中、西、马的关系，对中国优秀传统文化、革命文化和社会主义先进文化的关系，对意识形态建设和繁荣发展哲学社会科学等重要论断，指明了当代中国特色社会主义文化的前进方向。

二、马克思主义综合创新文化学派的基本观点

在百年来的中国文化发展历程中，马克思主义综合创新文化学派作出了多方面的理论探索。

---

① 关东:《现代新儒学研究的回顾与展望——访方克立教授》，《哲学研究》1990年第3期。

② 方克立:《中国文化的综合创新之路》，中国社会科学出版社2012年版，第255页。

（一）文化研究必须坚持唯物史观和唯物辩证法

运用唯物史观和唯物辩证法研究文化问题，是马克思主义文化综合创新文化学派的基本立场和方法论。

毛泽东1925年在《中国社会各阶级的分析》中阐述中国在半殖民地半封建社会基础上逐渐形成地主阶级、买办阶级、民族资产阶级、小资产阶级、无产阶级等政治力量相互竞争的基本格局，揭示了近现代中国文化思潮演变的深层动因。《实践论》提出从人的历史发展、从生产活动等实践活动去观察认识问题。《矛盾论》指出："唯物辩证法认为外因是变化的条件，内因是变化的根据，外因通过内因而起作用。""这一共性个性、绝对相对的道理，是关于事物矛盾的问题的精髓。""事物的性质主要地是由取得支配地位的矛盾的主要方面所规定的。"① 这些论断，对于研究文化的发展与本质、多样性与主导性、常住性与变动性、连续性与阶段性、民族性与时代性、可分性与整体性的关系等基本问题都具有方法论意义。在批评五四新文化运动的"形式主义的方法"时，毛泽东强调要发扬"马克思主义的批判精神"或"历史唯物主义的批判精神"②，批判地而不是盲目接收或盲目抵制民族历史遗产和外国思想。

张申府认为，对中西文化要"抑抑那分英雄态度，不轻于抹杀一切"，"宜取一种革命的相对的反对态度"，对"真可称是'方法的方法'的客观实在的辩证法，我们必尽可能地与以极大的重视、尽量的推阐"③。他区别"混合的综"与"化合的综"、"外表之综"与"内里之综"，认为中、西、马皆有其"分"、"所"、"当"而须融合会通。张岱年认为"惟用对理法，才能既有见于文化之整，亦有见于文化之分；既有见于文化之变，亦有见于文化之常；既有见于文化之异，亦有见于文化之同"④，中西文化并无根本不同而只有偏重之异；文化是具有可析取性的整体与要素相统一的复杂

① 《毛泽东选集》第一卷，人民出版社1991年版，第302、320、323页。

② 《毛泽东选集》第三卷，人民出版社1991年版，第832页。

③ 杜运辉编：《燕赵文库·张申府集》上册，河北人民出版社2017年版，第292、292、556页。

④ 杜运辉编：《燕赵文库·张岱年集》上册，河北人民出版社2017年版，第409页。

结构，一切文化内部都有其内在矛盾，因而对中西文化都应持“分别观”和“批评的态度”，注意研究中国文化中之对立与西方文化中之分裂。他反对全盘承受西洋文化和恢复旧文化，主张“兼综东西两方之长，发扬中国固有的卓越的文化遗产，同时采纳西洋的有价值的精良的贡献，融合为一而创成一种新的文化，但不要平庸的调和，而要作一种创造的综合”①。张申府、张岱年的有关论断与毛泽东的表述高度一致，都是自觉运用唯物辩证法研究文化问题的卓越代表。相比较而言，二张先生更注重文化的连续性与变革性之统一，强调文化发展的根本途径在于旧系统结构的解构和新形态结构的重构之统一。

《共产党宣言》提出“共产主义革命就是同传统的所有制关系实行最彻底的决裂；毫不奇怪，它在自己的发展进程中要同传统的观念实行最彻底的决裂”，但是“在旧社会内部已经形成了新社会的因素，旧思想的瓦解是同旧生活条件的瓦解步调一致的”②，“最彻底的决裂”并不意味着简单抛弃人类历史上的传统观念，“简单地宣布一种哲学是错误的，还制服不了这种哲学。……必须从它的本来意义上‘扬弃’它，就是说，要批判地消灭它的形式，但是要救出通过这个形式获得的新内容”③。中国马克思主义者在文化实践中认识到，旧文化旧观念的某些形式也应加以扬弃，如毛泽东主张“社会主义的内容”与“民族的形式”恰当结合，鲁迅认为对中国文艺旧形式的采取“并非断片的古董的杂陈，必须溶化于新作品中”，“旧形式是采取，必有所删除，既有删除，必有所增益，这结果是新形式的出现，也就是变革”④。因而完整说来，对一种旧文化的内容和形式两个方面都应该加以辩证分析和批判继承。

（二）坚持马克思主义与发展马克思主义相统一

马克思主义综合创新文化学派坚持马克思主义在中国新文化中的指导地

① 杜运辉编：《燕赵文库·张岱年集》上册，河北人民出版社 2017 年版，第 372 页。

② 《马克思恩格斯文集》第 2 卷，人民出版社 2009 年版，第 52、51 页。

③ 《马克思恩格斯文集》第 4 卷，人民出版社 2009 年版，第 276 页。

④ 《鲁迅全集》第 6 卷，人民文学出版社 2005 年版，第 24、25 页。

位，批评西化论者、现代新儒家和叶青等伪马克思主义者以各种方式曲解、抹杀马克思主义的“不求甚解，不作同情的体察，而悍然作不中肯的驳诘”的“盲目反对的态度”①。正如马克思主义经典作家所强调的：“辩证法不崇拜任何东西，按其本质来说，它是批判的和革命的。”② 马克思主义综合创新文化学派主张历史地、辩证地看待马克思主义，强调结合中国国情和文化传统而创造性地发展马克思主义。

陈独秀主张以马克思实际研究的精神研究中国社会，对马克思主义不能“浮光掠影的望文生义”，而应“深入骨髓解析其内容”③；认为“我们对于一切学说主义，信仰到极笃的时候，便多少有点宗教性”④，但不赞成以妄想、迷信态度来对待马克思主义。毛泽东提出要“系统地而不是零碎地、实际地而不是空洞地学会”⑤ 马克思主义，把马克思主义看成行动指南而不是教条或公式，“对待马克思列宁主义的态度问题”是“真正领会马克思列宁主义的实质”⑥；他主张对主观主义、教条主义者发动一场“启蒙运动”，要以中国为中心、以中国人民的实际需要为基础来学习、运用和发展马克思主义，把它与中国国情和历史文化相结合而具有“新鲜活泼的、为中国老百姓所喜闻乐见的中国作风和中国气派”⑦，实现马克思主义的普遍真理和中国革命的具体实践相统一。张岱年认为对马克思主义持有批评的精神、客观的态度和“彻底批判、彻底诘问”的“爱智”之诚：“吾人对任何学说皆应保持批评的态度，对于马克思主义哲学，又奚独不然？盲信与盲诽，皆背乎批评者也。”⑧ 他否弃当时某些学者对待马克思主义的“墨守的态度”和“修正的态度”，既肯定马克思主义的物质观、实践观、唯物辩证法等确有胜过它派哲学之处，也要看到当时流行的“新唯物论”有着“好处在丰实，却有独

① 《鲁迅全集》第6卷，人民文学出版社2005年版，第436页。

② 《马克思恩格斯文集》第5卷，人民出版社2009年版，第22页。

③ 任建树主编：《陈独秀著作选编》第3卷，上海人民出版社2010年版，第284页。

④ 任建树主编：《陈独秀著作选编》第2卷，上海人民出版社2010年版，第456页。

⑤ 《毛泽东选集》第二卷，人民出版社1991年版，第533页。

⑥ 《毛泽东选集》第三卷，人民出版社1991年版，第813、814页。

⑦ 《毛泽东选集》第二卷，人民出版社1991年版，第534页。

⑧ 杜运辉编：《燕赵文库·张岱年集》上册，河北人民出版社2017年版，第215页。

断的彩色"①、"蕴谊极丰而论证或有时简而不晰，故颇易引起误会"②等弊端，因而，对马克思主义经典作家的已有理论应"更加阐发"，对其未及讨论的问题则应"发挥扩充"或"补充研讨"。20世纪下半叶，冯契亦主张"对各派哲学都应持这种独立思考态度，对马克思主义哲学也应该如此"③。这些观点都批评了对待马克思主义的教条主义态度，准确把握了"我们的理论是发展着的理论，而不是必须背得烂熟并机械地加以重复的教条"④的精神实质。习近平同志也指出："哲学社会科学要有批判精神，这是马克思主义最可贵的精神品质。"⑤今天，我们既要论证和捍卫马克思主义在我国学术研究和意识形态中的指导地位，也要吸取"百分之百的布尔塞维克"等"左"倾偏向的历史教训，警惕把马克思主义过度学科化的新关门主义。

毛泽东思想是马克思主义中国化的最重大成果，张申府、张岱年、冯契等学者也作出了各具特色的理论探索。张申府主张"使辩证唯物论精审圆成"⑥，把它看成"方法态度"、"元学"、"知识论"、"人生观"所组成的有机系统，其"大客观主义"和"具体相对论"为马克思主义综合创新文化观提供了认识论基础。他把共产主义、人类文化发展的最高境界称为"天人谐和"，也就是"个人主义"与"大同主义"（或"共通主义"）之圆满统一，这与李大钊"一方面是个性解放，一方面是大同团结"⑦恰为共鸣。张岱年强调马克思主义哲学的实践性、批判性和创新性，反对把它实证化、科学化；主张以解析法将新唯物论的根本观念剖辨清楚，以唯物辩证法讨论马克思主义经典作家未及讨论的哲学问题、推阐其所未明言之义，以辩证唯物论为原则吸收他派哲学中之合理成分，运用唯物辩证法研究中国传统哲学，并寻求、继承、发挥中国传统哲学的辩证唯物思想精华。冯契运用"实践唯物主义的辩证法"探讨"古今中西"文化问题，主张"沿着实践唯物主义辩证

① 杜运辉编：《燕赵文库·张岱年集》上册，河北人民出版社2017年版，第173页。
② 同上书，第209页。
③ 冯契：《认识世界和认识自己》，上海人民出版社2011年版，第9页。
④ 《马克思恩格斯选集》第4卷，人民出版社1995年版，第681页。
⑤ 《习近平谈治国理政》第二卷，外文出版社2017年版，第341页。
⑥ 杜运辉编：《燕赵文库·张申府集》中册，河北人民出版社2017年版，第51页。
⑦ 《李大钊全集》第2卷，人民出版社2006年版，第283页。

法的道路前进，吸取各种哲学派别包括非马克思主义学派的一些合理因素”，“在马克思主义哲学的指导下，学习西方哲学的长处，发掘和提升中国传统哲学的民族智慧”①，其“智慧说”三篇和张岱年《中国哲学大纲》、“天人五论”都是马克思主义文化观的生动实践。

（三）对中国传统文化的批判继承与现代转型

马克思主义文化综合创新文化学派认为，对中国传统文化既要充分尊重、客观认识，又要批判继承和创造转化。

毛泽东高度重视中国文化的民族主体性，指出："我们中国人必须用我们自己的头脑进行思考，并决定什么东西能在我们自己的土壤里生长起来。"②中国共产党人要尊重自己的历史和文化，因为“中国现时的新文化也是从古代的旧文化发展而来”；同时也要辩证地分析民族文化中的腐朽文化与人民文化，“剔除其封建性的糟粕，吸收其民主性的精华”③，继承其中的珍贵品并“把这些遗产变成自己的东西”④，是发展新民主主义文化的必要条件。在当时的历史条件下，毛泽东提出了唯物唯心二分法、理论分析与阶级分析相结合而以阶级分析为主的研究范式，凸显了学术研究的政治标准，但没有全面、深入地分析以儒学为主导的中国传统文化的丰富内涵和内在机理。

鲁迅认为“将来的光明，必将证明我们不但是文艺上的遗产的保存者，而且也是开拓者和建设者”⑤，对中国旧文艺要“恰如吃用牛羊，弃去蹄毛，留其精粹，以滋养及发达新的生体”⑥。张申府主张超越五四的激烈偏向而对孔子“发其精华，而弃其糟粕”⑦，强调“中国自己作得主宰”⑧的民族主体性。

---

① 陈卫平等整理：《冯契学述》，浙江人民出版社1999年版，第10、44页。

② 《毛泽东文集》第三卷，人民出版社1996年版，第192页。

③ 《毛泽东选集》第二卷，人民出版社1991年版，第708、707页。

④ 《毛泽东文集》第三卷，人民出版社1996年版，第191页。

⑤ 《鲁迅全集》第7卷，人民文学出版社2005年版，第441页。

⑥ 《鲁迅全集》第6卷，人民文学出版社2005年版，第24页。

⑦ 杜运辉编：《燕赵文库·张申府集》上册，河北人民出版社2017年版，第751—752页。

⑧ 杜运辉编：《燕赵文库·张申府集》中册，河北人民出版社2017年版，第291页。

张岱年认为对中国传统文化只能“拔夺”，对“有害的文化赘瘤”或“病态的腐蚀的部分”必须“克除之，破坏之，扫荡之”，对“有永久性的文化遗产”或“健康的活的部分”要“不惟应保持之，而且应发展之，提高之，扩充之”①。了解传统才有可能超越传统，“今日中国的新哲学，必与过去中国哲学有相当的继承关系。我们所需要的新哲学，不只是从西洋的最新潮流发出的，更须是从中国本来的传统中生出的”②。中国传统文化中居于主导地位的儒学既有维护等级区分的“浅层思想”，也有高扬精神生活的价值、增进民族凝聚力等“深层义蕴”。既要运用阶级分析法揭示儒学的阶级性、等级性，防止脱离具体历史条件的抽象解读和过度诠释，反对罔顾历史事实和基本国情的“儒学复兴论”；又不能把儒学与封建专制、等级制度简单画等号，要反对宣扬文化虚无主义和历史虚无主义的“儒学否定论”。正确态度是把儒学中具有“相对的恒久价值”与“相对的普遍意义”的思想精华，创造性地转化为社会主义新文化的有机成分。

从整体上来看，中国马克思主义综合创新文化学派始终强调新文化对旧文化的联续、扬弃、继承和创新，这正如党的十九大报告所指出的：“中国共产党从成立之日起，既是中国先进文化的积极引领者和践行者，又是中华优秀传统文化的忠实传承者和弘扬者。”③

（四）对西方文化的客观分析与取精用宏

毛泽东反对盲目自大的保守主义、排外主义，主张既要大量吸收外国进步文化，也要反对生吞活剥或留声机式的“全盘西化”，以中国为中心来研究西方文化、以中国人民的实际需要为基础来批判地吸收外国文化中的进步因素，“排泄其糟粕，吸收其精华”④。他本人就对欧洲哲学有广泛涉猎，“他并不只读马克思派哲学家的书，而且读些古希腊的东西，至于斯宾诺莎、康德、哥德、黑格尔、卢梭的著作，当然也是读的，并且遍读其他最先进著

① 杜运辉编：《燕赵文库 · 张岱年集》上册，河北人民出版社 2017 年版，第 403 页。

② 同上书，第 430 页。

③ 《中国共产党第十九次全国代表大会文件汇编》，人民出版社 2017 年版，第 36 页。

④ 《毛泽东选集》第二卷，人民出版社 1991 年版，第 707 页。

作”[①]。他认为“我们接受外国的长处，会使我们自己的东西有一个跃进”，但“中国的和外国的要有机地结合，而不是套用外国的东西”[②]，只有以中国文化为基础来批判地吸收西洋有用的成分，才能真正创造中国独特的新东西。同时也要看到，毛泽东对资本主义现代文化和“帝国主义反动文化”的分疏不是很清晰，这就不能不影响到对西方文化资源的判断和择取。

张申府既主张全面、系统地理解西方文化，又反对以西方文化为文明之极境，批评“甘于为奴”的媚外作风和“拿西洋的成名陈范来扣”[③]的教条主义。张岱年认为中西方文化都是矛盾的统一体，都具有两重性和可析取性。他坚决反对“完全排弃旧有的，不思根据有益的文化遗产作进一步的发展，纯以全盘抄袭为方法以图创造”的“全盘西化”论，汲取西方文化要注意分析西方文化本身之分裂与对立，而且“应从量的注意转到质的注意。我们不要求量的全，我们却要求质的深”，“我们不要全盘西化，我们要有选择而深入的西化”[④]，自觉选择我们所最缺乏的西方文化的最珍贵贡献而彻底、深切地追求之。同样地，鲁迅主张对外来文化要有开放性和选择性，反对盲目的“闭关主义”、奴才的“送去主义”和被动的“送来主义”；不仅要运用“拿来主义”，而且“必须加以研究，融化，才可以应用”[⑤]。

总之，中国马克思主义文化综合创新文化学派既对西方文化保持开放、对话的开阔胸襟，又警惕和反对“全盘西化”的文化虚无主义和历史虚无主义，主张对西方文化采取辩证分析、批判继承和中国化的正确态度。

（五）正确处理中、西、马的地位和相互关系问题

立足于中国现代文化思潮的基本国情和时代要求，马克思主义综合创新文化学派的核心问题是恰当处理中、西、马的地位和相互关系问题，准确回

---

① ［美］A. 斯诺：《毛泽东印象记》，《早年毛泽东：传记、史料与回忆》，三联书店2011年版，第448页。

② 《毛泽东文集》第七卷，人民出版社1999年版，第82页。

③ 杜运辉编：《燕赵文库·张申府集》上册，河北人民出版社2017年版，第376、381页。

④ 同上书，第404、415、416页。

⑤ 《鲁迅全集》第13卷，人民文学出版社2005年版，第138页。

答“中国向何处去”的时代问题。

毛泽东反对以“中国的特殊国情”来排斥马克思主义，主张在中国具体国情下推进马克思主义的创造性发展，“毛泽东的伟大成就，就是把马克思主义从欧洲形式变为亚洲形式”，“创造了一种中国形式和亚洲形式的马克思主义”①。毛泽东认为，对儒家文化要“给以历史的唯物论的批判，将其放在恰当的位置”②；要高扬中国文化的民族主体性，“我们中国人必须用我们自己的头脑进行思考，并决定什么东西能在我们自己的土壤里生长起来”③，只有“中国的和外国的要有机地结合，而不是套用外国的东西”才能“创造中国独特的新东西”④。在中国化马克思主义指导下批判接受中国传统文化和国外文化而创造“中国自己的、有独特的民族风格”⑤的社会主义新文化，是毛泽东解决文化问题的基本立场。

张申府“百提，伊里奇，仲尼，三流合一”和“合孔子、列宁、罗素而一之”的平列表述，虽没有明确马克思主义的指导地位、中国文化的主体地位，但他在不同场合多次主张“中国自己作得主宰”⑥、“要已经相习而不自觉地时时以辩证唯物主义为主宰，把它贯通到各角落各方面”⑦，而且认为“辩证唯物本是中国真正传统的见解”⑧，非常关注辩证唯物论与中国哲学精华之会通。

张岱年更明确地阐述了中、西、马的关系问题，创造性地提出“以唯物论为基础而吸收理想与解析，以建立一种广大深微的唯物论”⑨，克服了“百提，伊里奇，仲尼”未能明确马克思主义指导地位的表述弱点。他认为“文

---

① ［美］安娜·路易·斯特朗：《毛泽东的思想》，孟展译，《早年毛泽东：传记、史料与回忆》，三联书店 2011 年版，第 191、192 页。

② 《毛泽东文集》第二卷，人民出版社 1993 年版，第 163 页。

③ 《毛泽东文集》第三卷，人民出版社 1996 年版，第 192 页。

④ 《毛泽东文集》第七卷，人民出版社 1999 年版，第 82 页。

⑤ 同上书，第 83 页。

⑥ 杜运辉编：《燕赵文库·张申府集》中册，河北人民出版社 2017 年版，第 291 页。

⑦ 杜运辉编：《燕赵文库·张申府集》下册，河北人民出版社 2017 年版，第 149 页。

⑧ 杜运辉编：《燕赵文库·张申府集》中册，河北人民出版社 2017 年版，第 339 页。

⑨ 杜运辉编：《燕赵文库·张岱年集》上册，河北人民出版社 2017 年版，第 422 页。

化的综合创新的核心是马克思主义与中国文化的优秀传统的结合”①，“马克思主义与中国哲学中的唯物论与辩证法的优秀传统的综合”②必将形成中国特色社会主义文化“新的一贯大原则”或“新统”。为了解决马克思主义与中国传统文化关系问题，他先后提出“并列”或“并重”、“结合”“主导思想—支流思想”与体用关系四种模式。健全发展的当代中国文化，必须坚持中国化马克思主义的主导地位，它规定着当代中国文化的基本性质和发展趋向；同时，又要容许多种学术流派和不同思想观点的存在与发展。“多”中有“一”，“一”“多”相容，有同有异，同而且异，求同存异，从而达到多样性统一的“兼和”状态，这是文化发展的基本规律，“正是由于有这种‘兼和’（‘兼容多端而相互和谐’、‘兼赅众异而得其平衡’）的胸襟、态度作为其方法论和价值观的基础，走出一条中、西、马综合创新的哲学‘新路’才成为可能”③。以“兼和”为理论依据的中国马克思主义综合创新文化学派，一方面旗帜鲜明地坚持马克思主义的指导地位，另一方面又表现出尊重差异、包容多种思想学说的宽阔胸襟。

（六）文化体用论思维方式的批判继承和超越创新

中国马克思主义者研究文化问题，不能回避而是必须直面有着悠久传统的体用范畴。近代以来“中体西用”论影响甚大，李大钊、张申府、毛泽东、冯契都很重视文化体用问题，都有过一些重要论述；陈旭麓、丁伟志、杨承训、程恩富、孙熙国等人的研究和讨论，亦属此列；形式上与“中体西用”相对的“西体中用”也曾引起热烈探讨。文化体用问题在中国近现代思想史上占有重要地位，亟须用唯物辩证法进行科学辨析和创造性转换、创新性发展，这是时代提出的紧迫理论任务。其中，张岱年和方克立作出了最为重大的理论创新。

张岱年特别强调体用关系是探讨文化问题的中国方式，提出“今中为体，

① 《张岱年全集》第 8 卷，河北人民出版社 1996 年版，第 526 页。

② 《张岱年全集》第 7 卷，河北人民出版社 1996 年版，第 451—452 页。

③ 方克立：《张岱年先生在 20 世纪中国哲学史中应有之地位》，《学术探索》2005 年第 3 期。

古洋为用”和“中华民族是建设社会主义中国新文化的主体，而社会主义是中国新文化的指导原则。科学技术等等都是为这个民族主体服务的，也都是为社会主义服务的”① 两种代表性观点，明确了马克思主义、社会主义与其他各种思想学说之间是一元主导与兼容多元的辩证统一。“今中为体，古洋为用”等论断，在体用二元模式中涵盖了中华民族的主体之“体”、马克思主义的指导原则之“体”和科学技术之“用”的实质内涵，这种形式（二元）与内容（三元）的张力预示着理论思维的重大飞跃。

方克立科学地总结中国马克思主义文化观的理论贡献，特别指出张岱年的典型表述中存在着实体与作用、原则与应用两种体用关系，主张把中、西、马都放在“学”的层面来界定其地位及相互关系。他以“主导意识”与“支援意识”的关系模式界定马克思主义指导地位与中国传统文化和西方文化的关系问题；提出“创造主体”“接受主体”等新概念，确立和强化中国文化的民族主体性；以“魂”和“体”分别指称指导地位的主导性之“体”和中华民族文化的主体性之“体”，从而由传统“体用”二元过渡到“魂、体、用”三元新模式，在内容和形式的辩证统一中实现了中国传统体用思维方式的创造性转化和创新性发展。“马魂、中体、西用”论的最显著特质，就是在新的历史形势下体现了主导性（方向性）、主体性与开放性三者的高度统一。在坚持马克思主义指导地位的前提下，它强调汲取转化中华优秀传统文化之精华，挺立中国民族文化的主体地位，对于当今各国处理一元主导、民族主体与兼容多元的复杂关系有着一般性的启示意义。“马魂、中体、西用”论精辟而准确地总结了 20 世纪以来中国文化的历史经验、发展道路、演变规律和未来形态，成为马克思主义综合创新文化学派正面回应“全盘西化”、“复兴儒学”、“中体西用”、“西体中用”等文化主张的理论表达。

三、马克思主义综合创新文化学派的现实意义

从 20 世纪上半叶李大钊的“一方面是个性解放，一方面是大同团结”、

① 《张岱年全集》第 6 卷，河北人民出版社 1996 年版，第 129 页。

张申府和张岱年的“三流合一，综合创造”论和毛泽东的“古今中外法”，到八九十年代张岱年的“文化综合创新论”，再到21世纪初期方克立的“马魂、中体、西用”论，清晰地展示了中国马克思主义综合创新文化观发展演进的基本轨迹。中国共产党人近百年来的文化理论、文化方针和文化实践，鲜明地体现了中、西、马“三流合一、综合创新”的基本思路。百年来的中国文化史表明，以李大钊、毛泽东、习近平等为代表的中国共产党领袖和张申府、张岱年、冯契、方克立、程恩富、孙熙国等为代表的马克思主义学者，对中、西、马三种文化资源的地位和关系问题作出越来越清晰、越来越深入、越来越精准的回答，代表了时代精神的精华，其“心态最健康、最有前瞻性，可以说是带有总结性的一种看法”①。

中国近现代史上的各种文化主张，最终都要落实到中国文化的发展道路或发展模式，回答“中国向何处去”的时代课题。从20世纪20年代开始，马克思主义综合创新文化学派就坚信中国文化的前途只能是“民族的科学的大众的文化”②、“带着中国的特色”的“社会主义的新中国文化”③、“综合中西文化之长而创造社会主义的新中国文化”④，而不可能是读经复古、全盘西化或调和持中。历史已经并将继续作出结论：只有社会主义才能救中国，只有改革开放才能发展中国，只有走中国化马克思主义指导下的综合创新之路才有中华文明的光辉前途。

马克思主义综合创新文化学派从来不是象牙塔里的孤芳自赏，而是紧密关注中国和世界的现实问题，紧密关注并加入时代思潮，努力探寻中国文化和世界文化的前途和出路。李大钊、陈独秀、张申府等都参加了“科玄论战”、“东西文化论战”，而“唯物辩证法论战”、“中国本位文化建设”运动等更直接刺激了张申府、张岱年在“全盘西化”与“中体西用”之外另辟新路。张申府反对胡适的“放任说”或“全盘承受说”，强调“不论建设中国本位文化，

① 方克立：《中国文化的综合创新之路》，人民文学出版社2005年版，第170页。

② 《毛泽东选集》第二卷，人民出版社1991年版，第706页。

③ 杜运辉编：《燕赵文库·张岱年集》上册，河北人民出版社2017年版，第375、421页。

④ 《张岱年全集》第7卷，河北人民出版社1996年版，第13页。

或建设中国的新哲学，如要有成，都不能不利用这个于古已有了点的辩证唯物论"①。他还在1937年提出"打倒孔家店，救出孔夫子"②，纠正了新文化运动的激进、机械之偏差。张岱年则对文化的界定、文化与社会生产力和经济基础的关系、文化的性质、中西文化的异同、中国文化的发展前途、创建中国新文化的基本环节和依靠力量等基本问题都进行了论述，并在与梁漱溟、冯友兰、沈昌晔、胡适、叶青、柳湜等的互动讨论中，初步提出了一种既不同于全盘西化论和文化保守主义，又不同于某些"今之言新唯物者"文化观的新蓝图，成功地把"中国本位文化"论转变为"时时作转入社会主义文化的准备"的"文化的创造主义"③。毛泽东主张运用马克思主义立场和方法研究"近百年的文化史"，总结五四运动"生动活泼的，前进的。革命的"功绩和"形式主义的方法"的缺点，批评留学生"生吞活剥地谈外国"而"忘记了自己认识新鲜事物和创造新鲜事物的责任"④，指出"所谓'全盘西化'的主张，乃是一种错误的观点。形式主义地吸收外国的东西，在中国过去是吃过大亏的"⑤。冯契《中国古代哲学的逻辑发展》、《中国近代哲学的革命进程》等总结了中国近现代哲学和文化的历史经验，当代中国马克思主义者积极回应哲学、文化学、经济学和意识形态等多领域的思想论争。方克立、李锦全发起"现代新儒学思潮研究"，"这一课题研究本身就是直接参与文化讨论，……从正面提出自己的文化主张"⑥。中国社会科学院程恩富等与山东大学威海校区马列部联合广大学界，发起《马克思主义文化研究》（辑刊），可以说是马克思主义文化综合创新文化学派直接面向当代文化研究前沿和热点问题的最新举措。

当代中国思想文化领域的基本格局仍然是中、西、马的对立互动，中国马克思主义综合创新文化观具有独特的理论价值和现实意义，是我们党和学

---

① 杜运辉编：《燕赵文库·张申府集》中册，河北人民出版社2017年版，第275页。

② 同上书，第614页。

③ 杜运辉编：《燕赵文库·张岱年集》上册，河北人民出版社2017年版，第372、375、377页。

④ 《毛泽东选集》第三卷，人民出版社1991年版，第798页。

⑤ 《毛泽东选集》第二卷，人民出版社1991年版，第707页。

⑥ 方克立：《现代新儒学与中国现代化》，天津人民出版社1997年版，《自序》第4页。

界最广泛认同的一种文化思想。党的十八大以来，习近平同志多次提出对我国传统文化要“坚持古为今用、洋为中用，去粗取精、去伪存真，经过科学的扬弃后使之为我所用”①；“在学习、研究、应用传统文化时坚持古为今用、推陈出新，结合新的实践和时代要求进行正确取舍，而不能一股脑儿都拿到今天来照套照用。要坚持古为今用、以古鉴今，坚持有鉴别的对待、有扬弃的继承，而不能搞厚古薄今、以古非今，努力实现传统文化的创造性转化、创新性发展”②。他认为“文明因交流而多彩，文明因互鉴而丰富③，平等包容、交流互鉴是文化发展的重要动力。在2016年哲学社会科学工作座谈会的讲话中，他强调“坚持以马克思主义为指导，是当代中国哲学社会科学区别于其他哲学社会科学的根本标志”④，融通“马克思主义的资源”、“中华优秀传统文化的资源”和“国外哲学社会科学的资源”而构建中国特色哲学社会科学。这些论断鲜明地体现了对唯物史观和唯物辩证法的准确而圆熟的运用，指出了马克思主义的主导性、中国优秀传统文化的民族主体性和对待外国文化的开放性，强调在马克思主义指导下对中西文化采取平等包容、分析批判、取精存真、扬弃创新的态度，为新时期中国特色社会主义文化的发展指明了前进方向。这是新时代中国特色社会主义文化大发展大繁荣现实道路，也是实现中华文明伟大复兴的可久可大、永续发展之路。

（原载于《马克思主义文化研究》2018年第1期）

① 《习近平谈治国理政》，外文出版社2014年版，第156页。

② 习近平：《在纪念孔子诞辰2565周年国际学术研讨会暨国际儒学联合会第五届会员大会开幕会上的讲话》，人民出版社2014年版，第11页。

③ 习近平：《出席第三届核安全峰会并访问欧洲四国和联合国教科文组织总部、欧盟总部时的演讲》，人民出版社2014年版，第10页。

④ 习近平：《在哲学社会科学工作座谈会上的讲话》，人民出版社2016年版，第8页。

艾思奇与马克思主义哲学中国化

李　青

恩格斯在《费尔巴哈论》的开篇曾经讲道："我们面前的这部著作（哲学博士卡·尼·施达克《路德维希·费尔巴哈》）使我们返回到一个时期，这个时期就时间来说距离我们不过一代之久，但是它对德国现在的一代人却如此陌生，似乎已经整整一个世纪了。"① 今天，当我们面对几十年前曾经在我国青年中风靡一时的艾思奇的《大众哲学》时，也有相同的恍如隔世之感。当前在学术界回归国学热的滚滚大潮之下，新著和重印的《中国哲学现代史》论著中涉及马克思主义哲学家的除了早期的陈独秀、李大钊外，大概就只有毛泽东了。其他人的名字已逐渐在历史中隐去。② 记得20年前《深圳特区报》就曾报道，在深圳一所有名的中学里，当老师问："艾思奇是哪国人"时，全班同学竟无一人能够回答。虽然仅是个案，不足为据，但我以为，艾思奇等马克思主义哲学家在中国现代哲学史上似乎也不应被淡忘，他们对于马克思主义哲学中国化的探索和努力对于我们当今正在从事的伟大事业仍然有着重要的理论意义和现实意义。

一、艾思奇对马克思主义哲学大众化的开拓性探索与成果

马克思认为，"哲学家们只是用不同的方式解释世界，而问题在于改变世界"③，"对实践的唯物主义者即共产主义者来说，全部问题都在于使现存

① 《马克思恩格斯选集》第4卷，人民出版社1995年版，第214页。

② 冯友兰：《中国现代哲学史》，三联书店2009年版。

③ 《马克思恩格斯选集》第1卷，人民出版社1995年版，第61页。

世界革命化，实际地反对并改变现存的事物”①。可以说，将全部理论奠基于改造世界的实践是马克思主义哲学的本质与核心。而所谓马克思主义哲学中国化，就是将马克思主义哲学的基本原理实际地运用于指导中国革命的具体实践，从而改造中国与社会。它内在地包含着相互关联的三个方面，即马克思主义哲学的中国化、时代化和大众化，为此，艾思奇等马克思主义哲学家经历了长期、艰辛的探索。

马克思主义哲学中国化的历程是从五四运动时期马克思主义哲学在中国大地的传播开始的。那时，灾难深重的中华民族面临着“中国向何处去”的历史选择。正如冯契先生指出的：“这个时代的中心问题在政治思想领域表现为‘古今中外’之争，其内容就是如何向西方学习，并且对传统进行反省，来寻求救国救民的真理，以便使中华民族走上自由解放的道路。”② 为此，中国人民经过了千辛万苦才终于找到了马克思主义这个改造世界的有力武器。但是，由于历史环境以及早期马克思主义者的理论素养等方面的限制，这一时期马克思主义哲学的传播工作存在着明显的不足。一是当时被介绍到中国的主要是唯物史观，人们对马克思主义哲学的革命变革和完整体系还知之甚少。二是这一时期被介绍的唯物史观，大多来自日文翻译的二手材料，而那时的日语译者对马克思主义哲学的理解还相当肤浅，译介生硬，错漏不少。三是这一时期马克思主义理论的传播，还主要限于一般原理的纯理论性介绍，而对马克思主义哲学的实质、体系及其发生发展还不可能准确地认识和把握。

更主要的是这一时期马克思主义的传播基本上局限于革命的上层知识分子，并没有普及到广大民众中去。而要使一种革命理论在中国生根开花，就必须首先被广大人民群众所了解和接受，才能进一步付诸实践。但在半殖民地半封建的旧中国，民众大多没有机会接受系统的文化教育，也不可能自发地接受和理解马克思主义理论，这就决定了中国的马克思主义者必须首先要做好将马克思主义理论大众化的工作。当时，正是以艾思奇为代表的一批马克思主义理论工作者提出了“哲学大众化”的口号。但是，如何使高度抽象

① 《马克思恩格斯选集》第 1 卷，人民出版社 1995 年版，第 75 页。

② 冯契：《中国近代哲学的革命进程》，上海人民出版社 1989 年版，第 1 页。

的哲学理论大众化？如何使源自西方的哲学被中国的广大民众所理解？这还是一个没有多少人敢于尝试的难题。艾思奇对马克思主义哲学中国化的探索正是从这里开始的。他认为："我们这个国家能有机会受教育的人不多，特别是广大劳动人民。我们写文章、做工作一定要把这些人当作我们的对象。"因此，他大力坚持和提倡在文化启蒙运动中走大众化、通俗化的道路。他在1934年5月6日于上海《中华日报》上发表的《连环图画还大有可为》一文中提出，艺术大众化问题必须"触到大众真正的切身问题"。以为挣扎在困厄、苦闷生活境遇中的广大民众提供新的思想和理论，鼓起他们生活的希望和信心。他坚信，作为人类思想史上最进步的科学世界观和方法论，"新哲学"就是广大民众的"启明灯"。

但是，怎样才能使抽象、枯燥的哲学大众化、通俗化？怎样才能让新哲学理论与民众"真正的切身问题"联系起来，触动他们的心灵？艾思奇曾经苦苦思索。正是此时，鲁迅先生在同一刊物《连环图画琐谈》一文中提到："艾思奇先生说，'若能够触到大众真正的切身问题，那恐怕愈是新的，才愈能流行'。这话也并不错。不过要商量的是怎样才能够触到，触到之法，'懂'是最要紧的，而且能懂的图画，也可以仍然是艺术。"仿佛一言通窍，豁然开朗：让民众"'懂'是最要紧的"！否则一切都毫无意义。也就是说，传播新哲学不能使用西方传统的、书斋里的语言和思维方式，也不能进行抽象的哲学议论，必须另辟蹊径。联系到父亲对自己少年时的教诲："为文不要陈义太高，选言太辟或用奇词奥义。写文章应像白居易，要通俗，务使人人能读，妇孺皆识"①，他从中国人的视角出发，在人们的日常生活中寻找"哲学的踪迹"，终于找到了一种用最通俗、直白的语言，深入浅出地阐释马克思主义"新哲学"的方法。借着在《申报》"流通图书馆读书指导部"负责《读书问答》专栏的机会，艾思奇以读书问答的形式发表了一系列新哲学论文。于是，一篇篇既可独立成文，联结起来又是完整体系的《哲学讲话》诞生了，一个个浅显易懂，又生动隽永的小故事引出的哲学道理拉近了马克思主义新

① 参见艾思奇同志纪念文集编辑组：《人民的哲学家：艾思奇纪念文集》，云南人民出版社1997年版，第192页。

哲学与人民大众的距离。这就是1935年结集出版的《哲学讲话》，后被国民党屡次查禁而改名的《大众哲学》。[①]由于它一扫书斋哲学艰深晦涩、枯燥玄奥的缺陷，使新哲学的原理轻松地走到人民大众中去，展示了一种能为中国人所理解，又分明和每个人息息相关的哲学，启发着人们“思考和解决现实生活中的问题”。特别是它揭示万物皆变的宇宙规律和“重要的问题是在于改变世界”的思想，打动了许许多多青年的心。所以此书一问世就深受读者喜爱，在民众中引起了热烈的反响，仅新中国成立前就印刷了32版，成为国统区白色恐怖之下的“秘密畅销书”！使马克思主义的新哲学思想得到空前广泛的传播。许多青年正是在《大众哲学》的影响下对马克思主义产生了兴趣，并由此走上了革命道路。以致后来蒋介石都不止一次地讲道：“我们和共产党的较量，不仅是军事上的失败，也是人心的失败”，“一本《大众哲学》搞垮了我们的思想战线！”

二、艾思奇对马克思主义哲学中国化的深入研究与贡献

毋庸置疑，在马克思主义哲学中国化的历程中，贡献最大的是毛泽东。毛泽东思想的形成是马克思主义哲学中国化的里程碑。而艾思奇等马克思主义哲学家对马克思主义中国化的研究与贡献，也是促进这一理论形成与完善的因素之一。

艾思奇1937年9月奉调延安，从此开始了近10年时间的与毛泽东的哲学交往。

红军长征到达陕北以后，毛泽东逐渐成为中国共产党实际上的最高领导者，但是，在党内思想上并不统一，“中国革命到底应该走一条什么样的道路”？“山沟里的马列主义”是不是“狭隘经验论”？能不能真正解决中国革命的问题？仍然有着诸多议论和质疑。特别是1937年王明带着共产国际和斯大林的“尚方宝剑”回国后，强制推行所谓“一切经过统一战线”、“一切服从统一战线”的右倾路线，并“上纲上线”地批评毛泽东等人贯彻国际指

① 参见《艾思奇文集》第1卷，人民出版社1981年版，第284页。

示不积极，迫使张闻天在“九月会议”上做检讨，并以共产国际代表的身份颐指气使。虽然毛泽东对这种脱离中国革命实际的教条主义深恶痛绝，但是，此时要从理论和实践上彻底批倒王明一类言必称“马列”的夸夸其谈还不行，毛泽东深感自己的“工具不够”，所以他“一到延安就发愤读书”，尤其是哲学。[①] 也就是这个时期，艾思奇等一批上海地下党的理论工作者奉调前来延安。毛泽东十分高兴，在欢迎会上说：“噢！搞《大众哲学》的艾思奇来了！”“过去是山中无老虎，猴子称霸王，现在我们把老虎请来了！”[②] 兴奋之情溢于言表。不久之后，艾思奇被任命为抗大主任教员，后又调任马列学院哲学研究室主任。

1938 年 9 月，在毛泽东的提议下，延安成立了“新哲学会”，由艾思奇和何思敬主持，负责研究、翻译马克思主义新哲学。艾思奇为此做了大量工作。1940 年 6 月 21 日，“新哲学会”在延安举行了第一届年会。艾思奇作了会务工作报告。毛泽东在会上讲了话，充分肯定了“新哲学会”的贡献，还特别指出中国革命有了许多年，但理论活动仍很落后，这是大缺憾。革命如不提高革命理论，革命胜利是不可能的。过去我们注意得太不够，今后应进一步加紧强论研究。“新哲学会”的前途是光明的。

1939 年初，毛泽东亲自组织了一个哲学小组。参加的有艾思奇、何思敬、杨超、和培元、陈伯达共六人。小组每周活动一次，地点就在毛泽东的窑洞里。每次总是由毛泽东提出问题，让大家准备，而后讨论。当时主要讨论《实践论》和《矛盾论》问题。据当事人回忆，艾思奇发言最多。毛泽东对大家的讨论和意见总是认真听取和借鉴。

后来，在毛泽东的带动下，中央机关也纷纷成立哲学小组。艾思奇调中宣部以后，也参加中宣部的哲学小组活动。当时组长是张闻天，艾思奇为指导员。参加学习的有朱德、李维汉、徐特立、肖劲光、莫文骅等，以后又扩大到中央文委、中央办公厅以及杨家岭的机关、部队的同志。每周学习前，由艾思奇起草好提纲发给大家研究讨论。最后由艾思奇做总结性发言。那

① ［美］埃德加·斯诺：《西行漫记》，董乐山译，三联书店 1979 年版，第 67 页。

② 李景源、孙伟平主编：《怀念与思考——艾思奇与马克思主义哲学中国化》，中共中央党校出版社 2008 年版，第 3 页。

时，艾思奇常常通宵达旦地工作，这个小组坚持到了1941年初，成为中央机关的学习模范。

1938年初，毛泽东给艾思奇写了一封信。信中写道："思奇同志：你的《哲学与生活》是你的著作中更深刻的书，我读了得益很多，抄录了一些，送请一看是否有抄错的。其中有一个问题略有疑点（不是基本的不同），请你再考虑一下，详情当面告诉。今日何时有暇，我来看你。毛泽东"①。并随信送来了厚厚的一叠（19页）用毛笔抄录的艾著《哲学与生活》文稿。谦恭之情跃然纸上。毫无疑问，艾思奇的著作与思想对毛泽东哲学思想的形成和完善是有影响的。这不仅体现在毛泽东认真读过《大众哲学》和《哲学与生活》等艾思奇的著述，并做过详细的批注，也不仅仅在于从毛泽东的"两论"中能够找到与艾思奇著作中相关或相似的论述，而且体现于在这一特定历史时期艾思奇与毛泽东在哲学上的密切交往，以及领袖与学者之间在马克思主义哲学中国化问题上心灵相通的一段佳话。

此后，为指导延安的哲学学习，艾思奇发表了《怎样研究辩证法唯物论》等大量文章，编辑了《哲学选集》并撰写了哲学《研究提纲》。毛泽东对《哲学选集》做了多处眉批和长达30多条、3000多字的批注。他还与吴亮平合作，撰写了《唯物史观》一书，并出版了《实践与理论》、《论中国的特殊性及其他》等著作，主编了《马、恩、列、斯思想方法论》，为马克思主义哲学中国化做了大量的理论研究。

这期间，他站在新的高度，对中国革命的性质、任务、道路和正反两方面的经验教训进行了深入的哲学思考；重新审视和总结了马克思主义哲学中国化的经验和不足，率先提出了马克思主义哲学"中国化"的概念，揭示了马克思主义哲学中国化的深刻内涵和表现形式，分析了马克思主义哲学中国化的历史与现实的必然性，阐述了马克思主义哲学中国化的方法与原则，并对大众化与中国化的关系，以及如何做到中国化等问题做了比较全面的论述。丰富和发展了毛泽东关于马克思主义哲学中国化的思想。

---

① 中共中央文献研究室编：《毛泽东哲学批注集》，中央文献出版社1988年版，第204页。

早在20世纪30年代初期，艾思奇参加关于唯物辩证法的论战时，就提出了必须坚持“马克思主义的中国化”问题。1938年4月1日，他在武汉的《自由中国》创刊号上发表《哲学的现状和任务》一文中，更明确地提出了“哲学的中国化和现实化”的问题，指出：“现在需要来一个哲学研究的中国化、现实化的运动。”① 他认为，我们过去的哲学主要是做了通俗化、大众化的运动，把高深的哲学用通俗的词句加以解释，打破了哲学神秘的观念，使哲学走近了大众，因而是有极大意义的，而且这也就是哲学中国化、现实化的第一步。因为如果没有通俗化、大众化，要做到中国化和现实化是不可能的。然而通俗化、大众化并不等于中国化、现实化。因为，如果没有哲学的中国化、现实化，也不可能做到充分的通俗化、大众化。随后，他针对叶青对马克思主义中国化咬文嚼字的曲解，批驳了他企图假借“中国化”之名来抛弃马克思主义指导的真正目的，并从具体实践的角度深刻阐明了什么是真正的马克思主义中国化：“在中国应用马克思主义，或使马克思主义中国化，就是要坚决地站在马克思主义的观点上，在马克思主义基本原则和基本精神上，用马克思、恩格斯所奠定了的辩证法唯物论的和政治经济学的科学方法，来具体地客观地研究中国社会经济关系，来决定中国无产阶级在中国民族革命斗争中的具体任务及战略策略。问题是在于要能正确地研究和把握中国社会的客观现实，并正确地决定革命的任务和战略策略。”② 他还进一步指出：所谓马克思主义中国化，“就是在于把马克思主义的真正精神，马克思主义的基本原则，应用到中国的具体问题上来，就是在中国的现实地盘上来把马克思主义加以具体化，加以发展”③。那么，如何使马克思主义哲学中国化呢？他认为：“原则上不外两点：第一要能控制中国传统的哲学思想，熟悉其表现方式；第二要消化今天的抗战实践的经验与教训。”④ 也就是说，要结合中国传统哲学思想并运用马克思主义哲学来总结中国革命的经验，去指导中国革命实践。这就是，一方面要将马克思主义哲学与中国革命的具体实践

① 《艾思奇文集》第1卷，人民出版社1981年版，第387页。

② 同上书，第480页。

③ 同上书，第553页。

④ 同上书，第420页。

相结合；另一方面，要将马克思主义哲学与中国传统哲学相结合，借鉴其思维方式和表现方式，使之具有中国作风、中国气派。显然，艾思奇对马克思主义哲学中国化的定义是完全从中国革命的具体实践出发的。同时，他还进一步论述了马克思主义之所以能够中国化的内在机制。指出：“马克思主义之所以能够中国化，是由于中国自己本身早产生了马克思主义的实际运动，中国的马克思主义是在中国自己的社会经济发展中有它的基础，是在自己内部有着根源”①。可见，艾思奇是站马克思主义实践观的立场上论述马克思主义哲学的中国化、现实化的，其思想始终与脱离实际的教条主义针锋相对。他对马克思主义哲学中国化的系统论述得到了毛泽东的肯定和更加深刻、全面的发挥。

三、艾思奇对马克思主义哲学时代化的推动与局限

马克思主义哲学中国化的本质规定是将马克思主义哲学的一般原理与中国革命的客观实际相结合，具体地指导中国革命的实践。它内在地包含着中国化、时代化、大众化三个相互联系的方面。而时代化的内在根据则是由于马克思主义哲学中国化是一个长期的实践过程，它必然要随着时代的发展而发展，因而不可能凝固于某一时期的某一种固定的模式。

新中国成立后，马克思主义哲学中国化进入了一个新的时期，艾思奇更加努力地投入了新的战斗。他先后担任马列学院教员、北大清华的兼职教授、中央党校哲学教研室主任、中央党校副校长等职。他长期呕心沥血地从事马克思主义理论的研究、宣传与教育，不遗余力地推动着马克思主义哲学时代化的工作，直到生命的最后一息。这一阶段艾思奇对马克思主义哲学时代化的推动和贡献主要在于以下几个方面：

一是大力宣传社会发展史，普及唯物史观。新中国成立后，国家百废待兴，社会上思想混乱。为尽快提高广大干部群众的政治觉悟，使他们树立正确的世界观、人生观，党决定在全国开展学习社会发展史的活动。艾思奇结

① 《艾思奇文集》第1卷，人民出版社1981年版，第484页。

合时代要求率先撰写文章，全力投入这项工作。他首先在《学习》杂志创刊号上发表了《从头学起——学习马列主义的初步方法》一文，强调："为掌握马列主义的基本的立场、观点、方法来读书，理论联系实际，解决问题，这是真正马列主义的学习态度。"[①] 针对干部和群众在学习中出现的问题，他撰写了《评关于社会发展史问题的若干非历史观点》、《反驳唯心论》、《学习马列主义的国家学说》、《学习——思想领域的解放战争》等文章，并出版了《历史唯物论——社会发展史》一书，并以此书为蓝本在1951年3月中央人民广播电台举办的《社会发展史讲座》中进行系列讲授，连播23场，听众在50万以上。对新中国成立初期的广大干部、群众进一步掌握马列主义的基本原理，树立无产阶级世界观，提高建设社会主义自觉性，起到了重要的启蒙作用。

二是在新形势下，自觉地将马克思主义哲学的理论教育与研究宣传毛泽东思想紧密结合起来。艾思奇在长期致力于马克思主义哲学中国化的研究过程中深刻认识到，马克思主义中国化的理论结晶，就是在中国革命实践中产生和不断走向胜利的毛泽东思想。这不仅是中国共产党几十年革命斗争历史实践的证明，也是他自己在多年从事马克思主义中国化研究过程中的切身体会。[②] 从延安时起，艾思奇就开始切实地研究毛泽东思想的形成和发展过程。阐发毛泽东思想的精髓、实质和多方面的具体运用。除了在党政军机关和部队演讲、做报告以外，他还发表了大量研究文章和学习毛主席著作的辅导材料，如《毛泽东同志发展了真理论》、《关于〈实践论〉和学习方法的一些问题》、《读〈关于纠正党内的错误思想〉》、《〈实践论〉与关于哲学史的研究》、《〈矛盾论〉问题解答》、《从〈矛盾论〉看辩证法的理解和运用》、《人类认识的总规律》等等。他始终认为学习毛主席著作，其意义并不仅仅是学习毛泽东个人的思想和毛主席著作中的个别词句，而是要学习毛泽东同志一贯坚持的马克思主义立场、观点和方法，即把马克思主义的一般原理和中国革命的具体实践紧密结合起来，创造性地解决中国革命的实际问题，这才是毛泽东

① 艾思奇：《从头学起——学习马列主义的初步方法》，《学习》1949年第1期。

② 参见李青：《艾思奇与马克思主义哲学的中国化、时代化、大众化》，《东岳论丛》2010年第2期。

思想不断取得胜利和成功的关键。[①] 他还认为，马列主义、毛泽东思想的具体结论并非是僵死的不变的。我们应该充分肯定毛泽东思想对马克思列宁主义的发展，同时也反对在没有弄清一般原理时就"任意用贴标签的方式说毛主席对它的发展，而认为必须结合中国革命和社会主义建设的实际，从理论和实践的结合上，给予充分的论证和说明"[②]。他反复强调只有努力"运用马克思主义普遍真理对革命工作和科学研究的实际问题进行分析，作出结论，找出指导工作和斗争的方针、计划、方法，以此推动工作和斗争取得胜利"，才能真正掌握毛泽东思想的精神实质。而对于那种鄙薄中国革命的具体经验，一味强调学马列就只能照本宣科、逐章逐节、逐段逐句地读原著，似乎只有啃几本"大部头"才叫学习马列主义"不走样"，才算保留了"原汁原味"的教条主义态度他是历来不赞成的。他始终站在实践哲学的立场上认为："马克思主义者所谓的精通马克思主义不仅是指马克思主义的理论研究，而同时是指要能在一定的具体环境之下实践马克思主义，在一定国家的特殊条件之下来进行创造马克思主义的事业。"[③]

三是把宣传、普及马克思主义哲学与批判唯心主义哲学结合起来，为确立和巩固马克思主义哲学在新中国的主导地位作出贡献。1955 年初，针对资产阶级唯心主义思想普遍存在，并在学术领域仍有相当广泛影响的情况，党中央开展了一场对胡适、梁漱溟哲学思想的批判。艾思奇和李达作为哲学界的领军人物不可避免地参与其中。胡适作为新文化运动中的风云人物曾经名噪一时，五四运动后，同李大钊、陈独秀等马克思主义知识分子分道扬镳。他反对革命，主张改良，成为宣扬"全盘西化"和美国实用主义在中国的最大代表。也许是机缘巧合，早在22年前的1933年，艾思奇就在《二十二年来之中国哲学思潮》一文中批判过胡适的"实验主义"，认为那种打着科学旗号的资本主义思想，"是一种错误的思想方法，它能一变而成唯心论哲

① 参见李青：《艾思奇与马克思主义哲学的中国化、时代化、大众化》，《东岳论丛》2010 年第 2 期。

② 同上。

③ 艾思奇：《论中国的特殊性》，罗荣渠主编：《从"西化"到现代化》，北京大学出版社 1990 年版，第 601 页。

学”①，但在当时，作为与传统迷信抗衡的武器，还有另一面的进步意义。22年后，艾思奇又撰写了《实用主义还是唯心主义》的5万字长文，从六个方面对胡适的唯心主义进行了全面批判。通过批判，划清了马克思主义哲学与实用主义的界限，清除了胡适哲学思想中错误方面的影响，进一步普及了马克思主义哲学。从总体上看，艾思奇对胡适实用主义哲学观点的批判是有的放矢、言之成理、持之有据的，坚持了马克思主义的基本立场。对马克思主义意识形态在新中国的确立起了积极作用。但是，由于批判的政治性过强，存在着将政治问题和学术问题相混淆的倾向，只讲问题，未顾及全面，已经明显超出了学术批评的范围，因而又是有失客观和公允的。艾思奇在批判中也存在着对胡适思想上纲过高和评价偏颇之处。

紧接而来的对梁漱溟哲学思想的批判，也同对胡适的批判一样，艾思奇和李达领受了同样的任务。于1955年底写了《批判梁漱溟哲学思想》一文，其中第二节在《哲学研究》上刊载。尽管艾思奇对梁漱溟的批判总体上是实事求是、有理有据、持之有故的，基本准确地把握了对方思想，但把梁漱溟哲学说成是“五四运动中封建主义逆流”，以及对他的哲学思想、文化观采取全盘否定的态度，把学术和思想问题说成是政治立场问题，对其学术思想中可资借鉴的因素完全抹杀是不对的。尽管有当时诸多客观因素的限制，但艾思奇主观上的责任与缺失也是不应否认的。

四是适应马克思主义哲学时代化的理论需求——主编了中国人自己的第一部哲学教科书。

社会主义改造完成以后，能否使广大干部、群众和知识分子在思想上逐步接受辩证唯物主义的世界观和马克思主义理论的指导地位直接关系到社会主义革命和建设的成败。而新中国成立后我们引进的苏联教材基本上是依据斯大林30年代主编的“本本”编写的。因此，编写一本我们自己的、有中国特色的马克思主义哲学教科书，对高校学生和各级领导干部进行正规化、系统化的马克思主义理论教育就显得十分必要。1960年在中央书记处的要求和指导下，由艾思奇主持编写了适合我国革命和建设需要的第一部马克思

① 《艾思奇全书》第1卷，人民出版社2006年版，第116页。

主义哲学教科书《辩证唯物主义历史唯物主义》。为此，他付出了大量心血。

在主持编写过程中他除了提出了编写“三原则”（即稳定性、准确性、全面性和适度原则、理论联系实际原则）以外，还特别强调了突出毛泽东思想在马克思主义哲学体系中的地位问题。他要求：“力求比较准确、简练地阐明马克思列宁主义哲学的一般原理；同时又在阐明马克思列宁主义的一般原理的基础上，说明毛泽东同志对马克思列宁主义哲学的发展。把阐明马克思列宁主义的一般哲学原理和说明毛泽东同志对马克思列宁主义哲学的发展，两方面结合起来。……我们要反对两种偏向：一种是，只注重谈马克思列宁主义的一般原理，而忽视毛泽东同志对马克思列宁主义哲学的贡献。……另一种是，脱离马克思列宁主义哲学的一般原理，或对马克思列宁主义的一般原理还没有搞清楚，就任意用贴标签的方式，空谈毛泽东同志对它的发展。”① 这两种偏向我们都要反对。

在应该怎样使用教科书的问题上，他特别强调“要努力做到掌握理论联系实际的原则”，并指出“联系实际有各种各样的方法，但它的总原则是要用理论原则作为方法指导，来解决一定的实际问题”②。而那种原则加例子的方法“还不能算是真正把理论和实际联系起来。真正要做到理论联系实际，需要采用更高的方法。最高的方法，是运用马克思主义普遍真理，对革命工作和科学研究中的实际问题进行分析，做出结论，提出指导工作和斗争的方针、计划、方法，以此来推动工作和斗争取得胜利”③。他还特别提醒“联系实际要注意避免对具体问题不加分析，任意抓住一点，贴上标签”，认为那种随便戴帽子、贴标签是简单化、庸俗化的做法，完全与联系实际的方法背道而驰。

在他主持下，大家反复研讨、集思广益，终于写出了具有中国特色、注重联系实际，突出毛泽东哲学思想地位的国内第一本马克思主义哲学教科书；全面系统地阐发了马克思主义哲学的基本原理。培育了新中国上百万青年和知识分子，在几十年的使用中得到了广泛的好评。

---

① 《艾思奇全书》第 8 卷，人民出版社 2006 年版，第 100 页。

② 同上书，第 103 页。

③ 同上。

正如黄枬森先生生前指出的，这一体系“尽管有这样那样的问题，但仍不失为马克思主义哲学第一个比较完整、严密的科学体系。……40 多年来作为马克思主义哲学大学教材体系的主要根据，发挥了巨大的作用。我们要构建更加完整更加严密的科学的哲学体系，必须对它继承与发展，只有这样才能超越它，而绝不能绕开它。”①

而对于“艾思奇本”教科书的局限与缺失，随着时间的流逝和学术界最新理论研究的进展，我们也看得越来越清楚了，囿于当时的认识水平，它对唯物主义自然观的过度依赖和推崇，导致了对人和主体内在能动性的忽视和疏离。它在马克思主义哲学出发点和终极关怀等问题上的视野差距，也使他对现当代许多新事物和现象的解释力不从心。毕竟作为脱胎于传统苏联模式代表形态的本体论式哲学体系已经落后于今天的时代。

四、艾思奇留给我们的启示和精神遗产

第一，真正的哲学家应以天下为己任，为真理和使命而献身。艾思奇逝世以后，中国人民大学校长郭影秋曾赋诗一首，其中有“起居未敢忘艰苦，呼吸犹存即斗争。谁使书生宏胆略，灵魂深处有真经”句，这确是对艾思奇一生的光辉写照。艾思奇不是被环境所迫才走上革命道路的。他出身官宦世家，生活优渥，衣食无忧。但是，从他走进社会的第一天起，就自觉地选择了用马克思主义哲学作武器批判旧世界、开创新时代的道路，并且在这条道路上奋斗了终生。在他心里，马克思主义哲学不是一种单纯的兴趣和学理，而是劳苦大众改造世界的锐利武器。为了大多数人的幸福和解放，为了铲除天下的不公，他义无反顾地走上了一条曲折艰辛的路。这条路对他来说，虽然只有短短 56 个春秋，却留给我们皇皇 600 万言的文字遗产；那也不仅仅是文字遗产，而且是一种胸怀天下、追求真理、锲而不舍、矢志不渝的精神；一种将自己的理想信念同祖国和人民的命运熔铸起来的人生态度。把追求真理化为毕生

① 黄枬森：《关于马克思主义哲学 1961 年体系的一些想法》，李今山主编：《缅怀与探索：纪念艾思奇文选（1981—2008）》，中共中央党校出版社 2010 年版，第 90—92 页。

宏愿，并为之践履笃行、奋斗到底，这就是以天下为己任，为真理和使命而献身的精神。它也应该是我们每一个马克思主义哲学工作者的信念和使命。

第二，真正的哲学家就要努力把握时代精神，回答时代课题。任何真正的哲学都是时代精神的精华。一种哲学是否有生命力，能否成为一个历史时代智慧的象征，不仅在于理论上的完善和体系的严密；也不仅取决于它有怎样的理论价值和认知作用，最重要的是在于它是否真正把握了时代的脉搏和精髓，能否给人们指出前进的方向和出路。当年的艾思奇正是心系大众，心忧天下，紧紧地和大多数人站在一起，为人民的利益而上下求索，砥砺前行，才终于把握了时代的脉搏，写出了《大众哲学》这一堪称影响了千万人的思想火炬。而今的世界也已发生翻天覆地的变化，中国又面临着“三千年未有之变局”，那么，什么是我们的时代精神？是什么原因支撑着我们傲立于世界民族之林？如果承认实践是检验真理的标准，那我们今天的成就一定有其内在的、哲学上的必然性和根据。这只能由我们当代的哲学家用“自己的语言”给出令人信服的论证和解释。这是时代精神的召唤，也是我们这一代学人责无旁贷的历史性课题。它应该不是靠从“整理国故”中“引经据典”，或简单地翻检历史的辉煌就能找出根据；也绝不仅是从西学东渐舶来的“民主”、“自由”等所谓“普世价值”中就能推导出的结论。伟大的理论出自伟大的实践。我们只有立足现实，放眼世界，真正以开放包容的心态，吸纳博采百家思想文化之长，深刻反思我们民族文化根性之优劣得失，下大功夫卧薪尝胆，“打通中西马”之学术壁垒，开放包容、融汇创新，才能真正不辱使命，创立我们时代的新哲学，完成我们伟大的使命。

第三，真正的哲学家应该始终心系大众，关注现实，为重建民族精神家园而努力奋斗。马克思说“真正的哲学”是“自己时代的精神上的精华”，而判断是否是“自己时代的精神上的精华”则首先要看这种哲学是否找到了“一个时代的迫切问题”，并将它作为自己哲学思考的聚焦点。每个时代的人们都有自己特殊的生存处境，都有自己需要面对和解决的特殊矛盾，只有首先找到了这一特殊矛盾，才能够进一步思考和解决矛盾，并将其升华为理论形态的人类自我意识。在这个意义上“问题是时代的格言”。

我们时代的问题是什么？

当代经济快速发展、科技飞速进步、财富大量涌流，但我们精神道德领域的进步和提升却未必与之同步。大势之下有暗流，无声之处刀光影。有人遇恶不敢怒，老人不敢扶，“精致利己”成准则，追求享乐即人生。更有那些阴影中歪曲历史、诋毁英雄的“水军”以及党内触目惊心、屡禁不止的蛀虫！对物欲横流、人性异化，人们深感忧虑。

造成以上现象的根源到底是什么？是经济社会发展的必然代价？还是意识形态、思想教育问题上的缺失？甚或是理论指导上的某种失误？加上致力“和平演变”的外部势力？美国前总统里根曾说：在两种不同社会制度的斗争中“最终的决定因素不是核弹和火箭，而是意志和思想的较量”。此话不无道理，这种公然的挑战值得我们深思。

当前我们民族精神文化上的最大问题是什么？

如何进一步凝练、完善和论证、阐述我们的核心价值观？

如何进一步弘扬我们民族文化的精华，剔除其糟粕并上升到一种“当代的中国哲学”？

如何进一步吸收西方文明中的优秀文化并将它融入我们的文化价值体系？

如何在世界上依然普遍信奉“丛林法则”、“零和博弈”的现实条件下弘扬和推动建立我国倡导的“互利互惠、合作共赢”的新型大国关系？

……

如果这些属于时代的课题，那么从理论和实践的结合上给予完满的回答就是我们这一代人责无旁贷的历史使命。我们只有老老实实地向艾思奇等老一辈马克思主义哲学家学习，像他们那样心系大众，忧国忧民，胸怀天下，筚路蓝缕；始终站在人民大众的立场上，大胆探索、勇于创新，为时代创作，为人民代言。早日写出新时代的《大众哲学》，交出无愧于时代的答卷，从而为进一步建构和完善我们的核心价值理念，重塑我们民族精神的家园作出我们的应有贡献。

（本文为辽宁省社会科学规划基金项目“中国哲学的创造性转化与创新性发展研究”（L17BZX003）的阶段性成果。原载于《温州大学学报（社会科学版）》2019 年第 2 期）

当代中国哲学的重要环节

毛卫平

杨献珍不惧高压、敢于直言的非凡经历为许多人所熟悉和敬仰，但他的哲学思想的特点及历史地位，却还是一个需要探讨的问题。

马克思认为，“任何真正的哲学都是自己时代精神的精华”，哲学家也“是自己的时代、自己的人民的产物”。作为一名影响很大的哲学家，他的哲学思想总是反映和适应了时代的某种要求，符合哲学思想自身的发展逻辑的。只有弄清这种时代要求和发展逻辑，我们才能真正理解哲学家和他的思想，明确其应有的历史地位，并从中获得宝贵的教益。

一、当代中国的唯物主义

在长期的教学及科研工作中，杨献珍涉及过多方面的哲学理论问题。仅就曾在中国思想政治领域引起过轩然大波，也给他的命运带来深刻影响的“三次大论战”而言，就涉及唯物论、认识论、辩证法和唯物史观这几个马克思主义哲学的主要领域，但其理论活动的侧重点，则是在唯物主义方面。

翻开杨献珍的文集，我们可以看到，许多内容都是直接或侧重讲唯物主义的。在已出版的两卷文集中，篇幅最长的两篇文稿《什么是唯物主义》与《〈唯物主义和经验批判主义〉解说》都是论述或侧重论述唯物主义的，而且这两篇文稿跨越了 20 世纪五六十年代他从事理论工作的主要时期。

关于唯物主义的思想和理论，他强调了哲学基本问题即唯物主义原理在全部哲学理论中的重要地位；强调了哲学基本问题及唯物主义原理与实际工作的密切联系；强调了反映论是实践论的前提和基础；强调了唯心主义的严重危害。

杨献珍一贯非常重视唯物主义的基本原理，重视哲学基本问题。他讲课常常从这里讲起，或归结到这里。他把哲学基本问题和唯物主义原理称作“哲学上最大的最基本的道理”。他说哲学基本问题“是我们哲学学习的最中心的问题，学懂了这个问题，学习就算入门了”。

当时曾有人挖苦和嘲笑讲哲学基本问题是“老一套”，杨献珍对此作了针锋相对的反驳。他指出，首先，讲哲学基本问题是思想战线斗争的需要。“要想在这个思想斗争中狠狠打击唯心主义就必须紧紧抓住这个哲学上的基本问题。”其次，“哲学史之所以能够成为科学，就是由于掌握了思想对存在的关系这个哲学上最基本的问题作为阐述哲学史的总的线索”。特别是，“只有大家都了解了这个哲学上的基本问题，才能弄清唯物主义和唯心主义的思想界限，才能在实际工作中自觉地去克服主观主义，自觉地按照唯物主义的原则办事情”。因此，他强调“思想对存在的关系这个哲学上的基本问题，是永远不会陈旧的，反复讲这个问题，绝不是‘老一套’”。

杨献珍之所以特别重视哲学基本问题，除了它的理论意义外，是因为它和实际工作有着密切的联系。为了指明和强调这种联系，杨献珍提出并一直坚持一个重要的命题，即“思维对存在的关系这个哲学上的基本问题也是我们一切实际工作中的基本问题”。1955 年，他曾以此为题，在《哲学研究》上发表文章，专门加以阐述。

杨献珍认为，实践论应以反映论为前提。1952 年 10 月，他在辅导《实践论》的时候说:“为了要帮助同志们学通《实践论》，因该讲一下唯物主义的反映论，因为《实践论》本身即是唯物主义反映论的发挥，如果不先懂得唯物主义的反映论，要理解《实践论》是有困难的。”事实证明，他的这一见解，不仅具有理论意义，更具有重要的实践意义。

杨献珍对唯心主义的危害看得很重，他在 1959 年讲课时强调:“列宁早在四十几年前就曾指出过，离开唯物主义，不仅要犯错误，而且还有一种危险性和反动性。”他说:“离开唯物主义竟有这样严重的危害性，我们有些同志恐怕平常并没有这样想过。”这是切中时弊的一个忠告，可惜未能得到应有的重视。

至于所谓的“三次大论战”，虽然涉及许多至今仍有争论的理论问题，但对于杨献珍而言，贯穿其中的基本倾向仍是坚持唯物主义。

关于过渡时期的经济基础问题，杨献珍说:“为什么‘单一经济基础论’者在关于我国过渡时期的‘基础’问题上竟弄得如此思想混乱呢？我认为，很重要的一个原因，是由于他们不是从实际出发，不是从客观分析中国现存的社会经济结构出发，而是从概念出发，从片面地了解‘生产关系的总和’这个概念出发。”

关于思维和存在的同一性问题，杨献珍曾一再声明，他从来没有否认在辩证法的意义上思维与存在有同一性，他反对的是把思维与存在等同起来的唯心主义观点。特别是，当他把思维与存在的同一性这个命题当作“大跃进”中种种荒唐和错误的哲学基础来看待时，更要抓住不放，大批特批了。

关于“合二而一”问题，杨献珍认为，“一分为二”与“合二而一”都是对立统一规律的一种表述，但表述的重点似有所不同，根据当时干部工作和思想的实际情况，他着重强调了矛盾双方的联系，强调“要学会把两个对立的思想联系在一起的本事”，反对片面性、绝对化的形而上学思想。

由此可见，坚持唯物主义，确是贯穿杨献珍哲学思想和理论活动的一根主线。在这里，特别需要我们注意的是，要把哲学家想要表达的思想和表达这种思想的形式区别开来。表达形式可能会因哲学家本人的原因而显得好些或差些，但重要的是思想家所要表达的思想本身是否合乎时代的要求。忽视这一点，就可能舍本求末，认不清事情的本质。

二、不可缺少的重要环节

杨献珍明确地、突出地、反复地宣传和坚持唯物主义，反对唯心主义和主观主义，具有特殊的重要意义。

在西方，唯物主义哲学在从中世纪走向近现代社会的过程中起过重要的历史作用，也是马克思主义哲学产生过程中不可缺少的重要环节。

在中国，由于特殊的历史条件，基本上跳过了思想发展进程中的这个重要环节，直接接受了马克思主义哲学。这种思想领域的跳跃式发展，既是一件好事，又潜存着不足，即唯物主义基础不够坚实。因而常有使辩证唯物主义和历史唯物主义变形的危险。

这种变形的突出表现，一是脱离生产力的实际水平，盲目追求生产关系的变革，直至发展到“贫穷的社会主义论”；二是夸大主观能动作用，导致主观主义、唯心主义泛滥，这两种变形，都给我们的事业带来了严重的危害。杨献珍的哲学思想正是在与这两种变形的顽强拼斗中显示了自己的作用，确立了自己的历史地位。

关于第一个“变形”，在新中国成立初期发生的关于过渡时期的经济基础问题的争论中开始表现出来。杨献珍所反对的“单一经济基础论”认为：“社会主义经济是我国正在发展的建设中的社会主义国家的经济基础，资本主义经济不是我国社会主义类型国家政权的经济基础，小农经济也不是我们国家政权的经济基础，半社会主义的合作经济和国家资本主义经济还不完全是我国社会主义类型国家政权的经济基础。这就是说，我国在过渡时期的经济基础就只有唯一的社会主义经济，其他实际存在着的几种经济成分都不是。”杨献珍认为：“中国现在明明还是一个多种经济成分的国家，这是一种客观现实，而‘单一经济基础论’却硬不承认这种客观现实。”杨献珍的批评没有能阻止这种变了形的理论付诸实践，中国人民为此付出了沉重的代价。

关于第二个“变形”，二十多年后通过的《关于建国以来党的若干历史问题的决议》做了这样的总结：总路线及“大跃进”“正确的一面是反映了广大人民群众迫切要求改变我国经济文化落后状况的普遍愿望，其缺点是忽视客观的经济规律”。“毛泽东同志、中央和地方不少领导同志在胜利面前滋长了骄傲自满情绪，急于求成，夸大了主观意志和主观努力的作用，没有经过认真的调查，就在总路线提出后轻率地发动了‘大跃进’运动，和农村人民公社化运动，使得以高指标、瞎指挥、浮夸风和‘共产风’为主要标志的‘左’倾错误严重地泛滥起来。”

正是在这种“左”倾错误严重泛滥的情况下，杨献珍站在唯物主义立场，发扬共产党人的大无畏精神，对一系列错误思想进行了无情的批评。

关于“条件论”。1958年8月3日《人民日报》社论《年底算账派输定了》

中说："事在人为，人定可以胜天。国民经济的发展，主要不是决定于这种或那种条件，而决定于人……群众说得好：'人有多大胆，地有多大产'，地的产是由人的胆决定了的。""重要的不是条件，而是人，人是条件的主人，'条件论'者可以休矣！"杨献珍 1959 年 6 月 12 日接见河南省委党校及抚顺市委党校的同志时，针锋相对地批评说："有的地方提出'人有多大胆，地有多大产'，'不怕做不到，就怕想不到'，胆量等于产量，思想等于行动，这到底是唯物主义还是唯心主义？弄虚作假总不能算作是唯物主义吧！可是在去年，弄虚作假几乎成了'流行病'。"杨献珍不仅批评了"民间"的错误说法，而且对"官方"倡导的错误思想也毫不客气地进行了批评。他说："去年提出反对'条件论'，这实际上是以唯心主义来反对唯物主义。""共产党提任务，总是在条件成熟时提出的。由于反对'条件论'，于是公社从集体所有制一下子跃到全民所有制，结果如何，大家都清楚。"

关于"创造规律"。有人主张创造规律，杨献珍批评说："去年创造了好多'规律'，今后如果再创造更多的规律，恐怕连苞谷面也吃不上了。"

关于"浪漫主义"。杨献珍批评说："毛泽东同志讲现实主义、浪漫主义相结合，而在现实生活中究竟有多少现实主义？浪漫主义有多少？依我看来，在某些怪事中，现实主义占百分之一，浪漫主义占百分之九十九。定指标能按浪漫主义办事么？怎么能以写诗的构想来定指标呢？"后来，这个"现实主义占百分之一，浪漫主义占百分之九十九"的说法成了他攻击"大跃进"的一条罪状。

关于保护群众积极性的问题。相信和依靠群众，是马克思主义的一个原则。但在"大跃进"年代里，这一原则也变了形。一位县委书记在省党代会上竟发言说："不虚报，就不能鼓足群众干劲；不虚报，就不能促进'大跃进'的形势；不虚报，就于群众脸上无光。"杨献珍见到这个发言的简报后很生气，尖锐地批评说："还有人拿着唯心主义当宝贝，说什么'不虚报，就不能鼓足群众干劲；不虚报，就不能促进'大跃进'的形势；不虚报，就于群众脸上无光'等等，现在应该好好地检查一下，到底是虚报能鼓足群众的干劲呢？还是实报能鼓足群众的干劲呢？虚报的结果是搞得没饭吃，搞得群众脸都浮肿了，这叫群众脸上有光吗？"他心情沉重地说："去年这一阵'浮夸风'，把我们党多年来培养的实事求是的传统作风冲垮了，这是多么大的损失啊！这比丢在地里的粮食损失还大得多。"

关于发挥主观能动性，杨献珍1958年曾就"关于规律的客观性和主观能动作用问题"专门讲过课。1959年讲课时针对工作中的问题指出："主观能动性当然要讲，但排斥客观规律的主观能动性则是瞎指挥的思想基础。"1961年讲课时又指出："这几年有些地方、有些人把主观能动作用讲成主观唯心论了，叫人们不要任何条件去发挥主观能动作用。""丢掉客观规律性，片面地去讲主观能动性，这是形而上学，也会成为唯意志论、意志自由论、意志创造世界的极端主观唯心论。"

在特殊的历史条件下，从哲学的高度讲出当时迫切需要讲的话，讲出当时别人不敢讲或不能讲的话，这是作为哲学家的杨献珍所起的历史作用；弥补我国当代哲学发展中的一个薄弱环节，强化马克思主义哲学的唯物主义基础，为恢复党的思想路线作理论准备，这就是杨献珍哲学思想所作出的特殊贡献。

有人认为，杨献珍所坚持的是机械唯物论。这是不能同意的。首先，杨献珍所坚持的，是马克思主义哲学中的唯物主义基础，它是马克思主义世界观的有机组成部分。其次，在当时，要坚持唯物主义，必须正确地回答一系列复杂的理论和实际问题，只有以辩证唯物主义为指导，才有可能担当起这一历史的重任。

三、有待继续探讨的重大问题

今天，我们可以比较清楚地看到，杨献珍在"三次大论战"中所坚持的唯物主义基本立场是正确的。然而，在当时却一次又一次地遭到猛烈的批判和无情的否定。这一事实本身就告诉我们，要坚持唯物主义，反对和克服唯心主义是不容易的。唯心主义、主观主义的泛滥有多方面的原因。

开始的时候，杨献珍对于干部中产生唯心主义、主观主义的原因看得比较简单。他在1955年写的一篇文章中说："许多人在实际工作中却往往不是按照唯物主义原则办事情，而是按照唯心主义原则办事情。为什么会如此呢？就是因为他们的思想没有严格地受过唯物主义的锻炼，没有划清唯物主义和唯心主义的界限。”到1959年，经过对一些干部在“浮夸风”中实际表现的考察，他明显地感受到，有些人弄虚作假、虚报浮夸完全是为了个人的私利。他在当时浮夸盛行的一个省调查后，曾气愤地说：这个省有一条独特的路线，叫作鼓足干劲，弄虚作假，力争全国第一，为个人取得无上荣誉。这就尖锐地提出了一个问题，为了贯彻党的思想路线，不仅要学习理论，而且必须增强党性。不仅要弄清唯物主义的道理，而且必须正确地解决人生观、价值观问题。事实证明，这是党的思想建设的一项长期而重要的任务。

党的思想路线发生大的偏差，不仅与个人的素质有关，而且有深刻的社会根源。这是总结党的历史经验得出的结论，也是杨献珍的命运给予我们的重要启示。

邓小平指出：“我们过去发生的各种错误，固然与某些领导人的思想作风有关，但是组织制度、工作制度方面的问题更重要。这些方面的制度好，可以使坏人无法任意横行，制度不好可以使好人无法充分做好事，甚至会走向反面。”“从党和国家的领导制度、干部制度方面来说，主要的弊端就是官僚主义现象、权力过分集中的现象、家长制现象、干部领导职务终身制现象和形形色色的特权现象。”正是这些弊端不仅使杨献珍当年的努力难以奏效，而且使自己不断地陷入困境，遭到厄运。今天我们纪念杨献珍，不但要继承他的事业，做好党的理论教育工作，而且要大力加强党内民主和全社会的民主和法制建设，为贯彻正确的思想路线创造一个尽可能有利的社会环境，这是使我们的事业兴旺发达的一个重要条件。

（原载于侯才、毛卫平主编：《坚持和弘扬彻底唯物主义精神——杨献珍诞辰100周年纪念文集》，中共中央党校出版社1997年版）

庄子本颜氏之儒：郭沫若“自注”的思想史真相

杨海文

1944 年 9 月 21—26 日，郭沫若（1892—1978）花了五六天时间，写完《十批判书》的第五篇《庄子的批判》。1973 年 8 月 5 日，正值“文革”后期，毛泽东（1893—1976）写作七律《读〈封建论〉呈郭老》，诗中有句“百代都行秦政法，十批不是好文章”①，印证了《十批判书》作为中国现代思想史名著的巨大影响。

《庄子的批判》写道：

> 韩愈疑庄子本是儒家。出于田子方之门，则仅据《外篇》有《田子方篇》以为说，这是武断。我怀疑他本是“颜氏之儒”，书中征引颜回与孔子的对话很多，而且差不多都是很关紧要的话，以前的人大抵把它们当成“寓言”便忽略过去了。那是根据后来所完成了的正统派的儒家观念所下的判断，事实上在孔门初一二代，儒家并不是那么纯正的，而儒家八派之中，过半数以上是已经完全消灭了。②

上面这段话，录自东方出版社 1996 年 3 月第 1 版并第 1 次印刷的《十批判书》。“我怀疑他本是‘颜氏之儒’”之下，有个标识为“作者注”的页下注：“章太炎曾有此说，曾于坊间所传《章太炎先生白话文》一书中见之。”③

---

① 参见《建国以来毛泽东文稿》第 13 册，中央文献出版社 1998 年版，第 361 页。

② 郭沫若：《十批判书》，东方出版社 1996 年版，第 194 页。按，此版有 2003 年 12 月第 2 次印刷本，所引文献的页码与第 1 次印刷本不同，读者当多加注意。

③ 同上。

为方便表述，本文把它称作“自注”。

最近六七十年来，不算海外版，《十批判书》的大陆版有十多个，读者数以亿计，研究者不计其数。无数人读过这个自注，却无人对它动过心思、拿它做过文章。隐藏在它里面的某种思想史真相，一直沉睡着……

一

依据现有检索手段，《章太炎先生白话文》杳无踪迹，但有《章太炎的白话文》流传至今。1910 年，章太炎（1869—1936）在日本讲学，做过系列演讲；1921 年 6 月，上海泰东图书馆结集为《章太炎的白话文》出版。① 笔者反复翻阅此书②，未见涉案文献，断定它与郭沫若讲的《章太炎先生白话文》不是一回事。

《章太炎先生白话文》为何找不到？难道它是一本并不存在的书？答案正在一段鲜为人知的历史当中：成都首发无自注，重庆结集增自注，北京版本改自注。

《庄子的批判》写成后，先由成都的《大学月刊》1945 年 3 月、6 月分两期发表（第 4 卷第 1—2 期合刊、第 3 期）。上“大成老旧刊全文数据库”，可以读到与原发一模一样的扫描版。与东方版相比，《大学月刊》3 月份那期的涉案文献，仅有一两个虚词以及个别标点符号的差异；大的区别在于，它没有“章太炎曾有此说……”的自注。③ 这一发现让笔者始而诧异，继而惊喜，真相仿佛离我们近了一步。

话说回来，民国学人著书立说，注释往往很简单，项目齐全的注释（现代学术规范所要求者）十分罕见。郭沫若从小熟读《庄子》，好几篇一直能

---

① 参见汤志钧编：《章太炎年谱长编（增订本）》上册，中华书局 1979 年版，第 360 页。

② 参见章太炎著，陈平原选编、导读：《章太炎的白话文》，贵州教育出版社 2001 年版；章炳麟：《章太炎的白话文》，辽宁教育出版社 2003 年版。

③ 参见郭沫若：《庄子的批判》，《大学月刊》第 4 卷第 1—2 期合刊，1945 年 3 月出版，第 86 页中栏。按，文字差异为：《大学月刊》的“所完成”，东方版作“所完成了”，加“了”字；《大学月刊》的“孔门的初一二代”，东方版作“孔门初一二代”，删“的”字。《十批判书》各版均加“了”、删“的”。

够暗诵，写《庄子的批判》看起来一气呵成，实则比较吃力。[①] 其论庄子本“颜氏之儒”，不作注释，原本无可厚非。实际上，成都首发版通篇只有一个文末注[②]，内容亦即东方版第 202 页的页下注①：“哀公如系景公之误，则非寓言。庄周适当鲁景、平二公时代。”

1945 年 9 月，《十批判书》列为“文化研究院丛书之一”，由重庆的群益出版社初版。据北京大学图书馆中心馆藏本，它与《大学月刊》相比，涉案文献只有一字之增、一字之删，无关紧要；显著不同的是郭沫若为“我怀疑他本是‘颜氏之儒’”增加了注释，且作文末注：“章太炎曾有此说，似于坊间所传《章太炎先生白话文》一书中见之。”[③] 请特别留意“似于”二字，因为它们不是现代读者熟知的“曾于”。

需要说明的是，郭沫若 1944 年 9 月为《十批判书》写了三篇文章，先后为 11 日写毕的《儒家八派的批判》、19 日写毕的《稷下黄老学派的批判》、26 日写毕的《庄子的批判》。为什么是《庄子的批判》而不是《儒家八派的批判》提出庄子本“颜氏之儒”的猜测？它对于“章太炎曾有此说”有何意义？

《儒家八派的批判》认为《庄子》论“心斋”、“坐忘”的两段文字：

> 要说是假托，庄子为什么要把这些比较精粹的见解托之于孔、颜而不托之道家系统的人，或率性假拟一些人名呢？因而我想，这些应该都是“颜氏之儒”的传习录而在庄子是作为“重言”把它们采用了的。孔、颜当时不一定便真正说过这样的话，但有过这样的倾向，而被颜氏之儒把它夸大了，这不能说是不可能。凡是形成了一个宗派的学说，对于本派的祖师总是要加以夸大化的，古今中外都是如此。[④]

① 郭沫若的《后记——我怎样写〈青铜时代〉和〈十批判书〉》有言：“9 月 21 日开始写《庄子的批判》。《庄子》书是我从小时便爱读的一种，至今都还有好几篇文字我能够暗诵。但写起他的批判来却也相当吃力。”见氏著：《十批判书》，东方出版社 1996 年版，第 504 页。

② 参见郭沫若：《庄子的批判》，《大学月刊》第 4 卷第 1—2 期合刊，1945 年 3 月出版，第 91 页中栏。

③ 郭沫若：《十批判书》，群益出版社 1945 年版，第 183 页。

④ 同上书，第 145 页。

《儒家八派的批判》论颜氏之儒，有两点值得注意：其一，它并未猜测庄子即是颜氏之儒，自然也不会涉及章太炎的观点；其二，它相信儒家八派“对于儒家以外的各派也是在相互影响之下，并不是那么互为水火般的存在”[①]，却有可能建构起庄子与颜氏之儒的某种思想史关联。不久，郭沫若写《庄子的批判》，果然有了“我怀疑他本是‘颜氏之儒’”的想法，但没有把它与章太炎的“庄子即儒家”议题直接联系起来。

趁《十批判书》结集出版，郭沫若加上自注，意在不掠人之美，但也透露出他写《庄子的批判》之时，案头未必有章太炎讲“庄子即儒家”的著作，只是凭记忆，觉得好像有本叫《章太炎先生白话文》的书讲过。郭沫若早已碰到过类似的情形，并做过反省：“手中无书可查，只能全凭记忆，而记忆却真是不甚可靠的东西。”[②] 因而，“曾有”、“似于”其实是恰当的措辞：郭沫若确定章太炎讲过，但不确定是哪本书讲的；在此，《章太炎先生白话文》仅具举例之意，不必实指。

把“似于”改为“曾于”，始于人民出版社1954年6月出版的《十批判书》，亦作文末注：“章太炎曾有此说，曾于坊间所传《章太炎先生白话文》一书中见之。”[③] 尔后，所有版本均作“曾于”，不作“似于”。

书籍再版，做些修订，是再正常不过的事。1950年2月17日，郭沫若为群益出版社当年3月版的《十批判书》写毕《改版书后》。他说：“本书的初版是一九四五年在重庆付排的，现在把它改排了一次。趁着这改版的机会，我作了一些修改和补充。”其中，“比较重要的是‘子夏氏之儒’的发现”[④]。这是《十批判书》版本史上最大的一次修订。相比之下，把“似于”改成“曾于”，何其微不足道！

人的精力有限，不可能面面俱到，做事常会先大后小。1950年版那次

---

① 参见郭沫若：《后记——我怎样写〈青铜时代〉和〈十批判书〉》，见氏著：《十批判书》，东方出版社1996年版，第504页。

② 郭沫若：《创造十年续篇》，郭沫若著作编辑出版委员会编：《郭沫若全集》文学编第12卷，人民文学出版社1992年版，第228页。

③ 郭沫若：《十批判书》，人民出版社1954年版，第208页。按，此版有1976年10月第2次印刷本，为人们常用，但其所引文献的页码与第1次印刷本不同，读者当多加注意。

④ 郭沫若：《十批判书（订正本）》，群益出版社1950年版，第501页。

修订，郭沫若改的是比较重要的方面，太细节的地方无暇顾及。其后几年，细节不时扑入眼帘，他随看随改，只是力度很小。以“似于”改成“曾于”为例，郭沫若已经判定法家出子夏之儒，又觉得过去讲庄子本颜氏之儒，自注为“似于坊间所传《章太炎先生白话文》一书中见之”，心里不踏实，读者会误解，故有一字之改。

1954年版的《十批判书》把“似”改为“曾”，不是随意的，但确实有些草率。它让人感觉《章太炎先生白话文》是本真书，郭沫若是由此而知章太炎的观点。“似”意谓实有其事、子虚乌有的两可状态，“曾”摹状实有其事；虽是一字之改，读后感却因人而异，说大——事关操守，说小——小事一桩。郭沫若为何不让人找一找坊间那本叫《章太炎先生白话文》的书呢？如果找到了，注释就会做得更到位；如果找不到，注释就是另一种写法。郭沫若显然没有让人去找，即使他拥有差遣人干这干那的权力……

自注从无到有、又一字之改，足以展现本文所谓思想史真相的一面：《章太炎先生白话文》一书并不存在，郭沫若的确把书名记错了。这还只是一面，另一面呢？

二

即便只是读《庄子的批判》，郭沫若对于庄学的熟谙，同样跃然纸上。

例一，《庄子·养生主》说：“为善无近名，为恶无近刑。缘督以为经，可以保身，可以全生，可以养亲，可以尽年。”① 郭沫若释读为：“象善无近名，象恶无近刑（形），缘督以为经，可以保身，可以全生，可以养亲（心），可以尽年。”② 如此释读，保身、全生、养心（而不是“养亲”）、尽年，一路下来，义理极为通畅。更重要者，把两个“为”字改为“象”、把“刑”字理解为“形”之后，“象善无近名，象恶无近刑（形）”获得从未有过的新解

① （清）郭庆藩撰、王孝鱼点校：《庄子集释》第1册，中华书局1961年版，第115页。
② 郭沫若：《十批判书》，东方出版社1996年版，第208页。

释：“外象美不要贪名声，外象丑不要拘形迹，守中以为常，那便可以安全寿考了。”①

“为善无近名，为恶无近刑”，素称难解。朱熹（1130—1200）的《养生主说》骂得很厉害：“故其意以为为善而近名者，为善之过也；为恶而近刑者，亦为恶之过也。唯能不大为善、不大为恶而但循中以为常，则可以全身而尽年矣。”又云：“至谓‘为恶无近刑’，则尤悖理。夫君子之恶恶，如恶恶臭，非有所畏而不为也。今乃择其不至于犯刑者而窃为之，至于刑祸之所在，巧其途以避之而不敢犯，此其计私而害理，又有甚焉。乃欲以其依违苟且之两间为中之所在而循之，其无忌惮亦益甚矣。”②金元之际李治（生卒年不详）的《敬斋古今黈》卷5平实地认为：“犹云毋为善以取名，毋为恶以取刑。”③相比之下，郭沫若的新解释更切合庄子讲养生的原典语境：“这些话倒说得比较踏实，或者也就是本心话了。”④

例二，《汉书·艺文志·诸子略》道家类著录：“《公子牟》四篇。”并注：“魏之公子也，先庄子，庄子称之。”⑤郭沫若把班固（32—92）的依据找了出来，但认为《秋水》、《让王》记载的魏牟，属于庄子后学所为，因而，“‘先庄子’之说分明是错误，只是名见《庄子》书，庄门后学曾称之而已”，“可惜‘《公子牟》四篇’失传，不然我们一定可以更找得一些他和庄周的关系出来的”⑥。

以上两例可让我们假设：作为思想史大家，又那么熟稔《庄子》，郭沫若自得于“庄子本颜氏之儒”，绝不是多难的事。就此而言，不掠人之美，尊重章太炎讲“庄子即儒家”的思想史贡献，当是郭沫若那个自注的初衷。顺着“似于”改成“曾于”的思路，我们有必要看看《庄子的批判》与章太

---

① 郭沫若：《十批判书》，东方出版社1996年版，第208页。

② 《朱熹集》卷67，郭齐、尹波点校：《朱熹集》第6册，四川教育出版社1996年版，第3548页。按，个别标点符号略有校改。

③ （元）李治：《敬斋古今黈（附拾遗）》，《丛书集成初编》第216册，中华书局1985年版，第65页。

④ 郭沫若：《十批判书》，东方出版社1996年版，第208页。

⑤ （东汉）班固撰、（唐）颜师古注：《汉书》第6册，中华书局1962年版，第1730页。

⑥ 参见郭沫若：《十批判书》，东方出版社1996年版，第214页。

炎的相似度究竟有多大。

章太炎1922年讲演并出版的《国学概论·哲学之派别》、成书于20世纪20年代后期至30年代初期的《菿汉昌言·经言一》、1935年讲演并发表的《国学讲习会讲演记录·诸子略说》，是其晚年讲“庄子即儒家”的三种重要文献。① 它们涉及庄子与颜子的关系，庄子与孔子的关系，庄子与儒、道的关系。搞清这些关系，郭沫若与章太炎的相似度自可一目了然。

首先看庄子与颜子的关系。

章太炎讲“庄子即儒家”，画龙点睛之笔是《菿汉昌言》说的“庄生传颜氏之儒”②。此前，《国学概论》说过：“对于颜回，只有赞无议，可见庄子对于颜回是极佩服的。”又说：“孔子传颜回，再传至庄子……”③ 此后，《诸子略说》认为“颜子之事不甚著，独庄子所称心斋、坐忘，能传其意”，“惟庄子为得颜子之意耳”，还说“《庄子》书中，自老子而外，最推重颜子”，“七国时仕宦游说之士，多以孔子为依归，却不能依傍颜子，故庄子独称之也”④。

郭沫若说的“我怀疑他本是‘颜氏之儒’”⑤，从“章太炎曾有此说”看，最对应于《菿汉昌言》那句“庄生传颜氏之儒”。《庄子的批判》抄录《庄子·田子方》、《论语·子罕》所记颜子赞美孔子的话，并断定：“这种文字必然是出于颜氏之儒的传习录，庄子征引得特别多，不足以考见他的师承渊源吗？”⑥ 行文越往后，“怀疑”二字不见了，而是变成“庄子是从颜氏之儒出来的”⑦，“本”

---

① 详细讨论，参见杨海文：《“庄生传颜氏之儒”：章太炎与“庄子即儒家”议题》，《文史哲》2017年第2期。

② 参见章太炎著、虞云国标点整理：《菿汉三言》，辽宁教育出版社2000年版，第69页。

③ 章太炎讲演、曹聚仁整理：《国学概论》，中华书局2009年版，第35页。

④ 参见章太炎著、杨佩昌整理：《章太炎：在苏州国学讲习会的讲稿》，中国画报出版社2010年版，第186、188、209、212页。

⑤ 郭沫若：《十批判书》，东方出版社1996年版，第194页。

⑥ 同上书，第196页。

⑦ 同上书，第201页。

（郭沫若）、“传”（章太炎）的意思已无区别。

其次看庄子与孔子的关系。

于章太炎，《国学概论》写道：“《庄子》有极赞孔子处，也有极诽谤孔子处……庄子所以连孔子也要加抨击，也因战国时学者托于孔子的很多，不如把孔子也驳斥，免得他们借孔子作护符。”①《诸子略说》亦云：“《庄子》书中……于孔子尚有微辞，于颜子则从无贬语。”②“七国儒者，皆托孔子之说以糊口，庄子欲骂倒此辈，不得不毁及孔子，此与禅宗呵佛骂祖相似。禅宗虽呵佛骂祖，于本师则无不敬之言。庄子虽揶揄孔子，然不及颜子，其事正同。”③

于郭沫若，《庄子的批判》亦以呵佛骂祖看《庄子》对孔子的痛骂：

> 《庄子》书中虽然很多地方在菲薄儒家，如像《杂篇》中的《盗跖》、《渔父》两篇更在痛骂孔子，但那些都是后学者的呵佛骂祖的游戏文字，而认真称赞儒或孔子的地方，则非常严肃。《天下篇》把儒术列为“内圣外王之道”的总要，而称道《诗》、《书》、《礼》、《乐》与邹鲁之士、缙绅先生，谓百家众技只是“一曲之士”，这态度不是很鲜明的吗？《天下篇》不是庄子本人所作，但如《齐物论篇》言“六合之外，圣人存而不论；六合之内，圣人论而不议；《春秋》经世，先王之志，圣人议而不辩”，这所谓“圣人”，很明显地是指仲尼。④

墨者杜国庠（1889—1961）曾说郭沫若“有点袒护儒家”，郭沫若回应：“假如要说我有点袒护孔子，我倒可以承认。”⑤用“有点袒护孔子”的眼光读

① 章太炎讲演、曹聚仁整理：《国学概论》，中华书局2009年版，第35页。

② 章太炎著、杨佩昌整理：《章太炎：在苏州国学讲习会的讲稿》，中国画报出版社2010年版，第209页。

③ 同上书，第212页。

④ 郭沫若：《十批判书》，东方出版社1996年版，第194—195页；按，个别标点符号略有校改。

⑤ 郭沫若：《后记——我怎样写〈青铜时代〉和〈十批判书〉》，见氏著：《十批判书》，东方出版社1996年版，第502页。

《庄子》，郭沫若比章太炎走得更远：

虽然庄子存心也颇想同仲尼比赛，但他的心悦诚服之态，真可说是溢于言表。由天得到好的材质，又于一生之中使其材质得到光明，言谈合乎轨则，行为揆乎正义，好恶是非都得其正。不仅使人口服，而且使人心服，使天下人的意见得到定准，而不能超脱出他的范围。这样的称述，比儒家典籍中任何夸大的赞词，似乎都更抬高了孔子的身价。①

最后看庄子与儒、道的关系。

章太炎讲“庄子即儒家”，包括两层含义：庄子先是颜氏之儒的传人，但最终成了道家。就前者而言，《国学概论》写道：“庄子的‘无我’和孔子的‘毋我’、颜子的‘克己复礼’也相同，即一己与万物同化，今人所谓融‘小我’于‘大我’之中。这种高深主张，孟、荀见不到此；原来孔子也只推许颜回是悟此道的。所以庄子面目上是道家，也可说是儒家。”② 就后者而言，《国学概论》写道：“照这样看来，道家传于孔子为儒家；孔子传颜回，再传至庄子，又入道家了。”③

与章太炎相比，郭沫若更重视庄子与儒、道的关系，并着力论述了庄子如何经由儒家而成为道家：

庄子是从颜氏之儒出来的，但他就和墨子“学儒者之业，受孔子之术”而卒于“背周道而用夏政”一样（《淮南·要略》），自己也成立了一个宗派。④

真正的道家思想，假使没有庄周的出现，在学术史上恐怕失掉了它的

① 郭沫若：《十批判书》，东方出版社 1996 年版，第 195—196 页。
② 章太炎讲演、曹聚仁整理：《国学概论》，中华书局 2009 年版，第 39 页。
③ 同上书，第 35 页。
④ 郭沫若：《十批判书》，东方出版社 1996 年版，第 201 页。

痕迹的。道家本是汉人的命名，而在事实上确因有庄周及其后学们的阐扬和护法，才有这个宗派的建立。庄周并不曾自命为“道家”，《说剑篇》虽然是假托，但他的后学说他“儒服而见（赵）王”，可见他们的一派依然是自命为儒者。《田子方篇》里面又有一段寓言，说庄子见鲁哀公，哀公说“鲁多儒士，少为先生方者”，这是说庄周也是儒士，然而方法不同。儒之中本来也有多少派别，在孔子当时已有“君子儒”与“小人儒”；在荀子口中则有所非难的“贱儒”或“俗儒”。庄门虽自命为儒士而要毁儒，那是丝毫也不足怪的。但就由于庄门之非毁“儒、墨、杨、秉”，而道家的根基也就深固起来了。①

庄子如何经由儒家而成为道家，是《庄子的批判》极力彰显的问题意识。在此问题意识的观照、统摄之下，不独庄子与颜子、孔子的继承关系得以夯实，而且庄子与儒家的亲缘属性得以呈现。郭沫若指出：《在宥》的“无为而尊者天道也，有为而累者人道也；主者天道也，臣者人道也”，《天道》的“上必无为而用天下，下必有为为天下用”，情不自禁地“透露着儒家本色”②；《杂篇》屡屡把“诚”作为本体的意义使用，尤见庄子后学与思孟学派接近的倾向③；孟子说的“逃墨必归于杨，逃杨必归于儒”，是说儒与道比较相近，“至少是说明了一部分的真实的”④；庄子在尊重个人的自由、否认神鬼的权威、主张君主的无为、服从性命的拴束这些基本的思想立场上，“接近于儒家而把儒家超过了”⑤。

如上所述，郭沫若论“庄子即儒家”，与章太炎可谓一脉相承，自注的前半句话“章太炎曾有此说”得到证实；但是，自注的后半句话“曾于坊间所传《章太炎先生白话文》一书中见之”，则难以确考。这里试做两个假设：其一，庄子传颜氏之儒，是章太炎、郭沫若论“庄子即儒家”的核心命题。就此而言，正如现代庄学史所描述的，我们可说《庄子的批判》深受《葑汉

① 郭沫若：《十批判书》，东方出版社1996年版，第202页。

② 同上书，第209页。

③ 同上书，第214—215页。

④ 同上书，第213页。

⑤ 同上。

微言》的影响。其二，《菿汉微言》不是白话文，而是文言文；《诸子略说》亦然。假定郭沫若读的真是章太炎的白话文[①]，《国学概论》最有可能影响了《庄子的批判》。这一点，通常被现代庄学史所忽略。

把“似于”改为“曾于”的那个自注，揭示了本文所谓思想史真相的另一面：我们无法确定章太炎的哪本书启发并释放了郭沫若的创作灵感，只是知道它与章太炎晚年讲“庄子即儒家”的三种文献有关，《国学概论》的可能性最大。

三

1947年4月5日，张岱年（1909—2004）在《大公报·图书周刊》发表《评〈十批判书〉》。文中说道：

> 第五篇《庄子的批判》，第六篇《荀子的批判》，第七篇《名辩思潮的批判》。三篇中新见解较少。《庄子的批判》认为庄子出于颜氏之儒，虽是新说，惜证据不甚充足。认为庄子本是悲观厌世的，看不惯“窃钩者诛，窃国者侯”，于是想过一种超现实的生活。此见解实甚公允而正确。[②]

张岱年评郭沫若讲的“庄子本颜氏之儒”，说它“证据不甚充足”是对的，说它是“新说”却得打折扣。《十批判书》首版伊始，《庄子的批判》就有了“章太炎曾有此说，似于坊间所传《章太炎先生白话文》一书中见之”的自注。张岱年为何视而不见这一自注，仅仅认为郭沫若讲庄子悲观厌世讲得公

① 郭沫若19、20岁在成都求学，课外读过《齐物论释》，感觉不是太好。他后来回忆：“章太炎的学术著作当时也看看，但不十分看得懂。我自己是喜欢读《庄子》的人，曾经看过章太炎著的《齐物论释》，他用佛学来解《庄子》，觉得比《庄子》的原文还要莫名其妙。”见氏著：《我的学生时代》，郭沫若著作编辑出版委员会编：《郭沫若全集》文学编第12卷，第12页。《齐物论释》是章太炎用古文写的庄学名篇，其中无“庄子即儒家”之说。因故，郭沫若一直强调自己读的是章太炎的白话文。

② 《张岱年全集》第1卷，河北人民出版社1996年版，第330—331页。

允而正确呢？从本文的论题看，庄学研究主流不把韩愈（768—824）、苏轼（1037—1101）、觉浪道盛（1592—1659）直至章太炎的“庄子即儒家”议题当回事，甚至缺少最起码的了解，由此可见一斑。

《十批判书》是中国现代思想史上的名著。受此影响，《庄子的批判》及其自注，已让人们熟知章太炎、郭沫若提倡庄子出于颜氏之儒的观点。譬如，崔大华（1938—2013）的《庄学研究》指出：

> 章太炎批驳了韩愈、章学诚的庄子出自子夏之门的观点，进而提出庄子本是颜氏之儒的看法，他在晚年曾说：“庄生传颜氏之儒，述其进学次第。”（《菿汉昌言》卷1）这一观点被郭沫若在《庄子的批判》一文中作了十分明确的发挥。郭氏的论据归纳起来有两点：第一，《庄子》中记述颜回与孔子的对话很多，“这种文字必然是出于颜氏之儒的传习录，庄子征引得特别多，不足以考见他的师承渊源吗？”第二，颜回是有出世倾向的人，庄周是位厌世的思想家，在思想倾向上也是接近的。（《十批判书》，人民出版社1954年版，第197页）若将《论语》中记载的颜渊和《庄子》中出现的颜渊稍加比较就不难看出，郭氏之论在第一点上也是“率尔之辞”，而在第二点上则是混淆之辞。①

如果不对自注予以深究，径直把《菿汉微言》、《庄子的批判》挂起钩来，那是自然而然的事。假定做过一番深究，是否还会把《庄子的批判》的两个论据，一则当成“率尔之辞”，一则当成“混淆之辞”呢？换个思维方式：既然那么多名家、大师积极参与“庄子即儒家”议题，那它就绝对不是所谓的胡说八道、胡编乱造，至少有几分道理蕴含于其中。

令人欣喜的是，已有论者认为：

> 近代章太炎不同意庄子出子夏一脉的说法，以为“庄生传颜氏之儒”（《菿汉昌言》卷1），于其承儒家之学而来则并无异词；其后郭沫若

① 崔大华：《庄学研究》，人民出版社1992年版，第346页。

> 在《十批判书》的《庄子的批判》一文中承章说而发挥之；此外钟泰《庄子发微》亦力辩“庄子之学，盖实渊源自孔子，而尤于孔子之门颜子之学为独契”（《庄子发微序》）。这些意见或许未必能成定论，但《庄子》与儒家之关系确乎不是贬斥、排诋那么简单，由《庄子》可以从一个特定的角度理解儒学是无疑的。①

庄子究竟出自子夏一脉还是出于颜氏之儒，这是“庄子即儒家”议题关涉的重要问题。毋庸讳言，从韩愈、章学诚（1738—1801）到章太炎、郭沫若的千年传承看，论点不可谓不鲜明，而瓶颈之所在，则是证据不充足、论证不充分。然而，这一议题能从某个特定角度帮助人们进一步理解儒学本身的复杂性、丰富性，同样是思想史自身魅力的鲜明体现：“无数思想者对于经典既一往情深、又莫名其妙的过度诠释，恰恰丰富了思想史本身。”②“思想的风景，就展现在我们前往探索的旅途上。”③

庄学研究主流把“庄子即儒家”议题视作无聊的思想史八卦，进而简单地贬斥、排诋，这类做法绝不可取。思想家的生活经验，是其思考与言说的深层语法。“做思想史的人，要在常见的史料上多用力，然后才可能发现一些有意思的东西。”④说到底，我们拿郭沫若自注小题大做，最想朗现的思想史真相是：醒目地做出“庄子即儒家”议题的命名，并凸显它独特的思想史价值；期盼“庄子即儒家”议题如其所是地敞开自身，并真切地汇入中国思想史发展的洪流。

（原载于《江苏行政学院学报》2016 年第 3 期）

---

① 陈引驰：《庄子精读》，复旦大学出版社 2006 年版，第 3 页。

② 杨海文：《思想史“写作”的里里外外（代结语）》，氏著：《化蛹成蝶——中国哲学史方法论断想》，齐鲁书社 2014 年版，第 385 页。

③ 陈少明：《兑换观念的支票——中国哲学的新探索》，氏著：《做中国哲学：一些方法论的思考》，三联书店 2015 年版，第 257 页。

④ 杨海文：《思想史“写作”的里里外外（代结语）》，氏著：《化蛹成蝶——中国哲学史方法论断想》，齐鲁书社 2014 年版，第 386 页。

现代新儒家对船山人性论的理解与诠释

方红姣

人性论是中国哲学中的重要问题，对人性是善是恶，恶的来源为何，心、性、情、才之关系等等问题的回答，是个体成德与社会教化学说的基础。早在战国时期，人性问题即已成为思想论争的焦点之一。儒家历来重视对人性问题的思考。自孔子提出“性相近也，习相远也”①，孟子在与告子的论辩中提出人性善，荀子则认为“人性恶，其善者伪也”。此后，儒家人性论的内容日渐丰富，除性善论、性恶论，还有性无善无不善、性有善有恶、性三品说等等。宋儒自张载提出人性分天地之性与气质之性，以气质之性为恶的来源，朱熹亦沿此二分法而论人性，以性理为形而上；情气为形而下。船山打破宋儒之说，一切从气上说，否定气质之性是人性恶的来源，反对将性理情气分而为二，重视人性在生活世界的日生日成。

现代新儒家群体普遍重视船山思想。熊十力以“尊生”、“崇实”、“主动”、“率性以一情欲”四大观念高度肯定船山哲学。对船山人性论的卓绝之处，现代新儒家有很多精彩的诠释。唐君毅和曾昭旭是特别重视船山整体思想梳理的现代新儒家学者，他们的船山思想研究也极具代表性，唐君毅称自己的文化哲学是直承船山之气论而来，曾昭旭则被林安梧称为是以船山思想作为自家思考方式的学者。本文即以唐、曾二人为重点来探讨现代新儒家对船山人性论的诠释。

① 《论语·阳货》，（宋）朱熹集注、陈成国标点：《四书集注》，岳麓书社 2004 年版，第 199 页。

一、授、受与理、气

现代新儒家多就抓住“气”、“理”、“授”、“受”四个核心词来阐释船山的性与命，并以此确立船山的人性内涵。

什么是人之性，它与命又有什么关系，船山说：

“天之所用为化者，气也；其化成乎道者，理也。天以其理授气于人，谓之命。人以其气受理于天，谓之性”① 。

“自天之与人者言之，则曰命；自人之受于天者言之，则曰性。命者，命之为性；性者，以所命为性，本一致之词也。”②

唐君毅认为，船山的性与命其实是一面之两体。一面是指天与人的关系，这个关系从两个不同的端点出发，则有了性与命。只从“授”与“受”这两个动词的不同即可看出，前者是主动授与，后者为被动接受，当然人接受后又可以主动创造。就天而言，它通过气把理授与人，这就是命；就人而说，人从天处以气接受理，这就是性。

曾昭旭对船山“性”的含义则从“气”与“理”的角度来阐释。曾昭旭认为，“性”在船山的义理中涵义很复杂，它与“理”、“气”密不可分。他引用船山《读四书大全说》卷 5 中的“性只是理，合理与气有性之名……性者，有是气以凝是理者也”③，认为性在本质上虽为理，但就存在而言兼指人的理与气。这里所说的“理”多指生化根源之至理，既然是生化根源之至理，当然是具有无限的本质的。性是天地的理气在人生命的凝聚。它是天理天心内在于人而为人生行为的依据，同时它又不仅仅是一超越的天理天心，“性不止是人道德行为之依据，亦是人道德行为之对象，抑且是人道德行为之成绩也”，也可以说，“性是化者，亦同时是待化者；是先在的，亦同时是后成的”。④ 因此，性同时具备“无限性”和“有限性”而不可分。曾昭旭对性的“有

① 王夫之：《读四书大全说》卷 10，《船山全书》第 6 册，岳麓书社 1991 年版，第 1139 页。

② 王夫之：《四书训义》卷 38，《船山全书》第 8 册，岳麓书社 1990 年版，第 932 页。

③ 曾昭旭：《王船山哲学》，台北远景出版事业公司 1983 年版，第 513—514 页。

④ 曾昭旭：《王船山哲学》，台北远景出版事业公司 1983 年版，第 510 页。

限性”的说法，与张君劢所说的“所谓‘人性’只是形而下物质世界合理的产物”①，都强调性在社会生活世界中的“待化”与“后成”。

无论是“授”、“受”，还是“气”、“理”，它们其实是褡裢着一块讲的。讲授、受，必说理、气；讲理、气，必说授、受。授，乃授理，理在气中；受，乃受理于气。唐、曾二人从这四个词来诠释，可说是切合船山人性之内涵。船山一方面既属宋明儒学的系统，因为他承接的仍然是宋明儒学的问题；另一方面，他又弥补了宋明儒学的不足。而船山之所以能自树新义，关键在于他依循的是张横渠即气说心性的路数。船山言性命，言天授命于人而成性都是本着气言。“而后人乃分宇宙之气，以受理于天。有天道而后有命、有性。人受理，而智能知此理，以启宇宙之化，则为人道”②。天之理和道都从气上说，理是气之理，有阴阳两气则必有二气之理；道则在气之化上说。天道之气化，化成人，人有所受命，以成人性人道。正如唐君毅所说，“当明清之际，能上承宋明儒学之问题，反对王学末流，亦不以朱子之论为已足，而上承张横渠之即气言心性之思路，又对心性之广大精微有所见，而能自树新义以补宋明儒之所不足者，则王船山是也”③。

既然人性是在授受之际不断接受和创造的过程，或者说人性同具有“有限性”和“无限性”，那么就不难理解船山之性日生日成的主张了。船山说：“天命之谓性，命日受则性日生矣。目日生视，耳日生听，心日生思，形受以为器，气受以为充，理受以为德。取之多、用之宏而壮；取之纯、用之粹而善；取之驳、用之杂而恶；不知其所自生而生。是以君子自强不息，日乾夕惕，而择之、守之，以养性也。于是有生以后，日生之性益善而无有恶焉。”④“形日以养，气日以滋，理日以成；方生而受之，一日生而一日受之。……故天日命于人，而人日受于天。故曰：性者生也，日生而日成之

① 刘梦溪主编：《中国现代学术经典·张君劢卷》，河北教育出版社 1996 年版，第 461 页。

② 唐君毅：《中国哲学原论·原教篇》，台湾学生书局 1984 年版，第 540 页。

③ 唐君毅：《中国哲学原论·原性篇》，台湾学生书局 1984 年版，第 485 页。

④ 王夫之：《尚书引义·太甲二》，《船山全书》第 2 册，岳麓书社 1988 年版，第 301 页。

也。”[①] 人性并非在生命之初即已定型，而是随着生命成长，不断地择善而固执之，自觉修身养性的动态过程。这个过程，同时也是人不断接受天的禀赋的过程。人性于是日趋于善。船山人性论对传统人性论的超越即体现在这里。人分有此“气”得此“理”，性是理，理又是气之理。人受于天之理为善，气亦善。于此可理解船山对宋儒将恶之来源归于气质之性的批判。

二、不善源自授受之际

船山合理气而言性，理又是气之理，人性是在后天的习得中不断长养的过程。故而船山对宋儒将人性作天命之性和气质之性的二分法是不赞同的，也否定气质之性是人性之恶的来源。如何理解船山人性中的不善？性之不善的来源是什么？现代新儒家对这个问题非常关注。他们善于将船山“人性之善与不善”的问题跟程朱作对比研究。

程朱认为，人性之不善源于气质之偏。在船山而言，人之不善，原因不在“气质”或“气质之性”，而是流乎情，交乎才者之不正。此与程朱不同。船山以为，“舍气适足以孤性”，固而重视表现于生命之气的情和才。

唐君毅、曾昭旭都对此作了详细的分析，曾昭旭侧重于对船山的气质之性非不善之源进行解读，而唐君毅则从正面诠释船山性之不善的来源问题。针对程朱所说的气质之性，曾昭旭提出，在船山的理解中，“气质之性”并非不善之源，而主要是起到确立人的个体性的作用。他说：“船山之解气质之性，其实义遂在确立人之个体性”[②]。为什么是为确立人的个体性？曾昭旭通过引入“量”这个概念，阐述了性与气质之间的关系。他认为，质是气的分化而成，从气凝为质这一点上说，与天的理气相比，质有量的大小区别。由于量的有限性，人之质因此有善与不善的区别。凝理气于己身的人，其质虽然有个别的差异，但是人的形质是必定要比万物尊贵的。这个“尊贵”即表现在人的形质能使人自觉其所函化之理，并自化其质之不善与偏。这是作

① 王夫之：《尚书引义・太甲二》，《船山全书》第2册，岳麓书社1988年版，第300页。

② 曾昭旭：《王船山哲学》，台北远景出版事业公司1983年版，第517页。

为天地万物中最有灵气的人所独有的。在曾昭旭看来，这也从另一个侧面说明了船山的人性是一个不断地御其气而化其质的活动过程。

那么船山人性中的不善来源为何呢？唐君毅认为，程朱以理言天，以善言理，理就是善，因此天道本身即涵善，而本天道所生的万物之性都是善的，由此得出“不善在于气质之偏”；船山则不同，船山之善“必乃由天之气化流行之依道依理，而有所生有所成，而所成者，复足以继天道，乃有所谓善。天授此理于人物，而人物更受此理以成人物之性，即是天道之继。此继即是善”①。由此，船山不像程朱那样，以理言天，就理而言善。船山是即气言天，理依于气，但善不从理气上说，因此天道本身不足以言善，善存在于天命流行于人物以成人成物之际，存在于“授”与“受”的过程之中。既然“善”存在于天与人物“授”与“受”的过程之中，那么不善也必源于这个“授受”之际。不善的产生，具体有以下两个方面的原因，其一，人物既生以后不能凝其所自生之善以成其善；其二，虽“成其善”却不能养其善、存其善，尽其善。具体而言，后者是更为主要的。如何能养善、存善、尽善，关键是要调适好情、才、欲与心、性、理的关系。船山对心、性、理、情、才、欲等的关系十分重视，而且谈人性自然也离不开心、理、情、才、欲。唐君毅说：“船山之言心，取横渠心统性情之说，以气载天理，而为心；气所具理，为性；气具理而知之，为思；显此理于外，为情；思此理，行此理，以显此理之能，为才。于此理具之，而能思之、显之、行之者，亦即所谓载理之心也。”②由性而有情，情感物，而有喜怒哀乐，为去怒与哀，存喜与乐，而生欲。心之所思、显、行都必循天之理，因而性为心体，心为性用，但体用不可分，因而心性不二。唐君毅认为，船山将人性之不善归溯于气禀与外物相感应之不当。当才不能尽，情不能显理，欲不合理，便有不善。也就是说，气禀、外物、情欲本身不能说不善，不善“唯在外物与气禀与情欲互相感应一往一来之际，所构成之关系之不当之中”。③这是船山独

① 唐君毅：《中国哲学原论·原教篇》，台湾学生书局1984年版，第541页。

② 同上书，第562页。

③ 同上书，第575页。

特的见解，也再一次印证了船山对不善之性的来源的观点。

船山对人性问题的见解独到，曾昭旭甚至认为，船山本“气”言性，其人性论圆满解决了善恶的问题。道德实践是发于人心之自主，既然为自主，就意味着可以尽心以尽性，也可以不尽心不显性。历来说善恶者大都不离以下两大路数，一为孟子的“即心说性”，可归结为宋明儒之“义理之性”，一为告子的即“自然气质生命说性”，也可相应地归结为宋明儒之“气质之性”。为什么说船山圆满解决了善恶的问题呢？曾昭旭认为，“形色”在船山而言都是“善”，不能单独说某一事物是不善的。如前所述，“不善”来于阴阳变合之间，几之不相应。而二者之所以不相应，是因为情离性缘物而动，心不尽其才而使人不能主动应几。船山强调，“情”只有奉“性”而动，即有其主，而动皆合理；若离性则为一虚无危殆之几，既然可善可不善，就很可能会滑向不善的一端。所以“心”惟有“思”，一切“情才”与所及之外物乃能为善，若不思，则会失其“几”而致“情才”之不善。所谓“大抵不善之所自来，于情始有，而性则无。”① 又说：“性一于善，而情可以为善可以为不善也。”② 因此，一切不善之源，由物之来几与人之往几之不相应，最终归于心之不思诚，心本身不思之过。“人能弘道，非道弘人”。因此，人要尊道、尊善、尊性。人能继天凝善而禽兽不能，圣贤君子能存养其善而庸人与小人不能，这也是船山为什么严守君子小人之辨，华夏夷狄之防的依据。

三、继善成性以立人道

人道是继天道而来，在万物之中，是只有人才有的。它需要人自身不断的“修为”，才能尽人道，合天道。立人道的意义当然很重大，唐君毅说：“是则人道之所以能辅天道，仍本诸天道之大。而天之生人，使之可立人道以自辅，亦即所以完成天道。”③ 唐君毅对天道与人道之关系可说是对船山之

① 王夫之：《读四书大全说》卷 8，《船山全书》第 6 册，岳麓书社 1991 年版，第 965 页。

② 王夫之：《读四书大全说》卷 10，《船山全书》第 6 册，岳麓书社 1991 年版，第 1143 页。

③ 唐君毅：《中国哲学原论 · 原教篇》，台湾学生书局 1984 年版，第 582—583 页。

说的承继。船山有言:“未继以前为天道,既成以后为人道。天道无择而人道有辨。圣人尽人道,而不如异端之妄同于天。”① 又说:“君子之圣学,其不舍修为者,一而已矣。天道自天也,人道自人也。人有其道,圣者尽之,则践形尽性,而至于命也。圣贤之教,下以别人于物,上不欲人之等于天。天则自然矣,物则自然矣。蜂蚁之义,相鼠之礼,不假修为矣,任天故也。过持自然之说,欲以合天,恐名天而实物也。危矣哉。”② 立人道不仅能使人尽心,存性,继天之善,而且同时还能辅天道的不足。

现代新儒家对船山人道论的阐述主要围绕道心与人心、心之思、持志等等。曾昭旭从人心的“虚”、“危”与道心的“实”、“微”的相对意义诠释船山道心和人心的关系。人心是什么?人心显发于动静之间。一动一静之几,无自性又无定位,因此才有人心惟危的说法。“故人心者,根本是一物几,无自性而唯待人之实体,宅之以起用者。虽人心若不动,仁义亦无以成能而孤存,然人心之本身,则唯是一虚无之动机,而不足为人之定体者也。”③ 与侧重于一动一静之几的人心相对,道心则是与天道相“继”者。“道心”是“实”,是生此动静之几的气,能定道德方向,是动静之主。因此,真正能成为人的定体的,是道心。人心合于道心,动静之几则定而不危。但也正由于道心有自主性,道德实践如果不能永保精一,永远自强不息,道心则很容易堕为人心,这种无保证性令其而“微”。

如何以道心统人心,这就落到具体的实践工夫。曾昭旭和唐君毅对船山“思”之特点、“思”之发用,以及其与阳明的关系都进行了细致的分析。

曾昭旭认为,贯通于一切道德实践的根本动力是“思”之“用”,“思”是“继善成性存存三者一条贯通捎底大用”。思是道心的发用,由于“道心”神用之发本身就是一切的保证而没有他物为它作保证,因此它是绝对自主的,而由道心的绝对自主性,可知“道心”的起用,人的一切修养工夫道德实践都只是此心之发用的种种不同面貌,都是自发的。曾昭旭特别强调船山

① 王夫之:《周易内传》卷 5,《船山全书》第 1 册,岳麓书社 1988 年版,第 534 页。
② 王夫之:《周易外传》卷 5,《船山全书》第 1 册,岳麓书社 1988 年版,第 1007 页。
③ 曾昭旭:《王船山哲学》,台北远景出版事业公司 1983 年版,第 425 页。

“思”的“自主性”、“无待性”。他说:“其发是自发，其惰是自惰，其欺是自欺，其悔是自悔，其改过迁善亦只是自改过迁善。而总之是心之自主，故易唯以‘天行健，君子以自强不息’状乾德也。此实为道德实践中至切要之义。”① “自发”、“自惰”、“自欺”、“自悔”都是思的自主性的表现，此是人道即道德实践中最重要最核心的含义。思的“无待性”是由心之发用的无条件性决定的。而“无待性”，是指贯穿于物中，尽物之性但又不倚于外物的特点，强调心之所显，并不是如耳目有限之定分，而是天德的呈现。由此可知，思又蕴涵着“道德性”。

在这一方面，曾昭旭和唐君毅都注重船山与阳明之间的对比。他们认为，船山在重视思之用，以思贯于一切道德实践的方面，与阳明颇为相近。一般而言，人们只看到船山严斥阳明之处，而未觉察船山与阳明其实有许多暗通之处。当然，船山与阳明还是有明显的差别。曾昭旭指出，船山不同于阳明的地方在于，船山虽然重立本，但不像阳明那样单显心体，而是总说浑然一气之体，而且更重以本贯末。唐君毅则认为，船山没有阳明的即心即理，即本体即工夫论，而且船山认“理”为“所知”,“心”为“能知”，理不能自显，显理之工夫在心之思。

思是道德实践的根本工夫，它必定表现为“正心、诚意、格物、致知”，而正心、诚意、格物、致知亦需在思上用工夫。正心与诚意交修以使性情通贯，格物与致知相济以使心物通贯。曾昭旭将船山与程朱、阳明作了详细对比。程朱一派的道德实践工夫注重即物穷理，以格物致知为正心诚意之本，分知行为二，知先行后，期望通过日积月累的格物以达到豁然贯通心之全体大用，因此道德实践的标准难免会落于外；阳明则注重根本工夫，以“致良知”便是正心诚意，不分知行，因此阳明的道德实践标准在内。曾昭旭强调，船山补朱王二者的欠缺（一个重末梢工夫，一个重根本工夫），他一方面以思诚为本，以贞定末梢工夫，此同于阳明而补朱子之缺；另一方面，他更重以末梢所得，返以贞定其本，因此，其心之存养，不像阳明只是一虚空的灵明，同时也比朱子的即物穷理更为笃实，从而更有实存实养。

① 曾昭旭:《王船山哲学》，台北远景出版事业公司 1983 年版，第 435 页。

持志在船山的道德践行中亦很重要，它能使心之思始终定向于道。唐君毅特别重视船山以持志为正心的工夫。他说："明善，始乎好学；成善，始乎力行；求无不善，始乎知耻。思诚诚之以无妄之工夫，始于好学力行知耻，而终则归于知仁勇，以尽仁义理智之道。始必终于终，终则始于始。始而即定向于成终之心，则所谓志于道之志也。"① 船山之"志"之所以能起到主宰和规定心思自始至终向于道的关键，在于能发挥"知耻近乎勇"。志是内在的，并能主宰和规定心思之终，使之定向于道。船山言心重志，因此在人道修为上很重持志。持志必然需要存养的工夫。"存养"之"养"说的是指养气。理气合一，心气不离，养气才更能知理，行理，更能持其志。在唐君毅看来，船山发挥孟子的养浩然之气，将养气与持志并言，能持志则能养气。船山有言："义惟在吾心之内，气亦在吾心之内，故义与气互相为配。气配义，义即生气"。② 养气并不依靠静坐，只需要集义，配义与气，气则会盛大流行，至大至刚。

四、诠释特点及意义

唐君毅和曾昭旭对船山人性论的诠释，有以下几个特点：其一，看到了船山人性论超越于宋儒的光辉之处，并找到了船山之所以有此人性学说的原因。船山之所以有此性、心、情、才相统一，不断流动，日生日长的人性论，是因船山一切之论皆由气上立说。唐君毅说："由情才显性，而见气之载理。气之载理为心，理为性，故情才皆原于性，皆统于心，皆出于气也。"③ 从熊十力到唐君毅再到牟宗三，他们在心性论上实是以阳明、朱子为主旨，但是依然肯定船山气论之长在人性论上的突出表现。与此同时，又不满于船山过于重气，主乾坤并建之说。在这一点上，唐、曾二位正好是现代新儒家学者里两种观点的代表。唐君毅代表狭义意义上的现代新儒家（即熊

① 唐君毅：《中国哲学原论・原教篇》，台湾学生书局 1984 年版，第 596 页。
② 王夫之：《读四书大全说》卷 8，《船山全书》第 6 册，岳麓书社 1991 年版，第 931 页。
③ 唐君毅：《中国哲学原论・原教篇》，台湾学生书局 1984 年版，第 567 页。

门弟子)，而曾昭旭则代表肯定船山整体思想架构的广义上的更为年轻的现代新儒家。

其二，唐、曾二人对船山人性论的诠释，最后的落脚点都在人文化成之世界，这也是他们以继善成性而论人道之立的内在思路。由此他们也特别发挥船山思想在历史评价、社会生活实践层面的卓越表现。正如唐君毅所说："船山之学，得力于引申横渠之思想，以论天人性命，而其归宗则在存中华民族之历史文化之统绪。"①

其三，在方法论上，善于运用比较法。传统中与宋儒特别是朱子、阳明作比较，在固有传统之外，亦有中西比较，如牟宗三将船山与黑格尔作对比，以凸显船山历史哲学之精湛。船山思想在纵向与横向的比较中也更显其广大与精微。同时，也体现出他们对船山的深刻理解。如，唐君毅在评析"圣贤之不朽之义"时指出："程朱言人物之不朽，自理上言；阳明龙溪则自心上言；而船山则自气上言。"② 即是说，虽然同样是承认宇宙的化育流行不息，但三者的出发点是不同的。朱子是依于"理"，由理之生生不息而宇宙之化育流行不息；阳明则依于"心"或"良知"，他们认为心和良知是天地万物之灵明，此"心"和"良知"是生生不息的。船山则是依于"气"，此气乃天地万物所形成，是生生不息的。由于船山所论依于气，所以其论历史人物，视野广阔，重视心、性、情、才的统一，重视道德评价和历史评价的统一，而不仅仅是局限于宋儒的道德评价。这一点唐君毅与牟宗三观点一致，牟宗三从中西哲学比较的角度，以为船山论史乃"综合的尽气精神"的体现。船山是比黑格尔更卓越的历史哲学家。

不过，他们对船山人性论的讨论也有一定的不足。船山不同于一般理学家"贵德而贱才"，"重道义而讳功利"。他以理气并尊，故心身俱贵，理欲同行，德才并重，而重视建功立业、经国济民。这都要回到船山的情、才与性的关系上来。船山反对主静说，反对无情无欲说，情欲虽然可能引起"不善"，但无情无欲也不能显性。唐君毅、曾昭旭虽然也论及要调适好情、才、

---

① 唐君毅:《中国哲学原论 · 原教篇》，台湾学生书局 1984 年版，第 621 页。

② 同上书，第 617 页。

欲与心、性、理的关系，但是没有深入分析船山之情、才特别是情在人性论中的作用。比如，朱子和船山都批评李翱的灭情说，但是二者又很不同。朱子以四端、七情（喜、怒、哀、惧、恶、爱、欲）皆情，而船山认为四端非情，四端是性，情是七情。这是理解船山为什么严分道心、人心，以性之日生日成对治“宠情”的基础。王立新教授说，朱子虽批评李翱的灭情说，实则与程颐一样，虽不明言灭情复性，然都坚持抑情扬性的主张。[①] 朱子和船山之有这样的差异，源于二人论述的前提迥异，朱子的前提是不要把性、理混同于情、气，或者降低于情、气；在此前提下，来重视心性情。性为体，为形而上；情为用，为形而下。而船山一切从气上说，反对将性理情气分而为二。

船山人性论乃至船山整个的思想对现代新儒学有重要意义。面对现代民主与科学的挑战，现代新儒学一直在寻求“返本开新”之路。牟宗三、徐复观、张君劢、唐君毅于1958年元旦发表的文化宣言中有这样一段话：“正德与利用厚生之间，少了一个理论科学知识之扩充，以为其媒介；则正德之事，亦不能通过广大的利用厚生之事，或只退却为个人之内在的道德修养。由此退却虽能使人更体悟到此内的道德主体之尊严，此心此性之通天德天理——此即宋明理学之成就——然而亦同时闭塞了此道德主体之向外通的门路，而趋于此主体自身之寂寞与干枯。由是而在明末之王船山、顾亭林、黄梨洲等，遂同感到此道德主体只是向内收缩之毛病，而认识到此主体有向外通之必要。”[②] 如何打通儒家道德主体向外通之路，是现代新儒学走出困境，谋求发展的关键。船山人性论上通天道天理，道德主体之尊严得以挺立，下通道德实践和社会实践，不再是局限于向内收缩，而是向外面对整个社会生活世界。船山思想是儒学传统中不可多得的资源，船山主乾坤并建之说，对“气”的注重和提升，贯通到历史文化，表现为对个体独立地位的认可，对

① 王立新：《从胡文定到王船山——理学在湖南地区的奠立与发展》，中国社会科学出版社2014年版，第585页。

② 牟宗三、徐复观、张君劢、唐君毅：《为中国文化敬告世界人士宣言——我们对学术研究及中国文化与世界文化前途之共同认识》，转引自刘雪飞主编：《现代新儒学研究》，中华书局2003年版，第355页。

社会实践、历史存在和生活世界的关注。船山思想之长正是在正德与利用之间架起了一座桥梁，这也是现代新儒家重视船山思想的原因所在。

现代新儒家从熊十力对船山大易原始形上思想的注重，到唐君毅、牟宗三对其历史文化和价值世界的重视，再到林安梧强调回归实存道德主体和生活世界的人性史哲学，并提出后新儒学的发展要走“回到船山”之路，船山思想之于现代新儒学的价值和意义，在他们寻求儒学的现代发展过程之中逐渐明晰和凸显。

（原载于《船山学刊》2015年第2期，人大复印资料《中国哲学》2015年第7期转载）

冲决重重罗网令人人自立而平等

阮　青

120多年前，中日两国之间爆发了震惊世界的战争，史称“甲午战争”。让世界震惊的不是战争的过程，而是战争的结果：一直被视为“蛮貊”的东邻小国竟然战胜了庞大的中华帝国。更让当时先进中国人感到震惊的是，在整个战争过程中，清政府表现出来的可耻软弱与腐败无能。古老的东方帝国已经奄奄一息，根本无力抵抗列强像饿狼一样的肢解和瓜分，整个民族危机深重。甲午战争的失败，让更多的先进中国人清醒地意识到：北洋水师全军覆灭，标志着洋务派采取的“物质觉悟”政治策略的破产，“中学为体、西学为用”文化政策的失效，以“坚船利炮”为“夷之长技”的西方观的错误。事实证明，洋务运动救不了中国，要解救中华民族的危机必须探索一条全新的思路。这种思考直接催生了维新思潮的产生与发展，进而催生戊戌变法运动的形成。维新思潮既是指导那场试图通过维新变法，来完成救亡启蒙时代课题的思想武器；又是一场试图通过传播新思想、新文化，实现观念变革和文化批判的思想解放运动。

维新思潮的代表人物是严复、康有为、谭嗣同和梁启超。他们在反思甲午战争失败的基础上，总结作为“物质觉悟”的洋务运动的经验教训，重新思考和探索解决救亡启蒙时代课题的途径，把思考的重点由“物”转向“人”，提出一些今天读来依然令人激情澎湃、振聋发聩的思想，使戊戌维新运动同时成为中国近代史上一次人的解放运动。

一、人各有自立、自主、自由之人权

甲午战争的失败，彻底打碎了人们试图依靠西方“坚船利炮”等“物质文明”来完成“救亡图存”时代课题的美梦，促使人们把思考的重点由“物”转向“人”，开始研究人的问题。

严复明确提出要建立“人学”。严复认为，与“人学”相对应的是“群学”。“群学”作为社会学中国古已有之，荀子的“人之所以异于禽兽者以其能群也”，就是通过把人与禽兽相比较来探讨人的类本质的“群学”。“所谓群者，固积人而成者也。不精于其分，则末由见其全。……故人学者，群学入德之门也。”① 很显然，“人学”是与“群学”相对应的以个体人为研究对象的学问。“人学”分为“生学”和“心学”两科。“生学者，论人类长养孳乳之大法也。心学者，言斯民知行感应之秘机也”。前者即生理学，后者即心理学。

康有为从传统文化的角度，力图揭示人的本质特征。他在《实理公法全书·总论人类门》中说：“人各分天地原质以为人。人各具一魂，故有知识，所谓智也。然灵魂之性，各各不同。”这段话含有三层意思：其一，这里所说的“人各分天地原质以为人”，既不是西方的上帝抟土以造人，也不是程朱理学的畀天理以成人。因为，“凡人皆天生，不论男女，人人皆有天与之体，即有自立之权，上隶于天，人尽平等”，人“各为一身，各有自立自主自由之人权”；就是说，人生来就是自立、自主、自由、平等的，是先天自足的。其二，这里所说的“魂”或“灵魂”，不是指超越于肉体之外的、永生不灭的神秘的灵魂，而是指人的精神，即人所特有的认识和思考能力；人认识和思考能力各不相同，使一个人区别于其他人而具有了自己的特殊性，即个性。其三，这里所说的“人有自主之权”，显然强调的是具有不同的认识和思考能力的人，在认识问题解决问题的过程中具有自己的自主意识，即自己的选择、判断的权利。

康有为在《中庸注》中提出一种独立人格模式。《中庸》原文为：“故君子和而不流，强哉矫。中立而不倚，强哉矫。国有道，不变塞焉，强哉矫。

① 严复：《原强》，《严复集》第1册，中华书局1986年版，第6—7页。

国无道，至死不变，强哉矫。”规定了君子的人格品质，突出其自主自立的基本精神特征。康有为对这段话加以注释。他认为：“矫，大力貌。”“《易曰》‘旁行而不流。’行于非道，而不入于非道；与物委蛇，而不没靡焉，尤有神力矣。其居中履正，独立不惧，无所倚傍，自行其是，有大力矣。若隐居求志，行义达道；穷达一辙，不以曲学阿世；遭乱际变，守节奉义；生死一致，不以患难易操。凡四者，皆大勇也。”① 在这段注中，康有为通过“力”的概念，把独立人格模式划分成三个层次：“神力”作为最高层次，强调人们在日常生活中保持自己的个性、独立性、自主性，决不把自己与其他人混同；因为这是最难做到的，故需要“神力”。“大力”作为次高层次，强调人们尊重自己的独立意志，按照自己的意志进行选择和判断，决不依傍其他人；在各种力量交错的复杂社会环境中，这也是比较难做到的，故需要“大力”。“大勇”作为第三个层次，强调人们在非日常生活中，即个人生活发生变故或社会动荡之际，依然能够守持自己的独立人格，守持自己的操行信念，不因外力的作用而随意改变自己；这也是比较难做到的，故需要“大勇”。

要实现人的自立自主，其前提是人必须有自由。这个时期的思想家已经开始从哲学思维的高度来思考和诠释“自由”概念，正式提出个体自由与国家自由、个体自主之权与国家自主之权等问题，试图解答近代中国思想家面临的双重启蒙任务的课题，并力图在二者之间找到最佳的契合点。什么是自由？自由“初义但云不为外物拘牵而已，无胜义亦无劣义也”。严复认为，事实上这种纯粹、绝对的自由在人类社会里是不可能存在的。因为，“自入群而后，我自由者人亦自由，使无限制约束，便入强权世界，而相互冲突。故曰人得自由，而必以他人之自由为界”②。严复的这个思想是对斯宾塞自由思想的反叛。斯宾塞强调建立在个体绝对自由基础上的个人幸福，忽视社会秩序，忽视社会集团的整体幸福。斯宾塞的这个思想显然不符合中国启蒙运动的需要。严复指出，假如按照斯宾塞的思想去行动，“夫苟其民契需怐愗，各备其私，则其群将涣。以将涣之群，而与鸷悍多智、爱国保种之民遇，小

① 康有为：《中庸注》，《孟子微礼运注中庸注》，中华书局 1987 年版，第 194 页。

② 严复：《〈群己权界论〉译凡例》，《严复集》第 1 册，中华书局 1986 年版，第 132 页。

则虏辱，大则死亡”[①]。因此，中国社会所需要的自由是，“外对于邻敌，为独立之民群，此全体之自由也；内对于法律，为平等之民庶，此政令之自由也”[②]。严复经过这番改造，就把“个体自由”与“群体自由”、个性解放与救亡图存紧密联系在一起。

二、封建社会使民力日苶、民智日卑、民德日薄

这个时期的思想家比较全面而深刻地揭露了封建社会对人的种种束缚。特别值得注意的是，他们已经初步认识到帝国主义侵略本性，指出帝国主义把中国人民当作奴隶和俘虏来使用，成为束缚中国人的发展的新枷锁。这一切构成维新思潮中最有特色的内容，最有华彩的部分。

（一）天下为君主囊橐中之私产，民亦以奴虏自待

维新思潮思考问题的模式是，把统治者与被统治者的关系比作为主人与奴隶、胜利者与俘虏的关系，进而说明作为最大多数的被统治者像奴隶或俘虏一样，失去人身自由，失去精神自由，失去独立人格。如严复说：“盖自秦以降，为治虽有宽苛之异，而大抵皆以奴虏待吾民。”[③] 最可悲的是，“上既以奴虏待民，则民亦以奴虏自待。”严复把中国人与西方人作了比较，认为中国人把自己当作别人的奴隶或俘虏，没有独立人格，也就没有人的自尊、自信、自爱；西方人把自己当作一个独立自主的人，才有自尊、自信、自爱，并把这种品质看作是自身绝对不能受到侵害的一个组成部分。

严复以西方“天赋人权”理论为武器，批判中国封建专制君主取得统治权的非法性，揭露了封建君主为维护其非法取得的政权所采取的统治措施必然导致的恶果。他说：“秦以来之为君，正所谓大盗窃国者耳。国谁窃？转

---

① 严复：《原强修订稿》，《严复集》第1册，中华书局1986年版，第18页。

② 严复：《宪法大义》，《严复集》第2册，中华书局1986年版，第241页。

③ 严复：《原强修订稿》，《严复集》第1册，中华书局1986年版，第31页。

相窃之于民而已。”统治者“非不知智勇之民之可贵也，然以为无益于治安，而或害吾治，由是凡其作民厉学之政，大抵皆去异尚同，而旌其纯［谆］良谨愨者，所谓豪侠健果，重然诺、立节槩之风，则皆惩其末流而黜之矣。夫如是，数传之后，天下靡靡驯伏，易安而难危，乱萌无由起”①。统治者在获得统治权之后，尽管也知道要有富强之国必须有“智勇之民”，但为了维护自己的统治，便置国家利益于不顾，采取各种“去异尚同”的措施，即消除每个人的个性，使之同化于统治者所要求的“同”之中，久而久之使人的主体意识逐渐丧失，各种能力日益萎缩，成为心甘情愿被统治的奴隶。在这种情况下，窃国大盗们便利用从人民手中窃取的权利，去压迫人民、剥削人民，“安坐而出其唯所欲为之令，而使天下无数之民，各出其苦筋力、劳神虑者，以供其欲，少不如是焉则诛”②，致使整个中国社会“民力已茶，民智已卑，民德已薄”，最终成为西方列强的口中之肉。

严复思想的精彩之处在于，指出封建专制体制的束缚不仅使“民”失去独立的人格而成为奴隶或俘虏，而且使“官”也失去独立的官格而成为奴隶或俘虏。严复在《论胶州知州某君》一文中就生动地阐述了这种状况：“中国之州县官，非人所为”，“上司重叠，皆得制吾之死命；同寮比肩，互相搏噬，以争腐鼠；其下则门丁胥役，幕友官亲，相为环伺，咸以本官为其发财之机器，而又不顾其机器之损坏”。所以，作为州县的官员，无人不可责备，无日不有处分。在这样一种情况之下，州县的官员整日忙于周旋在各种关系之中，讨好各方以求减少处分，久而久之，必然丧失自我的责任感、使命感，丧失自我的独立心、自尊心，最终丧失自己的个性，成为只知周旋讨好的奴隶。严复的深刻之处在于，他没有把官员的失职行为归之于官员个人的品质，而是归结为在封建专制制度的束缚之下，官员们失去其独立人格、独立官格的奴隶性格的一种自然流露。

谭嗣同则以其“仁学”思想为武器，批判封建专制制度作为“钳制束缚之具”对人的个性的摧残。他认为，封建专制制度的本质在于以“天下为君

① 严复：《拟上皇帝书》，《严复集》第1册，中华书局1986年版，第66—67页。

② 严复：《辟韩》，《严复集》第1册，中华书局1986年版，第34页。

主囊橐中之私产”。为了维护这种专制统治，统治者对被统治者采取了“锢其耳目，桎其手足，压制其心思，绝其利源，窘其生计，塞蔽其智术”的统治策略，再加之利用生计上的窘境，生活上的艰难，使人们日日纠缠于衣食之中，无暇去闻见，去行为，去思考。仅仅如此还不够，统治者又“繁拜跪之仪以挫其气节，而士大夫之才窘矣；立著书之禁以缄其口说，而文字之祸烈矣”①。在这种情况下，假如偶有一两个不肯失去个性甘做奴隶的人，则“拜跪之仪”和“著书之禁”也使其不敢犯上作乱。至此，人们不仅完全失去其思想自由、言论自由的权利，也失去了思想自由、言论自由的能力，而失去能力比失去权利更可怕。

康有为在《大同书》中指出，封建专制制度像“桎梏”、“囹圄”一样，压制了人们物质和精神需要，束缚了人的存在和发展。他用一段深刻而传神的文字描写道：“大抵压制之国，政权不许参预，赋税日以繁苛，摧抑民生，凌锄士气。务令其身体拘屈，谦耻凋丧，志气扫荡，神明幽郁，若巫来由之民，蠢愚若豕、卑屈若奴而后已焉。入专制国而见其民枯槁屈束、绝无生气者是也。”读了这段文字，人们似乎看到一群由于封建专制制度重压而扭曲的人。这群人没有主体意识，没有创造冲动，没有选择自由，没有独立人格，而是像猪狗、奴隶一样地生活着。这就真实地揭露出封建专制制度对人的个性的摧残和扭曲。

（二）“三纲”关其口使不敢昌言，锢其心使不敢涉想

维新思潮深刻揭露了作为封建专制制度理论基础的“三纲五常”观念对人性的压抑和束缚。谭嗣同认为，几千年来“三纲五常”观念给中国人的发展造成极大的祸害。他说：“俗学陋行，动言名教，敬若天命而不敢渝，畏若国宪而不敢议。嗟乎！以名为教，则其教已为实之宾，而决非实也。又况名者，由人创造，以上制其下，而下不能不奉之，则数千年来，三纲五常之惨祸烈毒，由是酷焉矣。君以名桎臣，官以名轭民，父以名压子，夫以名困妻，兄弟朋友各挟一名以相抗拒……中国积以威刑钳制天下，则不得不广立

① 谭嗣同：《仁学》，《谭嗣同全集》，中华书局1981年版，第341页。

名为钳制之器。……于钳制之术不便，故不能不有忠教廉节等一切分别等衰之名。……忠教既为臣子之专名，则终必不能以此反之。虽或他有所摭，意欲诘诉，而终不敌忠孝之名为名教之所出，反更益其罪。”“名之所在，不惟关其口，使不敢昌言，乃并锢其心，使不敢涉想。”①“君为臣纲”是三纲之首，也是一切罪恶之根源。谭嗣同说：“二千年来君臣一伦，尤为黑暗否塞，无复人理，沿及今兹，方愈剧矣。夫彼君主犹是耳目手足，非有两头四目，而智力出于人人也，亦果何所恃以虐四万万之众哉？则赖乎早有三纲五伦字样，能制人之身者，兼能制人之心。”他把几千年来的封建帝王看成窃国大盗，并从政治、经济、军事和文化等方面，历数了封建专制的残暴和罪恶。又对那些专为封建专制制度服务的封建文人进行猛烈抨击，认为他们的理论无非是媚事君主、助其钳制人民精神的枷锁。他说：“二千年来之政，秦政也，皆大盗也；二千年来之学，荀学也，皆乡愿也。惟大盗利用乡愿；惟乡愿工媚大盗，二者交相资。”②前者利用后者以钳制天下的思想，巩固自己的统治；后者事媚前者以取得干禄，维持自己的生存。正是“大盗”和“乡愿”相互利用，造成人间地狱。他借用一位朝鲜人的话说：“地球上不论何国，但读宋、明腐儒之书，而自命为礼义之邦者，即是人间地狱。”③在这里，谭嗣同把封建思想文化的罪恶算在荀子学说的账上固然失之偏颇，但对其为封建专制统治服务本质的揭露则入木三分。谭嗣同还提出，冲决“父为子纲”的网罗，建立父子平等的新型家庭关系；冲决“夫为妻纲”的罗网，建立男女平等的新型性别关系。

谭嗣同对“三纲五常”观念的批判，继承了明末顾炎武、黄宗羲等人的优秀思想传统，又根据近代新的社会现实赋予其新的含义，把统治者的政治思想与为其服务的学术思想作为相互为用的整体进行批判，这实际上是从整体上、根本上否定了封建意识形态存在的合理性和必然性，为彻底推翻封建意识形态作了思想文化上的铺垫。

---

① 谭嗣同：《仁学》，《谭嗣同全集》，中华书局 1981 年版，第 299、348 页。

② 同上书，第 337 页。

③ 同上书，第 343 页。

（三）“中学为体、西学为用”观念，徒塞一己之聪明以自欺

“中学为体、西学为用”是近代思想史上文化保守主义价值观念与思维方式的集中体现。它是一种貌似学习西方，实则力拒西方先进思想文化、顽固维护封建纲常名教的文化主张。这种主张渗透到社会政治、经济、文化、外交等领域，严重阻碍着中国近代社会的对外开放、向西方学习、实现自身现代化的历史进程。

甲午战争的失败，在实践上标志着洋务运动的失败，也标志着“中体西用”作为价值观念和思维方式的破产。然而，如何从理论上来分析洋务运动失败的原因，说明“中体西用”作为价值观念和思维方式的局限性所导致实践失败的必然性，成为维新思想家必须要解决的重要课题。严复自觉承担起这个课题。他认为，“中学为体、西学为用”，“主于中学、以西学辅其不足”，这些学说“其持之皆有故，而其言之也，则未必皆成理”；在“人心昧昧”不分是非之际，“彼闻一二巨子之论，以为至当，循而用之，其害于吾国长进之机，少者十年，多者数纪”。因此，必须对其进行批判。

严复从三个层面对“中体西用”观念进行了批判。首先，抱有“华夏优越论”、“华夏中心论”的人，由于不了解西方先进的物质文明和精神文明这个事实而盲目自大，拒绝向西方学习，其结果只能是“徒塞一己之聪明以自欺，而常受他族之侵侮，而莫与谁何?”[①] 因循守旧，故步自封，不求进步，面对外族的入侵而无可奈何。其次，从逻辑上证明“中体西用”理论的荒谬。严复说：“体用者，即一物而言之也。……故中学有中学之体用；西学有西学之体用。分之则两立，合之则两亡。”他特别指出，如果固持“中体西用”学说，结果是“使所取以辅者与所主者绝不同物，将无异取骥之四蹏，以附牛之项领，从而责千里焉，固不可得，而田陇之功，又以废也”[②]。“中体”得不到坚持，“西用”也发挥不了应有的作用。再次，从实践结果上说明“中体西用”观念的错误。严复说：“夫自海禁既开以还，中国之仿行西法也，亦不少矣。”他列举了总署、船政、招商局、制造局、海军等 12 项措

① 严复：《论世变之亟》，《严复集》第 1 册，中华书局 1986 年版，第 2 页。

② 严复：《与〈外交报〉主人书》，《严复集》第 3 册，中华书局 1986 年版，第 558—560 页。

施。然而，学习西方的结果是，“日本以寥寥数舰之舟师，区区数万人之众，一战而翦我最亲之藩属，再战而陪都动摇，三战而夺我最坚之海口，四战而威海之海军熸矣”。其根本原因在于，只学习了西学之“末”，而没有学习西方之“本”。因为，“末”是依附于“本”的，“有其本则皆立，无其本则终废”①。

严复思想的深刻之处在于，不仅破除流行的错误观念，指出其谬误所在，而且提出正确观念以取代错误观念，有“破”亦有“立”。正是在批判“中体西用”观念的基础上，严复提出西学之本在于“自由为体，民主为用”，学习西方必须“体”“用”皆学的思想。应该肯定，严复以“自由为体、民主为用”观念取代“中体西用”观念，对于推动中国人放眼看世界，学习西方先进的物质文明和精神文明，推进中国现代化历史进程，有着积极意义。但是，由于这个观念没有从根本上解决如何认识西方、如何学习西方、怎样学习西方等一些基本问题，使其理论批判的意义大大打了折扣。

（四）西洋使吾民束缚驰骤，奴使而虏用之

中国人对帝国主义侵略本性的认识有一个过程。在甲午战争前，人们更多看到西方社会先进的物质文明成果，认为只要把这些先进的物质文明成果搬到中国大地上来，与中国古老的传统文化相嫁接，便可以实现中国社会的富强，完成由古代社会向近代社会的转轨，完成重新选择和构建中国社会模式的历史使命。然而，甲午战争的失败，把中国思想家“中体西用”之美梦彻底惊醒；通过对洋务运动以来中国人学习西方历史进程的反思，通过对西方列强在中国所作所为的思考，使他们初步认识到西方资本主义社会不仅有其“本”，而且有其“末”，学习西方要“本”“末”皆学，不可强调一方面而忽视另一方面；更重要的是，开始初步认识到西方列强来到中国，决不是为了要给中国送来物质文明和精神文明成果，而是要抢占中国市场，掠夺中国资源，控制中国经济，奴役中国人民。西方列强的入侵是阻碍中国人的发展的又一个束缚。严复说：“第使彼常为君而我常为臣，彼常为雄而我常为雌，我耕而彼食其实，我劳而彼享其逸，以战则我居先，为治则我居后，彼

① 严复：《原强修订稿》，《严复集》第1册，中华书局1986年版，第19、32页。

且以我为天之僇民，谓是种也固不足以自由而自治也。于是束缚驰骤，奴使而虏用之，使吾之民智无由以增，民力无由于奋，是蚩蚩者长为此困苦无聊之众而已矣。”假如是这样，中国人在西方列强的奴役下，没有自由自治的权利，没有独立自主的人格，成为西方列强的奴隶或俘虏，那和“无以自存”、“无以遗种”是没有什么两样的；假如中国人成为西方列强的奴隶或俘虏，那么“其生也不如其死，其存也不如其亡”①。

可见，维新思想家已经初步认识到帝国主义的本质，并产生了初步的反对帝国主义的意识。但是，他们坚持的主要是一种从中国“内治”作起的救亡理论，如严复就明确说明：“今日之积弱，由于外患者十之三，由于内治者十之七也。”② 所以，只要清政府肯于进行改革，除旧布新，实现国家的富强，帝国主义就不能侵略我们；因此，中国当时最重要的是搞好内部事务的治理。这种思想认识一直影响到胡适等持自由主义思想观点的人。

三、维新变法、以鼓民力、开民智、新民德

维新思想家对于当时社会中存在的束缚人的发展的制度、观念、习俗的揭露是深刻的、犀利的。揭露的深刻必然带来批判意识的强烈，带来改革意识的高涨。他们从中国“救亡图存”的时代需要出发，吸取了西方资产阶级的政治理论，并借鉴了中国古代思想家的基本观点，并大胆进行理论创新，探讨了在中国历史条件下实现人的解放的途径。

（一）共举一民为君，人人得以行其意申其言

以严复、谭嗣同为代表的思想家们通过对中西方社会发展学说进行比较选择，直揭西方资产阶级“天赋人权理论”，并与中国传统学说熔于一炉，构建起具有中国特色的政治学说，为在中国建立理想的资本主义制度提供

① 严复：《原强》，《严复集》第1册，中华书局1986年版，第12页。

② 严复：《拟上皇帝书》，《严复集》第1册，中华书局1986年版，第63页。

论证。

严复继承并改造了卢梭、霍布斯的理论，明确提出设立君、臣的目的是为民服务的。“君不能为民锄其强梗，防其患害则废；臣不能行其锄强梗，防患害之令则诛。”① 严复据此构建起理想社会模式，即在京师设立议院，建立一种君主立宪的政治制度。在这种政治制度下，“捐忌讳，去烦苛，决壅敝，人人得以行其意，申其言，上下之势不相悬，君不甚尊，民不甚贱，而联若一体者”。② 很显然，这个社会去掉了一切枷锁和束缚，使人得到充分解放，充满自由平等和谐的政治气氛。每个人都知道自己的权利和义务，并自觉去履行自己的权利和义务；既不需要强权的压制或强迫，也不需要别人的指导或监督。而人们能够做到这一点，是以每个人都是独立、自主、有个性的人为前提的。

谭嗣同接受西方资产阶级社会契约论的某些思想又加以中国化的改造，提出自己关于君民关系的观点。他说：“生民之初，本无所谓君臣，则皆民也。民不能相治，亦不暇治，于是共举一民为君。夫曰共举之，则非君择民，而民择君也。……夫曰共举之，则因有民而后有君；君末也，民本也。”这就从根本上把中国封建思想中关于君民关系的观点颠倒过来。“君也者，为民办事者也；臣也者，助办民事者也。赋税之取于民，所以为办民事之资也。如此而事犹不办，事不办而易其人，亦天下之通义也。”③ 正因为民为本，君为末，君主不过是民众推选出来为大家办事的，因此，如果君主不为民众办事或办不好事，民众完全有权利废弃君主，“彼君之不善，人人得而戮之”。这并不是什么“大逆不道”，而完全是正义的。他比同时代的人更激进的是，不仅发出了冲决封建网罗的战斗呐喊，甚至提出只有向外国人学习，通过暴力手段才能达到这个目的。他说：“法人之改民主也，其言曰：‘誓杀尽天下之君主，使流血满地球，以泄万民之恨。’”④ 在谭嗣同的理想社会里，既无君臣之别，更无独夫民贼。“大大同之治，不独父其父，不独子

① 严复：《辟韩》，《严复集》第1册，中华书局1986年版，第34、33页。

② 严复：《原强》，《严复集》第1册，中华书局1986年版，第11页。

③ 谭嗣同：《仁学》，《谭嗣同全集》，中华书局1981年版，第339页。

④ 同上书，第334、342—343页。

其子；父子且无，更何有于君臣？举凡独夫民贼所为一相钳制束缚之名，皆无得而加诸。”这样谭嗣同就剥去数千年来统治者所拥有的“君权神授”的神圣外衣，否定了君为臣纲的基本政治原则，否定了君主视社稷为一己之私产的观念，肯定人民具有选择明君或诛杀暴君的权利。

令人遗憾的是，谭嗣同从“仁”就是“心力”的哲学观念出发，认为由于各人的私念而起“机心”，生“我相”，于是有了“不通”；因此，要“冲决网罗”，只要断绝主观意识就行了。“意识断，则我相除；我相除，则异同泯；异同泯，则平等出。”“平等”不必再求之于武器的批判和冲决，单靠精神性的“心力”改造就可以实现。这种遗憾并不是偶然的，而是由中国资产阶级软弱的政治本性所决定的。中国资产阶级由于缺乏强大物质力量作为依靠，无论他们如何慷慨激昂，只要一遇到困难和打击，就会很快丧失现实斗争的勇气和信心，到宗教唯心主义那里去寻找精神上的安慰。谭嗣同理论上的矛盾正是这样一个心路历程的再现。

（二）鼓民力、开民智、新民德

严复认为，事物整体状况由构成该事物部分状况决定，要研究一个事物的整体状况，必须先考察构成该事物的部分状况，这是“昭昭若揭日月而行，亘天壤不刊之大例也”。按照这样一个公理来考察人类社会，“则一种之所以强，一群之所以立，本斯而谈，断可识矣”。国家是由“民”构成的，“民”的状况决定了国家的强弱，“民”的素质决定国家的盛衰，因此，治国之根本在于治“民”。很显然，严复这里所说的“民”，已经不同于中国传统文化仅仅从整体来理解，而是作为个体与整体的统一；严复更多的是从个体的角度来讲“民”。

“民”的强弱决定着国家的强弱，要使国家强大必须先使“民”强壮，国家的强大是通过“民”的强壮来实现的。衡量“民”的强弱有三个标准：“一曰血气体力之强，二曰聪明智虑之强，三曰德行仁义之强。”在现实存在的国家中，“未有三者备而民生不优，亦未有三者备而国威不奋者也”。“贫民无富国，弱民无强国，乱民无治国。”正因为“民”的强弱状况直接决定着国家的强弱状况，所以，一个国家的统治者在治理国家的过程中，“发政施令之间，要其所归，皆以其民之力、智、德三者为准的”[①]。而回眸中国社会，“民力已荼，民智已卑，民德已薄”，因此，改变中国贫穷落后、危机深重的局面，首先就要改变“民”的状况，其具体措施“一曰鼓民力，二曰开民智，三曰新民德”。

要实现“鼓民力、开民智、新民德”，最根本的措施是给人民自由。严复作为中国新兴资产阶级的代表，深刻意识到这个口号对于反对封建专制制度的革命作用。他反复强调，有无自由观念，是中西文化的基本差别。中国要学习西方，首先要学习西方的自由观念。

一般说来，实现人的价值有两种方式。一是求诸“社会”，即统治者，要求统治者改变自己的统治方式，以“慈悲”、“仁政”宽厚待民，改变社会“吃人”的性质，使之出现一个“人”的社会，从而肯定人的价值，实现对人的本质的占有。二是求诸“己”，求诸“自我”，通过自我觉悟，自我解放，推翻旧的“非人”的社会，建立全新的社会，以实现人的价值。严复显然是主张第一种方式，即把一切希望寄托于统治阶级；盼望通过统治阶级的某些变法，以改变人们的“非人”地位；盼望统治阶级赋予人们某些权利，使人们可以作为“人”生存下去。正是基于这种认识，严复虽然意识到“民”的作用，但却没有发现、也不可能发现人类整体中的主干部分——被压迫的人民大众的作用，而只能提出一个抽象的、超越于各阶级之上的“民”的范畴。这大大限制了严复学说的理论价值和社会作用。

（三）至平、至公、至仁

康有为集一生对于人的问题的全部思考而写成《大同书》，描述了至平、至公、至仁的人类理想社会。康有为写作《大同书》的基本依据是中国传统儒学的“仁”学，《公羊》的“三世”说，《礼记·礼运》的小康、大同说，西方的达尔文进化论，卢梭的天赋人权说，资产阶级自由、平等、博爱观等等。他把这些思想融会综合，其主旨在于说明怎样冲破各个方面强加于人的肉体和精神的束缚和枷锁，使人过上富裕而快乐的生活。

---

① 严复:《原强修订稿》，《严复集》第1册，中华书局1986年版，第18、19页。

康有为在《大同书》甲部“绪言”中探讨了人的本质及其价值，这是全书的理论基点。康有为认为，“人有不忍人之心”，即是“仁”，这是人区别于动物的本质，从而使人成为“天地之精英”，成为宇宙间最可宝贵的存在物。因此，应该以“人”作为评判是非、善恶的标准：“凡有害于人者则为非，无害于人者则为是。”① “普天之下，有生之德，皆以求乐免苦而已，无他道矣。”人类在不断追求“求乐免苦”的过程中，推动了人类社会由低级至高级的进步，也推动了人自身由野蛮至文明的进化，实现了人的发展。

然而，现实社会是违背人道的，通过各种束缚而使人深深陷入苦难之中。康有为以饱沾同情的笔锋、优美的文字，花费大量的笔墨来描写人的痛苦。人的痛苦来自六个方面：人生之苦、天灾之苦、人道之苦、人治之苦、人情之苦、人所尊尚之苦。正是这六个方面的痛苦，使人成为肉体上或精神上的奴卑、囚犯，从整体上导致人种日益衰弱、社会退化。康有为指出，产生这六种痛苦的根源在于九界，即国界、级界、种界、形界、家界、产界、乱界、类界、苦界。解除痛苦的途径在于破除九界。一曰去国界，合大地也。二曰去级界，平民族也。三曰去种界，同人类也。四曰去形界，保独立也。五曰去家界，为天民也。六曰去产界，公生业也。七曰去乱界，治太平也。八曰去类界，爱众生也。九曰去苦界，至极乐也。九界既去，束缚人的各种枷锁也就全部解除，使人性日善，人格日美，人体日健，人种日强，使人真正成为万物之灵。

特别值得注意的是，康有为已经明确意识到，在“至平、至公、至仁”的大同社会，由于物质文明和精神文明的充分发达，社会实行有计划的生产、分配、交换和消费，大大提高了劳动生产率，避免了许多不必要的重复和浪费，从而缩短了必要劳动时间，使人们可以有更多的时间根据自己的爱好去进行活动，丰富和发展自己的个性。这个思想即使在今天也具有重要的意义。

总之，这是一个没有阶级，人人平等，且物质文明和精神文明高度发达的社会。很显然，这是一种带有空想性质的社会，反映出康有为已经冲破近

① 康有为：《大同书》，中州古籍出版社 1998 年版，第 341 页。

代早期中国人对西方物质文明的迷信，试图立足于中国自身的文化传统，来汲取和改造西方文明，创造出一种既有中国本土特色又包含有外来文化因子的新的社会理论。

以严复、康有为、谭嗣同为代表的维新派思想家，在中国资产阶级初次登上政治舞台之际，面对由于帝国主义列强的穷凶极恶和清政府的软弱无能，使中华民族处于“四千余年之文明行将扫地而尽”的危机；面对甲午战争的失败而导致的洋务运动的破产，进而证明“中体西用”理论的错误，致使中国思想界处于理论极端贫乏、学术极端荒芜的危机；他们根据中国社会“救亡图存”的迫切需要，以解决双重启蒙任务为根本目的，放眼于西方世界，把引进的西方资产阶级思想与中国古代优秀遗产进行“整合”，形成中国近代史上比较完整的理论体系。维新派思想家已经初步意识到外来的帝国主义和中国的封建主义是中国人民的共同敌人，意识到自己面临着既要反对帝国主义又要反对封建主义这个双重的启蒙任务，意识到在中国争取民族解放与个性解放是同一个过程的两个方面，意识到在中国实现国家自立与个人自立具有某种内在统一性。但是，他们对“救亡”与“启蒙”这个时代课题把握的不够准确。表现为一方面他们虽然初步认识到外来帝国主义的侵略是导致中华民族灭亡的根本原因，突出“救亡”意识；但对于帝国主义的侵略本性的认识是肤浅的，对其批判和揭露也仅仅是初步的。另一方面他们对封建专制制度的本质有一定的认识，而且对其批判和揭露也比较深刻，但是却不能从根本上否定封建专制制度，而把封建专制制度的一切罪恶都归因于西太后的专权，试图依靠皇帝的支持来进行维新变法运动，来完成“救亡图存”的时代课题。正是因为这种双重的矛盾关系，却使他们虽然明确意识到民族解放与个性解放、群体自由与个人自由、国家自立与个人自立之间存在着紧张的关系，又不知道该如何来处理这种紧张关系，最终导致对个性解放、个人自由、个人自立的轻视。这充分反映出中国资产阶级的软弱性。

五四启蒙思想家的化约倾向与突破

张天行

五四新文化运动无疑是20世纪中国的重大历史事件之一，有关它的反思与研究不仅仅属于对过去的简单回顾，而且联结着当代中国的文化建设乃至未来的前景。我们不难发现，对它的描述与研究从一开始便众说纷纭，在一些关键问题上成为各种主义、思潮代言人交锋较量的一个战场：五四运动与新文化运动是什么关系？两者能否相对独立？新文化运动的主潮是什么？如何评价五四新文化运动在20世纪中国历史上的作用？……类似这样的问题都曾引起过激烈的争论。到目前为止，大陆学术界与港台学术界在一些问题的认识上仍有较大的差异，即使单就大陆内部，也经历了曲折发展、深化的过程，至今仍是论战时起。客观地说，不同思想、观点的交流、讨论乃至在重大问题上的论战正是可喜的现象，只有如此，方能深化对五四新文化运动的认识，科学地总结其中的经验与教训，从而写好中国新世纪的文化篇章。

潮起潮落，几度起伏。或许，今天更多的人愿意接受下面的基本事实或论断：五四运动与新文化运动在爱国救亡的大目标上是一致的，但又各有相对的独立性，五四运动是一场波及社会各阶层的爱国运动，而新文化运动则着眼于深层次的文化批判、引入、创造的工作，更具有复杂性、长期性；新文化运动前期尽管思潮林立，但其主潮是自由主义，宽泛一点说，陈独秀、蔡元培、胡适、李大钊、鲁迅、周作人等都是其中的代表人物，各在不同的领域发挥了重要的作用；以1919年为界，由于国内外形势的变化，特别是政治问题、民族危机的加剧，自由主义的阵营开始逐渐分化，直至分道扬镳，走上不同的道路。陈独秀、李大钊等一批知识分子逐步接受马克思主义，并运用马克思主义探索改造中国的一系列问题，提出了新的社会理想和变革方案；而胡适、蔡元培、丁文江、博斯年等知识分子仍高举自由主义的旗帜，进行着努力和挣扎；与此同时，梁漱溟以《东西文化及其哲学》的著名学术讲演，轰动一时，他傲然宣告，“世界未来文化就是中国文化的复兴，有似希腊文化在近世的复兴那样”①，开启了现代新儒家努力的大方向，并迅速得到梁启超、张君劢等人的唱和、发挥……

从此，中国思想界就主流而言仿佛进入了“三足鼎立”的时代，联合、吸纳对方的观点而在根本问题上针锋相对地论辩，便成为20年代后思想界的常景。其中一个引人深思的事实是：马克思主义逐渐占据思想界的主流，在知识分子乃至大众中间比自由主义、现代新儒学更有号召影响力。贺麟先生对此过程的描述是，实用主义（自由主义）“在‘五四’运动前后十年支配整个中国思想界。尤其是当时的青年思想，直接间接都受此思想的影响，而所谓新文化运动，更是这个思想的高潮”。辩证唯物论“思潮开始传播于一九二四年孙中山实行三大政策，北伐，大革命之初，盛行于‘九一八’事变时政府采取不抵抗态度，国共分裂后很长一段时间”②。

为什么马克思主义在五四后期产生广泛影响，并在以后取代自由主义而成为中国思想界的主潮？新文化运动初期所标举的“启蒙”有新的突破吗？自由主义影响力下降乃至在一定时期失败③的原因是什么？——对于今天而言，这些仍是十分尖锐而又有现实意义的问题。

全面的回答不是一篇文章所能完成的，但我们可以从一个角度进行探讨。

---

① 梁漱溟：《东西文化及其哲学》，商务印书馆1987年影印版，第199页。

② 贺麟：《五十年来的中国哲学》，辽宁教育出版社1989年版，第63页。贺麟这里的描述更着眼于哲学，实则马克思主义广泛传播的时间尚可提前。另外，孙道升“现代中国哲学界之解剖”（《国闻周报》12卷45期，1935年11月）一文对自由主义的兴盛期有相似的描述。

③ 20世纪中国自由主义的重要代表胡适在晚年对他过去的努力作了回顾，调子是悲哀的，“我的生日（六十九岁了）快到了，当我回顾过去四五十年的工作时，我觉得好象有某种不可抵抗的力量把什么东西都完全地破坏了，完全地毁灭了。”（胡适致张佛泉，1962年12月11日）这段话可视为旁证。

“五四运动可作如下定义；它是一种复杂的现象，包括新思潮、文学革命、学生运动、工商界的罢市罢工、抵制日货以及新式知识分子的种种社会和政治活动。……”① 由于五四运动内容本身的多样性，便给后来的评论者和研究者以广阔的空间，仁者见仁，智者见智。回顾大陆几十年的五四运动研究史，可以说在相当长的时间内，我们更侧重于把五四运动视为爱国的政治运动，浏览不同时期研究的代表作便不难看出此点。进入 80 年代，随着对中国社会主义曲折发展道路特别是“文革”灾难的反思，五四的启蒙思想、文化意义得到充分注意，而此时开始引入的海外学界观点，也或多或少地推动了这一趋势。论及此，不能不提到林毓生先生，在五四新文化运动的研究及当代文化建设走向等问题上，林先生的学术观点，给大陆学界带来了一定的启示或挑战。

林先生的代表作《中国意识的危机》旨在检讨构成五四激烈反传统的思想渊源及其复杂表现，提出正是中国传统中的一元的唯智论（Intellectualistic）在辛亥革命后社会政治现实的压力下演变成一种唯智的整体观思想模式，致使五四知识分子全盘否定传统，从而陷入了以传统反传统的境地。为了支持上述论断，林先生将“借思想文化以解决问题的途径”视作清末和五四两代反传统知识分子的“共同基本设定”，认为它直接来自儒家文化传统中的唯智论思想模式。并以整整一节的篇幅引证了孟子、荀子、朱熹、王阳明等先哲的思想材料，用以说明儒学唯智论的性质。

对于 80 年代正兴起“文化热”的大陆学界来说，林先生的观点颇为新奇，甚至可以说石破天惊，其观点不胫而走，很快在大陆学界得到传播，认同与争论并存。

认真研究林先生的分析框架，不难发现，“借思想文化以解决问题的途径”是五四知识分子的思维模式，这一观点是更基础性的论断，但是，这一思维模式是否足以涵盖五四知识分子？当时对这一思维模式是否有新的突破？对这一思维模式如何估价或定位？……这些问题大陆学界则没有展开如五四是否全盘反传统那样广泛的讨论。实际上，这些问题涉及民主自由

① 周策纵：《五四运动：现代中国的思想革命》，江苏人民出版社 1996 年版，第 5 页。

理想推进的途径，与我们文章开始提出的问题有着至关重要的关系，未可忽视也。

由于篇幅的关系，我们把讨论的范围限定在五四一代，暂且不论清末一代。从新文化运动前期思想家的言论来看，林先生的论断是基本正确的，而这一思想模式的形成确如林先生的分析有中国传统观念的影响，而直接的推动力又与对近代以来东西文化冲突的反思，以及辛亥革命后他们从满怀希望到失望的思想历程相联。

以新文化运动的著名领袖陈独秀为例，1911 年武昌起义成功，陈独秀对新生的资产阶级政权寄予很大的希望，他担任了安徽都督府秘书长，积极参与地方政治活动，但是他的希望很快破灭，他自己也被迫逃亡外地。无疑这段经历促使他进行沉痛的反思。早在 1904 年陈独秀创办《安徽俗话报》时，就不断思考如下的问题："我们中国何以不如外国，要被外国欺负"，"堂堂一个中华大国，怎么就弄得这步田地呢？"① 当时他认为国民性的好坏是决定一国兴亡的根本，中国之所以落到如此地步，是因为中国人有几种不好的性质：只知道有家，不知道有国；只知道听天命，不知道尽人力；……不难想象，这些早年的问题深刻在陈独秀的头脑中，经过十余年的奔波活动，当对民国下的现实政治深深失望时，原来就存在于脑海中的问题或观念便伴以更强烈的情感喷发出来。1915 年 9 月，《青年杂志》一创刊，陈独秀便坚定地号召人们，特别是青年，"发挥人间固有之智能，决择人间种种之思想——孰为新鲜活泼而适于今世之争存，孰为陈腐朽败而不容留置于脑里，——利刃断铁，快刀理麻，决不作牵就依违之想，自度度人，社会庶几其有清宁之日也"②。此时，占据陈独秀头脑的不是直接的政治革命，而是对思想观念变革的热情期待。这种认识凝聚着陈独秀对辛亥革命后社会现实的思考，表达了广大知识分子的共同认识：思想观念变革是决定国家、民族进化的关键。

辛亥革命后政治理想与现实的严重背离给许多人以深刻的刺激，不仅如此，他们更从近代以来东西文化比较的角度，把问题引向深入，指出伦理的

---

① 《陈独秀著作选》第 1 卷，上海人民出版社 1984 年版，第 55、80 页。

② 同上书，第 130 页。

觉悟是更重要的觉悟，从而向“中体西用”论者的最后堡垒发出了严峻的挑战。正如陈独秀所说：“自西洋文明输入吾国，最初促吾人之觉悟者为学术，相形见绌，举国所知矣；其次为政治，年来政象所证明已有不克守缺抱残之势。继今以往，国人所怀疑莫决者，当为伦理问题。此而不能觉悟，则前之所谓觉悟者，非彻底之觉悟，盖犹在惝恍迷离之境。吾敢断言曰：伦理的觉悟，为吾人最后觉悟之最后觉悟。”① 这一论断是陈独秀对思想启蒙主张的进一步引申、发挥，政治的觉悟和伦理的觉悟成为此时启蒙思想家奋斗的两大目标。因此我们看到：李大钊唱着“青春”的颂歌走来了；老成持重的蔡元培大刀阔斧地开始了北京大学的改革，为20世纪中国的教育树起了一面耀眼的旗帜；身居异域的青年学子胡适思绪翩翩，跃跃欲试；一度寂寞消沉的鲁迅举起了如椽之笔，发出了惊世骇俗的呐喊；周作人在关注人的发现问题时，特别把目光投向了妇女儿童的权利；……

类此的材料都证明着林先生观点的正确性②，然而1919年前后是一重要的转折点，由于国内外政治形势的变化，李大钊、陈独秀等人接受了唯物史观等马克思主义观点，并以之分析中国向何处去的问题，显示了新的趋向，对思想启蒙的认识也发生了变化，即主张新文化运动要和政治斗争结合起来，陈独秀指出：“盖一群之进化，其根本固在教育、实业，而不在政治，然亦必政治进化在水平线上，然后教育实业始有发展之余地。”③ 李大钊认为，为了建造“少年中国”，必须要进行两种文化运动：一是精神改造运动，一是物质改造运动。李大钊特别强调，精神改造要与物质改造同步，经济组织不改变，精神的改造很难成功，“在从前的经济组织里，何尝没有人讲过‘博爱’‘互助’的道理，不过这表面构造（就是一切文化的构造）的力量，到底比不上基础构造（就是经济构造）的力量大，你只管讲你的道理，他时

① 《陈独秀著作选》第1卷，上海人民出版社1984年版，第179页。

② 如李大钊、胡适对思想启蒙之重要性的强调，可参阅张利民与胡伟希、高瑞泉合著的《十字街头与塔——中国近代自由主义思潮研究》一书，第三章第一节，上海人民出版社1991年版。

③ 《陈独秀文存》，安徽人民出版社1987年版，第718页。

时从根本上破坏你的道理，使他永远不能实现”①。陈独秀、李大钊的这些观点与初期的“借思想文化以解决问题的途径”有了巨大的差异，对思想启蒙的不同估价便成为思想阵营分化过程中胡适与李大钊、陈独秀激烈争论的问题之一，而李大钊、陈独秀的思想逐渐获得了众多青年知识分子的响应。

或许可以说，李大钊、陈独秀等已逸出自由主义而成为马克思主义者，但即使是留守在自由主义阵营内部的领袖人物，这一思维模式也面临动摇和分歧。

1918 年 12 月，为了适应国内政治形势的需要，陈独秀、李大钊在《新青年》之外，又创办了《每周评论》，侧重于发表讨论现实政治问题的文章，胡适对此没有兴趣。五四运动以后，《新青年》的内容进一步政治化。1920 年 9 月，《新青年》移到工人运动的中心上海出版，为了配合各地共产主义小组的筹建，《新青年》更集中地介绍和宣传马克思主义以及俄国的十月革命，胡适对此极为不满，多次写信给陈独秀等人，反对《新青年》的政治色彩过于鲜明，认为这个杂志“差不多成了 Soviet Russia 的汉译本”了，要求立即改变这种情况。应该说，此时胡适还在捍卫着新文化运动最初的方针。

但是，新文化运动阵线分裂后，胡适的思想也发生了变化。1922 年，他与丁文江等人创办了《努力周刊》，专门讨论政治问题，在促使胡适思想的转变中，丁文江是一位重要人物，据后来胡适回忆：“他常责备我们不应该放弃干预政治的责任。他特别责备我在《新青年》杂志时期主张‘二十年不干政治，二十年不谈政治’的话，他说：‘你的主张是一种妄想：你们的文学革命，思想改革，文化建设，都禁不起腐败政治的摧残。良好的政治是一切和平的社会改善的必要条件’。……在朋友谈话中，他常说的是‘不要上胡适之的当，说改良政治要从思想文艺入手！’”② 胡适的转变，引起了一定的反响。梅光迪、孙伏庐、常乃德分别致信胡适，表达了不同的意见，梅、常两位赞赏胡适谈论政治，而孙伏庐反对胡适去谈政治，“……我总有一种偏见，以为文化比政治尤其重要，从大多数没有智识的人，决不能产生什么好

① 《李大钊文集》（下），人民出版社 1984 年版，第 43 页。

② 胡适：《丁文江传》，海南出版社 1993 年版，第 53—54 页。

政治”。

针对这些不同的意见，胡适发表了《我的歧路》一文，说明自己是一个注重政治的人，留学读书的时候，选过政治方面的课，也参加过政治活动，后来他在中国哲学史的研究上找到终身的事业，被一班讨论文学的朋友逼上文学革命的道路。留学回国后看到张勋的复辟，以及出版教育界的孤陋沉寂，感觉政治不可为，才打定20年不谈政治的主意，要在思想文艺上为中国政治建筑一个革新的基础。对于这次的谈政治，胡适特别赋予其思想文化的意义，“我现在的谈政治，只是实行我那‘多研究问题，少谈主义’的主张”。“我的朋友们，我不曾‘变节’；我的态度是如故的，只是我的材料与实例变了”。对于孙伏庐的意见，胡适解释说：“没有不在政治史上发生影响的文化；如果把政治划出文化之外，那就又成了躲懒的，出世的，非人生的文化了。”[①] 新文化运动前期，胡适关于思想启蒙的观点，单就推进自由民主理想而言，无疑是过于狭隘化了。思想启蒙包含着政治观念的启蒙——《我的歧路》一文的解释接近于这种认识，代表了他对从前思想的一定程度上的修正。

丁文江对胡适思想启蒙第一观点的尖锐批评、胡适的转变及其不同凡响，都显示了自由主义阵营在如何推进其理想问题上的混乱，这种混乱并没有因胡适的解释而得到明确的解决或澄清，即使是胡适本人也不例外，不时陷入困惑，只能随着历史的进程而左右摇摆罢了。

就我们所要论述的主题而言，这些材料充分说明把“借思想文化以解决问题的途径”的思维模式视为五四思想家的一个特征，如果不加限定地绝对化，是危险的，如果看不到这一点，就会把一定时期的思想特征推向极端，以偏概全，甚至使我们的思维僵化，对思想长河中曾闪现过的有价值的思想火花视而不见，也难以恰当准确地总结思想的教训，更难以为现代中国的文化启蒙找到一条较以往更坚实可行的道路，超越五四就会流于一句空话！

如何评价五四前期盛行的“借思想文化以解决问题的途径”的思维模式，如何看待新文化运动在一定程度上的转变？该是更为复杂而尖锐的问题，实

① 《胡适文存》第2集，卷3，上海亚东图书馆1924年版，第99—100页。

际上，胡适、李大钊、陈独秀、梁启超等人在当时的讨论即显示了不同的评价，胡适本人在以后的岁月中更是多次谈到这个问题，对新文化运动的转向一再表示深深的遗憾。让我们且听听后人各种不同的议论吧。

1938 年，冯友兰在为纪念北京大学成立 40 周年而撰写的《新事论》中，就清末人（指洋务运动时期的洋务派）与民初人（指新文化运动中的陈独秀、胡适等人）的比较，对新文化运动明确地提出了批评："清末人以为，我们只要有机器、实业等，其余可以'依然故我'，这种见解，因是不对底。而民初人不知只要有了机器、实业等，其余方面自然会跟着来，跟着变。这亦是他们底无知。如果清末人的见解，是'体用两橛'；民初人的见解，可以说是'体用倒置'。……这两部分人的见解，都是错误底，不过清末人若照着他们的办法，办下去，他们可以得到他们所意想不到底结果；民初人若照着他们的想法，想下去，或照着他们的说法，说下去，他们所希望底结果，却很难得到。"① 冯先生的评价是独特的，与他此一时期部分接受唯物史观有一定关系②，但这一批评并未引起人们的重视，在有关冯先生文化思想的评论中，这一观点多受到否定性的评价，视为他是"中体西用"论者的证据之一。

应该说，中国不同派别的知识分子深受五四启蒙运动的影响或传统观念的熏染，把文化看得很重，这在自由主义、马克思主义、现代新儒家的阵营都不乏其人。当代著名作家孙犁记述 60 年代他的一位朋友的见解云："他认为现在有些事，所以做得不够理想，是因为人民还缺乏文化的缘故。"③ 类似的见解，在"文革"以后乃至今天的知识分子中不仍很流行吗？ 80 年代李泽厚先生提出五四运动救亡压倒启蒙之说，为启蒙运动的短暂而惋惜，其观点曾在国内引起热烈的争论。余英时先生明确地说："胡适认为'五四'以后，

---

① 《三松堂全集》第 4 卷，河南人民出版社 1986 年版，第 248 页。冯先生在晚年，对洋务运动的弊端有了新的认识，不再以为照清末人的路走下去，可以得到意想不到的结果。

② 20 世纪三四十年代，冯友兰与马克思主义的关系，是一个十分复杂的问题，不应简单论之。

③ 而孙犁自己，"当时我对他这些观点，半信半疑，并且觉得是书生之见，近于迂阔"。见《孙犁散文》上集，中国广播电视出版社 1995 年版，第 460 页。

新文化运动歧入政治的轨道，是一个不幸的发展，这是极有见地的看法，可是今天很少人能懂得这一论断的意义了。”①

显然，分歧是巨大的。要对上述种种观点进行评价，实在是一项繁难的工作，因为在有些表面的言辞下，常常隐含着更根本的分歧，在对历史事件的议论中又包含着现实的关注……这方面的分析工作暂且留待以后进行，这里，还是围绕“借思想文化以解决问题的途径”的思想模式进行讨论。应该说，从中国近代化历程来看，特别是联系辛亥革命后的社会现实，这一主张把握了时代的课题，把观念变革的问题鲜明地突出了出来，从而开启了全面的传统文化反思、西方文化引进、新文化创造的工作，是中国近代化历程中必然出现的一个阶段；而新文化运动在文化上所提供的思想资源、指示的方向深深地影响了中国社会文化的发展，至今仍给我们以极富教益的启示，功不可没。

但是，五四思想家对思想启蒙的认识又是有局限的。关于此点，让我们稍稍拓展一下范围，以便更清楚地看到它的局限。对于鸦片战争以后的近代化运动、中西文化比较，学术界多概括为由感觉器物不足到感觉制度不足，再到感觉根本文化的不足（梁启超、陈独秀对这一历程都有简约的描述），并认为是认识的深化或进步，应该说，这种描述大致不谬，但是，它过于理论化，遗漏了历史真实进程中的不少内容，而且在评价上也有简单化之嫌，如对洋务运动的评价失于过苛，而于它真正的弊端却缺乏深刻的把握，对其他运动的概括或评价也有各种问题。如果说洋务运动只知器物，戊戌变法、辛亥革命过重制度，新文化运动则过重文化或文学，对器物、制度未免有些忽视，也许对五四启蒙思想家这样的评价也不一定恰当，更准确的说法该是那时中国的经济、制度方面的水准太低了，在这一点上，冯友兰颇有同情地评论：“民初以来，大多数底留学生回来，都是‘用非所学’，他们因之丧气，他们因之堕落，他们因之又替‘中国人’招了许多骂。是实在大多数底情形中，并不是他们不争气；而是他们‘英雄无用武之地’，有了工业，自然需要实用科学，有了实用科学，自然需要纯粹科学。但若无工业，学实用

① 余英时：《钱穆与中国文化》，上海远东出版社 1994 年版，第 286 页。

科学底人即落了空，不讲实用科学，纯粹科学即落了空，此即所谓‘无用武之地’也。照清末人的办法，有了‘用武之地’，再请英雄来。照民初人的办法，先请了英雄，而不为设‘用武之地’。‘无用武之地’底英雄，难乎其为英雄。”① 五四启蒙思想家就是这样的英雄。中国近代化过程中不同阶段表现的只知其一不知其二的思维方式，一方面体现了认识的深化过程，同时，把复杂的现代化问题也简单化了，在这一点上，五四前期的启蒙思想家确也未免此病。其实，社会变革所需要的力量、程序远较五四思想家的设想复杂得多。

只有通过由教育导致的社会文化变革才能达到政治改变的假定或模式，深深阻碍了自由主义者走上更广阔的道路：

“虽然‘多研究些问题’这个建议是切中要害和适时的，但自由主义者在这方面并不比与其对立的其他主义的信奉者做得更好。可以正确地说，在当时的情况下，经济问题和社会问题是必须正视的紧要问题，但自由主义者至少与其他人一样，没有研究这些紧迫的问题和提出任何假设的或最后的解决方案。……具有讽刺意味的是，就在自由主义者提出‘多研究些问题’建议后不久的 1920 年，很多社会主义者及其追随者开始走向工人和农民中去研究他们的生活状况，而自由主义者却很少参加这种社会调查和劳工运动。1922 年后，不少自由主义者却倾向于从事考据之类的学术工作。直到几年之后，一些主要的自由主义者才开始试图研究中国的迫切问题。在开头的那几年中，他们似乎忽视了这个事实，即实用主义和自由主义的可能贡献应不只是吹毛求疵的批评。”② 这一批评是中肯的，这是自由主义者众多失误或局限中最致命的一个问题，较之林毓生先生一再强调的自由主义者全盘反传统的失误也许还要重要，而马克思主义者李大钊、陈独秀等所提出的重视经济、政治变革，在此意义上，便显示了一定的历史合理性——当然后来的进程是颇为曲折的。

回首鸦片战争以来中国的进程，可谓百感交集，一言难尽。中国的几代

① 《三松堂全集》第 4 卷，河南人民出版社 1986 年版，第 248—249 页。

② 周策纵：《五四运动：现代中国的思想革命》，江苏人民出版社 1996 年版，第 311—312 页。

人为了救亡图存，建设少年之中国已进行了多方面不懈的努力和尝试，五四时代“借思想文化以解决问题的途径”的模式便是有持久影响力的方案之——尽管其中的具体内容、方向不同，甚至可以截然相反。我们不可轻视它，轻视它就意味着否定了文化观念的力量，否定了知识分子本身，但是我们应该在更广阔的思路下探索，为观念的变革寻找一个坚实的支点或现实的推动力。就此而言，我欣赏林先生近期的一段话：“我虽然努力从事学术思想工作，但却并不赞成自五四以来中国知识分子所强调的‘思想革命’。我认为那一思潮把事情看得过分简单了。那种‘借思想、文化以解决政治、社会问题的途径’是一元式的化约主义。不过，我也不认为思想、文化的工作毫无意义、毫无贡献，虽然，我们从历史经验中知道，理性的说服力只能在有利的历史条件之下，因势利导，它本身并不能创造历史。”① 林先生已触及了五四知识分子的局限所在，给了思想革命一个比较恰当的地位，而那“有利的历史条件”是什么？又如何推动它的发展？

根据历史的经验，我们不能不指出经济发展的重要性。以前谈经济与民主的关系，主要着眼于经济的发展水平或量，视之为民主可否实行的重要指标，实则更根本的是经济的体制或结构。20 世纪各国的发展证明，某些经济体制如计划经济，不能长期有效地发展生产，满足人们的各种要求，而合理的经济体制——市场经济，则不仅带来经济的繁荣，而且每个人在追求、维护自身利益的驱使下，必然推动制度、观念的转变，市场经济可以说是民主自由不可或缺的土壤。土壤肥沃，又何愁民主的鲜花不绚丽绽放！

经过几十年的尝试、摸索、比较、奋斗，中国正走向市场经济的人类文明大道，尽管刚刚起步，但我们已听到了民主坚实的足音，它有别于此前知识分子的呼喊。1987 年 11 月 24 日，全国人大通过了《中华人民共和国村民委员会组织法》，自那时起，农村基层选举已经过了 10 年，而近期，广大农村的民选官工作更是轰轰烈烈，已成为新闻媒体报道的热点。

对此的论述似乎已越出我们讨论的范围，但它与我们的论题是如此紧密

---

① 《殷海光林毓生书信录 · 殷海光先生对我的影响》，上海远东出版社 1994 年版，第 18 页。

相关。这一进程或事实足以令人振奋，同时也促使我们进行新的思考，一位评论者指出：中国有几千年封建统治的文化，农民一直在这个文化积淀的最底层，这很容易使人产生错误的联想，以为在这个农业人口众多的大国，没有产生民主的土壤，而农民常常被认为愚昧，即使赐予民主，他们也不会使用。但是，恰恰是在这里民主萌芽了。……而与我们所见所闻农民对海选[①]的热情投入形成鲜明对照的，是不少城市选民对“直选”的冷漠态度……这种巨大的反差，的确耐人寻味。

按照我们的前述观点，这种反差也不难获得解释，“农村与城市最根本的不同，在于经济的发展让农民产生了民主的要求。农村经济体制的变化是村民自治发生、发展的最深刻的社会原因，联产承包责任制以后，农民经济上有了地位，有了自主权，便要求政治上的相应权力。农村基层民主自治应运而生。它的出现对于中国民主政治的建立与发展有重要的历史意义”[②]。从中国近代以来对民主苦苦追求的历程来看，这样的评价是恰如其分的。

经济体制变动引起思想观念的变动。这既是一个自然进化的过程，同时，人类（包括社会的各个阶层）也应努力克服惰性，积极行动，从而推动社会的向前发展。对于后发型的现代化国家来说，就更是如此。个人、国家、民族都需要激情，但更重要的是智慧！没有智慧的激情，只能是盲目行动，欲速则不达，甚至南辕北辙。因此，当我们寄希望于市场经济的发展时，知识分子并不是无所作为，他应该以自己的智慧为现代化事业服务，而且在赶超世界先进国家方面，在知识经济即将到来的社会，无疑将扮演越来越重要的角色。

当我们把五四放到中国现代化的历程中，始能较准确的确立它的地位，谈论其局限及本身孕育的突破，扩而言之，中国近代以来现代化的历程也验证了另一重要论断：把现代化的动力完全放到一个领域（经济、政治制度、思想观念），强调到极端，都是不明智的行为，到头来只会走到反面。人有两条腿，为什么偏要单足跳行呢？回顾近代以来中国的历程、展望21世纪

① “海选”，农民创造的用语，海表示广大，即村民普遍选举干部之意，“海选”已经作为基层选举的一个专有名词，写入了国家的正式文件。

② 潘屹：《中国农村的民主试验田——看东北农民海选》，《华声月报》1948年第3期。

中国的前景，我深信，经济、政治制度、文化观念越来越迫切地需要沿着人类文明大道的良性互动，当然，这不意味着我们忘记经济的基础作用，乃至国家在一定历史时期可以有不同的侧重点。而对个人而言，则大可依据自己的性情条件，选择努力的方向，没必要再如五四时代知识分子面对歧路时内心那般尖锐、紧张，甚至对本应是自己同行者的人也投以轻视的一眼。①

在新文化运动时期曾亲临中国讲学观察的罗素，讲过一段意味深长的话："中国的人口占到全世界的四分之一，所发生的问题即使对中国以外的任何人没有影响，本身也具有深远的重要性，事实上，在未来的两个世纪里，无论中国朝好的方向发展，还是朝坏的地方发展，都将对世界的局势产生决定性的影响。"② 诚哉斯言！如果它对无视中国的西方人是善意的提醒，对当代中国人来说，便是沉甸甸的责任，中华民族应该把自己的事情办好，以无负于先人，无愧于子孙后代，那时必将对全人类作出更积极的贡献。

21 世纪中国现代化的巨轮应在选准大方向的基础上，坚定而快速地前行，历史已给了我们以深刻的启示，现在，最重要的是将其化为全民族的共识和行动，朝着李大钊、蔡元培、鲁迅、陈独秀……深深企盼并为之奋斗、献身的目标——中华民族的振兴和腾飞而努力。尽管困难重重，但我们别无选择！

（原载于《中国哲学史》1999 年第 2 期）

① 在"政治挂帅"、"左"倾思潮盛行时对"教育救国"、"实业救国"等的批判，可谓这种思维方法的极致。

② 罗素：《中国问题》，学林出版社 1996 年版，第 1 页。

康有为《论语》观析论

曹润青

一、从“兼有今古”到“真伪混淆”

康有为写作《论语注》是在戊戌变法（1898）失败后避居印度大吉岭的1902年，然而据《论语注》康氏的自述，他注解《论语》的行为要远早于此时，“昔尝为注，经戊戌之难而微矣”[①]。这说明在戊戌变法前康有为已有关于《论语》的注本，只是没能保存下来。事实上，康有为很早就已开始关注《论语》。早在写作《教学通义》（1885）时，康有为已经有“《论语》兼有今古”的观点。

> 今修《礼案》，欲决诸经之讼，平先儒之争，先在辨古今之学。……古学者，周公之制；今学者，孔子改制之作也。辨今古礼，当先别其书。今[②]学者，周公之制，以《周礼》为宗，而《左》、《国》守之。孔子改制之作，《春秋》、《王制》为宗，而《公》、《穀》守之。孟子、荀子及战国诸子多今学，盖皆从七十子出也。……《易》、《书》、《诗》、《论语》兼有今古，而与《王制》、《周礼》不同。[③]

这一时期，康有为有意仿照《刑案汇览》编修《礼案汇览》，希望将中

---

① 康有为著，楼宇烈校：《论语注》，中华书局2012年版，《序》第4页。此处引文标点与原书编校者不同，为本文作者改动。

② 原编者案：“‘今’，疑作‘古’”。参见康有为：《教学通义》，载《康有为全集》第1集，中国人民大学出版社2007年版，第50页。

③ 同上。

国历史上的礼制文献及礼制沿革情况尽收于一书，以备当世改革参考之需。但是想要编修《礼案》，首先就需要解决今古文之争这一最核心的问题，以“决诸经之讼，平先儒之争”。在此，康有为提出以礼制之别区分今古文经学的观点，将古文经学看作是有关周公制作之学，今文经学看作是有关孔子改制之学，并进一步将《周礼》视作代表周公之制的核心经典，《春秋》、《王制》视作代表孔子改制之作的核心经典，并以此为基础界定了今古文经学的范围。其中，《论语》与《周易》、《尚书》、《诗经》一同被康有为视作今古文杂糅之作，与《王制》纯属今文经学范畴、《周礼》纯属古文经学范畴性质有别。

对于古文经，康有为明确提出“其古学之殊者，存之以沿革之增改”①，以平分今古、兼收并蓄的客观态度以求《礼案》之齐备。不难看出，此一时期康有为深受古文经学的影响，他视古文诸经为记载周公制作的文献，并赞美《周礼》“范围后世而尊之无穷者，诚美备也”②。然而与此同时，康有为也极为关注今古文之异，瞩目于周公孔子礼制之别，他指出：“朱子曰：古礼必不可行于今日。不独古今异宜，文为须称，实则三古异时，周、孔异制，诸经互乖，理不可从，后师附会，益加驳杂。”③“礼家殊说，诸经皆是。若《王制》、《周礼》、《左传》、《孟子》，抵牾尤甚。”④康有为注意到了周孔礼制经义的“互乖”与“抵牾”，然而他据朱子“礼时为大”之义提出“使圣贤者有作，必不从古之礼。只是以古礼灭杀，从今世俗之礼”及“新王改制，修定礼乐，本是常事”的观点，指出周孔异制恰是礼制适应社会发展与时偕行的合理表现。康有为以朱子“礼时为大”之义调和今古，周公制礼与孔子改制的观点并存于其思想当中，体现了康氏此一时期平分今古的经学立场，他既深受古文经学的影响，盛赞周公制礼作乐，同时他又认同孔子改制这一今文经学的核心观点。受这一经学立场的影响，《论语》被康有为视作“兼

① 康有为：《教学通义》，载《康有为全集》第1集，中国人民大学出版社2017年版，第51页。

② 同上书，第48页。

③ 同上书，第49页。

④ 同上。

有今古”之作，周公制礼作乐与孔子改制的内容在《论语》中都有体现。

与《教学通义》表现出的“平先儒之争，辨今古之学”这一平分今古的立场不同，在《新学伪经考》这本彻底宣告康有为今文经学立场的著作中，康氏明确站在今文经学的立场上对古文经学提出了严厉的批判。

> 歆造古文以遍伪诸经，无使一经有缺，至于《论语》、《孝经》亦复不遗。传鲁《论》之庸生，当亦歆所窜入，以实其伪经之传人耳。鲁《论》由张禹传至东汉，包氏、周氏之说犹其真派，然已杂合齐、鲁，乱家法矣。至郑康成杂合古今，真伪遂不可尽考。①
>
> 西汉以前但有博士之经，即秦火不焚之本、孔氏世传不绝之书，无阙文亦无异本也。歆伪作古文以窜易六艺，或增或改，诸经皆遍，以其伪古经文加于孔子今文经之上。……“《论语》古二十一篇，《齐》二十二篇，《鲁》二十篇”，《论语》古，歆伪也；齐、鲁《论》者，七十子所传也。②

康有为宣告今文经学是孔子真经，指出秦始皇焚书只涉及民间所藏之书，官方秘府所藏、博士所职之书都并未殃及，因此，今文经学就是孔子真经的全部，“无阙文亦无异本”，具有唯一的合法性，康氏由此对今文经学的唯一神圣性做出根本论证。正是在今文经学立场的指引下，康有为对古文经予以了彻底的否定，认为古文经皆为刘歆伪作，与孔子无关。刘歆辨伪群经，试图混淆孔子大道，“以其伪古经文加于孔子今文经之上”，刘歆乃是窜圣之千古罪人。

对于《论语》，康有为指出《论语》今文真经也受到以刘歆为代表的古文经学传统的破坏。具体而言，康有为认为齐《论》、鲁《论》为七十子所传，属于今文经学，为孔门真传，古文《论语》则为刘歆伪造。康氏甚至根据王充《论衡·正说篇》的材料，认为“古文不止二十一篇也，王充必有所

① 康有为著，朱维铮、廖梅编校：《新学伪经考》，中西书局 2012 年版，第 89 页。

② 同上书，第 107 页。

见。则歆之伪《论语》尚不止二十一篇，特歆不敢著之《七略》耳”①。“刘歆所伪为三十篇与《汉志》不同者。盖歆作《七略》时，未伪河间之九篇也。”②认为刘歆伪古文《论语》乃为三十篇，对《汉书·艺文志》及《隋书·经籍志》有关古文《论语》二十一篇的记载提出异议。

在康有为看来，刘歆伪造古文《论语》造成权威动摇、今古并行的局面，是为始作俑者；而张禹合齐鲁之学成《张侯论》、郑玄杂采今古注释《论语》则成为《论语》真经败坏、刘歆伪古《论语》从此大行于世的关键原因。康氏据此对张禹、特别是对郑玄提出了继刘歆之后最为严肃的批判。“郑氏注已参考《古论》，则《论语》已杂乱而‘盛于人间’”③。“得《论语郑注》而今古学俱备，不知齐、鲁《论》亦失真矣。其注《诗》、《书》、《礼》、《论语》如此，其注群经当亦然。于是今古杂糅，不可复辨。”④据此，康有为指出在刘歆、郑玄之后，《论语》今古杂糅，“真伪已不可尽考”。

《论语》因刘歆作伪而真伪混淆的观点在《新学伪经考》中已经成型，并在《论语注》中得到进一步继承，其主要观点与《论语注》完全一致。在《论语注》中，康有为认为《论语》“真伪混淆”，“为刘歆之伪学所乱，而孔子之道益杂羼矣”：

> 刘歆伪古文《论语》，托称出孔子壁中，又为传托之孔安国，而马融传而注之，云多有两《子张》篇，分《尧曰》以下子张问政为《从政》篇，凡二十一篇，篇次不与齐、鲁同。桓谭《新论》谓文异者四百余字，然则篇次文字多异，其伪托窜乱，当不止此矣。自郑玄以鲁、齐《论》与古《论》合而为书，择其善者而从之，则真伪混淆，至今已不可复识。于是曾门之真书亦为刘歆之伪学所乱，而孔子之道益杂羼矣。⑤

---

① 康有为著，朱维铮、廖梅编校：《新学伪经考》，中西书局2012年版，第89页。

② 同上书，第232页。

③ 同上。

④ 同上书，第177页。

⑤ 康有为著，楼宇烈校：《论语注》，中华书局2012年版，《序》第3—4页。

在《论语注》中，康有为虽然不再有古《论语》实为三十篇的看法，但是包括刘歆作伪、郑玄传伪经在内的基本观点仍然一以贯之，由此可见，《论语》因刘歆作伪而为真伪混淆之书可被视为康有为经学立场确立后思想成熟期《论语》观的主要内容。不难发现，从《教学通义》的“兼有今古”到《论语注》的“真伪混淆”，康有为的《论语》观发生了极大转变，这种转变当然直接关涉的是康氏经学立场的变化，与康有为将古文经学视作刘歆“伪造”直接相关，导致《论语》的性质从真经一转而成为被刘歆伪学所遮蔽的经籍。在今文经学立场根本确立前，《论语》中的不同礼制被康有为视作周公之制与孔子之制的不同呈现，而在今文经学立场确立后，《论语》中的不同礼制不再代表周公与孔子的不同，而成为孔子三世制度因时而异的体现，孔子也因此被康氏视作中国历史上最伟大的圣王。相应地，《论语》中关于推崇周公的条目以及将孔子塑造为“述而不作”传承者形象的条目则被康有为视作刘歆作伪之迹，成为《论语》“真伪混淆”的直接证据。然而需要指出的是，尽管康有为的《论语》观由于经学立场转变的原因发生了极大的变化，但是他以礼制、制度的视角考察《论语》的视角和方法却是一贯的，康有为始终站在经世致用的立场从制度立论，希望深入探求中国历史上制度设立的原因、变化及其对当时的借鉴意义，体现了从治教亦即外王的角度继承孔子之学的致思方向，不同的只是他对于中国历史上制度设立者的思考产生了根本性的变化，他不再将周公视作制礼作乐的圣人，而将孔子一人推上圣坛，视孔子为为中国历史乃至世界历史订立三世之法的大圣人与大教主。

二、正伪古之谬，发大同之渐

为了区分《论语》真伪，肃清刘歆伪古文《论语》的影响，康有为写作《论语注》，通过逐条考辨《论语》以还齐鲁之旧，“正伪古之谬”[①]。在《论语注》中，康有为指出《论语》被刘歆篡改的章句至少有四章，其中，两章是全文伪造，分别为《公冶长》篇的“巧言令色”章和《述而》篇的“甚矣吾衰”章。

---

① 康有为著，楼宇烈校：《论语注》，中华书局 2012 年版，《序》第 4 页。

子曰：巧言、令色、足恭，左丘明耻之，丘亦耻之。匿怨而友其人，左丘明耻之，丘亦耻之。

按，此章为古文伪《论语》，刘歆所窜入也。《史记·仲尼弟子传》无左丘明名。《史记》称“左丘失明，厥有《国语》”。则左氏名丘，亦非名明也。今《左氏传》称陈敬仲五世其昌，称魏万诸侯之子孙，必复其始。又，《传》文终于韩、赵、魏之灭智伯。孔子没后二十八年，魏氏为侯，孔子没后七十八年，田和篡齐。和为敬仲八世孙，在孔子没后九十五年，既非弟子。孔子称其盛德，而自称名，当为孔子前辈，否亦孔子同时人，何得后孔子百年犹在乎？即老寿亦安能尔？其为刘歆伪古文可断矣。①

子曰：甚矣吾衰也！久矣吾不复梦见周公。皇本“公”下有“也”字。《释文》：“本或无‘复’字。”

衰，肌肤消也。按，《论语》一称周公，但曰才美。周公之盛德，不过类本朝开国之摄政王，孟子仅称其兼夷狄、驱猛兽耳。孔子包举百王，民主称尧舜，君主尊文王，群经皆不甚称周公，亦不甚慕周公，况至人无梦乎？刘歆伪经皆托周公，欲以易孔子，故首以伪《周礼》托之周公，因谓《仪礼》亦周公所作。于《易》，则称爻辞为周公所作，《尔雅》又谓周公所作，遍征其文于群书，以证成之。唐时，乃至尊周公为先圣，抑孔子为先师，谬甚矣。此章既无大义，托之孔子梦幻，特以尊周公抑孔子，盖刘歆窜入之伪古文也。②

两章是部分篡改，分别为《述而》篇的“述而不作”章和“加我数年”章：

子曰：述而不作，信而好古，窃比于我老彭。

① 康有为著，楼宇烈校：《论语注》，中华书局2012年版，第67—68页。此段引文标点与原书编校者有所不同，为本文作者改动。

② 同上书，第89页。

按，此窜改之伪古文也，虽非全行窜入，则孔子以不作好古称老彭，而刘歆增改“窃”字，原文或是“莫比”二字。①

康有为认为刘歆改“莫”为“窃”，此章今文原文应为“子曰：述而不作，信而好古，莫比于我老彭。”

子曰：加我数年，五十以斆，亦可以无大过矣。郑注：鲁读“易”为“亦”。

《汉外黄令高彪碑》：“恬虚守约，五十以斆”，正从《鲁》读之句读，则汉人《论语》本无学易之说至明。经传易改，碑文难窜乱也。……故改曰学《易》，以明《易》非孔子所作，抑以无大过，以明孔子之为后学。盖欲篡孔子之《易》，窜改《论语》，附会《史记》，以证成之。②

康有为认为刘歆改“亦”为“易”，此章今文原文应为“子曰：加我数年，五十以斆，亦可以无大过矣。”

综观康有为以上四章的考证，除去《述而》篇的“加我数年”章，康氏没有任何的文献证据，完全依凭己意便断定此三章为刘歆全文或部分伪造，其论证极为牵强。即使“加我数年”章，康有为援引郑玄注“鲁读‘易’为‘亦’”及《汉外黄令高彪碑》“恬虚守约，五十以斆”的证据，对于证实此章经文应为“五十以斆，亦可以无大过矣”具有较大参考价值，但是为何以“易”代“亦”不是流传过程中产生的讹误，“易”、“亦”之别为何不能理解为齐、鲁之间的差异，以“易”代“亦”为何可被坐实为刘歆所为，康有为未做说明，而是直接将其理解为刘歆的别有用心，径以乱经之罪归咎刘歆。

暂且撇开康有为的武断不论，康氏之所以对上述四章经文予以极大关注并断言它们经过刘歆伪造，其根本原因在于康氏认为这四章经文集中体现了“伪古之谬”。在康有为看来，这四章经文分别涉及了《左传》、《易经》、周公及孔子，而《左传》与周公正代表着康有为心目中古文经学的核心，《易

① 康有为著，楼宇烈校：《论语注》，中华书局2012年版，第87页。

② 同上书，第95—96页。

经》指涉的六经及孔子则代表着康氏心目中今文经学的核心，康有为认为刘歆正是通过伪造这四章经文以重新界定周公与孔子的关系、《左传》与六经的关系以及六经与孔子的关系。在这四章经文中，刘歆推崇周公和《左传》，贬抑孔子，“以孔子为述而非作，从周而非改制”①，制造了从真到伪的混淆，从此刘歆塑造的周公成为中国历史上制礼作乐的圣王，孔子则仅被视作传承周公之道的“述者”，孔子作为改制圣王的真实身份及孔子所订立之法被世人永久遗忘了。尽管自汉代以来，《论语》作为六经之传记为士人广泛学习，然而人们囿于刘歆塑造的孔子，对孔子大道虽然有所发现，但终究无以见孔子之道之大之全。

进一步地，康有为指出刘歆贬抑孔子、攻击今文经的重点在于抹杀孔子改制之说，抹杀孔子作为素王进行改制的事实。“刘歆欲篡孔子圣统，必先攻改制之说。”② 在康有为看来，刘歆正是通过遍伪群经，拔高周公以“篡孔子圣统”，使孔子长期遮盖在周公阴影之下，同时将六经与周公相连，依托《左传》、《周礼》攻击今文真经，使六经所载孔子三世学说失去话语权，最终导致孔子所订据乱、升平、大同三世之法的失传。具体而言，康有为认为刘歆以攻击孔子改制之说为重点有意在《论语》中制造混淆，其做法主要表现为两个方面：第一，拔高周公而贬抑孔子；第二，以周公取代孔子作为六经中心的地位，认为六经并非孔子改制之作，而是反映孔子述周公之道的著作。

关于周公与孔子的关系，康有为指出孔子并不特别推崇周公，《论语》中《泰伯》一章最能真实反映孔子对周公的评价：

子曰：如有周公之才之美，使骄且吝，其余不足观也已。

周公多才多艺，如创制指南车之类，故称才美。骄，矜夸也。吝，鄙啬也。矜夸鄙吝，常人视为小过，而孔子最所深恶。以其自私而背于公德，反于大同，令人道退化，人群不合，故以为大恶。虽有周公

① 康有为著，楼宇烈校：《论语注》，中华书局2012年版，第234页。

② 同上书，第87页。

之才美，不能赎之，以虽才美而不能公之于人，智而不仁。反是而思，恭逊为行己之门，施舍为待人之门，苟能二德，虽无才，亦孔子所许矣。一部《论语》，称周公只有此章，但称才美，未叹至德。然则，后世以周公为先圣，至降抑孔子为先师者，足见刘歆作伪之惑矣。①

康有为认为虽然孔子以德才兼备评价周公，然而所谓德并非指制礼作乐的圣人之德，而是指恭逊与施舍的美德；所谓才则是指周公多才多艺，曾经发明过指南车。因此康有为指出孔子并没有将周公视作理想的圣王典型，"《论语》一称周公，但曰才美。周公之盛德，不过类本朝开国之摄政王，孟子仅称其兼夷狄、驱猛兽耳。孔子包举百王，民主称尧舜，君主尊文王，群经皆不甚称周公，亦不甚慕周公，况至人无梦乎？"② 周公的地位类似后世开国的摄政王，其在历史中发挥的政治作用在于稳定西周初年的政局，但是周公并没有像尧、舜、文王那样被孔子视作圣王的代表，在他们身上孔子寄托自己心中的政治理想，寓有托古改制的深意。

因此，康有为指出刘歆通过伪造"甚矣吾衰"章重新塑造周公与孔子的关系，以孔子梦想周公将周公塑造成孔子企慕的圣王，"述而不作"章又进一步将孔子定义为传述周公之道的"述者"，与托梦周公一章互相应和。由此彻底遮蔽了孔子作为神明圣王、改制教主的历史身份，将制礼作乐这一圣人之事归之于周公，最终造成历史上"尊周公为先圣，抑孔子为先师"③ 的大谬结局。

关于六经与孔子的关系，康有为指出孔子是天降圣王，有作图制法之事，孔子为万世订立之制度就记载在六经："《春秋纬》曰'天降'，《演孔图》中有作图制法之状。孔子仰推天命，俯察时变，却观未来，豫测无穷，故作拨乱之法，载之《春秋》。删《书》，则民主首尧、舜，以明太平；删《诗》，则君主首文王，以明升平。《礼》以明小康，《乐》以著大同，系《易》则极

① 康有为著，楼宇烈校：《论语注》，中华书局 2012 年版，第 115 页。

② 同上书，第 89 页。

③ 同上。

阴阳变化，幽明死生，神魂之道。作《春秋》以明三统三世，拨乱、升平、太平之法。故其言曰：文王既没，文不在兹？又曰：天生德于予。虽借四代为损益，而受命改制，实为创作新王教主，何尝以述者自命，以老彭自比乎？”① 康有为指出六经为孔子所作，六经即是孔子为后世所立之法：《春秋》载三世之法，《书》托称尧舜以明太平之制，《诗》托称文王以明升平之制，《礼》、《乐》分别著小康、大同之礼，《易》则贯通天人阴阳、包死生性命之理。因此，“六经皆孔子改制所托”②，六经是孔子为“改制之新王教主”的明证。

在康有为看来，刘歆为了抹杀孔子改制的事实，必须破坏六经。康氏指出刘歆对六经的破坏采取了不同的方式，第一，刘歆造伪经以乱真经，具体表现在《春秋》和《周礼》上。康有为指出作为孔子改制思想基础的三世说集中体现在《春秋》，而《公羊》、《穀梁》最为孔子《春秋》经义真传。刘歆为了攻击《公羊》、《穀梁》两传，于是伪作《左传》以乱《春秋》。在《论语》中刘歆便是通过伪造“巧言令色”一章以褒奖《左传》，实现其贬抑《公》、《穀》的目的：

> 盖孔子改制，三世之学，在《春秋》，皆弟子亲传其口说。刘歆伪编《左氏传》以攻《公》、《穀》，遍为古证于诸经，因窜丘明名于此，以著左丘好恶与圣人同，以惑后人，以为攻《公》、《穀》计。岂知左丘作《国语》，而非传经，又不在七十子之列，其详见吾所撰《伪经考》。③
>
> 刘歆欲篡孔子圣统，必先攻改制之说。故先改《国语》为《左氏传》，以夺口说之《公》、《穀》。《公》、《穀》破而微言绝、大义乖。故自晋世《公》、《穀》废于学官，二家有书无师，于是孔子改制之义遂湮，三世之义几绝。孔子神圣不著，而中国二千年不蒙升平太平之运，皆刘歆为之。④

① 康有为著，楼宇烈校：《论语注》，中华书局2012年版，第87页。

② 同上书，第234页。

③ 同上书，第68页。

④ 参见同上书，第87—88页。

同时，刘歆“以伪《周礼》托之周公”[1]。

第二，刘歆夺孔子之真经以归周公，“谓《仪礼》亦周公所作”[2]，《易》亦非孔子所为。“五十以学”章的注释，康有为指出刘歆改“亦”为“易”字，正使孔子作《易》的事实被扭曲成为孔子学《易》的证据。

盖《易》之八卦，画自包牺，六十四卦，重自文王，今文家司马迁、杨雄皆无异说。故全《易·彖》、《象》、《系辞》、《文言》皆孔子所作，其《说卦》为河内女子所得，乃后出，《序卦》、《杂卦》为刘歆所伪附，见吾《伪经考》。盖孔子以道阴阳、极天人、穷未来之数，发灵魂之变者，其道奥深。……刘歆既以《左传》篡孔子之《春秋》，又造伪说，谓《彖辞》作于文王，《象辞》作于周公，孔子仅为《十翼》。故改曰学《易》，以明《易》非孔子所作，抑以无大过，以明孔子之为后学。盖欲篡孔子之《易》，窜改《论语》，傅会《史记》，以证成之。幸有鲁读及《史记》今文犹存，犹得以证其伪乱。俾大圣作《易》之事，如日中天也。[3]

在康有为看来，刘歆伪经皆托周公，夺孔子真经亦归之于周公，其目的在于取消孔子作为六经核心的地位，而代之以周公，如此一来，六经就不再是孔子改制之作，而成为孔子追述周公之志的记录，周公显然成为道统的中心所在。在刘歆对六经的破坏下，《仪礼》、《周易》固然与孔子不再有关系，即使《诗》、《书》、《春秋》与孔子关联甚深，但在这种解释下，《诗》、《书》、《左传》解释系统下的《春秋》亦不再是孔子改制之作，而成为孔子传承周公而作。“以孔子为述而非作，从周而非改制。于是，孔子微言绝，大义乖矣。”[4]

---

① 康有为著，楼宇烈校：《论语注》，中华书局 2012 年版，第 89 页。
② 同上。
③ 同上书，第 96 页。
④ 同上书，第 234 页。

三、《论语》之学，实曾学也

“惜口说既去，无所凭借，上蔽于守约之曾学，下蔽于杂伪之刘说，于大同神明仁命之微义，皆未有发焉。”① 在康有为看来，《论语》除了受到刘歆伪古文经学的影响外，还受到了曾子之学的影响。尽管不同于刘歆以伪经淆乱真经的做法，曾子因其学说之狭隘同样导致了孔子“大同神明仁命”的大道在《论语》中未得到充分发明。

在《论语注》中，康有为不同意郑玄以《论语》为仲弓、子游、子夏后学撰定的观点，康氏认为《论语》乃是曾子后学编纂并提出两点根据：第一，《论语》尊称曾子为子，称其他弟子则或名或字；第二，《论语》特别记载了曾子临终时的情景，由于曾子在孔门弟子中年齿靠后，且又老寿，因此曾子死时孔门同辈弟子应该都早已离世，那么记载曾子之死的只可能是曾子后学。② 根据曾子在《论语》中表现出的这种特殊性，康有为将《论语》的编纂者归为曾子后学。

进一步地，康有为指出由于《论语》出自曾子后学之手，因此《论语》不得孔子之学的精华，《论语》实为曾子之学而非孔子之学。

> 夫以孔子之道之大，孔门高弟之学术之深博如此，曾门弟子之宗旨学识狭隘如彼，而乃操采择辑纂之权，是犹使僬侥量龙伯之体，令鄙人数朝庙之器也。其必谬陋粗略，不得其精尽，而遗其千万，不待言矣！③
>
> 曾学既为当时大宗，《论语》只为曾门后学辑纂，但传守约之绪言，少掩圣仁之大道，而孔教未宏矣。故夫《论语》之学实曾学也，不足以尽孔子之学也。④

---

① 康有为著，楼宇烈校：《论语注》，中华书局 2012 年版，《序》第 4 页。

② 参见同上书，《序》第 1 页。

③ 同上书，《序》第 2 页。

④ 同上。

康有为明确将《论语》之学与孔子之学进行了区分，并显示出对《论语》的极大不满。康有为认为《论语》整体格局促狭，思想“谬陋粗略”，专重个人守约，不知孔子圣仁的大道，这表明《论语》主要表现的乃是曾子的学术宗旨。在《论语注》中，康有为指出《论语》所辑曾子之言共计十八章，都以约身笃谨为归宿，与《大戴礼记》曾子十篇的旨趣一致，特别是《泰伯》篇所载曾子临死时的两章最能体现其思想宗旨。

> 曾子有疾，召门弟子曰：“启予足！启予手！《诗》云：‘战战兢兢，如临深渊，如履薄冰。’而今而后，吾知免夫，小子！”
>
> ……曾子终身盖以孝谨自守者，今《大戴礼·曾子》十篇，率皆守身之言，其宗旨在此，其立行亦在此。……曾子终身戒谨，仅能全不敢毁伤之义。然此义也，不过孝之始而已。①
>
> 曾子有疾，孟敬子问之。曾子言曰：“鸟之将死，其鸣也哀；人之将死，其言也善。君子所贵乎道者三：动容貌，斯远暴慢矣；正颜色，斯近信矣；出辞气，斯远鄙倍矣。笾豆之事，则有司存。”
>
> ……将死时不待问而发论，以为道之所贵者，乃仅在容貌不暴慢，颜色宜庄正，词气勿鄙倍三者。此皆外身修饰之事，无一性命之微言，皆初学持循之功，无一自得之受用。……鄙人始读，见谓将死言善，君子所贵，郑重出之如此，以为必有精义，不意肤末若是，宜叶水心以曾子为未尝闻道也。……盖曾子之真实心地，刻苦工夫，自为笃信好学者，然其所得品诣在善信之间，于佛法中为神秀，与明儒康斋，近人倭仁相类，终日省身寡过而已。其于充实光辉尚远，何况大化乎？惜其亲炙神明圣王，而不得闻配神明育万物六通四辟之道，性天阴阳之理，三世大同之法，非斯人而谁与，举老少而安怀，但知《孝经》守身，仅闻孔子万法之一端而已。②

---

① 康有为著，楼宇烈校：《论语注》，中华书局2012年版，第109页。

② 同上书，第110—111页。

在康有为看来，曾子临终之言只知守身，仅得孔子一义，其成就之人格在善信之间，于充实光辉尚存在一定距离，更遑论孔子大而化之的境界。因此曾子之学乃是孔门“小乘”之学，与有子“大乘”之学相抗。

> 盖孔门之后，儒虽分八，而本始实分二宗。譬之禅家，有子广大如慧能，曾子谨严若神秀也。惜有子早没，故所传不及曾子之广。[①]
>
> 曾子所生为鲁人，近圣人之居，久染大教，其寿九十，言论最多，发明最久，弟子最众，故与有子分峙，而尤为孔门最大之宗派。……然于孔子至仁太平之大道不甚发明，其与有子开口言仁者，大小迥殊矣。盖有子为大乘，曾子为小乘，后学以曾子为大宗而尊信凭守之，于是孔子之大道不光，未必不因此。[②]

康有为认为孔子没后，孔门最初只分为有子和曾子两支。有子发明孔子至仁太平之道，非其人不传，为孔门之大乘；曾子则传守约戒谨之教诲，适用于人伦常行，人人可教，乃是孔门小乘。在此基础上，康有为进一步提出有子为子游之师，子思、孟子为子游后学的看法，重新建构起有别于宋儒的孔门传承谱系：“有子，孔子弟子……孔子没后，子夏、子游、子张之贤皆师之，盖为孔子传道之大宗子。……当时惟曾子不从，故别为一宗。《荀子·非十二子》篇，以子思、孟子案饰其言，以为仲尼、子游为兹厚于世，则子思、孟子为子游后学。而子游尝事有子，故有子实尽闻孔子之大道者。……惜有子早没，故所传不及曾子之广。后儒列十哲，挤有子于末，而以子思、孟子出于曾子，实沿王肃伪《家语》之谬，不足据也。”[③] 康有为突破了宋儒以来曾子一支独大的情况，欲在曾子之外，以小康大同三世之学为中心重新建构孔子、有子、子游、子思、孟子的孔门传承谱系，这是康氏构建其思想系统的内在要求。

---

① 康有为著，楼宇烈校：《论语注》，中华书局 2012 年版，第 4 页。

② 同上书，第 6 页。

③ 同上书，第 4 页。

康有为将《论语》之学区别于孔子之学，并进一步指出《论语》在汉代的地位并不高。由于作为传承孔子之学的六经口说在汉代尚存，因此《论语》作为传记仅仅被视作“六经附庸”，对于发明孔子之道只起“辅助”作用，不足以大彰孔道。① 但是《论语》在后世被抬高到“孔教正宗大统”的地位，其原因在于刘歆与朱熹两人，刘歆作伪经导致真经淹没，刘歆之后以朱熹为代表的宋儒，由于学术旨趣与曾子相近，于是发明孔道，误将《论语》之学认作孔子之学的全体，削孔子之足适曾子之履。“以《大学》为曾子之书，与《中庸》、《论语》、《孟子》名为四子。于是，曾子上列颜、思为四配，为孔道之正宗，而天下学者亦尊之。于是，中国之言孔学者，仅在守身，而孔子重仁之大道，一切皆割弃，甚至朱子见《礼运》之大同且疑之矣。此则后儒轻说妄尊之罪，而于曾子无与也。”② 康有为批评宋儒妄尊曾子，导致后世将曾子守约之学目为孔子之学，而孔子大同之学不得其传，这非曾子之过，实乃宋儒之过。因此，康有为认为在朱子之后，孔子之学“实为曾、朱二圣之范围”③。

康有为站在今文经学的立场上，对刘歆和曾子（以及与曾子一脉相承的宋儒）提出了严厉的批判，康有为认为他们共同遮蔽了孔子改制的历史真相，从而湮没了孔子三世之法，导致中国社会长期停滞不前。因此康有为欲重新注释《论语》，以公羊三世之说、大同太平之法、性命阴阳之理重新发明孔子之道，从而令中国一睹孔子之道的真容，进而走向变法发展的大道。

（原载于《中国哲学史》2018 年第 4 期）

---

① 康有为著，楼宇烈校：《论语注》，中华书局 2012 年版，《序》第 2 页。

② 同上书，第 111 页。

③ 同上书，《序》第 4 页。

化合古今东西以建设新文化

——梁启超新文化思想研究

王　雅

近现代中国由于西方列强坚船利炮强行打断社会发展进程，带给中国社会、中国人特别是晚清一代中国知识分子的冲击是前所未有的，他们大多出身科举，饱读中国古代典籍，对中国固有文明有深刻的理解和深深的眷恋，对传入的西方文明也能快速学习并在一定程度上接受，可以说是处于古今中西即传统与现代、民族与世界的冲突的夹缝中，为自身及中华民族的生存和发展，他们积极寻找强国保种和中华民族的现代化之路。梁启超就是其中重要的代表性人物，他参与了近现代中国多次的政治变革，前后多次改变自己的政治观点，所以当时人多谓其善变，梁启超自己亦承认自己，“不惜以今日之我与昨日之我战”①。但有三条思想主线基本不变：一是从爱国主义出发建设新国家；二是以化合论的方法和原则建设新文化；三是以世界主义的视野塑造新国民，唤醒民族精神之自觉。对于第一个不变，学界已达成共识，梁启超本人亦自认。关于第二、第三个不变是本人在研读梁启超著作中的初步体会，现在整理出来，以求教于大家时贤。

一、以化合论的方法和原则建设新文化

梁启超生当晚清和民国社会激烈转变之际，一生经历了中国近现代所有重大历史事件并亲身参与其中，甚至是其中的领袖或核心人物。

① 梁启超：《饮冰室合集·文集》，中华书局1989年版，第69页。

17岁（1889年）参加科举考试时受到当时清朝维新派大臣李端棻的赏识，李端棻做主将堂妹许配梁启超为妻；18岁（1890年）入京会试，“从坊间购得《瀛环志略》，始知有五大洲各国”[①]；19岁（1891年）跟随康有为，研习“中国数千年来学术源流，历史政治沿革得失，取万国以比例推断之”[②]；26岁（1898年）戊戌变法失败后与康有为流亡日本；27岁（1899年）自述“稍能读东文”，接受经过日本改造后的西学（他称之为“东学”）——诸如社会学、经济学、伦理学等，“思想为之一变”。与孙中山交往密切，渐赞成革命。是年底，受美洲中国维新会之邀赴美，直接接受西方文明，思想转向改良、立宪[③]；28岁（1900年）勤王事败后出游南洋、澳洲；30岁（1902年）在日本横滨创办《新民丛报》，“本报取《大学》新民之义……务采合中西道德以为德育之方针[④]。之所以详述梁启超这段时间的经历，意在说明其化合论的理论与实践依据。17岁之前熟读中国古代典籍，有坚实的中国古典文化素养，深切了解中国古代文化的优劣长短；又因其出身与半农半儒的乡绅，经由科举参政，达致上层，对当时中国社会问题的症结和出路的认识比较现实也比较理想。18岁之后间接、直接地了解和接受东（日）西方文明，并与当时中国社会的现实问题联系起来思考，认为解决中国问题最好的理论与出路就是化合论。

化合论就是“拿西洋的文明来扩充我的文明，又拿我的文明去补助西洋文明，叫他化合起来成一种新文明”[⑤]。这虽是在其48岁考察欧洲之后所作的《欧游心影录》中提出的，但早在1902年的《论中国学术思想变迁之大势》中已提出了著名的中西文化“结婚论”：“盖大地今日只有两文明。一泰西文明，欧美是也。二泰东文明，中华是也。二十世纪，则两文明结婚之时代也。吾欲我同胞张灯置酒，迓轮俟门，三揖三让，以行亲迎之大典。彼西方美人，

① 丁文江、赵丰田：《梁启超年谱长编》，上海人民出版社2009年版，第16页。

② 同上书，第17页。

③ “吾游美国而深叹共和政体实不如君主立宪者之流弊少而运用灵也。”梁启超：《饮冰室合集》，中华书局1989年版，第65页。

④ 梁启超：《新民说》，中国文史出版社2013年版，第18页。

⑤ 梁启超：《欧游心影录》，商务印书馆2014年版，第49页。

必能为我家育宁馨儿以亢我宗也。"[①] 在1903年的《释新民之义》中阐明"新民"的宗旨和方法时，提出："新之义有二：一曰，淬厉其所本有而新之，二曰，采补其所本无而新之。二者缺一，时乃无功。"[②] 从中可以看出，中西文化"结婚"，"淬厉其所本有而新之"和"采补其所本无而新之"，都是化合论的不同表述方式。所谓"化合作用"，不是将两种文化进行简单的外在形式上的相加，而是将两种文化的内在精神有机融合，最终形成新的文化体系。

以上三种表述说明梁启超的化合论是建立在对包括中国在内的世界文明发展史的考察之上的，在梁启超看来，人类文明的产生与发展是不同文明不断相遇与交媾的结果，如"我中华当战国之时，南北两文明初相接触，而古代之学术思想达于全盛。及隋唐间与印度文明相接触，而中世之学术思想放大光明"[③]。中国战国时代百家争鸣，学术大繁荣就是由于当时中原文明与东西南北不同地域文明交互影响，而隋唐时期源于印度的佛教的兴盛及之后产生的融合儒释道的宋明理学，可谓是中国古代文明第一次与外域文明相触相融。梁启超还以生物学（当时成为生理学）原理论证不同文明结合的优长："生理学之公例，凡两异性相合者，其所得结果必加良。"[④] 所以，他开导劝说国人以亲迎大礼娶"彼西方美人"，以"为我家育宁馨儿以亢我宗"[⑤]。这种文化的"宁馨儿"在本质上就是一种创造与创新，化合古今中西一切文明成果，使之相互会通（结婚）从而创新出具有鲜明民族文化个性又符合时代发展趋势的新文化。

可以说，梁启超的文化"结婚"理想就是通过化合创生民族新文化的一种思考与探索，首先，"结婚"的对象必须是"西方美人"而不是全体或随便的西方人，意即对西方文化必须有所选择，"若是不问好歹，无条件的移植过来，岂非人家饮鸩，你也随着服毒？"[⑥] 所以在文化化合的过程中，必须

① 梁启超：《饮冰室合集》，中华书局1989年版，第2页。

② 梁启超：《新民说》，中国文史出版社2013年版，第18页。

③ 梁启超：《论中国学术思想变迁之大势》，上海古籍出版社2001年版，第8页。

④ 同上书，第7页。

⑤ 此小节引文均出自梁启超：《饮冰室合集》，中华书局1989年版，第4页。

⑥ 梁启超：《东南大学课毕告别辞》，《时事新报》1923年1月20日。

排除西方文化中负面、丑陋的东西。其次，结婚的目的“为我家育宁馨儿以亢我宗”。表明以中国文化为本位孕育中国新文化，以光耀中华民族。

在文化化合过程中以谁为主问题上，梁启超始终坚持文化民族主义取向，这一点使得他在相当长的时间内被相当多的人误认为是民族文化保守主义者，其实这是对梁启超的误解，也是对文化民族性的误解。因为，每一个国家都有“一种独立之精神，祖父传子，子孙继之。然后群乃结，国乃成，斯实民族主义之柢泉根源也”①。即便“学问本无国界……材料却有分别，无论那个国家那个民族那个学问，都有他独立的资料；为他国家他民族所无。根据某种学科，已经发明的原则，证以本国从新搜集的资料；或者令原则的正确程度加增，或者遇必要时，加以修正，甚至完全改造。……这是一国家一民族对于人类文化的贡献，亦即他们对于人类文化的责任。”② 从这二段引文中可以看到梁启超的民族文化立场和世界视野的有机统一。梁启超主张在传统民族文化的根基上引进西方文化，以实现文化的革新：“新思想建设之大业——据吾所确信者，万不能将他社会之思想全部移植，最少亦要从本社会遗传共业上为自然的浚发与合理的箴砭洗练。”③ 这是对本民族的责任和义务，也是对人类文化的贡献和责任。他对当时推崇美国，去美国留学的清华学生：“诸君须要牢牢记着你不是美国学生，是中国留学生。”④ 将来评判留学归国学生功罪的标准，不在于学的多像美国人，而在于“对于中国文化有无贡献”。一个对中华民族文化茫然无知，只醉心欧化的归国留学生，难以形成文化上的民族“共同意识”，即民族认同感，也不可能对中国新文化有所贡献。在向东南大学学生演讲时，他再次强调：美国确实有许多长处，但是假如将其全部移植到中国，把中国变成东方的美国，“那真是罗素所说的，把这有特质的民族，变成了丑化了”⑤。这是他所不愿的，所以，他坚持文化

① 梁启超：《新民说》，中国文史出版社 2013 年版，第 18 页。

② 梁启超：《社会学在中国方面的几个重要问题研究举例》，夏晓虹辑：《〈饮冰室合集〉集外文》中册，北京大学出版社 2005 年版，第 1060 页。

③ 梁启超：《饮冰室合集》，中华书局 1989 年版，第 7 页。

④ 同上书，第 26—27 页。

⑤ 李华兴、吴嘉勋：《梁启超选集》，上海人民出版社 1984 年版，第 817 页。

化合必须以民族文化为基质，这也是梁启超化合论的原则之一。

化合论的原则和方法贯穿梁启超的思想和实践中，他以化合论的原则和方法提出了中国近现代史上的“新史学”、“新小说”、“新诗歌”等等。梁启超以对祖国深沉的热爱，对建设新中国的强烈责任感，站在全世界的高度，广迎五大洲的文明，努力化合为新国民新国家的理论与实践。在《饮冰室合集》中，梁启超介绍评说的欧洲、美国、日本、印度等国家五十多位古今哲学家、文学家、经济学家、自然科学家、政治家及其观点，可以说，那个时代所能了解到的重要思想家及其思想梁启超都怀着“迎娶西方美人”的喜悦心情去涉猎并用他那“带有感情的笔”介绍给国内的广大读者。尽管有些人据此认为梁启超的思想不够深刻，但作为中国启蒙思想家和实践家，他实实在在地不止影响了一代人——邹容、陈独秀、胡适、郭沫若、邹韬奋乃至毛泽东、周恩来等都程度不同地受到梁启超的启迪。胡适在他的《四十自述》中深情地写道：“我个人受了梁先生无穷的恩惠”①。青年毛泽东对梁启超极为钦佩，对梁启超《新民说》“读了又读，直到可以背出来”②。并取名曰“子任”(意即做梁任公的学生)，以“新民”为宗旨发起成立“新民学会”。

梁启超还以青年精神导师的身份建议青年学者：要发挥我们的文化，“目前预备工夫，自然是从研究西洋思想入手，一则因为他们的研究方法，确属精密，我们应该采用他；二则因为他们思想解放已经很久，思潮内容丰富，种种方面可供参考”③。所谓“欲善其事，必先利其器”，中国新文化能不能在古今中西融合中创生、发展，关键在青年一代对西方最新科学方法的掌握和运用。具体有四步路：“我希望我们可爱的青年，第一步，要人人存一个尊重爱护本国文化的诚意；第二步，要用那西洋人研究学问的方法去研究他，得他的真相；第三步，把自己的文化综合起来，还拿别人的补助他，叫他起一种化合作用，成了一个新文化系统；第四步，把这新系统往外扩充，叫人类全体都得着他的好处。”④这四步清晰地说明了化合的态度——对待传

① 欧阳哲生编选：《胡适文集》，北京大学出版社 1998 年版，第 71 页。

② [美] 埃德加·斯诺：《西行漫记》，三联书店 1979 年版，第 113 页。

③ 梁启超：《饮冰室合集》，中华书局 1989 年版，第 37 页。

④ 梁启超：《欧游心影录》，商务印书馆 2014 年版，第 51 页。

统文化尊重爱护；化合的方法——科学求真与化合中西；化合的目的——益于全体人类。这是梁启超站在民族立场和世界高度为中国新文化确立的方向。面对列强纷争，强者为王的世界现实中寻找中国的地位，中国文化的方向，“我国在世界现居何等位置，将来所以顺应之以谋决胜于外境者，其道何由?”① 这些问题必须在世界主义视阈下探索。所以，梁启超的文化化合论实际上包括三部分：一是对古代的、民族的文化的“淬历”；二是对世界上不同文化的“采补”；三是在前二者基础上的“结婚”，化合，由此产生的新文化不同于当时国粹派所强调的文化独特性，也不同于学衡派的文化共同性，更不同于“全盘西化”派，也与“中体西用”说有别，是一种将古今中西文化有机化合以创生中国新文化的努力，“欲以构成一种‘不中不西即中即西’之新学派”②。

梁启超不仅提出化合论的理论与方法，更身体力行进行古今中西的文化化合实践。从1916年高足护国将军蔡锷病逝后开始发起建立松坡（蔡锷，字松坡）图书馆，培养精通中国传统文化的人才。1923年初，又发起创办文化书院，拟自任院长。以弘扬中国古代学术文化为宗旨。除教学外，还组织人力整理校点古籍、择要翻译成西文介绍于世界；编纂文史教科书，创办定期刊物，随时发表同人研究心得，并组织巡回讲演。1920年发起成立共学社和讲学社，宗旨是邀请西方学者来华讲学，向中国传播当时西方主要思想，主张对于世界学说“无限制地尽量输入”，“要大开门户，把现代有价值的学说都欢迎，都要输入”③。同时组织编译西方著作，购置图书、出版杂志、选派留学生等，以期达到“培养新人才，宣传新文化，开拓新政治”④的目的。讲学社先后主请或参与邀请了美国实用主义哲学家杜威、号称当时世界上四大哲学家之一的英国哲学家罗素、德国生命哲学家杜里舒和诺贝尔文学奖获得者印度诗人泰戈尔。

梁启超这些化合古今中西的实践，虽因种种原因没有持续下来，但对当

① 梁启超：《饮冰室合集》，中华书局1989年版，第40页。

② 同上书，第7页。

③ 梁启超：《讲学社欢迎罗素之盛会》，《晨报》1920年11月10日。

④ 丁文江、赵丰田：《梁启超年谱长编》，上海人民出版社2009年版，第584页。

时中国思想文化风气的影响还是巨大的，对当时及之后的中国文化精神取向的影响也是不可忽视的。特别是在西化派和民族文化本位派的争论中，梁启超的不中不西、即中即西的文化观更符合中国和世界文化发展的趋势。

二、以世界主义的视野塑造新国民

梁启超生当中国受外患最危急，内政最变动的时代，古老的中华帝国受到东西方帝国主义列强的侵略抢夺，亲眼目睹民族危亡之即，一些平日把圣贤之训挂在嘴边的朝廷文武百官却弃礼义廉耻如敝屣，对帝国主义列强奴颜婢膝，不惜卖国以求自安；素日里以纲常行事的百姓亦麻木漠然，这些使他深深意识到中国固有思想道德中含有误国误民、亡国亡民的毒素。于是他以“吾爱孔子，吾尤爱真理。吾爱先辈，吾尤爱国家，吾爱古人，吾尤爱自由”①的精神，对中国固有的思想道德及其造就的国民性格进行解剖。他所运用的工具是西方的进化论、天赋人权论、社会契约论及自由平等博爱等资产阶级革命时期的思想，所采取的方法是把中国固有的思想道德、国民性格与世界上其他民族的道德观念特别是西方文艺复兴后的近代的道德观念、国民性格加以比较。

戊戌变法失败后，梁启超旅居日本，“广收日本书而读之。……脑识为之改变。”②后又游历美国，在与世界上其他国家和民族的比较中发现：中国人存在于国民品格中的缺点是多方面的，其中最根本的就是奴性，其他的问题或者是奴性的表现，或者是奴性的恶果。他说：“中国数千年之腐败，其祸极于今日，推其大原，皆必自奴隶性来，不除此性，中国万不能立于世界万国之间。”③奴性表现在各个方面、各阶层，甚至“举国之大，竟无一人不

① 梁启超：《饮冰室合集》，中华书局1989年版，第56页。

② 丁文江、赵丰田：《梁启超年谱长编》，上海人民出版社2009年版，第123页。《梁启超年谱长编》第116页所载内容，可说明梁启超此间所读之书：“日本自维新三十年来，广求智识于寰宇，其所译所著有用之书，不下数千种，而尤详于政治学、资生学（即理财学、日本谓之经济学）、智学（日本谓之哲学）、群学（日本谓之社会学）等皆开民智强国基之急务也。”

③ 丁文江、赵丰田：《梁启超年谱长编》，上海人民出版社2009年版，第153页。

被视为奴隶者，亦无一人不自居于奴隶者"①。一是做古人的奴隶，自秦皇、汉武后，中国学术思想日益被专制统治集团所垄断，尤自汉武帝"罢黜百家，独尊儒术"之后几千年，众人皆"守一先生之言，其稍有在此范围外者，非惟不敢言之，抑亦不敢思之"②。进而对"古人之言论行事，非惟辩难之辞不敢出口，抑且怀疑之念不敢萌于心"③。在长期的专制思想禁锢下，人们"非古人之法言不敢道，非古人之法不敢行"，一切言行都以古人为标准，成为古人的奴隶。二是做专制帝王与洋人的奴隶。君臣、君民之间的关系，虽含有一定的道德关系，但实质是政治关系，然而在中国，专制者把国家视为私产，把臣民视为家仆家丁，而此等臣民亦愿为其充当家奴。"家奴走狗于一姓而自诩为忠者，为一己之爵禄也，势利所（使），趋之若蚁。而更自造一种道德以饰其丑而美其名也。"④此类君臣皆无国家观念，只有一己小家私利之图，一遇强敌，君臣皆以卖国保家、为强敌之奴隶为能事。所以"联军入北京，而顺民之旗，户户高悬；德政之伞，署衔千百"⑤。朝廷则"量中华之财力，结与国之欢心"⑥，君臣上下皆以"有能富我者，吾愿为之吮痈；有能贵我者，吾愿为之叩头"⑦。一时之间，在"龙蟠虎踞"之地，出现了一派君臣竞相做洋奴的景象。三是做自己的心奴，此为诸种奴隶性的根源。因为身为奴隶可以有种种办法得到解脱，若为心奴则"如蚕在茧，着着自缚；如膏在釜，日日自煎"⑧。"是故人之奴隶我，不足畏也，而莫痛于自奴隶于人。自奴隶于人犹不足畏也，而莫惨于我奴隶于我。庄子曰：'哀莫大于心死，而身死次之。'"⑨梁启超感叹："辱莫大于心奴，而身奴斯为末矣。"⑩世俗

① 梁启超：《饮冰室合集》，中华书局 1989 年版，第 19 页。
② 同上书，第 55 页。
③ 梁启超：《新民说》，中国文史出版社 2013 年版，第 97 页。
④ 同上书，第 51 页。
⑤ 同上。
⑥ 国家档案局明清档案馆编：《义和团档案史料》下册，中华书局 1959 年版，第 945 页。
⑦ 梁启超：《新民说》，中国文史出版社 2013 年版，第 51 页。
⑧ 同上书，第 97 页。
⑨ 梁启超：《新民说》，中国文史出版社 2013 年版，第 96 页。
⑩ 同上。

之奴隶、境遇之奴隶、情欲之奴隶皆因心奴而生。因为心奴，不能独立，才生出奴隶与奴性。而奴性，则是甘愿为奴隶，把自由、自尊、独立人格拱手让人。

这种奴性严重地扭曲了国民的人格，并形成强大了一种思维习惯和社会评价标准，潜移默化地影响着国民的心态与行为方式。“夫奴性也，愚昧也，为我也，好伪也，怯懦也，无动也，皆天下最可耻之事。今不惟不耻之而已，遇有一不具奴性、不甘愚昧、不专为我、不甚好伪、不安怯懦、不乐无动者，则举国之人，视之为怪物，视之为大逆不道”①，这些奴性使人们习非为是，麻木无知，严重阻碍了中国社会的发展。

但这并非中华民族固有的品行，而是由“专制政体之陶铸”、“近代霸者之摧锄”、“屡次战败之挫阻”、“生计憔悴之逼迫”、“学术匡救之无力”而造成的。梁启超认为中国几千年的专制政体不仅进行政治权力专制，而且对学术、思想、道德进行钳制，摧毁国民的自由、自尊、权力思想、政治能力，压抑国民的进取冒险精神，愚昧、蒙蔽国民。故此，完全可以说，专制政体是造成民智、民力、民德低下的总根源。梁启超引用孟德斯鸠的话说：“凡专制之国，间或有贤明之主，而臣民之有德者则甚希。试征诸历史，乃君主之国。其号称大臣近臣者，大率皆庸劣、卑屈、嫉妒、阴险之人，此古今东西之所同也。不宁惟是，苟在上者多行不义，而居下者守正不阿；贵族专尚诈虞，而平民独崇廉耻；则下民将益为官长所欺诈所鱼肉矣。故专制之国，无论上下贵贱，一皆以变诈倾巧相遇。盖有迫之使不得不然者矣！若是乎专制政体之下，固无所用其德义，昭昭明甚也。”② 所以，国家富强，民族振兴必须树立新的国家思想和新的国民思想。因为“国者积民而成，舍民之外，则无有国。以一国之民，治一国之事，定一国之法，谋一国之利，捍一国之患。其民不可得而侮，其国不可得而亡，是谓国民”③。国民是国家的基础，新国家必先“新民”。所以梁启超以“新思想界之陈涉”自任，高举剪除“劣

① 梁启超：《少年中国说》，陕西师范大学出版社 2010 年版，第 10 页。

② 梁启超：《新民说》，中国文史出版社 2013 年版，第 225 页。

③ 梁启超：《饮冰室合集》，中华书局 1989 年版，第 56 页。

下之根性”，造就一代新人的“新民”旗帜，发起了通过改造人而改造社会的思想革命。

梁启超认为，要“新民”，必须更新“民”的概念，把过去被奴役、被愚弄的“小民”变为主宰国家的“国民”。他给国民下的定义是：“国民者，以国为人民公产之称也。（按：意即国民为国家的主人。）”① 这个定义虽不严密但却具有革命性的意义。众所周知，几千年皇权治下的中国都是一家一姓的“国”，梁启超宣布“国为人民公产”，无疑是宣布几千年皇权政统的终结，是“取数千年横暴混浊之政体，破碎而齑粉之”②。从中可以看出，梁启超的新民是以近代西方公民形象作为参照系，这样的新民不只是道德意义和政治意义上的新民，而且是具有新的伦理价值观念、新的精神风貌、新的生活方式和社会能力、综合素质全面提高的一代新人。

为此梁启超创办《新民丛报》，以他那带感情的笔向世人宣传“欲新吾国，当先维新吾民”的新民思想：“新民云者，非欲吾民尽弃其旧以从人也。新之义有二，一曰淬厉其所本有而新之；二曰采补其所本无而新之；二者缺一，时乃无功。”③ 具体说，“淬厉其所本有”就是对中国传统文化中仍然有价值的内容进行“淬厉”，也就是淬炼提升，将中国文化“本有”的优秀内容，“耀之拭之，发其光晶；锻之炼之，成其体段；培之浚之，厚其本原；继长增高，日征月迈；国民之精神于是乎保存，于是乎发达”④。成为塑造新国民的民族性质素。“采补所本无”就是“见他树之翁郁，而欲移其枝以接我槁干，见他井之汩涌而欲汲其流以实我眢源也！故采补所本无以新我民之道，不可不深长思也”⑤。“故今日不欲强吾国则已，欲强吾国，则不可不博考各国民族所以自立之道，汇择其长者而取之，以补我之所未及。”⑥

如何实现“淬厉其所本有，采补其所本无”，把国民所欠缺的先进的、

① 梁启超：《饮冰室合集》，中华书局 1989 年版，第 56 页。

② 梁启超：《新民说》，中国文史出版社 2013 年版，第 126 页。

③ 同上书，第 18 页。

④ 同上。

⑤ 同上书，第 19 页。

⑥ 梁启超：《新民说》，中国文史出版社 2013 年版，第 18 页。

美好的德性变成国民自觉自愿地信仰和尊奉的道德原则？梁启超认为必须耐心、长期做好开民智、养民力、新民德的工作，三者缺一不可。他结合中国社会实际提出了一系列的方法和途径：在社会层面主张用教育培养新民，用报刊启蒙新民，变革旧史学，创立“新史学”以新民，用“新小说”塑造新民。在个人层面梁启超认为最佳办法就是在中国传统的“治心治身”的道德修养方法，国民各自自新、自救，以达自立。在《新民说·论私德》中指出“预铸国民，必以培养个人之私德为第一义；欲从事于铸国民者，必以自培养其个人之私德为第一义”[①]。意即德性的培养必自个人，自个人的道德培养做起。不过他这里所讲的私德已不再是封建思想专制下养成的那种“束身寡过”之私德，而是指个人具备新民的理想模式陶铸自己的品德，使个人具备新民的道德素质。要做到这点，首先要做“拔本塞源”，“致良知”的工夫。拔其习染深重的“束身寡过”之根，塞其自暴自弃之源，在以新的道德规范做人行事之时，注重自己良知的体用，如能循此路径自新、自立，新民可达矣。其次要做慎独的工夫。“吾人而欲为人以立于天地之间也，则亦谁能助成，谁能规”，“其惟慎独”[②]。强调立人立德的不可替代性，自己的良心对自己道德的评价作用。如能做到“慎独”，清彻心神，必然大大有助于自新其德。第三要谨小。“涓涓不塞将成江河，绵绵不绝将寻斧柯”[③]。主张“克制小过”，反对“不拘小节”，“不矜细行”。不能因为善小而不为，也不能因为恶小而为之，要注意在小事上磨练，小德美善，亦有助自身德性的美善。依此内容、途径去新己、新民，则新民出焉，新道德出焉，新国家出焉。

梁启超的《新民说》通过“淬厉其所本有，采补其所本无”，将近代西方的价值观念、行为规范、民族气质等一切文化意识结构与中国固有传统中优秀部分相化合，重新构造中国道德体系，重新塑造国民性格，使之具有国家思想、进取精神、权力思想、自由、自治、进步、自尊、合群、生利分利、毅力、义务思想、尚武、民气、政治能力等的新民，从而使中华民族和

① 梁启超：《新民说》，中国文史出版社 2013 年版，第 224 页。

② 同上书，第 250 页。

③ 同上书，第 263 页。

中国人真真正正进入文明竞争之舞台。这样的新民是中国独立富强的前提，也新时代、新世界对中国人的新要求。

三、梁启超化合古今中西的杰作——梁家的“宁馨儿”，中国新民的典范

以化合的方法和原则探索中国新文化发展方向，塑造新国民的梁启超，不是只把其思想主张停留在报刊文字上和演讲的语言中，而是落实到政治实践、学术实践以及家庭实践中。在家庭生活，特别是子女教育中，梁启超以爱国为基调，用化合古今中西的方法，成功地培育出了九位兼具古今中西优秀文化精神、爱国、敬业、独立、合群的子女，梁家的“宁馨儿”，中国新民的典范。

梁家七个子女（也可以算九个，因为儿媳林徽因、大女婿周希哲，都直接受到梁启超的关心和指导，特别是林徽因父亲去世之后，梁启超一再表示把林徽因看作是女儿，给予同子女一样的教育。对大女婿，梁启超一再视为是自己的杰作，为此在信中向大女儿讨赏）先后留学、工作在海外，学贯中西后毅然回到祖国，无论是战乱、饥荒，还是政治迫害、学术遭禁，都以对祖国深沉不移的热爱，为祖国的建设和发展贡献自己的才智。他们中三位成为院士，长子梁思成是我国著名的建筑学家；次子梁思永是我国著名的考古学家，1948 年与大哥同时当选为南京政府中央研究院第一届院士；幼子梁思礼是我国著名火箭控制系统专家，1993 年当选为中国科学院院士，早在 1987 年就当选为国际宇航科学院院士，鉴于他在航空事业中所做出的突出贡献，1994 年当选为国际宇航联合会副主席；三子梁思忠从美国弗吉尼亚陆军学院和西点军校学成回国后任上海十九路军任炮兵上校，积极抗日；长女梁思顺是诗词研究方面的专家；二女梁思庄是中国现代图书馆事业的奠基人之一；三女梁思懿是一二九学生运动的领袖之一，后留学美国，得知新中国成立的消息后，立即回国，投身祖国建设，为全国政协委员；二位没有出国留学的，四子梁思达毕业于南开大学经济系，是著名的经济学家；四女梁思宁作为陈毅手下的兵，投身于革命，成为新四军老革命。这些梁启超的“大

小宝贝们”、“大大小小的一群孩子们”，都是近现代中国自然科学、社会科学、军事、政治各个领域的开拓者或领军人物，可谓是梁启超古今中西文化化合的杰作。梁启超的孙辈梁家第三代虽未亲受梁启超的培育，但其营造的家风，留下的家书作为精神文化基因遗传给后代，无论外界环境多么恶劣，都能坚持爱国、正直、乐观、向上的生活态度，坚守自己喜欢的专业，在自己的岗位上为社会做贡献。长孙梁从诫曾以《薪火四代》为书名，把一个优秀家族在思想、文化和精神上的传承展现给世人。书中梁启超部分所选的《少年中国说》、《呵旁观者文》、《新民说》、《欧游心影录》、《科学精神与东西文化》等，都是梁启超文化化合论及以世界主义为前提塑造新国民的代表作，其孙将其作为梁家薪火相传的家族精神，显现出作为近现代中国历史上著名的文化家族始终与国家和民族同呼吸共命运，并走在时代前列。

首先，梁启超为子女们营造了一种化合了古今中西文化的家庭文化气氛。在梁启超的家庭中，既有浓厚的中国传统文化氛围，丰富的古代典籍、书画碑帖触手可及，大师级的父亲亲切、平等、随性地指导子女的读书和思考。据旅居日本时的《双涛阁日记》记载，由于当时在日本找不到适合长女思顺就读的学校，梁启超就自己亲自教授，仅1910年农历正、二月间，就为思顺“讲书”，批改“日记”、“作文”17次。民国初年，梁启超担心梁思成和梁思永在清华学堂学习西方文化时丢了国学，于是在1920年、1921年和1922年的暑假，在“饮冰室”家中开办国学补习班，亲自给孩子们讲解《国学源流》、《孟子》、《墨子》和《前清一代学术》等。1923年，梁思成、梁思永因车祸住院，梁启超让他们在住院休养期间：“取《论语》、《孟子》温习谙诵，务能略举其辞，尤其其中有益修身之文句，细加玩味。次则将《左传》、《战国策》全部浏览一遍，可益神智，且助文采。更有余力读《荀子》则益善。”[①]1924年以后，思达、思懿、思宁等几个较晚出生的孩子渐渐长大，为了打好中华民族文化根基，梁启超再次在家中开传统文化学习班，让清华大学国学研究院的谢国桢担任家庭教

① 丁文江、赵丰田:《梁启超年谱长编》，上海人民出版社2009年版，第997页。

师，自己有时也亲自讲授或和孩子们一起讨论，孩子们的国学知识突飞猛进。在给国外子女的信中，梁启超生动地描述了小儿子梁思礼的趣事："老白鼻（按：即 old baby 的汉译）一天一天越得人爱，非常聪明，又非常听话，每天总逗我笑几场。他读了十几首唐诗，天天教他的老郭（梁家工人）念，刚才他来告诉我说：'老郭真笨，我教他念："少小离家"，他不会念，念成"乡音无改把猫摔"（他一面说一面抱着小猫就把那猫摔下地，惹得哄堂大笑）。'他念：'两人对酌山花开，一杯一杯又一杯，我醉欲眠君且去，明朝有意抱琴来。'总要我一个人和他对酌，念到第三句便躺下，念到第四句便去抱一部书当琴弹。诸如此类每天趣话多着哩。"① 这样浓郁的、趣味横生的家庭文化气氛，浸润着每个孩子，在他们的心中种下民族文化的种子，再去接受欧风美雨的洗礼。

1924 年前后，梁启超先后把梁思成（及林徽因）、梁思永、梁思忠、梁思庄送到美国和加拿大留学，以便他们全面、系统、深入地了解和学习西方，为将来建设祖国做准备。在给女儿梁思庄的信中说："我很想你以生物学为主科，因为它是最进步的自然科学，而且为哲学社会科学之主要基础，极有趣而不须粗重的工作，于女孩子极为合宜……截至今日，中国女子还没有人学这门，你来做一个'先登者'不好吗？"② 但在得知梁思庄所在麦基尔大学的生物教授教得很不好，引不起思庄对生物学的兴趣时，赶紧写信："庄庄：听见你二哥说你不大喜欢学生物学，既已如此，为什么不早同我说。凡学问最好是因自己性之所近，往往事半功倍，你离开我很久，你的思想近来发展方向我不知道，我所推荐的学科未必合你的式，你应该自己体察作主……不必泥定爹爹的话……我很怕因为我的话扰乱你治学之路，所以赶紧寄这封信。"后来梁思庄选学图书馆专业，成为中国图书馆事业的开拓者之一。1925 年 7 月 10 日的《与思顺书》中写道："（周）希哲（大女婿）既有余暇做学问，我很希望他将国际法重新研究一番，因为欧战以后国际法的内容和以前差得太远了。十余年前所学现在只好算古董，既已当外交官，便要

① 丁文江、赵丰田：《梁启超年谱长编》，上海人民出版社 2009 年版，第 715 页。

② 同上书，第 743 页。

跟着潮流求自己职务上的新智识。”① 在长子梁思成学成归国之前，特嘱其到欧洲旅行考察欧洲的建筑，特别是意大利文艺复兴的文化，为回国工作做预备，“我替你们打算，到英国后折往瑞典、挪威一行，因北欧极有特色，市政亦极严整有新意……再入意大利，多耽搁些日子，把文艺复兴时代的美，彻底研究了解……中间最好能腾出时间和金钱到土耳其一行，看看回教的建筑和美术，附带着看看土耳其革命后政治”②。“所谓预备者，其一是多读欧人美术史的名著，以备采用他们的体例。关于这类书认为必要时，不妨多买几部。”③ 自子女们留学后梁启超就是这样以书信的形式，以世界主义的眼光，高屋建瓴而又平等细致地引导子女的学业、品格。

梁思成后来回忆说：“我非常感谢父亲对我在国学研习方面的督促和培养，这对我后来研究建筑史打下了基础。”梁思成的朋友、美国汉学家费正清也说：“在我历来结识的人士中，他们（梁思成、林徽因）是最具深厚的双重文化修养的，因为他们不但受过正统的中国古典文化教育，而且在欧洲和美国进行过深入的学习和广泛的旅行。这使得他们得以在学贯中西的基础上形成自己的审美兴趣和标准。”④

其次，以爱国主义教育子女使之成为新国民。梁启超自述：“我是一个热烈的爱国主义者，即说我是国家至上主义者，我也承认。”“我一生的政治活动，其出发点与归宿点，都是要贯彻我爱国救国的思想和主张。”⑤ 直到去世前，始终保持高度的爱国热情并以实际行动推动国家进步：“我奉劝全国中优秀分子，要从（应为重）新有一种觉悟：‘国家是我的，政治是和我的生活有关系的，谈，我是要谈定了，管，我是要管定了。’多数好人都谈政治，都管政治，那坏人自然没有站脚的地方。”⑥ 不做旁观者和看客。梁启超的朋友徐佛苏在《梁启超先生逸事注》中说：“梁先生四十年之中，脑中绝

① 丁文江、赵丰田：《梁启超年谱长编》，上海人民出版社 2009 年版，第 294 页。

② 同上书，第 751 页。

③ 同上书，第 756 页。

④ 林洙：《梁思成、林徽因与我》“序”，清华大学出版社 2004 年版，第 43 页。

⑤ 夏晓虹：《追忆梁启超》，三联书店 2009 年版，第 346 页。

⑥ 梁启超：《饮冰室合集》，中华书局 1989 年版，第 11 页。

未忘一‘国’字”。在对子女的教育中，爱国是主旋律。

在子女们年幼的时候，梁启超结合中国历史上的民族英雄故事，让子女们在潜移默化中受到爱国精神的熏染；子女们远渡重洋到国外工作、留学后，以书信的方式将子女和民族苦难、国家的富强尊严联系在一起，以自己强烈的爱国情感和理性的行动影响时时激发子女的爱国心、民族责任感。1922 年 12 月 25 日给长女的信中：“宝贝思顺：今日是护国军起义纪念日，我为学界全体讲演了一场……我一面讲，一面忍不住滴泪。”1923 年 10 月 6 日，距中华民国国庆日还有四天，梁启超给长女梁思顺信后注：“这里预祝国庆，我刚才大喊大叫的演说了一场。”“现在思成、徽音、庄庄都在清华，看着我写这封信呢。”① 这里没有注明演说内容，我们妄推其大喊大叫的是：“使举国之少年而果为少年也，则吾中国为未来之国，其进步未可量也；……故今日之责任，不在他人，而全在我少年。少年智则国智，少年富则国富，少年强则国强，少年独立则国独立，少年自由则国自由，少年进步则国进步，少年胜于欧洲，则国胜于欧洲，少年雄于地球，则国雄于地球。……美哉，我少年中国，与天不老！壮哉，我中国少年，与国无疆！”② 或是“映映哉我中华！最大洲中最大国，二十二省为一家。……君不见英日区区三岛高崛起，况乃堂橘我中华！结我团体，振我精神，二十世纪新世界，雄飞宇内畴与伦？可爱哉我国民！可爱哉我国民！”③ 因为这是以“少年中国之少年”自称的梁启超寄希望于青年戒除“老大帝国”的衰颓习气，自觉关心国家命运、勇于与世界其他民族竞争，人人努力来创造富有朝气的新中国。自戊戌变法失败后作《少年中国说》，直到临终前，梁启超一直以“少年中国之少年”的心态④、责任办报、演讲，不遗余力地通过学术、文化唤醒“国民之自觉心”。因此之故，他对五四运动在唤醒青年这一点上给予高度评价：“‘五四运动’是民国史上值得特笔大书的一件事，因为它那热烈性和普遍性，的确是国民运动的标本。……因为这种运动引起多数青年的自觉心，因此全

① 丁文江、赵丰田：《梁启超年谱长编》，上海人民出版社 2009 年版，第 645 页。

② 梁启超：《少年中国说》，陕西师范大学出版社 2010 年版，第 6—7 页。

③ 梁启超：《饮冰室合集 · 文集》之四十五，中华书局 1989 年版，第 21 页。

④ 1929 年梁启超病逝，胡适的挽联：“文字收功，神州革命；生平自许，中国新民”。

国思想界忽呈活气。”“将来新社会的建设，靠的是这些人。……所以我对于现在青年界的现象，觉得是纯然可以乐观的。”① 为此这位致力于“新民”的父亲在给子女的信中表示：“我自己常常感觉我要拿自己做青年的人格模范，最少也要不愧做你们姊妹弟兄的模范。”② 忧虑国家的前途，承担对国家的责任。在 1927 年接连几封的《与孩子们书》中，谈到面对国内纷乱的政党之争自己的心理反映和行动：“我一个月以来，天天在内心交战苦痛中，我实在讨厌政党生活，一提起便是头痛。……若完全旁观畏难躲懒，自己对于国家实在良心上过不去。”③“我在今日若还不理会政治，实在对不起国家，对不起自己的良心。……中国病太深了，症候天天变，每变一症，病深一度，将来能否在我们手上救活转来，真不敢说。但国家生命民族生命总是永久的（比个人长的），我们总是做我们责任内的事，成效如何，自己能否看见，都不必管。”④“我已经立定主意，于最近期间内发表我政治上全部的具体主张，现在先在清华讲堂上讲起，分经济制度问题、政治组织问题、社会组织问题、教育问题四项。”⑤ 在这样对国家、民族的病痛及解救方法的探讨中，真挚、深沉的爱国情感充盈于子女心间，爱国不是空洞的说教和口号，而是实实在在的责任和义务，爱国“总要在社会上常常尽力，才不愧为我之爱儿。人生在世，常要思报社会之恩。因自己地位做得一分是一分，使人人都有事可做了”⑥。在 1927 年 5 月 26 日《与孩子们书》中写道：“论理毕业后回来替祖国服务，是人人共有的道德责任。”⑦

在父亲梁启超的影响下，梁家子女都成为坚定的爱国主义者。梁启超笔下妙趣横生的幼儿老白鼻，中国导弹事业的开拓者之一，火箭专家梁思礼追忆：“给我印象最为深刻的还是父亲在饮冰室中写的‘人必真有爱国心，然后方可用大事’的话语，父亲曾说过，‘我的中心思想是什么呢？就是爱国。

---

① 梁启超：《饮冰室合集·文集》之三十七，中华书局 1989 年版，第 9 页。

② 梁启超：《梁启超家书》，中国青年出版社 2009 年版，第 400 页。

③ 同上。

④ 同上书，第 372 页。

⑤ 同上书，第 383 页。

⑥ 同上书，第 221 页。

⑦ 同上书，第 407 页。

我一贯主张是什么呢？就是救国。’这最能体现父亲对国家的感情，也能解读父亲的行为，父亲一生‘爱国’和‘救国’。在我们九个兄弟姐妹中，七个出国求学或工作，但都相继归国，这是父亲言传身教的结果。……我钟情于航天事业，深受父亲爱国思想的影响，正是受父亲‘工业救国，技术救国’思想的影响。”①

梁启超对子女的影响是多方面的，梁家子女敬业、正直、乐观、善群、宽厚、风趣、多才多艺等等，在其家书中多有记述。限于篇幅，不再一一列举。梁启超对中国社会和文化的影响也是多方面的，胡适在梁启超逝世后的悼词所言：“梁任公为吾国革命第一大功臣，其功在革新吾国之思想界。十五年来，吾国人士所以稍知民族思想主义及世界大势者，皆梁氏之赐，此百喙所不能诬也。去年武汉革命，所以能一举而全国响应者，民族思想政治思想入人已深，故势如破竹耳。使无梁氏之笔，虽有百十孙中山、黄克强，岂能成功如此之速耶？近人诗‘文字收功日，全球革命时’，此二语惟梁氏可以当之无愧。”②

① 《中国妇女报》记者张萌根据《梁启超家书》和《梁思礼传》整理，参见刘茜：《可上九天揽月趣味生活代代传》，《军工文化》2012 年 8 月。

② 胡适：《留学日记》，岳麓出版社 2000 年版，第 63 页。

论张锡勤先生的梁启超思想研究

魏义霞　李洪杨

张锡勤先生毕生致力于中国近代思想史、文化史、哲学史和中国伦理思想史的研究，成果丰硕，成就斐然，在学界享有极高的赞誉。在对三十余位中国近代思想家的思想进行探寻和研究的过程中，张锡勤先生对梁启超的思想研究偏爱有加。何以说张锡勤先生对梁启超的思想研究偏爱有加？原因有三：第一，著作之专。张锡勤先生一生中的绝大部分著作都是对中国近代思想史、文化史和中国伦理思想史的宏观叙述或专题阐释，而专门对某位思想家的思想进行研究的著作仅有一部，即《梁启超思想平议》。第二，历时之久。对于梁启超思想的研究贯穿张锡勤先生的整个学术生涯。在《梁启超思想评议》的后记中，张锡勤先生写道："我比较系统地了解梁启超及其思想是在20世纪80年代初，1984年写成一本17万字的小册子。"[①]20多年后，张锡勤先生重新审阅了这本在当时并未出版的"小册子"，并再次阅读《饮冰室合集》，结合诸多新的资料，历时三年于2012年完成了《梁启超思想评议》。可见，张锡勤先生的梁启超思想研究开始于20世纪80年代初，完成于21世纪初。在此期间，梁启超思想一直作为核心内容之一被张锡勤先生融入中国近代思想史、文化史和哲学史的宏观研究之中。第三，评价之高。张锡勤先生将梁启超看作是中国近代文化思潮中贡献最大、影响最广的启蒙思想家。张锡勤先生说："在多次重大的历史事件中，他或是领袖人物，或是起了重大作用的主要参与者，正面和负面的影响都不小。由于他'学问欲'极强、极广，又极为勤奋，因而在

① 张锡勤：《梁启超思想评议》，人民出版社2013年版，第364页。

诸多学术领域均有重要建树。”① 基于上述三个原因，对于梁启超思想的研究成为张锡勤先生一生中最为重要的学术旨趣之一。

张锡勤先生对梁启超思想进行了系统、客观的研究和评价，提出了诸多鲜明而深刻的理论观点。这突出表现在三个方面：第一，以陆王心学为视角，对梁启超的哲学思想进行研究。第二，以道德范畴为视角，对梁启超的伦理思想进行研究。第三，以近代思想史为视角，对梁启超的文化革新思想进行研究。张锡勤先生的上述研究拓宽了梁启超思想研究的学术视野，拓展了梁启超思想研究的内涵。有鉴于此，探讨和分析张锡勤先生的梁启超思想研究，不仅可以体认张锡勤先生独特而深刻的学术见解，而且对当下学界关于梁启超思想的研究具有重要的借鉴作用和启迪意义。

一、以陆王心学为视角，对梁启超的哲学思想进行研究

与中国近代几位重要的哲学家一样，梁启超的哲学思想来源纷繁、杂多。学界对梁启超哲学思想的来源界说不一，有的强调梁启超哲学思想的西学背景，也有的强调梁启超哲学思想的东学背景。尤其是对梁启超秉持一生的心学思想渊源的讨论，莫衷一是。张锡勤先生认为，梁启超虽然对古今中外众多哲学家的思想有所了解和接触，“但梁启超哲学思想的渊源主要在中国古代哲学，而其中，陆王心学和佛学对他影响尤深，这同康有为对他的影响是分不开的”②。其实，早在20世纪80代年初期，张锡勤先生在《陆王心学初探》中就已经注意到了陆王心学对中国近代哲学和哲学家的影响。就梁启超而言，张锡勤先生指出：“康有为本人则认为陆王之学‘直捷明诚，活泼有用’，因而‘独好陆王’。后来又‘由阳明学以入佛学’，形成了他的一套主观唯心论。他又以陆王心学教授其弟子，对梁启超等人产生了很深的影响。”③ 从上述表述中可以看出，张锡勤先生不仅揭示了梁启超哲学思想的主要渊源，

① 张锡勤：《梁启超思想评议》，人民出版社2013年版，第1页。

② 同上书，第181页。

③ 张锡勤：《陆王心学初探》，黑龙江人民出版社1982年版，第128页。

而且对梁启超的身份归属和梁启超哲学的性质进行了界定。

一方面，张锡勤先生将梁启超看作是“陆王心学特别是阳明学的忠实崇信者、鼓吹者”[①]，并进一步指出：“他称王守仁为‘千古大师’，认为‘王学为今日学界独一无二之良药’，而致良知说乃是‘千古学脉，超凡入圣不二法门’。他自称，‘吾生平最好言王学’，陆王心学对他的影响是很深的。同时，他也为阐释、弘扬心学作过很大的努力，作出过贡献。”[②]这就是说，在身份归属上，张锡勤先生将梁启超看作是陆王心学的承续者，进一步厘定和明晰了梁启超哲学思想的心学渊源，并揭示出康有为对梁启超心学思想形成的直接影响。不仅如此，张锡勤先生还从陆王心学的理论特质与中国近代社会的现实需要相契合的视角出发，进一步剖析了梁启超之所以成为“陆王心学特别是阳明学的忠实崇信者、鼓吹者”的原因，并将之归结为三个方面：第一，陆王心学中所蕴含的疑古质今、不盲从于权威的批判意识与中国近代社会变革旧制度、打破旧传统以求救亡图存和启蒙民众的现实诉求相契合。第二，陆王心学关于心为宇宙间最高本体和主宰的命题对鼓励人们改变中国近代的苦难现实，“激发、调动人的主观能动性，唤起人们对所从事的事业的热忱无疑具有积极意义”[③]。第三，陆王心学中所凸显的主体意识和独立精神对于塑造民众自立、自强和自主的人格精神，促进国家独立、平等夙愿的实现具有推动作用。梁启超之所以接受陆王心学并对其推崇至极，是因为他看到了陆王心学具有上述三个方面的重要作用，并且认为陆王心学才是矫治当时中国社会诸多病症的现实良方。

另一方面，张锡勤先生将陆王心学特别是阳明心学看作是贯穿梁启超一生学术思想的核心理论与逻辑主线。梁启超 1900 年撰写《惟心》，提出了奠定其一生学术思想的理论基石——“境者心造”说，宣告了其心学的形成。张锡勤先生认为，“在 20 世纪初，以《惟心》一文为代表，梁启超是旗帜鲜明地主张主观唯心论的”[④]，并将梁启超具有明显主观唯心论色彩的“境者

① 张锡勤：《梁启超思想评议》，人民出版社 2013 年版，第 181 页。
② 同上。
③ 张锡勤：《简论陆王心学在中国近代的影响》，《求是学刊》2015 年第 4 期。
④ 张锡勤：《梁启超思想评议》，人民出版社 2013 年版，第 186 页。

心造”说看作是对陆九渊“吾心即是宇宙”、王守仁“心外无物”和“乾坤由我在”等思想的阐发和运用。梁启超以“境者心造”说为出发点，建构了其主观唯心主义的宇宙观，进而提出了有何等的事实必先有何等的思想等命题。张锡勤先生指出，梁启超在意识与存在的关系、思想理论与事实的关系这一哲学基本问题上“看到了意识的能动性，看到了意识‘改变世界’、‘创造世界’的一面，但是，他把意识的能动性方面极度夸大了，他所得出的是唯心主义的意识决定论。这种人有什么思想便能建造什么事实的观点，是王守仁‘心外无事’说的翻版”①。1924年，梁启超发表了《非“唯”》一文，目的在于批判唯心主义、唯物主义以及一切加上“唯”字的其他主义。张锡勤先生认为，梁启超的《非“唯”》在表面上看是对其早年主观唯心论思想的否定与批判，实质上则是在反对唯物主义和矫正《惟心》一文中心学思想的不足与缺陷。“单从文题上看，似乎这时梁启超对早年的主观唯心论作了否定，其实并不尽然。从表面上看，他是对唯物主义、唯心主义各打五十大板，其实，他的‘非唯’重点是反对唯物主义，特别是马克思主义的唯物史观。”②“就此而言，《非“唯”》是对《惟心》的矫正。不过，此时的梁启超依然坚持认为心具有‘不可思议的神秘性’，是‘宇宙间最伟大的东西’……可见，他的立场并未改变。梁启超之所以主动对《惟心》作矫正，在相当程度上是由当时中国的客观环境所决定的，从中我们可以看到那个年代唯物论与唯心论的势力影响在中国思想领域此消彼长的态势。”③ 梁启超在对唯物论与唯心论的不足进行批判的同时，发挥王守仁的“知行合一”说，提出了在他晚年中最为重要的哲学命题——“心物合一”论。张锡勤先生指出：“作为阳明学的崇信者、弘扬者，梁启超的心物合一说是对王守仁下面一段话的发挥，即‘天地鬼神万物离却我的灵明，便没有天地鬼神万物了。我的灵明离却天地鬼神万物，亦没有我的灵明了。如此便是一气流通的，如何与他间隔得?’”④ 梁启超的“心物合一”论

① 张锡勤：《中国近代思想文化史稿》，黑龙江教育出版社2004年版，第476页。

② 张锡勤：《梁启超思想评议》，人民出版社2013年版，第186页。

③ 同上书，第188页。

④ 张锡勤：《梁启超思想评议》，人民出版社2013年版，第190页。

反复断言心与物即思维与存在、主观与客观的互相决定、互相依存，其实质在于否定物质的第一性，强调物不能离开主观的心而独立存在。张锡勤先生揭示了陆王心学对梁启超一生学术思想的深刻影响，阐明贯穿于梁启超学术生涯的核心理论与逻辑主线，总结了梁启超心学思想不断深化和成熟的演进历程。

张锡勤先生以陆王心学为视角，透视和分析了梁启超哲学思想特别是心学思想的发展历程。贺麟先生在《五十年来的中国哲学》一书中，曾把梁启超看作是近代复兴陆王心学的思想先驱之一，张锡勤先生将梁启超界定为陆王心学的崇信者和继承者，也印证了贺麟先生的这一说法。张锡勤先生对梁启超哲学思想的研究不仅明晰了梁启超哲学思想的中学渊源，而且进一步证明了陆王心学对中国近代哲学和哲学家的影响，为中国近代哲学的心学传统提供了思想佐证。

二、以道德范畴为视角，对梁启超的伦理思想进行研究

梁启超的伦理思想是张锡勤先生研究的主要问题。在1988年出版的《中国近代思想史》一书中，张锡勤先生较早地对梁启超的伦理观进行了初步的总结和归纳，在2012年完成的《梁启超思想评议》中则对梁启超的伦理思想作出了进一步的系统介绍和阐释。在探讨和分析梁启超的伦理思想时，张锡勤先生着眼于梁启超关于公德与私德、利群与利己等道德范畴的界定和剖析。公与私、群与己的关系问题一直是中国近代思想家所热衷讨论的问题之一。张锡勤先生指出，中国近代思想家们已经明确地意识到“中国的封建伦理道德抑制个体的积极性、能动性，久而久之遂使社会群体的活力日益萎缩”①，因此，“为了通过激发个体的活力进而增进社会群体的活力，所以他们肯定并提倡利己”②。尽管如此，“他们又发现，在西方，利己主义、个人主义虽然激发了个体的活力，可是它的恶性发展又造

① 张锡勤:《中国近代思想文化史稿》，黑龙江教育出版社2004年版，第550页。

② 同上。

成人们漠视公益、损害公利。西方曾流行的纯粹利己主义的危害也是明显的。于是他们又提倡利群。他们的主观愿望是试图建立一种更合理的新道德”①。显然，公与私、群与己之间的内在矛盾是中国近代思想家高度关注的问题。梁启超正是在论述公德与私德、利群与利己的关系的过程中建构起自己的伦理思想。

梁启超是中国近代社会最早提出“道德革命”口号的思想家。在他看来，救亡图存和思想启蒙的当务之急在于“新民”，而“新民”的关键在于新民德，新民德的前提在于明晰何为“新民”之道德。在讨论何为“新民”之道德这一问题时，张锡勤先生指出：梁启超“始终着眼于‘群’”②，并认为“道德的根本精神就在于利群，是否有益于群乃是判断善恶是非的唯一标准”③。同时，张锡勤先生看到了梁启超把道德区分为公德与私德，并对梁启超所讲的公德与私德的内涵进行了界定。张锡勤先生说：“梁所说的‘私德’，是指个人的修身以及处理个人间关系的道德；而‘公德’是指处理个人与社会、群体、国家间关系的道德。私德要求的是个人德性的完善，而公德则在于维护群体的和谐，建立和增强群体的凝聚力。梁启超认为，对于任何国家、社会，私德与公德是缺一不可的。”④张锡勤先生认为，在公德与私德孰重孰轻的问题上，梁启超秉持的是公德与私德并重的道德理念。在梁启超看来，提倡公德的目的在于造就和培育国人的利群精神，“在《新民说》这一组系列论文中，《论公德》以下各篇‘皆以利群二字为纲’，从不同方面、角度宣传利群”⑤。因此，张锡勤先生总结说，“梁所欲建立的新道德旨在利群，而他所欲造就的一代‘新民’，则是具有自觉的利群精神、公德高尚的一代新人”⑥。就私德而言，张锡勤先生认为，由于梁启超受到了严复翻译的斯宾塞的社会有机体学说的影响，看到了社会有机体学说中关于个体之性对群体之

① 张锡勤：《中国近代思想文化史稿》，黑龙江教育出版社2004年版，第550页。

② 张锡勤：《梁启超思想评议》，人民出版社2013年版，第222页。

③ 同上。

④ 同上。

⑤ 同上书，第223页。

⑥ 张锡勤：《梁启超思想评议》，人民出版社2013年版，第224页。

性的决定作用，进而体认到了私德对公德的决定作用。所以，梁启超在宣扬“新民”理念的著作——《新民说》的后半部分突出了私德的重要意义。梁启超认为当时国民对于公德一无所知，对于私德更是以蔑视待之。他认为，只有培育和造就国民的私德，关注国民的道德修养和道德教育，才能铸造国民的公德。在梁启超看来，道德的本质在于利群，对于国民无论是公德的造就还是私德的培育，其目的都在于铸就国民的利群精神。只有铸就国民的利群精神，才能实现近代中国救亡图存与爱国启蒙的双重时代使命。在强调利群精神、群体利益的同时，如何在实现国家利益、群体利益的过程中实现国民个体的利益诉求和现实需要成为中国近代亟待解答的另一重要问题。梁启超认为，从社会发展的长远眼光来看，利己是利群的最终落脚点和归宿。在张锡勤先生看来，梁启超把利己之心看作是推动社会发展的根本动力，是因为“从积极的方面来说，只有利己才能调动人们的积极性，激发个体的活力；而只有激发个体的活力，才能激发社会群体的活力，推动社会的繁荣进步”①。张锡勤先生同时指出，梁启超所肯定和提倡的利己主义并不是纯粹的、极端的利己主义，而是一种“合理的利己主义”，“值得我们注意的是，梁启超虽然肯定、提倡利己，但并未鼓吹那种纯粹的、极端的利己主义。从提倡利己之日起，他便希望国人从维护自身长远的根本利益出发，将个人利益与社会群体利益合理地结合起来。他所提倡的乃是‘知有爱他之利己’，实际上是对西方近代‘合理利己’主义的不同表述”②。根据张锡勤先生的分析，梁启超的利己观是建立在利群之上的利己观，是在维护群体利益前提下实现个人根本利益的利己观。这是因为，“梁启超反复指出，采取纯粹的、极端的利己主义态度，以损人、损公的方式不择手段地谋取个人私利是愚蠢的，最终不仅不能实现反而损害个人长远、根本的利益。因此，具有长远眼光，真正懂得维护个人长远、根本利益的人是能自觉利群的”③。

---

① 张锡勤：《梁启超思想评议》，人民出版社 2013 年版，第 234 页。

② 同上书，第 235 页。

③ 张锡勤：《梁启超思想评议》，人民出版社 2013 年版，第 237 页。

在透视和分析梁启超的伦理思想时，张锡勤先生以公德与私德、利群与利己等道德范畴为出发点，通过梁启超对上述道德范畴内涵的界定和诠释研究梁启超的伦理思想。张锡勤先生不仅从梁启超至深广博的思想中归纳和总结出梁启超伦理思想的核心范畴，而且通过对核心范畴的阐释来分析和把握梁启超的伦理思想，可谓是以点带面、以小见大，建构了独特的学术话语范式和新颖的致思理路，为梁启超伦理思想的深入研究提供了一个开放性的研究视野。

三、以近代文化史为视角，对梁启超的文化革新思想进行研究

张锡勤先生对梁启超思想研究的另一个突出特点在于，将梁启超的思想置于中国近代历史的宏大背景中进行透视和考量。张锡勤先生是史学研究出身，并由史学研究进入到哲学研究，这使张锡勤先生的梁启超思想研究打下了较为深刻的史学烙印。张锡勤先生以深厚的史学功底和哲学史功底，在对梁启超某一专门思想进行研究的基础上，将梁启超思想研究与中国近代思想史、文化史结合在一起。张锡勤先生认为，在中国近代的文化革命中，梁启超活跃于这个舞台之上，提出了一系列文化革新的思想、方针，并一直努力使他的思想、方针成为现实，从而发动了多次文化运动。因此，梁启超在中国近代的文化革命中发挥了不可忽视的重要作用。

张锡勤先生认为，梁启超的文化革新思想包括前后两个时期：一个是20世纪初的文化革新思想；一个是欧游后的文化革新思想。张锡勤先生指出，就20世纪初的文化革新思想而言，梁启超的思想大体涵盖三个方面：第一，宣扬“破坏主义”，认为“对于中国的近代化而言，文化革新至关重要”①，必须对中国旧有的“数千年之学说”予以批判和破坏，从而建立新的文化。第二，主动引进西方文化，以西方文化作为批判和破坏中国旧有学说的理论武器，为建立新的中国文化注入活力。第三，在引进西方文化的同时，认真对待中国传统文化，保留自己独具特色的悠久历史文化和

① 同上书，第265页。

民族精神。也就是说，梁启超认为，要进行文化革新必须在保留中国传统文化、民族精神中有价值、可继承的精华的前提下，考察西方文化中的“长者”，“以补我之未及”。然而，在1920年欧游归国后，梁启超的文化革新思想发生了明显的变化。张锡勤先生认为，“这时在梁的心目中，中学的地位更高而西学的地位则明显降低”①，“梁启超的文化观前后虽有变化，但认为中国文化必须革新的基本立场却是前后一贯的”②。这时的梁启超看到了西方文化与中国文化一样都存在着不足和缺陷。因此，梁启超更加关注中西文化的“化合”互补，试图通过中西文化的“化合”互补来建立新的中国文化。张锡勤先生指出，梁启超晚年试图建立的中国新文化是在中西文化“化合”互补后而形成的新文化，是汲取和得到西方文化“补助”的“新的文化系统”。对于梁启超欧游后的文化革新思想，张锡勤先生进行了如下评价：梁启超欧游后的文化革新思想与他在20世纪初期的文化革新思想在本质上并没有差异，都是一种文化“综合创新”论；只不过在文化“综合创新”的过程中中西文化的地位、比重有所不同，梁启超欧游后的文化革新思想是对早期文化革新思想的调整与补充。

在张锡勤先生看来，梁启超不仅提出了具有重要意义的文化革新思想，而且一直努力将其文化革新思想诉诸实践，在文化领域发动了多次革命运动。一是“史界革命”。张锡勤先生认为，以1901年和1902年发表的《中国史叙论》和《新史学》为标志，梁启超吹响了中国近代史学革命的号角。梁启超针对中国旧史学“能铺叙不能别裁”和“能因袭不能创作”的弊端提出了他的新史学理论。张锡勤先生将梁启超新史学理论的观点概括为五个方面：第一，新史学要对“群治”有所促进和帮助，不仅能够激发国人的爱国主义和公德，而且能够为当代人的现实活动提供可以借鉴的经验。第二，新史学要能够变“君史”为“民史”，把历史变成全体国民的历史，对全体国民起到“资鉴”作用。第三，新史学要注意研究人类社会历史中的“公理”、“公例”、“共相”和“共业”，即人类社会历史

① 张锡勤：《梁启超思想评议》，人民出版社2013年版，第269页。

② 同上书，第265页。

中的因果关系、普遍法则等，而不应该是简单历史事实的堆砌和排列。第四，新史学要秉持客观叙事的态度，消除史学家的主观思想对史实叙述的影响和扭曲。第五，新史学要注重运用西方近代的科学方法，在归纳和总结中推动史学的发展。二是“诗界革命”。张锡勤先生认为，“诗界革命”是梁启超最早提出的近代文化革新运动。梁启超将只知道仿效古人作诗的旧诗人称为“鹦鹉名士”，并认为中国的诗人如果都像旧诗人这样秉承仿古、效古的诗风，那么，中国的诗歌将无所发展，甚至消亡殆尽。梁启超尝试将西学中的新词语、对社会现实的新追求和未来理想社会向往的新意境融入诗歌创作之中，以此来表达新情感，为实现中国近代社会的救亡图存和爱国启蒙提供新的思想动力。三是“小说界革命”。张锡勤先生认为，梁启超特别注重小说的社会功能，对小说宣扬新思想、新观念的作用予以肯定。梁启超在 1902 年发表的《论小说与群治之关系》一文中着重探讨和论证了如何正确利用小说的社会功能、社会影响来推动“群治”和社会变革，并提出“欲新一国之民，不可不先新一国之小说”的主张，宣告了“小说界革命”的开端。张锡勤先生指出，梁启超提出“小说界革命”的目的在于改变和克服传统旧小说的缺陷与弊端，通过创作新体小说来表达新思想、宣扬新理念，以此开“民智”、造“民德”，为鼓励国民投身到救亡图存与爱国启蒙的事业中提供思想引领。

张锡勤先生认为，梁启超是中国近代思想文化史中不可或缺的一位重要人物。他的文化革新思想不仅影响了中国近代社会文化的发展进程，同时也为五四新文化运动的兴起奠定了坚实的思想文化基础。

综上所述，张锡勤先生对于梁启超思想研究的重要贡献在于对梁启超哲学思想、伦理思想和文化革新思想进行了创新阐释，注意和体认到了学界对梁启超思想研究不曾关注或较少关注的学术问题。第一，张锡勤先生从陆王心学对近代哲学的影响入手，把陆王心学研究与梁启超思想研究结合起来，构筑了较为系统的梁启超哲学思想研究路径。第二，张锡勤先生从梁启超对道德范畴的阐释入手，分析了梁启超伦理思想的核心内容。第三，张锡勤先生坚持以中国近代思想史、文化史为大背景，将对梁启超文化革新思想的研究与中国近代思想史、文化史的研究融会贯通，突出了梁启超在中国近代文化革新中的重要推动作用。张锡勤先生的梁启超思想研究不仅为当今学界提供了多元化的思考方向和学术视野，也填补了学界对梁启超思想研究的空白。

（原载于《学术交流》2017年第5期）

中国现代哲学研究会成立三十周年纪念文集

北京航空航天大学哲学一级学科学位授权点
北京航空航天大学人文与社会科学高等研究院
深圳市清之扬企业社会责任促进中心
资助出版

中国现代哲学史论（下）

侯　才　乔清举　主编
张耀南　执行主编

人民出版社

他没有完成什么，却几乎开创了一切

——中国现代文化史上的胡适

乔清举

中国现代史是以1919年五四运动为界划分的。之前是近代，之后是现代，思想文化界却是在1917年就进入现代的，其标志是白话文运动的开展。在推动思想、文化界提前进入现代的诸多文化人物中，胡适是较为重要的一个。可以说，胡适是现代中国文化的奠基人之一，他为中国现代思想以至于文化树立了新规范[①]，中国学术思想通过胡适实现了从传统形态向现代形态的转变。作为树立新规范的历史人物，胡适思想的内容十分丰富，包括一般文化研究、文学、哲学史研究以及考据等。本文拟分别从这几方面着手讨论胡适与中国文化的关系。

一、一代人才与“过河卒子”

胡适，名洪骍、嗣糜，字适之。1891年出生于上海大东门外。[②]

胡适祖籍安徽省徽州地区绩溪县，世代以经商为生。其父曾任台湾省知州，帮助过爱国将领唐景崧、刘永福等抗日，后因病死于厦门。

胡适自幼比较聪颖，又是他母亲的唯一亲生儿子，3岁便被送到私塾读

① 可参见余英时：《中国近代思想史上的胡适》，《胡适之先生年谱长编》，台北联经出版事业公司1984年版。亦可参见李泽厚：《胡适、陈独秀、鲁迅》，《中国现代思想史论》（东方出版社1987年版）。

② 本传略部分资料大都出于胡适《四十自述》（上海亚东图书馆1933年版）以及《胡适留学日记》（上海商务印书馆1947年版），不再一一注明详细出处。

书。他在私塾曾先后读过《诗经》、《书经》、《论语》、《易经》、《孝经》等，饱受传统文化的滋养、熏陶；也曾读过《水浒传》、《三国演义》以及当时比较流行的评弹、歌词等。后者都是用白话俗语写成的．对于胡适以后提倡白话文产生了很大的影响。

胡适 11 岁时，读到司马温公《家训》中“形既朽灭，神亦飘散，虽有剉烧舂磨，亦无所施”一段，又读到范缜的《神灭论》中“形者神之质，神者形之用，神之于形，犹利之于刃，未闻刃没而利存，岂有形亡而神存哉”一节，心里感到很是高兴，觉得这些话语表达了他的感情，于是便不再相信鬼神、地狱以及轮回之说了，甚至还要打碎神坛，惹出一场不大不小的祸。

胡适 14 岁那年，到上海读书。在上海求学期间，胡适先后进过“梅溪”、“澄衷”、“中国公学”和“中国新公学”四个学校。在中国公学期间，学生和校方因学校管理问题意见不合，发生冲突，于是一部分学生退出公学，组建新公学。胡适也参与了此事，加入了新公学并兼任英文教员。后来新公学因资金困难，不得不与公学合并。胡适感到无颜归校，于是就结束了在上海的求学生涯。那时是 1910 年。胡适刚到上海时，正是中日甲午战争失败和维新变法失败后不久，国内思想界比较活跃，上海、湖南等地都是维新变法思想传播比较广泛的地区。胡适在上海也受到了新思想的影响，读了不少有关的书籍，有邹容的《革命军》、梁启超的《新民说》等。他自命为“新人”，不愿接受上海道举行的开学考试。他认为，上海道代表了旧政权、旧势力。当时国内局势动荡不安，内忧外患接踵而至，举国上下都在为民族的命运担忧，因此，严译《天演论》一经问世，马上便流行到全国各地，一时间“物竞”、“天择”等成了人们的口头禅。胡适也读了吴汝纶删节的严译《天演论》，深受其影响。他的名“适”、字“适之”就是这时起的，取“物竞天择，适者生存”之意。这期间，给他影响最大、印象最深的是梁启超的文章。① 他认为梁文于明白晓畅之中，带有浓挚的情感，使读的人不能不跟他走，不能不跟他想。他承认自己深受梁的恩惠，《新民说》主张要把中国这个老大的病夫民族改造成为一个新鲜、活泼的民族深深地震动了胡适那虽显成熟，但

① 参见胡适《四十自述》（上海亚东图书馆 1933 年版）有关部分。

又有几分幼稚的心灵。后来他对中国文化所发的许多激烈、苛刻、缺乏公正的言辞，恐怕与这时的影响不无关系；梁的《中国学术变迁大势》使他知道，在《四书》、《五经》之外，中国还有其他学术思想。胡适后来认为，这是第一次用历史的眼光整理中国学术思想，第一次给人们以学术史的见解，看到梁的书尚有未竟部分，他甚至下决心，要补全梁的中国学术史。其《中国古代哲学史大纲》便导源于此。

在上海求学期间，胡适还曾参与编辑了一个颇有进步意义的报纸《竞生旬报》，其宗旨是“振兴教育、提倡民气、改良社会、主张自治”。胡适不断地为报纸提供稿子，其中有科学小品《地球是圆的》、章回小说《真如岛》等。这些都是用白话文写的，给胡适提供了锻炼白话的良好机会，也给他提供了自由发表思想的机会。他发表的文章内容一般都是关于反对迷信、地狱、报应的。值得注意的是，其中有一篇叫《苟且》[①]，他在文中痛斥中国人随便省事，不肯做彻底的思想的毛病。他认为，“苟且”是中国历史上的一场大瘟疫，把几千年的民族精神都瘟死了。胡适在后来的文化讨论中仍坚持这个思想，并把它系统化了。

1910 年，胡适刚过 20 岁。这时他已离开了学校，又无正式工作，生活无处着落，漂泊流落在上海街头。这一年恰值清政府以美国退回的庚子赔款作为经费，招收官费留美学生的第二年。胡适很偶然地得到这个消息后也参加了考试，顺利地取得了留学资格。

初入美国，他先到康奈尔大学农学院学习，农学院有实习课，有一次实习内容是按颜色、果肉硬度等项目给苹果分类。这对于胡适来说，真是勉为其难了，几个小时过去了，还没有分出几个来，即使分出的几个，其中也有不少是分错的；而这对于美国学生来说，简直是轻而易举的事，他们很快地将果子分好，填好表格，拣几个苹果塞进口袋里，扬长而去。胡适感到自己学农，既与初衷相悖，又无实际用处，不如转攻哲学。这时是 1911 年秋天，第二年春天，他便转入了康大文学院。次年夏天，他完成了康大文学院的功课，于 1915 年转入哥伦比亚大学研究院哲学系，师从杜威攻读博士学位。

① 转引自耿云志：《胡适研究论稿》，四川人民出版社 1985 年版。

在哥大学习了两年，1917年毕业。但胡适的论文未通过，没有获得博士学位，他的学位是1927年他在中国学术界有了一定声望后获得的。

胡适在哥大选修了杜威的两门课，一是《论理学之宗派》，一是《社会政治哲学》。前者大大地启发了他，博士论文《中国古代哲学方法论进化史》便是因此确定的。他认为，杜威给他影响最大的还是《思维术》一书，该书认为，人类有系统的思想要经过五个阶段。第一，困惑、遇到问题；第二，决定困惑及问题的症结所在；第三，提出解决问题的假设；第四，确定种种假设中，哪个可以解决问题；第五，小心证明那个可以解决问题的假设。胡适把这五个步骤简化为“假设”、“求证”两步，提出了后来流布甚广的“大胆的假设，小心的求证”“十字真言”。胡适认为他自己深受方法的惠益，因此能够发前人所未发，言前人所未言，他说自己治学几十年，都是围绕方法而进行的。

1917年初，胡适在《新青年》第2卷第5号上发表了《文学改良刍议》一文，主张用白话取代文言。他认为，每一时代都应有自己时代的文学，文言已不适合当时，已成为死文字了，能够取而代之而成为文学利器的，必然是白话。之后，陈独秀在6号上发表了《文学革命论》，提出必须用白话代替文言，不容置疑，也没有讨论的余地。至此，轰轰列烈的白话文运动全面铺开。此后，胡适又陆续发表了《历史的文学观念论》、《建设的文学革命论》、《文学进化观念与戏剧改良》，提出了一系列崭新的、系统的文学观念。

胡适除了不断地发表文学观点之外，也在哲学领域开展工作。1919年他出版了《中国哲学史大纲》上卷，这是中国历史上第一本用全新的观点编写的哲学史专著，对于建立作为一门科学的中国哲学史作出了不可低估的贡献。此外，他还先后发表过《说儒》、《戴震的哲学》等文章。

1919年，五四运动爆发。五四运动之后，全国出现了研究评价中国文化的新思潮。胡适认为，新思潮的意义就是“重新评估一切价值”，他也加入了对于中国文化的评估热潮，发表了一系列文章，指责甚至攻击了中国文明。在评估中国文明的同时，他还进行了“整理国故”的工作。广义的“整理国故”是对中国文化史的研究；狭义的“整理国故”则是考证、训诂、校勘等。他前后考证过《红楼梦》、《儒林外史》、《三国演义》、《水经注》等。

1949 年，国民党败退台湾。胡适也经由美国到了台湾，任“中央研究院院长”等职。1962 年，胡适因心脏病猝发逝于台湾。

胡适自 1917 年归国受聘为北京大学教授以后，在北大任教数十年，先后任过中文系主任、英文系主任、文学院院长和校长等职。他任校长共有三年，从 1946 年到 1948 年。

北京大学素以“民主”、“自由”著称于世，蔡元培先生的“思想自由、兼容并包”的办学方针一直是北大的传统。北大学者饱受“民主”、“自由”精神的滋养，以追求真理为己任，对中国文化上下求索，发微探玄。胡适早年曾是个自由学者，在中国文化的研究方面作出了杰出的贡献。但后来在政治倾向上，他倒向了国民党。此后，由于政治的束缚，胡适的学术成就大不如前，在北大任校长三年，竟无一有影响的著作问世，诚让后人为之惋惜。胡适对此也似有觉察，有时表示“不入政府”，但更多的是叹息“做了过河卒子，只能拼命向前”。20 世纪 50 年代，台湾曾掀起研究中国文化的热潮，这与国民党的“光复大陆”的政治方针有一定的联系。胡适在这次研究中坚持并发挥他早年关于中国文化的观点，受到了国民党的批判。

胡适一生对教育事业极为关切。他认为，教育的先进与否，是一个民族是否文明的标志。中国虽有五千年的文明，但却没有一个有上千年历史的大学，实在令人惭愧。所以，他经常要求政府办好十所或五所大学。在北大任教期间，他为北京大学的发展做了许多有益的事情。胡适对于教育事业的关切，使他一直到逝去之前，还系心于教育。如 1949 年他还为北大筹款帮助物理系发展。① 他还曾帮助、扶植台湾省的科技、学术的发展。②

二、全盘西化与中国文明

国内学术界一般把胡适对中国文化的态度斥为“民族虚无主义”，把他贬为“全盘西化”的始祖。这种看法其实并不完全妥当，甚至也不很客观。

① 见 1987 年台湾《传记文学》月刊征集付印的胡适致吴大猷的 14 封信。

② 同上。

20世纪初到30年代中期中国所发生的文化讨论，并不是第一次，但就参加人数之多、论战之激烈、提出的观点之繁杂、影响面之广而言，却是首次。胡适也积极地加入了论战，但他的主张并非始终如一，而是发生了很大的甚至是实质性的改变。

胡适早年就主张要派有着深厚的中国文化根底的人出洋留学，在留学期间，他也感到中国留学生不了解中国文化是可耻的事情。当时的胡适还保持着对中国文化的一往深情，时时为中国文化辩护，甚至袒护。他的《留学日记》中有不少关于这些方面的记载。如，他认为中国人父母包办婚姻，当事双方均知相爱义务，比西方人更能获得真正的爱情；西方的父母，当女儿到一定年龄时，就教她们跳舞等社交技艺，让她们自己择婿，这就不免有时会上当受骗。中国的家族制度比之西方虽有不合理之处，但亲养子，子孝亲，比之西方要强得多。他甚至还要写一本《中国社会风俗真诠》，取西洋人论中国风俗之言，一一评其得失，为祖国辩护。①

1917年归国后，胡适的思想发生了根本转变，从赞誉、褒扬中国文化转为指责、攻击。究其原因，我认为是他通过对中美两国现实的对比所产生的恨铁不成钢的危机感和紧迫感所致。胡适留学七年，对于美国社会的稳定、繁荣，城市市政建设的发达，教育的先进等都有深刻的体会，七年洋教育的浸润使他对美国的一切感到亲切，如鱼得水。陡然从美国回到中国，好像一下子从20世纪退到了18世纪。整个民族文化仍然极其落后，新思潮还不曾广泛地传播，文化界连几本值得一读的书也没有问世。这种状况自然导致了胡适的不满，他认为中国惰性太大，进三步，退两步。因此，不应对中国文化抱太大的希望，希望越大，失望也就越大。此后他便开始了对中国文化的指责、攻击："我们必须承认我们百不如人，不但物质机械不如人，不但政治制度不如人，并且道德不如人，知识不如人，文学不如人，音乐不如人，艺术不如人，身体不如人。"② 胡适用这样苛刻的言辞攻击中国文化，是否意味着他对中国文化完全失望了呢？也并非如此。他不仅没有丧失信心，

① 参见《胡适留学日记》，上海商务印书馆1947年版。

② 胡适：《介绍我自己的思想》，《胡适文存》，上海亚东图书馆1930年版。

相反，倒可以说是满怀信心。他认为，中国人的大错之处就在于，他们总是认为自己的祖宗遗产太丰富了，故步自封，导致今天的落后局面。所以，自信心必须建立在反省的基础上。我们的文化并不丰富，与古希腊、罗马文化相比，我们只能感到自惭形秽，早在两千多年前我们就落后了。所以，我们应该反省，祖宗罪孽深重，我们自己罪孽深重，在反省的基础上拼命努力方能在世界之林有一席之地。我们说，不能将胡适斥为民族虚无主义简单了事，就在于他仍然保持着对民族未来的希望，仍然思忖着如何建立未来文化，使中华民族不至于覆灭，而能够兴旺发达。他说，信心不在过去而在未来，我们相信，我们的未来握在我们手中，对于民族未来的焦虑使他痛之切、责之深，恨铁不成钢，这种心情完全可以理解。

在当时有两种观点甚为流行，影响极大。其一，认为世界文明有各种不同的途径，中国、印度、西方分别代表了三种不同的发展路径。现今是西方文明的天下，其后便是中国文明的复兴。这种观点的代表人物是梁漱溟先生。① 其二，认为西方文明是物质的文明，是征服自然界的文明，东方文明（也就是中国文明）是精神文明。第一次世界大战业已表明，欧洲的物质文明已经腐朽，取而代之的将是东方的精神文明，西方文明期持着东方神明的超拔，这种观点的代表人物是梁启超。②

梁漱溟先生的观点可谓文化多元论。这种观点否定了文化发展的一元论，从而也否认了西方文化作为人类文化发展的最高阶段的典范意义。多元论实质上否认了文化发展的统一标准及其绝对性，承认各个文化发展的标准都在这一文化自身，各个标准都是相对的，都有其存在的价值和理由，三条路径是三种标准在实践中的实现。既然标准各异，都是相对的，那么，学习西方完全不必要。在当时面临民族落后的现状，学习西方实现民族强盛是拯救民族的唯一道路。承认文化的多元论，否认学习西方的必要性，实质上是引导民族走向灭亡。在举国上下都为学习西方，实现民族自强的时势下，这种观点是与时代不合拍的音符。胡适对这种观点不以为然，提出了“有限的

① 参见梁漱溟：《东西文化及其哲学》，上海商务印书馆 1922 年版。

② 参见梁启超：《欧游心影录》，上海中华书局 1936 年版。

可能说”。他认为，人类的身体结构基本上一致，他们所处的环境也大同小异，所要解决的问题也无甚区别，在这种大同小异的环境下所产生的解决方案也决不会有什么实质的不同。所以他主张一元论文化发展观，世界文化发展只有一条道路，东西方文化的差异只不过是它们各处在文化发展的不同阶段而已，西方文化已完全脱离了中世纪阶段，最能代表西方文化的“科学”与“民主”都是近代的产物。中国文化尚未完全摆脱中世纪，而印度文化则仍处在中世纪之中。既如此，学习西方与否，答案岂不是昭然若揭？胡梁的争论，不仅仅是文化的一元论和多元论的论争，而且也是关于民族前途的争论，梁先生主张多元论，实质上否认了学习西方的理论基础，虽然梁先生有鉴于时势也主张学习西方，但既然每一民族各有不同的发展途径，何必要学习西方，趋之若骛？胡适一针见血地指出了这种理论的实质。他说，如果承认了梁先生的理论前提，那么我们就只好永远落后下去了。①

出洋留学的人都耳闻目睹了欧美社会的嬗变，一般都主张一元论，提倡学习西方。如：冯友兰先生也认为，东西方文化问题不是一个东西问题，而是一个古今的问题。一般人所说的东西之分，其实不过是古今之异。② 胡适留学七年，对欧美社会了解较深，也曾读过《中国是中世纪的欧洲》一书，恐怕这些影响都是促成他主张一元论的原因。其次，胡适主张一元论恐怕也与他的“历史的眼光”不无关系。“历史的眼光”要求按历史的本来顺序认识历史，决不允许将历史割裂看待，主张多元论。

现在有人认为梁漱溟先生率先提出了民族文化发展多元论的先声，笔者实不敢苟同，每一理论都有自己的时代，时代的差异可以导致理论作用的差异。在当时的状况下，强调差异性否认东西方文化的共同性，强调民族性否认世界性，其实质作用是否认学习西方，为了固守民族性，一味故步自封不思进取，这个民族有什么前途呢？

第一次世界大战战火熄灭不久，梁启超出游欧洲诸国考察，其结果就是《欧游心影录》一书的出版。他在书中说，西欧科学的发展所取得的物质

---

① 参见胡适：《读梁漱溟先生〈东西文化及其哲学〉》，《胡适文存》（二），上海亚东图书馆 1924 年版。

② 参见冯友兰：《三松堂自序》，三联书店 1984 年版。

进步比从前两千年的成就还要大，但科学造成的纯物质的机械进步不但没有解决人生问题，反而由于科学原理日新月异，旧权威不断灭亡，新权威还不曾建立，全社会都陷入了怀疑、沉闷和畏惧之中了，遂酿成了欧洲战争，给人类造成灾难。梁启超认为："救济（欧洲）精神饥荒的办法，我认为东方的——中国和印度——比较好。东方的学问以精神为出发点，西方的学问以物质为出发点。"①

梁书贬西方文明为"物质文明"，崇东方文明为"精神文明"这种分类观点的抛出引起了国内学术界对东西方文明的重新认识，以及是否学习西方的讨论。

胡适认为："文明是一个民族应付环境的总成绩，文化是一个文明形成的生活方式。"② 无论哪个文明，其中必定包含有物质的和精神的两种成分，决没有纯粹的"物质文明"或"精神文明"，将二者割裂开来的观点，包含了灵与肉的冲突的成见，是不恰当的。他认为，所谓的物质文明，不应是征服物质的文明，而是为物质所征服的文明，就此意义而言，真正的"物质文明"恰恰是东方而不是西方。东方文明的最大特点是知足，知足常乐，拘于物质的束缚，不去改造它，遂造成东方民族的懒惰和不长进，东方人都扼制精神需要而不是满足它，要求人们"无智无欲"，所以，东方文明才是真正的物质文明。

相反西方文明才是追求人类幸福的文明，它征服物质，把人从物质环境的重负之下解放出来；它不仅不忽视人类的精神享受，恰恰相反，它在满足精神享受方面所取得的成绩，绝非东方能够望其项背的。从理智上讲，西方文明的特点是科学，科学要求探索真理，这正是满足人的求知欲望，相比之下，东方圣人只会教导"绝圣弃知"，要求人们"无智无欲"；从宗教上讲，西方文明建立了实证主义的宗教道德，要求一切"拿证据来"，这是理智的态度而不是盲目信仰，东方人只注重个人修养，八百年的理学居然认识不出妇女缠足是惨无人道的。所以，西方文明才是真正的理想主义精神文明。胡

① 梁启超：《饮冰室合集》第72卷，上海中华书局1936年版。

② 胡适：《我们对于西洋文明的态度》，《胡适文存》（三），上海亚东图书馆1930年版。

适所说的“精神文明”和传统学者所说的精神文明内涵大不一样。前者的“精神文明”是对精神、理智上的需要的满足，而在后者的心目中的“精神文明”，则只不过是“圣人之道”一类的东西。这正是资产阶级学者和传统学者的区别所在。

胡适认为，东西方文明的差别，实质上是工具的差别。人类是基于器具的进步而进步的，石器时代、铜器时代、钢铁时代，以及机电时代都代表了文化进化的不同阶段。西方已进入机电时代，而东方则犹处于落后的手工具时代。西方人利用机械、物质，而东方人则利用人力，“东洋文明和西洋文明的界线是人力和摩托车的界限”①。东方文明把人当牛马，无论如何也算不上精神文明。而且工具越进步，其中包含的精神因素也就越多，摩托车、电影机所包含的精神因素要远远大于老祖宗的瓦罐、大车、毛笔。“我们不能坐在舢板船上自夸精神文明，而嘲笑五万吨的大轮船是物质文明。”②

在文化讨论中，给胡适带来最大影响的是，他的“全盘西化”的主张，但这实在是历史的误会。就理论的系统性、态度的一贯性而言，胡适远不及“全盘西化”的另一位主张者陈序经。大概是由于胡适是名人吧！这个观点总是被归在他的名下，而陈却鲜为人知。

1929年，胡适在英文版的《中国基督教年鉴》上发表了《今日中国之文化冲突》一文，正式提出“全盘西化”的口号，他用了两个词表达这一意思。其中，“wholescale westernization”意为“全盘西化”，而“wholehearted western ization”则意为“一心一意的西化”，两词内涵大相径庭。当时并未引起广泛的注意。1935年10月，十教授为了配合国民党的军事围剿，在国民党当局的授意下，发表了所谓的《十教授宣言》，反对学习西方（其实质是反对马列主义），主张对中国文化存其所当存，对西方文化取其所当取，建设中国本位的文化。胡适作为一元论者，不会容忍这种变相的折衷论调在社会上流行，写了《试评所谓的〈十教授宣言〉》一文，一针见血地指出，十教授的折衷调和论调是行不通的。十教授也纷纷著文“澄清”自己的观点。

① 胡适：《漫游的感想》，《胡适文存》（三），上海亚东图书馆1930年版。

② 胡适：《介绍我自己的思想》，上海亚东图书馆1935年版。

胡适起初并不了解《宣言》的真相，待到他明白了真相后，出人意料的没有做任何辩解，而提出要和十教授成为“同志”。

胡适说，他曾经主张“全盘西化”，但真正的“全盘”就是百分之百的意思，否则就不叫“全盘”。但百分之百是不可能的。因此，他建议用“充分世界化”来代替“全盘西化”，“充分”在数量上是“尽量”，在精神上是“尽力”，这样一则可以免去许多无谓的论争，二则可以争取许多同情和帮助，一切在精神上赞成西化的人都可以成为“同志”，包括十教授。①

胡适本来是主张“全盘西化”的，他甚至还为此辩解过，反对别人把他列入调和派。②何以此时对自己的观点做出如此重大的修改呢？原因可能在于此刻他已在政治上倒向国民党，当自己的观点与国民党的意图有所龃龉时，他只能修改自己的观点与之调和。胡适一贯追求“民主”、“自由”，但由于他自己与政治纠缠在一起，思想不能完全诚实，说话也不得不瞻前顾后、欲言又止。这是胡适的悲剧。

胡适的文化观的意义就在于他自觉地运用“历史的眼光把中国纳入世界文明发展史的总过程中，提出了民族文化发展一元论的思想，主张抛弃传统的束缚，向西方学习。当然，胡适用苛刻的言辞指责中国文化，有不少是出于感情用事，缺乏应有的客观、冷静的分析态度。“全盘西化”也有很大的恨铁不成钢的偏激成分，这些都是我们应该注意的。

三、文学改良与白话文运动

新文化运动发轫于文学改革，文学改革则得力于胡适、陈独秀、钱玄同的全力提倡、推行。诚如胡适所言，陈独秀以其“必不容反对者有讨论的余地”的勇气，补足了胡适的“改良”和“尝试”的软弱缺陷，联合起来，推动了中国大地上轰轰烈烈的白话文运动的掀起。白话文运动势若破竹，很快超出了讨论和尝试的局势，走向了小学的课堂，成为取文言而代之的正统

---

① 参见《全盘西化和充分世界化》，《胡适论学近著》一，上海商务印书馆 1935 年版。

② 参见胡适：《我是赞成陈序经先生的“全盘西化”》，载马芳若编：《中国文化建议讨论集》，上海国音书局 1936 年版。

教材。

白话文运动之所以能够引起举国上下的响应并得到广泛的发展，有其深刻的社会思想和情感基础。许多人对此已有论述。那么，胡适何以提倡白话？他对这场轰轰烈烈的运动作出了哪些贡献呢？

胡适用白话取代文言的思想萌芽于留美期间，导致他的观点的诱因很多，但最重要的原因还是他的资产阶级意识的觉醒以及“历史的眼光”使然。

胡适对文学被垄断，把持在少数文人、士大夫手中的局面感到不满，他认为，文学不能只是文人、士大夫们宣泄自己的情感的工具，而应从庙堂走向草野，成为广大群众表达自己的喜怒哀乐的工具。这实质上是促使文学实现性质上的根本转变——由为少数人服务的玩偶变成广大群众抒情达意的工具。胡适《文学改良刍议》中提出的“不作无病呻吟”、“务去烂调套语”、“不用典”以及“不讲对仗”、“不避俗字俗语”等，都表明了他明确的资产阶级意识——使文学接近广大群众。胡适屡屡爱用但丁、乔叟用方言俗语写诗著文，马丁·路德用现代德语翻译《圣经》作为例子，说明利用方言作为表达工具，能够推动文学事业的发展，这也表明了他明确的资产阶级意识。在他看来，士大夫阶层之所以能够垄断、把持文学就在于他们手中有自己得心应手而又不易为广大群众掌握的工具——文言文。他们以此为工具构造所谓的庙堂文学，而把小说、戏曲等一概斥为草野文学，不屑一顾。因此，要改变文学的性质，必须从其表达方式——文言文改变起。从“历史的眼光”来看，每个时代有适合于自己的表达形式，文言文作为思想表达工具，典故堆砌，无病呻吟，已不能很好地发挥抒情达意的作用，其文字已成为“半死的文字”。所以，必须废除这种“半死的文字”，而代之以生动活泼、富于表现力的“俗字俗语”。胡适认为，活文字的文学在中国很早就出现了，只是由于前后七子等人的仿古文学，才使文学改革遭到了挫折和限制，否则，中国就可以出现与欧洲文艺复兴相媲美的文学了。可以说，胡适提倡“文学改良”、提倡新文化运动的目的就在于建立大众化的中国现代文学。他一直称新文化运动为中国的“文艺复兴”。

对于胡适对新文化运动的贡献，学术界一般评价过低，这不太公平。胡适的贡献，不仅仅在于他的《文学改良刍议》，更重要的是他还做了一系列的实际工作。他提出了自己的文学史观，他认为，一部文学史就是活文字替代死文字的“文学工具变迁史”，因而，白话代替文言就是理所当然的。（限于篇幅，他关于文学史的观点在此不做详细探讨）。这些理论为白话运动的开展奠定了基础。他还进行了旧小说的整理工作，甚至“尝试”着写新体自由诗，出现了第一本白话诗集《尝试集》，为白话运动提供了材料。他也曾是“国语统一筹备会”的成员之一，为统一国语（即普通话）做过工作。他的《尝试集》尽管水平不高，但它的出版，的确起了抛砖引玉的作用。继《尝试集》之后，中国现代新诗坛呈现出一派繁荣的景象，许多新诗人脱颖而出。章士钊在《评新文字运动》中说，自从白话运动推广之后，“天下悦胡之言而响之者众”，“举国趋之若狂”，青年们“以适之为大帝，绩溪为上京，遂一味于《胡适文存》中求文章义法，于《尝试集》中求诗歌律令”。这道出了胡适对时人的影响。发动、推广白话运动是胡适对中国文化史的一项不朽的贡献，无论如何赞誉也不会过分。

一般人认为，胡适提倡“文学改良”，只是形式上的改良，忽略了内容。这是片面的见解，这种观点割裂了形式和内容的辩证关系。文言文就是文言文所要表达的内容的一部分，决没有无内容的纯粹形式；对于白话来说，也是如此。反对文言，不仅仅是反对这种形式本身，而且也是对这种形式所代表的时代观念和价值观的摒弃。事实上，胡适之所以提出“文学改良”，恰恰是因为文言矫揉造作，不适于表达现代人的观念和情感，所以，他才不赞成任叔永用文言写诗。在《文学改良刍议》一文中，赫然写着“须言之有物”、“不学仿古人”等。所以，他才说，用白话代替文言，“初看起来，这都是‘文的形式’一方的问题，算不得重要，却不知形式和内容有密切的关系。形式上的束缚使精神不能自由发展，使良好的内容不能充分表现，若想有一种新内容和新精神，不能不打破那些束缚精神的枷锁、镣铐”①。

胡适等提倡白话文的实际意义，不待笔者赘言，每个人都可以有深切的体会。笔者认为，白话的推行，其意义决不局限于文学性质的转变，更重要的是它有文化史上的重要意义。白话的推行，标志着中国思想、文化界的觉

① 《胡适文存》（一），上海亚东图书馆1930年版，第223—234页。

需要重新改写，现在，禅宗史研究已有很大的进展，但胡适的观点仍不失其参考价值（限于篇幅，胡适关于禅宗史的具体观点在此不做详述，读者若有兴趣，可参阅《胡适论学近著》、《胡适禅学案》等）。

作为结束语，我想提出以下几点统计，以说明胡适与中国文化史的关系：

第一个提出用白话取代文言，推动了白话文运动的开展。

第一个用白话写诗，出版了第一本白话诗集《尝试集》，推动了现代新诗的诞生。

第一个编写中国哲学史专著，出版了第一本《中国哲学史大纲》，促进中国哲学史科学的诞生。

第一个把白话小说作为学术项目进行研究。

第一个用现代观点考证《红楼梦》，开创了一代新红学。

……

他没有完成什么，却几乎开创了一切，这就是中国现代文化史上的胡适。

论“第三代新儒家”

姚才刚　芦仕晋

“第三代新儒家”是沿用了目前学界通行的说法，意指20世纪70年代末80年代初以来即开始活跃于国际学术舞台的新一代新儒家学者。他们在总体方向上继承了第一、二代新儒家如梁漱溟、熊十力、方东美、唐君毅、牟宗三、徐复观等人的思想旨趣，继续以阐扬儒学为职志，同时又与时俱进，在一定程度上突破了前辈的思想视野，有了深厚的西学学养和相当的开放度，积极参与与世界其他宗教、伦理、哲学的对话，使当代儒学发展呈现出了新的特点。因此，有必要对“第三代新儒家”的思想学说进行回顾与反省。

一、“第三代新儒家”兴起的时代背景

当代新儒家学发端于20世纪20年代初。众所周知，近百年来，儒学遭到了空前的危机与挫折。在五四新文化运动中，反儒学运动几乎达到一个高峰。但正是在“打倒孔家店”的呼声日益高涨的时候，新儒学却出乎意料地产生了。梁漱溟先生是第一个站出来为孔子及其学说辩护的人，他对儒学的自尊感和维护感往往又是和民族主义的情绪交织在一起的。熊十力先生也是一位反时代潮流的孤傲独行之士，他钻研“唯识学”而又回返儒学，深入领悟了《易传》的“生生”之旨与刚健进取精神。20世纪的三四十年代，是中华民族遭受大劫难、民族危机十分深重的时代，但同样亦是中国哲学昌盛、新儒家纷纷创立学说的时期，不少新儒家学者在这个时期都有重大的理论收获。1949年新中国成立之后，新儒家的中心转移到中国的台、港地区

及海外。唐君毅、方东美、牟宗三、徐复观等先生以“天涯流浪儿”的心态，重振中华文化精神。他们克服了重重困难，致力于著述、讲学，为新儒学开辟了一片新天地。

相较于第一、二代新儒家，“第三代新儒家”生活在比较稳定与安宁的社会环境下，物质生活日益富庶，社会纷争相对减少。但新儒学依旧在向前发展，并且逐渐受到全球学界的注目。这其中缘由，笔者同意方克立先生的看法，即“第三代新儒家”的崛起，“不仅是由于师承相传的自然年龄的换代或接棒的需要，而且也是时代给予的发展机缘所造成的”[①]。也就是说，它除了学术上的自然传承（即第二代新儒家以其学问及人格魅力感召了一批弟子），少数学者对儒学有特殊兴趣并有理论创发能力之外，还有社会历史环境的变迁与时代思潮所引发出来的机缘。笔者试从以下几方面略加剖析。

（一）韦伯、列文森观点之检讨

德国社会学大师马克斯·韦伯在《新教伦理与资本主义精神》等书中探讨了西欧资本主义产生的原因，认为理性主义（尤其是工具理性）在宗教、科学、法律、政治等各个领域中的兴起，是西方工业资本主义产生的原因，而基督新教伦理（特别是加尔文教）则是促成资本主义发生的精神因素。在他看来，加尔文教派为攻击教会而提出来的“预选说”，有助于激励信徒努力工作，因为信徒要增强成为上帝的“选民”的自信，必须要在上帝的“召唤”之下，不停地勤奋工作。[②] 因此，韦伯认为，新教伦理是促成资本主义兴起的精神因素。韦伯又剖析了 19 世纪之前中国未能兴起资本主义的原因，他在《儒教与道教》一书中考察了中国传统的社会组织及结构以及儒教、道教的思想。他的结论是：儒家思想有碍于资本主义的发展[③]。韦伯的观点在西方汉学界的影响很大，在 20 世纪 70 年代以前，不少汉学家都吸纳了韦伯的

---

① 方克立：《现代新儒学与中国现代化》，天津人民出版社 1997 年版，第 62 页。

② 参见［德］马克斯·韦伯：《新教伦理与资本主义精神》，于晓等译，三联书店 1987 年版，第 86 页。

③ 参见［德］马克斯·韦伯：《儒教与道教》，洪天富译，江苏人民出版社 1997 年版，第 267 页。

观点。

20 世纪 60 年代，美国汉学家列文森关于孔子思想已被“博物馆化”了的观点在美国风靡一时。列文森写了《儒教中国及现代命运》一书，他在该书中认为，晚清以后中国知识分子在理智上是西化的、完全接受西方的价值，但在感情上却迷恋中国的传统，常常会回到传统，特别是儒学上去。这种心态易被军阀政客所利用。而五四新文化运动“打倒孔家店”的浪潮，使得中国传统文化遭到全面的批判，儒学价值系统遭到毁灭性的破坏，其赖以生存的土壤也丧失殆尽，儒家思想面临的是被送进博物馆的命运①。可以说，列文森是沿着韦伯否定儒学的观点作了进一步的推论。

在这种情况下，华裔学者自然要对此作出回应。如杜维明先生较早就在思考：儒家的文化是否将会没落下去？持续了两千多年的中国文化传统是否真的将会被取而代之？答案显然是否定的。杜先生后来提到了文化认同问题，认为儒家文化的认同并非如国粹派毫无保留地全盘接受传统，而是建立在知识分子自觉的、群体的批判与反思的基础之上。也就是说，发扬文化认同的精神，必须彻底批判封建遗毒。他主张对儒学的理解和把握不应仅仅将其当成一种历史现象，它同时也是一种生命形态、一种精神方向、一种哲学的人学。儒学根本上是一种“为己之学”或“身心性命之学”②。杜先生坚信，儒学在 21 世纪仍有它的生命力。他进而提出了儒学第三期发展的课题。

刘述先先生也否定了列文森关于儒学已被“博物馆化”的观点，认为儒学有其不可磨灭的价值。他对儒家采取了“三分法”，即精神的儒家、政治化的儒家和民间的儒家。作为政治化、制度化的儒家显然已经死亡，失去了它的存在意义。而精神儒家是指孔孟及程朱陆王等先贤，他们倡导超越的精神理想，这一层面若经过今人的改造与转化，仍可发挥它对当代社会的规约功能。民间儒家在东亚社会还有它存在的较广泛的社会基础，只是在不同地

① 参见［美］列文森：《儒教中国及其现代命运》，郑大华等译，中国社会科学出版社 2000 年版，第 337—343 页。

② 杜维明：《儒家自我意识的反思》，台湾联经出版事业公司 1990 年版，第 162—165 页。

区有不同的表现而已。①

20世纪60年代末至70年代以来，日本及东亚“四小龙”创造了令全球瞩目的经济奇迹，而这些国家和地区均系儒家文化圈，受儒家文化影响较深，这使得“儒家与东亚经济发展”的议题成为学术界讨论的焦点之一，学者们也开始重新反思韦伯的学说。虽然这是一个充满争议性的问题，儒家思想却因此受到世界各地学者们的注意。在这场讨论之中，大致上形成了两种说法：一种说法是所谓的“制度论派”，即强调外在的政治因素、经济制度的突出作用，这种观点在一定程度上否定了儒学与东亚经济发展之间有何关联；另外一派的观点是所谓的“文化论派”，即主张一定的制度与政策只有在特定的文化环境中才能发挥有效作用，认为儒家传统伦理是东亚经济发展的动因。当然，此派观点也不否认经济发展也需要有其他的助缘。较早以儒家伦理解释东亚经济奇迹的是西方学者，他们认为东亚国家或地区之所以获得经济上的成功，主要是因为这些国家或地区大多受过儒家思想的熏陶，而具有一些共同的文化特质，促进了经济发展。

东亚经济奇迹的出现是有利于“第三代新儒家”的，这至少为他们弘扬儒学提供了一些现实上的佐证，或者说，提供了进一步反思儒学的题材。杜维明先生曾撰文，认为工业东亚是不同于美国、西欧及苏联、东欧的现代化类型的另外一种工业文明。这些国家和地区有一些突出特点：教育占有重要地位；家族观念、乡土观念表现明显；群体主义、集体主义色彩浓厚；重储蓄；等等。② 当然，杜先生否定那种认为“没有东亚的发展，就没有儒学的复兴”的观点。笔者也不认为东亚经济奇迹和儒学之间有什么必然的关联，但笔者以为，东亚经济奇迹对“第三代新儒家”崛起有一定外在的助缘作用。

20世纪90年代末期，亚洲发生了较大规模的金融风暴。有学者因此而质疑东亚经济模式，并进而对亚洲现代性中的传统因素等文化诠释模式提出质疑。但杜维明先生认为，引起亚洲金融危机的原因比较复杂，它涉及货币

① 参见刘述先：《儒家思想意涵之现代阐释论集》，台湾“中央研究院”中国文哲所2000年版，第121—150页。

② 参见杜维明：《儒家自我意识的反思》，台湾联经出版事业公司1990年版，第135—140页。

制度本身某种急速变化的机制问题。因此，杜先生认为，亚洲金融风暴还没有完全涉及与儒家有关的东亚模式，危机的产生不是东亚模式所必然导致的，现在还不能说东亚模式本身已经崩溃。① 总之，经过海内外学者们反复的辩驳、讨论，韦伯及列文森的观点愈来愈失去其说服力。

（二）后现代主义思潮的风靡

“后现代主义”是20世纪中叶以来兴起的一个名词，它在当代不少学术领域里均有所反映，但它又极具歧义性。一般来讲，“后现代主义”是指对现代的一种检讨与反思，是对现代化的重新评估，也可以说是对现代的一种反动，以消解现代化过程中所产生的种种流弊。

“现代化”是指西方社会从工业革命以来所形成的现代社会的形态。它以理性化作为其基本的取向，特别凸显了工具理性，它主张效益优先、讲求齐一，注重秩序，相信有一套合法化的知识，以知识、科学取代幻想、神话，这样一来，自然界及人类社会中的许多事物都被抽象化、数量化。此种情形一方面使得西方国家在科技方面突飞猛进、生产力水平急速上升；但另一方面也产生了种种弊端，即在“人定胜天”、“戡天役物”的思想指导之下，西方国家几乎是无限制地掘发自然资源，使得生态、能源、环保问题日渐突出。而且，现代人由于过分世俗化、功利化，人生意义与价值不能够得到彰显，人际关系日趋冷漠。总之，现代化运动导致了人与自然、人与人之间的疏离与紧张。

在这种情况之下，“后现代主义”便应运而生。依“后现代主义”影响最大的人物利奥塔的观点，自20世纪50年代西欧重建完成后，即可说是后现代社会的来临。利奥塔认为后现代是对所谓“后设陈述”的全盘否定，不再接受科学或任何权威性的真理标准，亦不接受所谓“共识”的理论，却让一切不同文化并存发展。他由此而提出了“并行不悖”学，主张在任何自称评判一切的“后设陈述”崩溃后，各种理论或语言游戏均可以并行不悖。②

① 参见杜维明：《十年机缘待儒学》，牛津大学出版社（香港分部）1999年版，第82—88页。

② 转引自梁燕城：《西方后现代主义与中国儒家哲学》，《社会科学战线》1994年第2期。

中国传统哲学与西方后现代主义运动有相互契合之处。中国儒家与道家都讲天人合一，注重人与自然的和谐相处。中国传统亦未发展出西方那样鲜明的主客二分的思想架构，也没有特别突出工具理性的地位，这虽然不利于实证科学的发展，有其弊端，但却与西方后现代主义思潮极为吻合。中国传统的人文主义也不像西方启蒙时代那样片面地强调人的主体意志，它包含有丰富的内容，在它背后有着生生不息的天道思想的根源，不是单纯地讲“戡天役物”。

刘述先在其著作中多次探讨了“后现代”的问题。他撰有《有关“现代与后现代”的省思》一文，认为就当代中国而言，现代化的目标依然是我们努力的大方向，因此，科学与民主是我们亟须争取的价值。但是，科学与民主并不是解决中国以及全人类所有问题的万灵药，由现代到后现代，它们已显示出严重的局限性。刘述先认为，应重视中国传统留给我们的慧识。儒家“仁与生生”的超越理想，可以成为我们的终极关怀，以对抗现代生命空虚、价值迷失的问题。①

成中英先生也对后现代主义理论作出回应。他建构了一套本体诠释学的体系。本体诠释学代表了一种哲学理论与方法。他认为本体与方法、知识与价值之间虽有各自的相对独立性，但更有其内在的统一性。这种本体诠释学使人的理解不再陷入“主—客”对立的架构中，它是一个永远开放和无限丰富化的过程，使任何不同思想和文化均得到“并行不悖”的各自独立性和多元性。

（三）中西文化与哲学进一步融合的大趋势

自鸦片战争以来，西方的思想观念大量涌入中国。士大夫惯用的“天朝心态”逐渐崩溃，他们不得不开始接触、吸收西方思想，以应对西方强势文化的挑战。就新儒家而言，第一代的梁漱溟、熊十力虽然也吸收了有关西方哲学的思想资源，但尚缺乏对西方哲学深入的了解，更说不上完整、全面。

① 参见刘述先：《大陆与海外：传统的反省与转化》，台湾允晨文化实业公司 1989 年版，第 225—233 页。

第二代新儒家如唐君毅、牟宗三等先生，在吸纳西方哲学方面远远超过了上辈人物，他们均以其半生之力专志于西方的理解及诠释工作。唐先生深谙黑格尔唯心论思想，牟先生精研康德。但他们的不足之处在于，他们在一定程度上仍系传统的护教者，与西方之间仍然缺乏完整的沟通与往返。

而“第三代新儒家”却有了完全不同的视域，由于资讯的发达及各国交往的日益频繁，全球化浪潮席卷各个领域，哲学也不例外。中西哲学交流的机会逐渐增多。诚如成中英所说：“第三代的中国哲学家超越前辈，得以陶冶浸润于西方哲学思考中。他们主动与当代西方哲学产生的问题觌面，同时已实际参与解决问题的历程。”① 以成先生为例，他自台大毕业后赴美留学，后在极负盛名的奎因等教授的指导下，取得了哈佛大学博士学位。他目前已完全融入西方哲学思考的格局之中，能够较为准确地理解西方哲学的意旨并实际参与解决西方哲学中的理论难题。同时，他借助西方哲学那种严密的语言和逻辑分析方法，对易经哲学、宋明理学、因明学说从本体论到方法论作了全面的重新诠释与构建。刘述先先生求学于台大期间，曾跟随陈康及方东美两先生学习西方哲学，打下了较为坚实的西方哲学基础。后到美国南伊利诺伊大学师事魏曼教授，攻读哲学博士学位。刘先生青年时期主攻方向即为现代西方哲学，受到了较好的方法论训练，为日后疏解中国传统哲学奠定了基础。杜维明先生在哈佛进修博士学位期间，虽主攻中国思想史，但同时又师从艾克逊教授学习人格心理学，师从柏森思教授学习社会理论，并师从史密斯教授学习宗教思想，掌握了各种研究方法而加以推广运用。

西方近几十年来对儒学的研究逐渐摆脱了黑格尔、韦伯式的否定性的研究，而转向了对儒学肯定性的分判，如墨子刻、郝大维、安乐哲等对中国儒家哲学的研究都有一些独特的视域。另外，华裔学者林毓生、张灏等从自由主义立场发表对儒学的看法，这些观点与“第三代新儒家”的论旨不尽相合，但却能够促使“第三代新儒家”进行对儒学的自我反思，这将会促进当代新儒学向更健康、更开放的方向发展。

---

① 成中英：《中国哲学的现代化与世界化》，台湾联经出版事业公司 1985 年版，第 14 页。

中西哲学进一步融合的大趋势，使得“第三代新儒家”开始关注具有全球意义的问题。比如女权运动、环保运动、人权问题以及多元文化和多元宗教的运动。30余年来，世界伦理问题也是学术界的一个热门话题。这个运动的积极推动者是孔汉思，他曾起草《世界伦理宣言》，于1993年的世界宗教会议上通过。后来联合国教科文组织召开数次会议，讨论世界伦理的有关问题。刘述先先生即积极参与其中，他认为完全可以由儒家的观点对世界伦理问题作出积极的回应。

二、“第三代新儒家”的主要代表人物

关于当代新儒家的界定，一直存在争议。笔者基本上同意颜炳罡先生对当代新儒家的判准，即当代新儒家即要符合儒的本质，又要具有新的意义，失去任何一方，都不能称之为新儒家。所谓儒的本质，主要从三个方面来考察：（一）坚持道德优先原则；（二）同情地了解儒家经典，以教授儒家经典为自己的本分；（三）宗师孔子。所谓当代新儒家之“新”，又体现在以下四个方面：（一）面对西方文化的挑战，顺应儒学的内在精神，重新调整儒家内圣外王的义理结构，即顺内圣之学以解决新外王；（二）由儒家的“圆而神”的智慧始，通过融摄西方文化“方以智”的智慧，重新达到新的“圆而神”；（三）将传统儒家的心性之学或曰义理之学提升为“道德的形上学”，使儒家哲学实现专业化和学科化的转向；（四）在传统儒家以仁为主、仁智合一的文化模型中，开出智的独立意义，力图建立新的学科即科学知识之统。① 颜先生以此为标准，认定梁漱溟、熊十力、张君劢、方东美、唐君毅、徐复观、牟宗三是当代新儒家。当然，他仅仅列举了第一、二代新儒家的代表人物，对“第三代新儒家”则未作评述。笔者以为，可以将杜维明、刘述先、成中英、蔡仁厚及台湾“鹅湖系”部分成员看成是“第三代新儒家”的主要代表人物。

杜维明先生一直关心儒家思想现代化、世界化问题，他立志做儒学精神

① 颜炳罡：《泛化与界域——论当代新儒家的定性与定位》，《求是学刊》2001年第2期。

的传承者和见证人，以儒学研究为终身志业，常年奔走于世界各地，为儒学发展而不懈陈词，提出了“儒学第三期发展”的预见，他已成为当代儒学界的一位重要发言人。刘述先先生虽然从不自奉为新儒家，但亦不反对别人称他为新儒家。他年轻时虽主要致力于现代西方哲学的消化、吸收，但从未与中国传统哲学有过隔膜，在他内心深处一直认同儒家哲学的精神理想，他坦言自己的终极关怀即在儒学，从不掩饰对儒家生命情调的钟爱。成中英先生也是使中国哲学走向世界强有力的推动者。他是英文版的《中国哲学季刊》及“国际中国哲学会”的创立者。他所构建的“本体诠释学”是当代新儒家哲学的一项重要成果。蔡仁厚先生是牟宗三先生的亲炙弟子，他对现代西方哲学涉猎虽相对较少，但在“第三代新儒家”阵营中，他是对传统儒学及当代新儒学诠释最多的人物。他坚信儒家的常道、常理具有普遍而永恒的意义和价值，是“人之所以为人”、“中国文化之所以为中国文化”的本质所在，今人宜将其发扬光大。另外，有一些论者还提到了余英时先生，把他也作为“第三代新儒家”的代表人物。笔者以为，余英时先生在当代儒学论域提出过不少较有影响的观点，故应被归入“第三代新儒家”的行列之中。但他亦与其师钱穆先生一样，侧重于历史研究。余曾力辨钱先生与新儒家的殊异之处，他本人也不愿被人称为新儒家。本文暂且不论余先生。

以台湾《鹅湖月刊》社为中心而形成的“鹅湖系”，在当代新儒家阵营中也产生了非同小可的影响。1975 年，台湾师大国文系和辅仁大学哲学系的一群师友出于维护中国文化的使命感，成立了鹅湖学社，创办了《鹅湖月刊》，在其周围逐渐形成了一支学术团队。同时，鹅湖学社还是“师友以良知相遇的空间，是彼此人格成长的空间”（曾昭旭先生语）。“鹅湖系”代表人物主要有王邦雄、曾昭旭、杨祖汉、林安梧、李明辉等先生。当然，其内部见解也各有不同。大体上，“鹅湖系”所代表的新儒家的活动，是以继承往圣先哲慧命为己任，以“究天人之际”的天道性命问题、“通古今之变”的传统和现代化问题来“成一家之言”。该社 20 世纪 80 年代初期即开始自筹经费，举办年度“鹅湖学术研讨会”，开启了台湾人文学界学术会议之先河。从 20 世纪 90 年代起，该社又决定每两年举办一届“当代新儒学国际会议”，到目前为止，已经连续举办了多届，备受海内外同行关注。鹅湖学社作为一个纯民间的学术机构，在没有任何官方资助的情况下，竟已延续了40余年之久，且在弘扬儒学方面做得如此有声有色，实属难能可贵。在今日大师逝去的年代里，该社不仅未有衰敝之气象，反倒是愈来愈能发挥其影响力。

三、“第三代新儒家”的致思趋向

（一）多元化倾向

以复兴儒学为己任的第一、二代新儒家虽然经历过种种政治革命、文化运动，但在一定程度上仍未能完全破除传统儒学那种一元正统意识的心态。他们尽管也主张吸纳西方的科学、民主及知性的架构，但却将它们统摄于儒家的道德主体之下，以儒家的心性之学为本位，坚持儒家的道统必须占据原有的中心地位。

“第三代新儒家”由于受到西方现代思潮的影响，逐渐放弃了将儒学“定于一尊”的观念，而代之以多元主义，以开放的心态重新为儒学作出定位。他们积极寻求儒学与其他文化传统的对话、沟通，将儒学视为多元思想资源中的一元，儒学并非要凌驾于其他思想传统之上，而是与其他思想传统一起为未来世界可能面临的问题提供解救之方。儒学的未来发展也必须是在多元背景之下的发展。刘述先先生说：“很明显，上一代浸润在传统内部更深，信念也更强……也可以说，如果上一代更著力于传统的卫护，那么，我们这一代更用心于传统的转化之上……我们都主张道德和道统的担负不必那么重，应该更进一步开放，吸纳西方多元化的方式。”① 杜维明先生也强调，儒学要得到进一步的传播和深化，绝不可能是“一枝独秀”。

“第三代新儒家”在具体的研究论域、面相上也趋于多元化。以鹅湖学社为例，其在成立之初，大体是以牟宗三的哲学为精神支柱，但随着时代的发展及牟先生的去世，它也面临着分化与重组的问题。林安梧先生尝言：“当代新儒学的后起一辈，并不以前辈先生的路数自限，而在师承方面，也

① 刘述先：《当代中国哲学论：问题篇》，美国八方文化企业公司1996年版，第26页。

不像以前那样的直接简单，大体说来已然十分复杂，因此，在独立思考的鼓励之下，当代新儒学一系年轻一辈，倡导开拓新视野，以新感受、新观念、新方向而开启一新的研究之路。”①《鹅湖月刊》创办人之一的王邦雄先生，其学术立场即是在儒、道之间，认为当代新儒家与当代新道家可以融合一体而了无间隔，他主张以道家虚无的空灵智慧，来成全儒家实有的道德生命。因为儒家支持我们肯定人生正面的价值，道家让我们避免人生负面的伤害。若无道家的涵养，人生诸多的美好，可能会在人间世的行程中变质沉沦。因此，他认为，中国人的人生智慧，即在儒、道之间。林安梧先生提出了“后新儒家哲学”（或批判的新儒学）的发展思路，即致力于诠释中国传统“气学”，并注重吸纳西方历史哲学、社会哲学、现象学、解释学等思想资源，同时回溯当代新儒学之起源，重新理解熊十力的学说，对牟宗三的哲学思想也采取一种既批判又继承的方式。不过，林先生的哲学主张目前尚未能充分展开，他的一些提法也曾遭到李明辉等先生的质疑。另外，鹅湖学社创立人之一的杨祖汉先生在牟宗三先生的基础上，进一步深化对康德哲学与宋明理学的研究，同时致力于探讨牟先生较少涉足的韩国儒学。

（二）方法论的自觉

20 世纪以来的现代西方哲学更迭较快，各种新思潮不断涌现。这为反应快捷、思想活跃的当代新儒家学者提供了众多的方法论资源。它可在一定程度上弥补传统儒学只重体证而忽略方法论反省工夫的缺憾。对西方哲学方法论的吸收、借鉴，有利于发掘中国传统儒家哲学的现代意蕴，或者说，凭借一定的方法方可将传统哲学的深微义理以现代方式表达出来。刘述先先生说：“20 世纪的西方哲学是一个方法的世纪，新颖的方法层出不穷，如应用得当的话，都可以为我们取资。譬如说，分析方法可以有助于概念澄清，存在主义可以加深存在的体验，现象学可以展示能所相应的意识架构，解释学可以促进视域的理解与交融，沟通理论可以改变传达的套式，解构的方法可

① 林安梧：《生活世界的重新发现及其阵痛下的哲学发展》，《鹅湖月刊》1992 年第 11 期。

以摧廓独断的体系殿堂……这些方法要是用得恰到好处的话，都可以获得成果。”① 刘先生本人则吸收、消化了卡西尔所提出的“功能统一”的方法，他着力发挥的“理一分殊”说即汲取了卡西尔的慧识，而他对中国传统“两行之理”的创造性诠释则融会了蒂利希关于“终极关怀”的睿智。

杜维明先生从张光直先生对中国文明起源的新看法、德国哲学家雅斯贝尔斯所提出的“轴心时代”文化的多样性、并存性等方面获得启示，指出了儒学研究应有的新动向，即采取多学科（包括人类学、考古学、神话学、民族学、古文字学）研究中国文明起源的丰富多样内容，这对了解儒家传统形成的最终形态是具有深远意义的；其次，须由对“轴心时代”文化的多样性、包容性，认识原始儒家所关注的问题，才能跳出 20 世纪初欧洲中心主义的藩篱，使儒学的精义如实地呈现出来，而不是被恶意地扭曲或自卫式地美化。李明辉先生曾赴德国专研康德哲学，回到台湾后，亦如当代大儒牟宗三先生一样，从事康德哲学与儒家哲学、伦理学的比较与融通的工作，并将之推向深入。他同时借鉴波兰义（Michael Polanyi）的方法论来诠释中国传统哲学，亦颇见新意。新儒家阵营里的另外一位颇有功力的袁保新先生则一直企图通过海德格尔哲学诠释儒家哲学，以对比于以康德哲学为诠释参考的鹅湖学风，为当代儒学研究提供了新的视野。

（三）批判性与现实性

毋庸讳言，第一、二代新儒家在中华文化存亡继绝之时，不免有护教的心态。因此，他们的著作常常会流露出对中国传统文化与哲学的溢美之词，有时甚至过分褒扬，而对五四时期激烈的反传统思想极具鄙夷之情，他们可以说与五四人物的观点、立场势不两立。但到了“第三代新儒家”，情形就有了一些变化。相当一部分的海内外学者及社会民众放弃了五四时期“打倒孔家店”的偏激观点，对中国传统文化作出了应有的肯定。在这种情况下，“第三代新儒家”无须再为保存儒学火种而声嘶力竭地呐喊。他们已完全具备条件来对儒学作出公允、客观的评价，以理性的态度对儒学的功过是非作

① 刘述先：《当代中国哲学论：问题篇》，美国八方文化企业公司 1996 年版，第 257 页。

出恰当的定位。

杜维明、刘述先先生对五四精神都作了较为充分的肯定。杜先生曾指出，五四时期“中国第一流的知识分子形成联合阵线，对儒学进行猛烈的批判，有极健康的意义”①。当然，他同时主张要超越五四的反儒情结。五四时期的全盘西化思想，完全丧失自信的媚外思想如同狭隘的民族主义、种族主义一样，是缺乏思想性、知识性的情绪化的浪潮。他认为，摆脱封建遗毒与发扬文化认同的精神是有内在关联的两面。他所谓的“知识分子的自觉的群体批判意识”也就是号召公众知识分子能够对传统及现代工业文明保持一种审慎的批判认同的态度。

刘述先先生曾指出，1958年由唐君毅等人起草、签署的“宣言”有过于美化传统的流弊病，反而不利于当代文化建设。因此，刘先生本人常常强调传统的资源与负担乃是一根而发的。成中英先生也有类似的看法。他指出，中国哲学的重建有赖于对中国传统的严肃批判，而批判不应被视为破坏性的消极做法。批判是以反省经验及思考为基础的理性活动。它要求以理性为前提，就事论事，以事实判断是非。如此，方有可能使中国哲学全面复兴起来。

笔者以为，当代社会既已消除了“学而优则仕”的可能性，也不能再寄望于成圣成贤，那么，儒者能够发挥的社会功能便是站在一个较为理性的立场对现实生活中可能出现的弊病提出批评，加以矫正。这对整个社会及儒学自身的发展都是十分有好处的。

（四）“道问学”的转向与“生活世界”的开掘

传统儒家讲究“格致诚正”、“修齐治平”，最终向往的是圣贤境界。当代新儒家之唐、牟一系虽然接着宋明理学来讲，但儒学因外在环境的变迁，他们无法再像理学家那样一味做涵养、省察的功夫，而多寄身于高校或研究机构之中，从事著述、讲学的工作。当然，第一、二代新儒家在潜意识里仍有道统的担负。“第三代新儒家”绝少有人再自奉为圣贤，他们所重视的乃

① 杜维明：《儒家自我意识的反思》，台湾联经出版事业公司1990年版，第168页。

是学术文化事业的开拓与推进，亦即日益由“尊德性”转向“道问学”。

“道问学”的倾向在成中英先生的学说中表现得尤为突出。他基本上放弃了牟宗三先生那种“德性优先”的立场。成先生从先秦儒家的“仁智双彰”的观念中得出了儒家历来都是知识与价值并重的结论，并认为知识与价值之间有一种内在的关联性。也就是说，知识的有效性与合法性是由求知者共同形成的真理值的评价系统以及对此系统的高度自觉来保证；而价值也必须以知识为参考系。价值与知识之间的相互补充又相互渗透，乃形成了人的“生活世界”。他认为，牟先生视陆王为“正统”而判朱子为“歧出”的做法不利于儒家“生活世界”的开显。①

在当代儒学研究中，“生活世界”是一个颇受重视的概念。学者们逐渐认识到，儒学不能只封锁于一超越的形式之理中，不能只归返形上的本体，而必须开启一活生生的“生活世界”。王邦雄先生很早就意识到，老一辈新儒家已将儒学义理作了淋漓尽致的阐发，但却难以把儒家理想落实下去。因此，他认为当前儒者的一项重要使命即是将儒学拓展于社会生活的各个领域之中。王先生本人则长期致力于民间讲学，其著作《缘与命》、《向生活说话》、《当代人心灵的归乡》、《人间道》、《世道》、《21世纪的儒道》等大抵都为民间讲学之讲稿的集结。他的用意即在于将传统人文化成的哲学慧命，重新根植于民间。而王财贵先生倡导的“儿童读经运动”也开展得有声有色，颇有影响。

由此可约略窥见，“第三代新儒家”与前辈新儒家的视野已有所不同，他们主张更贴近生活，更注重将儒学灵根散布于民间，更着眼于解决当代人所面临的实存问题。当然，儒学在当代既然是一种多元的开展，讲究生活化的儒学亦可不必排斥纯学术性的探讨。事实上，目前当代新儒学也正朝着兼顾精深理论研究与社会普及的方向发展。

（原载于《南昌大学学报》（人文社会科学版）2002年第1期，
收入本书时标题与正文略有改动）

① 成中英：《当代新儒学与新儒家的自我超越：一个致广大而尽精微追求》，《中国社会科学季刊》（香港）1995年秋季号，总第12期。

现代三圣：梁漱溟、熊十力与马一浮

郭齐勇

现代新儒学思潮，大体上有三代学人。第一代学人中有梁漱溟、熊十力、马一浮等先生，三先生及其弟子交往甚密，属于一个“文化共同体”。我们先分别介绍三先生的学术与人生，再讲他们之间的联系，他们的人格境界。

一、三先生的行迹

梁漱溟先生（1893—1988年）是一位性格特异、风骨嶙峋的人物。他是桂林人，但生长在北京。他并未接受过旧式教育，他的父亲很开明，让他在新式学堂里接受了小学、中学教育。1916年，梁先生在《东方杂志》上发表学习佛学的心得《究元决疑论》，很受北大蔡元培校长的赏识，蔡校长即与文科学长陈独秀商量，决定聘梁先生为印度哲学课程的特约讲师。在此前，梁先生曾经报考过北大，没有被录取。这就是人们常说的梁漱溟没有考取北大当学生，却当上了北大的讲师。梁先生是20世纪面对西化狂潮最早肯定中国文化价值的文化人。其实他是非常主张科学与民主的，而且积极参与了民主建国的政治活动。

梁先生是有操守有气节的人，他的骨头很硬，我非常佩服他的人格。我曾经五次到北京看望、拜访他，深深地为他的精神所折服。他是一位真儒，决不趋炎附势。他有自信力。1941年他在香港主持民盟事务，创办《光明报》。太平洋战争爆发，香港沦陷，他坐小船回来，非常危险，但他若无其事，心地坦然。他说：“我相信我的安危自有天命”。“我不能死，我若死，天地将为之变色，历史将为之改辙。”他说，孔孟之学的意蕴，中国文化在人类的地位，只有我能阐发，我还有三本书要写，我怎么能死呢？天怎么会让我死呢？梁先生就是这样自信，这样有担当意识的人。这很有一点像孔子。如孔子所说的“文王既没，文不在兹乎”那样。新中国成立前夕，他代表民主团体到昆明调查闻一多、李公朴遇害案，在群众大会上痛斥国民党特务。他说，民主知识分子是杀不绝的，你们有胆量就朝我开枪，我不怕死。

抗战时与抗战后，他曾经两度去延安，曾经与毛泽东多次交谈，乃至在窑洞同榻而眠。新中国成立以后他多次成为毛泽东的座上宾，但拒绝了毛主席让他在政府中任职的建议，又多次对内政外交提出不同意见，终于酿成1953年与毛直接冲突的“廷争面折”的局面。梁公然以农民的代言人自居，要试一试毛泽东的“雅量”。1974年，他发表《今天我们应当如何评价孔子》，反对以非历史的观点评价孔子，反对把林彪与孔子相提并论，为刘少奇、彭德怀鸣冤叫屈。梁先生的哲学主要是文化哲学、生命哲学、人生哲学。他的哲学与他的生命融合在一起。

熊十力先生（1885—1968年）与梁先生一样，也参加过辛亥革命。湖北黄冈熊子真先生是一位传奇式的人物，从没有受过任何旧式与新式教育，只读过半年私塾，要说文化程度，比梁先生低得多。熊十力生长在贫瘠乡间的一个贫苦农家，幼时为人牧牛。13—14岁时，他的父母相继病亡。日后他只是在父亲的朋友何柽木先生处读了半年乡塾。16—17岁时游学乡间。不久，他与同县何自新、浠水王汉共游江汉，受到维新派影响，读孟子、王船山、顾亭林书，萌发革命之志，欲物色四方豪杰，共图天下事。为“运动军队”，熊氏投武昌新军第三十一标当兵。1905年，熊氏由行伍考入湖北新军特别小学堂为学兵，宣传革命，联络同人。次年春，熊加入日知会，并发起组织“黄冈军学界讲习社”，主持该社的革命活动。由于熊氏在军学界图谋举事，奔走甚力，遂被鄂军首领张彪所通缉，幸为友人掩护，秘密出逃。武昌起义后，熊氏曾任湖北都督府参谋。民国元年，参与编辑日知会志。二次革命失败后，他曾去江西德安耕读、教书。1917—1918年间，曾参与孙中山先生领导的护法运动。他目睹鼎革以还，世风日下，“党人竞权争利，革命终无善果”，军阀官僚贪鄙、淫侈、残忍、猜妒、诈骗、卑屈、苟且、伪善，党祸至烈，士习偷靡，民生凋敝，人道灭绝，痛惜“党人绝无在身心上做工夫者”，慨叹“由这样一群无心肝的人革命，到底革到什么地方去呢?”他深感“革政不如革心”，遂慨然弃政向学，研读儒佛，以探讨人生的本质、增进国民的道德为己任。这是熊十力一生中重要的转折。他曾自谓：“决志学术一途，时年已三十五矣，此为余一生之大转变，直是再生时期。”熊十力早年就有佛学的“天上地下，唯我独尊”的意识。他是自学成才的，特别有天赋，有悟性。

熊十力先生是一个怪才，他从他的老师欧阳竟无先生那里走出来，批评佛教唯识学，创立了融会儒佛的“新唯识论”的哲学体系。佛学界对他有不少批评。他在北大讲课，或与友人交谈，谈到重要的地方，往往情不自禁，随手在听讲者的头上或肩上拍一巴掌，然后哈哈大笑，声振堂宇。学生们都不敢坐第一排，怕熊先生“棒喝”。有的人躲在最后一排，他就从最后一排敲起。朋友们与他谈话，也不敢靠近他。据说张东荪教授与他交谈时也被他拍过巴掌。他是一个有真性情的人。文学家、北大教授冯文炳（废名）是黄梅人，算是大同乡，是晚辈。废名与他争论佛学，争着争着，常常对骂起来，甚至扭打成一团。过两天，两人又和好如初。

抗战时期，熊十力入川，颠沛流离，生活拮据。他凭着对国家、民族、人民和传统文化执着的爱，自甘寂寞，乐以忘忧，勉力著述讲学。熊氏哲学体系之充实、发展、完善并在国内哲学界产生一定影响，亦是在抗战期间。抗战末期出版的《新唯识论》语体文本和《读经示要》是他的思想成熟、体系完成的标志。

孔子被拘囚于匡地时，心地坦然地说：“文王既没，文不在兹乎？天之将丧斯文也，后死者不得与于斯文也；天之未丧斯文也，匡人其如予何?”（《论语·子罕》）当公伯寮向季孙进谗，毁谤子路时，夫子坦然地说：“道之将行也与，命也；道之将废也与，命也。公伯寮其如命何?”（《论语·宪问》）孔子基于上天不会丧掉斯文的信念，自觉身系斯文之传的使命，一身系文化神州之安危，是文化托命之人。熊十力先生20世纪30年代在北平居住时，曾自题堂联：“道之将废矣，文不在兹乎?”熊先生以“上天将斯文属余”的气魄承担着中华文化的慧命。

马一浮先生(1883—1967年)是一位大名士、大隐者、大儒、理学大师，又是著名的诗人与书法家。他早年到美、德、日游学，第一部《资本论》就是他带回中国的。他是绍兴人，长年隐居杭州。以前蔡元培校长请他到北大去任教，他以"古闻来学，未闻往教"八个字回绝。抗战军兴，才出山讲学，他随浙大迁居江西泰和、广西宜山，讲学的内容后来编成《泰和会语》、《宜山会语》。1939年，马先生到四川乐山办复性书院，有《复性书院讲录》6卷。马先生认为，六经可以统摄一切学术。马先生的儒释道的学养特别深厚，佛学造诣颇深，对宋明理学也有精湛的研究。

抗战时在后方，蒋介石常常召见一些学者去谈话，冯友兰先生、贺麟先生等都分别去见过蒋。据说这都是陈布雷的安排。我曾在贺麟先生家亲耳听贺先生对我说过，蒋委员长会见他们这些哲学、人文学教授之前，还确实读过他们写的一二种书，在上面圈圈点点，见面时还针对著作问一两个问题。马先生见蒋是在抗战初，办复性书院之前。特别有意思的是，据说马向蒋讲两个字:"诚"、"恕"。他希望蒋"恕以接人，诚以开务，以国家复兴为怀，以万民忧乐为念"，强调"诚即为内圣外王之始基"。据说蒋对这种劝诫甚为不快。事后，友人问马先生对蒋的印象，马的评价很有趣，他说蒋"英武过人而器宇褊狭，缺乏博大气象"。他说蒋"举止过庄重，杂有矫糅"。他评价蒋是"偏霸之才，偏安有余，中兴不足。比之古人，不过是刘裕、陈霸先之流人物"。这个评价是很确当的。大家都知道，刘裕是南朝宋齐梁陈的宋的建立者，即宋武帝，虽代晋称帝，但没有统一中原。陈霸先是南朝陈的建立者，即陈武帝。这两个王朝都是短命王朝，都没有完成统一大业。大概从心胸、气度和霸业上看，蒋不过是宋武帝、陈武帝之类人物，后来的历史果然验证了马先生的判断。

二、三先生的交游

1919年，熊十力执教于天津南开学校，教国文。这年暑假之前，熊先生曾写信给当时任北京大学讲师的梁漱溟先生，大意是说:你在《东方杂志》上发表的《究元决疑论》已经拜读，其中骂我的话却不错，希望有机会晤谈。

梁先生1916年发表的《究元决疑论》的第三部分，对熊先生1913年在《庸言》上发表的《健庵随笔》批评佛学“了尽空无，使人流荡失守，未能解缚，先自逾闲，其害不可胜言”等提出批评，认为熊氏不了解佛学的真义恰恰是使人有所依归，不致流荡失守。暑假，熊氏由天津到北平，借居广济寺内，与梁先生讨论佛学。两人一见面就畅谈起来，但因看法相左，均未能说服对方。这是一次历史性的会见，此后梁熊二先生交游了近半个世纪，结下了深厚的友谊。梁先生此时劝熊先生好生研究佛学。

梁漱溟24岁发表的《究元决疑论》引起了学界的注意。他到北京大学担任讲席，也是缘于此文。经范静生先生的介绍，梁携带此文去拜访蔡元培校长。蔡先生看了此文，非常赏识，便与文科学长陈独秀相商，聘梁讲印度哲学。1917年10月，梁氏就任北大教席，就任时即向蔡元培申明：“我此来除替释迦、孔子发挥外，更不作旁的事。”1919年，梁先生的《印度哲学概论》由商务印书馆出版。次年，他的《唯识述义》（第一册）由北大出版部出版。1920年暑假，梁先生赴南京访学支那内学院（筹备处），求教于欧阳竟无大师，并介绍熊十力先生入院求学。暑假过后，熊先生没有再去南开教书，而是由德安去南京内学院学习佛法。从1920年秋至1922年秋冬之交，熊先生一直在欧阳竟无先生门下学佛。

1922年秋，在北京大学讲授佛教唯识学的梁漱溟先生顾虑自己学养不足，恐怕有无知妄谈之处，征得蔡元培校长的同意，代表北大专程去南京内学院聘人。梁先生原意是请吕澂先生来北大讲佛学，但欧阳大师不放，遂改计邀熊十力先生北上。由于蔡校长十分看重熊十力的德行与才气，熊先生这位既无学历又无文凭的人，被北京大学聘为主讲佛教唯识学的特约讲师。这在今天是不可想象的。（要说学历，熊先生只读过半年私塾，再就是在南京学佛两年，他真正是所谓自学成才。）这年冬天，熊先生到北大任教。

蔡先生很尊重熊先生，他们有过交往。1918年，蔡先生为熊先生的处女作《心书》写过序。

在北京大学“思想自由”、“兼容并包”的学术环境中，熊十力如鱼得水，获得了与学术界精英砥砺学问的机会。正因为有了这一机缘，熊十力才逐步走上了“成一家之言”的道路。

熊十力在北京大学讲授法相唯识之学，边写讲义边讲。原写讲义基本上依据佛家本义，忠实于内院所学。熊先生从唐代著名佛学理论家玄奘、窥基，上溯印度大乘佛学宗师无着、世亲、护法，清理唯识学系统的脉络，揭示其理论纲要。

熊十力是一位有创造性冲动的人。这一年，忽然怀疑旧学，对过去所相信和撰写的东西，感到不安，把前所写稿毁掉，而开始草创《新唯识论》。也就是说，在他的《唯识学概论》刚刚印出不久，他已决心自创新说，扬弃旧稿。

1924 年，熊先生为自己更名“十力”(此前，大家都叫他“子真”)。“十力”是佛典《大智度论》中赞扬佛祖释迦牟尼的话，比喻佛祖有超群的智慧、广大的神通和无边的力量。夏天，梁漱溟正式辞去北大教席，应邀到山东曹州创办曹州高中。熊先生亦暂停北大教职，随同前往。同行的还有他们在北大的学生陈亚三、黄艮庸，四川高节的王平叔、钟伯良、张俶知及北师大的徐名鸿等。他们共同办学、读书、讲学。熊先生参与其事，任导师。梁、熊诸先生对当时学校教育只注意知识传授而不顾指引学生的人生道路十分不满，向往传统的书院制，师生共同切磋道德学问。梁先生来曹州办学，本意是办曲阜大学，以曹州高中为预科，可惜曲阜大学没有办成，又拟恢复重华书院，亦未实现。但梁先生实践自己提出的“办学应是亲师取友”的原则，不独造就学生，还要造就自己，这种精神深获熊先生之心。熊、梁先生与弟子们一起组成了一个文化共同体。此时熊先生深感民国以来，唾弃固有学术思想，壹意妄自菲薄，甚非自立之道。

1930 年，熊十力在杭州知道有一位马一浮先生是当代国学大师、诗人、书法家，隐居不仕。听说了马先生的颇具传奇色彩的经历，特别是得知马先生的佛学造诣很深，熊先生极想与马先生晤谈。熊十力请原北大同事、时任浙江省立图书馆馆长的单不庵先生介绍。单先生感到很为难，因为马先生是不轻易见客的。从前蔡元培校长电邀马先生去北大任教，马先生曾以《礼记 · 曲礼》中的“礼闻来学，未闻往教”八个字回绝。熊听说后思慕益切，于是将自己在原唯识论讲义基础上进一步修订、删改成的《新唯识论》稿邮寄给马先生，并附函请教。邮寄后数星期没有消息，熊先生感到非常焦虑和失望。

一日，忽有客访，一位身着长衫、个子不高、头圆额广、长须拂胸的学者自报姓名：马一浮。熊十力大喜过望，一见面就埋怨马先生，说我的信寄了这么久，你都不来。马先生说，如果你只寄了信，我马上就会来，可是你寄了大作，我只好仔仔细细拜读完了，才能拜访呀！说后二人哈哈大笑起来。此后，马、熊二先生成了好朋友。熊先生后来修订《新唯识论》（文言文本）的末章《明心》章部分，吸收了马先生的许多意见，在心、性、天、命、理等宋明理学范畴的解释上，受到马先生的影响。1930 年 11 月，马、熊二先生往复通信数通。北京大学研究院院长陈大齐（百年）先生聘请马先生为研究院导师，马先生推举熊先生去做导师。他们二人都未去，但相互尊重之情谊甚为深厚。熊先生让李笑春给马先生送去《尊闻录》，马先生阅后，特举“成能”、“明智”二义加以讨论。

1930 年 12 月至 1931 年 12 月，熊十力老友沔阳张难先主政浙江。张难先（义痴）、严重（立三）、石瑛（蘅青）为湖北三怪，生活清苦，砥砺廉洁，在政界颇属难得。杭州下雪，张难先率员工到街上铲雪。他说：“我别号‘六其’居士，区区铲雪扫路，何足道哉？”“六其”之号，源于《孟子》“苦其心志，劳其筋骨，饿其体肌”云云。张不愿凭地位借住别墅，其眷属只得花钱租居。张在任上两袖清风，离任时尚亏欠九百余元，由自己带来的属下归还了事。张上任时即荐石瑛任他的建设厅长。石瑛与张同时离任，去苏州古寺隐居，临走仍是一卷铺盖、一旧皮箱。熊十力与这几位湖北老乡时常谈心，相交甚欢。

三、三先生的学术

（一）梁先生的“理性”

梁先生的代表作是《东西文化及其哲学》，1921 年由商务印书馆正式出版。梁先生的主要看法是：西方、中国、印度是世界上三种不同类型的文化，各奉行不同的哲学。就人生的态度去看，西方文化是向前追求的文化，所面对的是人与物的关系；中国文化是调和、持中、郑重的文化，所面对的是人与人的关系；印度（佛教）文化是转身向后去的文化，所面对的是人对自己本身，即心与身的关系。他的这些概括当然是比较简单化的，但在当时，从文化比较类型学出发来考虑问题，也很了不起。他主张“世界文化三期重现说”：西方文化是解决生存的前提与条件问题的，是第一期；中国孔子的文化是人心即精神生活的，是第二期；印度佛学是超越的宗教境界的，是第三期。在他看来，中西之别在一定意义上是内与外、玄学与科学、义与利、精神文明与物质文明、理性与理智的区别。他认为，促使西方人向外逐求的是意欲，是物质利益；促使中国人向内聚敛的是道德，是义。他说，未来中国文化，很可能是孔子儒家文化的复兴。这些看法当然都可以讨论。

梁漱溟认为，中国文化的根本精神就是理性。中国传统文化彻头彻尾就是理性的发挥。正因为中国民族与文化植根于理性基础上，理性力量特别深厚，所以，虽然在历史上辗转变迁，此刻，遭遇这种西方风雨的摧残，它依然深藏在民族文化与灵魂的深处。中国文化与民族之所以有如此顽强坚韧的精神力量，得之于理性。中国民族在外族的武力征服面前没有屈服，而最后反而不断地同化各个民族，使其国土日广，民众日丰，并不是靠武力，而是靠理性。在这种意义上，理性就是中国的风俗教化、文物制度、伦理精神等。而且，梁漱溟根据这一认识，发表了他对中国民族文化的前途和未来的预见。他相信：“只要人类存在，中国人的精神即可存在；因为人类之所从来即由于此（理性），中国人能把握住这个（理性），当然可以站得住。”中国文化的理性精神实质也就是人类的共同精神，只不过是中国人独认识得早，而西方人认识得较晚罢了。

那么，理性又是什么呢？对于理性，梁漱溟有自己独特的理解。这个理性当然并非西方传统哲学中的“理性”。西方传统哲学将理性视为人们的认识能力（康德），甚或对象世界的本质结构（柏拉图、黑格尔）。梁漱溟的理性则根本不同。如果说，西方人将理性视为认识事实真理的一种能力或认识的结果的话，那么，梁漱溟的理性显然指的是生活的真理、人们行为活动的准则或人们寻找生活真理的能力。用梁漱溟自己的话说，就是生活的“对”、“合理”。

梁漱溟经常将理性视为一种心思作用、情感、认知的方式、行为的方向、人的本质、生命努力奋斗的目标等等。理性是人们的一种平静通达的心理状态。梁漱溟要从文化的总关系中求各方文化之位置，目的在于禀执“中”的理性精神，对各方文化进行梳理评判，就是为了贯彻理性的“无私”精神。在梁漱溟心目中，就今天世界范围内的文化而言，真正体现人类理性精神的，只能是代表中国文化的儒家道德哲学。理性就是一种向上心，一种不断求取、奋进、超越的精神。向上之心，即中国民族生命赖以开拓的一种精神。

（二）马先生的“性德”

尽管马一浮先生没有刻意建构庞大的思想体系，但仍然有那么一个系统。我试用下图加以表示。

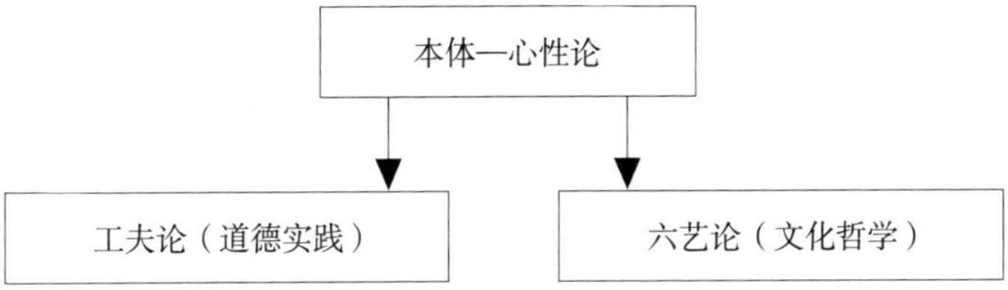

这是以“一心开二门”的架构方式建构的思想系统。在这两层结构中，核心是本体—心性论，这是根源和根据，是形而上的基础；工夫论和六艺论是本体之用（展示、表现、功用），是形而下的层面。下层显成两用，即开出以下两支（一支是道德活动，包括修养、实践、行为；一支是文化活动，包括文化现象、系统或文化建制）。上层（体）是下层（用）的既内在又超越的根据，是本体；同时又是创生出道德活动和文化系统的主体。

马先生以本体言心，此心即性、亦即天、亦即命、亦即理、亦即性德或德性。他有一套天、命、心、性、理、事物相互贯通的看法。马先生指出：“德是自性所具之实理，道即人伦日常所当行。德是人人本有之良知，道即人人共有之大路，人自不知不行耳。知德即是知道，由道即是率性，成德即是成性，行道即是由仁为仁。德即是性，故曰性德，亦曰德性。（“即性之德”是依主释，“即德是性”是持业释。）”① 他认为性德就是仁体，就是善。就超

① 马一浮：《复性书院讲录》，浙江古籍出版社 2012 年版，第 127 页。

越面而言是“天”、“帝”，但性外无天，人外无帝，是内在具足的心体和性体。它举一全该则曰仁，开而为二则为仁知或仁义，开而为三则为智仁勇，开而为四则为仁义礼智，开而为五则加信而为五，开而为六则并智仁圣义中和而为六德。

马先生的工夫论，亦是佛儒之辩证综合。其纲领是《复性书院学规》中论述的四条：(1) 主敬为涵养之要；(2) 穷理为致知之要；(3) 博文为立事之要；(4) 笃行为进德之要。

他的六艺论与道德理想主义的文化哲学观不仅从中国出发，而且从整个人类出发，从真善美的价值追求出发，从人的精神世界的安立和多维发展出发，仍然是有十分重要的意义的。他把六艺之教的重点落实在六艺之人的培育上，这对现代人素质的提升和宇宙伦理的关怀都有借鉴意义。

马一浮先生的最高成就是诗，尤其是他的哲理诗。他是20世纪中国最大的诗人哲学家。他的诗被方东美、徐复观称赞为“醇而雅”、“意味深纯”。

马先生一生读书刻书，嗜书如命。苏曼殊说他“无书不读”，丰子恺说他“把《四库全书》都看完了”，朱惠清说他是“近代中国的读书种子”。然而，他却有他独特的书观：“吾生非我有，更何有于书。收之似留惑，此惑与生俱。书亡惑亦尽，今乃人无余。”①。

书籍、文字、语言乃至思辨，不仅不能代替而且很可能肢解、拘束生命与生活。圣人语默，不在言语文字上纠缠。因此，他常说要走出哲学家的理论窠臼。“乾坤不终毁，斯文恒在兹。……寥寥弦外音，眇眇无言思。真心寄玄默，俗语难为辞。吾言直土梗，何以宣灵奇。目击道已存，遇雨忘群疑。达者忽有会，旦暮当与期。”② 无限的宇宙情调，人生的本真状态，无法用有限的知性和言辞加以表达。

叶燮说：“可言之理，人人能言之，又安在诗人之言之；可征之事，人人能述之，又安在诗人之述之，必有不可言之理，不可述之事，遇之于默会意

① 郭齐勇：《马一浮的人格境界与哲理诗》，《中国文化》1994年第1、2期。

② 同上。

象之表，而理与事无不灿然于前者也。”① 诗能空、能舍，而后能深、能实，把宇宙生命中的一切理、一切事的最深意义、最高境界，呈露出来。

（三）熊先生的“本心”

熊十力思想的发展轨迹，大体上是：早年批判六经，认为六经是拥护帝制之书；中年趋向佛法一途，直从大乘有宗唯识论入手，不久舍弃有宗，深研大乘空宗，投契甚深，久之又不敢以观空之学为归宿；后仍反求诸己，通过自己的人生体验，契合于儒家《周易》。

熊十力认为，哲学就是本体论。他所穷究的“玄学的本体论”或“玄学的真理”，与“科学的真理”是根本不同的。“盖哲学之究极诣，在识一本。”

熊十力主要的哲学观点是：体用不二、心物不二、能质不二、天人不二。他所谓“体”是“本心”，是“心体”、“性体”，即人的生命存在的本体、宇宙万物之本根及其生生不息的源头活水，在一定意义上也是道德的本体和道德的主体。所谓“体用不二”，也就是肯定生命的意义和人生的价值，是为了在物欲横流的世界重新寻找“人生本质”和“宇宙本体”。熊氏认为，吾人与天地万物所同具的仁心本体，内蕴着极大的力量，可以创造出、生化出整个人文世界。他高扬了仁心本体刚健、创生的特质，实际上是以积极的人生态度、生命意识和人本精神去面对世界、创造世界，同时又主张不被人们创造出来的物质世界和人文建制所异化、所遮蔽，以致忘却、沦丧了人之所以为人的根蒂。

熊十力以他的本体论统摄了宇宙论、人生论、知识论、治化论等等。他自诩其《新唯识论》将此融成一片，抓住了穷究宇宙实体的一本性这个核心，从而继承了中国哲学的传统。这一传统，张东荪解释为：“其道德观念即其宇宙见解，其宇宙见解即其本体主张，三者实为一事，不分先后”②。他切身体验到革故鼎新和变化日新的氛围。他服膺王船山哲学，将其概括为“尊生

① 王夫之等撰：《清诗话》（下册），上海古籍出版社 1978 年版，第 584 页。

② 萧萐父主编：《熊十力全集》第 4 卷，湖北教育出版社 2001 年版，第 174 页。

以箴寂灭，明有以反空无，主动以起颓废，率性以一情欲”①。

熊十力是我国现代哲学史上最具有原创力、影响力的哲学家，他奠定了现代新儒学思潮的哲学形上学之基础。他的“体用不二”之论，成为整个当代新儒学思潮“重立大本、重开大用”和“保内圣，开新外王”的滥觞，亦成为这一思潮的基本思想间架。熊十力的全部工作，简要地说，就是面对西学的冲击，在儒学价值系统崩坏的时代，重建儒学的本体论，重建人的道德自我，重建中国文化的主体性。他的学生唐君毅、牟宗三、徐复观正是在他的精神感召之下，沿着他开创的精神方向和他奠立的形上基础而加以发皇、扩展、深化、扬弃的。学界把他们师徒视为现代新儒学思潮的中坚。

四、三先生的晚年及其文化共同体的消解

梁、熊、马三先生之间有密切交往，他们的弟子间也有密切交往，成为一个学术群落。他们三人为人的风格不同。马先生圆融，极有修养。熊先生孤傲，脾气急躁。梁先生不鸣则已，一鸣惊人。

熊先生求真，忌俗，一生鞭笞奴隶性格，主张不集一途，不尚众宠，空诸依傍，独立不苟。他尝说：

> 清季迄今，学人尽弃固有宝藏，不屑探究，而于西学亦不穷其根柢，徒以涉猎所得若干肤泛知解，妄自矜炫，凭其浅衷而逞臆想，何关理道；集其浮词而名著作，有甚意义？以此率天下而同为无本之学，思想失自主，精神失独立，生心害政，而欲国之不依于人，种之不奴于人，奚可得哉？天积众刚以自强，世界积无量强有力分子以成至治。有依人者，始有宰制此依者，有奴于人者，始有鞭笞此奴者，至治恶可得乎？吾国人今日所急需要者：思想独立、学术独立、精神独立，一切依自不依他，高视阔步而游乎广天博地之间，空诸依傍，自诚自明。

① 萧萐父主编：《熊十力全集》第4卷，湖北教育出版社2001年版，第140页。

以此自树，将为世界文化开发新生命，岂惟自救而已哉？①

熊先生晚年很寂寞。在1958年出版的《体用论》中，熊先生有诗云：

万物皆舍故，吾生何久住。
志业半不就，天地留亏虚。
亏虚复何为，岂不待后人？
后顾亦茫茫，嗟尔独自伤。
待之以无待，悠悠任天常。
噫予犹御风，伊芒我亦芒。②

这里借用《庄子》表达了一种无奈的感喟，表达了道废学绝的悲情和精神自由的向往。熊十力在1963年写作的《存斋随笔》中慨叹：

余年七十，始来海上，孑然一老，小楼面壁，忽逾十祀，绝无问字之青年，亦鲜有客至。衰年之苦，莫大于孤。五年以前，余犹积义以自富，积健以自强，不必有孤感也。大病以来，年日衰，病日杂，余兴趣悉尽矣。③

他们都没有逃过"文革"劫难，都被红卫兵抄家、凌辱。熊、马二先生均死于"文革"。

熊先生辞世的头一年，1967年6月2日，马一浮先生在杭州病逝，终年85岁。马先生与熊先生、梁先生一样，未能逃过"文革"劫难。1966年，马先生的家被抄。抄家的头一天，一园林工人获悉红卫兵将去蒋庄"扫四旧"，即连夜报信，马先生内侄女汤淑方小姐与省委统战部联络，次晨将马

① 萧萐父主编：《熊十力全集》第5卷，湖北教育出版社2001年版，第25页。
② 郭齐勇：《天地间一个读书人·熊十力传》，上海文艺出版社1994年版，第137页。
③ 同上书，第137—138页。

先生转移他处。红卫兵拟焚烧马家古书字画，幸浙江省立图书馆来人抢救文物。马先生从此未回蒋庄。梁先生在北京亦遭红卫兵抄家、焚烧书画、扫地出门之灾。北京一二三中学的红卫兵还勒令梁老夫人跪在地上吃生丝瓜。梁先生为夫人说话，红卫兵喝令梁也跪下。马先生避居安吉路一处陋屋时，尚在关心友生，当听说李叔同弟子潘天寿教授在美术学院遭非人待遇时，马先生连声叹道："斯文扫地，斯文扫地！"从此不再开口，一病不起。马先生自知不能再起，写下了绝笔诗《拟告别亲友》。这首绝笔诗，是亲友在安吉路陋室整理遗物时在书桌上发现的。

> 乘化吾安适，虚空任所之。
> 形神随聚散，视听总希夷。
> 沤灭全归海，花开正满枝。
> 临崖挥手罢，落日下崦嵫。①

前四句是道家思想，庄子的超脱。第五句用了佛教的沤海之喻，意蕴颇深。"沤"就是一个小水泡。其实一人一物，不过只是小小的浮沤水泡，但也是整个大海的显现。沤生沤灭，生死变幻，最终要归于宇宙无尽的大海之中。庄子讲生死不过是气的聚散，聚则为生，散则为死。生死也如昼夜的变化，我们不必悦生恶死，就像不必喜欢白天、厌恶夜晚一样。有限的人生与无限的宇宙不就是沤与海的关系吗？生与死，不过是平常事而已。

沤海之喻，熊先生用于哲学论著，马先生用于哲理诗。佛教的沤海之喻的文化意蕴久远深长。其实一人一物，不过只是一个小小的水泡，"浮沤"。沤生沤灭，生死变幻，终极地要归于宇宙无尽的大海之中，有限的人生与无限的宇宙生命不就是沤与海的关系吗？生与死，只是平常事而已。按庄子的说法，真人能破死生之惑，不执着生，不厌恶死，一切听其自然，视生与死为一来一往，来时不欣喜，去时不抗拒。马先生以楚辞形式所写的《自题碑文》更表现了他们这一代文化人的心境：

---

① 郭齐勇：《马一浮的人格境界与哲理诗》，《中国文化》1994年第1、2期。

孰宴息兮此山陬，
古之逸民兮今莫与俦。
驱日月兮行九幽，
安茕独兮背人流；
枯槁不舍兮阨穷不忧，
虽日寡闻兮庶殁齿而无怨尤；
道不可为苟悦兮生不可以幸求，
世各从其所好兮吾独违乎迷之邮；
志不可得终遂兮自今其归休。
委形而去兮乘化而游，
蝉蜕于兹壤兮依先人之故丘，
莫余知其何憾兮任千载之悠悠！①

熊、马、梁诸先生的确是独行孤往、敢背人流的文化巨人，虽穷阨一生，从不苟且。尽管复兴国学的志向因时势所限不可终遂，但他们尽了自己的责任，也就可以乘化而去，回归自然，而没有什么遗憾了！在“文革”的狂风暴雨中，梁先生仍能静下心来写《儒佛异同论》。在“批林批孔”的淫威下，梁先生竟然写《今天我们应当如何评价孔子》，并在全国政协学习会上辩论，声明你们可以批林，但不能批孔，孔子是中国文化的代表。人家围攻他，他掷地有声：“三军可夺帅也，匹夫不可夺其志也”。这是何等的气节操守！

梁漱溟先生1988年6月仙逝之后，华人知识界颇有一些震荡和回应，从哀悼梁先生的若干副挽联中可以略见一斑：

钩玄决疑百年尽瘁以发扬儒学为己任
廷争面折一代直声为同情农夫而执言
——冯友兰敬挽②

① 郭齐勇：《马一浮的人格境界与哲理诗》，《中国文化》1994年第1、2期。

② 郭齐勇、龚建平：《梁漱溟哲学思想·引言》，北京大学出版社2011年版，第1—2页。

善养浩然之气有学有守
弘扬中华文化立德立言

——张岱年敬挽[①]

柏松永劲明月胸襟示范
金石弥坚高风亮节长存

——袁晓园敬挽[②]

熊、马、梁三先生被弟子们称为“三圣”。弟子们自称“圣人之徒”。20世纪20—30年代，很长一段时间，熊先生在北方，或住梁宅 —北平缨子胡同十六号，或在万寿山大有庄、山东邹平等地与梁先生师弟合住，共同修养心性，砥砺品行，相互批评帮助，把学问与修养结合起来。1930年，熊先生始与马先生交游，而后一直保持着密切的联系。抗战时到后方，熊先后到马、梁所办书院生活。1949年以后，三先生相互关心，密切联络，心心相印，息息相关。他们的朋友、学生，往往是共同的、相互流动的。如伍庸伯、张俶知等，原是梁先生朋友，贺昌群、钟泰（钟山）等原是马先生朋友，后来都成了熊先生朋友。张立民（家鼎）原是熊先生弟子，在危难时受到熊先生保护，曾随侍熊先生，帮助整理文稿，但后来成为马一浮先生的得力助手，随侍马先生数十年。黄良庸、王平叔、陈亚三、李渊庭等原是梁先生弟子，后也成了熊先生弟子。云颂天、刘锡嘏（公纯）、李笑春等原是熊先生弟子，后也成了梁、马的弟子。王培德（星贤）、袁心粲、王伯尹、张德钧等，大约是先从马先生，后又与熊先生友善，以师事之。此外，高赞非、谢石麟、周通旦等等，无不并尊三先生为师。

以后，熊、马、梁身边的弟子们，相互流动，或以他们办的民间书院（如后来梁先生的勉仁书院、马先生的复性书院）为依托，或谨以信义相维系。“三圣”及其弟子，构成了某种“文化共同体”，在20世纪20—40年代，

① 郭齐勇、龚建平：《梁漱溟哲学思想·引言》，北京大学出版社2011年版，第1—2页。

② 同上。

以弘扬中国文化为职志。这确实很有一点宋明儒的味道了。道义在师生的激励、践履中，在艰危境地的相互扶掖中，深深扎下根来。在这种团体（哪怕是松散的）中，在师友关系中，人们所获得的，不仅是知识、学问，更多的是智慧、德行、友情。他们是保留我国传统人文教育特征的文化殿军。此后，在洋化的现代教育中，很少能找到这种师生关系了，很少有把学问与德行，做人与为文密切联系起来的文化共同体了！

作为现代大儒，熊、马、梁三先生代表了中国文化的活的精神。同时，他们又各有个性特征。诚如徐复观所说："熊先生规模宏大，马先生义理精纯，梁先生践履笃实。"在学问路径上，梁、熊、马都比较认同陆王心学，且都浸润于佛典；但马先生对程朱理学亦有深切理解、吸收、融会，马与熊对庄子、陶渊明的飘逸有更多共鸣。在对政治的态度上，三先生早年都参加过反清革命，后来都不同程度地脱离政治；但梁先生始终没有摆脱与政治的纠葛，积极入世，干预时政；熊与马，特别是马则看得很透，完全是一隐逸之士。梁的时代之悲情悲愿最强烈，不倦地奔走，知其不可而为之；熊由关心事功转向学术后，竭力与政治保持距离；马最平淡、宁静，远离尘世喧嚣。在知识结构上，他们都力图融会西方、印度和中国文化。但经、史、子、集的底子，马先生打得最好，旧学修养最高，诗词书法，无不精到。梁先生懂英文，马先生曾游学数国，通好几种文字。熊先生虽不通西文，然据谢石麟说，汤锡予先生曾说过，熊先生通过对翻译本子的研讨，比一般留学生更理解西方哲学。这是因为，熊先生有极高的哲学智慧和体悟能力。在哲学创造上，熊先生胆子最大，敢于创造体系；梁先生不主张按西方本体论、宇宙论、知识论的路数重建儒学，而仍走生命哲学、实行哲学的道路，他的生活即是他的哲学；马先生更为超越，他是当代诗哲，他的哲学思想寓于诗中。

在性格上，马先生含蓄温存，宅心固厚；熊先生抉发痛快，动辄骂人；梁先生既是骆驼又是狮子，平时诚恕，关键时能作狮子之吼。在言词上，马先生言辞简短，意在言外；梁先生洗练、准确，多谈事实而少有褒贬；熊先生则滔滔不绝，无所不言，情感外露。对比三先生的墨宝：马先生不愧书法大家，曾遍临魏晋六朝诸碑，以欧字立基，而以王字《圣教》蒙其外，寓沉雄于静穆之中；梁先生虽不善书法，但笔力遒劲，书面整洁，一笔不苟；唯有熊先生，他的书信文稿常常写在顺手拈来的破纸烂笺背面，挤得满满的，有时既无天头地脚，又无左右间隔，写完之后复用朱笔圈圈点点，不时加上“吃紧”、“此处吃紧”的警语，往往弄得一塌糊涂，难于辨认。

人们笑曰：“马一浮”和“熊十力”正好是一副对联。尝在杭州“楼外楼”吃饭，马先生食不厌精，熊先生食不择味。指导学生读书，马先生主张遴选精华、循序渐进，熊先生则主张开放式读书，泛观博览。熊先生说马先生取人太严，而他主张取人应宽。他说，王阳明取人太严，所以王阳明以后没有第二个王阳明。曾国藩取人较宽，所以曾国藩以后不但有第二个曾国藩，还有第三个曾国藩。有人作对联曰：“七贤笑傲熊十力，四皓微仪马一浮”。20世纪30年代熊先生在北平沙滩银闸胡同居住时，书斋里挂着马先生以“蠲叟”题署的对联：“毗耶座客难酬对，函谷逢人强著书”。马先生以维摩诘和老子之典譬喻熊先生的博大气象。而据胡世华先生回忆，熊先生30年代在北平自题堂联却是“道之将废矣，文不在兹乎”，是何等的儒者的自信自觉！马先生1944年曾集杜诗自题堂联，以表情怀：“侧身天地更怀古，独立苍茫自咏诗”！这又是另一种境界，庄禅的境界！熊先生也有庄禅之境，他的另一自题堂联是：“固穹遗俗虑，宴坐多奇怀”。马先生曾为朱某作屏条：“至静在平气，至神唯顺心。道非贵与贱，达者古犹今。功名在廊庙，闲暇在山林。”真是妙不可言！儒释道三教的意境、情怀，于三先生身上得到有力的体现。

梁、马、熊三先生也有矛盾与分歧，如在复性书院办学方针与用人的问题上，马、熊有过隔阂；在治学风格上，梁对熊多所批评；在梁奔走社会政治问题方面，熊、马表现得冷漠。但他们之间的友谊却超过了一般的朋友。三先生及其文化共同体为捍卫传统文化作出了积极的贡献。

硕果从缘有，因华绕坐生。
芙蓉初日丽，松柏四时贞。
绰约颜如醉，芳菲袖已盈。

不忧霜雪盛，长得意分明。

——红梅馆为熊十力题[①]

孤山萧寺忆谈玄，云卧林栖各暮年。
悬解终期千岁后，生朝长占一春先。
天机自发高文在，权教还依世谛传。
刹海花光应似旧，可能重泛圣湖船！

——一九五三年贺熊先生寿诗[②]

我们从以上所录马先生赠熊先生的诗中，可以看出他们的友谊和价值取向的一致，尤其是他们都具有儒的真性、道的孤寂和禅的超脱。他们做人与为学的独立不苟，永远值得人们学习。从中我们也可体验到他们的心境，时局造成的无奈与遗憾。

熊先生的哲学及其在20世纪中国哲学中的地位，我想借用几位著名学者的话来表达。著名哲学家、北京大学张岱年教授指出，熊先生“著作丰富，内容宏博渊奥，确有甚深意蕴。以他的哲学著作和现代西方一些著名哲学家的著作相比，实无逊色”。著名哲学史家、美籍华裔学者陈荣捷教授1952年在哥伦比亚大学出版的《现代中国之宗教趋势》中，特别是1963年在普林斯顿大学出版的《中国哲学资料书》中，较详细介绍20世纪中国哲学家时，重点介绍了冯友兰和熊十力。后者第四十三章为《当代唯心论新儒学：熊十力》，从《新唯识论》和《原儒》中摘引了熊先生关于“翕与辟”、“理与气”、“心与仁”、“体与用”的大量论述。在以上两书中，陈荣捷比较了在当代重建传统哲学的冯友兰、熊十力二先生，认为‘熊冯二氏，而以熊氏为先，盖以其哲学皆从中国哲学内部开展，非将西方思想与经学苟合也”，冯氏则“太过西化”。他认为，熊十力“给予唯心主义新儒学以一种更稳固的形而上学基础和更能动的特性”。陈荣捷先生在给我们寄来的祝贺“纪念熊十力先生诞

① 郭齐勇：《天地间一个读书人·熊十力传》，上海文艺出版社1994年版，第155页。

② 同上。

辰一百周年学术讨论会”的贺函中又指出，熊十力的思路“以易经为基，阐发内圣外王之道，实为我国哲学主流，不为佛染，不被西风，非旧囊新酒之可比”。“其影响之于中外，未可限量也。”

“三圣”中只有梁先生熬过了“文革”。20 世纪 80 年代中，我到北京参加第一届中国文化讲习班，聆听了梁先生的第一讲。他一上来就说：“我 60 年前说过，未来的世界还是孔子、儒家文化的天下，我今天仍然坚持这一看法。”当时我们听了，都感到震撼。

（原载于《光明日报》2015 年 4 月 30 日第 11 版）

马一浮的精神以及“六艺论”与《群经统类》

何　俊

20世纪寇乱军兴，马一浮（1883—1967年）流亡蜀中，因政府敦请，感于时难，遂于乐山创设复性书院。创院之初，即于《复性书院简章》中申明要编刻《群经统类》，以收先儒说经主要诸书。[①] 这一设想不仅贯彻着马一浮对于传统中国学术的根本认识，而且提示了理解宋明儒学的别样路径，以及对中国传统学术思想创新转型的启示。但学界关于马一浮的现有研究，几乎没有涉及他的古籍选目，而说明这个问题，又必涉及马一浮的精神以及“六艺论”，故本文由此二者而聚焦于他的《群经统类》，冀有助于推进马一浮的研究。

一、乘化而游归全顺正

马一浮的一生经历了大时代的动荡，但他的生平却可谓丰富而淡泊，跌宕而宁静，如他自己所撰的联对：“乘化而游，归全顺正”[②]。既与潮流相呼应，又和而不流，中立而不倚，成为他那个时代特立独行的标杆，“代表着中国传统文化的‘活底精神’”[③]。

---

① 《马一浮全集》第4册《杂著》，浙江古籍出版社2013年版，第44页。

② 《散曲·联对》，《马一浮全集》第3册（下）《诗集》，浙江古籍出版社2013年版，第811页。关于马一浮的生平事迹，详略可参见丁敬涵：《马一浮先生年谱简编》、《马一浮交往录》，吴光：《千年国粹一代儒宗——马一浮先生小传》，《马一浮全集》第6册（上）《附录》，浙江古籍出版社2013年版，本文不再赘述，而重在述其精神。

③ 徐复观：《如何读马浮先生的书》，《马一浮全集》第6册（下）《附录》，浙江古籍出版社2013年版，第473页。

光绪二十四年（1898 年），年仅 16 岁的马一浮绍兴县试夺魁，但他对晚清兴起的新知识已充满向往。1901 年马一浮游学于上海，学习英文、法文，与谢无量等创设“翻译会社”，出版《二十世纪翻译世界》。1903 年更是“万里来寻独立碑”①，受聘为清政府主办留美学生监督公署中文文牍兼筹办世博会，赴美国圣路易斯工作一年。这一年，马一浮留下了详尽的《一佛之北米居留记》。由此日记，可以看到他的读书范围与数量。马一浮的阅读与记忆能力显然非常强，他县试夺魁的文章便是全用古人文句集成②，丰子恺也亲自见证过马一浮读书“一目十行”与“过目成诵”的天资③，因此基于此前的积累，加上美国一年的博闻强记，已使得马一浮对西学建立起了他自己的理解。1907 年在给舅舅何稚逸的信中，马一浮有一段非常清楚的陈述：

甥所收彼土论著百余家，略识其流别。大概推本人生之诣，陈上治之要。玄思幽邈，出入道家。其平实者，亦与儒家为近。文章高者拟于周末诸子，下不失《吕览》、《淮南》之列。凡此皆国人所弃不道，甥独好之，以为符于圣人之术。知非当世所亟，未敢辄放论，取不知者疑怪。欲综会诸家国别、代次、导源竟委，为《西方学林》，辅吾儒宗，以竢来者。又欲草《西方艺文志》，著其类略，贫不能多得书，病撢绎未广，汔未可就。④

在信中，马一浮还讲到在美国时，曾学过德文，慕其学术，希望日后能游学欧洲。马一浮后来虽然没能实现此一愿望，但他还是变卖家产，去日本住了半年余，与谢无量等学习日文、德文，共同研读西学。不过，在同一封信中，马一浮已坦陈他对晚清社会关于西学认知的彻底不满：

---

① 《一佛之北米居留记》，《马一浮全集》第 5 册《日记 · 辑佚》，浙江古籍出版社 2013 年版，第 28 页。

② 袁卓尔：《一代儒宗　高山仰止》，《马一浮全集》第 6 册（上）《附录》，浙江古籍出版社 2013 年版，第 387 页。

③ 丰子恺：《桐庐负暄》，《马一浮全集》第 6 册（上）《附录》，浙江古籍出版社 2013 年版，第 342 页。

④ 《马一浮全集》第 2 册（上）《文集》，浙江古籍出版社 2013 年版，第 294 页。

见当世为西学者，猎其粗粕，矜尺寸之艺，大抵工师之事，商贩所习，而谓之学。稍贤者，记律令数条，遂自拟萧何；诵章句不敌孺子，已抗颜讲道，哆口议时政。心异其矜炫，而盈国方驰骛以干要路、营世利，蠋实未知其可，故宁闇然远引，不欲以言自显。

可以说，在晚清西学东渐的大潮中，马一浮一方面积极顺应时代的潮流，倾心投身于西学的研读；但另一方面他对西学的识见又迥然不同于时流。

甚至在制度层面，马一浮也表现出与时代相呼应，但又绝不盲从的立场。一方面，马一浮“万里来寻独立碑”，他对美国的独立、自由、民主，充满了敬意与仰慕，对满清政府深恶痛绝，甫至美国，即“截辫改服”，虽遭同伴讪笑而不顾，并且指出：

中国自二千年来无一人知政治之原理、国家之定义。独夫民贼相继，坐此且亡国，犹漠然不知悟，岂不哀哉！夫政府有特权，用以媚外保衣食，不复知有人民土地，人民亦竟任弃之若无事。嗟乎，惨哉！①

另一方面，他又不认同当时人们对西方制度的理解与搬取。在前引书信中，马一浮讲：

时人盛慕欧制，曾不得其为治之迹，惊走相诧，徒以其器耳。上所以为政，下所以为教，谓能一变至道，蠋不敢知也。②

亦因此，马一浮虽对辛亥革命热诚欢迎，但却与民国现实的政教系统都保持了疏离的状态。1912 年民国初，蔡元培出任南京临时政府教育总长。蔡长马一浮 15 岁，与马一浮的岳父、民国浙江首任都督汤寿潜是好友，又与马一浮有同乡之谊，对马一浮颇为赏识，邀 30 岁的马一浮任教育部秘书长。马

① 《一佛之北米居留记》，《马一浮全集》第 5 册《日记·辑佚》，浙江古籍出版社 2013 年版，第 3、10 页。

② 《马一浮全集》第 2 册（上）《文集》，浙江古籍出版社 2013 年版，第 294 页。

一浮欣然赴任，但三个月即辞归；后来蔡元培出任北京大学校长，又请马一浮出任文科学长，马一浮辞谢。其中的根本原因，就在理念的分歧，马一浮反对废止读经，同时劝设通儒院，培养中西兼通“可与世界相见”的“中土学者”，为蔡不取。① 后来马一浮受聘于浙江大学，开设国学讲座，实因军兴逃难，无奈而托蔽于机构。即便乐山接受国民政府支持，创办复性书院，但马一浮的办学前提仍在自外于现行的教育体制，坚持独立自主的办学模式。

由于坚持自己的识见与立场，马一浮早年即自甘幽遁，虽有志于学术，以及相关事业，如办学与刻书，但都取随遇而安、勉力而为的态度。马一浮曾有几次鬻字，都是出于不得已，在复性书院难以为继，停止办学，专心刻书，资金不足时所为。后来刻书亦难，他又改书院为图书馆。1953 年，在政府同意自由研究，并且不到馆工作的前提下，马一浮才答应出任浙江省文史研究馆首任馆长。② 终其一生，马一浮坚守着他的这份开放中的独立、宽容中的自在。

这种坚守，在马一浮的论学中，呈现得更加显明。1938 年，马一浮为抗战流亡中的浙江大学在泰和开设“国学讲座”，需要对国学有一个明确的界定。马一浮以为：

> 于一切事物表里洞然，更无瞭隔，说与他人，亦使各各互相晓了，如是乃可通天下之志，如是方名为学。

据此，凡学应是普遍的，并无所谓的国学。“今人以吾国固有的学术名为国学，意思是别于外国学术之谓。此名为依他起，严格说来，本不可用”，只为随顺时语而暂用之。但即便如此，也觉“广泛笼统，使人闻之，不知所指为何种学术”。为了讲学方便，“须楷定国学”。③

---

① 参见《语录类编 · 师友篇》，《马一浮全集》第 1 册（下）《语录》，浙江古籍出版社 2013 年版，第 687 页。

② 丁敬涵：《马一浮先生年谱简编》，《马一浮全集》第 6 册（上）《附录》，浙江古籍出版社 2013 年版，第 76 页。

③ 《泰和宜山会语》，《马一浮全集》第 1 册（上）《语录》，浙江古籍出版社 2013 年版，第 7—8 页。

“楷定”的表述，既非随意所用，更非故意立异，而是马一浮在概念使用上的严谨，正体现了他在论学上对开放而独立、宽容而自在的坚守。马一浮在随文自注中指出，楷定是借自佛教义学中的术语，“义学家释经用字，每下一义，须有法式，谓之楷定”。马一浮对概念的使用非常注重学术上的渊源，他尝讲：

> 说理须是无一句无来历，作诗须是无一字无来历，学书须是无一笔无来历，方能入雅。①

同时又强调概念的准确。他在自注中专门通过“楷定”与“确定”、“假定”的比较，以阐明“楷定”之义。他讲：

> 何以不言确定而言楷定？学问，天下之公，言确定则似不可移易，不许他人更立异义，近于自专。今言楷定，则仁智各见，不妨各人自立范围，疑则一任别参，不能强人以必信也。如吾今言国学是六艺之学，可以该摄其余诸学，他人认为未当，不妨各自为说，与吾所楷定者无碍也。又楷定异于假定。假定者，疑而未定之词，自己尚信不及，姑作是见解云尔。楷定则是实见得如此，在自己所立范畴内更无疑于义也。②

马一浮虽然对西学有系统的了解，对民国后的新制度有诚挚的接受，但由于他坚持自外于民国以降的新学术潮流与新学术体制，因此在当时及后世即被人识为迂顽。熊十力自以察识为胜，并认为独有马一浮“能实指我现在的行位”，但仍以为马一浮“谨守程、朱，颂其精华，亦吸其糟粕”。③ 一般知识界更不在话下，大致都视马一浮为旧式的学问家，“理学宗师”就是一

---

① 《远游写本自跋》，《马一浮全集》第 2 册（上）《文集》，浙江古籍出版社 2013 年版，第 106 页。

② 《马一浮全集》第 1 册（上），浙江古籍出版社 2013 年版，第 8 页。

③ 熊十力：《复马一浮函》、《致胡适函》，《马一浮全集》第 6 册（上）《附录》，浙江古籍出版社 2013 年版，第 333、334 页。

个显著的标签。其实，由对“楷定”的说明，足见马一浮论学是完全现代了的。他弃用“确定”与“假定”，一方面承认学术在整体上的多样性，另一方面强调学术在自家上的自洽性。他明示“楷定”旨义，与现代学术对预设概念的明确是一致的。

在概念的确定上如此，在具体的论述上同样如此。马一浮对《汉书·艺文志》虽有高的肯定，但他论诸子，不取《汉志》的诸子出于王官说，而取《庄子·天下篇》的诸子出于六艺说，以示学术源自学人自由的学与思，独立于官吏。马一浮曾通过批评章学诚，对此作了阐明：

> 吾乡章实斋作《文史通义》，创为“六经皆史”之说，以六经皆先王政典，守在王官，古无私家著述之例，遂以孔子之业并属周公，不知孔子“祖述尧、舜，宪章文、武”，乃以其道言之。……“以吏为师”，秦之弊法，章氏必为回护，以为三代之遗，是诚何心！今人言思想自由，犹为合理。秦法“以古非今者族”，乃是极端遏制自由思想，极为无道，亦是至愚。……惟《庄子·天下篇》则云：“古之道术有在于是者，（某某）［墨翟、禽滑釐］闻其风而说之。”乃是思想自由自然之果。所言“道德不一，天下多得一察焉以自好”，“各为其所欲［焉］以自为方”，“道术将为天下裂”，乃以“不该不遍”为病，故庄立道术、方术二名。（非如后世言方术当方伎也。）是以道术为该遍之称，而方术则为一家之学。谓方术出于道术，胜于九流出于王官之说多矣。与其信刘歆，不如信庄子。实斋之论甚卑而专固，亦与公羊家孔子改制之说同一谬误。且《汉志》出于王官之说，但指九家，其叙六艺，本无此言，实斋乃以六艺亦为王官所守，并非刘歆之意也。①

这一长段论述充分反映了马一浮的论学性质，他对学术思想的主体性与自主性具有非常清晰而自觉的认定。事实上，从他对“公羊家孔子改制之说”

① 《泰和宜山会语》，《马一浮全集》第一册（上）《语录》，浙江古籍出版社 2013 年版，第 11 页。

的否定，以及对国学“照一般时贤所讲，或分为小学（自注文字学）、经学、诸子学、史学等类，大致依四部立名”①，不以为然，可以足证，他将国学楷定为六艺之学，并非自吃，而是对晚清以降学术的回应，前者无疑针对康有为，后者大致是针对章太炎及其学派。② 至于更新一代的胡适等，马一浮以为尚在中国学术的门外，不足以论。③

马一浮 11 岁丧母，19 岁失父，20 岁妻子又病故，三位姐姐除了大姐外，二姐三姐都早早逝世，生死之于马一浮实有常人难有的体会。马一浮终其一生未曾再娶，除了抗战时期短暂的讲学，他几乎过着隐居的简素生活，同时又没有专事著述，只是在诸多答问、书信、序跋，尤其在他的诗中表达他的思想，而且自觉地错助佛学阐明儒学，没有在形式上袭用西学，因此使人误以为他保守。其实，马一浮完全是在出入于中西④ 与佛学的基础上来建构他的思想。马一浮不是旧式的学问家，而是新式的思想家，只是如他自己所讲：

> 我为学得力处，只是不求人知。⑤

马一浮对中国文化的前途深怀自信，对于传统中国学术究竟如何面对西学，实现传承创新，有着确定的识见与坚守。1952 年马一浮《题严几道先生诫子诗》二首：

---

① 《泰和宜山会语》，《马一浮全集》第 1 册（上）《语录》，浙江古籍出版社 2013 年版，第 8 页。

② 龚鹏程断言，“这时贤，指的便是章太炎”。关于马一浮与章太炎的比较，参加氏文《章马合论——章太炎、马一浮两先生所论国学之比较》，《马一浮全集》第 6 册（下）《附录》，浙江古籍出版社 2013 年版，第 574—603 页。

③ 马一浮 1938 年讲：“今则西人欲治中国学术者，文字隔碍，间事迻译，纰缪百出，乃至聘林语堂、胡适之往而讲学，岂非千里之缪耶？”《语录类编 · 师友篇》，《马一浮全集》第 1 册（下）《语录》，浙江古籍出版社 2013 年版，第 687 页。

④ 马一浮大致能使用英、法、德、日，以及拉丁、希腊文来研究问题，并非常注重概念的界定与语义分析。参见《社会主义考》，《马一浮全集》第 4 册《杂著》，浙江古籍出版社 2013 年版，第 313—314 页。

⑤ 《语录类编 · 政事篇》，《马一浮全集》第 1 册（下）《语录》，浙江古籍出版社 2013 年版，第 683 页。

一代苍生误富强，时人数典必西方。
独标门津存经训，始信丹山有凤皇。
悬解无闻特操亡，片言犹得起膏肓。
流传谬种滋讹误，可笑蚍蜉不自量。

（先生译《群己权界论》谓："民必有特操而其群始进，无自繇则无特操。"其言至精。）①

将此晚年二诗与前引1907年给舅舅何稚逸的信前后对比，足以见证马一浮自始至终坚信自己的判识而持守，虽世事不由人，但心未曾动摇。

二、六艺该摄一切学术

马一浮对于传统中国学术的定见，就是1938年他在流亡于江西泰和的浙江大学开设"国学讲座"时的著名论断："六艺该摄一切学术"。这一论断的基本内涵包含着三层旨义：一是就传统中国固有的知识体系而论，六艺统诸子与四部；二是就知识的性质而论，形式上呈以客观外在知识的六经，在本质上统摄于人心；三是就知识的外延而论，六艺足以统摄代表着新的知识系统的西学。三层含义，基础在第一层，把传统中国的知识归藏于六艺；要义在第二层，阐明六艺的性质；气象在第三层，六艺与西学的关系。"六艺该摄一切学术"的提出与论证，表证着马一浮不只是传统的学问家，自限于历史的释证，而完全是现代的思想家，所致力的是继往开来的建构。②

① 《蠲戏斋诗编年集》，《马一浮全集》第3册（下）《诗集》，浙江古籍出版社2013年版，第435—436页。

② 汤一介认为："马一浮先生可以说是经学家。'经学家'与'经学史家'不同，'经学史家'可以是学术大师，而'经学家'不仅是'学术大师'，而且是'思想理论大师'。"（《马一浮全集》序）马一浮的思想固然是基于《六经》建构理论，但不必限为"经学家"，尤如宋儒基于《周易》建构理论不必称为"易学家"一样。六经固然被马一浮确认为圆满的系统，但正如马一浮在《泰和宜山会语·卷端题识》开篇就阐明的言与理的关系，一切言语都只是明理的工具，"徒取言而不会理，是执指为月，不唯失月，抑且失指"。将马一浮界定为"经学家"，固然肯定了其中的思想理论性质，但终不免"执指为月"。

“六艺该摄一切学术”的提出，当时就引发许多争议，马一浮亦自知，他讲：“今言六艺统摄一切学术，言语说得太广，不是径省之道。颇有朋友来相规诫，谓先儒不曾如此，今若依此说法，殊欠谨严，将有流失，亟须自己检点。”① 甚至“或诮其空疏，或斥以诞妄”，但马一浮表示“吾皆不辞”②，他强调：

> 义理无穷，先儒所说虽然已详，往往引而不发，要使学者优柔自得。学者寻绎其义，容易将其主要处忽略了，不是用力之久，自己实在下一番体验工夫，不能得其条贯。若只据先儒旧说搬出来诠释一回，恐学者领解力不能集中，意识散漫，无所抉择，难得有个入处。所以要提出一个统类来。……今举六艺之道，即是拈出这个统类来。统是指一理之所该摄而言，类是就事物之种类而言。③

很显然，马一浮对传统中国学术的阐发，决不是“据先儒旧说搬出来诠释一回”，他是要将自己“用力”“体验”得来的“义理”“条贯”性地阐明，是完全消化后了的建构。

由此，亦足以理解马一浮对“大致依四部立名”，将“国学”“分为小学、经学、诸子学、史学等类”的“一般时贤”不以为然。马一浮非常清楚，“四部之名本是一种目录，犹今图书馆之图书分类法耳”④；他也研究过目录学，对《汉志》与《隋志》进行过比较，尤其是充分运用目录学进行传统中国学术的研究，他从美国与日本回来后不久，就隐居于杭州外西湖的广化寺研阅《四库全书》，目录学是他最重要的方法，甚至于他想编《西方学林》、《西方艺文志》，以及指导贺昌群研究玄学、佛学，都以目录学为门径，⑤ 但是，这

① 《泰和宜山会语》，《马一浮全集》第 1 册（上）《语录》，浙江古籍出版社 2013 年版，第 20 页。

② 同上书，第 2 页。

③ 同上书，第 20—21 页。

④ 同上书，第 8 页。

⑤ 参见《书札 · 何雅逸二》、《书札 · 贺昌群》，《马一浮全集》第 2 册（上）《文集》，第 294—295 页，第 2 册（下）《文集》，第 553—556 页，浙江古籍出版社 2013 年版。

是学问家的路径，并非思想家的建构。马一浮视四部分类为一种图书分类，同时也意识到是一种知识的分类以及知识构成，他提出一切学术该摄于六艺，凡诸子、史部、文学之研究皆以诸经统之的思想，以及《群经统类》的编目设定，正是知识分类的一种运用，他的“六艺该摄一切学术”其实可以说是从传统经学路径中转出的创新。换言之，马一浮是由传统目录学进入，复又转出，从而提出他对传统中国学术的“楷定”。这是马一浮的思想创新，是他作为现代意义的思想家的表征。

那么，马一浮的“用力”“体验”，在方法上是否有所呈现呢？马一浮明确指出，如果依四部目录所示，“各有专门，真是皓首不能究其义”，“一部十七史从何处说起”？① 马一浮正面阐释了六经统诸子与四部，六艺统摄于一心，以及六艺可以统摄西学，但没有具体说明如何由传统目录学所引导的繁杂的知识世界建立起“一个统类来”，也就是如何转到新思想的建构。不过，在丰子恺抄录的一段马一浮有关艺术的谈话中，似乎可以体会到马一浮的思想方法。这是抗战时丰子恺与马一浮避难桐庐时的谈话，由马一浮的学生王星贤记录的：

> 十二月七日丰君子恺来谒，先生语之曰：辜鸿铭译礼为 arts，用字颇好。arts 所包者广。忆足下论艺术之文，有所谓多样的统一者。善会此义，可以悟得礼乐。譬如吾人此时坐对山色，观其层峦叠嶂，宜若紊乱，而相看不厌者，以其自然有序，自然调和，即所谓多样的统一是也。②

四部所示的传统知识世界，便似“层峦叠嶂，宜若紊乱”的多样山色，观者如迷于此现象，即便是看得再仔细，知晓得再多，也谈不上是见得了真理。只有把握到了这乱山的“自然有序，自然调和”，才谈得上是真正的见

① 《泰和宜山会语》，《马一浮全集》第 1 册（上）《语录》，浙江古籍出版社 2013 年版，第 8 页。

② 丰子恺：《桐庐负暄》，《马一浮全集》第 6 册（上）《附录》，浙江古籍出版社 2013 年版，第 343 页。

道。“多样的统一”，这是马一浮思想建构的关键。他在泰和开讲国学中，于“六艺统摄一切学术”的论述后，专辟一节阐明“举六艺明统类是始条理之事”，正是这个“多样的统一”的具体展开。马一浮取荀子的“统类”概念来表达“多样的统一”，指出“统是指一理之所该摄而言，类是就事物之种类而言”，思想的建构不是“只据先儒旧说搬出来诠释一回”①，而是要运用“思”。他强调：“大凡一切学术，皆由思考而起，故曰学原于思。”②因此，思想的建构是在观察的基础上，经过自己的思考，从而揭示出存在于事物中条理，并最终通过“名相”表达出来。这也正是马一浮在后续的国学讲座中，全部集中在他认为足以表证传统中国学术的若干义理名相的阐发，从理气、知能，到视听言动、居敬与知言、涵养致知与止观、止、矜，实际上是建构起了他的思想。

顺着马一浮的思想方法，自不难理解他关于六艺统摄诸子与四部、进而统摄西学，以及六艺统摄于人心的论述。六艺统摄中学与西学，相当于是对“多样山色的统一”，即统类；而六艺统摄于人心，则表证这个统类的过程是合乎人的目的的结果。

前已述及，马一浮“楷定”“国学”，“唯六艺足以当之”。他强调，此六艺是《诗》、《书》、《礼》、《乐》、《易》、《春秋》六经，不是礼乐射御书数六艺能。六经为什么能够统摄一切学术？马一浮以为基于两点。一是作为知识而言，六经构成了圆满的系统。③马一浮引《庄子·天下篇》讲的“《诗》以道志，《书》以道事，《礼》以道行，《乐》以道和，《易》以道阴阳，《春秋》以道名分”，以为佐证。整个知识系统，传统中国以“道”概之，故马一浮称“庄子之言是以道说”。标示了六经的道的完整性以后，马一浮便循传统目录，以六经统诸子与四部。

在六艺与诸子之间，马一浮强调六艺本身圆融一体，没有偏失，但学者

① 《泰和宜山会语》，《马一浮全集》第1册（上）《语录》，浙江古籍出版社2013年版，第20—21页。

② 同上书，第7页。

③ 关于传统中国的知识观念以及知识系统演化，参见拙稿《中国传统知识谱系中的知识观念》，《中国社会科学》2016年第9期。

由于心习所累，有所偏重，遂成流失，这就延异出诸子。马一浮进一步分析，《汉志》讲“诸子十家，其可观者九家”，但他认为“其实九家之中，举其要者，不过五家，儒、墨、名、法、道是已”。其中，儒家自应通六艺，“墨家统于《礼》，名、法亦统于《礼》，道家统于《易》……观于五家之得失，可知其学皆统于六艺，而诸子学之名可不立也”。① 马一浮的六艺统诸子，既非六艺取代诸子，也非诸子没有价值，而是从“学”的类别上讲，诸子所论无出于六艺的整体范围。马一浮完全是在知识的分类意义上强调“知类通达”，指出诸子是对六艺的延异。

四部也是如此。依六艺与诸子的关系，子部之名可以不立。至于经部，马一浮以为可以借用佛教义学判教的方法，“定经部之书为宗经论、释经论二部，皆统于经，则秩然矣。……如是则经学、小学之名可不立也”。关于史部，马一浮以为：

> 司马迁作《史记》，自附于《春秋》，《班志》因之。纪传虽由史公所创，实兼用编年之法；多录诏令奏议，则亦《尚书》之遗意。诸志特详典制，则出于《礼》……。纪事本末则左氏之遗则也。

换言之，史部的全部著述就其知识形态而论，完全没有溢出《书》、《礼》、《春秋》，故“史学之名可不立也”。而集部，“文集体制流别虽繁，皆统于《诗》、《书》。……‘《诗》以道志，《书》以道事’，文章虽极其变，不出此二门。……知一切文学皆《诗》教、《书》教之遗，而集部之名可不立也”。②

依据同样的知识观念，西学虽完全自成系统，但其作为“学”，具有同样的性质。马一浮讲：

> （西学）举其大概言之，如自然科学可统于《易》，社会科学或人文科学可统于《春秋》。

① 《泰和宜山会语》，《马一浮全集》第 1 册（上）《语录》，浙江古籍出版社 2013 年版，第 10—12 页。

② 同上书，第 10—14 页。

从马一浮的知识“统类”出发，自然科学如数学、物理学，在方法与目的上就是由象数推导出制器，这与《易》的性质没有本质区别。社会科学处理的是人类社会的问题，其研究无外于分类认知与原因分析，从性质上讲，与《春秋》的比事与属辞是同样的知识活动。如进而考量具体的类别，“文学、艺术统于《诗》、《乐》，政治、法律、经济统于《书》、《礼》……尅实言之，全部人类之心灵，其所表现者不能离乎六艺也；全部人类之生活，其所演变者不能外乎六艺也”[①]。

马一浮“六艺该摄一切学术”的观点，乍看不免以为疏阔，但马一浮强调面对多样的知识，“不可不先识得个大体，方不是舍本而求末，亦不是遗末而言本”。从他的知识观念，“六艺该摄一切学术”，不仅无可厚非，而且具有合理性，故完全接受西方科学训练的浙大校长竺可桢在听了马一浮的论西学统于六艺的那一讲后，在日记中讲：

> 听马一浮讲“西方近代科学出于六艺”之说，谓《诗》、《书》为至善，《礼》、《乐》为至美，《易》、《春秋》为至真。以《易》为自然科学之源，而《春秋》为社会科学之源。盖《春秋》讲名分，而《易》讲象数。自然科学均以数学为依归，其所量者不外乎数目 Number、数量 Quantity、时间与空间，故自然科学之不能逃于象数之外，其理亦甚明显。惜马君所言过于简单，未足尽其底蕴。[②]

所言简单，是因为这不是马一浮要深入的问题。马一浮关心的，要阐明的，只是六艺之学的整体性与一贯性。

二是基于人而言，六经完整地对应了人的需要。马一浮引以佐证的是《礼记·经解》所引的孔子的话：

---

① 《泰和宜山会语》，《马一浮全集》第 1 册（上）《语录》，浙江古籍出版社 2013 年版，第 17—18 页。

② 《竺可桢日记》1938 年 5 月 14 日，上海科技教育出版社 2005 年版，第 6 卷，第 519 页。

入其国，其教可知也。其为人也，温柔敦厚，《诗》教也；疏通知远，《书》教也；广博易良，《乐》教也；洁静精微，《易》教也；恭俭庄敬，《礼》教也；属辞比事，《春秋》教也。

一切知识因人而起，亦为人所用，人是知识的中心。知识之于人，呈现于人类文明的教化，这是知识的功能，而六经是完整的、系统的。马一浮引孔子语，便是从功能说明知识以人为归，“故孔子之言是以人说”①。由此而可推知，马一浮楷定的国学，既非纯粹客观的知识，又非纯粹主观的见识，而须是呈现于对象世界而又印证于人的精神的“义理”，是经过人对客观世界的多样性作出统一安顿后的结果。

人之于知识的重要性，马一浮显然给予了极其重要的地位，因此才会专辟“论六艺统摄于一心”的讲题。马一浮一方面强调六艺之学“不是勉强安排出来的道理，是自然流出的”，是“法象本然”，“不可私意造作，穿凿附会”；但另一方面坚持六艺之学“不是凭借外缘的产物，是自心本具的”，应“向内体究，不可徇物忘己，向外驰求”。② 这表明，在马一浮看来，人在世界万物中所见到的真理，其实只是人心在对象世界中的呈现，“故一切道术皆统摄于六艺，而六艺实统摄于一心，即是一心之全体大用也”③。显然，马一浮并没有抹去知识客观性的意图，他在坚持“法象本然”的同时，点出“自心本具”，旨在彰显“学”是人心的产物，一切知识与思想都基于人的主体性。这与前述他否定《汉志》的诸子王官说和章学诚的六经皆史说，在根本上是一贯的，目的就在于凸显人的地位。马一浮在泰和开讲时，首先特将张载“为天地立心，为生民立命，为往圣继绝学，为万世开太平”四句教拈出，以为学生立志，并且专门说明，“须信实有是理，非是姑为鼓舞之言也”④，诚有他思想上“六艺统摄于一心”的确信。

① 《泰和宜山会语》，《马一浮全集》第 1 册（上）《语录》，浙江古籍出版社 2013 年版，第 9 页。

② 同上书，第 3—4 页。

③ 同上书，第 16 页。

④ 同上书，第 7 页。

正是基于六艺统摄于一心，学术具有主体性这样的观念与逻辑，故马一浮强调：

> 六艺之道是前进的，决不是倒退的，切勿误为开倒车；是日新的，决不是腐旧的，切勿误为重保守；是普遍的，是平民的，决不是独裁的，不是贵族的，切勿误为封建思想。

因为人心永远是活泼泼的，与时偕行的。不仅于此，而且由于六艺之教涵摄人类的全部生活，所以具有“至高”的属性，可以推行于全人类。只是因为六艺之教存于人类的全部生活之中，日用而不知，故未能被世人所了解，遂又有一种“特殊”的属性。阐明六艺之道，“是要使此种文化普遍的及于全人类，革新全人类习气上之流失”，这是中国文化与思想的使命。人们因为眼前的困顿而自舍家珍，拾人土苴，实是“至愚而可哀”的事情。马一浮确信，在根本的意义上，“世界人类一切文化最后之归宿必归于六艺，而有资格为此文化之领导者，则中国也”。“若使西方有圣人出，行出来的也是这个六艺之道，但是名言不同而已”。①

三、《群经统类》及其意义

基于“六艺统摄一切学术”的“国学”“楷定”，马一浮沿着两个维度展开他的学术工作。一是以六艺的框架，建构他的思想体系。此项工作除了《泰和宜山会语》外，集中在《复性书院讲录》，分散在马一浮的众多答问、书信、序跋，以及诗等文字中。由于马一浮的思想建构在形式上取经说形式，论述上借佛学概念，方法上融西学思维，整个论说虽然创发良多，堪称现代儒学的重要代表之一，但理解与诠释仍是颇为困难的，误解更是难免。马一浮在刊刻《复性书院讲录》的《题识》里，曾针对已有和将有的批评，“自

① 《泰和宜山会语》，《马一浮全集》第1册（上）《语录》，浙江古籍出版社2013年版，第19—20页。

简其过”。这虽然是马一浮的自评，兼有自谦与自讽、反驳与不屑诸义，但会心者实可引为路径，以窥马一浮的思想。本文宗旨不在马一浮思想的完整研究，故照引于此，以为示要。马一浮讲：

> 判教之言，实同义学，不明统类，则疑于专己，一也。摄事归心，务存要约，无取依文，迥殊前轨，二也。玄义流失，直指斯兴，禅病既除，儒宗乃显，原流未晰，将以杂糅见诃，三也。世方盛谈哲学，务求创造，先儒雅言，弃同土梗，食芹虽美，按剑方瞋，四也。胸襟流出，不资獭祭，针石直下，不避瞑眩，旧师恶其家法荡然，异论诋为闭门自大，五也。①

二是以六艺的分类，梳理传统的学术。马一浮在《复性书院简章》中明示：

> 书院以综贯经术、讲明义理为教，一切学术该摄于六艺，凡诸子、史部、文学之研究皆以诸经统之。②

因此，他在《复性书院讲录》中，专辟“通治群经必读诸书举要”，首列《四书》、《孝经》类著作，以为入门，然后开列《六经》类著作，续以诸子、史部、文学类著作。

对于整个儒学的源流，如果取人物，马一浮以“孟、荀、董、郑、周、二程、张、朱、陆、王”为主线，以为“不读十一子之书，亦不能通群经大义也”③；但如以《六经》为本，则视野自应更开阔。因此马一浮在复性书院创办之初，在《复性书院简章》中就拟定：

---

① 《马一浮全集》第 1 册（上）《语录》，浙江古籍出版社 2013 年版，第 126 页。

② 《马一浮全集》第 4 册《杂著》，浙江古籍出版社 2013 年版，第 41 页。

③ 《复性书院讲录》，《马一浮全集》第 1 册（上）《语录》，浙江古籍出版社 2013 年版，第 121 页。

书院宜附设编纂馆及印书部。编定《群经统类》（先儒说经主要诸书）、《儒林典要》（汉、宋以来诸儒著述之精粹者）、《诸子会归》（先秦、两汉、六朝、唐、宋著述在子部者），并得修订通史，渐次印行，以明文化渊源、学术流别，使学者知要能择。①

其中，先儒说经主要诸书无疑是核心，《群经统类》的设定、编目与刊刻，即是具体的落实。由于《群经统类》的设定突破了人物的限制，而又以宋明时期的著述为主，因此对于理解宋明儒学，提供了六经维度下的别样视角。

《群经统类》的名目虽然在筹办复性书院之初就已拟定，但具体的著作并没有明确。1945 年底，马一浮写了《复性书院拟先刻诸书简目》，首列《〈群经统类〉拟先刻诸书简目》算是最明确的目录，但由标题中“拟先刻”便知并非全部。后来复性书院停办，马一浮虽曾鬻字坚持刻书，但最终力不能支而结束，仅此“拟先刻简目”所列著作也未全部刊刻。这里且以《复性书院拟先刻诸书简目·〈群经统类〉拟先刻诸书简目》为本，辅以马一浮别处提及的说经著作，略作说明。

马一浮在《〈群经统类〉拟先刻诸书简目》中列目凡八类共 44 种②，具体如下：

一、《易》类五种：

（宋）程颐《伊川易传》4 卷

朱震《汉上易传》11 卷、《附录》4 卷

杨简《慈湖易传》20 卷

王宗传《童溪易传》30 卷

胡方平《易学启蒙通释》

① 《马一浮全集》第 4 册《杂著》，浙江古籍出版社 2013 年版，第 41 页。

② 《复性书院拟先刻诸书简目》，《马一浮全集》第 4 册《杂著》，浙江古籍出版社 2013 年版，第 356—358 页。书中误合计为 42 种，不知印刷错误，还是底本原误。

二、《书》类五种：

（宋）苏轼《东坡书传》13卷

吕祖谦《东莱书说》35卷

胡瑗《洪范口义》1卷

杨简《五诰解》4卷

（明）黄道周《洪范明义》4卷

三、《诗》类八种：

（宋）欧阳修《诗本义》16卷

苏辙《苏氏诗集传》19卷

王质《诗总闻》20卷

辅广《诗童子问》10卷

严粲《诗辑》36卷

袁燮《毛诗经筵讲义》4卷

（明）季本《诗说解颐》40卷

（清）李光地《诗所》8卷

四、三《礼》类八种：

（宋）王安石《周礼新义》16卷、《附考工记解》2卷

叶时《礼经会元》4卷

李如圭《仪礼集释》30卷

（元）敖继公《仪礼集说》17卷

吴澄《仪礼逸经传》2卷

（宋）卫湜《礼记集说》160卷

（明）黄道周《儒行集传》2卷

（清）江永《礼书纲目》85卷

五、《春秋》类十种：

（唐）陆淳《春秋微旨》3卷

（宋）孙复《春秋尊王发微》12卷

刘敞《春秋权衡》17卷

孙觉《春秋经解》15卷

张大亨《春秋五礼例宗》7卷

吕大圭《春秋或问》20卷、附《春秋五论》1卷

（元）吴澄《春秋纂言》12卷、《总例》2卷

赵汸《春秋集传》15卷

赵汸《春秋属辞》15卷

赵汸《春秋金锁匙》1卷

六、《孝经》类一种：

（明）黄道周《孝经集传》4卷

七、《四书》类五种：

（梁）皇侃《论语义疏》10卷

（宋）张九成《孟子传》20卷

朱熹《论孟精义》34卷

戴溪《石鼓论语答问》3卷

袁甫《蒙斋中庸讲义》4卷

八、《乐》类二种：

（宋）陈旸《乐书》200卷

（明）朱载堉《乐律全书》42卷

上述经说著作，有些卷数与通行本或有出入，比如胡瑗的《洪范口义》通行本为2卷，马一浮所列是1卷，可能是版本问题，也可能是笔误。另外，马一浮所列书目基本上依朝代先后，但偶有例外，比如三《礼》类中的宋儒卫湜的《礼记集说》列在元儒著述后，这也许有马一浮的判识在其中。这份简目虽然专为复性书院开列，但据马一浮1945年12月写在《复性书院拟先

刻诸书简目·〈诸子会归〉总目并序例》的跋语，知后者最初草于清宣统二年（1910年），虽然不能由此断定《群经统类》也草于同时，但考虑到前此马一浮正是潜心阅读四库，并有心阐明秦汉以降的学术与文学流变，因此可以断定这份简目不是一时编定，而是基于他的多年研究与体会。

除了这份简目外，在1939年12月的《提议从速成立董事会增广师生及刻书与讲学并重两种办法》中，马一浮曾开列了“第一次择要刊刻书目”共15种，其中涉及经说类著作是《四书纂疏》、《孝经集传》、《诗缉》、《东莱书说》、《易学启蒙通释》、《礼记集说》、《春秋胡氏传》七种，比对前引简目，可知《四书纂疏》《春秋胡氏传》二种在简目之外。但《春秋胡氏传》1943年4月已刊刻[①]，说明最后开列简目时已完成。赵顺孙的《四书纂疏》，马一浮一直予以高度重视，早在1925年的《四书纂疏札记跋》中就指出：

> 经义如日月，朱注如江河，无俟于赘言，独赵氏之书，其有功于朱子，譬犹行远之赖车航，入室之由门户。[②]

故此书应当列入，不必置疑。

真正比《群经统类》更大的一份目录，是马一浮在《复性书院讲录》“通治群经必读诸书举要”中所列举的说经著作。虽然他强调“所举，约之又约，此在通方之士，或将病其陋略”，但就其所列，不仅增设了“小学类”与“群经总义类”，仅比较前引简目八类，也增了一倍强，总数达96种。这说明，《群经统类》是更精细的一个选择，这可以从马一浮的相关说明中得到佐证。以选书最少的《孝经》类为例。在“通治群经必读诸书举要”中，马一浮列举了三种：唐玄宗的《孝经注疏》、吴澄的《孝经章句》、黄道周的《孝经集传》，在跋语中马一浮讲：

> 玄宗注依文解义而已。吴草庐合今古文刊定，为之《章句》，义校

① 《重印宋本春秋胡氏传序》，《马一浮全集》第2册（上）《文集》，浙江古籍出版社2013年版，第32—35页。

② 《马一浮全集》第2册（上）《文集》，浙江古籍出版社2013年版，第74页。

> 长，然合二本为一，非古也。唯黄石斋作《集解》，取二《戴记》以发挥义趣，立五微义、十二显义之说，为能得其旨。今独取三家，以黄氏为主。①

故在《群经统类》中，只选了黄道周的《孝经集传》四卷。

总的来讲，《群经统类》反映了马一浮对于宋明儒学在经学的维度上对儒学作出发展的认识，这份目录是经过深思熟虑的，但又不是全部。在根据马一浮的《群经统类》来进行宋明儒学的阐发时，还应该综合考虑马一浮提及的其他著作，比如前已述及的《春秋胡氏传》、《四书纂疏》，以及《群经统类》没有列入而实际于1944年已刊刻的《周易系辞精义》。此书旧题吕祖谦编，但向有怀疑，四库馆臣更据陈振孙《书录解题》的托名之说而断“殆必有据”，将之划入“存目”。② 但马一浮颇不以为然，他在《重刊周易系辞精义序》中运用材料辨正，通过逻辑分析，进行了很有力的考证。尤其值得重视的，是他在这篇序文中明晰地指出了说经的体例，并通过比较，阐明朱子宋学的高明，而贬斥清儒治学的偏狭。他讲：

> 从来说经不出两例。自为一家之学，无取参会异说，一例也。兼采众说，而不专主一家，又一例也。……朱子于《诗集传》取后例，于《易本义》取前例，若其注四书，则兼用之。其于前人之说义苟有当，无敢或遗，若在所疑，必加料简。故于《精义》之外，又草《或问》，以明其去取之所由。说经至此，用无遗憾。清儒犹以义理为空疏，好以汉学标榜。或张皇家法，轻诋异义，或惟务该洽而迷其指归，是由先有成见，遂阙精思。故矜创获者其失则固，贵折中者其失则肤，后之治经者必改是。因刻《系辞精义》，明旧说之不可轻弃，泛论及此，庶学者知切己体会而慎所择焉，毋徒以断断考辨为能事也。③

---

① 《马一浮全集》第1册（上）《语录》，浙江古籍出版社2013年版，第112—113页。

② 《四库全书总目上》壹，第187页，河北人民出版社2000年版。

③ 《马一浮全集》第2册（上），浙江古籍出版社2013年版，第42页。

结合前引《孝经》类的跋语，以及《重印宋本春秋胡氏传序》、《四书纂疏札记跋》，足以看到，马一浮选择先儒说经著作的一个重要标准，重在“义趣”，重在思想理论上对于儒学的阐发，虽然版本考据等技术性前提同样重视。在学术取径上，马一浮继承的主要是以朱子为代表的宋学，但他并不偏狭，不仅对陆、王心学非常重视，注意理学与心学的圆融，而且对朱子直接批评的学者，如张九成，甚至对向被排斥于理学之外的王安石也同样重视。《群经统类》收录了张九成的《孟子传》，还收录了王安石的《周礼新义》，并特别注明：

> 王氏新经义，向为洛闽诸儒所诟病。今特存之，以广异义，示不以一废百。①

由于具体的说经著作，将在文献整理中一一说明，故这里仅就《群经统类》对于宋明儒学研究以及儒学现代创新的意义略作阐明，以为结尾。②

首先，《群经统类》能使宋明儒学的研究范式获得探索性突破。宋明儒学的全部实际展开都是基于传统经典与新经典的诠释与阐明来实现的，但是受禅宗灯录体及其谱系思想的影响，宋儒也开始出现了朱子的《伊洛渊源录》。此后，从元代《宋史·道学传》到明末清初《明儒学案》和《宋元学案》，直至当下，以人物为对象、以学派为归趣，构成了宋明儒学最基本的研究范式。这一研究范式，当然有它重要的价值，即旨在借助学派的建构以判明思想的异同，但缺陷也是明显的，即淡化或消解了儒家思想的整体性，而这正是马一浮“六艺论”的精神所在。反观宋明儒学，事实上无论是大量说经著作的存在，还是语录体的呈现，历史中的宋明儒学始终没有溢出六经的整体性来思考，这种整体性对于历史中的儒者而言，几乎是共同的不言而喻的知识与精神背景。因此，当他们引入谱系学的观念时，这种背景依然强烈地映衬着他们的思考。现代人已完全失去了这样的精神背景，因此虽然在

---

① 《马一浮全集》第4册《杂著》，浙江古籍出版社2013年版，第357页。

② 拙稿《探索基于经典阐释的宋明儒学研究新范式》（《中国社会科学报》2014年9月10日）曾作过一些讨论，这里大致引用，略作申说。

某些分析上显得很有合理性，殊不知已可能完全误读了宋明儒者的思想，20世纪以来映照在西学之下的宋明儒学研究完全彰显了这一特性。① 马一浮从根本上否定这种瓜裂儒学的研究方法。马一浮并不是对各家各派没有深刻的了解，相反，他是在深入其中之后，始终以六艺整体的儒家观念来透视各家各派，从而断其流弊，正如他讲先秦诸子对六艺的延异一样。因此，《群经统类》足以让研究者跳出既有窠臼，跳出现有的以人物为对象、以学派为归趣的范式，可以在相当程度上回归到宋明儒学历史展开的原生形态中去重新认识。这样的范式改变，不仅将使得具体的研究方法根据宋明儒学的实际展开而产生许多大的改变，导致这一领域研究方法上的新探索，而且将会更真切地呈现中国学术传统探求与表达真理的方法，重新建立起中国学术的新自觉与新自信。

其次，能使研究对象与研究文献获得基本性拓展与基础性夯实。以人物为对象的研究范式，使得宋明儒学的研究长期来聚焦于代表性人物，顺及其传人。这当然是非常重要的，但同时也带来了负面性，即不仅忽视了作为思想文化复兴运动的宋明儒学参与者的广泛性，更主要的是碎化了宋明儒学的整体系统性，淡化了宋明儒学的系统结构、内在关系及其思想展开。返归以经典系统为核心对象，就在于力图通过经典而聚焦于宋明儒学的整体性认识，同时也以经典来涵盖更多的参与者。事实上，从《群经统类》的目录可知，相当多的学者没有进入现代研究的视野。由此，研究文献也获得基础性夯实。当然，当研究对象由人物转向经典，最直接面临的挑战是如何在浩繁的经部著述中确定有代表性的文献。《群经统类》应该说是提供了一个很好的依据。这一选目，一方面反映了马一浮的学养与卓识，代表了20世纪对于宋明儒学的独特认识；另一方面本身内容系统完整，既包含了从宋至明，尤其是学界较为忽视的元代学者，兼及若干种与宋明儒学高度相关的宋以前与清代文献，又涵盖了《六经》与《四书》，兼及《孝经》，为宋明儒学研究夯实了新的文献基础。关于《四书》与《孝经》，这里尚需略作说明。按照

① 参见拙稿：《西学映照下的宋明哲学与思想史研究——20世纪中国学术史的几帧剪影》，《杭州师范大学学报（社会科学版）》2012年第5期。

马一浮的“六艺论”，此二类不在其中，但在《复性书院讲录》“通治群经必读诸书举要”中，马一浮作有说明，即汉儒确立的传统，“《论语》、《孝经》，圣人言行之要，宜究其意”，以此二书为进入六经的门径，《四书》则是由《论语》延展而成，此又是继承了宋儒的新传统。①

最后，能使研究目标获得创新性诉求。宋明儒学是中华优秀思想与文化传统在直面外来佛教与本土道教的巨大冲击下，充分吸收精华而实现的有效创造。当研究超越具体的人物，而从整体系统来分析儒学的演化，力求探明作为有机整体的宋明儒学，其实现传统儒学传承与创新的内在机理和实现路径，其诉求不仅在于对历史中的宋明儒学获得深刻的认识，而且在于期望由此彰显中华优秀传统文化亘古弥新的内在动因，直接启发当下中国的民族精神弘扬和中华优秀传统文化的传承与创新。马一浮不认同对儒学整体性的淡化或消解，这也正是他的“六艺论”的精神所在。马一浮非常清楚，儒学在现代的转型创新，必有待于思想者的开辟，但是儒学如果失其精神的圆融，不仅乖张四起，而且失其根本。“道术为天下裂”也许是思想兴起的显象，但并不足以否定马一浮在整体继承儒学圆融性基础上的创新追求。相反，在20世纪整个传统中国学术完全西学化的潮流中，知识已完全专门化，如何真正体会传统学术以人为目的的圆融整合，从而在自己的传统上开放性地重建新的学术话语与思想，这是越来越显得重要的诉求。从“六艺论”到《群经统类》正是马一浮毕生努力的见证，折射出弥久愈新的思想与学术光芒，充满了对当下的启示。

（本文系国家社科基金重大研究项目“‘群经统类’的文献整理与宋明儒学研究”（13&ZD061）的阶段性成果）

① 《马一浮全集》第1册（上）《语录》，浙江古籍出版社2013年版，第112—113页。

马一浮对《论语》的现代诠释

许　宁

宋儒将《论语》列入“四书”，试图以“四书”系统取代“五经”系统，重构儒家经典体系。程伊川说：“学者当以《论语》、《孟子》为本。《论语》、《孟子》既治，则六经可不治而明矣。”（《二程遗书》卷25）朱子说：“《语》、《孟》功夫少，得效多；六经功夫多，得效少。”（《朱子语类》卷19《语孟纲领》）

马一浮亦非常重视《论语》在儒家经典体系中的地位，在“新经学”的立场上，重新将“四书”系统纳入“五经”系统，把《论语》视为“群经之管钥”。他指出：“《论语》大义，无往而非六艺之要。”①“六艺皆孔氏之遗书……欲明其微言大义，当先求之《论语》。”② 为此，他在复性书院首讲《论语大义》，为诸生揭橥六艺要旨。在马一浮对《论语》的诠释中，体现了“见性则横说竖说”③ 的特点。“见性”是诠释的前提和根据，肯定六艺统摄于一心，从心性层面以中判西，论证中西文化的义理融通和价值归致。“横说”与“竖说”则是他采取的两种诠释方法。“横说”即以佛解儒，运用佛学思想资源来深入阐发儒家六艺要旨；“竖说”即以经摄子，基于儒家道统源流以文本互证的方式揭示《论语》中蕴藏的六艺之道。

① 马一浮：《论语大义》，《复性书院讲录》卷2，《马一浮全集》第1册（上），浙江古籍出版社2013年版，第134页。

② 马一浮：《通治群经必读诸书举要》，《复性书院讲录》卷1，《马一浮全集》第1册（上），浙江古籍出版社2013年版，第121页。

③ 马一浮：《语录类编·四学篇》，《马一浮全集》第1册（下），浙江古籍出版社2013年版，第596页。

一、“见性”：以中判西

马一浮认为：“若只据先儒旧说搬出来诠释一回，恐学者领解力不能集中，意识散漫，无所抉择，难得有个入处。所以要提出一个统类。”①“统”即该摄，“类”指种类。天下事物种类虽然繁杂，而可以为“六艺”所该摄涵盖。马一浮肯定国学即是六艺之学，而六艺统摄于一心，心性之学是中国文化的精髓。他指出“教相多门，各有分齐，语其宗极，唯是一心”②，“儒佛禅道，总是闲名……程、朱、陆、王，岂有二道，见性是同”③。

马一浮强调六艺“散在《论语》”，这展现了两个向度：一方面，究极六艺之根源在心性，而《论语》包含了六艺的心性根据，故有诠释的可能；另一方面，六艺是分散在《论语》中，孔门师生问答皆从不同方面体现了六艺之旨，故而有诠释的必要。

今先出所据《论语》：“子所雅言，《诗》、《书》、执礼。”“兴于诗，立于礼，成于乐。”如曰“可与言《诗》”，“卒以学《易》”，“不学《诗》，无以言”，“不学礼，无以立”，“《诗》可以兴观群怨”，“事父”“事君”，《孟子》引孔子言“知我罪我，其唯《春秋》”，“其义则吾窃取”。此见于《论》《孟》者，即判教之旨也。④

六艺之所以成为判教的根据，缘于其实为“吾心自然之分理，万物同具之根源”⑤。马一浮区分了“六艺”之本、迹两个层面，六艺之本是心性，六艺之迹是文字（六经）。正是在对六艺一心高度肯定的基础上，“六艺”和“六经”实际上是异名而同实：“以常道言，则谓之经；以立教言，则谓之艺；以

---

① 马一浮：《举六艺明统类是始条理之事》，《泰和宜山会语》卷1，《马一浮全集》第1册（上），浙江古籍出版社2013年版，第20—21页。

② 马一浮：《答张君》，《尔雅台答问》，《马一浮全集》第1册（下），浙江古籍出版社2013年版，第424页。

③ 马一浮：《答任君》，《尔雅台答问》，《马一浮全集》第1册（下），浙江古籍出版社2013年版，第437页。

④ 马一浮：《群经大义总说》，《复性书院讲录》卷2，《马一浮全集》第1册（上），浙江古籍出版社2013年版，第128页。

⑤ 同上。

显道言，则谓之文；以竹帛言，则谓之书。”① 既然六艺乃人人本心同具之理，那么六艺之道自是具有永恒的价值。在此意义上，他明确提出“六艺实统摄于一心，即是一心之全体大用也”②，《论语》当然也包含了六艺的心性基础，而成为六艺判教的宗旨。

从现代“新经学”的理论建构而言，要观其会通，避免局而不通。“言经学必不可存今古、汉宋之门户。”③ 在马一浮看来，学者如果执着于言语文字，则终身不悟自家心性。他强调天下最近者，莫近于自己身心，所以明心性是第一要务。

他指出后儒误以心性为空谈，造成儒学在近代陷入困境的关键恰恰在于不明心性。“儒家既分汉、宋，又分朱、陆，至于近时，则又成东方文化与西方文化之争、玄学与科学之争、唯心与唯物之争，万派千差，莫可究诘，皆局而不通之过也。”④

儒家的华夷之辨实从道德礼义立论，认为华夷并非地理概念，而是文化概念，凡是合乎儒家仁义道德要求的即是华夏，反之则是夷狄。钱穆对此总结道：“在古代观念上，四夷与诸夏实在另有一个分别的标准，这个标准，不是‘血缘’而是‘文化’。”⑤

马一浮基于现代“新经学”的立场以“六艺之道”进行了阐述。他解释“文化”的含义是：“事物参错交互，相对而成，如君臣、父子、兄弟、夫妇、朋友，谓之文”，“父慈、子孝、兄爱、弟敬，各止其当止，谓之化”。⑥ 他对“文明”的理解是：“文就人伦说，明就心理说。人伦有序谓之文，心中

---

① 马一浮：《读书法》，《复性书院讲录》卷 1，《马一浮全集》第 1 册（上），浙江古籍出版社 2013 年版，第 104 页。

② 马一浮：《论六艺统摄于一心》，《泰和宜山会语》卷 1，《马一浮全集》第 1 册（上），浙江古籍出版社 2013 年版，第 16 页。

③ 马一浮：《语录类编 · 四学篇》，《马一浮全集》第 1 册（下），浙江古籍出版社 2013 年版，第 598 页。

④ 马一浮：《读书法》，《复性书院讲录》卷 1，《马一浮全集》第 1 册（上），浙江古籍出版社 2013 年版，第 108 页。

⑤ 钱穆：《中国文化史导论》（修订本），商务印书馆 1994 年版，第 41 页。

⑥ 乌以风：《问学私记》，《马一浮全集》第 1 册（下），浙江古籍出版社 2013 年版，第 756 页。

不昧谓之明。文明与草昧相对，草者杂乱之谓，昧者昏迷之称。”① 显然，马一浮是从儒家道德理性来界定“文化”的。马一浮指出判分中国与夷狄的依据在于是否具备六艺之道，而非纯粹的地理或种族的概念。如果践行六艺之道，则为中国；如果毁弃六艺之道，则为夷狄。对于西方文明的冲击，马一浮质疑近世人伦失常，昏迷颠倒，正是草昧，岂得谓之文明？所以他进一步将华夷之辨转换为义利之辨，指出中国尚义，夷狄尚利。西方以满足欲望为人生的最高境界，故贪求物质享受乃至于争夺残杀；中土圣贤教人以行仁由义为人生的最高境界，故不重视物质欲望。

由此，马一浮认为中西文化代表了两种不同的形态，将性与习作为中西文化的根本分判，肯定中国文化是建立在心性上，而西方文化是建立在习气上。“东方文化是率性，西方文化是循习。”② 从文化的源流看，西方文化从希腊演变而来，其学说擅长分析，所以是二体之学。中国文化的道理只是一贯，体用一源，显微无间，故为一体之学。从文化的本质看，中土圣贤所谓性，为人人本具，最为切近简易，反身而求，当下即是。而刑法、功利是建立在人的习气基础上，与本性背道而驰，是虚幻不实的，终非长久之道。

马一浮强调“六艺该摄一切学术”，指出作为六经之本的六艺具有永恒、普遍的价值，可以该摄一切人类文化，尽管不能蕴含全部知识体系，却表征着基本的文化理念和精神价值。“全部人类之心灵，其所表现者不能离乎六艺也；全部人类之生活，其所演变者不能外乎六艺也。”③

西方的真、善、美价值同样可以涵摄在六艺系统中，其中《诗》、《书》是至善，《礼》、《乐》是至美，《易》、《春秋》是至真，显示了六艺之道的博大融通。在马一浮看来，六艺还涵摄解放、自由、平等等时代价值。“要说解放，这才是真正的解放；要说自由，这才是真正的自由；要说平等，这

① 乌以风：《问学私记》，《马一浮全集》第 1 册（下），浙江古籍出版社 2013 年版，第 755 页。

② 同上书，第 738 页。

③ 马一浮：《论西来学术亦统于六艺》，《泰和宜山会语》卷 1，《马一浮全集》第 1 册（上），浙江古籍出版社 2013 年版，第 18 页。

才是真正的平等。”① 马一浮再三强调六艺之道是前进的，决不是倒退的；是日新日成的，决不是保守腐朽的；是普遍的、平民的，决不是独裁的、贵族的。由此，马一浮对中国文化的复兴充满信心，因为心性没有消亡，中国文化自然也不会消亡，“世界人类一切文化最后之归宿必归于六艺，而有资格为此文化之领导者，则中国也”②。对此，郑大华指出：“马一浮的这种既认同和维护传统，又不固守传统的思想特质，在民国思想文化史上具有典型的代表意义。”③

二、“横说”：以佛解儒

马一浮认为推进儒学的现代发展，与其运用西方哲学方法，不如援佛入儒，更具学理价值。“以六经统摄一切学术，是用天台判教风规。先儒虽未道出，但六经中本来有此条理”④。儒佛二家皆是见性之学，即是以穷理尽性、明心见性为宏纲要旨的学问，“无论儒佛，凡有言教，皆以明性道为归”⑤。因而诠释《论语》完全可以“摭彼教之卮言，证儒家之孤义”⑥，“义当求之《华严》而实具于《论语》”⑦，强调义学、禅宗悟道之言，亦可以与诸儒经学大义相通。马一浮的弟子记载了他在复性书院宣讲“六艺”的情形：“先生尝谓《华严》可以通《易》，《法华》可以通《诗》。……先生讲六经常

① 马一浮：《论西来学术亦统于六艺》，《泰和宜山会语》卷1，《马一浮全集》第1册（上），浙江古籍出版社2013年版，第19页。

② 同上书，第20页。

③ 郑大华：《马一浮新儒学思想研探》，《中国文化研究》2006年第4期。

④ 乌以风：《问学私记》，《马一浮全集》第1册（下），浙江古籍出版社2013年版，第760页。

⑤ 马一浮：《答黄君》，《尔雅台答问续编》卷5，《马一浮全集》第1册（下），浙江古籍出版社2013年版，第546—547页。

⑥ 马一浮：《蒋再唐》，《书札》卷1，《马一浮全集》第2册（上），浙江古籍出版社2013年版，第449页。

⑦ 马一浮：《论语大义》，《复性书院讲录》卷2，《马一浮全集》第1册（上），浙江古籍出版社2013年版，第176页。

引释典经论相印证，如理而说，恰到好处。”① 马一浮这种以儒融佛，又以佛解儒的学术进路已成为其理论建构的主要特色。

下面从诠释范畴和诠释方法两个方面略作说明。

（一）诠释范畴

1. 总别

总别、同异、成坏是华严宗解释“六相圆融”观点时提出的三对核心范畴。总是整体，别是部分，总别是描述整体与部分关系的一对哲学范畴。在华严宗看来，以别成总，总含于别，离别无总，离总无别，总别互融，相即自在。总别二相，似乎相反，其实相成。马一浮肯定《论语》中处处蕴含六艺之义理，只是限于一隅，难以遍察，学者不仅要看到部分（别），更应当善于从整体（总）上给予宏观的理解和认识。故而，他提出：“《论语》记孔子及诸弟子之言，随举一章，皆可以见六艺之旨。然有总义，有别义，别义易见，总义难知。……于别中见总，总中见别，交参互入，无不贯通。”② 陈锐也注意到马一浮运用华严学诠释六艺的特点，他指出：“当他说那些六艺之学和具体的道德时，总喜欢用华严宗的‘总别不二’等思维方式……这些已经成为他的一个基本的思维模式被普遍地加以运用。”③

2. 始终

华严宗将佛教判为小、始、终、顿、圆五教。“始终”作为华严宗判教范畴，“始”即大乘始教，指的是为从小乘始入大乘的根未熟者所说的教法，引导众生接受大乘佛法；“终”即大乘终教，指的是宣说一切有情皆有佛性、皆可成佛的经典。华严宗依此判释，旨在教化众生由始入终，证悟华严义理。

---

① 马一浮：《语录类编·儒佛篇》，《马一浮全集》第 1 册（下），浙江古籍出版社 2013 年版，第 672 页。

② 马一浮：《论语首末二章义》，《泰和宜山会语》卷 1，《马一浮全集》第 1 册（上），浙江古籍出版社 2013 年版，第 23 页。

③ 陈锐：《马一浮儒学思想研究》，上海古籍出版社 2010 年版，第 82 页。

马一浮用《论语》始终之教，即首、末二章说明六艺一贯之理。《论语》首章所谓的“悦”、“乐”表达的喜悦快乐之情实是自家身心的受用。故而时习是功夫，朋来是效验；悦是自受用，乐是他受用。马将发自内心的欢喜称为“自受用”，是自觉意识的体现，属于礼教的范畴；得于外界的快乐称为“他受用”，是受到外界影响而兴发的感性情绪，属于诗教的问题。由此可见，“悦意深微而乐意宽广”，兼有礼乐二教的意思。“人不知而不愠”句通易教。至于《论语》末章：子曰：“不知命，无以为君子也；不知礼，无以立也；不知言，无以知人也。”他指出，“不知命”句涉及天命，故而属于《易》教义；“不知礼”句涉及礼，故而属于《礼》教义，“不知言”句涉及言，故而属于《诗》教义。

韩焕忠肯定：“马一浮对始终这一对华严宗范畴的运用，则将《论语》理解成有始有终、统摄六艺的完整体系，最大程度地提升了《论语》的理论品格。”①

（二）诠释方法

1. 空假中三谛

《中论·观四谛品》认为：“因缘所生法，我说即是空，亦为是假名，亦是中道义。”天台宗发挥了三谛思想，认为空谛指诸法空无自性，体不可得；假谛指诸法宛然而有，施设假立；中谛指诸法其体中道，有无双遣。空假中三谛，互具互融，空即假中，假即空中，中即空假，举一即三，全三即一，体用相即，三谛圆融。马一浮指出，在《论语》中“天何言哉”是真谛；“四时行，百物生”是俗谛；真俗双融，理行气中，即真而俗，即俗而真，是中道第一义谛。“吾有知乎哉”是真谛，因为圣人无知，故无所不知，如其有知，必有局限；“叩其两端而竭焉”是俗谛，竭两端便是一贯之道；无知而无不知是中道第一义谛。②

---

① 韩焕忠：《马一浮对〈论语〉的佛学解读》，《苏州大学学报（哲学社会科学版）》2011 年第 1 期。

② 马一浮：《语录类编·四学篇》，《马一浮全集》第 1 册（下），浙江古籍出版社 2013 年版，第 596 页。

2. 四悉檀

天台宗的四悉檀包括世界悉檀，为人悉檀，对治悉檀，第一义悉檀。世界悉檀，即随顺世间法，以世间一般的思想、语言、观念等说明缘起之真理。为人悉檀，即根据众生不同根机与能力，而说各种出世法，令众生生起善根。对治悉檀，即针对众生的贪、嗔、痴等烦恼，应病与药，以断诸恶。第一义悉檀，即破除一切议论语言，直接以第一义诠明诸法实相之理，令众生真正契入教法。

在马一浮看来，《论语》中问仁最多，孔子随机而答，并非矛盾相悖，从华严学的四悉檀可以进一步深化理解。例如樊迟问仁，答曰“爱人”，属于世界悉檀，根据问者之根机浅薄，为之次第分别而说；子贡问仁，答曰“己欲立而立人，己欲达而达人”，属于为人悉檀，因材施教，令其得入，生起善根；司马牛问仁，答曰“仁者，其言也讱”，樊迟问仁，答曰“仁者先难后获”，属于对治悉檀，对治问者病痛，因病与药；颜渊问仁，答曰“一日克己复礼，天下归仁焉”，属于第一义悉檀，称理而谈，表达儒家最究竟、最圆满的宗旨。

孔子论政也包含了四悉檀。例如，“既庶矣，富之；既富矣，教之”，“谨权量，审法度，修废官”，“兴灭国，继绝世，举逸民”，“所重：民食丧祭”等，讲的是人口增长、物质生产、礼法制度等，属于世界悉檀；“近者悦，远者来”，“先有司，赦小过，举贤才”等，讲的是道德教化，举贤任能，属于为人悉檀；答哀公、季康子、定公问一言“兴邦”、“丧邦”，答齐景公问“君君、臣臣、父父、子子”，切中问者病痛所在，属于对治悉檀；答子张问“居之无倦，行之以忠”，答子路问“先之劳之”，“修己以敬”，讲的是反身向内，加强主体修养，属于第一义悉檀。

孔子论礼亦是如此。答孟懿子“无违”，讲的是基本的人伦底线，属于世界悉檀；答孟武伯“父母唯其疾之忧”，讲得是对父母的真挚感情和伦理义务，属于为人悉檀；答子游“不敬何以别乎？”答子夏“色难”，针对的是问者本人存在的问题，属于对治悉檀；答问禘之说曰“知其说者之于天下也，其如示诸斯乎！”指其掌，讲的是祭祀和礼乐是治理天下的根本，属于第一义悉檀。

马一浮对于自己运用四悉檀会通六艺，自认多先儒未发之旨："此为运用义学之要，却可作后来说经轨范。"① 马一浮的"以佛解儒"为我们提供了一个有别于前人的系统理解《论语》思想结构的框架和视角，讲出了新意，讲出了自得和体贴。

三、"竖说"：以经摄子

吴根友认为："透过对经子关系的分析，可以从一个侧面揭示中国政治史、哲学史、思想史上的正统与异端、一元与杂多、主流与支流、新与旧、复古与创新、常与变之间复杂的互动关系。"② 在马一浮对《论语》的诠释中也包含了经子关系这一维度③，《论语大义》以六艺为纲，展开为五篇，即"《诗》教"、"《书》教"、"《礼》《乐》教"、"《易》教"、"《春秋》教"。所谓"大义"，指圆融周遍，即通过对《论语》的考察可以获悉契理契机、圆顿一贯的六艺宗旨。"据《论语》以说六艺，庶几能得其旨。"④ 马一浮楷定六艺即是孔子之教，国学即是六艺之学，以此代表一切固有学术，同样也包含了诸子学。对于这一观点，本文概括为"以经摄子"，"摄"即统摄，指经学统摄诸子学。

马一浮持六艺统摄诸子学的观点。他指出《汉书·艺文志》所列的九流十家，举其要者，不过儒、墨、名、法、道五家。儒者必通六艺，墨家统于《礼》，名、法亦统于《礼》，道家统于《易》。通过判其得失，马一浮总结出四种类型：第一，得多失多，以老庄为代表；第二，得多失少，以荀子为代表；第三，得少失多，以墨、法为代表；第四，得少失少，以名家、杂家为

---

① 马一浮：《示王星贤》，《尔雅台答问续编》卷1，《马一浮全集》第1册（下），浙江古籍出版社2013年版，第446页。

② 吴根友、黄燕强：《经子关系辨正》，《中国社会科学》2014年第7期。

③ 《论语》成为儒家十三经之一经历了较长的历史过程，相对于"六经"而言，《论语》又被称为"四子书"之一。按照马一浮的观点，本文将《论语》视为子书，并在此基础上讨论"以经摄子"。

④ 马一浮：《通治群经必读诸书举要》，《马一浮全集》第1册（上），浙江古籍出版社2013年版，第121页。

代表。他断定："观于五家之得失，可知其学皆统于六艺，而诸子学之名可不立也。"①

《论语》通篇是问答体，主要有三大问目：一问仁，二问政，三问孝。"凡答问仁者，皆《诗》教义也；答问政者，皆《书》教义也；答问孝者，皆《礼》《乐》义也。"②

（一）《诗》教

马指出："圣人始教，以《诗》为先。"③ 马认为诗并非仅为某种文学体裁，而是人人自性中性德实理，待缘而感发，并且随其所感之深浅而示现微妙粗陋。《诗》教是仁心的显现，在"诗教主仁"的原则下，所谓的志于学、志于道、志于仁，实是一回事。学者第一事便要识仁，故孔门弟子问"仁"者最多。孔子说诗引申触类："其言之感人深者，固莫非诗也。'天地感而万物化生'，仁之功也；'圣人感人心而天下和平'，诗之效也。"④ 所以学《诗》即是学仁。他认为由诗而通六艺，还须以体仁为前提。具体来说，表现为体之于仁、以仁为体、全体是仁三种次第。体之于仁，即"诗言志"，是求仁而学《诗》，学《诗》而知仁，是求仁知仁之事，如"他人有心，予忖度之"；以仁为体，即"诗可以兴，可以观，可以群，可以怨"，是语默动静、视听言动必按照仁的原则进行，依仁、由仁而不违于仁，如"民之秉彝，好是懿德"；全体是仁，即"感而遂通"，达到安仁乐仁的最高境界，如"不识不知，顺帝之则"。所以，"内圣外王"之学，"穷神知化"之功，皆包括在"兴于诗"中。总之，"满腔都是生意，满腔都是恻隐，斯可与识仁，可与言《诗》也。凡《论语》问仁处，当作如此会"⑤。

---

① 马一浮：《论六艺该摄一切学术》，《泰和宜山会语》卷 1，《马一浮全集》第 1 册（上），浙江古籍出版社 2013 年版，第 12 页。

② 马一浮：《论语大义》，《复性书院讲录》卷 2，《马一浮全集》第 1 册（上），浙江古籍出版社 2013 年版，第 134 页。

③ 同上书，第 136 页。

④ 同上书，第 138 页。

⑤ 同上。

（二）《书》教

《论语》中凡答问政者，皆属于《书》教。《尚书》是上古政治文献的汇编，因此马认为它包含了上古圣王的政治思想和治国理念，具有重大的现实意义。“《论语》‘为政以德’一章，是《书》教要义。”[①]。他指出对《书》教宗旨的把握可以有两个层面：一是迹，即考察三代具体的制度典章、政治措施；二是本，即透过政治制度本身直探其内在的道德理想和价值观念。

《尚书》的政治思想皆本于德，其中记载的尧、舜、禹、汤、文、武的治国之道就在于修德尽性。《洪范》一篇集中代表了书教“为政以德”的根本思想，从本垂迹，由迹显本，知“离本无以为迹，离德无以为政”。马一浮主张学者读《论语》论政之言应由迹以观本，明确德是政之本，政是德之迹。然而，今人对政治的理解局限于崇尚权力、计较利害，不知道政是正己以正人，治是修己以治人，才是政治的本质内涵。“《书》教之旨，以德为本明矣。而孔子之论政皆原本于德，何莫非《书》教之义乎？”[②]

马一浮指出正因为基于本迹关系的淆乱，时人对中国传统政治产生了诸多误解和偏差。“帝王”是表德之称，一理显现，谛实不虚之谓帝；与天地合德，人所归往之谓王。今人误以为帝王为封建时代的名号，不知本义。中国三代“封建”指分封建国，以亲亲尊贤为义，与欧洲封建制绝不相同。今以侵略兼并，号曰帝国，乃是夷狄之道。“学者必由迹以观本，而不徒滞其迹以求之……如是乃可与言《书》，可与论政矣。”[③]

（三）《礼》《乐》教

马认为《论语》中凡答问孝者皆属于《礼》《乐》教，因为礼代表天地的秩序，乐体现天地的和谐。孝悌是礼乐之原，礼乐之教须自孝悌始。故马指出：“孝弟之心，实万化之根原，至道之归极。”[④] 行孝悌，则礼乐由此生，

① 马一浮：《论语大义》，《复性书院讲录》卷2，《马一浮全集》第1册（上），浙江古籍出版社2013年版，第139页。

② 同上书，第139页。

③ 同上书，第142页。

④ 同上书，第144页。

性命由此至，神化由此出，所以知孝悌则通礼乐。以张载《西铭》为例，“乾称父，坤称母”可谓达孝；“民吾同胞，物吾与也”可谓达悌。所以，礼乐之兴，即是孝悌之达。“继天立极，为事亲之终也；尽性至命，即孝子之成身也；穷神知化，即天道之不已也：礼乐之义孰大于是？”①

马一浮还指出：“《论语》中凡言‘不争’者，皆《礼》教义；凡言‘无怨’者，皆《乐》教义。”② 综合他对《论语》中礼乐思想的阐发，礼乐在六艺系统中的地位是十分重要的，也是当下最为急务的。“六艺之教，莫先于《诗》，莫急于《礼》。”③ 马认同礼即是“履”的古义，认为在心为志，发言为诗；在心为德，行之为礼。在孔子的人格生成理论中，“兴于诗，立于礼，成于乐”，礼处于关键性环节，是仁道的践履和贯彻，乐则标志着道德人格的最终确证和完成。

（四）《易》教

《论语》中“卒以学《易》”、“朝闻夕死”、“子在川上”、“予欲无言”等章皆显示易道之深广精微。

其一，工夫与效验。如孔子曰：“加我数年，卒以学《易》，可以无大过矣。”（《论语·述而》）④ 马一浮强调上句指工夫，下句指效验。《史记》记载孔子晚而好易，韦编三绝，乃是孔子平生真实用力处。“无大过”体现的是“从心所欲不踰矩”的圣人气象。此效验实从日用工夫中而来。

其二，生与死。“子曰：‘朝闻道，夕死可矣。’”（《论语·里仁》）世人皆知求生而恶死，惟有闻道者能生顺没宁，得死生之正。此“闻”并非口诵耳听，乃是冥符默证的体悟。“朝夕”极言时间之近，犹如“刹那”。“夕可”类似于佛家的“涅槃”。由此可见《易》之“原始反终”之说。

① 马一浮：《论语大义》，《复性书院讲录》卷2，《马一浮全集》第1册（上），浙江古籍出版社2013年版，第149页。

② 同上书，第153页。

③ 马一浮：《礼教绪论》，《复性书院讲录》卷4，《马一浮全集》第1册（上），浙江古籍出版社2013年版，第248页。

④ “卒以学《易》”，通行本作“五十以学《易》”，此处采马一浮的引文。

其三，变与常。“子在川上曰：‘逝者如斯夫，不舍昼夜’。”(《论语·子罕》）可于迁流中见不迁，于变易中见不易。“逝”指一切事物现象不停留，“斯”指川流的相状。马一浮指出，一切有为法，生灭形相，逝而无住，故非常；大化无为，流而不息，不舍昼夜，故非断。只有双离断常，才可见真常不易之实理。“川上”之旨深得三易之义。

其四，言与意。“子曰：‘予欲无言。’子贡曰：‘子如不言，则小子何述焉？’子曰：‘天何言哉？四时行焉，百物生焉。天何言哉？’”(《论语·阳货》）马一浮认为《周易》包含《易》之书和《易》之道两个层面，书指言教所诠之六艺实理，道即指此六艺实理的发用。由此形成学《易》的两种方式，一是参死句，二是参活句。参死句，学者泥于语言文字，以权说为实理。参活句，会者当下即是，直探六艺本原。马一浮认为子贡只知参死句，所以说“夫子之言性与天道，不可得而闻也”。子贡不知“四时行”、“百物生”即此全是天道，岂别有一个“性与天道”？此“性与天道”又何必假借言说方能显现呢？从《论语》中可见圣人日用处全体是《易》,《易》道亦至显而非隐。

（五）《春秋》教

马一浮指出：“《易》与《春秋》并为圣人末后之教，然其义旨即可于《论语》见之，引申触类，不可胜穷。”[①]《易》与《春秋》的关系是极为密切的。《易》是由隐而显，《春秋》是推见至隐；《易》以天道下济人事，《春秋》以人事反诸天道，二者是隐显不二，天人一理，共同构成了圣人的全体大用。马一浮认为，《春秋》三传各有特点，以《公羊传》最精核，《穀梁传》尚谨严，《左传》则详于事迹而疏于义理。尽管《论语》没有提到《春秋》，但《春秋》的主旨每一章都有揭示，故《春秋》大义必求之《论语》。马认为《春秋》之大用在于夷夏、进退、文质、损益、刑德、贵贱、经权、予夺，而贯穿始终的核心则是正名。“‘必也正名’一语，实《春秋》之要义。”[②]正名贵在拨乱反正，名实相符，即是正心，心正则天地万物各得其正。他进而对《论语》

① 马一浮：《论语大义》,《复性书院讲录》卷2,《马一浮全集》第1册（上），浙江古籍出版社2013年版，第165页。

② 同上。

中的春秋之旨，即文不能离质、权不能离经、夷必变于夏、刑必终于德等进行深入的阐发。

马一浮的《论语》诠释与宋明理学相比，体现了新经学的基本特点。他强调“六艺一心”，肯定六艺的心性根据，以性习分判中西文化，从而确立中华文化的主体性，在世界视野中增强文化自信。一方面，他以佛解儒，充分运用佛学思想资源对儒学经典加以新的诠释，更加细密谨严；另一方面，又以经摄子，以经学统摄子学，以六艺统贯诸子，彰显了现代“新经学”的理论特质和学术精神，在近代以来的经典诠释史上具有重要的学术价值。

（原载于《浙江社会科学》2017 年第 10 期）

熊十力“新唯识论”之本体宇宙论梳释

胡治洪

熊十力的哲学思想，散见于他的诸多著述和文札之中，但最为集中全面地表达其“新唯识论”哲学体系的，则是《新唯识论》语体文本，故熊十力说“平生心事，寄之此书”①。该书开篇即指出：“今造此论，为欲悟诸究玄学者，令知一切物的本体，非是离自心外在境界，及非知识所行境界，唯是反求实证相应故。”② 此语虽在说明把握本体的途径或方式，却也指出了“新唯识论”首先是关于本体论的哲学。③

一、对历来本体论和反本体论的批判

在熊十力看来，历来哲学家多未能证见本体。他说：“哲学家谈本体者，大抵把本体当做是离我的心而外在的物事，因凭理智作用，向外界去寻求。由此之故，哲学家各用思考去构画一种境界，而建立为本体，纷纷不一其

① 《熊十力全集》第 3 卷，湖北教育出版社 2001 年版，第 3 页。熊十力在 1949 年以后又对《新唯识论》进行删改，成《〈新唯识论〉删定本》（1953）、《体用论》（1958）、《明心篇》（1959）诸书，其《体用论 · 赘语》有谓“此书既成，《新论》两本俱毁弃，无保存之必要”（见《熊十力全集》第 7 卷，湖北教育出版社 2001 年版，第 7 页。按“《新论》两本”指《新唯识论》文言文本和语体文本）。熊氏此语多多少少与时势有关，而非纯粹的学术判断。实际上，删改诸书在系统性和深刻性等方面难以比肩于《新唯识论》语体文本，故刘述先论之口“衰年之作，质素已不如前”见氏著《儒家思想的转型与展望：新儒学与新世纪》，河北人民出版社 2010 年版，第 87 页。

② 《熊十力全集》第 3 卷，湖北教育出版社 2001 年版，第 13 页。

③ 熊十力说：“今在此论，唯欲略显体故。”自注“本体亦省言体”。参见同上书，第 17 页。

说。不论是唯心唯物、非心非物，种种之论要皆以向外找东西的态度来猜度，各自虚妄安立一种本体。这个固然错误。更有否认本体，而专讲知识论者。这种主张，可谓脱离了哲学的立场。因为哲学所以站脚得住者，只以本体论是科学所夺不去的。我们正以未得证体，才研究知识论。今乃立意不承有本体，而只在知识论上钻来钻去，终无结果，如何不是脱离哲学的立场？凡此种种妄见，如前哲所谓'道在迩而求诸远，事在易而求诸难'。此其谬误，实由不务反识本心。易言之，即不了万物本原与吾人真性，本非有二。遂至妄臆宇宙本体为离自心而外在，故乃凭量智以向外求索，及其求索不可得，犹复不已于求索，则且以意想而有所安立。学者各凭意想，聚讼不休，则又相戒勿谈本体，于是盘旋知识窠臼，而正智之途塞，人顾自迷其所以生之理。古德有骑驴觅驴之喻，盖言其不悟自所本有，而妄向外求也。慨斯人之颠倒，可奈何哉？"①这主要是批评西方思辨哲学传统以及作为其反动的由现代西方逻辑实证主义引发的"拒斥形而上学"思潮，观熊十力所谓"印度外道以及西洋的哲学家，大都是把本体当做外在的物事来猜度。这样一来，诚无法见真理"、"西洋谈形而上学者，要皆凭量智或知识去构画"、"西洋哲学家谈实体及现象，为不可融一之二界"及其对于"厌闻本体"的哲学家的意思的撮述与反驳，可以证明。②熊十力也直接或间接地批评了神本论，他说："许多哲学家谈本体，常常把本体和现象对立起来，即是一方面，把现象看做实有的；一方面，把本体看做是立于现象的背后，或超越于现象界之上而为现象的根源的。这种错误，似是由宗教的观念沿袭得来，因为宗教是承认有世界或一切物的，同时，又承认有超越世界或一切物的上帝。哲学家谈本体者，很多未离宗教观念的圈套"，"实则本体不可视同宗教家所拟为具有人格的神"，"或以为本体是超越于宇宙之上，而能宰制万有的一个造物主，遂名主宰，这等见解，便是大错而特错了"，"若离群动而求有所谓体，便与宗教家臆想有个超越万有的上帝，同其迷妄了"③，此所谓"宗教"显然

① 《熊十力全集》第 3 卷，湖北教育出版社 2001 年版，第 17—18 页。

② 参见同上书，第 91—93、177、200、274 页。

③ 同上书，第 74、95、105、240 页。

是针对亚伯拉罕三大一神教，特别是基督教而言。熊十力还批评了叔本华以盲目意志为宇宙本体、柏格森以绵延或持续的生力之流为宇宙生化之源以及哲学上的二元论、多元论乃至“建立一法为万物所由始”的一元论。[①]

对于佛教大乘空有二宗的本体论，熊十力也作了分析和批评。他指出，有宗将本来遮拨法相的缘生说改变为一种构造论，是肯定现象为实有；建立无量种子为心物诸行之因缘，乃是多元论；以诸识所涵相、见二分以及有漏、无漏二性为各有其种子，颇有二元论的意义；将种子与现行截为二片，则为两重世界观；既建立种子为诸行之因，又要遵守佛家一贯相承的真如本体论而以真如为万法实体，以至种子自为种子、真如自为真如，实乃二重本体论；又谓人人各具阿赖耶识，含藏一切种子，生起心物诸行，则与外道神我论同其根底，且为极端的多我论；职是之故，“可见有宗实不曾证体，即不悟体必成用，遂堕入戏论”，因此熊十力说“我于旧师的种子论，根本要斥破的”[②]。至于空宗本体论，熊十力一方面高度肯定道：“空宗密意唯在显示一切法的本性，所以，空宗要遮拨一切法相，或宇宙万象，方乃豁然彻悟，即于一一法相，而见其莫非真如。空宗这种破相显性的说法，我是甚为赞同的。古今谈本体者，只有空宗能极力远离戏论。空宗把外道，乃至一切哲学家，各各凭臆想或情见所组成的宇宙论，直用快刀斩乱丝的手段，断尽纠纷，而令人当下悟入一真法界，这是何等神睿、何等稀奇的大业！”[③]但另一方面他也表明“于空宗还有不能赞同的地方”，他说：“空宗诠说性体，大概以真实、不可变易及清净诸德而显示之。极真极实，无虚妄故，说之为真。

① 参见《熊十力全集》第3卷，湖北教育出版社2001年版，第192—193、305页。熊十力说：“一元论者，若只建立一法为万物所由始，则所谓一元者与本论的意思要自判以霄壤。”自注：“本论亦不妨说为一元。然一即含多，多即是一。此义渊微，应如理思。”见同上书，第305页。

② 参见同上书，第73—75、80—83、147—150、217—234、283页，引文见第232、54页。熊十力对有宗学说的理解是否正确，一直是有争议的问题，兹不涉论，有关情况可参见《熊十力全集》附卷（上）第一部分“儒佛之争或唯识华严之争”；景海峰：《熊十力哲学研究》第三章之三“现代佛学的一大公案”，北京大学出版社2010年版。

③ 《熊十力全集》第3卷，湖北教育出版社2001年版，第170页，另参见第147—150、163—165、217—234页。

恒如其性，毋变易故，说之为如。一极湛然，寂静圆明，说为清净。如上诸德，尤以寂静提揭独重。……本来，性体不能不说是寂静的。然至寂即是神化，化而不造，故说为寂，岂舍神化而别有寂耶？至静即是谲变，变而非动，故说为静，岂离谲变而别有静耶？夫至静而变，至寂而化者，唯其寂非枯寂而健德与之俱也，静非枯静而仁德与之俱也。……谈至此，空宗是否领会性德之全，总觉不能无疑问。空宗于寂静的方面，领会得很深切，这是无疑义的。但如稍有滞寂溺静的意思，便把生生不息真机遏绝了。其结果，必至陷于恶取空，至少亦有此倾向。……吾尝言，空宗见到性体是寂静的，不可谓之不知性。性体上不容起一毫执着，空宗种种破斥，无非此个意思。我于此，亦何尝乖异？然而，寂静之中即是生机流行，生机流行毕竟寂静。此乃真宗微妙，迥绝言诠。若见此者，方乃识性德之大全。空宗只见性体是寂静的，却不知性体亦是流行的。吾疑其不识性德之全者，以此。”① 由此指出了空宗本体论的偏失。

相比于佛教大乘空宗，熊十力认为，儒家本体观更为如实应理，其曰：“佛家证到本体是空寂的，他似乎是特别着重在这种空寂的意义上。易言之，不免有耽空滞寂之病。……夫滞寂则不悟生生之盛，耽空则不识化化之妙。此佛家者流，所以谈体而遗用也。儒者便不如是。夫空者，无碍义，无碍故神，神者言乎化之不测也。寂者，无滞义，无滞故仁，仁者言乎生之不竭也。故善观空者，于空而知化，以其不耽空故。妙悟寂者，于寂而识仁，以其不滞寂故。我们于儒家所宗主的《大易》一书，便知他们儒家特别在生生化化不息真几处发挥。他们确实见到空寂，如曰‘神无方，易无体’，曰‘寂然不动’。寂义，既有明文，无方、无体，正彰空相。我们须知，不空则有碍，而何化之有？不寂则成滞，而何生之有？惟空寂始具生化，而生化仍自空寂。《大易》只从生化处显空寂，此其妙也。佛家不免耽空滞寂，故乃违逆生化，而不自知。”② 又曰：“孔子尝曰：‘仁者静’，‘仁者寿’。又曰：‘仁者乐山。’孔子所谓仁，即斥指心体而目之也。（自注：心体，即性体之别名。）

---

① 《熊十力全集》第 3 卷，湖北教育出版社 2001 年版，第 171—175 页。

② 同上书，第 187—188 页。

仁者，即谓证得仁体的人。静者，远离昏沉、嚣动等相。寿者，恒久义。山者，澄然定止貌。是则性体寂静，孔子非不同证。然而，孔子不止说个寂静，亦尝曰：‘天何言哉？四时行焉，百物生焉，天何言哉？’夫孔氏所言天者，乃性体之别名。无言者，形容其寂也。至寂而时行物生，时行物生而复至寂，是天之所以为天也。谈无为空者，何其异是耶？”① 由此基本肯定儒家识得性德之全。不过熊十力又认为，儒家本体论也有不足之处，“其谈本体，毕竟于仁或生化的方面提揭独重。《大易》、《论语》，可以参证。……偏言仁，却恐末流之弊只见到生机，而不知生生无息的真体本自冲寂也”②。所以，熊十力强调“儒佛二家，通之则两全，离之则各病”③，需要“会通佛之寂与孔之仁，而后本体之全德可见”④，他自承“因以会通空宗与《大易》之旨。吾知生焉，吾见元德焉，此本论所由作也”⑤，又说“本论会佛之寂与孔之仁，以言本体”⑥，这就点明了“新唯识论”本体论的思想资源和理论内容。

需要特别说明的是，熊十力坚决否认他的本体论只是“援儒入佛”或“糅杂儒佛”的结果，他说：“一般人说我是援儒入佛者，这等论调是全不知道学问的意义和甘苦。须知，此理不是可以随便援这家入那家来说的。”⑦“时人识得学问的意义者已甚少，其于《新论》妄以糅杂儒佛相攻诋，固无足怪。”⑧ 他声明他的哲学体系是在出入百家、观其会通的基础上，反己自求、自家体认所得，是“自观，自喻，而后参证各家之旨，得其会通”⑨。他断然宣称：“吾始治佛家唯识论，尝有撰述矣。后来忽不以旧师持义为然也，自毁前稿。久之，始造《新论》。吾惟以真理为归，本不拘家派，但《新论》实从佛家演变出来，如谓吾为新的佛家，亦无所不可耳。然吾毕竟游乎佛与

① 《熊十力全集》第 3 卷，湖北教育出版社 2001 年版，第 176 页。
② 同上书，第 406 页。
③ 同上书，第 202 页。
④ 同上书，第 406 页。
⑤ 同上书，第 173 页。
⑥ 同上书，第 412 页。
⑦ 同上书，第 136 页。
⑧ 同上书，第 200 页。
⑨ 同上书，第 173 页。另参见第 135—137 页。

儒之间，亦佛亦儒，非佛非儒，吾亦只是吾而已。”①

二、即体即用，即用即体

在《新唯识论》以及其他一些著述中，熊十力给予本体以诸多不同称谓，诸如本、本原、本源、本真、本明、本性、本心、本来的心、本来面目、道、道体、独、独体、大本、大全、大总相法门、法身、法性、法界、功能、恒转、究极义、绝对的真实、空理、空寂海、理、理体、良知、命、明德、能变、涅槃、乾、乾元、清净本然、清净法界、仁、仁体、如、如来藏、神、生命、实体、实相、实性、实理、实际、实际理地、胜义、体、天、天性、天命、天理之心、太极、太易、无穷、无为、万化之源、万善之宗、心、心源、心体、性、性体、性海、性真、性智、一真、一极、圆成、圆成实性、知、智、真、真体、真源、真极、真际、真相、真宰、真宗、真如、真实、真性、真理、真己、真的自己、至诚、至道、主宰、自性等等。② 这当然不是随意玩弄概念，而是力图从多层面揭示本体的性质、功能

① 《熊十力全集》第3卷，湖北教育出版社2001年版，第203页。

② 上列本体诸异名，本见《熊十力全集》第3卷，湖北教育出版社2001年版，第135页；本原见同卷第164、247、628页；本源见同卷第735页；本真见同卷第215、405页；本明见第4卷第14页、第8卷第341页；本性见第3卷第168、344、375、376、382、427页；本心见同卷第189、263、346、374、396、397、528、632页；本来的心见同卷第51页；本来面目见同卷第795页；道见同卷第278、298、393、521、528、543、555、569、570、575、581、624、636、729页；道体见同卷第329页；独见同卷第405、649、780页；独体见同卷第380、384页；大本见同卷第404页；大全见同卷第13页；大总相法门见第4卷第326页；法身见第3卷第370页；法性见同卷第152、233、235、374、468、482页；法界见同卷第74、170、196、211、301、393、410、469、492页；功能见同卷第151、240、247、260、261、270页；恒转见同卷第7、95、98、99、113、150、151、240、285、370、372、377页；究极义见同卷第735页；绝对的真实见同卷第82页；空理见同卷第148、156、159页；空寂海见同卷第332页；理见同卷第77、333、365、367、487、636页；理体见同卷第362页；良知见同卷第658页；命见同卷第369、636页；明德见同卷第636页；能变见同卷第95、98、240页；涅槃见同卷第174页；乾见同卷第19页；乾元见同卷第657页；清净本然见同卷第159页；清净法界见同卷第211页；仁见同卷第178、397、398、399、401、404、407、581、636页；仁体见同卷第399、402、1031页；如见同卷第301页；如来藏见同

及其存在方式，凸显本体无在而无不在、无能而无不能、无为而无不为、无形无相而举体显现为无量无边的功用，要之，即体用不二。熊十力说：“体用二词，只是约义分言之，实则不可析为二片的物事。……余尝默然息虑，游心无始，而知体用毕竟不可分为二片。使其可分，则用既别于体而独存，即是用有自体，不应于用之外更觅一物说为本体。又体若离于用而独存，则体为无用之体，不独是死物，亦是闲物。往复推征，体用毕竟不可分，是事无疑。今当以二义明不可分：一曰，即体而言用在体。夫体至寂而善动也，至无而妙有也。寂无者，是其德恒常而不可易也。动有者，是其化至神而不守故也。非恒德将焉有神化？无神化何以显恒德？唯具神化与恒德，故称为体。体者，绝对的真实义。其德恒，其化神，所以为真实之极也。然而，寂无则说为体之本然，动有亦名为体之妙用，本然不可致诘，妙用有可形容，是故显体必于其用。诚知动有，元无留迹，则于动有而知其本自寂无矣。故夫即用而显体者，正以即用即体故也。（自注：两即字吃紧，正显体用不二。）

卷第 385 页；神见同卷第 418 页；生命见同卷第 346、358 页；实体见同卷第 510、635 页；实相见同卷第 160、161、179、218、243、244 页；实性见同卷第 163、510、511 页；实理见同卷第 280 页；实际见同卷第 135、156 页；实际理地见第 4 卷第 376 页；胜义见第 3 卷第 174 页；体见同卷第 17 页；天见同卷第 146、172、176、259、279、299、358、406、412、418、488、543、561、572、636 页；天性见同卷第 488 页；天命见同卷第 400、419、488 页；天理之心见同卷第 416 页；太极见同卷第 520 页；太易见同卷第 135 页；无穷见同卷第 751 页；无为见同卷第 174 页；万化之源见同卷第 734 页；万善之宗见同卷第 734 页；心见同卷第 306、343、377、388、390、393、636、729 页；心源见同卷第 405 页；心体见同卷第 407 页；性见同卷第 385、392、429、487、488、492、510、636、673、729 页；性体见同卷第 173、189 页；性海见同卷第 396、486 页；性真见同卷第 199、586 页；性智见同卷第 56、146、189、528 页；一真见同卷第 135 页；一极见同卷第 135、333、348 页；圆成见第 5 卷第 536 页；圆成实性见第 3 卷第 218 页；知见同卷第 636 页；智见同卷第 398 页；真见同卷第 395、418、492 页；真体见同卷第 666 页；真源见同卷第 378 页；真极见同卷第 21、729 页；真际见同卷第 285 页；真相见同卷第 735 页；真宰见同卷第 175、729 页；真宗见同卷第 175 页；真如见同卷第 82、148、156、185、209、211、233、278、285、338、361、370、469、491、530、543 页；真实见同卷第 74、75、80、82、107、150、346、367、371 页；真性见同卷第 184、506、561 页；真理见同卷第 90、148、236、280、394、440、628 页；真己见同卷第 15、546 页；真的自己见同卷第 15 页；至诚见同卷第 135 页；至道见同卷第 584 页；主宰见同卷第 105 页；自性见同卷第 362、417、419 页。各名称后面所标页码不一定包举该名称在《熊十力全集》中作为本体之异名出现的情况。

所以说用在体者，在字须活看，意云此用即是体之显现，非有别异于体而独在的用故。二曰，即用而言体在用。此与前义本一贯，特反复以尽其蕴耳。前就体言，本唯一真而含万化，故用不异体。今就用言，于兹万化皆是一真，故体不异用。由体不异用故，故能变与恒转及功能等词，是大用之殊称，亦得为本体或真如之异名，以体不异用故，遂从用立名。综上二义，可知体用虽若不一而实不二。摄动有归寂无，泊然无对；会寂无归动有，宛尔万殊。故若不一。然寂无未尝不动有，全体成大用故；动有未尝不寂无，大用即全体故。故知体用毕竟不二。"① 又说"是故用外无体，体外无用，体用只是随义异名，二之则不是"，"故曰即体即用，即用即体，不可析而二之也"，"本论意思，只是体用不二"。②

在实存状态中，体用本是一而不二的；但在理论上，为了呈现体用之性相，却又不得不析体用而言之。熊十力说："本体是必现为大用，是即体即用，而不可分体用为二的。但是，我们为讲说的方便计，姑且把体别离开用来说。""吾平生谈本体，原主体用不二。但既立体用二词，即其义不能无辨。""体用本不可分。但既说体用二词，则体用毕竟有辨。"③ 那么从体用相分的角度来看，本体的性相如何呢？熊十力对此作了大量论述，撮其要者，有谓："若乃玄学上所谓一切物的本体，是至大无外的，（自注：此大不和小对。）是虚无的，（自注：所谓虚无，不是空洞的意义，不是没有的意义，只是恒久的存在，而无迹象可见的意义。）是周遍一切处，无欠缺的，是具有至极微妙、无穷无尽的功用的。"④"体以其至无（自注：无形相、无方所、无造作，故说为无，实非空无。）而显现万有，以其至寂（自注：寂者，寂静无扰乱相故。）而流行无有滞碍。"⑤"真理是无有定在的而亦是无所不在的。（自注：此中真理，即本体之别名。）真理虽复本无形相，而是赅备万德、具足众理的，是其举体显现为无量无边的功用，即所谓一切有的。（自注：举

① 《熊十力全集》第 3 卷，湖北教育出版社 2001 年版，第 238—240 页。

② 同上书，第 274、378、406 页。

③ 同上书，第 359、416、491 页。

④ 同上书，第 41 页。

⑤ 同上书，第 83 页。

体之举字吃紧，谓真理悉举其全体而显现为功用，即用外无体。)”[①]“本体所以成其为本体者，略说具有如下诸义：一、本体是备万理、含万德、肇万化、法尔清净本然。法尔一词，其含义有无所待而成的意思。清净者，没有染污，即没有所谓恶之谓。本然者，本谓本来，然谓如此。当知，本体不是本无今有的，更不是由意想安立的，故说本来。他是永远不会有改变的，故以如此一词形容之。二、本体是绝对的，若有所待，便不名为一切行的本体了。三、本体是幽隐的，无形相的，即是没有空间性的。四、本体是恒久的，无始无终的，即是没有时间性的。五、本体是全的，圆满无缺的，不可剖割的。六、若说本体是不变易的，便已涵着变易了，若说本体是变易的，便已涵着不变易了，他是很难说的。本体是显现为无量无边的功用，即所谓一切行的，所以说是变易的；然而本体虽显现为万殊的功用或一切行，毕竟不曾改移他的自性。他的自性，恒是清净的、刚健的、无滞碍的，所以说是不变易的。”[②]“本体只是无能而无所不能。他显现为万殊的功用或一切行，所以说是无所不能。他不是超脱于万殊的功用或一切行之上而为创造者，所以说无能。故假说为能变。上来把本体说为能变。我们从能变这方面看，他是非常非断的。因此，遂为本体安立一个名字，叫做恒转。恒字是非断的意思，转字是非常的意思。非常非断，故名恒转。我们从本体显现为大用的方面来说，则以他是变动不居的缘故，才说非常，若是恒常，便无变动了，便不成为用了。又以他是变动不居的缘故，才说非断，如或断灭，也没有变动了，也不成为用了。不常亦不断，才是能变，才成为大用流行，所以把他叫做恒转。”[③]“至真至实，无为而无不为者，是谓体。无为者，此体非有形故，非有相故，非有意想造作故。无不为者，此体非空无故，法尔生生化化、流行不息故。……无形者，空寂也。(自注：空者，以无形无染名空，非以空无名空。)无相者，亦空寂也。无想者，亦空寂也。空寂复空寂，离诸滞碍，含藏万有，具备万德或万理，无可称

① 《熊十力全集》第3卷，湖北教育出版社2001年版，第90页。
② 同上书，第94页。
③ 同上书，第95—96页。

美而赞之以至神。”①“本体是实有，不可视同假法。……既是实体，所以不须别找材质。理体渊然空寂，空故神，寂故化。神化者，翕辟相互而呈材。生灭流行不已，而造化之情可见。是故材质者，理之流行所必有之势也，其情之至盛而不匮故也。材呈，故谓之相。故曰理之现相，不待别立材质而与之合。以其为至实而非无故也。”②“是故会寂与仁，而后见天德之全。（自注：天者，本体之代词，非谓神帝也。）……夫寂者，真实之极也，清净之极也，幽深之极也，微妙之极也。无形无相，无杂染，无滞碍，非戏论安足处所。默然无可形容，而强命之曰寂也。仁者，生生不容已也，神化不可测也，太和而无所违逆也，至柔而无不包通也。本体具备万德，难以称举。唯仁与寂，可赅万德。……夫真实、清净，生生所以不容已也；幽深、微妙，神化所以不可测也。无方相乃至无滞碍，而实不空无者，唯其仁也。故寂与仁，皆以言乎本体之德。寂故仁，仁亦无不寂。则本体不可执一德以言之也明矣。”③概括而言，本体是本来自在、绝对无待、圆满无缺、无始无终、无形无相、无所不在、至寂至仁、清净刚健、赅备万德、具足众理、极虚而实、极静而动、含藏万有、肇生万化、无所不能、举体成用而永葆自性的。

不过，即使对本体作再多的描述，也很难用名言来确切说明本体的性相，“因为一切名言的缘起，是吾人在实际生活方面，要应用一一的实物。因此，对于一切物，不能不有名言，以资诠召。……我们用表物的名言来表超物的理，这是多么困难的事”④，所以，“我们要谈本体，实在没有法子可以一直说出。……我以为所谓体，固然是不可直揭的，但不妨即用显体。（自注：用者，具云功用。）因为体是要显现为无量无边的功用的，（自注：桌子哪、椅子哪、人哪、鸟哪，思想等等精神现象哪，乃至一切的物事，都不是一一固定的相状，都只是功用。）用是有相状诈现的，（自注：相状

① 《熊十力全集》第3卷，湖北教育出版社2001年版，第274页。

② 同上书，第365—366页。熊十力说：“本论乃直指本体而名之以理。”见同上书，第365页。

③ 同上书，第405—406页。

④ 同上书，第78页。熊十力解释说：“此中超物的理，即谓至一的理。”（见同上）又说：“这至一的理，是遍为万有的实体。”（见同上书，第77页）可知此所谓“理”即本体之异名。

不实，故云诈现。）是千差万别的。所以，体不可说，（自注：言说所表示，是有封畛的。体无封畛，故非言说所可及。）而用却可说。（自注：上来已云，用是有相状的，是千差万别的，故可说。）用，就是体的显现。（译者按：如大海水，显现为众沤，……大海水，可以喻体。众沤，可以喻用。）体，就是用的体。（译者按：仍举前喻，如一一的沤，各各以大海水为体。大海水，即遍与众沤为体，非超脱于众沤之外而独在。）无体即无用，离用元无体。所以，从用上解析明白，即可以显示用的本体。简单言之，我们剋就大用流行，诈现千差万别的法相上，来作精密的解析，便见得大用流行不住，都无实物，即于此知道他只是真实的显现。（自注：此中真实一词即谓本体，后准知。）易言之，我们即于无量的分殊的功用上，直见为一一都是真实的显发而不容已”①。这就又回到体用不二的前提，指明了在这一前提下通过大用流行把握本体的门径，所谓“离流行，不可觅至寂的，故必于流行而识至寂。离显现万有，不可觅至无的，故必于万有而识至无”②。

三、翕辟成用，即用显体

吊诡的是，要通过大用流行把握本体，却又必须首先了解本体是如何显现为大用流行的，亦即只有明了大用流行的生成及其性相，才能够即用显体。那么本体是如何显现为大用流行的呢？熊十力对此作了系统的阐述，由此构成其宇宙论。他说：“我以为物质宇宙是本来无有，而不妨随俗建立。我要说明这个意思，又非从宇宙真际说起不可。（自注：中译佛籍以真际为真如异名。真如又即本体之异名。）真际者，恒转也。（自注：恒转即本体之异名。）恒转是至无而健动的。无者，无形，非是空无。无形故绝待，绝待

① 《熊十力全集》第3卷，湖北教育出版社2001年版，第79—80页。此段中作按语的译者乃为熊十力弟子钱学熙，1938年冬，钱在熊的指导下，将《新唯识论》文言文本的《明宗》章、《唯识》上下章以及《转变》章的首节译成语体文，参见同上书，第5页。

② 同上书，湖北教育出版社2001年版，第83页。熊十力自注：“至寂是体，流行是体成为用”，“至无是体，显现是体成为用”，见同页。

故至真至实，真实故健。无形而健，故生化无穷，亦名为动。”[①]这个至无健动、生化无穷的本体，既是浑一的整体功能，又含有无量的互相融摄的分殊功能，熊十力说：“恒转亦名功能。又复说言，功能是浑一的全体，但不是一合相，而是有分殊的。（自注：即全中有分。）虽是分殊的，而亦不是如各别的粒子然，却是互相融摄，成为一体的。（自注：即分中见全。）……功能既有分殊，即不妨于全体中假析言之，而说为一个一个的，或许许多多的功能。换句话说，即是一为无量。亦复应知，无量功能互相即，互相涉，而为浑一的全体，非一一功能各各成独立而不相涉不相即之小粒子。应复说言，无量为一。”[②]这无量的互相融摄的分殊功能，就是物质宇宙的基本单位，熊十力在同一意义上名之为形向、积、动圈、小、凝势、小一、势速、微势、刹那等等[③]；其小至极，无复更有小于此者，故不可再加剖析，相比现代科学所发现的所谓基本粒子来说，“科学家所谓元子、电子等等，不过图摹多数小一所比合而成的系群之迹象，实无从测定小一也”[④]，即是说，原子、电子之类的所谓基本粒子，根本不是物质宇宙的基本单位，而已经是粗显的物质了。

在无量的分殊功能中，各各包含着翕辟两种动势，翕的动势是收摄凝聚，辟的动势是刚健开发，两种动势都处于刹那生灭、无常无断的变化之中。[⑤]当翕之刹那，物质宇宙之基本单位亦即所谓动圈于是形成，“这种动圈的形成，就因为翕的势用，是尽量收凝。我们可以把每个收凝的动势，均当做一单位。……实则功能所以有分殊，而可说为一个一个的者，只以翕之故，才有分殊耳”[⑥]。由于翕是刹那生灭的，所以由翕凝成的基本单位并无瞬间暂住，“一切小一，都是顿现。（自注：一刹那顷，才起即灭，不暂住故，故云

① 《熊十力全集》第3卷，湖北教育出版社2001年版，第285页。

② 同上书，第286—287页。另参见本卷第137—138、249—250、252—254、301页。

③ 同上书，第98、111、290、296、307页。熊十力说：“每一动圈，即一单位。这些单位，就是物质宇宙的基本。”见同上书，第289—290页。

④ 同上书，第307页；另参见第290、302—303页。

⑤ 同上书，第98—135、250—252页。

⑥ 同上书，第287—288页。熊十力又说：“就功能之收凝的方面而言，便谓之翕。翕故成为动圈。动圈一词即表示每个收凝的动势，可当做一单位”。见同上书，第288页。

顿现。）前不至后，后不承前。此不至彼，彼不因此。所以一切小一，各各均是刹那顿现”[1]，“如实而谈，凡诸小一，都是刹那诈现。一刹那顷，才起即灭，本来无有丝微的物事可容暂住，故云诈现。本无自性。（自注：犹云没有独立存在的自体。）原其所自，盖乃寂然真体，确尔显现。（自注：小一非有质也，只是一种凝敛的势用而已。此即真体之显现也。）”[2] 但是，翕虽刹那生灭，以至其所凝成的基本单位并无瞬间暂住，却不可因此沦于空见，“剋约一刹言，恍惚不可把捉。通多刹言，前刹才灭，若有迹象，似未全消，（自注：迹象者，譬如音乐才止，尚有余音绕梁。若有之言，显不可执为实物故。似未之言，显非不消灭，但幻迹耳。）后刹新生，与前俱有。（自注：后刹正生时，值前迹象未即灭时，是俱有也。）准此而谈，前后刹间，未可沦空。虽前后都不住，却也不是空洞无物。譬如电光的一闪一闪，本经多刹，曾无一刹得住。但其前后之间，俨然是前刹之一闪，与后刹之一闪，分明俱有的，何可说空？以此类况，前刹后刹小一，其相邻者，可言俱有。又复无量小一，同时现者，不妨假说彼此。（自注：注意假说二字。若计有实时间，及计小一为个别的实物可分彼此者，便大谬。）由诸小一，可假说前后及彼此各各别有故”[3]。因此，“今所谓小一，虽复各别顿现，无一小一得有自类生灭相续，犹如幻化。然诸小一，亦非如空华无体。每一小一，其体即是真如妙性故。故知小一，非无体法”[4]。亦因此，由翕之凝，至无之本体始将显现为有，“夫翕者，于至无而动之中，始凝而兆乎有者也。至无者，言乎体也。至无而动，则体之显现而为万殊的妙用也。妙用之行，必有其收凝的一方面。此收凝即有之几兆，所谓翕是也。动势之始凝，本无形也，而已凝焉，则有之几也。形物著见，名之为有。收凝之势，虽未成乎形，而已为形物所自始，故曰始凝而兆有也”[5]。

由翕势之凝成物质宇宙的基本单位，以至于包括人身在内的宇宙万物的

① 《熊十力全集》第 3 卷，湖北教育出版社 2001 年版，第 294—295 页。
② 同上书，第 292 页。
③ 同上书，第 308 页。
④ 同上书，第 297 页。
⑤ 同上书，第 288 页。

生成，其间之机理为："无量小一，相摩荡故，有迹象散著，命曰万物。（自注：摩者，两相近也，即是相比合的意思。荡者，交相激也，即是相乖违的意思。）所以者何？小一虽未成乎形，然每一小一，是一刹那顿起而极凝的势用。此等势用，既多至无量，则彼此之间，有以时与位之相值适当而互相亲比者，乃成为一系。（自注：此中时与位，原是假设。因为说到小一并起而相值，便不能不假说时位以形容之。若究其原，便无时位。）亦自有不当其值而相乖违者。此所以不唯混成一系，而各得以其相亲比者互别而成众系。……无量小一，有相摩以比合而成一系。有相荡以离异，因别有所合，得成多系。此玄化之秘也，凡系与系之间，亦有相摩相荡。如各小一间之有相摩荡者然。系与系合，说名系群。二个系以上相比合之系群，渐有迹象，而或不显著。及大多数的系群相比合，则象乃粗显。如吾当前书案，即由许许多多的系群，互相摩而成象，乃名以书案也。日星大地。靡不如是。及吾形躯，亦复如是。故知万物，非离小一有别自体。"① 至此，熊十力解释了通常所谓物质宇宙的生成及其性相。这个以刹那不住的翕势所凝聚的物质宇宙，从根本上说是幻有的，"实则所谓物者，并非实在的东西，只是依着大用流行中之一种收凝的势用所诈现之迹象，而假说名物。若离开收凝的势用，又有什么叫做物呢？……物者，只是我所谓收凝的势用所诈现之迹象而已。收凝的势用，名为翕，翕即成物。（自注：翕便诈现一种迹象，即名为物。）所以，物之名依翕而立"②，"夫大用流行中，不得不有所凝敛以为健进之具。然依凝敛，乃有万物可言，不凝敛，即无物矣。但所云物者，幻迹耳，非有实物也"③，在这一观点上，熊十力申明他"与空宗密意有相通处"④。但是另一方面，物质宇宙却又是无可呵毁的，"因为我们纯从宇宙论的观点来看，便见得一切行，都无自体。实际上这一切行，只是在那极生动的、极活泼的、不断的变化的过程中。这种不断的变化，我们说为大用流行，这是

---

① 《熊十力全集》第 3 卷，湖北教育出版社 2001 年版，第 306—307 页。

② 同上书，第 111—112 页。

③ 同上书，第 294 页。

④ 同上书，第 150 页。熊十力又说："本书谈转变，即于一切行，都不看作为实有的东西。就这点意思说，便和旧说诸行无常的旨趣是很相通的了。"见同上书，第 86 页。

无可呵毁的。我们依据这种宇宙观，来决定我们的人生态度，只有精进和向上。其于诸行，无所厌舍，亦无所谓染着了”，所以，熊十力又说“本书的意义，毕竟有和旧学天壤悬隔的地方，就是旧师于一切行而说无常，隐存呵毁，本书却绝无这种意思”①。在真谛与俗谛二分的前提下，熊十力认为“我们还可以假施设一外在世界或经验界，不属玄学领域，在这里对于情见或知识，不妨承认其有相当的价值”，“如此便有宇宙论可讲，亦可予科学知识以安足处”，“俗情于此，庶几无怖也欤”②。

但若仅仅到此为止，还只是表现了大用流行的一个方面，由这一方面并不能即用显体，因为，翕虽亦属用，且为即用显体所必需的资具，但根本上却是近于物化而背反本体自性的。熊十力说：“翕自是用，此何待言？但是本体之现为功用时，必起一种反的作用，即所谓翕者。以有此翕，乃得为辟的势用所依据以显发焉，于是而翕乃物化，疑于不成为用矣。我们只好于辟上识得大用。易言之，即唯辟可正名为用，而翕虽亦是用，但从其物化之一点而言，几可不名为用矣。……必有辟故方见大用流行，亦即于流行而识得主宰。”③这就在遮拨翕的同时，点明了即用显体唯有通过大用流行之另一方面亦即辟的势用才可达成。熊十力阐释体、翕、辟的关系说：“依恒转故，而有所谓翕，才有翕，便有辟。唯其有对，所以成变，否则无变化可说了。恒转是一，恒转之现为翕，而几至不守自性，此翕便是二，所谓一生二是也。然恒转毕竟常如其性，决不会物化的。所以，当其翕时，即有辟的势用俱起，这一辟，就名为三，所谓二生三是也。……一只是表示体之将现为用的符号，二和三都是表示用的符号，则以翕和辟，均是剋就用上而目之故

① 《熊十力全集》第3卷，湖北教育出版社2001年版，第86—87页。另参见第170—178页。

② 同上书，第163、242、367—368页。熊十力说：“实则，物界本依俗谛施设。（自注：世俗共许为实有者，曰俗谛。亦云世谛。随情安立故。）于真谛中，本无有物。（自注：超越世间情计，契应真理者，曰真谛。）……我们谈到小一，却是依据真谛以假设俗谛。故乃权宜方便，显示真体成用，其健进也，必有所凝敛，而始资之以显健德，不凝敛则大用之行亦浮游无据，无以成其健进矣。唯凝敛，乃成为无量的小一，而群有遂兆于兹。此俗谛所以不妨施设。”见同上书，第295—296页。

③ 同上书，第104页。

也。就一言之，于此尚不足以识全体大用，因为说个一，只是虚拟体之将现为用。就二言之，于此亦不足以识全体大用，因为说个二，只是表示大用之流行，不能没有内在的矛盾，决不是单纯的。因此，有个近于物化的翕。这个翕，似是大用的流行，须自现为似物的式样，来作自己运转的工具，才有这一翕，所以就翕上看，便近于物化，难得于此而识全体大用了。只有三，（自注：即是辟的势用。）既是依据一而有的，却又与二相反，而即以反乎二之故，乃能显发三的力用，得以转二使之从己。据此说来，三是包含一和二的。只于此，才识大用流行，也只于此，可以即用而识体。申言之，就是于三而识全体大用。我们即于三而说之为体，也是可以的。假若离了三，便无可见体。我们即于三之不可物化处，便识得这种势用虽是变动的，而其本体元是不变的。三之不可物化，就因为他底本体是如此的。换句话说，恒转之常如其性，即可于此而知了。"[①] 这就清楚表达了体辟一如、即辟显体的意思。

那么即辟显体是如何实现的呢？此中蕴奥在于，依据本体而起的、为本体自性之显现的辟因与翕共同包含于每一个分殊的功能之中，且自为主宰而转翕从己[②]，所以，由这种功能所凝成的宇宙万物以及人本身便无不具有辟的势用，从而无不表现出合乎本体的倾向，由人物之辟发方面所显之大用流行也就无非本体的朗现了。熊十力说"自然或一切物并非真个是拘碍的东西。他们（自注：一切物。）内部确有一种向上而不物化的势用即所谓辟潜存着"[③]，"所谓物者，只是收凝的势用即翕之所诈现，并非有实在的物质，但因其现似质碍的东西，却又不妨名之为物。然复须知，所谓物，也就如其所现的样子。至于包涵此物与渗透和运行此物之中者，别有所谓刚健的、开发的、不物化的一种势用，即所谓辟，这个，决定不是从物的自身中产生出来的，而是与现似物相的收凝的势用即所谓翕，同时俱显而不可剖分的。……须知，刚健的不物化的势用即辟，是遍涵一切物而无所不包，是遍在一切物

① 《熊十力全集》第 3 卷，湖北教育出版社 2001 年版，第 99—100 页。

② 关于辟依据本体而起、为本体自性之显现，参见同上书，第 99、100、104、114 页；关于辟自为主宰而转翕从己，参见同上书，第 99、101、104、112—113 页。

③ 同上书，第 109 页。

而无所不入。这种势用，虽与翕而成形的物同为恒转的显现，而辟确是不失恒转的自性。所以，于此而识得本体，亦即于此而可说为本原的”①，“即于生生不息，而见为至诚，（自注：至诚，亦实体之别名。此非超越生生不息的万象而独在，故于生生不息的万象，直作至诚观，便于相对中见绝对。）于流行而识得主宰。……灭故所以生新，大化无有穷尽，森然万象，皆一真的显现也。（自注：一真即谓本体。）”②

需要说明的是，辟与翕虽然共同包含于每一个分殊的功能之中，但由于辟乃如本体自性之呈显，因而辟在实际上乃是浑全的、无对的、无封畛的、无差别的。熊十力说：“每一个翕既似形成一极小圈子，若有粒子性者然。（自注：注意似字及若有等字，非实成粒子故。）因此，则运于翕中之辟的势用，也就和此翕同一小圈子，而这个圈子其实也只是一个动圈。如此一翕一辟之和合而成一圈者，假说为一个功能，亦得谓之一单位。无量的功能，每个都是如上所说。我们应知，功能所以非一合相者，其妙就存乎翕。有翕便有分化，才不是一合相。假使没有所谓翕就无从显出对待，无有万殊可言。据此，则翕是分化的，每一个翕，是自成一极小圈子。今试剋就辟言，此辟是否真个随翕而分成各个的圈呢？应知，辟的势用虽运于一切翕之中，恒随各个的翕而分成各圈，但辟的本身确是浑一的。可分与不可分，于此都不妨说。（自注：辟的势用，既不同实物，不妨说不可分。他是随一切翕，而皆运乎其间的，亦不妨说可分。）……统一的辟即是随各个翕而成为各圈的辟；各圈的辟，也即是统一的辟。岂其有二？”③之所以如此，乃是“因为小一，即是大一之凝以成多。而大一本来力用，周流遍运于其所内含的无量小一中者，虽随小一成多，即于全中有分。然大一自身毕竟无有封畛，无有限量。故全不碍分，而分即是全。一不碍多，而多即是一”④。因此，辟既殊异于分

① 《熊十力全集》第3卷，湖北教育出版社2001年版，第113—114页。

② 同上书，第135页。熊十力释“大化”曰“犹言大用”。见同上书，第300页。

③ 同上书，第255—256页。另参见第373页。

④ 同上书，第305页。小一即物质宇宙基本单位的别名之一，已见上文；大一即辟，观熊十力在相同意义上使用“至健至神的力用”、“健进”、“辟”、“大用”、“浑全”、“大一”等词语可证，参见同上书，第304页。

化的相对的翕，又有别于整全的绝对的体，而为翕与体之中介，以其刚健的力用转翕从己以至复归于体。

熊十力又将辟称为心，他说："恒转现为动的势用，是一翕一辟的，并不是单纯的。翕的势用是凝聚的，是有成为形质的趋势的，即依翕故，假说为物，亦云物行。辟的势用是刚健的，是运行于翕之中，而能转翕从己的，即依辟故，假说为心，亦云心行。"①"实则所谓心者，确是依着向上的、开发的、不肯物化的、刚健的一种势用即所谓辟，而说名为心。若离开这种势用，还有什么叫做心呢？……我以为流行无碍而不可剖析的和刚健的与向上的势用，即所谓辟，这才可说名心。"②包括人身在内的一切物都具有辟的势用，因而也都具有心，所以辟可谓"宇宙的心"③。熊十力说："辟或心是到有机物发展的阶段才日益显著，却不能因此便怀疑有机物未出现以前，就没有辟或心这种势用的潜存。一颗电子的振动，并不是循一定的规律的。电子总是在许多轨道中跳来跳去，他一忽儿在此一轨道上消失，一忽儿在另一轨道又产生，也不是有外力使之然的，这就是由他内部具有辟或心这种势用为之主宰。不过，这种势用潜存乎一切物之中，而不易察见耳。……应知，辟或心的势用，当其潜存的时候，如于有机物未出现，我们无从甄明他辟或心的时候，他确实普遍周浃于翕而将形的一切物，而无所不在。只是他的表现之资具如有机体尚未构成，所以不曾显发出来，因此，说名宇宙的心。……一一物各具之心，即是宇宙的心；宇宙的心，即是一一物各具之心。"④"无机物非无心灵。……无机物资于翕故，凝为形体。亦资于辟故，含有精英。（自注：此中精英一词，即谓心灵。然不直曰心灵者，盖在无机物中，心数未得光显发皇，只是可说为一种微妙的力用，故名以精英而已。）故谓其无心灵

① 《熊十力全集》第3卷，湖北教育出版社2001年版，第101页。

② 同上书，第110页。

③ 同上书，第109、110、112页。

④ 同上书，第109—110页。按前句"一一物各具之心"之"各"误作"名"，径改。顺便指出，由熊十力所举的电子运动的例子，可知他对测不准定律是有所了解的。《新唯识论》以及熊十力的其他著述中还涉及不少现代科学问题，表明他对现代科学的关注。当然，他对现代科学的解释则是基于他的哲学观而作出的。

者，甚不应理。”① 无机物如此，有机物更不待言，“不要说动物，就是在植物中已可甄明这种势用，如倾向日光及吸收养料等等，都可据以测验植物具有暧昧的心理状态。植物的心，实隐然主宰其形干，而营适当的生活，这是无可否认的”②，概括地说，“如生物的发展，由低等生物而至高尚的人类，我们可以见到辟的势用逐渐伸张，而能宰制乎翕的一切物了”③。

当然，如上可见，辟的势用或曰宇宙的心在宇宙万物以及人那里的表现又是有差等的，“这种势用，要显发他自己，是要经过相当的困难。当有机物如动物和人类尚未出现以前，这种势用，好似潜伏在万仞的深渊里，是隐而未现的，好像没有他了。及到有机物发展的阶段，这种势用便盛显起来，才见他是主宰乎物的”④；“无机物之结构，未免钝浊。极简单而无精微灵巧之组织，曰钝。粗笨而不足为心灵发抒之具，曰浊。故虽本具心灵，终亦不得显发，而疑于无”⑤；“夫自无机物而至有机物与人类，始显心灵，乃不容已之真所必至者”⑥；“唯人类心灵特著，充其智，扩其量，毕竟足以官天地，府万物。……故人类之在天地万物中也，殆犹大脑之在人体内，独为神明之司，感应无穷之总会焉。自然之发展，至人类而益精粹，心灵于是乎昭现”⑦。即是说，辟的势用或宇宙的心在无机物和有机物中的植物以及除人以外的动物那里，或是潜存的、不曾显发的、不易察见的，或是隐然、暧昧的，总之都是不能完全主宰物的方面因而不免陷于物化的；唯有人类心灵能够完全彰显辟的势用亦即宇宙的心，从而能够主宰包括自身形躯在内的由翕势凝成的一切物，而免于物化之虞。正因为人类心灵能够完全彰显辟的势用，而辟乃如本体自性之呈显，故作为即用显体之集中体现的即辟显体，又可进一步归结为即人心而呈显本体，熊十力说：“夫心者，以宰物为功，此固是用。而即于用识体，以离用不可得体故。是故剋就吾人而显示其浑然与

① 《熊十力全集》第3卷，湖北教育出版社2001年版，第346—347页。
② 同上书，第109页。
③ 同上书，第104页。
④ 同上书，第109页。
⑤ 同上书，第347页。
⑥ 同上书，第344页。
⑦ 同上书，第345—346页。

宇宙万有同具之本体，则确然直指本心。人人可以反求自识，而无事乎向外追索矣。”① 亦因此，所谓体用不二，极而言之也就是本体与人心无二无别②，正是在这一意义上，熊十力《新唯识论》才开宗明义即曰：“今造此论，为欲悟诸究玄学者，令知一切物的本体，非是离自心外在境界，及非知识所行境界，唯是反求实证相应故。”③ 由此，熊十力便将把握难以言表的本体的门径最终落实于人心之中，“新唯识论”的本体宇宙论也就由此转入了心性工夫论。

（原载于孙熙国、李翔海主编：《北大中国文化研究》第3辑，社会科学文献出版社2013年版）

① 《熊十力全集》第3卷，湖北教育出版社2001年版，第378页。

② 熊十力说：“吾心与万物本体，无二无别，其又奚疑？”见同上书，第20页。在《新唯识论》中，熊十力多处强调人心与本体的同一性，略见同上书，第18、21、181、344、377、410、416、417、418、427、429页。

③ 同上书，第13页。熊十力又说：“设有问言：‘既体非外在，当于何求？’应答彼言：求诸己而已矣。求诸己者，反之于心而即是。岂远乎哉？”见同上书，第18页。

抑扬古今　抒泄孤怀

——熊十力《重印周易变通解序》发微

李振纲

一

近年承担研究的国家基金课题与易学生命哲学相关，思维兴奋点自然聚焦在《周易》经传及与此相关的诸多易学哲学、易学史文献。古老的卦爻，神秘的图式，玄奥的象数，深邃的义理，羲文周孔，连山归藏，河图洛书，系辞彖象，王注孔疏，周程邵张，朱子《本义》，船山二传，太极理气，道器阴阳、先天后天，形下形上，汉学宋学，错综张皇。睁眼闭眼，浮想联翩，满脑子都是这些名字、图像、概念。近日重读熊十力的易学著作，为一篇序文即《重印周易变通解序》所吸引。该序与一些论学书合编成册，编者命名为《熊十力论学书札》，收入《熊十力全集》第8卷，湖北教育出版社2001年版。该序在熊先生的论学书中乍看并不醒目，但初读过后，便感到非同一般，1600余字，言简意赅，堪称是一部袖珍版的易学哲学史。在序文末尾，熊先生述及同县前贤万澍辰所著《周易变通解》及为序缘由云：

不肖儿时，闻先父其相公，常赞扬先生潜德睿思，谓其治易不宥于当时风会，颇参稽汉、宋，而一证以己之所神悟独得，未尝谬于经旨者。此其命世独立者乎！惜其书为当时汉学风气所掩，罕行于世，乡里后生，或莫能举其姓字，可悲也已。予小子闻而识之，不幸早失怙恃，流离四方，顾未得读先生书。丁丑夏，先生从曾孙耀煌武樵，始重印先生易书于汉皋，罗田王葆心先生为之序。只印千册，余时讲学北庠，亦未得见。今冬，武樵函余，将再重印先生书于成都，谓余不可无一序。余追忆趋庭音旨，匆匆五十余年，泫然不知涕之所自。又念武樵以书生为当代名将，能守其家学，一再重印先生遗著。昔船山幽晦，曾公以乡邦后学传其书。而先生更有贤裔，视船山尤幸矣。天之眷斯道，以无负明哲。其所以酬之者，宁可度哉！余是以忘其固陋而序之云尔。①

笔者30年前青年时代即心仰熊十力哲学，对熊先生的著作，诸如《新唯识论》、《乾坤衍》、《体用论》、《读经示要》、《十力语要》、《原儒》等书多有所窥，为其简奥明晰的概念和苦心孤诣的哲思所陶醉、所感染，尝浸润其中，废寝忘食。对熊十力先生生平、家世、气质性情、学术宗旨，能略知一二。熊先生治学，一如其为人，从不轻率应付，以学为命，心无旁骛，无论是撰写鸿篇巨制的论著，还是与弟子友人书信往来，均十分认真。即使只言片语，也多与如何评章学术、证会本体、安顿生命的哲学攸关。卒读斯序，重温教言，不胜感念。以此为契，并联系熊先生其他易学论旨语要，撰写拙文，一表敬仰追思；二则述其孤怀，发其微言，求教大方。

二

在熊十力哲学多元文化渊源或思想元素中，《周易》无疑是其哲学最根本的理论渊源和精神根基。所以在他最重要的哲学著作《新唯识论》和《十力语要》、《读经示要》及其他论学书中谈及《周易》这部国学经典时总是情不自禁地借用《系辞》里的话感叹不已。序文开门见山说："《易》之为书，广大悉备，所谓范围天地之化而不过，曲成万物而不遗是也。《乾凿度》说易有三义，余窃取变易不易二义。不易而变易，是举体成用；于变易见不易，是即用识体。此义深谈，在《新唯识论》。持此以抉择梵、欧玄学，如

① 《熊十力全集》第8卷，湖北教育出版社2001年版，第271—271页。

秤在手，不可与物低昂。大哉易也，孰得而违诸？夫《易》书，至《十翼》而始备。《十翼》义理，则孔子所发明也。故言作《易》者，必归之孔子。微孔子则《易》犹滥于占卜，而焉得为哲学界万世永赖之根本大典耶！孔子既然作《易》，七十子后学，递相传述，遂为儒者宗。”① 序文提出孔子创易说，认为《周易》道器一原、体用不二之哲学范式实为称量中国哲学与西洋哲学、印度哲学的根本尺度，以之考量中、西、印三系文化之长短得失，如秤在手，不失锱铢。

关于《周易》一书的形成及“经”与“传”的关系，自古以来有多种说法，难成定论。传统经学史上有“人更三圣”或“四圣创易”两种比较流行的说法。所谓“人更三圣”是指伏羲画八卦，文王“演周易”，即把三画的八经卦上下组合为六画的六十四卦，并为之系卦爻辞；孔子为伏羲、文王之“易”（易经）作“传”，由于它的原创性不同于后来经学史上诸多的传疏体文献，与经文具有同等地位，汉代始被尊称为“十翼”或“大传”。“四圣创易”说是在“三圣”基础上加上了周公，认为文王“演周易”的内容不包括三百八十四爻的爻辞，爻辞为周公作。其实，之所以有这些不同的说法，一个根本的原因就在于这种圣人史观带有很大的传说性，不用说伏羲氏之类的上古传说，就是夏商周所谓“三代”史及文武周公所开辟的周代制度与礼乐文明，文字记载的也都很简单，支离散乱，给后人留下极多谜团和想象的空间。自宋代欧阳修《易童子问》中对孔子作《十翼》提出质疑，这种颇具史识的见解虽然不被经学主流所认可，甚至讳莫如深，但此后怀疑《易传》为孔作者屡见不鲜，直到20世纪初的疑古思潮起，《易传》为战国中后期儒家为主，间或吸收道家、阴阳家思想元素而逐步形成的观点终成为易学史上的主流观点。这并不妨碍个别学者，特别是有儒家道统情结的学者依旧坚持三圣创易、四圣创易，乃至此处熊先生所谓孔子一人发明《十翼》独具首功说。熊十力虽不否定伏羲、文王、周公在经学史上的影响，但其赞易首尊孔子，认为没有孔子，就没有《十翼》，没有《十翼》，《周易》古经就是一些散乱不经的占辞卜语，与穷理、尽性、安身立命的哲学毫不相干，更谈不上群经

① 《熊十力全集》第8卷，湖北教育出版社2001年版，第239页。

之首或“万世永赖之根本大典”。所以，没有孔子，也就没有《易》，自然也就无从谈起易学。

直到晚年，熊十力在他专门的易学著作《乾坤衍》中仍然坚持孔子作易说，为了解决《周易》经与传及《十翼》内容上的隔膜、杂糅、矛盾，他甚至别出心裁地运用自己并不擅长的考据方法以“辨伪”，提出“大易”与“小易”说。熊十力大胆立说云：“上考孔子之学，其大变，盖有早晚二期。而六经作于晚年，是其定论。早年思想，修明古圣王遗教而光大之，所谓小康礼教是也。晚年思想，则自五十岁读伏羲氏之易，神解焕发，其思想界起根本变化。于是首作《周易》、《春秋》二经。”[①]《周易》、《春秋》二经“立内圣外王之极轨”，为人道确立根本方向，故又云：“孔子昌明大道，以天下为公，立开物成物之本。以天下为一家，谋人类生活之安。此皆依于大道而起作为，乃至裁成天地，辅相万物。人道之隆，可谓极矣。”[②]然而可悲的是“孔子六经无有一经不遭改窜，改窜之祸，非独不始于汉初，亦不始于吕秦之世，盖始于六国之儒”[③]。据此，熊十力把《文言》传、《系辞》传、《彖辞》传中那些自己所喜欢的富有哲理、精辟经典的概念、命题、论断归结为孔子晚年定论之“大同之教”，尊称“大易”；把那些自己不喜欢的琐碎不经的话语归结为孔子早年思想且为小儒所篡改的“小康礼教”，贬谓“小易”。在此“辨伪”的基础上，熊十力把《乾坤衍》第二部分名为“广义”，广为引发体用不二、大化流行、群龙无首、天下大同的“大易之道”，阐扬《大易》哲学的现代意义。据此而论，熊先生斩钉截铁地咬定《十翼》为孔子所发明，与经学时代盲目崇拜圣人不可同日而语，与其说是复古，不如说是针对近代以来的民族危机、文化危机、信仰危机，打着尊孔之旗帜来提高和增进民族文化的自尊、自信、自立。他笔下的“孔子”不再是宗法文化专制制度的文化符号，注入了更多的自由、平等、民主、大同等近代思想文化元素。

---

① 《熊十力全集》第 7 卷，湖北教育出版社 2001 年版，第 335 页。

② 同上书，第 337 页。

③ 同上书，第 340 页。

三

孔老关系一向是中国文化史上一个十分重要却又难成定论的话题。熊十力执定无论从时间上说还是从儒道思想的历史逻辑来说，孔子都先于老子。在《重印周易变通解序》中提出“儒家之易”与“道家之易”的说法，并对两者进行了理论上的分疏。他说：“孔子既然作《易》，七十子后学，递相传述，遂为儒者宗。老聃得孔氏之旨，而别有会心，乃创立道家之帜，以自异于儒。故易自孔子后，始分二派：曰儒家之易，此正统派也；曰道家之易，此别派也。旧说孔老同时，老氏为孔子师。今人考核其说之不足据，而谓老后于孔。但无谓老氏之学出于《易》者。余谓老氏稍后于孔子，而前于孟子。其学实本于《易》……儒家体乾，而贵刚健，故说行健不息；老氏法坤，而守虚静，故曰绵绵若存。此儒道二家所以异也。”①《十力语要》卷2《答意大利人书》中也有类似说法。平实而论，熊十力关于孔老关系的说法与其宗儒抑道的学派立场有关，孔老孰先孰后，至今学术界见仁见智，虽然依旧难成定论，但是马王堆帛书本《老子》和湖北荆门郭店楚简《老子》甲、乙本及其他出土文献的问世，有力支持了老子先于孔子说。著名哲学史家张岱年先生在完成于1936年的《中国哲学大纲》中也曾主张老子晚于孔子说，晚年修改了这一说法。在《中国哲学大纲·序论》中附注说：“关于老子其人和《老子》其书，历来辩论甚多。我过去以为老子在墨子之后，孟子之前。今按先秦古籍中，《庄子》、《吕氏春秋》俱言孔老同时。庄子多寓言，固难信据；《吕氏春秋》所说，当是历史的真实记载。郭沫若先生《先秦天道观之进展》云‘老子就是老聃，本是秦以前人的定论’。又说‘老子与孔子同时，且为孔子的先生，在吕氏门下的那一批学者也是毫无疑问的’。郭氏所说甚是。吾今以为《老子》一书是战国前期撰集的，其中保存了老聃的遗说，但也有后人附加的文字。”②

“老氏之学出于易”虽然是发自内心深思笃悟的破荒之见，却也应作具

① 《熊十力全集》第8卷，湖北教育出版社2001年版，第269—270页。

② 《张岱年全集》第2卷，河北人民出版社1996年版，第13—14页。

体分析。这里既要对老子其人与《老子》其书作出区别，又要对《周易》古经与《易传》作出区别。如果对这些因素不加分析，而笼统地说“老子之学出于易”不免有些独断和片面。与其带着现代新儒家尊孔抑老的道统观断言孔先于老，老出于易，不如说《周易》古经先于老子其人，《老子》其书又早于《易传》；老子之思想源于《易经》，《老子》之书又影响了《易传》的创作。孔子与《周易》经传的关系大体与易老关系相当。孔老其人，大体都生活于春秋后期，而老子年长于孔子。一个在周朝做史官，主管图籍；一个在民间兴教育，传授六艺。就《论语》与通行本《老子》二书说，《老子》晚于《论语》，大体与《孟子》同时。如此评说易老关系、孔老关系，则更为接近思想史的事实和近代以来关于孔老关系的主流观点。熊十力认为，秦汉之后道家之易式微，只有魏王弼的《周易注》、《周易略例》以道解《易》“为能衍柱下之绪”，北宋周敦颐《太极图说》援道入儒，《通书》则纯然儒家立场，开宋易义理学之先河。在对待孔老的态度立场上，熊十力旗帜鲜明，尊孔抑老，从不含糊。对孔子褒扬有加，已如上述。对老学主静无为之批评，常见于《读经示要》及其他论学书中。在写于 1947 年解放战争最困难时期的《论关老之学书》中，熊先生认为，关老虽然都属于道家，但关高于老。盖关学从心体上说“动若水而静若镜”，是动静一体、主静而不离动。老氏言“致虚极，守静笃”则偏于求静之意为多，与关学尚隔一层，就更“无大易健以动与开物成务之本领，则中国人之有今日，中老氏之毒已深也”①。尊孔抑老是熊十力哲学的一贯立场，这一点与王船山易学有千丝万缕的联系。

四

熊十力对易学史上的汉易与宋易的评判也颇具特色。认为，两汉至宋明，儒家易学发展，其流甚广，可以将此期易学约分为汉易与宋易两大流派。熊十力对汉易的总体看法和评价是缺点有二，一则务守师说，僵化保守；二是夹杂谶纬，间或诬枉。但是对汉易并不全盘否定，在批评的同时肯

① 《熊十力全集》第 8 卷，湖北教育出版社 2001 年版，第 287 页。

定汉易“有保存古义之功”，所谓“古义”指三代以往的典章、制度、文化、礼俗。对于谶与纬，熊十力强调要区别对待。他认为，易纬非谶可比，在神秘的形式中有微言大义，足资深究，“盖十翼之支流”，可以看作对《易传》的补充。谶则纯属诬枉，应该且必须加以澄清。如果说熊十力对汉易的总体评价较为客观平实，但对扬雄的个案评说却有些特别。西汉末的扬雄模仿圣人卦式杜撰《太玄》，历代易学家并不看好，甚至贬多于褒，如立论一向持重中庸的张岱年先生说：“儒家与阴阳家之混合，是西汉思想的特色。当时人都好谈灾异，好谈天人感应。这实乃是思想低落的表征。……扬雄的宇宙论是《老子》与《易传》的学说之混合，其人生论则重述孔子的思想。他最喜模仿，而没有伟大的创造能力。”[①]难得例外的是熊十力却给予很高的评价，称誉他是汉儒治易的佼佼者。熊十力说：“汉儒治易，其思想盖有大部分杂入晚周阴阳家，容当别论。唯扬雄子云著《太玄》超然独步。张衡平子神解峻拔，为吾国天算大发明家，而酷嗜子云书，每自谓读玄经，使人难论阴阳之事。其崇信笃深可见。顾子云从数理阐易，学者非通律历，则难读其书。玄经与后儒无甚影响，职是故也。辅嗣神解卓特，独出两汉经师蹊径之外。秉智炬而叩玄关，堪与子云异曲同工。”[②]

天才少年王弼治易，倡导忘言象以得意，横扫汉易拘碍烦琐的卦气卦变象数之说，在易学史上毋宁说是引发了一场由象数易转向义理学的易学革命，他也因此成为由汉易走向宋易的关键人物或逻辑中介。此处把扬雄在易学史上的地位与王弼相提并论，足见熊十力对扬氏《太玄》之推崇，这与其归功于扬氏《太玄》理论创获的“超然独步”，不如说与熊十力的孤傲不驯的学术个性与心境有关。熊先生一生为人治学贵知行合一、独创笃行，这既成就了他天马行空、壁立千仞的人生与学问，也注定了他一生莫名其妙难以排解的孤独与幽怨。《新唯识论》这部堪称中外现代哲学史上的奇书出版后，除马一浮、梁漱溟辈及几个熊门弟子可称知情外，社会上可以说知者寥寥，能解其中三昧者更属罕见。熊十力在与友人书信中常谈及默契玄学者举世皆

① 《张岱年全集》第 2 卷，河北人民出版社 1996 年版，第 26 页。

② 《熊十力全集》第 8 卷，湖北教育出版社 2001 年版，第 270 页。

路人之孤独、落寞与苦闷。这种心境难以排解，就像扬雄当年吟咏《太玄赋》时的那般心境，赋云："观大易之损益兮，览老氏之倚伏。省忧喜之共门兮，察吉凶之同域。……屈子慕清，葬鱼腹兮。伯姬曜名，焚厥身兮。孤竹二子，饿首山兮。……辟斯数子，智若渊兮。我异于此，执太玄兮。荡然肆志，不拘挛兮。"① 不同的历史场景，却有着同样的孤怀，所以褒扬扬雄的《太玄》也就不必以常情言喻了。

唐代社会政治、宗教、文学、艺术一时繁荣称盛，然其哲学创意却相对滞后，没能赶上盛唐文化的风云际会。易学义疏可称道者有王弼注、孔颖达疏《周易正义》和李鼎祚撰《周易集解》。《正义》义理平实，文字易读，《集解》义理象数兼采而以象数为主，两书对于学易者均有裨益，但在易学哲学上缺少创新性突破，所以熊十力只用"唐代义疏，虽宗辅嗣，鲜有发明"一语带过，而把笔墨用于兴味相投的宋明易学源流风采的铺陈赞誉。陈寅恪尝言中华文化"造极于宋"，易学哲学亦然。相对于唐代易学哲学创意的滞后，宋代易学别开生面。熊十力写道，爰及两宋，易风丕变。濂、洛、关、闽诸大师迭起，周濂溪、邵尧夫、张横渠、程伊川、朱汉上、朱晦翁不以墨守传注为贤，精思力践，学贵独创，人自成说，家各为学，精神气象，宏大超迈。关于汉易、宋易学风之不同，熊十力指出："夫汉世诸师，无弗杂阴阳家言者。迹其繁琐名相之排比与穿凿，与《十翼》本旨，可谓无关。但间存古义，斯足珍贵。宋之诸师，其言皆根于践履。虽复不无拘碍，要其大较，归本穷理尽性致命之旨，而体天地神化于人生日用之中，则《十翼》嫡嗣也。"② 按照熊十力的判教标准，哲学之极诣在证会本体，心性为生命之源泉（生之源），变化之本体（化之本），《十翼》作为穷理、尽性、致命之学，堪称华夏文化与哲学之渊薮，生命之动力与民族之慧命在此。据此，宋明以心性论或性理学为形上依据的易学实乃易学之嫡传，道家易学只能算作旁支，而间杂谶纬与阴阳家言的汉易虽然在保存古代典章制度文化礼俗方面不无价值，但从易学哲学上说与《十翼》安身立命之学毫不相干。

---

① 费振刚等辑校：《全汉赋》，北京大学出版社 1993 年版，第 209 页。

② 《熊十力全集》第 8 卷，湖北教育出版社 2001 年版，第 271 页。

五

宋明易学的峰巅，也可以说中国古代哲学的最高成就是船山哲学。他的思想无论从时代精神的视角还是从民族精神的视角看，均堪称17世纪中国思想文化史上的空谷足音。对船山易学哲学的历史地位和精神特质，一生服膺船山学的熊十力颇有灵犀和慧解，他说："自宋迄明，言易者大概无出周、程诸贤之规范，而易家自是有汉学宋学之分。晚明有王船山，作《易内外传》，宗主横渠，而和会于濂溪、伊川、朱子之间，独不满于邵氏。其学尊生以箴寂灭，明有以反空无，主动以起颓废，率性以一情欲。论益恢宏，浸与西洋思想接近矣。然其骨子里，自是宋学精神，非明者不辩也。其与汉师，固一切排斥，不遗余力也。"① 这段话，言简意赅，真实还原了船山易学哲学的思想渊源、精神特质、学术立场及历史地位。

近年笔者为学生开讲儒道经典文献导读，《周易》首列其选。在阅读王弼《周易注》、《程氏易传》与朱熹《周易本义》的同时，潜心研读王夫之《周易内传》、《周易外传》、《周易稗疏》，深感船山易学博大精深，为天地人和谐共生的大生命哲学之渊府，《十翼》之真传。船山于《周易内传发例》中自述其易学的根本总纲云："乾坤并建，为《周易》之纲宗，篇中及外传广论之，盖所谓易有太极也。"②"乾极乎阳，坤极乎阴。乾坤并建，而阴阳之极皆显；四象八卦、三十六象六十四卦摩荡于中，无所不极，故谓之太极。阴阳之外无理数，乾坤之外无太极，健顺之外无德业。……时隐而时显者，天也，太极之体不滞也；知明而知幽者，人也，太极之用无时而息也。屈伸相感，体用相资，则道义之门出入而不穷。呜呼！太极一图，所以开示乾坤并建之实，为人道之所自立，而知之者鲜矣！"③《周易内传》、《周易外传》字里行间反复阐扬的乾坤二卦所秉承的"天地之大德曰生"的宇宙大生命原理，"天下唯器"、道器不二经世致用之实学取向，以刚健统摄柔顺、顺天化以骋

① 《熊十力全集》第8卷，湖北教育出版社2001年版，第271页。

② 王夫之：《船山全书》一，岳麓书社2017年版，第657页。

③ 同上书，第658—659页。

人能的主体能动性思想，对佛老二氏空无虚寂世界观及其非人生乃至反人生倾向的批判，性日生日成、理在欲中、性情一体的伦理精神，对邵雍象数学“诡遇之道”以小智测天心的针砭，无不体现出尊生、崇有、主动、率性的理性主义实践哲学特性，或许正是这些精神特质，熊十力认为“与西洋思想接近”，也正是这些颇具时代精神的哲学情愫深深打动并影响了熊十力哲学。回过头来，反思熊十力先生对船山易学的上述评价，方知持之有故，字字不虚！表达了这位在现代哲学史上独创《新唯识论》高扬心力的最“唯心”的哲学家对三百年前明清之际一位昌言“天下唯器”的最唯物的哲学家的神交与默契。

推崇与默契并不以意味着完全赞同，在《乾坤衍》中熊十力对船山易学“乾坤并建”说也有批评，认为立说不够严谨，有二元论之嫌，乾坤二卦十二阴阳互涵的体例属于多事赘言，不及《新唯识论》以乾体统摄坤用、摄物归心、翕辟成变、体用不二说见道如理。船山易学哲学是否二元论可以另作讨论，但这并不影响船山哲学尊生、崇有、主动、率性的基因在熊十力心学骨子里的精神遗传。

六

清代学术，又称“朴学”，其基本的学术精神是尊汉抑宋。清代朴学的重镇乾嘉学派虽然在音韵训诂、典章考据、辨伪辑佚、文献整理诸方面，成绩斐然，但在思想文化领域特别是哲学创新上，除戴东原之外，几乎再无他人。易学上说得上有贡献者，仅焦循的《周易通》、李道平《周易集解纂疏》而已。这是一个学者辈出而思想家阒其无人的时代。对清代朴学尊汉抑宋，熊十力颇有微词。他说：“当有明季世，诸大儒并出，悲愤填膺，为学期活泼有用，而亟惩王学末流空疏之弊，浸以上及两宋。清儒继起，本无晚明诸老精神，而徒以抨击宋学为帜志。用汉学高自标榜，则诸老所不及料也。于是治易者，上稽汉籍，俯视宋明诸师，以为非诬则陋耳。”[①] 在《论汉学》中，

① 《熊十力全集》第8卷，湖北教育出版社2001年版，第271页。

熊十力针对清儒非毁宋学之流弊，对宋学的真精神、正价值、清代哲学衰落与国民灵魂丧失导致的政治、道德、世风颓败进行了深刻解剖。他写道："清儒流毒最甚者，莫如排击高深学问一事。夫天理广大，无所不赅，而言其根极，必归之心性（自注：生之源，化之理也）。自汉以后，此意久绝，宋学确能续此血脉，何忍轻毁？心性之学，所以明天人之故，究造化之源，彰道德之广崇，而治乱之条贯也。此种高深学问，云何可毁？"①在熊十力看来，清儒悬置心性论高深学问不讲，徒然以考据之琐碎知识为尚，流弊所及，致使士精神萎靡不振，国民道德滑坡，"士习于肤浅，无深远之虑；逞于侥幸，无坚卓之志；安于自私，无公正之抱；偷取浮名，无久大之业；苟图嚣动，无建树之计；轻易流传，无固执之操"②。清末以来，政治腐败，经济凋敝，文化浮靡，民性卑琐，不能适应现代潮流而坐视沉沦，推究其根源，盖在于心性论哲学的破碎，亦即道德形上学之缺失。至此，熊十力十分激动，其真性情难以控制，写道："锢生人之智慧，陷族类于衰微，三百年汉学之毒，罪浮于吕政，而至今犹不悟，岂不痛哉？呜呼！学绝道废，人心死，人气绝，人理亡，国以不振，族类式微，皆清代汉学之罪也。"③

熊十力《新唯识论》、《乾坤衍》中的新易学本体论哲学正是在这种文化背景和学术运会中产生的。按照唯物史观历史与逻辑相统一的观念理解，晚清社会文化的种种颓败现象的根源，并不能简单归因于某一种学术流弊，比如说心性论的缺失，其根本所在与其说是清代尊汉抑宋的学术流弊，不如说是两千余年封建专制制度的整体危机和腐烂。所以，为其服务的传统经学道德体系也必然失去历史合理性。据此可知，梁漱溟、熊十力等所倡导的"返本开新"的现代新儒学复兴形式上看是反汉复宋，骨子里却是在以"旧瓶装新酒"的形式寻找中国现代化改革的哲学前提与精神支撑。此后，以中国化的马克思主义实践哲学为主体，以梁、熊为代表的现代新儒学与胡适、陈序

① 《熊十力全集》第8卷，湖北教育出版社2001年版，第273页。

② 同上。

③ 同上书，第274页。

经、张申府等主张的自由主义为两翼，三种思潮互动，相互蕴含，相互批评，共同推进并规定了中国现代哲学的发展与方向。

（本文系国家社科基金课题“儒道汇融大生命视域下的《周易》哲学研究”（14ZXC056）的阶段性成果。原载于《现代哲学》2017年第4期）

《新编总结》与冯友兰后期哲学思想之转变

李景林

冯友兰先生的哲学思想，后期有一个转变。冯先生的哲学，关注文化的问题。其对文化差异的理解，经历了三个阶段，他要从哲学上去解释文化的差异。① 其思想的变化，可能亦与其文化观念的变化有关。不过，本文所要讨论的，不是文化的问题，而是要从哲学观念上去看冯先生后期思想的转变，并尝试对这一转变的内在机理作出一种理论的解释。

一

《中国哲学史新编》第七册最后一章，是冯先生为《新编》所写的一个总结。这个《〈中国哲学史〉新编总结》(下文简称《总结》)，凸显了冯先生后期哲学思想的特征，理所当然地受到了学者的关注。蒙培元先生写文章对此作了专门的讨论。在《知识，还是境界？——评冯友兰的中国哲学史“总结”》② 一文中，蒙培元先生特别强调，《总结》的重要意义，在于它把《新原人》的境界说由其“新理学”体系的一部分上升为其整个哲学体系的核心问题。蒙培元认为，这是冯友兰哲学思想的一个重要发展，可以视作冯先生

① 冯先生自述自己对文化差别的理解，经历了三个阶段。第一阶段是以地理区域来解释文化差别，即把文化差别看作东、西方的差别。第二个阶段是用历史时代来解释文化差别，即把文化差别理解为古代和近代的差别。第三个阶段是从社会发展来解释文化差别，即把文化差别理解为社会类型的差别。参见冯友兰:《三松堂自序》，三联书店 1984 年版，第 369 页。

② 载《中国社会科学院研究生院学报》2001 年第 3 期。

的“晚年定论”。蒙先生的概括，画龙点睛地揭示出了《总结》的思想要旨，对准确理解冯先生晚年的哲学思想，是有重要启发意义的。

在《总结》中，冯友兰先生肯定金岳霖先生“哲学是概念的游戏”的说法，认为这个说法“说出了哲学的一种真实性质”。这就是说，哲学的形式，表现为一个概念的逻辑系统；但同时，哲学又不仅仅是概念的游戏，因为，哲学在社会实际生活中所“发生的功用”，就在于“提高人的精神境界”。《总结》说：“金岳霖指出：‘哲学是概念的游戏’，而没有把这个论断同人类精神境界结合起来，以至于分析概念似乎是一种游戏。如果认识到真正的哲学是理智与直觉的结合，心学与理学的争论亦可以息矣。”① 冯先生认为，能否把哲学作为一个概念的逻辑体系“同人类精神境界结合起来”，这正是自己与金岳霖哲学的区别之处。对“理智与直觉”的统一这一问题，《总结》有透彻的说明。《总结》指出，一个哲学家对他所建立的哲学概念的了解，不只是文字的了解。一个哲学家，应能够“身体力行”其哲学的概念，把自己对哲学概念的理解“融合于他的生活”。哲学家对哲学概念，不仅有“理智的理解”，而且有“直觉的感受”，他是在直觉的感受上去见证道体。哲学是哲学家将他的生存的直觉，用概念表出之。所以，“概念与直觉，不可偏重，也不可偏废”。②“直觉所得，必须用概念把它固定下来，这是概念在哲学中的作用。”“一个人所有的概念就是他的精神境界；一个人所有的概念的高低，就分别出他的精神境界的高低。”③ 在这里，概念与直觉、理智与体悟，构成了一个相互关联的、统一的整体。正因为如此，哲学的概念既表征着哲学家的精神境界，同时，亦具有供人“受用”或提高人的精神境界的作用。《总结》强调，《新理学》由理、气、道体和大全所构成的概念系统，“看着似乎是无用，但可能是有大用”。这“大用”，就是能够提高人的精神境界。《新原人》揭示出人类从低到高的四种境界：“自然境界、功利境界、道德境界、天地境界。天地境界最高，但达到这种境界，非经过哲学这条路不可”④。在

① 冯友兰：《中国现代哲学史》，三联书店 2009 年版，第 225 页。

② 同上书，第 221—229 页。

③ 同上书，第 199、198 页。

④ 同上书，第 220 页。

冯先生看来，“真正的哲学”，必须是概念的逻辑系统与“人类精神境界”的结合或统一，就其哲学的体系而言，它表现为《新理学》与《新原人》的统一；而其思想内容，则是“理智与直觉的结合”或统一。

这个理智与直觉的关系，也就是冯先生所说的理性主义与神秘主义的关系。冯先生认为，未来的世界哲学，应该是理性主义与神秘主义的结合。这既是冯先生对未来世界哲学的展望，其实亦是其对自己哲学使命的一种期许。可以说，“冯友兰的哲学实际上是一个理性主义与神秘主义结合的体系”①。从方法论的角度看，这个结合，就是正的方法与负的方法的结合。不过，冯先生在早年特别强调形上学的概念和命题不关涉内容的形式性特征，因此，作为纯粹形式的哲学概念、命题与那不可思议、不可言说的神秘内容如何能够“结合”和融通，对这一点，冯先生早期并没有能够给予合理的理论说明；而晚年的冯先生，却能够直截了当地肯定“真正的哲学是理智与直觉的结合”，这之间应当有一种思想和哲学观念上的转变。这是让我们感到饶有兴趣的一个问题。

在《论新理学在哲学中底地位及其方法》一文中，冯先生把正的方法称作“形式主义底方法”，把负的方法称作“直觉主义底方法”②。正的方法，也就是逻辑分析的方法。形上学的负的方法，就是“讲形上学不能讲”③。在《中国哲学简史》中，冯先生又把负的方法称作一种“神秘主义的方法”④。

冯先生早年特别强调形上学的正的方法的形式性意义。在《新知言》中，冯先生指出，形上学的逻辑分析的方法，是“对经验作逻辑底释义”。而这“逻辑底”，就是表示“形式底”和“不涉及内容底”意思。⑤《中国哲学史·绪论》论“哲学方法”，特别强调了哲学的方法与直觉内容的严格区别：“近人有谓研究哲学所用之方法，与研究科学所用之方法不同。科学的方法是逻辑

① 陈来：《论冯友兰哲学中的神秘主义》，《中国文化》1996年第1期。

② 《三松堂学术文集》，北京大学出版社1984年版，第512页。这篇文章原载于《哲学评论》第8卷第1—2期，1943年。

③ 冯友兰：《新知言》，《贞元六书》（下），华东师范大学出版社1996年版，第869页。

④ 冯友兰：《中国哲学简史》，涂又光译，北京大学出版社1985年版，第394页。

⑤ 冯友兰：《新知言》，《贞元六书》（下），华东师范大学出版社1996年版，第870页。

的，理智的；哲学之方法，是直觉的，反理智的。其实凡所谓直觉，顿悟，神秘经验等，虽有甚高的价值，但不必混入哲学方法之内。无论科学哲学，皆系写出或说出之道理，皆必以严刻的理智态度表出之……谓以直觉为方法，吾人可得到一种神秘的经验……则可，谓以直觉为方法，吾人可得到一种哲学则不可……各种学说之目的，皆不在叙述经验，而在成立道理，故其方法，必为逻辑的、科学的。"① 就是说，哲学必须以逻辑分析为方法，而应将"直觉、顿悟、神秘经验"等内容排除在哲学的方法之外。冯先生四十年代有关正负方法的阐述，仍然延续了对哲学方法的这种"形式的"理解。冯先生不仅把正的方法称作一种"形式主义底方法"，对作为"直觉主义底方法"的负的方法，也同样作一种"形式的"解释。他说："用直觉主义讲底形上学，并不是讲者的直觉。形上学是一种学，学是讲出来底义理，而直觉则不是讲出底义理。用直觉主义讲底形上学，可以说是讲其所不讲。但讲其所不讲亦是讲。此讲是形上学。"② 仍然强调"直觉主义底方法"与"直觉"之内容的严格区分。

冯先生又常用"先后"、"始终"一类概念，来说明正的方法与负的方法的关系。在《中国哲学简史》的最后一章，冯先生说："一个完全的形上学系统，应当始于正的方法，而终于负的方法。如果它不终于负的方法，它就不能达到哲学的最后顶点。但是如果它不始于正的方法，它就缺少作为哲学的实质的清晰思想。神秘主义不是清晰思想的对立面，更不在清晰思想之下。无宁说它在清晰思想之外。它不是反对理性的；它是超越理性的。"③ 又说："在使用负的方法之前，哲学家或哲学的学生必须通过正的方法；在达到哲学的单纯性之前，他必须通过哲学的复杂性。人必须先说很多话然后保持沉默。"④ 从这个"先后"、"始终"的表述来看，正的方法与负的方法之间，似乎不存在某种内在的关联性。

这里我们面对的理论问题有两个方面。哲学通过逻辑分析的方法，能够

① 冯友兰：《中国哲学史》（上册），中华书局 1961 年版，第 4—5 页。

② 冯友兰：《三松堂学术文集》，北京大学出版社 1984 年版，第 512 页。

③ 冯友兰：《中国哲学简史》，涂又光译，北京大学出版社 1985 年版，第 394 页。

④ 同上书，第 394—395 页。

得到一些不包含内容的纯粹形式的概念和命题。同时，新理学又强调，人不仅要“知天”，而且要“事天”，不仅要“知大全”，而且要“自托于大全”；达到“天地境界”的人，不仅“知天”，而且能“事天”、“乐天”，最终甚至能“同天”即“自同于大全”。①“大全”是一个不包含任何内容的形式概念，“事天”、“乐天”、“同天”与“自托于大全”、“自同于大全”，则是包涵体证和直觉内容之实有诸己意义上的真实拥有。二者之间，似乎存在着一种理论上的断裂。此其一。其二，从“始终”、“先后”的角度看，逻辑分析或正的方法，是哲学展开其体系的基本方法，而负的方法所表现的“神秘主义”的内容，则只构成哲学的“最后顶点”。这样，哲学之正的方法与负的方法，实质上并无交集。如果说负的方法只是“讲形上学不能讲”，那么，负的方法的开始，同时也就是它的结束。哲学家在“先说很多话”之后，剩下的便只有“沉默”。如果这样的话，在哲学的展开活动中，负的方法实质上并无立身之处。与此相应，哲学的“神秘主义”一面，亦无法得到安顿。这样一来，正的方法与负的方法、理性主义与神秘主义怎样实现结合，也便成了问题。

由对哲学概念之形式与直觉内容的严格区分，到肯定“真正的哲学是理智与直觉的结合”，达成这种转变的理论契机在哪里？这便是下文要讨论的问题。

二

在理论上实现这种结合的契机，来源于一种哲学观念上的转变。我们注意到，从20世纪40年代开始，冯先生就不断地在思考如何超越“界限”的问题。冯先生提到两种“界限”的超越：对理性主义与神秘主义之间界限的超越；对共相与殊相之分别的超越。这两个“超越”，具有内在的关联性，这“界限”超越的实现，正表现了一种哲学观念的转变。

在1948年为美国《哲学评论》杂志“东方哲学讨论”专栏所作的一篇

① 参见冯友兰：《新理学》第十章“圣人”，《贞元六书》（上），华东师范大学出版社1996年版。

题为《中国哲学与未来世界哲学》[①] 的文章中，冯先生讨论了如何“越过”理性主义与神秘主义这个“界限”的问题。在这篇文章中，冯先生指出：“尽管形上学的目的是对经验作理智的分析，可是这些路子全都各自达到‘某物’，这‘某物’在逻辑上不是理智的对象，因而理智不能对它作分析。”像“大一”、“大全”这一类概念，都是从理智分析而来，又超越了理智分析，它似乎成了标志理智与神秘之间的一个“界线”。哲学的功用，就是要训练人“越过界线”，达到自同于大全的天地境界，而“成为完人”。这对界限的超越，当然须用“静默”或负的方法来达成。不过值得注意的是，在这里，冯先生所说的这个超越界限的“静默”方式，却并非“先说很多话”以后再“保持沉默”。我们来看冯先生的说法：“‘越过界限’的人，化入‘混沌之地’。但这个化，必须经过理性而否定理性来实现。”而“理智否定的本身就是理智的活动。”这个“否定理性以‘越过界线’的方法”，即存在于理性自身中。在这个意义上，正负方法便具有了一种相互包含的“同时性”的意义，而不再只是一种“先后”的关系。

在《三松堂自序》的第六章，冯先生也讲到超越界限的问题。冯先生说：“懂得了柏拉图以后……再加上当时我在哥伦比亚大学听到的一些新实在论的议论，在我的思想中也逐渐形成了一些看法，这些看法就是《新理学》的基础。”又说：“既认识了这个分别，又要超过这个分别，上面所讲的黑格尔所说的‘具体的共相’就是超过了这个分别。‘超过’也是一种飞跃。不过这个飞跃是困难的。《新理学》就没有‘超过’，到《新原人》才‘超过了’，但我当时还没有自觉其‘超过’。”[②] 又说：“《新原人》所讲的‘大全’，不是‘有’而是‘群有’。《新理学》所讲的‘理’都是抽象的共相。《新原人》所讲的‘大全’是具体的共相，和《新理学》所讲的‘理’是不同的。我在当时没有认识到这一点。‘大全’是个‘名’……是一个具体的共相。有了这个‘名’，人就可以在思维中把握整个的宇宙，由此对于人和宇宙（特别是自然）的关系，有所了解，并对之持一种态度。这种理解和态度所构成的精神境界，就

① 《三松堂全集》第 11 卷，河南人民出版社 2001 年版，第 588 页以下。

② 冯友兰：《三松堂自序》，三联书店 1984 年版，第 279 页。

是《新原人》所说的天地境界。"① 共相与殊相的关系问题，是冯友兰先生讲中国哲学，建立哲学系统的一对核心的范畴。冯先生自述他对哲学的兴趣，由逻辑学开始，而懂得哲学，则是从了解"共相和殊相的分别"开始。② 他通过柏拉图了解了共相和殊相的"分别"，由对柏拉图和新实在论的了解，建立了《新理学》的思想基础。值得注意的是，冯先生强调对哲学的真正了解，不仅要认识"共相和殊相的分别"，而且必须超越这个"分别"。超越了这个分别，达到对共相与殊相统一的认识，使哲学的概念成为一种"具体的共相"，它才能具有训练人、引导人越过界线，实现自同于大全的最高的精神境界。可见实现对共相和殊相之"分别"的"超过"，乃是超越理性主义与神秘主义界限的思想根据。

冯先生称他自己在《新原人》中所使用的概念已经"超过了"共相与殊相的"分别"，其所用概念，已经是"具体的共相"。不过，冯先生"当时还没有自觉其'超过'"，其在《新原人》中运用"具体的共相"，还是不自觉的。

冯先生对具体共相的自觉运用，是受到了黑格尔"具体概念"这一观念的影响。不过，冯先生其实是经由马克思主义而接受黑格尔这一观念的影响的。冯先生自述其讨论文化，第一阶段是把文化差别理解为东、西方的差异，第二阶段是把文化差别理解为古代和近代的差别，第三阶段则把文化差别理解为社会类型的差别。这个第三阶段的思想，即受马克思主义历史观之影响的结果。冯先生 20 世纪 30 年代到欧洲休假③，"在这个时候，我也开始接触了一些马克思主义。当时我认为，马克思主义的历史观的一个显著的特点，是不从纵的方面看历史，而从横的方面看历史……从横的方面看历史，是把社会分成许多类型，着重是看各种类型的内容和特点……后来我又认识到，更广泛一点说，这个问题就是共相和殊相的关系的问题。某一种社会类型是共相，某一个国家和民族是殊相。某一个国家和民族在某一时期是某一

① 冯友兰：《三松堂自序》，三联书店 1984 年版，第 271—272 页。

② 同上书，第 277—279 页。

③ 据蔡仲德先生《冯友兰先生年谱初编》（河南人民出版社 2001 年版，第 152 页—158 页），冯先生此一时期去欧洲是在 1933 年 9 月—1934 年 10 月之间。其间冯先生曾读马恩著作，受到其历史唯物论的影响。

类型的社会，而在另一个时期可以转化或发展成为另一种类型的社会。这就是共相寓于殊相之中”①。冯先生写《新事论》，就用这一类型的观念来解说文化问题。这个“共相寓于殊相之中”，也就是冯先生所说的“具体的共相”。

新中国成立以后，冯先生开始发心“用马克思主义的立场、观点和方法重写一部《中国哲学史》”②。在《中国哲学史新编》的前面，有一篇《全书绪论》(下文简称《绪论》)。这个《绪论》可以与《总结》对照来读。《绪论》把哲学定义为“人类精神的反思”③，把哲学的内容看作是一种“精神现象学”④，把它的方法理解为一种“理论思维”的方法⑤。《绪论》的第五节，专门来讨论这个“理论思维”方法。冯先生强调，哲学的理论思维，其特征是一种运用“概念的逻辑思维”；而哲学概念的性质，是“具体的共相”，而非“抽象的共相”。《绪论》整个第五节，都在集中讨论这个“具体的共相”。冯先生指出，哲学的理论思维，既要认识共相和殊相的“分别，又要超过这个分别”。黑格尔的“‘具体的共相’，就超过了这个分别”。“自身包含着特殊东西的丰富性的普遍就是黑格尔所说的‘具体的共相’。”冯先生认为，艺术作品运用的是形象思维。真正的艺术作品，亦具有“具体的共相”之“超过”共殊之分别的作用。他引李商隐的诗句“永忆江湖归白发，欲回天地入扁舟”，来说明这一点：“他要带着整个的世界进入一只小船之中。这可能吗？这是可能的。他说的整个世界就是他的整个的精神境界，其中包括了他对于人类精神生活的了解和体会。这种了解和体会，就是人类精神的反思。李商隐用形象思维把这个意思表达出来。”⑥这样一种包涵特殊于自身的“具体的共相”，“超过了”共殊之分别，因而才能使人超越“界线”，达到一种很高的精神境界。可见，《绪论》与《总结》的思想，是一脉相承的，《绪论》所集中表述的“具体的共相”的思想，作为一种贯穿《新编》的理论思维的方法，

① 冯友兰：《三松堂自序》，三联书店 1984 年版，第 259—260 页。
② 冯友兰：《中国哲学史新编》第 1 册《自序》，人民出版社 1982 年版，第 1 页。
③ 同上书，《全书绪论》，第 9 页。
④ 同上书，第 13 页。
⑤ 同上书，第 16 页。
⑥ 同上书，第五节。

正是《总结》中表述的“理智与直觉的结合”或统一思想的理论前提。冯先生自述他自己在《新原人》中所使用的概念就是“具体的共相”，但那还只是一种不自觉的使用，在《新编》中，其对“具体的共相”观念的运用，已完全表现为一种作为“理论思维”方法的方法论自觉。

值得指出的是，《绪论》对“具体的共相”的论述，基本上是通过列宁的《哲学笔记》来引述黑格尔。由此可以看到，冯先生新中国成立后接受马克思主义，对其哲学的思考，亦不无积极的意义。有人认为，冯先生后期主要是在做哲学史的研究工作，在理论上比前期退步了。其实，这只是看到了表面现象，冯先生后期并未停止其哲学的思考和哲学理论的探索。他的哲学思考，正运行在他对哲学史的研究和表述中。

三

冯先生后期思想中对“具体的共相”的自觉运用，表现了一种哲学观念的转变：由早期对别共殊的强调，到对共殊分别的超越；由对内在关系观念的拒斥，到对它的认同。

冯先生后期论“具体的共相”，特别凸显了黑格尔“中介”思想的意义。《三松堂自序》说：“正的方法是一种‘媒介’，有了这种‘媒介’，那些不可思议、不可言说的，也就更加显著了。”又引禅宗的一则故事为例来说明这一点：“禅宗的语录记载一个故事。有一位禅师，有人问他什么是‘心’，什么是‘道’。他不回答，只竖起一个大拇指。有一个小和尚学他这个办法，有人问话，也竖起一个大拇指。这位禅师看见，把那个小和尚的大拇指砍了。小和尚负痛就跑。这位禅师在后面叫了他一声。小和尚回头一看，那位禅师又竖起一个大拇指。这个小和尚就恍然醒悟了。这……说明，同是一种事，经过‘媒介’与不经过‘媒介’，其意义会大不相同。黑格尔说，一个年轻人可以说与老年人相同的话，但老年人说这句话的时候，有他一生的经验在里面。”①

① 冯友兰：《三松堂自序》，三联书店 1984 年版，第 276—277 页。

这里的“媒介”，也就是黑格尔所说的“中介”。黑格尔《小逻辑》说：“绝对理念是普遍，但普遍并不是与特殊内容相对立的抽象形式，而是绝对的形式，一切的规定和它所设定的全部充实的内容都要回复到这个绝对形式中。在这方面，绝对理念可以比做老人，老人讲的那些宗教真理，虽然小孩子也会讲，可是对于老人来说，这些宗教真理包含着他全部生活的意义。即使这小孩也懂宗教的内容，可是对他来说，在这个宗教真理之外，还存在着生活和整个世界……同样绝对理念的内容就是我们迄今所有的全部生活经历（decursus vitae）。那最后达到的见解就是：构成理念的内容和意义的，乃是整个展开的过程。”① 在黑格尔的哲学体系中，“中介”表现为哲学概念不断通过自身的否定以特殊化、具体化自身的创造性作用。对人的存在而言，“所谓中介性，是指发展、教育、和教养的过程而言”②。老人所说出的格言，已为他的全部生活经历所“中介”，因而具体化并包含有丰富的内容。这就是黑格“具体概念”的意义。《三松堂自序》所举禅宗的故事，是冯先生特别喜欢并多次引用的一则故事，其所要说明的道理也在于此。“心”、“道”作为哲学概念的引领作用，在小和尚被砍去手指的切身经历中被中介化为一“具体的共相”，因而能够为其所亲切体证和直觉领悟；在这一“中介”化的过程中，正的方法与负的方法、理性主义与神秘主义的“界线”因而亦被“越过”并达到二者的内在结合和统一。这种“中介”的概念，成为《新编》分析哲学思想的一种基本的方法。

黑格尔的具体概念思想，表现了一种整体论和内在关系论的观念。其所说的概念的具体性，并非感性和表象内容的具体性。哲学的概念并非可以用来填充感性内容的某种空洞的形式或容器，它具有自身的“特殊内容”。这个特殊内容，表征着一种思想创造的活动及其方式。概念范畴及其逻辑理念，其本身即表现为一个自身中介着和展开着的思想运动。在这个展开活动中，概念的每一环节既包含着概念的整体，同时又形成为一个逻辑的整体。这个理念的内容作为一个整体，同时又可以把握为一个“直

---

① ［德］黑格尔：《小逻辑》，贺麟译，商务印书馆 1980 年版，第 422—423 页。

② 同上书，第 161 页。

观”的整体性。[①] 在这个意义上，“一切理性的真理均可以同时成为神秘的”[②]。这个理性与神秘内在统一性的观念，就表现了一种整体论和内在关系论的观念。

冯先生早年由柏拉图和新实在论而认识共殊之“分别”，但还没有能够“超过”这个“分别”，因而特别注重共相的形式与直觉内容之分别，拒斥内在关系论的观念。冯先生特别强调哲学概念不关涉实际的“空灵”和形式的特性，对中国传统哲学中的内在关系论观念亦提出质疑。宋儒讲人人有一太极，物物有一太极，认为包括人在内的个体存在，皆内在地保有太极之全体，因而天与人本为一体，有一种内部的关联。佛教华严宗讲一即一切，一切即一，“一一毛中，皆有无边师子”，亦认为事物间本有内在关联性。冯先生批评这种内在关系论的观念，认为这使其所谓的“太极”、“一”、“天”等概念，对实际的内容有所肯定。[③] 而新理学所谓“一”，只是一切之总名，所谓天或大全，只是一形式的概念，对实际无所肯定。这样的概念，才是真正的形上学的概念。冯先生晚年通过马克思主义接受黑格尔的思想，能够“超过”共殊之“分别”，达到对哲学概念之“具体的共相”的理解，因而亦修正了其前期外在关系论的哲学观念。

“共相”的存在方式问题，一直是冯先生早期哲学中的一个大问题。早年冯先生处理“真际”与“实际”的关系（其实也就是“共相”存在的方式）问题，一方面用新实在论的说法，讲共相的存在是“潜存”；另一方面，又认可金岳霖先生共相是“不存在而有”的说法。冯先生后期觉得自己这个说法存在矛盾，他用“具体的共相”这个观念，很好地解决了这个问题。

冯先生认为，把共相从实存的事物中抽离出来，这是认识的结果，人们却往往把它理解为存在本身的问题；自己早年讲“理在事上”或“理在事先”，就是把存在与认识的问题弄混淆了。所以，后期他处理“共相”或“理”的存在方式问题，乃分别从“存在”和“认识”两面来作分析和考量。一方面，

---

① 参见［德］黑格尔：《小逻辑》，贺麟译，商务印书馆 1980 年版，第 427 页。

② 同上书，第 184 页。

③ 参见冯友兰：《新知言》第六章，《贞元六书》（下），华东师范大学出版社 1996 年版，第 925—926 页。

就存在来说，“共相和殊相的关系问题，正确的回答是‘理在事中’，这就是说，共相寓于殊相之中”①。二者本无先后、上下的分别。另一方面，从人的认识一面来说，“‘真际’是人的思维从‘实际’中用抽象的方法分析出来的，是有‘天地境界’的人的精神境界的一部分”②。哲学的概念，标志着一个人对他自身的存在及其周围世界的“觉解”，由此把握到宇宙人生的意义。依照冯先生后期的理解，这个哲学的概念，是被人生的历程“中介”了的“具体的共相”，因而才具有提高人的精神境界的作用。在《新编》第五十二章，冯先生举上蔡见伊川的一段轶事来说明这种“中介”性的意义。谢良佐说：“二十年前往见伊川，伊川曰：‘近日事如何？’某对曰：‘天下何思何虑？’伊川曰：‘是则是有此理，贤却发得太早在’。”对伊川这段评论上蔡的话，冯先生的解释是：“意思是说，必须经过‘殊途’而达到‘同归’，经过‘百虑’而达到‘一致’。那样的‘同归’和‘一致’才有内容，有意义。如果没有经过‘殊途’和‘百虑’，而只谈‘同归’和‘一致’，那样的‘同归’和‘一致’就没有内容和意义了。前者是认识的进步，有助于精神境界的提高，后者是两句空谈，既不是认识的提高，也无助于精神境界的提高。”③冯先生这里强调的是，“同归”和“一致”，必须经过“殊途”和“百虑”的“中介”作用，才能具有自身的内容，标识出人生的意义，从而“有助于精神境界的提高”。

可见，冯先生对“具体的共相”的思考，与他对共相“存在方式”的解决有关。这包括统一的两个方面。就存在一面而言，冯先生由早年主张“理在事上”和“理在事先”转而肯定“理在事中”。《三松堂自序》说：“《新理学》虽不是临摹柏拉图和朱熹，却也犯了他们的错误：那就是‘理在事先’，‘理在事上’。现在我开始认识到，‘理在事中’是正确的，我学哲学的历程，大概是从具体到抽象，又从抽象到具体。这就是上面所说的‘超过’。”④这里，冯先生自述其思想转变历程，讲得很清楚。冯先生早年主张“理在事先”、“理在事上”，是“从具体到抽象”；其所相应的是经过柏拉图和新实在论而

① 冯友兰：《三松堂自序》，三联书店 1984 年版，第 254 页。

② 同上书，第 256 页。

③ 冯友兰：《中国哲学史新编》（下），人民出版社 1999 年版，第 136 页。

④ 冯友兰：《三松堂自序》，三联书店 1984 年版，第 280 页。

“分别”共殊的阶段；在哲学观念上，则表现了一种对“内在关系论”观念的拒斥。“理在事中”的观点，是“从抽象到具体”；其所相应的，则是经由马克思主义到黑格尔而“超过”共殊的阶段；而肯定“理在事中”，则表现了一种内在关系论的哲学观念。就认识的一面而言，冯先生由早年对形上学概念之不包涵内容的形式性理解，转而将形上学的概念理解为一种意义揭示而不仅是分析的活动，进而由“中介性”的观念肯定了理性概念与神秘内容的内在关联性。这同样表现了一种内在关系论的哲学观念。

当然，冯先生特别强调，形上学概念所包含的神秘内容，是黑格尔所说的“人工的创造”而非“自然的礼物”，是“后得的”而非“原来的”。① 不经过理性的“觉解”，人只能停留在自然的境界，无法达到道德境界乃至天人境界。不过，从冯先生后期所持“中介”之否定性创造作用的观念可见，天人境界中大全概念与直觉的统一，应具有对“原来的”、“自然的礼物”之升华和否定性的包涵。这也表现了前述“存在”与“认识”两个方面的统一而不可分的关系。

总之，冯先生为《新编》所作的《总结》，表现了一种思想的转变。这个转变的根据，乃是一种哲学观念上的变化，冯先生从早年对“形式性”观念的凸显，到后期对“内在关系论”哲学观念的肯定，其内在的机理，是由“分别”共殊到“超过”共殊，而建立“具体的共相”的思想。从西方哲学的影响来看，冯先生晚年思想之转变，是经由黑格尔而超越柏拉图、新实在论为思想契机的，其中，对马克思主义的接受，亦有助缘的作用。

四

最后，我想据前述的讨论，简要谈一谈冯先生前后期思想的关系问题。

蒙培元先生认为，《总结》可以看作冯先生的“晚年定论”。“晚年定论”的说法，让人联想到阳明对朱子的评价，未免会使人产生一种“今是而昨非”之感。从我读冯书的印象来看，冯先生前后期思想的变化，应可理解为一种

① 参见冯友兰：《中国哲学史新编》（下），人民出版社 1999 年版，第 136 页。

思想之固有、潜在的意义的逐渐凸显和自觉，其间实有着内在的一贯性。

冯先生后期建立“具体的共相”的思想，乃常引《新原人》来作说明，指出《新原人》所讲的概念本就是“具体的共相”。冯先生虽讲《新理学》的概念是“抽象的共相”，但其后期仍然肯定早年的“新统”说，并强调《新理学》与《新原人》以及《贞元六书》在体系上的内在统一性。《新理学》把哲学理解为一种“以心观真际”的活动：“以心观真际，可使我们对于真际，有一番理智底、同情底了解。对于真际底理智底了解，可以作为讲‘人道’之根据；对于真际之同情底了解，可以作为入‘圣域’之门路。”又说：“哲学底活动，是对于事物之心观……哲学家将心观之所得，以言语说出，以文字写出，使别人亦可知之，其所说所写即是哲学。”“王阳明在龙场居夷处困，一夕忽悟‘致良知’之旨，于是豁然贯通。此夕之悟，即是有见于一种本然哲学系统。此夕之悟，即是创作。至其前乎及后乎此在学问方面所用之工夫，则皆是一种预备及修补或证明工夫。”① 此所谓对“心观”所得之整体了悟，实即《总结》所谓的在“直觉的感受”上见证“道体”。这里所说的“哲学家将心观之所得，以言语说出，以文字写出，使别人亦可知之，其所说所写即是哲学”，亦即冯先生在《新编》第七册评价自己哲学体系时所谓的“直觉所得，必须用概念把它固定下来，这是概念在哲学中的作用”。哲学概念所包含的内容，即此心观之整体了悟。这正是其后期“具体的共相”思想所表现的精神，亦正是传统儒家所固有的精神。当然，冯先生当年并没有认识到这一点，正如冯先生在写《新原人》时没有自觉到其所用概念就是“具体的共相”一样。

海外一些学者据冯先生早年受新实在论影响，把“道体”、“大全”等“讲成形式的观念”，而否定冯先生的“新儒家”身份。② 明乎前述冯先生前后期思想之一以贯之的精神，此种论调，亦可以休矣。

（本文为国家社科基金重大项目“中国传统价值观变迁史”（142DB0032）的阶段性成果。原载于《文史哲》2016 年第 6 期）

① 冯友兰：《贞元六书》（上），华东师范大学出版社 1996 年版，第 15、168、202 页。

② 参见刘述先：《平心论冯友兰》，载《当代》第 35 期，1989 年。

试论冯友兰新理学对旧理学的超越

范　鹏

理学经过上千年的发展，到19世纪40年代进入了一个新的阶段，冯友兰（1895—1990）是这一阶段的主要代表。他创立的新理学是理学在新的历史条件下的新形式，也是理学的终结，本文就新理学对旧理学的继承、发展与深化谈一些个人的粗浅认识。

一、新理学对旧理学的继承

新理学是中国传统哲学现代化的一个有益尝试，也是西方哲学中国化的可贵探索。作为中国传统哲学的发展，新理学主要继承和发展了宋明旧理学的基本思想，使理学发展到了一个新的历史阶段。

用冯友兰自己的话说，新理学是接着程朱理学讲的，而不是照着讲的。接着讲就是继承发展。那么，新理学是怎么样接着旧理学讲的呢?

首先，新理学和程朱理学一样，都号称是关于宇宙人生根本大道的学说，都是以“为天地立心，为生民立命，为往圣继绝学，为万世开太平”为职志的，都是要究天人之际、通古今之变、明内圣外王之道，最后都要使人明确超凡入圣的道理。

其次，新理学继承了程朱理学的“理在事先”的基本思想，也认为有一个脱离开具体的现实世界的理世界。与程朱理学“未有这事，先有这理。如未有君臣，已先有君臣之理”一样，冯友兰的说法是“未有飞机，先有飞机之理”。

第三，新理学沿用了程朱理学的基本概念，发挥了其基本思想。新理学的四个基本概念即理、气、道体、大全，就有两个是直接套用程朱理学的，其他两个也是稍加改装。

最后，新理学沿袭了程朱理学的基本精神和基本格局。程朱理学的基本精神是将伦理本体化，为封建伦常寻找哲学本体论依据。或者说是将形而上学本体论、道德修养论和格物认识论熔为一炉，这也就是冯友兰所谓的“极高明而道中庸”。新理学和程朱理学都是在天人合一的基调上，以“天道—人道”这样一个逻辑格局展开的关于人的哲学，即使是抽象的理气论也是为了说明人性的由来。这既决定了他们共同的理论内容，也决定了他们共同的思维方式。新理学在继承程朱理学时有一个显著的特点，这就是借程朱理学的命题讲自家的道理。

二、新理学的主要思想

新理学的主要思想集中体现在《新理学》一书之中，《新理学》的思想在《新知言》中又得到了系统的总结，这些思想构成了冯友兰新理学哲学本体论，用他自己的话说是“最哲学的哲学”。又称为“新形上学”，其主要思想是：

第一，理是事物所依照的本体。

理是冯友兰新理学最基本的概念，也是整个新理学逻辑体系的起点。首先，理是潜存的共相。理或共相就是“某种事物之所以为某种事物者”。例如，“坚之共相，是坚之所以为坚”。每一事物的存在都有理作为其存在的理由或叫作根据。但是，在冯友兰那里理的存在与事物的存在是根本不同的。“‘有某种事物之有’新理学谓之实际底有，是于时空中存在。‘有某种事物之所以为某种事物者’之有，新理学谓之真际底有，是虽不存在于时空而又不能说是无者。前者之有是现代西洋哲学所谓存在，后者之有是现代西洋哲学所谓潜存”。[①] 实际的有是现象，真际的有才是本质。真际是真而不实、虚而不妄的本体。理是真而不实、虚而不妄的共相，是潜存于真际之中的。

① 冯友兰：《新理学》，《三松堂全集》第5卷，河南人民出版社2000年版，第128页。

这个理显然是一个抽象的共相，是一个虚构的本体。

其次，理是超时空超动静的绝对。理的存在既然是真际的存在，而不是实际的存在，那么它就是超时空的。既然理是超时空的，那么它也就是超动静的，因为，所谓动静只是空间位置的改变以及由此而来的时间的延续，"动"之理并不会动，"静"之理也并不静。所以，理不仅是一个抽象的共相，而且也是一个绝对的本体。

再次，理是一个永恒的实在。冯友兰强调理的逻辑先在性，认为理世界是一个在逻辑上先于现实世界的世界。因此，理是第一性的，而实际的世界是第二性的。理既然不在时空中，也就无生灭可言。因此，它就是一个永恒的实在。

最后，理是事物的标准和极限。冯友兰认为，总所有的理谓之太极，太极在新理学中有两种含义：一为标准，一为极限。方的事物必有其所以为方的道理即方之理作为其标准和极限。我们之所以能说这是方的，所依据的就是方之理，就是方之所以为方的标准。但有一点必须明白：方之理并不方。实际中的方即使是人们认为是最方的，也不能达到方的极限，而只能是无限地趋近于方的标准。

根据以上四个规定，可见，理在新理学中是没有任何物质规定性的抽象本体，它既不是客观事物本身所具有的规律，也不是物质或精神的纯存在，而只能说是脱离了物质及其客观规律的抽象共相。由此出发新理学完全颠倒了理事关系，认为事物的存在与发展完全取决于理，只有理才是事物存在和发展的主宰。他说："说理是主宰者，即是说，理为事物必须依照而不可逃。某理为某事物所必依照而不可逃。不依照某理者，不能成为事物，不依照任何理者不但不能成为任何事物，而且不能成为事物，简直是不成东西。"①

第二，气是事物所依据的条件。

理是生物之本，但理不具有任何物质特性，这就很难具体说明"生"之过程。为了进一步说明理是生物之本这一命题，冯友兰又提出了一个"气"概念，用来具体说明"生"的道理。这个道理概括成一句话就是："气是生

① 冯友兰：《新理学》，《三松堂全集》第4卷，河南人民出版社2000年版，第80页。

物之具”。

首先，气是绝对的质料。冯友兰认为，每一事物都是由一定的质料构成的，但这只是相对的料。构成所有的事物，必须要有最基本的料，即绝对的质料。相对的料有它特定的性质，而绝对的是无一切性的。相对的料是有，而绝对的料是无。所以，绝对的料是在一切事物的具体性质之外的超乎形象的东西。冯友兰明确宣称绝对的料“并非物质”。

其次，气是无名的混沌。冯友兰的气不同于张载等人的气，它不具备任何物质性的成分，所以是无名，无名既不可言说、不可思议的东西，是极端的混沌、神秘的，是不能正面规定它是什么、不是什么的，只能于不是中体会是。可见，气是不具任何具体性质的物之具、物之初。

再次，气是理的“挂搭处”。朱熹说过：“理无气则无挂搭处”。冯友兰也深有同感。冯友兰认为，每一事物的真实存在都是由许多理规定的，即一事物非依照一理，而是依照多理，是合成性的复合体。若无一个挂搭处，理是难以形成任何事物的。因此，他说：“真元之气，其本身不依照任何理，惟其不依照任何理，故可以依照任何理。其本身无任何名，惟其无任何名，故可以为任何物，有任何名。”① 照此，气好像一个无形的钩子，什么理挂在上面，就成了什么物。它可以挂任何理成任何物。

最后，气是事物所依据的“无极”。冯友兰说：“一具体事物必有两所依，一是其所依照，一是其所依据。其所依照是理，其所依据是气。”② 理气分而言之，都是生物之必要条件，而不成其充分条件，只有有理有气，才能生物成物。但是，两个必要条件的地位和作用却大不相同。理规定着事物的本质内容，而气提供的只是理生物的一种条件，即是事物得以有形的无形条件。所以，气又可以谓之无极，无极即无标准，无极限。

上述规定说明，气是神秘的经验材料，是理由真际见诸实际的契机，是事物存在所依据的条件。冯友兰指出：事物所依照之太极即理与事物所依据之无极即气，构成事物存在的内在和外在两种条件。所以，理气不能以先

① 冯友兰：《新理学》，《三松堂全集》第 4 卷，河南人民出版社 2000 年版，第 47 页。

② 同上书，第 49 页。

后论。

第三，“道体”是事物运动发展的全过程。

为了进一步说明“理”通过什么方式才能同气结合起来，冯友兰于理气之外又建立了“道体”这一概念。他说：“存在是一流行。”“总所有的流行，谓之道体。”① 用中国传统哲学的说法就是“无极而太极”。“道体”作为总一切的流行具有以下规定性。

首先，道体是动的宇宙。冯友兰认为，若从动的观点看具体事物，则任何事物都是一流行，即一个过程。道体则是一个个流行的总根源，道体在逻辑上先于具体的过程。所以，“总一切的流行谓之道体。”但是，具体的一流行却与道体大不相同，具体的一流行总有其物质承担者，而道体则仅以哲学中的宇宙即大全作为主体。所以，才称道体为动的宇宙。

其次，道体也是不可思议的。道体作为纯粹的动与静是毫不相干的。但是，脱离开静止就无运动可言。新理学的这种只有运动的运动事实上是不存在的，当然也就是不可思议的。

再次，“道体就是无极而太极的程序”。无极即气，太极即理，“无极而太极”就是气实现理以成物的过程。所以，冯友兰说“无极而太极”的“而”就是道体，即由气而理的那个“而”的所有过程的总称。

最后，道体是玄而又玄的众妙之门。冯友兰十分推崇玄学，常用玄学的玄理说明自家的道理。他认为：“无极不可言说，不可思议。太极无存在而有。自常识的观点看，无极太极都可以说是玄。我们可以用《老子》第一章中之话，说此两者‘同谓之玄，玄之又玄，众妙之门’。众妙即实际底世界中之一切事物。无极而太极之‘而’即众妙之门。”② 这表明冯友兰的所谓道体不仅是联系无极而太极的中介，而且是联系两极与事物的中介。道体把无极、太极、事物联结为一体，这就是冯友兰为理借助于气而生物找到的逻辑信道。

如果以运动的物质作为具体事物产生的根源，这显然是正确的，但冯友

① 冯友兰：《新理学》，《三松堂全集》第5卷，河南人民出版社2000年版，第130页。

② 冯友兰：《新理学》，《三松堂全集》第4卷，河南人民出版社2000年版，第49页。

兰的道体论把运动神秘化、绝对化，使其成为子虚乌有的东西，以这样的道体作为事物产生的过程，可以说纯粹是无中生有。当然，作为大变革时期的哲学家，冯友兰继承了儒家“尚动”的精神，还是有一定的积极意义的。

第四，大全是哲学的宇宙。

上述的理、气、道体无疑都是最哲学的观念，由这些最哲学的观念构成最哲学的哲学，还需要进一步在逻辑上把它们统摄起来，这个统摄实际的事物、实际的过程、真际的理的观念才是哲学最根本的对象，这个对象就是“大全”。大全就是一，就是一切。

首先，大全就是总一切的有。一切事物皆属于大全，但属于大全者并非仅一切事物，尚有一切理。所以，大全 = 实际的一切 + 真际的一切。

其次，大全才是真正不可思议的观念。冯友兰指出：“大全是一观念，观念在思中，而此观念所拟代表者，则不可为思之对象。……如以大全为对象而思之，则此思之大全，不包括此思，则此思所思之大全为有外，有外即不是大全。所以大全是不可思议底。大全既不可思议，亦不可言说。不可思议，不可言说，亦不可了解。”① 所以，大全是个神秘的绝对，是不可思议的观念之最。

最后，大全即“哲学中所说的宇宙”。大全亦称宇宙，但这宇宙只是哲学中所说的宇宙。哲学中所说的宇宙是总一切的有，是一种观念，与科学所说的宇宙不是一回事。科学所说的宇宙是实际的有，是物质的有，而哲学的宇宙则是观念的有，是科学的宇宙的主宰。

把以上四个命题总括起来，我们就可以看出，新理学的最哲学的哲学是从精神性的理出发，虚构了同样是精神性的气，把理和气用道体“而”起来，再用一个大全作为网子把它们都提起来。可以说自始至终都是在精神世界中兜圈子。理作为共相，作为本体决定着作为殊相的事物，这就是新理学最根本的哲学观点。

---

① 冯友兰：《新理学》，《三松堂全集》第 5 卷，河南人民出版社 2000 年版，第 133—134 页。

三、新理学之新

新理学之于旧理学究竟何新之有？这是人们十分感兴趣的。

首先，新理学引进了西方哲学的逻辑分析方法，使中国哲学有了明晰的概念体系。

中国哲学有一个致命的弱点，就是缺乏严密的逻辑分析方法和明晰的概念体系。严复曾尖锐地指出，中国传统学术由于不重视逻辑分析，使许多概念歧义百出。他曾以“气”为例说明这个问题：“老儒先生之言气”，有“正气”、“邪气”、“淫气”、“厉气”等等，还有什么“鬼神者，二气之良能”之类，“出言用字如此，欲使治精深严确之科学哲学，庸有当乎？”冯友兰继承了严复重视逻辑的精神，比较系统地引进了逻辑分析方法，对中国哲学的概念范畴进行了深入的逻辑分析和透彻的理论说明，使中国哲学的研究达到了前所未有的水平。仍以气为例来说明冯友兰在这方面的贡献，他认为中国哲学的“气”概念起码有下分别：（1）张载等气一元论者所谓的气，是一种实际的物，这种气冯友兰认为是科学的概念，而不是哲学的概念，是中国哲学中一部分哲学家“拖泥带水”的表现。（2）孟子所谓气，与我们平时所言“勇气”、“士气”之类大体相当，实际上是一种精神状态。（3）程朱理学的气概念，比起张载等人的来有了很大的超越性，已具有了哲学意义，是一种质料意义上的气，但仍不免有“拖泥带水”之嫌。如他们讲什么“清气”、“浊气”者即不是哲学意义上的气。（4）新理学的气完全是哲学意义上的气，此气乃“真元之气”，是绝对的料，“绝对底料，我们名之曰真之气，有时亦简称曰气”。这气完全是一种逻辑的观念，它不可名状，具有彻底的超越性，毫无“拖泥带水”之嫌。这种分析不仅为中国哲学的研究奠定了坚实的理论基础，而且也为冯友兰的新理学找到了“接着讲”的依据。

其次，新理学确立了自身的哲学观，为创立哲学体系提供了自觉的理论前提。

在中国哲学史上历来没有系统的哲学观，哲学家们的理论创作是遵循着各自所理解的哲学的真谛进行的，人们只能于其哲学中去体会这种哲学观，而不能于一开始就对其哲学观有所了解，这对准确理解一种哲学造成了一些困难。冯友兰的新理学则是建立在自觉的哲学观基础之上的。冯友兰认为，人类知识的官能，分为能思者和能感者。能思者是我们的理智，能感者是我们的耳目。“哲学乃自纯思之观点，对于经验作理智的分析、总括及解释，而又以名言说出之者。哲学之有靠人之思与辨。”① 思的活动即在于对经验作理智的分析、总括及解释。所谓理智的分析，是相对于物质的分析而言的，它仅仅是形式的、逻辑的分析。理智的分析对实际不作判断或很少判断，而只是对作为实际的根据的理有所判断。这样一来，哲学的对象只是理，而不是事这一点便十分明确。说穿了，就是说哲学只以抽象的共相作为研究对象，只以一般作为研究对象。哲学对于经验的处理可有两种方法，如对“这是方的”这一经验判断，哲学可有两种解释方法：一种是说“这”具有“方”性，或者说“这”依照“方”之理；另一种解释是“这”属于“方”之类。前者就是所谓理智的分析，后者就是所谓理智的总括。我们对这个经验的分析可以细入毫芒，对其总括可以通达万里。因此说哲学的对象是十分广阔的。哲学家可以“心通天地有形外，思入风云变态中”。

冯友兰认为，严格地说，事物之所以为事物者即理以及众理之和——太极，实际和真际的总和——大全等哲学的对象，都是不可思议、不可言说的。因为，思议、言说作为一件事情也应包括在大全之中，对大全进行思议和言说实际上就是从大全中把自己分离出来，所以，被思议、被言说的大全已不是真正的大全了。哲学正是对这种不可思议者的思议、对这种不可言说者之言说，人们只要明白了这个道理哲学还是可以讲的，哲学书还是可以写的，这讲与写就是所谓“辨”。因此，冯友兰说，如果有人让他用最简明的语言概括出哲学的性质及其精神，他可以说的只是“思”与“辨”两个字。

在这里，冯友兰对哲学的理论思维特点进行了高度概括和透彻的说明，对哲学的性质进行了颇有见地的分析，有助于人们把握哲学的性质和特点。

冯友兰的另一条思路是将哲学与科学进行比较，从这种比较中确立哲学的功能和价值，这是他从现代西方哲学中得到的启示。冯友兰与西方现代科学哲学家有所不同，他不是通过“划界”来“拒斥形而上学”，而是通过划

---

① 冯友兰：《新理学》，《三松堂全集》第4卷，河南人民出版社2000年版，第6页。

界来重新建立新的形而上学。

冯友兰认为，哲学命题只涉及真际问题，其命题多为形式的和逻辑的，而科学的命题是实际的，即有关经验事实的；哲学的命题可以说是不管事实、不切实际的，即对事实无所肯定、无所否定。而科学是专讲经验事实的，是必须对事实有所断定的。因此，冯友兰称哲学是求好的学问，而科学是求真的学问。求好的学问不能像求真的学问那样对人有实际的效用，也不能像求真的学问那样给人以具体的知识。就哲学不能给人以具体的知识，不能指导人的行动说，哲学是无用的，而科学是有用的；但就能否使人对宇宙人生有不断提高的觉解说，哲学则有无用之大用，而科学反倒显得无能为力。

从对象说，一种科学所讲，只是关于宇宙间一部分之事物；而哲学所讲则是关于宇宙全体者。在冯友兰看来科学所说的宇宙和哲学所说的宇宙是不同的，前者所说是实际的物质的宇宙，而后者所说则是真际加实际的大全。

基于上述认识，冯友兰批评了几种哲学观。一种是哲学是科学之总和的观点，另一种是哲学是科学大纲的观点。冯友兰认为，哲学所论不着实际，关于实际知识的总和还是实际知识，根本不可能成为哲学，而只能是实际知识的百科大全。而哲学所讲的只是真际，也不可能成为科学之指导，不具有太上科学的性质。他认为前者是把哲学看成了后科学，后者则把哲学看成了前科学，不论前后都是不正确的。因为，如果哲学是前科学，则必然要被科学代替；如果哲学是后科学，则定是拾人牙慧。

那么，在冯友兰看来，哲学独立存在的价值究竟何在呢？这可以从两个方面来说：就哲学与个人的关系而言，哲学可以使人对真际有所领悟，即在现实世界之外发现一个更美妙的理想世界；使人对真际有一番理智的同情与了解，这种了解作为人道之根据，可以使人的精神境界不断提高，因此，哲学具有提高人的精神境界的功能；就社会方面说，哲学是一团体、一民族、一政党的理论依据和精神支柱，有了这种依据和支柱，他们的行为才可以被理解，才能名正言顺。可见，就个人说，哲学可以提高人的精神境界；就社会言，哲学可以巩固人群的理想信念。这些可以说是哲学之大用，除此之外，哲学还有不少小的用处，如把科学或常识中命题的意义分析清楚，就可以减少人们的思想混乱，这也是新理学不同于旧理学的重要方面。

再次，新理学通过融合古今中外哲学，使理学注入了新的内容，同时也具有了新的形式。

除了程朱理学和新实在论这两个主要的来源之外，新理学还广泛吸取了古今中外哲学思想中的其他因素，这些因素主要包括：柏拉图的理念论，尤其是其分有说；亚里士多德的四因说，尤其是其关于形式与质料的学说；斯宾诺莎的实体属性学说；黑格尔的三段论和绝对精神运动说；马克思的唯物史观，尤其是其生产力决定生产关系、经济基础决定上层建筑的学说；公孙龙的“物莫非指”的思想，道家“道生万物”的观念；玄学“经虚涉旷”的论说；禅宗“担水砍柴，无非妙道”思想；陆王“先立乎其大者”的学说；金岳霖的逻辑分析方法；等等。由于对这些思想的吸收使冯友兰的新理学具有了不同于程朱旧理学的许多特点：一是概念清楚；二是逻辑严密；三是说理透彻；四是体系完整。也就是说新理学建立了自身的哲学体系，尽管这个体系还有许多漏洞，但它毕竟是中国哲学现代化的一次有益尝试，是中国哲学与西方哲学的一次成功的结合。这种结合对中国哲学的发展和世界哲学的进步都是有益的，它充分显示了中国哲学尤其是理学的生命力。

最后，新理学之新还体现在它从哲学上思考和探讨了中国社会发展中出现的新问题。

尽管冯友兰宣称新理学是与现实没有关系的，是纯逻辑的、形式的。但事实上任何哲学都不可能脱离自己的时代，它的成就是时代的成就，它的局限也是时代的局限。冯友兰的新理学着眼于共相与殊相的关系，所要解决的正是困扰当时中国社会的如何面对外来文化的冲击的问题。冯友兰为此而提出了其著名的明层次、别共殊的文化研究方法论和颇具特色的文化类型说。这一学说认为：中西文化的区别主要不是中西的区别，而是古今的区别，所谓古今的区别实质上是文化类型的区别。简单说就是封建主义文化与资本主义文化的区别。为此，冯友兰既反对全盘西化，也反对全面复古，而是主张以社会本位为正性，以民族特色为辅性，融合中西文化之长的文化发展模式。

四、新理学之妙

新理学不仅有其所新，而且有其之妙。那么，新理学究竟妙在何处呢?我以为，新理学妙就妙在打通古今中外而成一家之言，其中最引人入胜的就是其境界说。冯友兰认为，人之性或人之理即人之所以为人者、人之所以异于禽兽者，在于人有觉解，觉即自觉，解即了解。对于宇宙人生的了解、理解和悟解，构成人生的意义。了解的自觉程度不同，构成人生的不同的精神境界。人对于人生愈有觉解则人生对他便愈有意义。严格地说，每个人都有他对宇宙人生的特殊了解、理解和悟解，正如佛教所言，人人有自家的境界。冯友兰认为，人的精神境界归纳起来无非是四种，即自然境界、功利境界、道德境界、天地境界。这四种境界是从低级向高级逐步发展的过程，境界的高低完全取决于觉解程度的高低，同时也标志着人格完美的程度。

自然境界。

所谓自然境界，就是觉解程度最低的境界。在此境界中的人，其行为是顺应人的本能的，他们“行乎其所不得不行，止乎其所不得不止”，浑浑噩噩地混日子，以近乎本能的状态行动着，他们少知寡欲、不着不察，生活纯朴自然，常常得到道家的赞美。其实，自然境界的人实践能力和认识水平都十分低下，并没有什么值得称道的地方。冯友兰指出，道家知道自然之纯朴可爱，以自然为美，这已不是什么自然境界了。自然境界的觉解程度之低，已近乎没有觉解的程度。而道家所言则是有了很高的觉解的表现。换句话说，自然境界的人是必然性的奴隶，而道家则是认识了必然性而去顺应它。尽管看上去都是一个“顺”字，自然境界中人的“顺”是被动之“顺”；而道家之“顺”是主动之“顺”。因此，在冯友兰看来，自然境界不是人所应该有的境界，人应该追求更高的精神境界。

功利境界。

自然境界的人是无所求的，随着人的自觉程度的提高，人就要从无求走上有求。人之求也是有不同层次的。冯友兰认为，人生追求的最低层次是从“我”开始的，严格地说是从追求我之名、我之利开始的。追求我之名利的境界冯友兰称之为“功利境界”。顾名思义，功利境界的特征是：在此境界中的人其行为是“为利”的，这里的“利”在冯友兰看来既包括我们平常所谓的利益之“利”，也包括我们平常所说的名利之“名”。“求名于朝，求利于市”都是为了满足自己的需求。可见，功利境界的本质是为己。冯友兰认为就社会现实说绝大多数人都处于功利境界，功利境界是常人的境界。功利境界的人心态各异，所干之事也不尽相同，求名利的手段也五花八门、无奇不有。但是，无论是求名还是逐利，或求名利双收，他们的人生目的却是共同的。与自然境界的人无所追求相比，功利境界的人有了自觉的人生目的和有意识的追求，这不能不说是一种进步，客观上是有利于社会的进步与发展的。因此，无论就个人说，还是就社会说，人从自然境界过渡到功利境界无疑都是一种历史的进步。当然，这种进步也是付出了代价的。在这里，冯友兰实际上已经猜测到了私有制和阶级社会产生的历史必然性、规律性和恶的进步作用。

冯友兰认为，从总体上看，功利境界的人的人生目的只是一个“取”字。但是，为了实现这一人生目的，有时也必须用“予”这种手段。有的人就是专靠“欲将取之，必先予之”这一套以达到自己的目的的；有的人则“主观为自己，客观为别人”；有的人利己不损人，有的人损人以利己；也有的人表面上损己以利人，实际上却是以利人作为更利己的手段。如此等等，从根本动机看都属于同一境界——功利境界。

冯友兰认为，功利境界在主观上是不可取的，但在客观上并非于社会无益。于人之三不朽中，除不可立德之外，功利境界的人既可以立功，又可以立言。立功、立言就是对社会的贡献。因此，冯友兰认为，功利境界中的人唯恐其不好名、不逐利，如其不好名、不逐利则未必常作有益于他人、有益于社会之事。有人甚至于求好名而不得时，故意以求恶名以扬名。桓温所谓“大丈夫不能流芳百世，亦当遗臭万年”，正是这种心态的真实写照。

道德境界。

既然功利境界还是不很完善的人格，它就必然要被新的更高级的人格所代替。高于功利境界的较完善的人格，冯友兰称之为“道德境界”。道德境界的特征是：在此境界的人，其行为是“行义”的，义与利是相反亦是相成的。求自己的利的行为是为利的，属于功利境界；求社会的利的行为是为义的，属于道德境界。如果说功利境界的人，其行为是以“取”为目的的话；那么，道德境界的人其行为是以“予”为目的的。如果说，功利境界的人多以为个人与社会是对立的话；那么，道德境界的人则多以为个人与社会是统一的。这些差别都源于这两种境界的人觉解程度不同、其人生目的之不同。道德境界的人比功利境界的人高明的地方，就在于他们对人之所以为人的道理已有了了解和觉悟。

冯友兰认为，道德境界的人的行为是行义的，行义的行为是按照道德规律之“应该”行事的，是不计个人利害的。但这并不意味着道德行为必然与利相冲突。道德行为在其实现过程中，也可能带来某种利，甚至给行义者个人带来某种利。但行义者个人在主观上绝不是谋利的。

在道德评价问题上，冯友兰是一个纯主观动机论者。他认为，自然境界的人可能自发地做出道德的事，功利境界的人，也可能以合乎道德的行为为手段，以达到其为我之目的。但他们的行为只可能是合乎道德的，绝不可能是道德的。道德行为必须是以道德自觉为前提的，没有思想上的自觉，尽管合乎道德，也是不能称道的。因此，在冯友兰看来，人只要有一颗廓然大公的心，就算是进入了道德境界，至于这颗心是否能产生好的效果，则是无关紧要的。

天地境界。

一般认为，一个人能做到毫不利己、专门利人就已经是一个高尚的人、纯粹的人了。但是，冯友兰却不这么看，他认为一个有道德的人，还不是一个最理想的人，还有比有道德的人有更高境界的人，这种境界冯友兰称之为“天地境界”。天地境界的特征是：在此境界中的人，其行为是“事天”的，这种人懂得除社会的全之外，还有宇宙的全，人只有懂得了这一点，才能对宇宙人生有最高的觉解，才能真正明人之理、尽人之性。也就是说，天地境界的人，有高于其他三种境界的人的觉解，是一种最高的人生境界。只有达到这种境界的人，才是圣人，才是真正的理想人格实现了的人。因为，在冯友兰看来，天地境界的人，不仅能尽人伦人职，而且能尽天伦天职，即能事天、乐天。也就是说，只有天地境界的人，才是真正懂得了人之理、明白了人之道、成就了人之所以为人的理想的人。就人之所以为人说，天地境界是最高亦是最佳的境界。冯友兰指出，道德境界与天地境界的区别是尽人伦人职与尽天伦天职的区别，也就是道德与超道德的区别，即于社会中做一个堂堂正正的人与于宇宙中做一个参天地赞化育的宇宙一分子的区别。说到底就是把人之所以为人看成是“人之性”还是“天之理”的区别。或者说，道德境界中的人是以人性之自觉行人道，而天地境界中的人则是以天理之自觉行天道。这样，天地境界的人便有了更广大的胸怀与更高尚的气节，真正可以“与天地比寿，与日月齐光”，称之为“天之骄子”。

冯友兰的天地境界，看上去很有点宗教神秘主义的色彩，对这一点冯友兰自己并不讳言，但是他认为，宗教表面上可以使人得到天地境界，但事实上并不是这样，因为宗教只求人信仰而不求觉解，无觉解便是无明，无明即没有洞察，没有洞察便不可能有天地境界。

以上四种境界的划分并不是绝对不变的，就个人说更不是一个人只有一个境界。不论就个人说，还是就社会说，人的精神境界都是一个不断发展的过程。这一过程就是“我”之觉悟的过程，这里的“我”可有两种解释：一种是个体的小“我”；一种是社会的大“我”。只有社会的“我”才是人追求的天地境界中的“真我”。

冯友兰的境界说是在深刻领悟中国传统人生哲学之真谛的基础之上，借鉴西欧伦理学说创造出来的一种具有中国特色和独特风格的现代人生哲学，是理学发展史上的一朵奇葩。

（原载于《兰州大学学报（社会科学版）》2005 年第 6 期）

从冯友兰论孔子看中国哲学史研究方法论问题

高秀昌

在20世纪的孔子研究中，冯友兰可谓是独树一帜。这主要表现在：一是冯友兰一开始走进中国哲学史研究领域就对作为中国文化象征的孔子的历史地位作了充分的肯定，成为孔子儒家文化的拥护者；20世纪50年代以后至“文化大革命”中“唯书”、“唯上”式的批孔、反孔；20世纪80年代后又理性地重新尊孔、扬孔。二是冯友兰所创立的融贯中西的新理学不仅是接着宋明理学讲而且是接着孔子儒家讲。三是冯友兰一生撰写大量的论孔、评孔文章中，既有真心尊孔的学术评价又有违心反孔的政治评判。四是冯友兰在对孔子的研究中还十分注意讨论孔子研究以及中国哲学史研究的方法论问题。这里，主要就冯友兰一生论孔、评孔所涉及的孔子研究以及中国哲学史研究的方法论问题作一评述，以揭示冯友兰的孔子研究所蕴含的方法论思想及其意义。

一、“同情理解”之态度与方法

早在五四时期，冯友兰亲眼目睹新文化运动对以孔子为代表的儒家传统文化所作的最严厉的批判。冯氏清楚地认识到，自清末以来，孔子的地位一天低落一天：以前人们心目中的“至圣先师”、“教主素王”，成了“教授老儒”，“碌碌无所建树”者；甚至发展到五四时期，新文化运动的代表竟然提出了“打倒孔家店”的口号。如此看来，孔子是否就完全丧失了他的价值？究竟该如何评价孔子在中国历史上的地位和价值？为此，冯氏写成了《孔子在中国历史中之地位》一文。在冯氏看来，孔子虽然未曾著书，也未曾删正六经（六艺），但孔子的历史价值自在。对于那种贬孔子为“教授老儒”、“碌碌无所建树”之见，冯氏却不以为然。冯氏引据古籍，比较中西，通过客观的、历史的分析，从三个方面确立了孔子在中国历史上的重要地位，即：“（一）孔子是中国第一个使学术民众化的、以教育为职业的‘教授老儒’，他开战国游说之风；他创立，至少发扬光大中国之非农非工非商非官僚之士阶级。（二）孔子的行为，与希腊之智者相仿佛。（三）孔子的行为及其在中国历史上的影响，与苏格拉底的行为及其在西洋史上的影响相仿佛。”① 在这里，冯氏实际上已经确立了孔子在中国历史上的三个第一，即：第一个私人讲学的人，第一个私人立说的人，第一个创立学派的人。这就使冯友兰后来所写的《中国哲学史》（上册）（1931）不同于胡适的《中国哲学史大纲》（卷上）（1919），也成为 1949 年前冯氏研究和评价孔子所持守的基本态度和立场。

胡适的《中国哲学史大纲》中首先出现的人物是老子，而冯友兰的两卷本《中国哲学史》中首先出现的人物则是孔子。这其实反映的是他们所持的文化观之不同。胡适主张全盘西化、重新估定孔教的价值，冯氏则主张东西方文化的互相融合、互相贯通。由此形成了对待传统文化特别是孔子儒家的不同态度：胡适主张对传统文化进行重新估价，去掉孔子儒家独尊而使诸子百家平等，而冯氏主张对传统文化应作“同情之了解”，重建孔子儒家之正统地位。

从表面上看，冯友兰跟胡适的争论是属考据学性质的，但从实质上看，冯胡之争，是以孔子儒家还是老子道家为传统文化的主干问题。胡适置老子于孔子之前，实际上是暗示了老子道家为中国传统文化的主干；而冯友兰则明确承认孔子儒家文化是中国传统文化的主干，肯定中国哲学中存在一个“道统”，即儒家道统。这些论断和评价，表明冯氏在当时是很有胆识和富有创见性的。因为在经历了批孔反儒的新文化运动以后，虽然有梁漱溟等倡“新孔家”于其前，但如此明确地高度评价孔子在中国历史中之地位，这在

---

① 冯友兰：《孔子在中国历史中之地位》，《燕京学报》1927 年第 2 期。参见冯友兰：《三松堂全集》第 11 卷，河南人民出版社 2000 年版，第 143 页。

当时也是不多见的。[①]

20世纪30年代后期至40年代前期，冯友兰创建了融贯中西的新理学哲学体系。新理学力图从哲学的高度理解中西文化的冲突，寻求解决中西文化矛盾的方法和途径，确立中国文化发展的方向和道路。冯氏自称新理学是“接着”程朱讲的，实际上他是“接着”整个传统文化讲的。冯氏以继承孔子儒家道统而自居，但实质上他不是“照着”孔子儒家讲的，而是“接着”孔子儒家讲的。

在向西方人介绍中国哲学思想发展史的《中国哲学简史》一书中，冯友兰专列一章，题目是“孔子：第一位教师”。冯氏继续申述自己以往所持的观点：“孔子是中国历史上第一个以私人身份教了大量学生的人……他是个很有影响的教师，而更为重要和独一无二的是，他是中国第一位私学教师。”[②] 孔子是一位“儒”，是儒家创建人。因为孔子时代，只有官方著作，尚没有私人著作，所以他是中国的第一位私人教师，而不是中国的第一位私人著作家。然而，孔子不是普通意义上的“儒”，而是以“以述为作”的精神重新解释了古代经典并创立了新学派的教育家。关于孔子在中国历史上的地位，冯氏指出了孔子的历史地位在各个时代有着很不相同的评价：他本来是一位普通教师，汉代被奉为“至圣先师”，甚至比王的地位还要高，并加以神化；20世纪以来，他的地位逐渐下降到“至圣先师”以下，被大多数人认为是“本来是一位教师，确实是一位伟大的教授”[③]。这是冯友兰对孔子所作的很平实的描述和刻画，也是冯氏对于孔子的比较成熟的真知灼见。

由此可以看出，1949年前，冯友兰在对待以孔子儒家为主体的传统哲学时，所采取的是一种科学的、理性分析的态度，也可以说是一种扬弃的即“批判继承”的态度：既指出孔子思想的价值，又说明其不足；既肯定孔子的

---

① 在此，需要说明的是：关于孔老先后之争的问题，实质上是争哪一派为中国传统文化的主体问题。其实，不论是将孔子儒家或者是老子道家作为传统文化的主体，都失之偏颇。因为，从中华文化的历史渊源及其发展过程来看，它是多元并存的、有机的统一整体。在此问题上，应持整体观。

② 冯友兰：《中国哲学简史》，《三松堂全集》第6卷，河南人民出版社2000年版，第38页。

③ 同上书，第45—46页。

历史地位，又不美化孔子。所以冯氏能够较客观地评价五四运动时期“打倒孔家店”、“打倒吃人礼教”的见解。冯氏认为，这种见解，是“中国社会转变在某一阶段内，所应有的现象。但若当成一种思想看，民初人的见解是极错误的”①。这就是说，从批判作为封建专制制度的偶像来看，这种见解有其合理性；但若从思想文化角度看，我们不能割断历史，全盘否定传统文化。冯氏的这一对待孔子和儒家的立场和态度，实质上是主张，研究中国哲学史上的哲学家，就是要把哲学家的思想“用同情的态度重想一遍，然后不增减地加以叙述”②。这就是陈寅恪对于冯氏《中国哲学史》所作出的能够持守“同情之理解”③的一种评价，也是中国哲学史研究所应当坚持的一种科学态度和方法。

二、“唯书”、“唯上”与“抽象继承法”

1949年以后的冯友兰开始学习马克思主义，并运用阶级观点以及区分唯物论与唯心论、形而上学与辩证法的“两个对子”来研究中国哲学史，研究和评价孔子的思想。④冯氏试图通过批判自己的旧哲学——新理学而表明自己的追求进步。但是由于他是具有深厚哲学素养的哲学家，并且在新中国成立前已形成了对孔子的基本看法，因此，他在这个时期评论孔子时，仍表现出自身独有的特点。

1950年，冯友兰写成《中国哲学底发展》这样一篇简明的“中国哲学

---

① 冯友兰：《新事论·原忠孝》，《三松堂全集》第4卷，河南人民出版社2000年版，第249页。

② 冯友兰：《过去哲学史工作底自我批判》，《三松堂全集》第14卷，河南人民出版社2000年版，第946页。

③ 陈寅恪：《审查报告一》，《三松堂全集》第2卷，河南人民出版社2000年版，第613页。

④ 早在1949年10月5日，冯友兰就给毛泽东主席写信说：“我在过去讲封建哲学，帮了国民党的忙，现在我决心改造思想，学习马克思主义，准备在五年之内，用马克思主义的立场、观点、方法，重写一部中国哲学史。”参见《冯友兰先生年谱初编》，《三松堂全集》附录，河南人民出版社2000年版，第375页。

史”的论文，从孔子写至毛泽东。在该文中，冯氏以“古代哲学的开始——孔子”写哲学家孔子，认为身处社会大转变的时代，孔子是希望做一个承前启后的人物：既维护旧制度、旧文化，又依据新兴社会势力而提出新的要求。冯氏指出：“注重‘礼’与‘孝’是孔子思想的保守方面。注重‘直’与‘仁’是孔子思想的进步方面。前者是使个人束缚于传统之内；后者是使个人自传统中解放出来。前者可以引申至于有反动性；后者可以引申至于有革命性。”“孔子思想的保守方面，是当时的社会的旧势力力图挣扎的反映。他的思想的进步方面，是当时的社会的新势力得到解放的反映。”①

这里，冯友兰还能够持守学术的观点来评价孔子的保守与进步两个方面，还没有跟风进行“上纲上线”的大批判。即使是到了 1954 年，在北京大学哲学系中国哲学史教研室集体讨论后由冯友兰和黄子通、马采执笔写成的《孔子思想研究》一文，尽管开始了“唯书”、“唯上”的“贴标签”式的研究与评价，但他也还能够继续一些学术层面的研究。

《孔子思想研究》首先从阶级观点出发，对孔子进行了阶级鉴定，认为孔子是站在“从领主阶级初步分化出来的地主阶级的立场”上的。具体到对孔子思想的分析上，文章认为，“仁”与“礼”是孔子思想体系的两大支柱（亦即核心）。孔子的关于“礼”与“正名”的理论，表现了他对旧制度的拥护，关于“仁”的理论表现了他的进步的一面。关于孔子“忠恕之道”所具有的进步意义：就是承认人的独立人格；仁人要有真情实感（“直”）。孔子重视有感情欲望的具体的个人，并企图以具体的人的情感欲望为基础建立起“仁”德。在冯友兰看来，孔子这样的思想有唯物论的成分，具有进步意义。在孔子对待宗教的态度上，一方面孔子要维护原有宗教的信仰与仪式，这表明他承认宇宙有一个最高主宰者，由此可以看出孔子的宇宙观是唯心主义的；另一方面，孔子对传统宗教的某些部分有新的了解，这表明他把“天”了解为“自然之天”，又有唯物论的成分。在教育思想方面，认为孔子是中国以私人资格教育学生的第一人。孔子的教育思想方法，是代表一个新阶级，又熟悉

① 冯友兰：《中国哲学底发展》，《三松堂全集》第 12 卷，河南人民出版社 2000 年版，第 12 页。

当时科学的发展，因此，他的思想方法，是很有唯物的成分，也有一点辩证法的意味（注重闻见，注重证据，注重“四绝”等）。这在当时也是进步的。[①]从一定的意义上可以说，这篇文章基本反映了冯友兰在接受了马克思主义后，对待孔子的基本立场和态度。

由上述可以看出，20 世纪 50 年代初期，冯友兰在对孔子的研究与评价上，特别是具体到阶级性的问题，他往往采取当时流行的观点和概念；但一涉及孔子思想本身，冯氏的论述都有独到之处。虽然冯氏也对孔子的保守思想作了批判，但更重要的是，对孔子思想的进步方面尚能够作深入的阐发，并加以积极的高扬，表现出他对孔子思想积极肯定的一面。

1957 年毛泽东提出“百花齐放、百家争鸣”方针前后，学术界和思想文化界出现了前所未有的研究热潮。一时间学者各抒己见，学术空气十分活跃。关于孔子与儒学问题也成为讨论的热点。在这种相对宽松、自由的学术气氛中，冯友兰主动把自己的看法作为“百家”之一，拿出来进行争鸣。冯氏不仅在中国哲学史方法论方面进行了大胆的探索[②]，而且针对当时学术界对孔子评价的意见分歧，率先提出了孔子研究的方法论问题。在冯氏看来，“孔子的名字，已经成为两千年来整个的封建制度和封建主义思想家的象征。但是攻击封建主义不等于对孔子的研究”[③]。毛泽东也曾倡导从孔夫子到孙中山都要作出结论。为了给孔子作结论，就应该对孔子和孔子思想作正确的评价。为此，冯氏指出，要正确分析和估价孔子思想，首先必须把孔子本人的思想和以后发展的儒家思想（孔子主义），把孔子的思想在孔子时代所发生的作用和影响与后来特别是汉以后儒家思想在以后发生的作用和影响分别开来。其次，哲学史家必须以历史主义的精神，对孔子时代的具体情况作具体的研究，对孔子本人的思想作出具体的分析。

在这里，关于第一点，实际上是区别真假孔子的问题。区别真假孔子的

---

① 《新建设》1954 年 4 月号。

② 冯友兰：《从中国哲学史中的几个主要问题看中国哲学史中的唯物主义与唯心主义的斗争》，《人民日报》1957 年 5 月 17 日；《中国哲学遗产底继承问题》，《光明日报》1957 年 1 月 8 日等。

③ 冯友兰：《关于孔子研究的几个问题》，《光明日报》1956 年 11 月 14 日。

问题，梁启超、顾颉刚等人在20世纪二三十年代已提出来讨论过。冯友兰在此重提这一问题，主要是针对当时学术界用攻击封建主义来代替孔子研究的情况而发的。因为只有区别了真假孔子，才能正确分析和估价孔子的思想。关于这两点，这是冯氏一贯坚持的“同情之理解”即客观分析的态度，不同意用“贴标签”式的教条主义的方法来研究孔子。因此可以说，在当时的孔子研究中，冯氏所强调的区分真假孔子的思想，既具有一定的导向价值，又具有某种纠偏的作用。

冯友兰还针对当时学术界对传统文化否定过多的倾向，提出了继承传统文化遗产的方法，后来被人称之为“抽象继承法”①。其主要内容是，哲学史上的哲学命题可分为“抽象意义”（或“一般意义”）与“具体意义（”或“特殊意义”），“抽象意义”是可以继承的，“具体意义”则不能继承，并提出了哲学思想中有为一切阶级服务的成分的超阶级观点。冯氏始终坚持认为，古代哲学和文化中存在着一个优秀传统，这是我们能够也应该继承的。冯氏的这一方法，实质上是对任何文化现象（或精神现象）所具有的历史具体性、经验性与社会一般性、超验性的双重性质的肯定，与当时学界主流所奉行的形而上学的、教条主义的简单化方法明显不同。

事实上，从20世纪60年代初期开始，冯友兰不仅坚持运用“抽象继承法”，而且还从马克思恩格斯《德意志意识形态》中寻找理论根据，通过阐发“普遍性形式”的思想，来肯定历史上哲学家的思想具有超阶级性，从而曲折地肯定孔子思想的历史价值和进步性。这可以从冯氏所发表的系列论孔文章② 以及1962年出版的《中国哲学史新编》（第一册）“孔子和初期儒家”（第四章），看出他对这些方法的自觉运用。

冯友兰在分析孔子思想之前，首先对孔子作阶级鉴定，认为“孔子和他所创始的儒家，是代表奴隶主贵族转化过来的地主阶级的利益”。也就是说孔子所代表的是新兴地主阶级的利益。孔子的思想有新的一面，这是主要的；维护旧制度的一面不是主要的，所以孔子基本上是当时的一个进步

① 冯友兰：《中国哲学遗产底继承问题》，《光明日报》1957年1月8日。

② 冯友兰：《论孔子》，《光明日报》1960年7月22日、29日；《再论孔子》，《北京大学学报（人文科学）》1962年第4期；《我对孔子的基本看法》，《学术月刊》1962年第7期等。

人物。

在分析孔子思想时，虽然冯友兰的基本看法没有变，但作了进一步的阐述与发挥。例如，在对孔子关于“仁”的思想的分析中，认为孔子“仁”的学说的基本内容是：“爱人”、“忠恕之道”与“克己复礼”。在冯氏看来，孔子讲“爱人”和“忠恕之道”，就是承认人与人（指具体的个人）之间有一定的平等关系。孔子所说的“仁”和“爱人”，是一种具有“普遍性形式的思想”①。因为孔子所说的“爱人”这个“人”，包括各阶级的人，即一般人。虽然孔子也主张“爱有差等”，但就其普遍性的形式说，他所说的“爱人”是一种超阶级的爱。冯氏也注意到，在阶级社会的实际生活中，实行超阶级的爱是没有的。但是超阶级的爱的言论和主张是有的。冯氏进一步说明，孔子“仁”的思想是当时新生产关系的反映，是反对奴隶主贵族思想上的武器，在当时说是进步的思想，不能简单地归结为欺骗。

冯友兰这些看法一提出，就遭到了当时所谓的“马列主义权威”们的批判，被戴上“否定阶级分析”、“反对马克思主义”的“反动的学术权威”的帽子。在这种情势下，冯氏又开始进行自我批评。在《关于孔子讨论的批评与自我批评》一文中，冯氏就否定自己关于孔子的“仁”和“爱人”是一种超阶级的爱的观点，并且检讨自己是离开阶级分析而专讲“人”，这样的“人”就是抽象的人。② 这当然是“依傍”之辞，而不是冯友兰自己的学术主见。

虽然冯友兰在对孔子思想的阶级性的分析上，主动放弃自己的观点，“依傍”、“抄袭”了他人之见，但是在对孔子的总体评价上以及在对孔子思想在中国哲学史中的地位的评价上，依然能够坚持自己的主见。冯氏说：“孔子虽然受了他的阶级的局限，但还是提出了不少新东西。在历史的发展中，新的东西总是可贵的。即使仅只有一萌芽，它的前途是远大的。”③ 孔子

---

① 关于“普遍性形式”的思想，是冯友兰从马克思恩格斯《德意志意识形态》中找到的理论依据，以此说明哲学中存在着超阶级的思想。参见冯友兰：《再论孔子》，《北京大学学报（人文科学）》1962 年第 4 期。

② 参见《哲学研究》1963 年第 6 期。

③ 冯友兰：《中国哲学史新编试稿》，《三松堂全棠》第 7 卷，河南人民出版社 2000 年版，第 134 页。

在中国哲学史上的贡献是不可抹杀的："他创立了古代中国最早的学术流派，在中国历史上第一个提出了比较系统的理论体系。他的哲学观点，标志着古代思想开始从神权的束缚中解放出来。他还能够把人和现实生活提到重要的地位，从人的实际生活的需要，观察和了解问题，并且注重人的精神世界的修养。"因此，孔子是"中国古代一位伟大的思想家"[①]。由此可见，在当时是非颠倒的严峻形势下，作为中国文化守护人的冯友兰对于学术良知的坚守，是中国知识分子的一种非常伟大的"为学术而学术"的精神。

1966年"文化大革命"一开始，孔子成为被彻底批判和否定的人物。当时，在"大破四旧"、"横扫一切"的声讨中，孔子遭到了空前的厄运；研究孔子的专家被列为"牛鬼蛇神"，待之以禁闭、游斗、批判，对孔子思想有所肯定的发言、文章被说成是"黑话"和"黑材料"：孔子成为文化教育方面的罪魁，是被"肃清影响"的对象。后来又发展到"评法批儒"和"批林批孔"运动，孔子被丑化到了无以复加的地步。

在这种严峻的政治形势下，一开始冯友兰很紧张，唯恐再成为被批判的对象，因为他已尝过在大规模群众运动中作为被批判对象的滋味。冯氏以为，自己过去一直尊孔，所以这一次一定会成为被批判的靶子。可又一想，"我和群众一同批孔批尊孔，这不就没有问题了吗?"[②]于是就违心地写了批判文章。发表以后，受到毛泽东等权威人物的肯定，也有不少人写信来表示支持。在上下的鼓动下，他对孔子作了全面否定。当时，冯氏所写的文章包括两方面的内容：一是批判自己在此以前的尊孔思想；一是"依傍"当时的"权威"对孔子进行彻底的、全面的批判。冯氏这个时期的思想以《论孔丘》为代表，对孔子的基本看法可以概括如下：（1）孔子是站在奴隶主阶级的立场上，代表的是奴隶主贵族的利益，他的思想在当时所起的作用是反动的。（2）"克己复礼"是孔子的反动的政治纲领。只承认孔子对"周礼"的"因"，不承认对"周礼"的"革"。（3）孔子的"仁"和"忠恕之道"是伪善的道德原则。

---

① 冯友兰：《中国哲学史新编试稿》，《三松堂全棠》第7卷，河南人民出版社2000年版，第135页。

② 冯友兰：《三松堂自序》，《三松堂全集》第1卷，河南人民出版社2000年版，第159页。

(4) 认为孔子是传统宗教的拥护者和宣扬者，在对待鬼神上，孔子宣扬的是一种“实用主义”的鬼神论。

显然，此时的冯友兰运用当时大批判的话语“反动”、“伪善”等词语评价孔子，表明他已经完全否定了以往的“主见”，而代之以“依傍”之辞。这是冯氏在其一生的孔子研究中所走过的一段曲折之路。而这一“曲折”的出现有两方面的原因：一是冯氏自己所无法控制的客观原因，即政治上的高压，只容许对孔子的否定，而压制和打击学术上对孔子有所肯定的观点和主张；二是冯氏主观上的原因，因恐惧被批判而迎合政治潮流，说了一些违心话、极端话，没有做到“修辞立其诚”。

总体说来，20 世纪 50 年代至 70 年代的近 30 年间，冯友兰为了自保而试图放弃自己原有的哲学立场而接受了当时流行的马克思主义，并开始学习和运用马克思主义的立场、观点和方法研究中国哲学史。冯氏在对孔子的研究和评价上，由于受整个政治形势和学术气氛的影响，其观点和态度在不同阶段也呈现出各不相同的特点：研究、评价孔子，有时候迫不得已而“依傍”“学术权威”乃至“抄袭”“党内权威”的说法对付对付，而大多时候则出于自己的学术良心并且还能够提出在当时很不合时宜的但确是坚持了学术之见的所谓的“非常可怪之论”①。由此也可以看出，冯友兰在非常时期的左右摇摆的表现及其所采用的折中调和的态度与方法；当然，这也是冯氏不得已而为之的处世之道。

三、“修辞立诚”之态度与方法

“文化大革命”结束以后，经过拨乱反正，肃清“左”倾思想的影响，特别是 1978 年以后，社会舆论提倡思想解放，对孔子需要“再评价”、“重新评价”、“正确评价”等等的文章和呼声也随之而起，研究孔子的正常气

---

① 晚年冯友兰说，作为被改造的知识分子之一，50 年代及以后，他所写的内容主要是对于 40 年代所写的《贞元六书》的忏悔；并且在忏悔中开始研究、撰写《中国哲学史新编》，有时候还发表了不是忏悔的见解和主张。参见冯友兰：《三松堂自序》，《三松堂全集》第 1 卷，河南人民出版社 2000 年版，第 237 页。

氛渐渐地形成了。这时的冯友兰，老骥伏枥，志在千里，“旧邦新命”的使命感和责任感，又使他焕发了学术青春，他立志要为“古而又新的国家尽其力之所及做一点事，即把中国古典哲学中的有永久价值的东西阐发出来，以作为中国哲学发展的养料”①；同时要克服“文化大革命”中所犯的“哗众取宠”的错误，抛弃“依傍”之辞，运用自己的真正的学术之见从事中国哲学史研究。于是他“重理旧业”，决心再写一部中国哲学通史。重写的《中国哲学史新编》第1册完成于1980年，出版于1982年。在该书的绪论中，冯氏特别强调了“哲学的内容是人类精神的反思”、哲学的作用“是锻炼、发展人的理论思维，丰富和发展人的精神境界”这些基本的看法。在涉及具体历史人物（包括哲学家）的评价时，不仅坚持自己的“抽象继承法”和“普遍性形式的思想”，而且自觉地在“阶级观点”之上加一个“民族观点”。因此，这时的冯友兰在对孔子的研究和评价上，呈现出不同于以往的新特点。

首先，冯友兰从阶级观点与民族观点相统一的角度来评价孔子。在冯氏看来，一方面，中国哲学在中华民族的形成与发展中起到了积极的作用；另一方面，中国哲学也是中华民族历史发展在思想上的反映。所以中国哲学与中华民族是二而一的关系。而作为中国第一位哲学家的孔子，当让为中华民族的形成与发展作出了重要贡献。为了能够充分肯定孔子和儒家在中国历史上所起到的团结中华民族的作用，冯氏在“阶级分析方法”之外，明确地提出了“民族分析方法”。在冯友兰看来，若从阶级观点看，一个民族在一个时期的统治思想，是统治阶级所用以维护其阶级统治的工具。其目的是麻痹被统治者，削弱他们的反抗的意志，消灭他们的反抗的行动。但是，若从民族观点来看，这种思想也可以巩固本民族的组织，统一本民族的思想，本民族的成员也只能以这种思想统一他们的世界观。由此出发，冯氏认为，从孔子对春秋时期大变革的态度是“为东周”，可以看出孔子是一个奴隶主阶级的思想家。因此，孔子在当时基本上是个反对

① 冯友兰：《对中国文化前途的展望》，《三松堂全集》第13卷，河南人民出版社2001年版，第401页。

社会前进、阻碍历史发展的思想家。为此，冯氏只好说："从阶级观点看，不能不作这样结论。"[①] 若从民族观点看，孔子后来又成为中国封建社会在思想、文化方面的最高代表，"至圣先师"。孔子的形象和言论，在中华民族形成的过程中，起了很大的积极作用。"孔子和儒家在中国历史上所起的团结中华民族的作用，是不能否定，也不应否定的"[②]。由此看出，冯氏为了肯定孔子在中国历史中的崇高地位，在不否定阶级分析方法[③] 的同时，明确阐述"民族分析法"，即通过民族观点曲折地肯定孔子。从此我们也可以看出，冯氏在评价孔子的方法上的良苦用心；同时也可以看出，学术界普遍采用的阶级分析方法仍然至深地影响着他，以至于使他不能摆脱《论孔丘》一书对他的消极影响。

其次，在对孔子思想的分析和评价上，贯穿了哲学就是反思的观点。[④]《中国哲学史新编》（第 1 册）第四章及主要"节"都贯以"反思"二字。在冯氏看来，从反思的角度来看孔子，孔子主要就不是一个政治家，而是一个伟大的哲学家、思想家、教育家和历史家。关于冯氏对孔子思想的具体分析，这里不再赘述，但是，在此需要指出的有两点：一是对孔子思想的总体评价。冯氏指出，孔子生在春秋时代即中国社会的一个大变动的时代。他对于古代的精神生活作了反思，对于当时传统的社会制度、道德准则，以及文艺、学术作了"批判"（这里所谓"批判"是用康德的意思），对于传统文化作了"批判"。孔子对夏、商、周这三个时代的历史、文化都有所理解，有所体会，有所引申，有所发挥。他的理解、体会、引申、发挥，构成了他的

① 冯友兰：《中国哲学史新编 · 绪论》，《三松堂全集》第 8 卷，河南人民出版社 2000 年版，第 45 页。

② 冯友兰：《中国哲学史新编 · 绪论》，《三松堂全集》第 8 卷，河南人民出版社 2000 年版，第 45 页。

③ 1980 年前后，阶级分析方法仍然是中国哲学史研究中的重要方法。经过"文革"十年浩劫后的冯友兰必须以此种方法来标明自己的马克思主义立场。

④ 第四章的标题是"前期儒家思想的形成——孔丘对于古代精神生活的反思"，从第二节至第八节，依次是："孔丘对于古代道德生活的反思——关于'仁'的理论"、"孔丘对于古代道德生活的反思——关于'礼'的理论"、"孔丘对于古代道德生活的反思——论完全的人格"、"孔丘对于古代宗教生活的反思"、"孔丘对于古代文艺生活的反思"、"孔丘对于古代学术生活的反思"、"孔丘对于他自己的精神生活的反思"。

"道"。他的"道"就是他对于人类精神生活反思的内容，也就是他的哲学体系的内容。因此，他是中国的第一个（从时间上说）哲学家。作为哲学家，他的思想的影响，对于中华民族的形成以及中国文化的发展，无论积极或消极，都是深远的。二是冯氏对孔子思想所作的分析及总体评价，是他60多年来对孔子的研究的总结。他的这些结论，是经历了否定之否定的曲折之路而达到的，换句话说，他的学思历程符合"正"、"反"、"合"之道：如果说20世纪20—40年代的《中国哲学史》、《中国哲学简史》中的观点为"正"，50—70年代的《中国哲学史新编试稿》、《论孔丘》中的观点为"反"，那么80年代《中国哲学史新编》中的观点就是"合"。

最后，冯友兰从未来中国哲学与文化的创新与发展的角度，充分肯定了孔子儒家的现代价值与世界意义。对于孔子儒家文化该如何继承、发展与创新呢？冯氏认为，孔子儒家、新儒家（宋明道学）曾经是当时的"社会结构的理论基础和时代精神的内容"，而作为现代中国的时代精神的马克思主义哲学，一定会需要中国古典哲学作为它的来源之一。[①] 冯氏甚至认为，"在中国发生作用的马克思主义必然具有中国特色"[②]，并且强调"中国特色"不是"涂上去"的，而是"内在的"，因为"这个特色是由中国这块土地上的内部因素决定的……要建设有中国特色的社会主义精神文明，必须把中国的古典哲学作为其来源之一，这就是新的精神文明与这个传统文化的关系，可以作为新精神文明来源之一的东西，就是有价值的东西"[③]。孔子儒家文化是中国古典哲学的正统与主体，它所包含的仁学智慧与和谐思想，不仅是构建未来的新中国哲学所需要的，也是未来世界哲学所需要的。果真能够建立起综合古今、融贯中西的新哲学，这也可以说是冯氏一生所坚守的"旧邦新命"学术理想的具体实现。

---

① 冯友兰：《在接受哥伦比亚大学赠予名誉文学博士学位仪式上的答词》，《三松堂全集》第1卷，河南人民出版社2000年版，第310—311页。

② 冯友兰：《立足现在、发扬过去、展望未来》，《三松堂全集》第13卷，河南人民出版社2000年版，第473页。

③ 冯友兰：《〈中国哲学史新编〉回顾及其他》，《三松堂全集》第13卷，河南人民出版社2000年版，第457页。

结语：真假孔子和政治与学术的区分问题

综上所述，作为哲学家和哲学史家的冯友兰，在1949年前后，由于政治形势巨变的影响，加上他为了求自保等因素，致使他在对孔子的研究和评价上没有做到一以贯之。具体说，1949年前，冯氏能够持“了解之同情”的态度，坚持自己的哲学主见，通过客观的、历史的分析，旗帜鲜明地肯定孔子在中国历史上的重要地位。在经历了批孔反儒的新文化运动之后，依然能够自觉地从学术思想史角度高度评价孔子在中国历史中的地位，这是非常难能可贵的。特别是他所创立的融贯中西的新理学哲学体系，可以说是对以孔子儒家为代表的整个优秀传统文化的继承和发展，表现出积极的原创精神。1949年后，冯氏试图放弃自己原有的哲学立场，接受马克思主义哲学。由于受整个政治形势和学术气氛的影响，对孔子的评价在不同的时期呈现出各不相同的特点，具体表现是：“文化大革命”以前，在对待孔子的态度上，冯氏是既贴“标签”，又持“主见”（以持“主见”为主）；贴“标签”，是有所“依傍”，持“主见”，是“立其诚”。“文化大革命”时期，在对孔子的评价上，冯氏因迫于压力，完全以“依傍”之辞取代自己的主见（“文革”时期的评孔之见几乎就是“抄袭”）。“文化大革命”以后，冯氏一方面从阶级观点和民族观点相统一的角度，曲折地肯定孔子在中国历史上的地位，一方面从哲学反思的角度，全面、系统、深入地分析了孔子其人及其哲学思想，客观、公正地评价了孔子的历史地位。与此同时，冯氏还从中国未来新哲学的建设与发展的角度，充分肯定了孔子儒家哲学与文化的现代价值和世界意义。从冯友兰在对孔子的研究和评价上的前后差异可以看出：在中国哲学史研究中，要对历史人物作出科学的、公正的评价，必须坚持实事求是的科学态度；否则，便不能进行真正的中国哲学史研究和历史人物的公允评价。

如何研究孔子？如何评价孔子？我们从冯友兰一生对于孔子的研究和评价中可以得到一些方法论的启示。

首先，就是要区分两个孔子，即孔子本人以及后人眼中的孔子形象。学术界多数学者都主张要区分真假两个孔子，冯友兰一生都能够坚持此见（“文革”时期除外)。冯氏曾反复强调区分两个孔子的重要性。① 事实上,若是用孔子的形象来代替孔子,把后人眼中的孔子当成是孔子本身,那必定会在研究和评价中出现鱼目混珠、无的放矢、张冠李戴甚至颠倒黑白的现象。不过我们也应当看到,后人眼中的孔子形象,从某种意义上可以说是对孔子思想的继承与发展。因此,认真系统地研究孔子的形象,可以更完整地认识孔子其人及其思想,更深入了解孔子思想的历史价值与现代意义。另外需要特别强调的是,无论是对于孔子本人还是孔子之形象,作为研究对象,我们都应当给予必要的尊重。否则,若是以谩骂、侮辱、贬损的态度对待孔子及其形象,那就不是在从事真正的学术研究,而是在做着违背起码的学术规范的恶行了。

其次,必须区分两种立场:政治立场与学术立场。学术研究当然会受到研究者所持守的政治立场的影响,但是,应当尽量把政治之见“搁置”起来,或者是自觉地加以限制,不至于使政治之见影响甚至掩盖、歪曲了学术之见。我们看到,当冯友兰以哲学家、哲学史家的身份从事中国哲学史研究的时候,所持守的就是学术立场,而对孔子的研究与评价就是实事求是的、科学的;而当他为了自保而认同了官方的政治之见(而不是他自己的政治之见)的时候,他所持守的就是官方的政治立场,而对孔子的评判往往就是贴“标签”。历史地看,除20世纪50年代至70年代特别是“文化大革命”期间跟随政治领袖人物谈孔、论孔、评孔乃至批孔、否孔之言不由衷以外,多数情况下冯友兰都能够实事求是地评价孔子,特别是能够积极地肯定孔子、拥护孔子,确立孔子在中国历史上的伟大贡献以及肯定孔子儒学将来能够为未来世界新哲学与文化的建设贡献智慧。

最后,学术研究必须要有尊重真理、追求真理的精神,中国哲学史的研究亦当如此。中国哲学史研究理应坚持“同情理解”的态度与方法,“修辞立其诚”的态度与方法,反对“唯书”、“唯上”的态度与方法。因为,一旦

---

① 晚年冯友兰在《如何研究孔子之我见》一文中指出,有两个孔子,即:“一个是孔子本人,即生活在春秋时期的鲁国、姓孔名丘的孔子;另一个则是后人塑造的孔子,即中国历史上所塑造的那个孔子的形象。”参见冯友兰:《三松堂全集》第13卷,河南人民出版社2000年版,第418页。

“唯书”、“唯上”，“依傍”、“抄袭”，那就必然会偏离学术研究的正确方向。即使是伟大的哲学家如西方的柏拉图、亚里士多德、康德、黑格尔、马克思和中国的孔、孟、老、庄、程、朱、陆、王等，他们都没有终结真理，而永远是走在真理之途中。因此，在中国哲学史的研究中，必须摒弃“唯我独尊”、“唯我独真”的独断主义的态度与作风，坚持实事求是的科学态度与方法，唯有如此，才能够真正构建符合中国哲学特质的研究方法论，推进中国哲学史的研究、创新与发展。

（原载于《江淮论坛》2015 年第 3 期）

一个“分析的”现代儒学

陈　鹏

冯友兰先生（1895—1990）自1939年到1946年七年间连续出版了六本书，自谓“贞元之际所著书”：《新理学》（1937）、《新世训》（1940）、《新事论》（1940）、《新原人》（1942）、《新原道》（1945）、《新知言》（1946）。通过此“贞元六书”，冯友兰创建了新理学哲学体系。作为新时代的中国哲学，新理学自觉接续中国传统哲学，同时又融收西方哲学的成果，“承百代之流，而会乎当今之变”，终成一家之言。新理学汇通中西的一个基本表现可以描述为：以一种分析的精神和方法来阐明和转化程朱理学。

本文重点考察新理学对于此分析精神和分析方法的理解和运用，以呈现“分析”在新理学中的多种意味，并尝试从几个方面来说明新理学是传统儒学的一种“分析化”的现代转换。

一、哲学作为“知识”的方法确认

冯友兰建立新理学的一个基本方法是肯定哲学是一种知识，哲学作为一种知识就必须具备严格的理智的态度和方法。于此，冯明确提出了中国现代哲学史上关于哲学之为“学”的经典阐述：

“凡所谓直觉、顿悟、神秘经验等，虽有甚高的价值，但不必以之混入哲学方法之内。无论科学哲学，皆系写出或说出之道理，皆必以严刻的理智态度表出之。故谓以直觉为方法，吾人可得到一种神秘的经验（此经验果与‘实在’符合否是另一问题）则可，谓以直觉为方法，吾人可得到一种哲学则不可。换言之，直觉能使吾人得到一个经验，而不能使吾人成立一个道理。一个经验本身，无所谓真妄；一个道理，是一个判断，判断必合逻辑。各种学说之目的，皆不在叙述经验，而在成立道理，故其方法，必为逻辑的，科学的。……以此之故，科学方法，即是哲学方法，与吾人普通思想之方法，亦仅有程度上的差异，无种类上的差异。”① （《中国哲学史·自序》）

冯在此所表达的是哲学之为“学”或“知识”的方法自觉。这段话的重点与其说是在讨论哲学，不如说是在说明知识为何物。概言之，知识的过程是运用逻辑的方法经过思议言说而成立一个道理或一个判断：其材料是名言概念，其方法是逻辑理智，其结果是命题判断。同时，这一段话还特别强调了哲学与经验或直觉的区别，经验或直觉可能是哲学的起点或对象，但绝不是哲学本身，哲学的结果必须而且首先是结合某些概念而成的某个道理或某个判断。在整个中国哲学的发展历程中，这是首次明确运用逻辑的、概念的方法（现代意义上的“学”）来界定哲学，它预示着中国哲学现代发展的一个开端。

如果哲学是一种知识，那么它与科学知识有什么区别呢？冯认为科学是对于实际作肯定的积极的知识，哲学是对实际不作肯定的形式的知识。“凡哲学中之派别或部分对于实际有所肯定者，即近于科学。其对于实际所肯定者愈多，即愈近于科学。科学与哲学之根本不同在此。”②《新理学》对哲学作如下界定：

“照我们的看法，哲学乃自纯思之观点，对于经验作理智底分析、总括及解释，而又以名言说出之者。哲学有靠人之思与辩。”③

何谓“纯思”？何谓“理智底分析”？对于此理智的“纯思”，冯有多种说明，其基本内涵是指“始于经验又超越经验”的概念思维。在冯看来，所有的概念都是从经验而来，而概念自身（指向理世界）却不依赖经验而存在，概念的纯粹性不仅在于它的逻辑性，而且在于它对于实际世界的超越性。“哲学始于分析、解释经验，换言之，即分析、解释经验中之实际底事

① 《三松堂全集》第2卷，河南人民出版社2001年版，第247页。

② 冯友兰：《贞元六书》，华东师范大学出版社1996年版，第12页。

③ 同上书，第7页。

物。由分析实际底事物而知实际。由知实际而知真际”①。新理学所谓“实际”是实际存在事物之类名，所谓“真际”是凡不违背逻辑（不妄）之有者，“凡可称为有者皆属真际”，此真际实际上是存有或存在之别名。对于新理学，重要的是在这个真际世界中有一个理世界，这个理世界自在永存，一个理如果还没有体现在实际事物之中，它就只属于“纯真际”。

新理学“纯思”之纯不仅在于概念思维过程的逻辑性，更在于它主张所有概念均指向理世界，是超越于实际世界而存在。此理世界在“存在上”是永恒自存，在“认识上”是我们通过对经验作逻辑底释义而获得。我们通过纯思去发现而不是发明理世界。冯反复说，我们是通过对“方底物”的理智底释义来发现“方之理”，而方之理之存在并不依赖有方之物，更不肯定实际世界中有哪些具体的方之物，这就是“方概念”或“方底理”的形式性。顺着这个理世界超越实际事物而自在永存的立场，方可理解新理学所谓“形式底释义”。

关于科学与哲学的区别，在《新知言》中得到更为充分的说明，冯说：

> 最哲学底形上学，并不是“先科学底”科学，亦不是“后科学底”科学，亦不是“太上科学”。它不必根据科学，但亦不违反科学，更不反对科学。……科学的目的是对于经验，作积极底释义（释义就是解释其中所涵蕴底义理）。其方法是实验底，其结论的成立，靠经验的证实。②
>
> 形上学的工作，是对于经验作逻辑底释义。科学的工作，是对于经验作积极底释义。所以形上学及科学，都从实际底事物说起。所谓实际底事物，就是经验中底事物。这是形上学与逻辑学、算学不同之处。在对于实际事物底释义中，形上学只作形式底肯定，科学则作积极底肯定，这是形上学与科学不同之处。③

① 冯友兰：《贞元六书》，华东师范大学出版社 1996 年版，第 13 页。

② 同上书，第 865 页。

③ 同上书，第 873 页。

所以，冯主张有四种知识形态：

> 人的知识，可以分为四种。第一种是逻辑学、算学。这一种知识，是对于命题套子或对于概念分析底知识。第二种知识是形上学。这一种知识，是对于经验作形式底释义底知识。知识论及伦理学的一部分，亦属此种。伦理学的此部分，就是康德所谓道德形上学。第三种是科学。这一种知识，是对于经验作积极底释义底知识。第四种是历史，这一种知识，是对于经验底记述底知识。①

冯的结论是，形上学是对于经验作“形式底释义”。

二、“形式底释义”的形上学

《新知言》这本书可以看作是对于新理学形上学方法的系统说明，也可以看作是对新理学形上学方法西学渊源的一个系统说明。对于这个西学渊源，冯友兰重点讨论了柏拉图、斯宾诺莎、康德、休谟和维也纳学派。在冯看来，柏拉图是西洋哲学真正的开山大师，因为他的辩证法、类型法是一种对于事物不作积极肯定的形式底释义，是一种典型的形上学的方法，而亚里士多德的形上学“将他老师的形上学的空灵部分，加以坐实。经此坐实，亚力士多德的形上学，即近于是科学”②。休谟则明确从经验知识的立场上试图取消形上学，照休谟的看法，“形上学是属于关于事实的实际底知识”，是“坏底科学”，应该取消。

休谟之后，康德试图拯救形上学。冯在《新知言》中大量引用了康德《未来形而上学导论》（《新知言》简称《前论》）的材料来说明康德的形上学方法。新理学对哲学与科学的分别，以及对真际与实际的区分，在理论起点上是柏拉图，而在具体的方法落实上，很大程度上要归于康德。冯引用康德说：

① 冯友兰：《贞元六书》，华东师范大学出版社1996年版，第874页。

② 同上书，第885—886页。

理性的观念的目的，在于完全，在于可能底经验的全体的统一，所以它就超越了任何经验（《前论》英译本九二页）。知解中有范畴，理性中有观念。所谓观念，就是必然底概念，其对象不在经验中。知解的概念出于经验中，其原理亦能为经验所证实，但理性的观念不在经验中，所以也就是经验所不能证实，也不能否认底命题。所以这些观念最容易不自觉地走入错误底路。其错误在于以思想的主观条件，作为对象的客观条件；以满足我们的理性底假设，作为武断底真理（《前论》英译本一一七页）；以仅只是理性的观念，作为客观底对象。这就是所谓理性的辩证底使用，由此生出武断底形上学。①

康德所谓理性的辩证运用所得出的超越观念分别是灵魂不灭、意志自由、上帝存在，而理性对于这些观念的运用又无可避免地陷入悖论，因此，要在原则上决定理性使用的界限。在冯看来，理清这个界限，也算是对形上学的一个积极的贡献。冯说：

界限与限制不同。界限是一个积极底观念。它表示界限之外，还有些甚么，不过不在界限之内。限制是一个消极底观念，只是一种否定，只是还未不完全。我们的理性，在它的界限上，看见物之自体的余地，不过关于物之自体，我们不能有观念。这就是说，我们被限制于现象。②

所以，冯认为康德并不是反对形上学，也不是要取消形上学，而是从休谟的经验主义中救出了形上学。而且康德为形上学立了一个新方法，这就是所谓形上学的负底方法，一种讲物自体不能讲的方法，如同新理学思议言说道体、大全之不可思议言说的方法。康德有对于现象与物自体的区分，对于知解与理性的分别，以及对理性界限的看法，我们在新理学中则可以看到实

① 冯友兰：《贞元六书》，华东师范大学出版社 1996 年版，第 899—900 页。

② 同上书，第 903 页。

际与真际的区分，科学与形上学的分析，以及负的方法的运用。当然，他们对这些观念的理解和运用都有很大的不同。

如果说康德试图从休谟的经验主义中拯救形上学，那么冯友兰则试图要从维也纳学派的分析主义中拯救形上学。冯明确肯定维也纳学派在“取消形上学”上的努力。冯说：

维也纳学派，以为形上学中底命题，都是综合命题，又都无可证实性，所以形上学中底命题，都是无意义底。从知识的观点看，形上学中底命题，都是如“砚台是道德”，“桌子是爱情”之类，只是一堆好看好听底名词而已。其中底命题既是如此，所以形上学可以取消。这是维也纳学派对于形上学底最有力底批评，也是他们主张取消形上学的主要理由。①

冯认为维也纳学派所用的方法是分析法的高度发展，只是他们所批评的形上学实质上是“坏底科学”，不是真正的形上学，真正的形上学几乎都是分析命题，对实际不作肯定，或甚少肯定。冯说：

形上学中底命题，仅几乎是重复叙述命题，所以也是综合命题，也可能是假底。不过形上学中底命题，除肯定其主辞的存在外，对于实际事物，不积极底说甚么，不作积极底肯定，不增加我们对于实际事物底知识。所以它是假的可能性是很小底。……只要有任何事物存在，它的命题都是真底。……真正底形上学，必须是一片空灵……其不空灵者，即是坏底形上学。坏底形上学即所谓坏底科学。②

这个“主辞的存在”就是指只肯定“事物存在”，冯一再申明其新理学的演绎特征，在后来的《中国哲学简史》中，冯指出：

① 冯友兰：《贞元六书》，华东师范大学出版社 1996 年版，第 910 页。

② 同上书，第 874—875 页。

> 哲学的推理，更精确地说，形上学的推理，其出发点是经验中有某种事物……从“有某种事物”这句话演绎出《新理学》的全部观念或概念，它们或是程朱的，或是道家的。①

新理学在方法说明上是过度强调了在形式上的演绎性，而实际上，新理学形上学的分析并不是如此演绎或几乎是重复叙述的命题。新理学形上学中的理、气、道体、大全等概念是无法通过纯粹演绎得出的。在实际运用中，新理学形上学所谓“形式底释义”之“形式底”有两个层次的含义：一是概念命题推延的演绎性或形式性，一是指任何概念本身（理世界）的形式性。不仅甲是甲、A＝A之类是形式的，概念本身也是形式的，因为它实质上只在真际世界中肯定了某理，而并不在实际世界中肯定了某物，虽然思维把握这个概念要通过对经验世界的逻辑分析。因此，新理学形上学的一个重要方法是从最基本的日常经验出发，对“存在”的若干蕴涵进行分析、概括，获得几个超越的观念和相关命题，从而形成一个简明的存在论系统。这几个超越的观念是对存在作最一般和最总括的释义，所以是相当“形式底”。

三、形式之理：对程朱之理的逻辑转换

新理学形上学基本上是依照以上的形式原则从四个角度（形式、质料、过程、总体）对“存在”作逻辑分析，得出“理”、“气”、“道体”和“大全”四个主要的形上学概念及相关命题。通过所以然与所以能引出“理”与“气”，通过过程与整体引出“道体”和“大全”，“理”解释存在之所以然之则，“气”解释存在之能存在，“道体”解释存在之流行变化，“大全”解释存在之总体，从而形成一个所谓“形式化”的存有论系统。限于篇幅，于此主要对新理学的“理”观念及相关释义作一个简要的说明，以见新理学如何在分析的意义上对程朱理学进行了旧瓶装新酒式的转换。

① 冯友兰：《中国哲学简史》，北京大学出版社 1985 年版，第 371 页。

在《新知言》中，理概念[①] 被表述为这样一组命题：

> 新理学的形上学的第一组主要命题是：凡事物必都是什么事物。是甚么事物，必都是某种事物。某种事物是某种事物，必有某种事物之所以为某种事物者。借用中国旧日哲学家的话说："有物必有则"。[②]

理是事物之所以然之则，理自在永存，理自身不造作、无动静，在这些观点上新理学与程朱理学并无二致。但在诸多方面，新理学之"理"比程朱之"理"要"空灵"得多，略述如下。

1. 理是共相之类名。新理学从"有事物存在"推到"有某种事物存在"，再推到"某种事物必有之所以为某种事物者"，即是理。此理是一共相，也是一类名，它的外延是众理或众共相，它的内涵是所以然，是一类事物之共相。

2. 理与类。我们的认识是通过总括相同事物而得到类的观念，由此而发现一类事物之所以是一类事物之所以然者。从认识上说，是由某类认识到某理；从存在上说，是有某理即有某类。对类作"共别的"分析是新理学最常用的一种逻辑方法，比如动物是共类，人之类属于动物之类是别类，那么人依人之性就蕴涵了依动物之性。

3. 理一分殊。冯认为朱子的"理一"是就形下说的，是肯定实际事物之间有一种内部的关联，这是新理学所不能肯定的。新理学的"理一分殊"是指共类与别类，或是一类与其中的分子之间的关系。[③]

4. 太极。新理学明确表示，朱子"人人有一太极，物物有一太极"是一种神秘主义的说法，不能持之。新理学的"太极"只是逻辑上众理之全的集合，只是一理世界，它并不肯定"一切事物"皆以某理为绝对本原。

---

① 本文对概念、观念两词暂不作区分，本文中大致的用法是新理学常用观念，我们在介绍时常用概念。

② 冯友兰：《贞元六书》，华东师范大学出版社 1996 年版，第 920 页。

③ 同上书，第 45 页。

5. 理无善恶。新理学主要从四个方面讨论理之善恶问题：一是从真际或理自身的观点看，理自身无所谓善恶。二是从某类实际事物的观点看，某理是某类事物的至善。三是从一个个实际事物看，则每一事物皆以自己的标准来确定善恶，个体事物之间并无统一的善恶标准。四是从社会的观点看，道德是善。

6. 不存在道德化的天理。新理学明确表示“宇宙是道德底”是神秘主义的说法，不能加以肯定，新理学不主张有道德意义上的天地之理。新理学特别注意区分“一般的善恶”与“道德的善恶”，不存在适用所有事物之一般的善恶，道德的善恶，只可对于人说，而不能对一切事物说。① 显然，在一般存在的意义上，新理学并不肯定一绝对的善，而是把道德价值明确归属于社会人生范畴。

7. 体用一源，显微无间。新理学认为，形而上之理可谓体，此理在实际事物中实现为性是用；此理未实现是未发，是微，实现为性是已发，是显。实际事物依照某理或某某理就是体用一源、显微无间。②

新理学的理至多只是一“形式本体”，它形式地解释了事物的统一性，即“事物皆有理”，或是一切事物皆是其所是，如其所如。如此而已。新理学既不肯定统合万理之理的太极，也不主张道德意味的天理。新理学在建立其形上学的过程基本上秉持了这种逻辑分析的方法，尽可能做到对实际不作肯定的“形式化”，其对气、道体、大全的概念分析均是如此。

四、“人性善”的逻辑分析

与其存在论一样，新理学的人性论也可看作是对传统儒学人性论尤其是孟子性善论的某种现代转换。考察新理学的人性论首先要介绍其对事物正性、辅性、所有性的分析。冯提出：“每一事物，从其所属于之任何一类之观点看，其所以属于此类之性，是其正性，其正性所涵蕴之性，是其辅性，

---

① 冯友兰：《贞元六书》，华东师范大学出版社 1996 年版，第 99 页。

② 同上书，第 37 页。

与其正性或辅性无干之性，是其无干性。”① 例如人，从其所属于人之类之观点看，则有人之性，人之性是人之理，此是人之正性。人不仅是人，而且是物，是生物，是动物，那么物之性、生物之性、动物之性都是人之性所涵蕴之性，都是人之辅性。至于人之高矮、黑白、胖瘦之类，则是人的无干性。

新理学此所谓“正性说”正是基于“凡事物都属于某类事物”的立场，这是一种典型的类型论的观点，即某事物一定属于某类事物，这是从个体到类的跳跃。这是一个典型的柏拉图式的本质主义的立场。这实际上肯定了一个个体事物的众多性质中，必定有一个是这个事物的正性，这个正性逻辑地规定了此事物是此事物。

新理学首先对性善性恶问题进行了一番典型的“形式的”分析，要点如下：

1. 凡所谓善者，即是从一标准，以说合乎此标准者之谓……所谓恶者，即是从一标准，以说反乎此标准者之谓。

2. 由真际之观点说，理不能说是善底，或是恶底，因为我们说到任何事物之是善是恶时，我们必用一批评之标准。

3. 从每一类事物之观点看，每一类事物所依照之理，皆是至善底。

4. 若从一件一件底实际事物之观点看，则每一件事物，各以其自己之所好为标准，以批评其他事物。合乎其自己之所好者是善底；否则是恶底。

5. 人所谓自然底善恶，其善恶是以人之欲为标准而说者。②

那么，人性是善还是恶？人性的标准是什么？新理学从人必属于社会找到人之类的标准，认为社会的标准才是人性善恶的标准。冯说：

> 如一某物系为许多分子所构成者，则此诸分子必依照此某理所规定之基本规律以动，此某物方能成为某物，方能存在。此诸分子愈能依照此基本规律以动，则此某物之构成，即愈坚固，其是某物之性，亦愈完全。社会之为物，是许多分子所构成者。人即是构成社会之分

---

① 冯友兰：《贞元六书》，华东师范大学出版社 1996 年版，第 92 页。

② 同上书，第 95—98 页。

子。每一人皆属于其所构成之社会。一社会内之人，必依照其所属于之社会所依照所规定之基本规律以行动，其所属于之社会方能成立，方能存在。一社会中之分子之行动，其合乎此规律者，是道德底，反此者，是不道德底，与此规律不发生关系者，是非道德底。①

分子（部分）属于某物（整体），个人属于社会。分子依照物之理，不仅使物成为某物，也使分子成为分子；人依照社会之理，不仅使社会成为社会，也使人成为人。人有社会性是人之所以为人的根本，人有社会性就必须具备道德性；人越有道德性就越有社会性，就越有人性。人性之中蕴涵了社会性，所以就蕴涵了道德性。冯对人性善作如下表述：

从道德底善说，人之性亦是善底。因为人之性之内容中，即必须有道德。人之性即是人之所以为人者，人之所以异于禽兽者，若用言语说出，即是人之定义。人之有社会，行道德，不能不说是人之所以异于禽兽者之一重要方面。②

正是借着这个逻辑线索，新理学推出人之性是道德的结论，可谓孟子性善论的现代版本。

五、“觉解即境界”的主知特征

新理学欲对事物进行“形式底”释义，对事物“甚少肯定”，它的内在目的仍是要对文化人生的方向作出某种断定，仍是要通过“宇宙及人在其中之地位究竟‘是’如何”来“断定人究竟‘应该’如何”，这就是《新理学》之后，《新世训》、《新事论》，尤其是《新原人》之所以作。冯友兰最早建立哲学系统的尝试就是人生哲学，在1930年出版的《人生哲学》是对其博士

① 冯友兰：《贞元六书》，华东师范大学出版社1996年版，第115页。
② 同上书，第100页。

论文《中西人生哲学之比较》的充实和拓展，那是他对一个新人生哲学的最初探索。

有学者认为，《新理学》太西化、逻辑化、分化化，《新原人》在一定程度上可以看作是冯友兰对中国哲学传统的某种回归。我们倒认为，《新原人》主要是把《新理学》中觉解与境界的关联问题的理论线索充分展开出来，在理论方向和哲学方法并无大的改变。在《新理学》绪论中，冯指出哲学是无用之学，如果说有用那就是可使我们对于真际有一番同情的了解，这个同情的了解，可以作为入“圣域”之门路。在《新理学》第十章“圣人”中指出：

> 圣人之所以达到此境界之学名曰圣学。圣学始于格物致知，终于穷理尽性。格物致知是知天，穷理尽性是事天。换句话说：圣学始于哲学底活动，终于道德底行为。①

通过形上学的了解来达到人的某种精神境界的哲学线索在《新理学》中已经具备，只是由于各种原因没有作充分的讨论和系统的展开。至《新原人》，新理学才完成一个有较系统的人生境界论。

本文于此要着重指出的是，新理学的“境界”概念在很大程度就是一个“觉解”的概念，它并没有特别强调“境界”对“觉解”的超越，而有着“即觉解即境界”的哲学倾向，而这一点正充分体现了新理学通过“认识的路子”来抵达境界的主知特征。冯说：

> 人对于宇宙人生底觉解的程度，可有不同。因此，宇宙人生，对于人底意义，亦有不同。人对于宇宙人生在某种程度上所有底觉解，因此，宇宙人生对于人所有底某种不同底意义，即构成所有底某种境界。②

觉解即形成意义，意义即形成境界，境界的不同归根到底是由于觉解的

① 冯友兰：《贞元六书》，华东师范大学出版社 1996 年版，第 204 页。

② 同上书，第 552 页。

不同。境界的高低取决于人对于人性觉解的高低，而不是对外在世界的“客观知识”的多少。人生境界从底到高主要可有四种：顺着自己生物学上的性而行的人是自然境界，在自然境界中的人无觉解。自觉地为着自己的功利而行动的人是功利境界，在功利境界中的人只觉解到自我的功利。对于人之道德性有觉解，“了解人之性是涵蕴有社会底”才是道德境界。了解于社会的全之外，还有宇宙的全，了解人必于知有宇宙的全时，人之性始能得到充分的发展，即是天地境界。在天地境界中人不仅是社会中人，也是宇宙中人，不但对于社会应有贡献，对于宇宙亦应有贡献。① 有觉解方有境界，无觉解即无境界，新理学常常把觉解与境界等同起来。新理学一再强调，哲学作为一种特殊的觉解，其意义不在于获得关于实际的积极的知识，而在于提高人的精神境界。冯在《新原道》中指出：

> 新理学中底几个主要观念，不能使人有积极底知识，亦不能使人有驾驭实际底能力。但理及气的观念，可使人游心于“物之初”。道体及大全的观念，可使人游心于“有之全”。这些观念，可使人知天，事天，乐天，以至于同天。这些观念，可以使人的境界不同于自然，功利及道德诸境界。在这种境界中底人，谓之圣人。②

冯在其《中国哲学与未来世界哲学》(1948) 中视天地境界为一种哲学境界：

> 按照中国哲学的传统，一般地说哲学，特殊地说形上学，其功用是帮助人达到精神创造的那两种生活境界。天地境界必须看成哲学境界，因为若非通过哲学得到对宇宙的某种理解，就不可能达到天地境界。但是道德境界也是哲学的产物。道德行为并不单纯是符合道德律的行为，道德的人也不是单纯养成一定的道德习惯的人。他的行为，

① 冯友兰：《贞元六书》，华东师范大学出版社 1996 年版，第 556 页。

② 同上书，第 855 页。

他的生活，必须信有对相关的道德原则的理解；否则他的生活境界简直可能是自然境界。哲学的任务就是给予他这种理解。①

在新理学中，境界的层次实质上就是觉解的层次，这是一个经过现代转换的知识化、哲学化的境界观。

六、“分析的”儒学

我们会问，如此分析化、逻辑化的新理学似乎“抽空”了传统儒学中诸多实质性的内核，新理学还能称其为儒学吗？为避免任何可能的“独断”倾向，新理学不再肯定天地之德、宇宙道德，不承认万理一理的太极，也不多谈本体意义上的本心良知。不过，新理学的根本精神仍是儒家的。新理学提出“社会道德”的立场，依此来规定人性，认为决定人生境界高低取决于对“人性”有无觉解，以及觉解的充分程度，有觉解即进入道德境界；如果进一步将此“道德性”扩展到天地之间，即是天地境界。如果用对道德人性“正解”的线索来看，这四层人生境界的递进秩序就是：无解—非正解—正解—大正解。尽管经过了逻辑化的现代转换，在新理学中，最高的觉解和最高的精神境界仍是“道德充其极”的天地之知和天地境界。我们再参看冯对佛道的批评：

道家之圣人，及上章所说宗教中之圣人，不能有用于社会。凡人没有能离开社会者，即令遁迹深山，自耕自食，亦不能说是离开社会。和尚之出家，亦只是出“家”，只是离开社会中之一种组织，而不是离开社会。如真无社会，则虽有山而不能有人，有地亦不能耕，更亦无庙可住。道家及佛家之圣人，不能离开社会而又不能有用于社会；如人人俱如此，则即无社会，所以此是行不通亦说不通底。宋明道学家说二氏中人自私，正是就此点说。②

---

① 《三松堂全集》第11卷，河南人民出版社2001年版，第595页。

② 冯友兰：《贞元六书》，华东师范大学出版社1996年版，第213页。

新理学作为一种现代新儒学当然不再是照搬传统儒学，而是要接着讲，既是接着讲，就要在继承的某种思想线索的基础上有所发挥，有所拓展，甚至有所变更。新理学的建立在方法上可以概括为：运用分析的精神和方法来对中国传统哲学尤其是程朱理学进行现代转换式的重建。新理学对于分析精神和分析方法的实际应用主要体现在三个层次上：

1. 作为形上立场的分析。形上学不再“非法”提供实际的知识，而只作形式的释义、逻辑的分析。这种分析精神的背后既有严格理智的态度，也有科学精神的某种体现，它意味着对任何可能的独断的批判态度。所以，新理学对传统儒学中种种所谓神秘主义的观点都一一加以消除。当然，新理学还是保留了一个独断立场，即本质主义的理本论，这是它与具有约定论意味的语言分析哲学的一个重要区别。

2. 作为建立形式系统的分析。冯友兰有感于中国传统哲学缺乏形式系统的弱点，在建立新理学的过程中充分重视作为建立理论系统的逻辑手段或技术，诸如概念界定、概念分析、逻辑论证、逻辑一致等等。这一类分析，可以视为基本上是与“内容”无实质关联的形式化技术。

3. 作为释义（呈现蕴涵）的分析。新理学的“分析化”与其说是演绎的、同意反复的，不如说是非建构的、非独断的，或是描述的、呈现的、解释的，这是一种试图不作或最少作“本体论承诺”（只肯定事物存在）的描述或释义，冯称其为“理智底”释义。这是一种从经验世界出发，在不同的层次、不同的角度上，对事物进行逻辑分析的方法，它将充分展现各种可能性。上述新理学对人性问题的多元多层的分析就是一例。

冯友兰有着自己的立场和方法，他是基于这个立场和方法来整合中西哲学资源，或者说任何的哲学资源都可以为这个立场和方法所用。对于新理学来说，这个立场和方法的重要内容就是上述分析精神和分析方法。由于这个方法，由于此鲜明的主知立场和分析精神，使得新理学在现代新儒学中占有独特的地位。

谨以此文纪念冯友兰先生诞辰 120 周年！

（原载于《中国哲学史》2016 年第 1 期）

冯友兰"新理学"若干问题刍议

李承贵

作为一种全新的哲学形态的"新理学"于1938年问世之后，即引来诸多关注与评论，赞誉者有之，批评者有之。而在批评的部分受诟病最多者是解释方法问题。那么，"新理学"解释方法究竟出了什么问题？应该怎样评价在方法上广受批评的"新理学"？本文拟对这些问题展开讨论，以期求得合理的答案。

一、质疑"新理学"方法的若干论说

事实上，对于冯友兰的"新理学"，熊十力适时给予了关注。他说："理者是实法，实法者，谓其有实自体也。虽其自体不是具有形质的，要是实有，而非空洞的形式之谓。非假法。假法者，谓其只是空洞的形式，而无有实自体也。或以为理字具有条理与法式、轨范等义，故是共相。此等共相，乃离开现实界之特殊物事而自存于真际界云云。此说本之西洋谈逻辑者。如其说，则真际界与现实界显划鸿沟，不可融会。此已难通。而其所谓理，又只是空洞的形式，例如方等。彼计方的桌子等之方，是一切方的桌子等之共相，亦说为理。夫方的桌子等，在俗谛说为实有的物事，而方的共相，则只是空洞的形式而已。今若仅在逻辑上，以共相为特殊物事的型范，而不与形而上学中所谓理者相混，似犹可说。兹乃以共相，应用到形而上学里来，以为是现实界中特殊物事之所依据以成者。而此共相既是空洞的形式，又谓其离开现实界而独存于真际界。则二界如何发生关系，既难说明，且此空洞的形式，无实自体，又如何说为真际，且得为特殊物事所依据以成者乎？果尔，则是无能生有，殊不应理。”① 这段话所表达意思是：“理”是实有的，非空洞的，不是假法。如果将“理”理解为条理、法式之类的“共相”，并将“共相”用到形而上学中，作为现实界中特殊事物的根据，那么就会遇到这样的困难：第一，“共相”与现实界分离而独存于真际界，那么它们怎样发生关系？第二，“共相”是空洞的形式，没有自体，怎么会发生“无能生有”的事情？也就是说，熊十力所理解的“理”，首先是实有的，不能是空洞的形式，其次是与现实界贯通的，“理”不能脱离现实界的特殊事物而孤立于真际界，它虽是本体，但并不与物隔绝。方东美则认为，以新实在论解释宋明理学，难以把握其精神。他说：“像冯友兰的‘新原道’由英国人翻译成 Spirit of Chinese Philosophy，其中的中国哲学完全是由宋明理学出发到新理学的观念，只占中国哲学四分之一的分量，再加上他之了解宋明理学乃是透过西方新实在论的解释，因此剩下的中国哲学精神便小之又小。”② 徐复观也认为新实在论对儒家、道家思想的解释属外行，他说：“冯友兰的《中国哲学史》，以正统派自居，但其中除了对名家（辩者）稍有贡献外，对孔、老、孟、庄的了解，尤其是对孔与孟的了解，连皮毛都没有沾上。”③ 牟宗三也表示新实在论与宋明理学存在隔阂：“冯氏以新实在论的思想解析朱子，当然是错的。以此成见为准，于述及别的思想，如陆、王，字里行间当然完全不相干，而且时露贬辞。”④ 在牟宗三看来，新实在论方法虽然可在先秦名学研究上有所贡献，但由于宋明理学属道德性命之学，因而以新实在论解释程朱、陆王，必将导致对这些学说的误读与伤害。不难看出，方东美、徐复观、牟宗三等都沿袭了熊十力的观点，即不能接受新实在论对除名家、后期墨家之外的中国哲学学说的解释。

不过，批评冯友兰新理学的不限于这些典型的新儒家，像思想家张东荪、哲学家劳思光也对《新理学》方法提出了批评。张东荪说：“宋儒只有形而上学而不置重于知识问题，所以他们所说‘形而上’一语决不可当作

---

① 《熊十力全集》第 3 卷，湖北教育出版社 2001 年版，第 364—365 页。

② 方东美：《原始儒家道家哲学》，台北黎明文化事业有限公司 2006 年版，第 38 页。

③ 《徐复观文集》第 3 卷，湖北人民出版社 2002 年版，第 12 页。

④ 牟宗三：《中国哲学的特质》，上海古籍出版社 2007 年版，第 3 页。

‘抽象的’来解释。在此有一个很重要的分别，就是理之所以为形而上乃由于理即是体，而并不由于理是抽象的，以抽象的来解释理，便是以西洋哲学上新实在论派的所谓的‘共相’（universal）来解释理。这是冯友兰先生于其近著《新理学》上所尝试的企图。我则认为和宋儒原理相差太远。……例如西方的新实在论主张于实际的三角以外，有三角之共相；于各种红色以外，有抽象的红，如从心理学来解释，似乎可以说这只是一个‘概念’（general idea）。这样的‘概括观念’（generic idea）其实只有一个‘类名’（class name）。其单一性（unity）只在于其符号上（即名字上）。并不是实际上有那样的存在，所以关于这一方面我是采取唯名论（nominalism）的观念而加以修正，以为新实在论的主张毫无可取。”① 张东荪认为，宋明理学的“理”之所以为形而上乃由于是“体”，而不是“共相”，由于新实在论所主张“于实际的三角以外有三角之共相”，而这个共相的“三角”只是一个类名，并非实际的存在，因为抽出的“概念”不能离“心”而存在。虽然抽出必有所根据，但“根据”是客观的，而“抽象”与“概括”是主观的，因此，新实在论之“共相”与宋明理学之“理”完全不相应。不难看出，张东荪揭示了新实在论的一个核心问题，就是抽象出来的“共相”有没有资格成为形上学的本体，因为它是主观的，而作为本体或根据的东西必须是客观的。因而冯友兰将“理”解释为“共相”，就不自觉地将“理”之本体资格取消了。可见，与方东美等人不同的是，张东荪更为深入地分析了以新实在论解释宋明理学存在问题的原因，这个原因就是：新实在论的“共相”在内涵上和来源路径上与宋明理学的“理”完全不同。劳思光认为，由于冯友兰解释宋明理学所能用的理论限于柏拉图理论与近代新实在论，所以将其当着一个形而上学处理。他说：“柏拉图的这种思路，为冯氏特别重视。他不仅在解释先秦道家、名家学说时，一直以这种思路为立说的背景，而且论及佛教及宋明理学时，也只凭依这种思路。客观地说，这种形上学思路，只能用于有关形上学问题的研究上。……对于佛教与宋明理学，则大半都不适用。尤其是论禅宗与陆王之学时，一切关于客体性的理论设准，都成为题外。因为这些学说都集中

① 张东荪：《思想与社会》，岳麓书社 2010 年版，第 170—171 页。

于一组关涉‘主体性’的问题上。冯先生在这种紧要界限上，看不明白，原因自然是他本身对这两面的哲学问题把握不住。但我们抛开个人学历问题不谈，专就中国哲学史的工作来讲，我们不能不说，冯书虽有‘哲学’，但并不与中国哲学的主流相应。”① 在劳思光看来，冯友兰的错误在于所用的新实在论方法与宋明理学不相应，宋明理学的基本特点是道德主体性，不是讨论普遍与特殊、抽象与具体关系的名学。综上质疑与批评，似可归纳为：冯友兰学术造诣不深，既不能把握中国哲学或宋明理学的特质，也不能把握新实在论方法精神；新实在论方法与中国哲学的主体性、道德性命等基本特质不相应，所以“新理学”是歧出；“理”本体应该是实有、且与具体事物贯通的，若是“共相”，则脱离具体事物且不能生物，所以“新理学”并非“最哲学的哲学”。

二、冯友兰解释宋明理学举要

那么，该怎样评估上述质疑与批评呢？由于这些质疑批评多属“原则性讲说”，并没有列出具体的案例以证明其批评的正当性。因而必须考察冯友兰对于中国哲学或宋明理学理解的具体情形，以求证这些质疑与批评的是与非。冯友兰关于宋明理学的理解涉及内容极为广泛，这里选择部分个案加以考察。

（一）关于“无极而太极”的解释

“无极而太极”是周敦颐的命题，在朱熹与陆九渊之间便展开过辩论。朱熹认为这个命题是“下语精微”，陆九渊则认为是“叠床上之床”。冯友兰对这个争论的评判是：陆是朱非。他说：“就此争辩说，象山是而朱子非。盖周濂溪之系统，本与朱子不同。”② 那么，冯友兰是怎样理解这个命题的呢？冯友兰说：“不过我们所谓太极，与道家之太一，及濂溪之太极，完全不同。

① 劳思光：《新编中国哲学史》第1卷，广西师范大学出版社2005年，第307页。

② 《三松堂全集》第4卷，河南人民出版社2001年版，第48页。

在我们的系统中，太极与无极，正是两个相对底观念。我们的系统所讲之宇宙，有两个相反的极，一个是太极，一个是无极。一个是极端地清晰，一个是极端地混沌。一个是有名，一个是无名。每一普通底的名词皆代表一类，代表一理。太极是所有之理，所以所有之名，无论事实上已有或未有，皆为太极所涵蕴。所以太极是有名而无极是无名。由无极至太极中间之过程，即我们的事实底实际底世界。此过程我们名之曰：'无极而太极'"[①]这段话含意是：第一，"无极"非实词化。即谓"无极"无实际的意义，而只是一个修饰词，而且"无极"即"无名"，不能成为"所有之理"。冯友兰说："'无极而太极'，在这句话里，'无极'是个形容词，'太极'是一个名词。用这个形容词形容名词，就是说，太极在空间上没有边际，在时间上没有始终。具体的事物总是有边际有始终的，这就是西方哲学中所说的'有限'。太极没有这些限制，这就是西方哲学中所说的'无限'。'无极'就是形容'太极'的无限。如果说'自无极而太极'，在这句话里'无极'就不是一个形容词，而是一个名词。那就是说，'太极'并不是最高的范畴，它是从'无极'来的，'无极'才是最高范畴了。这显然和《系辞》不合，所以可以断定，周敦颐原来不是这样说的。"[②]冯友兰对于"无极"的理解与其肯定陆九渊的立场是一致的。"无极"只是描述"太极"的形容词。第二，"太极"即"所有之理"，是万物之总名，从而确立"太极"的本体地位。冯友兰说："太极即是众理之全，所以其中是万理俱备。从万理俱备之观点以观太极，则太极是'冲漠无朕，万象森然'。'冲漠无朕'，以言其非实际底；'万象森然'，以言其万理具备。"[③]因此，"太极"是本有的，它不因为具体事物的存在而受影响："一切底理，本来即有，本来如此，因为某种实际底事物之有，我们可知某理之有，但某种实际底事物之无，我们不能因此即说某理之无。"[④]"理"的存在是绝对的，有事物必有"理"，有"理"不一定有事物，所以"理"是本有的，没有事物照样有"理"，但没有"理"，决无事物。这样，"太极"是绝对的存

① 《三松堂全集》第4卷，河南人民出版社2000年版，第49页。

② 《三松堂全集》第10卷，河南人民出版社2001年版，第57页。

③ 《三松堂全集》第4卷，河南人民出版社2000年版，第37页。

④ 同上。

在，因而不能说“人人有一太极，物物有一太极”，因为：“说事物‘具’‘有’理或太极，‘具’‘有’最易引起误会，以为理或太极，‘如一物焉’，可以在于事物之中，或在其上。照我们的说法，一类事物，皆依照一理。事物对于理，可依照之，而不能有之。理对于事物，可规定之而不能在之，用如此看法，我们只能说，一某事物依照某理，而不能说一事物依照一切理。”① 进一步说，“太极”或“理”与事物的关系，不是你中有我、我中有你的关系，“太极”或“理”是独立、绝对的、可离事物的存在，但事物不能离“理”而存在。第三，既然“无极”是虚词，“太极”是真正的本体，那为什么要说“无极而太极”呢？冯友兰认为，因为“无极”是浑沌的，是无名，那个“而”就是从“无极”到“太极”的“门”，是半清楚半浑沌的，所以从“无极”到“太极”的过程，就是“实际底世界”，这个“实际底世界”当然就是“无极而太极”了。而且，“无极”自身无任何标准，也无极限，必须以“理”或“太极”为极限。这样，冯友兰关于从“无极”到“太极”的解释，进一步明确了“太极”的本体性质，而虚化了“无极”的身份。综合言之，冯友兰一方面确定了“无极”的虚词性质，即不能成为本体，从而与佛教、老学区别开来；另一方面将“太极”完全逻辑化而与程朱理学区别开来，“太极”是本体，但又不在具体事物之中，具体事物各有其理，但永远不能“拥有”“太极”（理）。这样，冯友兰建构新理学本体的路径与性质便清晰地呈现出来。

（二）关于“未有无气之理”的解释

朱熹曾说：“天下未有无理之气，亦未有无气之理。”② 冯友兰对其中的“未有无气之理”解释说：“‘未有无气之理’，此语不能解释为凡理皆有气。如此则凡理皆有实际底例，即无只有真而无实之理。此语只是说‘必有些理有气’或‘未有所有底理皆无气’。此上文已证明。因至少‘存在’之理，是常为气所依照者。”③ 那么，冯友兰的解释表现了怎样的意旨与倾向呢？也

① 《三松堂全集》第 4 卷，河南人民出版社 2000 年版，第 39 页。
② 《朱子全书》第 14 册，上海古籍出版社、安徽教育出版社 2002 年版，第 114 页。
③ 《三松堂全集》第 4 卷，河南人民出版社 2000 年版，第 49—50 页。

许需要先回到朱熹论说“理气关系”的语境中去。实际上，朱熹关于“理气”关系的基本格局是：不存在没有“理”的“气”，也不存在没有“气”的“理”，它们是你中有我、我中有你的关系：“有是理，则有是气；有是气，则有是理。”① 但它们对于事物所起的作用并不一样：“天地之间有理有气，理也者，形而上之道也，生物之本也；气也者，形而下之器也，生物之具也。”② 就是说，对于某物产生而言，“理”是根本，“气”是末用，“理”决定某物的“性”，“气”决定某物的“形”。就“理”、“气”关系言，“理”并非独立于“气”而存在的怪物，它以“气”为挂搭处，它存在于“气”中。朱熹说：“然必欲推其所从来，则须说先有是理。然理又非别有一物，即存乎是气之中，无是气，则是理亦无挂搭处。”③ 但从究竟意义上说，“理”在先，“气”在后：“若论本原，即有理然后有气。”④ 而且，先于“气”的“理”具有绝对性，它可以离开“气”而存在，朱熹说：“未有天地之先，毕竟是先有此理。”⑤ 这样，朱熹对于“理”、“气”关系的基本主张即清晰可见：就一事物产生言，“理”、“气”各有其职，但它们的“职”是有差异的；就“理”、“气”关系言，“理”中有“气”，“气”中有“理”，它们相互规定；就终极的意义言，“理”是绝对的、自由的、主宰的，它可以无视“气”的存在。因此，所谓“未有无气之理”，本义是讲“理”对“气”的依赖，没有“气”的“理”是不存在的，因为“理”在“气”中，因为“理”要有挂搭处。但“未有无气之理”前面是“未有无理之气”，可以看出“理”对于“气”的优势与笼罩。冯友兰应该清楚朱熹“理”、“气”关系的基本格局，他认为这个命题不能解释为“凡理皆有气”，原因在于这样解释的话，“理”便都有“实际的例”，就没有“只有真而无实”之“理”，即没有真际，因而这个命题只能理解为“必有些理有气”或“未有所有底理皆无气”。就是说，“理”分两种，一是相对于事实的“气”而言，是“常为气所依照者”；一是相对于逻辑的“气”而言，则是“只

① 《朱子全书》第15册，上海古籍出版社、安徽教育出版社2002年版，第1408页。
② 《朱子全书》第23册，上海古籍出版社、安徽教育出版社2002年版，第2755页。
③ 《朱子全书》第14册，上海古籍出版社、安徽教育出版社2002年版，第115页。
④ 《朱子全书》第23册，上海古籍出版社、安徽教育出版社2002年版，第2863页。
⑤ 《朱子全书》第14册，上海古籍出版社、安徽教育出版社2002年版，第113页。

有真而无实"者。因而"未有无气之理"命题所表达的意涵当然不能说是"所有理皆有气"。可见，冯友兰通过对朱熹关于"理"、"气"关系观念的解释，有意略去了朱熹强调"理在气中"的部分，而强化了"理优先于气"的部分，所以冯先生的理解是朝"未有天地之先，毕竟是先有此理"方向走的，即强调"理"的绝对性、超越性、独立性，从而将"真际"之理与"具体事物"之理区别开来，以确立"新理学"的"理"、"气"关系模式。从解释学角度看，冯友兰的解释表现出鲜明的"选择倾向"，他同情命题本意而又进行了有利于自己的选择和解释，即新实在论或逻辑化的解释，他以自己欲建构的哲学为中心，对被解释的命题之意涵进行了目标明确的损益。这也说明，冯先生对程朱理学的特性是有准确理解的，只不过，他认为"最好底的哲学"不是那样的，所以他要进行改造，创建"新理学"。

（三）关于"性即理"的解释

"性即理"是程朱理学重要命题，这个命题隐含了"性"与"理"的关系。那么，冯友兰是怎样理解这个命题的呢？冯友兰说："程朱说，'性即理也'，正是就义理之性说。我们说某理时，我们是就其本身说。我们说义理之性时，我们是依照某理之事物说。所以义理之性虽即是理，但因说法不同而可有二名。义理之性即是理，是形上底，某一类事物必依照某理，方可成为某一类事物，即必依照某义理之性，方可成为某一类之事物。某一类之事物，于依照其理，即其义理之性，而成为某一类之事物时，在实际上必有某种结构，能实现某理者。"[①] 为了更清楚、客观地讨论这个解释，我们先回到程朱关于"性即理"的相关叙述中。程颐说："受于天之谓性。"[②] 即言"性"是从"天"禀受而得。又说："天者理也。"[③] 就是说，"理"等同于"天"，所以亦可谓"性"从"理"禀受而来。既然，"性"从"理"禀受而来，自然可以说"性即理"，程颐说："性即理也。所谓理，性是也。"[④] 朱熹曾对"性即理"命题赞不绝口，

① 《三松堂全集》第 4 卷，河南人民出版社 2000 年版，第 82 页。

② 《二程集》，中华书局 1981 年版，第 1257 页。

③ 同上书，第 132 页。

④ 同上书，第 292 页。

他说："程先生论性，只云'性即理也'，岂不是见得明？是真有功于圣门！"① 那么，朱熹对"性即理"有怎样的规定和期许呢？他说："性只是理，万理之总名。此理亦只是天地间公共之理，禀得来便为我所有。"② 即是说，"性"不仅与"理"并起并座，而且是"万理的总名"，成了最高范畴。如此便使"性"从禀受"理"而来转变为万物的本原，朱熹说："性者万物之原，而气禀则有清浊，是以有圣愚之异。"(《朱子语类》卷四) 作为万物之一的人当然是因为有了"性"而生，朱熹说："性者，理之全体而人之所得以生者也。"③ "性"是万理之总名，那么仁、义、礼、智、信，仁、义、礼、智等的客观性和必然性均由此得到说明："性是理之总名，仁义礼智，皆性中一理之名。"④ 由上述分析可以判断，程、朱"性即理"命题的内涵主要有：第一，"性"与"理"是一，皆为"本体"；第二，"性"或"理"是万物得以化生的根据，万物因"性"或"理"而成为它自己；第三，"性"是万理之总名，因而是诸般道德的总名，是善的根据；第四，"理"与"性"相互规定，践履德行、为善去恶取决于主体自觉。由此看来，"性即理"内含着两种解释的路向：事物所以是它的根据；道德内在在于人性。前一条路向可引向逻辑方向；后一条路向可以引向道德方向；此是程朱理学"性理"关系的本有格局。正如冯友兰所说："朱子之哲学，非普通所谓之唯心论，而近于现代之新实在论。惜在中国哲学中，逻辑不发达，朱子在此方面，亦未著力。故其所谓理，有本只应为逻辑的者，而亦与伦理的相混。如视之理，如指视之形式而言，则为逻辑的；如指视应该明而言，则为伦理的。朱子将此两方面合而为一，以为一物之所以然之理，亦即为其所应该。盖朱子之兴趣，为伦理的，而非逻辑的。柏拉图亦有此倾向，特不如朱子为甚耳。中国哲学，皆多注重此方面也。"⑤ 冯友兰认为朱熹的"理"既有逻辑的内涵，也有伦理的内涵，

① 《朱子全书》第 17 册，上海古籍出版社、安徽教育出版社 2002 年版，第 3192—3193 页。

② 《朱子全书》第 18 册，上海古籍出版社、安徽教育出版社 2002 年版，第 3687 页。

③ 《朱子全书》第 23 册，上海古籍出版社、安徽教育出版社 2002 年版，第 3273 页。

④ 《朱子全书》第 14 册，上海古籍出版社、安徽教育出版社 2002 年版，第 228 页。

⑤ 《三松堂全集》第 3 卷，河南人民出版社 2000 年版，第 347 页。

朱熹将二者混为一谈，而兴趣却在伦理不在逻辑。这个评论再次表明，冯友兰对程朱理学的内容与特质有清楚的认识，而不是如某些学者所言不识其特点。冯友兰之所以用新实在论理解程朱理学，正在于他认为理学缺乏现代逻辑方法，即所谓“正的方法”，而他自己所欲建构的哲学正是逻辑哲学，因而其对程朱理学的解释自然是朝逻辑方向走。基于这样的原则，冯友兰解释“性即理”的路径便是：从“义理之性”层面来说，实际上就是“义理之性即是理”，它是形上的；任何事物都必须依其“理”而存在，亦即依“义理之性”而成为它自己；既然“义理之性”就是“理”，也就是某一类事物的根据，那么，有某类事物必有其“理”。这样，冯友兰通过将“性即理”转换为“义理之性”，而“义理之性”就是“理”，是某一类事物的根据，而任何一类事物都有它的“理”，因而“理”即“共相”，这就成功地将“性即理”这个伦理学命题改造为逻辑学命题。但必须指出，在“新理学”体系中，此“义理之性”之理，虽是“共相”，具有逻辑性质，即“事物依照之理”，但非本体之理，非“真际”之理，即不是“只有真而无实”者。

（四）关于“格物致知”的解释

“格物致知”出自《大学》，是儒学的重要命题。宋儒对这个命题多有解释和发挥，特别是二程、朱熹。冯友兰的解释正是在程朱理学基础上进行的。他说：“格物致知是哲学底活动。哲学底活动与哲学不同。哲学乃说出或写出之道理，乃一种学问。有哲学必有哲学底活动，但有哲学底活动，不必有哲学。”[①] 此言“格物致知”不是哲学，而是哲学的活动。那么，它是怎样的哲学活动呢？冯友兰说：“对于实际底事物之分析是‘格物’，由分析实际底事物而知实际，而知真际，是‘致知’。”[②] 而“格物”就是“穷理”，冯友兰说：“我们对于事物作分析后，我们见其有许多性，由其有许多性，可见有许多理。所以格物即是穷理。”[③] 比如，“我们分析方底物是格

① 《三松堂全集》第 4 卷，河南人民出版社 2011 年版，第 184 页。

② 同上书，第 183—184 页。

③ 同上书，第 184 页。

物，因格物而知有方之理，就知说是致知，就理说是穷理。”① 这样，“格物致知”就是“穷理”，但由于新理学之“理”与朱子系统的“理”不尽相同，所以“穷理”自也有异。冯友兰认为，在朱熹系统中，“穷理”可穷“理之内容之知识”，在他的系统中，“穷理”则穷“理之有知识”。他说：“朱熹所谓穷理，系就对于理之内容之知识说，我们此所谓穷理，则只就对于理之有之知识说。照我们的说法，理之内容，不是哲学底活动所能知，至少亦非哲学底活动所能尽知。例如我们分析方底物，我们可知有方之理。但方之理之内容如何，方之定义如何，方之定义为何，则我们必须研究几何学，才能知之。朱子以为‘人人有一太极’，我们的心，‘具众理而应万事’，一切理皆在我们心中，故一切理之内容，皆可知之，而所谓穷理者，即求知一切理之内容。……照我们的看法，事物之理，完全不在我们心中。我们依逻辑可知每一类之事物必有其理，但其内容若何，须另有学问以研究之，并不是专靠‘思’所能知者。”② 这是第一个不同。第二个不同是，朱熹的“格物致知”由知一理可以豁然贯通，可知一切事物的“表里精粗”，故有所谓“心之全体大用”境界发生，而在冯友兰系统中，因为“只能知众理而并非有众理”。冯友兰说：“照朱子的系统，一切事物之理，既皆在我们的心中，所以虽只知一部分事物之理，而于其余之理，亦可‘豁然贯通’。……照朱子的系统，因为我们心中，既已具一切事物之理，所以豁然贯通之后，我们可知一切事物之‘表理精粗’。所以我们于此时亦无所不知，无所不能，此即心之‘全体大用’。但照我们的系统，我们的心只能知众理而并非有众理，所以所谓心之全体大用，亦是没有底。”③ 由于朱子“穷理”是穷“理之内容与知识”，因而当其完成“穷理”时，便会发生“豁然贯通”之效果，并成就“心之全体大用”之境界。但在冯友兰系统中，“穷理”只能是“知众理而非有众理”，所以不会成就“心之全体大用”之境界。之所以如此，乃是因为冯友兰的“理”与朱熹的“理”不同。冯友兰的“理”是共

---

① 《三松堂全集》第 4 卷，河南人民出版社 2011 年版，第 184 页。

② 同上书，第 184—185 页。

③ 同上书，第 185 页。

相，共相之“理”必有在性质与能力上相应的认识方法，即只有“知其有理”之“穷理”，而非“知理之内容与知识”之“穷理”。因而朱熹的“穷理”是具体的，冯友兰的“穷理”是抽象的。不难看出，冯友兰对于“格物致知”的解释，是新实在论方法的典型实践。他先将“格物致知”规定为哲学底活动，再将“格物致知”转换成“穷理”，这样就与“理”联系起来。然后对朱熹系统中“穷理”与新理学系统中“穷理”进行区分，从而实现了程朱之“穷理”（格物致知）向冯友兰之“穷理”（格物致知）的转换。虽然冯友兰的“穷理”不会有“心之全体大用”境界出现，但它有自己的境界，冯友兰说：“但我们的心虽不具众理，虽不能尽知理之内容，但于其完全了解一切事物皆有其理，而一切事物之理，又皆系其最完全底典型时，亦可谓豁然贯通。于此时我们的注意，完全集中于形上。我们的身体虽然是形下底，而我们的心之所见则是形上底。我们由此所见所得之超脱，亦是极大底。至此我们可以说是已‘知天’。”① 这个境界就是“知天”。因此说：“格物致知，能使我们超乎经验，而又不离乎经验对于实际有所肯定。超乎经验，则即不为经验所囿；但又不离乎经验而对于实际有所肯定，则即不妄有所立，如立宗教然。”② 就是说，新理学“格物致知”的特性与本体的“理”是相应的，超乎经验又不离经验，从而脱离了“圣学”窠臼而成为“最好底哲学”的一部分。概言之，冯友兰关于“格物致知”的解释，不仅使之与认识论、科学区别开来，而且剥去了其伦理道德内容。“穷理”是穷“真际之理”，“真际之理”是形上本体，是“真但无实”的，因而“格物致知”作为穷此“理”的方式，就只能是“知其有理”，而不能是“知其理之内容”，也无需知“理”之内容，这样的“格物致知”当然不是科学的“格物致知”，也不是关乎道德的“格物致知”，而是逻辑学的“格物致知”。所以说，“格物致知”经由冯友兰解释之后，即成为逻辑学命题或“新理学”体系中的认识方法。

---

① 《三松堂全集》第 4 卷，河南人民出版社 2011 年版，第 185 页。

② 同上书，第 185—186 页。

三、或可厘清的几个紧要问题

基于上述，我们大体上明了冯友兰创构“新理学”良苦用心及学术创造力，现在将其与批评的观点进行综合比较，或可有助于厘清如下问题。

（一）冯友兰究竟能否把握中国哲学或宋明理学的特性?

在本文所罗列的诸位思想家关于冯友兰新理学的评论中，其中有些言论涉及冯友兰的学术造诣，比如，冯友兰对孔孟只知皮毛（徐复观），冯友兰不理解中国哲学特性（张东荪、方东美），冯友兰不能把握宋明理学之主体性、道德性命之特质（牟宗三、劳思光），等等。那么，这样的评论是否中肯呢？我们说极不中肯。因为第一，这些评论都是建立在冯友兰以新实在论解释中国哲学、宋明理学基础上。冯友兰的确是以新实在论理解中国哲学、宋明理学，但应用新实在论解释中国哲学或宋明理学并不意味着冯友兰对中国哲学或宋明理学茫然无知，因为一位解释者应用何种方法与解释者对被解释对象的了解、把握之情形不存在必然的逻辑关联。第二，冯友兰正是因为对中国哲学或宋明理学的特质有深刻而准确的把握，才自觉地以新实在论进行解释与改造，因为他正是要建构不同于宋明理学的“新理学”，正如冯友兰自己说朱子思想轻逻辑重伦理、中国哲学偏重负的方法轻视正的方法等等，都表明冯友兰对中国哲学或宋明理学的特质是有精准把握的。第三，冯友兰长期从事中国哲学的思考与研究，硕果累累，成就巨大，有目共睹。比如，冯友兰对中国哲学缺乏知识论与逻辑学的洞察及其原因的分析，对儒家境界论的解释与体贴，对孟子哲学的概括与阐发，对程朱理学与陆王心学异同的把握，等等，无不显示冯先生对于中国哲学的精湛造诣。因此，简单地以新实在论方法为由斥冯友兰只知中国哲学皮毛，甚至粗暴地否定冯友兰先生在中国哲学研究上的成就，或因意气用事所致，或因没有同情地、深入地、包容地理解冯友兰哲学思想所致。

（二）照着讲？接着讲？还是自己讲?

冯友兰将其“新理学”定性为“接着讲”，他说：“新理学又是‘接着’

宋明道学中底的理学讲底，所以于它的应用方面，它同于儒家的‘道中庸’。它说理有同于名家所谓的‘指’。它为中国哲学中所谓有名，找到了适当底地位。它说气有似于道家所谓道。它为中国哲学中所谓无名，找到了适当底地位。它说了些虽说而没有积极地说什么底‘废话’，有似道家，玄学以及禅宗。所以它于‘极高明’方面，超过先秦儒家及宋明道学。……它虽是‘接着’宋明理学中底理学讲底，但它是一个全新底形上学。”① 照着这段话，结合上面的案例，其所谓“接着讲”或不是那么简单：第一，“新理学”以程朱理学为解释展开的文本。在新理学体系中，触目即是无极而太极、性即理、天地之性、格物致知、理、气、心等命题和范畴，“新理学”展开的方式即是通过对这些范畴和命题的解释，加以引申和改造，以建造新的哲学概念、命题和理论。此自是“接着讲”。第二，“新理学”通过对程朱理学的解释，选择有利于“最好底形而上学”的部分进行。比如，对理气关系的解释，事实上，在程朱体系中，理气关系相对比较平衡，但程朱确有“重理轻气”的倾向，而冯友兰强化了这种倾向。这种解释当然不能简单地定性为“歧出”，也应是道地的“接着讲”。第三，冯友兰通过对程朱理学的解释，将程朱理学中的概念、命题与观念等转换成“新理学”的概念、命题与观念。冯友兰认为，程朱理学中的许多概念和命题达不到“新理学”的要求，必须通过解释和改造注入新的元素以促其提升，使之适合“新理学”体系。比如对“无极而太极”命题的解释与改造，在朱子系统中，“无极而太极”是作为本体的极好的表述，但冯友兰却对之进行了分解，使“无极”虚词化，使“太极”本体化，而“太极”又不再是朱子系统中的“太极”，而是抽象出来的“共相”，从而将“无极而太极”改造成了逻辑学范畴。不难看出，冯友兰在将“无极而太极”进行解释和改造时，其转换的路径与定性完全是依照新实在论构架进行的。再如对“心具众理而应万事”的解释，冯友兰认为这个命题仍然是“如有物焉”，必须进行调整，他说：“宋儒对于理之为非实际底亦有看不清楚，或说不清楚者，例如宋儒常说：‘理之在物者为性’，‘心具众理而应万事’。此等话是可以解释为以理为‘如有物焉’。此错误有时即朱子

① 《三松堂全集》第5卷，河南人民出版社2011年版，第127页。

亦不能免。"① 就是说，"理之在物者为性"与"心具众理而应万事"两个命题都会让人误认为"理中有物"，因而需要改造以去除"物"对"理"的纠缠，从而使"新理学"系统中的"理"具有绝对性、独立性，是"真而非实有者"。在这种情境下，冯友兰"新理学"更多是"自己讲"。诚如冯先生所说："我们现在所讲之系统，大体上是承接宋明道学中之理学一派。我们说'大体上'，因为在许多点，我们亦有与宋明以来底理学，大不相同之处。"② 而这正是"新理学"研究者们所应再三致意的。

（三）"新理学"之于中国哲学究竟是传承还是断裂？

若按照熊十力、方东美、徐复观等先生的看法，"新理学"对于中国传统哲学不仅难说贡献，反而是伤害极大。对于这种评判，或许可以根据"新理学"对于中国哲学或宋明理学中诸概念、范畴的解释，以探求一种合乎情理的答案："新理学"使中国传统哲学实现了三大调整：引入正的方法以使方法得以完善，引入"无用哲学"以使品质得以提升，引入逻辑原理以使内容得以充实。先说"正的方法"的引入。冯先生认为，中国哲学方法主要是负的方法，他说："佛家和道家都用负的方法。……负的方法，试图消除区别，告诉我们它的对象不是什么。"③ 但中国哲学必须做出调整，将正的方法引入中国哲学，他说："逻辑分析方法正和这种负的方法相反，所以可以叫做正的方法。……正的方法，则试图作出区别，告诉我们它的对象是什么。对于中国人来说，传入佛家的负的方法，并无关紧要，因为道家早已有负的方法，当然佛家的确加强了它。可是，正的方法的传入，就真正是极其重要的大事了。它给予中国人一个新的思想方法，使其整个思想为之一变。"④ 而"新理学"方法就是道地的逻辑方法。冯友兰说："正底方法，以逻辑分析讲形上学，就是对于经验作逻辑底释义。"⑤ 因此，如果说"负的方法"是中国

---

① 《三松堂全集》第 4 卷，河南人民出版社 2000 年版，第 35 页。

② 同上书，第 4 页。

③ 《三松堂全集》第 6 卷，河南人民出版社 2000 年版，第 277 页。

④ 同上。

⑤ 《三松堂全集》第 5 卷，河南人民出版社 2000 年版，第 150 页。

传统哲学基本方法的话，那么“新理学”方法当然是对于中国哲学方法的完善。再说“无用哲学”的引入。中国哲学最大特质就是经世致用，道家、佛教概不能例外，但“新理学”明确宣称自己是“无用之学”，所谓“最哲学底哲学中之命题，则不能有此用（统治自然、统治实际），因而对于实际并无主张、并无肯定。”① 所谓“哲学本来是空虚之学。哲学是可以使人得到最高境界底学问，不是使人增加对于实际知识及其才能底学问。”② 因此，如果说“实用”是中国哲学基本特质的话，那么“新理学”试图超越这个特质，创造一种“境界形上学”，这当然也是对中国传统哲学的重大发展。最后说“逻辑原理”的引入。中国哲学的另一重要特质是道德伦理性，冯友兰当然不会不知道，他说：“惜在中国哲学中，逻辑不发达，朱子在此方面，亦未著力。故其所谓理，有本只应为逻辑的者，而亦与伦理的相混。……盖朱子之兴趣，为伦理的，而非逻辑的。柏拉图亦有此倾向，特不如朱子为甚耳。中国哲学，皆多注重此方面也。”③ 因此他认为中国哲学也应该走出逻辑的方向，因为逻辑方向的哲学才是真正的哲学，才是最好的哲学，他说：“新理学……经过现代的新逻辑学对于形上学的批评，以成立底形上学。”④ 又说：“今人之新经验之尚未经哲学分析解释者，一时代之新哲学家，可分析解释之，其结果或有对于真际之新见。即或无新见，而经此分析解释，新经验可与原有底哲学连接起来。一时代新经验之分析解释，亦即可成为一时代之新哲学。”⑤ 所谓“分析解释”，即是逻辑学方法。对中国传统哲学而言，“新理学”就是其方法的“反动”，用现代逻辑方法进行批判，以成立“不著实际底”形上学。牟宗三曾说：“朱子固伟大，能开一新传统，其取得正宗之地位，实只是别子为宗也。”⑥ 冯友兰“新理学”乃是接着程朱理学讲的，但在知识论、逻辑学上比程朱有过之而无不及，牟宗三对朱子的评论似可成为我

---

① 《三松堂全集》第 4 卷，河南人民出版社 2000 年版，第 12 页。

② 《三松堂全集》第 5 卷，河南人民出版社 2011 年版，第 134—135 页。

③ 《三松堂全集》第 3 卷，河南人民出版社 2011 年版，第 347 页。

④ 《三松堂全集》第 5 卷，河南人民出版社 2011 年版，第 127 页。

⑤ 《三松堂全集》第 4 卷，河南人民出版社 2011 年版，第 17 页。

⑥ 牟宗三：《心体与性体》（上），上海古籍出版社 1999 年版，第 16 页。

们对于冯先生“新理学”评论的一种比较值得信赖的参考。不过，这个“别子为宗”乃是对中国传统哲学的极大转进。

（四）“新理学”究竟是怎样的哲学形态?

按照熊十力、张东荪的说法，新实在论之为方法并非完全不合理，如熊十力说：“今若仅在逻辑上，以共相为特殊物事的型范，而不与形而上学中所谓理者相混，似犹可说。”① 因此，若“共相”仅在逻辑范围内使用是可以接受的，但若以“共相”等同于形上学中的“理”，或者以“共相”作为本体，则此形上学必不是“最哲学底哲学”。这样，理解和评估作为哲学形态的“新理学”便成为一问题。根据上述讨论，这个问题拟由如下两方面去思考：第一，“新理学”是以“抽象与具体关系”为轴心的架构。由于“新理学”方法是新实在论方法，因而“新理学”体系结构即是新实在论的模式，也即逻辑学模式。具体表现在：首先，狭义的“新理学”由理、气、道体、大全等四个主要观念构建，而这四个观念由四个命题推演出来，但其推演方式无一不是由“抽象与具体关系”展开而加以确立。② 其次，“新理学”讨论的所有哲学问题，无一不是抽象与具体关系问题，如“新理学”自然观——“‘新理学’的自然观的主要内容，是共相和殊相的关系的问题。……在中国哲学中，这个问题，一直到宋朝程颐，才有了详细的讨论。朱熹又继续这个讨论，使之更加深入。他们虽然没有用共相和殊相、一般和特殊这一类名词，但是他们所讨论的是这个问题。这个问题的讨论，是程朱理学的主要内容。‘新理学’所要‘接着讲’的，也就是关于这个问题的讨论。”③ 再次，就“新理学”结构言，前四章属于形上部分，讨论理、太极、大全、气、道、性等核心范畴；后六章为形下部分，讨论道德、势、义理、艺术、鬼神、圣人等具体问题。冯友兰说：“这些诸德，本可以不讲，不过为说明上述之理论，我们于下文亦略讲诸德。我们并不是为讲诸德而讲诸德，我们是为说明我

---

① 《熊十力全集》第 3 卷，湖北教育出版社 2001 年版，第 364 页。

② 关于此点，请参看《三松堂全集》第 5 卷，河南人民出版社 2000 年版，第 127—132 页。

③ 《三松堂全集》第 1 卷，河南人民出版社 2000 年版，第 211 页。

们上述之理论而讲诸德。我们讲诸德，只是一种举例之意。”① 最后，冯友兰将宋明理学中的范畴或概念统统做了逻辑学解释与转换。比如“理一分殊”：“此理一分殊之说，是就逻辑方面说，只对于真际有所肯定。”② 比如“阴阳”：“我们所谓阴阳……完全是两个逻辑底概念。所以说此观念是逻辑底者，因此观念并不确指任何实际底事物，而却可指任何实际底事物。”③ 因此说，“新理学”是以“抽象与具体关系”为轴心的哲学形态。第二，“新理学”并非“假法”，也非“空洞的形式”。熊十力先生批评“新理学”以“共相”释“理”为“假法”，属“空洞的形式”。事实上，冯友兰也称新理学为“空”的，他说：“新理学……它不着边际，可以说是‘空’底。但其空只是其形上学的内容空，并不是其形上学以为人生或世界是空底。所以其又与道家、玄学、禅宗的‘空’不同。”④ 显然，冯友兰所谓“空”与熊十力所谓“空”完全不在一个意思上，因为“新理学”在在不能以一“空”字勾销。这是因为，“共相”既是抽象而得，则必有被抽象的物事，既然有被抽象的物事，说明“共相”无论如何都不能脱离物事，此就形式上言，“共相”终不能与“空”等论；“新理学”对于真际虽然不是事实地肯定，但也是形式地肯定，这正是“新理学”肯定世界人生的方式，换言之，“新理学”对于实际的肯定是通过真际的肯定实现的，因而不能因为“新理学”强调其本体的绝对性而判其为“空”；就“新理学”结构言，其形上部分由境界建构而表示关怀，其形下部分由生命养护而表示关怀，正如冯友兰说：“新理学是最玄虚底哲学，但它所讲底，还是‘内圣外王之道’，而且是‘内圣外王之道’的最精纯底要素。”⑤ 因此，绝不能草率地、轻浮地判“新理学”为“空”的哲学。综合言之，“新理学”是一种在结构和关怀方式上都不同于中国传统哲学的全新的哲学形态。这或许就是劳思光所说的“‘新理学’有哲学”。也正所谓：“它虽是‘接着’宋明道学中底理学讲底，但它是一个全新底形上学。至少说，它为讲形上学底

① 《三松堂全集》第 4 卷，河南人民出版社 2000 年版，第 113 页。
② 同上书，第 41 页。
③ 同上书，第 60 页。
④ 《三松堂全集》第 5 卷，河南人民出版社 2000 年版，第 127 页。
⑤ 《三松堂全集》第 4 卷，河南人民出版社 2000 年版，第 138 页。

人，开了一个全新底路。”[①] 可以说，“新理学”正是中国传统哲学遭遇西方哲学挑战而勇敢且智慧地走出的一条并非错误的道路。当然，“新理学”之为全新哲学形态的另一向度的成果或许也不能为我们所忽略，那就是在“新理学”解释方法系统中“中国传统哲学义理、价值的安置问题”，此或是当今中国哲学研究者所应深入思考且着力研究的又一课题。

（原载于《哲学研究》2016 年第 8 期）

① 《三松堂全集》第 4 卷，河南人民出版社 2011 年版，第 127 页。

中道哲学的人生践履

——兼论冯友兰先生的教育思想

刘长城

哲学家和哲学教授是有区别的："哲学教授是从文字上了解哲学概念，哲学家不同，他对于哲学概念，并不是只作文字上的了解，而是作更深入的理解，并把这样的理解融合于他的生活中。这在中国哲学传统的话中，叫做'身体力行'。"① 冯先生在这里所说的"身体力行"，切转为马克思主义哲学的术语，就是理论和实践的统一；用中国传统哲学的话说，就是知行合一；用金岳霖先生的话说，就是"中国哲学家都是不同程度的苏格拉底。其所以如此，因为道德、政治、反思的思想、知识都统一于一个哲学家之身；知识和德性在他身上统一而不可分。他的哲学需要他生活于其中；他自己以身载道"②。这样说来，作为哲学家的冯友兰先生，他的人生、他的生活、他的道德、他的知识、他的反思、他的教育思想是和他的哲学相统一的。

一、中道哲学的源起及其开展

冯友兰先生集哲学家、哲学史家和教育家于一身："作为哲学家，其学术代表作是'贞元六书'，即以《新理学》为纲的六部著作；作为哲学史家，其学术代表作是'三史'（两卷本《中国哲学史》、《中国哲学简史》、七卷本《中国哲学史新编》）；作为教育家，他终生从事大学教育，历任中州大学、广东

① 冯友兰：《中国现代哲学史》，广东人民出版社 1999 年版，第 240 页。

② 转引自《三松堂全集》第 6 卷，河南人民出版社 1989 年版，第 9 页。

大学、燕京大学、清华大学、西南联大、北京大学教授，并在清华大学和西南联大担任领导职务，他曾把一个完好的清华大学交给了中国共产党。”①冯先生晚年自书：“三史释今古，六书纪贞元。”学术界也一致认为，冯先生的学术贡献即可用“三史”、“六书”总括。实际上，不管是作为哲学家的冯先生还是作为哲学史家的冯先生，他的学术思想的发端并不是“三史”或“六书”，而是源于他在美国留学时所作的博士论文《天人损益论》。《天人损益论》是用英文写成于1923年，于次年由上海商务印书馆以《人生理想之比较研究》为书名出版。再后来，商务印书馆意将此书作为当时高中生的人生哲学教科书，请冯先生将这部书用中文写出来，取名为《人生哲学》，于1926年出版。②

在拙著《解读冯友兰——中国哲学的发展》③中，我把《人生哲学》设一专章论述，题目是“三道”“十派”话人生。我认为，把《人生哲学》作为冯先生的哲学思想亦可，作为他的哲学史思想亦可。不论是将它作为冯友兰的哲学抑或是哲学史，它有一个特点：哲学是关于人的学问，哲学史是关于人的学问的历史，这一点是确信无疑的。

在《人生哲学》中，冯先生跳出了“中国哲学”之圈外，以“天”“人”关系为契机，把古今中外的哲学放在同一个学术平台上进行审视、比较，得出了“三道”（损道、益道、中道）“十派”（浪漫派、理想派、虚无派；快乐派、功利派、进步派；儒家、亚里士多德、宋明道学、黑格尔）的研究成果。虽说冯友兰将古今中外的可用于其比较哲学意义上“三道”“十派”，似乎是将它们放在一个平等的地位加以取舍，而实际上他是有所偏重的。诚如冯先生在晚年的回忆中所说：“在《人生哲学》中，我把所谓十派平列起来，好像是没有什么偏向。实际上，我的偏向是很明显的，那就是‘中道’。在《人生哲学》最后两章，第十二、十三章，我提出了‘一个新人生论’。这就是

① 刘长城：《冯友兰研究论丛》（4卷本），九州出版社2010年版，“总序”。

② 参见《三松堂全集》第1卷，河南人民出版社1985年版，第190页。

③ 《解读冯友兰——中国哲学的发展》一书，由北京大学出版社于2008年5月初版，在2010年6月九州出版社出版的拙著《冯友兰研究论丛》（4卷本）中，该书作为论丛之二再版。

我在当时所认为是‘中道’的人生论。”① 在接下来的文字中，冯先生又说：“今依所谓中道诸哲学之观点，旁采实用主义及新实在论之见解，杂以己意，糅为一篇，即以之为吾人所认为较对之人生论焉。”

在《人生哲学》中，冯友兰先生已经把哲学（作为普遍意义上的哲学）定位于“人生哲学”：“人生哲学即哲学中之人生论，犹所谓自然哲学，乃哲学中之宇宙论也。伦理学乃人生哲学之一部，犹物理学乃所谓自然哲学之一部也。哲学以其知识论之墙垣，宇宙论之树木，生其人生论之果实；讲人生哲学者即直取其果实。哲学以其论理学之筋骨，自然哲学之血肉，养其人生论之灵魂；讲人生哲学者即直取其灵魂。质言之，哲学以其对于一切之极深的研究，繁重的辩论，以得其所认为之理想人生；讲人生哲学者即略去一切而直讲其理想人生。由斯而言，则人生哲学又可谓为哲学之简易科也。”② 冯先生在这里所说的“哲学之简易科”是“人生哲学”，我们也可以就这个意思而换句话说，哲学就是人生哲学，哲学就是讲人的学问的一门学科。而这门学科在冯友兰先生看来，“比较对的”人生哲学就是“中道哲学”。

作为哲学家的冯友兰先生的这种哲学观一经确立，便可作为其后来的哲学体系建立中的一块移之不去的哲学基石。

两卷本《中国哲学史》完成之后，用冯先生自己的话说，就是他并不甘心只作一名哲学史家，而要成为一名哲学家。众所周知，“六书”是使冯先生成为一名哲学家的力作，也从此奠定了他的世所公认的哲学家的地位。作为哲学家的冯先生，他的哲学是“新理学”。在“新理学”之纲——《新理学》的统率下，他“论事”、“原人”。我们对“新理学”哲学进行研究，不难发现，“中道哲学”一以贯之。

直面中国近代，欧风西雨覆盖华夏大地，各种所谓救世思想五彩缤纷，归结起来，无外乎要么西化、要么固守，即形成了“全盘西化”和坚守中国传统文化的二元对立。在这样一种情势下，作为哲学家的冯友兰先生是持什么态度呢？在《新事论》中，我们仍然不难发现，他还是以“中道哲学”的

---

① 《三松堂全集》第 1 卷，河南人民出版社 1985 年版，第 196 页。

② 同上书，第 355 页。

立场以解说中国到自由之路的方向性问题。他的“类”文化哲学既不对“全盘西化”予以否定，也不对中国文化保守论予以肯定。他的处置办法是将中国文化由某一类而转入另一类，如蜜蜂采花酿蜜一样，各取其长，各避其短。也正是在这个意义上，冯先生坦然面对来自左右各方的“批判”：全盘西化论者批判他过于保守；中国文化优胜论者批判他过于西化。但是，批判归批判，冯先生认准了自己的哲学道路，一路走来，义无反顾，风风雨雨，泰然自若。由于冯先生始终坚持自己的中道哲学立场，又由于他始终认为哲学就是人学，因此，《新原人》便成了其新理学哲学体系的核心。学术界一直到现在还普遍认为，《新原人》是冯学的核心。这一核心即表现为“人生境界论”。但是，我们对《新原人》进行学理性的分析后，仍然不难发现，其中有一条挥之不去的主线——中道哲学。何以见得？这就要我们对“四境界”进行审视。

在自然境界中的人的觉解程度是比较低的，可谓知其然而不知其所以然。而世人中的绝大多数人是处于功利境界中的，在这种境界中的人的觉解程度应当是比较高的，但他过于注重人是人，既然人就是人，从“是”的意义上说，人都是自私自利的，人生无非是为了生活得好，而生活得好没有“利”是不行的，功利境界中的人是以“利”为重点的。次递而升，在道德境界中的人的觉解程度当然要比处于功利境界中的人的觉解程度高。高在何处？高就高在他不仅懂得人是人，不仅对人“是”人有较高层次的觉解，而可贵之处即在于他能够觉解自己应该成为什么样的人。换言之，在这个境界层次中的人，他不但能够觉解人“是”人，还能觉解人“应该”成为人。“是”与“应该”成为功利境界和道德境界的一个分水岭和试金石。尽管在道德境界中的人是可尊敬的，是伟大的，但在冯先生的境界说中，他所钟情的是“天地境界”。我们对“天地境界”中的人的所作所为进行分析，不难发现，这种境界仍然是以其“中道哲学”作为根基的。这是因为，在天地境界中的人同时兼有以上三种境界中的人的某些特征，也就是说，在天地境界中的人不仅觉解其是自然的一部分，是自然的恩赐，他还能觉解其“是”人，既然是人，就不能不为人的生存而谋利。当他在为自己的生存而谋“利”时，他同时又觉解到他是社会中的人。他十分清楚，当一个人生存于社会之中，就不能没有道德，就不能不用道德的规律去规范自己的做人行为，不能不以道德去维持一个人的生存状态。但是，只是这样，还是不够的，当他觉解自己不仅是社会中的人时，他还应该觉解到自己是宇宙中的人，是宇宙的一个分子，他不仅讲道德，说仁义，不仅认识到自己是自然界中的一分子、社会中的一分子，而应当是“天人”。在这个地方，人就无形中“知天”、“事天”、“同天”进而“乐天”了。

天地境界中的人比其他三个境界中的人的觉解都高，层次也高，甚至是高不可攀。但我们的话又说回来了，在这个境界中的人的境界真的就是高不可攀吗？非也！此种境界是极高的，但他并没有脱离前三种境界而神秘莫测，他就在“人伦日用”之中。用冯先生的话说，就是“极高明而道中庸”。此种境界虽是圣境圣域，但他是“不离日用常行内，直到先天未画前”。从这个意义上说，在天地境界中的人是极高明之境，但他仍然是庸言庸行。总而言之，天地境界仍然是以“中道哲学”作为根基的，它一点也不神秘。

“六书”之后，冯先生又有《中国哲学简史》。《中国哲学简史》是“史”，但在笔者看来，它不仅是“史”，它更是“学”，它是一个哲学家的哲学，所不同的是，只是这部“哲学”是从“史”的角度写出来的。在这部《中国哲学简史》中，冯先生仍然以“中道哲学”这条主线贯穿其中，它把“入世”和“出世”统一了起来，并且认为这种统一，正是“中国哲学的精神”①。

有学者认为，新中国成立后，冯先生用了长达近40年的时间写就的七卷本《中国哲学史新编》始终有一条主线贯穿其中，这条主线就是“共殊关系”。这一观点，在笔者看来固然不错，因为共相与殊相的关系问题是一个真正的哲学问题，在中国哲学中有，在西方哲学中更不可少。从某种意义上说，冯先生的七卷本《新编》比起早年的《简史》，更是用一位哲学家的笔法来写中国哲学史（广义的中国哲学史）。但是，在笔者看来，这部《新编》还应该有一条线，也可以称之为主线，或者确切一点说叫作第二条主线，就是冯先生仍然用“中道哲学”的观点以写《新编》。中道哲学观最突出的表现就在“全书总结”中。学术界也比较一致地认为，全书总结是冯先生的晚

① 《三松堂全集》第6卷，河南人民出版社1989年版，第7页。

年定论。从逻辑上讲，它不能不说是冯先生的晚年定论，因为在总结写成后的几个月，冯先生就离我们而去，他不可能再说什么话了；从冯先生终生的学术活动看，我们说这个总结是冯先生的晚年定论也是坚定不移的，因为在冯先生这位世纪老人经历了近一个世纪的时代变迁后，我们可喜地看到，他的哲学观与早年所奠定的“中道哲学”实现了理性的回归，请看这一段话：

客观的辩证法只有一个，但人们对于客观辩证法的认识，可以因条件的不同而有差别。照马克思主义的辩证法思想，矛盾斗争是绝对的，无条件的；“统一”是相对的，有条件的。这是把矛盾斗争放在第一位。中国古典哲学没有这样说，而是把统一放在第一位。理论上的这点差别，在实践上有重大的意义。

在中国古典哲学中，张载把辩证法的规律归纳为四句话：“有像斯有对，对必反其为；有反斯有仇，仇必和而解。”（《正蒙·太和篇》）这四句中的前三句是马克思主义辩证法思想也同意的，但第四句马克思主义就不会这样说了。它怎么说呢？我还没有看到现成的话可以引用。照我的推测，它可能会说：“仇必仇到底。”

显而易见，“仇必和而解”的思想，是要维持两个对立面所处的那个统一体。就张载当时说，他是要维持中国封建社会那个统一体。“仇必仇到底”的思想，则是要破坏两个对立面所处的那个统一体。就马克思主义说，是要破坏西方资本主义社会那个统一体。马克思是革命家，他所组织和领导的共产党是革命的政党，马克思主义当然要主张“仇必仇到底”。毛泽东是革命家，他所组织和领导的中国共产党是革命的政党，毛泽东思想也当然要主张“仇必仇到底”。毛泽东常说“将革命进行到底”，就是这个意思。问题在于什么叫“到底”？“底”在哪里？

任何革命都要破坏两个对立面所共处的那个统一体。那个统一体破坏了，两个对立面就同归于尽，这就是“底”。革命到这个程度就“到底”了。这是一个事物的总发展过程中的一个段落。一个革命“到底”了，作为这个革命对象的那个统一体被破坏了，共处于这个统一体中的两个对立面同归于尽了，可这个社会仍然存在，不过它要从一个统一体转入到另一个统一体。社会转变了，作为原来统一体的两个对立面的人仍然存在，人还是那些人，不过他们转化了。革命家和革命政党，原来反抗当时的统治者，现在转化为统治者了。作为新的统治者，他们的任务就不是要破坏什么统一体，而是要维护这个新的统一体，使之更加巩固，更加发展。这样，就从“仇必仇到底”的路线转到“仇必和而解”的路线……

“仇必和而解”是客观的辩证法……[①]

“和”的哲学就是冯先生终生所主张的“中道哲学”，这一中道哲学始终与中国哲学的精神相一致。《中庸》说：“中也者，天下之大本也；和也者，天下之达道也。致中和，天地位焉，万物育焉。”

二、冯先生的中道人生

哲学家“身体力行”、“以身载道”，冯友兰先生终生就是按照自己的“中道哲学”信念而生活的。

1933年暑假，冯友兰先生按照清华大学所规定的“教授任职满五年，可以申请出国休假一年”的制度而去欧洲度假。冯先生到欧洲休假，并不是我们今天意义上的游山玩水，他一方面去欧洲作考察，一方面去讲学。他考察了西方社会由封建而进入资本主义的社会过程，认为中国社会也应当从中国所固有的那个社会制度而转入“另一类”。这个另一类社会制度是什么呢？冯先生并没有明说。他回国后，把他所认识的加上自己的哲学反思，作了两次讲演。冯先生说：“当时国内对于苏联的情况都有很大的兴趣。找我谈话、作讲演的人很多。我作过两次讲演，一次是讲我所见的苏联情况，一次是作为中国哲学史问题的讲演，题目是《秦汉的历史哲学》，但这是借题发挥，所要发挥的是我在当时所了解的唯物史观（历史唯物论）。这是一种借古喻今的讲演。讲的是秦汉的历史哲学，可是听众都知道我要说的是什么，纷纷议论说：‘冯先生变了。’”[②]

当时，冯先生结束了对英国等地的考察后，绕道苏联，看到了苏联用马

① 冯友兰：《中国现代哲学史》，广东人民出版社1999年版，第250—253页。

② 《三松堂全集》第1卷，河南人民出版社1985年版，第87页。

克思主义的思想建设社会主义的实际情况，认为中国也可以走这样的道路，一贯践履“中道哲学”的冯先生尽管在其讲演中暗示了这个思想，但冯先生毕竟不是一位无产阶级革命家，他的本质是一位学者，他并不会用激烈的言辞抨击政府当局，只好借历史以喻今。这就是当时的人们为什么议论说冯先生变了的原因。尽管冯先生用温和的言语，从历史哲学的角度讲唯物史观，还是没有逃脱当局对他的“制裁”——1934 年 10 月、11 月间他遭到了当局的逮捕。由于冯先生是一位名教授，当局尽管对他实施了逮捕，也不敢怎样他，加上家人的多方营救，冯先生前后不过被限制人身自由一两天。鲁迅先生就此事而给友人的信中说：“安分守己如冯友兰，且要被逮，可以推知其它了。”①

冯先生在其晚年的回忆中说：“我在这个时候，好像走到一个十字路口。我可以乘此机会与南京政府决裂，大闹一场，加入共产党领导的革命队伍的行列。或者是继续我过去的那个样子，更加谨小慎微，以避免特务的注意。有人对我说：‘你不该轻易回来，你可以对行营那些人们说，放不放由你，走不走由我。你们必须说明，为什么逮捕我？根据什么法律，是谁下的命令？’这是劝我走前一条路。当时清华的学生准备开会，清华的教授也准备开会。我如果走前一条路是会得到全社会的支援，可以大干一番。可是我没有那样的勇气，还是走了后一条路。‘冯先生变了’但是没有变过来。”②走前一条路，那是革命的路，从冯先生的哲学操守和人生践履说，他不可能激烈，他的性格毕竟不是陈独秀，毕竟不是毛泽东。他仍然走后一条路。但需要说明的是，冯先生所说的后一条路并不是反革命的路，也不是中国文化保守主义的路，而是一条“中道哲学”的人生之路。

有人可能会问这样一个问题：你说冯先生走的是“中道哲学”的人生之路，那么，冯先生按道理既不加入共产党，也不加入国民党，但事实上他曾两次加入国民党，这将作何解释呢？

先说冯先生第一次加入国民党的情况。根据蔡仲德编《冯友兰先生年谱

① 转引自《三松堂全集》第 1 卷，河南人民出版社 1985 年版，第 89 页。

② 同上。

初稿》载：冯先生第一次加入国民党的时间是 1924 年 12 月某日，“由刘积学介绍在河南加入中国国民党，并被选为河南省党部执行委员会候补委员”。这件事情，冯先生在其晚年的回忆中这样说：“在第一次国共合作以后，中国的两个革命势力汇合起来了，声势浩大，力量雄厚，为全国人民所拥护。那时候设在广州的国共合作的国民党中央，派人到各省发展组织，各省陆续成立了国民党省党部。派到河南来的人，是我岳父的老战友，也是亲戚。他曾经在日本留学，追随孙中山先生。民国成立，他在国会中任参议院议员。他于 1924 年在开封开始组织国民党省党部。成立那一天，我被选举为执行委员会的候补委员。当时对于‘候补’这两个字很多人有不同的理解，有些人认为所谓‘候补’者，就是在正式委员有缺的时候，把他补上。如果没有缺，他不过虚有其名而已。我当时是这么了解的。我不知道当时主事的人是怎样了解的。事实是，我在开封并没有出席过省党部执行委员会的会议。听说后来执行委员中出了缺，把我补上了。不过那时候我已经不在开封了。”① 这样说来，冯先生第一次加入中国国民党，其一并不是他的刻意要求，可以说是可有可无的事情；其二当时所处的环境并不是国共两党的血腥对抗，而是两党的合作时期。如此说来，冯先生此时的加入国民党，并不影响他的“中道哲学”的人生践履。

再说冯先生第二次加入国民党的情况。根据《年谱初稿》载：1939 年 7 月 23 日，在邱家巷梅贻琦宅出席北大、清华、南开三校院处以上教授茶会。会议由蒋梦麟召集并主持（注：蒋梦麟时任国民党中央委员，承中央组织部长朱家骅之命在联大教授会中发展国民党员），蒋梦麟要求联大及三校负责人之未入国民党者先行加入。冯先生即于此时第二次加入国民党。冯先生在晚年的回忆中说：“联大文学院从蒙自迁回昆明后不久，有一天，蒋梦麟约我们五位院长到他家里谈话。他说：‘重庆教育部有命令，大学院长以上的人都必须是国民党党员。如果还不是，可以邀请加入。如果你们同意加入，也不需要办填表手续，过两天我给你们把党证送去就是了。’当时只有法学院院长陈序经表示不同意，其余都没有发言表态。我回家商量，认为我已经

① 《三松堂全集》第 1 卷，河南人民出版社 1985 年版，第 57 页。

有过被逮捕的那一段事情，如果反对蒋梦麟的提议，恐怕重庆说是不合作，只好默认了。过了几天，蒋梦麟果然送来了党证。”① 写到这个地方，笔者不禁哑然失笑，我是笑蒋先生代表国民党方面“邀请”联大院长们加入国民党，非常有意思，不管怎么看，这并不像是一项政治活动，反倒像是一场朋友间的“宴会”。冯先生并不是一定想去赴这个“宴会”，而是考虑到有几年前的那场被逮捕的风波，只好“默认”自己的国民党党员。这是我失笑的第一点。其次，那个第一次在河南加入的国民党，到底还算不算数？通过此事，更能证明我的论点，冯先生一生并不走“极端”，这次加入国民党，我想，冯先生在很大程度上是坚持自己的中道哲学人生的一个范例。

1945 年春天，国民党召开第六次全国代表大会，河南省党代会选举冯先生出席全国代表大会，这令冯先生感到很偶然。冯先生当时有些疑惑，怎么可能呢？时间不长冯先生就找到问题的关键之所在了：原来河南在选代表时分成两派，竞争很激烈，有一个代表选不出，于是他们采取了一个折中的办法，提一个两派都不反对的人当候选人，因为冯先生并不参与哪一派，结果这个名额让冯先生“笑纳”了。这还不算，蒋介石在这次会上，请冯先生到他那里吃饭，老蒋想让冯先生当中央委员。这事如果放在“什么时代”的“什么官员”的头上，是个什么结果，就用不着一介书生的我去多说了。可是，冯先生并不领情，他给老蒋的答复是“我不能当”，老蒋又问冯先生为什么不能当，冯先生回答是“我要当了中委，再对青年们讲话就不方便了”。我们也可以理解为这是冯先生的超脱，但如果从更深的层次去解读的话，冯先生是钟爱他的哲学，珍惜自己的中道哲学的人生的，他不可能去走那样极端的路。当然，对于这件事情，也可以换一个角度去体认，就是冯先生在政治上已经看到老蒋为首的国民党已经没有什么希望了，冯先生并不想和他们这帮政客们搅和在一起去“蹚浑水”。

应当在这里特别说明的是，不可把冯先生所坚持的中道哲学的人生践履理解为“明哲保身”。从一定意义上说，明哲保身是对于现实社会生活的“规避”，如早期道家的处世哲学那样。冯先生的哲学是“新理学”，而新理学正

① 《三松堂全集》第 1 卷，河南人民出版社 1985 年版，第 102 页。

是“接著”宋明以来的理学讲的。宋明理学在社会哲学方面并不是“规避”，而是从哲学的高度对社会存在的一种理性解释。如果说宋明理学是“新儒家”哲学，那么，冯先生就是当代的新儒家。从其是当代的新儒家论，冯先生的哲学人生当然也不是避世的明哲保身者。事实上，冯先生的《新事论》正是对中国社会的一种政治关怀，也可以叫作政治哲学，或者说是中道哲学的政治哲学。

那么，我们到底应当怎样解释冯先生按其中道哲学而践履其自己的现实人生呢？我看其中有一个精神内核：爱国情结。基于这样一种爱国情结，冯先生早年去美国留学并不是单纯地为留学而留学，而是带着当时的中国社会的问题企图从留学中找到一个确切的答案，用当时的话说，冯先生应当是一位教育救国论者。他到欧洲讲学，讲中国文化，心中有一个非常不舒服的地方，就是认为好像中国文化就是一个博物馆中的陈列品，她太陈旧了。冯先生在讲中国文化的同时也在反思，就是如何把自己国家的事情办好！在西南联大时，国民党特务肆虐横行，冯先生是非常气愤的，但冯先生并不是一位无产阶级革命家，他不可能用革命的方式和手段去对付他们，他仍然是按照自己中道哲学人生的生活方式和方法在尽可能的范围内为联大争民主和自由。可想，在当时的形势下，冯先生的一切作为并不能奏效，反而受到来自各方面的责难。也就是在这种情况下，冯先生决定要离开这个“是非之地”去美国讲学。在国共两党还未能决出胜负之时，冯先生完成了在美国讲学的任务。如果冯先生心中没有装着自己的祖国，照美国的那种条件，他作为一个名教授，他要是为了自己的生活优裕的话，他完全可以留在美国，而冯先生则常记王粲《登楼赋》里的两句话：“虽信美而非吾土兮，夫胡可以久留？”冯先生回国了，只有在自己的祖国，他的心是踏实的。

几年后，国民党政府在大陆失去了它的“天下”。要说，冯先生在国民党政府那边是有相当高的声望的，他完全可以像清华大学校长梅贻琦那样选择去台湾，但他并没有这样做，而是选择留在大陆，目的是要为建设一个人民的新中国而尽自己的一份力。这件事情，从表面上看好像是冯先生并没有按照自己的中道哲学的人生践履而行事，但是，如果避去国共两党的党派之争的思考，笔者仍然认为，这是冯先生以自己的中道哲学的人生而行事。

蒋家王朝移到了台湾，清华大学校长梅贻琦也走了，而冯先生和一批清华的教授们留了下来，由于冯先生的学术地位和领导才能使清华大学的教授们相信，只有冯先生才能把这所名校的事情办好，于是校务会议“推举（冯）先生为校务会议临时主席”①。关于冯先生没有跟随蒋家王朝走，冯先生说了这样一段话：

> 回忆我当时的思想情况，其中有三个思想比较突出。一个是“我是中国人，不管哪一党执政，只要能把中国搞好，我都拥护”。……还有个思想是，“中国好比有两个儿子，大的是国民党，二的是共产党。大的把中国搞糟了，应该让二的试一试”。……还有一个思想是，我自以为对于社会主义有了解。我所了解的社会主义，其实就是苏修所想的“技术官僚”、“精神贵族”统治的社会。我想，我是专家、学者，在旧社会中，在政治上，专家、学者是附属于帝王、资本家的，到“社会主义”社会中，他们就更升一级，岂不也好。……我之所以在解放时没有走，主要是由于对于国民党反动派的失望，并不是由于对共产党的欢迎。②

冯先生这段话有一个题目：《自我揭发自我批判——冯友兰发言稿（1966年7月5日开始）》。我们一看便十分明了，这是在“十年动乱”开始时的自我批判。我们不管冯先生在这个自我批判中所说的“技术官僚”、“精神贵族”是否与苏联的实际相符合，但有一点至少可以供我们“参考”：冯先生并不是一定要站在哪个党派的立场上去取决自己的行为，而是站在国家利益的角度思考问题。这一点，在笔者看来，一是其爱国思想的支配，二是其中道哲学的人生观的支配。

以下该说到冯先生在“十年动乱”中的遭遇了。应当说，那场“史无前例的文化大革命”是中华民族的一场大灾难，并不仅仅是冯先生个人的灾难。

① 蔡仲德：《冯友兰先生年谱初稿》，河南人民出版社2001年版，第357页。

② 同上书，第356—357页。

但是，由于冯先生的地位特殊，决定了他在这场灾难中的特殊性。关于这一问题，冯先生在《三松堂自序》中用了相当多的文字作了说明，本文在此从略。本文所要说的是，“十年动乱”是十年，而冯先生的遭难远不是十年的问题。新中国成立后，冯先生就一直受批判，只是因为“十年动乱”而加重了对于他的批判而已。不能说，冯先生在“十年动乱”中没有错误，说谁在“十年动乱”中没有讲过违心的话，恐怕找不出几个人来。冯先生企图在这样非常的环境中找到一个可以“安身立命”的空间，为了他的学术，为了他的《中国哲学史新编》，他也的确说了一些他本不愿去说的话。那场灾难过去了，冯先生对于自己的言行作了一个反思，请看这样一段话：

> 《周易》乾卦的《文言》说：“修辞立其诚。”我们说话、写文章都要表达自己的真实见解，这叫“立其诚”。自己有了确实的见解，又能虚心听取意见，改正错误，这叫走群众路线。如果是附和一时流行的意见，以求得到吹捧，这就是伪，就是哗众取宠。1974 年我写的文章，主要是出于对毛主席的信任，总觉得毛主席党中央一定比我对。实际上自解放以来，我的绝大部分工作就是否定自己，批判自己。每批判一次，总以为是前进一步。这是立其诚。现在看来也有并不可取之处，就是没有把所有观点放在平等地位来考察。而在被改造的同时得到吹捧，也确有欣幸之心，于是更加努力“进步”。这一部分思想就不是立其诚，而是哗众取宠了。……
>
> 我当时自以为是跟着毛主席、党中央走的，鼓励我的那些群众也是这样想的，至少也是这样说的。可是我当时也确有哗众取宠之心。有了这种思想，我之所以走了一段极“左”路线，也就是自己犯了错误，不能说全是上当受骗了。①

由此，我们可看到冯先生的真诚，他并不虚伪。回首既往，又有几人像冯先生那样去认真而严肃地审视自己在那一段特殊历史中的特殊事情呢？在

① 《三松堂全集》第 1 卷，河南人民出版社 1985 年版，第 176、183 页。

笔者看来，在“十年动乱”中的冯先生的某些言行背离了自己的中道哲学之道，经过冯先生自我反思，又回归到了其中道哲学的人生主线上来了。诚可谓：吾道一以贯之！

三、中道哲学的教育思想

作为教育家的冯友兰先生的教育思想始终与其中道哲学相统一。相对于他的哲学和哲学史说，冯先生的教育论著略所逊色，但在笔者看来，毋宁说他的教育思想和理念大都蕴涵在他的哲学思想之中。冯先生始终认为哲学就是人学，就是关于人的学问的一门学科，而教育正是把人当作“人”，而不是把人当作“器”。

2008年10月，为庆祝西南联大和云南师范大学建校70周年在云师大召开的以“旧邦新命：冯友兰与西南联大——第八届冯友兰学术思想研讨会”为主题的会议上，作为著名作家的冯先生的女儿宗璞先生提交给大会一份书面发言，其中写道：

> 冯友兰先生自留学归来，从参加工作的那一天起，便一直在大学的讲台上，一生从事教育事业，没有一天转向。尤其在国家民族的危亡时刻，他和同仁们一起坚持西南联大的工作，为民族传递着文化血脉，为国家培养了精英人才。成为教育史上的一个奇迹。

冯先生的哲学成就，往往掩盖了他对教育事业的贡献，而在他的一生中，教育是很重要的一方面。他关于教育的著作不多，但可以看出他的教育思想。那是带有根本性的，很有意义。1948年6月的《论大学教育》一文，较完整地传达了他的看法。

冯先生的教育思想最根本的一点是关于大学目的的阐述。大学要培养什么？他的回答是：“大学要培养的是人，不是器。”当然，来上大学的都是人，不是桌椅板凳。这里所说的人不是生物意义上的人，而是完整意义上的人。他说：“‘人’是什么？如何成为一个‘人’？所谓‘人’，就是对于世界社会有他自己的认识、看法，对已往及现在所有有价值的东西——文学、美术、音乐等都能欣赏，具备这些条件者就是一个‘人’。所以大学教育除了给人一专门知识外，还养成一个清楚的脑子、热烈的心，这样他对社会才可以了解、判断，对已往现在所有的有价值的东西才可以欣赏。有了清楚的脑、热烈的心以后，他对于人生、社会的看法如何，那是他自己的事，他不能只在接受已有的结论。”① 他还说，如果一个学校只要求学生接受结论，那就成了宣传。训练出来的人也就成了器。

“人”与“器”是不同的。我们在这里如果把冯先生的这种教育思想和理念与新理学哲学体系结合起来看的话，人是什么？人即是“人之所以为人者”。人之所以为人，即是人之理。人之理与物之理不同，物从很大的一个意义上说就是器。“君子不器”（《论语·为政》），这是儒家的开山人物孔子的思想。当然，这里所说的器，也不是仅就其是一个什么“物件”而论，它的引申意义是“工具”，而人严格意义上说并不是什么“工具”，因为人有思想，有理性，能够判断。但是，如果把对人的培养仅看作造就他“成器”（如《三字经》所说的“玉不琢，不成器”的器），那么，尽管人有思想、有理性，充其量也只是一个“理性工具”（《三字经》接下来说“人不学，不知义”，而知义就是人）。人之所以为人，在于“人之理”的依照，用孟子的话说，就是“人之所以异于禽兽者”（《孟子·离娄下》）。人必须是“人”，而不是“器”。当然，学生在大学学习，必须还要掌握某些专业方面的知识，但这些专业方面的知识的学习有一个非常重要的前提，就是学会“做人”，如何“做人”！在拙著《传统文化时述》的自序中，我写了这样一段话：

> 现代的中国人，尤其是青年人，具体地说是绝大多数在校的大学生，大多对自然科学比较重视，而对于传统文化则相对比较冷漠，甚至有人认为，学习传统文化是浪费青春，是不务正业。像这种情况，有专家指出：从某种意义上说，大学生的这种求知心态是一种急功近利的功利化倾向，对大学生的成长是十分不利的。新时代的大学生在提

---

① 宗璞：《旧事与新说——我的父亲冯友兰》，新星出版社 2010 年版，第 49—50 页。

高专业技能的同时，更重要的是学会如何做人，怎样做人，如何思维的问题。大学生只有博览群书，特别是阅读哲学、文学、历史等书籍，才能够提高自身的文化素质，为将来的人生道路奠定坚实的基础。诺贝尔奖获得者、物理学家杨振宁教授在读初中的时候，他父亲连续两年暑假都请老师辅导他，但教的既不是数学，也不是物理，而是《孟子》。他后来在回忆这段学习生活时说："《孟子》里边有许多关于儒家的哲学，你可以了解整个的中国的思维方式。现在回想起来，这对于我整个的思路，有非常重大的影响，远远比我父亲那时候找一个人来教我微积分要有用得多。"①

这段话，旨在说明学习传统文化对于提高一个人的素质的重要意义，而提高人的素质正是学会做人、如何做人的重要前提，就是冯先生所说的"养成一个清楚的脑子、热烈的心，这样他对社会才可以了解、判断"。这样的人，就不仅仅是"理性工具"，而是一个完整意义上的人了。

一个完整意义上的人，我们如果将这一教育思想和理念同冯先生的《新原人》的境界说联系起来，不难看出，教育的首要目的就是提高人们的精神境界，要人成为一个有道德、有理想的人，而不能仅仅限于"功利"之境！他应当认识清楚自己不仅生活在自然和功利之中，他更应当生活在社会和宇宙之中，他不仅仅限于一个生物学意义上的人，他应当是社会的人和宇宙中的人！他应当首先知道自己是"人"，而不是单纯的一个"器"，他要承担社会的责任，宇宙的责任，具有社会的担当意识。

同时我们还应该指出，冯先生的教育思想和理念并不仅限于他的教育思想和理念这个理性的层面，他还是一位教育的实践者。我在这里说一个例子：1944 年冬天，冯先生的母亲去世，远在西南联大的冯友兰和其弟冯景兰先生回乡奔丧，河南的有些学校因避战乱而大多迁移到豫西南的淅川荆紫关一带，在冯先生办完母亲的丧事后，来到荆紫关给在那里的中学生们讲

---

① 刘长城：《冯友兰研究论丛》（四部书）之一《传统文化时述》自序，九州出版社 2010 年版。

课，据时为荆紫关某中学的学生——后来成为北京大学法学院教授的周密先生给笔者讲，冯先生美髯飘逸，登台开讲他的《新原人》。我们认为，这不可能是什么学术讲座，因为要讲高深的哲学思想，冯先生不可能把听众锁定在只有十几岁的中学生身上。我的分析是，这是冯先生的让人成为人的教育实践。类于这样的讲演，冯先生在20年代去山东曹州某中学给学生们讲《人生哲学》，抗战时期在华西大学的讲演等，均可理解为是冯先生的教育实践，当然，更多的是他在大学讲台上的教育人生。

应当说，冯先生的关于"人与器"的教育思想和理念，是冯先生教育实践的精华，而这一精华始终与其中道哲学的思想相统一，一刻也不能分离。质言之，这是冯先生教育思想和理念的一以贯之之道，借用中国传统哲学的话说："道也者，不可须臾离也，可离，非道也"（《中庸》）。

说到冯先生教育思想与实践的统一，就不能不说到曾经是中华民族教育史上的伟大奇迹的西南联大。在中华民族处于危难之际，中国的教育机关——清华、北大、南开三校南迁，组成西南联合大学，初至长沙，又迁昆明，战时辗转，师生历尽艰难困苦。"当时联大的学生，有的是跟着三校来的，有的是在昆明录取的，他们的家大部分是在日本占领区，他们不肯接受日本的统治，离开了父母家庭，经过许多艰难困难，来到了当时的大后方。他们都是有志之士，可是往往与家里信息不通，生活困难，就在昆明自谋生计，勤工俭学……"① 大学教师们也失去了原来在三校时的相当优越的生活和教学条件，为了生计，有的先生们把略微值点钱的东西典当出去，有的鬻文卖字，甚至连大学校长的夫人也去自制糕点换回几文钱以补贴家炊。"师生们同时还天天遭受日本空袭的威胁"。就是在这样的境况下，学生不忘读书，读书不忘救国；先生不忘教书育人，不忘学术研究。冯先生就是在这样的境况下写就了"贞元六书"。诚如联大校歌所说：

万里长征，辞却了、五朝宫阙。暂驻足，衡山湘水，又成离别。绝徼移栽桢干质，九州遍洒黎元血。尽笳吹、弦诵在山城，情弥切。

① 《三松堂全集》第1卷，河南人民出版社1985年版，第324—325页。

千秋耻，终当雪。中兴业，需人杰。便一成三户，壮怀难折。多难殷忧新国运，动心忍性希前哲。待驱除仇寇、复神京，还燕碣。

这是多么悲壮的历史宣言，这是多么伟大的历史诗篇，这是多么宏伟的历史画卷！冯先生执笔创作的三校校歌，激励着一代仁人志士，最终迎来了抗战的伟大胜利。西南联大在八年抗战中为中华民族培养了大批人才，据统计，仅理工科的1500名毕业生中，就有各级各类院士130多名……

回首既往，审视现实，感慨万端！我们今天的大学又是一种怎样的景况呢？校园不可谓不大也，楼房不可谓不壮也，招生不可谓不多也！但是，我们今天的大学培养的人才与联大相比又是怎样的呢？……

本文该收笔了。请看联大三位校长留在西南联大旧址（今云南师范大学校园）的名言警句："所谓大学者，非谓有大楼之谓也，有大师之谓也！"（梅贻琦）"学校之惟一生命在学术事业，学生当以学问为莫大的任务。"（蒋梦麟）"育才先育人！"（张伯苓）

从欲望到觉解

——冯友兰人生哲学的演变及归宿

程　林

冯友兰先生是中国现代哲学史上著名的哲学家、哲学史家。冯友兰是带着对人生的思考开始了他的求学生涯，又是带着对人生的思考开始了他的哲学研究。终其一生，人生哲学始终是他思考的一个重点，或者说终极关怀，他的哲学体系中最为重要和最为深刻的部分就是他的人生哲学。建立一套完整严密并给予人生以指导的人生哲学，是他一生学术努力的方向。20 世纪 20 年代，他的博士论文《天人损益论》及后来出版的《人生哲学》即是他的人生哲学的最初发轫；而四十年代出版的《新原人》则是他的人生哲学研究的一个高峰；到了晚年，他的人生哲学的最终归宿是“仁”的境界。这期间，他的人生哲学也经历了一个从前期到后期的变化，其对人生的思考也在不断地深化。

一、前期人生观：以欲望为基础的中道说

冯友兰在《三松堂自序》中说：“六十年来，我的哲学活动，可以分为四个时期，第一时期是从 1919 年到 1926 年，其代表作是《人生哲学》。第二时期是从 1926 年到 1935 年，其代表作是《中国哲学史》。第三时期是从 1936 年到 1948 年，其代表作就是抗战中写的那六本书，日本已有书店把它们合印为一部书，题为《贞元六书》。第四时期是从 1949 年到现在，其代表作是尚未完成的《中国哲学史新编》。”①

① 《三松堂全集》第 1 卷，河南人民出版社 2000 年版，第 172 页。

根据冯友兰对自己学术生涯的总结，其中第一时期和第三时期都是以人生哲学为研究的重点，第二时期和第四时期主要以中国哲学史作为研究的重点。如果我们仔细寻究，可以发现，第二时期写作的《中国哲学史》上下卷的思想与第一时期的思想是较为一致的、相吻合的，因此第一时期和第二时期（1919 年至 1935 年）可谓之其思想的前期；而第四时期写作的《中国哲学史新编》的思想又回归到第三时期的思想，因此第三时期和第四时期（1936 年至 1990 年）可谓之其思想的后期。总体看来，冯友兰的思想之发展实则有前期与后期之显著变化，其前期之人生哲学与后期之人生哲学之旨趣亦大有区别。

在前期人生哲学中，冯友兰把欲望作为人生研究的出发点，认为人皆有欲望，皆求满足其欲望，欲望之实现即是好。但欲望的实现有种种限制，所以应该提倡一种合理的人生观，这种人生观既不否认人的欲望，亦不任其恣意发展。故需于种种相互冲突之欲望，求得一个和的方法，这就是中道。人生合于中道，则人亦得最好的生活，最大的幸福。他说："但实际上欲是相互冲突的，不但此人之欲与彼人之欲常互相冲突，即一人自己之欲亦常互相冲突，所以如要个人人格不致分裂，社会统一能以维持，则必须于互相冲突的欲之内，求一个'和'。'和'之目的就是要叫可能的最多数之欲皆得满足。所谓道德及政治上社会上所有的种种制度，皆是求和之方法。"①"至于我所认为之最后的成功，惟一的好是一大和，各种好皆包在内。"②

在《人生哲学》一书中，冯友兰认为人所经验的事物有天然及人为的两类，对此之态度构成了不同的人生哲学。一派以为自然为好，人为不好，要求废去文明，返归自然，此即损道哲学。一派以为自然不好，需以人为克服自然之不好，以人力胜天行，此派为益道哲学。还有一派以为天然、人为本来不相冲突，人为可以辅助自然，而非破坏自然，此派为中道哲学。冯友兰说："在《人生哲学》中，我把所谓的十派平列起来，好像是没有什么偏向的，实际上，我的偏向是很明显的，那就是中道。在《人生哲学》最后两章，我

① 《三松堂全集》第 2 卷，河南人民出版社 2000 年版，第 11 页。

② 同上书，第 36 页。

提出了一个新人生论，这就是我在当时所认为是中道的人生论。”①

冯友兰认为损道可以说蔽于天而不知人，益道是蔽于人而不知天，损道和益道都是把天人对立起来，割裂开来，而世界上大部分的痛苦和灾难，正是来源于这种对立和割裂。他主张中道，认为人和自然从一方面看是对立的，从另一方面看，人也是自然中之一物，人的存在也是自然的一部分，人和自然不是对立的，而是和谐的。人通过修养，就可以逐渐克服人与天、自己与别人的界限，就可以得到一种精神境界。他说：“至诚之人，既无内外之分、人我之见，则已至万物一体之境界矣。既与万物为一体，故能尽人物之性而与天地参也。以成己成物为合内外之道，而内外（人己）之分则已不复存在。”②而儒家的思想境界即是如此，此境界非仅是天然的，亦非仅是人为的，而乃是天然、人为两相和合所构成的，这就是儒家所说的合内外之道。天人损益的最佳状态是和谐，即中道。

冯友兰认为人的活动之原动力是欲，人皆求满足其欲，因此人生之种种行为活动，皆由欲起，因此欲是人生之活动的根本原因。冯友兰承认欲在人生中的重要作用，但又认为欲是盲目的，需要用理智加以约束。他说：“理智无力，欲则无眼。”③意思是说理智只能指导人是否应该做及如何做某件事，却无力叫人去做，而欲则是人做某事的动力。所以理智之眼加上欲望之力，可得一合理之人生。他说：“理智在人生之地位及其功用，在引导诸欲，一方面使其得到满足，一方面使其不互相冲突。”④

冯友兰认为人的理性对人生问题有指导作用，理性可以调和诸欲而去其私，也可以调和诸觉而去其蔽。他说：“但以诸经验之冲突矛盾，正如诸欲之冲突矛盾，故须有理性之调和。自人的观点言之，凡能调和诸经验之假设，吾人即认为真而以之为天道之实然。凡能调和诸欲之方法，吾人即认为好而以之为人道之当然。”⑤冯友兰强调用理性调节现实活动之冲突的方法

---

① 《三松堂全集》第1卷，河南人民出版社2000年版，第178页。

② 《三松堂全集》第2卷，河南人民出版社2000年版，第165页。

③ 同上书，第15页。

④ 同上。

⑤ 同上书，第217页。

是“天道之实然”，用理性调节人生欲望之冲突的方法是“人道之当然”，天道与人道的调和正是靠人的理性。这一点，冯友兰正是借鉴了西方人的理性方法。

冯友兰认为“凡有冲突必须解决，解决冲突者，理性之事也。理性之解决冲突，必立一说法或办法以调和之。理性调和于矛盾的经验之间而立一说法，以为依此说法，则诸矛盾的经验当皆得相当解释。试用之以解释，果能使昔之矛盾者，今皆不矛盾，于是此说法即为真理，为通义。此真理之特点，即在其能得通。理性又调和于相矛盾的欲之间而立一办法，以为依此办法，则诸相矛盾之欲，或其中之可能的最大多数皆得满足。推而行之，果如所期，于是此办法即为通义，为达道。此达道之特点，即在其能得和”①。显然冯友兰把中国传统的调和思想与西方的理性方法结合起来，重视理性在人生修养中的作用，有其独特的创新意义。

冯友兰强调欲望的合理性，要求欲望的实现要有节有度。就此来说，冯友兰的“中道说”对中国传统的“礼欲之辨”和“理欲之辨”均有所借鉴。孔子提出“克己复礼”、“非礼勿视，非礼勿听，非礼勿言，非礼勿动”，强调以礼制欲。孟子则提出“养心莫善于寡欲”，认为只有寡欲才能养心，这是把欲与良心良知对立起来，有反对欲望的倾向。而荀子对欲的思想最为深刻丰富，他一方面肯定人的欲望的合理性，认为“人生而有欲，欲而不得，则不能无求”；另一方面又要求对欲望加以节制，提出“制礼义以分之，以养人之欲，给人之求，使欲必不穷乎物，物必不屈于欲，两者相持而长”，最终还是要求“以公义胜私欲”，使欲望的实现按照礼义的要求去做。

宋儒有“存天理，灭人欲”的说法，一直为世人所诟病，其实这是误解了宋儒的。清朝戴震有“理存于欲”之说，戴震之说正是针对宋儒的说法而提出的。戴震在《孟子字义疏证》中提出：“理也者，情之不爽失也，未有情不得而理得者也。”②“今以情之不爽失为理，是理者存乎欲者也。”③戴震也

① 《三松堂全集》第2卷，河南人民出版社2000年版，第219页。

② 戴震：《孟子字义疏证》，中华书局1961年版，第1页。

③ 同上书，第8页。

承认感情欲望的合理性，与所谓的天理并不对立，欲望的合理实现满足即是理，理与欲是统一的。戴震的说法是符合儒学的传统的，如果我们读一读《礼记·礼运》中的这段话“饮食男女，人之大欲存焉。死亡贫苦，人之大恶存焉。故欲恶者，心之大端也。人藏其心，不可测度也。美恶皆在其心，不见其色也。欲一以穷之，舍礼何以哉”，即了知其渊源。戴震批评宋儒以理杀人，亦误解宋儒所致。关于这一点，冯友兰亦已明确指出。他在《中国哲学史》中指出，戴震批评宋儒是对宋儒的“天理人欲”的误解，宋儒所谓“人欲”并非“饮食男女之欲”，乃欲之失者，其实为私欲，与戴震所谓私者并无区别。“东原所立邪正之分，细察之与宋儒理欲之分，仍无显著的区别。”① 在《新理学》中，冯友兰亦指出此点，认为戴震以及其他反对宋儒所谓理欲之辩者，对于宋儒所谓“人欲”一词望文生义，全是误解。

冯友兰前期强调“欲”的作用，并以此对当时的唯物史观进行了批评。他在《一种人生观》中专门批评唯物史观，反对物质经济决定论，认为物质的、经济的原因皆源于“心的现象”——欲望，人的欲望才是历史之实现者。他批评陈独秀“相信只有客观的物质原因，可以变动社会，可以解释历史，可以支配人生观”②。“陈独秀先生以知识思想言论教育等皆经济的儿子。以我之见，则经济及知识思想言论教育等皆人之欲之儿子。”③ 这些批评说明冯友兰前期思想具有明显唯心论的色彩，与其后来相信唯物史观、宣传唯物史观有很大的差别。如他在 1934 年 11 月作《新三统五德论》，讲秦汉的历史哲学，借题发挥，宣扬唯物史观，遭到当局逮捕，有人说“冯先生变了”，意思说冯友兰开始涉足于政治活动，而冯友兰回答说“但是没有变过来”，说明自己宣扬唯物史观，并非参与政治，而是研究学术。这段往事说明冯友兰不论是反对唯物史观，还是赞成唯物史观，都是从一个学者学术研究的角度来对待学术思想的，与当时的政治活动毫无关系。

冯友兰的早期人生哲学受到梁漱溟的极大影响，并提出与其不同的看

① 《三松堂全集》第 3 卷，河南人民出版社 2000 年版，第 407 页。

② 《三松堂全集》第 2 卷，河南人民出版社 2000 年版，第 28 页。

③ 同上书，第 29 页。

法。这一点似乎还未为学界所注意，在此略作辨析。一方面梁漱溟是冯友兰在北大读书期间的老师，另一方面梁漱溟的《东西文化及其哲学》对冯友兰影响甚巨。冯友兰在《人生哲学》中提出损道、益道、中道三种不同价值取向的人生哲学，明显受到梁漱溟的人生三路向说的影响，而冯友兰所赞成的中道说又几近于梁漱溟的所谓既非西洋、亦非印度的中国文化（第二路向），与中国文化调和持中的特点接近。所不同的是，冯友兰以中道为最好之人生哲学或类型，而梁漱溟却以印度文化为代表的第三路向为人生之最后归宿。

当梁漱溟的《东西文化及其哲学》出版之时，1922 年 3 月冯友兰即致信梁漱溟，1922 年 10 月又撰文《评梁漱溟著〈东西文化及其哲学〉》，1924 年 10 月出版《一种人生观》，对梁漱溟的思想坦言自己的看法，颇有“吾爱吾师，吾更爱真理”之真诚，亦可见梁漱溟对冯友兰前期人生哲学之影响。

冯友兰在美国留学时读到梁漱溟的《东西文化及其哲学》，自美国致信梁漱溟，对其《中西文化及其哲学》提出了看法，认为“书中所论三种生活态度与友兰相见极合”①，但又有所不同。冯友兰认为梁漱溟的思想多为理想主义的（idealistic），而自己的思想多为现实主义的（realitic），因此并不能赞同其人生三路向说。“先生以佛家之说为根本，友兰所依据者则不如此玄学的，故先生之议论多 idealistic，而友兰之议论则偏于 realistic，因此于先生书中亦有许多不能赞同之处。”②

梁漱溟所提出的人生三路向说，以西方为第一路向，中国为第二路向，印度为第三路向，认为西方文化将经过第二路向向第三路向前进。冯友兰对此提出了批评，对梁漱溟的西方文化将归于二路，又由二路归于三路之说不能赞同，认为此三种生活方法可以各自独立，并非进化。冯友兰认为梁漱溟所提到的三种人生观，并非有东西方之差异，而是东西方均已存在过的。其主要批评是反对梁漱溟提出的以佛教的完全摒弃欲望作为人类社会文化发展的终极方向。对于梁漱溟所说的西方向东方学习，走第二路向（中国）的生活，冯友兰说：“彼将果信罗素之言而采中国文明欤？或然，或不然。但现

① 《三松堂全集》第 14 卷，河南人民出版社 2000 年版，第 588 页。

② 同上书，第 589 页。

在而即言西方已布满东方空气及西洋之将走二路已成铁案，则友兰尚有所怀疑也。”① 认为对于西方人是否按照中国人的文明生活难以相信，亦无根据，所以批评梁漱溟的思想为理想主义的。对于人类文化将归宿第三路向印度文化，冯友兰亦不赞成，他说：“二路走尽必归三路，友兰亦所未喻。如若此言，则凡聪明绝顶之人皆以生死为大问题而归印度之路，而何以不然耶？何以孔子将二路发挥尽致之人而仍未发现此问题耶？”② 认为如以印度之路为人生之根本方向，何以前贤未能发现，孔子亦未能指示，表示不信此说。

此时，冯友兰对于中西人生之比较，已有了自己的看法。他说：“至于友兰，近来亦找出一中国以后应取之态度。大约以为东方之长在能阐明物我一体之理，有精神的大我以笼罩一切个体，而其弊在抑制欲望、冲动；西洋在满足欲望冲动，而其弊在只知有个体而不知有大我，人与人之间只有外的关系而无内的关系。”③“总之，西洋主在满足欲望，因而发展情感、本能冲动，中国主在节制情感，因而节制欲望、本能冲动，所差者在满足与节制之不同，其他尚其小焉者也”④ 这是比较了中西方对欲望态度的差别，认为两者均有不足之处。又说：“今若设一说，一方阐明一切欲念、情感皆善，即大我所希冀亦不过一切人类之欲念之和，故今日之务即是满足欲望，不过因物我一体之故，故满足欲望时不应专为自己一人打算耳。此论甚长，俟另论之。”⑤ 冯友兰这时已经提出了人的欲望是合理的，但满足欲望以不损害社会他人为原则的思想，这即是他前期人生哲学中以欲望为基础的中道说，与梁漱溟的看法根本不同。两人虽然都承认欲望对人生的作用，但梁漱溟以消灭欲望为人生之最终目的，而冯友兰以欲望的持中调和为人生之理想，两人对欲望的看法是起点相同，而终点相异。

冯友兰在《评梁漱溟著〈东西文化及其哲学〉》一文中，指出“梁先生的书是第一个自觉的、严肃的尝试，试图抓住中心观念，在与欧州文化、印

① 《三松堂全集》第14卷，河南人民出版社2000年版，第590页。

② 同上。

③ 同上书，第591页。

④ 同上书，第590页。

⑤ 同上书，第591页。

度文化的比较中说明中国旧文化的优点和缺点。”① 认为其书有其存在之价值，但仍对梁漱溟所提出的人生三路向说提出批评。冯友兰指出：“在梁先生看来，生活的根本是永远奋斗的、永不休止的意欲（will），所有民族都有此意欲，各个民族各有其自己的引导意欲的路向。”②“沿着这三种不同的路向，采用这些不同的方法，欧洲人、中国人、印度人各自独立地造成自己的文化。……欧洲文化的根本精神是实现欲望，中国文化的根本精神是调和欲望，印度文化的根本精神是否定欲望。”③ 他认为梁漱溟对三种文化类型的划分，理想假定的成分太浓了。因此，对于“为什么西方人应当彻底改信孔子，为什么将来全人类应当都是佛陀信徒”这样的设想不能相信。他说：“梁先生劝告中国人全盘接受欧洲的各种科学，同时批判地采取孔家的生活态度。……但是，由于科学是梁先生指出的属于西方个人主义、功利主义的生活样法有机组成部分，它如何能够与梁先生讲的孔家思想有机地结合？……我十分清楚地看出孔家思想可以与科学相容，但是这不是照梁先生解释的孔家思想。梁先生讲的孔家思想对于人类情感预先存在的调和，对于人性本善，都假定得太多了。”④“但是我仍然不太懂，为什么西方人应当彻底改信孔子，为什么将来全人类应当都是佛陀信徒。看来梁先生由于经常研究佛家，对一元化的偏爱太强，这引导他假定，这三种现存的文化类型，已经穷尽了一切可能的人生道路。还假定，人类必然照这三种现在的样子取舍这一种或那一种。”⑤ 很明显冯友兰是不同意梁漱溟的人生三路向说的，认为梁漱溟以否定欲望作为人类生活的最高理想是独断的、空想的，不符合现实的人生，更不是理想的人生。

在《一种人生观》中，冯友兰主要对梁漱溟的直觉说有所批评。冯友兰说：“梁漱溟先生的见解，与我的见解很有相同之处。……不过他的直觉说，我现在不敢赞成。……故我于本文，对于他所说直觉有所批评。……我的批

① 《三松堂全集》第 11 卷，河南人民出版社 2000 年版，第 54 页。

② 同上。

③ 同上书，第 55 页。

④ 同上书，第 56 页。

⑤ 同上书，第 57 页。

评，可以算是一个同情的讨论。”①针对有人认为哲学的方法是直觉的、反理智的，冯友兰认为即使对于哲学而言，皆系写出或说出之道理，皆必以“严刻的理智态度”表出之，故其方法必为逻辑的、科学的。“故谓以直觉为方法，吾人可得到一种神秘经验则可，谓以直觉为方法，吾人可得到一种哲学则不可。……以此之故，我虽承认直觉等经验之价值，而不承认其为哲学方法。”②“我个人以为凡所谓直觉、顿悟、神秘等经验，虽有其甚高的价值，但不必以之混入求知识之方法之内。”③冯友兰认为直觉虽有其价值，但作为一种哲学方法，却是不足的，无法完成哲学建构的任务，只有理性才能完成这一任务。这个时期，冯友兰重视理性的作用，与他后来提出直觉体悟和负的方法又有差异。

从冯友兰的前期人生哲学中，我们可以看出，他是从一种中西思想比较的视野来看待人生问题的。他把欲望作为人生的出发点，很明显受到中国传统思想和梁漱溟的影响，但结论不同。他所提倡的中道人生观，又是以儒家思想和西方思想的一种结合，以回应中西文化的冲突和交融。冯友兰前期人生哲学持一种现实主义和理性主义的人生观，很少关注善恶问题，他把人生看作是一种具体真实的活动，人生即是这平常日用的生活，所谓“饮食男女，人之大欲存焉”。他认为哲学亦只是求好之学，满足欲望即为好，非如后期之“人生境界说”。这与他后期的人生观既有一定的联系，也有相当大的差异。与后期的“人生境界说”相比，较为幼稚，不够纯熟，这一时期的人生哲学可以说是“道中庸而不极高明”的。但前期的人生哲学表现了冯友兰对人生的最初思考，为以后思想的发展提供了坚固的基础，其意义是不可否认的。

二、后期人生观：以觉解为基础的境界说

冯友兰曾经用“三史释古今，六书纪贞元”来概括自己一生的学术研究，

① 《三松堂全集》第2卷，河南人民出版社2000年版，第26页。

② 同上书，第30页。

③ 同上。

《贞元六书》即是他最重要的哲学著作。在抗战爆发民族危机的背景下，冯友兰感发激奋，写出了《贞元六书》，虽语含沉重，而志气不坠。冯友兰的人生哲学，最集中表现在《贞元六书》中。正是民族的兴亡和历史的变化，给了冯友兰许多启示和激发，冯友兰自己也说："没有这些启示和激发，书是写不出来的。"① 这个时期，冯友兰的人生哲学与他的前期人生哲学相比发生了很大的变化。他以觉解的高低来判别人生的意义和价值，其最高的人生理想是"天地境界"。

冯友兰认为，哲学是对于人类精神生活的反思，《贞元六书》即是对于中华民族的传统精神生活的反思。他说："这六部，实际上只是一部书，分为六个章节。这一部书的主要内容，是对于中华民族的传统精神生活的反思。"②"在我的《中国哲学史》完成以后，我的兴趣就由研究哲学史转移到哲学创作。"③《贞元六书》是冯友兰建立自己的哲学体系的一个尝试，其中《新原人》是讨论人生问题的，讲的是"人生的意义是什么"这一类问题，以及可以使人"安身立命"的人生哲学。这一时期，冯友兰对人生的思考进入了一个新的高度，他以觉解为其人生哲学的基本概念，其人生哲学由前期的以欲望为基础的中道说转变为以觉解为基础的境界说，提出当一个人觉解的程度越高，则人生的意义越大，这是他最为丰富的人生哲学思想。

觉解是冯友兰后期人生哲学中最为重要的概念。冯友兰认为对于事物的认识是了解，对于人生的认识是觉解；人之所以异于禽兽者，在于人有觉解。人生的意义在于我们对它的觉解，我们对它的觉解愈深愈多，它对于我们的意义也就愈丰富。觉解不同于一般的了解，是了解与自觉地统一。他说"人对于事物有所了解，而又自觉他有所了解。"④ 了解和自觉即是觉解，因此人不同于一般之物，人是有觉解的物，或是有较高觉解之物；因此人生是有觉解的生活，或是有较高觉解程度的生活。这是人之所以异于禽兽，人之所以异于别的动物的根本区别，有无觉解是人生最显著的特点。

---

① 《三松堂全集》第 1 卷，河南人民出版社 2000 年版，第 209 页。

② 同上。

③ 同上。

④ 同上书，第 223 页。

冯友兰有时又把觉解看着是人的心所赋予的。他说:“人之所以有觉解,因为人是有心的。”[①]人的心即知觉灵明,如果没有人的心,宇宙是不能觉解的,犹如天地没有了心,所以“人者,天地之心”。关于心与欲望的关系,冯友兰认为心可以有感情有欲望,但这并不是人的心的特异处。人有欲望,欲望必有对象,对象必被了解而后可为对象,故人的感情欲望皆以觉解为基础,依赖觉解而存在,有觉解才是人的心的特点,觉解是所有人生活动的基础。每个人对宇宙人生觉解的程度可能有不同,宇宙人生对于人的意义亦有不同,这种不同的意义即构成人的某种境界。各人的境界不同,大概而言,可以分为四种:自然境界,功利境界,道德境界,天地境界。可以看出,这个时期,“欲望”不再是冯友兰人生哲学的基本概念和出发点,而“心”“觉解”则成为他的人生哲学的最重要最基本的概念,并以此建立了他的“人生境界说”。

冯友兰认为自然境界是人生中一种最低的境界,这种境界的人对人生的觉解最少,他的行为是顺才或顺习的,按照习惯行事。他虽生活于天地间,而不觉解其是生活于天地之间;虽生活于社会中,而不觉解其是生活于社会中。他对于社会生活的规则同样遵守,但对其无所了解。冯友兰特别指出在道家思想中,对自然境界和天地境界的区分不很清楚,道家常常将自然境界与天地境界相混。道家所赞美的无知,有些是在自然境界中的人的无知,有些是在天地境界中的人的无知。无知是分为两种的,一种是真正的无知,这是在自然境界中的人的无知;一种是知而不知,这种无知不是真的无知,而是对于道的真知,这是在天地境界中的人的无知。

冯友兰认为在功利境界中的人,其对人生的觉解较自然境界的人为高,其行为都有他们所确切了解的目的,他们行为的目的都是为利,都是为我的,都是自私的。现实生活中大多数普通人的行为都是为自己的利的行为,因此大多数普通人的境界都是功利境界。冯友兰举出中西方各种功利主义学说,说明“避害趋利”的功利主义虽然有其合理性,有各种的表现形式,也有符合道德的行为,甚至可以是损己利人的,但因为对道德的行为没有觉

① 《三松堂全集》第4卷,河南人民出版社2000年版,第478页。

解，因此只能是功利境界。

冯友兰认为在道德境界中的人，其行为是行义的，行义者其行为遵照“应该”而行，而不顾其行为所可能引起的对于自己的利害。这样的人对人之性有了觉解，认识到人不仅是社会的，而且觉解其是社会的，他有此等觉解而即本之尽力以作其在社会中应作的事，此等行为即是道德的行为，有此等行为者的境界即是道德境界。有道德境界的人求社会之利，是与功利境界相反的。

冯友兰认为在天地境界中的人其行为是事天的，他完全尽性，有完全的高一层的觉解，他不仅知性，而且知天。他对宇宙人生已有完全的觉解，他觉解自己不仅是社会的分子，而且是宇宙的分子。冯友兰用知天、事天、乐天、同天四个方面来说明天地境界的特点，认为同天是天地境界的真正内涵和最高阶段，知天、事天、乐天不过是得此境界的一种准备。所谓同天不但觉解其是大全的一部分，并且自同于大全。同天的境界是最深的觉解，但却是不可了解的，不可思议的。

在四种境界中，不同境界中的人对于“自我”的认识有很大的差别。自然境界的人不知有我，他的行为是顺习的，没有觉解的。功利境界中的人知有我，但其我为“名缰利锁”所束缚限制，使人不能自主，亦不能有真正的我、自由的我，他的行为受利欲的支配驱动，亦是不自由的。道德境界中的人觉解自己之所以为人，其行为是自觉地，故有真正的自我，并实现我之所以为人的职分。这个我即在社会中尽伦尽职，只是成就一个是而已。对于天地境界中的人，冯友兰称为“天民”，他是无我的，又是有我的，他的行为虽然仍是日常人所作之事，因其有最高的觉解，所以能顺理而行，不思而得，不勉而中。

在冯友兰的“境界说”中，功利境界与自然境界的区别，及与道德境界的区别最易看出。道德境界与天地境界的区别，及自然境界与道德境界及天地境界的区别则不易看出。由于冯友兰关于“天地境界”的说法多有歧义和变化，因此，最容易引起争议和费解的就是对于“天地境界”的理解，很多学者纷纷提出了自己的看法。

冯友兰的“天地境界”的内涵究竟是什么？其意旨何在？这是一个难以

回答的问题。因为冯友兰对“天地境界”的说法是变化的。在《新原人》中，冯友兰既未把“天地境界”看着是儒家的境界，也未看着是道家的境界，他认为这是他通过把儒家和道家综合起来，而创造的一种新学说，他的“天地境界”可以说是中国传统哲学的一个发展、一个创造。这个时期的冯友兰充满了激情和自信。到了80年代以后，他更多的是从儒家的角度来谈“天地境界”的，不再谈玄妙，更多的是谈人伦日用，甚至把它看作是孔子的“仁”的境界，这说明冯友兰已经完全回到了一个儒者的位置上。

冯友兰在《新原人》中，多次谈到是否达到“天地境界”的标准就是“极高明而道中庸”或者说是“内圣外王之道”。他说：“中国哲学有一个主要底传统，有一个思想的主流。这个传统就是求一种最高的境界。这种境界是最高底，但又是不离乎人伦日用底。这种境界，就是即世间而出世间底，这种境界以及这种哲学，我们说它是极高明而道中庸。”①“哲学所求底最高的境界是即世间而出世间的。有此等境界底人，谓之圣人。……圣人的人格，是内圣外王的人格。照中国哲学的传统，哲学是使人有这种人格底学问。所以哲学讲到底就是中国哲学家所谓内圣外王之道。”②

按照这个标准，冯友兰认为儒家尤其是道学家虽然一直在追求这种境界，他们在人伦日用中做得很好，但对宇宙大全的认识还不够，因此是合乎中庸而不够高明。他说：“儒家于实行道德中，求高底境界。这个方向，是后来道学的方向。不过他们所以未能分清道德境界与天地境界，其故亦由于此。以极高明而道中庸的标准说，他们于高明方面，尚未达到最高的标准。”③而道家虽有玄妙的哲学，但它是脱离现实生活的，因此也不合乎“极高明而道中庸”的标准。他说：“道家的圣人境界，是天地境界，但他们有时所赞美的，却只是自然境界。”④“道家作方内方外之分。……道家的哲学中有这种对立，其哲学是极高明，但尚不合乎极高明而道中庸的标准。”⑤

---

① 《三松堂全集》第5卷，河南人民出版社2000年版，第5页。
② 同上书，第7页。
③ 同上书，第23页。
④ 同上书，第56页。
⑤ 同上书，第57页。

这个时期，冯友兰对其所创立的“新理学”是颇为自信的，当然也包括他的“人生境界说”。冯友兰把自己所创造的“新理学”称为“新统”，认为它继承了宋明道学而有所创新，克服了道学的一些缺点，是对道学的一个发展。冯友兰认为：“宋明道学，没有直接受过名家的洗礼，所以他们所讲的不免著于形象。”①“宋明道学家的哲学，尚有禅宗所谓‘拖泥带水’的毛病。因此，由他们哲学所得到底人生，尚不能完全地‘经虚涉旷’。他们已统一了高明与中庸的对立。但他们所统一的高明，尚不是极高明。”②

冯友兰对自己所创造的“新理学”也是不乏赞美之辞，认为自己的“新理学”把中国哲学最好的传统和现代的新逻辑学结合起来，建立的一种新的形上学。他说：“在中国哲学史中，先秦的道家，魏晋的玄学，唐代的禅宗，恰好造成了这一种传统。新理学就是受这种传统的启示，利用现代新逻辑学对于形上学底批评，以成立一个完全‘不着边际’底形上学。”③“但新理学又是接着宋明理学中底理学讲底，所以于它的应用方面，它同于儒家的道中庸。……它是接着中国哲学的各方面的最好底传统，而又经过现代的新逻辑学对于形上学的批评，以成立底形上学。”④“新理学是最玄虚底哲学，但它所讲的还是‘内圣外王之道’，而且是‘内圣外王之道’的最精纯底要素。”⑤冯友兰对新理学的赞美溢于言表，我们看到了一个对宇宙人生有了深刻体会的哲学家的激情和自信。但是应该看到，冯友兰的“天地境界说”因为过于追求它的哲学性和完备性，因此有失之玄虚、不着边际的缺点。张岱年多次批评“新理学的一个主要特点是失之玄虚”⑥。“冯友兰先生在所著《新原人》中详细论述了人生境界，以‘天地境界’为最高境界。在一个意义上讲，孟子所谓‘万物皆备于我’‘上下与天地同流’可以说是天地境界；庄子所谓‘天地与我并生，而万物与我为一’，亦是天地境界。但是如此意义的天地境界

① 《三松堂全集》第5卷，河南人民出版社2000年版，第125页。

② 同上书，第126页。

③ 同上。

④ 同上书，第127页。

⑤ 同上书，第138页。

⑥ 《张岱年全集》第8卷，河北人民出版社1996年版，第472页。

未免虚而不实，陷于神秘主义。”[①]张岱年先生的批评是十分中肯的。这些问题与冯友兰此一时期要建立“一个全新底形上学”的哲学体系的雄心，以及受到西方新实在论和逻辑分析方法的影响，过于追求哲学体系形式化有关。他所讲的“天地境界”确实与现实人生有些隔离，因此这个时期，他还没有真正处理好“极高明”与“道中庸”的关系。

到了80年代以后，冯友兰变得更加平实，也更加深刻。人生哲学仍是他的学术思想的核心，他还是谈“精神的反思”，谈“天地境界”。甚至认为自己生平立说，其他什么都可丢，唯有“天地境界说”不能丢。他谈到孟子的“浩然之气”，谈张载的“民胞物与”，谈文天祥的《正气歌》，认为“如果一个人的行为虽是社会中的道德行为，并且对于他所做的事都有很高的觉解，这些行为就有了超社会的意义，其境界就是天地境界”[②]。他认为在“天地境界”中的人，他的生活还是一般人的生活，他所做的事也就是一般人所做的事，但这些一般的事，对于他有不同的意义，所以达到这种境界的人可以说是做到了《中庸》所说的“极高明而道中庸”。冯友兰虽然还以“极高明而道中庸”作为是否达到“天地境界”的标准，但他更强调了“道中庸”的一面，他更多的肯定了儒家所提倡的那些道德修行。

冯友兰在其晚年（1988）写的一篇论文《对于孔子所讲的仁的进一步理解和体会》中，认为孔子所说的“仁”有两个含义：“仁”的一个含义是指“四德”（仁、义、礼、智），还有一个含义是全德之名。作为全德之名的仁，不仅仅是一个道德的范畴，而是人生的一种精神境界。如《论语》中所说：“子曰：回也，其心三月不违仁，其余则日月至焉而已矣。”这说明颜回已经达到可以称为仁的精神境界，仁是最高的精神境界，这种精神境界就是天地境界。“被称为全德之名的仁，不是泛指任何一种精神境界，而是确指最高的境界——天地境界。”[③]冯友兰认为孔子的“五十而知天命”，说明这个时候孔子就进入天地境界了。《论语》中所说到的“孔

① 《张岱年全集》第7卷，河北人民出版社1996年版，第484页。

② 《三松堂全集》第1卷，河南人民出版社2000年版，第226页。

③ 《三松堂全集》第13卷，河南人民出版社2000年版，第492页。

颜之乐”，就是“知天、事天、同天”的那种精神境界。冯友兰晚年的这篇论文谈论的是他对于孔子“仁”的境界的进一步理解和体会，表明他在这个时候对“仁”的境界有了真正的理解，这种理解认为“仁”的境界就是他所说的人生最高境界——天地境界。他在同时写的另一篇文章《儒学发展的新阶段——道学》中，他对道学（新儒家）的评价也有了变化，他比以前更加肯定了道学的价值，他认为道学所提倡的“仁者与万物同体”，“穷理尽性”，是一种最高的境界，也就是达到了天地境界。他说“道学家称之为同天人、合内外，达到了这种统一，人就进入了仁者的境界，在其中天地万物同为一体，全人类都是兄弟。”① 这说明到了晚年，冯友兰又回归到儒学的传统，他从儒学的角度、道学的角度来审视自己的人生哲学，把天地境界看作是“仁”的境界，认为只有通过道德实践才能达到天地境界，而无其他途径可行。这就是冯友兰人生哲学的最终归宿。

有的学者认为冯友兰是一个新道家，其人生哲学的根也是在道家哲学之中。有的学者认为冯友兰的思想受到道家特别是庄子的影响，他的“天地境界”说主要借鉴了庄子的思想。在此，对冯友兰思想的道家影响方面略作辨析。从精神体验的角度上说，“天地境界”与庄子思想确有相沟通的地方，是一种精神完全自由的最高体验，具有超社会、超道德的意义，它所达到的是一种“同天”、“乐天”的精神享受。但从道德实践的角度来说，它和道德境界又是不可分的，其界限并不明显。冯友兰也说，一个人达到了天地境界，并不是说他在日常生活中有什么超常之处，他之行为甚至和常人无甚区别。这就是说，一个到达“天地境界”的人在其社会生活中，仍需履行其责任义务，在道德践履上仍行常人之所行、所当行，这是道家或庄子绝对不能认同的。从这个意义上说，在实践领域中，道德境界和天地境界是一致的并无区别。正是为了避免有些人借天地境界跨高蹈空，经虚涉旷，别入他途，到了802年代以后，冯友兰认为“天地境界”归于仁，极高明而道中庸，这就避免了片面之弊，正与孔子的“七十而从心所欲不踰矩”相通了。他说：“天人合一的境界，合内外之道，克去个人的私心，儒家是用道德的行为达

① 《三松堂全集》第13卷，河南人民出版社2000年版，第486页。

到这种境界的。”[①] 因此，冯友兰的“天地境界说”是儒家的人生论，而不是道家的人生论。

冯友兰的“人生境界说”确实是对古今中外人生哲学、道德哲学的一个发展。他摆脱了“性善论”、“性恶论”的先验论、本体论的预设，很少谈论人性问题，而是把人生的价值与意义定位在人生的实践过程中。他强调人的主动和自觉，要求人的自我认识和不懈追求，不断提高自我的人生境界。他提出的“人生境界说”独辟蹊径，意旨高远，仍然对现代人的生活具有不容忽视的启发意义。当然冯友兰的“人生境界说”也有一些不足之处，他对于“极高明”与“道中庸”之间的关系并没有得到很好的解决，他最终把儒家“仁”的境界归于天地境界，但与道德境界的区别如何则又语焉不详；人的觉解如何认识不可思议的“大全”，他也只好用道家的“无知之知”来解决了，为他的“天地境界说”蒙上了一层神秘主义的色彩；他谈境界只论觉解，而不讲效果等等。这些问题都是需要加以重视和研究的。

（原载于《江西社会科学》2012 年第 4 期）

① 《三松堂全集》第 1 卷，河南人民出版社 2000 年版，第 178 页。

中国哲学的魅力

——读三联书店版冯友兰先生“贞元六书”①

单　纯

一、小引：书名的寓意

20 世纪的中国哲学与冯友兰的名字是紧密联系在一起的。他不仅完成了三套完整的中国哲学史著作，而且还创立了自己的哲学体系——新理学。他所完成的三套中国哲学史著作是《中国哲学史》、《中国哲学简史》及《中国哲学史新编》；他的新理学体系则由六本独立的著作构成，分别是《新理学》、《新事论》、《新世训》、《新原人》、《新原道》及《新知言》。他的哲学史著作大体上可由书名推知内容；他的哲学著作则蕴含丰富，被专业内人士雅推为“贞元六书”。之所以叫“贞元六书”，这或许需作一点解释。由于这六本书是在中华民族抗击日本侵略的时期写成的，其用意是危急时刻对民族复兴的期待，是所谓“以志艰危，且鸣盛世”，所以用中国哲学的术语“贞元”二字颇能传神。元、亨、利、贞，本是中国古人用以意指春夏秋冬四季及与之相关的四种道德价值取向，“贞下起元”者，是严冬过去必有阳春的意思，有如英国诗人雪莱《西风颂》中的名句“冬天来，春天还会远吗？”正是对于中华民族艰苦的抗战充满信心，冯友兰才以哲学家独有的方式将自己的著作看成民族精神动员的一种形式，自命为“贞元之际所著书”。哲学史和哲学这两方面的贡献加起来就是对冯友兰一生的基本总结，用他自己的话来说

① “贞元六书”：指冯友兰先生在 1938 年至 1946 年期间在抗日战争的“南渡”历史中写成的著作，2007 年生活 · 读书 · 新知三联书店以单行本的形式出版，分别为《新理学》、《新事论》、《新世训》、《新原人》、《新原道》和《新知言》。——作者注

就是“三史释今古，六书纪贞元”。

冯友兰自己在解释“贞元六书”的写作背景时曾说：“历史上有过晋、宋、明三朝的南渡。南渡的人都没有能活着回来的。可是这次抗日战争，中国一定要胜利，中华民族一定要复兴，这次‘南渡’的人一定要活着回来。这就叫‘贞下起元’。这个时期就叫‘贞元之际’。”① 由于内乱外患中国历史经历了四次著名的“南渡”，中原人士随当时的政权“渡江”而南，成为客居南方各地的“客家人”，期待有朝一日能够“恢复中原”，前三次都没有实现。冯友兰遭遇了第四次“南渡”，“贞元六书”就是在这期间写的，其心愿与前三次一样，所不同的是他的期待最终得以实现。因此可以说，“贞元六书”不仅旨在表达中国人的哲学逻辑，更重要的是还蕴涵着中国人深切的民族情怀。

二、《新理学》与中国哲学的特点

既然“贞元六书”是20世纪中国抗战时期所形成的独立体系的哲学，它就必定会彰显哲学的民族特色，即“中国哲学”，而不是“哲学在中国”。

“哲学在中国”是讲哲学的普遍性和共性，这样的哲学没有时间和空间的界限，看不出民族特色和历史特色，所以只能极端抽象地定义。这样的定义在教科书或百科全书的“哲学”词条中很容易查到，如在我们的《中国大百科全书》“哲学卷”中说的“哲学是世界观的理论形式，是关于自然界、社会和人类思维及其发展的最一般规律的学问”等等。但是，更简略地讲哲学就是“世界观与人生观的统一”，这或许是古今中外定义“哲学”的最大共性和普遍性。“中国哲学”就不一样，它要表达的是寓于共性和普遍性中的个性和特殊性，它的“世界观与人生观的统一”是用与西方或其他国家的哲学的不同方式表达出来的。比如对于“世界观”的系统看法，偏于基督教传统的西方人认为世界是上帝六日之内所造的，或偏于希腊哲学传统的西

① 冯友兰：《三松堂自序》，《三松堂全集》第1卷，河南人民出版社2000年版，第236页。

方人认为是绝对理念的仿制品；人生观则是完成上帝赋予的神圣使命或遵循“先验理念”的绝对命令。作为宗教传统中的“上帝”，作为科学传统中的“规律”和作为哲学传统的“物自体”，都具有神圣、客观和不可知的绝对“他在性”，宇宙万物，科学经验，现象则具有世俗的、主观的和可感知的相对“此在性”；它们之间的关系是“神人对立”的关系，此神人二元关系中，人实际是万物的代表，西方叫“万物灵长”；中国叫“陶冶造化，莫灵于人”①。但是“神”依照“神迹”或“逻各斯”主导着“人”，人或物皆依附于神，故文艺复兴强调“人文主义”，现代哲学强调“存在主义”，都是在与神或“逻各斯”争人的主体性地位。总之，它们之间经常产生对立冲突，彼此消长，“二律背反”……及至近代仍然在探索二者之间的逻辑界限和实用和谐。中国哲学对于世界观和人生观的看法却与西方不大一样，认为宇宙与人生不是制造和遵循制造者的规则的关系，而是天人进化与家庭和谐的伦理关系。作为儒家传统的“群经之首”的《易经》则认为其是“天地细缊，万物化醇；男女构精，万物化生”②，《礼记·礼运篇》也说“人者，天地之心”，这就是说世界万物包括人都是天地自然演化出来的。但是，人在其中却有自主的积极作用，一方面是赋予自然进化的世界以道德意义，另一方面又以自己的生命参与此自然进化。这两方面加起来就是中国特色的“世界观与人生观的统一”，中国人喜欢用“天人合一”表达其互涵性与和谐性。冯友兰在完成了“新理学”哲学体系之后到美国去讲学时，开篇就点明了这种具有特色的民族哲学：“哲学在中国文化中所占的地位，历来可以与宗教在其它文化中的地位相比。”③在这里的“宗教在其它文化中的地位”实际是指西方文化讲的，当然在埃及文化和印度文化中也是这样。

在西方文化中，如果将宗教和哲学历史地区分开来谈，可以名曰“两希文明”，即“希伯来”所代表的犹太宗教文明和亚历山大帝国的“希腊化时期”所代表的哲学文明，其中包括由亚里士多德区分的各种自然科学及社会科学

① 张松辉译注：《抱朴子内篇》，中华书局 2001 年版，第 76 页。

② 邓球柏译注：《系辞·下》，《白话易经》，岳麓书社 1993 年版，第 451 页。

③ 冯友兰：《中国哲学简史》，北京大学出版社 1985 年版，第 3 页。

分支。故在西方“两希文明”又被简称为“2H”文明：一个H是“希伯来”（Hebrew）；一个H是“希腊化”（Hellenic）。这两个文明传统在罗马帝国时期与罗马的法律文明相结合，最终演变成了“基督教文明”。此后西方文化的发展便一直与基督教文明的演变密切关联。中世纪是“政教合一”，神学主宰了哲学和科学；近代是“文艺复兴”和“宗教改革”，文艺、哲学、科学、地理发现、社会革命和工业革命主导着西方文明的进程，及至20世纪末，基督教与伊斯兰教及其他宗教之间的“文明冲突”又取代了“历史的终结”之前的各种意识形态的冲突。从历史和现实来看，宗教在西方文化中的地位和影响是显而易见的：小到婴儿出生到教堂接受洗礼，普通到结婚进教堂见证爱情，庄严到法院开庭的神圣宣誓，实用到每分美元都印上“我们信赖上帝”（In God We Trust）这样的核心价值观，重要到总统手按《圣经》宣誓就职，在自然科学方面，牛顿力学体系中上帝作为“第一推动力”，爱因斯坦信仰“宇宙普遍和谐”的自然神论等等，都可以折射出“世界观与人生观相统一”的诸多方面，其意蕴在于宇宙万物由“上帝”所造，世界包括人类最终都须等待“上帝”的救赎。所以，在西方文化中，宗教的核心概念——上帝——就被喻指（metaphorically）为“造物主”（Creator），“立法主”（Law-giver）和“救世主”（Savior）。这些“喻指”所涉及的就是我们现在给哲学定义的那些内涵，当然从现代哲学和科学的视野看，其所以只能称之为“喻指”就是说它们都是“颠倒了的世界观和人生观”，其特点乃是强调神人之间的二元对立关系，强调神的“绝对他在”。但，这仍然不妨碍它们表达西方人的思维逻辑和历史情怀。由于西方文化和宗教有这样一种关系，所以我们在近代以来中西全面接触的时代谈论中国哲学时，实际上是在一种文明比较中进行的。

与“神人对立”的西方文化从大的方面比较，中国哲学的特征就是“天人合一”，也就是中国特色的“世界观与人生观的统一”。不过，在中国文化传统中，“世界观”被通称为“宇宙”，“人生观”被通称为“心”，因为是相互涵摄的“天人合一”，所以，“宇宙”又有天命、天理、天良、天网、天帝等意思，“心”也包括了心性、良心、心眼、心知、心意、心神等意思。在冯友兰以“贞元六书”创立的“新理学”体系中《新理学》是集中精力讨论

“天人合一”的中国特色的哲学的，所以，他就综括性地将之称之为“宇宙底心与宇宙的心”；他的新哲学体系就是建立在“宇宙底心”和“宇宙的心”的关系阐发之上的。

西方宗教或哲学传统建立的“世界观”或宇宙论是靠上帝的“自由意志”或具有客观规律意义的“逻各斯”，照冯友兰看，中国哲学则是靠“宇宙的心”。这就是“所谓宇宙是一个逻辑地观念，是把所有底有，总而言之，统而言之，所得之一个总名”①。这里的一个“的”字，表示宇宙的逻辑意义，是最普遍的抽象，就像我们说“人”是世界上所有的空间和时间范围内、所有的心理性质和生物性质、所有的社会地位和社会关系等等中具体的人的抽象一样，“物”是生物和矿物的所有存在物中的抽象一样，那么，这样抽象的“人”和“物”加起来，就是冯友兰此处说的“宇宙”，这是哲学家的“宇宙”，而不是社会科学中的有关人的关系和性质的“世界”，也不是自然科学家的物理“世界”，所以是“有”的“总名”。这也就是西方文化中的“宇宙万物”（creature），它的存在是上帝这个“造物主”（creator）“自由创造”的结果。可是中国哲学中的这个“宇宙”不是靠上帝制造的，是宇宙的“大用流行”演化出来的，人自然也在这个“大用流行”中，因此，宇宙（天）与人（物）是合一的。西方人认为，“宇宙万物”与“造物主”之间必然存在着因果关系（cause and effect），这是一个神圣而绝对的真理，但只能由“先知”或“智者”启示出来，原来已经存在的只能被“发现”而不是“发明”，说明其是“先验的”、“自由自在的”或“绝对他在的”，与宇宙万物是主客二分的关系。中国哲学讲宇宙的“大用流行”是相互涵摄而演化的，是所谓“天地人，万物之本也。天生之，地养之，人成之”②。其中的绝对真理和相对真理是互相寓意的，所以心性天理都是贯通的，天理和良知是相互“发明”的，而不是由良知“发现”天理，中国人常讲的“良心发现”并不是“发现”一个外在的客观的“天理”，而是自我启示“天理”，之所以能够如此，就是因为“天理”本来就存在于人的“良心”中。当中国人说“天地良心”四个字时，其

① 冯友兰：《新理学》，三联书店2007年版，第107页。

② 董仲舒：《春秋繁露·天人三策》，岳麓书社1997年版，第101—102页。

表达的概念就是宇宙与人生的和谐性或“世界观与人生观的统一”。但是，关于此中国特色的哲学体系则是由冯友兰首先在《新理学》中加以明确地系统阐述的。中国哲人在宋明时代也深入讨论过“天理”和“良心”的问题，但是并没有做到像冯友兰这样清晰而系统的论证。那个时候所做的贡献是“理学”偏于客观的“天理”，“心学”偏于主观的“人心”，二者之间仍然有很大的冲突，以至于相互攻讦：“理学”批评“心学”太“空疏”；“心学”指责“理学”太“支离”。因此，程朱和陆王显得“势不两立”，偏离了中国哲学“天人合一”的精神。冯友兰认为自己的哲学方向是要系统地阐明“天人合一”的精神，以克服“理学”和“心学”的偏颇，所以他将自己的哲学体系取名为“新理学”，又将这个体系的核心著作冠为《新理学》，此“新理学”体系所“新”者，在于既将“心学”的主体性因素纳入了“理学”之中，又将“理学”的客观性因素吸收进“心学”之内，而且还积极地吸收了西方文化中“世界观与人生观相统一”的思想方法，是所谓“中西合璧，融通理心”。

有了中西文化相比较和融通程朱理学和陆王心学的背景知识，冯友兰便在《新理学》中顺理成章地将“世界观与人生观相统一”的中国哲学演绎成“宇宙底心与宇宙的心”之间的辩证关系。就实际的、具体的经验意义讲，“虽没有宇宙‘底’心，而却有宇宙‘的’心，不过此所谓宇宙‘的’心，只是一个逻辑底观念。我们若把所有底实际底心，总而观之，统而观之，以作为一个观念，我们可以说，宇宙间所有实际底心，即是宇宙的心。程明道说：‘天地之常，以其心普万物而无心。’我们可以说：‘宇宙之常，以其心普所有实际底心而无心。’宇宙间所有实际底心，即宇宙的心，此外宇宙没有它自己的心”①。但就超越实际的、普遍的抽象意义讲，“我们可以说，即此实际底心，能知众理，知众性，知众情者，即为宇宙的心。因为我们所谓宇宙，乃包括一切之总名，任何事物，皆在宇宙中，任何事物，皆可以说是属于宇宙者。所以我们的心，亦即是宇宙的心。我们可以说，‘我心即天心’。从这一方面看，所谓宇宙的心，又不止是一逻辑底观念。每一个

① 冯友兰：《新理学》，三联书店 2007 年版，第 108 页。

实际底心，都是宇宙的心”[①]。由于人是宇宙万物中“最灵秀的”，其灵秀之处莫贵于“心”，即“心有灵犀一点通”的那种神圣性，所以拿“心”来贯通宇宙万物是最合情合理的。孟子曾经总结说：“尽其心者，知其性也；知其性，则知天矣。”[②]因为其精神是“天人合一”的，所以，此“心”可以是人的“心”，可以是万物存在和发展的“规律”，可以是宇宙的“大和谐”。就人的“灵犀”的主体性言，他可以能动地认识宇宙万物的本质和规律性；如果将“其”——宇宙万物的规律都认识清楚了，并按照这些规律去行动，那就能够体现出“宇宙的和谐”，实现“天人合一”的旨趣。所以，从“宇宙底心”反思到“宇宙的心”二者是相互融汇和相互发明的。中国人常说“做顶天立地的人”，或者“为天地立心”，都是在表达宇宙人生的关系，表达“世界观与人生观相统一”的中国哲学的特色。《新理学》体系的创立则将这个特色系统而严谨地揭示出来，并展现于世界各种不同的文化体系之中，以见其特殊的贡献。当代有学者云：“如果说中国人因为有严复而知有西方学术，外国人因为有冯友兰而知有中国哲学，这大概不会是夸张。”[③]此论者以为自己的判断是根据冯友兰的《中国哲学史》所言的，但真正影响大而且持久不衰的却是各种外文版的《中国哲学简史》，因为这本简史蕴含了丰富的“新理学”思想。

三、《新事论》与中国人的民族情感

在《新事论》中，冯友兰以一个哲学家特有的方式讨论文化社会问题，以表现一个独创的哲学体系联系到文化社会生活方面的意义。因为是在民族危亡的时代创立的“新理学”体系，所以其讨论文化社会问题时寄寓了深厚的民族情感和民族复兴的信心。

此书的最后一篇冯友兰刻意以“赞中华”为其讨论文化社会问题的结论，

① 冯友兰：《新理学》，三联书店2007年版，第109页。

② 杨伯峻译注：《孟子·尽心上》，《白话四书》，岳麓书社1989年版，第446页。

③ 李慎之：《融贯中西通释今古——纪念冯友兰先生》，《冯友兰先生纪念文集》，北京大学出版社1993年版，第9页。

其中说："一国可有一国的国风，中国自商周以来，有一贯底一种国风。此种国风是：在中国社会里，道德底价值，高于一切。在这种国风里，中国少出了许多大艺术家、大文学家、以及等等底大家。但靠这种国风，中国民族成为世界上最大底民族，而且除几个短时期外，永久是光荣地生存着。在这些方面，世界上没有一个民族，能望及中国的项背。在眼前这个不平等的战争中，我们还靠这种国风支持下去。我们可以说，在过去我们在这种国风里生存，在将来我们还要在这种国风里得救。"[①] 在民族危亡的时刻，一个哲学家为什么会有这样的信心呢？从整个"新理学"体系看，冯友兰认为主要有两个方面的根据：一是中国的历史根据；一是中国哲学的根据。当然，这两个方面的根据也有着内在的关联性。

就历史根据方面看，埃及、印度、希腊、罗马乃至阿拉伯帝国都是有古代的强盛历史，而没有一直延续到当代；当代虽有英美等帝国的强势，但只不过一二百年，并无久远的历史根据；中国则不然，除了自鸦片战争以来的百余年的积贫积弱的短暂历史之外，还有一个持续了两千年强盛的"亘古亘今"的历史。中国自己的历史比较可见于两千年强盛比于百余年的衰败；与世界其他文化社会的"有古无今"和"有今无古"比较则是"亘古亘今"的。从内外古今的历史比较来看，中国人当对抗战的胜利，南渡之后的北归，民族的复兴充满信心。

就中国的哲学根据看，中国自古的"国风"是"道德底价值"，这里的"底"字也是从"宇宙的心"这种哲学意义讲的。"道德"在这里不是我们日常所说的"随地吐痰"、"排队加塞"、"饭馆猜拳"之类的有无"文化社会道德"之意，这些都是具体的道德"的"价值。照中国哲学的讲法，"道德"是"虚而无形谓之道，化育万物谓之德"。"德者道之舍；物得以生，生知得以职道之精。故德者得也，得也者，其谓所得以然也。以无为之谓道，舍之之谓德。故道之与德无间，故言之者不别也。"[②] 这就是说，"道"是宇宙的最高抽象，最普遍的生命原则和动力，"德"是宇宙中具体的万物，是"得道"而

---

① 冯友兰：《新事论》，三联书店 2007 年版，第 162—163 页。

② 赵守正译注：《白话管子》（心术上），岳麓书社 1993 年版，第 524 页。

演变出来的存在物；它们之间密不可分，但蕴含着伦理的深意：从宇宙万物“德（得）道”方面讲，只有自然世界如何演化存在的客观意义；从“宇宙的心”的“道德”方面讲，“道也者，动不见其形，施不见其德，万物皆得以然，莫知其极”①。“道”自己只是奉献、施与，使万物得（德）道而演变出来，所以“道德”具有了神圣的博爱价值，就像天地滋养万物，父母养育后代，都属于奉献、施与性质的“博爱”，蕴含着人文价值。而“得（德）道”却只有自然意义，如“无父母必然无子女”，这是自然界的“因果律”或者“他律”，但是父母是否愿意“养育子女”，却是自由的，可以选择养育或不养育，这是人的“自由律”或者“自律”，道德律的意思就是这样，父母选择养育子女是具有人文价值的，所以是“可怜天下父母心”，这个“心”就是宇宙的心，具有普遍的道德意义，即宋儒张载说的“乾称父，坤称母；……民吾同胞；物吾与也。”② 天地是宇宙万物的父母，人类与物类自然也就成了生命同胞。这就是“道德”的国风，而不是“得（德）道”的自然现象，因此中国人也总是乐于将自然现象赋予人文价值，用《易经》的话总结就是“天行健，君子以自强不息”③ 和“地势坤，君子以厚德载物”④。中国的“国风”培育了中华民族的“君子”情怀，他们具有“自强不息，厚德载物”这样的民族精神，正是这样的民族精神造就了他们“亘古亘今”的历史和战胜危机的信心。

四、《新世训》与“内圣外王”之道

“内圣外王”之道本来是中国哲学中的一个永恒的话题，是“天人合一”联系政治社会生活的一个重要方面。冯友兰在“新理学”体系中欲以《新世训》揭示新的生活方法。当然，人类社会中最重要的生活方法就是政治领袖的生活方法，因为他们是“仪表天下”的“首出庶物”。为了阐明“新理学”体系对新生活的独立观点，冯友兰刻意选择了“应帝王”作为《新世训》一

---

① 赵守正译注：《白话管子》（心术上），岳麓书社 1993 年版，第 524 页。

② （宋）张载：《张载集》，中华书局 1978 年版，第 62—63 页。

③ 周振甫：《易经译注》，中华书局 1991 年版，第 3 页。

④ 同上书，第 13 页。

书的总括。

“应帝王”本来是《庄子》中的一个标题，冯友兰借用过来，也是要体现中国哲学自己传统的“亲和力”。按理说，冯友兰的哲学体系是“接着”宋明理学讲的，他应该借用一个儒家传统的观念来阐述“生活方法”，但是，既然是“接着讲”而不是“照着讲”，那就要比宋明儒家有新的观点，这也是“新理学”中“新”的另外一个含义，即以“儒道互补”的视野来讲。《庄子》是道家传统的代表作，以其“应帝王”篇名阐述自己的思想，就是要揭示出“新理学”的“新”意。照冯友兰看，以“帝王”为代表的“生活方式”，就是“内圣外王”之道，它可以成为最高抽象意义的生活方式，这也是中国哲学的一个特色：即道家的“无为”加上儒家的“知其不可而为之”的“有为”。儒家在近代变法中有个代表人物叫“康有为”，其意就是坚持儒家的政治生活方式，其字号“素长”，是“在野的首长”，即没有当上帝王的精神“帝王”，但他自许自己的生活方式也是要“仪表天下”的。道家以及受道家影响的法家却坚持与儒家相对的进路，主张“无为而治”。冯友兰则认为中国哲学中的这两者是可以互相补充的：“以上所说(指“无为而治”。——引者)，大致是法家及一部分道家的意思。上无为而下有为，即所谓‘主逸臣劳’。这个逸应该只是‘无为’的意思。……有一部分底法家，以为当帝王底人，能够用他们所说底这种办法，则即可以终日享乐而治天下。既然什么事都由臣下办了，则为君者，声色游田，皆可随便。他们这种说法，不是为逢迎当时国君的喜好，即是把人与人底关系，看得太机械了，是不对底。把当首领底方法，看得太机械了，亦是不对底。所以我们讲当首领底方法，除了说无为一点外，还要再加上三点，即无私，存诚，与居敬。”① 这样的阐述既对道家有所赞同，又对法家有所批评，更是在此基础上提出了自己的儒家传统的“新”观点。

在冯友兰所阐述的“应帝工”中，关键是他为“新生活方法”添加进去的思想：无私、存诚与居敬。

哲学家讲的“无私”都是从“宇宙的心”的立场讲的，其意为“大公无私”

① 冯友兰：《新世训》，三联书店 2007 年版，第 139 页。

中的那个“无私”。隋儒王通在解释做官的生活方法时便说：“夫能遗其身，然后能无私。无私，然后能至公。至公，然后以天下为心矣，道可行矣。”① 一个“仪表”官员，首先要“遗忘”掉个体性的“私”，这就是“无私”，“无私”才能“至公”，“至公”就是“大公”，“大公”就能体现“天下为心”（宇宙的心），这就是程颢所谓“廓然而大公，物来而顺应”②。“道可行矣”就是道的“施与万物”，即“道德”。

“存诚”是将“诚”存于“心”，是所谓“诚心”，“诚心”也通向“宇宙的心”。一个作为“首出庶物”的“帝王”必然要“为天地立心”，因为“天地”中生养着万物，所以是“诚者，天之道也；诚之者，人之道也”③。从“宇宙的心”讲是“不诚无物”，这就是天之道；从人的心的角度讲就是要体会和善待宇宙万物，这是做人的最大“道德”。北宋时旧党首领司马光的学生刘安世说，他跟司马光学了五年，就得了个“诚”字。司马光常对他说：“只是一个诚字，更扑不破。诚是天道，思诚是人道。天人无两个道理。”④ 所以，当“帝王”要以体会“天人合一”的哲学为其基本条件。冯友兰在此将“存诚”作为约束“帝王”的“道德”条件，要比西哲柏拉图的“哲学家王”（philosopher-king）有更积极的意义，不是“哲学家”和“国王”“拙劣地模仿”“理念”（poorly copies the idea），而是以“诚心”会通“天人”。

“居敬”按照冯友兰的解释是“（帝王）他必须对于他所总揽底大纲，以全副精神贯注，专心致志，时时刻刻，留意当心。此即所谓居敬”⑤。这里关键是“专心致志”和“留意当心”的对象是什么？怎样才能将这样的精神状态联系到“存诚”上面？“总揽大纲”寓意着“专心致志”和“留意当心”的对象，只有“天之道”的“诚”堪当其意；“居敬”就是对这个“天之道”的宇宙对象抱有崇敬的意思，通俗地讲就是“敬天法祖”中的那个“敬天”，居天子之

---

① 王通：《文中子·魏相篇》，《百子全书》（一），岳麓书社 1993 年版，第 967 页。

② 程颢、程颐：《答横渠张子厚先生书》，《二程集》（上），中华书局 2004 年版，第 460 页。

③ 杨伯峻译：《中庸》，《白话四书》，岳麓书社 1989 年版，第 299 页。

④ 黄宗羲：《元城道护录》，《宋元学案》（二），中华书局 1986 年版，第 828 页。

⑤ 冯友兰：《新世训》，三联书店 2007 年版，第 144 页。

位的“帝王”内心深处对宇宙这个“天”要崇敬，要谦卑地以“天子”（天的儿子）自居，皇帝的诏曰也是“奉天承运”，老百姓则以“天民”自居；“天子”如果“伤天害理”，“天民”就会“替天行道”。这是“帝王”不得不严肃对待的“天道”问题。宋儒程颢说：“诚者，天之道；敬者，人事之本。敬则诚。”①就是将“存诚”与“居敬”联系起来考虑的，自然也是在联系“廓然而大公”的“天之道”。清儒唐鉴以“敬楷”自号，其弟子曾国藩对其“居敬而不偏于静”② 一句倍加推崇。这两个湖南人大概还是没有参透儒家“居敬”的对象是什么，如果知道是与“无私”和“存诚”的对象相统一的话，则当知“居敬”的对象必然是“静”的，只有“静”才能成为抽象的宇宙本体—道，才能立为万物的“楷模”，从中国人的宇宙论的逻辑讲，这就是“虚一而静”③ 和“致虚极，守静笃”④，“居敬”所“敬”的那个对象是“虚一”、“虚极”，当然人对它的态度只能是“静”的。这就像西方宗教传统的逻辑那样，“上帝”必须是“绝对的他在”（the wholly otherness），是静止不动的，这样他才可能“制造万物”，使万物运动起来。领导者“仪表天下”，要有“不动制万动”、“静观千变万化”的胸臆或“气象”，要有超越感，这样才能将“无私”的“大公”和“天道”的“存诚”统一起来。这一方面，冯友兰比儒家最后一个“三立完人”（立德、立功、立言）曾国藩更加超越，这大概是儒家哲人与儒学名臣的区别。

更有甚者，冯友兰是在抽象地讨论“内圣外王”之道时，将“居敬”与“仪表天下”的“帝王”的思想和行为方式联系起来，由“无私”、“存诚”和“居敬”构成儒家式的“有为”和道家的“无为”结合起来，揭示“无为而无不为”的生活辩证法。因为“帝王”是“首出庶物”，我们就拿这些标准来要求他，以表率人伦。有人以为这样的“应帝王”是抬高了“帝王”，我倒认为这是哲学家从一个“宇宙人生统一”的标准限制了“帝王”，要求“帝王”按照

---

① 程颢、程颐：《河南程氏遗书卷十一》，《二程集》（上），中华书局 2004 年版，第127 页。

② 曾国藩：《书“学案小识”后》，《文集》卷二，转引自冯友兰：《三松堂全集》第 10 卷，河南人民出版社 2000 年版，第 359 页。

③ 方勇、李波译注：《荀子 · 解蔽》，中华书局 2015 年版，第 343 页。

④ 王弼注：《老子道德经》，《诸子集成》（3），上海书店 1986 年版，第 9 页。

超越他的世俗“权位”的神圣标准想问题、做事情，就像柏拉图的“哲学—王”一样，哲学是为王立的标准：王者必须有哲学家的素质，或者最宜于做王者莫过于哲学家，尽管哲学家通常认为做王是他个人无谓的牺牲。冯友兰说的“应帝王”就是中国特色的“哲学—王”，所不同的只是他以儒家的“入世”情怀给传统的“内圣外王”之道增添了进取“有为”的思想因素，而此“有为”又是从“宇宙的心”的立场讲的。

五、《新原人》与人生境界论

在“新理学”体系里，《新原人》是专门讨论人生哲学或人生论的。既然一个哲学体系是“宇宙观与人生观的统一”，“新理学”体系当然就会提出自己创新的人生论，即“人生境界论”。

“境界”是一种中国特色的人生哲学或者人生观，它的含义是：“宇宙人生对于人所有底某种不同底意义，即构成人所有底某种境界。”① 这就是说，人对于他所遇到的任何事物或对象都有自己主体性的理解和觉悟，这种理解和觉悟的高低对他自己的生命具有相对的意义，这也就构成了他的人生境界。根据这个原则，冯友兰将人生的境界分成四种类型，即自然境界、功利境界、道德境界和天地境界。

在自然境界中的人，其生命的意义完全是自然性质的，即做事是凭着自然本性，对此且没有人的主体性觉悟：“有此种境界底人，亦不限于只能做价值甚低底事底人。在学问艺术方面，能创作底人，在道德事功方面，能做‘惊天地，泣鬼神’底事底人，往往亦是‘行乎其所不得不行，止乎其所不得不止，’‘莫知其然而然’。此等人的境界，亦是自然境界。”② 此种境界中的人，他的思想和行为对于他人来说或许是有意义的，但对于他自己却是没有意义的；他也许稀里糊涂地做了某些有意义的事情，但那也是“自然的礼物”。就像黑格尔说的，一个小孩子可以说出一句与老年人同样充满哲理的

① 冯友兰：《新原人》，三联书店2007年版，第43页。
② 同上书，第46页。

话，不过他说此话是出于无知，而老年人说同样的话却投入了一生的智慧。对这个孩子来说他的人生还仅限于“自然境界”。

第二种境界是功利境界，在这种境界中的人其自觉程度高于自然境界中的人。“在功利境界中底人，对于‘自己’及‘利’，有清楚底觉解。……在此种境界中底人，其行为虽可有万不同，但其最后底目的，总是为他自己的利。……如秦皇汉武所做底事业，有许多可以说是功在天下，利在万世。但他们所以做这些事业，是为他们自己的利底。所以他们虽都是盖世英雄，但其境界是功利境界。”① “功利境界”中的人无论在客观上完成了何种性质的事业，其动机都是“为自己的”；为了自己可以“不择手段”，将天下万物当作实现自己目的的“工具”；他们或许能够成就“千秋功业”，但在人格上并不能够为世人所推崇。西方人所谓“我对大人物鞠躬，但我的心灵却不会对他鞠躬”，往往是因为这些“大人物”只具备冯友兰所说的“功利境界”。

第三种境界是“道德境界”。不过，冯友兰在这里所说的“道德”与宇宙生成论中讲的“道德”意义完全不同，此所谓“道德”仅为一般的“伦理”之意。道德境界的特征是：“在此种境界中底人，其行为是‘行义’底。义与利是相反相成底。求自己的利底行为，是为利底行为；求社会的利底行为，是行义底行为。”② 这种境界比“功利境界”高：“在功利境界中，人的行为，都是以‘占有’为目的。在道德境界中，人的行为，都是以‘贡献’为目的。”（《新原人》第48页）这种境界的最显著特点是体现了人的伦理的“利他”秉性，这是人生中值得最普遍推广的生活方式，所以“伦理”通常具有“普世”性质，比儒家传统所说的“己欲立而立人，己欲达而达人”和基督教传统的“你希望别人善待自己就应该自己善待别人”（Do unto others as you would have them do unto you）这样的“金规则”更积极。

最高的人生意义体现为“天地境界”，其特征是：“在此种境界中底人，其行为是‘事天’底。在此种境界中底人，了解于社会的全之外，还有宇宙的全，人必于知有宇宙的全时，始能使其所得于人之所以为人者尽量发展，

① 冯友兰：《新原人》，三联书店2007年版，第47页。

② 同上。

始能尽性。”① 因此，“人的行为，不仅与社会有干系，而且与宇宙有干系。他觉解人虽只有七尺之躯，但可以‘与天地参’；虽上寿不过百，而可以‘与天地比寿，与日月齐光’”②。过去儒家的哲人常讲“天爵”、“良贵”、“安身立命”和“为天地立心”等等，都是以一种中国式的宗教情怀来表达人生最高尚的神圣追求，冯友兰在此将其建构为一个人生哲学系统来揭示“内圣外王”之道中“内圣”的超越性意义。后来海外新儒家的追随者说中国儒家的人生哲学是“内在而超越”，其旨趣在冯友兰的“人生境界论”中已有明白无误地总结，而且是作为一个成体系的哲学呈现出来的。

冯友兰还引证明朝的气节儒者杨椒山的诗来解释“天地境界”：“如杨椒山就义时所做二诗，其一曰：‘浩气返太虚，丹心照千古。平生未了事，留与后人补。’其二曰：‘天王自圣明，制作高千古，平生未报恩，留作忠魂补。’此二诗，在椒山心目中，或亦似有同等地位。但第一首乃就人与宇宙底关系立言，其所说乃在天地境界中底人的话。第二首乃就君臣的关系立言，其所说乃在道德境界中底人的话。”③“太虚”和“千古”是中国古代哲学中宇宙在空间和时间上的两个说法，人的肉体生命有限，只有灵魂可以与宇宙共历时空，所以中国人所谓“灵魂不灭”就是“独立物表，超世长存”④。亦如黑格尔说，人的个体的生命只有死亡才实现了其普遍性，这是西方人对灵魂不灭的一种哲学化的表达，杨椒山的第一首诗所要表达的就是这种人生哲学中的普遍性，冯友兰将之概括为“天地境界”，以揭示人生哲学中具有普遍意义的“安身立命”（中国）和“终极关怀”（西方），确实是精当之极。

六、《新原道》：“新理学”对中国哲学的贡献

中国文化或哲学的主流是儒家思想，与之互补并存的还有道家思想和后

① 冯友兰：《新原人》，三联书店 2007 年版，第 48 页。

② 同上书，第 49 页。

③ 同上书，第 58 页。

④ 周绍良：《冥寞窅冥君占坟记铭》，《全唐文新编卷二一四 · 陈子昂》（第 1 部，第四册），吉林文史出版社 2000 年版，第 2448 页。

来由印度传入的佛教思想，统称为“儒道释”三教。

儒家思想的第一个阶段是以“仁”为核心观念的“先秦儒学”，其代表人物是孔、孟、荀；第二阶段是以“理”为核心的宋明“新儒学”，其特点是借鉴了唐代佛学和魏晋新道家的玄学而推陈出新，其中虽然以程颐、朱熹的“程朱理学”为主流，而相互砥砺的思想体系还有以“心”为核心的陆九渊、王阳明的“陆王心学”以及以“气”为核心的张载“气学”；第三个阶段是在20世纪形成的以冯友兰为代表的“新理学”，以及在他之后逐渐形成的以熊十力、牟宗三为代表的“新心学”。“新理学”比宋明的“程朱理学”所“新”的地方在于，借鉴了西方新实在论和实用主义哲学，将宋代形成的“儒释道三教”合流的儒家思想推进到一个新的阶段。

冯友兰自号“新理学”是“接着”宋明理学讲的，而不是“照着”讲的，这其中就有自己哲学体系的创新性。这个新体系的创新在于克服了宋明理学中的不够“纯粹化”的形而上学。他评论说：“宋明道学，没有直接受过名家的洗礼，所以他们所讲底，不免著于形象。……（张载）他的《西铭》说‘乾称父，坤称母’，免不了有一点图画式底思想。他所说底气，更是在形象之内底。……程朱所说底气，虽比横渠所说底气，比较不著形象，然仍是在形象之内底。他们所谓理，应该是抽象底，但他们对于抽象，似乎尚没有完全底了解。……有人说‘朱子道，陆子禅。’这话是有根据底。”① 这是说宋明理学还有些“拖泥带水”，还执着于黑格尔式的个体生命的经验性，无法实现超越的概念意义，这样就不能“经虚涉旷”。而要克服宋明理学的这种形而下的经验个体生命的局限，必须要确立一些新的哲学概念，以建立一个新的哲学体系，将儒家哲学推进到一个更高的阶段。冯友兰的“新理学”正是在明确了四个新的概念之后，便完成了中国哲学史上的这个使命。

第一个概念是“理”。“理”是宇宙间一切事物形成的根据和普遍规则，即任何事物存在都有它存在的依据和规则，一物有一物的道理，没有道理就没有事物。

第二个概念是“气”。“气”是宇宙间一切事物存在所需要的抽象意义上

---

① 冯友兰：《新原道》，三联书店2007年版，第154页。

的材料，即任何事物如没有材料则其依据和规则便没有运用的对象，没有客观的材料道理便没有载体，道理也就不能展现。

第三个概念是“道体”。“道体”是宇宙间一切事物的运动或生命状态，材料与道理之结合必然表现为运动或生命状态，否则它们之间也不能相互依存和证明。

第四个概念是“大全”。“大全”是一个逻辑的“宇宙”，即一切材料必然依照一切道理而处于永恒的运动状态和过程，这是对宇宙万物的总概括，可以称为“一”或“存在”。

新理学体系中的这四个基本概念加在一起，虽“不能使人有积极底知识，亦不能使人有驾驭实际底能力。但理及气的观念，可使人游心于‘物之初’。道体及大全的观念，可使人游心于‘有之全’。这些观念，可使人知天，事天，乐天，以至于同天”①。这些新哲学体系的基本概念有机地完成了宇宙论与人生论的统一，既以人生境界论丰富了宋明理学的传统，又以辨名析理的宇宙本体论补充了宋明心学的传统，使中国哲学在新的时代获得了高度的精神和谐，这种精神和谐，用冯友兰自己的话讲就是“极高明而道中庸”。

七、《新知言》：新理学在世界哲学中的地位

在《新知言》的自序里，冯友兰明确地说：“《新原道》述中国哲学之主流，以见新理学在中国哲学中之地位。此书论新理学之方法，由其方法，亦可见新理学在现代世界哲学中之地位。承百代之流，而会乎当今之变，新理学继开之迹，于兹显矣。”由于西方近代的哲学知识论或方法论占有相当显著的地位，所以要讨论“新理学”体系在世界哲学中的地位则必须专就其知识论进行论述。

根据中国哲学的传统来看，哲学体系中最重要的部分是形而上学，即“形而上者谓之道，形而下者谓之器”②。孔子教导学生说“君子不器”③和“士

① 冯友兰：《新原道》，三联书店2007年版，第169页。

② 邓球柏：《系辞上传第十章》，《白话易经》，岳麓书社1993年版，第430页。

③ 杨伯峻：《论语·为政》，《白话四书》，岳麓书社1989年版，第306页。

志于道”[①]，也是在做这样的区分。所以，中国人就用“形而上学”或者“道学”来类比西方亚里士多德哲学体系中的“物理学之后”（metaphysics），“物理学”即可类比为“器用之学”，“物理学之后”即可类比“形而上学”或“道学”。后来，由于希腊哲学与犹太教相结合而产生了基督教，希腊传统哲学——形而上学中的“理念”或“形式”，亦如中国传统哲学所谓“道”者，让位给了基督教传统中的“上帝”，则西方哲学将自己的重心转移到了“论证理念”或“论证上帝”的知识论方面。新理学欲与西方哲学作比较，自当有专著讨论其知识论，以见新理学在世界哲学中的地位。

根据新理学的知识论，知识基本上可以分为四种类型：历史知识，其特点是“不灵不空”，因为历史知识都是“实实在在的”；逻辑知识，其特点是“空而不灵”，因为其是种种空的形式，一旦填进一种内容，其形式即限于一种类型；科学知识，其特点是“灵而不空”，因为科学是对于各种经验数据进行观察和分析，作为经验数据或观察和分析的对象都是实在的（不空），其观察和分析又都是针对各种对象的，故是灵活的，但其“灵”仍以其对象为限；形而上学的知识，其特点是“一片空灵”，因为其对象如“理”、“气”、“道体”和“大全”本身都是宇宙四种基本构成要素的绝对抽象，抽象即“空”，绝对即“灵”，宇宙即“一”，所以是“一片空灵”。形而上学虽然是“一片空灵”，不是某种具体类型的知识和器用，但宇宙间所有其他的知识都以空灵为参照系，所以它又成为指导它们的“太上知识”和“无（器）用之大（器）用”。这就是“一切事物，各如其是，是谓如是。一切底如是，就是实际。形上学就是从如是如是底实际出发，对之作形式底释义”[②]。其中的“如”字，正是佛教中“如来佛”那个“如”字的奥义，即原来就存在于宇宙间的普遍道理。

新理学体系中的知识论就是以“一片空灵”或“如是”来讲形而上学的，所以它完全可以类比于基督教宇宙生成论中的上帝，但却比之更超越。因为照基督教的说法，上帝的宇宙生成论在知识论层面必然与科学、历史和逻辑

① 杨伯峻：《论语·里仁》，《白话四书》，岳麓书社 1989 年版，第 312 页。

② 冯友兰：《新知言》，三联书店 2007 年版，第 65 页。

产生矛盾，因为它不够“空灵”，而是说在公元前6000年前上帝创造了世界，上帝以逻各斯创造了世界，上帝为宇宙万物立了法，上帝将在世界末日拯救人类等等，这些判断都是在“空灵”的相对性下面的，故此都可以被绝对地怀疑和否定。而冯友兰将形而上学说成是“一片空灵”，实际是引入了与西方基督教传统不同的一种“负的方法”，即佛教的“拟议即乖”，来讨论“宇宙的心”的问题：我们将其他类型的知识都说成是“空灵”的某种相对性，在“一片空灵”的参照系中否定“空灵”才能体悟到“一片空灵”，否定一切可能的“是”最终就达到了“如是”。

基督教的上帝虽然在形而上学的意义上被设定为“绝对他在”，但又设计了许多“神迹”以为其证明，这就陷入了“时空”的相对性之中，必遭遇科学、历史和逻辑的挑战。而冯友兰的新理学体系是从宇宙的逻辑构成因素讨论形而上学的，明确自己不与科学、历史和逻辑的器用知识在同一个“正的”层面，是所谓不在同一层面的“负的”知识方法，所以不会被它们从积极的器用知识方面所取消。这种知识论的分析方法，对西方基督教当然是一种贡献。之所以这样讲，是因为基督教自形成之日起一直延续到文艺复兴都是一个“独断论”（dogma）的传统，即将“创世”（宇宙论）、“立法”（知识论）和“救赎”（人生论）统统垄断在“上帝”的名下，使哲学沦为神学的“婢女”，科学贱为神学的“仆人”，形而上学蜕变为关于“神”或“上帝”存在的诡辩术。最终导致宗教改革、科学革命、社会革命、哲学革命以及工业革命，政教合一的中世纪在这些革命的洗刷后淡出了西方的思想舞台。而居基督教核心地位的形而上学也随之遭遇到不断的批判和否定，自斯宾诺莎的自然神论，到休谟的经验主义怀疑论，到康德的道德设定论，到萨特的存在主义，基督教传统中的上帝在人们思想中的地盘越来越小，作为其理论形态的形而上学在遭遇到20世纪“维也纳学派”的逻辑实证主义批判之后，仿佛就已“寿终正寝”。正是在这样的世界哲学背景之下，冯友兰重新创建了具有中国特色的形而上学——新理学，向世界宣告真正的形而上学并不是要提供“积极的知识”，因此不会与科学或其他学科产生冲突，它的意义只是在于“提高人的精神境界”，对于“积极的知识”来说，它是“无用的”；但对于完善人的整体精神面貌而言则一切知识无一不在它的有效的启发范围之内，所以它超越了某种具体知识之用，成为“无用之大用”，这就是“无所为”而“无所不为”。对于“积极的知识”来说，科学所能提供或证实者，都是依靠“正的方法”，形而上学只能提供形式的方法，即不能证实它们为何，这种方法就是“负的方法”。例如说“打雷”，如果说“雷起于泰山、黄山、华山”等都是“正的方法”；如果说“雷起于起处”则是一形式的方法或“负的方法”，这个答案虽然不能确定“雷确实起于何处”，但可以为我们思考“雷起于何处”提供一切的可能性。同理，西方近代哲学可以也必然会消除传统的独断论的形而上学，那些都是因为它们分不清楚“正负”方法之间的关系，康德试图以“限制知识以便为信仰留出地盘”来做这种区分，但他说信仰只是出于“绝对命令”，而没有论证信仰。冯友兰则不一样，他认为信仰的对象是可以用“负的方法”加以论证，说“一切的不是”就证明了“一个绝对的是”，即“如是”。这不是出于“绝对命令”，而是出于中国佛学的“负的方法”的“悟性”论证。因此，关于形而上学的这种“负方法”的论证或许也是新理学对西方哲学的一个贡献。

司马迁在个人遭逢奇耻大辱的时候仍然坚持一种形而上学的“内圣”之道，即说自己的使命是：“究天人之际，通古今之变，成一家之言。”[①]一个人怎么会具有这样博大的襟怀呢？这当然是因为他具有一种历史使命感，要他去对人类的历史经验作出总结，这也就是晋人郭象所谓的“承百代之流，而会乎当今之变，其弊至于斯者，非禹也，故曰天下耳”（郭象注《庄子·天运》）。哲学家不必承担历史的政治责任，但应该承担起总结历史的思想责任；他处于历史的非常时刻，完全应该超越自身的荣辱，从民族、从宇宙、从文化的角度来尽人的“天职”。这便是哲学家的“良知”、哲学家的“担待”、哲学家的“哲学”。冯友兰当作如是观，新理学当作如是观，“贞元六书”当作如是观。

（原载于《中国图书评论》2007年第11期）

---

① 杨钟贤、郝志达：《报任安书》，《文白对照全译史记》（第5卷），国际文化出版公司1992年版，第787页。

论方东美对西方哲学二元分立的评定

杜保瑞

方东美先生论述中国哲学之一大背后心理因素即是民族精神之提振，因此无可避免地要去高举中国哲学，这在他讨论中国大乘佛学时更是如此，一方面中国大乘佛学是佛教哲学的中国化之后的哲学，二方面中国大乘佛学能够超越西方哲学的二元分立的缺点。所谓西方哲学之二元分立则包括形上学的及知识论的二元分立，形上学的二元分立指得是柏拉图、亚里士多德的形上学，说其最终无法解决形相世界与现象世界的二元分立，而走上神学之途，且仍未能解决，因此是不负责任的哲学。知识论的二元分立指的是康德及胡塞尔的哲学，方东美反对以知识论问题为最终哲学问题，认为知识论的讨论固有哲学意义在，但是形上学问题并不能即以知识论问题替代之。总之西方哲学的二元分立问题方东美先生皆以中国哲学及中国大乘佛学的理论体系予以解决，关键即在中国哲学有超本体论以及价值中心的宇宙本体论以及上下回向的哲学建构，于是平面的世界皆被点化为立体的、生命的及理想的世界，分立的哲学理论得以整合，而哲学与人生的鸿沟得以化除。笔者并不同意方先生这样的做法，不是笔者不认为西方哲学有二元分立的系统，也不是笔者认为西方哲学可以解决分立的现象，而是西方哲学并不需要因为二元架构而视为缺点，也不需要必将二元分立予以统合。至于西方哲学是否真有二元分立？以及是否这就是一个缺点？此事亦未有定论。至于东方哲学之可以解消二元分立，那是因为所谈的问题根本不相同，不需有此东西对比。

西方哲学不是一个统合的概念，哲学总是一家一家各自以自己的问题意识、概念设定而提出思辨以展开论述的理论活动，启蒙运动以前的形上学是一家一家的系统自说其话，启蒙运动以后的知识论也是一家一家地自说其话，而每一个系统其实都在自己的设定中完成其说，只是后来的系统复以新的概念、新的问题否定前说而再创新说，问题从不定于一尊，意见也就没有终极的是非对错。西方哲学系统一家一家都无法真正否定他家他学，因此又何来中国哲学超越西方哲学缺点的优异性在？因为问题根本没有真正的对焦。而作为方东美先生超克西方哲学的理论工具之中国大乘佛学系统，既有宗教的世界观，又有修证成佛的理论，点化世界成美好，则形上形下不割裂，亲证理论成实际，则主体客体得统一，因此得说为超越形上学及知识论的二元对立。然而，重点是，这一切是以佛教世界观的承认为前提，现实上说，非佛教信徒之东西方学者皆不可能承认此世界观之为终极真相，理论上说，在西方哲学史上的各家形上学、知识论系统亦无有容受佛教哲学体系的理论空间在。

笔者此说亦非即谓西方哲学即已否定了中国大乘佛学，西方哲学一家一家仍在奋进创说，且并非以佛学或其他中国哲学为辩证之对象，因此亦不得见有否定中国哲学之大作，倒是中国哲学为跻身世界哲学之林，素来有否定西方哲学之大作，且是由当代中国大哲学家们持续地辩证之作，如牟宗三先生即是如此，但是亦无理论上之真正交会与辩证。笔者以为，只有等待中国哲学之哲学系统真正被清晰地建构起来之后，等待传统中国哲学之深奥底蕴一家一家被清晰地呈现出来之后，如果在那样的情况下仍有出现西方哲学对中国哲学之批评，则可以做辩证的讨论。至于一些既不精通西方哲学又不了解中国哲学的学者对中国哲学所提出的批评意见，其实是完全不需予以理会的。因而真正应该做的事情，就是好好地将中国哲学的理论体系建构清楚，而不是急切地高举中国哲学以优异西方。而建构中国哲学的意义，则是透过适合中国哲学特质的方法论解释架构的建立，将传统中国哲学的理论体系一家家地清晰呈现。此一工作，当代中国哲学家们皆各有成果，目前这个解释架构尚在调整修正中，因此一家一家中国哲学体系的真面貌更是尚在努力澄清中，此时谈论中西优劣都仍为时过早。因此对于方东美先生比较中西的哲学观点，笔者以为，那是过去一个世纪的中国哲学家的心意，时至今日，很难讲这个问题是否还有现实上的急迫性，而我们之所以还要讨论，是因为想要从中汲取谈论中国哲学的方法的养分，从而形成解释架构，以便更深入更精准地理解之及诠释之。而对于方先生佛学思想的研究重点，则应摆在他如何评定各家佛教系统的理论意见，亦即他如何运用哲学研究进路以定位各家系统的意见上，尤其是，方先生直接以佛教的世界观为知识的真理系统以辩证中西，那么这样的研究态度将产生方法论上的什么效果？这就更值得一谈了。

以下先讨论方东美先生对柏拉图形上学二元分立的观点①，柏拉图的理型论之所以发生，是要追求一个永恒不变的实在的本身，而这在现实世界是找不到的，因为现象界的一切都在生灭变化中，因此推出永恒不变的理型世界作为现象世界之典范，既是完美性的依据，也是存在的依据，现象世界的种种存在乃依对完美的理型之模仿而有，并借由迪米奥吉天神之造化之作为而有此现象世界之一切存在。因此，现象世界只是不完美、不永恒，但是并非不存在，亦非即为完全无价值之世界，更非即应为舍弃之对象，只是说完美的典范只在理型世界。因此，现实世界才是人类生命实际存在并活动的世界，并非人类毋须在现实世界追求完美，只是绝对的永恒的完美只在观念界存在，因此理解到观念世界的理型，即是追求到人类所能追求的最高完美了。这一套上下两层世界观的系统，可以说就是一套对现实世界的永恒与变化问题的定义系统，至于价值追求的问题，就必须在这一套系统下来追问与解答，离开这一套系统，就不是柏拉图哲学，而柏拉图哲学有其自身的要解决的问题，并不是一开始就是在面对方东美先生所构想的价值追求的问题，因此柏拉图的问题就在柏拉图的系统里解决了，也就是在上下两层的世界中解决永恒与变化的问题，人类在变化的世界理解完美的理型就是追求到了永恒，人类确实上不去理型世界，这是系统的定义问题，而不是系统的不完备的问题，系统可以整套不接受就好了，而不是要在任何一个系统解决所有的问题，亦即不能在别人的系统中主张自己的立场，从而因主张无法落实以致否定别人的系统。

方先生以为柏拉图的理型世界永远在上层，而人类的现实生活则与之永

① 参见方东美:《中国大乘佛学》上册，台北黎明文化事业有限公司 2005 年版，第 382—383 页。

远隔绝，因此柏拉图的哲学势必要解决这个问题，所以转向柏拉图的知识论理论以讨论其是否有以解决之。①

柏拉图的知识论课题只是提醒世人要追求理性的知识，并不是要人类从现象的世界超升至理型的世界，理型的世界依定义就已经不是人类生活的世界了，因此不存在因为不能超升以致求助造化神的问题。但是，方先生却以为柏拉图的造化神就是为要解决这个问题而设想出来的，而且造化神就是要协助人类追求绝对的真善美的领域，将人类的知识从相对的真善美中超拔出来，以致追求知识论上的完成。然而，这个功能的设想当然是不能完成的。因为在柏拉图的知识论里，人类在知识活动上理解了理型就是理性的最高完成了，人类并不是要上升至理型世界与理型等同齐一才是知识的最终目的，那不是柏拉图世界观中人类具有的能力，也不是柏拉图设想造化神时企图协助人类达成的目的，更不是人类透过任何形式的努力可以达到的目的。因此，方东美先生将造化神的角色与知识论的问题串连在一起的做法本来就不是柏拉图理论中的功能，结果当然就是无法成功了。②

柏拉图创造造化神的功能是为了造化现象世界，也就是说是一个宇宙论的问题，是为解决宇宙发生的问题而构作的角色，它的作为就是依据理型界的原型而造化现象世界的模仿品，从而有了现象世界与理型界的两层世界，亦因此沟通了现象世界与理型界，而此处之所谓的沟通，就是就其绝对圆满的存在与相对不完美的现象世界在存在议题上的沟通，这就是他原来的思路，至于什么质料因的问题他是没有多想的，而现象世界的人类理想的问题也不是造化神的工作，亦不是要解决人类的知识论问题，因此方先生说“那么在柏拉图的哲学里，所安排的下层世界同上层世界之间的桥梁，始终都无法从正确的知识领域上把它建立起来”这样的说法对柏拉图是不公平的，人类从无知的世界走向对理型的认识就是人类世界知识活动的最高完成，柏拉图的知识论是默认着柏拉图的形上学而提出的，柏拉图的知识论要认识的就是柏拉图的形上学的理论，理型世界的永恒的真善美以及一切现象世界事物

① 参见方东美：《中国大乘佛学》上册，台北黎明文化事业有限公司2005年版，第383—384页。

② 同上书，第384—385页。

的原型就是人类的认识活动的正确认识内涵，上下两层的世界在认识上就是这样被沟通起来了。造化神的神力并不是要人类成为理型，而是要给人类一个生活世界，造化神依据永恒不变的理型造化现象世界，而人类的生活理想就是依据理型世界的观念的原型以作为在变动不居的现象世界的生活指标，现象世界的人类是有可追求的价值的，而且这些价值理想是真实实在且永恒不变的，这就是永恒与变化的沟通，这就是上下两层世界的结合。至于人类成为理型而永恒完美的思路则已经不是柏拉图哲学的系统了，所以该系统自然也达不到方先生所要的功能，方先生的问题意识是中国哲学的，中国哲学是一套实践哲学，故而主体的活动与世界的美化正是核心问题。柏拉图的形上学是一套思辨哲学，以理性的思辨沉思世界的本质，目的在说明现象世界的实在性依据，并从而响应各种问题，系统既定，一切的可能性只能在系统内发挥，方先生企图借由柏拉图的形上学回答实践的圆满的问题，又以中国哲学的系统以为比较的标准，从而指责柏拉图的系统不能解决上下两层世界之沟通问题，在这整个思考的过程中，两边的问题意识本质并不一致，世界观默认的系统也不一致，理论的目的也不一致，这样的批评，与由此而说的中西优劣的观点，不能算是有效的讨论。方先生谈柏拉图的话语尚有多处，后文再接续深入，即在这一段谈话中，方先生接着又批评了亚里士多德的形上学，一样是不能沟通上下世界。①

亚里士多德的系统明显地就是形上学的问题，是提出现象世界的存在等级的系列，亚氏不依柏氏之构想，将观念与物质化为两层世界，而是建构一存在等级的序列，由下而上层层结构，由根本物质与绝对形式作为上下之两端，中间各种存在等级皆是一物质与形式之架构搭配结构而成，从而形成连续的存在等级，而非有上下之不可沟通之两层。亚氏之说与柏氏之说就是希腊哲学中最典型的两种形上学型态，也都仍是属于实在论的型态。在亚氏的较高级的存有类别中，形式因的比例愈来愈高，物质属性已十分稀少了，方东美先生便借此以佛教世界观做出对比的诠释，说这里便进入了佛教的“忉

① 参见方东美:《中国大乘佛学》上册，台北黎明文化事业有限公司2005年版，第385—386页。

利天、夜摩天、兜率天、他化自在天，一直上升到色究竟天、非想非非想天”，这是一种方法论的跳跃，除非亚氏接受了佛教世界观，否则亚里士多德本人就不会同意这样的诠释，而作为学术讨论的范畴，除非约定地所有人皆接受佛教世界观，则亦不能说方先生是有充足的理由可以作此诠释的。关键即在方先生的佛学立场是既哲学更宗教，佛教的世界观就是他视为世界的真相的本身，故而他可以这样地诠释亚氏之说，也可以因此批评亚氏之说，只是从学术研究的进路说，这是一个不公平的诠释与批评，立足点根本不同，因此也不能算是有效的讨论了。

方先生的批评是说，存在等级一层层切开之后，下层距离上层是一道道鸿沟，而最上层者与所有的下层却无直接的关系，因此鸿沟仍在。方先生对于亚氏的存在等级之说，始终提到了从下层向上层的超升活动，似乎有一个不变的主体在做自我的存在等级的上升运动。事实不然，亚氏之存在等级一级是一类的存有物，亚氏并未在存在等级的形上学问题中讨论实践哲学的问题，方先生的这个向上发展的问题并非亚氏的议题。又在这个议题中，亚氏之最高存在等级的绝对形式之上帝一层，原本的功能是扮演第一推动者的角色，自身不动，这就与方先生构想的下层逐级上升成为上层的思路完全无关。因此方先生又认为亚氏之系统亦不能沟通上下。①

方先生的根本问题是实践哲学的，而希腊哲学的两套形上学系统本来不是在处理这个问题的，柏氏划分清楚的上下两层，亚氏建构连续的存在等级，皆有其理论的特定目的与特定功能，两套系统已无从是非彼此，更无法面对要沟通两层的问题，因为这本来就不是这两套系统要解决的问题。

方先生对希腊形上学的二元分立现象的诠释观点，可以说是文不对题，不能算是有效的学术讨论以及批评意见。越过了希腊哲学的形上学二元问题，方先生接着对知识论时代的西方哲学亦提出二元分立的诠释意见。②

从西方哲学史的进程来说，形上学的系统分立，意见不能统一，从而问题意识的焦点转向，不再去强势构筑形上系统，而是探究人类认识的可能

---

① 参见方东美：《中国大乘佛学》上册，台北黎明文化事业有限公司2005年版，第386页。

② 参见同上书，第388—389页。

性问题，于是有主客之分及心物之分。但是，方先生又将之视为“一套思辨的二元论”，亦即在认识上的主客、心物之二元，并认为问题始终没有解决。其实，心物之分是形上学问题，心对物之认识是知识论问题，心物之知识论问题即是主体对客体的认识的问题，因此心物之二分可以转化为主客之二分，而主客之二分说到底就是主体如何认识真相的问题，也就是知识论问题的本身，因此其实并无所谓二元分立的问题，而只是主体如何认识客体的问题。就此而言，知识论系统亦有一些形上学默认，如上帝与心物之存在、能产与所产之自然、宇宙的单子、初性次性之存在、范畴与质料之存在等等，当然这些形上学的命题与知识架构是为服务知识论之需要而建立的，也可以说是成立于知识论的系统内之命题，整体合为一知识论的问题，且其一家一家地造说新论，迄至当代仍在争议不已，即便我们假设其争议暂停，大家共议接受一套知识论系统，则此系统仍亦非实践的问题，因此无论其主客之间的认识架构如何安排，一方面是一套思辨的定义系统，二方面不是一套追求价值的实践系统，因此无论如何是不可能满足方先生价值追求的需要。更因为它们一套一套都是思辨的约定系统，一系统成立即有另一系统否定其默认而发为新论，因此知识论系统在西方世界本身就没完没了，但是这个争议的历程却未必是主客二元分立的架构，而方先生则一直是以主客二元分立的立场质问西方知识论哲学，所以笔者以为这在研究方法上仍是一场没有对焦的争执。对于西方知识论的二元分立现象，方先生主要讨论了康德与胡塞尔两套认识论系统，首先对康德的知识论系统而言，方先生认为康德也是在面对二元对立的问题。①

康德知识论系统确实是为要解决知识的独断性问题而建构的，独断性来自于由经验建立普遍原理的独断，康德的做法是知识是来自客观的经验质料与主体的先天范畴，先天范畴有感性的与悟性的两层，共同统一于一预设的先验统觉中，可以说先验统觉是在感性与悟性之上，但所谓的知识还是需借由经验质料配合范畴而由统觉构作而出，此时无所谓知识的向上提升之事，

---

① 参见方东美：《中国大乘佛学》上册，台北黎明文化事业有限公司 2005 年版，第 389—390 页。

方先生始终紧守着生命“向上面发展”，及“把人类的知识提升到最上层”这种问题意识来看待所有的哲学，但康德建构范畴以说明知识的客观性，并不是在处理人生哲学的问题，至于所要追求的知识亦是重点在知识客观性的意义之确立上，而非知识之高级低级、上层下层等问题里，因此方先生这一段话的宗旨就与康德知识论架构的目的不能符应了。方先生接下来即对康德知识论的默认系统提出批评。①

首先，方先生说这个超越的自我（亦即先验统觉）“可以逐渐向上超越发展”，笔者以为，先验统觉就是综摄感性及悟性的范畴以吸收经验质料而为知识的确定，这里谈不上什么向上超越发展的动作。其次，统觉确实是一个预设的主体，统觉及范畴所笼罩的知识，也只是经验质料向主体呈现的可由范畴掌握的样态，至于经验质料的本身的物自体，便不是认识能力之所对，因此不可知，而物自体的存在，亦是康德知识论的另一个预设。统觉本身不是知识之对象，物自身不可知，这是康德哲学无可避免的假设，否则就又有系统之外的系统了，哲学上默认性命题的出现就是为使所讨论的知识有成立的可能，康德直接面对理性主义与经验主义所讨论的议题，并尽可能地设法解决其意见对立之问题，系统中出现了不可再为说明之预设，这是任何一套思辨哲学所不可免的情境，因为思辨哲学必是依据一定的前提而构筑起来的一致性系统，康德要解决的问题已经解决完毕，统觉不是知识的对象而是知识的源头，以及物自体不可知，可知者仅是依范畴而感知的内涵，这两项不是康德哲学的缺点，反而是康德系统所需要的立场，以之为系统的缺点那就是在系统之外谈问题了。当然，方先生就是在系统之外谈问题，但是所谈的这个缺点的本身却是知识论的问题，或知识论理论中所寓含的形上学问题，亦非实践哲学的问题，此处，方先生可说是进入了纯粹西方哲学的问题意识的内涵里在批评康德哲学了。

方先生在谈康德之后亦批评了黑格尔及胡塞尔哲学，前段谈话之后却直接批评胡塞尔，对黑格尔的批评则在另外的课堂谈话中，以下便接续他的思

---

① 参见方东美:《中国大乘佛学》上册，台北黎明文化事业有限公司 2005 年版，第 390—391 页。

路，先讨论他对胡塞尔的批评。①

方先生对于胡塞尔的哲学思考的描述是成立的，重点在指出胡塞尔的思考最终回归意识活动的本身，而将感知所得先存而不论，但却能追溯出一个不证自明的超越我，并由其重新建立知识。②

方先生这一段谈话中对胡塞尔的讨论看不出什么有意义的重点，只是说胡塞尔费尽唇舌所建立的超越我仍是一理性的领域，而东方哲学则是以“不可思议的人类精神的活动”为最高的理性与智慧，亦即无论胡塞尔如何澄清思路，他最终只能运用有限的理性以追求知识，因此仍不能获得最高智慧。而本文所要讨论的是，方先生一直地以二元分立的结构批评西方哲学的形上学与知识论，但是在知识论中的康德哲学及胡塞尔哲学，固然有系统默认的问题，但是并无所谓二元分立的问题，因此方先生的意思几乎等于是说，只要不是证得宇宙人生的最终极智慧，只要是没有解决所有的问题的知识论体系，就是有知识论上的主客之间不能统合的二元分立问题。

方先生在其后的课堂讲话中才较多地谈到了对黑格尔的系统的批评意见，这里他也是先从康德的问题谈起。③

此处的说法与前段谈话意见一致，即是以这个超越的自我亦即先验统觉自身不能是知识的对象，方先生认为这就使得康德的整个系统不能建立。笔者认为，任一系统皆有其言说的预设，超越自我就是康德的默认系统，依据这个系统以便言说系统内的其他所有观念，如果要批评系统的默认，那么批评的标准便跳出系统之外了，方先生认为一个不能成为知识对象的先验统觉，成了德国观念论学者的思考的起点。④

方先生这一段谈话十分不清楚，就其大旨而言，则是对黑格尔绝对精神亦不得为哲学理论之圆满一事提出批评。然而，其中却有拿佛学名词来说黑格尔的概念的做法，可见方先生已经是以佛教世界观为最高标准以评定学术

① 参见方东美:《中国大乘佛学》上册，台北黎明文化事业有限公司 2005 年版，第 392—393 页。

② 参见同上书，第 394—395 页。

③ 参见同上书，第 149 页。

④ 参见同上书，第 150—151 页。

的，这样就会有不同系统的难以沟通的问题了。黑格尔以绝对精神概念建立观念论的辩证发展系统，这却是一套形上学体系，已非知识论问题。这一套形上学将绝对精神等同于上帝，而人类对上帝不能为细节的言说，因此绝对精神的究竟义又再度离开了人智的范畴，故而又不得言说了。① 然而，绝对精神之为上帝是形上学问题中的最高存有范畴，上帝的智慧非人所知，此事并非知识论所能解决，亦非主体对知识的对象有鸿沟，而是黑格尔的形上学的最高预设本身的特质。比照方先生对康德之先验统觉及黑格尔之绝对精神的讨论意见，都是推到系统最后的默认，从而对预设之不能再为研究之对象一事提出批评，方先生这样的精神就是西方哲学史的精神，西方哲学史就是一家一家否定前人之默认系统而再为新论之出发。西方哲学的特点就是一家一家各是一套明确的系统，是一套系统者就必然有最后的设准，要去否定系统而以设准为对象那是颠覆性的做法。方先生对康德及黑格尔的批评是西方哲学内部就在进行的事情，但是提出解决方法的方向却是大乘佛学的精神，其中超越二元分立的立场在对黑格尔的批评中仍是难以见出，而是诉诸黑格尔的哲学预设以为否定的方式。

笔者以为，方先生以佛学为典范而批评西方哲学史之形上学与知识论皆有二元分立之意见，实际上，都是问题不同，应无从批评。希腊形上学以作为现象世界追求永恒依据之问题的起点，柏拉图的理型世界是这个永恒的依据，亚里士多德的现实世界就是真实的世界的立场即是取消了这个依据，而另以形式因、目的因、动力因、质料因以作为具体事物的存在依据。然而，方先生却说此处有上下二元分立的问题，其实，柏氏与亚氏所说的现象与观念的二元、物质与形式的二元、上帝与现实世界的二元，其实都不是主张二元分立，而是借此架构作为解决问题的工具，对所面对的问题，以二分的架构以说明情况，借两者之沟通互动来解决问题，因此都没有停在二元中主张其中的分立或对立。以为上下二元没有沟通的都是方先生跳出了形上学的问题，而进入实践哲学的问题，且是以佛教哲学的世界观与工夫论意旨为标

① 关于上帝不可为言说之对象，另参见方东美：《华严宗哲学》上册，台北黎明文化事业有限公司 1983 年版，第 297—298 页。

准，而对前说提出之批评。说下层不能上至上层，说最高层不能落实下来，这些都不是在原来的系统内可以谈的问题。简言之，方先生已经不是以西方哲学本身的系统谈西方哲学了。

就知识论的批评而言，所以为的主客二元分立的问题，也不是笛卡尔以后的各家各派有主张主客二元分立的立场，谈主客只是就着知识活动的架构而谈的，而所有的知识论系统不论是理性主义、经验主义，或是康德的批判哲学，都是要提出知识成立的理论，知识一旦成立，主体即是对客体有了知识的掌握，也就没有了主客二元分立的问题了。方先生对康德、黑格尔及胡塞尔的系统所提出的问题，反而都是系统的最高默认的问题，且是以佛学系统的立场以为比较及批评意见的提出，因此一些佛学最高命题可以达到的理论功能在西方知识论系统内都无有可能，因此方先生认为西方知识论的二元分立问题亦仍不能解决。然而，系统默认的问题已非主客分立的问题，因此并不存在西方知识论有二元分立的问题，至于西方知识论的问题，西方哲学尚在发展中，知识论问题的立场分歧多元，方先生自可从任何立场再为创作新说，但仍无须认定旧的系统就一定是有主客二元分立的缺点了。

方先生在中国哲学可以超越西方二元对立的问题上，是一再地申述，在华严宗哲学的课程里，亦展开多次的讨论，但思路仍是相近的，一为希腊哲学的上下二元，一为近代哲学的主客二元。以下再引出方先生的讨论。①

本文中，方先生还是重申柏拉图的上下两层世界难以沟通，即便诉诸宗教神话亦做不好沟通，而亚里士多德则亦诉诸宗教哲学才勉强沟通。笔者以为，方先生是拿儒道哲学的天人合一观与佛教哲学的上下回向论来批评柏拉图哲学的上下不能沟通之说，但是，儒道哲学中人亦不能变成天，只是天的价值能为人所实践而彰显，那不就跟柏拉图的理型世界的观念能为现实世界中人所认识而学习是同样的意思了吗？柏拉图的形上学既处理了本体的理型与现象的万物，则再加上宇宙论的造化神而施予造化，则现象的发生的宇宙论问题即已交代，至于现象世界的理想的问题即由人类之认识理型与追求理型而可获得，此中并不存在上下二层无法沟通之情事。方先生的批评看来更

① 方东美：《华严宗哲学》下册，台北黎明文化事业有限公司 1983 年版，第 5—7 页。

多地是站在佛教的成佛即遍在世界的思路上的批评，即以人能成佛之事而使佛性之理与成佛者之法身二而为一，这就似乎超越了柏拉图形上学中的人类生命终究不能上升至理型世界的假定，然而，“理型的世界”终究定义上只能是“理型”的“世界”，而非“存有者”的“世界”，因此究极完美的存有者只能是人间的哲学家皇帝，这就如同是儒家的圣人一般，本身不是天道，而是天道的在人间的理想的实践者，至于天道，它也永远是天道的天道，就像柏拉图的理型也永远只是理型一样。然而，佛教世界观中的三界内外与菩萨住地，所谈的一切都是存有者的存在界，即便是类似理型观念的法身概念亦得为成佛者之三身，因此佛教哲学中始终没有抽离地谈的天道、理型、佛性、法身之概念，这才是方先生得以说佛教超越柏拉图二元世界的地方。但是，依柏拉图哲学而言，二元世界的认识结构并没有妨碍现实世界的出现，也没有妨碍现实世界中人追求成为哲学家皇帝的可能，理型世界的价值一样可以在现实世界中追求并予实现，而仍须指谓一理型世界的独存，那就是柏拉图形上学的设想，是理论的构作假定，可以不接受，但不能说这一套形上学中不能沟通上下两层。然而方先生即是因为接受了佛教世界观与形上学思维，因此以为佛教之能合上下即是超越了柏氏之不能合上下，但是佛教之世界观是无法强人接受的，因此也就不能成为理论讨论上的优劣之定位了。

方先生对亚里士多德的讨论也有强人所难之处，亚氏所立之存在系列的形上学，本身是形上学问题，是存在物之所以存在的条件构成说，依其形式与质料之组成而构成存在系列，最上一层是纯为形式之存在，以上帝名之，本身并不是为宗教而设之理论，亦不是为解决人生哲学的问题而设之理论，因此上帝不负担美化世界及指导人心的功能，只为一最高之不动的存在而推动一切现象之存在得为存在，方先生又即以中国哲学的天道与人道之交流互动为标准，批评此一上帝之不与人道互动。亚氏之说已难言二元，方先生之批评遂指向其上帝概念之高绝独立而与现实无关，实际上问题不同，定义不同，难言批评。

在华严宗哲学课程中方先生亦展开对知识论传统的主客二元之批评。①

① 方东美：《华严宗哲学》下册，台北黎明文化事业有限公司 1983 年版，第 9—11 页。

方先生基本上认为知识论上的主客、心物、能所对立的问题，在西方哲学史上一直不能解决，而最终解决之道仍应落在形上学的宇宙论本体论上，因此怀德海的机体主义形上学即是能解决此一问题的方向。笔者以为，西方知识论传统确实一直在发展中，但是每一家的知识论理论都是认为自己的系统已经完整地解决问题了，说其未能解决问题都是后来的系统的批评意见，因此是整个哲学史发展的问题，这本来就是一场没完没了的哲学运动，因此真要认为谁家的知识论系统不完整，那就是每一家的哲学系统都会被批评为不完整。至于认为知识论不能解决自身的问题而要走回形上学的路子，那么这就陷入了永恒的理论循环了，前此形上学被视为不能证立自己，而需由认识论进路追求证立，现在则认为知识论不能完成自己而需由形上学支持，这些都显示了思辨哲学的传统本来就存在的必然现象，并非理论有错误，而是理论永远可以再度深化，西方哲学史仍在发展中，只要人类存活着，理性自然会持续寻绎新问题而创造新理论以解决之。思辨哲学并非在追求需由信仰以落实的宗教哲学或人生哲学，宗教人生问题是属于实践问题，超越界的理念是属于信仰的范畴，并非其不能证成，而是眼前的能力不能亲证，因此尚只能说为信仰，此一信仰亦仍是以哲学理论的形式表述而出，研究者一旦进入信仰的心态中，即以此系统为最终真理，无须再为思辨之推敲，方先生即是已经以佛教理论系统为信仰之真理系统，于是当知识论传统一再被否定而推陈出新时，便认为知识论不能解决自身之问题而需诉诸形上学，而传统形上学仍有二元对立的现象以致价值不彰，因而便转向重视怀德海所建立之机体主义的形上学。

笔者不反对方先生所说的知识论一直在发展中，因此问题永无解决的意见。但这不是一个缺点，而是思辨哲学传统的必然性特点，只是后家否定前家而批评其缺点时之语言运用。笔者也不反对方先生所说的知识论问题最终要由形上学解决之，但这还是会落在思辨哲学的后家反对前家的不断发展的历程中，因此怀德海的机体主义形上学亦仍会被批评而再度创新，并不是接受了中国儒道佛哲学的形上学系统的标准，就能使怀德海的形上学不会再有争辩了。至于中国儒释道三家之形上学亦非即无争辩，只是方先生的理论活动中始终不进行这样的争辩，这当然是受到他的民族情怀使然，他唯一有争辩的是，对宋明儒学家批评道佛的反驳，认为宋明儒学中尽是佛教的理论，而中国大乘佛学亦尽是中国的佛学，因此儒释道三家皆是中国的，亦皆超越西方二元对立之思维，因此不应有宋明儒学对大乘佛学的批评。关于方先生如何由中国儒道佛三家哲学体系的特质以说其皆超越西方二元对立之事，后文再谈。以下继续检查方先生讨论超越二元的意见，在华严宗哲学第十九讲中，方先生几乎是做了整讲的总结性工作，对于这个超克二元的问题又再次申论，不过，意见并没有更新的发展，只有在两个重点上做了再度的强调，其一为“如何使形而上的真善美的价值，得以灌注到形而下的现实世界里面来?”，其二为“再把哲学最高的境界，转移到宗教的领域里面去”①，以及“他们要借着希伯来的宗教来解决希腊的哲学问题”②。

笔者要强调的是，第一，将形上的价值灌注到形下世界的理论，柏拉图的系统并不缺乏此说，方先生真正能有别异的中西比较议题，其实是将下界的人生全体提升至上界活动，使上下隔离打破，全体同证理想价值。第二，方先生所谓的走上宗教的领域以解决问题，细读方先生的其他文字，多半指的是形上学理论中的造化神及上帝概念的角色，方先生以为这是为解决他自己所关切的二元问题而设置的理论，但方先生仍不满意其解决方案。以上两点，说到底，都成了不同的哲学系统之硬为牵合的问题，前者是方先生将自己信仰的佛教宗教哲学系统用来评价柏拉图的形上学系统，因此不满意其系统。后者是将希腊哲学的形上学系统误解为宗教哲学的系统，但又不满意这个系统。因此，讨论方先生处理中国哲学超克西方哲学的意见，从西方哲学角度说，实在已无须响应，关键就是方先生将不同问题的哲学系统比为一谈，因此根本谈不上超克与否。至于从中国哲学角度说，即是要从方先生自己所设定的理想的超上下、主客二元的中国哲学思想之如何完美性处说起。依笔者之意，中国哲学可以不必去谈它有什么可以超克西方哲学的缺点的，只不过，去认识中国哲学被视为超克西方哲学的缺点中之特色处，却正是理解方先生谈中国哲学的真正要点。

① 方东美:《华严宗哲学》下册，台北黎明文化事业有限公司 1983 年版，第 114 页。

② 同上书，第 118—119 页。

方先生既然认为中国哲学可以超克西方二元分立的缺点，那么，姑不论他对西方二元分立的理解如何，他的中国哲学观就值得细究了。①

本段文字，确实是方先生从西方二元思想的缺点谈到中国哲学的特质的，方先生强调儒道两家都有“兼天地、备万物”、“尽人之性、尽物之性”、“赞天地化育，与天地参”的精神，因此不会有“隔绝上下界”的立场。查方先生所说的儒道两家的共通特点，其实主要是儒家的精神，笔者前已言及，道家老子学可与儒家相辅相成，从谦虚处事的智慧进路亦能共成建设社会的效果，但庄子虽有与天地精神往来的胸怀，却并不是以现实世界的社会建设为其理想，方先生避谈此事，实有同时抬高儒道两家之心态，此不多议。就其所言之儒家特质而言，则其所论者实在是人生哲学的问题，儒家追求经由个人的努力以使社会变得更好，而建设一个理想的社会即是天地造化的目的，此即天道的意志，因此天道的意志经由人的努力而实现，则天地万物与人类社会皆共在一理想的状态中，作为上层世界的天道落实在现实世界而使之圆满，作为下层世界的人类，经由努力而实现天道而与天道合一，这就是方先生所设想的中国儒道哲学之上下两不相隔的意旨。笔者以为，方先生所言就正是儒家哲学的特质，这就是实践哲学的型态，实践哲学在一全体的宇宙中（宇宙论），追求终极价值（本体论），经由实践的努力（工夫论），而成就个人最高境界（境界论）。这个理论的模式是共通的，但宇宙观与价值意识是不相同的，方先生所念所重在现实世界，不论世界观如何浩瀚，重点是不能舍弃经验现实世界的万有众生，因此儒家是完全符合方先生所关切的立场，以完美人间为天道彰显之意旨。道家老子亦以“无为而无不为”美化现实世界，因此立场与儒家相通，道家庄子有他在世界神仙存在的宇宙观，庄子追求与天地精神相往来，与造物者游，但“世蕲乎乱，孰弊弊焉以天下为事”，亦即他有舍弃繁乱的现实世界之立场，只追求向神仙境界的超升，因此是十分不符合方先生上下不隔的立场的，但方先生从未指出此点，只对于原始佛教有批评的意见。②

① 方东美：《华严宗哲学》下册，台北黎明文化事业有限公司 1983 年版，第 323 页。

② 同上书，第 323—324 页。

本文所述意旨明确，首先批评印度原始佛教以现实世界是黑暗痛苦的地方，个人的理想是超脱此一世界，而非拯救此一世界的一切众生。至早期大乘佛教亦是追求个人超升，意指只有上回向而无下回向，一直要到华严等经典在中国译出后才由中国的华严宗强调亦要下回向使下界众生亦同获超升。而这即是指得华严宗所受之中国儒道思想的影响结果，亦即永不放弃现实世界。而西哲柏拉图之造化神即只是进行了模仿理型造化现象，却未能使现象界的存在同登理型之纯粹至善的完满性。笔者前已提及，柏拉图理型论及造化神论谈的是形上学问题，人生哲学的问题另有所论。因此问题不同，无须评比高下。而儒道两家谈的是人生哲学的问题，其理想是使现实世界之人类获得良好的生活，此即意味着将天道的理想落实于人间，于是人间亦得天道之价值，于是上界下界同臻至善。然而，其义亦非人而成天，而是天人合德，亦即人仍是人，圣人亦仍是人间之人，人未登天，天亦未下降于地，则柏拉图氏之理型永为上界之存有之说，又有何上下隔离之缺点？只要有哲学家皇帝，学习理型界的完美性知识，并以此指导人生，领导世界，即亦是如同儒家圣人之治世成就，即是将天道之理想落实于人间矣。而理型依然是理型，一如儒家之天道依然是天道，彼此并无差别。至于佛教亦是人生哲学的系统，只其形上学宇宙论中亦有上下界之结构，而原始佛教上下界之差异明显，入涅槃的理想似是舍离现象世界，故方先生仍予以批评，并以上下回向的标准评价大乘佛学的系统，而指只有受到中国儒道影响的中国大乘宗派能发挥拯救下界众生同登佛国的精神，并以此为超越西哲柏拉图之系统。然而，大乘佛经之中，即有救渡众生的理念，并非中国大乘宗派才有的立场。方先生以儒道之标准评价各家，且为儒家与道家老子之共同型态，然此已非道家庄子之型态。且儒道之立场为现实世界之治理，大乘佛教之立场只为拯救现实世界之众生，理想仍在彼岸，而最终之理想为何，似应再度有新的理论建构才能说出，并非救渡了下界众生即已臻至理论之完成。例如一切众生皆已成佛是否可能？是否仍会有新的众生诞生？等等问题。因此谈其实受中国影响之立场亦尚未能真正决定系统之终趣。更何况其世界观与儒道不类，亦与西哲不类，难说影响，亦难说超克。

方先生认为近代机体主义哲学实能对治传统上下主客对立的西方哲学，

而中国的华严宗哲学却正是走这条路子的最完美系统。①

华严宗一真法界的境界，是主体在成佛境中遍在遍知且救渡一切众生而同证最高清净之状态，然此境之成立，全在佛教世界观中，亦在修行者实证成就中，缺乏世界观及工夫论的要件，亦是不能出现，再者，不接受佛教世界观的系统，更是不能谈论此境，方先生此说之成立，必须是在佛教信仰者心中才有可能，就佛教哲学系统而言，一真法界之证入之时，则确为超主客二分、泯心物二元的状态。所以我们可以说，方先生是在有佛教信仰的立场上，以修证活动的最高境界状态，来说佛学对西方二元分立思想的超克，并非只是以佛教形上学与西哲之对比，而是佛教实践哲学之境界论与西哲之对比。②

① 方东美：《华严宗哲学》下册，台北黎明文化事业有限公司 1983 年版，第 345 页。

② 同上书，第 371—372 页。

金岳霖与实证主义

王中江

在哲学中，一种新的流派或思潮的兴起，不管它是简单还是复杂，往往都会被化约在一个根本观念之下，统称为某种“主义”或“论”和“学”。这种做法当然有其缺点，如它容易被简单化，容易被忽视细节和具体的推演过程。但是，它也自有它的好处或方便的地方，如它的基本性质和主要特征容易被抓住，使人一目了然。因此，学说的开创者、发展者以及研究者，大都希望用一个主导观念来统属其学说。金岳霖没有开创一个思潮，但他继承并推进了一个思潮，这就是实在主义（realism）或新实在论（neo-realism）。

如果溯其历史源头，“实在”的观念无疑是古老的，“从严格哲学意义上说，苏格拉底以前的希腊人都是名副其实的实在主义者，虽然并不总是那么显著。苏格拉底以后的原子论者，则是坚定的实在主义者。柏拉图尽管对于一个完全真实的物质世界的见解加以鄙弃，但他却把他的理念视为认识的最终真实客体，视为完全是不依赖于我们对它们的认识的。亚里士多德也发现，共相是不依赖于是否被认识而存在于事物之中的，而且，他不同于柏拉图，他认为事物本身是独立的实在”。但是，真正作为一种哲学思潮的兴起，实在主义或新实在论则是现代西方的产物。19 世纪末 20 世纪初，在英、美哲学界，几乎同时出现了向黑格尔主义特别是新黑格尔主义挑战和反叛的哲学家，他们不能再忍受唯心主义者把一切都视之为思维构造的结果，而要求把公共世界完全视之为独立于认识的实在。对于唯心主义者的“内在关系论”和“自我中心观”，实在主义者从“实在的常识”和“外在关系说”加以反驳。对实在主义者来说，世界不是“不可分割”的，分析是求知的重要方法，“真”完全可以是一个个单独的命题，而不需要依赖于“整个的真理体系”。总之，实在主义是要重建一个独立于认识主体的实在世界，这一个阵营的哲学家主要分布在英国和美国。金岳霖的实在主义是这个阵营在中国的最突出代表。

一、从知识论来看

金岳霖在欧美研究哲学时，正处在实在主义思潮的氛围中，他受到了这一思潮的深刻影响并最终也走向了实在主义。在他发表的第一篇哲学论文《唯物哲学与科学》中，他所提倡的就是实在主义观念。当时他用“唯实哲学”来表达“实在主义”的观念，并把这种概念同科学紧密联系在一起，肯定这种观念的重要性：“从科学本体看起来，所用的哲学，是唯实哲学。各种科学里面，均有不能证明、不能否认而时常使用的概念，这种概念有分析条理之必要，而唯实哲学就是最能分析、最能条理这种概念的哲学。”可以说，金岳霖的知识论则是系统地扩展了实在主义。尽管他不想化约他的知识论，因为：“在哲学上给思想起名是非常之麻烦的事体。”尽管他的知识论与实在主义或新实在论也有差别，但为了使人能够明确地把握他的知识论的性质和特征，他还是把他的知识论统属在实在主义的名下，认为实在主义“也许”最能表示他的知识论的主旨，“如果有人一定要在本知识论上安上主义，我们似乎只能称它为实在主义的知识论”。金岳霖这样说，根据我们的研究，主要在如下观念上他的知识论与实在主义是一致的。金岳霖反对“自我中心主义”，坚持知识对象的实在性，坚持认为对象完全独立于意识而存在，而其立论的根据也借助于“常识论”和“外在关系说”；金岳霖认为，知识论的材料——所与，是感觉对外物的客观呈现；知识中的真命题，是与对象的性质相符合的；共相或理是对象所固有的，因而它也是实在；观念来自经验又是获得经验的方式，没有普遍的观念就没有知识。

在金岳霖哲学研究中，有一种观点值得注意，这就是把金岳霖的哲学体系整体上同实证主义联系在一起。我们认为，这种观点很有商量的余地。与金岳霖在哲学思想上有着相互影响的冯友兰，其哲学也被统属在实证主义的概念之下。我们认为这同样不合适。为了确认其不合适性，我们曾请教过冯友兰先生。他对此种说法不以为然。他直截了当地说：他不是实证主义者，他对实证主义这顶实际上带有美意的帽子不乐意接受。当然，他也可能有所说的“不识庐山真面目”那种情形。所以，我们最终还是要依赖于对他哲学体系本身的切实考察。按照我们的考察，冯友兰的哲学不是实证主义。他的“新理学”哲学整体上只能作为形而上学来处理，他既没有老实证主义所说的知识论，也没有新实证主义（逻辑实证主义）所说的知识论，而要把他的新理学说成是实证主义恐怕是错了。那么，把金岳霖的哲学概括为实证主义又如何呢?

我们先从知识论上看一看。这牵涉到对实证主义（新的和老的）的理解问题。简明扼要地说，新老实证主义的主要主张有：反对形而上学；反对实在论，不管是外物的实在，还是观念的实在；强调经验现象与事实；强调经验实证和证实；注重对科学知识和方法的说明。依据这些条件来看金岳霖的知识论，很难说它是实证主义。新实在论所关心的问题及对问题的解决，与实证主义有着实质性的差别。新实在论坚决肯定有独立存在的外物，即肯定认识对象的客观实在性。这种立场，是新老实证主义都不承认的。老实证主义只肯定感觉的实在性，而不肯定外物的实在性；而新实证主义，既不肯定感觉的实在性，也不肯定外物的实在性。照新实证主义的说法，肯定或否定外物的存在，都是形而上学的实在论，而任何实在论的观点都是没有意义的，或者根本没法知道所说的实在究竟是什么。石里克和卡尔纳普批评老实证主义和实在论对“实在”的看法是非常典型的。在石里克看来，关于知识的对象，“如实证论者之所言，或者如实在论者所主张，它是具有‘独立的实在性的’；不过从维也纳学派的理论立场而言：这个实证论和实在论的实在观是原则上所不能证实的，所不能说明的。因为无论为实证论实在命题‘实在仅有能感觉的实在’，或者如实在论的实在命题‘真正的实在是超感觉的’，都是一种原则上既不能肯定也不能否定的命题，都是一种所谓‘似是而非的命题’”。与石里克的说法类似，在卡尔纳普看来，实在主义、老实证主义、唯心主义等，都是形而上学的，它们或断定外物的实在，或断定心灵的实在，或断定感觉的实在，这都是无意义的。对于这些断定，我们一概拒斥，“我们既不肯定也不否定这些论题，我们是拒斥这整个的问题”。但是，在金岳霖的知识论中，肯定外物的实在性，是他的知识论的出发点和基础前提。没有这一前提，知识就如同是空中的楼阁。因此，从肯定外物的实在性这一点来看，金岳霖的知识论与新老实证主义都是不兼容的。同时，金岳霖的知识论，还肯定共相或观念的独立实在性。就是说，他认为共相或观念与特殊的事物不同，而是一种实在的有，它不能从经验中观察到，也不依赖于人的认识而有，但可以为认识所把握。这是一种柏拉图式的观念实在论。金岳霖的知识论在很大程度上就是要解决认识如何把握共相的实在这一问题。这种观念实在论和认识共相的认识论，显然与新老实证主义都格格不入。因为新老实证主义，都不肯定观念的实在性。老实证主义只肯定现象或事实，把它们当作一切认识的根源。它们不承认在现象之外还有什么实在，把认识限制在现象范围之内。新实证主义明确拒绝实在论，观念实在论也不例外，更别说去认识共相实在。因此，按照金岳霖知识论中的观念或共相实在论，他的知识论更不是实证主义。而且，金岳霖的知识论所要探讨的，是认识如何把握外在的实在和客观的对象。为此，他讨论了内外在关系，讨论了直接呈现或客观的呈现——正觉和所与。但是，在新老实证主义者那里，并不认为认识是外在对象在人的意识中的直接反映，它们所关心的只是对经验和感觉作现象的说明，至于经验和感觉是否是外物的呈现，他们是不管的。特别是，在新老实证主义者那里，都极为重视经验，可以说他们都是经验主义者，代表了与理性主义重视理性不同的另一极。但是，照金岳霖的说法，他的知识论既不主张经验主义，也不主张理性主义，而是经验与理性并重，理与事共在。按照金岳霖的说法，我们不能把他的知识论称之为重视经验轻视理性的实证主义。根据金岳霖知识论的实际情形，比较起来，在经验和理性之间，他更重视的是理性而不是经验。他肯定感性在知识中的作用，但是，在他看来，知识或经验的根本条件是抽象，没有抽象就没有知识。他对意念的看法，不是实证主义的，或者说是反经验主义的（特别是休谟）。作为理性主义的意念，它与柏拉图的理念和康德的先验范畴相似。在一定意义上，周礼全的说法是有道理的：金岳霖的“《知识论》这部巨著，我以为，是朴素实在论和康德认识论的创造性综合”。金岳霖无疑很重视归纳，但他对归纳原则及其在知识中的作用的解释是理性主义的。他把归纳作为先验的永真的普遍原则，使它与具体的归纳推论完全一刀两断，就像把共相与任一具体事物一刀两断那样。而且，他认为归纳原则决不能限制在因果关系或因果律的范围内。它像一切先验意念一样是接受所与的，它是接受总则。这种归纳论，只能使新老实证主义望洋兴叹。此外，金岳霖对事实的看法，对证实、证明的看法，对真理及标准的看法都与新老实证主义的看法，有很大的不同。关键在于，在金岳霖那里这些东西都与外物实大性、共相实在性、意念抽象性紧密联系在一起。当然，金岳霖重视逻辑分析方法（这是逻辑实证主义所强调的）的作用。但是，据此不能说他的知识论是实证主义。其根本原因在于他的知识论肯定实在之有，并且集中讨论如何去认识这种实在。这与新老实证主义在知识中所关心的问题和解决问题的方式都根本不同。

在哲学中，“常识”往往是人意欲抛弃的那一类东西之一。试想，如果哲学根据或依赖常识，那不就降低了它的尊严了吗？因而，即便在实际上，人们的哲学观念得益于某种常识性的东西，但为了保持哲学的“超凡脱俗”，也不愿给常识保留一个位置。但是，在摩尔的哲学中，常识获得了从未有的重要性，成了支持他的哲学观念的基础。受此影响的金岳霖也重视常识在知识论中的作用，从这种意义上说，他的实在论也可以称之为常识实在论。

常识是什么？根据我们的通常使用，它意味某一学科最基本或最基础性的知识，它还意味着在日常生活中我们习以为常的那些基本经验知识。在摩尔那里，常识的意义主要与后一方面相关。摩尔没有为常识下一个明确的定义，“有时，他所说的常识指的是人们一致地或者差不多一致地赞同的信念；有时，他又把常识或者理解为人们自然而然地倾向于持有的那种信念，或者理解为这些信念由以产生出来的那种倾向”。摩尔承认并不是所有的常识都是可靠的，但他相信的确有一些基本常识具有不可怀疑的真实性，如“宇宙中有着大量的物质客体”。除此之外，还存在着心灵和意识等。对摩尔来说，要证明这些常识非常简单。如“我的手是存在的”，我只要举起我的两只手，并分别做某个动作，我就可以说这是我的右手或左手。每个人都能作出这样的证明。摩尔把他这种为常识辩护并使哲学立足于常识的见解，称之为“常识的世界观”或“常识的信念”，并以此来批评唯心主义的一些观念。

金岳霖的知识论也明确诉诸常识。他所说的常识，在很大程度上是指人们日常生活中的信仰。这些信仰，有的非常基本，可以称之为“本能的信仰”。金岳霖与摩尔一样，也承认常识或本能信仰的局限性，“常识底靠不住及无条理，我们当然承认，常识底需要修改，我们当然也承认”。“常识底任何部分都是可以批判的，一大部分也许是可以放弃的”。但是，常识不能完全否定或完全推翻。因为，任何学问都有出发点或最基本的概念，而这都直接或间接地依赖于常识。如果我们完全否定或抹杀常识，任何学问都无法开始。而且，常识的修正也往往依靠常识本身。具体到哲学特别是知识论也是如此。知识论的出发点或初始观念，也要靠常识来提供。金岳霖说，哲学家既不能完全放弃常识，他也不能放弃常识中所承认的知识，他的确可以利用科学知识来修改一部分常识中的知识，但是，他决逃不了要承认，所谓科学知识底最原始的基础，就是另一部分的常识中的常识；这就是说，修改常识底最后根据依然是常识。基于对常识的这种信念，金岳霖强调他的知识论是就“常识中的知识立论的”。很明显，金岳霖作为知识论出发点的“有外物”、“有感觉”等命题，都是借助于常识信念。如他说：“相信见闻底实在，相信外物之有都是这样的本能的信仰。”金岳霖把他的知识论称之为“素朴的实在论”，其“素朴性”，就来源于对常识的运用。

上面我们从知识论的角度讨论了金岳霖的实在主义，下面我们从金岳霖的形而上学、逻辑学再分别看一看。

二、从形而上学和逻辑学来看

以“道”为最高范畴或万有本体的金岳霖的形而上学，显然不是实证主义。老实证主义把形而上学看成是错误或者视为人类精神发展中已经成为过时的东西；新实证主义把形而上学视之为没有知识“意义”的废话。新实证主义对这种废话，还有同情之心，认为这种“废话”，并不是一钱不值，它有提高人的精神境界、丰富人的情感方面的作用。但新实证主义对此不感兴趣，或者就像维特根斯坦所说的那样，“对不可言说的东西，保持沉默”。金岳霖对形而上学的看法，与新实证主义的观点有类似处。但他对形而上学有很大兴趣，没有保持沉默，而是说了它。而且，他在形而上学中，还使用了逻辑分析的方法，试图使那些在新实在主义看来不知所云的范畴也清楚起来。同时，在金岳霖的理论中，他似乎要把知识论同形而上学严格区分开，如他认为知识论是名言世界，而形而上学则是非名言世界；知识论的命题是经验命题、先验命题，而形而上学的命题则是本然命题。但在实际上，他有时又把它们混在一起，如他在他的形而上学中，还同样把“能有出入”这种形而上学命题叫作先验命题，认为这里同样也有名言的世界（时间、空间、共相、理等）。这样一来，金岳霖对形而上学的实际处理方式，就与新实证主义有所不同。他把逻辑分析方法运用到建立形而上学上；而在新实证主义那里，逻辑分析只在于弄清与科学知识和方法有关的名词概念和命题的意义，它本质上被限制在科学知识的范围内。而被排除的形而上学概念和命题，虽然是用逻辑方法排除的，但决不意味着可以用它去建立形而上学。金岳霖的知识论与形而上学的相通，没有使他的形而上学真正像新实证主义所说的那样，完全成为一种没有知识意义的废话。由此来说，与反对建立形而上学的老实证主义不同，金岳霖却重新建立了一个形而上学；同时，金岳霖对形而上学的看法与新实证主义虽有相似处，但他致力于建立形而上学，而且把逻辑分析和知识论中的某些问题又与形而上学弄在一起，肯定不会受到新实证主义的鼓励。总之，金岳霖的形而上学体系，不是实证主义。

现在我们来看看金岳霖的逻辑学与实证主义的关系。首先，看看它与老实证主义的关系。在老实证主义那里，所谓逻辑和数学，在很大程度上，也是被作为经验的产物。密尔认为，逻辑和数学的命题，也是从经验中来的，它们之为真，是因为它们在经验中总被发现是这样的。因而，它们也不像严格意义上的必然真理，在将来的经验中，它们也有被修正的可能。正如洪谦所指出的那样：“根据穆勒的看法，数学逻辑的命题，如物理学生物学的命题一样，同是对于实际有所陈述的，仅是前者以所谓‘重复而多次的经验’为对象。同时数学逻辑的命题，较之自然科学的命题的效用性为确定、为可信，亦因其在于‘重复而多次的经验’，而不在于‘一般的经验’而已。”斯宾塞也对逻辑形式和逻辑规律作经验的解释。在他看来，它们是人初生时就被赋予人的一种先天理解形式，但它们最终仍是人类经验的产物。因为它们对一个人可能是先天的，但对整个人类却可以是后天的。老实证主义对逻辑和数学的这种看法，在金岳霖那里，是根本没有的。在他的逻辑学中，他自始至终都没有要为逻辑形式寻求经验说明的意图。他认为，逻辑和数学命题，是必然的、先天的命题。之所以如此，是因为它是穷尽了所有命题可能的命题，它完全是一种“或者是A或者不是A”的“同语反复”。它对于事实和经验毫无表示，但又是任何事实和经验之可能的必要条件。总之，在金岳霖那里，逻辑和数学不是作为经验的产物，而只是思想构造的结果。

我们再看一看金岳霖的逻辑学同新证主义的关系。从上面金岳霖对逻辑学和数学命题特性的解释来看，他显然受到了新实证主义的影响。在新实证主义那里，老实证主义对逻辑和数学的经验解释，已被抛弃。“逻辑实证论派视思维的作用仅为一种‘同语反复的变式’，不仅与理性派的基本思想成了对立，就是与若干经验论的理论也是不兼容的。经验论者如穆勒，认为来自经验的科学知识，除了经验科学之外，还有数学与逻辑，以及其他形式的科学。”照新实证主义的说法，逻辑和数学对于事物无所陈述，它们完全是分析性的，它们都以形式的定义假定为演绎的理论基础，而由此基础所推出的结论就已经包含在前提之内。石里克说，分析命题仅是对于同值语句以不同的形式做成变式，它是一种所谓同语反复的命题。这样的命题自然是具有先天性的，因为它仅以纯粹形式的关系为对象，对于实际是无所陈述的，但是，在金岳霖的逻辑学中，还包括着与新实证主义格格不入的东西。它预设了一种看来既无法证明也无法证实的“逻辑”。它是逻辑学的研究对象，而不是逻辑学的已有内容。已有的逻辑系统（包括罗素的数理逻辑）都不过是它的特殊表现，而它则是普遍的。这显然是一种逻辑“实在论”，而不是逻辑“实证论”。而新实证主义是反对一切实在论的。金岳霖的逻辑学，还与他的形而上学联系在一起，他把他形而上学的“式”（一切事物的性质规定，类似于朱子学的理和亚里士多德的形式）作为逻辑的源泉，认为逻辑学就是研究“式”的学问，所谓“唯一逻辑”的逻辑就是这里的“式”。照他的说法，关于式的知识就是逻辑中的“先天”知识。尽管金岳霖所说的“道”还包括“能”，但更近于他所说的式，也就是逻辑。他的形而上学的理想状态是“太极”，“太极”虽非只有式，但近乎式，即近乎逻辑。而且金岳霖在形而上学中，不少地方大谈逻辑问题。这样，在很大程度上，金岳霖又把他的逻辑学形而上学化了。金岳霖这种带有浓厚实在论和形上意义的逻辑学，远远不是逻辑实证主义所能统摄的。

（原载于《哲学研究》1993年第11期）

牟宗三“良知坎陷说”新论

张学智

牟宗三提出“良知坎陷说”已近70年了。其间赞同、质疑者皆有，而质疑者尤多，其中的原因出自各个方面，最重要的，我认为由不能正确、深刻了解良知之本义而来。“良知”二字王阳明说之既多，后人的理解亦含义多端；牟宗三此说吸收王阳明思想相当多，又能结合新的时代条件加以阐释发挥，所以“良知坎陷说”包含许多精义。但五四以来在理智一元论的主导下形成的先入之见牢不可破，遂对良知能否坎陷，假如其能坎陷能“坎陷”出什么符合现代社会的内容，皆抱怀疑态度。本文认为，若能对王阳明的良知学说、对牟宗三此说的义理根据与立说苦心做同情的、深入的理解，“良知坎陷说”是能得到新的、合理的解释的。

一、王阳明“大良知”的启示

良知有何种包含，实为解决此问题的关键。王阳明的良知，前人多根据《传习录》，理解为天赋的道德意识。就良知的基本包含来说，这自然不错，因为王阳明的良知定义就以“见父自然知孝，见兄自然知弟，见孺子入井自然知恻隐，此就是良知，不假外求”为最基本内容。但王阳明也说过：“我此良知之学从百死千难中得来，不是容易到此”，这百死千难得到的良知，不能仅仅是道德意识。道德意识是质的不是量的，它的纯净度是它与生俱来的本体所保证的。所以王阳明屡屡说良知就是明德，此明德只有遮隔与否，没有量的增加。王阳明的良知，是在天赋道德意识之上对精神各种含蕴的增加。所以王阳明的良知是“大”良知，大良知是在道德意识基础上精神活动的种种构成因素的协调、整合。大良知是“精神”或说“心体”的代名词。它由道德意识、理性、意志、情感、直觉等精神活动的因素构成。本来人的精神活动是一个整体，掌管精神活动的身体器官也只有一个。但人出于精细了知的需要，对浑全的“精神”分门别类地进行研究，也是必要的。综观王阳明一生，他的致良知是双向的，即由内而外和由外而内。由内到外即将自己本有的良知推至于具体事物中，使良知含具的道德理性规正做事的动机，具体意念皆在良知的范导之下，这就是王阳明所说的：“所谓致知格物者，致吾心良知于事事物物也。吾心之良知，即所谓天理也；致吾心良知之天理于事事物物，则事事物物皆得其理矣。”① 由外到内是在实践行为中，以上所说的精神活动诸因素被逼出来，并且互相激发，互相协调，互相辅助。如意志的坚毅、理性的明澈、情感的真纯、直觉的敏锐等。这些因素都收摄于良知之内，在实际行为中互相影响，共同实现浑一的精神活动的目的。

这是每一个理智健全的人精神活动的实际情况。王阳明作为一个杰出的思想家的特出之处在于他看到了浑全的精神活动中主与次、指导与被指导的差别，他要在其中立一个价值等次，将道德这一可以范导人的行为的原理、法则视为最高，其余的在价值上不能与之比肩，处在低位层次。王阳明的哲学，就是以道德理性为统领，知识理性为辅翼，既有方向性的、指导的因素，又有实际认知层面的辅从的、被范导的因素的全副理论。王阳明哲学，是牟宗三“良知坎陷说”的重要来源。

牟宗三对良知的德与知的关系论之甚早，在早年的《王阳明致良知教》中即已点出：“每一致良知行为自身有一双重性，一是天心天理所决定断制之行为系统，一是天心自己决定坎陷其自己所转化之了别心所成之知识系统。此二者在每一致良知之行为中是凝一的。”② 这是符合王阳明“不离日用常行内，直造先天未画前”的一贯思想的，也是对孔子“下学而上达”的遵从。他并且引同调唐君毅的相关见解为自己的这一理论做说明：“仁义礼智或其他道德规律之为普遍，皆在其只规定吾人之存心，而不规定吾人在当机之如

① 《王阳明全集》，上海古籍出版社 1992 年版，第 45 页。

② 见《从陆象山到刘蕺山》，上海古籍出版社 2001 年版，第 179 页。

何表现吾人存心之道德行为方式。……而吾人既有仁义礼智之心，能以仁义礼智存心，吾人自能当机而知所当为并择其所当为。此即为吾人之良知。"①在《政道与治道》中论道德理性与知识理性的关系时此意说得尤为明显："诚心求知这一行为却必然为道德理性所要求、所意欲。既要求此行为，而若落下来真地去做此行为，则从'主体活动之能'方面说，却必须转为'观解理性'（理论理性），即由动态的成德之道德理性转为静态的成知识之观解理性。这一步转，我们可以说是道德理性之自我坎陷（自我否定）：经此坎陷，从动态转为静态，从无对转为有对，从践履上的直贯转为理解上的横列。"②在这几段经典的疏论中，我们可以清楚知道：第一，是决定方向的、浑全的、直贯的、动态的道德理性，转为具体创设的、分立的、横摄的、静态的知识理性。前者就着实践理性的规范、调谐、指示方向诸义说，它所用的思维方法是直觉的，它的来源是"维天之命，於穆不已"所表现的道之全体的健动不息、创生不已、活泼有生气，和《中庸》的"大德敦化"，它给人以创造力的启示和万物互相联系、互相作用的动的流行之感。后者则来源于人天生具备的理性认知能力，它的性质是明晰的、符合逻辑的、主客二分的、有架构的。可以说即《中庸》之"小德川流"。二者从来源、性质、功能诸方面说皆不同。

第二，所谓良知坎陷，是良知本身的要求，是同时具备的二种认知方式、二种心灵内涵的转换。人的头脑、心灵、精神本体只有一个，这一个精神本体的各个构成因素是它在不同应用场域的表现。康德三大《批判》对纯粹理性、实践理性、审美判断力的批导，是对此精神本体分门别类的研究。精神本体是同一的，它的表现是多样的；精神本体是本原的、自然的，人对它的研究是后起的、人为的。人为的就是可变的，门目就是可增减的。如对非理性的研究就可以补充这三大门类。而门类是可以转换的，转换的内容是精神本身内含的、包蕴的，不是外加的。

第三，这就逻辑地决定，精神在某一特定时刻的指向是单一的、不并行

---

① 唐君毅：《中国文化之精神价值》，见《从陆象山到刘蕺山》，上海古籍出版社 2001 年版，第 187 页。

② 牟宗三：《政道与治道》，台湾学生书局 1991 年版，第 58 页。

的。比如当理论理性正在施行时，不能同时实践理性也在施行。所谓施行，是为主体所觉知，不包括背后的黑箱状态的精神活动的肌理和表征。比如正在计算时，不能同时在发怒；或正被美的景象陶醉得忘怀一切时，心里却同时有知觉到恶所带来的羞耻感。如果你因为算不出一道数学题而恼恨时，算的过程和恼恨的被觉知一定是非同时的。所以坎陷是一定会发生的。牟宗三先生论坎陷的动力，强调坎陷是自我否定，自我就有否定的意愿，这个意愿是转出自己的对立面，这就有黑格尔正题的自我否定即反题的意思。此点学界已有论述。坎陷的动力出于自身，坎陷出的内容不是从另一个实体中得到的，所以坎陷就是本身有的内容的自我调整。

第四，就王阳明来说，以上良知内蕴的各种精神要素不是同时呈现的，但是可以转换的。所谓转换，不是此一变为另一，而是此一让开一步，让不能同时而在的另一走向前台。此一、另一皆是这统一的良知的包含。在王阳明的良知中，道德理性是根本的、基础的，是占上位的精神要素，其余是辅从的，是在道德理性统领下对它的填充、丰富。所以坎陷不是平列的二种要素的转换，而是从高位的良知下落、退隐、自我否定而来。如学者所已指出的，牟宗三此义受佛教“一心开二门”思想影响很大。但从文字上说，一心开二门，此二门是一心之闪回，一心之转换，并无本体从高处下落因而否定自己，让本自包含的其他因素显出之义。“一心开二门”给予牟宗三的主要是真如门与生灭门、价值性现象与实在性现象的差别、不共时之义，二者并无高低之分。虽然佛教修习的目标是实现价值性的成佛，涅槃境界与生灭不已之万法似有高低之不同，但从现象着眼，二者并无高低。学者也有以黑格尔的正反合解说坎陷的动力和根源的，因为黑格尔的对立面的互相包含与斗争决定了正题必然否定自身而为反题。以黑格尔以上思想说明牟宗三的良知坎陷的动力是可以的，因为作为正题的良知转换为作为反题的其他因素，其动力在良知自身。并且转换出的反题是自己的对立面，正题与反题仍是平列的，没有价值上的高下之分。但牟宗三有价值上的高下之分的思想实是他的“良知坎陷说”的关键，没有此义就没有坎陷说。

使牟宗三有“坎陷”思想的，实是康德的实践理性优于理论理性的思想，和王阳明的道德性高于知识性的思想。有高下才有所谓坎陷。坎陷不是并列的二种要素的平行转换，而是一种从高位向下位的有意识的跌落，由跌落而开显，没有跌落就不能开显，所以这个跌落是必然的。

牟宗三的良知坎陷，即占优先、基础、本质地位的道德理性否定自己，从高处跌落下来，退让一步，让本已包含的知识理性开显出来。在王阳明，道德理性不仅仅是“见孺子入井必有怵惕恻隐之心”的道德意识，更有意志和情感的因素在内。“良知只是个是非之心，是非只是个好恶，只好恶就尽了是非，只是非就尽了万事万变”（《传习录》下）说的就是意志。良知是判断是非的根据，但此根据归根结底即能否见善即好、见恶即恶的意志。意志是否纯洁和坚定是最要紧的。好善恶恶是知善知恶的基础，知善知恶本身就包含知道善必好恶必恶这一意识。“打铁还要自身硬”。由反复锤炼得到的意志的纯洁与坚定，是“百死千难”的经历所得到的最重要收获之一。在王阳明这里它指向的是好善恶恶，涉及的是对道德理性本身的守护，仍然属于道德理性之事，它是道德意识之呈露与纯洁之、强固之、守护之的意志融会的结果。也就是说，意志因素是良知必然包含的，是良知题中应有之义。

情感也是王阳明的良知观念所内蕴的。“四端”特别是其中的恻隐之心，既是道德意识也是道德情感。因为它是一种现象学的呈现，不是分析而出的背后的本质。就现象本身着眼，从它是对性体的自动呈现，就它是对性体的觉知而言，它是一种意识。王阳明多次提到，“良知是天理之昭明灵觉”，“良知是理之灵处”；他对良知的描述有“虚灵不昧，众理具而万事出。心外无理，心外无事”，都提到良知的虚灵明觉。良知是灵动的心体，故“良知越思越精明”。从内容上说，它是天理，“天地之大德曰生”所包含的天的生意，天的创造精神，天的充沛的生命力，都通过性体直贯于心落实为良知的基本内涵：仁爱之心。此是由天顺承而下，天、性、心一以贯之。由心的反向上达则是“尽心则知性，知性则知天”。即心即性，对此内容的觉知、呈现，即一种意识，它的内容是天道天理本身。它的作用是把道德理性表现为心的意识从而为人所觉知，心体流行即是天理流行。它属于道德理性当身，对人的道德生活直接起到规约、范导的作用。这种规约、范导不是通过逻辑推理得到的，而是一种直接呈现，一种觉知。如果析取地分别说，它是浑一的良知的一个方面；如果本体当身地说，它就是浑一的良知本身。良知坎陷时，它也作为高位的良知被自我否定而退至幕后，被坎陷出的理论理性因此也不具备内容直接呈现的方式。

从它是一种由内容的体验、觉知随之产生的依从与否的感觉说，它是情感。良知在王阳明这里是一种情感，是一种对善的内容的依恋和归向的态度。中国传统有“七情”之说，即喜、怒、哀、惧、爱、恶、欲；也有“四端”之说，即恻隐、羞恶、辞让、是非。朱熹继承张载，主张“心统性情”，性是体，情是用；性是形而上的理，情属形而下的气。良知是性也是情，因为王阳明对性与情本来不作清楚区分，体直接表现为用，形而下即形而上者。就四端说，良知是情，此情是对天理、性体的直接依从与归向。就七情说，良知不是七情，但良知也不能离开七情。王阳明说：“乐是心之本体，虽不同于七情之乐，而亦不外于七情之乐。虽则圣贤别有真乐，而亦常人之所同有。”(《传习录》中）良知是性体对七情的导向及态度，换句话说，良知是将七情的内容导向本体之正的一种自觉功能，同时也是七情归向本体而有的一种欣慰、自慊。良知自动自觉地将七情规正为本体，同时享受这规正所带来的心理愉悦。说良知本身是乐，这个乐代表本体之正，不乐不符合良知。具体的乐则是因与本体之乐为一而有的现实情感。体用一源，即用见体，良知亦不能离开七情而别有施用之地。王阳明说：“喜、怒、哀、惧、爱、恶、欲谓之七情，七者俱是人心合有的，但要认得良知明白。……七情顺其自然之流行，皆是良知之用，不可分别善恶，但不可有所着。七情有着，俱谓之欲，俱为良知之蔽。然才有着时，良知亦自会觉，觉即蔽去，复其体矣。”(《传习录》下）在良知作为七情的规正者时，它同时是作为情出现的。这种情代表性体本身，仍是道德理性的一种要素内在于其自身之中。

可以看出，王阳明的良知，是意志、情感、理性、直觉诸因素的统会融合。这种融合是自然的、必然的，此即王阳明所说：“真知只是一个，随他发见流行处，当下具足，更无去来，不须假借。然其发见流行处，却自有轻重厚薄，毫发不容增减者，所谓天然自有之中也。此良知之妙用，所以无方体，无穷尽，语大天下莫能载，语小天下莫能破者也。”(《传习录》下）因为它是统合的，是作用于人的精神方向的，所以可用牟宗三所谓“理性之运用表现”来看它。而它必须坎陷自己，才能转为“理性的架构表现”，在具体行为中起作用。而“坎陷”是道德理性内诸因素的转换，不是从外面加入的，是此浑融的整体中处于价值上的高位层次的因素主动地退开，让做具体事所用的架构性理性敷施发用。用《中庸》的话说，即由“大德敦化”转为“小德川流”。此义本王阳明良知说题中本有之义。牟宗三将它特别提揭出来，参之以西方哲学如康德、黑格尔的义理，是大有深意的。他的用意在一方面通过比较参证说明中西哲学中有共通的义理，中国人不必妄自菲薄；而中国的长于浑融的、体验的、即体而用的思想方法，通过引入西方哲学可得他山之石之攻错而更加精细、更加有分析论证的说服力。更重要的是，引入中国传统所没有的科学、民主政治等，补足中国当下的社会需要，可以使中国文化、社会更加健全，更加有改造当下、适应未来的生命力。

二、历史理性与价值意识

牟宗三有着纵横两个方面的宽广眼界和深厚学养。横的方面，指他的逻辑分析和架构能力；纵的方面，指他深切的历史文化意识和由历史文化沉积而成的价值内容。这两个方面是他的坎陷说的二大支柱。上述第一部分，可以说主要就它横的方面说。就纵的方面说，牟宗三在对先秦儒、道、墨、法、名、阴阳各家及此后的两汉经学、魏晋玄学、隋唐佛学、宋明理学的精深研究中，把握住了中国哲学的特质，这就是中国哲学突出的主体精神。而在中国哲学的主干儒家这里，主体精神又表现为内在道德性。由于特重内在道德性，中国哲学充量发展的是以上所说的“理性的运用表现”，即内圣之学，外王是内圣之学的推出和延展。在道德基底之上的重境界、重体悟，是广义伦理学的，由此构成的形上学体系是“道德的形上学”。这套系统中，逻辑学和知识论不发达，客观的、分解的本体论与宇宙论不发达，也没有从中发展出西方近代的自然科学系统。牟宗三承认由西方文化中发展出的诸优长之处，但他并不鄙薄、轻视中国文化，他希望在保住中国哲学的仁智双彰，德慧并行，由正德带出利用厚生，注重解决实际问题，即内在即超越，以德性的全幅来收摄知识诸特点的基础上，开出对列之局，容纳西方文化诸长处。

在中国思想文化中，牟宗三特别重视的是中国历史文化的悠久广大所具有的积淀与厚重感，这是坎陷的基础。若一个无历史的、单薄的、一眼见底的文化，怎能从中开发出具有普遍意义和较为广泛应用场域的文化要素？牟宗三对中国文化有自豪感，也有因缺乏理性的架构表现因而在科学与民主政治方面落后于西方而有的虚欠感，因此有挽救和纠补文化缺憾的时代悲情。因有时代悲情而有坎陷的要求。这不同于平面的横向的直接拿来、直接应用。直接拿来应用就没有坎陷，没有坎陷就放弃了道德优位意识，同时也就弃置了传统，也就将道德的导正、运用表现所包含的丰富内容一起抛弃。牟宗三在谈到划开道德的指导作用，只用单面的民主政治时曾说道："人只吃现成饭，忘掉前人的奋斗，始只停在观解理性上，囿于政治学教授的立场，遂只割截地把自由下散而为诸权利，并以为一上通着讲，便是抽象的玄虚，形而上学的无谓的争论。这还不算，并以为一通着道德理性、人的自觉讲，便成为泛道德主义，有助于极权，这都是在割截下只知此面不知彼面为何事的片面联想，遂有此一往笼统抹杀之论。此也是孔子所说的'好知不好学，其失也荡'。泛道德主义固然不对，但此种'荡'却亦流入泛政治主义之一型而不自觉。"① 牟宗三是想用历史的厚度，历史中蕴含的多方面丰富性，立体地呈现诸架构表现与道德理性的必然关联，纠治非历史的平面的结构主义方法论。

历史的丰富蕴含和广阔延展、积淀在牟宗三这里，可用庄子的"参万岁而一成纯"来解释。历史不只是历史事件的堆积，过往人物的活剧，也是价值沉淀、历史理性的呈现。历史是有方向的，它不是如虚无主义所说，是人物、事件的盲目堆积，而是各个历史时期所具有的各种力量角斗、争衡的结果，最后呈现出来的，是较为符合人的价值方向、符合人的期待和向往的结果。历史有很多曲折、偶然，甚至是倒退，但从一个较长的历史时段看，它总是向着较为符合多数人意愿的方向趋进。每一个历史时期都淘洗掉不符合真善美目标的东西，留下此时期的个别的善。每个历史时期留下的短暂的、个别的善汇成和融合、造就的是普遍的善。这就是"参万岁而一成纯"。"参万岁"者，就历史的长时段综而计之，"一成纯"者，具体的善、个别的善在历史的行进中被历史理性本身综合、概括成一个符合多数人价值方向的趋

① 牟宗三：《政道与治道》，台湾学生书局 1991 年版，第 60 页。

势和目标。这里有很强的黑格尔“理性的狡狯”的意思。但历史积淀、整合形成的价值的力量是不可否认的，有现实力量的。

这一点对牟宗三的思想是有影响的。牟宗三认为，真善美是人的普遍价值、一般要求，则真善美在某一具体历史情境下就有其合于当时趋势的具体要求，在中国历史发展至清末以来西方文化大量输入并深刻影响中国人的思维方法、政治观念时，此时的普遍要求是科学与民主政治，这是历史理性的选择，不是个人的突发奇想和偶然要求。牟宗三就“科学”说道：“凡真善美皆为道德理性所要求，所意欲。科学代表知识，也是‘真’之一种。道德理性虽曰实践理性，意在指导吾人之行为，其直接作用在成圣贤人格，然诚心求知是一种行为，故亦当为道德理性所要求、所决定。”① 这是说科学是真善美在当世的内在要求，自然趋势，故为道德理性所要求。他又论民主政治：“科学还是知识方面的事，至于民主政治则是属于客观实践方面的，其与道德理性的关系当更显明。盖民主政体之出现是人在政治生活方面自觉地决定其方向，即由此线索，我们可以把它联系于道德理性上。”② 这是说民主政治相较于科学，更是真善美在当世的内在要求，自然趋势，故更与道德理性有直接关联。牟宗三在多处明确提到，科学与民主政治是历史理性所决定的当世最高价值，它是道德理性的内在要求，但它的实现却须经由一步转，即良知坎陷来实现。他在讲到科学与民主政治时分别地提到它们须由坎陷而出，他说：“惟此政体既是属于客观实践方面的一个客观的架子，则自不是道德理性之作用表现所能尽。内在于此政体本身上说，它是理性之架构表现，而此理性也顿时失去其人格中德性之意义，即具体地说的实践理性之意义，而转为非道德意义的观解理性。观解理性之架构表现与此政体直接相对应。但此政体本身之全部却为道德理性所要求，或者说，此政体之出现就是一个最高的或最大的道德价值之实现。此即表示欲实现此价值，道德理性不能不自其作用表现之形态中自我坎陷，让开一步，而转为观解理性之架构表现。”③

① 牟宗三：《政道与治道》，台湾学生书局 1991 年版，第 57 页。

② 同上书，第 58 页。

③ 同上书，第 59 页。

此中须得注意而牟宗三也再三致意的是，坎陷而出的是观解理性，是“理性的架构表现”，不是直接坎陷出科学与民主政治之内容。内圣自然连带着外王，外王不能离开内圣，这是孔子的“修己以安人”，《尚书》的从正德中开出利用厚生，前人讲的多是由内圣直接开出外王，而牟宗三是“曲通”，曲通须经由一个理性方式上的转变，由道德理性转为观解理性，才有科学与民主政治的实现，因为后者用的理性方式是架构式的、观解式的。牟宗三的着眼点主要在此，他论证的重点也在此，至于科学与民主政治则是众人在此价值观念的指导下共同奋斗的结果，是一套具有“理性的架构表现”品性的制度、设施建构，不是哪一个人仅就理论可以凭空实现的。他在回答某些人曲解良知坎陷时也说，他本人不是如来佛，世间思想与制度可以凭空变出。牟宗三屡次正言告诫，想直接坎陷出民主制度与科学思维的人，是懒汉思想，等着吃现成饭，放弃了自己的责任与义务，同时也厚诬古人，无视无数杰烈先驱为实现科学与民主政治而作的流血与奋斗。

“良知坎陷说”是基于纵的历史文化沉积而作的一个理论创设，它是立体的，纵贯的，不是分析哲学的纯逻辑推理，不是结构主义的外在结构分析，不是科学主义的非价值的一元判断与论证，因此它不合某些只知“现代性”的直线式思维的唯科学论的人的脾胃。特别是在 20 世纪六七十年代科学神话表现强劲、科学一元论如日中天，国人对自己的文化失去信心，一切以欧美马首是瞻，中华文化被贬得一钱不值，民族文化危机深重之时，牟宗三出于时代的悲情而做的这套理论创设，是出于整体的制度设计的考量而作出的，目的在告诫世人，要立足于自己的文化传统，同时吸收一切域外文化为我所用，鼓励国人自做主宰，自用思想，为破此困局积极建树。牟宗三是自觉地做此实践功夫的。他的坎陷论提出甚早，他后来的一系列著作，都可以看作具体的分解性的努力。如疏解先秦名学的《名家与荀子》，疏解魏晋玄学的《才性与玄理》，疏解佛学的《佛性与般若》，疏解宋明理学的《心体与性体》、《从陆象山到刘蕺山》，承续明末三大儒顾、黄、王的政治意识而有的“新外王三书”，疏解中国和西方学术以资对照比观的《智的直觉与中国哲学》、《现象与物自身》，融会孟子与康德思想而有的《圆善论》，甚至以一人之力翻译康德三大《批判》等，目的皆在揭示中国思想文化的优秀方面，中国文化发展历程的内在理则，比较中西哲学各自的特点而彰显双方的短长。在他眼里，只有自己的文化足够强大、足够丰富才能做坎陷的本体，才有创设坎陷理论的本钱。一个没有历史文化根基的民族，只有引入、倾销、全盘拿来的资格。而具有深厚文化蕴藏的中国，国人讲全盘西化是可悲的、可耻的，这就是牟宗三的凛凛风骨。把自家的家底亮出来，把其中的美盛之处和瑕疵都讲出来，和世人盛称的完美的文化作比较，扬长避短，这是牟宗三的切实用意。他早年即有《周易的自然哲学与道德涵义》，另有《逻辑典范》、《理则学》、《名理论》等，对西方哲学如维特根斯坦、罗素的思想用过苦工。但自从被熊十力扭转到中国儒学的基底上之后，他把西方哲学用作他山之石，成了他饱满中国思想，醒豁中国思维，剖析比照中国文化的有益养分。他的这一步工作，并世少有人及之。他的思想的创发力，他的基于时代悲情而有的强烈的文化意识，都立基于丰厚的中西学养基础之上。这样的成就，只有有宏大的历史感和价值意识才能做到。非历史的、平面的，无积淀、无整合的思维方法，是无法做到这样饱满、这样深刻和丰富的。

牟宗三强烈的时代悲情，深切的价值关怀、文化忧患意识，都是他作为一个欲以学术救国的有担当的知识人在当时所能做、所当做的。他的老师熊十力是有救世情怀的儒者，熊十力所做的是用儒家的“有”转换佛家的“无”，具体说，即用《周易》乾元性海所具有的乾知简能、翕辟成变的本体论来改换佛教唯识学的空，用对日新不已生动活泼的本体的直觉体证来改换唯识学的识，并提揭六经之丰富多彩来彰显华夏文化意识。但熊十力对西方哲学所涉不深，稍有了解者在柏格森的生命哲学，以柏氏的绵延说作为自己的本体论的助缘。牟宗三则对西方柏拉图、亚里士多德代表的古典哲学，莱布尼兹到罗素的数学、逻辑实证主义，特别对康德至黑格尔的德国古典哲学慧解独具。对西方的古典逻辑、现代逻辑皆有研究并有专书出版。多方面的学养造就了他深刻的洞察力和丰厚的创造力。他不满意本师熊十力的单薄与师心自用（如说熊十力的《新唯识论》只“体用不二，翕辟成变”八个字，其他晚年所作如《体用论》、《乾坤衍》等皆同义反复；说熊十力做学问心气不平，横撑竖架等），要用西方哲学充满逻辑力量、论辩精神与理性的明澈与缜密去纠补。而同被称为“新心学”、时代年辈稍早的贺麟，主要建树在黑格尔学；虽有与中国哲学参证比较夹辅以行的文字，但终究不十分广大，且主要精力用于翻译黑格尔、斯宾诺莎著作，自己的思想不算大成，没有代表自己哲学思想的成体系的著作。牟宗三在吸收中西思想精华创建、发展自己的哲学思想方面做得尤为出色，成就尤为卓特。这方面学界论述已多，不再赘言，这里所要提出的是，有深厚的历史文化意识，相信文化发展过程中历史理性所沉积、所蕴发的价值理想，在此价值理想的指导下对历史文化做出创新性发展，这始终是牟宗三所坚持、所身体力行的。他的坎陷说正是在此意识下的一个哲学理论上的创设与表现。为什么要用这样一个理论？因为这个理论能把他的历史文化意识和价值观念彰显出来，把他的现实关怀与文化意识对接的方法论彰显出来，把他吸收西方文化充实自身的根本意愿贯彻到具体的学问实践中这一根本方向宣示出来。这是一个综合的、立体的表达，不是一个平面的、直白的表达。牟宗三说："吾人自人性的全部活动与文化理想上主张道德理性贯通观解理性，其贯是曲贯，非直贯，故不是泛道德主义，亦不是泛政治主义，故既能明科学与民主的独立性，又能明其与道德理性的关联性。若必停滞在观解理性的架构表现上而不能上通，则虽讲民主政治，而其为弊与蔽与科学一层论同。此为囿于实然境域而窒息文化生命文化理想的泛政治主义。"① 这里把以上意识说得非常明白剀切。牟宗三是个哲学家，哲学家须对顶层设计的意图与诸方面的关系做理论创建与说明。这一步工作不能交由别人去做，具体措施的制定和实施是要别人做的，这是把哲学家的思想贯彻下来、实现出来的工作，但它绝不能代替哲学家的理论创建。这是制度设计上的全面综合考量，它着眼的是价值导向、中西二大文化在具体制度设计中的位置，及个别制度与总体的关系，这是哲学家的本分事。牟宗三在西方文化在各个方面全面占据优势地位的境况下对传统与现实关系所做的以上有洞见的思想主张，对今天的文化建设仍有启发意义。

（原载于《国学学刊》2018 年第 1 期）

---

① 牟宗三：《政道与治道》，台湾学生书局 1991 年版，第 62 页。

论良知的呈现

程志华

在20世纪初叶，熊十力在与冯友兰交谈时曾提出一个命题：良知是呈现。对于当时的情况，牟宗三记载道："三十年前，当吾在北大时，一日熊先生与冯友兰氏谈，冯氏谓王阳明所讲的良知是一个假设，熊先生听之，即大为惊讶说：'良知是呈现，你怎么说是假设！'吾当时在旁静听，知冯氏之语底根据是康德。而闻熊先生言，则大为震动，耳目一新。"①"良知是真实，是呈现，这在当时，是从所未闻的。"② 这一命题不仅令牟宗三"耳目一新"，而且也令他"大为震动"。于是，牟宗三花了30年的时间来理解、消化"良知是呈现"这一命题。

一

"良知"是儒学中一个历史悠久的概念，这个概念最早是由孟子提出并使用的。孟子说："人之所不学而能者，其良能也；所不虑而知者，其良知也。孩提之童无不知爱其亲者，及其长也，无不知敬其兄也。亲亲，仁也。敬长，义也。无他，达之天下也。"（《孟子·尽心上》）孟子看到，一个人很小的时候就知道爱父母，长大后也知道敬重兄长；而且这种现象是具有普遍性的，它说明这些品质并非是后天学习所得的。孟子还说："恻隐之心，仁之端也；羞恶之心，义之端也；辞让之心，礼之端也；是非之心，智之端

① 牟宗三：《心体与性体》上册，上海古籍出版社1999年版，第153页。

② 牟宗三：《生命的学问》，广西师范大学出版社2005年版，第108页。

也。”（《孟子·公孙丑上》）他认为，除了“亲亲”之“仁”和“敬长”之“义”外，“辞让之心”之“礼”与“是非之心”之“智”也都是人生来具有的道德品质和认识本能。进而，孟子认为，“仁义礼智皆根于心”（《孟子·尽心上》），“仁”“义”“礼”“智”的主宰和本体在于“心”；而此“心”也就是“良知”，“良知”之发扬即可“尽心知性知天”（《孟子·尽心上》）。不过，孟子的论述至此为止，并未再做进一步的展开。这样，在孟子提出“良知”概念之后的很长时间，儒家思想虽然有很大发展，但没有人专门讲“良知”。北宋时期，张载只是提及“良知”概念，指出“诚明所知乃天德良知，非闻见小知而已”①，将“良知”视为先天为善的“德性之知”，也未做进一步的深入探讨。到了明代，王阳明才开始正视孟子所提出的“良知”概念，并给予了极大的丰富和发展。

不过，就王阳明的基本理路来讲，他对“良知”概念的建构是与程朱理学的“理”本体紧密相关的。因此，要讨论王阳明的“良知”，得需要从程朱理学切入。我们知道，隋唐以至宋代前期，理学之代表人物在汲取佛、道精华的基础上对儒学进行了“伤筋动骨”的改造。这次改造不仅使儒学获得了空前发展，而且大大提高了其学术竞争力，从而改变了“儒门淡泊，收拾不住”的状况。之所以收到如此效果，原因在于理学的学术理路和现实功能。从学术理路上看，理学在儒学史上第一次建构起了“理”本体。从周敦颐经张载再至程、朱，其理学的建立和发展过程就是“理”逐渐抽象化、普遍化即本体化的过程。在这一过程当中，道德性的“理”经过抽象逐渐上升为超验的本体。“理”本体的建立对于儒学有着重要的意义：它使儒学作为道德哲学有了本体论基础，从而不仅满足了儒学对本体的理论需要，而且也使儒学因此变得“深刻”，不再受“浅薄”之攻讦。晋唐之间儒学曾受到来自佛、道所谓“浅薄”的攻讦，其重要原因就在于它缺乏本体论的支撑。从现实功能上看，尽管“理”仍只局限于道德范阈而不是整个存在界的本体，但由于它与具体的道德伦常规范相比已具有更大的普遍性，因此它对于现实社会生活具有了更强的解释力。其独特的学术理路加上这种更强的解释力适应了现

① 《张载集》，中华书局 1978 年版，第 20 页。

实政治的理论需要，使得程朱理学成为统治阶级的意识形态。

然而，“理”本体的建立在表现出如上积极意义的同时，随着时间的推移也渐渐暴露出其自身的局限性：其一，“理”本体因局限于道德范阈，故在与佛、道的竞争中最终还是显示出理论解释的无力和卫道行为的无奈。“理”本体由于只在道德范围内打转，故它对于现实生活的解释力远不及佛、道之本体。佛教之本体是“空”，道教之本体是“无”。“空”也好，“无”也好，它们都超越出道德范阈因而具有更强的理论解释力。因此，随着道教的复兴，尤其是中国佛教禅宗的兴盛，程朱理学受到了空前的冲击。其二，在强调“理”的普遍性的同时瓦解了个体的主动精神。如前所述，“理”本体的建构是一个抽象化、普遍化的过程，这一过程虽有其积极效果，但也带来了相当严重的消极意义：在“理”所代表的普遍性被强调的同时，承担道德建设责任的个体主体的责任感和主动性被边缘化了。因而，“理”本体在一定意义上表现为“受体精神”而不是“主体精神”的建立。其三，意识形态化使得程朱理学渐渐背离了学术的“游戏规则”。任何事情都有一定的“游戏规则”，“游戏规则”是一切事情的“生命保障”。学术的“游戏规则”是相对的社会独立性和社会批判性，是自由探讨、平等对话和互相辩难。随着意识形态化程度的加深，程朱理学不仅失去了社会独立性，也失却了社会批判能力，而渐变为一种“专制之局”。“非朱子之传义不敢言，非朱子之家礼不敢行”成为这种情形的绝好写照。基于这样三个方面的原因，程朱理学自明中期开始表现出明显的衰退之势。

在王阳明之前，陆九渊与朱熹之间在学术理路上曾有“尊德性”与“道问学”之争。“元晦之意，欲令人泛观博览，而后归之约。二陆之意，欲先发明人之本心，而后使之博览。”① 朱熹主张“即物而穷其理”，即由博览群书和对外物的观察入手来启发内心的知识；陆九渊则主张“发明本心”以“先立乎其大者”，而不必多做读书穷理的功夫。换言之，朱熹的“道问学”主张广闻博见，认为只要从外部世界和经典文献中彻底求得“理”就可以致善达圣；陆九渊的“尊德性”则主张人的本心就是道德根源，只要扩大、完善

① 《陆九渊集》，中华书局1980年版，第491页。

人的“本心”就能够致善达圣。朱、陆之间围绕着这两种理路展开了激烈的争论与辩难。朱熹攻击陆九渊为“禅学”，陆九渊则攻击朱熹为“支离”。然而，其争论与辩难最终并未取得一致意见，“道问学”与“尊德性”之争作为一种学术背景一直保留了下来。到了明代，在程朱理学表现出明显衰退趋势的背景下，从程朱理学走出来的王阳明在继承“尊德性”理路的前提下，对程朱理学进行了“偷梁换柱”式的改造。王阳明这种“偷梁换柱”式的改造涉及诸多方面，但其核心则可归结于由“理”本体到“良知”本体的升进。那么，“良知”本体是如何建立起来的呢？“良知”本体与“理”本体又有哪些异同呢？

在王阳明看来，整个宇宙是一个价值物和意义存在。这是王阳明哲学思想的出发点和立足点。这一方面是说，如果没有主体的认识活动，便没有天地万物的观念。另一方面是说，如果没有主体，便不能赋予天地万物以意义。也就是说，宇宙不仅因为人而有了精神，而且因为人而获得了价值和意义。基于这样一种前提，王阳明认为，宇宙作为被人理解了的、被人赋予价值与意义的对象物，它就是人的精神“创造”的成果。反过来说，人就是造化天地万物的主体，整个宇宙的产生、发展和变化都只不过是人的精神的发用流行。而人的这种精神，在王阳明，就是孟子所谓的“良知”。因此，王阳明认为，“良知”不仅是天地万物的本原，而且也就是天地万物的本体。他说：“良知是造化的精灵，这些精灵，生天生地，成鬼成帝，皆从此出，真是与物无对。”[①]“人的良知，就是草木瓦石的良知。若草木瓦石无人的良知，不可以为草木瓦石矣。岂惟草木瓦石为然，天地无人的良知，亦不可为天地矣。”[②] 很明业，“良知”不仅是道德之本体，而且它作为一种精神性实体成为万有的本体。也就是说，“良知”已是超越了道德范阈而成为整个宇宙的本体。王阳明所言“良知本体，原是无善无恶的”[③] 便是对此意的再次揭明。当然，“良知”作为宇宙本体，它必然可以作为道德价值和道

① 王阳明：《传习录》，江苏古籍出版社 2001 年版，第 278 页。

② 同上书，第 288 页。

③ 同上书，第 315 页。

德行为的判准。王阳明说："尔那一点良知，是尔自家底准则。尔意念着处，他是便知是，非便知非，更瞒他一些不得。尔只不要欺他，实实落落依着他做去，善便存，恶便去。"①

这样，王阳明以价值和意义为切入点将"良知"本体建构起来。显而易见，王阳明对"良知"的建构是在"道问学"与"尊德性"之争的学术背景下，基于克服"理"本体的局限性而实现的：其一，"良知"不再仅仅是道德本体，而是由道德范阈走出来成为整个宇宙的本体。具体来讲，"良知"已超拔于"道德本体"而成为"实体本体"。"道德本体"体现道德界，而"实体本体"体现存在界。因此，"实体本体"虽涵括"道德本体"，但较"道德本体"更具有普遍性和抽象性。其二，"良知"挺立起主体性，把"理"本体所代表的"受体精神"改造成一种"主体精神"。既然"良知"既是整个宇宙的本体，又是道德价值的判准，所以无须遵循既存的道德规范和体认外在的"理"，而只需"培养良知"即可。这样，"理"就变为了人的内在需求，人就可以自觉主动地去做维护纲常名教的圣人。王阳明说："认得良知头脑是当，去朴实用功，自会透彻，到此便是内外两忘，又何心事不合一。"② 其三，王阳明哲学作为一种民间学术，它化解了程朱理学意识形态化所引来的弊端，因此使得儒学在相当长的一段时间"大放光芒"。梁启超说："王阳明是一位豪杰之士，他的学术象打药针一般，令人兴奋，所以能做五百年道学结束，吐很大光芒。"③ 由上述三个方面来看，"良知"是比"理"更为合理的一个本体概念。

二

基于学术理路的差别，学者往往将陆九渊和王阳明以"陆王"并称，列为心学一派，而将二程与朱熹以"程朱"并称，列为理学一派。"程朱"与"陆

① 王阳明：《传习录》，江苏古籍出版社 2001 年版，第 237 页。

② 同上书，第 280 页。

③ 梁启超：《中国近三百年学术史》，东方出版社 1996 年版，第 3 页。

王”分别代表着宋明理学“道问学”和“尊德性”之两大学术理路。这两种学术理路反映着宋明理学内在的理论冲突与张力。不过，从一定意义上讲，恰是这种冲突和张力成为宋明理学继续发展的动力。因此，宋明理学的脉络在经历了清代学术的异化之后仍一直迁延至现代。从形态上讲，宋明理学之“道问学”的脉络主要表现为冯友兰的“新理学”，“尊德性”的脉络首先表现为熊十力的“新唯识论”。“新理学”与“新唯识论”之间的争论表现为很多方面，但关于本体方面的争论无疑是其争论的焦点。

熊十力认为，哲学的根本在于建立其本体，因为本体是实有的，不是虚幻的。他说：“当知宇宙自有实体，万化万变谓一切行。不是凭空幻现。”① 在熊十力，这个“本体是万理赅备之全体，而无有一毫亏乏的。如其有所亏乏，便不成为本体。须知本体是圆满至极，德无不全，理无不备”②。那么，这样一个“圆满至极”的本体到底是什么呢？他认为，本体虽可以不同的层面加以解释，但主要有两个方面的特征：其一是“体无差别，用乃万殊”③。也就是说，本体是绝对的、唯一的，但这绝对、唯一之本体显现为万物，而万物又都体现着本体。其二，本体是不可分的“全体”，人与天地万物须具有同一本体。也就是说，本体是不可分割的，万物之本体是同一个本体，而不是对一个本体的“分有”。对于这样一个本体，一般“哲学家谈本体者，大抵把本体当做是离吾心而外在的物事，只凭理智作用向外界去寻求”④。然而，熊十力认为，这种“将本体当做外界独存的物事来推度者是极大错误。”那么，“‘本体非外在，当于何求’。应答彼言：求诸己而已矣。求诸己者，反之于心而即是，岂远乎哉？”⑤ 事实上，就上述两个方面来看，唯有人的本心既可以做到“体无差别，用乃万殊”，又可以做到是不可分的“全体”。因此，本体不是离人心而外在者，“万有本原与吾人真性元非有二，此中真性谓本心，以其为吾人所以生之

① 熊十力：《新唯识论》，中国人民大学出版社 2006 年版，第 64 页。

② 熊十力：《新唯识论》，中华书局 1985 年版，第 536 页。

③ 熊十力：《新唯识论》，中国人民大学出版社 2006 年版，第 102 页。

④ 同上书，第 25 页。

⑤ 同上。

理则云真性，以其主乎吾身则曰本心”[①]。人的“本心”就是宇宙的本体，此本体就是王阳明所讲的“良知”。

进而，熊十力认为，“现象与本体，为哲学上幽深复杂问题所在。”[②] 不过，在熊十力，“万有皆大用流行之迹，是以不言现象而言用也。”[③] 他认为本体与现象即是中国传统哲学之体用问题。他说：“体无方所，无形象，而实备万理，含万善，具有无限的可能。用者，言乎本体之流行，状夫本体之发现。”[④] 基于此，熊十力反对将本体与现象割裂开来，而主张“体用不二”。对此，他认为以大海水与众沤作喻解释最为方便。他说：“体，喻如渊深渟蓄之大海水。用，喻如起灭不住之众沤。曾航行海洋者，必见大海水全现作众沤，不可于众沤外别觅大海水；又众沤各各以大海水为其体，非离大海水而各有自体。……总之体用，本不二而究有分，虽分而仍不二。”[⑤] 熊十力认为，“体”是对“用”而得名，“体是举其自身全显为万殊的大用”[⑥]，“体”外无“用”，故没有离“体”之“用”；“用”只对“体”有意义，它是“本体之流行”，“用”外无“体”，故不可离“用”觅“体”。因此，离“用”而言“体”或离“体”而言“用”都是不正确的。熊十力进一步认为，对此体用不可作静态理解，而只可在“流行”之中理解之。他说：“就用而言，则大用流行决不单纯，必有两方面曰翕曰辟。”[⑦] 此即是说，“良知”之“用”以“翕”、“辟”二极来表现：“翕”为摄聚凝固之趋势，“辟”为刚健自强之力量，二者相互作用，便创造了宇宙天地万物。

“体用不二”为熊十力论定“良知是呈现”提供了直接的依据：“良知”之体是大海水，而“良知”之用是众沤；众沤以大海水为体，而大海水则以众沤为表现。“本体显为大用流行，而乾坤则是大用流行。”[⑧] 因此，熊十力

---

① 熊十力：《新唯识论》，中国人民大学出版社 2006 年版，第 25 页。

② 同上书，第 127 页。

③ 同上。

④ 同上。

⑤ 同上书，第 128 页。

⑥ 同上书，第 87 页。

⑦ 同上书，第 128 页。

⑧ 同上书，第 13 页。

说："良知是真真实实的，而且是个呈现，这须要直下自觉，直下肯定。"① 不过，对此的把握需要依着"性智"来进行，而不可依着"量智"来进行。所谓"性智"，"即是自性的明解，此中自性即目本体"②。也就是说，"性智"乃本体"自己底觉悟"③。所谓"量智"，"是思量和推度与简择等作用，能明辨事物之理则及于所行所历简择得失故，名为量智，亦名理智"④。基于上述"体用不二"的思想，熊十力认为，"性智"是"量智"的本体，"量智"是"性智"的发用，是"性智"依官能的显现。因此，"量智""只是一种向外求理的工具。这个工具，若仅用在日常生活的宇宙即物理的世界之内，当然不能谓之不当，但若不慎用之，而欲解决形而上的问题时，也用他作工具，而把本体当作外在的境物以推求之，那就大错而特错了"⑤。熊十力的意思是说，"量智"只能认识作为"众沤"之具体事物，而不能认识作为"大海水"之事物本体。推而开来，哲学所凭借的是"性智"，而科学所凭借的是"量智"。如果凭借"量智"去推求本体，就会陷入"戏论"，当然就不可能把握"良知是呈现"之真义了。

冯友兰却不同意"良知是呈现"的说法。在"道问学"与"尊德性"之争的背景下，冯友兰与熊十力不同，他继承的是"道问学"的理路，他认为中国哲学的主流不是心学而是理学。在这样一种背景下，冯友兰认为，"良知"并不是天地万物的本体，而唯"理"才是天地万物的本体。那么，何谓"理"本体呢？冯友兰说："凡事物必都是什么事物，是什么事物，必都是某种事物。有某种事物，必有某种事物之所以为某种事物者。借用旧日中国哲学家底话说：'有物必有则'。"⑥ 可见，"理"是指事物之所以存在者，或者说，"理"是事物存在的本质和根据。那么，"理"是如何作为事物的根据的呢？他说："事物的存在，是其气实现某理或某某理的流行。"⑦ 冯友兰认为，凡实

① 牟宗三：《生命的学问》，广西师范大学出版社 2005 年版，第 108 页。

② 熊十力：《新唯识论》，中国人民大学出版社 2006 年版，第 23 页。

③ 熊十力：《新唯识论》，中华书局 1985 年版，第 249 页。

④ 熊十力：《新唯识论》，中国人民大学出版社 2006 年版，第 24 页。

⑤ 熊十力：《新唯识论》，中华书局 1985 年版，第 254 页。

⑥ 冯友兰：《贞元六书》，华东师范大学出版社 1996 年版，第 844 页。

⑦ 同上书，第 848 页。

际存在的事物皆有所“依照”和“依据”。其所“依照”者，即是“理”；其所“依据”者，即是“气”。也就是说，所有事物都是由“气”生成的，但“气”是被“理”所规定的。或者说，“气”所提供的仅是生成事物的“质料”，而“理”所提供的是生成事物的“形式”即本质。在此基础上，冯友兰区分了“真际”和“实际”两个世界：“真际”是指逻辑上先于客观事物而存在的“理世界”；“实际”是指标志客观事物存在的“器世界”。他主张，“实际”不能脱离“真际”，因为“真际”比“实际”更根本。

这样，冯友兰通过树立“理”本体而否认了“良知”的本体地位。那么，在冯友兰，“良知”具有什么样的内涵呢？他说：“陆王学派用简易的方法，诉诸每个人直觉的知识，即良知，也就是各人‘本心’内在的光明。”① 冯友兰认为，“良知”只不过是一种知识而已，虽然它是一种特殊的知识，即“直觉的知识”。因为“良知”只是一种知识，所以它只可以“告诉我们应该做什么”，而“不能告诉我们怎么做”，即“良知”不存在“流行”或“呈现”的问题。他说：“良知所直接知道的是我们意志或思想的伦理方面。它只能告诉我们应该做什么，但是不能告诉我们怎么做。要知道在一定情况下怎么做我们应该做的事，王守仁说还必须根据实际情况研究实际做法。可是后来他的门徒发展到似乎相信，良知本身能够告诉我们一切、包括怎么做。这当然是荒谬的，陆王学派的人也确实吃尽了这种谬论的苦头。”② 而且，既然“良知”是一种知识，按冯友兰的理解，它就必须来源于经验。他说：“我们是人，人的知识，都是从经验中得来底。……哲学始于分析、解释经验，换言之，即分析解释经验中之实际底事物。由分析实际底事物而知实际。由知实际而知真际。”③ 然而，由对经验的逻辑分析并不能证明“良知”的真实存在。他说：“阳明知行合一之说，在心理学上，实有根据。不过其所谓知，意多指良知，而良知之有无，则心理学不能定也。”④ 这样，连“良知”之有无亦不能确定无疑，因此只能说“良知是一个假设”了！

---

① 冯友兰：《中国哲学简史》，北京大学出版社 1996 年版，第 273 页。

② 同上书，第 273—272 页。

③ 冯友兰：《贞元六书》，华东师范大学出版社 1996 年版，第 12—13 页。

④ 冯友兰：《中国哲学史》，中华书局 1947 年版，第 953 页。

不仅如此，冯友兰也不完全赞成熊十力的“性智”与“量智”思想，他提出了另一套哲学方法。他认为，其“新理学”之所以是一种“最哲学的形上学”，原因就在于它运用了“最哲学底形上学的方法”。[①] 这些方法主要有两种：一是“正的方法”，即逻辑分析方法，是指以理性思维对形上学命题、范畴进行分析、总结的方法。二是“负的方法”，即中国传统哲学中的直觉体认方法。他说：“真正形上学的方法有两种：一种是正底方法；一种是负底方法。正底方法是以逻辑分析法讲形上学。负底方法是讲形上学不能讲。讲形上学不能讲，亦是一种讲形上学的方法。”[②] 从表面上看，这两种方法与熊十力思想有相似之处：“正的方法”相似于“量智”，“负的方法”相似于“性智”。然而，对于这两种方法的关系，冯友兰却迥异于熊十力。他说：“一个完全的形上学系统，应当始于正的方法，而终于负的方法。如果它不终于负的方法，它就不能达到哲学的最后顶点。但是如果它不始于正的方法，它就缺少作为哲学实质的清晰思想。”[③] 冯友兰所强调的是“正的方法”，他以“正的方法”为“负的方法”的基础和前提；熊十力所强调的则是“性智”，主张“良知”需以“性智”来把握，而绝不以“量智”来认识。依着这样一种方法的逻辑，由于对“正的方法”的过于强调，加上他认为知识必来源于经验，故冯友兰在否定“良知”本体的前提下，完全否定了熊十力“良知是呈现”的命题。

三

在现代，“尊德性”的理路不仅表现为熊十力的“新唯识论”，后来还表现为牟宗三的“道德的形上学”。站在“尊德性”的理路下，牟宗三则坚决反对冯友兰对“良知是呈现”的否定，他对于冯友兰的观点一一进行了批驳。他认为，冯友兰虽深受康德思想的影响，但并没有完整地理解康德，其

---

① 冯友兰：《贞元六书》，华东师范大学出版社 1996 年版，第 864 页。

② 同上书，第 869 页。

③ 冯友兰：《中国哲学简史》，北京大学出版社 1996 年版，第 295 页。

观点存在着三个方面的问题：其一，冯友兰将“良知”仅仅视为一种知识，而事实上“良知”是天地万物之本体。之所以如此，在于冯友兰没有看到“理”本体的局限性，亦没有看到“良知”本体的合理性。他主张：“这不只说明道德之可能，同时说明一切存在都以良知为基础。道德是说应当，故一决定，便有行为出现，良知一决定，便要实践，由不存在而至存在；由此扩大，宇宙万物亦如此。故良知不只是道德底基础，亦为现实存在之基础。”① 其二，冯友兰将知识限定在“经验层”，而实际上知识应扩大到“超越层”。牟宗三说：“心思只停在经验层上、知识层上。只认经验的为真实，只认理智所能推比的为真实。这一层真实形成一个界线，过此以往，便都是假定，便都是虚幻。人们只是在昏沉的习气中滚，是无法契悟良知的。”② 之所以如此，在于冯友兰没有看到除了居于“经验层”的作为“事实界”的“实际”与“真际”之外，还存在着居于“超越层”的“价值界”。其三，冯友兰虽肯认了两种哲学方法，但他认为“负的方法”须以“正的方法”为基础和前提，故实际上是取消了“负的方法”。冯友兰说：“人必须先说很多话然后保持静默”③，通过“说很多话”这种“正的方法”然后才可知道有“静默”的“负的方法”。牟宗三则认为，这个“静默”的“负的方法”其实与“正的方法”并无关系，二者是独立的两种方法。因此，他说：“只限理解于‘通过条件’底方式，于‘概念思考’底理性，以之来证成‘自由本身之绝对必然性’为不可理解，因而遂说自由只是一假说，这是很不恰当(不相应）的思考方式，很不相干的无意义的赘辞。”④

当然，牟宗三批评冯友兰并不是目的，他的目的在于阐明自己的思想。牟宗三继承熊十力的思想，坚定地认为“良知”是“呈现”的。那么，“良知”为何是“呈现”呢？牟宗三认为，要证成“良知是呈现”的命题，首先要证成道德法则是由“良知”颁定的。这是一个前提。如果没有这个

① 《牟宗三先生全集》第27卷，台北联经出版事业股份有限公司2003年版，第214页。

② 牟宗三：《生命的学问》，广西师范大学出版社2005年版，第108页。

③ 冯友兰：《中国哲学简史》，北京大学出版社1996年版，第295页。

④ 牟宗三：《心体与性体》上册，上海古籍出版社1999年版，第137页。

前提，“良知是呈现”便无从谈起。依康德之见，以前的哲学家总是将道德法则建立在“自由意志”之外的因素上。这些因素包括“经验的”和“理性的”两类：所谓“经验的”一类是指将道德法则建立在生理的或心理的基础之上；所谓“理性的”一类是指把道德法则建立在“圆满”的理念基础之上。“圆满”的理念又包括两类：一类是本体论的圆满理念，指对于本体圆满的追求；另一类是神学的圆满理念，指对于神学观念或实体圆满的追求。康德认为，无论上述哪一类情况事实上都无法颁定真正的道德法则，因为它们都处于“自由意志”之外因而属于“道德他律”；而真正的道德法则只能是基于“道德自律”的原则建立在“自由意志”的基础之上。在康德看来，人作为有理性的存在，除了可以“为自然界立法”外，完全有理由在道德界充当“立法者”的角色。他说：“每个有理性的东西，在任何时候，都要把自己看作一个由于意志自由而可能的目的王国中的立法者。”① 也就是说，道德法则应该是一切有理性者的存在自己为自己确立的法则。

显而易见，在康德，自由意志是阐明道德自律的关键。那么，人是否真的具有“自由意志”呢？康德认为，由于“自由意志”与“上帝”和“灵魂”一样处于“本体界”，我们无法知晓它们的真实情况，只能把它们作为“设准”来看待。但是，不能知晓它的真实情况并不意味着它不可以被思考。而思考的结果是，“由道德法则底普遍性与必然性逼至意志底自律，由意志底自律逼至意志自由底假定”②。意思是说，道德法则必然具有普遍性与必然性，这一点是毫无疑义的；这种普遍性和必然性源自“意志自律”；而要真正做到“意志自律”，就必须具有独立于“自然因果性”的“自由意志”。反过来说，如果没有“自由意志”，就不会有“道德自律”；没有了“道德自律”，也就不会有普遍必然的道德法则。对于其间的逻辑关系，康德说：“为了把自己想成在目的序列中是服从道德规律的，我们认为自己在作用因的序列中是自由的。反过来说，我们由于赋予自身以意志自由，所以把自己想成是服

① 康德：《道德形而上学原理》，苗力田译，上海世纪出版集团2005年版，第54页。

② 牟宗三：《心体与性体》上册，上海古籍出版社1999年版，第113页。

从道德规律的。”① 可见，在康德，虽然人为什么具有“自由意志”及“自由意志”的真实情况我们无从知晓，但“自由意志”颁定道德法则这一点是确定无疑的。

对于康德“道德自律”的思想牟宗三给予了高度评价。他说：“康德将属于他律性的一切道德原则，或是属于经验的，由幸福原则而引出者，或是属于理性的，由圆满原则而引出者，尽皆剔除，而唯自‘意志之自律’以观道德法则，这在显露‘道德性当身之体’上说（这是关于道德理性的第一义），可谓充其极矣。”② 在此，牟宗三不仅看到了康德思想的价值，而且也看到了康德这一思想与儒家思想的相契。他说：“康德之所以能和儒家接头，是因为他讲意志的自律。这个扭转很重要，也是中国人所赞成的，因为儒家属于这个型态，一看就能了解。在西方，康德费了大力气，还不一定能扭转过来。但是康德说得很清楚明确，不管是以上帝的意志作根据，抑或是以圆满或幸福作根据，都是意志的他律。意志的自律是必然的、不可争辩的，讲道德非如此不可。这点儒家早就看到了。”③ 在牟宗三看来，“康德之所以能和儒家接头”，根本原因在于康德的“自由意志”与儒家的“良知”是相通的。他认为，“自由意志”在康德哲学中的基础地位即是“良知”在儒学中的地位，而且，康德的“自由意志”完全可以收摄并升进为儒家的“良知”，因为“自由意志”既可以看作是“良知”的本质属性，也可以直接视为“良知”本身。既然如此，康德之“自由意志的自我立法”就可转进为儒家之“良知的自我立法”。

这样，牟宗三通过康德的思想解决了“良知”颁定道德法则的问题。然而，在牟宗三看来，要证成“良知是呈现”的命题其次还必须解决另外一个问题，即，“良知”不仅可以颁定道德法则，而且还具有实践理性的“动力”以保证道德法则的实现，因为他认为“呈现即实现”④。如上所述，冯友兰对此持否定态度，他认为“良知”“不能告诉我们怎么做”。这其中蕴

---

① 康德：《道德形而上学原理》，苗力田译，上海世纪出版集团 2005 年版，第 74 页。

② 牟宗三：《心体与性体》上册，上海古籍出版社 1999 年版，第 112 页。

③ 牟宗三：《中国哲学十九讲》，上海世纪出版集团 2005 年版，第 340 页。

④ 《牟宗三先生全集》第 9 卷，台北联经出版事业股份有限公司 2003 年版，第 78 页。

含的意思是指“良知”不具有保证道德法则实现的“动力”，因此不存在“良知”“流行”或“呈现”的问题。牟宗三认为，实际上这一点在儒家是不成问题的。他认为，在儒家，“良知”是一个创生的实体，这个创生的实体既是“理”又是“心”。当然，“理”作为一种普遍必然的抽象原则并不具有“活动性”，而唯“心”才具有“活动性”，因此，在“良知”中起创生作用的不是“理”，而是“心”。换言之，是“心”使得“良知”有了“活动性”。进而，牟宗三认为，“良知”因为有了“心”义而有了“神义”；有了“神义”，“良知”就成为“神体”。既然“良知”是一个生动活泼的“神体”，那么它就必然能滋生道德，产生善行。牟宗三说：“儒家之天命不已的道体就是创生万物……乾元就是最高的创造原理。所以儒家看天地之道，是‘天地之道，可一言而尽也：其为物不贰，则其生物不测。’这就是创造，创生万物。”①

作为“心”、“理”合一的创生实体，“良知”自然地具有保证道德法则实现的“动力”。不过，牟宗三认为，要证成“良知是呈现”，最后还必须证明“良知”能够在经验层面“呈现”，否则，仍不可谓“良知”是“呈现”。那么，“良知”是否在经验层面“呈现”呢？牟宗三的答案是肯定的。他认为，“良知”是生活世界中普遍存在的经验事实，也就是说，“良知”“呈现”于经验世界这一点是生活本身已经解决了的问题。在牟宗三，“良知”的“呈现”也就是“良知”的“感通与觉润”，而所谓“感通与觉润”就是以“不安不忍悱恻之感这种‘觉’去润生一切，如时雨之润”②。“良知”可以随时“感通与觉润”，这就表明“良知”不是一个抽象的超越之体，而是“一个随时在跃动的活动”之体。③ 牟宗三认为，在日常生活中，“恻隐之心”、“羞恶之心”、“于心不安”、“于心不忍”等等绝不仅是使用频繁的道德词语，而且也是生活中大量存在的道德经验。也就是说，这些道德经验的存在证明了“良知”本体“不是一个孤悬的、假设的绝对而无限的物摆在那里”④，而是

① 牟宗三：《中国哲学十九讲》，上海世纪出版集团 2005 年版，第 91 页。

② 《牟宗三先生全集》第 20 卷，台北联经出版事业股份有限公司 2003 年版，第 249 页。

③ 同上。

④ 同上。

“一个随时在跃动的活动”① 之体。而且，在牟宗三，正是这种“跃动”沟通了“形而上”的“本体界”与“形而下”的经验世界即“现象界”。牟宗三说：“人的四端之心（恻隐、是非、羞恶、辞让）常时呈现，即表示人常常实有其觉也。这个觉就是人的良知。决无一人一生永不呈现其良知的，除非他是死。”② 很明显，牟宗三这里有着熊十力“体用不二”思想的影响。

由上述论证可见，在牟宗三，“良知是呈现”这一命题是可以被充分证成的。其证成的逻辑线索表现为三个条件的满足。这三个条件是：其一，普遍必然的道德法则是由“良知”颁定的。这个条件的满足解决的是“道德自律”问题。其二，“良知”能够保证普遍必然的道德法则实现。这个条件的满足解决的是实践理性的“动力”问题。其三，“良知”必须在经验世界“显现”。这个条件的满足解决的是“良知”的现实性问题。在这三个条件当中，前两个条件解决的是“形而上”的问题，第三个条件解决的则是“形而下”的问题。“形而上”问题是根据，“形而下”问题则是表现；“良知是呈现”这一问题既涉及“形而上”，又涉及“形而下”，它本身就是“形而上”与“形而下”的贯通。在这样三个条件满足之后，牟宗三认定“良知是真实的呈现”。他说：“（良知）其真实性（不只是一个理念）自始就是要在践仁尽性的真实实践的工夫中步步呈现的：步步呈现其真实性，即是步步呈现其绝对的必然性；而步步呈现其绝对的必然性，亦就是步步与之觌面相当而澈尽其内涵，此就是实践意义的理解，因而亦就是实践的德性之知。”③

四

围绕着“良知是呈现”所发生的争论虽发生在现代新儒家内部，但它却关联到宋明儒学“道问学”与“尊德性”之学术理路之争。这种学术理路之争不仅相对于宋明时期具有时代意义，而且到了现代它依然是儒学继续发展

① 《牟宗三先生全集》第 20 卷，台北联经出版事业股份有限公司 2003 年版，第 249 页。

② 《牟宗三先生全集》第 9 卷，台北联经出版事业股份有限公司 2003 年版，第 32 页。

③ 牟宗三：《心体与性体》上册，上海古籍出版社 1999 年版，第 145 页。

过程中的重要问题。不过，由于时代的变化，“道问学”与“尊德性”之争演化为许多具体问题的争论，对“良知”的不同理解就是这许多具体问题中的一个。如果依着“道问学”的理路看，“良知”仅仅是一个“假设”；如果依着“尊德性”的理路看，“良知”则是一真实的“呈现”。熊十力虽与冯友兰围绕着这一问题进行了争辩，但并无具体而详细的展开。然而，牟宗三对于熊十力与冯友兰的争论“当时虽不甚了了，然‘良知是呈现’之义，则总牢记心中，从未忘也”。在承继熊十力理路的基础上，牟宗三耗时三十载对“良知是呈现”这一命题进行了反复的对比深思，终于“乃知其必然”，完成了“良知是呈现”的证明。[①] 牟宗三的证明不仅具体化了熊十力的思想，而且也由此丰富了现代新儒学的内容。

（原载于《哲学研究》2007 年第 8 期）

---

① 牟宗三：《心体与性体》上册，上海古籍出版社 1999 年版，第 153 页。

智的直觉与善相

——牟宗三道德存有论及其对西方哲学的贡献

杨泽波

道德存有论是儒家思想的重要组成部分，这一思想虽然古人早有涉及，但真正将其抬升到哲学高度则是近代的事。熊十力创立新唯识论可谓开其端，牟宗三继承其师之思想，进一步将其系统化可谓彰其显。在其思想各个部分中，牟宗三于存有论耗时最久，着力最大，用心最苦，毕其一生心血，作出了杰出的贡献。当然，牟宗三相关思想也有值得商榷的地方，将道德之心创生的存有称为“价值意味的物自身”① 便是其中之一。在他看来，与康德不同，儒家主张人既有限，又可无限。认识之心是有限心，由此有感性直觉，与其相应的是现相。道德之心是无限心，由此有智的直觉，与其相对的是物自身，即“价值意味的物自身”。此论一出，震惊学界，“价值意味的物自身”遂成为牟宗三存有论最为醒目的标志。近十多年来，我对此进行了艰苦的探索，在充分肯定其理论意义的同时，也产生了一些不同想法。我认为，道德之心创生的存有绝对不能以“价值意味的物自身”名之，它仍然属于现相的范畴，当然是一种特殊的现相②，这种特殊的现相就是“善相”。厘清这层关系不仅有助于澄清相关研究中的诸多混乱，对于认清儒学可能对西方哲学的一个贡献亦有重要意义。

---

① “价值意味的物自身”是牟宗三一个重要提法，随处可见。较为集中的表述可参见牟宗三:《现象与物自身》，《牟宗三先生全集》第 21 卷，台北联经出版事业股份有限公司 2003 年版，第 12—19 页。

② 关于“现相”与“现象”的区别，参见本文第四节的具体说明。

一、学术界对"价值意味的物自身"的理解

郑家栋是大陆最早从事牟宗三研究的学者之一，对牟宗三"价值意味的物自身"的理论有过系统的探讨。他的基本看法是：牟宗三这一思想是取消物自身的认识论方面的意义，或者说是取消了处于彼岸世界的物自身。他认为，康德的物自身有多重含义，其中第一层含义就是作为感性材料来源的物自身。"牟宗三根本否认物自身的第一层含义，他认为现象的起源不能从物自身方面讲，而只能从主体的'识心之执'方面讲"，"完全否认了康德物自身概念在认识论方面的意义，而把之完全伦理化了，即单纯从实践理性（道德实体）方面把握物自身"。① 这一思路与费希特十分接近，因为在康德之后的发展中，费希特进一步凸显了康德哲学强调自由的方面，不赞同康德一方面承认自由是人作为理性存在物的本质属性，另一方面又设定一个与主体相对待，且不能为主体所统一的物自身，以其来限制、阻碍主体。"牟宗三对康德哲学的改造较接近于费希特的理路。他们同样是通过'自我'的无限扩张取消了康德哲学中那个处于彼岸世界的物自身，同样强调'自我'是道德的、实践的主体，也是存在的实体。"②

郑家栋的这种看法早年在学术界有一定的影响，不少学者认同这种理解。李明辉也是其中之一。他认为，牟宗三与费希特都取消了物自身，两人的思路极为接近，其间的差别只在于费希特取消了物自身的概念，牟宗三则将它提升为一个具有价值意味的概念。这一改变事关重大。因为从康德哲学的立场看，现相与物自身之超验的区分是其整个哲学系统的预设，取消物自身概念意味着放弃其全部哲学系统，难怪康德会抱怨费希特误解了他。虽然我们无法知道康德是否会接受牟宗三对物自身概念的诠释，但是这套诠释对康德哲学却极为有利。因为它顺着康德哲学原有的思想方向走，既保留了其基本架构，又避开了康德物自身概念可能受到的质疑与批评。在这个意义

---

① 郑家栋：《本体与方法——从熊十力到牟宗三》，辽宁大学出版社1992年版，第257—258页。

② 同上书，第281页。

下，牟宗三比康德以后的大多数德国哲学家更切近于康德的思想。[1]当然，牟宗三与费希特取消物自身的用意并不相同。费希特取消物自身概念，是因为在他看来这个概念根本无法证明。牟宗三取消这个概念则完全出于从道德问题的考虑，因为只有将物自身确定为价值意味的概念，才能保证理性的实践功能，才能使道德成为可能，这才是康德物自身概念的真正意义，而这一转变恰恰合乎康德哲学的基本精神。

郑家栋、李明辉的上述观点在学界影响很大，王兴国就曾顺着李明辉的思路对这个问题给出了自己的解释。他认为，严格地说，康德本人确实没有明确把物自身视为一个具有价值意味的概念，然而从哲学诠释的角度看，做出这种理解也有其理论的理由。康德认为物自身的积极意义只能在实践理性批判中出现，而牟宗三把物自身诠释为一个具有价值意味的概念，正是沿着这一方向前进的。“不难看出，‘物自身’或‘智思物’只能在实践的知识或实践理性批判中才能肯定，‘自由’与‘道德’概念是理性猜想‘物自身’的基础，自由主体或道德主体的自我意识则是达到‘物自身’的唯一通道。在广义上说，自由主体或道德主体是价值主体。既然如此，那么由价值主体所开显的物自身就不可能是一个纯粹的现象的客观事实，而只能是一个价值的界域。……因此，可以说，物自身是由广义的价值主体的自我意识所透显出来的价值界域。”[2]这就是说，牟宗三之所以将物自身界定为一个价值意味的概念，完全是从道德问题入手的，是为了确立一个自由主体和道德主体。有了这样一个主体，我们就可以达到物自身了，这样的物自身显然不是认识论意义上的事实的原样，而是开启了一个新的价值的领域。

对于上述这种通行理解，我有三点疑问，不敢苟同：

第一，物自身是否就是一个价值意味的概念？按照上述理解，牟宗三将物自身诠释为价值意味的概念在康德那里是有理据的，因为康德讲物自身的含义较为复杂，既在知识论中讲，与此相关的物自身与事实问题相关联，又在伦理学中讲，与此相关的物自身包含价值的意义，因为这里讲到的是自由

① 参见李明辉：《当代儒学的自我转化》，中国社会科学出版社2001年版，第46页。

② 王兴国：《历史的诠释与创造的诠释——论牟宗三后期哲学中的“物自身”是价值意味概念的命题》，《孔子研究》2002年第3期。

的问题。从这个意义上说，牟宗三将康德物自身概念作一种创造性的诠释，是无可厚非的，不仅无可厚非，而且还是一个伟大的创造。但我认为，这种说法本身包含着这样一个矛盾：既然承认物自身概念在康德哲学中有多种含义，在知识论中的物自身与事实有关，在伦理学中的物自身与价值有关，那就不能简单说物自身就是一个价值意味的概念，不是一个事实的概念。[①]

第二，牟宗三是否取消了物自身？上述理解有这样一个基本共识：牟宗三之所以提出“价值意味的物自身”这一概念，是因为他与费希特的思路相似，都取消了康德现相背后的那个物自身。但我不这样看。在《现象与物自身》中，牟宗三明确讲过，“我们所知的自然界中的对象物”[②]与上帝、灵魂、自由有不同特点，并不相同，并由此提出究竟如何界定物自身的问题。需要注意的是，牟宗三在这里并没有完全否定这个“我们所知的自然界中的对象物”。从上下文看，这里所说的这种“对象物”就是现相背后作为彼岸世界的物自身，牟宗三在这里没有否定它的存在。查阅牟宗三其他地方的论述，也无法找到其对现相背后作为彼岸世界物自身的直接否定的言论。

第三，“价值意味的物自身”与“物自身的存有”究竟是什么关系？这是上述理解最为严重的问题。上述理解完全以自由来代替物自身，因为自由有价值意味，所以才有“价值意味的物自身”的说法。这种理解看似深刻，但很难说切合牟宗三的思想主旨。比如，牟宗三讲过，自由是道德理性方面的事情，说感性知性不能及于自由，这好理解，但“这与桌子之为物自身相距甚远”[③]。这就是说，你可以说自由是物自身，但桌子同样是物自身。这两种物自身是什么关系？这是必须正视的问题。由此不难明白，即使我们肯定了自由是“价值意味的物自身”，但仍然不能说明桌子何以是“价值意味的物自身”。牟宗三所说的“价值意味的物自身”强调的不是“物自身创生的存有”，而是“物自身的存有”。“物自身创生的存有”与“物自身的存有”

---

① 参见拙文《康德的物自身不是一个事实的概念吗？——牟宗三关于康德物自身概念之诠释质疑》，《云南大学学报（社会科学版）》2008 年第 3 期。

② 牟宗三：《现象与物自身》，《牟宗三先生全集》第 21 卷，台北联经出版事业股份有限公司 2003 年版，第 2 页。

③ 同上书，第 12 页。

是两回事。所谓“物自身创生的存有”是说有一种本体叫作物自身，它可以创生存有；所谓“物自身的存有”是说这种存有本身就是物自身，而不是现相。我们必须明白，牟宗三的真正目的是建构一种存有论，发现一种与现相存有不同的存有。这里他特别强调的是智的直觉[①]的有无。没有智的直觉，只有感性直觉，我们只能创生现相的存有。反之，有了智的直觉，我们就可以创生物自身的存有。如果只把“价值意味的物自身”理解为与道德相关的自由，尽管可以在康德那里找到某些根据，但与牟宗三存有论的基本精神仍相距很远。

二、“价值意味的物自身”基本要点

要了解“价值意味的物自身”这一概念，首先需要了解价值这个说法。牟宗三关于价值的思想至少在写作《心体与性体》时就有了。我在其他文章中曾将牟宗三存有论思想的核心概括为“仁心无外”，并列举了相关的十二种不同说法，其中就有“价值说”[②]。这一说法的核心是强调，仁具有创生性，

① 牟宗三使用的“智的直觉”一词译自英文的 the intellectual intuition，而非直接译自德文的 die intellektuelle anschauung。根据邓晓芒的研究，这种做法并不准确。Intuition 来自拉丁文，由 in（“进到里面”）和 tuitus（“看顾”，名词 tuitio，“关心”）两部分组成。Anschauung 则是个德文词，由 An（“靠在上面”）和 schauen（“观看”）两部分组成。这两个词在日常一般意义上虽然可以互换，有重叠之处，但也有不重叠的地方。Intuition 包含着 Anschauung 所没有的意思，即内心某种主动地突发的“灵感”（Eingebung），而 Anschauung 中静态“旁观”这一层意思也是 Intuition 所没有的。（参见邓晓芒：《康德哲学诸问题》，三联书店 2006 年版，第 303 页）邓晓芒的上述分析对于准确理解康德智的直觉这个概念的含义有重要帮助，但同时也为本文如何使用这个概念带来了很大的麻烦。一来在中国哲学系统中，在某些领域，比如对于本心仁体的体认，只能讲“直觉”而不宜讲“直观”。相信牟宗三使用“直觉”的说法，一定是考虑到这个因素的。二来在牟宗三著作中，“智的直觉”的用法已成一种定式，贸然改变，不仅工作量巨大，而且一定会给读者带来不习惯。在综合考虑这些因素之后，本文决定仍然沿用牟宗三的译法，不作更改，但在康德学理系统中，如涉及引文，则尊重康德研究中通行的做法。

② 参见拙文《未冠以存有论名称的存有论思想——牟宗三〈心体与性体〉存有论思想辨析》，《现代哲学》2004 年第 2 期。

其创生的是一种价值，不是创生其实际的存在。[①]“生理呈现，起生化之大用，对生化之大用言，此生理呈现便是一个‘元’。元者，始也。此‘始’是价值观念，非时间观念。生理呈现之所在即是‘元’之所在。”[②] 道德之心有创生之功，是万物之“始”。需要注意，这种“始”不是时间观念，而是价值观念。也就是说，道德之心的创生不是在时间序列中将一实物从无变为有，而只是为宇宙万物赋予一种价值。

尽管牟宗三此时已经有了价值的意识，但他并没有将这种意识与物自身联系在一起，因为这时他还没有清理以前的思想，还不承认知性具有存有论的意义（他叫“存有论的摄指格”）。在此之后，在写作《智的直觉与中国哲学》的过程中，牟宗三思想有了一个根本性的变化，正式承认知性的存有论意义，从此存有论才正式在其头脑中扎下根来。这种变化后来在《现象与物自身》得到了集中的体现。牟宗三强调，《现象与物自身》的思路是首先确立一个自由无限心，由此说创生，说存有，说价值。“自由的无限心既是道德的实体，由此开道德界，又是形而上的实体，由此开存在界。存在界的存在即是‘物之在其自己’之存在，因为自由的无限心无执无著故。‘物之在其自己’之概念是一个有价值意味的概念，不是一个事实之概念；它亦就是物之本来面目，物之实相。”[③] 自由无限心是一创生实体，由这种实体所创

① 在牟宗三著作中，“存在”和“存有”的含义不完全相同。“存在”是现实之物的实存，是其然，“存有”则是这种现实之物之实存的道理，是其所以然。在存有论的意义上，牟宗三一般只说“存有”，而不说“存在”。他对此有一个说明：“一切其他存在是因这实体而有其存在，它是一切存在之‘存在性’（存有、实有）。一切存在之存在性是统摄于这‘即活动即存有’之实体，而亦通过这实体而得理解。仁心之觉润、觉润之所在即是存在之所在：觉润之即是存在之。此是本体创生直贯之实体。”见牟宗三：《心体与性体》第3册，《牟宗三先生全集》第7卷，台北联经出版事业股份有限公司2003年版，第260页。不过，牟宗三并不严格遵守这种划分，存有与存在有时是混用的。根据这种情况，特别是考虑到在一般行文中很难严格将这两个说法区分开来，本文并不刻意区分这两个说法，一般将其作为同义词使用。

② 牟宗三：《心体与性体》第2册，《牟宗三先生全集》第6卷，台北联经出版事业股份有限公司2003年版，第149页。

③ 牟宗三：《现象与物自身》，《牟宗三先生全集》第21卷，台北联经出版事业股份有限公司2003年版，第8页。

生的存有是无执的存有，而不是执的存有。在无执的存有中，对象不再是现相，而是一种价值意味的物之在其自己。这里已经非常明确地提出物自身是一个价值意味的概念了。

为什么自由无限心创生的是"价值意味的物自身"呢？根本的理由是自由无限心的思维方法是智的直觉。牟宗三强调，物自身是对无限心的智的直觉而说的。如果我们人类没有无限心，没有智的直觉，那么，物自身对于我们人类而言就只是一个消极意义的预设。"可是，我们既可设想其是无限心的智的直觉之所对，则它不是我们认知上所知的对象之'事实上的原样'之概念甚显。纵使譬况地可以说原样，如说'本来面目'，亦不是所知的对象之'事实上的原样'，而乃是一个高度的价值意味的原样，如禅家之说'本来面目'是。"① 牟宗三特别强调，物自身不是其他东西，只是智的直觉的对象。康德不承认人类有智的直觉，所以我们只能认识现相。儒家承认人类有智的直觉，所以我们可以直达物自身。但这种物自身不是指认知意义上的"事实上的原样"，而是具有高度价值意味的对象。由此说来，智的直觉的对象便是"价值意味的物自身"。

《现象与物自身》确定了这一思想的基本格局之后，再没有原则性的更改，其后所做的都是对这一思想的具体说明。《中国哲学十九讲》即是如此。牟宗三于此写道："由以上之相互比照，我们可以看出康德所说的物自身，是对应智的主体而言，具有提升作用；所以它不是事实的概念，而是具有价值意味的概念（此不同于价值学上所说的价值概念，所以只能说是价值意味的概念）。依照康德所说，通过时间、空间来表象的，以及通过范畴来决定的就是'现象'，若把时间、空间以及范畴都撤掉，不对应于感性知性主体，而回到物本身（return to thing itself），则为'物自身'。"② 康德将智的直觉放在上帝那里，而在中国人看来，本心仁体的思维方式就是智的直觉。既然中国人讲的本心仁体即是智的直觉，其所面对的当然就不再是现相，而是物自

① 牟宗三：《现象与物自身》，《牟宗三先生全集》第 21 卷，台北联经出版事业股份有限公司 2003 年版，第 7 页。

② 牟宗三：《中国哲学十九讲》，《牟宗三先生全集》第 29 卷，台北联经出版事业股份有限公司 2003 年版，第 310 页。

身了。因为本心仁体是道德性的，道德具有价值意义，所以与本心仁体所面对的便是“价值意味的物自身”。牟宗三还特别强调，这种“价值意味的物自身”不是价值学上的价值概念，不是说它有什么样的价值，而只是强调其具有价值的意义。

为此，牟宗三还多次举例说明。比如：“如果眼前我要抽烟，抽烟这个行动当然是属于感触界的现象，然而抽烟这个行动有没有‘物自身’的意义呢？这个问题康德并未加以说明。严格地说，既然有‘现象’，相对地就当该有‘物自身’，现象与物自身只是一物的两面，只是两种不同的呈现而已。所以我们的行动，有时是现象，有时亦可以是物自身。”① 抽烟这个例子初看起来好像比较突兀，不过却很能体现牟宗三的真实用意。抽烟这一行动从认知的角度看，可以视为现相。但从道德之心的角度看，因为道德之心的思维方式是智的直觉，抽烟这个行动也就有了物自身的意义。又如：“中国人在过年节时贴门对儿，就有‘万物静观皆自得，四时佳兴与人同’的话语，此中实已蕴含了无限的哲学义理。‘万物静观皆自得’不正指的是物之在其自己吗？这并非指现象，亦非指科学知识。”② 万物为什么能够“皆自得”，四时为什么能够“与人同”？关键是有道德之心的参与。有了道德之心的参与，我们在观察万物的时候，万物便能“皆自得”，四时便能“与人同”。牟宗三在这里强调的是，“皆自得”、“与人同”为智的直觉的对象，因此都不属于现相，而属于物自身。

总之，通观牟宗三的相关论述可以得知，他很早就有了道德之心可以赋予宇宙万物以价值的思想，后来又进一步将这一思想上升到存有论的高度，并与康德的物自身理论联系在一起，强调道德之心创生的那个存有即是“价值意味的物自身”。这一思想一生都没有原则性的更改，其中最重要的内容可分列为如下诸项：

第一，“价值意味的物自身”的核心是智的直觉之有无，无智的直觉只能达到现相，有智的直觉则可以达到物自身。

① 牟宗三：《中国哲学十九讲》，《牟宗三先生全集》第 29 卷，台北联经出版事业股份有限公司 2003 年版，第 303 页。

② 同上书，第 310 页。

第二，儒家承认人类可以有智的直觉，可以达到物自身，而不需要只停留在现相之上，如康德那样。

第三，儒家讲智的直觉的基础是道德之心，道德之心是道德性的，价值性的，所以道德之心创生的存有便是“价值意味的物自身”。

我将上列诸项视为牟宗三“价值意味的物自身”这一概念的核心。如果要对这三项进一步加以概括，则可以这样说：与道德之心之智的直觉相对的那个对象就是“价值意味的物自身”。要理解和把握牟宗三关于“价值意味的物自身”这一概念，必须首先对此有清楚的了解和把握。

三、牟宗三相关说法不能成立的理由

牟宗三将道德之心创生的存有称为“价值意味的物自身”，是不能成立的。我之所以得出这个结论，是因为根据我的判断，牟宗三对康德智的直觉这一概念的理解有欠准确。

牟宗三论智的直觉是从物自身问题入手的。他曾指出，在《纯粹理性批判》中，现相与物自身的区别贯穿首尾，物自身的概念几乎每一页都有，可见这是其批判哲学中一个最基本的概念。但这个概念的确定含义究竟是什么，却历来很少有人能弄清楚。“通过与来布尼兹及拉克的区分之比较以及此最后之说明，我们很可以知道‘物自身’（物之在其自己）一词之意义。至少我们消极地知道所谓物自身就是‘对于主体没有任何关系’，而回归于其自己，此即是‘在其自己’。物物都可以是‘在其自己’，此即名曰‘物自身’，而当其与主体发生关系，而显现到我的主体上，此即名曰‘现象’。”①牟宗三在这里表达了这样一个基本看法：一物与主体发生关系，显现于主体之上，即为现相；一旦与主体没有任何关系而回归于其自己，便为物自身。因此，他主张，可以将物自身译为“物之在其自己”（thing in itself，or things in themselves）。“物之在其自己”，简单说，就是对于主体没有任何关

① 牟宗三：《智的直觉与中国哲学》，《牟宗三先生全集》第20卷，台北联经出版事业股份有限公司2003年版，第135—136页。

系，而回归于其自己的意思。“我们可以这样去思对象，即依在或不在一定关系中之方式而思之；在一定关系中，名曰现象；不在一定关系中，即名曰物自体，对象在其自己。我们这样便形成‘物自身’之概念（形成一对象在其自身之表象）”①。这里讲得更为清楚：对象在一定关系中，即为现相，不在一定关系中，即为物自身。

牟宗三进而提出，要让对象不在一定关系中，一个重要条件，便是不使用范畴。康德讲过：“在不能见到时间的统一的情形上，因而也就是说在‘物自体’的情形上，范畴的一切使用，实在说来，即范畴的全部意义，必完全消逝；因为在这种情形中，我们无法决定与范畴相谐和的事物是否甚至是可能的。”② 牟宗三非常重视康德这一表述，认为“此即表示范畴根本不能应用于‘物自体’。因为既是物自体，便是我们对之不能有直觉（感触的直觉），不能有‘时间之统一’，即，不能有‘杂多’。既不能有杂多，范畴便无所统一，不能决定什么，即一无所决定”③。对于“物自体”（牟宗三对 Noumena 的一种特殊译法）而言，既无直觉，又无杂多，所以只凭范畴什么也决定不了，没有任何用处。“我们对于物自体没有感触的直觉，是以不能有范畴的决定所决定的事物之真实的可能性。范畴要应用于物自体上，则物自体必须有因感触直觉而来的‘呈现’，此‘呈现’即是范畴所决定的事物，但既是呈现，便不是物自体。故既是物自体，范畴根本不能用得上。”④ 牟宗三认为，康德这一论述说明，在“物自体”的意义上，范畴是用不上的，“必完全消逝”。由此出发，牟宗三作了进一步引申，认为这种不需要范畴的思维

---

① 牟宗三：《智的直觉与中国哲学》，《牟宗三先生全集》第 20 卷，台北联经出版事业股份有限公司 2003 年版，第 151 页。

② 转引自牟宗三：《智的直觉与中国哲学》，《牟宗三先生全集》第 20 卷，台北联经出版事业股份有限公司 2003 年版，第 154 页。邓晓芒、杨祖陶将此段译为：“一旦见不到这种时间统一性，也就是在本体的情况下，范畴的全部运用、甚至它们的全部意义都会完全终止了；因为甚至会根本看不出应当与这些范畴相适合的那些物的可能性”。[德] 康德：《纯粹理性批判》，邓晓芒译，杨祖陶校，人民出版社 2004 年版，第 226 页。

③ 牟宗三：《智的直觉与中国哲学》，《牟宗三先生全集》第 20 卷，台北联经出版事业股份有限公司 2003 年版，第 155 页。

④ 同上。

形式即是智的直觉，而与智的直觉相对的对象即是“物自体”，也就是物自身（牟宗三认为，本体与物自身是相同的概念[①]）。一旦证明我们的思维方式不需要范畴，那么也就证明了我们是具有智的直觉的，完全可以直达物自身。“试设想我们实可有一种智的直觉，我们以此直觉觉物自体，觉真我(真主体，如自由意志等)，觉单一而不灭的灵魂，觉绝对存有（上帝等），我们在此直觉之朗现上，岂尚须于范畴来决定吗？范畴能应用于上帝，灵魂，自由真我乎？”[②]康德认为，对象可以分为现相与本体，现相相对于感性直觉而言，本体则相对于智的直觉而言，但这种智的直觉我们人类不可能具有，因此本体与现相的划分在积极的意义上是完全不能允许的。牟宗三则认为，康德这种说法并不合理。如果能够证明我们的思维可以不需要范畴，那么我们的思维也就能够应用于本体，这样一来，本体的积极意义也就可以成立了。

与无需范畴紧密相关的是无需时空。在牟宗三看来，“在无限心的明照下，一物只是如如，无时间性与空间性，亦无生灭相，如此，它有限而同时即具有无限性之意义”[③]。人有两种心，一是有限心，一是无限心。对有限心而言，认识必须经过时空形式的中介，对于无限心而言，则可以不受这些形式的限制。因此，有限心展现的是受时空形式影响的样子，即所谓现相，无限心展现的则是物自身的样子，即所谓物之如相。道德之心创生存有并不需

① 在牟宗三著作中，“物自体”（又名智思物），相当于英文的 noumena。“物自身”（又名“物之在其自己”），相当于英文的 thing in itself。牟宗三认为，这虽然是两个不同的概念，但其含义是相同的。“‘物自体’（noumenon）与‘物之在其自己’（thing in itself）为同意语。依康德，‘物之在其自己与现象之分是主观的，不是客观的。物之在其自己不是另一物，但只是同一对象的表象之另一面相’。(见前第八章)。自其关联于感性言，就是‘现象’，自其不关联于感性而回归于其自身言，便是‘物之在其自己’(物自体)。”见牟宗三：《智的直觉与中国哲学》，《牟宗三先生全集》第 20 卷，台北联经出版事业股份有限公司 2003 年版，第 116 页。牟宗三将本体与物自身混同为一，为其学理造成了极大的负面影响。这方面的情况可参见拙文《牟宗三何以认定康德的物自身不是一个事实的概念?》，《哲学研究》2007 年第 11 期。

② 牟宗三：《智的直觉与中国哲学》，《牟宗三先生全集》第 20 卷，台北联经出版事业股份有限公司 2003 年版，第 156 页。

③ 牟宗三：《现象与物自身》，《牟宗三先生全集》第 21 卷，台北联经出版事业股份有限公司 2003 年版，第 18 页。

要经过时空，所以其思维方式是智的直觉，其对象即为物自身。为了说明这个问题，牟宗三还以康德论上帝为依据。“上帝的直觉是纯智的，因此它并不以时空为形式条件，上帝亦不在时空中（上帝无时间性与空间性）。它直觉之即创造之，即实现之，是当作一物自身而创造之，因此，其所创造者亦不在时空中（无时间性与空间性），时空不能应用于物自身，亦不能是物自身的必然属性，因此，康德遂主张时空之经验的实在性与超越的观念性，而否定其超越的（绝对的）实在性。”① 上帝拥有智的直觉，这种直觉没有时空性，不受时空条件的限制。上帝造物并不通过时空的形式，其直觉就是其创造，而其创造的对象是物自身，不是现相。由此说来，区分现相与物自身的一个重要标准，就是看其有无时空性。道德之心创生存有并不需要借助时空这种认识形式，所以其思维方式是智的直觉。

通过上面的回顾我们已经看出，牟宗三之所以认为人类可以有智的直觉，核心理由是道德之心创生存有无需范畴，无需时空，不需要借助认识形式。智的直觉在牟宗三那里可以说就是一种无需范畴，无需时空的直觉。由此可以引出他的两个重要说法，这就是“曲屈性”和“封限性”。在牟宗三看来，在康德那里，人类必须利用或凭借一些形式条件这些虚架子才能完成认知活动。“这种作用或方式，我曾名之曰知性之曲屈性，此是相应英文‘discursive’一词而说的，也是对它不是‘直觉的’而说的。直觉的知解是直而无曲，辨解的知解是曲而能达——借概念而达（伸展）。这种借概念而达就是它的封限性（finitude），曲屈性必然地函着封限性。它对应着非它自身所能提供的杂多而活动，因此它呈现了它这种曲屈性与封限性；它服务于直觉，它不是创造的知解，只是认知的知解，因此，它呈现了它这种曲屈性与封限性。”② 知性必须使用范畴，用范畴整理感性直觉得来的杂多，这就构成了知性的局限性。牟宗三特名之为“曲屈性”。“曲屈性”的核心在一个“曲”字，意即必须绕一个弯子，而不能直接抵达对象自身。这种局限性又叫“封

① 牟宗三：《现象与物自身》，《牟宗三先生全集》第 21 卷，台北联经出版事业股份有限公司 2003 年版，第 110 页。

② 牟宗三：《智的直觉与中国哲学》，《牟宗三先生全集》第 20 卷，台北联经出版事业股份有限公司 2003 年版，第 191 页。

限性”，也就是一定要受到限制，无法直达物自身的意思。反之，如果我们能有智的直觉，其思维方式便没有“曲屈性”、“封限性”，也就可以直达物自身，而不必止步于现相了。

牟宗三这种对康德智的直觉概念的理解是很成问题的。智的直觉与感性直觉在康德学理中是彼此相对的一对概念。感性直觉除必须有时间和空间这些认识形式之外，还必须有对象对主体的刺激以提供质料杂多。这个特点本身就决定了，感性直觉是一种“派生的直观”（intuitus derivativus），具有被动性、接受性，只能依靠对象的刺激才能具有质料，形成经验。与此相反，智的直觉则是“本源的直观”（intuirus originarius）①，具有本源的特点（我称为“本源性”），不需要对象的刺激，本身就可以提供质料杂多，形成认识，但人类并不拥有这种能力。② 对于智的直觉这种“本源性”的含义，牟宗三并非没有涉及，但他并没有以此为重点，而是着重从认识形式对认识结果的影响即“曲屈性”、“封限性”的角度来讨论问题。在他看来，道德之心创生存有无需范畴，无需时空，是直接进行的，没有“曲屈性”、“封限性”，所以其思维方式即是康德不承认的智的直觉，而其面对的对象也就是物自身，不再是现相了。即使我们不考虑牟宗三对康德智的直觉概念的诠释是否准确，充分尊重他的诠释，道德之心创生存有的思维方式是不是符合牟宗三所理解的智的直觉的标准，能不能称为智的直觉，仍然是有很大疑问的。这里至少有三个不同的环节，需要细加分辨。其一，在康德那里，范畴是先验的，用于在认识过程中整理感性经验的杂多。从这个角度看，由于道德之心

① ［德］康德：《纯粹理性批判》，邓晓芒译，杨祖陶校，人民出版社 2004 年版，第 50 页。

② 自牟宗三将智的直觉的概念引入中国哲学之后，这一问题就成了理论界的一个热点，成果众多。近年来两个人的研究特别值得关注。倪梁康在《哲学研究》2001 年第 10 期上发表了《康德“智性直观”概念的基本含义》一文，将康德的智的直觉分疏为“形而上的直观”、“心而上的直观”和“创造的直观”三层含义。其后，邓晓芒在《文史哲》2006 年第 1 期上又发表了专文《康德的“智性直观”探微》，对康德智的直觉概念的内涵进行了更为详细的分疏。该文同样认为康德的智的直觉包含三层意思，但具体所指则为：其一，虽然人类并不具有，但并非没有可能由别的存在者具有的直观；其二，“本源的”、能动创造性的直观；其三，与“原型的智性”相应的“本源的直观”。虽然具体说法有所出入，但强调智的直觉的本源性，凸显智的直觉是一种“本源的直观”，则是一致的。

创生存有不是康德意义的认识问题，不是以知性范畴整理感觉经验以形成认识，所以不需要康德所说的范畴。在这个意义上牟宗三是正确的。其二，尽管道德之心创生存有的过程不需要作为认识形式的时空和范畴，但这并不等于可以凭空产生。换言之，道德之心创生存有，可以不需要时空和范畴这种认识形式，但也不能离开时空和范畴一类的东西。这里所说“不能离开时空和范畴一类的东西”意思是说，道德之心创生存有，其本质是以道德之心为主体赋予宇宙万物以价值和意义，这个过程不能缺少道德之心，尽管道德之心在这里不是作为认识形式出现的。其三，如果承认“觉他”不能离开道德之心，那么其创生存有，对于道德之心来说因为不需要时空和范畴，可以说是做到了没有“曲屈性”、“封限性”，但对于创生的对象来说，是否也可以这样说，能不能称为物自身，仍然是一个问题。

比如，牟宗三曾以“一色一香无非中道”，“挑水砍柴无非妙道”，“鸟啼花落，山峙川流，饥食渴饮，夏葛冬裘，至道无余蕴”① 为例，来说明智的直觉是无需范畴的。一色一香、挑水砍柴、鸟啼花落在没有道德之心圆觉圆照的情况下，只是色香、水柴、鸟啼之自身，没有任何道德的价值和意义；一旦有了道德之心的圆觉圆照，便改变了性质，成为了“中道”、“妙道”、“至道”，具有了道德的价值和意义。这是道德之心创生存有最基本的含义，对此不应有任何异议。问题在于，在牟宗三看来，由于自由自律的无限心不是认识之心，不受认识形式的限制，所以思维方式不是物感物应，而是神感神应。物感物应属于感性直觉，与其所对的是现相。神感神应属于智的直觉，与其所对不再是现相，而是物自身。这一看法是需要认真对待的。道德之心创生存有因为不是康德意义的认识问题，的确不需要作为认识形式的范畴，这自然是对的。但不需要认识的形式，并不是什么都不需要。拿上面的例子来说，至少还需要“中道”、“妙道”、“至道”。尽管这些内容不同于康德所说的范畴，但在道德之心创生存有的过程中是绝对不可缺少的。离开了“中道”、“妙道”、“至道”，道德之心不可能赋予一色一香、挑水砍柴、鸟啼花

① 牟宗三:《现象与物自身》，《牟宗三先生全集》第 21 卷，台北联经出版事业股份有限公司 2003 年版，第 117 页。

落以道德的价值和意义。更为重要的是，受到道德之心的影响，一色一香、挑水砍柴、鸟啼花落已经染有道德的色彩，不再是其自身了。这种“染有道德的色彩，不再是其自身”，当从两个角度来看：从积极方面说，这是道德之心赋予外部对象以价值和意义；从消极方面说，则是外部对象受到了道德之心的影响。这种影响就其本质而言，就是对于对象的一种“曲屈”、一种“封限”，绝对不再是什么物自身。牟宗三把智的直觉界定为一种因为不需要范畴而没有“曲屈性”、“封限性”的思维方式，根据上面的分析，道德之心创生存有虽然不需要范畴，但仍然有其“曲屈性”和“封限性”。如此一来，如何能说道德之心创生存有的思维方式是智的直觉呢？

时空的问题也应这样看。在牟宗三看来，人既有有限心，又有无限心。有限心决定感性直觉，必须经过时空形式的中介，无限心决定智的直觉，可以不经过时空形式的中介。在自由自律无限心创生下的存在是没有时空性的，即所谓“无时空性、无流变相”。因此，面对有限心所展现的是受时空形式影响的样子，即所谓现相，面对无限心所展现的则是物自身原本的样子，即所谓物自身。我对这种看法是存有疑问的。这里仅以时间为例加以说明。道德之心有感通觉润之功，其极必与天地万物为一体。这是牟宗三一再强调的思想。这个意思从理论上说，其实就是道德之心赋予万物以意义，创生万物之存有。因为这里谈的不是认识问题，所以与作为感性直觉形式的时间没有关系，这自然是对的。但需要注意，尽管道德之心创生存有不需要借助作为感性认识形式的时间，但并不是完全可以脱离时间。这里以牟宗三经常讲的“感应于鸟兽，草木，瓦石”① 为例。道德之心创生存有就是将自己的价值和意义赋予鸟兽、草木、瓦石之上，在这个过程中，因为道德之心本身有时间性，在将自己的价值和意义赋予外部对象之上的时候，也将时间的属性加入其中，使鸟兽、草木、瓦石在人的时间条件之中得以存在。牟宗三

---

① 牟宗三指出：“由真诚恻怛之仁心之感通，或良知明觉之感应，而与天地万物为一体。盖此感通与感应并不能原则上划一界限也。其极必与天地万物为一体。散开说，感应于孺子，即与孺子为一体，而孺子得其所。感应于鸟兽、草木、瓦石，亦皆然。”见牟宗三：《现象与物自身》，《牟宗三先生全集》第 21 卷，台北联经出版事业股份有限公司 2003 年版，第 458 页。

非常喜欢以“万物静观皆自得，四时佳兴与人同”的说法证明智的直觉。如果静下心来细心体味不难看出，这句话刚好成为反驳牟宗三的证据，因为这后面一句本身就与时间脱不了干系。“四时佳兴”何以能够与人同？关键是作为道德主体的人是在时间中存在的，有其时间性。一旦成德行善达到一定境界之后，其内在的时间性便与天地四时合为一体，“四时佳兴与人同”，达到天人合一的境界。由此可见，道德之心创生存有是无法脱离时间的，尽管这种时间与作为感性直觉形式的时间有所不同。

总之，牟宗三对康德智的直觉的理解与学界的通行理解有很大不同。他着重从“曲屈性”和“封限性”，而不是“本源性”的角度来理解这个概念。按照他的理解，智的直觉是一种无需范畴，无需时空的直觉。对此我们必须有清楚的了解，不然很难对牟宗三思想进行有的放矢的批评。① 这是必须再三强调的。但即使暂时接受牟宗三对康德智的直觉的理解，抛开这种诠释与康德哲学基本精神是否吻合不论，他所列举的道德之心创生存有属于智的直觉的理由（无需范畴，无需时空，没有“曲屈性”，没有“封限性”），仍然很难成立。道德之心创生存有就其本质而言，是道德之心赋予外部对象以道德的价值和意义，也就是将自己的道德内容影响外部对象。这种情况从正面说是赋予对象以价值和意义，从反面说则是以道德之心影响外部对象。既然是施加了影响，对于外部对象而言就是一种“曲屈”、一种“封限”，就说明这些对象已经与主体发生了关联，处在“一定的关系中”了，已经失去了物之在其自己的身份，怎么能叫作物自身的存有呢？物自身的存有本身就是一个矛盾的说法。既然是物自身，就不能是存有，既然是存有，就不能是物自身，哪怕是“价值意味的物自身”。牟宗三将道德之心创生存有的思维方式规定为智的直觉，将其创生的对象规定为物自身的存有，是很难成立的。

---

① 当人们发现牟宗三关于智的直觉思想的一些问题后，往往只是以康德对牟宗三进行批评，批评牟宗三的诠释不合康德哲学的基本精神，而不明白牟宗三对智的直觉的诠释有着自己独到的用心。我不是说牟宗三对康德智的直觉的理解完全正确，也不是说不能对其进行批评，而是强调批评之前应充分理解牟宗三独特的思路。如果不注意这一点，只是批评牟宗三的说法如何与康德不符，不利于了解牟宗三的真正用意，从而破解这里的谜团。

四、价值意味物自身其实是一种“善相”

既然道德之心创生的存有不能称为物自身，那么必须对其进行新的定位。根据我的判断，道德之心创生的存有仍然是一种现相，当然不是一般的现相，而是一种特殊的现相，这种特殊的现相我称之为“善相”。

为了说清问题，首先对“象”与“相”作字义的追溯。在汉语中，“象”和“相”是两个完全不同的字。《说文》:“象”，“长鼻牙，南越大兽。”“象”就是今天的大象。由此洐生出象舞、象乐等等。“现象”即是事物所表现的外部的形式，外部的样子。现代汉语中“现象”一词，便是由此发展而来的。“相”就不同了。依据《说文》，“相”，“省视也，从目从木。”也就是说，“相”是一种看，如《诗经·鄘风·相鼠》:“相鼠有皮，人而无仪。”因为这个字源，“相”字总含有看的内容，如今天常说的“照相”、“照相机”等等。近代以来，人们常以“现象学”来翻译 phenomenology 一词。从词源的意义上看，这种译法不够准确。phenomenology 最基本的意思是所有的“现象”都是受到人的影响而产生的。从这个意义出发，说“现象”不如说“现相”。因为“现象”在汉语中偏重于事物自己表现的那个样子、那个形象，而“现相”则强调对象在人视觉之下的那个样子、那个形象。两相比较，“现相”一词无疑更符合 phenomenon 原来的含义。因此我认为，应当将 phenomenon 译为“现相”，相应地将 phenomenology 译为“现相学”。本文在“现相学”范围内，只说“现相”，而不用“现象”这个说法，道理即在于此。

我这里所说的“善相”，与此有着密切的关联。“善相”可以说是“现相”的一个分支。“现相学”讲的是一种在人的影响下产生的“相”，“善相”则更进一步，特指一种在人的道德影响下产生的“相”。我这里特别选用“善相”的说法，是想突出这样一个思想：与一般的“现相”不同，在道德之心“观看”之下也会显现出一种“现相”。因为这种“现相”并不是对象原本具有的，所以是一种“相”；又因为这种“相”与道德之心有关，而道德之心是关乎善的，所以这种特殊的“相”可以叫作“善相”。“善相”与“现相”的关系须细加辨析。“善相”可以说是一种狭义的“现相”，而通常所说的“现相”则是一种广义的“现相”。“善相”属于“现相”，也可以归为“现相”，但“现相”不能反过来，完全归为“善相”。

为了说明牟宗三所谓“价值意味的物自身”不过是一种“善相”，我们必须再次回到牟宗三存有论思想的核心。前面讲过，牟宗三存有论的主旨是“仁心无外”。所谓“仁心无外”是说仁心有“充其极”的特性，总要对天地万物指指点点，说三道四，从而将自己的好恶取向加于其上，“涵盖乾坤”而后止。为了表明这个道理，牟宗三曾使用了多种形象的说法，诸如“呈现说”、“朗照说”、“润泽说”、“觉润说”、“痛痒说”、“妙运说”、“神化说”、“创生说”、“生化说”、“成全说”、“实现说”、“价值说”等等。这些不同的说法都是要表明，仁心（准确地说当为道德之心）有创生存有的功能，可以对宇宙万物施加影响，将自己的价值取向赋予其上。这种具有道德价值和意义的对象，就是道德的存有。这种道德存有是由仁心创生的，所以叫作“仁心无外”。

“仁心无外”有着深刻的哲学底蕴。仁心属于道德之心，是人的一种道德本体，这种本体是一种活物，有强大的创生性。这种创生性表现在两个方面，既可以创生具体的道德善行，又可以创生道德的存有。创生道德善行与这里讨论的主题无关，暂且不论，这里只谈道德存有问题。所谓道德之心创生道德存有，是说道德之心有一个重要的特点，就是不安分，总要对其所涉及的对象发表看法，从而使这些对象带有道德的色彩。这个道理其实并不难理解。比如，一个有德的人观察外部对象与一个无德的人观察外部对象，其外部对象的价值和意义一定是有所不同的。有德的人观察兰花时，便将人格的清新高雅移置其上，观察松树时，便将人格的高尚挺拔移置其上，观察翠竹时，便将人格的宁折不弯移置其上，从而使兰花、松树、翠竹有了道德的价值和意义。将这个道理推广开来，道德之心总要对宇宙万物施加影响，而宇宙万物也总要受到道德之心的熏染。上面所引“万物静观皆自得，四时佳兴与人同”的例子，说的就是这个道理。这里的“万物”，这里的“四时”，并不是“物之在其自己”的“万物”与“四时”，而是受到道德之心影响的即“通化”了的“万物”与“四时”。它们不是西方一般所说的现相，不与认知之心相对，而与道德之心相对。但需要注意的是，不是一般的现相并不代表一定就是物自身。这种在道德之心视野之中，已经包含了道德因素、染有道德色彩的对象还是一种“相”，即“善相”——道德之相，或者说道德之心所创生的特殊的存有之相。

在这个问题上我的看法与牟宗三有同亦有异。牟宗三认为，道德之心不仅有创生道德善行的能力，而且有创生道德存有的功能，因为道德之心有“充其极”的特性，不能人为为其划定一个界限，必待“涵盖乾坤”而后已。这是一个十分重要的思想，对此我完全可以理解和接受，不存在任何异议。我与牟宗三的不同之处仅在于，我不同意将道德之心创生的存有视为物自身。如上所说，道德之心创生存有，就本质而言，是将道德的价值和意义加于对象之上，既然如此，那么这个对象已经受到人为的影响，已经不再是物自身了。牟宗三将道德之心创生的对象叫作“价值意味的物自身”，是因为在他看来，这个创生过程是通过智的直觉进行的，中间没有经过认识形式。但根据我的分析，道德之心创生存有不借助认识形式，并不等于其思维方式就是康德意义的智的直觉。时空和范畴可以作为认识形式存在，也可以作为内容、本质、质料存在。牟宗三认为道德之心创生存有的思维方式是康德所不承认的智的直觉，其实只是看到了这个过程不需要借助时空和范畴这些认识形式，看到了思维方式的这种直接性[①]，这种思维方式的直接性虽然极有意义，但并不是康德意义的智的直觉，所以其对象并不能称为物自身。牟宗三没有能够将这里的复杂关系分辨清楚，看到道德之心创生存有不需要借助认识形式，加上没有从“本源性”，而主要从“曲屈性”和“封限性”的角度来理解智的直觉这一概念，一旦看到道德之心创生存有不需要借助时空和范畴，便认定这种思维方式就是康德所不承认的智的直觉。我一再强调，牟宗三讲的智的直觉与康德意义的智的直觉是两个本不相同的问题，属于两个不同的领域，只有语句的相似性，而无内容的相同性。牟宗三未能准确把握这里的关系，终于造成了理论的失误。

① 往深处看，这种思维方式的直接性与胡塞尔现相学意向性的直接性有一定相近性。关于这方面的情况我在《牟宗三的“觉他”与胡塞尔的意向性》一文中有详细讨论，敬请参看。

五、儒学可能对西方哲学的一个贡献

一旦我们明白了道德之心创生存有的对象是一种“善相”，它的哲学意义立即就显现出来了。海德格尔在《时间概念历史导论》的讲座中，将胡塞尔《逻辑研究》中的存在作了两个方面的区分，即真理意义的存在与系词意义的存在。他以“这椅子是黄的”为例加以说明。当我们说“黄的存在”，重点是“存在”时，所确定的是一个真实状态的存在，表示这椅子的确是黄的，它是真实的。当我们同样说这句话，重点是“黄的”时，确定的是一个关系的存在，表示这椅子与黄的关系，存在这时意味着一个系词。这样便有了两种不同的存在，即被解释为同一性存在的真正意义的存在和被理解为实事状态本身结构因素的系词意义的存在。海德格尔认为，胡塞尔对存在的理解有重要贡献，打破了传统中关于“真理是智慧与事物的合适性”的存在观，在一定程度上回到了古希腊思想的传统，将真理理解为存在与它的显现方式的一致性。胡塞尔对存在的看法所形成的突破主要就体现在这里：一方面胡塞尔将他的真理概念扩展到非关系行为的相关项上，事物的“真实—存在”也是真理；另一方面，他又将存在概念扩展到关系行为的相关项上，事态的真实关系状况也是存在。

到了《存在与时间》，海德格尔进一步指出两个传统真理概念的基本特征，强调真理的“场所”是在陈述之中的，而真理的本质在于判断与对象的“一致”。对这两个命题来说，胡塞尔提出的两个存在概念都具有重大的理论意义：首先，真理意义的存在表明，真理的本质是感知与其对象的一致；其次，系词意义的存在表明，真理的“场所”也是在范畴感知之中的。从这两方面看，可以说“真实存在”的意义得到了更原本的把握。于是便有了海德格尔所谓的“对存在与真理的现象学的阐释”。他认为，胡塞尔的现相学在最初形成的时候便获得了，并且在它的进一步发展中始终贯彻着这两个不同的真理概念以及与之相应的存在概念。海德格尔特别强调这个区分的重要性，因为现相学的存在阐释和真理阐释第一次赋予传统的真理定义以一个可以理解的意义，并将这个定义从那些混乱的误解中提取出来。海德格尔正是借助于这个区分，在传统的存在、真理观与胡塞尔现相学的存在、真理观之间建立起一个贯通的联系，使其日后提出了存在意义这个根本问题。当然也是在这个意义上，海德格尔对胡塞尔现相学的存在观提出了批评，认为胡塞尔没有意识到它由此回到了真理概念这样一个领域之中，没有能够切中希腊真理概念的原初意义。以此为基点，海德格尔从胡塞尔的立场走了出来，追寻“作为无蔽的真理”，形成了自己的独立思想，卓然成一大家。①

透过海德格尔对胡塞尔的研究，我们发现了一个十分有价值的思想，这就是对两种不同意义的存在的区分。尽管胡塞尔并没有充分意识到这里的重大意义，也没有将其坚持到底，但毕竟涉及了古希腊原本意义的存在问题。海德格尔的这一分析对我们有很大的启发，它告诉我们可以从系词意义的存在这一特定角度来研究胡塞尔的现相学，而一旦从这个视角进入，现相学意向性与牟宗三存有论的内在关联也就可以看得比较明白了。根据上面的分疏，胡塞尔现相学的意向性告诉我们这样一个道理：意识有其意向性，是指向对象的，这种指向同时也构建了对象，这是其整个逻辑学—认识论的前提。用胡塞尔的话说就是：“一个意向特征要想能够与一个对象之物发生关系，这个对象之物就必须表象给我们。如果我根本没有表象一个实事状态，那么我又如何能够将它认之为真、期望它、怀疑它，以及如此等等？”② 后来，胡塞尔在《观念：纯粹现象学的一般性导论》中又用的 noesis 和 noema 两个概念来表达这一思想。noesis 既有意识行为的规定性，又有给予意义的特性，是能指，而 noema 是前者建构的对象，是所指。所指只有在能指之下才能存在，而能指也一定有其指向，能够构成一个所指。现相学的这一思想，去除那些过于烦琐的概念和论证，依据中国哲学的传统，其实讲的就是一个心与境的关系问题。在中国哲学系统中，境不离心，心外无境。一切境都是心创造的，离开心不可能有什么境，而心也一定要指向对象，创生境而后止。在这个关系中，心是能指，境是所指。能指并不是空洞的，一定有其内容。所指并不是一个独立的客体，一定要受到能指的影响，在能指的影响

① 参见倪梁康：《现象学的始基——对胡塞尔〈逻辑研究〉的理解与思考》，广东人民出版社 2004 年版，第 220—222 页。

② ［奥地利］胡塞尔：《逻辑研究》第 2 卷第一部分，倪梁康译，上海译文出版社 2006 年版，第 531 页。

下存在。这种心之能指与境之所指共同构成心与境的统一。

前面讲过，牟宗三提出“觉他”这一主张，根本意图是要说明，道德之心有一个重要特征，即具有绝对普遍性。这种绝对普遍性是说，道德之心不单单限于道德界，负责成就道德的善行，而且必然创生宇宙万物之存有，涉及存有界。换言之，道德之心不仅是成就道德的根据，同时也是创生道德存有的根据。不仅人们的道德行为由它而来，就是整个宇宙万物也都系属于它而为它所涵盖。在牟宗三看来，这种情况就是宋明儒学常常讲的仁为一“生道”。仁就是这样一个“生道”，其极必与天地万物为一体，如时雨之润，使天地万物能生长，有意义。整个这样一套理论牟宗三称为“道德的形上学”：“‘道德的形上学’云者，由道德意识所显露的道德实体以说明万物之存在也。”[①] 简单说，“道德的形上学”就是以道德之心说明万物之存在的学说。牟宗三这一思想在对《传习录》观岩中花树例子的诠释中表达得最为明显。岩中花树原本并无意义，只是由于人来到此山之中，看到了这些花树，将人心的价值和意义赋予其上，这些花树才有了价值和意义。这则材料离开存有论的背景是很难理解的。

当然，在如何创生存在的问题上，牟宗三与胡塞尔有很大的不同。由于胡塞尔现相学以认识论为基础，所以尽管他也承认情感的作用，但毕竟对这个问题缺少一个合理的说明和定位。其后的舍勒正是发现了这个问题，才发展了自己颇具特色的情感学说。牟宗三就不同了，他依据中国哲学的传统，一方面强调道德之心对宇宙万物的创生作用，强调道德情感的作用，另一方面又建构了两层存有系统，将由认知之心创生的存有视为认知的存有，将由道德之心创生的存有视为道德的存有，大大彰显了儒家思想的特色。恰恰是在这一点上，牟宗三存有论的独特意义凸显了出来。在胡塞尔研究中，人们已经注意到，在《逻辑研究》发表后不久，胡塞尔曾对自己的思想产生过一些疑问。比如，在1906年，他在笔记本中这样写道：在《逻辑研究》中他虽然已经有过考虑，但毕竟没有能够将这个想法纳入该书之中，这个思想就

---

① 牟宗三:《现象与物自身》,《牟宗三先生全集》第21卷，台北联经出版事业股份有限公司2003年版，第96页。

是："将判断［设定行为］向'单纯表象'［非设定行为］的变化转用到愿望和其他行为上"，因为"我看到巨大的困难[……]，它们阻止我得出结论"。①胡塞尔之所以认为这是一个"巨大的困难"，是因为他面临着这样一个难题：以"价值设定"形式出现的存在设定，在非客体化行为中能够起到什么样的作用呢？所谓"价值设定"，可以说是一种"认之为有价"的行为特征。当我们通过客体化行为而构造出对象（赋予质料）并且设定了对象的存在（赋予质性）之后，我们在许多情况下会进一步去设定这个对象的价值。例如，认为一张摆在教室里的椅子是有用的，认为一张风景照片是美的、一个助人为乐的行为是好的，如此等等。换句话说，胡塞尔的意向性研究足以证明，意向通过客体化行为可以建构对象的存在，达到"认之为在"或"认之为真"，但问题是，非客体化的行为，比如对于情感和意愿而言，能否同时决定"认之为善"或"认之为美"、"认之为有价值"呢？如果这个设问是有意义的，那么"认其为在"或"认其为真"是如何过渡到"认之为善"或"认之为美"、"认之为有价值"，就成了一个必须回答的问题。虽然在《逻辑研究》中胡塞尔强调，只有客体化行为才具有质料，非客体化行为，如评价和愿望只有奠基于客体化行为中才能获得意向性，但在他同期的论述中，也有将"价值"和"单纯的事实"理解为"在双重意义上的意向客体"的做法。比如在1914年关于伦理学和价值论的讲座中，他对"逻辑学与伦理学之间的相似性"问题就进行了分析。不过，在这方面，胡塞尔遇到了很大的困难。一方面，"逻辑理性的全统性"是不可否定的，作用不可替代；另一方面，是否每一个理性本身都是逻辑理性的问题，也需要讨论。由于胡塞尔总的看法还是强调逻辑理性的重要性，所以这个问题并没有得到完善的解决。②

胡塞尔思想的困境说明了这样一个道理：逻辑理性有其意向性可以构造

① E. Husserl, "Persönliche Aufzeichnungen", hrsg. Von W. Biemel, in Philophy and Phenomenological Research XVI, No. 3, 1956, p.295f. 转引自倪梁康：《现象学的始基——对胡塞尔〈逻辑研究〉的理解与思考》，广东人民出版社2004年版，第240页。引文中方括号中的文字是倪梁康根据文意作为补充而加入的。

② 参见倪梁康：《现象学的始基——对胡塞尔〈逻辑研究〉的理解与思考》附录二"胡塞尔与海德格尔的存在问题"，广东人民出版社2004年版。

对象，这不自待言，但情感、意愿是不是同样也具有这种独立的功能，而不需要必须以客体化行为作为奠基呢？胡塞尔虽然看到这里的问题，同时也意识到了这个问题的复杂性，但并没有能够给出一个令人满意的答案，非客体化行为必须以客体化行为为基础还是其思想的主基调。与胡塞尔现相学相比，牟宗三思想的意义就充分显现出来了。在牟宗三看来，儒家哲学并不像西方哲学那样重视纯粹认知问题，更没有胡塞尔那种逻辑学—认识论的架构，并不关注认知意义的存在问题。但儒家哲学同样可以谈存在，这个存在的主体不是认知之心，而是道德之心。道德之心有其绝对普遍性，一定要将自己的价值和意义赋予宇宙万物之上。这种赋予宇宙万物以价值和意义，同样是创生一种存在。这种存在不是胡塞尔所说的那种真理意义的存在，也不是海德格尔所特别强调的系词意义的存在，而是一种由道德之心创生的存在。牟宗三终其一生，为建构存有论不断努力，所要说明的就是这个道理。而这个道理在西方哲学中是不突出，至少是不成系统的。更加重要的是，道德之心创生存在并不一定非要以认知之心为基础，完全可以独立进行。胡塞尔虽然对这个问题进行过探讨，但并没有完全解决这个问题，而在这方面，中国哲学却有着相当丰富的资源。牟宗三的努力就是希望把这些资源发掘出来，只可惜由于他对智的直觉的诠释有欠准确，直接将道德之心创生的存有叫作“价值意味的物自身”，影响了人们对这一重要思想的理解。一旦澄清了在这个问题上的混乱，我们就会看到，我们在这方面的思想恰恰可以弥补西方哲学在这方面的不足。胡塞尔之后舍勒等人的思想发展方向，刚好也能印证这一点。这样一来，牟宗三存有论的重大意义就看得很清楚了：牟宗三虽然没有直接从胡塞尔的现相学进入，但其相关思想确实又与胡塞尔现相学有异曲同工之妙，并且在一些关键环节上还有重要的推进。因为儒家存有论的创生主体不是认知性的，而是道德性的，这种道德性的主体并不一定非要以认知主体为基础，完全可以独立创生道德的存有。我之所以强调牟宗三道德之心创生存有的思想具有世界性的意义，儒学道德存有论有望对西方哲学有所贡献，道理就在这里。也许只有从这个角度才能真正看透牟宗三存有论的理论意义。

综上所述，尽管牟宗三对自己关于“价值意味的物自身”的观点十分自信，认为“这才是对于物自身而有的清楚而明确的表象”①，但由于他对康德智的直觉这一概念的理解有欠准确，直接将道德之心创生的存有称为“价值意味的物自身”，造成了一定的混乱。从1971年《智的直觉与中国哲学》出版算起，牟宗三正式将道德之心创生的存有的思维方式视为智的直觉，将其创生的存有称为“价值意味的物自身”已有数十年了，那么多人学习它，研究它，其中有做中国哲学的，也有做西方哲学的，但几乎没有人能够直接指出牟宗三所理解的智的直觉与康德意义的智的直觉并不是同一回事，道德之心创生的存有只是一种“善相”，根本不能叫作“价值意味的物自身”，足见问题隐藏得有多深了。当然，我承认，以“善相”来解说道德之心创生存有的性质，是一种全新的做法，此前学界尚无人这样做过，其中不少内容还有待研究，一些具体环节可能还存在缺陷。但在我看来至少有一点是十分明确和难以撼动的：“善相”尽管不是一般认知意义上的现相，但仍然属于一种特殊的“相”，绝对不是物自身，更不是什么“价值意味的物自身”。一旦这个观点得以成立，不仅可以澄清牟宗三相关思想中的一些混乱，而且可以清楚看到儒家思想与西方存有论的不同，将儒家思想之所长彰显出来，贡献于世界。

（原载于《中国社会科学》2013年第6期）

① 牟宗三：《现象与物自身》，《牟宗三先生全集》第21卷，台北联经出版事业股份有限公司2003年版，第19页。

心性学与现代性的纠结及出路

——对现代心性儒学的批判性反思

樊志辉　曹颖

现代心性儒学的问题意识就在于如何处理儒家心性学与现代性的关系。其精神宗旨在于，现代心性儒学认为人的内在心性不仅可以为现代性问题奠定形上的根基，也可以化解现代性滥觞所导致的价值虚无主义。批判性的审视从梁漱溟、熊十力到牟宗三的现代心性儒学，就必须从正视儒家心性学与现代性的关联入手。从此入手，我们才可以不陷入现代心性儒学主张的细枝末节中，而在总体上完成对现代心性儒学的批判性反思。

一、心性叙事是创生的逻辑、实践的逻辑，抑或是思辨的逻辑

首先需要对现代心性儒学的叙事方式展开我们的反思。看一看现代心性儒学的叙事方式与传统儒学的联系，进一步反省如此的叙事方式是否可以承担起它的理论诉求。

我们知道，现代儒家心性学就是在现代性语境下的儒家思想的心性叙事。这种叙事承继着传统心性叙事的内在逻辑，又在比较哲学的视域下做了过度诠释，阐释其心性学的现代价值与意义。从梁漱溟、熊十力，到唐君毅、牟宗三，现代心性儒家们不厌其烦地言说着“心—性—天”的一体性，强调以心性叙事为核心的儒家心性论既是一种宇宙论—本体论叙事，也是一种修养论、工夫论的叙事。在如此的叙事中，宇宙论——本体论叙事为修养论叙事提供了超验的奠基，修养论叙事为宇宙论——本体论叙事提供了内在

的见证。合宇宙论叙事与修养论叙事为一体，就是儒家心性论的境界论叙事。在如此的叙事系统中，宇宙论、工夫论、境界论是三位一体的。传统心性儒家从孟子以至阳明，全部的心性言说都不过是想要说明这点而已，现代心性儒学在其基本理论诉求上也是如此。①

现代新儒家有进于传统儒家之处，并不在于他们有什么新的理论创造，而在于他们对儒家心性学给予了现代哲学语境下的哲学言说的形式与论证。传统儒家关于心性问题的个体领悟与师友之间的点醒与提撕，其根本目的不在于建立某种学说，而在于探求成圣成贤的实践功夫的入手处和具体进路。传统儒学在根本意义上是实践的学问，与此相关的宇宙论—本体论论述，都基于实践的学问而带出来的，而非心性学的本怀。传统心性学现代儒生那里，转化为一套哲学的体系性言说。熊十力、唐君毅、牟宗三等人关于心性问题的几百万字的学术论说，在传统儒家那里是不可想象的。传统儒家关于心性问题的领悟尽管也具有宇宙论、本体论的意义，但其精神宗旨却不在于此，而在于为个体修养确立一个形上的根基。因此，心性叙事对传统儒家来说乃是基于创生逻辑的个体德性修养的工夫叙事。全部心性叙事的根本目的在于个体的道德修养与社会的道德教化。

现代心性儒家的社会身份基本定位于现代学术体制内的职业哲学家②。职业哲学家的言说对象不同于传统儒者。传统儒者的使命在于完成政治教化、社会教化和个体修养。因此传统儒者的言说方式是实践性的，而非纯粹知识性。而现代儒者主要生存于现代学术体制之内，他们所面对的主要是知识人，因而他们的心性言说就必须面对现代社会所流行的各种主义论说和西方的哲学传统。因此，在传统儒家那里作为创生逻辑与工夫逻辑的心性叙事，在现代心性儒家的现代言说中就被悄然地转变为思辨的逻辑。

① 梁漱溟基于意欲理论的文化三路向说、熊十力的体用论、唐君毅的超越唯心论的九境论、牟宗三的两层存有论的道德形上学，在其根本点是一致，是传统心学的现代言说。在这种现代言说中，完成了对古今中西哲学的广度判教。

② 在现代心性儒家那里，梁漱溟是一个社会活动家，熊十力早年是革命家，晚年则专心治学。梁经常劝熊先生多做一些时间的功夫，熊先生则经常劝梁先生多读书。而马一浮先生则是传统儒生。熊先生的门弟子基本上是现代学术体制内的职业哲学家。

这种转变的一个重要意义，就是在现代学术文化体制中，完成了对儒家的护教。是哲学地守护了儒家。这种转变既可以理解为儒家在社会政教体制退场后，在学术体制内的悄然进场；也可以理解为现代儒者对儒学的无奈守护。

然而需要切实反省的，以思辨哲学的逻辑来证成的儒家心性学，其与中国传统儒学的关系到底是什么？这种依赖思辨逻辑对儒家思想的证成的真实有效性如何？事实上，心性叙事存在着体证、见证与论证不分。现当代哲学论述中经常出现所谓直觉与理性的二分（中西二分），尤其以梁漱溟、熊十力、冯友兰、牟宗三等现代儒家诸子为盛。于是出现了所谓将体证视为见证、将见证视为论证的思想错位。牟宗三关于良知是呈现还是假设的论述、关于“智的直觉”的论述都没有真实地区分信仰见证与哲学言说的区别。将个体的体证上升为见证，再进而等同于论证，是思想上的僭越。

体证向见证的过渡，见证向论证的生成，并不是一个完全自然的无可怀疑的过程。由体证向见证的过渡，是信仰共同体内部的事件。而由见证向论证的过渡，则是由信仰共同体向社会共同体的过渡。体证是纯粹个体性的生命感觉，而见证则是具有某种体证的生命个体用公共语言向起他生命个体表达自己的私人性的生命体验。因而见证是纯然私人性的个体生命交流。这种交流，是个体性的、私人性的。只具有劝导或诱导的意义，而不具有理论上和实践上的强制性。而见证向论证的生成，则内在地存在着问题：(1) 见证的普遍性：即一个个体性的经验见证及其论述，具有普遍的有效性和真实性；(2) 论证逻辑的自洽性。这两个问题联系在一起，体现着宗教与哲学、启示(信仰) 与理性之间的纠缠。这个矛盾关系一则贯穿着西方思想的发展，中古关于理性与信仰的关系论述，近代以来启蒙思潮对此二者的分离，都表明这个问题不可以视为想当然地具有同一性。

现代心性儒学的心性叙事，固然有自己的学术价值和护教价值，但显然没有正视体证、见证、论证之间的差异与断裂。牟宗三先生关于良知是假设还是呈现问题的论断，以及其因此对冯友兰先生的讽刺与责难，显然是将一个复杂的问题简单化了。

二、现代性问题可以还原论地处理吗?

现代性问题在西方体现为神性的退隐与主体性的凸显，体现为哲学义理上的形而上学之坍塌。对西方来说，现代性问题的学术言说旨在说明形而上学坍塌后的社会合法性与个体身位的安置，其标志性的成就，在于立足于自由主义的民主宪政体制与立足于经验主义的现代科学知识系统，也就是要解决作为绝对权威的上帝死亡之后人的活法与思法。

中国的知识精英敏锐地捕捉到现代性问题的核心，并给予其一个简单明了的口号——科学和民主。但他们基本都是在西方的语义脉络中对科学和民主给予推进，尽管他们也经常立足于国情对其各自的言说做些许修正。现代心性儒家有别于在西语脉络中对现代性问题的推进，他们试图将现代性问题植入汉语脉络之中，尤其是儒家心性学的语义脉络中。于是，形上学坍塌与经验主义滥觞的现代性叙事碎片，被现代儒生用心性学的语义架构悄然地织补在一起。原本在西方有关现代性的叙事，是一种后上帝、非元叙事的经验叙事。现代性叙事不是奠基于上帝叙事，相反，有关上帝的叙事却需要立足于现代性语境。我们可以从现代西方普遍的反本质主义、反基础主义的思想趋势上看到这点。

但中国的现代心性儒学却力图将现代性叙事奠基于儒家的心性学叙事的基础上，其目的固然在于为现代性叙事与本土的话语逻辑相接榫，还在于利用儒家的心性学对治现代性可能衍生出的价值虚无主义。现代心性儒家如此的理论主张固然有其良苦的用心，其情可悯，但也极易招致理论上的质疑。其最大的质疑就在于——现代性问题可以还原论地处理吗?

现代心性儒学对现代性问题的还原化处理，体现为将现代性问题化为主体性问题，将主体性问题化为道德主体性问题，将道德主体性问题化为心性主体问题的问题。丁是只要建立起了心性主体，一切问题就都迎刃而解了。在现代心性儒学的理论建构的逻辑就是上述还原的逆向过程。也即是说，心性本体论的建立是现代心性儒学的基本理论任务。在其建立起的心性本体论中，现代心性儒家们要不遗余力地证明心性主体，不仅是道德主体（如传统儒家所确信的那样），也是人的整全的主体性。这个整全的主体性是内在地包含着人的认知主体性，乃至其他类型的主体性。于是，心性主体逻辑地蕴含着宇宙人生的全部秘密所在。也就是基于此，所谓的返本开新、一心二门、良知坎陷、圆而神与方以智等一系列的理论提法与说法就成为了顺理成章的事了。于是全部的现代性叙事，就被归结为心性叙事。现代心性儒学连篇累牍的学术言说，不过是要揭示一个再简单不过的论题：心性叙事是全部现代性叙事的基础。换言之，一切现代性叙事都可以从心性叙事中引发出来，或推演出来。

如此的以心性叙事为基础的现代性叙事，十分类似于西方以上帝叙事为基础的现代性叙事。其差别不过是由人的内在的自由无限心的全知全能全善去替代超越的上帝的全知全能全善。当然这种差别不仅会导致巨大的理论差异，也会导致巨大的实践差异。这直接牵涉到内在性与超越性的关系等一系列哲学基础性问题。

在西方，虽然也有立足于上帝叙事的现代性叙事，但总体上却是一种后上帝叙事的现代性叙事。在汉语语境中，总体上也是一种后心性学叙事的现代性叙事，尽管也有心性学叙事的现代性叙事。以某种还原论的模式处理现代性问题的现代心性儒家，在近百年的现代性实践中基本无力处理中国所面临的具体现代性问题，也即是说，它缺乏面对现代性问题的积极的建构意义，但却为现代性问题的处理提供了立足本土资源的批判性维度。

三、心性论是华夏文化精神的道统之所在吗?

现代心性儒学对中国精神传统有一个基本认知，即：儒家心性论就是中国文化的道统。他们承继了韩愈以后以宋明理学，尤其是心学的精神传统。现代儒家几乎都认为，通过回到中国传统儒家的这一道统就可以开显和建构出中国自己的现代性叙事。熊十力以后的现代心性儒家几乎无一例外地要接着宋明儒学所着力阐发的儒家心性学，尽管其内部也有所谓的理学与心学之争，“嫡子”与“别子”之争。

但问题在于，心性论真的是华夏文化精神的道统之所在吗?

近二十年来在中国崛起的并日益引起广泛关注的政治儒学显然就有自己

的理解与把握。蒋庆先生固然不否认心性学的理论价值与历史价值，但他认为政治儒学比心性儒学更切中儒学的根本。近年来滥觞于中国哲学界与思想界的所谓大陆儒学，虽然并不拒绝和否定现代心性儒学（特别是港台新儒家），却着力阐发儒家公羊学的政治学向度。学界这些年对康有为思想的推介和诠释，并有所谓康党之说，不过表明了对儒家道统的不同理解和把握。心性论固然是儒家思想的重要向度，但将心性论视为华夏文化精神的道统之所在，却面临着将中国传统文化甚至儒家文化传统窄化的可能性，以至于丧失了对中国传统文化的丰富性理解。如此的判定，即便是在儒家的信奉者那里，也未必会得到广泛的认同，更遑论其他思潮与学派。

中国近现代知识精英，虽然具有强烈的反传统的倾向，但主要是针对隐藏在儒家话语叙事下的政治专制主义。相反，他们对中国思想文化传统中的平民主义、经验主义、人本主义的思想倾向都给予了极度的继承与诠释。他们显然是不认同儒家心性学足可以代表中国传统文化的全部或是中国传统文化的神髓。

我们在这里不急于用系谱学的思想来解构中国的文化道统。但我们需要说明的是，即便是中国文化有所谓的道统，这个道统是什么，也是见仁见智的。甚至我们可以说，道统就是在对中国文化的自我理解、自我反省、自我批判中建构出来的。我们似乎不必对华夏文化传统做某种封闭式的理解。我们可以肯定儒家心性学传统在华夏文化道统中的重要历史地位，但它不可封限华夏文化的自我理解、自我发展与自我扩张。我们可以理解并同情现代心性儒学对华夏文化传统的兴灭继绝的悲悯之心，却不赞成他们将华夏文化的未来指向完全地限制在华夏文化的历史轨道上。我们相信现代心性儒学与中国其他现代性思想的对话、交流、博弈，将成为华夏文化健康成长的基本动因。

四、现代性问题与心性的价值及边界

我们上述的说明，绝对无意否认现代心性儒学的理论价值与实践价值，而旨在对心性学做一个现代性语境下的批判性检讨。我们要问的是，在现代性问题中，心性是否像现代心性儒家所自我期许的那样神天神地、载化万物？我们要进一步追问的是心性的价值与边界。

毋庸讳言，现代心性儒学在对心性本体的阐扬、心性本体与道德本体和认知本体的关系等方面，都有着不俗的理论贡献，并进一步在现代社会凸显道德主体性的价值与意义。但是，现代性之所以成为一个问题，乃在于对基于个体肉身与社会肉身的人的主体性的凸显。同时现代性也并不是一个不证自明的问题和论域。并不是说，只要完成了中国传统思想学问与现代性问题的接榫，就解决了中国的问题。

以为对道德主体性大加阐扬，并试图由道德主体性开显出认知主体性等，显然是没有明了现代性的主体性的发生学机制。基于感性肉身的主体性，并不能由道德主体性的“一念反转”而实现，也不能由所谓的“坎陷”而完成。却恰恰相反，被遮蔽的人的感性肉身（包括人的自然肉身和社会肉身）逐渐呈现，以及其所遭遇的苦难与不幸，是现代哲学所无法回避的问题。中国现代哲学的门槛，必须是基于对中国现代性经验的反省而对人及其文化种姓的偶在性与悖论性的深刻把握。不直接面对中国人的现代性经验，只期望于对中国传统思想做某种所谓的现代的诠释，如果不是思想上的懒惰，也只能是创造力的匮乏。

不是将身体的问题还原到心体的问题，而是在聚焦身体的问题的基础上处理“身体与心体”才是现代哲学的关键所在。借用起信论“一心二门”的理论架构，虽然不失为一个具有启发性的创意和构想，但极有可能规避了问题的复杂性。“一心”固然有“二门”，甚至有“多门”；但“门”与“门”之间、“心”与“门”之间，并不是一个简单的逻辑关系，也不是一个简单的境界修养的问题。而是充满张力与悖论的复杂的非线性关系。

现代性视域中的神圣与世俗、内在与超越、肉身与精神，是以西方文化视域中的两个世界的区分为背景和前提的。中国思想传统中的儒、释、道有关心性的论述固然有其独到的理论价值和个体修养中的价值，但有关个体心性的先验叙事（本体论叙事）无法转化为现代性问题的经验叙事。个体心性修养的工夫并不等于现代性问题中的社会实践问题。现代性问题的产生恰恰脱胎于，或超越于中古神学的个体灵修问题。也即是说，后形而上学时代的现代性问题与中古的灵修问题不是一个简单的逻辑蕴含关系，欧洲中古社会复杂的精神传统与社会张力共同滋生了以资本逻辑为核心的现代性问题，其间的各种关系是一个复杂的非线性关系。以为现代性的核心话题可以直接奠基于中国传统的心性理论，如果不是对现代性问题的无知，就是对现代性问题的处理过于简单化。

我们无意于否定儒家良知心性的“知善知恶”，也无意于否定心性本体的“一心二门”，甚至更无意于否定儒家传统中的工夫论、境界论。我们需要审视的乃是心性本体的现实边界在哪里？心性本体固然可以在圣人的境界中通天通地、载化天地，但现代性问题亟须关注的乃是个体心性精神在个体肉身和社会肉身中的无奈性与无力性。使徒保罗说过：“我也知道在我里头，就是我肉体之中，没有良善；因为立志为善由得我，只是行出来由不得我。”（《罗马书》7:18）如果说中古神学要处理灵肉之争的话，那么现代性问题乃是要面对独立的肉身问题，以及面对无助的肉身，人的精神的尴尬与无奈。

现代性问题中的各种法律制度、政治制度、教化制度乃至学术制度无不是正视感性肉身的有限性而设立的。现代社会并不将自身的完善奠基于宗教的灵修或道德的修养（尽管也并不排斥），而是从灵修或修养的边界与无奈处发现问题和处理问题。凸显和阐扬心性的价值也许有助于对治现代性问题中的某些负面的或消极的因素，但如果不能确知心性的边界，就无法确知现代性问题的症结，也就无从真正了解和诊断那个能够“立志为善”的良知本体为何“行出来由不得我”。

千万不要以为我们上述的分析是在诋毁中国思想传统的内在价值。如上的分析乃是要在儒家心性学的价值处发现其边界或阈限。面对现代性中国问题可以开掘儒家心性学的价值，但不可以封闭于儒家心性学。面对现代性中国问题的思想资源，可以是西方的（甚至主要是西方的），也可以是中国的，但不可以是封闭的。如何全面开掘华夏传统资源，并寻求对其做现代性的诠释，以应对现代性中国问题，依然是今天中国思想界的主要问题。这就是说，我们必须带着“中国”的“现代性问题”进入中国的现代经验，来阅读西方的现代性经验和检视中国的历史文化传统。把中国的历史传统完全视作一个不可拆解的道统，是无济于中国的现代性建构的。我们需要的是拆解并抽取华夏传统中一切可资利用的资源，来面对中国的现代性问题。

以体用论的模式来处理传统与现代、中国与西方，是无助于现代性中国问题的解决的。对此，我们所提倡的乃是一种主体资源，也即面对现代性中国问题，确立当代中国的思想主体与实践主体，进而汲取古今中西一切可资利用的资源。现代性问题不仅是一个理论问题，也是一个实践问题。以为一揽子提出一个“主义”、继承一个“传统”，是不切合实际的，也是哲学家或思想家的理论僭越。只有在承认处理现代性问题的思想资源的多元性、边界性的意义上，我们才承认现代心性儒学的社会价值与理论价值，并在此基础上进一步开掘华夏传统中的其他思想资源。也正是在这个意义上，我们不仅需要正视对儒家心性之学的发掘与阐释，还需要正视大陆儒学对儒家公羊学的发掘与阐释，更需要正视近现代其他知识精英对中国传统文化的批判与开掘。中国传统从来不是铁板一块的，中国传统的价值并不是由传统自身决定，更是受我们的文化批判力与创造力制约的。

（本文系国家社科基金重点项目“现代性问题与中国当代哲学研究”（13AZX012）、教育部哲学社会科学研究后期资助重大项目“现代性与心性——现代心性儒学批判”（14JHQ003）的阶段性成果）

唐君毅中国哲学史观与儒家情怀

许敬辉

唐君毅先生的“立三极”思想的发展和体系的建构过程，是一个从道德自我到心灵境界的过程。这个过程的完成具有极其重要的意义，它标志着承续中国传统哲学的学脉，融合会通中西文化后的唐君毅，突破了传统儒学特别是宋明儒学以来狭窄的道德形上学的局限，而面向生活世界建立了将整个生命存在的所有向度涵摄在内的意义更加丰富广大的“立三极”体系，极大地丰富和弘扬了日渐凋零的中国传统哲学，对中国哲学在现代的新开展作出了巨大贡献。同时，对于纠正科学理性的无限膨胀引致的危险，现代工业文明导致的各种社会危机，以及人类自身的异化，也起到了警世的作用。对于人类树立自身的尊严和对自身价值的自信，更是不无意义。当然，尽管唐君毅在其所建立的“立三极”中关注到了科学与知识的地位，并注意到了心之本体的认知层面，但就其“立三极”的内容和所注重的问题看，似乎并没有从传统的思维模式中转换出来，也没有发展出独立的理性分殊和解析的思维方式。所以，唐君毅的“立三极”，抛开其在体系方法上以及与知识论的融合等方面的创新，还是一种传统意义上的针对个体人生的道德的形上学，其中仍旧缺少发展科学和政治的质素。不过，这也正如前面所说明的，可能恰是唐君毅所着意为之。

唐君毅先生“立三极”中，“人极”是“人对自己的关系”，“皇极”是“人对人的关系”，“太极”是“人对天的关系”；在主观精神上立“人极”，在客观精神上立“皇极”，在绝对精神上立“太极”。从早期《柏溪随笔》到绝笔之作《生命存在与心灵境界》，都呈现出“人”与“文”的辩证互动，“以人立文，以文化人，实现理想卓绝的人生和圆融和谐的人文”① 恰恰是唐君毅一生的学术追求和思想期待。“我理想的人格：有印度人的智慧，中国人的情调，西方人的意志。我理想的社会：科学与艺术合一，政治与道德合一，宗教与哲学合一。”②

一、哲学史观

唐君毅所谓“即哲学史以言哲学”，那么中国哲学史应持何种态度呢？“时贤哲学史于观中西哲学之所同，既已多所发现，则此后之中哲史，当着眼于中国哲学与西方哲学之所异，借以标示先哲之所独造，而显示吾民族之特殊文化精神，以增吾民族之自信。”③

唐君毅认为，治中国哲学史应持态度之一，“当重中国哲学之特质，其持西哲以较论之处，于其同点外，当更重其异点”④。以哲学与其他学术文化之关系、以方法态度、以哲学各部门之关系、以哲学各部门之问题、以著作之体裁而言，皆人所共见中西哲学内质的不同之处，以都见于外表。态度之二，“注重中国哲学与其他学术文化之影响”⑤。持哲学之学与其他学术文化对待而严分其疆界，中国所未有。中国哲学与其他学术文化，迄未有为之定明显之界限所在者。中国哲学之精神，尤渗融于其他学术文化，而不易辨别。而述中国哲学史，则自始即难将其与其他学术文化交互关系存而不论。治中国哲学尤贵于知言论世；而知言论世，则必自始即自哲学与其他学术文化交互影响之关键上见之。态度之三，“注重哲学问题之演变”⑥。哲学史之意旨在明哲学之史的发展，观哲学之史的发展，当注目在哲学问题之演变，故不可专自各时代哲人所主张之学说之同异上着眼，而当自各时代哲人所感

① 《唐君毅全集》第35卷，九州出版社2016年版，第7页。
② 《唐君毅全集》第1卷，九州出版社2016年版，第120页。
③ 《唐君毅全集》第2卷，九州出版社2016年版，第317页。
④ 同上书，第318页。
⑤ 同上书，第319页。
⑥ 同上书，第320页。

之哲学问题上着眼。中国哲人之立说，恒只将其最后之结论示人，虽冥会洞察之深浅，得失权衡，唯在于一心，无客观之标准；然舍此亦别无了解历代先哲哲学问题，而据问题之演变，以观哲学思想之演变之道。态度之四，“注重中国儒家思想之传统”①。人所共知，中国哲学以儒家思想为主流，异于儒者都为支流。中国思想自有其一贯的传统，当黾勉以求，冀标出中国哲学之精神所寄。“中国哲学之精神而增吾民族之自信计，较论中西文化之异同计，持固有文化以融合西方文化之优长计，均当于中国正统思想之儒家，特为提出，以为中国哲学史叙述之中心。”②

唐君毅自哲学与其他文化的关系及哲学潮流中所表现的精神，分中国哲学史为五期。

第一期，自上古至孔子。孔老以前虽无正式哲学家，然不能称其无哲学。多人以西方例分析中国，以为必正式发为哲学上的主张才可称“哲学”，而不知中国哲学思想的渊源所自，与西洋哲学之渊源所自存在着截然不同。西方哲学思想源于希腊，而最早哲人多原为殖民地之人，初与实际社会政治很少关系，恒离事而言理，首在自然哲学，次乃及于人生哲学。然中国素为农业民族，聚族而居，国由族成，其思想集中于实际社会政治之问题，而掌握实际政治者，所感的问题为最多，其思想也更为发达，故中国古代有哲王哲臣而无独立的哲人。然哲王哲臣的思想，不当徒事坐言，而重起行，显为事业，哲王哲臣所遗之言，即哲学思想也，其所定制度中，即潜存一哲学思想于其中。中国哲人原为政治上之统治者，其哲学思想与其政治事业融摄为一，即事以言理。由《诗》、《书》“六经”，可见端绪，《易经》即潜存一伟大的哲学体系。唐君毅认为，“孔老以前之哲学思想仍当一加论列，以显示吾民族哲学思想之渊源”③。此孔老以前，为中国哲学思想的孕育时代。

第二期，由孔老至两汉。中国古代政治与学术既合而为一，王官之学衰而后诸子之说而起，为不容否认的事实。孔子以六艺教人而学由官守，广布

① 《唐君毅全集》第2卷，九州出版社2016年版，第320页。

② 同上。

③ 同上书，第321页。

于社会，可见诸子之学多源于孔子。《老子》之书，体现其思想仍渊源于中华民族所固有的思想，其思想在孔子后而先于庄子。墨子受儒者之业而非礼乐，尊天事鬼，为儒家之反动，而承受原始宗教观念。庄子之学进一步发展了老子之学，田骈、彭蒙、慎到为由老至庄的过渡。法家之兴源于管子，其精神当为法家所自出，管子尚言礼义廉耻，此为春秋时代的传统思想。申子言术、商君言法，而以孝弟仁爱等为六虱之论兴，为主于徒事赏罚之法。合申商之法术而成韩非子之学，韩非以荀子之性恶为其心理学的根据，以老子之无为论为法术之效用辩护。儒、墨、道、法四家之学，末流互相影响而彼此融摄，于两《戴记》中可见。《吕氏春秋》兼采诸家之说，昔名曰杂家，实有融合诸家之意，“其以春纪明贵生乃取道家之义，夏纪言礼乃儒家之义，秋纪言刑乃法家之义，冬纪言节用乃墨家之义”①。至西汉《淮南子》一书，集众宾客而成，以道为主而兼融儒法。西汉儒家论六经，多采阴阳家义。董仲舒主罢黜百家独尊孔子，其思想实以儒为主，而兼统诸家。“其阳德阴刑、德刑相辅之说则以儒统法，其言阴陌五行则阴阳家说，言天多墨家天志之义。”②《吕览》、《淮南》、《春秋繁露》诸书在哲学本身中的地位虽不及先诸子，实表现各家互相渗融的思想潮流。王官之学衰，孔子以世家之后降为民，散学术于社会，演为诸子之学，裂为百家，由一本而分殊之势。由《吕览》、《淮南》至董仲舒，兼取诸家而与政治为因缘。董仲舒欲凭借政治以推行其所尊学术，而汉武亦欲以学术定天下为一尊，此由分而合之势也。分合之势相映相依，由合而分如万流竞注，有一往澎湃之势；由分而合则健往之气趋于衰竭，融会之后难有特殊创见的思想家。王充以破坏阴阳家所造成之迷信为事、扬雄不足与语大义，东汉光武奖励儒术，以政治推行儒术之精神，其效在社会风气，故东汉多名节之士，而无与于学术本身发扬光大者。

第三期，由魏晋至唐。唐君毅认为，“由上古至两汉之学术文化，纯为吾固有一贯相承之民族所创造之学术文化。自两晋六朝而五胡乱华，至唐而中外民族及学术文化成大交通之势，中国学术文化受此空前之动荡，哲学亦

---

① 《唐君毅全集》第 2 卷，九州出版社 2016 年版，第 322 页。

② 同上。

易其面目”[①]。自汉光武帝崇尚儒术，吏治遂不免于宽缓柔懦，故东汉学者多主矫以法家之义。如崔实、王符、仲长统所论都主核名实以明赏罚，至曹操、曹丕父子而直以法术治国。诸葛亮有儒者情怀，而治术亦一于法。由用法而核名实，魏晋学人遂好谈名理，化为老庄之清谈。佛学自汉末输入中国，东汉翻译书籍渐多，魏晋之清谈老庄与佛徒之谈空互相缘引，六朝之佛学遂大盛。至于隋唐，传统儒学竟黯然无色。王通讲学河汾，其书亦无甚精义。直至唐末乃有韩愈以辟佛老闻于世，然持论浅薄，不足以服佛徒。如果没有宋儒的标榜，韩愈只能列于文章家而已。所以，由汉光武帝推行儒术之治至于唐代，儒学有日益渐衰之势。清谈之士，多为贵胄，六朝唐代佛学，都得力于君主的提倡。然魏晋玄学、隋唐佛学都与实际政治无关，其影响只在社会文化。玄言妙论可以开拓文学艺术境界、增长人的智慧、提高人的性灵，而无与于移风易俗。“在此期中学术政治分途，有中国固有哲学思想之席为外来佛学之思想所夺。”[②]

第四期，由宋至明。宋明自孙复讲学泰山，胡瑗、石介复以儒者之学诏世，“濂洛关闽”之学盛行，程朱陆王之徒分布于天下，而周张程朱陆王诸君子，早年都曾治佛学，其旨却在复兴儒学。然宋明儒者在政治上都不得意，程颐、程颢扼于王安石；朱熹被韩侂胄禁为伪学；王守仁早年谪于龙场，晚年功在荡寇，然谤之者满朝；王守仁之徒，多居高位，无事功可见。宋明儒者之效唯在于社会文化。南宋节义之士，多为朱熹后学；王守仁、湛若水之学，数传而为东林之死节，然无救于宋明之亡。宋明之际，中国传统文化精神经六朝隋唐而潜存于社会者之自动复苏，其学术与政治自始为分途发展，与魏晋隋唐之佛学有在上者为之提倡者又不同。

第五期，由明清之际迄近代。宋明儒学以所谓理学家为中心，然理学家以外有与朱熹对峙的“永康永嘉之学”。理学家重内心修养而讳言事功，贵王贱霸、偏静而轻动；永康永嘉之学义利双行、王霸并用，补理学家明体而不足以达用。永康永嘉之学，合事理为一，由王守仁知行合一所自出；然王

① 《唐君毅全集》第2卷，九州出版社2016年版，第322—323页。

② 同上书，第323页。

守仁之徒言心言性，置四海之困穷而不顾，终不免重本遗末。故明清之际反对王守仁之学者辈出，顾炎武以经学即理学，宗程朱而辟王守仁；王夫之于宋儒唯宗张载，不遗余力攻击王守仁；黄宗羲出自刘宗周之门，虽承于王湛之学，然所重仍在经世之学，此正远逊永康永嘉学派精神；而颜元、李塨直反宋明儒之全体，其思想则殊肤浅。至戴震、焦循体系，能于宋明儒学所以释孔孟之道外，另求一释孔孟之道，而有新建设的哲学体系。然颜元、李塨、焦循、戴震所论，都重内轻外、重静轻动，辨天理人欲过于严刻而悖乎人情，不足以措之于日用民生，并不是王者易简易行之道。清代帝王名臣，崇尚程朱，以理杀人，钳制舆论，故诸君之学兴。唯诸君之学皆不能转移风气，颜元迂腐、李塨孚夸，其学再传而绝。戴震、焦循精力在考据，其哲学思想没有太影响于社会文化。至晚清，“经世致用”之口号相呼召，至康有为、梁启超遂欲以“经世致用”之学改造政治，而孙中山受欧美政治哲学的影响，遥承中国民本思想创为主义，是以学术理想直接改造政治，中国古所未有，然其精神有清代由顾黄王以来一贯之经世致用之精神，学术求与政治合，即学术求影响于政治，而终达其改造政治之目的。

唐君毅纵观中国学术思想之演变，孔子、老子以前，哲学、政治、社会文化三者融合为一。至孔子散学术于民间，以其哲学理想教授弟子，使官师分、政教离，学术独立于政治之外，自散布其影响于社会。此后，哲学脱颖而出，成为独立的文化势力。“以黑格尔之言喻之：则孔子以前之中国文化全体其正也，孔子以后其反也，然反复欲再反以归于正，故孔子以后，哲人辈出，皆欲以哲学理想，改造政治社会文化，而尤重在政治，恒欲通过政治，使其哲学之影响，及于社会文化之全体。”① 故孔子之徒游说于时君世主之门，但都不能见用，唯著书授徒，以诏天下后世。“孔墨孟荀无论矣，商韩亦皆不得其死，不得立德立功而立言，诸子之所悲也。”② 至董仲舒，汉武帝纳其议而定学术于一尊，汉光武帝奖励儒术，儒家哲学逐渐渗透入政治，几于复归于合。然两汉君臣所倡之儒学，终不能造成儒家之社会文化；而儒

① 《唐君毅全集》第 2 卷，九州出版社 2016 年版，第 325 页。

② 同上。

家吏治，反不胜迂缓柔懦之弊。“故儒者转而尚法，而道家老庄之学盛，而佛学夺原有哲学之席，则又一反也。”① 魏晋老庄之学、隋唐佛学都与政治若绝缘，但有其社会文化的影响，此哲学独立于政治之外，以发抒其社会文化作用之时。至宋明讲学之士，与统治者正立于反对地位，而讲学以诏世，与老、庄、佛学影响于社会文化在文学艺术等方面不同，直接影响于社会道德及风俗，以其最终不能大影响于政治以改造政治，而无救于宋明之亡。“然宋明之排佛老而重新揭橥儒家之学，复夺回佛徒夺去之席，则中国固有哲学之自觉的求自主，此又一反也。”② 宋明儒学欲反佛学，必畅谕性与天道与佛学之玄学相抗，而重本遗末。故明清以来之学，沿袭宋明儒学空疏之弊端，有救世之心，而无救世之术，致力于“经世致用”而终达于哲学理想改造政治之目的，是正中国自孔子以来儒者共同之志愿。孔孟有其道而不得意政治；汉儒多为名臣，然其儒术咸成君主御用之工具；宋明儒聚徒讲学，以改造社会人心风俗为事，则不求诸上而求诸下；清初顾黄王之伦，或闭户著书，或诱掖后学，其影响皆在社会文化。“积三百年之蕴蓄，儒者经世致用之要求日益迫切，而有晚清今文家之学，而有康梁之反对考据，孙中山先生之革命。是则民国之成立，乃宋明儒以来儒者欲直接自社会中发动改造政治之力量之实现也。”③ 孔孟及两汉儒者欲凭借政治以改造政治终归失败，而宋明清以来之儒者之影响徒在社会文化者，乃终自社会中引出推翻政治之力量，是则黑格尔所谓唯“舍弃自己于其反对面乃能完成其自己”之谓。唐君毅说：“有清以来经世致用之学，尚功利而贵切效，言经世之术，可谓知外王矣；然其反对宋儒所言之性与天道以为空虚，不知不极高明则不足以道中庸，不尽精微则不足以致广大，一民族必需高明精微之哲学，然后可以与于足食足兵，故有清以来之儒者，言经世致用，恒不免重末遗本，其反对宋明之言内圣，未免矫枉失正矣。”④

史之效不仅在推测过去且预测未来。在唐君毅看来，“吾人观历史波动，

① 《唐君毅全集》第 2 卷，九州出版社 2016 年版，第 325 页。

② 同上。

③ 同上书，第 325—326 页。

④ 同上书，第 326 页。

则知今之吾人所处的时代乃正当凭学术上之主义理想，以建设政治而改造社会文化之时期”①。此为中华民族自觉的求自主其未来整个文化之命运之始，政治与社会文化当使之为中华民族固有哲学所渗透。清代儒学矫枉过甚，过于重经世致用之学，以至民国以来的思想潮流日趋于功利主义、实用主义、唯物思想。唐君毅认为，“今欲矫功利唯物之思想，则当一面重申宋明内圣之学，一面反于先秦贯内圣外王而一之之精神”②。宋明儒学辟佛老以中国人已忘其固有哲学之自信力，自宋明来，中国哲学已经一度自觉的求自主阶段，缘此自觉的求自主，其哲学之精神，而成自觉的求自主其整个文化之精神。唐君毅说：“吾人能于吾固有之学术文化自觉的求主宰其命运，则当永无为外来学术文化夺席之忧。而大本既立，吾人正当以吾固有学术文化为本，以吸收融化其他之学术文化。吾人今日复正与崭新之西洋文化接触，故中国未来之学术文化，必当破除宋明儒之排斥异端之习；佛老之学也，西方之学也，当日为中国固有之思想所融化，借以充实其自身。”③

唐君毅希冀未来中国的内圣外王之学，当不限于以往所谓内圣外王之学，而由学术以影响政治社会文化所造成的理想社会。虽貌似孔子哲学、政治、社会文化三者合一的社会，而必迥然不同，其不同之处在于孔子以哲学、政治、社会文化合一之社会是未分化“原始文化体”，并非由于学术自觉。唐君毅的理想社会，是政治学术与其他社会文化，各有其独立之领域，交相影响配合成和谐之全体，是乃人类凭其自觉之学术理想所成之社会，而将为人类自觉之光所透明者。

二、以人立文、以文化人的儒家情怀与儒家事业

在唐君毅看来，“儒家事业”是“儒学”、“儒德”、“儒教”的统一体，是哲学、道德、宗教的综合性事业。儒家事业作为哲学智慧，是对自发的道

① 《唐君毅全集》第2卷，九州出版社2016年版，第326页。

② 同上。

③ 同上。

德实践信念的自觉扩充和普遍化；作为宗教信仰，是建立在对直接关联于道德实践之“道”的信仰基础上的；儒家作为“教”的宗教信仰事业和作为“学”的哲学智慧事业，都是以道德实践为根据、为核心的，都是指向作为“德”的道德实践事业的。而作为道德实践的儒家事业，根本的就是人在自发的道德信念的基础上，对超越于具体当下事例和境遇的无限胸襟与心量的自觉呈现和培养。因为，“人之无限的心量，乃人不黏缚固着于一事、一物、一类事、一类物，而不为其所限，即皆能有者。则依理而论，人人皆可有此无限心量，以裁决协调一切世间之冲突，亦皆可为士、为君子、为贤、为圣，亦即皆可为儒者”①。在现代社会，真正有机会并能承担起“儒家之道”、“圣贤之道”的现代职业者，唐君毅认为，是政治家、教育家、新闻文化人、社会政治文化运动家等四类人。

唐君毅将政治家、教育家、新闻文化人、社会政治文化运动家等四类现代职业者列为儒家事业可能的现代承担者，并不是说他们可自发地成为“儒者”或者儒家事业的践行者。而是说，此四类人相对于其他职业而言，是现代社会中最需要有儒家精神所特有的胸襟与心量的，也是最有条件彰显儒家真精神、承担儒家事业的人，也更有机会、更有必要形成超越于其专业本身的精神境界。“必须具备超专业的儒者之精神，必须在精神境界上，求居于一般专业之高一层面上，乃能成就其自己之专业之理由。”② 这种“超越于其专业本身的精神境界”，正同于儒家事业所必需的自觉的“无限心量”。正是由于现代社会的这四类人，相对于其他职业的从业者而言，更需要“儒者”的超越和担当精神，因而也更有可能成为儒家事业的现代承担者。其前提是他们对自己所从事的职业所需要的精神，有充分的自觉并愿意去成就它。因而，“社会上之此四种人，亦当不只自居于一般的专业者之地位，而当知其他一切社会专业，皆赖彼之护持培养而存在，以自识其责任之大，而随处当以道自任，不容妄自菲薄；当相期于皆有一超越的心胸以涵盖万方，而以孔子之从政、设教、作《春秋》，而志在以其道易天下者自勉；方足以应合于

① 《唐君毅全集》第14卷，九州出版社2016年版，第70页。

② 同上书，第72页。

此四者之本性，而副天下之人对四者之所望”①。

儒家事业尽管是哲学智慧、道德实践、宗教信仰三位一体的事业，是慧、德、信三者合一的事业。但核心的、根本的是实践的道德精神，是能够体贴他人与万事万物的无限的胸襟与心量，是仁心仁体的自觉敞现。因此，在现代社会承担儒家事业者，根本的还是一种道德精神的承担，是一种严格律己、宽厚待人的担待精神的阐扬。政治家、教育家、新闻工作者、编辑、出版家、社会政治文化运动者和讲学者，所做的工作根本上都是人的工作，是关涉他人的权利、心灵成长、人心导向、精神方向的事业。所有这些事业的共同性，就在于都必须是在更高的一个层面去体贴、关怀、引导他人，而这必然涉及在从事相关事业时对己和对人的胸襟与心量问题。唐君毅是这样坚信的，也是这样践行的。

唐君毅作为一位现代哲学家与思想家，他并不是纯在书斋中演绎自己的哲学体系，而总是关怀着社会文化问题，悯怀着社会人心。唐君毅没有参加任何政党、没有从事任何政治活动，但他始终对中国现代政治生活深度关注，对中国社会民主政治建设和社会生活发展潜心思考和美好构建，对人文社会理想坚守着。唐君毅终身从事教育，学而不厌诲人不倦，是一位真正的教育家。唐君毅大学毕业后在成都与人合办《重光》杂志，后又与周辅成等创办《理想与文化》，到香港后在新亚书院又创《新亚学报》，其主要文章也主要是通过《民主评论》、《人生》等杂志刊发，他对新闻、编辑、出版等文化事业的高度投入表明他是真正的新闻文化人。唐君毅倡导中国文化复兴运动，在新亚书院曾经连续主持两年多一百多场的中国文化讲座，他参加十多次国际学术会议，讲课遍及欧洲、北美、亚洲等多个国家和地区，他亲笔撰写并由张君劢、徐复观、牟宗三与他本人联名于1958年元旦发表《中国文化与世界——我们对中国学术研究及中国文化与世界文化前途之共同认识》宣言，被称为现代新儒家的文化宣言书。可见，唐君毅是一真正的“社会政治文化运动者”和“周游各处的讲学者”，是一真正的“传道者”。

唐君毅的一生，实际上是集他自己认为的现代社会儒家事业的可能承担

① 《唐君毅全集》第14卷，九州出版社2016年版，第76页。

者的四类角色于一身，他用他有限的身体承担起了无限的精神、用他有限的生命担待起了无限的使命，真正承担起了儒家的事业。正如，牟宗三先生称唐君毅的哲学智慧是一种与中国传统思想中的老庄、易传、禅学和宋明理学一脉相承的“直觉的智慧”，就是发自生命心灵的最深处，经过验证工夫之后洗练升华，而当下朗现，光照乾坤，映出万象的智慧。

再次重申，唐君毅先生根本不是要造一哲学系统以囊括一切哲学，他只是提供一道路或一桥梁以通于其他哲学，使人都能如实承认一切哲学价值，其归处乃是仁义礼智之心；他主张“即哲学史以言哲学”，通过一个巨大的融会、贯通、包举、分疏的研究，使一切哲学在历史开展下各归其位、各得其价值，各有其普遍永恒的意义，即心灵的超越，超越各家而翻至其前、后、上、下，以尽期可有可发之义会通于他家；他以生命之本根、无私之性情及对生命的觉醒，知道生命才是文化之根、学术之本。唐君毅先生是一位真正秉承中国先圣、孔孟之道的启迪而对生命有洞见的中国哲学家。

汤用彤对传统儒学现代转化的贡献

——以理学救国论为例

赵建永

辛亥革命后西方各种思潮蜂拥而入，对失去制度基础的儒学造成强烈冲击，导致前所未有的价值迷失。而欧战引发的西方文化危机则为文化保守主义之崛起提供了契机，以汤用彤为代表的学衡派道德观正在此际开始形成。人生足迹从青年时代走来，从此处着手考察，往往会有新的发现。本文从汤用彤的早期论文入手，来探究新儒家和学衡派思想产生的渊源。希望为学界对汤用彤的儒学思想及其与学衡派关系的研究提供新解读。

一、汤用彤的道德救世论——学衡派之滥觞

汤用彤关于传统儒学现代意义的系统表述是其以“明道进德为要”的“理学救国”思想。世间悲苦诱发了他对人生善恶及道德标准问题的关切。他将道德判断作为看待世事的首要标准，把道德文章当作自己生命所系，追寻着普世意义的道德理念，即使在介绍西方社会科学和自然科学知识时也以发明道德之要为中心。他把自己的哲学选择和理想当成一种超越的道德追求，以为人当以返己归仁为心。[①] 他立论的中心是重彰儒家复性说，认为道德是立

---

① 如其言：“骄与嫉者，人类之蟊贼也，社会中之破坏家也，国家天下之恶魔炸药也。以此布之田亩，则嘉禾变为稗败，以此置之川流，则甘露变为鸩毒。败坏人类之武器手枪乎炸弹乎，当皆望尘莫及矣。虽然，有破坏家自有建设家，有鸩毒自有苓参，有嫉骄之贼，人心自有反躬实践之可以挽救。向使一人知反躬实践，则天下多一善士，人人知反躬实践，则天下将无恶人。盖仁义礼智四端，皆在于我者，人性本善，近取即是，反躬实

己之本，也是国家建设的基本。汤用彤坚信反躬实践为本的宋明理学具有普遍价值，对救治时弊有不可思议之效。所以他主张通过躬行道德以解决“精神衰弱”的民族文化危机，从而挽救国家危机。

（一）中国文化真精神的求索——“理学救国论”的提出

汤用彤的短文《道德为立国之本议》是其思想总纲，随后写的论文《理学谵言》则是他对如何把道德落实于现实救国层面的具体论证。1914 年 9 月至 1915 年 1 月，汤用彤在《清华周刊》第 13—29 期连续 17 期发表《理学谵言》（2.3 万字），集中体现出他力图熔铸古今中西道德文明的初步尝试，字里行间洋溢着他对弘发中国文化真精神的无限激情。

汤文用“谵言”（病中胡言）作标题，与时人非难传统有关。新文化派以为反传统就是属于进步和科学，把体现了传统道德的理学视为糟粕。加之对进化观的庸俗理解，遂使人在未深刻认识传统前，便已有先入为主的偏见。这都妨碍了对理学的客观评价。汤用彤起初亦受其影响，他说：“于是，见不合时宜者恶之，见不同流俗者恶之，见理学先生则尤恶之。自入京师，即遇某理学先生，亦与同侪大斥之者屡。”但在认真研习理学后，汤用彤的思想发生了根本转变：“在校无事时，偶手翻理学书，初格格不相入，然久之而目熟焉，知有所谓理，所谓性矣。复次而知程朱陆王矣，复次而溺于理学之渊矣。”① 他的新旧相对论承认社会从总体上是向前发展的，但这并不意味着任何事物新的都好，旧的都坏，或新旧之间没有连续性而只是彻底决裂。但在反传统思潮弥漫之时，要为理学正名，不能不顾虑时尚所趋，故汤用彤言：“我虽非世人所恶之理学先生者，然心有所见，不敢不言，以蕲见救于万一。于是擅论古人，着其语之有合于今日，尤有益于侪者于篇。”②

《理学谵言》分“阐王”、“进朱”和“申论”三部分，分别对王阳明的知行合一、致良知、存养省察、克欲制情、克己改过、格物和朱熹的性理本

践即得本，无用深探，更无用他求。故人类之福星，即在人类之一身，非必他求也。”汤用彤：《理学谵言》，《汤用彤全集》第 5 卷，河北人民出版社 2000 年版，第 23 页。

① 汤用彤：《理学谵言》，《汤用彤全集》第 5 卷，河北人民出版社 2000 年版，第 3 页。

② 同上。

体、天理人欲、主敬穷理、反躬实践进行阐释，均明其得失，详其利害，并针对时弊而发，探寻理学现代意义的用心跃然纸上。后世或黜王而推朱，或弃朱而言王，各有其所见，各行其所是。汤用彤辨朱王之异同，不泥前说，而以为“朱子之学非支离迂阔者”①。然就社会功用而言，汤用彤反对“称王学而弃朱子”，认为时弊“以王学治之，犹水济水，不如行平正之学为得，此余阐王进朱子之微意也”②。他提出：“阳明亦存朱子根本之说……阳明之于朱子实亦力为推许，力为辩护。”③“朱子论心性之处，陈言甚高，比之阳明之良知说甚同。阳明专任天性，而朱子乃惧专任天性之不足，进以穷理思精，而人以为破碎矣。”④对此，蒙培元教授评价是：“发前人之未发，同传统的‘扬此抑彼’之论不可同日而语，就是在今天，我们这些专门研究理学的人也未必能达到如此深刻的理解程度。”⑤《理学谵言》对包括朱熹、王阳明在内的理学，有非常深刻透辟的分析。这表明在朱学、王学之间，汤用彤不固执一偏。他写这类文章，不是专门讨论理学问题和朱、王异同，而是以理学为代表说明中国哲学之精神，这就是重视“人心”，重视“民德”，这也是立国之“本”。但这决不是泥古、保守，而是通过对中西哲学文化不同特质之比较以树立国人之精神信念。⑥

汤用彤把传统理学与对现实问题的思考结合起来，强调当时追求西化的迷失及中国传统断绝的危险，将时弊总结为“风俗趋于浮嚣”，“人心流于放荡”，“愈闲破矩而不加检束”，导致盲从“不法律之自由，不道德之平等”。他对此有感而发：“时至今日，上无礼下无学，朝无鲠直之臣，野无守正之士。加以西风东渐，数千年之藩篱几破坏于一旦，而自由平等之说哄动天下之人心。旧学既衰，新学不明，青黄不接，岌岌可危。噫，伏生之不作，谁抱遗经？孟子之不出，胡闲圣道？潮流荡漾水生黑海之波，风云变幻雨洒西

① 汤用彤：《理学谵言》，《汤用彤全集》第5卷，河北人民出版社2000年版，第27页。

② 同上。

③ 同上书，第14页。

④ 同上书，第26页。

⑤ 蒙培元：《大师风范，学者胸怀——写在〈汤用彤全集〉出版后》，《中国哲学史》2001年第2期。

⑥ 参见同上。

方之粟，名世者之不出，苍生益陷于涂炭。于是乃风俗猖披，人情诡诡，奸伪阴险书尽南山之竹，暴戾恣睢洗秽东海之波。”① 此段套用了他自幼熟诵的庾信《哀江南赋》的磅礴句式，借赋中悲苦之辞，抒发伤时之情。新旧过渡失序造成了人心不古，世风日下，国家积贫积弱。

汤用彤痛斥当时社会道德沦丧而把理学作为道德理想的寄托。他说：“本国之学术实在孔子。孔德之言性者，实曰理学”②，认为理学继承发扬了孔子以道德解释心性的真精神。为此汤用彤号召“理学救国”，强调救国须从国民道德入手，因而他志于“穷理”，盛赞儒家反躬实践之学。以为修身大要在穷理以致其知，反躬以践其实，而以居敬为主，全体大用，兼综条贯，表里精粗交底于极③，谓圣人之学，本心以穷理，顺理以应物。他认为宋明理学尤其是朱子之学，精微深切，有体有用，因而提出理学是“中国之良药也，中国之针砭也，中国四千年之真文化真精神也”④，为补偏救弊之良药和驱浮去嚣的实学。麻天祥教授认为：旧学既衰，应使之重振，新学不明，须以理学救弊，这是汤用彤向传统折返的缘由。在汤用彤强烈的道德意识中独重理学之原因，是理学既可治国人之情滞性惰，又可使国人言行谨严。有志救国不能光靠科学，也要求之于理学，即鞭辟入里之学。这也同当时用国粹激励种性，增强国民道德的时代思潮相吻合。⑤

（二）身心关系和心物关系的新诠释——科玄论战问题之发轫

汤用彤通过对身心关系和心物关系的新诠释，解答了理学作为道德心性学何以为救国良药的问题。他拒斥以物质文明为衡量人类文明进步程度的标准，认为仅物质文明不足以救亡图存。《理学谵言》发表于第一次世界大战爆发后两个月，汤用彤敏感地从一战给世界带来的灾难中悟出了心理文明对

---

① 汤用彤：《理学谵言》，《汤用彤全集》第 5 卷，河北人民出版社 2000 年版，第 27—28 页。

② 同上书，第 29 页。

③ 此处系汤用彤化用黄宗羲《宋元学案》总结朱熹治学大旨之语，而将其作为修身指针，表明汤用彤注重把治学与人格的修养实践结合为一体。

④ 汤用彤：《理学谵言》，《汤用彤全集》第 5 卷，河北人民出版社 2000 年版，第 3 页。

⑤ 麻天祥：《汤用彤评传》，百花洲文艺出版社 1993 年版，第 136—138 页。

人类历史进程的重要意义。他尖锐指出："试问今日之精械利兵足以救国乎？则奥塞战争，六强国悉受其病"，认为国人应该从中吸取教训，应知科学如"无坚固之良知盾其后，适足为亡国之利器也"，因此，他确信"国之强系于民德，而不系于民智。人心不良，理化者适助其日日制杀人之具，算数适增其机械计谋之毒"①。青年仅"受教育而无道德，则危险异常"，因为"知识愈广人欲愈滋，才力愈多而天理愈蔽。……泰西各国物质文明达于极点，而道德遂不免缺乏。近年以还，彼邦人士群相警戒，极力欲发达心理文明，且谓我国之真文化确优于其国。盖我国民性和平温厚，实胎酝自数千年也。顾我国学者，不知本末，无烛远之眼光，心羡今日之富强，而不为将来之长治久安计，不亦惑乎？盍也反其本耶？"② 此论较梁启超1920年所发表的《欧游心影录》中科学万能破产说更具先见之明。文化保守主义的基本特征是发扬中国文明的优长以解决西方文明的危机。汤用彤的《理学谵言》孤明先发，表达了一战以来国内逐渐萌生的文化保守主义心态，不仅直接成为学衡派思想的源头，而且可视作稍后东方文化派乃至现代新儒家的先驱。

与上述身心关系的看法相应，汤用彤在理学与科学孰为根本的问题上，更倾心于穷本究末的理学。他说："以古之理学与今之科学比，则人咸恶理学而求科学矣。不知理学为天人之理，万事万物之理，为形而上学，为关于心的；科学则仅为天然界之律例，生物之所由，驭身而不能驭心，驭驱形骸而不能驱精神。恶理学而乞灵科学，是弃精神而任形骸也。国人皆恶理学，则一国之人均行尸走肉耳，国乌得国乎？噫，金瓯不圆，陆沉有日，坐而思之，能无慨然。"③ 科学为物质定律，不能驭心，而理学才是关于心灵形而上之道理，如果弃心而任物，会使国将不国。这实际上涉及了科学与玄学的关系问题，而意识到或提出问题就是文化发展的进步。此说可谓后来科玄论战问题之发轫。④

① 汤用彤：《理学谵言》，《汤用彤全集》第5卷，河北人民出版社2000年版，第6页。

② 同上。

③ 同上书，第3页。

④ 科玄论战双方对玄学的含混理解及科学派对玄学的贬斥，自然进一步激发了汤用彤对玄学与科学关系的关注，为他随后开展魏晋玄学研究埋下了伏笔。在汤用彤影响下，

汤用彤认为，人心之放荡浮嚣只能求助于道德心性学才能医治。青年尤不能免于虚浮之习，原因是“物质之文明，日日回旋于其脑中。耳目之官，心智之思，俱不见他物，惟见机械之巧，器物之精。分秒之中无不思发达其心智，长育其体魄，而人身之源，人类之英世之所谓心性之学者，乃无暇入其心中”①。在他看来，如此徒事皮毛的学习西方物质文明，结果是使人心薄弱，而趋于嚣张、虚浮。“骛于技巧之途，而人心趋于诡诈；驰于精美之域，而人心流于侈靡。势也，亦宜也”，“故欲救轻浮之弊，必先去其机械侈靡之心，而使之及于真正之心理文明，则物质文明相得而彰，可大可久矣”②。他虽然未明言所谓真正的心理文明为何，但综观其各类著述可知，当指经过现代心理学诠释后的儒家心性之学。鉴于时人往往把西方文化仅看作机械之巧、器物之精、发达心智体格的物质文明。因此他视理学为补偏救弊的良药：“欲求实学，欲求毅力，首在道德，求之本国，舍朱王何以哉！”“心学理学固以朱王为巨擘，盍试亦求之欤？”③在汤用彤看来，精神生活的健全才最符合人性的本质需要。只有重光传统道德心性学才能引导国民走上合乎人性的心理文明，并振奋民族精神。这种挽救“学绝道丧”的努力，并非只对一时一地而发，实为千秋万祀而计。

汤用彤为发扬儒家心性学以解决人生意义问题，而产生了对心理学的浓厚兴趣，并认真学习包括心理学在内的西式课程。④对这些新知的融会可见于他在《清华周刊》上发表的系列文章，表现出他对新知如饥似渴的探求精神。他认识到救国尤其要以精神的学问（形上学）为根基，强调人类在物质文明日进的情况下，当守护精神价值，追求至善境界的终极关怀，有力彰显了时人对人文精神的诉求。他的这些看法，可谓学衡派文化思想核心“道德为体，科学为用”的早期表述。汤用彤的道德思想是欧战后世界范围内出现

今云“玄学”一般指魏晋玄学。

① 汤用彤：《理学谵言》，《汤用彤全集》第5卷，河北人民出版社2000年版，第30页。

② 同上。

③ 同上。

④ 他留学美国期间更系统学习了心理学的各种前沿理论。心理学的分析方法在其后来著述中时有体现。

的反思资本主义文化矛盾新思潮的产物，虽就当时国情而言过于理想主义，但它毕竟有着历久弥彰的合理内核。汤文综合新旧学问考论天理道源，经世致用，堪为发覆之作。他后来积极参加天人学会活动，筹办《学衡》杂志，亦是统宗有绪。

二、传统道德观的现代转换——新儒学之先声

《理学谵言》最后呼吁："今也时当春令为一岁之首，送尽严冬，催残腊鼓。是时也，诸君类当有一岁之新，猷新谋，而于身心之际，尤当首加以省察。固不必朱子，不必阳明，而要以道德为指归，以正确之目光坚强之心胸为准的，树德务滋，除恶务尽，自强自胜，则虽未学晦庵阳明之学，亦实晦庵阳明之所许也。记者之作《理学谵言》亦非欲人人从二人之学，实仅欲明道德之要。"[①] 这种胸怀表现了青年汤用彤自强不息，不断超越自我的求实精神。他最终所向往的不是欲人皆从朱王之理学，而是一种目的在于阐明道德作为中国文化特质重要性的文化理想。由此不难窥见他探寻儒学现实意义的苦心孤诣。

（一）儒学本位论——文化主体性的探索

汤用彤不以西方文明为救国良药的原因是，从外国求得的东西不合国性，突出了民族传统在文化交流中的本位地位。他从基于相对主义特色的文化多元论出发，从社会心理对异族文化的拒斥角度，说明发展新文化"求之外国不合国性，毋宁求之本国"[②]。正如孙尚扬教授所论：汤用彤主张每种文化都应以其本身内在的标准加以评断，外来的评判标准都难以达其内核。文化多元论强调文化的民族特殊性，强调自己文化具有不可替代的精髓，这是建立民族自信心的一种精神武器。在新旧相逼、中外相交之际，这种相对主义的文化多元论较之于当时的国粹派而言，是心理防卫上的一种退却，也因

---

① 汤用彤：《理学谵言》，《汤用彤全集》第 5 卷，河北人民出版社 2000 年版，第 31—32 页。

② 同上书，第 32 页。

其一定程度上的现代性而在理论上显得较为圆通。这种文化多元论的相对主义色彩愈浓，则其对本国传统的认同便愈深。客观上，这种相对主义的文化多元论，也构成文明进步合力中的一股力量，在事实上成为维系民族自信心的重要因素。①

汤用彤认为引介西方文化应当注意中国国情，尤其是国民心理的特点，因此，他重视集中体现了民族传统精神的理学，并对新派的做法有上述批评。他着重指出："吾国于世界上号称开化最早，文化学术均为本国之产，毫不假外求，即或外力内渐，吾国民亦常以本国之精神使之同化，而理学尤见吾国之特性。"② 他强调源远流长的中国文化的超稳定性，以及善于汲取、同化外来文化之长。但时人却偏于表面，"无深入之理想，取毛取皮而不究其根源，即如今日国学之不振，亦未尝非由于此病"③。他分析原因说："自西化东渐，吾国士夫习焉不察，昧于西学之真谛，忽于国学之精神，遂神圣欧美，顶礼欧学，以为凡事今长于古，而西优于中，数典忘祖莫此为甚，则奴吾人，奴吾国并奴我国之精神矣。是非不明，理势之又一大病耶，知其病则宜常以心目共同观察，遇事遇物随地留心，精于锻制，工于取法，若此则全为朱子穷理之学。故治朱子穷理之学者，后日成功之张本也。"④ 他不是反对输入西学，而是希望国人对外来学说要有正确态度，用本国文化的真精神融会外来思想，所用方法是借确立民族文化主体性的途径来解决各种问题。

汤用彤后来通过佛教中国化的历程进行鞭辟入里的研究，而总结出文化冲突到调和的规律，并以复兴民族本位文化的立场来考虑外来文化的传入与吸收问题。因此，贺麟说："（汤用彤）根据他多年来对中国文化学术史的研究和观察，对于中国哲学发展之继续性有了新颖而深切的看法。他一扫认中国哲学的道统在孟子以后，曾经有过长期失传的偏狭的旧说。他认为中国哲

① 参见孙尚扬：《从真理到价值——综论汤用彤的文化思想和学术成就》，《新视野》2005 年第 1 期。

② 汤用彤：《理学谵言》，《汤用彤全集》第 5 卷，河北人民出版社 2000 年版，第 27 页。

③ 同上书，第 31 页。

④ 同上。

学自来就一脉相传没有中断。即在南北朝隋唐时代，当佛学最盛，儒学最衰时期，中国人并未失掉其民族精神。外来文化只不过是一种偶然的遇合，外在的刺激，而中国利用之，反应之，吸收之，以发扬中华民族精神，并促进中国哲学的新发展。他这种说法当然是基于对一般文化的持续性和保存性的认识。这种宏通平正的看法，不惟可供研究中国文化和中国哲学发展史的新指针，且于积极推行西化的今日，还可以提供民族文化不致沦亡断绝的新保证。而在当时偏激的全盘西化声中，有助于促进我们对于民族文化新开展的信心。”① 而此处贺麟所谓“民族文化新开展”，正是现代新儒家的标帜。

（二）理本说的现代新儒学性质——儒学现代转化的方向性意义

乐黛云教授率先指出白璧德倡导促成一个“人文国际”，以便在西方创始一个人文主义运动，而在中国开展一个“以扬弃儒家思想里千百年来累积的学院与形式主义的因素为特质”的“新儒家运动”②。此后，学衡派与新儒学的关系，逐渐引起学界注意，探讨的主题是学衡派文化思想促进了新儒家运动的兴起，并对之产生了重要影响，成为新儒家的学术源头之一。但这些研究对作为学衡派代表人物的汤用彤与新儒家的渊源却鲜有涉及。

将汤用彤和现代新儒家放在一起加以对比，更能凸现其学说的新儒学的性质。现代新儒家可分成推崇心学（熊十力、牟宗三等）和理学（冯友兰等）两派。他们都主张继承传统，吸收民主科学，分歧在对儒家本体的认识：前者以心为本，后者以理为本，由此派生出不同的现代化方案。汤用彤虽不厚此薄彼，但对于现实国情中的“贫弱”、“浮嚣”诸弊而言，他更倾向于以理为本，他说：“夫志行既薄弱矣，又加之以嚣张，既嚣张矣，又加之以虚浮。除此而外则又或根于第四原因者，则不明事势，遇事无科学上之一定之观察是也。……欲大有为者，非有清醒之头脑，正确之思想不可。而吾国一班士夫则尤弱于此，不明理势，散布其害种恶果遍国中，而及于吾辈青年者，则

---

① 贺麟：《五十年来的中国哲学》，辽宁教育出版社 1989 年版，第 23 页。

② 乐黛云：《世界文化语境中的〈学衡〉派》，《陕西师范大学学报（哲学社会科学版）》2005 年第 3 期。

二事为大。二者为何？一则偏于理想，一则偏于表面是也。偏于理想者何也？盖平时未尝有线索、有法则、有科学上之思想论断故也。矧平日所学，不过发达心智，未发助其任事才力哉，任事之才力虽或得之于经验，亦可得之于学问。盖如取学问，挹其精华而使其为我所有，则亦可以增进才力，遇事可不至张皇矣。”①他认为文化的融合、民主科学的发扬，既是社会发展变迁的客观需要，也是各有其理为本体基础，因而他强调的“理势”观念具有客观必然性的合理因素。这种超越而内在的“理”所具备的外在规范作用，正是救治国民“散漫”、“虚浮”的良药。

汤用彤与其知友陈寅恪、蒙文通、钱穆皆以考据见长而特别推崇理学。王守常、钱文忠共同撰文认为：世人都推崇陈寅恪、汤用彤打通了中西学的藩篱，竟忽略了他们打通汉宋学隔阂的努力！他们从事研究的真正目的绝不是就某学科而论学科，而是要将中西汉宋的门户用理性来打破并使其融会，从而促成民族文化的“终必复振”！以陈寅恪、汤用彤的中西学养，应是可以完成他们的意愿，至少是完成学理上的证明。正是希望能“阐王”、“进朱”以“明道德之要”，基本走汉学考据道路的汤用彤才会对宋明理学特别关注。如天遂人意，汤用彤是会将研究领域扩展到宋学的。新儒学标举出“返本开新”以为法门。事实上，熊十力、梁漱溟、牟宗三更多的是做了“开新”的工作，“返本”则在当时未遑顾及。陈、汤的确做了迄今为止尚未得到真正理解的“返本”的工作，而且其目的正是在于“开新”。新儒家未遑“返本”，陈、汤未及“开新”！他们对中国传统文化的眷恋，实则是直关族类文化危机。因此，汤用彤就不可避免地要对儒学传统的阐释注入自己的理解，将朱学、王学之精髓赋予时代性进而阐发弘扬。这就是冯友兰所谓“以新文化来理解旧文化”，汤用彤已超越了康有为、谭嗣同时代的“以旧文化理解新文化”。②该文虽沿用旧说认为汤用彤“固非新儒家”，但注意到他在“返本”问题与新儒家的一致性。此处所言“返本”与20世纪儒学演进由思想体系建构到学术研究的历程有关。汤用彤早在五四运动之前就自觉开始了这一转

① 汤用彤：《理学谵言》，《汤用彤全集》第5卷，河北人民出版社2000年版，第28页。

② 参见王守常、钱文忠：《国故与新知的称星》，《读书》1991年第7期。

变，具体表现于清华时发表的系列文章及其身体力行中。他对于儒学现代转化所具有的方向性意义，迄今罕为学界所察知。

清华时期汤用彤民族危机的忧患意识，救亡图存的宏愿，已经由单纯政体的存亡绝续转向文化层面。他看到亡国灭种的政治危机，更深刻感到“我国如亡，则东方文化将随之消灭”① 的文化危机，因此强调救国“非有鞭辟近里之学不足以有为，尤非存视国性不足以图存”②。汤用彤逆科学和实业救国之风提出“理学救国”论，是因为他认为“国之强盛，系于民德”，因而试图以理学来增强道德，医治弱症。此后，汤用彤将主要精力集中到文化交流史研究上，没再明提“理学救国”，但“以道德为指归”的理念仍贯穿于汤用彤文化思想的始终。张岂之先生认为：“虽然此文中某些论点还不成熟，但是这些都不影响汤先生面对东西方文化所选择的评价角度。铸造人的优良道德品质，这是汤先生文化比较观的出发点。这一出发点恰恰就是中国早期儒学‘人学’和西方文艺复兴时期‘人学’的结合。他从西方撷取了‘理性’概念，又从儒学‘人学’继承了道德是人的特性的观点，将二者加以结合。这是一个非常重要的发端，从汤先生一生的学术经历来看，他融治学与为人于一炉；后来他研究玄学、佛学，以及西方哲学，最关注的是各种学说关于人的主体性的论述。他提出玄学之境界说，注重斯宾诺莎《伦理学》及其‘上帝’观念，以及洛克的经验主义学说，都是紧紧围绕文化如何铸造和提升人的道德品质这一主题。”③ 此言可谓深得汤用彤为人为学及其道德观之精髓。

综观汤用彤早期著述可知，其文化保守主义的道德观取向已有所倾，为后来追随白璧德新人文主义埋下伏笔。新人文主义强化了他对儒家的推崇，更加坚信传统文化的现代生命力。他在新人文主义的指导下逐渐调整自己的学术重心，从早年醉心理学救国，转向具体梳理理学的源起脉络，重点研究

---

① 汤用彤：《谈助》，《汤用彤全集》第 5 卷，河北人民出版社 2000 年版，第 49 页。

② 汤用彤：《理学谵言》，《汤用彤全集》第 5 卷，河北人民出版社 2000 年版，第 3 页。

③ 张岂之：《汤用彤先生关于中外文化比较的观点和方法》，张岱年、汤一介等：《文化的冲突与融合——张申府、梁漱溟、汤用彤百年诞辰纪念文集》，北京大学出版社 1997 年版，第 113—114 页。

理学的源头活水——汉魏两晋南北朝时期的印度佛教在中国化进程中与道家道教、玄学、儒家之间复杂的互动关系。他在这些学科领域里的成果成为今日学人必须攀登而又难以逾越的高峰。汤用彤之所以选择以上学术领域并取得举世瞩目的成就，与他早年道德救国观念密不可分，其学术活动皆来源于并体现着这些文化思想。

（原载于《孔子研究》2015 年第 1 期）

以“知识论主义”开辟新子学时代

——张东荪“知识学”三论

张耀南

在1923—1937年的大约15年间，张东荪（1886—1973）完成了其第一阶段之哲学创作，主题是“多元认识论”或“知识多元说”与“架构论”。这是甲午后中国最早之哲学创作，较之学界所谓的“创体系时代”，整整超前了一个时代。用冯友兰所谓“子学时代”与“经学时代”之视角来观察，在“经学时代”终结之后，张东荪以其“自成系统底哲学”开辟了一个以“直接表达”或“正面表达”为特征的“新子学时代”，远远走在“创体系时代”其他哲学家之哲学创作的前列。

在本文中，著者尝试提出一个观点：张东荪在中国甲午后时代开辟了冯友兰所谓“新子学时代”。这当然就暗含一前提，即肯定张东荪本人就是一“子”。若本人不为一“子”，他便无以开辟所谓“子学时代”，更无以开辟所谓“新子学时代”。

要成为一“子”，当然需要具备很多条件。著者以为起码要满足以下两条：（一）有自己独特之哲学主张；（二）以直接表达之方式而非解释经典之方式提出此种主张。而要成为“新子学时代”之开辟者，还须满足一个条件，即在此时代中，其哲学主张是处于或基本处于“第一”之位置的。

此处“第一”可以有两层含义，一是指首先提出某种理论，二是指所提理论在当时中西哲学或中国哲学上处于前沿位置。说张东荪开辟了“新子学时代”，即是谓张东荪首先建立起甲午后时代中国哲学，并且这个哲学在当时处于中国哲学之前沿。

一、甲午后时代构建“自成系统底哲学”之最早尝试

先谈时间问题。说张东荪在中国甲午后时代开辟了冯友兰所谓“新子学时代”，表示在时间上，张东荪的确是中国“现代哲学”与中国“后现代哲学”之第一人。

（一）多元认识论：甲午后时代最早的认识论

张东荪自觉地、有意识地创建“自成系统底哲学”，时间相当之早。1923年1月10日（《东方杂志》第20卷第1号）的《“这是甲”》一文之副标题即为“我于哲学上的一个愚见”，表明作者是想有意识地创建一种哲学。《“这是甲”》一文，以及1923年4月《教育杂志》15卷4期上的《知识之本质》一文，是张东荪创建“自成系统底哲学”之开端。

《“这是甲”》一文把“我这种主张”称为“唯用的合理论”（pragmatic rationalism），并声明“我抱这种思想至少亦有十年了，决不是出于一时的兴会”。表明其拥有自己之哲学主张，至少是在1913年左右。这个时间对中国之“现代哲学”而言，是史无前例的。

1924年6月出版的《科学与哲学》一书，副标题为“一名从我的观点批评科玄论战”，以总结批判1923年的“科玄论战”为主，但其中依然有陈述“我的哲学意见”① 的强烈意识，认为此种意见“是物观的理想主义（objective idealism）之一种”，并“抢”丁文江先生（1887—1936）的“存疑的唯心论”一词命名之。②

脱稿于1927年11月29日、发表于1928年4月10—15日（《东方杂志》第25卷第7、8号）的《宇宙观与人生观》长文，副标题为“我所献议的一种”，是张东荪个人哲学思想的首次全面而系统的公开亮相，“目的是述我心目中以为可取的一种宇宙观与人生观”，并声明“所述完全是说我自己所要

---

① 张东荪：《科学与哲学——一名从我的观点批评科玄论战》，上海商务印书馆1924年版，第66页。

② 同上书，第88页。

说的话"①。

1928 年 7 月印刷、1929 年 1 月再版的《人生观 ABC》一书，专门在人生观的"两大类思潮"——快乐论（hedonism）与理性论（rationalism）——之外，提出自己的人生观，张东荪本人名之为"第三种态度"② 或"进化的态度"（evolution as method）③ 或"我们这个第三种思想的态度"④。

1929 年 1 月印刷、出版的《哲学 ABC》一书，创建自己哲学体系的意图更是十分明确，其《例言》首句话便是："本书的编撰有两个目的：一为使初学的人知哲学是什么；二为简括地表示著者个人的见解。"⑤ 该书第四章名为"总结——我的宇宙观"，表达作者"个人的意见"，即"架构"（structure）的宇宙观。⑥

1929 年 8 月初版的《新哲学论丛》一书，首次以著作的形式完整系统地公布作者本人的哲学主张。这一主张被称为"一个雏形的哲学"，上篇谈"认识论"，下篇谈"宇宙观"，附录谈"一个雏形的人生观"，构成中国哲学史上第一个"知识论主义"的，即以知识论为出发点、又以知识论为最终归宿的完整哲学体系。

这个体系公布的时候，M. 海德格尔（M.Heidegger）刚出版《存在与时间》（Sein und Zeit,1927），R. 卡尔纳普（R.Carnap）刚出版《世界的逻辑结构》（Der logische Aufbau der Welt, 1928），A.N. 怀特海（A.N.Whitehead）刚出版《过程与实在》（Process and Reality, 1929），K. 曼海姆刚出版《意识形态与乌托邦》（1929）。而中国那些后来在 20 世纪成名成家的哲学家们，此时思想尚在摇篮中。熊十力先生出道稍早，1932 年出版《新唯识论》；其他各家就很晚了，汤用彤先生的《汉魏两晋南北朝佛教史》（上卷）出版于 1938 年，冯友兰先生的《新理学》出版于 1939 年，金岳霖先生的《论道》出版于 1940 年、《知识论》出版于 1983 年。

---

① 张东荪：《宇宙观与人生观——我所献议的一种》，《东方杂志》第 25 卷第 7、8 号（1928.4.10—25），第 7 号第 53—68 页，第 8 号第 55—71 页。

② 张东荪：《人生观 ABC》，上海世界书局 1928 年版，第 32 页。

③ 同上书，第 33 页。

④ 同上书，第 39 页。

⑤ 张东荪：《哲学 ABC》之《例言》，上海世界书局 1929 年版。

⑥ 同上书，第 92—109 页。

体系公布以后，张东荪又有如下增修动作：

1931年1月刊《道德哲学》于上海中华书局，公布自己的“道德哲学”；同年刊《条理范畴与设准》于《哲学评论》（北京）4卷2—4期，创始“多元认识论”。1932年9月刊《认识论的多元论》于《大陆杂志》1卷3—5期，分序言、方法论上的认识论主义、当前（The given）、三种条理、条理、可塑性、范畴、设准、概念、唯用主义、结论共十一部分，以将近6万字的篇幅，全面系统地论述自己的知识论主张，并正式将此种主张命名为“认识论的多元主义”（epistemological pluralism）。

1934年9月，张东荪在上海世界书局出版《认识论》一书，进一步修改完善自己的“认识的多元论”（epistemological pluralism）或“知识之多元说”（a pluralistic theory of knowledge）。该书之《自序》称：

> 我这个主张蓄之于心中好多年。现在愈想愈觉有些自信。所以把他发表，求海内明哲指正。其内容与拙作《条理范畴与设准》一文（载《哲学评论杂志》）大体上差不多。不过亦有些改变。就中对于“范畴”一语，因为歧义太多，易生误会。随（遂）避而不用了。关于涵义一层亦觉得归于名理为妥。总之，这样便较前文更平稳些浅近些。霍金（Hocking）说，折衷论者总是无大气魄。我自承是一个折衷论者。至于折衷得成功还是失败，则敢请读者批判了。①

张东荪这部《认识论》，在中国哲学史上具有重要地位。它是中国哲学史上第一部专门的知识论著作，即使其内容还不太成熟，但它毕竟是第一部。仅此一点，已足以奠定张东荪之“第一”的地位。该书在内容上，已论及人类知识的各主要方面，包括：认识的多元论对于感觉之见解；认识的多元论对于外界之见解；认识的多元论对于认识的立法之见解；认识的多元论对于名理的先在性之见解；认识的多元论对于经验上的概念之见解；认识的多元论对于行为与知识的关系之见解；认识的多元论对于主观能力之见解。

---

① 张东荪：《认识论》之《自序》，上海世界书局1934年版。

该书在《结论》部分，还特别引申出一种相应的宇宙观，此种宇宙观以否认本质（being）或本体（substance）为根本出发点与立足点，因而具有极鲜明的“后现代哲学”特征。而此种具有“后现代哲学”特征之宇宙观，又竟是直接从其“认识的多元论”引申而来，可见张东荪知识论在当时是相当前卫的。若仅就中国哲学史来看，直到如今还相当前卫。

1936年5月，詹文浒先生所编《张东荪的多元认识论及其批评》一书在上海世界书局出版，这是张东荪哲学创作的又一重要举措。该书收录相关“批评”文章四篇，分别为：江振声之《读认识多元论》、傅统先之《认识是多元还是一元》、孙道升之《读张先生认识论所感》、谢幼伟之《多元的认识论质疑》。该书同时收录张东荪本人作品三篇：《认识的多元论》、《关于逻辑之性质》、《跋》。

《认识的多元论》取自两年前出版之《认识论》一书，但有重要修正，如增补了“序言”、“方法论上的认识论主义”两节等。《关于逻辑之性质》虽已于1935年1月刊于《哲学评论》6卷1期，但此次收录时亦有重要修正，这是张东荪在其知识论方面的极重要拓展。《跋》写于“民国二十四年七月十七日”，在张东荪哲学创作之历史上，具有重要地位：重点讨论了自己之知识论“是否可称为‘唯心论的’”这一重大问题；再次重申“我是极严格采取第三式”这一根本态度①。

1936年10月1日，张东荪刊《多元认识论重述——我的多元认识论与康德之比较》一文于《东方杂志》33卷19号（该文还有上海商务印书馆出版之抽印本），从比较研究的角度，进一步确定了自己的知识论之性质，划清了自己的知识论与康德知识论之界限，证明自己之知识论决非仅是“新康德主义的变种”（《中国大百科全书》“哲学”卷之定性）。该文认为张东荪之知识论有别于康德之知识论的主要方面有：有关知识论与形而上学之关系的理论、有关感觉或感相的理论、有关主观与自我的理论、有关格式和范畴的理论、有关外界的理论等。该文给人的印象是：张东荪的知识论完全是一种独立的理论，是一件极具独创性的作品。

张东荪创作“多元认识论”或“知识之多元说”之最后的惊人之举，乃

① 詹文浒编：《张东荪的多元认识论及其批评》之《跋》，上海世界书局1936年版。

是在胡适、蔡元培、王云五三先生所编《张菊生先生七十生日纪念论文集》一书中刊行《多元认识论重述》一文。该文与上面提及的《多元认识论重述——我的多元认识论与康德之比较》一文有关联，但又不完全是一回事。张东荪解释说：

> 本文曾载东方杂志第三十三卷第十九号，乃系病后所写，匆匆完篇；不甚洽意。嗣后自阅觉应增加者尚有多处，惟以课忙致搁置未果。王云五先生发起为张菊生先生寿诞征文。苦无以应。因将此文复检查一过。凡有未足者悉为一一增入。以视原有者约多三分之一。虽不为新作，然亦非敢将旧稿充数，想菊生先生必能有以谅我也。①

既比原稿多出三分之一，依现在的标准看，也就算是新作了。故这一篇文章，虽亦名曰《多元认识论重述》，但却在《多元认识论重述——我的多元认识论与康德之比较》一文基础上，迈出了一大步。可说这一篇文章，既是张东荪“多元认识论”或“知识多元说”之顶点，又是其终点。谓其为“顶点”，是说这一篇文章乃是张东荪“多元认识论”或“知识多元说”的最完整表述，自此以后他在这一领域没能写出比这更优秀的文字；谓其为“终点”，是说这一篇文章乃是张东荪“多元认识论”或“知识多元说”之最后完成，自此以后他不再倾主要精力于“多元认识论”或“知识多元说”之创作。这一篇文章在张东荪哲学创作史上，是划时代的。

该文共分十四节，第（一）节说明该文之来历，第（二）节说明“多元认识论”或“知识多元说”之趋向，第（三）节说明必须抛弃将“材料”与“能力”对立起来、割裂开来的“两橛论”（bifurcation theory）成见，第（四）节讨论“统觉”与“自我”问题，第（五）节讨论认识论与名学之关系，第（六）节讨论半经验半先验之“设准”（postulate）与“名学之基本律令”（basic law of logic）的根本区别，第（七）节讨论“直观上的先验者”（the a priori

① 张东荪：《多元认识论重述》，见胡适、蔡元培、王云五编：《张菊生先生七十生日纪念论文集》，上海商务印书馆 1937 年版。

in intuition)，第（八）节说明“主”、“客”之分只存在于“认识”之后而不是之前，第（九）节说明“感觉”乃是一种“不存在者”（the non-existent），第（十）节说明“感觉内容”（sense-content）决不使我们推知另有一个外物在其背后，第（十一）节说明“外在根由”只是“架构”而已，第（十二）节说明康德所说的“物其自身”可以不要，第（十三）节总论人类知识的“四个层次”或“四个世界”，第（十四）节讨论人类知识之“各种的方式”、哲学的性质以及“共同世界”之造成。

这一篇2.2万余言的文章，著者以为乃是中国甲午后时代之杰作，其在中国哲学史上之价值，决不在金岳霖先生洋洋70万言的《知识论》（1983）之下；把它放到欧西哲学背景上，价值亦决不在美国哲学家蒯因（W.V.O.Quine, 1908—2000）的著名论文《经验论的两个教条》（Two Dogmas Empiricism）之下。熟悉中、西哲学史的读者，一眼就能看出，著者对于张东荪的这一篇文章，评价是非常高的。

从《“这是甲”——我于哲学上的一个愚见》一文发表（1923年1月10日），到《多元认识论重述》一文出版（1936年10月30日完成，1937年1月出版），这15年间的活动，就是张东荪第一阶段的哲学创作，创作的主题是“多元认识论”或“知识多元说”。这是张东荪最早的哲学创作，也是甲午后时代最早的哲学创作。甲午后时代能够在哲学创作时间上与张东荪一较高下的，似乎只有熊十力先生一人。

1936年6月，牟宗三先生曾以《一年来之哲学界并论本刊》为题，评论1936年前后之中国哲学界，认为熊十力、张东荪、金岳霖乃是当时中国哲学界的“三枝栋梁”，说：“这三位大体上说来是代表了三种学问：熊先生代表了元学、张先生代表了知识论、金先生代表了逻辑。”又说：“总之，熊十力先生、张东荪先生、金岳霖先生，是现代中国哲学界的三枝栋梁。若没有这三个人，也只好把人羞死而已。有了这三个人，则中国哲学界不只可观，而且还可以与欧西人抗衡，还可以独立发展，自造文化。”① 牟先生在此处，在

① 牟宗三：《一年来之哲学界并论本刊》，广州《民国日报》1936年6月24日及7月1日之“哲学周刊”栏（第43、44期）。

尚未见及张东荪《认识论》之后的两篇重要文献——《多元认识论重述——我的多元认识论与康德之比较》及《多元认识论重述》——的情况下，认定张东荪乃是代表了中国哲学知识论的“一枝栋梁”，是完全客观的与有远见的。

实际上，在牟先生所说的“三枝栋梁”中，张东荪是出发最早、目标最为明确的一位；熊十力先生出发稍晚，且目标不完全是“现代哲学”或“后现代哲学”；金岳霖先生出发更晚，在1936年的时候，思想尚在摇篮中。

（二）知识社会学：甲午后时代最早的知识社会学

著者以为可以把1923—1937年张东荪的哲学创作，称为“张东荪Ⅰ”；把1938—1950年张东荪的哲学创作，称为“张东荪Ⅱ”。

“张东荪Ⅰ”以创作“多元认识论”或“知识多元说”为重心，可以称之为“认识论阶段”；“张东荪Ⅱ”则以创作“知识社会学”为重心，可以称之为“知识论阶段”。认识论追问知识之来源，追问知识如何可能，以“知识”为终点；知识论则视“知识”为当然事实与当然起点，搁置知识如何可能之问题。认识论求真求实，追求知识之确实性；知识论则不置重真实性与确实性，而以讨论知识与外围因素之关系为重点。认识论范围较狭，局限于一种视角；知识论范围较宽，既可包括生物学视角，亦可包括逻辑学视角、心理学视角、认识论视角以及社会学视角等。

在“张东荪Ⅰ”与“张东荪Ⅱ”之间，1937年的“卢沟桥事变”是一个明显分水岭。正是在张东荪进入第二期的哲学创作，即进入“张东荪Ⅱ”的时候，甲午后时代中国哲学才从整体上进入学界所谓的“创体系时代”；从此角度说，张东荪比其他“创体系”的哲学家，整整超前了一个时代。[①]

1938年6月，张东荪刊《思想言语与文化》长文于《社会学界》杂志第10卷，这是张东荪创建自己的“知识社会学”之首次重拳出击[②]。全文

---

① 贺麟及方松华均以1935年4月中国哲学会成立为“创体系时代”来临之标志或界碑。参见贺麟：《当代中国哲学》，胜利出版公司1945年版，第11页；方松华：《20世纪中国哲学与文化》，学林出版社1997年版，第136页。

② 确切言之，张东荪“知识社会学”之创作起点，可上溯至其《从言语构造上看中西哲学的差异》一文，该文载1936年4月1日出版之《东方杂志》第33卷第7号。

逾 2.4 万言。收笔于 1938 年 1 月 28 日北平西郊燕东园。全文共分十四节，外加一个“补注”。文章开头即表明作者不同意孟汉（Mannheim）的“知识社会学”：

> 本篇的目的是想对于所谓“理论的知识”做一个比较满意的解释。亦可以说这就是一种知识论。原来我这个意见曾蓄在心中好多年。最初使我得着一些暗示乃是由于我发见欧西哲学上的问题大半不是中国人脑中所有的问题。我因此乃觉得西方与东方在心理上，换言之，即在思想的路子上，确有不同。根据这一点，又使我不得不承认西方人所有的知识论不能不加以修正。因为西方人的知识论是把西方人的知识即视为人类普遍的知识，而加以论究。然殊不知西方人的知识仅是人类知识中之一种而已，在此之外，确尚有其他。这是使我所以有此种思想的最初唆示。后来看见德人孟汉（Mannheim）之 Ideology and Utopia，以为从社会学以研究知识，可以得着一个同志。但我读了他的书以后，依然觉得他的态度和我不同。……我所注重者不是社会上的思想，乃是思想背后的骨干。①

“思想背后的骨干”就是“格式”、就是“设准”。张东荪以为中、西思想之“格式”、之“设准”完全不同，因而其所得之知识均非“人类普遍的知识”，均只是“人类知识中之一种而已”。所以有必要建立一种新的知识论，以解决不同“格式”、不同“设准”带来的不同知识之间的关系问题。在该文之末，张东荪说“最后我要殿以我的知识论”，动机即在此。

在同一期《社会学界》杂志上，同时刊出了李安宅先生之译作《孟汉论知识社会学》，系伦敦大学教授 Karl Mannheim（原德国 University of Frankfurt/Main 的社会学教授）之 Ideology and Utopia:An Introduction to the Sociology of Knowledge 一书第五编之汉译。该书于 1936 年在伦敦出版英文本。李安宅先生在《译者按》中谈该书汉译与张东荪之关系云：

① 张东荪：《思想言语与文化》，《社会学界》第 10 卷，1938 年 6 月。

在这里发表本篇汉译的缘故，第一因为本刊以内张东荪一篇《思想言语与文化》的文章，颇有对于本书作进一步的批评的地方，倘读者未读原书，恐不明对象所指。于是移译这篇总结原书体系的文章，给张先生那一篇作个附录。第二，本篇首尾完整，可以单独发表，而且亟有将这新的领域介绍给读者的必要。①

李安宅先生此处将 Karl Mannheim 之书视为张东荪《思想言语与文化》一文之“附录”，足见其对于张东荪之“知识社会学”观点，是相当重视的。

1940 年 1 月刊于《研究与进步》杂志第 1 卷第 4 期的《知识社会学与哲学》一文，在张东荪“知识社会学”之创作史上，亦是划时代的。这一篇文章，实际上是张东荪向中西学界首次系统公布其创作“知识社会学”之总纲领。

该文的副标题为“一个包括各方面的知识学之建立”。文章首先分析了当时世界哲学界之两大新趋势：“一个是从言语的研究来廓清哲学上的暧昧问题。一个是从社会学的研究来阐明哲学思想与人文环境的关系。第一派是由 M.Schlick；R.Carnap；H.Reichenbach 等人所倡导。第二派则有 K.Mannheim；P.Andrei，A.Dempf ；A.Eleuthropoulos ；E.Grunwald 等人——就中以孟汉为领袖。……现在因为第二派所主张有与我平素所想者相暗合处，遂成此篇，聊以报命。”② 这两大新趋势的分析，是相当中肯，也是相当具有远见的，因为“逻辑实证论”和“知识社会学”在当时都还只是刚刚兴起。

文章接着分析了“知识社会学”之性质：“知识社会学（wissenssoziologie）是最新出的一门科学。从社会环境决定思想上以研究各种思想的内容。换言之，即职在分析人类思想内容以求发见其如何被社会因素所左右。注重于境遇左右思想；致各种思想皆有其背境。于是有‘境况的相对性’（situations-gebundenheit）。这种学问同时又以‘主义’（ideologie）为对象，以研究其所以构成的利害关系。”③ 著者以为此处已基本讲清“知识社会学”之性质。

① 李安宅译：《孟汉论知识社会学》，《社会学界》第 10 卷，1938 年 6 月。

② 张东荪：《知识社会学与哲学》，《研究与进步》第 1 卷第 4 期，1940 年 1 月。

③ 张东荪：《知识社会学与哲学》，《研究与进步》第 1 卷第 4 期，1940 年 1 月。

文章认为人类知识至少受到三种限制：一是“生物学的限制”，这是Kant发现的；二是“心理学的限制”，这是Freud发现的；第三就是“社会因素的限制”，这是“知识社会学”发现的。“生物学的限制”是普遍的与必然的；“心理学的限制”却是各人不同；至于“社会因素的限制”，则“既不是普遍的却不是各人各样的”。张东荪的主张，是将此三种限制综合起来进行研究：

> 我个人的宗旨是想把知识学（wissenschaftslehre）建立为一种独立的科学，而立于“实证主义”（positivismus）之上。换言之，即从各方以研究知识，而不限于用形而上学的观点。详细来说，这个知识学必须不仅限于传统的“认识论”（epistemologie）；而必须包括各方面。从逻辑方面以研究知识的格式；从心理学方面以研究思想的“作用”（akt）；从认识论方面以研究知识的“确实”（geltung）。这些都须包括在内。而尤必要的就是关于上述的三种限制的研究。
>
> 因为这个缘故，我对于知识社会学甚为重视。但我不是专从社会学的立场想把知识尽吸入其中；我乃只是从知识论的立场以为研究知识不能抛弃其社会因素的影响而已。①

张东荪在这篇文章中，详细公布了自己的“知识学”或“知识论”计划。这个计划包括三个主要的方面和两个次要的方面。

三个主要的方面是：（一）逻辑方面，不认为逻辑是“千古不易的真理”、是“自然自足的实情”，而认为逻辑是与社会因素相关，“乃只是由社会所要求而始发明的”。（二）哲学方面，不主张“迷在哲学内”以解决哲学上的问题，如心与物、一元与多元、质与式等问题，而主张“从问题以外来看问题”，查一查这些问题何以会发生、发生了与人生有何关系、解决了对于生活起何作用以及为什么只是这样而不是那样等等。（三）哲学史方面，不主张把一个一个的哲学家作对象，以研究其时代的经济政治状态及其个人的社会关系，而是主张“把哲学思想看作一个很长很长的不断之流”、“把哲学史

① 张东荪：《知识社会学与哲学》，《研究与进步》第1卷第4期，1940年1月。

当作文化史”，在这个流中设法找到其“文化的背景”、从思想的变迁上设法找到“社会的变迁”、“看出其背后的社会文化的过程”。

两个次要的方面是：(一) 言语问题方面，不主张卡尔纳普（R.Carnap）、纽拉斯（Neurath）等人以为言语可以还元到物理报告的“物元主义”(physikalismus)，而是主张“言语本身就是社会的”，认为言语的主要作用是表示“价值”或“表情”，如希望、感情、意志等，“而不限于达意”。(二) 态度的非难方面，不认为人们对于知识社会学的非难（此种非难曰：你主张社会因素左右思想，则你的思想亦必为社会因素所决定因而必非真理了）是可以推翻知识社会学的，而是认为“这样的攻击可施于任何学说”，包括非难者本人。产生这种状况的原因，恐怕多半还是由于“观点”、“立场”、“态度”等的不同。

张东荪在《知识社会学与哲学》一文中所公布、建立的“一个包括各方面的知识学”，是中国哲学史上第一个独立的知识学体系，也是中国哲学史上第一个独立的知识社会学体系，其价值是不言而喻的。建立这样的体系对张东荪而言，不是偶然的、意外的，而是有意识的、自觉的。自此以后，张东荪的思想就没有脱离开这一方向。《知识社会学与哲学》一文的最后一句话是：“以上所说只是略抒我近数年来的感想，亦是我近来所祈向的方向。”①表明这篇文章就是承上而启下的，承“近数年来”之上，启“所祈向”之下。

于是才有《知识与文化》、《思想与社会》、《理性与民主》三部知识学与知识社会学巨著之面世。

《知识与文化》一书原为张东荪在燕京大学之讲义，署名《知识学》。整理出版时之《自序》写于1940年4月30日，《后序》写于1941年10月3日，表示该书至迟在1941年10月3日前已完全定稿。现在还有很多人不明白此书之价值，其实这本书乃是中国哲学家独立创作出来的有关知识社会学的第一部专著，完成时间只比知识社会学创始人K. 曼海姆（Karl Mannheim, 1893—1947）之名著《意识形态与乌托邦——知识社会学导论》(Ideology and Utopia:An Introduction to the Sociology of Knowledge，德文版1929，英文

① 张东荪：《知识社会学与哲学》，《研究与进步》第1卷第4期，1940年1月。

版 1936）德文版晚 12 年左右、英文版晚 5 年左右；因张东荪被日军关押并判刑，造成出版时间在此基础上再晚 4 年多。即使以出版时间计算，张东荪能在欧西知识社会学确立以后的十几年时间里，完整系统地创立中国人自己之知识社会学，也是非常了不起的，令人吃惊的。

台湾学者江日新先生就在一篇文章中表达了此种惊异，他说：

> 张东荪在知识社会学探究中，不但接上了孟汉（Karl Mannheim）的思想脉络和局架，事实上也很据原创地自我做更广面的发展。《知识与文化》与《思想与社会》两书就是其最为巨著的贡献。事实上，相对于孟汉的众多著作，特别是整个知识社会学的学科奠基运动，张东荪所掌握的信息并不算多，甚至还可以说是太少了。不过，他仅由孟汉的《意识形态与乌托邦》（Ideologie and Utopie）作为线索，却在 1937 年就借由《思想、言语与文化》一文追索出孟汉到 1980 年才为人所认识有关思想结构或模态的论述。（Mannheim, Struktruren des Denkens. Frandfurt a M.:Suhrkamp, 1980）至如他常识、科学、形而上学的三种知识系统说，不禁使我想起在知识社会学上以“知识形式”来整合有关形而上学、人类学、历史哲学和知识论的谢勒（Max Scheler）的“三种事实理论”和“三种知识形式说”。在这些论点当中，不管是张东荪，还是谢勒或孟汉，我们的确在这东西两不相遇的思想家身上，发现他们各自发出的相同火花。①

江先生在这里有一个明显的暗示，就是张东荪在中国创建知识社会学，和孟汉、谢勒在欧西创建知识社会学，是“两不相遇”、同时并行的，是各自独立发出的“相同火花”。这就更显示出“张东荪晚年对知识社会学的努力和成就”，使人“惊讶于张东荪攫握时代思潮的敏感度”。

著者以为 K. 曼海姆的《意识形态与乌托邦——知识社会学导论》这部

---

① 江日新：《从多元认识论到知识社会学：张东荪知识学说的一个试探》，《哲学研究》1999 年增刊。

名著只是对张东荪起了“点拨”作用，“点拨”之后的全部知识社会学体系，却是张东荪独创的。

（三）独立知识论：甲午后时代知识论第一人

知识社会学只是“独立知识论”的一个视角。张东荪之目标，是创立一种“独立知识论”，所以他决不会以知识社会学为满足。

“独立知识论”可以包含众多的视角：从哲学的视角研究人类知识，有所谓认识论；从心理学的视角研究人类知识，有所谓心理学的知识论；从逻辑学的视角研究人类知识，有所谓逻辑学的知识论；从生物学的视角研究人类知识，有所谓生物学的知识论；从社会学的视角研究人类知识，有所谓社会学的知识论，或曰知识社会学；更可以从经济学的视角研究人类知识，有所谓经济学的知识论，或曰知识经济学。

著者以为“独立知识论”之“独立”二字，至少有两重含义：一是这样的知识论不作形而上学之“序论”、“先导”或“先奏曲”，如康德；二是这样的知识论不偏于一面如知识社会学，而是取广义立场，将上述各种视角合并解决之。谈到此种“独立知识论”，张东荪有言曰：

> 因此之故，我现在不拟取名为文化主义。特名之曰多元交互主义(pluralistic interactionism)。用以表明两层的交互作用。第一是在知识以内的。即在知识内是感觉知觉与概念以及外在的架构四者互相作用。外在的架构左右感觉。感觉支配知觉。知觉供给概念。而概念却又解释知觉。知觉又决定感觉。感觉混括外在者。这是第一次的交互作用。至于知识与文化的关系亦是二者互相作用。知识受文化的限制。如言语在一方面便足以限制思想，在他方面却又可以助长思想。这是第二次的交互作用。而在文化各方面却亦有交互影响的情形。如言语足以影响逻辑。逻辑又足以支配哲学。哲学能左右社会政治思想。反之，社会政治思想又能决定哲学。哲学在暗中却指导逻辑。逻辑又能改造言语。这便是第三次的交互作用。总之，知识本身是“投外的造成者”(projective constructs)，但必有所据，名之曰“所与”(given)。然却不

是仅由所据而造成，乃另外有影响足以左右之，于是我们共得三个观念。即本身的造成者，背后的所与，及外加的影响是也。三者是互相作用的。本书内虽不显然分别这些分次，却统以互交作用贯通之。希望读者注重于此点，便得全书之纲领了。依据此层，著者对于知识系采取“多因素说”（multiple factors theory of knowledge），即谓知识不是决定于某一个因素。而却有多个因素互相作用于其中，感觉自是一个因素，而其背后的外在者亦是一个因素，概念是一个因素，而其发为指导作用的范畴亦是一个因素，不仅知识以内的感觉概念等为然，而在知识以外的文化影响又在暗中左右知识，何尝不是又一因素呢！①

很明显，“第一次的交互作用”是从哲学角度去看的，属“认识论”研究的对象；“第二次的交互作用”是从文化学角度去看的，属“知识文化学”研究的对象；“第三次的交互作用”是从社会学角度去看的，是“知识社会学”研究的对象。“认识论”探讨知识之生物学上的制限，“知识文化学”探讨知识之文化的制限，“知识社会学”探讨知识之社会的制限。张东荪主张将后两层意思合并，以“讨论文化所以左右人们的知识之理”。

他以为从文化而说到知识、从文化的角度谈知识之制限，大约可以分两层，一层是知识之文化的制限，一层是知识之社会的制限，“马克斯见到第二层，孟汉推而广之，稍稍及于第一层。可惜他仍没有完全脱离了第二层而单讲第一层。我主张先讲第一层，把第二层吸收在内。不是以第二层为主而吸收第一层。这便是我和他们不同的所在了”②。

即张东荪主张把知识之社会的制限并入知识之文化的制限中来讨论，故张东荪的“知识文化学”即是其“知识社会学”；其“独立的知识论”主要由“认识论”和“知识社会学”两部分构成，前者谈知识之生物学上的制限，后者谈知识之文化的与社会的制限。

有些学者以为张东荪晚年放弃了早期之“多元认识论”，完全是一偏之

① 张东荪：《知识与文化》，重庆、上海商务印书馆 1946 年版，第 5—6 页。

② 同上书，第 45 页。

见，根本没有弄清张东荪孜孜以求的“独立知识论”为何事。著者以为张东荪后期虽确有一个“知识社会学转折”，但其所转的只是考察问题的视角，即从哲学视角转到文化学、社会学视角，而不是对某一视角的放弃。

由是观之，认识不到《知识与文化》、《思想与社会》、《理性与民主》三书乃是中国“知识社会学”之杰作，是不对的；同样，仅把《知识与文化》、《思想与社会》、《理性与民主》三书视为中国“知识社会学”之杰作，亦是不对的。因为《知识与文化》、《思想与社会》、《理性与民主》三书要追求之目标，著者以为是创建“独立知识论”，而不只是“知识社会学”。

且看张东荪在《知识与文化》一书之《后序》中说的话：

> 本书以知识社会学为出发点，以讨论一切知识，例如哲学，名学以及政治思想，道德理论等。……但须知知识社会学却不就是知识论，因为二者在出发点上有些不同。知识社会学是以社会学的立场而去研究知识。知识论却并不限于必以社会学为立场，有时以哲学为立场，有时以名学为立场都可以的。且更可以拿心理学作立场去讲的。故知识论在实际上是凡从心理学来讲的便属于心理学；凡从名学来讲的便属于名学；凡从社会学来讲的便属于社会学。至于从哲学来讲知识则这种知识论依然是在哲学范围以内。本书虽然想把各方面合起来成为一个独立的知识论，但却承认这却只是一个综合的知识论，而并不是真正独立的知识论。①

“独立的”一语之含义，其实张东荪已经在《知识与文化》一书的《绪论》中作了说明，这就是一不作本体论或形而上学之先导，二不以本体论或形而上学为转移。以此去理解张东荪的知识论，其知识论实际上就是“独立的”，而不是“并不是真正独立的”。著者以为张东荪这里的“并不是真正独立的”一语，是另有所指。

《思想与社会》一书同样是既注重“知识社会学”，又注重“独立知识论”。

① 张东荪：《知识与文化》，重庆、上海商务印书馆 1946 年版，《后序》，第 1 页。

如该书“序论”说《思想与社会》一书“几乎完全是增补”《知识与文化》一书，是《知识与文化》一书的“续编”或“姊妹编”。第一章虽有本书“依然是以知识社会学（或称社会学的知识论 sociological epistemology）为立场”等言，但“结论”部分却又明白宣称“本书与我的前作《知识与文化》是同采取一个态度：即将知识社会学（即以社会学来讲知识的）与哲学（即以哲学来讲知识的）之交互点为立场”①。

前者偏向“知识社会学”，后者偏向“独立知识论”。而最终是以“独立知识论”为目标，故该书以如下立场结尾：

> 总之，本书所采取的立场是一种“交互主义”（interactionism）。我在《知识与文化》之序论上即有对此之说明。盖以为知识受生物的限制又受文化的限制，顾我们了解此等限制却又以知识，于是对于限制之了解便又不能不受知识之限制。换言之，即我们所有之生物学知识与社会学哲学等知识又复受知识本身限制之限制，此点在物理学上已早为人所发见了。当然其理可适用于其他科学，故我名此为交互主义。②

《理性与民主》一书虽主题有变，但目标及思想格式与《知识与文化》、《思想与社会》二书相同，“依然是继承前两书中所说的问题而想从另一方面作进一步的发挥”③。

二、“独立知识论”之核心：“知识论主义”

张东荪本人有一个“方法论上的认识论主义”（methodological epistemologism）之说法，主张以“认识论主义”为方法。“知识论主义”是著者之杜撰。不过著者以为虽为杜撰，却很合乎张东荪之意。完全可以以张东荪本

① 张东荪：《思想与社会》，重庆商务印书馆 1946 年版，第 200 页。

② 同上书，第 204 页。

③ 张东荪：《理性与民主》，上海商务印书馆 1946 年版，第 1 页。

人“认识论主义”为基础，来理解“知识论主义”。

著者以为“知识论主义”的基本含义是：(一) 知识论是一种尺度，合乎此尺度者存之，不合乎此尺度者舍之；(二) 虽知识论各有不同，但却均可以当事人认为正当之某种知识论为出发点、为归宿；(三) 知识论可以是独立的，亦可以是自足的。

这些意思，其实张东荪本人都有论及，只是比较分散而已。著者现稍作归拢，看看“知识论主义”究竟包含哪些意思：

(一)“认知”是哲学研究的起点。“认知”是哲学研究的起点，因为“认知”乃是“最根本的，最基础的，最直接的，最显明的事实”，以此种“最根本的，最基础的，最直接的，最显明的事实”为起点进行研究，是最为“便利”的。①

(二) 以“认识论”为出发点最基本、最直接。研究哲学于方法上可以“心理学”为出发点如詹姆士，可以“生物学”为出发点如柏格森，可以“物理学”为出发点如罗素，亦可以“论理学”为出发点如柏拉图，但比较而言，这些出发点都不及以“认识论”为出发点“来得最基本，最直接而牵涉最少”②。

(三) 不为形而上学本体论开“后门”、留“活路”。传统的哲学是以形而上学居首，以为必先有形而上学然后方有知识论、道德论以及宇宙论等。第一次的转变发生在英哲洛克把知识问题提出以后，康德把旧的形而上学 (即所谓独断的形而上学) 打死，重新由他的认识论另指示一个新的形而上学之可能的途径，以研究知识为第一步工作，以为这个工作不必有所等待，相反其他工作却必须等待这个工作做完。可以说这是预备工作，不经过这个预备工作，决不能贸然进入于哲学本部之研究。第二次的转变就是“知识论主义”之提出，在康德的基础上再往前跨出一步，不为形而上学本体论开“后门”，不为形而上学本体论留“活路”。③

(四) 把形而上学中的本体论根本上完全取消，仅留有宇宙论。不再认

① 张东荪：《认识论的多元论・方法论上的认识论主义》，《大陆杂志》第 1 卷第 3、4、5 期，1932 年。

② 同上。

③ 张东荪《多元认识论重述》，胡适、蔡元培、王云五编：《张菊生先生七十生日纪念论文集》上海商务印书馆 1937 年版。

定形而上学是在认识论之外，而是把形而上学中的本体论根本上完全取消，仅留有宇宙论；这个宇宙论就隐隐约约宿于认识论中，研究人类知识大致上即可以窥探宇宙结构，因为宇宙结构虽非完全呈现于知识中，然二者至少有若干之相应。因此认识论同时乃就是一部分宇宙论，即同时就是一部分哲学。详言之，认识论不是替哲学开先路，乃是认识论中即含有哲学（形而上学）。一句话，知识论“是自足的，没有余地留给别的”①。

（五）知识论是可以自足的。所谓“认识”即是唯一的材料、是“起码的事实”，而不是其他科学所得之结论。这样的态度可名之曰“认识论的观点”，只是这样的观点并不完全排斥心理学、名学与形而上学，只不过以为不宜以这些科学为出发点而已。“至于有借助于这些科学之处仍不妨尽量采取之”②。

（六）“认识”是直接的，但却不是纯粹的。只须率直承认“认识”这个事实就行了，至于这个事实是怎样一回事，则须待分析后方可明白。换言之，不必在尚未仔细研究以前遽然对于这个“基本事实”假定其以前之状态如何。如假定材料与能力之对立，假定杂多与统一之对立的“两橛论”，就是“犯了假定太多之弊”③。

（七）“建立一种独立的知识论”是可能的，亦是必需的。此种知识论不以欧西哲学中所谓“知识论居先”（priority of epistemology）为立场，即不以知识论作形而上学之序论或先奏曲，而是相反，其目的在使知识论成为一种独立的学问，这个学问不专是为形而上学作先导的，“当然即无所谓居先与不居先了”④。

（八）知识论当特别注重知识之“集合性”。作形而上学先导的知识论可名之曰认识论（theory of cognition），因为它不注重讨论知识的各方面，而只注重认识问题，即经验之可能性、“经验如何乃能成立”等问题。此种

① 张东荪《多元认识论重述》，胡适、蔡元培、王云五编：《张菊生先生七十生日纪念论文集》上海商务印书馆 1937 年版。

② 同上。

③ 同上。

④ 张东荪：《知识与文化》，重庆、上海商务印书馆 1946 年版，第 1 页。

发问的态度就是“认识论”之特征，它可以康德《纯粹理性批判》(Kant’s Critique of Pure Reason)为代表；“知识论主义”则注重知识之有集合性，而“这一点乃向来知识论所忽略的”①。

（九）知识论是最高的。哲学常见者有三种型式——第一式以本体论为出发点，由本体论推出宇宙论（含认识论）；第二式以宇宙论为出发点，由宇宙论引申出认识论（不谈或吸收本体论）；第三式以认识论为出发点，由认识论推定本体论（吸收宇宙论于其中）之有无。第一式以本体论为最高，第二式以宇宙论为最高，第三式以认识论为最高。“知识论主义”是极严格采取第三式，故其在认识论上是“唯心论”，但在宇宙论或“本体论”上则又可说不是唯心论。即使认识论上的“唯心论”，亦“不是完全的唯心论，乃只是一种温和性质的而已”②。

三、“新子学时代”之说法的来历

著者以为张东荪以其“知识论主义”开辟了甲午后时代之“新子学时代”，就是认为张东荪乃是甲午后时代所谓的“贞下起元”（冯友兰先生语）者，即撇开传统“格式”而另砌炉灶之第一人。

此种定位之于张东荪，当然是极高之荣誉；之于中国哲学史界，无疑亦是“石破天惊”。故著者提出此种观点，慎之又慎。著者思考此一问题，至少已有 15 年之久，却一直不敢拿出来发表。现在想亮亮相，以供方家批评。

“新子学时代”之说法，来源于冯友兰先生之“子学时代”的提法。

冯先生著《中国哲学史》，将全部中国哲学划分为“子学”与“经学”两个时代，其中“自孔子至淮南王为子学时代；自董仲舒至康有为为经学时代”③。子学时代之特点，一是各家观点互异且平等并进，二是观点表出之方式为正面立论。第一个特点涉及“术”即“思想之方式”问题，表示子学时

---

① 张东荪：《知识与文化》，重庆、上海商务印书馆 1946 年版，第 1 页。

② 詹文浒编：《张东荪的多元认识论及其批评》，上海世界书局 1936 年版，第 192—194 页。

③ 冯友兰：《中国哲学史》，中华书局 1961 年版，第 492 页。

代是一个没有“指导思想”或“官方哲学”之时代，恰如董仲舒所言：“今师异道，人异论，百家殊方，指意不同，是以上无以持一统，法制数变，下不知所守。”（《汉书·董仲舒传》）此平等并进之各家，司马谈分为六：阴阳、儒、墨、名、法、道德。刘歆分为十：阴阳、儒、墨、名、法、道德、农、纵横、杂、小说。其中没有任何一家被定为“指导思想”。第二个特点涉及“思想表达之方式”问题，表示子学时代是一个“直接表达”或“正面表达”之时代，虽署“某某子”之著述非必为“某某子”亲手写成，但至少可视为其学派之书：“如现在题曰《墨子》、《庄子》之书，当视为墨学丛书及庄学丛书，不当视为一人之著作。”① 不管是学派之著作还是一人之著作，其均采正面立论之方式，却是无疑的。

经学时代不同。经学时代有一个“指导思想”，这个“指导思想”就是“儒学”，而且是“最高领导人”规定之“儒学”。对此冯先生说：“自此以后，以利禄之道，提倡儒学，而儒学又须为上所定之儒学。于是‘天下英雄，尽入彀中’；春秋以后，言论思想极端自由之空气于是亡矣。”② 这是经学时代的一个特点。

经学时代的第二个特点，是不正面立论，不“直接表达”或“正面表达”自己之观点，而是用“旧瓶装新酒”的方式表达自己之观点：“在经学时代中，诸哲学家无论有无新见，皆须依傍古代即子学时代哲学家之名，大部分依傍经学之名，以发布其所见。其所见亦多以古代即子学时代之哲学中之术语表出之。”③ 欧西哲学传入中国初期，中国人亦是采用此种方式接受欧西哲学：“然西洋学说之初东来，中国人如康有为之徒，仍以之附会经学，仍欲以旧瓶装此绝新之酒。然旧瓶范围之扩张，已达极点，新酒又至多至新，故终为所撑破。经学之旧瓶破而哲学史上之经学时期亦终矣。”④

应讨论的问题有两个：（一）中国之“经学时代”终于何时？（二）中国之“经学时代”终结以后会是一个怎样的时代？

---

① 冯友兰：《中国哲学史》，中华书局1961年版，第44页。

② 同上书，第40页。

③ 同上书，第492—494页。

④ 同上书，第495—496页。

对于第一个问题，冯先生之回答是，中国之“经学时代”终于康有为（1858—1927）、谭嗣同（1866—1898）、廖平（1852—1932）三人，其中廖平死最晚，故确切些说，中国之“经学时代”是终于廖平：“廖平所说，如上所引者，吾人若以历史或哲学视之，则可谓无价值之可言。但廖平之学，实为中国哲学史中经学时代之结束。……故廖平之学，实为经学最后之壁垒，就时间言，就其学之内容言，皆可以结经学时代之局者也。”①

对于第二个问题，冯先生之回答是，新的“撇开经学而自发表思想”的时代，已经在“经学时代方结束之时开始”，但也只是开始，因为“尚无卓然能自成一系统者”：“在廖平未死之前，即在其讲经学五变之前，撇开经学而自发表思想者，已有其人。故中国哲学史中之新时代，已在经学时代方结束之时开始。所谓‘贞下起元’，此正其例也。不过此新时代之思想家，尚无卓然能自成一系统者。故此新时代之中国哲学史，尚在创造之中；而写的中国哲学史，亦只可暂以经学时代之结束终焉。”②

冯先生所说“撇开经学而自发表思想”之时代，著者以为就是所谓“新子学时代”。这个“新子学时代”有其鲜明之特色：“撇开经学而自发表思想”，不再“依傍古代哲学家之名”发表新见，一也；不再将欧西哲学“牵引比附”于中国概念，而是反过来，将中国思想纳入欧西哲学之格式，二也；认定可以“自命经纶，蹈于妄作”，可以“自以立说”而不必“禀圣经以为宗主”，三也；不承认有一个“指导思想”或“官方哲学”，尤其是“上所定”之思想可居于支配地位，四也；不再“以旧瓶装新酒”，而是反过来，以新瓶装新酒或以新瓶装旧酒，五也。

总之这个“新子学时代”完全是一种“格式”的转换，即从“援西入中之格式”彻底转换为“援中入西之格式”。“援西入中”，是以欧西思想格式屈服于中华思想格式；“援中入西”则反之，是以中华思想格式屈服于欧西思想格式。

“新子学时代”是从“援中入西”开始的。“援西入中”诚然不对，“援

① 冯友兰：《中国哲学史》，中华书局1961年版，第1040—1041页。

② 同上书，第1041页。

中入西”同样也问题成堆。中国目前主流学术思维，就是“援中入西”思维，此种思维已经运用到冯先生所说“有许多可笑之处”的程度，已现“破裂之象”了。

著者以为以“援西入中”作为迎接欧西文化之第一步，是可原谅的；以“援中入西”作为迎接欧西文化之第二步，也是可原谅的；但以“援中入西”为终极思维，永远停留在“援中入西”上，则是不可原谅的。著者以为中西思想格式根本不同，本不能互援，硬要互援，只能闹出无穷乱码，意义全失，露出“许多可笑之处”；以为目前主要工作，是疏清中西思想格式之同异，以便为进一步创造作准备，最后实现“全盘化西”之终极理想。

冯先生说“在廖平未死之前，即在其讲经学五变之前，撇开经学而自发表思想者，已有其人”，但并未确指系何人；又说“不过此新时代之思想家，尚无卓然能自成一系统者。故此新时代之中国哲学史，尚在创造之中”，但并未确指“卓然能自成一系统者”究取何义。

首先，廖平是死于 1932 年，说“在廖平未死之前”，已有“撇开经学而自发表思想”之人，著者是表赞同的；不过冯先生并未指出是何人，却显然是其不足，著者以为冯先生不当有此暧昧不明之态度。其次，冯先生之《中国哲学史》一书，1928 年开始撰写，1931 年上海神州国光社出版上册，1934 年商务印书馆出齐上下册。说 1928 年，甚至 1934 年中国哲学史上“尚无卓然能自成一系统者”，著者以为是不确切的；无论从哪个角度说，当时肯定已有“卓然能自成一系统者”。

著者之看法是：（一）冯先生说“在廖平未死之前，即在其讲经学五变之前，撇开经学而自发表思想者，已有其人”，此人即是张东荪。（二）在冯先生出齐其《中国哲学史》一书上下册之时（1934），中国哲学史上已有“卓然能自成一系统者”，此人即是张东荪，此系统即是“多元认识论”（或“知识之多元说”）与“架构论”。（三）冯先生说“中国哲学史中之新时代，已在经学时代方结束之时开始”，此“新时代”即是“新子学时代”，此“新时代”之开山者即是张东荪。

著者之理由是：（一）廖平逝世之时间与张东荪创建“多元认识论”或“知识之多元说”之时间，基本重叠，廖平代表经学之终结，张东荪代表“新子学时代”之开端。可谓“贞下起元”也。（二）廖平以“旧瓶装新酒”之方式表达思想，紧接廖平不以“旧瓶装新酒”之方式，而以“新瓶装新酒＋新瓶装旧酒”之方式表达思想之第一人，是张东荪。可谓“直接表达”或“正面表达”第一人也。（三）廖平以欧西思想“附会于经学”，其“牵引比附而至于可笑”，实乃“援西入中”之极限。紧接廖平“中西并置”或“华欧并置”之第一人，是张东荪。可谓“格式转换”之第一人也。

总之张东荪在甲午后时代，在冯友兰所谓“经学时代”之后，第一个酿出“新酒”，第一个造出“新瓶”，又第一个以“新瓶新酒新格式”重新审视并释读全部中华传统思想，此乃著者所谓张东荪开辟“新子学时代”之基本含义。

以上意见只是一种尝试，未必能成立，尚祈方家批评指正。

（本文曾以《张东荪的“知识学”及其批评——以“知识论主义”开辟新子学时代》为题，刊于台湾《哲学与文化》第38卷第5期（2011年5月）；其增修版以《张东荪的“知识学”与“新子学时代”》为题，附于张东荪《认识论》（商务印书馆2011年9月第1版）一书之末。此次收入时又有增订）

评李达早期的唯物史观著作

——读《李达文集》第一卷

韩树英

（1981年2月）

一

《李达文集》第一卷就要和广大读者见面了。这部文集是由李其驹、陶德麟等同志编辑的，由人民出版社分为四卷，陆续出版。

出版《李达文集》是很有意义的。李达同志是马克思主义学说在中国这块土地上最早的传播者之一，他从事马克思主义理论的研究和宣传工作的时间很长，留下的著作很多。李达参加了中国共产党的创建工作，在建党前后，就写了许多理论著作，积极传播马克思主义学说，批判各种反马克思主义思潮，宣传党的纲领、主张。从1923年脱离党的组织到1949年重新入党的20多年中，在白色恐怖、文化“围剿”的险恶环境中，他仍然坚持马克思主义理论的研究和宣传，坚持革命的学术研究，把这种工作和当时中国人民的革命斗争紧紧联结在一起。新中国成立以后，李达对马克思列宁主义、毛泽东思想的研究和宣传，做了很多工作，有些著作影响比较广泛，这是我们大家较为熟悉的。从五四时期起，到1966年8月含冤逝世为止（他曾经公开反对林彪的“顶峰”论，受到林彪、“四人帮”极“左”路线的迫害），他进行了将近半个世纪之久的革命理论学术活动。他的理论学术活动的方面也是很广的，他的著作不仅包括哲学方面，而且包括政治经济学、科学社会主义、法学、史学等许多方面，在这些学术领域里都产生过不同程度的影响。整理和出版在现代中国思想学术界有很大影响的这样一位理论界前辈的学术遗产，是一件重要的工作。

李达在各个时期都写了不少哲学著作。新中国成立以后，他一直担任中国哲学学会会长，在哲学界的影响更为广泛。过去，我国哲学工作者很少研究现代中国哲学思想发展史。马克思主义哲学传入我国已经有60多年的历史，从马克思主义哲学开始在我国土地上传播、生根到今天的发展，研究这部历史，应该是我们哲学研究工作的一项重要课题。毛泽东哲学思想，是对马克思主义哲学的发展，需要我们进行系统的、认真的研究，这方面的工作当然做得还远远不够。至于60多年来其他人对传播、宣传和研究马克思主义哲学作出的各种贡献，过去由于种种原因，研究得更加不够，更不要说进行什么系统的研究了。在现代迷信盛行时期，进行这种研究也是不可能的。而不进行这种史的研究，就不能具体了解马克思主义哲学思想在我国的发展过程，不能深入总结多年来这方面工作的经验，也就不能把握工作发展的规律性。现在有些单位有些同志已经着手进行这方面的研究，这是非常值得欢迎的。出版《李达文集》这类书籍，不论对开展现代哲学思想史的研究，还是对丰富我们的哲学思想，都是必要的，有好处的。

《李达文集》第一卷包括作者从1919年到1949年发表于报刊上的部分文章。其中集中地直接阐述马克思主义哲学思想的，是节选自《现代社会学》和《社会之基础知识》的文章，而这些文章几乎占了第一卷的三分之一的篇幅。对这些著作，我没有作过研究，下面只能谈谈这次读过这些文章后的一些初步感受。

二

《现代社会学》是1926年6月正式出版的。这部著作流传广，影响比较大，题解说明，到1933年为止这部书共印行了14版。1928年反动当局湖南零陵县署，就曾以“著名共首，冒充大学教授，著有《现代社会学》，宣传赤化甚力”的罪名，通缉过李达，由此也可以看出本书影响之一斑。这次收入《李达文集》第一卷的是节录，分成了《论社会学的阶级性》等16篇文章。《社会之基础知识》是1929年出版的，这次文集收了五篇中的四篇。

这两部著作都是系统论述唯物史观和科学社会主义学说的。从这两部著作中可以看出当时李达在哲学研究和宣传活动中的一些特点，并且也从一个侧面反映了在当时思想界传播马克思主义学说的某些特点。

首先，我们可以看到，在20年代马克思主义传入中国以后的一个时期，李达用了很大精力研究和宣传了马克思主义哲学的唯物史观。

这种情况的出现并不是偶然的。大家知道，恩格斯把历史规律的发现看作是马克思一生两大发现之一。列宁把历史唯物主义看成是科学思想中的最大成果。唯物史观从内容方面最鲜明地把马克思主义哲学同所有其他哲学区别了开来。列宁在评论创立唯物史观的意义时说："过去在历史观和政治观方面占支配地位的那种混乱和随意性，被一种极其完整严密的科学理论所代替"。① 批判对中国社会和各种政治问题的"极其混乱和武断的见解"，用无产阶级科学世界观作为观察国家命运的工具，大力传播唯物史观也就是这一时期思想战线上非常重要的任务了。我们看同时期在传播马克思主义的先驱者之一的李大钊的早期文章，例如《我的马克思主义观》（1919年）等，也可以看到在马克思主义哲学中致力于宣传唯物史观的特点。我国早期的一些马恩学说研究会的研究活动，大致也都反映出了这个特点。

李达宣传唯物史观并不是从《现代社会学》这部著作开始的。他的更早的一些文章，例如在收入本集的《马克思还原》（1920年）以及影响很大的《讨论社会主义并质梁任公》（1921年）等文章中，已经论述了唯物史观最基本的思想。《现代社会学》和《社会之基础知识》则是对唯物史观的系统论述。1922年党的二大以后，李达应毛泽东同志邀请到湖南任自修大学校长，从这时起他就用了很大的精力深入研究唯物史观，并且进行了系统讲授。《现代社会学》是这种研究的结晶。从19世纪"西学"传入我国，欧洲资产阶级的各种社会学说也陆续在我国思想界发生了不同程度的影响。李达在《现代社会学》的序文中就说明，这部著作就是要用唯物史观来改造社会科学，他认为，社会学是有阶级性的，资产阶级的社会学愈来愈"趋于空化灵化而愈无补于国计民生"。他说："马克思固未尝著述社会学，亦未尝以社

① 《列宁选集》第2卷，第311页。

会学者自称，然其所创之唯物史观学说，其在社会学上之价值，实可谓空前绝后。彼不仅发现社会组织之核心，且能明示社会进化之方向，提供社会改造之方针，其贡献之功实有不可磨灭者。"[①] 这部著作从批判资产阶级的三种社会学说开始，对从"社会之构造"、"社会之起源"、"社会之发达"、"社会之变革"、"社会意识"、"家族与氏族"到社会阶级和国家等，都辟了专门章节，作了系统的论述。这部著作大概是在我国系统地论述唯物史观一系列原理的最早的著作之一。随着革命运动的深入，1926 年党的《向导》周刊就曾经指出："中国革命民众目前已很普遍地感觉着马克思主义研究之必要了。"[②]《现代社会学》在 1926 年出版，适应了这种需要，这种系统论述唯物史观的著作也就获得了很大的影响。

1929 年出版的《社会之基础知识》，在对唯物史观的论述上比前一部著作更集中、更扼要，也补充了前者没有充分论及的内容，如上层建筑中社会意识各种形式的特点等。在说明哲学的特点时，特别介绍了辩证法唯物论的基本内容，使读者对马克思主义哲学有一个比较完整的了解。

这两部著作的另一个主要特点是和唯物史观紧密联系，比较系统地论述了科学社会主义学说。收入本文集的也有作者在这两部著作以前写的介绍科学社会主义学说的短文，其中有批判张东荪、江亢虎等人的社会主义、批判无政府主义的文章。有批驳梁启超歪曲和反对科学社会主义的文章。但是这些批判性文章还不能代替对科学社会主义学说的系统论述。恩格斯说："现代的唯物主义……是以科学社会主义为其理论终结的。"[③] 李达在这两部著作中论述唯物史观，也是为了完整地系统地介绍科学社会主义学说。在作者看来，"马克思社会主义之内容，可分为历史观、经济论、政治论三大部分。历史观与经济论属于理论的方面，政治论属于实际政策的方面。历史观之根柢为唯物史观说，经济论之根柢为剩余价值说，政治论之根柢为劳工专政说。而贯串唯物史观剩余价值与劳工专政三大原理，使成有机的联络关系

① 《李达文集》第 1 卷，人民出版社 1980 年版，第 237 页。

② 《向导》第 161 期，第 159 页。

③ 《马克思恩格斯全集》第 20 卷，第 673 页。

者，则为阶级斗争说”[1]。作者以此把马克思主义的社会主义学说和其他的社会主义学说区别开来。在论述科学社会主义学说内容时，作者也介绍了马克思的经济学说，分析了现代资本主义社会结构，它的内在矛盾和存在的劳工、妇女等社会问题，介绍了马克思主义关于从社会主义向共产主义发展的基本论点。在两部著作中，特别是在《社会之基础知识》一书中，作者也系统地介绍了列宁关于帝国主义的学说。作者关于唯物史观和科学社会主义的系统论述，不仅在当时对人们完整地了解马克思列宁主义有意义，在现在对研究唯物史观的理论和实践，研究马克思主义各个组成部分的内在联系，也具有一定的意义。

作为理论著作，这两部著作的另一个特点是，从马克思主义原理的论述开始，进而论述了世界革命和中国革命的问题。在《现代社会学》中，关于中国社会的半殖民地半封建性质；关于“民族革命对象”是“颠覆帝图主义”，推翻“弱小民族内为虎作伥之封建阶级或帝国主义之代表”；在“领导民族革命运动”是资产阶级还是无产阶级的有关革命领导权问题上，断定是“弱小民族之无产阶级”，是“共产党”等，在这些涉及中国革命的基本问题上，作者的主张和中国共产党的主张，都是一致的，都宣传了这些正确的主张。在1929年《社会之基础知识》一书出版前后，由于1927年大革命的失败，国际国内都引起了关于中国革命问题的争论。中国的托派严灵峰、任曙等人公开发表著作，断定中国是什么资本主义社会，联系到中国革命的性质、对象和任务等问题，发生了一场关于中国社会性质问题的公开论战。作者在本书的最后专门列了《中国的出路》一章，明确指出：“中国是国际帝国主义的半殖民地”，“中国一面是半殖民地的民族，同时又是半封建的社会。所以为求中国的生存而实行的中国革命，一面要打倒帝国主义，一面要铲除封建遗物，前者是民族革命的性质，后者是民主革命的性质，其必然的归趋，必到达于社会革命，而与世界社会进化的潮流相汇合”。[2] 在同一时期出版的作者的《中国产业革命概观》等著作中，也表述了同样的观点。作者在这些

---

① 《李达文集》第1卷，人民出版社1980年版，第370页。

② 《李达文集》第1卷，人民出版社1980年版，第558页。

理论著作中，坚持了中国共产党的革命纲领，坚持了作者本人的一贯政治立场，反对了托派的观点，显示了这些著作在理论上和政治上的革命意义和作用。这些著作，在大革命失败之后，对有志于探索中国革命前途的人们，发生了积极的影响。

三

研究前面说的这两部著作，不仅对研究马克思主义哲学思想在我国发展的进程有意义，五十多年前写成的这两部著作中的一些论述，对今天我们研究和理解马克思主义哲学思想，也有启示和教益。这里只能举几个例子作一些说明。

作者在这两部著作中，都以生产力的发展、生产力和生产关系的矛盾运动为基础，论述了唯物史观的一系列原理。在《现代社会学》的《社会之变革》一章的最后一节，作者论述了“社会变革之要件”，从这里大体上也可以看到作者对社会生活各个侧面、各种要素之间的辩证关系的论点。作者说明，社会变革，第一，需要“物质条件之具备”；第二，需要“个人之努力”。在物质条件中，作者说明，“生产力之继续发展为社会进步之主要条件”。作者紧紧抓住这个社会进步的“主要条件”，集中地论述了生产力的发展和政治革命、经济组织改造的关系。如果生产力等物质条件不具备而企图实行社会变革，即使幸而不至于失败，结果也只能“成就政治革命而止”，“被统治阶级纵能一举而夺取政权，取旧支配者而代之，而于社会之经济组织，终不能完全改造”。因为“经济组织非权力者之意志所能一蹴而几也”。作者举出奴隶制度和资本主义制度为例作了具体说明，并且明确指出，时机未至而想强制实行共产主义，则“生产力必骤见衰减”，“行见社会亦归于退化”。马克思和恩格斯在《德意志意识形态》中指出，不以生产力的发展为前提而企图改变社会关系，只能有贫穷的普遍化，使全部陈腐的东西又要死灰复燃。李达写作本书的时候，《德意志意识形态》还没有发表，而在论述方向上又是与后者相一致的。另一方面，作者又指出，在物质条件已经具备的情况下，没有各个人的有意识有目的的活动，不进行阶级斗争，社会变革也不能实现。由此，作者论述了个人、伟人在历史中的作用。作者认为："特种个人根据其性质之特征之活动，能影响历史之进行，且有时能使此影响特别增大。但此种影响增大之可能性，恒受社会组织所拘束，恒受多数社会力所限制。个人之性质所以能成为社会发达之一要素者，非个人之特殊天才使然，实社会关系有以玉成之也。"在作者看来，伟人之所以"能成其伟大"，之所以与常人不同，"实因彼所有之特征最能适切于当代社会的大要求故也"，因为他"能知其大，能见其远，能解决前代社会所提供于当代之科学的问题，能发见由前代社会关系之发达所造出之社会的要求，能更进而鼓其特殊之智力精神，率先担当解决此问题满足此要求之大任"。作者说，因此，伟人"实一切创始者之别名"。以上这些论述，大体上是综合了马克思、恩格斯以至普列汉诺夫的有关论点，并且由作者作了一定的阐发，体现了作者的研究成果。作者对社会生活和社会发展中客观因素和主观因素的关系的集中论述，今天读来也会感到有一定的现实意义。

《社会意识》一章是在《现代社会学》中具有理论特色的篇章之一。作者在这里根据马克思主义原理，具体分析了社会意识的特点、作用和演变的规律性。作者以社会意识和个人意识的关系问题为基本线索，对这一问题进行了深入的分析。这种分析是并不多见的。在作者看来，在没有阶级的社会里，"一切个人的共通意识"就是社会意识，而在阶级社会里"流行之社会意识决非一切个人之共通意识"，只有"经济上强有力阶级之要求"才包含在社会意识之中，特殊阶级利用优越势力"以自己阶级之意识演成社会意识"，至于其他阶级之要求则都要受到"社会意识之压迫"。随着经济组织的动摇以及和旧社会意识相反的欲望的逐步增长，新社会意识的内容就要产生和发展，最后取旧社会意识而代之。阶级消灭，社会意识必然和一切个人的欲求相一致，"是谓社会意识之完成"。① 作者在这里并没有简单地复述马克思主义经典作家的有关论点，而是作了独特的发

挥。尽管有的看法也还有讨论的余地，但是作者的有创见的论述，对我们研究这个问题是会提供很好的启示的。

---

① 《李达文集》第1卷，人民出版社1980年版，第287—294页。

在《阶级与国家》一文中，作者分析了阶级的概念，认为“阶级概念为经济概念，同时又为政治概念，欲于政治生活上理解政治生活方面之关系，必以阶级对立为前提。阶级实构成于经济方面而活动于政治方面者也”①。在“文化大革命”中，康生之流为了实现他们篡党夺权的阴谋，提出要以政治态度作为划分阶级的标准，以便打倒一大批革命干部和知识分子。为了拨乱反正，批判康生之流的谬论，一些同志主张只能把阶级看成是经济范畴而不是政治范畴。我认为，划分阶级的标准和阶级活动的领域，是不能互相等同的两个问题。康生之流用政治态度而不是用经济关系作为划分阶级的标准，这无疑是荒谬的、反动的，然而并不能由此得出结论，认为阶级只是经济范畴，这样就会导致把阶级的活动、阶级斗争，看成仅仅局限于经济领域而不包括政治等领域。为了准确地击中康生之流的谬论的要害，作者在这里表述的意见，是值得我们加以认真注意的。

上面仅仅从不同的角度举出了几个例子，说明作者的一些研究成果和一些观点，在今天对我们研究马克思主义哲学仍然具有教益。需要我们认真研究，并加以吸取的，当然远不止上面说到的这些。

今天在阅读李达的这些著作时，我们也会感到，由于种种原因，在这些著作中也存在着一些缺点和不准确的地方，甚至也有一些错误。这是本书的编者已经提到的问题。这些缺点和错误。我们在此不能一一列举了。有一些缺陷带有时代的特点，不能苛求于作者。在这里我只想谈一点意见。在两部著作中，作者对唯物史观和辩证唯物主义的关系都没有作出应有的论述。这可能是由于作者着眼于论述科学社会主义学说的缘故。但是在《社会之基础知识》一书中，作者在介绍马克思主义哲学时，也只讲到辩证法的唯物论，也没有讲到它和唯物史观的关系。我们知道，有所谓的“唯物史观主义”，即把马克思主义哲学看成主要是唯物史观，我们认为这是不妥当的，而把唯物史观排除在马克思主义哲学之外，这也是不妥当的。从这两部著作里，我们还不能判断出作者在这个问题上持有什么样的观点。

书中也有一些论点需要进行仔细研究，才能决定取舍。例如，在《社会

---

① 《李达文集》第1卷，人民出版社1980年版，第319页。

之基础知识》中作者提出了“社会的系统观”，运用了“系统”的概念来分析社会的构造。作者把社会作为一个系统，从它和自然的相互关系中，分析了它的变化原因。在作者看来，社会的系统又是由相互联系的物的系统、人的系统和观念的系统构成的。社会的技术系统又决定了生产关系的系统，而社会的技术又是劳动手段的系统等。① 作者在说明“社会之变化”时，又用了“均势”的概念，认为社会的构成的内部各要素之间，是有一定的均势的。作者认为，社会的各种变化和生产力状态的变化有关联，生产力的变动以及和它有关的各要素的变动和改变，是社会的均势的不断扰乱和恢复的过程。

上述这些观点大体上都是吸取了布哈林在 20 世纪 20 年代初发表的《历史唯物主义》的基本观点，特别是该书第五、六、七章的论述。大家知道，1929 年以后布哈林的“均衡论”，在苏联作为机械论遭受了严厉的批判。不过，今天我们对作者的以及布哈林的这些观点，似乎应该进行更审慎的评价。体系、系统，这是科学和哲学长期使用过的概念，现代控制论的出现，系统论在科学和哲学上获得了新的积极的意义，运用“系统”的概念分析问题，是值得注意的一种研究方法。当然在运用这种研究方法时，如果把一切运动都归结为机械运动，这又是不可取的。因此，书中的这些论点，需要我们从新的高度进行深入的分析，才能作出恰当的结论。②

从上述情况也可以看到，本文集在编辑工作上的优点之一，是没有任意以现在通行的观点去改动作者的原文，而是一仍其旧。作为历史性的文献，保存原作的本来面目，对我们具体了解和分析原作，从而作出全面的评价，是有好处的。这种方法值得我们加以提倡。

（原载于《哲学研究》1981 年第 2 期）

① 参见《李达文集》第 1 卷，第 497—507 页。

② 参见《李达文集》第 1 卷，第 516—518 页。

远见卓识的引路者

——略论侯外庐先生对中国思想史、哲学史研究的卓越贡献

张岂之

为中国社会史、思想史、哲学史的研究作出卓越贡献的著名马克思主义历史学家、思想家、教育家侯外庐先生于1987年9月14日逝世。我们从事中国思想史、哲学史研究的同志们失去了一位有远见卓识的引路者，深感这是我们学科建设中的一个巨大的损失。幸而外庐先生的著作宏富，特别是他的《中国古代社会史通论》、《中国封建社会史论》、《中国思想通史》等著作，早已出版，为我国古代社会史和思想史、哲学史的研究作出了开拓性的贡献；我们可以从这些宝贵的精神财富中不断吸取营养，得到研究方法论的启示，并吸取其中经过历史考验而为史学界、哲学界所承认的一些创造性见解，继续开辟中国社会史、思想史和哲学史研究的新领域，取得新成果，来推进并发展这些学科的建设。

对外庐先生在中国思想史、哲学史的研究方面，作为外庐先生的学生和长时期的助手，我觉得有几个方面是值得我们仔细研究，加以继承和发扬的。

首先就是将社会史的研究和思想史、哲学史的研究结合起来。我认为这是侯外庐学派的一个显著的特点，也是外庐先生和他的合作者在史学和哲学方面的重要贡献。马克思主义历史唯物论的基本原理之一是社会存在决定社会意识。任何时代任何一种社会思潮的产生都有它的深厚的物质基础，正如恩格斯在《路德维希·费尔巴哈与德国古典哲学的终结》中所指出的，马克思主义历史唯物论不是从抽象的思想中去寻求思想产生的最后动因，而是要从“社会存在”中去准确地找到物质的动因与思潮产生的必然的（不是偶然

的，不是公式化的）根源。这正是马克思主义历史唯物论对于思想史、哲学史研究的重要指导原则之一。外庐先生在他自己的思想史、哲学史的研究中不但恪守这个原则（因为这个原则是科学），而且结合中国古代社会史和思想史、哲学史的分析，丰富发展了这个原则。可以这么说，一位马克思主义社会科学工作者，他的具体的研究成果都是从不同的方面、不同的角度丰富发展了历史唯物论的某些方面。过去我们有一个狭隘的看法，仿佛在马克思主义指导下对于思想史、哲学史的研究取得了优秀的成果，仅只是证明了唯物史观的正确。这是不全面的，因为唯物史观只是构成马克思主义科学思想体系的一个方面，是属于普遍真理方面的内容，例如社会存在决定社会意识就是一个普遍的原则，用它作为研究的指导是必需的。如果研究的成果还是这么一句话，那显然不但不能证明这个原理的正确，而且是把这个原理作为教条看待而没有用具体的研究成果来丰富它、发展它，阐明它在人类社会发展史（因历史时代和国家民族不同等等）中所表现出的多种形态，多方面的特点。我记得，早在50年代末，在当时的历史情况下，外庐先生就跟我们几位年轻助手说过，马克思主义不是教条，而是行动的指南。他不照搬苏联关于中国社会史的一些结论，他从40年代起对中国古代社会的研究，就得出了他自己的独特见解：“我们不但要遵循马克思主义的普遍原则，而且要在自己所从事研究的领域内加以发展；研究的成果应当被看成是对这种发展的一种贡献。”在当时说出这种话来，至今回想起来，无疑会承认这是一种富于创造性思维的观点。

外庐先生从事中国社会史的研究，经过了近十年的准备，这10年就是从1927年到1937年之间他精研《资本论》，并翻译《资本论》第1卷。事实上，在这10年间，外庐先生一方面翻译《资本论》，一方面已在考虑如何把马克思主义同中国古代史料结合起来，以探究中国奴隶制社会。1941年外庐先生写出《中国古典社会史论》，根据他自己的总结，这本著作所遵循的一个基本原则是：将历史唯物论和中国古代社会的研究相结合，“使历史科学中关于古代，社会规律的理论中国化”，使马克思“关于家族、私有财产、国家等问题的研究成果，在中国得到引申和发展”。既然是“发展”，在某些具体结论中就不能不有所变化。根据外庐先生的研究，确定中国的古代，是

"亚细亚生产方式"为主导的古代。[①] 和《中国古典社会史论》一书为姊妹篇的《中国古代思想学说史》则以清理古代的一个重大变革时期即春秋战国思想发展的路径为主题，其中关于中国进入文明社会以后，还存在有氏族遗制的重要观点，不但成为外庐先生研究中国古代社会的创造性贡献，而且此观点与他研究封建社会史有密切的关系，即由于汉代以后的封建社会留下了氏族土地所有制的残迹，因而产生了豪族地主。在这样关于中国古代社会史研究的基础上，外庐先生才认为中国古代社会经历了西周、春秋、战国三个阶段，与此相应，中国古代思想的发展也经历了三阶段，即学在官府的畴官贵族之学；邹鲁缙绅讨书传授之学；春秋战国之际的孔墨显学。在这三阶段内，思想界呈现的错综复杂的局面都和外庐先生所研究的中国进入文明社会以后保留有氏族遗制有密切的关系。有了这样的背景，再去阐述战国百家争鸣之学与"国民阶级"的产生，也自然顺理成章了。我在这里举这个例子，无非是想说明，外庐先生在中国思想史、哲学史的研究中，将社会史的研究和思想史、哲学史的研究有机地结合起来，这正是侯外庐学派的一个重要的特征。当然我这里只是从方法论的角度来阐述的，至于外庐先生关于奴隶制社会和中国在封建社会史的若干具体观点，那是属于百家争鸣的范围。

其次，外庐先生在中国思想史、哲学史研究方面，特别注意解决前人未解决的历史疑难问题，具有打"攻坚战"的勇气和魄力。此点，外庐先生在其回忆录《韧的追求》中有这样一段话：

> （《中国古代思想学说史》）特别关心于解决历史的疑难，这就是把解决思想史上的难题作为特别关心的重点。例如西周学官以及诸子出于王官的争论；例如老子思想的时代性问题，是早于孔子还是晚于孔子；例如孔子的人类认识与墨子的国民自觉问题；例如诸子思想所反映的各自的阶级性问题；例如老子憧憬小国寡民的原始公社生活；例如对《商君书·开塞篇》把历史划分为上世、中世、下世一段论述所作的古代历史发展阶段的定性分析，凡此等等，都是需要解决而又不易解决

① 见外庐先生在《韧的追求》（三联书店 1985 年版）一书中他自己的总结。

的学术上的疑难问题，我根据历史唯物主义的观点和方法，特别运用政治经济学的金钥匙作了解答。……在学术史研究上重视独立自得的精神，是我治学所一贯秉持的。①

这段话是外庐先生对他治学最贴切的说明。在中国社会史研究方面，关于封建制的法典化与历史分期、关于封建土地所有制、关于豪族地主与庶族地主、关于资本主义萌芽、关于中国封建社会农民战争的特点等，都是很重要的问题，在这些问题上，外庐先生本着独立自得的精神，提出了他自己的看法，奉献给学术界。关于中国古代思想史，如氏族制对于中国古代思想史的影响；战国时代百家争鸣兴起的社会原因；儒学的形成及其演进阶段；对孔、墨及其他诸子之评价；秦汉时期社会与中国思想的特征；中国思想史的表现形式（即经学形式）及其内容实质的相异性；豪族地主、庶族地主之分野与中国思想史演进的关系；中国哲学范畴之形态与实质；明清之际中国早期启蒙思想的形成与发展等等，均属重要的疑难问题，在这些问题方面，外庐先生及其合作者，有意识地钻进去进行研究，不是人云亦云，也不是绕开重要问题，而是敢于直接同疑难问题相搏斗，提出自己的见解。

需要指出的是，这些见解不是凭空从概念、范畴的演绎和排列中得到，也不是将马克思主义的某些名词术语生硬地加到某些史料书上而得出，而是在马克思主义指导下，从材料实际出发，进行研究，然后得出结论。“论必有据，有据才立论，力求使观点与材料统一起来，实事求是地分析各种历史问题”，这是外庐先生所经常强调的。我们阅读《中国思想通史》等三部巨著，感到其中不但有深刻的理论分析，同时在占有资料方面也是非常丰富完整的，甚至必要的考据和若干文字以及书籍版本的考订，也不惜展开篇幅来论述，因为这对阐明问题是必要的研究手段。我清楚地记得，我们几位年轻助手在 50 年代初帮助外庐先生修订《中国思想通史》第 1、2、3 卷，基本上把书中所引用的每条材料都查对过，对不同的古籍甚至作过较长时间的考订。后来我们参加《中国思想通史》第 4 卷的编著，广泛搜集资料，包括准

① 侯外庐：《韧的追求》，三联书店 1985 年版，第 269 页。

确无误的手抄稿，例如对王艮、方以智的研究，我们在外庐先生指导下，就依据了一些手抄本，方以智《东西均》的整理和出版就是一个例证。

在学术界存在的一些重大分歧问题上，外庐先生总是仔细考虑各种不同的意见，更加慎重地对待研究的对象。我清楚地记得：我们在编著《中国思想通史》第 4 卷时，在评价柳宗元思想时，外庐先生指导我作详细的编年笔记（即按柳宗元的作品写作年代作出摘要和分析要点），例如关于柳宗元的《天对》，我们就检阅了有关屈原《天问》的各种注本，从文字到思想内容加以比较，由此对《天对》作出了我们认为是比较恰当的评价。

外庐先生看到方以智的《东西均》手抄稿后，十分高兴，经仔细研究，认为其中具有相当丰富的辩证思维，即所谓“合二而一”。他指导助手们将此手抄稿标点出版，并写专文介绍其中的“合二而一”观点。尽管当时对辩证法已有“一分为二”的概括，但在外庐先生看来，“合二而一”的概括，如果作为对立面的统一来理解，似乎更加贴切一些；从某种意义上说，可以与“一分为二”相互补充。因此他又本着独立自得的精神，在马克思主义指导下，首先介绍了方以智“合二而一”的辩证观点。尽管当时遭到非难，外庐先生在此问题上也没有任何自责，因为在他看来，他的这种研究是符合实事求是精神的。

最后，我还想简括地提一提，外庐先生在中国思想史、哲学史的研究中非常重视人才的培养和梯队的建设。

《中国思想通史》第 1、2、3 卷是外庐先生和其他几位学者共同研究的成果。全国解放后，外庐先生一边搞研究，一边建设研究梯队，培养青年科学工作者。在这方面他下过很大的功夫，后来的事实证明效果很好；在研究梯队的建设方面，我觉得外庐先生有些经验是值得总结的。他以平等的态度对待选中的年轻助手，给予信任。那时，我们几位年轻人几乎每天都有一两个小时就中国思想史、哲学史的若干问题和侯先生交谈。这种交谈无拘无束，生动活泼。也并不都是外庐先生讲，我们也讲，甚至发生一些争执。我从来没有发现过外庐先生因为师生间对某些学术问题有不同的看法，而责备我们或向我们发脾气，从来没有过。关于一些思想家的评价，往往在师生的交谈中产生出新的观点和论断。例如关于柳宗元哲学思想，我们曾经作过不止一次的讨论。关于韩愈思想的评价，我们也曾经从不同的角度进行过研究。现在回想起来，我们的成长，以及外庐先生对我们的教导就是在这种交谈中使我们真正得到益处。

外庐先生很重视科研成果，他经常说，一个科学工作者应.当坚持不懈地捕捉新的研究课题，在深刻研究的基础上不断向社会提供新的科研成果；认为这是科学工作者应尽的社会责任。因此外庐先生经常和我们统计：这一年我们出了哪些书？哪些文章？质量如何？下一年的研究计划如何？等等。因此，新中国成立后直到“文革”前，由外庐先生所领导的中国思想史研究集体每年都有著作出版。“四人帮”被粉碎后，尽管外庐先生卧病于床，由他指导的这个科研群体并没有停止工作，还出版了几部著作。

“在水中学习游泳”，这是外庐先生培养青年科学工作者的基本经验。从50年代开始，我们在外庐先生指导下工作，任务就是参加科学实践，在研究的基础上写书，力求写得扎实些，写得好些。我这里想要说明的是，《中国思想通史》第4卷的编著，外庐先生是很放手的，那时协助他的几位年轻助手大都在30岁左右，外庐先生就给他们“压担子”，甚至最难的章节（如中国佛学）也是由一位青年助手起稿，最后由外庐先生修改定稿的。几位年轻助手后来回忆，有一个共同的感受：事先没有想到自己在《中国思想通史》第4卷中竟写了这么多的章节，这和外庐先生的具体指导和热情扶植是分不开的，如果没有这一条，其他什么都谈不到。外庐先生几位助手都是在科研实践中成长起来的。

在外庐先生领导的科研集体里，从来没有发生过因署名或因稿费而发生争执的现象。助手们做的工作，外庐先生记得很清楚，从来没有亏待过同志们。一种在共同事业中结成的师生情谊，历久不衰，直至今天外庐先生离我们而去，我们还深深地怀念他，要发扬他的优良学风，并把他领导科研集体的经验丰富发展起来。

（原载于《哲学研究》1987年第11期）

张岱年与二十世纪中国哲学

方克立

张岱年（1909—2004）先生是20世纪中国最重要的哲学家之一。如果从中学时代就已发表的《评韩》、《关于列子》等文章算起，他在中国哲学舞台上活跃了近80年，在哲学理论研究、中国哲学史研究和文化研究三个方面都取得了突出成就。在哲学理论方面，他试图“将唯物、理想、解析，综合于一”，即以马克思主义的辩证唯物论为基础和主导，兼综中国古代哲学的优秀传统和西方哲学的逻辑分析方法，创造一种适应现代中国所需要的中、西、马“三流合一”的新综合哲学。在中国哲学史方面，他特别注意阐扬中国哲学中的唯物论和辩证法思想传统，首倡宋明哲学中的理学、心学、气学三派之说；他将逻辑分析方法运用于对中国哲学问题和概念范畴的研究，为全面准确地把握中国哲学的理论体系作出了重要贡献；他对中国哲学中关于人生理想、人的价值的学说做了深入的开掘，为批判继承中国伦理思想精华奠定了理论基础。在文化建设问题上，他早年就运用唯物辩证法，提出了“创造的综合”和“文化创造主义”的主张，20世纪80年代更明确地提出了“文化综合创新论”，为中国文化发展指出了正确方向和现实道路，成为在当今中国影响最大、得到最广泛认同的一种文化观。

探讨辞世不久的张岱年先生与20世纪中国哲学的关系是一个饶有理论兴趣、亦有切近现实感的课题。本文不打算全面论述他对20世纪中国哲学和文化发展所作出的贡献，而是将重点放在他早年的哲学创造活动上，即试图探讨他在20世纪三四十年代所创造的中国现代新唯物论哲学体系在20世纪中国哲学史中应占有什么地位，它与马克思主义哲学、中国传统哲学、西方哲学分别是一种什么关系，它对未来中国哲学的发展将会发生何种影响。

一、中国哲学优秀传统之继承与发扬

60 多年前，贺麟先生写过《五十年来的中国哲学》一文，后来扩充成《当代中国哲学》（重庆胜利出版公司 1947 年版）一书，即以此文为该书的第一章，题目改为《中国哲学的调整与发扬》，专门论述最近五十年来从旧传统里发展出来的哲学思想。贺先生当时是站在"新心学"的主观唯心主义哲学立场上，极力表彰陆（象山）、王（阳明）之学在这几十年中得到了"盛大的发扬"。在他看来，以康有为及其两个大弟子谭嗣同、梁启超为代表，包括晚年章太炎、佛学大师欧阳竟无，以及梁漱溟、熊十力、马一浮，乃至孙中山等人在内的新陆王学的复兴，代表着中国近现代哲学的发展方向。"我们的新人生观，新宇宙观，甚至新的建国事业，皆建筑在心性的基础或精神的基础上面"①。对于倡导"新理学"、被称为现代新儒家中的"新程朱派"的冯友兰先生，贺先生只是在论述近二十年来关于中国哲学史研究与整理的成绩时才提到他，且评价不高，这表现了贺先生当时的哲学立场和学派之见。其实，从"中国哲学的调整与发扬"的角度来观照 20 世纪中国哲学，不论是"新心学"还是"新理学"、新陆王派还是新程朱派，都是由于受到西方哲学和文化思想的强烈冲击与震荡，而思调整并发扬中国传统哲学，以适应新的时代需要。在这些学者看来，"外来的文化只不过是一种偶然的遇合，外在的刺激，而中国人利用之，反应之，吸取之，以发扬中华民族精神，并促进中国哲学的新发展"②。不能否认，这些学者都为本民族哲学的发展作出了自己的贡献。

在 20 世纪中国哲学中，即便是在贺麟先生所考察的"近五十年"，即上半个世纪，除了他视界所及的陆王之学（新心学）、新理学和新佛学之外，还有一种哲学也应该从"中国哲学的调整与发扬"的角度来予以重视并认真研究，可惜由于贺先生当年对于辩证唯物论的异己立场而将其完全忽略了，这就是张岱年先生在 20 世纪三四十年代所倡导的"继续王（船山）、颜（习

① 贺麟：《五十年来的中国哲学》，辽宁教育出版社 1989 年版，第 18 页。

② 同上书，第 23 页。

斋)、戴(东原)未竟之绪而更加扩展"[①]的中国现代新唯物论哲学。

1936年，张岱年先生在《国闻周报》上发表《哲学上一个可能的综合》一文，明确提出了"今后哲学之一个新路，当是将唯物、理想、解析，综合于一"的主张。在他看来，"此所说综合，实际上乃是以唯物论为基础而吸取理想与解析，以建立一种广大深微的唯物论"[②]。为什么要以唯物论作为综合的基础呢？"乃因为唯物论是最有征验，最合科学，且最符协于生活实践的哲学"[③]。他认为，与作为正统派哲学的唯心论相比，唯物论在哲学史上并未得到充分的发展，只有马克思、恩格斯所创立的综合了唯物论与辩证法（对理法）的新唯物论，才可以说是"完全的彻底的唯物论"。因为它用辩证法来处理问题，也很注重人的理想与精神的力量，因此也可以说"唯物、理想、解析之综合，实乃新唯物论发展之必然的途径"[④]。

20世纪30年代初，张先生就已完全服膺新唯物论即马克思主义的辩证唯物论。他认为要在中国发展新唯物论哲学，就必须与中国固有的唯物论和辩证法思想传统相结合。"建立哲学不顾及本国的特殊精神是不成的。所以今后的新中国哲学，在这一意义上，必是中国以往哲学之继续发展。"[⑤]因此，他十分自觉地以辩证唯物论为指导来发掘本国哲学中的唯物论和辩证法思想传统。1932年，张先生就在天津《大公报·世界思潮》上发表《先秦哲学中的辩证法》和《秦以后哲学中的辩证法》两篇文章，初步揭示了以老子、《易传》、张载、王夫之为代表的中国古代辩证法思想的基本内容与发展线索。几年后，他在《中国哲学大纲》一书中又对中国哲学中关于"变易"、"反复"、"两一"的辩证法理论做了更加系统的整理和阐述。该书还首先揭示了中国哲学中的"气论"即唯物论的思想传统。作者指出："在中国哲学中，注重物质，以物的范畴解说一切之本根论，乃是气论。中国哲学中所谓气，可以说是最细微最流动的物质，以气解说宇宙，即以最细微最流动的物

① 《张岱年全集》第1卷，河北人民出版社1996年版，第273页。
② 同上书，第262页。
③ 同上书，第274页。
④ 同上书，第262页。
⑤ 同上书，第238—239页。

质为一切之根本。"[1]特别是到宋以后，更形成了一个以张载、罗钦顺、王廷相、王夫之、颜元、戴震等人为代表的传承不绝的气论学派，与以程朱为代表的理学派、以陆王为代表的心学派鼎足为三。因此可以说，中国哲学中的本根论，主要有三种类型，即唯理论、唯心论和唯气论。至王船山（夫之），不止讲唯气，更进而言"唯器"，认为形而上之"道"并非根本，形而下之"器"才是根本的。"船山天下唯器的见解，实乃是最明显的唯物论"[2]。

张先生进而指出："中国近三百年来的哲学思想之趋向，更有很多可注意的，即是，这三百年中有创造贡献的哲学家，都是倾向于唯物的。这三百年中最伟大卓越的思想家，是王船山、颜习斋、戴东原。在宇宙论都讲气论或唯器；在知识论及方法论，都重经验及知识之物的基础；在人生论，都讲践形，有为。……我们可以说，这三百年来的哲学思想，实以唯物为主潮。"[3]他认为正是这种唯物主义的气论哲学，可以作为接引来自西方的新唯物论思潮之"内应"[4]。因此，"我们所需要的新哲学，不只是从西洋的最新潮流发出的，更须是从中国本来的传统中生出的。本来的传统中，假如有好的倾向，则发展这好的倾向，乃是应当"[5]。这"好的倾向"即是中国哲学中以气论为代表的唯物主义思想传统，或者说即是"中国哲学中对理（辩证）唯物论的传统"[6]。

这"好的倾向"也可以说是中国传统中固有的一种求实、主动、刚健、宏毅的积极思想，这种积极思想的复活才是中华民族的希望之所在。1934年，张先生在《中国思想源流》一文中写道："中国民族现值生死存亡之机。应付此种危难，必要有一种勇猛安毅能应付危机的哲学。此哲学必不是西洋哲学之追随摹仿，而是中国固有的刚毅宏大的积极思想之复活，然必不采新孔学或新墨学的形态，而是一种新的创造。"[7]这个时期他所致力的正是要创造

① 《张岱年全集》第2卷，河北人民出版社1996年版，第72页。
② 同上书，第113页。
③ 《张岱年全集》第1卷，河北人民出版社1996年版，第273页。
④ 同上书，第198页。
⑤ 同上书，第271页。
⑥ 同上书，第272页。
⑦ 同上书，第199页。

一种能用西方的最新潮流来激活中国固有的“积极思想”和“好的倾向”的新哲学。这种新哲学就是将辩证唯物论与中国哲学优秀传统相结合的中国现代新唯物论哲学。

在20世纪三四十年代，一批学养深厚、有爱国情怀的学院派哲学家都有通过传统之调整与发扬来振奋民族精神、挽救国家危难的良好愿望，但由于哲学立场和哲学观的不同，他们所创造的中西结合的哲学体系不仅在形态上有很大差异，而且在哲学路线上也有根本分歧和对立。在张岱年先生所创造的中国现代新唯物论哲学与冯友兰的“新理学”、熊十力的“新唯识论”、贺麟的“新心学”之间就存在着这样的情况。1933年，张先生在天津《大公报》上发表《论外界的实在》、《谭“理”》等文章，就已鲜明地站在新唯物论的立场，不但用严密的逻辑分析有力地批驳了“物缘心而有”、“存在就是被感知”的主观唯心主义观点，而且还坦诚地批评了冯友兰先生在《新对话》中所谓“未有甲物之先已有甲物之理”和理“超时空而有”的客观唯心主义理论。这种哲学立场继续贯彻到他在40年代写的“天人五论”中，如在《知实论》中试图通过感觉的分析从理论上来论证“离识有境”即外间世界的实在，这很明显的是针对熊十力等人的“离识无境”的主观唯心主义观点的。又如在《事理论》中自觉地继承王（船山）、颜（习斋）、戴（东原）的哲学传统，系统地论证了“事理俱有、物统事理、以事为本、理在事中”的唯物主义事理论。作者明确地说：“近来冯芝生先生的《新理学》中分真与实为二，可谓彻底的理性主义的说法。……本书之思想与冯先生之不同，颇近于王船山天下惟器论、李恕谷理在事中论与程朱学派理在事先之不同。”又说：“近国内唯心论者乃以冯先生舍心谈理为病，其与吾说，益如冰炭之相异矣。”①后者是指主观唯心论者对冯友兰“新理学”的批评。不同哲学路线的分歧和对立在这里表现得是如此之鲜明与不可调和！

在20世纪中国哲学中，同为“中国哲学的调整与发扬”，冯友兰、熊十力、贺麟等现代新儒家学者是调整与发扬以程（颐）、朱（熹）、陆（象山）、王（阳明）为代表的中国古典唯心主义正统派哲学，把它与各色西方的正

① 《张岱年全集》第3卷，河北人民出版社1996年版，第126页。

统派哲学结合起来，从而发展出了“新理学”、“新心学”、“新唯识论”等中国现代唯心主义哲学形态。近20年来国内学界对这派哲学比较重视，做了较为深入的研究，以至现代新儒学（即张先生所说的必不采取的“新孔学”）已成为当今显学之一。而半个世纪前张先生所做的工作，即调整与发扬以张（横渠）、王（船山）为代表的中国古代唯物主义和辩证法思想传统，把它与西方哲学的最新潮流即辩证唯物论相结合，力图创造出一种中国现代新唯物论哲学形态的工作，则似乎关注的人不多，研究得更不够。它在后半个世纪不得不“存而不论”也反映了中国学术发展中的一些不正常现象。在强调以马克思主义为指导的中国哲学社会科学界，如何改变这种状况，正确地总结历史经验，是摆在我们面前的一个不应回避的现实课题。

二、马克思主义哲学中国化之独辟蹊径的探索

通古今之变、融中西之学是20世纪中国哲学最重要的特点。① 马克思主义哲学中国化即马克思主义哲学与中国革命和建设实践相结合，与中国哲学和文化优秀传统相结合，无疑是20世纪中国哲学史中最重要的事件，也可以说是20世纪中国哲学之主潮或主旋律。在近百年来为推动这一事业作出了重要贡献的中国哲学家中，张岱年先生是不应忘记的一位。被称为“学院派马克思主义者”② 的张岱年先生在20世纪三四十年代为马克思主义哲学中国化所做的独辟蹊径的探索，与“主流派”在革命实践中对这一事业的推进虽然难以相提并论，但其所致力的目标、方向是一致的，所起的作用是互补互益的，不能否认它在20世纪中国马克思主义哲学发展史中也留下了极

---

① 参见1993年8月冯契、方克立在国际中国哲学会第八届年会上的报告论文。冯契论文的题目是《“通古今之变”与回顾二十世纪中国哲学》，方克立论文的题目是《二十世纪中国哲学的宏观审视》。分别见《中国智慧透析》（华夏出版社1995年版）一书第379—386页和第387—396页。

② 宗璞在《刚毅木讷近仁———记张岱年先生》一文中说：“我上过张先生所授的历史唯物主义和辩证唯物主义课。当时有人议论，说张先生讲的唯物论不见得合官方的意思，我懵懵懂懂地过了好些年，现在才逐渐明白，他讲的唯物论，大概是和政治有距离的，所以有学院派马克思主义者之称。”《张岱年研究》，清华大学出版社2004年版，第27页。

有价值的内容丰实的一章。

众所周知，抗日战争时期，在延安的窑洞里产生了两篇马克思主义哲学中国化的经典名著，这就是毛泽东在1937年写成的《实践论》和《矛盾论》。但很少有人知道，也是在抗战期间，在日伪占领下的北平的一个小胡同里，一位不与敌伪合作的青年哲学家也在极其艰苦的条件下创造了一个“天人新论”的中国化马克思主义哲学体系，这就是张岱年先生在1942—1944年间所写的《哲学思维论》、《知实论》、《事理论》、《品德论》等几部哲学论稿。

张先生的“天人新论”是为了实现其“将唯物、理想、解析，综合于一”的哲学构想而创作的，起先有一个完整的写作计划。由于抗战时期生活极其窘迫，作者难以正常运思和写作，结果“所成不及原初设想之半”。这部没有完成的著作，藏诸箧笥40多年，到1988年才以《真与善的探索》为书名由齐鲁书社出版。书稿迟迟没有问世的原因，据作者说是由于当时著论，直抒胸臆，“内容颇异时论”，“没有遵守比较流行的唯物论的表达形式”，其“所讨论的问题与所提出的见解，在今天看来，可能都显得非常奇特”①。该书之“奇特”主要是与那个时代主流派马克思主义哲学家的著作在内容和形式上都有较大的差异，所以才有“不合时宜”之议论。但是，如果联系其所产生时代思想界的实际情况来看，我们就不难了解，“这些论稿可以说是四十年代在哲学园地中一个理论探索者寻求真理的思想记录。所讨论的问题基本上是三十年代的问题，论证的方式也是三十年代的方式，其所关涉的西方哲学思想也是三十年代的西方哲学思想，同时更表现了三十年代的文风”②。应该说，它不但是可以理解的，而且只有放到其所产生的特殊年代，才能体会到乱世著书之不易。该书能做到初具规模、基本理论框架清晰、观点切实鲜明已相当难能可贵了，唯其如此，其内容的深刻性和形式的独特性才更能彰显出来。与20世纪30年代在中国流行的那些马克思主义哲学著作相比较，它有以下几个显著的特点：

一是其问题意识、理论框架是来自中国哲学，而不是照抄照搬或简单模

---

① 张岱年：《真与善的探索》，齐鲁书社1988年版，《自序》第2—3页。

② 同上书，第2页。

仿苏联哲学教科书的章节结构。首先，将哲学界定为天人之学就有着鲜明的中国特色。中国哲学历来重视“究天人之际”、“穷天人之蕴”、“通天人之故”，即把天人关系看作是它所要追问和回答的最高问题。中国先哲说：“学不际天人，不足以谓之学。”① 这个“学”不是指某种具体的学说或学问，而是指能够揭示宇宙的根本原理和人生的最高准则的哲学。这与恩格斯关于哲学基本问题的论述并不矛盾而又富有中国哲学特色。其次，按照天人之学的基本理论架构，与《中国哲学大纲》分为“宇宙论”、“人生论”、“致知论”三个部分相对应，“天人新论”也分为“天论”、“人论”、“知论”三部分。“天论”即中国哲学中的天道论或宇宙论，“新论”又分为“事理论”和“心物论”，结果只写出了《事理论》。张先生在 1948 年写的《天人简论》和其他著作中亦概述了“心物论”的基本内容。另外，研究宇宙发展观的“大化论”和“两一论”也可以归属于“天论”。“人论”即中国哲学中的人道论，包括社会历史观和人生哲学，张先生在抗战时期只写出了简略的《品德论》四章。“知论”即中国哲学的认识论，“新论”又分为“知实论”和“真知论”两部分，结果只写成《知实论》一书。另外“方法论”也可以归入“知论”，《哲学思维论》就是主要讨论哲学方法论的著作。这个理论框架也具有鲜明的中国哲学特色。再次，“天人新论”所讨论的问题，包括天人、事理、心物、两一、知实、义命、群己等问题，都是典型的中国传统哲学问题，是中国哲学家们讨论了数千年而众说纷纭、历久常新的问题。试图给予这些问题以现代科学的回答，自然可以说是“接着中国哲学讲”，是中国传统哲学在现代的新发展。其实这些问题并不是中国哲学的特殊问题，它们也包含着人类哲学思考的共同性或普遍性，“天人新论”同时也是对于那个时代世界哲学的最新发展作出的一种回应，是中国哲学家所发表的一家之言。

二是对所讨论的问题作出了明确的辩证唯物论的回答，表现了作者所信守的马克思主义哲学立场的坚定性。如论天人关系，该书将其认定为“本”（本根、本原）与“至”（至极、至精）的关系，即“天为人之所本，人为天之所至”。在张先生看来，自然界的物质运动是一切事物、现象生成的根本。

① 《邵雍全集》，上海古籍出版社 2015 年版，第 1223 页。

“宇宙大化，无生物演化而有生物，生物演化而有有心之生物，至于人类，可谓物类中最优秀者。人居于天之中而能知天，人为物类中之一物而能宰物。故人为自然演化之所至。”[①] 因此，他又有“一本多极”之论，即确认物（天、自然界）为一本，物、生、心为多极，物实为生命和心知之根本。[②] 这是对于天人关系问题所作出的既唯物又辩证的回答。又如，事理关系也是中国传统哲学的一个根本问题，程（颐）朱（熹）认为“理在事先”，颜（元）李（塨）主张“理在事中”，两派争论逾千年，对中国现代哲学亦有深刻影响。张先生在《事理论》中对这个问题做了详细的解析，广泛地论及与之相关联的事与物、理与性、有与无、体与用、时空、关系、变化、两一、反复、因果、可能与必然等诸范畴，最后明确地得出了事理俱有、物统事理、事为理本、理在事中的彻底唯物主义的结论。再如心物关系，他虽然没有写成《心物论》一书，但其“物源心流”、“物体心用”的基本观点在《知实论》、《天人简论》等著作中也多有论述，其所坚持的哲学立场与以上各篇是一贯的。

三是提倡“方法论上的多元主义”，其核心是将逻辑分析方法与辩证法统一起来，认为“今之喜形式逻辑者则鄙弃辩证法，而好谈辩证法者则非薄形式逻辑，实皆蔽于一曲之见”[③]。张先生指出，逻辑分析方法是一切学术研究的基本方法，也是治哲学的基本功夫。逻辑分析的对象是名言和经验。名言的分析又可分为名词意谓的分析、命题的分析、问题的分析和论证的分析四项，经验的分析也可以分为若干层次。他成功地将逻辑分析方法运用于中国哲学史研究，审其基本倾向，析其辞命意谓，察其条理系统，辨其发展源流，为这个学科的科学化和现代化建设作出了重要贡献。同时，张先生又认为，哲学不能离开逻辑分析，也不能以逻辑分析方法自限。“除逻辑解析法外，有成效的哲学方法尚有辩证法。”“在辩证解析之外，尚有辩证的综

---

① 《张岱年全集》第 3 卷，河北人民出版社 1996 年版，第 216 页。

② 对存在的层级，还可以做更细致的区分，如“心”之一极，又可以分为“心知”、“社会”、“当然与理想”三个方面。见《张岱年全集》第 1 卷，河北人民出版社 1996 年版，第 377—378 页。

③ 《张岱年全集》第 3 卷，河北人民出版社 1996 年版，第 29 页。

合。”“辩证综合与辩证解析在应用时，只是一个历程之两段。”[①] 他在《哲学思维论》一书中对辩证法的基本原则、辩证法之运用及其与形式逻辑的关系做了颇具特色的详细说明。与20世纪30年代将形式逻辑等同于形而上学予以简单否定的那些马克思主义哲学家不同，张先生认为辩证法与形式逻辑“并无不两立之冲突”，“必结为一，方能两益”[②]。这在当时是一种较平正的观点，可惜未能被“主流派”重视和接受。

四是“天人新论”所使用的基本概念、范畴，如“天人”、“体用”、“理事”、“心物”、“反复”、“两一”、“知实”、“能所”、“群己”、“义命”等等，都是沿袭中国传统哲学之名言；表述其理论要旨的哲学命题，如“天人本至”、“物统事理”、“物源心流”、“永恒两一”、“知通内外”、“群己一体”等等，也是采取言简意赅的中国哲学语言表达形式。它提出的一些新范畴、新命题，也多是从中国哲学引申、发展而来的，而又赋予了新的时代内容。如提出“兼容多端而相互和谐”、“兼赅众异而得其平衡”的“兼和”范畴，提出“以兼和易中庸”的命题，就深得中国传统哲学重“和”思想之精义，是批判继承和创造性地发展中国哲学的一个范例。又如在《春秋左氏传》人生三事（“正德”、“利用”、“厚生”）的基础上提出了“人群三事”的新说：“一曰御天，二曰革制，三曰化性。御天者改变自然，革制者改变社会，化性者改变人生。”[③] 这样就把人生的理想境界从改善个人的精神和物质生活提升到了改造整个人类的生存环境和主观世界的实践活动，自然也就把中国哲学提升到了一个新的更高的阶段。这部著作所表现出来的浓郁的中国作风和中国气派，不但与20世纪30年代深受苏联教科书影响的那些马克思主义哲学著作迥然不同，甚至在整个20世纪中国马克思主义哲学史中，再也很难找到这样一本“欲穷究天人之故，畅发体用之蕴，以继往哲，以开新风”[④] 的中国化的马克思主义哲学著作了。

马克思主义哲学中国化是一个需要若干代人努力去完成的学术理论工

---

① 《张岱年全集》第1卷，河北人民出版社1996年版，第180页。

② 同上书，第264、135页。

③ 《张岱年全集》第3卷，河北人民出版社1996年版，第224页。

④ 同上书，第215页。

程。在已经成为历史的20世纪，许多先哲都为此作出了开创性的贡献。我们自然首先会想到《实践论》和《矛盾论》这两篇马克思主义哲学中国化的典范性著作。它们是毛泽东在抗日战争的第一线，成功地运用辩证唯物论这个伟大的认识工具，去总结长期革命斗争的实践经验，包括反对党内各种错误思想路线斗争的历史经验，而写成的理论与实践相结合的马克思主义哲学著作。同时，它们也用辩证唯物论的观点对中国哲学史上的知行问题和阴阳矛盾学说做了科学的总结，并采取了为中国人民所喜闻乐见的民族化、通俗化的表现形式。可以说，在整个20世纪，“两论”在马克思主义哲学中国化方面所取得的成功和巨大影响是其他任何著作都不可比拟的。但这并不等于说其他哲学家在这方面所做的工作都无意义、都不值得重视了，他们的贡献也应该得到历史的尊重，其理论成就也值得认真总结。

与毛泽东不同，张岱年是一个虽有强烈的忧患意识和爱国心，但却缺少革命实践经验的知识分子，是一个所谓“学院派”哲学家。他的长处在于坚定地信持辩证唯物论而本人又是一个中国哲学方面的专家，因此他所做的工作就主要是在将马克思主义哲学与中国哲学的优秀传统相结合方面，在这方面他做了比其他哲学家更加自觉的探讨，更加系统、深入的思考。由于受熊十力、冯友兰等人影响，青年哲学家张岱年也有自创理论体系的志趣，因此才有“天人新论”之作。这部40年后才面世的尚未完成的著作，其影响虽然远不及“两论”，甚至也不如那些较为流行的马克思主义哲学教程，但是如果从20世纪中国马克思主义哲学发展的思想逻辑进程来看，特别是放到其所产生的具体年代，它为马克思主义哲学中国化所做的独辟蹊径的探索及其历史地位就是绝对不容忽视的。在一定意义上可以说，“天人新论”和毛泽东的“两论”共同开创了马克思主义哲学与中国哲学优秀传统相结合的道路，它们都是用辩证唯物论的观点接着中国传统哲学的问题讲，分别阐明了辩证唯物论的知行统一观、矛盾论或两一论、天人关系论、事理论、心物论……的基本原理，都为创建中国作风与中国气派的马克思主义哲学体系作出了重要贡献。由于二者在理论方向上是一致的，因此在思想内容上也可以互相补充。例如，“天人新论”是从“知实论”和“真知论”的角度来阐述辩证唯物主义认识论的基本原理的，虽然也讲到了“行之有成”即实践是检验真知的标准之一，但对“行”在整个认识论中的基础地位和作用却强调得不够；相对来说，《实践论》对“辩证唯物论的知行统一观”的论述显然就要全面、深刻得多了。又如，张岱年在“两一论”中对中国传统哲学中关于对立统一的思想资源做了较深入的挖掘，并在中国传统重“和”思想的基础上提出了“兼和”的新范畴，这对《矛盾论》的辩证法思想可以说是一种丰富和补充。毛泽东和张岱年所开创的这条马克思主义哲学与中国哲学优秀传统相结合的道路，事实上还有广阔的发展空间，还有许多工作需要有人接着去做。但在20世纪，后继者们在这个方面似乎并无多大作为，成绩很不理想。这里需要总结的一个重要经验教训就是：在中国马克思主义哲学的发展过程中，能否允许不同的学派存在？我们对“学院派马克思主义者”所做的工作是否给予了应有的重视？张岱年的“天人新论”在后半个世纪为什么只能“存而不论”，而不能继续发展完善？认真总结这方面的经验教训，将成为21世纪中国马克思主义哲学发展的宝贵资源和动力。

三、“解析的辩证唯物论”学派的主要理论代表

1936年10月，孙道昇在《现代中国哲学界的解剖》一文中把以张申府（崧年）、张季同（岱年）兄弟为代表的一派哲学称为“解析法的新唯物论”，认为“此派具有批判的、分析的精神，其作品在新唯物论中，可谓最值得注意的、最有发展的”①。后来有的论者把这一派哲学又称为“解析的辩证唯物论”或“分析的辩证唯物论”。

在孙道昇的文章发表之前，张岱年已在报刊上先后发表《哲学上一个可能的综合》、《论现在中国所需要的哲学》、《关于新唯物论》、《逻辑解析》、《生活理想之四原则》等文章，明确地提出了以新唯物论为基础而兼综解析法与理想主义的新哲学纲领。比他年长16岁的张申府先生，早就是一个成名的哲学家，他不但在中国以介绍罗素哲学而著称，而且是中国共产党的早期创建者之一，从20世纪20年代起就积极宣传唯物辩证法的价值，“解析的辩

① 《北平晨报》1936年10月7日。

证唯物论”和“孔子、列宁、罗素，三流合一”说就是他提出来的哲学新论。张岱年后来走上同一条学术道路，实深受其兄之影响。20 年代末 30 年代初，他还在北师大读书时，就在张申府的引导下阅读了罗素（B.Russell）、穆尔（C.E.Moore）、怀特海（A.N.Whitehead）、博若德（C.D.Broad）等人的著作，十分赞赏其逻辑分析方法，但不能认同他们的实证主义哲学观点。也是受张申府的影响，同一时期他还认真阅读了一批马克思主义哲学的经典著作，并通过与现代西方哲学诸流派的理性比较，确信辩证唯物论是当代最伟大的哲学。张氏兄弟的这种思想上的一致性，使他们共同成为孙道昇所谓“解析法的新唯物论”一派的代表。“新唯物论”即辩证唯物论是他们所信持的基本哲学立场①，“解析法”即逻辑分析方法是他们所倚重的一种哲学方法，一种可以与辩证法相资互补的方法。张申府实为这派哲学的开创者，张岱年的进一步阐扬发挥与娴熟运用则使他成为这派哲学的主要理论代表。

“解析的辩证唯物论”这个概念就是张申府先生本人提出来的。他在《现代哲学的主潮》一文中说：“现代世界哲学的主要潮流有二：一为解析，详说逻辑解析。二为唯物，详说辩证唯物。……最近世界哲学界里两个最有生气的主潮是可以合于一的；而且合一，乃始两益。而且合一，乃合辩证之理。在理想上，将来世界哲学实应是一种解析的辩证唯物论。”② 他认为逻辑解析与辩证唯物“两势会归”，即把二者结合起来，不但可以解决哲学上“辨而活”与“活而通”的问题，而且具有改造人类的思想和改造客观世界的重要的实践意义，因而这种方兴的哲学必有广阔的发展前途。

张岱年早年的哲学思想与其兄基本上是一致的，在他的新综合哲学中，也十分强调逻辑解析与唯物辩证法的结合与统一。他认为新唯物论作为一种世界观，确实是最正确的，是最接近于真理、最符合于生活实践的哲学；但作为一种哲学理论体系，它也有形式未免粗疏、论证不够精详，有待于进一步发展完善的问题。“新唯物论中许多根本观念，并未有确切之界说，许多

① 郭湛波在《近五十年中国思想史》（北平人文书局 1936 年版）中也把张申府看作是 20 世纪 30 年代辩证唯物论思潮的主要代表之一。

② 张申府：《现代哲学的主潮》，《清华周刊》第 42 卷第 8 期，1934 年 12 月 17 日，见《张申府学术论文集》，齐鲁书社 1985 年版，第 66—67 页。

重要命辞，亦未有明晰的解释；在今日，唯物论已差不多成了一个很暧昧的名词，而对理（辩证法）几乎成了一个很神秘的术语，这实是需要用解析法来厘清的。”“将解析法应用于唯物论，则必将唯物论之根本观念与根本命辞，条分缕析，以显出其确切的意谓。更须将对理（辩证法）之根本观念与根本命辞加以同样的厘清。”① 这就是说，以新唯物论为基础而吸收解析派哲学的逻辑分析方法乃是发展新唯物论之所必需。同时他也指出，逻辑解析并不能解决哲学的一切问题，对于那些本身就包含着矛盾的概念、命题和理论，一般解析法与形式逻辑便不能奏效了，只有借助于辩证分析方法才能揭示其内在的对立统一关系。哲学于“正名析辞”的解析工夫之外，还要善于运用辩证综合、会通、慧观等方法，才能把握对象之全。在这些方法中，最重要的就是作为“综合之方”和“解蔽之术”的辩证法。“唯应用辩证法，然后能连一切‘见’，去一切‘蔽’；乃不至于以偏赅全，乃不至于顾此失彼。”②“惟用对理（辩证法）乃能看出强敌之必终于衰弱，被压迫民族必终于盛强，看出危可以救，安可以亡，看出祸福相倚，否泰相易。……善用对理，乃能死以求生，死中得生。”③ 与其兄一样，张岱年也十分重视这种哲学认识世界和改造世界的实践意义。

张氏兄弟所倡导的“解析的辩证唯物论”哲学，也产生了它的理论代表作，这就是张岱年先生在抗战前夕完成的《中国哲学大纲》一书和他在40年代所写的“天人五论”。前者是他将辩证唯物论观点与逻辑分析方法运用于中国哲学史研究的力作，该书对浑融一体、原无区分的中国哲学问题之厘别，部门之划分，对本无形式上的条理系统的中国哲学理论体系的梳理，对一家一谊、歧义丛生的中国传统哲学概念范畴的确切意谓之解析与界定，可谓成功地运用逻辑分析方法之典范，在20世纪的中国哲学史论著中恐怕无有其匹。例如，关于中国哲学中的“两一”观念，它将其主要内涵分为五项：（一）对待之必然性与普遍性，即凡物皆无独有偶，一切莫非两极。（二）对

① 《张岱年全集》第1卷，河北人民出版社1996年版，第269—270页。

② 同上书，第132页。

③ 同上书，第241页。

待之合一关系，又可析为对待之相倚、对待之交参、对待之互转、对待之相齐、对待之同属等不同类型。（三）对待之综合，即对待综合为一以成为更圆满的事物，甲与非甲相融合而达到一个新形态。（四）对待之相推，即以对待合一解说变化，以对待之相互作用为变化之所以（根据）。（五）对待与合一之关系，即论“两”与“一”的关系。① 经过这样细致的分析，中国传统哲学中关于对立统一思想的精义就大端呈现出来了，它确实如张先生所说的，与西方哲学的辩证法思想“极相类似”而又有自己的民族形式和特点。

“天人五论”进一步展开并深化了“解析的辩证唯物论”的理论内容，也进一步阐明了它的方法论特征，如《哲学思维论》对解析法与唯物辩证法的关系所做的详细说明。运用逻辑分析方法论证辩证唯物论基本原理的一个最典型的例子就是关于外界实在的证明。承认有不依赖于人的意识而独立存在的客观世界是唯物论的基本观点。这个关于外界实在的平凡而简单的真理，旧唯物论者认为是不证自明的，所以张先生称它为“独断的实在论”。20 世纪 30 年代的新唯物论者多采取实践证明即列举自然界和社会领域的大量实例来证明的办法。张先生则认为，一个命题如果是正确的，就一定可以从理论上加以证明。他除了早年在《论外界实在》一文中做了初步尝试之外，又在《知实论》一书中通过感觉的分析，提出了“知识起于有疑而至于不可疑然后止”，“知识中之不可疑者谓之原给”，“原给之中实已固有形色、音声等感相的区别”，“感相显现之所待在能知之外者谓之外在所待，感相之外在所待即外在事物”，“由不可疑之感相存在即可推知外在事物的存在，感相可谓外在事物之映象”等一系列概念、命题和论证步骤，多角度、多层次地证明了“离识有境”即客观世界的实在。这在唯物论发展史上可谓是一项独具匠心、没有先例的创举，同时也有力地批驳了否定外界实在的种种主观唯心主义谬论，以及认为外界实在是“无意义”的问题的实证主义观点。

20 世纪 30 年代中期，孙道昇在还没有读到《中国哲学大纲》一书，更不可能预知有“天人五论”之作的情况下，就认为“解析法的新唯物论”是“最可注意的、最有发展（前途）的”一派哲学。今天从总结 20 世纪中国哲

① 参见《张岱年全集》第 2 卷，河北人民出版社 1996 年版，第 140—141 页。

学发展历程和经验教训的角度来看，这种看法不无道理。可惜由于抗日战争爆发打断了中国哲学发展的正常进程，张岱年的《中国哲学大纲》和“天人五论”又都晚出，“解析的辩证唯物论”在30年代以后便销声匿迹了，未能产生其应有的历史作用和影响。直到80年代以后，不仅张岱年先生的两种著作得以出版问世，张申府先生的《所思》、《思与文》、《张申府学术论文集》等著作也先后出版了，当人们能够对这个学派的思想有较全面真切的了解之时，它却已经成了历史的回忆。尽管如此，张氏兄弟著作的出版，对于总结历史经验和研究20世纪中国哲学史来说总是一件好事，一件幸运之事。我们今天来研究“解析的辩证唯物论”学派的哲学，决非仅有思想史的价值，它对未来中国哲学的发展也有重要的参考价值和启示意义。这主要包括：一是要把马克思主义哲学看作是一个开放的体系，善于吸收其他学派有价值的思想学说来发展、完善其思想内容，就像张氏兄弟以辩证唯物论为基础而吸收西方实证派哲学的逻辑分析方法那样；二是中国哲学有重人生体验、重整体直观而不重分析论证的思维传统，要改造传统思维方式以适应现代化的需要，学习借鉴西方哲学的逻辑分析方法实具有重要意义，“解析的辩证唯物论”正是提供了一条比较适合于中国国情的发展马克思主义哲学的道路。因此，我们不能把它仅仅看作是昙花一现的历史陈迹，甚至不能排除这一派哲学在21世纪还有转生和继续发展的可能性。

四、中国哲学“三流合一”、综合创新之路的艰辛开拓

进入21世纪以来，中国哲学的未来走向问题备受关注，研究马克思主义哲学、中国哲学和西方哲学的学者各畅其言，分别发表了许多很有见地的看法，但有一点是共同的，即认为构成现代中国哲学的这三大学术传统、三个主流学科，必须打破学科壁垒和各自独立自主地发展的状况，加强相互之间的交流、对话、合作与融通，努力创造出一种能体现民族精神与时代精神之精华的中国当代马克思主义哲学的新形态，作为中国特色社会主义事业的理论根据和精神支柱。也就是说，当代中国哲学的发展，最理想的、也最具有现实可能性的就是走以马克思主义哲学为基础和主导的中、西、马“三流

合一”、综合创新之路。

其实，五四后在中国就已形成中、西、马三大哲学流派、三种哲学资源对立互动的格局，在如何处理三者的相互关系问题上，许多人往往只看见它们之间的分歧、对立、互相批评、激烈论战、“道不同不相为谋”的这一面，而看不到它们所反映的人类哲学智慧发展的共同性，它们之间互相补充、相得益彰的另一面，以及将三者之精华“综合于一”的可能性。在中国现代哲学史上，最先提出中、西、马“三流合一”说的是张申府先生，张岱年先生则是此说之最积极的支持者、阐扬者和具体实践者，他提出的“将唯物、理想、解析，综合于一”的哲学新路，实际上就是一条中、西、马“三流合一”、综合创新之路。20世纪30年代，张氏兄弟在文化观上还提出了“辩证的综合”与“创造的综合”的主张，这种主张自然首先会在他们的哲学观上充分体现出来，“三流合一”所要达到的目的就是综合创新。

“孔子、列宁、罗素，三流合一”是张申府先生的名言，也是他的哲学和文化纲领。为了更加客观地观察世界，他在倡导“解析的辩证唯物论”的同时，还主张回归中国哲学的本源，将富含唯物辩证智慧的中国传统思想与世界最新潮流结合起来。在他看来，“中国立国，所以立，可以立，或值得立，应就是仁，就是中，就是生（天地之大德曰生）。而这些，以及易与实，断然应以孔子为代表”①。“仁，易，生：是中国哲学中三个最根本紧要的字，而实是一体的。……中国哲学的言仁，生，易，实深有合乎辩证法，有顺乎大客观。”② 因此，“三流合一”就是他合乎逻辑地必然要得出的结论。他是这样说的：“我始终相信，孔子、列宁、罗素，是可合而一之的。我也始终希望，合孔子、列宁、罗素，而一之。如此不但可得新中国哲学。如此而且可得新世界学统。孔子代表中国古来最好的传统。罗素代表西洋历来最好的传统。列宁代表世界新的方在开始的传统。孔子表示最高的人生理想，由仁、忠、恕、义、礼、智、信、敬、廉、耻、勇、温、让、俭、中以达的理想。罗素表示最进步的逻辑与科学，尤其是数理逻辑，逻辑解析，科学法

① 张申府：《思与文》，河北教育出版社1996年版，第239页。

② 张申府：《所思》，三联书店1986年版，第192页。

与科学哲理。列宁表示集过去世界传统最优良成分的一般方法，即唯物辩证法与辩证唯物论，以及从一个实际角落来实践最高的人生理想的社会科学。三者之间，不但并无敌对冲突。三者之间，而且正待相补相充。三者之间，解析且扬扔之后，又有什么不可综合，发展而为一的？……合孔子、罗素、列宁而一之的新体系定是世界中的新中国的新指标、新象征。”① 他讲得很清楚，这里提到的三位哲学家分别代表着三种哲学传统，各有其特定的象征意义，“合而一之”则成了一种新哲学的“新象征”。

张岱年先生完全认同其兄的“三流合一”说。1933 年 4 月，他在张申府主编的天津《大公报·世界思潮》副刊上发表《关于新唯物论》一文，其中讲道：“本刊编者曾云：`我的理想：百提（罗素），伊里奇（列宁），仲尼（孔子），三流合一。’吾以为将来中国之新哲学，必将如此言之所示。将来之哲学，必以罗素之逻辑解析方法与列宁之唯物辩证法为方法之主，必为此二方法合用之果。而中国将来如有新哲学，必与以往儒家哲学有多少相承之关系，必以中国固有的精粹之思想为基本。本刊编者又曾云：‘我因既爱好数理逻辑而又器重唯物辩证法，所以颇想把二者联在一起。’我以为此实今日今后治哲学者之莫大重任。本刊编者又云：‘解决问题总要解析的，数量的，辩证的，大客观的。’此实透露出将来哲学之消息。”② 在这里，他是把张申府先生当作民族化与现代性相结合的中国新唯物论哲学的代表而加以介绍和评论的，认为这派哲学即代表着中国未来新哲学之必然方向。

三年后，他在《哲学上一个可能的综合》一文中提出“将唯物、理想、解析，综合于一”的哲学构想，实际上仍是“三流合一”说的继续和在理论上的具体发挥。这种哲学在性质上是唯物论、理想主义、解析哲学的一种综合，即以新唯物论为基础而兼综唯心论注重精神与理想的贡献，并吸收实证派哲学的逻辑解析方法。同时它也是中国哲学与西方哲学的一种综合，古典哲学与现代哲学的一种综合。因为中国哲学中不仅有源远流长的唯物论和辩证法思想传统，而且最注重人生哲学之研讨，有丰富的理想主义思想资源。

---

① 张申府：《思与文》，河北教育出版社 1996 年版，第 128 页。

② 《张岱年全集》第 1 卷，河北教育出版社 1996 年版，第 133 页。

与西方哲学将自然主义与理想主义绝对对立起来不同，在中国哲学中，自然主义与理想主义本来就是合一的，因而更适切于综合唯物与理想的新哲学方向。同时，我们在公孙龙、朱熹、戴震等人的哲学中也可以看到“潜伏的注重解析之流”。这就是说，在唯物、理想、解析三个方面，都可以找到中西哲学合流的内在根据，建立一种融会贯通中国哲学、西方哲学和辩证唯物论的新综合哲学是完全可能的。

在20世纪30年代，张氏兄弟已有很明显的崇信辩证唯物论的倾向。在“三流合一”的哲学构想中，他们并不是把三种哲学平列，而是自觉地倚重于辩证唯物论，以它为综合的基础和主导。张申府先生认为，不能把三者机械地分开，“在三者之上更要已经相习而不自觉地时时以辩证唯物主义为主宰，把它贯通到各角落各方面：时时要确在‘实’，如实，踏实，时时要‘活’，时时要注意各方面的关联，时时要注意变化发展，时时要注意各类对立与矛盾，时时要注意相互斗争与否定，时时要勿忘相反相成”①。张岱年先生更明确地肯定了辩证唯物论在新综合哲学中的“基础”地位。他说：“凡综合皆有所倚重，如康德之综合即是倚重于唯心，其实是一种唯心的综合；今此所说的综合，则当倚重于唯物，而是一种唯物的综合。此所说综合，实际上乃是以唯物论为基础而吸收理想与解析，以建立一种广大深微的唯物论。”他又说：“新唯物论是以唯物论为基础而吸收对理法（辩证法）……我们更当以新唯物论为基础，而兼综唯心论关于理想的贡献。不止如此，我们还应以新唯物论为基础而吸收解析派的哲学之解析法。”②在20世纪中国哲学中，能以如此宽阔的胸襟兼容中西哲学之精粹思想，又能以如此清醒的头脑倾情于现今世界上最先进的哲学思潮，明确地以辩证唯物论为其新综合哲学之“基础”和“主宰”（主导），这样的哲学家实不多见。就其哲学基本倾向而言，无疑地应把它归属于中国马克思主义的哲学学派，哪怕是极具个性特征的一派，亦应在中国马克思主义哲学发展史中给它以一定的地位。

在20世纪中国马克思主义哲学发展的曲折历程中，如何对待中、西、

---

① 张申府：《思与文》，河北教育出版社1996年版，第132页。

② 《张岱年全集》第1卷，河北教育出版社1996年版，第262、269页。

马三者的关系，确实还是有一些经验教训值得认真总结的。马克思主义与非马克思主义二元对立的观念曾经长期支配着学术界，在一些自认为是“百分之百的马克思主义”的人看来，为了“捍卫马克思主义的纯洁性”，就必须同一切非马克思主义的思想学说彻底划清界限。于是，现代西方哲学统统被看成是垄断资产阶级的腐朽没落的世界观而一概加以否定，中国传统哲学也几乎与封建意识形态画了等号而不置一顾。教条主义、宗派主义、关门主义的学风严重地阻碍了中国马克思主义哲学的正常健康发展。这种情况在30年代就已经存在。正如张岱年先生所指出的，当时“多数讲马克思主义的人对马克思主义以外的学说，不问内容，不加分别，一概藐视，一概抹杀”①，表现出一种对马克思主义的“盲信”和对一切非马克思主义思想学说“盲诽”的态度。在这种思想主导下，主张以新唯物论为基础而兼综唯心论关于理想的贡献，吸收实证派哲学的解析方法，甚至提出“孔子、列宁、罗素，三流合一”的口号，自然会被看成是一种奇谈怪论，是丧失马克思主义原则立场的表现。这恐怕是张氏兄弟的哲学长期得不到重视、始终被排斥在“主流”之外，以至到新中国成立后还只能“存而不论”的根本原因。80年代以后，这种情况得到了很大的改变，至少是在认识上清算了上述教条主义、宗派主义、关门主义的思想路线，力图用唯物辩证的观点和方法来对待各种非马克思主义的思想学说，张氏兄弟的“解析的辩证唯物论”和“三流合一”说也得到了重新评价。但是，我们在学科体制上将马克思主义哲学、中国哲学和西方哲学分为三个二级学科，分别独立地从事有关教学和科研活动，相互之间很少交流和对话，久而久之就形成了某种学科“壁垒”，十分不利于这些学科的互动发展和中国哲学的整体创新发展，也很难培养出史论结合，兼通中、西、马，具有创新精神和能力的哲学大家。张岱年先生30年代的哲学构想是着眼于“综合”，要“连一切‘见’，去一切‘蔽’”、“兼取众长而相资互益”，走“三流合一”、综合创新的道路。而现实的发展却与之背道而驰，在学科分立体制下，连他本人在后半个世纪也只能专门从事中国哲学史的教学和研究工作，而不能继续完成其“天人新论”的哲学理论创造。这是他始

① 《张岱年全集》第1卷，河北教育出版社1996年版，第149页。

料非及、并不希望出现而又无可奈何的现实情况。所以他在80年代提出“文化综合创新论”时，再次呼吁打破狭隘眼界，大力提倡在马克思主义指导下中西文化的综合，中国固有文化中不同学派的综合，努力创造一种集古今中外优秀文化之大成的中国当代先进文化。从早年提出“哲学上一个可能的综合”，到晚年倡导“综合创新”文化观，张先生始终理性地把握着20世纪中国哲学和文化发展的正确方向，作为一个“学院派”哲学家，能做到这一点应该说是相当难能可贵的。

历史已进入21世纪，在中国的哲学和思想文化领域，中、西、马对立互动的基本格局并没有改变。张岱年先生在半个多世纪以前所倡导的以辩证唯物论为基础和主导的中、西、马“三流合一”、综合创新之路，仍然是21世纪中国哲学发展的正确方向和现实道路。他的后继者们一定会沿着这条道路把中国化马克思主义哲学的创建事业继续推向前进。

（原载于《中国社会科学》2005年第2期）

重读张岱年先生的《世界文化与中国文化》

——纪念张岱年先生逝世十周年

李存山

1935年1月10日，上海的十位教授发表了《中国本位文化建设宣言》。张岱年先生参与当时的文化讨论，于同年的3月和5月发表了《关于中国本位的文化建设》和《西化与创造》两篇论文，提出了“创造的综合”或“文化的创造主义”[①]等观点，并精辟地指出：“惟用‘对理法’（按即辩证法），然后才能见到文化之实相，才不失之皮毛，才不失之笼统。惟用‘对理法’，才能既有见于文化之整，亦有见于文化之分；既有见于文化之变，亦有见于文化之常；既有见于文化之异，亦有见于文化之同。”[②]这段话中的“才不失之皮毛，才不失之笼统”，一方面是针对一般人的文化见解，另一方面实也指出了十教授《宣言》的不足。如张先生指出的：“宣言中所说，大体上是国人所当接受的。不过，也许因为是一个简单的宣言，所说似还不免笼统，再加以更进的分析，却似乎是必要的。”[③]张先生所作的“更进的分析”，就是运用辩证法而深入到“文化之实相”，提出了文化的“整”与“分”、“变”与“常”、“异”与“同”的辩证文化观。这一精辟的论述，至今无人能过之。在我看来，如果我们要对文化有一大致正确的见解，或者说对文化发展有一大致正确的方向，就必须对这一辩证文化观有一较深刻而全面的理解。张先生在当时之所以能作出这一精辟的论述，不是受到十教授《宣言》的启发和

---

① 《张岱年全集》第1卷，河北人民出版社1996年版，第229、235页。

② 同上书，第248—249页。

③ 同上书，第229页。

影响，而是根源于他在1933年发表的《世界文化与中国文化》。重读此文，有利于我们评价张岱年先生在文化理论上的创见性，也有利于我们对张先生的辩证文化观有一较深刻而全面的理解。

一

张岱年先生的《世界文化与中国文化》发表在1933年6月15日天津《大公报·世界思潮》第42期，写此文的直接契机是什么，我不得而知。可以作为背景的是，张先生在同年的4月和5月分别发表了《关于新唯物论》和《相反与矛盾》两篇论文。① 由此可见，张先生当时是十分关注“新唯物论”(按即辩证唯物论）及其辩证法的理论问题的。而《关于新唯物论》中的观点，实也正是张先生在文化理论上所运用的唯物辩证法。

在《关于新唯物论》一文中，张先生论述新唯物论的“宇宙论之精义”，指出：“新唯物论以宇宙为一整个的大历程，为一发展的大流。此大流之内一切事物皆有联系，故宇宙为一整个。一切事物皆是变动的，一切事物皆有生而灭之历程。而宇宙有规律，一切皆在变动，而变中有常。最根本之规律即辩证之律。何谓辩证？谓一切事物皆内孕矛盾，谓一切变化皆矛盾或对立物之融结与分解。一本多级之论，则谓宇宙事物之演化，有若干级之不同，各级有各级之特殊规律。”② 张先生又说：“新唯物论之特长，尤在其方法，即唯物的辩证法。辩证法实为解决问题之要诀。……辩证法则能见相反者之相成，矛盾之统一。……唯应用辩证法，然后能连一切‘见’，却一切‘蔽’；乃不至于以偏赅全，乃不至于顾此失彼。”③

张先生在文化理论上所说的“惟用‘对理法’”，即张先生在《关于新唯物论》一文中所说的“唯应用辩证法”，此辩证法即“唯物的辩证法”。按照

① 《关于新唯物论》发表在1933年4月27日《大公报·世界思潮》第53期，《相反与矛盾》发表在1933年5月11日《大公报·世界思潮》第37期。见《张岱年全集》第1卷，河北人民出版社1996年版，第135、140页。按，以上“第53期”当为“第33期”之误。

② 同上书，第130页。

③ 同上书，第132页。

张先生的“一本多级之论”，文化发展属于宇宙演化中的一级，它有自身的特殊规律，而又不违背宇宙之根本规律或普遍规律。张先生所说的“宇宙有规律，一切皆在变动，而变中有常”，这一宇宙论中的精义即被张先生直接应用到文化发展的理论中。这也就是张先生在《世界文化与中国文化》一文中所说：“文化是最复赜的现象，文化问题只有用唯物辩证法对待，才能妥善地处理。”①

在《关于新唯物论》一文的“附记”中有谓：“此文发表之后，前辈熊十力先生对我说：‘你的文章说新唯物论讲“变中有常”，我看过许多新唯物论的书，没有看到这样的话。’我当即表示，这只是用自己的语言加以解释而已。”②熊先生真是慧眼识珠，一眼就看中了文中的“变中有常”之说。而张先生在文化理论上的最核心观点也正是“变中有常”。熊、张两位先生当时关于“变中有常”的对话，可以视为辩证唯物论者与现代新儒家的一次很有意义的对话。

二

在《世界文化与中国文化》一文的开始，张先生说：“文化或文明，是人类努力创造的结果之总和。由自然的演化而有人类，人类与自然之间却又存在矛盾。人类为了维持和提高其生活，必与自然斗争。在这斗争过程中，便逐渐创造了文化。斗争必由劳动，且必由集体的劳动……文化是通过集体劳动而改造自然并改变人们自身的总成果。”③这段对“文化”的一般表述，也含有张先生思想的特点。如说“由自然的演化而有人类”，此即张先生的“一本多级”思想；又如强调“集体的劳动”，可见张先生当时是从唯物史观来讲文化发展的。

张先生说：“文化以生产力及社会关系的发展为基础，生产力发展到一

① 《张岱年全集》第1卷，河北人民出版社1996年版，第157页。

② 同上书，第135页。

③ 同上书，第152页。

新形态，社会关系改变，则文化必然变化。”[①] 这是唯物史观关于文化发展的一个基本原理，即其强调了文化之“变”。张先生对此亦持肯定态度，认为“现在要仍照样保持中国的旧文化，那是不可能的”。然而，张先生又把语势一转，提出：“中国的旧文化既不能保持原样，那么，是否就要整个地将其取消呢？将其扫荡得干干净净呢？不！只有不懂唯物辩证法的人，才会有这种主张。”[②] 自五四新文化运动后期传入马克思主义的唯物史观以来，对其简单化的一个理解就是只讲文化之“变”而不讲文化之“常”，认为文化“随着物质变动而变动”，“随着社会的需要，因时因地而有变动”，当进入工业社会时，原在农业社会“经济基础”上的中国旧文化就已完全不适应工业社会的“上层建筑”，当“西洋的工业经济来压迫东洋的农业经济”时，“孔门伦理的基础就根本动摇了”，“大家族制度既入了崩颓粉碎的运命，孔子主义也不能不跟着崩颓粉碎了”[③]。张先生在文化理论上的一个重要创见，就是在20世纪30年代把唯物辩证法与唯物史观密切结合起来，从而恢复了唯物史观在文化理论上的“活的灵魂”，对于要把中国的旧文化“整个地取消”、“将其扫荡得干干净净”的观点提出了断然的否定，指出“只有不懂唯物辩证法的人，才会有这种主张”。而张先生的新见就是文化随着社会的发展而“必然变化”，但是“变中有常”。

张先生说：“文化是发展的。文化在发展的历程中必然有变革，而且有飞跃的变革。但是文化不仅是屡屡变革的历程，其发展亦有连续性和累积性。在文化变革之时，新的虽然否定了旧的，而新旧之间仍有一定的连续性。”[④] 这里所谓“文化在发展的历程中必然有变革”，与张先生在《关于新唯物论》一文中说的“宇宙为一整个的大历程，为一发展的大流……一切事物皆是变动的”相一致，此即“由自然的演化”而有人类文化，此人类文化是宇宙发展中的一“级”，它有自身的特殊规律，而又不违背宇宙的根本或普遍规律。所谓文化“有飞跃的变革”，即是随着社会发展阶段的不同，如由

① 《张岱年全集》第1卷，河北人民出版社1996年版，第155页。

② 同上书，第154页。

③ 参见《李大钊文集》第3卷，人民出版社1999年版，第140—144页。

④ 《张岱年全集》第1卷，河北人民出版社1996年版，第153、155页。

农业社会进入工业社会，则文化的发展亦有阶段性，有“飞跃的变革”，所谓文化之“变”主要指此。张先生又把语势一转，指出“文化不仅是屡屡变革的历程，其发展亦有连续性和累积性”，在社会发展进入不同的历史阶段而“文化变革之时，新的虽然否定了旧的，而新旧之间仍有一定的连续性”，此“连续性”就是文化之“常”，就是文化辩证发展的“变中有常”。

此后在《关于中国本位的文化建设》一文中，张先生说：“本来文化现象有其规律：其发展是有阶段的，后一发展阶段是前一发展阶段之否定，然而其间又有连续性，前一阶段之有价值的文化遗产，是不能被毁弃的。”① 此即重申文化的“变中有常”的观点。

按照对唯物史观的简单化理解，既然社会发展是随着生产力的进步而划分为原始社会、奴隶社会、封建社会、资本主义社会和社会主义社会等几个大的阶段，那么人类文化也就相应地只有这几个大的发展阶段的划分，此即把文化的差别只视为“新旧”或“古今”的差别。张先生在《世界文化与中国文化》一文中对此有部分的肯定，如说：“生产力的发展是文化发展的基础。只有把不同民族的社会生产力发展的情况弄清楚，才能深切地理解一个民族的文化。”然而，张先生又批评：“有许多人认为两个民族的文化之不同，可以专从其生产力发展程度的不同来理解，这还没有看到现象的全面。”他指出：“两个生产力发展程度相同的民族，由于地域之不同，其文化虽大致相似而仍不相同，这从世界的各民族以及近世欧洲各国的历史可以看出。”“民族文化是资本主义社会及其以前的各历史阶段所有的。……社会主义文化是世界性的文化，然而世界性不是无民族性。”② 这里所说的“世界性”即是文化之“同”，而“民族性”即是文化之“异”。文化之“同”是蕴含在各民族文化中的普遍性或世界的普世价值，而文化之“异”就是各民族文化的特殊性或民族特色。普遍性存在于特殊性之中，这是哲学的基本原理，只有同时承认这两方面的存在，才不是“以偏赅全”。

此后在《关于中国本位的文化建设》一文中，张先生说：“文化有世界性，

① 《张岱年全集》第1卷，河北人民出版社1996年版，第230页。

② 同上书，第152、153页。

然而也有民族性，即地域上的差异，虽在同一发展阶段，甲民族与乙民族的文化仍可有其不同的。其不同之点，即其独特的贡献；其特色的地方，即其独立的创造。"[①] 此即重申文化的世界之"同"与民族之"异"的观点。依据文化的"变"与"常"、"同"与"异"的辩证关系，张先生说："要保持旧文化，不思与世界文化相适应，结果必归于绝灭而已；同时，如根本唾弃本土文化，要全盘承受外来文化，亦终必为所同化而已，其自己的文化也一样归于绝灭。所以，在现在中国，全盘接受西洋文化与谋旧文化之复活，同样都是死路一条。"[②] 张先生既反对全盘西化论，又反对文化激进主义的"旧文化之复活"，其理据就在于对文化的"变"与"常"、"同"与"异"之辩证关系的认识。

而何为中国文化之"常"或中国文化之"异"，也是张先生在理论上必须要解答的问题。张先生说："文化本是人类的生活样法，而中国人的生活样法处处都是中庸的。"[③] 这应是有采于梁漱溟先生在《东西方文化及其哲学》中的一个说法。[④] 在引入唯物史观的文化发展阶段论后，仅此说法就已经不够了。所以，张先生说："无疑地，中国文化之过去阶段已经终结，中国必踏入文化上的新阶段，那么，还要保持旧的特点吗？……中国文化中，是不是有些特点，并不只是农业文化的特点，而是一种根本的一贯的民族的特殊性征，在农业时代前本就存在，在农业时代后仍可存在？"[⑤] 在这里，张先生要区分中国文化在农业社会的特点与中国文化的跨时代的"根本的一贯的"民族文化特殊性。而后者也正是张先生所强调的中国文化之"常"或中国文化之"异"。如果对唯物史观持简单化的理解，那么就会否认中国文化之"常"或中国文化之"异"，而张先生对此持肯定的态度。他说："本来，在同一资本主义时代之中，英国文化与法国文化不同，法国文化与德国文化不同，英

① 《张岱年全集》第 1 卷，河北人民出版社 1996 年版，第 230 页。

② 同上。

③ 同上书，第 231 页。

④ 梁漱溟先生说："文化是什么东西呢？不过是那一民族生活的样法罢了。""中国文化是以意欲自为调和、持中为其根本精神的。"见梁漱溟《东西方文化及其哲学》，商务印书馆 1922 年版，第 24、55 页。

⑤ 《张岱年全集》第 1 卷，河北人民出版社 1996 年版，第 232 页。

国有其英吉利精神，法国有其法兰西精神，德国又有其日耳曼精神。如无其特殊的精神，则其文化顶多只是一种别国文化附庸而已。中国文化，如是一种独立的文化，是应该有其独立的精神。”① 此“独立的精神”就是中国文化之“常”或中国文化之“异”。张先生晚年提出“中华精神”，谓其集中体现在《易传》的两句名言中，即“天行健，君子以自强不息”，“地势坤，君子以厚德载物”②，此说的根源就是本于张先生在20世纪30年代的辩证文化观。而张先生在30年代对此的表述则是：“中国文化可以说是特重‘正德’，而西洋文化则特重‘利用’。”“中国文化对全世界的贡献即在于注重‘正德’，而‘正德’的实际内容又在于‘仁’的理论与实践。”③

张先生要区分中国文化在农业社会的特点与中国文化的跨时代的民族文化特殊性，这就势必要对中国原有的文化进行分析。张先生在《世界文化与中国文化》一文中说：“按照唯物辩证法的观点，一种文化中必然含有相互对立的成分，即好的或较有积极意义的和坏的或具有消极意义的成分。唯物辩证地对待文化，就应一方面否定后者，一方面肯定前者，并根据现实需要加以发挥、充实。”④ 他在此后的《西化与创造》一文中也说：“由‘对理’来看，文化固是一个整体，而亦是可分的。”“文化并无不可分性，而是可析取的。文化各要素，并非都有不可解的必然联系。”⑤ 此即张先生的文化之“整”与“分”的辩证观点。所谓文化之“整”，就是文化的系统性；而文化之“分”，就是组成文化系统的不同要素是“可析取的”，一个民族的新时代的文化可以析取前一时代文化系统中的积极成分，亦可析取其他民族文化系统中的优长因素。在这里，承认文化之“整”的系统性已是司空见惯，而许多人因文化的系统性而否认文化是“可析取的”。这貌似对文化持一种系统的“活”的见解，而认为如果把文化系统中的某些要素析取出来，它就已经“死”了。实际上，文化之所以是“活”的，就在于它是可以“吐故纳新”的。

① 《张岱年全集》第1卷，河北人民出版社1996年版，第232页。

② 《张岱年全集》第6卷，河北人民出版社1996年版，第168、223页。

③ 《张岱年全集》第1卷，河北人民出版社1996年版，第232、155页。

④ 同上书，第154页。

⑤ 同上书，第250页。

如果旧文化系统只能保持原样，“不思与世界文化相适应”，不能与现代文明相协调，那它在新的时代就已经“死”了。如果其他民族的文化也是一个不可分的系统，那么不同民族文化之间也就不能进行交流，只能是要么全盘排拒外来文化，要么全盘接受外来文化。张先生认为，这两种方式都是“死路一条”。因此，文化必须既讲“整”又讲“分”。只有这样，文化才能随着时代的发展而“变中有常”，也才能既保持民族性，又体现时代性。

张先生提出的文化之“整”与“分”、“变”与“常”、“异”与“同”的观点，的确是“文化之实相”。若要对文化有一大致正确的见解，或者说对文化发展有一大致正确的方向，则这几个方面都缺一不可（盖有“分”而无“整”，则对中国文化的系统性缺乏认识；有“整”而无“分”，则中国古代文化只能保持原样，或只能全盘接受西方文化；有“常”而无“变”，则中国古代文化亦只能保持原样；有“变”而无“常”，则不能传承和弘扬中国文化的优秀传统；有“同”而无“异”，则否认了中国文化的民族特色；有“异”而无“同”，则把中西文化绝对对立起来，二者不能交流；这几种倾向都是错误的）。张先生在20世纪30年代提出的文化的“创造的综合”，以及他在晚年提出的“文化综合创新论”①，实际上都是立足于这一文化的辩证发展观。

三

张先生在发表《世界文化与中国文化》之后的同年8月又发表《道德之“变”与“常”》，指出：“道德依时代而不同，随社会之物质基础之变化而变化；然在各时代之道德中，亦有一贯者在，由此而各时代之道德皆得名为道德。”“新道德与旧道德之间是有连续性的，旧道德中有虽旧而仍新者存：于此当明道德之‘变’与‘常’的辩证法。”② 显然，如果明确了文化的“变”与“常”，那么道德的“变”与“常”就是顺理成章的。张先生既已指出中国文化的突出特点在于重视“正德”，那么讲明道德的“变”与“常”对于

① 《张岱年全集》第6卷，河北人民出版社1996年版，第252页。

② 《张岱年全集》第1卷，河北人民出版社1996年版，第160、161页。

中国文化的发展就具有特别重大的意义。不仅当时如此，而且至今具有重要的理论意义和现实意义①。

在发表《关于中国本位的文化建设》和《西化与创造》两篇论文的同时，张先生还发表了《论现在中国所需要的哲学》。②他在此文中说："在此时，如企图民族复兴，文化再生，更必须国人对于世界对于人生都有明切的认识。……在此时是需要一个伟大的有力的哲学作一切行动事业之最高指针的。""我们所要创造的新哲学，固须综合东西所有哲学之长……真正的综合必是一个新的创造。""文化之重建，须先有思想之独立，而如欲思想独立必须有哲学之创造。"③正是因为有了"文化之重建"和"哲学之创造"的目标，张先生遂在1936年发表了他在哲学理论上的一篇代表作，即《哲学上一个可能的综合》，提出"今后哲学之一个新路，当是将唯物、理想、解析，综合于一"，并将此新的哲学体系称为"新的综合哲学"④。而在发表《哲学上一个可能的综合》一文的同时，张先生在中国哲学史领域的代表作即《中国哲学大纲》也正在写作之中。在此书的"序论"中，张先生特设"哲学与中国哲学"一节，打破把西方哲学当作"唯一的哲学范型"的定式，独具慧识地提出"哲学"是一个"类称"，西方哲学只是此类的一个"特例"，如此则"中国旧日关于宇宙人生的那些思想理论"也同样可以"名为哲学"⑤，从而解决了中国哲学史之"名称的困难"。这种解决的方式，同于文化的"异"与"同"，即对普遍性与特殊性之辩证关系的正确认识。在《中国哲学大纲》的"结论"部分，张先生讲"中国哲学中之活的与死的"，认为："将来的中国新哲学，固然必是西洋哲学影响下的产物，而亦当是中国旧哲学之一种发展。""中国

① 参见拙文《张岱年先生的两个重要理论贡献——纪念张岱年先生逝世三周年》，《哲学动态》2007年第6期。

② 《关于中国本位的文化建设》发表在1935年3月18日《国闻周报》第12卷第10期；《论现在中国所需要的哲学》发表在1935年4月8日同刊第12卷第13期；《西化与创造》发表在1935年5月20、27日同刊第12卷第19、20期。见《张岱年全集》第1卷，河北人民出版社1996年版，第236、242、261页。

③ 同上书，第237、239、242页。

④ 同上书，第262、277页。

⑤ 张岱年：《中国哲学大纲》，中国社会科学出版社1982年版，《序论》第2页。

旧哲学中，有一些倾向，在现在看来，仍是可贵的，适当的。这可以说是中国哲学中之活的。而也有一些倾向，是有害的，该排弃的，便可以说是中国哲学中之死的。"① 这实际上是讲中国哲学的"变"与"常"、"整"与"分"。

张先生曾说："自30年代以来，我的学术研究工作有三个方面，一是对于哲学理论问题的探索，二是对于中国哲学史的研究，三是关于文化问题的讨论。"②张先生在这三个方面的研究是相互发明、相互贯通的，而他在20世纪30年代中期同时在这三个方面都取得了重要成果，当他在1933年发表《关于新唯物论》和《世界文化与中国文化》等论文时仅只24岁，大学本科尚未毕业，这充分显示了张先生作为一个哲学家的天分、睿智和才华。

张先生晚年提出"文化综合创新论"，这仍是基于他早年就确立的辩证文化观。如在《中国文化的历史传统及其更新》一文中，张先生讲"文化发展的基本规律"，第一条是"民族文化的积累性与变革性"③，此即文化的"变"与"常"的观点；第二条是"民族文化的共同性和矛盾性"④，此即文化的"整"与"分"的观点；第三条是"民族文化的交流和民族的主体意识"⑤，又在《关于文化问题》一文中说"中西文化的异同都是相对的……现在讲中西文化的异同，既要注意相异之处，也要注意相同之处，异中有同，同中有异"⑥，此即文化的"异"与"同"的观点。

在《文化体系及其改造》一文中，张先生先讲"文化的体系及其层次"，然后讲"文化体系内部的各种联系"，而在各种联系中，文化各元素之间"有可分离的关系和不可分离的关系，有相容的关系和不相容的关系"⑦。此中所讲的"不可分离的关系"，就是在《西化与创造》一文中所说"有些要素有必然关系，必须并取"；而"可分离的关系"，就是在《西化与创造》一文中

---

① 张岱年：《中国哲学大纲》，中国社会科学出版社1982年版，第587页。

② 《张岱年全集》第8卷，河北人民出版社1996年版，第247页。

③ 《张岱年全集》第6卷，河北人民出版社1996年版，第165页。

④ 同上。

⑤ 同上书，第166页。

⑥ 同上书，第187页。

⑦ 同上书，第450页。

所说“有些要素则无必然关系，却可取此舍彼”①。张先生举例说，科学与思想自由是不可分离的，故而二者必须并取；而科学与基督教是可分离的，故而可取此舍彼。关于“相容的关系和不相容的关系”，张先生举例说，平等思想与等级思想是不相容的，思想自由与专制主义也是不相容的，过去我们认为社会主义与市场经济不相容，而“事实证明，二者是相容的”，“儒家思想中有跟经济发展相容的部分，也有不相容的部分”②。作出这些分析，实际上就是关于文化的“整”与“分”的理论展开，其与文化的“变”与“常”、“异”与“同”的观点一起，构成了张先生晚年的“文化综合创新论”的理论基础。

综上所述，我认为，张先生早年所讲的“文化之实相”或辩证文化观，对于我们当今的文化建设、道德建设，乃至于哲学理论和哲学史研究，都仍具有重要的理论意义和现实意义。

（原载于《衡水学院学报》2014 年第 6 期）

① 《张岱年全集》第 1 卷，河北人民出版社 1996 年版，第 249—250 页。

② 《张岱年全集》第 6 卷，河北人民出版社 1996 年版，第 450—451 页。

张岱年“新气学”与中国哲学之现代发展

蒋国保

张岱年先生是我国著名的哲学家、哲学史家。他的哲学，为我国哲学的现代发展作出了无人能取代的杰出的贡献。但是，关于张岱年哲学的认识，迄今还存在分歧。首先是称谓其哲学问题上的分歧：或称之为“综合创新论”，或称之为“解析的唯物论”，或称之为“综合的物本论”，或称之为“新气学”；其次是评价其哲学贡献之大小问题上的分歧：或认为其哲学影响小、贡献大小很难说，或认为其哲学独树一帜、贡献巨大。我曾于2006年于《湖南大学学报》发表《张岱年先生“新气学”散论》，也主张将张岱年哲学称为“新气学”。但我不认同轻视“新气学”的某些观点。我认为张岱年先生“新气学”是对传统“气学”的继承与超越，其对中国哲学之现代发展所作出的贡献，因独树一帜而彪炳中国现代哲学史。在纪念张岱年先生诞辰105周年之际，我愿再一次阐述我关于张岱年先生哲学的这一认识。

一

作为哲学范畴，“气”是“中国古代哲学中表示现代汉语中所谓物质存在的基本概念”[①]，而“气学”则是指在哲学基本问题上以“气”（物质）为第一性的系统的哲学学说。从古到今，推崇或构建“气学”者大有人在，那么为何独将张岱年的哲学称为“新气学”？这是因为唯张岱年哲学才是典型的现代形态的“气学”。在我看来，这一称谓，既有助于准确揭示张

① 《张岱年全集》第4卷，河北人民出版社1996年版，第482页。

岱年哲学与传统“气论”哲学的继承和发展的关系，也可以将张岱年哲学与中国现代其他形态的哲学鲜明地区别开来，是对张岱年哲学之历史地位的科学把握。

正如有学者所强调的，与张先生同时代的学者，例如侯外庐先生，也十分重视研究与推崇中国传统唯物论哲学。则独将张岱年哲学称为“新气学”，便意味着将现代社会其他推崇传统唯物论的学者排斥在“新气学”之外。表面地看，这似乎不公，但这“不公”恰恰凸显了张岱年哲学的个性：在所有的推崇中国传统唯物论哲学的现代学者中，唯有张岱年哲学堪称“新气学”，与张岱年哲学相比，其他现代学者对中国传统唯物论哲学的推崇，只具有哲学史家或理论家之客观研究以及论理印证的意义，而不具有哲学家构建哲学体系的意义。

与其他以中国传统唯物论哲学印证马克思主义理论的学者无意于构建“新气学”哲学体系不同，张岱年先生对于传统“气学”的推崇，并愿意依之以构建“新气学”哲学体系，是自觉的，而且这一自觉可以说贯穿其哲学创造之学术生涯的始终。张岱年先生从不讳言“特别喜欢新唯物论”①。他所谓“新唯物论”，就是指辩证唯物论。他对辩证唯物论的喜爱，固然是因为他觉得它“能含括唯物论与唯心论两方面的贡献”②，但他决不是只因此而喜欢，更不是为喜欢而喜欢，从一开始起，他就清醒地认识到其对于辩证唯物论的特别喜欢根源于自己的一个难以舍弃的心愿，即在哲学上创立一个有别于冯友兰“新理学”的新哲学体系。为什么不是循着冯友兰“新理学”的理路来创造一个有别于“新理学”的新哲学体系，却要另开理路来创立新哲学体系？张岱年先生没有论及这个问题。但他发表有《评“新知言”》一文，文中有关于冯先生“新理学”的整体评论：“所谓新理学，主要是形式主义的哲学。……冯先生则认为真正的形上学，并不讲实际之内容，而仅是对于经验作形式的释义，不作积极的释义，所以对实际无所肯定……冯先生以为唯心论与唯物论都是对于实际有很多肯定，所以都不是真正的形上学。真正

① 《张岱年全集》第 1 卷，河北人民出版社 1996 年版，第 312 页。

② 同上。

的形上学不讨论关于心物问题”[1]。从这一评论不难理解，张先生不取“新理学”的理路来创造自己的新哲学，是因为在他看来“新理学”注重的只是形式，一旦循“新理学”的理路、以“新理学”的范式来构建新哲学体系，就很难完成唯物论与唯心论在内容上的创造性综合，而这正是他立志创造新哲学体系所期盼的。

张岱年先生既然不愿意循“新理学”的理路创造自己新哲学体系，则势必另开创建自己哲学的理路。这个理路，在张先生看来，要避免像冯先生“新理学”似的“过于空虚”，就不必将形上学讲成“不着实际”，而是应坚持“形上学仍然要讲实际”[2]。这个认识固然是逐步形成的，但从萌发之时起它便引导张先生去思考如何构建一个将“形上学”与“讲实际”综合的新形态的哲学。也就是说，创立这样综合形态的新哲学，是张岱年先生从年轻时就立下的志向。他一直为实现自己的这一志向而坚持不懈地努力。其努力过程，大致可以《哲学上一个可能的综合》之发表[3]为界分为前后期。在前期，他的一系列文章，诸如《秦以后哲学中的辩证法》（1932）、《破“唯我论”》（1932）、《斯辟诺萨》（1932）、《哲学的前途》（1933）、《颜李哲学》（1933）、《论现在中国所需要的哲学》（1935）等，除了批驳唯我论、表彰唯物论外，主要表达了这样的思想：在近世的五种类型的哲学中，其他哲学都无法解决哲学自身的混乱，而“新唯物却贡献了一种解决一切矛盾的利器。哲学的进步，自然不能不采取这种利器”[4]。基于对辩证唯物论的认同，张先生断言未来世界哲学当具有三项特点：“唯物的或客观主义的……辩证的或反综的……批评的或解析的”[5]。与未来世界哲学之发展重心或中心相一致，“现在中国所需的哲学，在内容方面，似乎更必须具有如下特征：一，在一意谓上是唯物的；二，在一意谓上理想的；三，是对理的；四，是批评的。”[6]张先生以为辩

① 《张岱年全集》第1卷，河北人民出版社1996年版，第333页。

② 同上书，第339页。

③ 时在1936年5月，那年张先生27岁。

④ 《张岱年全集》第1卷，河北人民出版社1996年版，第72页。

⑤ 同上书，第72—73页。

⑥ 同上书，第240页。

证（dialectical）当译为“对理”；他也取当时习惯的称谓，将唯心主义又称为理想主义①，则他之关于中国现在（现代）哲学所需四方面内容的论述就足以说明一个事实：张先生不但至迟在1935年他26岁时就有了创建一个新哲学的想法，而且他那时已经相当清楚地认识到这一新哲学在形态上应体现唯物论、唯心论、辩证法、解析法四者的会通与综合。只隔一年多，在他27岁那年，张先生发表了《哲学上一个可能的综合》，公开了他关于构建这一综合形态新哲学的具体设想：(1) 以唯物、理想（唯心）、解析之综合为基本范式；(2) 以接续中国哲学尤其近三百年中国哲学之根本倾向——综合唯物与理想——为趋向；(3) 从方法论、知识论、宇宙论、人生论四个方面实现“中国哲学与西洋哲学之新的综合”②。在张先生看来，这一综合，“实际上则可以说是唯物论之新的扩大”③。

《哲学上一个可能的综合》一文的发表，在张先生哲学创造生涯中，具有标志性的意义。张先生以后为其新哲学所做的，都未脱离此文之根本精神，都可以说是它的充实与扩大。在晚年，张岱年先生基于对中国唯物论思想的系统把握，向中国哲学界提出了构建“新中国的唯物论”④ 的基本设想。按照他的设想，“新中国占主导地位的哲学应是具有中国特色的唯物论”⑤；“中国特色的唯物论”亦即“新中国的唯物论”，它应该是“辩证唯物论与中国古典唯物论的结合”⑥。辩证唯物论是马克思主义哲学，中国古典唯物论则属于中国文化的优秀传统，因而构建“新中国的唯物论”又被强调成“应是马克思主义与中国哲学中的唯物主义与辩证法的优秀传统结合”⑦。虽然主张通过中国传统“气论”哲学与马克思主义哲学相结合的方式以构建“新中国的唯物论”是张岱年先生在晚年的特别提倡，但正如他自己所强调的，这应该看作他平生致思方向的合乎逻辑的延伸：“我信持唯物论，这是我平生致

---

① 参见《张岱年全集》第1册，河北人民出版社1996年版，第312页。

② 同上书，第274页。

③ 同上书，第274页。

④ 《张岱年全集》第7卷，河北人民出版社1996年版，第451页。

⑤ 同上书，第466页。

⑥ 同上。

⑦ 同上书，第451页。

思的基本方向”①。

二

冯友兰先生曾强调他的“新理学”不是“照着”宋明理学讲，而是“接着”宋明理学讲。而张先生则明确地说：“我觉得，现代中国治哲学者，应继续王、颜、戴未竟之绪而更加扩展。王、颜、戴的哲学，都不甚成熟，但他们所走的道路是很对的。新的中国哲学，应顺着这三百年的趋向而前进”②。张先生说这番话时，只有27岁。从那时起，他就自觉地接续传统“气学”来创立自己的“新气学”——即以唯物论为中心、以唯物、理想（唯心）、解析之综合为形态的哲学。因此，张先生哲学创造的一项重要的工作，就是对中国哲学史上唯物论思想传统的总结与梳理。

在1936年5月25日发表的《哲学上一个可能的综合》一文中，他第一次这样梳理中国唯物论史：惠施是中国最早有唯物论倾向的哲学家，“其次唯物论倾向最显著的是荀子”；而《易传》的思想也颇有唯物论倾向。“宋以后哲学中，唯物论表现为唯气论。唯气论成立于张载。到清代，唯气论的潮流乃一发而不可遏”，王船山、颜习斋、戴东原，“先后不相谋的都讲唯气”，“唯气论其实即是唯物论”③。1937年2月，在《中国哲学大纲·序论》中，他第一将宋以后的哲学划分为唯理、唯心、唯气三派：“自宋至清的哲学思想，可以说有三个主要潮流。第一是唯理的潮流。……第二是主观唯心论的潮流。……第三是唯气的潮流亦即唯物的潮流，始于张载，张载卒后其学不传，直到明代的王廷相和清初王夫之才加以发扬，颜元戴震的思想也是同一方向的发展”④。在中国现代哲学史上，这是关于中国古代哲学在后期形成了三个主要流派的最早论述，其意义在于第一次凸显了“气学”的地位，将“气学”确定为与“心学”、“理学”相抗衡的唯物主义流派。

---

① 《张岱年全集》第7卷，河北人民出版社1996年版，第405页。

② 《张岱年全集》第1卷，河北人民出版社1996年版，第273页。

③ 同上书，第272页。

④ 《张岱年全集》第2卷，河北人民出版社1996年版，第28—29页。

确立唯气论在中国哲学史上之地位的同时，张先生还十分注意确立唯物论哲学家在唯气论史上的地位。而他为这一确定所做的最多的事，就是对张载哲学地位的确定。早年，他已明确指出，张载是唯气论的创始者，后来他更侧重从中国哲学后期发展来评价张载创立唯气论的意义。1954 年 10 月 6 日，他在《光明日报·哲学研究专刊》发表《王船山的唯物论思想》，对船山的唯物论思想在中国哲学历上的地位给予很高的评价："它从唯物论的观点，给宋明哲学思想作了一个总结。其中总结了北宋以来的哲学的发展，总结了北宋以来的哲学的唯物论与唯心论的斗争，恢复并推进了北宋中期的唯物论世界观"①。这显然是说，王夫之在中国哲学史上之所以具有崇高地位，就因为他以唯物论的立场给宋明哲学作了一个总结，而他的唯物论思想，则是对北宋中期的唯物论思想的恢复与推进。具体地讲，船山所推进的北宋中期的唯物论，就是指张载的唯物论思想。所以此文发表几个月后，他又在《哲学研究》创刊号上发表《张横渠的哲学》，强调张载"是宋代卓越的唯物论者，他对唯物论的发展作出了巨大的贡献。……明清的唯物论思想都是在他的影响之下，孕育并发展起来的"②。《张横渠的哲学》对张载思想的主要方面虽都有所论及，但限于篇幅，阐述很难详尽。于是他在 1956 年写出《张载——十一世纪中国唯物主义哲学家》一书，对张载哲学思想进行了系统的阐述，将张载确立为宋代伟大的唯物论哲学家，并强调张载的哲学思想在中国古典唯物论的发展史上占有重要的地位。其地位究竟有多重要？岱年先生认为，这可以从两个方面来看，一方面，张载的唯物论自然观，以其深刻的观察、丰富的内容、精辟的见解体现了巨大的创造力，其贡献可以说前无古人；另一方面，"气"的观点自先秦起就一直存在，但总缺乏详细的说明，"到张横渠，才建立了关于气的系统的学说"③，使得"宋代以后哲学关于气的学说都是以张载对于气的解释为根据"④，从而为唯物论哲学的发展奠定了理论基础，使在他以后的唯物论哲学家得以进一步展开"气本论"学说，完备了

---

① 《张岱年全集》第 5 卷，河北人民出版社 1996 年版，第 17 页。

② 同上书，第 46 页。

③ 同上书，第 23 页。

④ 同上书，第 78 页。

唯物论的优良传统。

确立张载在中国哲学史上的重要地位，是张岱年先生早年宣扬和推崇“气学”最为倾心的事。但自论张载哲学的那部书于1957年出版以后，他逐渐改变了著述倾向，更倾心于梳理“气本论”（中国特色唯物论）的发展历程。这样的梳理，当然不可避免地要阐述张载的思想，但有关的阐述，被他严格作为中国唯物论思想发展的一个环节来处理。作为这方面的代表作，有出版于1957年的《中国唯物主义简史》和发表于1957年至1958年的《宋元明清哲学史提纲》。前者是对中国唯物论思想传统的系统扼要的阐述，以揭示中国唯物论思想发展过程与规律：后者则注重阐述中国唯物论思想在宋元明清时期的发展。

三

张岱年先生一生始终信服“气学”固然体现了一个哲学家坚定自己信念的优良品格，但他之所以能够做到一生都不动摇对“气学”的信服，更深层的原因是他自觉到应接续唯气论来创立自己的新哲学。张先生认为，新哲学的创立，当然不能彻底割断同旧有哲学传统的联系，完全重新虚构。但新哲学对旧有哲学的继承，并不是说对中国古代哲学不分良莠的兼容并蓄，而是说批判地继承。“区别精华与糟粕才是批判继承的主要方法”①，要继承得首先区分中国古代哲学中的精华与糟粕，舍糟粕而取，只取其中的精华部分。是精华还是糟粕，在张先生看来，不应以情感上的好恶为断，而必须以客观的标准来判断，既要看思想观念是否符合客观实际，又要看思想观念是否符合社会发展的需要，是否有益于社会的发展。以这两条客观标准来取舍中国先哲的思想，他以为，中国哲学固然一直存在“理本论”、“心本论”、“气本论”三种思想倾向，但宋以后才形成了“心学”、“理学”、“气学”三派。理学（广义）三派中，“心学”否认外界实在，“理学”（狭义）虚构绝对精神，都是唯心主义，惟有“气学”才可以

① 《张岱年全集》第5卷，河北人民出版社1996年版，第260页。

“称为中国古代唯物主义传统”①，属于中国古代哲学之精华。“气学”既然被断定为唯物论，而唯物论又被断定为古代哲学之精华，那么他的新哲学(“新气学”）在思想上只能继承与发展“气学”就是再自然不过的事，因为在他眼里中国固有哲学之优良传统具体就是指“气学”。这一点他说得很明确：“气本论是唯物论的中国形式，实为中国古典哲学中的优秀传统”②。

正因为张岱年先生一生始终自觉地接续唯气论（“气学”）思想传统来构建自己的哲学，所以我们没有理由不将他的哲学称为“新气学”。这个称谓固然揭示了张岱年哲学与中国古代哲学的实质性的联系，更揭示了张岱年哲学对于中国古代哲学之根本性的推进与超越。“新气学”的“新”字，乃就后一层意思上强调的。具体地讲，它主要体现在以下三个方面：

首先，“新气学”新就新在它是“新综合哲学”，在内容上以创造性综合为特色。中国古代哲学范畴中的综合，充其量也就是指儒释道三种思想的融通。这种综合，不是张先生所看重的，他所看重“综合”是“新综合”，或者说是“创造的综合”③。“创造的综合”，不是局限于对综合内容的融通，而是对所综合的内容在融通的同时加以进一步发展。对如何“创造的综合”，张先生的论述尽管前后期不尽相同，有略有详，有简有繁，但始终贯穿一个不变的取向，即“创造的综合”在内容与结构上必须体现“辨证唯物论”、西方逻辑分析（解析）方法与中国先哲思想之精粹的“融合为一”④。早年在《哲学上一个可能的综合》一文中，他就提出“将唯物、理想与解析综合于一”⑤。这实际上是主张两个方面的综合，“一方面在方法上将唯物辨证法与形式逻辑的分析方法综合起来，另一方面是将现代唯物论哲学与中国古代哲学的优良传统结合起来”⑥；60多年后，他仍然这样强调：“我属意中国所需要的新哲学，即以辨证唯物论为根本，兼有现代逻辑解析哲学方法，而又发

① 《张岱年全集》第6卷，河北人民出版社1996年版，第360页。
② 《张岱年全集》第7卷，河北人民出版社1996年版，第394页。
③ 《张岱年全集》第1卷，河北人民出版社1996年版，第229页。
④ 同上书，第249—257页。
⑤ 同上书，第275页。
⑥ 张岱年：《张岱年学述》，浙江人民出版社1999年版，第43页。

扬中国固有哲学优良传统的新哲学”①。他之所以服膺辨证唯物论，是因为他认为辨证唯物论是最伟大的哲学，在许多哲学理论问题上，辨证唯物论都作出了正确的回答；他之认同逻辑解析方法，是因为他认为“逻辑解析对于哲学可以说有根本的重要”②，哲学就其性质说，在方法上根本就少不了逻辑解析，“逻辑分析应是哲学的基本方法”③。

其次，“新气学”新就新在它将“气”定义和解释为现代哲学范畴的物质。按照张先生后来的区分，“气”分为“常识中的所谓气”、“广泛意义的气”、“作为哲学范畴的气”，而他予以定义和解释的，始终是“作为哲学范畴的气”。予“哲学范畴的气”以新解释，在张先生心里目的十分明确，就是为了凸显“中国特色唯物论”。他所谓的“中国特色”，着眼于同西方哲学的比较，以强调西方的唯物论是以“原子”为根本范畴的理论体系，而中国的哲学家，“自荀子、王充一直到清代的王夫之、戴震，都是以气为根本范畴建立其唯物论体系的”④。“气”既是中国唯物论的根本范畴，那么对“气”之性质的分析与界定，就成为张岱年先生为确立“新气学”所做的最基本的工作。这一工作最早开始于 1936 年。那年他写成《中国哲学大纲》。在该书第一篇《本根论》中，用两章的篇幅论述“气”，以说明“在中国哲学中，注重物质，以物的范畴解说一切之本根论，乃是气论。中国哲学中所谓气，可以说是最细微、最流动的物质，以气解说物质，即以最细微最流动的物质为一切之根本。西洋哲学中之原子论，谓一切气皆由微小固体而成；中国哲学中之气论，则谓一切固体皆气之凝结。亦可谓适成一种对照”⑤。这是将“气”界定为“最细微最流动的物质”。“最细微”是对“气”之空间结构的最基本的规定，而“最流动”则是对“气”之运动特性（时间性）的最基本的规定。以这两个规定来把握“气”的性质，应该说是张先生一生始终遵循的致思取向，但纵观其有关论述，不难看出他对“气”的空间性与时间性的揭示，在

① 张岱年：《张岱年学述》，浙江人民出版社 1999 年版，第 84 页。

② 《张岱年全集》第 1 卷，河北人民出版社 1996 年版，第 177 页。

③ 同上书，《自序》第 3 页。

④ 《张岱年全集》第 3 卷，河北人民出版社 1996 年版，第 51 页。

⑤ 《张岱年全集》第 2 卷，河北人民出版社 1996 年版，第 72—73 页。

不同的时期各有侧重，起先他重在阐述“气”的空间性，后来他对阐述“气”的时间性比较重视。关于张先生在各个时期如何具体从时空两方面阐述“气”即是现代哲学范畴意义的“物质”，我在《张岱年先生“新气论”散论》文中，已作了详细的论述，这里就不再赘述。然而这里却有必要强调：张先生主一生关于“古代哲学家所谓气就是我们今天所谓物质”①的解释，概括起来，可以作如下归纳：气是物质，而且是因自身矛盾而内含动力的运动着的物质。作为客观的实体，气与“心”或“志”相对立，独立于人的意识之外，不依人的意识为转移；作为世界的本原（本根），气与“形”、“质”相对言，乃构成一切物体的材料；气虽为构成物体的材料，但它自身具有不可入性；“不可入性”并不是说气静止不变化，而是说它是最细微的物质材料；气之最细微决定了它无形不可见；不可见是因为它没有固定的形体，并不是由于它不具有自己的存在形式；其实，气不但广袤，是空间形式的存在；而且能运动变化，是时间形式的存在；既然“气”之存在形式体现了时空的统一，那么一言以蔽之，“气或元气就是连续性物质”。

从这一概括不难明白，张先生关于“气”的定义和解释，不同于任何古代哲学家的解释，属于现代解释，显示出对传统“气学”的现代超越。可如何具体理解这一超越？我在《张岱年先生“新气学”散论》中就此主要谈了两点：首先；克服了古代唯物论哲学多以实体物体定义哲学范畴的气这个严重缺陷，第一次明确将“气”确定为哲学意义上的物质范畴。其次，克服了古代“气本论”哲学另一个固有的严重的缺陷，即为了证明“气”的永恒性而将“气”的运动解释为聚散循环，第一次明确将“气”确定为因自身矛盾而运动变化的实体，并将一切物体的运动变化从本源上归结为气本身的运动变化。现在我觉得应补充第三点：将时空形式确定为气的存在形式。正是因为这三方面的超越，不但使“气”作为中国古代唯物论最高范畴的意义之所在得以明确，而且克服了传统“气本论”之经验论局限，使含义复杂的“气”真正成为严格意义的哲学范畴。“气”只有被确定为严格意义的哲学范畴，传统“气本论”哲学之现代转化和现代发展才有可能。从这个意义上讲，张

① 《张岱年全集》第4卷，河北人民出版社1996年版，第9页。

先生关于“气”的现代意义的界定与解释，为我们进一步探讨传统“气本论”哲学的现代化奠定了思想基础。

再次，“新气学”新就新在它在传统“气本”论的基础上架构成了一个现代哲学范畴的唯物论体系。“新气学”其实就是“中国特色唯物论”的现代形态，同传统“气本”论相比，除了内容上的“创造性综合”以及方法上的解析（分析）法的运用，它最突出的体现就是体系架构上的现代化，或者说现代性意义上的形式化。在形式架构上，“新气学”注重以四大块来划分与规整哲学内容。1936年，在《哲学上一个可能的综合》中，当他论述通过中国哲学与西方哲学之新综合以实现“唯物论之新的扩大”时，他第一次确定唯物论的新扩大具体分为四大块：第一，方法论；第二，知识论；第三，宇宙论；第四，人生论。六年后，在他正式开始构建自己“新综合哲学”（新气学）时，他仍将其新哲学构思为四大块。在《天人简论·自序》① 中，张先生对自己构思以四大块来架构其新哲学交代得很清楚：“民国三十一年春，余始撰哲学新论，将欲穷究天人之故，畅发体用之蕴，以继往哲，以开新风。至三十三年夏，关于方法，仅成《哲学思维论》六章；关于宇宙，仅成《事理论》八章；关于认识，仅成《知实论》四章；关于人生，仅成《品德论》四章。所成不及原初设想之半；若干重要问题俱未及论列”②。从这个交代看得明白，张先生以方法论、认识论、宇宙论、人生论四大块规整自己的新哲学设想，从其新哲学创立之始，就已相当自觉。他未能完成自己新哲学的全部设想，是因为他那时常为生计困境而不得不辍笔。

至于四大块各自的逻辑环节，我因研究不够深入，一时还难以把握。但从他自觉地以四大块来规整其新哲学内容，我们大致可以觉察张先生哲学在架构形式上的现代化。因为以方法论、认识论、宇宙论、人生论来规整哲学的内容，毕竟不是基于中国传统哲学的分类，而是依据现代西方哲学的分类。则张先生“新气学”在架构形式上仿照现代西方哲学架构形式，就足以表明其哲学是现代形态的哲学。尽管如张先生自己所强调的，他的这一仿照

① 作于1948年秋。

② 《张岱年全集》第3卷，河北人民出版社1996年版，第215页。

是不得不为之，但就哲学乃是一个以追求形式的改变为进步的学问这个意义上讲，他对于现代西方哲学架构形式的认同，仍然是他的哲学区别于传统中国哲学的重要的新特征，它兆示“新气学”不是中国传统“气本”论哲学之内容上扩充与调适的新，而是架构形式上的现代化的新。

四

张岱年哲学的“新”，或者说张岱年哲学对于中国古代哲学的推进与超越，足以表明他的哲学是中国哲学的现代发展。将中国哲学由古代推进到现代，是中国现代哲人的使命。从这个意义上讲，张岱年哲学的杰出贡献，已是无可置疑的。但现代哲人毕竟不是唯张先生独尊，则与同时代的其他现代哲人的哲学贡献相比较，张先生的哲学贡献又将具有怎样的历史地位呢？

要回答这个问题，首先得看中国现代思想界的基本态势。中国现代思想，是相对中国古代思想而言的，意谓中国古代思想的现代转化与发展。在中国古代，思想界的基本态势，先是“百家争鸣”，后是儒释道三教诤争抗衡。晚清以来，随着中国社会性质的变化以及西学的正式传入，中国思想界的互诤态势，逐渐发生了变化，原先儒释道三教之抗衡逐渐被新起的新旧思想的激争所取代。特别是从1919年起，随着马克思主义的传入，晚清以来的各种新旧思想的激争，经过由统一到分化、再由分化到统一的过程，最后形成了三大派别或者说三大阵营，即激进派、保守派、马列派。这只是一个方便的称法，而有些学者更愿意称之为激进主义的全盘西化派、文化保守主义的中国本位派、马克思主义的综合创新派。这三派，代表了中国现代思想界，他们的抗衡，呈现了中国现代思想界的基本态势。因此，生活在中国现代社会的思想家、哲学家，只要不是因厌世而游离社会思潮之外的怪人或隐士，就莫不归属上述三派中的某一派。

学者们习惯以上述三派来区别中国现代思想界，显然是着眼于该三派各自关于中国文化现代化路向的主张不同：全盘西化派主张通过彻底变革甚至彻底摒弃中国传统文化以实现中国文化的西方化——现代化；中国本位派主张在坚持不改变中国文化之“体”（以中国文化为本位、不改变中国传统文化的根本精神和价值理想与取向）的前提下，通过合理地吸收西方文化以补中国文化在“用”（中国文化的表现及表现形式）上的不足来实现中国文化的现代化；综合创新派主张创造性地综合中西文化的精华以实现中国文化的现代化。这三种路向的差异，是中国现代思想上的一切对立与抗争的最直接的根源。因此，当我们评论一个思想家、哲学家的思想贡献与历史地位时，只有将他们划入某一派以看其在中国文化现代化问题上的根本立场与取向，才是正确的做法。按照这个做法，我们很容易发现：就上述三派关于中国文化现代化主张来断，张岱年先生显然应划归马克思主义的综合创新派。这里需要强调的是，正如不少学者都指出的，张先生不但属于马克思主义的综合创新派，而且是这一派最杰出的代表，这是因为：他不但始终主张以综合创造谋求中国哲学、中国文化的现代发展，而且明确地提出他的中国文化现代化的主张可统称为“综合创新说”。公允地说，学者们之所以将这一派称为马克思主义的综合创新派，应该主要是考虑到了张先生的主张及他对其主张的统称。

这三派，对于中国哲学之现代发展所起的作用是不一样的。全盘西化派起消极作用，他们以西方哲学剪裁、消解乃至否定中国哲学，自然也就不会为现代中国创造出接续中国哲学传统、既有中国特色又具备现代形式与色彩的新哲学。与全盘西化派不同，以现代新儒家为代表的文化保守主义的中国本位派、马克思主义的综合创新派，由于认同中国哲学的价值，都为现代中国创造出了这一特色（接续中国哲学传统，既有中国特色又具备现代形式与色彩）的新哲学。就哲学是“证体”的系统学问[①]而言，中国现代哲学当以八大家哲学为代表。这里所说的八大家，是指熊十力、方东美、冯友兰、金岳霖、唐君毅、冯契、牟宗三、张岱年。其中金岳霖一时难以归在某派，但冯友兰在《中国现代哲学史》中，称“新理学一个代表人物是金岳霖”[②]，将金岳霖哲学与他自己哲学视为性质相同的哲学。金岳霖之外的七家，熊十力、方东美、冯友兰、唐君毅、牟宗三五家属于现代新儒家，另二家——冯契、张岱年——则属于马列派。马列派在中国现代又可细分为政治的、理论

① 此从熊十力说。

② 冯友兰：《中国现代哲学史》，广东人民出版社 1999 年版，第 174 页。又，此著实《中国哲学史新编》第 7 册。

的、学术的三类。政治的、学术的马列派关注的重心不是构建“本体”论哲学体系，而学术类的马列派却正是以构建“本体论”哲学体系为学术创造之重心。作为学术类马列派的代表之一，冯契的“智慧”说，更多的是从马克思主义和中国传统哲学之“境界”说的视角关注“化德性为理论、化理论为智慧”问题的论证，它是否构建成了系统的境界形上学，一时还真的很难说。同冯契的“智慧”说相比，张岱年的“新气学”应该更能代表马列派对中国哲学之现代发展的杰出贡献。

其贡献究竟有多大？这需要将他的“新气学”同现代新儒家的形上学加以对比才能说准确。现代新儒家的形上学，把本体论的探讨落实在实有、存在、生命、价值等各个层面，不但形成了熊十力的“新唯识论”（心本论），还形成了直续熊十力理路的“道德的形上学”（牟宗三），“生命心灵九境”论（唐君毅），以及冯友兰的“理世界”即“真际”的所谓“真正的形上学”、方东美的以“普遍生命”为世界本原的“究极本体论”。这五大家(熊、方、冯、唐、牟）哲学“本体”论，就思想传承来说，无非是宋明儒家“理本”论、“心本”以及原始儒家“生生”（生命）论哲学的现代发展。由于这五大家哲学在内在思想上又构成了一个整体，所以容易使人误认为现代中国哲学即以现代新儒家哲学为代表，甚至有学者认为现代中国哲学以牟宗三哲学为代表，强调未来中国哲学的发展出路在于沿着牟宗三的理路推进牟宗三哲学。从这一误解令我们惊醒，让我们除了羞愧自己的知之甚少与研究甚浅外，还深刻地认识到凸显张岱年哲学对于中国哲学之现代发展的贡献是多么的有意义。

在《张岱年先生“新气学”散论》一文中，我曾论及凸显张先生“新气学”的意义，现在照旧转抄以省心力：所以应高度重视张岱年先生对中国古代“气本论”哲学的现代诠释与超越，不仅是因为他的上述诠释为我们正确理解“气本论”哲学提供了新范本，更因为通过他对“气本论”哲学的现代诠释，使我们找到了谋求中国哲学现代化的新路数，即创造性的综合辩证唯物论、逻辑分析方法与中国特色的唯物论（气本论）于一体的“新气学”路数。这一路数对于中国哲学现代化的指导意义是重大的。其之所以重大，是因为它足以与现代新儒家所设计的路数形成抗衡，使中国哲学现代化运动不至于一味地走唯心主义的发展道路。我们都清楚，中国哲学的现代化也就是指对中国古代哲学的现代化，因而中国哲学的现代发展在本质上无法割裂与中国传统哲学的联系，只能是为超越而继承之。在这个问题上，现代新儒家要么强调继续“心学”传统以谋求儒学（中国哲学）的现代发展，要么强调接续“理学”传统以谋求中国哲学的现代发展，对“气学”莫不置之于度外。在这种倾向成为支配中国现代哲学创造的主流取向的局面下，张岱年先生不赞成“新心学”、“新理学”的超越路数，一贯坚持与提倡以“新气学”路数谋求中国古代哲学的现代发展，其意义之重大就是不言而喻的。值得一提的是，张岱年先生并不是盲目地提倡“新气学”，他之所以能创立和始终坚持“新气学”，与他一贯提倡的文化“综合创新说”有着密切的关系。他基本上不同意冯友兰先生的“抽象继承法”，曾明确指出：此法规定不能继承具体的东西而只能继承抽象的东西，是没有将传统文化区分为精华与糟粕，实际上无论是具体的东西还是抽象的东西，都是精华与糟粕并存，正确的态度只能是继承精华的东西而抛弃糟粕的东西。任何精神价值的确立都免不了诠释学意义上的“视界融合”，由于张先生一贯认为“辨证唯物论是当代最伟大的哲学”①，所以面对“心学”、“理学”、“气学”三大精神传统，他很自然地选出“气学”作为中国哲学的精华。这一选择，决定了张先生将继承和发扬中国古代“气一元论”哲学作为自己哲学史家应尽的职责。张先生不但自觉地以继承和发扬“气学”为己任，而且以唯物辩证法改造“气论”哲学，把传统“气论”哲学提升到现代哲学的高度来理解，为“气论”哲学的现代转化作出了杰出的贡献”。

（原载于《中共宁波市委党校学报》2015 年第 2 期）

① 《张岱年全集》第 8 卷，河北人民出版社 1996 年版，第 490 页。

认识论的广义视域

杨国荣

以所谓“认识论的转向”概括近代哲学的特点、并将这种转向理解为哲学的关注重心从本体论问题引向了认识论问题，似乎已成为某种流行之见。在以上视域中，认识论每每与本体论相分而又相对，从而呈现狭义的形态。① 从另一方面看，自诩为实现了“语言学转向”的当代哲学，往往较多地对认识论或知识论的立场持批评的态度，晚近有关克服认识论之说，便是其中一例。② 作为需要加以克服的形态，这种认识论的特点之一被理解为预设外部对象并试图加以表象。③ 认识论与本体论的相分，表明认识问题与存在问题彼此疏离；克服执着外部对象的认识论，则意味着认识论应当与存在问题分离，这样，认识论或者被视为已与存在相分，或者被认为应该与存在相分。这种看法的背后，是知识与智慧的脱节。

与上述理解不同，冯契先生既没有将哲学的演进视为从本体论向狭义认识论的单一衍化，也不赞同将认识论作为克服的对象。以广义认识论为视域，冯契先生扬弃了认识论与本体论、价值论等之间的分离形态，并将知识与智慧的统一引入认识论，后者同时表现为对何为哲学与哲学何为这一元哲学问题的澄明。

---

① 历史地看，这种概括和理解是否确当，本身已颇成问题，事实上，被认为在近代认识论转向中具有代表性的哲学家，如笛卡儿、莱布尼茨、洛克等，其认识论都与各自的本体论相互融合，质言之，在他们那里，所谓认识论并不是像后来所简单概括的那样，仅仅呈现为与本体论完全无涉的纯粹形态。

② See Charles Taylor: “Overcoming Epistemology”, in *Philosophical Arguments*, Harvard University Press, 1995, pp.1-19.

③ 如泰勒便把认识论的观点概括为：知识是对独立实在的正确表象。See Ibid., p.3.

一

与认识论的狭义形态及拒斥认识论的立场相呼应，在当代哲学中往往可以看到对存在问题各种形式的质疑、疏离、悬置。现象学所谓悬置判断，首先意味着悬置外部存在；哈贝马斯将主体间关系提到突出的地位，以此超越主体—对象的视域，其中也蕴含着对外部对象之“在”或对象性之“在”的某种疏远，它与此前马丁·布伯以我—你关系取代我—它关系在逻辑上似乎具有一致性；分析哲学则在沉浸于语言世界或对世界的逻辑构造的同时，往往相当程度地淡忘了实在的世界。以上不同的进路尽管具体的哲学立场各异，但在悬置对象之“在”或世界之“在”方面，无疑具有相通性。

相对于存在的悬置，冯契先生所表现的，是另一种思路。在冯契先生看来，认识的辩证过程所涉及的，“就是存在和自我、天和人之间的关系”①。质言之，认识的过程无法回避存在的问题。冯契先生把认识的过程理解为对世界和自我的双重把握，无论是世界，抑或自己，都首先呈现为具体的存在形态，而二者具有内在的相关性。由此，冯契先生对现象学提出了责难，认为“它（现象学——引者）把外在世界括到括弧里边去，就是对自己的意识现象进行考察，脱离了认识世界来认识自己”② 把外在世界括到括弧里，也就是存在的悬置；以此为前提，则既无法敞开世界，也难以把握自我。不难看到，这里所提及的尽管只是现象学，但其批评所向，则是不同形式的存在悬置。

悬置存在的逻辑出发点之一，是所谓存在的超越性。对各种形式的存在悬置论而言，其蕴含的内在的前提往往表现为：在对象性的关系中，外部存在或外部对象具有超越于认识主体的性质；而超越则往往被等同于抽象、不真实或对人自身的否定。以超越性为唯一的规定，存在显然便难以获得应有的定位。存在是否仅仅呈现超越的形态？冯契先生对此进一步阐述了自己的看法：“实践即感性活动能够给予客观实在，而实践是认识的基础，所以客

① 冯契：《认识世界与认识自己》，华东师范大学出版社 1996 年版，第 102 页。

② 同上书，第 106 页。

观实在不仅是超越的，而且它是内在于认识过程的。这也可以说是对认识论以客观实在为出发点说明了理由，作了论证。”① 这里值得注意的是对实在内在性的肯定。作为对象，存在无疑具有超越于人的一面，但从认识过程看，它同时又是内在的，所谓内在，首先表现为关系中的存在：作为认识对象的存在，已不同于本然意义上的自在之物，而是进入人的行（实践）与知（认识）的过程、与实践及认识的主体形成了某种关系的存在，就后一方面而言，认识中的存在，无疑也具有内在性。对存在的超越性与内在性的双重肯定，既从一个方面赋予存在以具体的品格，同时也为从存在的悬置走向存在的承诺提供了本体论基础。

以认识世界与认识自己为内容，广义认识论中的存在，表现为不同的形态。运用本然界、事实界、可能界、价值界等范畴，冯契先生从认识世界的层面，具体地展开了其广义认识论。本然界也就是所谓“天之天”或自在之物，它尚未进入认识的领域；在认识过程中，主体作用于客观实在，在感性直观中获得所与，进而形成抽象概念，以得自所与还治所与，从而使本然界化为事实界。事实是为我之物，事实界即已被认识的本然界。事实界中事物间的联系呈现为多样的形式，与之相应，事实界提供了多重可能，并形成了有意义的、排除了逻辑矛盾的可能界。不同的可能对人具有不同的意义。现实的可能性与人的需要相结合，便构成了目的，人们以合理的目的来指导行动，改造自然，使自然人化，从而创造价值，这一意义上的价值界也可以看作是人化的自然。对天道或世界的如上理解，无疑体现了一种认识论的视域，但同时，其中又渗入了本体论与价值论的内涵。

与认识世界相联系的是认识自己。按冯契先生的理解，认识自己是指认识作为精神主体的人类（包括群体与个体）的本性，它所要解决的问题是“我”（自己）如何由自在而自为，而这一过程总是涉及心与性的关系问题。心即作为精神主体的自我，它的本质特点在于有灵明觉知；知是认识，觉则指有意识。与心相对的性是指本性或本质，包括人的天性与德性。就所知而言，人的认识在于化自在之物为为我之物；就能知而言，认识则在于考察主

① 冯契：《认识世界与认识自己》，华东师范大学出版社 1996 年版，第 109 页。

体精神走向自为的过程。单纯的感官活动实际上没有“觉”，这种感性直观的我还处于自在状态，通过化所与为事实，我才真正有了觉。自我由自在而自为的过程，既是作为精神主体（心灵）的自觉，又表现为由天性到德性的进展；灵明觉知之心的发展与人性的发展相互关联，而其总的演进方向则是主体由必然领域提升到自由之境。冯契先生的这些看法确认了认识过程与人自身之“在”的内在关联，其中同样可以看到认识论、本体论、价值论的统一。

以存在的承诺及认识论与本体论统一为出发点，冯契先生具体地展开了其广义认识论。在冯契先生看来，“哲学的最核心的部分，就是本体论与认识论的统一”①。二者的这种统一，不仅仅表现为认识论内含着本体论的承诺，而且也体现在本体论的展开以认识论为基础。如前所述，以本然界、事实界、可能界、价值界为主干，冯契先生展开了广义认识论中的天道理论。这种考察无疑具有本体论意义，但它又不同于思辨的本体论：它的目标并不是构造一个形而上的宇宙模式或世界图景，而是以认识世界为主线，阐明如何在实践的基础上以得自现实之道还治现实，从而化本然界为事实界；通过把握事实界所提供的可能以创造价值，在自然的人化与理想的实现中不断达到人的自由。冯契先生的这种思路显然不同于传统的形而上学。从理论上看，存在的具体意义，唯有通过与人自身之“在”的联系，才能得到呈现；从更实质的层面看，对存在的理解无法悬置人自身的存在。所谓人之“在”或人自身之“在”，具体展开为人的知行过程；尚未进入人的知行之域的本然之物或自在之物，既不是科学知识的对象，也很难真正视为形而上学所追问的存在。传统的形而上学或抽象形态的形而上学将存在的把握理解为离开人的知与行对终极本原的超验追问，这种进路在忽略认识过程对形上之思制约的同时，也掩蔽了这个世界与人的存在之间的统一性。与此相对，冯契先生强调：“要建立本体论，就需要一个认识论作为导论。”② 这一看法的内在含义，不仅仅是形式的层面上本体论无法略去认识论的前提，而且是在实质的

① 冯契：《认识世界与认识自己》，华东师范大学出版社 1996 年版，第 107 页。

② 同上。

意义上认识世界的过程与存在原理的敞开难以分离。

当然，在阐释以上思想之时，冯契先生的若干表述尚可进一步严密化。在谈到认识论与本体论的统一时，他认为“按照中国传统哲学的说法，这也就是功夫与本体的统一”①。功夫与本体是中国哲学，特别是宋明理学讨论较多的问题，在这一论域中，功夫主要指人的涵养和知、行活动，“本体”则既呈现为主体精神的本来形态，又被理解为实践活动（功夫）的根据。如王阳明以心立言，“本体”亦首先与心的本然形态相联系，对他而言，这种本然形态就是良知：“良知者，心之本体。”②作为心体的本然形态，本体又涉及功夫：“功夫不离本体，本体原无内外。”③此处的“本体”，便被视为知行活动（功夫）展开的精神根据。在黄宗羲“心无本体，功夫所至即是本体”的著名论述中，“本体”也主要是就意识或精神的形态而言。不难看到，上述论域中的“本体”（相对于功夫的本体），与本体论中所讨论的“本体”固然有联系，但二者含义并不重合：后者作为涵盖一般存在的范畴，内涵显然更广。就此而言，将本体论与认识论的统一等同于中国哲学中功夫与本体的统一，似乎不甚妥切。④不过，不能因为某些具体表述的问题，而忽视理论的内在意蕴：这里更具实质的方面，是肯定认识论与本体论统一所内含的理论意义。

二

自康德完成所谓哥白尼式的革命后，认识论中的主体性一再被强化，在现代哲学中，这一趋向似乎在不同层面有了进一步的发展。现象学尽管提出了回到事物本身口号，但它对事物的理解往往与意向过程相联系，与之相关

① 冯契：《认识世界与认识自己》，华东师范大学出版社 1996 年版，第 107 页。

② 《王阳明全集》，上海古籍出版社 1992 年版，第 61 页。

③ 同上书，第 92 页。

④ 如果考虑到目前看到的智慧说三篇是讲稿的记录，尚未经作者全面的修改，那么上述问题就比较容易理解了。若天假以年，使冯契先生能有时间作一全面修订（这本来也是他的计划），则我们现在看到的文本可能就是另一种形态。

的是前文所提及的悬置存在以及对纯粹自我及纯粹意识的注重。在存在主义那里，个体、自我进而被提升为第一原理。以突出主体需要及价值评价为内在特点的实用主义，则在相当程度上以价值的评价消解了对客体的认知。哈贝马斯对主体间性考察和关注，似乎对主体性有所超越，但他同时又多少将对象性的关系视为消极意义上的工具—目的关系。此外还有各种形式的内在关系论。从某种意义上看，近代以来，主体性、主体间性已渐渐压倒了客观性原则。从认识论的层面看，这种偏向显然很难视为对认识过程的合理理解。

相对于以上倾向，冯契先生所展示的，是不同的思路。与存在的承诺相应，冯契先生从不同方面考察了认识过程的客观性。他首先吸取了金岳霖对所与（the given）的看法，肯定所与是客观的呈现，并引入中国传统哲学的体用范畴，对此作了引申和发挥：

> 就认识活动来说，形质神用，就内容来说是存在的反映，“以物为体”。①
>
> “所与是客观的呈现”的客观有两层意思。就“类观”来说，同类同情者有共同的眼界，所与对于同类的官能者是共同的、同样的。而就内容与对象的同一来说，正觉（正常的感觉）能给予客观实在的体及其性质、关系。②

“所与”可以看作是所知（对象）与能知（主体）之间的直接中介，作为沟通所知和能知的环节，“所与”同时也被理解为最原始的认识材料。对所与的客观性的肯定和论证，其实质的意义是对感觉能否给予客观实在这一认识论问题的确认，后者同时为整个认识大厦提供了基石。尽管冯契先生的以上看法并不意味着一劳永逸地解决了相关的问题，但通过强调形质神用、以物为体以及肯定所与中内容与对象的同一，它无疑为这一问题的解决提供

① 冯契：《认识世界与认识自己》，华东师范大学出版社1996年版，第123页。

② 同上书，第125页。

了合理的方向和积极的思路。

与感觉能否给予客观实在相联系的问题，是理论思维能否把握普遍有效的规律性知识，后者便涉及概念的作用与性质问题。冯契先生对金岳霖的概念理论作了发挥和引申，强调运用概念把握对象的过程，是一个得之现实还治现实的过程，具体而言，概念具有摹写与规范的双重作用，“概念的摹写和规范作用是不可分割的。摹写就是把所与符号化，安排在意念图案之中，在这样的摹写的同时也就是用概念对所与作了规范；规范就是用概念作接受方式来应付所与，在这样规范的同时，也就对所与作了摹写”①。这里既涉及主体在运用概念过程中的能动作用，同时也包含着对概念客观性质的肯定：摹写与规范的过程，并不表现为主体对实在的先验立法，而是始终以现实本身为依据。对概念的这种理解，显然不同于康德式的先验哲学。

普遍有效的科学知识同时又与逻辑相联系。冯契先生首先对逻辑范畴作了分析，通过总结中国传统哲学与西方哲学的有关思考，冯契先生概括出类、故、理的范畴体系，三者分别与察类、求故、明理相关：“察类就是指知其然，求故就在于知其所以然，明理就是知其必然和当然。我们对事物的认识都要经过这样的环节，由知其然到知其所以然、再到认识必然和当然，是一个认识逐步深化和扩展的过程。”② 类、故、理作为逻辑范畴体系的骨干，既体现了认识运动的秩序，又构成了知识经验所以可能的条件，就此而言，它似乎具有先于特殊经验的一面，但与康德将范畴视为先天形式不同，冯契先生同时强调：“从来源上说，这些范畴也来自经验，都是存在的一般形式的反映。”“就全人类来说，逻辑思维的范畴和运用范畴的思维能力，都是从实践、行动中来的。”③ 这里涉及认识论、本体论、逻辑学及人类实践之间的关系。逻辑范畴作为把握世界的方式，有其本体论的根据，作为思维的逻辑，它又是行动逻辑的内化及实践方式的积淀，就类与个体的关系而言，尽管对个体的认识活动而言，逻辑范畴具有某种“先验性”（先于某一特殊

① 冯契：《认识世界与认识自己》，华东师范大学出版社 1996 年版，第 162 页。

② 同上书，第 193 页。

③ 同上书，第 194 页。

经验)，但从类的层面看，它又并未离开实践经验。这些看法从不同的方面论证了逻辑范畴的客观基础。

认识的最终成果表现为真理。在真理的性质问题上，相应于拒斥反映论、表象说等认识论立场，当代的一些哲学家往往热衷于质疑符合说，与之相对，冯契先生明确表示“赞成符合说”，认为“真就是思想与实在相符合，真命题就是与事实相符合的命题”①。在冯契先生看来，命题与事实，概念与所与是否符合的问题，就是经验中的问题，是经验本身能够解决的问题，“基于实践的经验本身具有客观实在性，所以，思维是能够获得客观真理的，是能够达到主观与客观符合的”②。在此，冯契先生将符合说建立于经验、实践的客观性之上，肯定实践及感觉经验作为主客观的桥梁，同时也为命题与事实，概念与所与是否符合提供了客观的判断依据和前提。尽管符合说本身也许并不是一种新的看法，但在反符合论成为某种思潮的背景下，对其肯定和捍卫无疑具有独特的历史意义。

从肯定所与是客观的呈现，到坚持真理论上的符合说，冯契先生从不同的方面表现了对客观性原则的维护。与此同时，冯契先生并没有忽视认识的主体之维。事实上，在对感性经验、概念、逻辑、真理的考察中，已渗入了对主体性（包括主体作用）的关注。以感性经验而言，冯契先生特别从认知与情意两个方面指出了这一过程中主体的能动作用。从认知的层面看，主体的能动性首先表现为把感性经验中的正觉与错觉、幻觉、梦觉加以区分。与此相联系的，是借助想象、联想等形式，对来自感觉、知觉的表象、意象进行加工，并使当前的感觉获得丰富的意义。此外，感性经验还受到理性的影响：理解使人更深刻地感知。就情意而言，感觉经验过程中包含着注意，而注意总是受到欲望、意志、情感的影响，同时，感觉经验过程中的注意，往往使视觉领域具有了主从关系的结构，并制约着选择、权衡。③这些分析，具体地论述了主体性在感性经验中的体现形式。

① 冯契：《认识世界与认识自己》，华东师范大学出版社 1996 年版，第 258 页。

② 同上书，第 259 页。

③ 同上书，第 133—138 页。

在对统觉的考察中，认识过程中的主体性得到了更深入的阐释。统觉本来是康德所使用的概念，表示意识的综合统一，不过，康德同时将纯粹的统觉与经验的统觉区分开来，强调纯粹统觉所体现的统一，是自我意识的先验的统一。① 冯契先生扬弃了康德对统觉的先验理解，着重从所思和能思两个方面考察了其能动的性质。就所思而言，统觉在于以得自所与的概念来规范和摹写所与，一方面，化所与为事实，另一方面，通过对事实的判断，使主体意识或知觉到一个事实。就能思而言，意识统一于自我，即对自己作为主体有所“觉”。冯契先生由此指出：“自我作为意识主体，贯穿于一系列意识活动之中。”② 统觉作为认识的重要环节，既表现为意识的活动，又体现为意识的形态，从活动方面看，它通过概念、范畴的运用，将分析性的认识材料整合为统一的知识，在再现实在的同时又达到对实在的明觉；从意识或认识的形态看，统觉则通过扬弃认识的抽象性，把握事实之间的联系，在不同的层面上达到具体的认识。冯契先生对统觉意义的如上确认，从另一个方面体现了对主体作用的注重。

广义的认识论同时涉及认识自己，与此相关的是对自我心、性等方面的考察。冯契先生将反思与自我意识联系起来，认为：“由于反思，人把握了逻辑规律与逻辑方法，也是由于反思，人的自我意识发展了，人对自我有了越来越明白的意识。人凭意识之光不仅照亮外在世界而且用来反照自己，提高了人心的自觉性。”③ 如果说，认识世界的过程已处处渗入主体的作用，那么，在认识自己的过程中便可以更直接地看到主体自身的这种作用。从“心”（精神本体）的明觉，到“性”（人性）的反省，在自我走向自为的过程中，都可以看到主体的作用。从更广的视域看，认识过程不仅展开为由无知到知的转换，而且经历从知识到智慧的飞跃，按照冯契先生的看法，后一过程包含理性的直觉、辩证的综合、德性的自证，其中每一环节都体现了自我或主体的力量。

① 参见［德］康德：《纯粹理性批评》，人民出版社 2004 年版，第 89 页。

② 冯契：《认识世界与认识自己》，华东师范大学出版社 1996 年版，第 171—175 页。

③ 同上书，第 216 页。

认识世界与认识自己当然并不仅仅涉及上述方面。在关注认识过程中的客观性与主体性的同时，冯契先生也将主体间关系纳入其视域，在其关于意见与观点的论述中，突出地表现了这一点。将意见的讨论与观点之争引入认识论，是冯契先生哲学中引人瞩目的特点之一。在冯契先生看来，认识是一个一致而百虑的动态过程，其间包含着不同意见、不同观点的争论。首先，对认识过程中的问题，人们在讨论过程中会形成意见的分歧，只有通过争辩、讨论，才能弄清问题，发现解决的途径。冯契先生特别指出了意见之争对于认识深化的意义："个人思考问题、看问题常常是有片面的，有局限性的，而在共同讨论中能互相启发，看问题就会比较全面周到。""人们在讨论某个问题时，各人发表意见，真假、对错的界线往往是不够分明的，意见不一致的情况是经常发生的。……为了明辨是非，划清真与假、对与错的界线，就需要展开不同意见的争论。"① 与意见的讨论相联系的是观点之争。冯契先生把观点界定为某种"一贯的看法"，"它贯穿在意见中，统率着各种意见。一个人有某种观点，他就会老以这种观点为观察问题的视角。"② 从一致而百虑的认识运动的角度，冯契先生将观点主要区分为二种，即全面的观点与片面的观点。在意见的争论过程中，人们也不断地以较为全面的观点，克服比较片面的观点，逐渐在辩说争论中达到以道观之。这里既涉及认识的过程性，也关联个体之间或主体之间的关系：不同意见、观点的背后，是不同的主体，意见之间的讨论、观点之间的相争，则相应地意味着从主体走向主体间。通过肯定不同意见和观点的争论，冯契先生在扬弃囿于一己之见的主观视域的同时，也对认识领域的独断论和相对主义作了双重超越：意见的讨论既拒斥执着个体看法的主观独断，也不同于"怎么多行"的相对主义，它要求在主体间的互动中逐渐达到一定历史层面的共识。

主体间的关系从更广的层面看，涉及群与己之辩。在冯契先生看来，"人们在社会中间运用语言文字作为交流思想的手段，展开不同意见、观点的争论，这就涉及我与他、己与群的关系。""认识论不仅要正确地解决心物

---

① 冯契：《认识世界与认识自己》，华东师范大学出版社 1996 年版，第 222—223 页。

② 同上书，第 228 页。

关系，而且解决群己关系”①。将群己之辩引入认识论，不仅从另一方面体现了广义认识论的立场，而且使主体间性的内涵进一步深化：以群己关系为背景，主体间关系已不限于特定的个体或自我之间，也非仅仅存在于特定的共同体，而是获得了更广的社会意义。与群己之辩相联系的，是群体意识与个体意识，从意见到观点，都可以看到社会意识与个体意识之间的互动。相对于特定共同体中的主体间对话与交往，群体与群体意识往往包含更为丰富的规定和内容；在群己关系的存在境域中，主体间的意见交流和观点争论也被置于更广的历史过程，既上接类的认识史，又体现一定时代的社会变迁，由此推进对世界与人自身的把握。以心物之辩与群己之辩的统一为内容，认识过程中的主体间关系无疑被赋予更深刻的形式。

从内在的理论视域看，认识过程中的客观性、主体性、主体间既非互不相关，更非彼此冲突。在感性经验、概念、逻辑、真理以及统觉等等之中所体现的主体能动作用，从一个方面构成了更深入、正确地把握实在的条件，从感性经验中正觉与错觉、幻觉、梦觉之分，到通过统觉扬弃分离、片面的存在形态，以再现真实的具体对象，等等，都展示了主体性与客观性的相通性；同样，主体间的意见、观点争论，也是不断超越认识之蔽、走向与接近真实对象的必要前提，在认识论上，明辨是非，总是以“真”为指向。另一方面，客观性原则也制约着主体的作用及主体间的争论：对真实存在的追求，既引导主体远离主观的推绎或空幻的思辨，也使主体间的争论不同于无实质意义的以辞相胜或相对主义的“辞无胜”。总之，在实在的敞开与存在的把握过程中，客观性、主体性、主体间性呈现为互容、互渗的关系。

不难看到，通过考察感觉经验、概念形式、逻辑范畴、统觉、意见与观点，以及肯定心物之辩与群己之辩的统一，等等，冯契先生既坚持了客观性原则，也确认了主体性以及主体间性的意义，从而在认识论上达到了客观性、主体性、主体间性的统一。相对于仅仅承认客观性的素朴实在论与仅仅突出主体性的先验论及单纯关注主体间性的交往理论，冯契先生的以上思路无疑展示了更健全的认识论方向。

① 冯契：《认识世界与认识自己》，华东师范大学出版社1996年版，第239、238页。

三

广义认识论作为智慧学说，以无知、知识与智慧等关系的讨论为题中之义。一般而言，在涉及“是什么”（knowledge of that）等问题上，知识可以视为对特定所知（某一对象或对象的某一方面、某一层面等）的断定，这种断定同时建立在一定根据之上（justified）；无知则往往被理解为知识的缺乏。与知识主要指向存在的某一方面或层面有所不同，智慧以性与天道为内容，展现为对存在的整体领悟和把握，并相应地具有形而上的内蕴。同时，知识首先与能知相联系，能知主要展示为与所知相关或相对的存在规定，而人的存在并不限于能知这一维度；相形之下，智慧凝结了人的全部生活，表现为基于整个实践过程而达到的具体的精神形态。较之对存在的分别把握，智慧可以看作是存在的具体性在观念领域或精神领域的体现；作为人的存在形态，智慧又具有境界的意义。从另一方面看，知识以名言之域为对象，智慧则指向超名言之域。近代哲学史上，康德在追问普遍必然的知识何以可能的同时，又考察了形而上学是否可能的问题，而现象与物自体的二分，则蕴含了名言之域与超名言之域的分离。康德之后，黑格尔试图重新统一本体与现象、名言之域与超名言之域，但其终始于绝对观念的思路，似乎将重心更多地放在超名言之域。在所谓后黑格尔时代，康德哲学蕴含的二重性，进一步外化为不同哲学思潮之间的对峙。人本主义（人文主义）以存在意义等为哲学思考的终极对象，实证主义则将哲学限定在现象—经验之域。这种格局，在20世纪的现象学与分析哲学的分野中，得到了更深刻的延续。中国近代哲学的演进，同样内含着类似的对峙。

哲学衍化的以上进路在某种意义上构成了广义认识论展开的哲学史背景。按照冯契先生的理解，广义认识过程包括两个飞跃，即从无知到知的飞跃和从知识到智慧的飞跃。经验知识涉及的是名言之域，在冯契先生看来，认识并不限于经验领域，它同时指向性与天道，后者即是智慧之域。知识所注重的是有分别的领域，它可以用名言来把握。与知识不同，智慧所把握的是有关宇宙人生的根本原理，它属于难以言传的超名言之域，而从知识到智慧的飞跃，便相应地意味着从名言之域走向超名言之域。不难看到，在此，冯契先生以二重飞跃（从无知到知、从知识到智慧）联结了康德的知性与理性。作为广义的认识过程的两个方面，知识与智慧的如上统一，同时体现了经验领域与形上之域的沟通。①

从广义的认识过程看，知识与智慧的转换，总是内在地涉及物我、天人等关系。当代的认识论评判者，每每责难所谓主客二分、物我相对，认为这种“分”导致了所谓二元对立的世界观或认识视域。与此不同，冯契先生首先肯定了认识领域主客之分的不可避免性，强调“主观和客观、认识和实践是认识论最原始的基本的关系”②。对冯契先生而言，问题不在于主客之分，而在于通过基于实践的认识运动，不断地达到主客的统一。历史地看，主客、物我之分，并不仅仅是人的某种预设，而是认识过程展开的本体论前提之一，这种相分固然要不断加以超越，但试图完全泯灭这种区分，则将消解认识世界与认识自己的过程，事实上，无论是知识领域，抑或智慧之境，天人、物我等等的统一，都不同于原始的、混沌的合一；它们乃是通过扬弃“分”与“对”而在认识过程中不断达到和重建的。当代哲学中的种种反二分之论，往往以空幻的浪漫意向，取代了认识世界与认识自己的现实努力，冯契先生对认识过程的理解，无疑体现了更为健全的立场。

从智慧的层面看，广义认识论同时涉及对哲学本身的理解，其中包含着

---

① 当然，知与无知、知识与智慧在现实的过程中，并非彼此截然悬隔，波兰尼对默会之知及隐含意识（subsidiary awareness）的分析，已从一个方面涉及这一点。在波兰尼看来，“任何与实在相关的知识，都包含着未来可能呈现、现在尚不确定的范围”。*Knowing and Being: Essays by Michael Polanyi*, Edited by Marjorie Grene, The University of Chicago Press,1969, pp.140-141. 如果知识的基础是默会的，“那么，我们的知识可能包含着远远超出它们所能表达的内容”。See Ibid., p.133. 这里的值得注意之点，是将知识及与知识相关的意识理解为一个统一的系统，其中既包含着已经自觉意识到、并取得明晰形态的内容，也包含着现在尚未自觉意识、具有隐而未显特点的内容，随着认识过程的展开，这种隐含之知可以转换为明晰之知。这样，对主体而言，知与无知之间的界限便不再是截然分明的：现在所处的“无知”状态，并不意味着绝对的无知，它可能只是表明此时“知”对主体来说还具有隐含的性质，而尚未达到明晰的形态。在这里，知识的连续性和统一性，从观念的形态上，赋予人的存在以连续性和统一性。在肯定从无知到知的飞跃的同时，对认识过程的连续性也应给予必要的关注。

② 冯契：《认识世界与认识自己》，华东师范大学出版社 1996 年版，第 47 页。

某种元哲学的见解。对冯契先生而言，智慧乃是“指一种哲理，即有关宇宙人生根本原理的认识，关于性与天道的理论”①。从知识到智慧的飞跃，便在于达到上述认识。对性与天道或宇宙人生根本原理的把握，本质上表现为求穷通的过程，后者在冯契先生看来同时构成了哲学的意义之所在：“哲学的根本意义在求穷通，要求把握天道，综合人的本质力量，贯通天人。”②具体地说，穷与通又各有侧重：

> “穷”就是穷究，要求探究第一因和最高境界，即探究宇宙万物的第一因、自由因是什么，宇宙的演变、人类的进化要达到何等最高境界，也就是终极关怀是什么的问题。“通”就是会通，融会贯通。认识自然界、人类社会的秩序，要求把握其无所不包的道，也就是贯穿于自然、人生之中无不通也、无不由也的道；并要求会通天人、物我，达到与天地合其德，获得真正的自由。③

这既是智慧说的展开，又是对何为哲学与哲学何为的阐发。近代以来，以责难、拒斥形而上学为背景，对宇宙人生根本原理的追问，往往成为质疑、嘲弄的对象，哲学本身则每每在专业化的技术性分析中，逐渐由“道”演化为“技”，由智慧流而为知识；知识与智慧的互动，多少为智慧的遗忘所取代。冯契先生以性与天道的智慧追求界定哲学的意义，无疑是对以上趋向的独特回应，正是通过智慧的呼唤，其广义认识论同时上接了哲学的源头。

哲学作为智慧之思，不同于经验领域的知识。知识主要以分门别类的方式把握对象，其中蕴含着对存在的某种分离，哲学则要求超越“分”或“别”而求其“通”。从哲学的层面看，所谓“通”，并不仅仅在于哲学的体系或学说本身在逻辑上的融贯性或无矛盾性，它的更深刻的意义体现在对存在的统

---

① 冯契：《认识世界与认识自己》，华东师范大学出版社1996年版，第413页。

② 同上书，第416页。

③ 同上书，第413页。

一性、具体性的敞开和澄明。换言之，它总是超出了逻辑的层面，在理解存在的同时，也涉及把握存在的不同视域、进路之间的关系，从而使被知识所分化的存在重新以统一的、具体的形态呈现出来。冯契先生所说的“求穷通”，同样既指向存在本身的具体形态，也涉及把握存在的视域与方式，这一过程在敞开世界的同时，又始终没有离开人自身之“在”，在此，作为认识论、本体论、价值论统一的广义认识论与求穷通的哲学智慧，本身也呈现相通、相融的形态。

（原载于《中国哲学史》2006 年第 2 期）

任继愈的四个“仍然坚持”和一个“不坚持”

李　申

这次编纂《任继愈文集》，对先生的为人和为学，认识又加深了一步。以前一些不连贯的事情，这次也联系起来了。印象最深的，就是他的四个“仍然坚持”和一个“不坚持”。

一、仍然坚持对日丹诺夫定义的批评

1957年1月，北京大学召开了“中国哲学史座谈会”。会前，先生于1957年1月11日在《光明日报》发表《试论中国哲学史的对象和范围》（以下简称《试论》），会上的发言以《在中国哲学史的研究中所遇到的几个困难问题》（以下简称《困难问题》），发表于科学出版社1957年7月出版的《中国哲学史问题讨论专辑》。这次座谈会的资料，近年被赵修义教授等编辑成《守道1957：1957年中国哲学史座读会实录与反思》，由上海人民出版社出版。先生的这两篇文章，被收集在文集的“中国哲学研究”部分。

我国哲学界自新中国成立初期开始学习苏联，日丹诺夫关于哲学史就是唯物主义和唯心主义斗争的历史的“定义”，就成为中国哲学史研究和教学中所遵循的基本原则。然而这个原则用于中国哲学，则显得天圆地方，四角不掩。所以这次讨论会上，核心问题就是日丹诺夫定义问题。先生《试论》一文首先指出，日丹诺夫定义给了我们很多启发，但“不够全面”。第一，忽略了社会历史观的研究。而中国古代哲学偏偏在这方面资源丰厚；第二，中国哲学的唯物主义和辩证法往往结合在一起，但日丹诺夫的定义对辩证法战胜形而上学的内容注意不够；第三，日丹诺夫的定义没有给唯心主义以应有的历史地位。并进一步指出，唯心主义不仅有它的阶级根源，还有它的认识论根源和出现的历史必然性，并不仅仅是作为唯物主义要克服的对手而存在的。文章最后，先生自我批评道：

> 我自己过去在从事哲学史工作中，片面地只强调了唯物主义与唯心主义的斗争，而忽略了它们中间也有互相渗透、影响，从而丰富了唯物主义的作用；过去只看到了马克思主义的哲学在人类认识的过程中所做出的根本的变革，而忽略了马克思主义对过去一切进步的、合理的文化遗产的继承性，从而给自己的工作造成一些困难。

文章“附注”道：“文中所涉及的中国哲学史的研究的错误和缺点，主要是说我自己工作中所发现的。”这是真诚的自我检讨，也是对当时学习马克思主义过程中出现的教条主义的直率批评。

会后，大约有不少人改变了对日丹诺夫定义的批评意见，有的认为可能是我们的理解出了问题。只有先生仍然坚持着他自己的意见。所以北京大学哲学系中国哲学史支部 1957 年 3 月 2 日整理的《中国哲学史座谈会后的一些反映》最后一段写道：

> 任继愈同志（北大哲学系教授）对日丹诺夫的定义仍有不同看法，他说如果这个定义大家都了解错了，可见是定义的问题。例如过去高教部所提的“全面发展”为什么所有校长都了解错了呢？那不就是因为方针有问题，所以现在才补充上“因材施教”。

差不多 60 年后，当赵修义教授编成《守道 1957：1957 年中国哲学史座读会实录与反思》并接受记者采访，评价这个讨论会时说道：

> 哲学史那边，老中青都很齐全的，老的像冯友兰。任继愈才 40 岁左右，朱伯崑那个时候还是个讲师。任继愈在这个会上是很坚决地否定日丹诺夫哲学史定义的。档案里最后还点他名，说“任继愈同志对日

丹诺夫仍有不同看法”，话说得很重了。外国哲学史苏联有一套，还不大好讨论。

今天的读者，很难理解“话说得很重了”的意义。这里也只能简单说明道，当时以马克思主义理论家自居的关锋，在会上提出“要开展两条战线的斗争”，反对质疑日丹诺夫定义。先生在1979年出版的《中国哲学史论》“后记”中回忆说，他当时对日丹诺夫的定义的异议，被认为是对斯大林的态度问题，在许多会议上都遭到过责难。某些理论权威曾经把他划归修正主义。某些领导也曾经告诫他，不要忘了阶级斗争，只讲思想发展，背离马克思主义，成了修正主义。而当时在许多次会议上责难先生的，不仅有一般的同事，也有多年的同窗好友。先生逝世后，武汉大学程静宇教授在纪念文章中写到，1957年，任继愈先生由于出差在外编写教材，才未被划成右派。程先生的记忆是否准确，可以待考，但对于此事的严重，当时的人们应该说是记忆准确的。

二、仍然坚持不讲“儒法斗争”

1970年庐山会议上，先生被从“五七干校”召回，主编《中国哲学史简编》。就在将要编成的1973年，在“批林批孔”运动中，“评法批儒”问题被提出来了。所谓“评法批儒”就是认为，中国历史上最重要的政治思想斗争，就是儒家和法家的斗争。法家是进步的，儒家是落后的。

评法批儒运动即将全面开展的前夕，杨荣国主编的《简明中国哲学史》于1973年7月出版。10月，先生主编的《中国哲学史简编》出版。就在当月，《红旗》杂志以“读者来信”的名义发表署名文章《对编写哲学史的一点意见》，批评有的哲学史不讲哲学家的政治思想，是“典型的资产阶级的哲学史”。这篇文章，显然是批评先生主编的《中国哲学史简编》。先生后来在《〈中国哲学史简编〉再版的话》中写道：

本书编写原则与“四人帮”的影射史学潮流不符而招致猜忌。某大学哲学系的分部曾被授意，在系内开会批判；也有人要求在社会上公开批判，甚至还牵连到出版社的编辑同志。“四人帮”粉碎后，我和几位编写者才结束了担惊受怕的日子。

就在先生“担惊受怕”的日子里，一位参加“梁效”写作组的教师 W 君从给《红旗》杂志写信的“读者”家里出来，到先生那里讲了一些对“文革”不满的话。先生知道 W 君与那位“读者”关系密切，以为是来套话的，就把情况反映给了哲学系党支部。事后知道，这是一场虚惊，但可以说明担惊受怕的程度。

1981 年，中国社会科学院第一届党代会上介绍党委委员候选人。对先生的介绍有一项是，曾被邀请做了中央“文革”小组的顾问，由于不和江青合作，被江青宣布为“坏人”。后来有人向先生核实此事，先生说“没有”。然而给人的这个印象倒足以说明先生在“文化大革命”中的态度。

《中国哲学史简编》和《简明中国哲学史》都先后被各地出版社多次翻印。杨荣国教授的《简明中国哲学史》不久即依照“儒法斗争”的线索作了重大修改，先生主编的《中国哲学史简编》则坚持不按儒法斗争的线索修改，直到粉碎“四人帮”。这是先生的第二个“仍然坚持”。

三、仍然坚持“儒教是宗教”的判断

从 1902 年梁启超首先撰文否认儒教是宗教开始，到后来陈独秀说“儒教是教化之教，不是宗教之教”，中国古代是“无宗教国”，中国学界几乎未经讨论，就接受了这个判断，并且成为撰写中国历史通史及各种专史的思想基础，成为认识中国传统文化性质的定论。然而“文化大革命”中许多不理性的说法和做法，特别是神化革命领袖，却是一种潜意识的宗教观念在作祟。深谙传统文化又深谙宗教学的先生发现，其重要原因，就是中国传统的封建主义观念在作祟。因而先生得出结论，长期以来被学界误认为是与宗教观念对立的儒家，其实本身就是一种宗教。批判封建主义，清除儒教的思想影响，是建设社会主义新文化的必要条件。

先生这个观点首先于1978年底在南京中国无神论学会成立大会上作了报告，次年又在太原召开的"文化大革命"以后中国哲学史第一次全国学术讨论会全体会议上作了重点发言，并在日本作了同样的演讲。然后整理成《论儒教的形成》，发表于《中国社会科学》杂志。这次编纂先生文集，"儒教研究"作为专门一类。

先生的这个发言如同石破天惊。在太原会议上，当时不少人都以为，可能会引起激烈的争论，事实上是几乎无人争论。小组会上，几乎无人提起此事。这个观点既不能被长期习惯于认为中国古代无宗教的学者们所接受，这些学者一时也不知如何反驳。反驳发生在事后，从冯友兰先生开始，当时几乎所有重要的研究者都发表了专文或者大段论述，反驳儒教是宗教的判断。在近十年的时间里，没有一人支持儒教是宗教的观点；到1998年，即先生的主张发表20年后，公开表示支持者也只有四个人，加上先生自己，总共五人。然而先生仍然坚持着儒教是宗教的主张。他没有对反驳的文章进行反驳，只是隔三岔五地发表一篇进一步论述儒教问题的主张。先生对自己主张的正确性，充满了自信。在先生看来，马克思主义的历史唯物主义，具有普遍的意义。中国古代和其他民族一样，不可能超越历史的发展阶段，在两三千年以前就成为没有宗教信仰的国度。而从中国历史的事实来看，儒教，具备了宗教的一切特征。

时至今日，越来越多的中国学者认同了儒教是宗教的判断，可以相信，这个判断将会代替中国古代是"无宗教国"的判断，成为认识中国历史、认识中国传统文化性质的思想基础。

四、仍然坚持宣传科学无神论

1963年底，毛泽东主席在一份文件上批示，认为应该成立一个由马克思主义者领导的宗教研究机构，并向这个即将成立的机构提出了"批判神学"的任务。后来世界宗教研究所成立，先生任所长。负责筹建这个研究机构的北京大学在筹建报告中，更具体地把研究所的宗旨规定为：

> 逐步建设成一个马列主义的宗教研究阵地，批判宗教神学，宣传

无神论思想，并培养一批又红又专的宗教研究人才。

然而研究所筹建工作尚未完成，“文化大革命”就开始了。先生被作为“反动学术权威”，被夺去了研究所的领导权。研究工作则没有开展。直到“文化大革命”结束以后，研究所的筹建工作才继续进行，并且开展研究工作。

为贯彻研究所的宗旨，先生于1979年在《哲学研究》发表《为发展马克思主义的宗教学而奋斗》，指出“马克思主义宗教学本质上是一种科学无神论”，并提出了宣传无神论的任务。

然而事情很快就起了变化。

就在先生发表《为发展马克思主义宗教学而奋斗》的同时，关于宗教研究方向就发生了争论。其中焦点，就是要不要宣传无神论。一年以后，即1980年，担任全国人大常委会副委员长和担任全国政协副主席的宗教界人士联合提案，要求取消宪法中“有宣传无神论自由”的条文。1981年，先生和刘大年、谭其骧等科技文化界代表提案，要求不要取消“有宣传无神论自由”的条文。就在先生的提案上交的同时，前一个提案参加者又召集宗教界人士座谈会，要求取消“有宣传无神论自由”的条文。座谈会纪要被送到了全国人大，最后修订的宪法，取消了“有宣传无神论自由”的条文。

新的宪法公布以后，一位政协副主席发表《热烈拥护新宪法》的讲话，重点就是拥护新宪法取消了“有宣传无神论自由”的条文。此后，关于要不要宣传无神论，在全国范围内进行了长期而激烈的争论。争论以压倒性的优势，对无神论宣传进行了各种各样的指责。而在相当一段时间里，几乎只有先生一人，还坚持撰写宣传无神论的文章。由于原无神论学会中相当多的人都放弃了无神论的立场，先生于20世纪90年代中期，重建了无神论学会，并在“法轮功”围攻中南海的紧急时刻，率领新建的无神论学会同仁向党中央及时反映了情况。此后又创建了《科学与无神论》杂志，在《人民日报》发表《不仅要脱贫，而且要脱愚》的文章，期望中国人民摆脱有神论的思想枷锁。直到先生病重住院，还从病床上起来，找到相关领导，建议筹建无神论研究机构。先生坚持宣传无神论的立场，可以说是“鞠躬尽瘁，死而后已”。

今天，尽管无神论的声音还非常微弱，但已经不是无人讲、无人理睬的局面。我们相信，在党中央的英明领导下，中国无神论的宣传事业，一定能不断发展。

先生关于宗教学和无神论的论述，在文集中也单成“宗教学与科学无神论研究”一类。

五、不坚持老子哲学是唯物主义还是唯心主义

先生于20世纪50年代出版的《老子今译》，曾经是许多人的必读书。先生对于老子哲学研究的成就，也是学界公认。先生在老子哲学研究过程中探索真理的曲折道路，虽也人所共知，但少有知其详者。

起初，先生认为老子哲学是唯物主义的。1959年，毛泽东主席深夜找先生长谈，除了宗教研究问题之外，也谈到了老子哲学。毛泽东主席认为老子哲学是唯心主义的。虽然党的主席这么说了，但是先生没有想通。1963年先生主编的《中国哲学史》（四卷本）仍然坚持老子哲学是唯物主义的。十几年后，1979年，该书第四卷撰写完毕，先生才改变了看法，认为老子哲学是唯心主义的。但似乎觉得也不怎么妥当，所以在正文中，仍然保留了老子是唯物主义的文字，只是补写了一章，说明老子是唯心主义的。

此后先生又三次今译《老子》，最后，先生终于不再坚持老子哲学是唯物主义还是唯心主义的判断，并且抛弃了以唯物主义或唯心主义去定性老子哲学的做法。

在老子哲学性质认识上的不断修正，是先生一个“不坚持”的典型事例。为了展现先生对老子哲学的探索过程，文集中特意编入了先生在《中国哲学史》（四卷本）和《中国哲学发展史》中有关老子哲学的论述。

六、先生坚持什么？

先生有的坚持，有的不坚持，那么，对于先生来说，什么是应该坚持的，什么是不应该坚持的呢？这只有用先生自己的话来回答。

文集“自述篇”有一篇先生写的《自传》，其中说到自己如何由一个相信儒学可以治国平天下的旧时代知识分子，到接受马克思主义的思想历程。先生说：

> 全国解放后，开始学习马克思主义，学着用历史唯物主义来观察社会和分析历史现象。初步学到了这个方法，使我十分振奋。回头来再剖析我中华民族的文化，就有了下手处。过去看不清楚的，现在看得比较清楚了。(《自传》)

从此以后，马克思主义就成为先生观察问题的思想指导，也成为先生处世的行动原则。

然而用马克思主义指导研究的过程并不平坦。因为质疑日丹诺夫定义，几乎被打成修正主义；因为坚持在《中国哲学史简编》不讲“儒法斗争”，遭到“四人帮”把持的《红旗》杂志的点名批判；因为坚持认为儒教是宗教，二十年中，遭到同行学者几乎众口一词的批判甚至嘲笑；因为坚持宣传无神论，更是被内外夹攻，四方来袭，甚至遭同事冷眼，学生背离。在《中国哲学史论》“后记”中，先生谈及自己的学术道路时，曾借用宋人词句“衣带渐宽终不悔，为伊消得人憔悴”表示，自己从事哲学专业，学习马克思主义，出于自觉自愿，他热爱这个专业：

> 沿着马克思主义的方向研究中国哲学史，完全出于自觉自愿，不后悔，也不退缩。

先生这段话写于1979年底，不仅是对他以前数十年间学术道路的总结，也是对自己今后仍然坚持以马克思主义指导学术研究所发出的誓言。

坚持马克思主义对于学术研究的指导，想通了的才说，没想通的决不随波逐流乱说，是先生留给我们最宝贵的精神财富，是一个中国学者最可宝贵的思想品格，也是贯穿《任继愈文集》的基本精神。

石峻先生《略论中国人性学说之演变》研究

向世陵

《略论中国人性学说之演变》是石峻先生 60 多年前发表的一篇长文，它体现了先生对从先秦孔老到宋明儒学绵亘两千余年的中国人性论发展史的思考。

石先生以为，中国哲学的人性问题，从思想史入手进行研究，会遇到很多的困难。譬如，同一时代的思想家，会有不同的理论水准、认识方法、思想情感和政治立场；前后时代思想家的某种讨论“面目相似”，然形似而实未必是，有延续更有变化。“尤其时代越晚，牵涉过去越多，困难更是增加”①。积累的资源越多，分析的负担也就越重。要能穿透如此厚重的历史积淀而把握住中国人性理论的实质和精髓，并不那么容易。

前辈先贤，从王夫之、章太炎到王国维都有“知性”、“原性”之说，都试图对人性问题作出自己的说明，但又都未能阐释清楚。根本的原因，就在于他们对中国人性学说的演变没有给予足够的重视。所以，石先生认为，要想真正“知性”，不得不从梳理中国人性学说的发展史着手。

一、从善恶、动静说人性的两派

石先生关于中国人性论发展史的阶段划分，是以历史朝代为参照。至于秦汉之际单列，体现了那一个时代将《礼记》、《传易》诸篇收入其中的学术遗产。

---

① 石峻：《略论中国人性学说之演变 · 附记》，华夏出版社 2006 年版，第 380—381 页。

先秦作为中国人性学说的起步阶段，其思想主要以儒家之孔孟和道家之老庄为代表。就儒家来说，孔子在直接意义上只有“性相近也，习相远也”（《论语·阳货》）之语，但这在石先生，可以参照其他文献转引的孔子言论作出分析。例如从《孟子·告子上》载孔子读《诗》到“天生蒸民，有物有则，民之秉彝，好是懿德”而感叹其“知道”中，能看出孔子是将宇宙的法则与人世的常规联系在一起的，而民有同样的秉持爱好正是“性相近也”的一个基本注脚。所以石先生说孔子的人生学说是“伦理的”意义特别深刻。

“伦理的”按其本意，也就是（适宜的）类别之分。石先生以为：“凡是‘伦理的’问题，要更进一步地研究，从形式上的差别转到内容（意义）的区分，构成今日所谓“道德命题”，那便是善恶的判断。”①父子（有亲）、夫妇（有别）是形式差别，然这形式差别中包含的内容，就是人性善和爱有差等。当然，如此思想由提出到完善，是一个逐步推进的过程。就先秦儒家的两大派说，孟子注重先天和内在性的方面，肯定“人皆有不忍人之心”（《孟子·公孙丑上》）和“人心之所同然”（《孟子·告子上》），所以圣人人格虽最为理想，却不妨说“圣人与我同类者”（同上）。人性的生来平等是性善论的一个基本的预设，当然是差异的而非绝对的平等。

与孟子有别，荀子“特别注重事实的结果，或外在的‘分’与‘辨’”②。因为仁爱在荀子主要是以礼义的形式表现出来的，而礼义的基本规定就是讲“辨”讲“分”。至于说“涂之人可以为禹”（《荀子·性恶》）则是，从“积善而全尽”的意义上讲的，圣人便是积善的结果。所谓“其善者伪也”（同上），正在于说明善是靠人为不断积累而造就。孟子与荀子两人，虽然形式上一道“性善”，一称“性恶”，完全冲突，但“其实不过于统一问题——道德行为根本的追求，彼此着重方面不同，遂成相反的结论罢了。至于他们注意人生伦理的意义则是一贯的，就是皆用相对的‘善’或‘恶’的判断去解答人性问题，这或者可以说是先秦儒家人性论的特点”③。是不是儒家人性论，石先

① 石峻：《略论中国人性学说之演变·先秦》，华夏出版社2006年版，第358页。

② 同上。

③ 同上书，第359页。

生的划线标准十分简便，那就是看它是不是从善恶、从“伦理”论人性。

由此，儒家孟、荀两家的冲突就不具有实质性的意义，因为二者的共性在以同一的伦理价值去解答人性。从功用或效果看，如此的共性突出表现在解答人性的善恶判断的相对性上。即：孟子的人性善并不能阻止人走向恶；荀子的人性恶反而是鼓励人走向善。以此由善到恶或由恶向善的对立机制来解释人性，说明无论性善还是性恶都有待于进一步的推敲。

与儒家不同，道家一方重在从动静的角度观察宇宙和人生。老子云“归根曰静”（《老子 · 十六章》）“静”既是万物之“根”，也就是人性（命）之本。石先生尤为注意万物之“本”与人性之“本”这二“本”的相互协调，万物本静而人性亦静。老子之后，庄子同样讲静。《庄子 · 庚桑》称“正则静，静则明，明则虚，虚则无为而无不为也”，“不是很明白在用‘静’去摹拟人的本真（性），或修养可能到的境界？《庄子》书中又讲‘心斋’‘坐忘’等方法，我想与此也不无关系”[①]。只有立足于静、虚的角度才能去心之累而使人安适。老庄人性论的一大特点，就是反对以外在的秩序规范、仁义教化来束缚人性，要求抛开这诸多的心理牵累。

据此，石先生便将先秦人性学说分为多以“善”“恶”说明而“伦理的”意义比较深刻的儒家和多以“静”“动”说明而“心理的”意味比较丰富的道家两大阵营。其中儒家强调外在的类别秩序，体现了其人性学说重在服务社会的目的；道家注重对社会的批判，要求虚静无为则成为心灵的最好慰藉。

当然，如前所述，这里尚未包含《礼记》和《易传》这两部表述了“通乎儒道两家的人性学说”的著作。例如《礼记 · 乐记》讲“人生而静，天之性也。感于物而动，性之欲也。……夫物之感人无穷，而人之好恶无节，则是物至而人化物也。人化物也者，灭天理而穷人欲者也”一段，前半段用“静”、“动”分别“性”、“欲”可以通于道家；后半段主张“不化于物”以存“天理”，特别注重好恶的节制，“伦理的”意义颇深，又吻合于儒家。

但是，如果按传统观点将《乐记》判归儒家，再以“静”、“动”作为道

① 石峻：《略论中国人性学说之演变 · 先秦》，华夏出版社 2006 年版，第 360 页。

家思想的标志，在逻辑上便会出现问题。一种可能的解释是，战国初中期虽有《老子》、《乐记》诸篇不同的著作，但并没形成儒道两家壁垒分明的态势，学兼两家或者数家的学者能够方便地将自己所好汇编在一起。从而，如果按思想内容分类，即形成后来道家、儒家等派的典籍；如果按篇章结构汇总，便有石先生所认为的《乐记》、《易传》等儒道共奉的著作出现。

就《易传》而言，其实已不只是讲动静，而且揭示了“寂然不动”与“感而遂通”相对应的由静到动的具体心理过程。如此“用感应的道理说明宇宙人生”，跟《乐记》的思想可以说是大同小异。因为二者都是以由静到动、由本性到现实的机制解释人性的善恶。这在石先生的逻辑中，它们都是通乎儒道两家，并将最后的根据指向了天道性命的本体。天性静而人由感而动，于是产生了善恶。性善的根据就存在于天命自身。相对来说，《中庸》讲“天命之谓性，率性之谓道，修道之谓教……”，却“既未用‘善’‘恶’的分别，也不会用‘静’‘动’去说明”。如此天道性命的模糊性，却正好使其“跟儒道两家的思想皆不冲突”①。那么，上述《乐记》引文的儒道各取一部与这里《中庸》的两家均不相似，或许可说明《礼记》诸篇在先秦，与《易传》的情况类似，即都具有某种公共资源的性质，并非是儒家学者的专著。

《易传》中有“故神无方而易无体，一阴一阳之谓道。继之者善也，成之者性也。仁者见之谓之仁，知者见之谓之知，百姓日用而不知，故君子之道鲜矣”之说。就此“见仁见智”的现象看，人们通常是以认识主体的才智或立场去解释。石先生却将眼光放到了背后的原因上，推论“作者在思想上，毫无疑义地假定有不限于‘仁’与‘知’的‘本体’”②。就是说，正是由于“本体”超越于仁、智之上，人们无论从仁从智都只能把握到它的片面，所以谁也不握有完全的真理。至于前半段的《易传》“继善成性”，则突出了性自身的“成就”问题，在后来尤其是宋明时期影响很大。宋明理学的人性论本是儒、道加上释教和合的产物，这本身就不妨看作为理解秦汉时期儒道调和的一条途

① 石峻：《略论中国人性学说之演变·秦汉之际》，华夏出版社2006年版，第361页。

② 同上。

径。当然，对于分别从善恶和动静出发的儒道两家来说，此时“两方面似乎只能说在形式上求得一种暂时的‘混合’，前提未经合理的批判，实际不曾解决这个问题”①。后来程颢重提“生之谓性”并从天道生生的角度解释《易传》这段话；王夫之则讲“性日生日成”，善先而性后，在这里都可以找到一定的渊源。至于近年来一度流行的关于《易传》与道家关系的讨论，虽亦有所创新，但大都限于宇宙论的领域，从人性论的层面发其蕴奥，在石先生之后尚有待于进一步推进。

二、性情二元、体用不二与“反本”

秦到两汉，由阴阳家而来的重在构成的宇宙观普遍流行。人性论的发展以此为基础，天道之阴阳遂成为人世之性情的最好底本。所谓“身之有性情也，若天之有阴阳也。言人之质而无其情，犹言天之阳而无其阴也”（《春秋繁露·深察名号》）。人生而有的性情虽统一为一人之性，但性提供的是善质，情则是这先天质地在后天的实现。由于善质本身不能归于恶，情就因此承担了恶的罪名。如此的性、情为二元虽以阴阳结构为基础，但“以善归之于性，以恶归之于情”的善恶判断，仍然是站在儒家立场上规划人性的。到西汉后期，刘向等人讲性情相应，则已从内外一体着手分析，重在未发已发的呼应而不在善恶之本身了。

刘向观点的意义，在于将《中庸》的未发已发导入《乐记》而改造了由静到动的理论架构，再连接上《易传》的阴阳套路，遂成内阴外阳相互发明而具有本体论思辨色彩的义理取向。这是与董仲舒为代表的性阳情阴说相背离而符合道家立足阴柔、不作善恶判断的精神的。② 随后，出现了扬雄不脱离”象数”而讲“玄道”的“杂牌”人性论及人性论史上颇有影响的“性善恶混”说。“性善恶混”的基础是气，但扬雄讲气并不十分明确。王充则提出了明确的气禀善恶说。“根本上已经用道家的一种‘自然主义’，代替了阴

① 石峻：《略论中国人性学说之演变·秦汉之际》，华夏出版社 2006 年版，第 361 页。

② 参见石峻：《略论中国人性学说之演变·两汉》，华夏出版社 2006 年版，第 363—364 页。

阳家的‘天人感应’说，以宇宙是‘一气所化’的见解，代替了过去的‘阴阳二元论’”①。

然而，从董仲舒以阴阳、性情论善恶到王充的元气自然论，尽管有所谓二元（阴阳）、一元（气）的问题，但汉代学者“多把‘人性’解作‘质料’”这一点却没有根本性的变化。石先生以为这“可算是一种唯物的说明”②。以唯物论的观点来解释汉代的人性学说，在20世纪40年代属于新潮的思想。之所以如此，是因为唯物论是建立在物质第一性基础上的，否认善恶观念的先天性。人先天只有“质料”，人的善恶意识和道德评价生成于后天的社会实践，是受一定的社会关系所决定的。

在这里，王充的气禀善恶说虽可从唯物论的角度去解释，但若归类，总体上只能属于庸俗唯物论，因为王充否认意识的特殊性和相对独立性，把善恶观念完全归结于气禀的自然过程。③ 同时，人一旦禀气（善恶）则不可移易，一切都是先天命定。结果，“从一方面讲来，便是一种‘个性论’，而且属于一种‘命定论’，换句话说，只有这人的性跟那人的性，没有所谓‘一般的人性’论了”④。人性之个别与一般的关系，在石先生这里显然已有高度的自觉。当然，这不是说王充不承认后天人为与环境的影响。但这一影响之起作用，实际上只针对中人，王充说到底是要为他的性三品说作论证的，石先生因故评价甚低。因为王充将孔子的“中人”说与“上智下愚”说糅合在一起去弥合与孔子“性相近也”观点的差异，这样的折中只是“一种方便说法，并不能算是孔子人性论的根据”。事实上就是王充“自己也觉得这个从权的说法是不十分圆满的，所以接着便说：‘若反经合道，则可以为教；尽性之理，则未也。’”⑤

按石先生的归结，汉代人性论的主要任务是要设法解决先秦性善或性恶

① 石峻：《略论中国人性学说之演变·两汉》，华夏出版社2006年版，第364页。

② 同上书，第366页。

③ 王充认识到人心可以决定人的善恶行为。但是王充所述的“心善”或“观心”，都是指后天人性而言，人心并无矫正先天气禀的作用。参见《论衡·定贤》。

④ 石峻：《略论中国人性学说之演变·两汉》，华夏出版社2006年版，第365页。

⑤ 同上。

论带来的理论困难，“追问到善恶起源的问题：假如人性是善的，恶从哪里来呢？如果人性是恶的，善又从哪里来呢？因此他们主张的‘性’、‘情’二元论或人性三品说，都避免了这个困难”①。但这样的“避免”实际上也是有问题的。譬如由性情二元走出的性善而情恶，倘性情一致，则性善则情亦善，如何会有恶？倘性发为情却导向恶，则性善的意义又何在？而且，如果说后天的污染导致了性善本性的改变，如何才能回到本性的问题就必须被提出和思考。然这尚未成为当时学者的自觉。至于性三品说，如果上下品人善恶均有定，只有中人因善恶混而可有上下，那中人凭什么能以内在的善克服内在之恶，或者以外来教化湮灭本有之恶呢？

魏晋玄学兴起，人性问题在本体论层面予以展开。石先生特别提举王弼的“不性其情，何能久行其正”（《周易·文言》王注）作为代表。认为“这里所谓‘性其情’，论理应该是说情不能离性，性不可无情。若果以性属内而情发于外，即是‘合内外之道’”②。要想使情之发永远不离正道，就必须以性去制约其情。实现性情的统一。性内而情外，体内而用外，内外、性情合一，就是“体用不二”。玄学的另一位代表郭象，强调性体与形迹的区分，性是所以迹，是内在原因；仁义、礼乐都统属于迹，属于外表。这与王弼的“贵无”、“崇本”在现象上有别，但石先生却从中看到了一致的方面：郭象主张人性不可“系于一方”，不可泥于形迹而失其本真，要求内在真性与外在形迹相呼应，亦即本末、体用不二。这一性迹不离说与后来才彰显的佛教般若宗的空有、性相不二学说，在相当层面可以协调起来。

石先生从性情、本末入手，将佛教有关空有、真俗或性相的论辩与玄学人性论结合进行讨论，人性的问题因而扩大。③当然，佛教除了一般的性相架构之外，还有自己特殊的佛性本有、始有的问题。石先生说：

更浅明地说：若果人人本有佛性，依理则人人当下是佛；若果人人

① 石峻：《略论中国人性学说之演变·两汉》，华夏出版社2006年版，第366页。

② 石峻：《略论中国人性学说之演变·魏晋》，华夏出版社2006年版，第367页。

③ 同上。

不即是佛，则可说明，人们必须成佛后方有佛性。但若谓佛性要成佛后方有（始有），佛性则是后天的，经验所得，有生灭的，照印度思想，但凡有生灭的即不能说是佛性。这样，就有所谓佛性“本有”、“始有”之争，或“当常”、“现常”之辨，因为“常”者佛性之别称。这个问题，若用中国过去性善性恶等说来譬比，即是：若说性善，应不须教；若谓性恶，则虽教不成，两方面问题的性质，大略相似。……但是佛性本有或始有的问题，特别是在中国涅槃家成为一大公案，作者疑心还是因为我国原有人性善恶等问题的讨论作背景，一旦与不同性质的印度思想接触，对于相近的问题，容易启发所致。①

佛性本有、始有的问题在中国社会能得到特别的关注，是因为中国有性善、性恶说的思想基础。即善为人性本有，则人皆可以为尧舜；善为后天始有（教化），则人的后天努力、亦即如何把握情的问题就成为关键。但是，由于中国传统的性善、性恶说都不具有绝对的意义，孟子只是讲人皆“可以”为尧舜，荀子的重心亦在强调“化性起伪”，理论上都留有一定的余地，所以不会出现善不须教和恶教不成的理论窘境。

可以说，不论从玄佛交际的性情、性相还是佛学自身的因果关联去推论人性，在理论上都意味着本体论的思辨形式的普遍流行。由于此种性情学说的通达实际上都是在心上做，所以宇宙论的阴阳气化说，到隋唐都转向了本体论的心性、性情说。佛家宗密也就能够杂糅诸家之说而成就他的“本觉真心”，并最后归结到他的“一乘显性”教上。②

然而，尽管唐代学术通常以佛学作为理论水平的代表，但总的发展趋势还是儒佛沟通并逐步向儒家倾斜。这一方面是佛教在唐武宗毁法以后大加改革，以求适应中国伦理社会的需要；另一方面则是儒家自已开始统合三教而力求变通。韩愈作《原道》、《原性》各篇，“一方面排斥佛老，一方面奢谈

① 石峻：《略论中国人性学说之演变·魏晋》，华夏出版社 2006 年版，第 369 页。

② 参见石峻：《略论中国人性学说之演变·隋唐》，华夏出版社 2006 年版，第 370—371 页。

性道，我们便看出儒家人性学说即将变通的象征”①。如此变通的标志性成果就是李翱的《复性书》。

石先生高度评价《复性书》是中国哲学史上划时代的作品。因为李翱“以心通”《中庸》而“调和各家”，阐发了融合三教的性情学说。李翱将历来从内外、善恶、动静去解释的性与情之别，按照佛教的思辨理路，统一为明与不明(昏）的差别。性本无过，而情则有昏，所以根本的问题是去昏而就明，灭情而复性。《中庸》而外，《乐记》的“人生而静”之说，《易传》的“不动感通”之说，也都是三教理论融合的基础。道家自身，《淮南子》便讲性善和人性本来清净，动而不正则“失性”，所以需要“反本”。在石先生，《中庸》、《乐记》与《易传》这些先秦文献在李翱这里完成了一个初步的综合，加上从梁武帝、梁肃到慧能、柳宗元等唐代诸家人士的共识，三教人性论的和合已成为历史的大势。

可以说，汉人虽已开始关注性情问题，但重心却在气禀的“质料”上。到隋唐，性情的二分已不再是气禀的构成，而是利用佛教的思维，立足心性主体的明与不明作出区分。结合善恶观看，以相对的善恶解释人性，自身存在着理论的困难。所以才有“相对的‘善’、‘恶’不能说，乃至相对的‘静’、‘动’也不能说，表示一切伦理学说，或人生哲学最后的根据，须从‘绝对’出发，方可不致陷于矛盾”②。就此而论，以李翱为代表讲性善的“绝对”成立，将恶归之于情的混浊，对后来的影响确实非常之大。但是，如果只是依靠这个先天性善而不可变易的“绝对”去解释主体意识为何会有明与不明的问题，在理由上仍是不充足的，气禀的方面也就仍有存在的价值。

关键的问题其实在能否“反本”。荀子由于主张性恶，不能适应反本复性的理论需要，在后来被排斥也就是十分自然的。“反本”之“本”既是道德论上的至善，又是本体论中的绝对，它并不会因为人的情欲昏聩而消灭，所以反本复性的要求既有根据又是可能的。

---

① 参见同上书，第 371 页。

② 石峻:《略论中国人性学说之演变·隋唐》，华夏出版社 2006 年版，第 373 页。

三、性气之际与“理性”和心体

宋明理学的兴起是中国哲学史上的重大事件，“在中国哲学史上可以划一新的时代”①。这一新时代从人性学说来说，首先给人以新印象的就是王安石的性本情用论。

王安石就本（体）与用之分合言性情的统一，本来是继承前人又有所创新，是有积极意义的。而且，讲性无善恶并将善恶系之于情，也能够解释本性与善恶之情的差异，“确有承先启后的思想，在宋明哲学史上实有特殊的意义。可惜他只明白‘性’‘情’之不二，却未了然‘性’‘情’之非一，因此难免成就一种‘无定性论’”②。如王安石所说：

> 盖君子养性之善，故情亦善；小人养性之恶，故情亦恶。故君子之所以为君子，莫非情也；小人之所以为小人，莫非情也。（《临川先生文集》卷 67《性情》）

石先生推论“伦理行为既无内在的根据，势必流于一种‘情的一元论’”；“自然不能不另求善恶的标准于外，这样，何能‘反本’或‘复性’，叫他在理学史上不能居正统的地位，我想也不是偶然的了”。③

就是说，将人的一切行为都归之于情，完全由后天因素决定，也就根本消解了绝对和至善的道德基础，不但道德理想无从谈起，就是人为何要向善亦成了问题。当然，这应当不是王安石的主观意图。他之所以如此，在于强调道德主体的价值选择和后天道德教化的意义，以服从他“一道德”而整肃社会风气的改革大局。但理论的价值总是有它相对的独立性，其在思想史上的定位，并不能都从政治需要层面去解释。如此“情的一元论”只知“一”而不知“二”，实际上拖累了他的性本情用说得不到彰显，不能成为主流。

① 石峻：《略论中国人性学说之演变 · 宋元明》，华夏出版社 2006 年版，第 373 页。

② 同上书，第 374 页。

③ 同上。

当然，就算是正统的理学家，其人性论的研究亦有深浅层次之不同。石先生认为，周敦颐、邵雍等的人性论便是一种过渡，直到张载、二程诸人，分别天地之性与气质之性，才创造了新的理论结构。不过，张载分天地、气质为二性只是一个方面，另一方面，他实际上又主张不能执着于二性。这即是他以性为万物之“一”源的思想。① 而太虚则是性之渊源，性既“一”源于太虚，也就不可能分性为二，人于是当以直接体现太虚本来面目的天地之性为性。对张载性论的分析，颇显石先生之睿智。

程颢与张载稍有不同，因他是从“生之谓性”出发，讲气性的一致。性善既成为相对，于是善恶皆是人性。在如此背景下的性善都是后天的相对的性善，它本身并没有必然如此（为善）的理由；“但是不说‘性善’，则何以圣人‘可学而至’，亦即宋明理学的根本立场，如何建立？因此不得不分‘性’与‘气’为二”②。从气上讲善恶而性则属于理，即程颐所谓“性即理”也。

张、程分性为天命、气质之二，既有先天根据（太虚或理），又能解释后天善恶。故石先生认同朱熹对张、程“气质之说”的评价，肯定“这是理学史上一大贡献”。但是，朱熹的评价是由气质之性而来，立足点在解释现实的善恶；而“性即理”却维护的是本性善的主张。这样一来，“把先秦到两汉一切比较注重伦理意义的人性学说，如或善或恶，乃至善恶对立等，在伦理上似乎皆可以多一种解释，同时给传统儒家思想一个新的面目”③。这个新的面目就是在强调“理性”善的同时，反对将气质与“理性”割裂开来。石先生强调，程子之讲“论性不论气，不备；论气不论性，不明。二之则不是”，正是说明他注意到了这一点。要不然，“理性”本身便失去了作用。但是，从程颐到朱熹，由于过分注重“性即理”的原则，所以在石先生眼中，其二元论的嫌疑是始终存在的。譬如朱熹虽注意到“理”、“气”相依的关系，却又不能不说“理在气先”，因为从逻辑上讲，“理性”本有在先的意味。如果过分强调天地或本然之性与气质之性的差别，就必然会走向二元论一边。

---

① 张载云：“性者，万物之一源，非有我之得私也。”见《正蒙·诚明篇》，《张载集》，中华书局 1978 年版，第 21 页。

② 石峻：《略论中国人性学说之演变·宋元明》，华夏出版社 2006 年版，第 377 页。

③ 同上。

按照石先生的分析，程朱由性（理）、气双方构成人性的架构，“可能是表示现实道德的一种限制，‘全’与‘偏’的关系，‘形上’与‘形下’的区分”[①]。在这样的区分中，“全”意味着普遍无限，“偏”则意味着特殊有限，理性是普遍无限的本体，是无任何缺失的圆满、至善；气质则是特殊有限的形迹，而在形迹之中者永远不可能圆满。如此一种架构，石先生认为：

这个“理性”，一则有丰富的“伦理”意味，可以象征一种“外在的秩序”，再则又能恍惚行为者纯真的动机，那种大公无私的心境。同时这种“理性”又不受个人的限制，人人本于一性，“圣人可学而至”也有理论的根据。因此可以说：政治的极则源出于心性，一而非二，理学的系统实际就算完成了。[②]

从人性论的角度阐明儒家内圣（外王）之学何以能成就，迄今仍不多见。石先生的推导仍有现实的意义。“理性”在这里意味着“至善”的秩序规范，它是外在的必然。但由于“天命（理）之谓性”的前提，人生而有此内在的道德性并成为一切行为之当然动机。由此，“性善”可以说是内外交相合的。而且，既然是天命之性，则为人人所共享，常人学为圣人便不存在理论障碍。那么，理学家仰慕的“天理流行”的王道政治，便是由内在心性、亦即内在道德性开出，此即儒家理想的内圣外王之道。

进一步，“但凡一切事物的‘本性’，即某事某物之所以为某事某物的‘理’，似乎决不能不包含它自身的‘存在’，因为不包含‘存在’的理必定是空的，恐怕只能当作行为的一种‘法规’，或见闻之知的一种‘名相’，何能做万有的根源?”[③] 理学家之批佛，立足点之一就是以儒家之实理去批驳佛家之性空。这种对理为实理的当然信念，实际上已预设了作为某事某物之

① 石峻：《略论中国人性学说之演变·宋元明》，华夏出版社 2006 年版，第 378 页。

② 同上。

③ 同上书，第 379 页。

所以然的理，其自身的“存在”是不容置疑的。道理很简单，如果自身的存在都不能确定，又“何能做万有的根源”呢？当然，这里有“一物”之存在和宇宙全体的关系问题，人不能脱离开宇宙全体去单独论说自身的“存在”，即陆九渊所谓“宇宙不曾限隔人，人自限隔宇宙”（《陆九渊集·语录上》）也。既然人与宇宙不能自间隔，所谓天理与人欲、静与动的人性二分就是全然不能接受的（参见上引书）。

到明代，王守仁讲“无善无恶是心之体”（《传习录下》），肯定“心之体”作为天命之性或他的哲学本体的绝对性。在这一层面是不能言善恶的。善恶在王守仁是相对的范畴，到底是善是恶实际上取决于人的特定需要。比方“去花间草”事，花并不比草为善，“天地生意，花草一般，何曾有善恶之分？子欲观花，则以花为善，以草为恶；如欲用草时，复以草为善矣。此等善恶，皆由汝心好恶所生，故知是错”（《传习录》上）。就是说，由于“人的需要不能一定，则这时认为‘善’的在另一时又成为‘恶’了”①。石先生并据王守仁《谕泰和杨茂》引申说，“经验世界虽是善恶对立，但是那个‘恶’并不能算是‘宇宙的缺陷’”。经验世界虽然像是无处不有善恶，然对一人为恶转到另一人，或许正为善：如聋哑人不能言听，这应是恶：但由于刚好省去了言听是非烦恼，可能还更为快活！因而这“恶”并非天生就置于被否定的地位。“因此‘本然之性’与‘气质之性’的分别，在伦理思想方面虽不失为一种颇有意义的学说，但在‘本体论’上实在并没有充分的根据”②。石先生这一论断的意义在于，本然与气质的人性二分，在伦理学中有坚持以（向）善为本、并能解释现实的善恶等优长所在；但是这一人性论的二分法并不能直接代入到本体论中。善恶作为经验世界的现象存在具有相对的性质，是无法直接用来规定本体的。实际上，宋代性本论派的“善（恶）不足以言性”（参见《胡宏集·附录一·知言疑义》）说，便是石先生这一观点的很好注脚。

结合人之情欲来说，“七情顺其自然之流行，皆是良知之用，不可分别

① 石峻：《略论中国人性学说之演变·宋元明》，华夏出版社2006年版，第379页。
② 同上书，第380页。

善恶”(《传习录》下)。顺其自然意味不能执着于情，执着于情便是有蔽。但良知既谓之良知，就有“自觉”的性能，它能够即刻觉察而去蔽，“觉即蔽去，复其体矣”(同上)。石先生评价说:“他（阳明）以良知为本体，不意着于善恶，与程朱一系不忘气质为性的学说，思想面目又是不同。”[①]良知为本而不分善恶，气质为性则坚守善恶，王学和朱学“思想面目”的不同，其实是各自的本体论基础不同，所以得出了不同的结论。这说明分析历史上的人性学说，不仅要看到表面上的观点差异，而且要考虑到深层次的理论立场。人性理论的发展，往往是与本体论架构亦即“思想方面”的创新相联系的。石先生的这一思路，对于恰当审视先秦以来中国人性学说的发展，定会有一种新的启迪。

① 《略论中国人性学说之演变·宋元明》，华夏出版社2006年版，第380页。

论冯契对科学主义和人文主义的超越

李伏清

科学主义和人文主义的激烈对峙是西方现代化过程的衍生物。一般而言，科学主义有广义和狭义之分。在广义上包涉内在科学主义和外在科学主义，狭义上仅指外在科学主义，也即唯科学主义。所谓内在科学主义指科学家、哲学家等以冷静的态度反思科学整体，从自然科学本身寻求合理性，有力批评那种过分遵从前科学的直觉或常识的认识行为，取消科学的神性和工具性。而唯科学主义则把科学推向至尊，成为非科学领域的主宰者，充分展现科学的工具性和神圣性。其典型特征是把科学实证化，并以之为蓝本来理解知识和价值，成为其他门类学科的根本依据。19 世纪的实证主义哲学及某些逻辑实证主义正是试图用科学的方法、态度来改造哲学，使哲学获得如科学一样的合法性，寻求哲学发展的新出路，以应付自然哲学价值失落后哲学地盘急剧缩小的局面。人文主义思潮则另辟蹊径，以人为研究对象，逆科学之潮而行，激烈抨击科学技术及工业革命为人类世界唯一尺度所造就的工业文明。

在中国，这一论题的背后，系附着古今中西之争和中国哲学合法性的问题，折射着中国向何处去的时代主题。无论是严复游离于对待之域与无对待之域之间，王国维苦恼于“可爱”与“可信”的矛盾，还是熊十力的“真谛”与“俗谛”之分，冯友兰的“真际”和“实际”之异，贺麟的“逻辑的心”与“心理的心”之别，金岳霖“元学”和“知识论”两种态度的区分，都无不昭示着知识与智慧及其由之而来的科学与哲学、科学与人生之间的对峙与紧张。

冯契师承金岳霖、冯友兰，以“人之在”为桥梁，超越科学主义和人文主义的对峙，建构其独特的体系——智慧说，以敏感的睿智把握到时代的脉搏，有效地回答了20世纪的主题。他把整个认识过程概括为：在实践基础上，通过天人、物我的交互作用，从感性直观中获得所与，从而形成抽象概念，以得自所与还治所与，以得自现实之道还治现实，形成普遍有效的规律性知识和把握世界统一原理和发展原理，最后转识成智，领悟到关于宇宙人生总见解的智慧而获得自由。其“智慧”说强调了知识与智慧、科学与哲学之间的区别和联系。关于“冯契知识与智慧关系”的思考，学术界已有不少成果。① 这些已有成果更多关注知识与智慧之间的关系尤其是转识成智的过程，揭示了“智慧”说的多方面贡献尤其是在中国哲学史研究领域取得的成就。本文力图借用“接着讲”的方法，就知识与智慧、科学与哲学之间的区别和联系的角度来解读冯契的“智慧”说，而这些恰是以往研究者所忽视的内容。

一

中国以特有的方式链接了科学主义和人文主义之争这一时代论题。

在中国近代哲学史上，严复敏感地首次揭示了经验界与超验界的对峙，他在强调可知者仅限于对待之域即经验领域的同时，又断言了不可知的无对待之域，即超验领域的存在。接着，王国维“可爱”与“可信”矛盾的提出也充分显示了科学主义和人文主义之间的张力。他指出：“哲学上之说，大都可爱者不可信，可信者不可爱。余知真理，而又爱其谬误。伟大之形而上学，高严之伦理学，与纯粹之美学，此吾所酷嗜也。然求其可信者，则宁在

① 参见成中英：《冯契先生的智慧哲学与本体思考：知识与价值的逻辑辩证统一》，《学术月刊》1997年第3期；张天飞：《冯契先生的智慧学说》，《学术月刊》1995年第9期；杨国荣：《知识与智慧——冯契先生的哲学沉思》，《哲学研究》1995年第12期；高瑞泉：《“天人合一”的现代诠释——冯契先生“智慧说”初论》，《学术月刊》1997年第3期；陈晓龙：《从广义认识论到智慧说——兼谈冯契哲学的基本精神》，《华东师范大学学报》（哲学社会科学版）2005年第2期；王向清、李伏清：《超越科学主义和人文主义的对峙——冯契的“智慧说”解读》，《贵州社会科学》2007年第1期；吴根友、黄燕强：《论冯契的真理观》，《华东师范大学学报》（哲学社会科学版）2015年第4期；等等。

知识论上之实证论，伦理学上之快乐论，与美学上之经验论。然其可信而不能爱，觉其可爱而不能信，此近二三年中最大之烦闷。”① 冯契指出，王国维所谓“可爱者不可信”指的是叔本华、尼采的学说，也即西方近代哲学中的非理性主义、人文主义传统；而“可信者不可爱”，则指孔德、穆勒以来的实证论、科学主义传统。在本质上，王国维偏向前者，并贯彻了以欲为本的原则来考察科学知识问题。②“可爱”与“可信”、科学和人生的矛盾一直困扰着他，以致他放弃了哲学的研究，最终走向了悲观主义。

而科学主义和人文主义的对立在中国真正公开化始于科玄之争。1923 年 2 月，张君劢在清华大学作了《人生观》的演讲，从五个方面区分科学和人生观，认为科学不能解决人生观的问题，科学和人生观是对立的。而丁文江撰文回应，坚持认为科学完全可以解决人生观问题。两方争锋对峙，由此引起了“科玄”论战的大讨论。“科学派”强调科学方法的至上性，认为科学知识是知识的唯一合法代表，科学是世间一切事物的共法，并主张人生意义和价值的唯一合法源泉在于科学。如吴稚晖在《科学周刊发刊语》中提出“研究科学的内容，申明科学的价值”的格言，主张科学万能论。胡适更是指出：“我们也许不轻易信仰上帝的万能，我们却信仰科学的方法是万能的”③。与科学派将科学理性的作用绝对化的态度相反，“玄学派”认为科学之人具有不完整的人格，试图阐释玄学与整体的人的存在相联系，来论证玄学知识的合法性。现代新儒学沿着传统之“生命学问”之路，持人文主义的旗帜与科学主义相颉颃，一个显著的标志为他们普遍区分适用于科学理性的事实世界和体现人文精神的价值世界，并以此划定科学和人文的界限。例如，熊十力强调了“真谛”与“俗谛”两界之分，冯友兰指明了“真际”和“实际”之异，贺麟有“逻辑的心”与“心理的心”之别。这种两界界定法正是科玄之争中玄学派主张的逻辑发展，充分肯定了人文精神在现代化过程中不可替代

① 王国维：《静庵文集续编 · 自序（二）》，辽宁教育出版社 1997 年版，第 160 页。

② 详细内容请参见王国维：《红楼梦评论》，《静庵文集》，辽宁教育出版社 1997 年版，第 65—83 页。

③ 胡适：《我们对于西洋近代文明的态度》，《容忍与自由》，中国工人出版社 2016 年版，第 138 页。

的独特价值。但似乎又在事实世界和价值世界中无形浇铸了柏林墙，消除了事实判断中主体人的在场性。

在中国，科学派普遍坚持马斯洛所称为的“方法中心论”的科学观[①]，即以科学方法来规定并取代科学。一方面把世界理解为陈独秀所称的“死板板的实际”，坚持其独立性和客观性，另一方面以方法的价值中立性为根据断定科学问题、科学知识的价值中立性。总体上主张悬搁认识主体之人，将知识的客观性、真理性脱离人之存在。波兰尼和马斯洛等学者对主客分离的科学观作了直接的批评。笔者也一致认同波兰尼的观点，知识无不与主体之人之在相关，科学知识也不例外。而“科玄”论战双方所持的正是把客观性与主体性相分离的客观主义科学观。

这种观点不仅影响到科玄之争中的参与者，甚至后来的哲学家在潜移默化中亦以之为理论基础，即使是清华学派的金岳霖也难免。他在《论道·绪论》中区分为知识论的态度和元学态度：知识论的裁判者是理智，而元学的裁判者是整个的人；研究知识论我可以暂时忘记我是人，以客观的冷静的态度对待研究对象，即只讨论实证科学知识何以可能的问题，是可信的。而研究元学时，我不能忘记“天地与我并生，万物与我为一”，主体不仅要获得对对象理智的理解，而且在研究结果上，还要求情感的满足，并最终使元学之“道”臻至人生最高境界，成为能够动心、怡情、养性的智慧学说，是可爱的。[②]

冯契对此与金岳霖进行过讨论。他认为金的这种方法把知识和智慧截然割裂，结果仍然是科学和人生的脱节。因此，他坚持在主体人之在的基础上，“沿着实践唯物主义辩证法的道路前进，吸取各种哲学派别包括非马克思主义学派的一些合理因素”[③]，在实践中认识世界和认识自己，化理论为德性，化理论为方法，转识成智，建构了从科学通向人生、从知识迈向智慧的

① 参见［美］亚伯拉罕·马斯洛：《动机与人格》第二章《人类动机理论》，许金声等译，中国人民大学出版社 2013 年版。

② 参见金岳霖：《论道》，商务印书馆 1985 年版，第 16—17 页。

③ 《冯契文集》（增订版）第 1 卷《认识世界和认识自己》，华东师范大学出版社 2016 年版，第 10 页。

桥梁，以此会通中西，解决科学主义和人文主义的对峙，达到一种新的哲理境界。

在冯契看来，知识和智慧的关系问题是他毕生“非要解决不可”的“真正的哲学问题”，也是20世纪时代的重要问题。这一问题是针对近代西方社会现代化过程中科学和人生脱节、理智和智慧不协调的历史事实而发，表现在哲学史上，逐步拉开了科学主义和人文主义、实证主义和非理性主义（或唯意志论）的对立和分离，这一现象也反映在中国20世纪五四运动以来的古今中西、科学与玄学的争论之中。

二

庞朴曾在《一分为三——中国传统思想考释》一书中明确指出“智慧与知识有质的不同”。认为小智只是认识论意义上的知，而大智为一种明德，既是认识论的，也是伦理学的，是理智的德性和德性的理智。冯友兰也曾用知识与智慧来区分科学与哲学，提出了如何“转识成智”的问题并进行了认真的思考。冯契“接着”① 这一路线来讲他的广义认识论体系。

冯契认为“转识成智”的“识”与无知相对，包括常识和科学。在冯契看来，常识只是知识的一种混杂形式，是内容丰富的大杂烩。在知识方面，冯契是接着金岳霖的“认识论”讲的，他将认识概括为：感觉提供所与，主体以得自所与者还治所与，化所与为事实，在把握事实界的多种联系的同时，揭示出现实的可能性及其可能的实现过程，并结合人的需要来进行评价，指导行动等，这些属于知识经验之域，可用名言、概念以命题或语句的方式作出判断或陈述，来把握事实和条理之间的联系。知识在本质上也是一社会概念。个体的认识因历史条件和自身的有限性限制，而不可避免地具有相对性、片面性和抽象性，从而表现为意见和观点。这些意见和争论只有在与他人共在中经过“一致而百虑”的过程才能走向具体性的真理，才能成为

① “接着讲”而非“照着讲”是借用冯友兰之说，汤一介先生在2006年4月17号于华东师范大学亦作了题为《中国现代哲学的三个“接着讲”》的讲座，5月15日《解放日报》刊登了《中国现代哲学的三个“接着讲”》一文。

智慧之根谛。

于智慧，冯契取古之“圣智”、佛教之“般若”、希腊哲人之“爱智”等意蕴，认为“智慧”是一种哲理，是对有关宇宙人生根本原理的认识，关于性与天道的理论。知识与智慧都是以理论思维的方式把握世界。与知识之意念图案、命题结构区分真假、是非所不同的是，“智慧”重视如金岳霖所说“求穷通”的问题。“穷”就是穷究，要求探究第一因和最高境界，或者说就是宇宙万物之第一因和自由因的问题和终极关怀的问题。而“通”就是会通，融会贯通。包括两个方面：认识贯穿于自然、人生之中无不通也、无不由也之道，即天道、人道、认识过程之道等；要求会通天人、物我，达到与天地合其德，获得真正的自由，穷与通互渗互透。可见，智慧是对道的整体体认，是实践中所达到的天人合一。无不贯通的智慧所把握的对象是无限的，自然属于抽象概念或名言难于把握的超名言之域。

知识与智慧之间有着多方面的差别。冯契从广义认识论体系出发，把认识过程理解为主体在天人、物我交互作用过程中，如何从无知到知，从知识到智慧的过程。这样在顺序上，似乎知识先于智慧，为智慧的认识论基础；而在价值上，智慧却超乎知识，高于知识；从思维形态上看，知识更具抽象性，智慧更具具体性（具体表现为理想人格、自由个性及人的本质力量的对象化）；从主体性的相关性来看，知识外在于主体，更多地表现为工具价值，而智慧更具有内在价值；从认知的程度来看，知识更具部分、片段、阶段性，而智慧更具整体性，表现为对天道、人道、认识过程之道等分殊之道辩证的综合；从认知的可靠性或普遍性来看，知识具有普遍有效性，可证实性，而智慧更多地表现为个体性的特征，表现为个性的德性之知。总之，常识、知识之“识”难免有其抽象性，外在性，“智”则是具体的、内在的，是主客、天人的统一。尤其是在量的方面上，知识与智慧之间存在张力或分离。纯科学随着知识经验的不断积累和受检验而能够持续地把发现的事与理积累起来。科学知识越丰富，越有助于科学的进步和发展。但智慧则不同，智慧在于对宇宙全体，包括分殊之道的体认，与相对无知之知识的量的多少不直接成正比例。吉尔伯特·赖尔（Gilbert Ryle）将 Intelligence（Knowing-how）和 Intellecture（Knowing-that）区分时，其“无知但聪明”也肯定了客观现实中存在无知但有智慧的现象。① 冯契也常常指“今天的中学生所受到的科学教育、学到的知识远多于孔子、老子。但论智慧则不能这样说”②。这一现象主要在于智慧重在德性的培养而非纯知识的积累。而方克立先生也反复强调了这一点，他非常赞同冯契“化理论为德性”的说法，主张作为学者，重要的在于“三分学术，七分人品”，重视人品、德性。③ 震惊国际学术界的韩国“黄禹锡事件”更是透露出知识与德性之间的张力。但知识与智慧间的张力并非固然存在，通常因人之追名逐利、贪图享受等坏习性所起。故冯契反复强调要保持心灵的自由思考和真诚之德性，知识与智慧之间才能实现融合，否则知识与智慧之间的张力难以消解。

知识与智慧相互区别的同时又相互关联，都是以理论思维的方式把握世界，两者之间并非彼此对峙。智慧以科学知识为基础、理智的把握为前提，对世界、自我即认识过程之道的把握都是建立在对世界的某种运动形态的把握基础之上，对无限的把握以有限的把握为基础。在化所知为能知的过程中，知识既是认识主体的有机构成，也融合于主体的存在，是智慧的内在要素。在这个意义上，知识是获得智慧的必要条件，知识可以不断丰富智慧的内容。反过来，智慧作为境界，体现了人的内在统一性及自我整合；作为对存在的整体把握，智慧又在形而上的层面，构成了进一步认识世界的背景。智慧的获得可以提高人的境界，拓宽视阈，改进思维方式，深化对对象的理解，提升理解的层次，有助于认识的进一步发展和主体对对象世界的把握。智慧的整体性、具体性和独特性总以不同的心态影响和制约着主体的认识过程和能力，即知识以智慧为背景。当然，智慧还要求把握到科学活动中自发地或未自觉到的具体的精神主体，把握人与世界的交互作用，这正是培养自由德性的基础。从知识到智慧的飞跃，以知识的获得为必要的前提。而“转

① See Gilbert Ryle, “Knowing-how and Knowing-that”, in *Proceedings of the Aristotelian Society*, New Series-Vol.XLVI, London: Harrison &Sons, LTD., 1946, pp.1-16.

② 《冯契文集》（增订版）第1卷《认识世界和认识自己》，华东师范大学出版社2016年版，第333页。

③ 源自方克立先生2005年11月在与上海师范大学外宾楼和2005级中哲博士的一次谈话。

识成智”之“转”正凸现了知识与智慧之间不是量的积累而是质的飞跃，体现知识与智慧之间互动、互渗、互融的关系，而非彼此的分离或前后相继。这一主张既区别于张东荪、金岳霖等把知识理解为相互平行的关系，也不同于熊十力、牟宗三等把知识理解为相互从属关系，把形上知识规定为根源性知识。

那么，我们一方面强调智慧以知识为基础，另一方面又认为存在“无知者聪明”的现象，两者是否矛盾，无知者聪明又如何可能？在这里，笔者认为，二者并不矛盾。“智慧以知识为基础”，强调的是知识和智慧之间的关联，从认识论的角度来做解析。就“无知者聪明”之说，我们先强调两个意思：一是知识在某种意义上未达到智慧；二是在知识通往智慧的路途中，有几种可能，一种可能成为通向智慧之阶梯，成为智慧的基础，这使“智慧以知识为基础”成为可能。一种甚至可能偏离或遮蔽智慧本身。就偏离或遮蔽智慧层面上考虑，多知多识反倒会伤损智慧更甚。就这种可能而言，反而凸显“无知者聪明”。这时的“无知者聪明”凸显了知识和智慧之间的巨大张力（如多知多识伤损智慧的这种可能）。另外，“无知者聪明”，笔者认为并不是一种反智主义，强调智慧对至善、对灵魂、对德性、对宇宙全体的体认和观照，这是对“存在”的体认，是从本体论的意义上来解析的。简单来说，智慧不是一种单纯的技术或某种才能，而是审视人生和生命意义的一门学问，故重在认识自己，在于真正的有终极价值的关怀。正如赫拉克利特所强调的：“博学”（polymathia）并不教人具有“智思”（nous），认为智慧乃是对于那个驾驭“一切”，即“全”（holon）而不是“多”（poly）的知识的掌握，简而言之“一切是一”（hen panta einai）乃是智慧。至于“无知者聪明”如何可能的问题，笔者认为，路径有二，一是对应知识对智慧的伤损那种可能而言，即负的方法，之前的“无知”相对于知识对智慧作出伤损之时本身就是“聪明”的，这是以自己获得认知的前后即时间为标尺。同时与他者的并存即空间角度而言，与其知识“犯罪”（尤其是对人格、道德等与自己德性相关联的方面），不如“无知”而存。二是正的方法，在于对生命的最直接的真切的体悟，正如《道德经》屡次以“婴儿”释道之意蕴，究竟如何体悟，只能说“道可道，非常道”，言难及意，言难尽意。

三

冯契在阐释知识与智慧之间相互区别又彼此通约的同时，也肯定了科学与哲学之间既相区别又彼此联系的辩证关系。

为纠科学主义将主体悬置之偏，冯契站在公正的和人的在场性的立场上，既强调知识（科学）的客观性强度，也不忽视其主体相关性；既重视智慧（哲学）的主体性，也关注其客观性，有力批驳了如冯友兰等否认科学与哲学的通约性的观点。

冯契认为在科学认知过程中，确实可以像金岳霖所说，“暂时忘掉”整体的人，“撇开”自然物与人的需要之间的联系来着重自然规律本身的研究，把人的在场性策略性地悬置起来。的确，自然研究往往偏重认知而撇开评价，较少地沉淀社会意识的属性。理论科学往往着重注意事物本身的形态、性质，与人的需要之间的联系则留置给技术科学。如此，在获得最大程度的“完全纯粹”客观性的同时，切断了认知和评价、科学和具体感性之人的存在、自然科学与人文科学之间的联系。西方近代文化正是把两者之间区别绝对化，导致了科学主义和人文主义的对峙。在这一点上，冯契认为，把具体存在者转换为纯粹的理智主体之“我思”，是科学知识获得客观性的条件之一。他指出：“就纯科学而言，理论思维能力像明澈的光，对人和万物一视同仁，它是客观的、冷静的。现代纯科学无国界、民族之分，无个性色彩，比如几何学，欧几里得几何和非欧几何在世界各处都适用，而牛顿三定律也不能表现牛顿的性格、个性色彩。”①“如果是单纯讲的知识，即客观的事实记载、科学定理等，都无所谓民族特色。”② 他反复声明，学习物理学的定律无须知道物理学家的个性，强调客观科学规律的相对独立性。但哲学则不同，哲学不仅要区分真假，更重要的是独特的创作和对大道的体认。冯契指出：“历史上那些大哲学家的体系，都是一定历史条件下求穷通的一次尝试、一个富于个性色彩的创作，不仅是认识发展过程的一个环节，还有其不为后

---

① 《冯契文集》（增订版）第 1 卷《认识世界和认识自己》，华东师范大学出版社 2016 年版，第 332—333 页。

② 同上书，第 18 页。

人所能重复的特色。”① 如《论语》《老子》《墨子》《纯粹理性批判》等著作体现各自的个性，均具有不可重复性，这一点与文学相似。哲学著作中所包含的智慧是哲学家个性的体现。我们只有全神贯注投入其中，才能体验到哲学的精髓，才能欣赏其独特的理论魅力。正因为哲学与主体的相关性的强度，而要求“能入而又能出”：不能入无以领会其精神，能入不能出则易被其俘虏，成为心灵的桎梏。

相对于哲学，科学虽然有较多的客观性，但绝非截然与主体之精神相分离，我们不能否认意向、意味对科学的作用。冯契指出，完整的认识活动不仅仅涉及“事”和“理”的关系，不仅仅是“认知”活动。在他看来，思维内容不仅仅包括概念和意象，还包括意向、意味等情意部分。科学也要培养科学精神，也不能脱离整个文化传统。科学家也喜欢讲数学的美、物理学的美、自然的和谐，这说明这种意味、情调在自然科学领域里也有其重要性。例如，“作为智慧的数学真理”，“数学不仅反映了客观世界的秩序，而且包含着巨大精神力量，体现着人的主观精神。在这样的数学家那里，天人、物我达到统一，数的领域成了‘安身立命’之地”②。并且历史事实更是说明科学与哲学并非互不相关，伟大的科学家往往重视哲学的思考，伟大的哲学家往往具有丰富的科学知识，如毕达哥拉斯、亚里士多德、笛卡儿、哥白尼、伽利略、牛顿等等。“科学（包括理论科学和技术科学）从总体上来说，总是注意事物与人的需要之间的联系的。”③ 可见，科学离不开哲学对人的整体性观照。

在双重价值的判断上，冯契主张科学与哲学有通约性。学知识和求智慧都旨在获得真理性认识，如实地反映真实，包括现实的真实面貌和人生的真实意义。全部哲学和科学的任务都在于认识、改造和把握世界和自我及其关系。所不同的在于科学是分门别类地考察物质世界和精神现象，而哲学则

---

① 《冯契文集》（增订版）第 1 卷《认识世界和认识自己》，华东师范大学出版社 2016 年版，第 333 页。

② 《冯契文集》（增订版）第 3 卷《人的自由和真善美》，华东师范大学出版社 2016 年版，第 137 页。

③ 同上书，第 50 页。

从整体上考察两者的关系。我们既要根除理学家把科学看成是“雕虫小技”，搞科研被说成是“玩物丧志”的错误观念，认为科学与人的德性修养毫无用处，也要剔除那种认为哲学是“无用”的，没有工具价值的错误思想。即便是对冯友兰的“哲学无用”，哲学之“无用之用”即给人以“天地境界”之大用的观点，冯契也认为“这种看法也是不正确的”①。在冯契看来，科学、哲学均具有双重价值，“科学不仅是为人们谋福利的工具，而且还可以培养人的科学精神和理性力量，这正是人的德性的组成要素”②。而“哲学作为一种世界观，作为一般方法论，也是一种重要工具，它是人们认识世界和改造世界的武器。同时，世界观、方法论是人的思维能力、评价能力的表现，反过来可以促进人的本质力量的发展，对促进人的思维能力、培养人的德性是很重要的。所以，哲学对人具有内在的价值”③。因此，无论是哲学还是科学，作为智慧，既是真理性的认识，如实反映真实而具有符合人类利益，合乎人性发展的价值，这就是科学之真假意义上的“真”和哲学之真伪意义上的“真”的有机结合，即分别地求真实的事实和规律与通过理性的直觉、辩证的综合和德性的自证来求穷通，追求性与天道，求大写的“真理”与真善美统一的自由境界。

鉴于科学与哲学的通约性，冯契并不否认“科学也是一条进入哲学的途径”④。冯契认为对哲学家来说，基本的科学素养确是必要的，如同马克思研究政治经济学、毛泽东研究军事学那样深入某个科学领域并了解其现实运动过程则更能提升自身的哲学素养，如爱因斯坦等可以说从现代物理学领域进入了哲学的领域。哲学在某种意义上是一种语言艺术，本身也与科学有相联系的一面，同科学一样也需要不断改进表达方式，以便进行更好的积累和反思。近代西方分析哲学在这方面起了不可磨灭的作用。总之，冯契一贯的原

---

① 《冯契文集》（增订版）第 3 卷《人的自由和真善美》，华东师范大学出版社 2016 年版，第 131—132 页。

② 同上书，第 131 页。

③ 同上书，第 132 页。

④ 《冯契文集》（增订版）第 1 卷《认识世界和认识自己》，华东师范大学出版社 2016 年版，第 351 页。

则就是“不能把知识与智慧割裂开来，飞跃不是割裂。哲学的智慧虽超越于科学的知识，但作为理论思维掌握世界的方式，哲学不能脱离科学，没有一定科学修养的人也成不了哲学家”①。

四

我们从上文可以看出，冯契力图在知识与智慧、科学与哲学之间搭建通向“彼岸”的桥，剔除两者之间后人所强加的柏林墙。而其最基本的方法是“本体论和认识论”的统一。科学主义和人文主义的对峙就在于人为地将内在于知识与智慧本身的本体论和认识论的分离。

本体论和认识论相互分离的结果表现为科学主义和人文主义之对峙基本上运用的是“划界”法，即为科学与哲学各自界定合法的领域而否定沟通与链接。始自康德的现象和物自体、感性、知性和理性的划界，维特根斯坦在狭义认识论的路线上，从语言哲学的角度对存在作了划界，把哲学限定于可以言说之域，对于不可言说之域保持沉默；海德格尔为纠漠视存在之偏，从现象学、存在主义的角度出发，一再追问存在的意义，把探究存在着的存在作为哲学家关切的重要对象。在中国，同样如此，呈现“尊德性”与“道问学”的分离。严复游离于对待之域与无对待之域之间，王国维苦恼于“可爱”与“可信”的矛盾，贺麟重视“逻辑的心”与“心理的心”之别，金岳霖主张“元学”和“知识论”两种态度的区分，还有如梁漱溟“文化三期重演说”的认定（认为科学是意欲向内追求的结果，儒佛的人生关切则是意欲向内乃至向后追求的结果，故科学和人文之间是南辕北辙的关系）；张君劢也认定了人生观问题决非科学所能为之，须由玄学来解决；熊十力严于“真谛”与“俗谛”之分，认为科学的态度和方法无关于玄学的真理，在玄学方面主张剔除经验界一切杂烩之知识，即使“性智”（智）和“量智”（慧）的区分在某种程度上肯定了科学，但始终没有打通知识与智慧之间的壁垒；冯友兰强调“真际”

① 《冯契文集》（增订版）第1卷《认识世界和认识自己》，华东师范大学出版社2016年版，第336页。

和“实际”之异，认为哲学和科学根本是不相干的，哲学是对“真际”的肯定，是不可言说的，科学是对“实际”的界定，属于名言之域。前者不以后者为基础，哲学既不反对科学，也不依赖科学，哲学无关乎科学。

为纠正中国近代哲学以来知识与智慧、科学与哲学相对立的错误，冯契沿着实践唯物主义的路线前进，提出了包含从无知到知，从知识到智慧两次飞跃的广义认识论体系，把本体论和认识论统一的原则贯彻始终。当然，本体论和认识论、知识和人的存在之间的关系是现当代哲学思考的焦点，如张东荪直接思考知识与人的生命存在之间的关系，冯友兰把科学知识纳入哲学反思中，熊十力、牟宗三等把科学知识当作形上之知所展开的知识等。冯契的努力在于以辩证唯物主义实践观为基点，明确提出哲学的最核心部分就是本体论和认识论的统一。认为两者互为前提，“本体论和认识论的统一问题，也就是客观辩证法和认识辩证法统一的问题。认识论和本体论二者互为前提，认识论应该以本体论为出发点、为依据，而认识论也就是本体论的导论”①。并以之为方法，明确肯定地回答了“由于中西哲学的交流和会通，是否有可能提供一种新的视角，来解决科学主义与人文主义对立的问题”②。就知识与智慧的关系问题而言，这种本体论和认识论相统一的原则体现在以下方面：

首先，冯契把天道、人道和认识过程之道作为哲学研究的最根本问题之一，并以之为智慧说理论的出发点，认为主体和客体，自我和世界，人道和天道都是本体论的研究对象，肯定了认识过程的辩证法也即主观辩证法中包含了客观辩证法。他认为哲学既涉及自然，也涉及人文，中国既需要科学知识，也需要人文精神，如此既区别于传统思辨的形而上学，也不同于偏执一端的现代科学主义或人文主义，在知识与智慧、科学和人生间搭建理想的桥。

其次，冯契的广义认识过程是以连续性和非连续性、客观辩证法和主观辩证法的统一为典型特征，由此，既否定了实证主义哲学囿于实证科学知识

① 《冯契文集》（增订版）第1卷《认识世界和认识自己》，华东师范大学出版社2016年版，第84页。

② 同上书，第10页。

如何可能及其条件，拒斥研究具体真理和人的自由问题的狭义认识论，也否定了玄学派将智慧从科学中分离，并认定本体论以主体修养为方法为哲学特有的地盘，而不是追求客观的知识（如熊十力）的狭隘本体论思想。即使在认识论领域内，冯契也没有忽视人的在场性。他指出，人具有的思维能力是理性的，但不能忽视理性和非理性的联系，还要把认知和评价联系起来。科学知识不仅反映事物的属性，更反映人的需要和事物属性之间的意义，具有认知和评价的双重意义。

另外，冯契倡导具体真理，弥补了以往真理观的缺陷，从具体真理中呈现本体论和认识论的统一。[①] 如冯契认为，真理是有具体性与自由性的，前者指真理具有客观的、全面的、历史的和相对的特性，后者指真理的客观性是与此在的存在相联系的，体现在存在者的性与天道的契合之中。由此，真理既合乎自然的规律性，又合乎人类的目的性，是自然原则与人道原则的统一。可见，对具体真理的把握过程中呈现的是本然界、事实界、可能界和价值界在实践过程中的转化，体现的是德性的自证是理性的自明、意志的自主和情感的自得的结合，彰显的是在实践中如何“化理论为德性，化理论为方法”。基于这一认识基础，冯契论述了认识论上的科学真理如何转化为真善美相统一的哲学智慧的问题，力图要用“智慧”来修正现代科学主义者对“真理”所作的片面性的、单一化的定义，本着科学与人文、本体论和认识论是统一而非对立的立场，来创造一种科学与人文、认识论与本体论统一的真理观。

可见，冯契对知识与智慧关系作出了创见性的解答，学术界对其理论贡献及其价值也给予了高度关注。我们在肯定这些理论贡献与理论价值的同时，也不能忽视其中存在的某些不足。如就本文讨论的知识与智慧及其内蕴的科学与哲学之间的关系问题而言，笔者认为，就知识与智慧的区别与联系而言，冯契把知识当作智慧的准备，认识到两者的差异和连续性。但他对知识与智慧质的差异性的分析和把常识和知识作为智慧的一个环节，似乎有知

① 参见王向清：《冯契的具体真理学说》，《华东师范大学学报》（哲学社会科学版）2003 年第 6 期；吴根友、黄燕强：《论冯契的真理观》，《华东师范大学学报》（哲学社会科学版）2015 年第 4 期；等等。

识在价值论、存在论上低于智慧的倾向。冯契注意到了从知识到智慧转换之飞跃，但并没有认识到或清楚地表述出常识、科学知识、形上知识（智慧）在主体之态度、心理倾向、认识对象及其结果的差异性，而往往只把知识间的转换看作是从无知到低级的知再到不完善的知（科学知识）向高级的、完善的形上之知即智慧发展与升华的“辩证运动”，也没有更多关注常识和各知识之间的关系。而对三种知识之间及同一种知识之内不同层次知识之间的渗透与融合，及其在不同主体或同一主体的不同时期、不同向度上各自的作用与表现问题上，缺乏思虑。忽略或并未意识到智慧化的科学活动是否具有可能性？若不具有，为什么？若有可能，又会有何特征等问题。假如否定智慧化的科学活动，是否又会造成认识过程的中断？如果可能，是否会陷入循环论证的恶的循环？尽管牟宗三为智慧化了的科学活动设想了“良知的坎陷”的理论，但那种分离的方法，笔者认为远远不能解决这一问题。我们在把哲学引向形上智慧之知的同时，不能弱化对现实的存在形态的关注。另外，我们要避免那种用理想化的完善化的存在去替代具体的多维的存在，更不能把常识性知识与存在和科学类知识及其存在当作是不完善的、片面的知识与存在。这些问题更多的是我们对于存在，什么是存在，存在与存在者之间的关系等问题的思考。

笔者认为，每个哲学家都是具体的个体，有各自不同的“前理解”世界，在具体的现实的人生中呈现各自具体的“视阈融合”。从这一角度来考虑，哲学家的某种理论鉴于主体有限的生命有限的经历和个性化的志趣、偏向、取向等原因而总会存有“空间”而显得不“完美”。笔者认为“完美”于理论于思想只能造成思想长河的断流而不利于思想史的前进与发展，留置空间供后人发展更是凸显理论的智慧与魅力。具体到冯契先生对智慧与知识问题的解读，笔者认为，瑕不掩瑜，值得充分肯定其终其一生对智慧说的探究，同时更要肯定冯契先生的智慧说让后来者“站得高而望得远”的这一闪光点。

当然，本体论和认识论的统一，在现当代西方哲学史上以另一种转向的面貌华丽登场。在西方现代化进程中，以对象性思维为基础的认识论已遭到批判乃至“终结”，出现了海德格尔式的宣言。西方现代哲学由关注存在者转移到了关注存在本身。如维特根斯坦引导了英美哲学的“语言学转向”；

伽达默尔从认识论转向诠释学；罗蒂综合以上思潮，通过对自柏拉图以来的西方传统镜式哲学的抨击，提出无镜哲学；而波兰尼等从内在科学主义态度出发，主张对知识进行全新解释。波兰尼对默会知识和隐含意识的分析，涉及知与无知、知识与智慧所体现的人自身存在的不同形态，认为在现实的过程中，它们并非决然隔离。这种把知识和知识相关的意识理解为一个统一体的主张，对名言之域和超名言之域无疑为精彩论述，而无知到知界限的不断被破与立，更是体现了主体存在的连续性和统一性。这些理论无疑为我们关于科学与哲学、知识与智慧之关系问题的思考提供了不同的视角，为我们的进一步思考开拓了新的视阈。

（本文是国家社科基金项目“哲学‘原创性’与冯契思想研究”（17BZX058）的阶段性成果）

哲学与经学之间

——朱伯崑先生《易学哲学史》的贡献

王　博

朱伯崑先生所著《易学哲学史》[①]，总计150余万字，系统论述了从先秦至清代的易学哲学，可以说是20世纪中国哲学领域最重要的著述之一。该书是现当代第一部从哲学角度系统论述易学的作品，其开创性的贡献已经引起了国内外学者的高度注意和评价。在庆祝朱先生七十五和八十寿辰的学术论文集中[②]，收录了许多学者评价该书的文章。本文拟从哲学和经学关系的角度，对《易学哲学史》的学术贡献略做分析。

冯友兰先生曾经把从先秦到清代的中国哲学分成两个时代：子学时代和经学时代。前者主要指春秋战国时期，诸子百家自由争鸣的时代，一直延续到西汉初期的《淮南子》。后者则开始于汉武帝采纳董仲舒“罢黜百家，独尊儒术”的建议，定六经为一尊，到清末民初的廖平结束。[③] 这当然是一个宏观的区分，如果从同样宏观的角度来考虑从19世纪到20世纪中国学术变迁的话，那么可以说是从经学时代走向了现代西方学术影响下的科学时代。伴随着这一时代来临的，有现代式大学的出现，以及科学名义下的学科分类、方法、精神等等一系列的内容。在这个转变过程中，原来作为整体的经

① 北京大学出版社于20世纪80年代曾经出版过该书的上、中两册，全书则首次在台湾由蓝灯文化事业股份有限公司于1991年分四册出版。在大陆，华夏出版社1995年也分四册印行了《易学哲学史》的全本。

② 分别是《中国传统哲学新论》（九州出版社1998年版）和《中国哲学与易学》（北京大学出版社2004年版）。

③ 冯友兰：《中国哲学史》，《三松堂全集》第2卷，河南人民出版社1985年版。

学进入了哲学、文学、史学、地理学、伦理学等等不同的学科之中。如果用冯友兰瓶子和酒的比喻，经学时代是旧瓶装新酒，科学时代则是新瓶装新酒。这当然可以说是中国学术的再生，或者说是一场革命，非损益的模式所能概括。在这个再生的过程之中，新意义的生成是自然之事，旧意义的丧失也不可避免。不过在最初的阶段，人们往往是沉醉在新事物出现的兴奋之中，至于旧意义的丧失，以及这种丧失的代价，则是在相当长的一段时间之后才会注意到的事情。

在现代中国学术的形成过程中，从经学到哲学的标志性作品是胡适的《中国哲学史大纲》(卷上)。此前虽然已经有了"哲学"之名，而且也有名为"中国哲学史"的作品出现，但严格地说，这并不是哲学史，而是经学史的变形。譬如陈黻宸的《中国哲学史》[①]，从伏羲的哲学说起，经过了神农、黄帝、尧、舜、禹、汤、文、武、周公，才到孔子和老子。经学家的道统观仍然是主要的观察历史的模式，历史仍然被这种"经学史观"所笼罩。陈黻宸曾经是北大哲学门的教授，教授过中国哲学史的课程。另一位教授陈汉章也讲授过中国哲学史，冯友兰回忆说："给我们讲中国哲学史的那位教授，从三皇五帝讲起，讲了半年，才讲到周公。"[②]这位教授就是陈汉章，一个很博学的经师。虽然使用了哲学史的新名，实际上说的仍然是经学的老套，这和陈黻宸是一致的。与旧瓶装新酒相对，可以说是新瓶装旧酒。名为哲学史，其实是既没有哲学意识也没有历史观念的。因此当胡适的中国哲学史出现的时候，其震撼力是可以想象的。当时有两种截然相反的评价，一种可以拿陈汉章来做代表，根据冯友兰的回忆：

> 胡适给一年级讲中国哲学史，发的讲义称为《中国古代哲学史大纲》。给我们三年级讲中国哲学史的那位教授，拿着胡适的一份讲义，在我们的课堂上，笑不可抑。他说："我说胡适不通，果然就是不通，只看他的讲义的名称，就知道他不通。哲学史本来就是哲学的大纲，

① 《陈黻宸集》，中华书局1998年版。

② 冯友兰：《三松堂自序》，《三松堂全集》第1卷，河南人民出版社1985年版，第186—187页。

说中国哲学史大纲，岂不成了大纲的大纲了吗?”①

我们不必把这种批评和讥讽看作是个人恩怨，而应该视为旧的经学模式对新的哲学模式的自然抗拒。只要对比一下陈黻宸和胡适的中国哲学史，就可以知道他们之间的距离有多远。陈黻宸从伏羲开始，胡适则从孔子和老子开始；陈黻宸的背后是经学，胡适的背后则是西洋的哲学。当时的北大校长蔡元培在给胡适的《中国哲学史大纲》卷上作的序中，给该书以极高的评价，认为它有四大特长：“第一是证明的方法……第二是扼要的手段……第三是平等的眼光……第四是系统的研究。”② 这里所说的四大特长，基本上都可以看作是对经学的反动。证明则不盲从，对材料采取求证的态度，并且使用实证的方法；扼要的手段则去除经学家加给古代圣王的光环，以历史的精神确定哲学真正发生的时代；平等的眼光就是打破经学的独尊地位，把儒家放在和诸子平等的位置上；系统的研究则是把历史描述为一个演变的过程，而不是一个停滞的东西。也许在某些局部内容上，胡适还是继承了经学家的某些见解和技巧。但是从整体上来说，他的哲学史确实是一场革命。这代表了一种不同于经学范式的现代中国哲学史研究范式的确立。

胡适之后，在中国哲学史方面最有建树的当然是冯友兰。完成于 20 世纪 30 年代初期的《中国哲学史》，是中国现代第一部完整的哲学史。尽管与胡适有很大的不同，但从经学与哲学的角度来观察，我们仍然可以把冯友兰的哲学史看作是胡适工作的继续。从整体的框架上，冯友兰把中国哲学史分成子学和经学两个阶段，表面上看给经学以重要的地位，但实际上却把经学送进了历史。这不只是指在历史中描述经学，更重要的是把经学看作某种过去的东西。冯友兰宣称：“中国哲学史，若只注意于其时期方面：本亦可分为上古中古近古三时期，此各时期间所有之哲学，本亦可以上古中古近古名之……但自别一方面言之，则中国实只有上古与中古哲学，而尚无近古哲学也。”之所以没有近古哲学，是因为“此时诸哲学家所酿之酒，无论新旧，

① 冯友兰：《三松堂自序》，《三松堂全集》第 1 卷，河南人民出版社 1985 年版，第 186—187 页。

② 胡适：《中国哲学史大纲》上册，《胡适学术文集》，中华书局 1991 年版，第 2 页。

皆装于古代哲学，大部分为经学，之旧瓶内”。但此旧瓶，已经不适合于现代。所以“旧瓶范围之扩张，已达极点，新酒又至多至新，故终为所撑破。经学之旧瓶破而哲学史上之经学时期亦终矣”①。这实际上是宣告了经学模式的失去生命力，需要被新的模式所取代。

哲学史写作从经学范式到哲学范式的这一转变，在胡适和冯友兰之后，已经是不可逆转的了。之所以不能逆转，是因为它代表了进步的趋势。其后创作的哲学史，尽管使用的方法不同、详略不同、评价不同，但大的格局却呈现出某种稳定性。学者们已经不可能再回到经学时代去思考了。在哲学范式已经确立其统治地位之后，也许我们可以平心静气地反思一下其与经学范式的关系，以及经学的角色。在放弃经学范式的过程中，经学是不是也被有意无意地放弃了呢?

哲学范式和经学范式的对立，尽管有冯友兰所描述的古今对立的意味，但同时却也是中西的对立。现代中国的问题，常常是中西古今纠缠在一起，这也是一个明显的例子。胡适和冯友兰在写作中国哲学史的时候，都明确地指出了西方哲学史的模范作用。胡适说：“我们若想贯通整理中国哲学史的史料，不可不借用别系的哲学，作一种解释演述的工具。”②所谓别系的哲学，也就是西洋哲学，对胡适来说，特别是实用主义。冯友兰也说：“哲学本一西洋名词。今讲中国哲学史，其主要工作之一，即是就中国历史上各种学问中，将其可以西洋所谓哲学名之者，选出而叙述之。中国历史上诸种学问，其中有西洋所谓哲学之成分者，有先秦诸子之学，魏晋之玄学，隋唐之佛学，宋明之道学，及清人之义理之学。”③在古今的关系下，哲学范式取代经学范式，是无可争议之事。但在中西的关系下，就发生了问题。在哲学和经学的对接过程中，在新意义诞生的过程中，又遗失了多少内容呢?

可以肯定的是，在哲学范式下，作为整体的经学已经失去了它的位置。

---

① 冯友兰：《中国哲学史》下册，《三松堂全集》第3卷，河南人民出版社1985年版，第10页。

② 胡适：《中国哲学史》上册，《胡适学术文集》，中华书局1991年版，第28页。

③ 冯友兰：《中国哲学小史》，《三松堂全集》第3卷，河南人民出版社1985年版，第470页。

一方面是经学的解体，这从上述冯友兰的话中可以得到准确的了解。只有经学中与西洋哲学之内容相当者才保存了下来，其他的内容则完全被排除在外。经学在新的观察角度下解体成为各种各样的碎片，就像是庄子笔下被凿出七窍之后的混沌。另一方面是经学的边缘化，在冯友兰所列的中国历史上有哲学成分之学问中，并没有提到汉代的经学，他的《中国哲学小史》对汉代几乎是不着一字。这当然不是疏忽，而是有意识的舍弃。汉代是经学发达的时期，除了经学，这时代的思想乏善可陈。汉代的被忽略体现的就是经学边缘化的命运。宋明道学及清人义理之学的被重视，并不因为它们是经学，而是因为它们是哲学，或者说它们的部分内容包含着哲学的成分。

从这个背景之下来看朱伯崑先生的《易学哲学史》，也许我们可以发现它的一个重要意义，乃是在于重新思考哲学与经学之间的关系。《易学哲学史》不同于易学史，也不同于哲学史。关于前者，朱先生说："此书只是对易学史上各家所讲的哲理，按其演变的过程，作一较为系统的叙述，故名为易学哲学史，还不即是作为经学史的易学史。其中也谈到有关经学史的问题，但不是本书的重点。"① 这是强调其与一般经学史的不同。可以说，这是一部特殊的经学史，即从哲学角度进行观察的经学史。关于后者，朱先生的说法是：

> 我所以探讨这一课题，由于多年来在中国哲学的教学和研究中，感到中国传统哲学，特别是儒家系统的哲学，同儒家经学发展的历史有密切的联系。此亦是中国传统哲学的一大特色。可是，近代以来，讲经学史的，不谈其中的哲学问题；讲哲学史的，又不谈其中的易学问题。就后一倾向说，由于脱离经学史，谈历代哲学思想，总有隔靴搔痒之感，不能揭示出其形成和发展的理论渊源。②

这里面最重要的考虑是哲学和经学的关系。古代中国哲学的发展和经学

---

① 朱伯崑：《易学哲学史》第1卷，华夏出版社1995年版，《序言》。

② 同上。

是密不可分的，因此不能离开经学谈哲学。但20世纪的哲学史，最大的问题就在离开经学讲哲学。朱先生几十年一直致力于中国哲学史的教学和研究，很长时间和冯友兰先生一起工作，对于其中的问题有切身的体会和了解。虽然没有明确地说过，但我感觉他对冯先生关于中国哲学史是“就中国历史上各种学问中，将其可以西洋所谓哲学名之者，选出而叙述之”的态度该是有保留的。“选出而叙述之”的态度其实就是脱离经学史的态度，也可以说是忽视中国哲学发展特点的态度，这样谈的哲学思想，就会有隔靴搔痒之感，不能揭示其真正的历史和思想内涵。

从这个意义上讲，朱先生《易学哲学史》的一个重要贡献，是哲学和经学密切关系的建立，或者说恢复。这也可以说是对哲学史研究和叙述范式的一个调整。在整体上，朱先生仍然肯定和坚持着哲学的范式。他丝毫不怀疑这一范式的正确和有效，但他要求在其中尽可能容纳经学的内涵，以弥补它在实际研究中体现出来的不足。朱先生说：

> 如谈王弼玄学，不去研究其代表作《周易》注的易学问题；谈程颐理学，不研究其唯一的哲学著作《程氏易传》中的易学问题，谈张载哲学著作《正蒙》和王夫之的《周易外传》，不去研究他们的易学观，而是孤立地分析其哲学概念、范畴和命题，见枝叶而不见本根，则难以说清楚其理论的特征及其来源. 本书想为解决这一问题，提供一条线索，以补一般哲学史著述之不足。①

这些话有着很强的针对性，应该引起我们极大的注意和思考。的确，“选出而叙述之”的方式固然很便捷地帮助我们建立一个关于古代中国哲学的形式系统，但这个系统的有效性却是值得怀疑的。我们往往记住了一些抽象而干巴的概念范畴，譬如一般和特殊，共相和殊相，或者道、理、气、心、性等，却遗忘了它们的真正意义。在这种做法之下，中国哲学固然从形式上摆脱了古代经学的限制，却在更大的范围内成为西方哲学的注脚。但是

① 朱伯崑：《易学哲学史》第1卷，华夏出版社1995年版，《序言》。

如果我们把这些概念和经学史的发展结合起来，就会增加对它们的切实理解，也会发现其与西方哲学区别的特色所在。

在朱先生看来，哲学史的发展和经学史密不可分。具体到易学哲学，“是依据易学自身的术语、范畴和命题展开的，而这些范畴和命题又出于对《周易》占筮体例、卦爻象的变化以及卦爻辞的解释，从而形成了一套独特的理论思维形式；其对哲学问题的回答是通过其理论思维形式来表达的。因此，易学哲学的发展，就其形式和内容说，都同易学自身问题的开展，特别是同对占筮体例的解释紧密联系在一起，有其特有的理论思维发展的逻辑进程及其规律”①。

哲学问题和易学问题是不能割裂的，因此在论述易学哲学时，一个重要的内容就是对作为易学问题的占筮体例的解释和说明。其论王弼、程颐、朱熹等都是如此，这一点，只要看看该书的目录就可以发现。可以说，对占筮体例的探讨为易学哲学的理解提供了基础，而易学哲学的讨论又为一般哲学范畴和命题的理解提供了基础。

哲学和易学（经学）的交错，在语言中的一个具体体现就是其意义的双重性，朱先生将之称为“两套语言”。解释经典的文字，常常有两个不同方向的意义。一个意义和经典的旧义相关，另一个意义和解释者的新义相关。在讨论《易传》的时候，朱先生说道：

> 《易传》虽然是哲学著作，但它毕竟是解释《周易》和筮法的，又同占筮有着密切联系。《易传》中有两套语言：一是关于占筮的语言，一是哲学语言。有些辞句只是解释筮法，有些辞句是作者用来论述自己的这些观点，有些辞句二者兼而有之。……从易学史上看，对《易传》的解释也存在两种倾向。一种倾向是偏重从筮法的角度解释其中的哲学问题……另一种倾向是偏重从哲理的角度解释其中筮法问题。”②

① 朱伯崑：《易学哲学史》第1卷，华夏出版社1995年版，第2页。

② 同上书，第55页。

在“《易学》研究中的若干问题”文章中①，朱先生专门讨论了两套语言即“筮法语言和哲学语言”的问题，可见他对该问题的重视。事实上，只有在经学和哲学关联的视野之下，这个问题才会被提出来。就《周易》而言，它原本是卜筮之书，无论象、辞都和占筮有关，对它的解释也不能完全脱离这一点。但解释者有时又不是完全讲筮法，而是借筮法说哲学，这就使其语言包含着微妙而丰富的意义。不了解这一点，就会引起很大的误解。以《易传》中的“太极”为例，《系辞》说：

是故易有太极，是生两仪，两仪生四象，四象生八卦，八卦定吉凶，吉凶生大业。是故法象莫大乎天地，变通莫大乎四时，县象著名莫大乎日月，崇高莫大乎富贵。备物致用，立成器以为天下利，莫大乎圣人。探赜索隐，钩深致远，以定天下之吉凶，成天下之亹亹者，莫大乎蓍龟。

汉代人对这段话的解释，认为是讲宇宙形成的过程。所谓太极是指宇宙的本原，两仪是阴阳或者天地，四象指四时，八卦是八种自然现象。这样一种完全哲理化的解释，是否合乎《易传》的想法呢？朱先生认为，从整段话来考虑，尽管包含着可以从宇宙论角度解释的可能性，但《易传》应该主要是在筮法的角度来描述的。“从上下文意看，都是讲筮法。就筮法说，是讲画卦还是讲揲蓍，或者兼而有之，可以有不同的解释，但不是讲自然观中宇宙论或本体论，这是可以肯定的。”② 具体来说，这里的太极是作为筮法中的范畴而出现的，该是指五十根或四十九根蓍草未分化的状态，并没有万物本原的意义。只是从汉代开始，太极才具有了实体的意义，成为说明世界始基和本体的范畴。

这和流行的说法之间显然有着很大的距离。我们可以把朱先生对《系辞》中太极意义的理解与冯友兰和张岱年的说法进行一个比较。在两卷本的哲学

① 《朱伯崑论著》，沈阳出版社 1988 年版，第 855—867 页。

② 朱伯崑：《易学哲学史》第 1 卷，华夏出版社 1995 年版，第 66 页。

史中，冯先生把太极和道、两仪和阴阳联系了起来，并把“易有太极，是生两仪”与“一阴一阳之谓道”对观。① 这种理解在“新编”中仍然延续着，“‘道’相当于‘太极’，‘阴阳’相当于‘两仪’。易传认为，‘易有太极是生两仪’是易的体系中的总原则，‘一阴一阳之谓道’是一切事物构成和发展的总规律。”② 张先生认为“两仪指天地，太极是天地未分的统一体”③。冯、张二先生的理解显然是把《易传》中的太极看作是具有了本原的意义，而朱先生之所以得出不同的看法，与其经学和哲学的双重视野，以及在这种视野下形成的两套语言的认识是分不开的。两套语言的说法，提醒人们注意经学形式下解释性语言的特点，对于准确把握某些概念意义的转变，有着重要意义。

关于目前哲学史家研究古代中国思想史的不足，已经有多方面的反省。最近出版的余英时先生所著《朱熹的历史世界》中提到：

> 概括地说，现代哲学史家研究道学，正如金岳霖所说，首先“是把欧洲哲学的问题当作普通哲学的问题”，其次则是将道学“当作发生于中国的哲学”。至于各家对道学的解释之间的重大分歧，则是由于研究者所采取的欧洲哲学系统，人各不同。在这一去取标准之下，哲学史家的研究必然集中在道学家关于“道体”的种种论辩，因为这是惟一通得过“哲学”检查的部分。我们不妨说，道体是道学的最抽象的一端，而道学则是整个宋代儒学中最具创新的部分。哲学史家关于道体的现代诠释虽然加深了我们对于中国哲学传统的理解，但就宋代儒学的全体而言，至少已经历了两度抽离的过程：首先是将道学从儒学中抽离出来，其次再将道体从道学中抽离出来。④

对余先生而言，他是要把哲学概念还原为实际的生活世界，这里所谓的

---

① 冯友兰:《中国哲学史》上册，《三松堂全集》第2卷，河南人民出版社1985年版，第353页。

② 冯友兰:《中国哲学史新编》第2册，人民出版社1984年版，第336页。

③ 《张岱年全集》第4卷，河北人民出版社1996年版，第500页。

④ 余英时:《朱熹的历史世界》(上)，三联书店2004年版，第8页。

生活世界特别是指政治文化。古代中国哲学家（以理学家为代表）与政治文化的联系，这也是他在该书中所讨论的主题。这和朱先生的反省角度虽然不同，但两者都意识到了传统哲学史在描述古代中国思想时存在着严重的不足，因此都欲做出某些调整。

概括地说，朱先生的《易学哲学史》对于哲学史的研究具有重要的价值。相对于传统的哲学范式，它更强调经学对于哲学史研究的深刻意义。不研究经学中的具体问题，很多哲学问题就不能够得到很好的理解。这种看法，无论是对于哲学史研究还是对于经学研究来说，都具有重要的意义。时至今日，我们可以看到对于哲学史研究的反思已经进入了新的阶段，研究方法和角度呈现出多样性的特点。经学的研究在经过了几十年的沉寂之后，也重新成为学术界的重要关注。《易学哲学史》体现着这一时代的精神和趋势，而且在其中发挥了重要的作用。

（原载于《邯郸学院学报》2005 年第 1 期）

萧萐父先生评传

郭齐勇

萧萐父（1924—2008），祖籍四川井研，出生于成都，哲学家与哲学史家，中国哲学史学科的重要建设者之一。1947 年毕业于武汉大学哲学系，1951—1955 年任华西大学、四川医学院马列主义教研室主任，1956 年到中央党校高级理论班深造，1957 年到北京大学哲学系进修，同年秋调入武汉大学哲学系。此后一直在该系任教，曾任中国哲学史教研室主任、博士生导师。他是国际知名学者，是国家重点学科——武汉大学中国哲学学科的创建者与学术带头人，教育部人文社会科学重点研究基地——武汉大学中国传统文化研究中心学术委员会首任主任。社会兼职有：中国哲学史学会副会长，中华孔子学会副会长，国际儒联顾问，国际道联学术委员，中国《周易》学会顾问，国际中国哲学会国际学术顾问团成员、中国文化书院导师。长期从事中国哲学和文化的教学与研究工作，是著名的船山学和“明清早期启蒙”学专家，曾多次参加或主持国内外举行的学术会议，在国内外发表学术论文百余篇。主要著作有：《吹沙集》、《吹沙二集》、《吹沙三集》、《船山哲学引论》、《中国哲学史史料源流举要》、《明清启蒙学术流变》（合著）、《王夫之评传》（合著）等，主编《哲学史方法论研究》等。与李锦全教授共同主编的《中国哲学史》上下卷产生了广泛的影响，曾获原国家教委优秀教材一等奖。

一、坎坷经历

萧萐父先生于1924年1月24日生于四川省成都市的一个知识分子家庭。一生经历两个社会、多个特殊的历史时期。萧萐父有家学渊源，他的父亲萧参（字仲仑，又写为“中仑”）先生是近代蜀学的代表人物之一。仲仑先生出生于四川井研县，与廖季平先生同乡，曾私淑于季平先生。仲仑先生乃蜀中狷洁独行之士，老同盟会员，辛亥之后学优不仕，教书为生，有道家风骨，又精于医道。萧萐父的母亲杨励昭先生也善诗词、工书画。他们家与蒙文通、唐迪风先生等川中硕学鸿儒过从甚密。

萧萐父幼年及青年时代正值近代蜀学空前发达的时代。他自幼涵咏诗词，从父亲友朋论学谈艺之中感受到中国文化的博大精深。同时，他又时时关注民族命运，在童年时便接触到了清末印作革命宣传品的小册子，其中有《明夷待访录》、《黄书》、《扬州十日记》等及邹容、章太炎的论著。萧萐父当时未必能完全理解这些书籍的内容，但是已经感受到中国士人敢为天下先、勇猛精进的精神。1937年，他考进了成都县中，校园后有个大污水塘，老师们郑重介绍，此乃扬雄的洗墨池，说扬雄当年如何勤苦好学，认许多奇字，写了不少奇书。仲伦先生认为新式学堂的教育有极大的局限性，命萐父先生休学一年。在这一年中，萐父先生随父及其他蜀中贤士上峨嵋。其间观前辈学人论学和诗、摩挲古物、开拓胸臆。仲伦先生还命他在这一年中，以朱笔点读《汉书》与《后汉书》，闲暇即吟诵《昭明文选》。这些严格的国学训练为日后萧萐父取得卓越的学术成就奠定了坚实的基础。对青年萧萐父影响最大的还有几位文史老师，特别是讲授中外史地的罗孟桢老师。他的充满爱国激情而又富有历史感的讲课，深深地吸引住了班上的许多同学。罗先生偶然讲到刘知几、章学诚论史家必须具备“史才”、“史学”、“史识”和“史德”等素质，激发萧萐父写了一篇《论史慧》的长文，这是他的第一篇论史习作。在民族忧患意识和时代思潮的冲击下，萧萐父泛读各类古今中西书籍。在高中二年级时，风闻冯友兰先生来成都讲学，萧萐父与几个同学逃学去旁听，听后还争论不休，并因此而读了冯的“贞元三书”——《新理学》、《新事论》、《新世训》等，以及当时流行的一些哲史书刊。这些，都为他后来选择哲学系这个“冷门”作了铺垫。

1943年他考入武汉大学哲学系。当时的武大迁到四川乐山，哲学系仅十几位同学。几位教授自甘枯淡、严谨治学的精神使学生们深受教育。那时武大哲学系所开的课程几乎全是西方哲学。在乐山期间，他修过张颐（真如）、万卓恒、胡稼胎、朱光潜、缪朗山、彭迪先先生的课，胜利复员回珞珈山之后，他修过金克木先生开的印度哲学的课。以上诸先生对他影响很大。萧萐父在大学期间阅读过郭沫若的《十批判书》、《甲申三百年祭》，侯外庐的《中国近世思想学说史》等。1947年，在万卓恒先生的指导下，萧萐父完成了题为《康德之道德形上学》的学士学位论文。

他关切国事民瘼，思考世运国脉。在大学期间，他参加学生进步组织，发起、编辑《珞珈学报》。1947年在武汉大学发生的震惊全国的六一惨案时，他任武大学生自治组织的宣传部长，积极投身爱国学生运动。他参加反美蒋的活动引人注目，被特务监视。他的大学毕业论文是委托同学们代为誊抄的，为逃避追捕，他潜离武汉，返回成都。

1947年毕业后，他到成都华阳中学任教，同时并受聘到尊经国学专科学校讲授“欧洲哲学史”，主编《西方日报》“稷下”副刊，积极参加成都地下党组织的活动。萧萐父于1949年5月加入中国共产党，后受党组织委派作为军管会成员参与接管华西大学，后留任该校马列主义教研室主任。

1956年他进中央党校高级理论班深造。同年，应李达校长的邀请回武汉大学重建哲学系，1957年正式调入武汉大学哲学系并从此长期担任哲学系哲学史党支部书记、中国哲学史教研室主任一职。在这个岗位上他兢兢业业地工作了40年，以此为基地逐步建立和形成了具有武汉地区特色的中国哲学史学术梯队，在全国文科理论界，占有了举足轻重的地位。

“文革”期间，萧萐父被定为李达“三家村黑帮”，横遭迫害。虽经历被抄家、挨批斗、住“牛棚”，但他矢志不改，在襄阳分校住牛棚放牛劳动改造的日子，他已开始《王夫之》一书的写作，已开始对中国从明清之际到现代思想启蒙之坎坷道路的思索。

1976年到1988年的十多年里，萧萐父与中国广大知识分子一样，迎来了学术的春天，先后发表了一系列重要的学术论文，并于1978年接受教育部组织九所高等院校联合编写哲学系本科生《中国哲学史》教材的任务，他与李锦全教授担任主编。该书以逻辑与历史统一的方法论原则建构中国哲学，揭示了中国哲学史的发展规律。该书得到广泛认同，累计印行了十余万册，获国家教委优秀教材一等奖，十多所学校采用，培养了两代学人，被译成韩文与英文，产生了广泛影响。20世纪80年代，他在《中国社会科学》先后发表了《中国哲学启蒙的坎坷道路》、《对外开放的历史反思》等重要文章。他通过对明清之际早期启蒙思潮、王夫之哲学的研究，探寻中国现代进程自身的源头活水，认定中国有自己的现代化内在的历史根芽。在中国新一轮的文化大讨论中，独树一帜地提出了自己的"明清启蒙史观"，深受海内外学者的关注。

萧萐父曾多次到欧洲、美国、新加坡等地出席国际会议，又应邀赴美国哈佛大学、德国特里尔大学等校访问、讲学。他在国内外发表学术论文百余篇；与人共同主编了《中国哲学史》上下卷、《哲学史方法论研究》、《中国辩证法史稿》第一卷；主编了《王夫之辩证法思想引论》、《玄圃论学集》、《众妙之门》、《传统价值：鲲化鹏飞》等书；出版专著有：《吹沙集》三卷、《吹沙纪程》、《船山哲学引论》、《中国哲学史史料源流举要》、《明清启蒙学术流变》（合著）、《王夫之评传》（合著）等。

萧萐父于1982年被评聘为教授，1986年被遴选为博士生导师。先后被评为武汉大学"优秀工作者"、"优秀共产党员"、"教书育人优秀教师"等，于1999年离休。

萧萐父是人师。他学风严谨、被褐玉身、浩然正气；教书育人，重在身教，杜绝曲学阿世之风。自1978年招收硕士生，1987年招收博士生以来，他先后开设了"哲学史方法论"、"中国哲学史料学"、"中国辩证法史"、"明清哲学"、"佛教哲学"、"道家哲学"、"马克思的古史研究"、"马克思晚年的人类学笔记"等课程或系列专题讲座，为中国哲学史界培养了一批优秀的研究与教学人才。在长期的教书育人过程中，他提炼出了二十字方针："德业双修，学思并重，史论结合，中西对比，古今贯通。"这二十字已经成为珞珈中国哲学学派的精神纲领，先生以他的人格魅力深受珞珈学子的爱戴。

晚年萧萐父满怀对中国文化和武汉大学的深情，将自己的诗集、文集及与夫人卢文筠教授合作的书画集，交由武大出版社出版，这套精美的《萧氏文心》四卷，为我们展示了一位人文知识分子的文化底蕴和优良传统。

萧先生因病于 2008 年 9 月 17 日在武汉辞世，享年 84 岁。当时武汉的报纸评论为：他代表了这个城市的高度。

萧萐父将自己的诗集命名为《火凤凰吟》，如今先生凤凰涅槃，魂升天国，然先生留下的丰厚精神财富和不尽慧命，如珞珈香樟，四季长青；定将庇荫杏坛，嘉惠学林。①

二、生命智慧与学术贡献

现代社会使很多人成为片面或单面的人，使很多知识人堕落成为人格分裂的人。形成鲜明对照的是，萧萐父是全面的人，是保存了古代遗风的刚正不阿的现代知识分子。他有强烈的现代意识而又有深厚的传统底蕴，是集公共知识分子、思想家、学者、教师、学科带头人、文人于一身的人物。今天我们研读萧萐父的著述，可以感受到他在用思想家的眼光来考察思想史、哲学史，他是有思想的学问家，也是有学问的思想家。

萧萐父治学，首贵博淹，同时重视独立思考，独得之见。先生对中国哲学的学科建设，对从先秦到今世之完整的中国哲学史的重建，作出了可贵的探索与卓越的贡献。他会通中西印哲学，以批评的精神和创造性智慧，转化、发展儒释道思想资源。为总结历史教训，他从哲学史方法论的问题意识切入，尽力突破教条主义的束缚，引入螺旋结构代替对子结构，重视逻辑与历史的一致，强调普遍、特殊、个别的辩证联结，认真探究中国哲学范畴史的逻辑发展与哲学发展的历史圆圈。先生以不断更化的精神，由哲学史方法论问题的咀嚼，提出了哲学史的纯化与泛化的有张力的统一观，努力改变五四以降中国哲学依傍、移植、临摹西方哲学或以西方哲学的某家某派的理论与方法对中国哲学的史料任意地简单比附、“削足适履”的状况。

---

① 以上参见：田文军：《锦里人文风教永诗情哲慧两交辉——萧萐父教授学术生涯掠影》，郭齐勇、吴根友编：《萧萐父教授八十寿辰纪念文集》，湖北教育出版社 2004 年版，第 1—14 页。

萧萐父治学，宏观立论与微观考史相结合，通观全史与个案剖析相结合，提出了两个之际（周秦之际与明清之际）社会转型与文化转轨的概观，提出并论证了“明清早期启蒙思潮”的系统学说，形成系统的理论体系。先生的原创性智慧表现在其学术专长——明清哲学，特别是王船山哲学方面。他以对世界文明史与中华文明史的多重透视为背景，提出了以明清之际早期启蒙思潮作为我国现代化的内在历史根芽与源头活水的观点，受到海内外学术界广泛的关注，影响甚巨。他的“启蒙”论说实际上早已超越了欧洲启蒙时代的学者们的单面性、平面化与欧洲中心主义、人类中心主义的立场。

对待古今中外的文化传统与哲学思想资源，萧萐父以宽广的胸襟，悉心体证，海纳百川，兼容并蓄，坚持殊途百虑、并育并行的学术史观。他重视一偏之见，宽容相反之论，择善固执而尊敬异己。他肯定历史、文化的丰富性、复杂性、多样性、连续性、偶然性及内在的张力，异质文化传统的可通约性，古、今、中、外对立的相对性，跨文化交通与比较的可能性。萧萐父还是当代中国哲学史界少有的诗人哲学家。他晚年一再强调中国哲学的诗性特质，从容地探索 Logic（逻辑）与 Lyric（情感）的统一，并认定这一特质使得中国哲学既避免了宗教的迷狂，也避免了科学实证的狭隘，体现出理性与感性双峰并峙的精神风貌。

作为知识分子的萧萐父，从青年时代开始，追求民主、自由，积极参加过 20 世纪 40 年代末的民主运动；一生坎坷，始终关心国家与人类的命运；从反右到“文革”，在历次政治运动中，既被批判又批判别人，用他自己的话说，“曾经目眩神移，迷失自我”；“文革”之后，痛定思痛，反省自己；愈到晚年愈加坚定地以批判与指导现实的公共知识分子而自命。他既继承了儒家以德抗位的传统，又吸纳了西方现代价值；既正面积极地从文化与教育方面推动现代化，又时刻警醒现代化与时髦文化的负面，与权力结构保持距离，具有理性批判的自觉与能力。晚年，他一再呼唤知识分子独立不苟之人格操守的重建，倡导士人风骨，绝不媚俗，并且身体力行。他被褐怀玉，以浩然正气杜绝曲学阿世之风，绝不为了眼前名利地位而摧眉俯身事权贵。萧萐父具有人格感召力。

作为思想家的萧萐父，虽然主要从事中国哲学史的研究，但他做的是有思想的学术。他致力于发现与发掘中国文化思想内部的现代性的根芽，因而与持西方中心主义的启蒙论者、食洋不化者划清了界限；他发潜德之幽光，重在表彰那些不被历代官方或所谓正统文化重视的哲学家、思想家，重在诠释、弘扬在历史上提供了新因素、新思想、新价值的人物的思想，因而与泥古或食古不化者划清了界限，这就是“平等智观儒佛道，偏赏蕾芽新秀”。他重视中国传统文化的多样性，努力发挥儒、释、道及诸子百家中的丰富的现代意义与价值，特别是本土文化中蕴含的适合全人类的价值，并尽其可能地贡献给世界。

作为学者的萧萐父，堂庑很宽，学风严谨，所谓“坐集古今中外之智”。他希望自己与同道、学生都尽可能做到“多维互动，漫汗通观儒释道；积杂成纯，从容涵化印中西”。有人以为萧萐父属侯外庐学派，但他晚年否定了这一点，他强调他的确受到过侯外庐先生的影响，但同时也受到过汤用彤等先生的影响，甚至受后者的影响更大。他曾检讨亚细亚生产方式的提法，认为那仍是西方中心主义的。萧萐父晚年更重视经学，曾与笔者多次详谈三礼，详谈近代以来的经学家，如数家珍。他也重视儒学的草根性，多次讲中华人文价值、做人之道、仁义忠信等是通过三老五更，通过说书的、唱戏的等，浸润、植根于民间并代代相传的。

作为教师的萧萐父，一生教书育人，认真敬业，倾注心力；提携后进，不遗余力。他对学生的教育，把身教与言教结合了起来，重在身教。他强调把道德教育、健全人格的教育放在首位。他认为，年轻人要经得起磨砺、坎坷，对他们不要溺爱，而应适当批评、敲打。他认为，做人比做学问更重要，现代仍要讲义利之辨。无论是做人还是做学问，都要把根扎正。他下功夫培养各领域的学生，除了他的专长明清哲学之外，他还有意识地开拓了《周易》、儒学、道家与道教、佛教、现代中国哲学、出土文献中的哲学等领域，培养了这些领域里的学术专才。他还鼓励学生自愿选择，从事政治学、管理学、新闻传播学的研究。他一再主张甘坐冷板凳。

作为学科带头人的萧萐父，有着开放、宏阔的学术视野，杰出的组织能力，敏锐地把握海内外学术界的动态，让本学科点的老师与同学拓宽并改善知识结构，通过走出去与请进来的方式，实现并扩大对外交流，虚怀若谷地向海内外专家请益。他有凝聚力，善于团结、整合学科点老、中、青学者，以德服人，尊重差异，照顾多样，和而不同。他有全局的观念与团队精神，事事考虑周围的人。如上所述，他很有学术眼光，深具前瞻性，开拓了若干特色领域。

作为文人的萧萐父，兼修四部，文采风流，善写古体诗词，精于书法篆刻，有全面的人文的修养与文人的气质。他对分科过细的体制内的教育多有批评。

萧萐父的学问是博大的而不是偏枯的。明清之际学术思潮只是萧萐父的一个领域，绝不是他的全部。他有博大的气象，这当然是指他的心胸、意境，也指他在理论建构上与学术上的多面相。他有马克思主义哲学、西方哲学与中国哲学的理论与历史的功底，能融会贯通。他的理论贡献在启蒙论说、传统反思、哲学史方法论与中国哲学史及辩证法史的架构等方面；他的学术贡献在于他深度地、极有智慧地探讨了中国哲学史的多个面相，在经学（主要是《周易》）研究，在儒、佛、道的研究，在汉唐、明清、现代等断代哲学史的研究上，他有创新见解，又开辟领域，培养人才，使之薪火相传。

关于《周易》，萧萐父考察了易学分派，提出了“科学易”与“人文易”的概念，倾心于“人文易”，指明“观乎人文以化成天下”乃“人文易”的核心，提示“人文易”内蕴的民族精神包括有时代忧患意识、社会改革意识、德业日新意识、文化包容意识等，重视反映人文意识新觉醒的近代易学。

关于儒家，萧萐父肯定了《礼运》大同之学，孟子的“尽性知天”之学以及分别来自齐、鲁、韩《诗》的辕固生的“革命改制”之学，申培公的“明堂议政”之学，韩婴的“人性可革”理论“皆属儒学传统中的精华；而子弓、子思善于摄取道家及阴阳家的慧解而分别涵化为《易》、《庸》统贯天人的博通思想，尤为可贵”。他肯定《易》《庸》之学的天道观与人道观，指出：“所谓‘至德’，并非‘索隐行怪’，而只是要求在日常的社会伦理实践中坚持‘中和’、‘中庸’的原则，无过不及，从容中道；这样，在实践中，‘成己’‘成人’，‘尽人之性’，‘尽物之性’，就可以达到‘赞天地之化育’的最高境界。重主体，尊德行，合内外，儒家的人道观体系也大体形成。”① 萧萐父阐释了儒家的儒经、儒行、儒学、儒治的传统及其多样发展，特重对儒学的批判与创造转化。

关于佛教，他透悟佛教哲学的一般思辨结构(缘起说、中道观、二义谛、证悟论)，重视解析其哲学意义，对佛学中国化过程中极有影响的《大乘起信论》，对慧能，对《古尊宿语录》，对禅宗的证悟论，都作过深入研究而又有独到的见解。

关于道家与道教，他对老子、庄子，对道家人格境界与风骨、隋唐道教、黄老帛书都有精到的研究。我在旧作中曾写到，从 20 世纪 80 年代末到 90 年代初，学术界“涌动着一个当代新道家的思潮，萧萐父是其中的始作俑者之一。他是热烈的理想主义者，有强烈的使命感、责任感和积极的入世关怀。他在 90 年代倡导‘新道家’，当然与他的际遇和生命体验不无关系。他是一个行动上的儒家和情趣上的道家。他的生命，儒的有为入世和道的无为隐逸常常构成内在的紧张，儒的刚健自强与道的洒脱飘逸交织、互补为人格心理结构。要之，他肯定的是道家的风骨和超越世俗的人格追求与理想意境……相形之下，他对儒、道的取向又确有差异。当然，这并不妨碍他对儒学的真精神采取宽容的态度，也不妨碍他自己的真精神中亦不乏浓烈的儒者情怀，他所批评的是儒学的负面与儒学的躯壳。”②

关于汉至唐代的哲学，他对秦汉之际，对杨泉、鲁褒、何承天、刘禹锡、柳宗元等都下过功夫。

关于明清之际哲学思潮，是他的专长。他全面深入地研究了这一思潮的全盘，把这一段哲学史作为一个断代，作为哲学史教材的一编予以凸显并细化，又特别深入地研究了王夫之、黄宗羲、傅山等个案。他是当之无愧的王

① 萧萐父:《儒门〈易〉〈庸〉之学片论》,《吹沙二集》, 巴蜀书社 2007 年版，第 98—99 页。

② 郭齐勇:《史慧欲承章氏学　诗魂难扫瑶人愁——萧萐父教授学述》，萧汉明、郭齐勇编:《不尽长江滚滚来——中国文化的昨天、今天、明天》，东方出版社 1994 年版，第 45 页。

夫之专家和明清之际哲学的专家。

关于现代哲学思潮，他研究了马克思主义、自由主义与文化保守主义诸流派及其他学者。在马克思主义哲学思潮方面，他对李达、郭沫若、侯外庐、吕振羽、冯契等人作了深入研究。在文化保守主义思潮方面，他对熊十力、梁漱溟、冯友兰、唐君毅、徐复观等人作了深入研究。他还研究了梁启超、刘鉴泉、蒙文通等学者的思想与学术。

他还开拓了中日思想的比较研究领域，支持了楚地简帛的研究等。萧萐父培养了很多学生，这些学生在中国哲学史、文化史的各领域继续跟进他的开拓，予以补充或深化。他也鼓励他的学生按个人的兴趣向科技哲学、政治学、社会学、管理学、传播学发展。

三、启蒙与启蒙反思

萧萐父的启蒙观或启蒙论说包涵了“启蒙反思”的意蕴。萧萐父并未照抄照搬西方启蒙时代的理论，也没有照抄照搬“启蒙反思”的理论，而是从中国思想文化的历史与现状出发，从健康的现代化（特别是人的现代化）出发，作出了深刻的反思。诚然，他坚持启蒙论说，反对取消、解构启蒙的看法。实际上，萧萐父强调的“启蒙”，内涵十分丰富，不是近代西方的“启蒙”所能包括的。

萧萐父的启蒙观的要旨，是从中国文化传统中寻找自己的现代性的根芽，强调本土文化中孕育了现代性。他主张的是中国式的启蒙，是中华文化主体的彰显，而不是全盘西化与全盘式的反传统，他驳斥了中国自身不能产生现代性因素的西方偏见，这就疏离、超越了西方中心主义，也就蕴含了“启蒙反思”。

1987年，萧萐父说：“中国的现代化，决不是，也决不可能是什么全方位的西方化，而只能是对于多元的传统文化和外来文化，作一番符合时代要求的文化选择、文化组合和文化重构。因此，就必须正确认识到自己民族传统文化的发展中必要而且可能现代化的内在历史根据或‘源头活水’，也就是要找到传统与现代化之间的文化接合点。这是目前应当思考的一个重要问题。”[①] 萧萐父不希望继续陷入中西对立、体用两橛的思维模式之中。

他认为，所谓启蒙，是中国式的人文主义的启蒙，是走自己的路，而不是失去主体性的，走别人的路。他强调的是“中国有自己的文艺复兴或哲学启蒙，就是指中国封建社会在特定条件下展开过这种自我批判”[②]。他的关键性的思路是“从我国17世纪以来曲折发展的启蒙思潮中去探寻传统文化与现代化的历史接合点”[③]。与西方思想家视西方启蒙为绝对、普遍的立场，绝然不同。

萧萐父论证“中国式的人文主义思想启蒙”，探索“中国式的思想启蒙道路的特点”。[④] 他特别重视“自我更新”，“即依靠涵化西学而强化自身固有的活力，推陈出新，继往开来”，消化西学，重建“中华文化主体”。[⑤] 在本土文化中，例如明末清初思想家那里，就孕育着中国文化现代化的胎儿。

晚年的萧萐父特别指出：“早期启蒙说”的深刻的理论意义，首先在于“驳斥了国际上普遍存在的中国社会自身不可能产生出现代性因素的西方中心主义偏见，有力地证明了中国有自己内发原生的早期现代化萌动，有现代性的思想文化的历史性根芽。”“一部中国史，并非如西方学者所说‘连一段表现自由精神的记录都不可能找到’。”“在中国人当中，并不缺乏对于公开地自由地运用其理性的权利的追求，任何否认中国人同样应该享有人类的普遍价值、把中国人看作‘天生的奴隶’的种族论的观点，都是完全错误的。”[⑥]

萧萐父的启蒙观，特重非西方民族与文化，特别是中国文化之体认，批驳了西化派否定中国有自己的哲学、有自己的认识论的看法，批评工具理性、唯科学主义的意涵。这恰好是“启蒙反思”的题中应有之意。

萧萐父肯定“中国文化要走自己的路”与“寻根意识”，强调“‘无形的根’，那就是‘中国文化中的真道理’，即具有普遍价值的民族精神，乃是创

---

① 萧萐父：《文化反思答客问》，《吹沙集》，巴蜀书社2007年版，第73页。

② 萧萐父：《中国哲学启蒙的坎坷道路》，《吹沙集》，巴蜀书社2007年版，第15页。

③ 萧萐父：《文化反思答客问》，《吹沙集》，巴蜀书社2007年版，第57页。

④ 萧萐父：《文化反思答客问》，《吹沙集》，巴蜀书社2007年版，第60、61页。

⑤ 萧萐父：《活水源头何处寻》，《吹沙集》，巴蜀书社2007年版，第90—91页。

⑥ 萧萐父：《“早期启蒙说”与中国现代化》（与许苏民合作），《吹沙三集》，巴蜀书社2007年版，第46、48、49页。

造中华民族新文化的源头活水”；“西方文化的道路和模式却并不是绝对的和唯一的……西方现代文化是欧美各民族文化的现代化，仍然是民族性和个性很强的东西，尽管其中寓有世界性的要素。从这个意义上说，中国文化现代化要走自家的路（但不脱离人类文明的发展大道），并不是错的。文化的民族主体性的问题，确乎是一个极其重要的问题。”①

他说：“长期以来流行一种见解，即认为中国哲学注重伦理学，着重讲修身；而西方哲学才注重认识论，着重讲求知……应当突破欧洲近代实证论者的狭隘观点，看到哲学史上提出过的认识论问题。”②这不仅是对冯契先生的肯定，也表明他自己的学术径路与工作重心。萧萐父十分重视中国哲学史上的认识论，曾下功夫研究了汉魏之际、明清之清的认识论问题。他很重视中国先哲“察类”、“明故”、“求理”的过程与特色，又重视辩证思维。他指出：“需要重新审视中国古代辩证理性思维产生和发展的历史”；“我们民族智慧中的辩证思维，既区别于印度，又不同于希腊，而有其自身的历史特点和逻辑发展……作为认识成果的辩证法，也同样表现为一系列范畴和规律在历史上的依次出现并发展到一定阶段而得到理论总结……历史上的辩证法的认识成果，是多层次、多侧面的，并非完全表现为哲学理论形态，而是以不同程度的抽象、多种形式的范畴表现于各种思想文化的史料之中。”③他重视史家、兵家、农家、医家、天学、数学及政论、文艺评论和学术史观中的辩证智慧。

萧萐父批评西化思潮，特别是实证主义、科学主义对本土哲学智慧的漠视与曲解：“到了近代实证科学思潮兴起并传入中国以后，一种以解剖学为基础的崭新医学及其形而上学的世界观与方法论开始拒斥传统的中医学，中医学的基础理论被认为违反实证科学而陷入困境，《周易》也被看作充满神秘象数的一座迷宫而无人问津，中医与《周易》的会通关系渐趋疏远了。”“在中国，历史地形成了医易之间互相会通的文化传统。三才统一的宇宙模式，

① 萧萐父：《辨异 · 自主 · 寻根》，《吵沙集》，巴蜀书社 2007 年版，第 537 页。

② 萧萐父：《通观全过程，揭示规律性》，《吵沙集》，巴蜀书社 2007 年版，第 531 页。

③ 萧萐父：《〈中国辩证法史稿〉弁言及后记》，《吵沙集》，巴蜀书社 2007 年版，第 572—573 页。

动态平衡的系统思想，以阴阳五行为核心的范畴体系，乃是医易相通的逻辑基石。”① 他对古代医学与易学中蕴藏的有机整体、动态平衡、生命信息、生理节律等予以高度肯定。

对于气论与传统思维，对于中国哲学的诗性特质，萧萐父有很多发明，又特别发挥王船山诗化哲学与历史文化慧命，指出：“船山多梦，并都予以诗化。诗中梦境，凝聚了他的理想追求和内蕴情结。”“船山诗化了的‘梦’，乃其人格美的艺术升华。”“船山之学，以史为归。……通过‘史’发现自我的历史存在，感受民族文化慧命的绵延……”② 他对道教、禅宗等的思想方式与人的胸次、境界、性灵的关注，都与西方近代理性主义、实证主义、科学主义不可同日而语。

他对西方从16世纪以来的“科学—理性”主义思潮及其代表人物，从维柯到法国百科全书派，从黑格尔到摩尔根、孔德、斯宾塞等所持的普遍主义的、单线演化论的观点予以扬弃。③ 以上表明，萧萐父的启蒙论说，恰好超越了西方从启蒙时代到康德的启蒙论说，包容了也超越了今天“启蒙反思”的内容。

由于萧萐父有非常深厚的人文底蕴，又处于今世，故他的启蒙观，尤其表现在对天与人的关系，人的终极信仰，人与自然，以及有关人的全面性、丰富性的阐扬上。人不是单面的人，人不只是个体权利、利益、智力的集合体；启蒙也不意味着个体权利、知性与个性自由的无限膨胀；这不仅与近代西方启蒙理性的“人的觉醒”不同，而且包涵了批评人类中心主义，批评工具理性与原子式的个人主义。在这个意义上，萧萐父的启蒙论说包涵了“启蒙反思”。

萧萐父多次谈到人的有限性，人的缺失、弱点，人对自然与超自然的敬畏等，他不仅重视人文，尤其尊重、重视天与天道，尊重、重视地或自然，重视天地与人的贯通，重视世界上与本民族之大的宗教传统，全面理解个体

---

① 萧萐父：《〈医易会通精义〉序》，《吹沙集》，巴蜀书社2007年版，第585—591页。

② 萧萐父：《船山人格美颂》，《吹沙二集》，巴蜀书社2007年版，第424—427页。

③ 参见萧萐父：《“早期启蒙说”与中国现代化》（与许苏民合作），《吹沙三集》，巴蜀书社2007年版，第50页。

人与天、地、他人、万物的关系，自身身体与心灵的关系。因为在中国哲学文化中，儒释道资源中，人文不与宗教、自然、科学相对立。由上即知，萧萐父的现代“人论”是很丰富的，这才是“人”的真正的“再发现”。

萧萐父对于西方近代以来的个人主义、片面民主、工具理性、唯科学主义等给予了系统批判，对传统人文精神与西方人类中心主义的人文精神的差别有系统的论说。

萧萐父的思想、精神中有显隐之两层，显性的是“走出中国中世纪”，隐性的是“走出西方现代性”，这两层交织一体，适成互补。我们对萧萐父的思想，不能只突出其任何一面、一层。萧萐父主张“两化”，“即中国传统文化的现代化和西方先进文化的中国化……要把‘全球意识’与‘寻根意识’结合起来”①。他批判了理性过度膨胀所带来的生态灾难与人之生命的迷惘，批判了历史的虚无主义与道德价值的相对主义。他强调民族文化的自我认同与当代中国伦理共识的重建，多次参与国际性的“文化中国”的讨论。

萧萐父多次参与国际性的“文明对话”，他一贯充满了文化包容意识与多元开放心态，摆脱东西方中心主义。他说：“对世界文化的考察要摆脱东方中心或西方中心的封闭思考模式，走向多元化，承认异质文化的相互交融”；“东方与西方有共有殊，东方各民族之间、西方各民族之间也各有同有异”。② 他主张尚杂、兼两、主和的文化观，在差异、矛盾、对立中互动。这些方法也包含着“走出中国中世纪”与“走出西方现代性”的兼有、差异与互动，一体两面之交叉互动。当然，他的主要思路是，只有从现代性才能走出现代性。

综上所述，萧萐父通过对“文革”的反省，针对国家、民族文化（特别是政治文化）建设的现实、紧迫问题，着力于西方启蒙理性与启蒙价值的引入，特别是发掘中国传统中与之相契合、相接植的因素（例如他下过功夫的明清之际思想家们的新思想萌芽等）。但我们不能忘记的是，萧萐父是一

---

① 萧萐父：《中国传统文化的现代化与西方先进文化的中国化》，《吵沙二集》，巴蜀书社 2007 年版，第 66 页。

② 萧萐父：《古史研究与马克思主义理论的拓展》，《吵沙集》，巴蜀书社 2007 年版，第 467、466 页。

位东方、中国的有底蕴的知识人，其论说启蒙的时代又是 20 世纪 80 年代至 21 世纪的开端，在现代性的弊病暴露无遗之际。在这种背景下，由这样一位中国杰出的诗人哲学家，一位生命体验特别敏锐的思想家来论说启蒙，其启蒙意涵已不是西方近代启蒙主义的内容，而恰恰超越了启蒙时代的启蒙精神，包涵了诸多反思启蒙或启蒙反思的内容。他实际上有着双向的扬弃，意在重建中华文化的主体性。看不到这一点，那就恰好低估了萧萐父的思维水平与他的启蒙论说的意义。

萧老师离开我们已 12 年了！我深情缅怀先师，时时感念他对我的栽培，不忘他的教诲，继承他的风骨和志业。谨以此文纪念我的恩师！

比较哲学三款六式框架

——汤公一介师论 Matteo Ricci 文之格式的分析

钱 爽 张耀南

汤一介公笔下的意儒利玛窦在东西文化汇合过程中主要做了四个方面的尝试，即“合儒”、“补儒”、“超儒”、“附儒”。从西化、并置、化西“三款六式”之比较研究视角观之，可将汤公笔下利氏此四方面尝试之具体内容加以重新整合：“合儒”实属并置比一款，其中还具体藏有“死”并置与“活”并置两式；“补儒”实属西化比一款之“死”西化式；“超儒”实属西化比一款之“活”西化式；“附儒”实属化西比一款之“死”化西式。由此可见汤公笔下利氏之东西文化汇合四方面尝试，可用“三款五式”之框架加以解读。此外，汤公由利氏东西文化汇合之尝试引申出来的中西体用之辨，亦可采用西化、并置、化西“三款六式”之比较研究视角整合之：在“西学为体，中学为用”这一“活”西化式、“中学为体，西学为用”这一“活”化西式，以及“中学西学互为体用”这一并置款之下，还应厘分出“西学全为体为用”之“死”西化式和“中学全为体为用”之“死”化西式，以纠正原先对中西体用之辨的误解与误读。针对汤公笔下所谈及的利玛窦文化汇合之尝试以及中西体用之辨，便有必要对“会通”特别是“消化”在中西比较研究视野下作一梳理和解读，从而弄清对欧西文明之“消化”并不等同于“消灭”、“吞并”甚至“吃掉”欧西文明之中华独尊观。

一、弁言：罗亚娜（Jana S. Rošker）比较研究视角之批判性回应

斯洛文尼亚卢布尔雅那大学汉学教授罗亚娜（Jana S. Rošker）于其英文专著 *Searching for the Way: Theory of Knowledge in Pre-modern and Modern China*（Hong Kong: Chinese University Press, 2008。以下简称“罗书”）编下章十七至编下章廿六论及中华近现当代知识论，其以中西知识论比较为主旨展开，论及“新型知识分子”及现当代哲学工作者、研究者及学者凡廿家之有关中西知识论比较研究框架之知识论。罗书所撰述之中华近现当代知识论，其历史跨度纵贯百年有余。此百余年之中华，恰逢“三千年未有之大变局”。究其原因，罗书认为即在于百年中华正遭遇着“数千年未有之强敌”：

> 中华知识分子指责中华本身所面临之始料未及而又势不可当之危机乃西洋帝国主义和西洋文化所致。①

对于思想文化领域而言，此近现当代所跨越之百余年中华，是继晚明中西会通以降中西异域文化再次相遇之时。这时的中西会通与晚明中西会通所不同之处，便在于此番中西文化之再遇，华人接受西学体现出了明显的“被动性”。若以西洋中心主义视角观之，便可以美国汉学者费正清（John King Fairbank）之“冲击—反应”模式（“impact-response” model）释之。罗书中亦有云：

> 相比于明清之际中西文化初遇，此次中华思想传统则表现得更具

① … Western imperialism and culture which the Chinese intellectuals blamed for the sudden, overwhelming crisis in which China found itself. See Jana S. Rošker, *Searching for the Way–Theory of Knowledge in Pre-Modern and Modern China*, Hong Kong: Chinese University Press, 2008. p.117.

抵抗性与灵活性。①

此近现当代所跨越之百余年中华，于哲学界而言便是中西哲学自晚明以降再次相遇之时。此时的中华哲学界，一旦遭遇西洋哲学之东传，旋即面临中西哲学比较研究的工作。所以此阶段之知识论以“中西比较”为其主论题，至今仍是。而此时的中华哲学界诸学者，对于中西哲学比较研究的工作所采用之研究框架，自近代以降至今不外乎“三款”：其一曰“西化”比，其二曰“并置”比，其三曰“化西”比。

罗书对此“三款”比较研究框架有所提及，但笔者以为罗书在写作之时并无所谓“中西哲学比较研究框架”的意识，因此罗书虽然言及“三款”比较研究框架中的某一或若干者，但罗氏本人并无此自觉，这就导致罗书将某些异款之比较研究框架视为同款而归并论述之。罗书有云：

> 本着面对西学之精神，中华思想继续发展，并力图使中华本土哲学传统现代化。前文所述之部分知识分子所采用之路径可概括为“中学为体，西学为用”这一口号，此外尚有两股极端思潮于当时中华知识分子中渐趋成型：一派主张全盘祛中和全盘西化，另一派主张中华本位文化之复古主义。②

---

① …the Chinese tradition of thought proved to be much more resistant and flexible than first appeared. See Jana S. Rošker, *Searching for the Way – Theory of Knowledge in Pre-Modern and Modern China*, Hong Kong: Chinese University Press, 2008. p.143.

② Chinese thought continued to develop in the spirit of confronting Western ideas while contemporaneously attempting to modernize the autochthonous Chinese philosophical tradition. In addition to the aforesaid group, whose approach can be epitomized by their slogan “Preserving the essence of Chinese thought and applying Western sciences”（中学为体，西学为用）, two more radical currents began to take shape among the Chinese intellectuals of this period. The first of these advocated the complete elimination of Chinese tradition and a complete Westernization of culture and thought（全盘西化）, while the second advocated the renewal and rebirth（复古主义）of the tradition in the form of a new, leading culture（中国本位文化）. See Jana S. Rošker, *Searching for the Way – Theory of Knowledge in Pre-Modern and Modern China*, Hong Kong: Chinese University Press, 2008. pp.139-140.

笔者认为，罗书此番言论实际上说明了近代以降中华哲学界于中西哲学比较研究工作中所采用之框架有“两款”，各款中还有“两式”。此言论中所谓“两款”之框架者，即“西化”比与“并置”比。罗书所谓“主张全盘祛中和全盘西化”者，便是“西化”款之“死”西化式；所谓“主张中华本位文化之复古主义”者，便是“并置”款之“死”并置式。

而所谓“使中华本土哲学传统现代化”及“中学为体，西学为用”者，罗书之言甚简，笔者以为或许其中有“两款两式”(每款各有一式)。所谓“使中华本土哲学传统现代化”，有两种方法：一乃以现代化之西洋哲学释中华本土哲学，二乃存中华本土哲学之精髓而使之与现代化相融合。法一即存中哲而以西哲化之，此较之“全盘祛中和全盘西化”者更具灵活性与接受性，然而其本质仍为“西化”(赋中哲以西意)，因而此乃“西化”款之“活”西化式；法二即承认中哲独立之价值，并承认中哲在现代化中亦有意义，可与西哲并立为现代化之两大哲学体系，此较之“中华本位文化之复古主义”者并不僵化自封，其视阈更加开明，因而此乃“并置”款之“活”并置式。

所谓“中学为体，西学为用”，亦有两种方法：一乃以中学为体之材，以西学为用之纲，中学不过西学“纲”之“材料”，这样一来中学虽然为中华文明之学、为“体”，然而不过是西学之衍生子文明而已；二乃以中学为体之本，以西学为用之末，中西双学可以有互鉴之综合，然而须知中西两大文明异根殊源，应当彼此独立互尊。法一即“西化”款之“活”西化式，法二即“并置”款之“活”并置式。

由此观之，罗书此番有关中西哲学比较研究工作所采用之框架的讨论，笔者以为其所表现出来的“两款”与“四式”即“西化”款之“死”、“活”二式与“并置”款之“死”、“活”二式。然而，罗书在论述时实际上自已并不知道这个“两款四式”框架，笔者在此加以厘清阐明之。

罗书表示，近代以降中华哲学界之主流有二：

第一派相信进步，并相信理性与自然科学具备救亡图存之潜力。该派于社会领域则体现为大范围之自由主义思想意识，于哲学领域则倾向于新近美利坚哲学流派所持之新实在论及实用主义话语。①

以新释旧，以新解旧，以现代诠传统。鉴于西洋乃先进与现代之代表，故……以西释中、以西解中。②

在笔者看来，这一派即所谓“西化派”，主张以西洋现代化新兴且先进之“理性”与“科学”对腐旧且落后之中华加以改造、消化。如何改造消化？罗书此言未明。因此无法判断这一派究竟具体属“西化”款之哪一“式”，不过不妨将罗书此言视为其对近代以降中华哲学界持“西化”框架一款之通说，也非不妥。此外：

相反，第二派不同于第一派之处则在于其为振兴传统思想（尤指儒学与道学）所进行之全面尝试。③

这一派即所谓“并置派”，主张于西洋现代化之浪潮中亦尊重中华文化之地位，并加以振兴与恢复以使之与西洋文化共立寰宇之东西二端。如何振兴恢复，罗书此言亦未明。因此亦无法判断这一派究竟具体属“并置”款之哪一“式”，不过亦不妨将罗书此言视为其对近代以降中华哲学界持“并置”框架一款之通说，亦非不妥。

如此一来，吾人可察见所谓近代以降中华哲学界之主流，在罗书看来不是“西化”者，就是“并置”者，这两款框架盛行近代以降百余年之中华哲

---

① The first was characterized by a faith in progress and in the redemptive potential of reason and the natural sciences; in social terms it manifested itself in a wide range of liberal ideologies, while philosophically it tended toward the neo-realistic and pragmatic discourses of the more recent American philosophical schools. See Jana S. Rošker, *Searching for the Way – Theory of Knowledge in Pre-Modern and Modern China*, Hong Kong: Chinese University Press, 2008. p.147.

② … to understand and interpret the old in the new and interpret the traditional in the modern. Because the West represents the new and the modern, … to understand and interpret Chinese tradition in light of the West. Ibid., p.145.

③ The second current was instead distinguished by a comprehensive attempt to revitalize traditional (particularly Confucian and Neo-Confucian) thought …Ibid.

学界，至今仍是。由此亦可见罗书在撰述全书之过程中并无所谓中西哲学比较研究有关“西化”与“并置”两款框架之区分意识，因此其论撰错落参迭，并无章理。笔者在此加以厘晰，或许能够稍微彰明其中所隐藏之脉络。

除此之外，罗书中尚有若干论述，在笔者看来可整合为有关“西化”款“死”、“活”二式及“并置”款“死”、“活”二式。如：

> 极端亲西知识分子（全盘西化派）断然与传统文化决裂，并力图通过对中华社会全盘西化以解决中华危机。①

此所谓“全盘西化派”者，冠以“极端亲西”之称谓，并主张“与传统文化决裂”，实可归置于“西化”款之“死”西化一式。又如：

> 他们精通西洋哲学，基于此他们力图通过最为恰当之方法将西学体系融入中华传统话语框架中，以重释自身之传统。②

此所谓“将西学体系融入中华传统话语框架”者，实际上就是以中华传统为“材料”、以西学体系为“框架”之“以西化中”者。此亦当属“西化”一派，不过这一派的“西化”之举较之“极端亲西”之“全盘西化派”而言更加温和权变。若言“死”西化一式为“刚性”西化，则此温和权变者可谓“柔性”西化，故其实可归置于“西化”款之“活”西化一式。再如：

> 对存在于中华本土哲学传统中、且用非本传统话语之社会思想语境便无法阐释并理解之诸理论模式、方法及范畴加以重整。该方

---

① … the radical pro-Western intellectuals（全盘西化派）engaged in the iconoclastic repudiation of all traditional culture and sought to resolve China’s crisis through the complete Westernization of Chinese society … See Jana S. Rošker, *Searching for the Way – Theory of Knowledge in Pre-Modern and Modern China*, Hong Kong: Chinese University Press, 2008. p.146.

② Based on their command of Western philosophy, they tried to reinterpret their own tradition through the most appropriate methods for integrating Western systems of thought into the framework of traditional Chinese discourses. Ibid., pp.146-147.

面……意即有必要对那些超出中华传统特定框架而无法被认识、应用、再生或发展之传统话语加以适当转变。因此，该方面应同对处在社会发展之现代化语境中诸传统概念进行分析性重建这一需要相联系。①

自我认识这一过程惟建基于对哲学术语及概念加以双重（在某种程度上即相互）诠释方可进行，凡属于中华古代传统哲学术语及概念者通过如此双重诠释便可于现代西洋范式之语境中加以诠释。②

罗书这两段言论探讨诠释与语境之关系，其中尤侧重论述以西洋语境诠释中华传统哲学，或论述将中华传统哲学加以现代性之“重建”（reconstruction）或“重整”（reintegration）。这也就是以西式话语或框架诠释中式材料，与上述温和权变之“西化派”所言及之“重释”（reinterpretation）基本相同，因此这两段言论所探讨者亦属“西化”款“活”西化一式。

此中西哲学比较研究之“西化”框架，是自近代以降之学界“三款”比较研究框架中最“经久不衰”者，此框架在今之学者研究工作中仍备受推崇，尤其是以留洋学者为甚。然而作为欧西汉学研究者的罗书，在其研究中华哲学中则反对以此“西化”框架套用于研究中华问题。罗书尤其斥责“西化”框架之典型——“二分法”泛化与滥用之行径：

语法层面主客二分之重要性，及体现于认识论层面之事实与价值二分和本体论层面之实在与现象二分，这些皆不应被过分高估，这一

① The reintegration of those theoretical patterns, methods and categories of the autochthonous Chinese philosophical tradition that cannot be explained and understood within social and ideal contexts which do not belong to the discourses of this tradition. This aspect … implies the need for an adequate transformation of those traditional discourses which cannot be comprehended, applied, reproduced or developed beyond the specific frameworks of the Chinese tradition. Hence, this aspect has been connected to the need for the analytical reconstruction of traditional concepts in the context of the modernization of social developments.See Jana S. Rošker, *Searching for the Way – Theory of Knowledge in Pre-Modern and Modern China*, Hong Kong: Chinese University Press, 2008. p.145.

② This process of self-understanding can only take place based on a twofold (and, in part, reciprocal) interpretation of philosophical terms and concepts, by which those which belong to the ancient Chinese tradition are interpreted in the context of modern Western paradigms. Ibid., p.146.

点亦相当重要。①

由此而观，罗书极度质疑“西化”框架作为“普世”框架的可行性与可能性，可见罗书已然超越了今之学界所趋鹜之“西化”比框架。那么罗书所持重的中西哲学比较研究框架究竟为何者？以笔者观之，当属“并置”比框架。

罗书中亦有零星论述涉及“并置”款之“死”、“活”二式，这其中亦有论述表明这是罗书所倾向之研究框架。然而罗氏本人在撰写时却并未自觉，今笔者梳理以使之明。如：

较为保守之知识分子（复古派）认为儒家思想乃使重建独立自主之中国得以可能之唯一精神基础。②

此所谓“较为保守之知识分子”者，冠以“复古派”之称谓，且唯儒是用并以其作为拒斥西洋之方，以立儒学于东方中华之一极。此实可归置于“并置”款之“死”并置一式。又如：

大多数知识分子最终还是倾向折中，他们致力于对中西两大传统进行可能之综合。③

对中西两大体系建立起基本之互通性，之后对中西两大基本范式

① … it is also important to avoid an over-valuation of the significance of the grammatical division between the subject and object, which manifests itself as a division between facts and values on the epistemological level, and reality and phenomena on the ontological level. See Jana S. Rošker, *Searching for the Way–Theory of Knowledge in Pre-Modern and Modern China*, Hong Kong: Chinese University Press, 2008. p.146.

② … the more conservative intellectuals（复古派）argued for a modernization of ancient, especially Confucian thought, which they believed provided the only possible spiritual basis for re-establishing an independent and sovereign Chinese state. Ibid., p.146.

③ … ultimately the majority of the intelligentsia preferred to follow a middle course, focusing their efforts on a possible synthesis of both traditions. Ibid.

加以整体综合，其效果须于学术性和批判性层面加以评判。①

罗书这两段言论探讨异域文化传统之综合（synthesis）与互通（commensurability），主张并立于寰宇东西二极之中西两大文化传统体系各有所长、互有所异，双方皆须平等对待、相互借鉴，因此宜先以中释中、以西释西，以观中西之殊，而后由其殊而察其阙，进而既取中补西，亦以西鉴中。如此之言论与上述“复古派”者相同，都是将中华文化传统之地位提升至与西洋文化传统同等高度，以使中西文化共立并尊，此亦当属“并置”一派。然而与“复古派”所不同者，在于“复古派”虽然共尊中西两大异域文化传统，但又唯中式传统是用；而持上述两段言论者不只是倚仗中式传统而唯其用，亦主张异域文化传统之交流对话，通过保证异域文化传统各自独立之阐释话语权利与路径选择，以确保彼此博采众长、去短除弊之对称性，进而求同存异、和而不同以规避同而不和之相互对立的情状。相较而言，后者之弹性空间远广于前者，因此后者实可归置于“并置”款之“活”并置一式。

可以看出，罗书于中西哲学比较研究之框架上主张“并置”一款。然而罗书又云：

> 最后这一方面或许最成问题，原因在于范式评判需要有“客观”或普遍有效之评判标准。采用更合适之路径加以评判，能使哲学理论中更连贯一致、且更具灵活性与自主性之价值论适应当下。这些更合适之路径或见于由情境所决定之彼此相对性体系。②

---

① After establishing an elementary commensurability of this sort for both systems, the results of this integral synthesis of both basic paradigms must be evaluated in intellectual and critical terms. See Jana S. Rošker, *Searching for the Way–Theory of Knowledge in Pre-Modern and Modern China*, Hong Kong: Chinese University Press, 2008. p.145.

② This final aspect may be the most problematic one, since a paradigmatic evaluation requires “objective” or generally valid valuation criterion. More appropriate approaches, that would enable a more consistent, flexible and autonomous axiology of philosophical theory suited to the present time, might be found within the system of situationally determined inter-relativeness … See Jana S. Rošker, *Searching for the Way–Theory of Knowledge in Pre-Modern and Modern China*, Hong Kong: Chinese University Press, 2008. pp.145-146.

由此，吾人可隐约发现罗书对“并置”比一款尤其是“活”并置一式之质疑与犹豫。究其原因，便在于范式评判（paradigmatic evaluation）之标准（criterion）具有彼此相对性（inter-relativeness），这是根据情境（situation）各异所致。如此一来，该如何确保中西各自独立之阐释话语体系之合法性、合理性与权威性呢？强势之文明难道会因为其“强势”便放弃其文化话语之主导霸权而与弱势之文明平等谈判并协商所谓保留彼此独立平等之文化话语权吗？现实中是绝对不可能的。由此可见，“并置”比一款虽然具有一定的理想性，但是在现实中亦捉襟见肘而陷于困境。罗书于论述及研究中竟不自觉囿于其中而无所适从。由此而论，在“并置”比框架上吾人亦应当突破之。以罗书之研究框架观之，罗氏当下之最高造诣及境界便是“并置”比一款之“活”并置一式，这对于一位欧西汉学研究者而言实属难能可贵。但是若从究竟处言，则“并置”框架亦显示出其短板与瓶颈。因此笔者以为宜寻找更为妥善之框架以扬弃并超越“并置”比框架。

这样一来就不禁要发，“西化”既然不可取，那么除了“并置”外尚有中西哲学比较研究其他框架吗？有。这第三款框架，曰“化西”款。

罗书中言“化西”款者甚少，大概是因为罗氏丝毫没有意识到中西哲学比较研究尚有“化西”这个第三款框架的存在，或者她以为“并置”款乃比较研究框架之最高层次。罗书凡有所言“化西”者，要么是将“化西”款与“并置”款相混淆，要么是将“化西”款作为“西化”款之简单反向的可逆性框架而未作深入挖掘与研析。如罗书言讫所谓“以新释旧、以新解旧”及“以西释中、以西解中”后便旋即指出：

> 以中释西、以中解西。①

此所言“以中释西、以中解西”者，即是以中学为“体”之“纲”、西学为“用”之“材”，以中学之话语消化西学、吸纳西学，这正是“化西”

---

① … to understand and interpret Western tradition in light of China. See Jana S. Rošker, *Searching for the Way – Theory of Knowledge in Pre-Modern and Modern China*, Hong Kong: Chinese University Press, 2008. p.145.

款框架的说明。然而罗书对此竟毫无意识，却认为这属“并置”框架，或者以为这不过是“西化”款之简单反向的可逆性框架，自然她在论述时一语带过而浑然无觉。

此外，罗书言讫所谓“凡属于中华古代传统哲学术语及概念者通过如此双重诠释便可于现代西洋范式之语境中加以诠释”之“活”西化一式后，又现四字：

> 反之亦然。①

在罗书看来，此“反之亦然”四字不过就是“西化”款的简单反向框架。然而在笔者看来却不尽然。此“反之亦然”之深层义涵，便是“凡属于现代西洋范式者亦可通过如此之双重诠释而于中华古代传统哲学术语及概念之语境中加以诠释”，如此看来这也恰好是“化西”款之框架。罗书中“化西”款之端倪，若不经如此之详察，几尽忽略而过终不知；而罗书只言词组中有关“化西”款之言论，又因为其以“并置”款为最高层次与境界，最终使得“化西”款黯然失色而不为其所察，以致罗书误以为“化西”乃“并置”款之作为。今笔者针对罗书文字反复斟酌推敲，锱铢必较，才得以构建出中西哲学比较研究“三款”框架之格局。然而仍然免不了有所缺憾，那就是笔者在罗书中虽然觅得罗书对“西化”款及其“死”、“活”二式与“并置”款及其“死”、“活”二式，无奈罗书于“化西”款所言极简，笔者未能整合成“化西”款及其“死”、“活”二式之论述。不过，笔者将于后文之分析中明晰“化西”款“死”、“活”二式之表现及其代表人物，以弥补罗书之缺憾。

言止于此，笔者认为，既然说“以中学化西学”、“以中华语境诠释西洋范式”，是“化西”，那么对于中华哲学而言，其所“化”者如今应当有三，“西”实际上是所“化”者之一。罗书对今之哲学界当下工作有如下之概述：

---

① … and vice versa. See Jana S. Rošker, *Searching for the Way–Theory of Knowledge in Pre-Modern and Modern China*, Hong Kong: Chinese University Press, 2008.

当前，哲学在中华作为一门学科存在于三种相异、吾人可称之为“内容范围”之框架中：一是（中国化）马克思主义哲学研究范围；二是以古典为主之传统中华哲学研究范围；三是西洋哲学之引介与探索范围。①

由此观之，中华哲学所“化”者如今有三：一是化马克思主义哲学（“化马”），二是化西洋哲学（“化西”），三是化自身之中华哲学（“化中”）。罗书中亦有类似之言论：

中华当代思想之复兴主要反映在如下三方面：其一，马克思主义思想得以发展并详述；其二，探索西洋理论同中华古代传统特别是儒家传统之综合；其三，探索全新而有中国特色之自由主义。②

罗书言此虽然没有“化”之意识，然而以笔者之见解，罗书所言此“中华当代思想复兴之三方面”，若无“化”则无以复兴。此所谓“三方面”者，即所谓三方面之“化”，即分别指“化马”、“化西”、“化中”，“化西”只是其中的一部分。因此，当今中华哲学界，其路漫长而任重道远。诚如张耀南先生所云：

彻底实现“马克思主义哲学中国化”、“西方哲学中国化”以及“中国哲学中国化”。③

---

① At present, philosophy as an academic discipline exists in China within the framework of what we can call three different “scope of content” : the scope of (sinificated) Marxist philosophy, the scope of traditional, primarily classical Chinese philosophy and the scope of introduction and exploration of Western philosophy. See Jana S. Rošker, *Searching for the Way–Theory of Knowledge in Pre-Modern and Modern China*, Hong Kong: Chinese University Press, 2008. p.144.

② The renaissance of contemporary Chinese thought has been reflected primarily in the development and elaboration of Marxist thought, the search for synthesis between Western theories and ancient Chinese, particularly Confucian tradition, and a new, specific Chinese liberalism. Ibid., p.142.

③ 张耀南：《我们现在需要的是“全盘化西”——论“中西哲学比较研究”之“拐点”》，《北京行政学院学报》2009 年第 2 期。

近代以降，吾人所得中西哲学比较研究之框架，不外乎西化、并置、化西“三款”。近现当代之中华哲人，不外乎都从这三种框架出发，以求中华哲学及中西哲学比较研究之超越与突破。最终发现“西化”与“并置”之困境，而后意识到须进行转向。笔者在此认同张耀南先生之“只有‘全盘化西’，才是中华哲学之唯一出路”之言论。

二、比较研究视角之“三款六式”：西化、并置、化西三款及各款之“死”、“活”二式

（一）“西化”款及其“死”、“活”二式

所谓“西化”框架，于哲学而言，即以西洋哲学为框架、以中华哲学为材料之比较研究框架。此“西化”框架，便是所谓“以西化中”之框架，也即吸收西洋哲学以使中华哲学变为“西洋哲学”，吸收西洋哲理以使中华哲理变为“西洋哲理”，以中华哲学为“原料”而以西洋哲学之“西学西理”全方位消化中华哲学之“中学中理”的框架。而此“西化”框架，在当今中华学术界仍风靡当道。

在“西化”款之框架中，亦有两种相异之“西化”路径，由此构成“西化”款框架之“死”、“活”两式。

所谓“死”西化一式，于哲学而言，即全盘照搬西洋哲学而罔顾中华哲学之存在，企图彻底取代中华哲学以立西洋哲学为普世哲学的“西化”框架。此式之所以曰“死”，便是因为该式之行为过于激进，以强移西学植入中学而消化之，完全不考虑前瞻之后效。近代以降，不少学者皆以此“死”西化之路径强植西学于中学，这或许是救亡图存之急需、猛药去疴的无奈之举，本自当可以理解。但是百余年后之当下，尚有学者（尤以留洋学者为甚）仍持此式，笔者以为这恐怕并不是出于救亡图存、猛药去疴之目的，而极有可能是欧美意识形态之利益诉求的集中体现。

所谓“活”西化一式，于哲学而言，即保留中华哲学之形态而不加以取代，但通过诠释使之成为西洋哲学之子哲学，因此凡中华哲学者皆可以以西洋哲学之话语诠释而无碍。鞠实儿等学者以逻辑学为例云：

其研究多是在中国古代文献中寻找西方传统逻辑的对应物，并借用西方传统逻辑对其进行整理、解释与重构，以表明早在两千多年前中国就已经有与西方学术相类的学术……西方逻辑描述了一种普遍真理，中国古代逻辑只是它的一种特殊形式……当我们用西方理论中的定义刻画某研究对象并对它进行研究时，后者就被转换为西方理论中的对象，而关于这些对象及其性质的描述就成为西方理论系统的一个子系统。①

持“活”西化一式者，较之“死”西化一式，更易于国人接受。因为其“活”而采取较为温和之调节，以潜移默化之势将中华哲学“西化”于无形。所以在当今之中华哲学界，持“活”西化者较持“死”西化者而言多，其生存及发展空间亦广于持“死”西化者。国人亦往往因其温和之态势而默然接纳之，进而代代习染浸扰。但不管怎么说，“活”西化终究属“西化”框架，难以真正将中华哲学“西化”于无形，且流弊甚多。鞠实儿等学者便立足于逻辑学而列举并明示出此“活”西化一式所具有之三大流弊。其弊一：

这种研究方式易于不顾古人著书立说时的特定背景和目的，忽略文本所处的特定背景和目的，忽略文本所处的历史文化背景，无视文本中的实际表述，最终流于穿凿附会。②

其弊二：

……“据西释中”范式还直接影响到中国古代逻辑研究的文献基础。……由此引起的结果便是肢解中国古代文献……由此，中国古代

① 鞠实儿、何杨：《基于广义论证的中国古代逻辑研究——以春秋赋诗论证为例》，《哲学研究》2014 年第 1 期。

② 同上。

逻辑史的文献基础就被“理性”重构了！①

其弊三：

> 在这种研究路线的指导下，百余年来人们通常按下列程序作业：先梳理西方逻辑标准，然后根据该标准抽取中国古代文献中的可重构的论述，并以西方逻辑对其加以解释，从而得到所谓的“中国古代逻辑”，再将后者与西方逻辑进行比较，进而根据历史文化背景分析所谓中西逻辑的差异。……这里所谓“比较”并非西方逻辑与中国古代思想的比较，而是西方逻辑与中国古代思想之西方逻辑重构物的比较，实质上更类似于西方逻辑内部不同论证形式之间的比较。……由此可见，这种以西方逻辑观为指导、以比较研究为基础的历史分析，所能给出的并不是中国历史文化传统下本土的古代逻辑，而是对中国古代思想的西方逻辑重构物所作的注解。②

张耀南先生对此“西化”一款框架给予了最具中华情怀且具前瞻性之批评：

> 四百余年来“中西哲学比较研究”之根本失误，就在以“中学原料说”取代了“西学原料说”，以“中学食物说”取代了“西学食物说”，就在以“西学西理”吃掉、消化“中学中理”。一方面批判所谓“西方话语霸权”，一方面又在做“全盘西化”的帮办，岂不是南辕北辙！③

---

① 鞠实儿、何杨：《基于广义论证的中国古代逻辑研究——以春秋赋诗论证为例〉，《哲学研究》2014 年第 1 期。

② 同上。

③ 张耀南：《我们现在需要的是“全盘化西”——论“中西哲学比较研究”之“拐点”》，《北京行政学院学报》2009 年第 2 期。

（二）"并置"款及其"死"、"活"二式

所谓"并置"框架，于哲学而言，即主张中西两大哲学体系并尊或并斥之比较研究框架。此"并置"框架，就中华哲学层面言便是所谓"以中释中"、就西洋哲学层面言便是所谓"以西释西"之框架，即中华哲学有其存在之意义与价值，西洋哲学亦有其存在之意义与价值，两大体系殊途而同归，所不同之处唯在于视角、语境、方法、路径或话语，而这些不同之处恰好可以成为两大体系互补互鉴之处，因此，两大体系不可任意偏废其一以致文化多样性受损。鉴于当今中华学术界"西化"之风尤盛，此"并置"框架于当今中华之学术界或许是突破"西化"框架的重要路径选择。鞠实儿等学者在逻辑学层面称此"并置"空间为"广义论证"，其云：

> 基于广义论证理论的立场恰与"据西释中"范式的两个预设针锋相对，这为提出一种中国古代逻辑史研究的新途径提供了可能性。①

鞠实儿等学者从逻辑学视角阐释何为"并置"框架：

> 在逻辑的功能定义和文化相对性原理的基础上，广义论证理论在中国古代逻辑研究领域中拒斥"据西释中"范式……从西方逻辑理论框架的限制中释放出来，立足于中国本土文化，揭示中国古代逻辑的本来面目。这要求根据中国本土知识来表述和解释中国本土文化现象，实施"以中释中"程序。②

笔者认为，在"并置"款之空间中，亦有两种相异之"并置"路径，由此构成"并置"款框架之"死"、"活"两式。

所谓"死"并置一式，于哲学而言，即坚持中西两大哲学体系互为异质，不可经由对方之话语加以绝对诠释的"并置"框架。因此主张各自之哲

① 鞠实儿、何杨：《基于广义论证的中国古代逻辑研究——以春秋赋诗论证为例》，《哲学研究》2014年第1期。

② 同上。

学体系有其自身之话语及诠释框架，各哲学体系只有在此语境中方得以呈现并明证之，任何非本语境之异质哲学体系皆无法准确诠释该语境之哲学体系，必生理解之偏差及误读。此式之所以曰“死”，便是因为该式持激进之“并置”观。如此则有两种激进之表现：一为激进之“并斥”；一为激进之“并尊”。谓激进“并斥”者，即所谓“保守派”或“复古派”，妄自尊大，以拒斥一切异质哲学体系之交流对话为代表；谓激进“并尊”者，即所谓“本位派”或“民族派”，倡文化之相对性，反对一方哲学体系独尊而升格为“普世”哲学体系、反对一方哲学话语独尊而垄断哲学话语之霸权，主张异质哲学体系皆具平等互鉴之地位，阙一方则无以成哲学体系之大观大全，须存异以求同。张耀南先生对此“死”并置一式有尖锐且深刻之质疑：

> 但是这个格式已经走到尽头了：我们还能在这个格式下取得任何新的进展吗？我们还能在这个格式下取得任何“重大突破”吗？假如在这个格式下我们无法超越张东荪，假如在这个格式下我们无法超越众多学者已有的成果，我们就应当改弦易辙，去寻找新的格式，开辟新的疆土。①

所谓“活”并置一式，于哲学而言，即主动推进中西两大异质哲学体系之互补互鉴与交流对话的“并置”框架。当然此互补互鉴与交流对话得以进行之前提，便是中西两大异质哲学体系处于相互平等之地位，若无此前提便无互通之可能。此“活”并置一式，之所以曰“活”，便是因为该式持温和之“并置”观。如此则有两种温和之表现：一为温和之“综合”；一为温和之“共存”。谓温和“综合”者，即主动吸收西洋哲学之要素及领域以充实中华哲学之框架，丰富中华哲学原有之义涵，而成为中华哲学新兴之现代性内涵，与传统性内涵相并置而存在，共同构成中华哲学之一部；谓温和“共存”者，一如张耀南先生所云，“可说是中国学者的独创：就是认为‘中国哲学’与‘西

---

① 张耀南：《我们现在需要的是“全盘化西”——论“中西哲学比较研究”之“拐点”》，《北京行政学院学报》2009年第2期。

方哲学'等等，都是殊相，在它们之上或之后还有一个共相，名叫'哲学'。这个'哲学'，著者称之为'普世哲学'。之所以著者视其为'中西并置'格式的一个变种，是因为此种构想并未超出'中西并置'格式，只是在'中西并置'之上加了一顶帽子而已"[①]。同时，张耀南先生亦对此"活"并置一式有尖锐而深刻之质疑：

> 我们能对这个成果满意吗？我们能对这个"典范"满意吗？我们能对这个"格式"满意吗？站在西方哲学家的角度，他们是不满意的，因为中国人没有权力把"西方哲学"降为"殊相"，降为"分殊"；站在中国哲学家的角度，我们也是不满意的，因为我们还没有起步就自居于"殊相"之地位、"分殊"之地位，等同于"自我弃权"。中国哲学自愿降为"殊"，自然没有问题，西方人自然高兴。但问题在于，西方哲学家心中的"普世哲学"并不是这个所谓"广义哲学"，而就是"西方哲学"本身。他们以为唯有"西方哲学"才有"普世哲学"之资格，"西方哲学"完全没有必要与"中国哲学"连手成为"普世哲学"。你中国人自降为"殊"以求得与西方的连手，但西方不会理睬，结果只能是："普世哲学"之构想乃是中国学人的一厢情愿，根本上是没有出路的。[②]

因为西方哲学自居于"共相"之地位，已超过四百年，不可能自愿降为"殊相"；西方哲学自居于"理一"之地位，已超过四百年，不可能自愿降为"分殊"。[③]

（三）"化西"款及其"死"、"活"二式

"化西"框架更应为中华当今学界所持并弘扬之，且亦须成为中华诸学界学者之重要使命。滕祥志先生有云：

---

① 张耀南：《我们现在需要的是"全盘化西"——论"中西哲学比较研究"之"拐点"》，《北京行政学院学报》2009年第2期。

② 同上。

③ 同上。

自西学传入迄今已逾百年，中国学术被分裂为现代知识学。经典迷失，格式颠覆，道统不存，隐患日渐。为此，近二十年来，当代国人始为学术之格式转型，即出入西学，但打破西学之格式，朝向中国古典学问之精神，存续道统。①

而当今学界之使命，即在于：

接续道统、传承文明、融会西学、以中化西。②

此“化西”框架，于哲学而言，即以中华哲学之“格式系统”消化“西洋哲学”，最终把“西洋哲学”变成“中华哲学”之一部，而生新兴之“中华哲学”③之比较研究框架。张汝伦先生称“化西”框架为“融摄”：

融入有主动和被动之分。被动融入实际上是被融入或融化，这样的融入其实是单向的，是被文化殖民，必然导致被融入者的逐渐消亡。而主动融入应该叫“融摄”，即以我为主来消化、接受或批判、拒斥。④

所谓“被动融入”者，即所谓“西化”框架；而所谓“主动融入”者，即所谓“化西”框架。张耀南先生可谓当今中华哲学界主倡“化西”框架之代表：

对西学提供的术语、分析工具和“合法性论证”进行反思，其最终目的是进行学术“格式”调整。最具典型意义的乃是张耀南之“化西宗”

① 滕祥志：《当代中国思想的重大转向——经典、格式与道统》，《社会科学论坛》2012年第11期。

② 同上。

③ 张耀南：《我们现在需要的是“全盘化西”——论“中西哲学比较研究”之“拐点”》，《北京行政学院学报》2009年第2期。

④ 张汝伦：《察异以求会通——熊十力与西方哲学〉，《文史哲》2009年第4期。

> 路向。有感于中国学问体系受到西学的全面侵蚀和围堵，其基本抱负是用中国格式化解西方哲学的格式，即“以禅宗之精神，为化西之事业”。①

笔者认为，在“化西”款之框架中，亦有两种相异之“化西”路径，由此构成“化西”款框架之“死”、“活”两式。

所谓“死”化西一式，于哲学而言，即有消化西洋哲学之雄心与抱负，但缺乏行之有效之体系化框架的“化西”框架。因此其化西之举较为零散以致牵强，硬搬中华传统哲学之义涵套于西洋哲学之上，故曰“死”。事实上，该式看似以中式哲学话语诠释西式哲学体系，实际上不过是更换西式用语为中式说法而已，最终不是中华哲学之自我发明、自说自话，就是其基本内涵仍为西式，皆未能够实际消化西洋哲学。终究或者回归中华哲学之自我循环诠释，此与“并置”款框架相类似；或者回复至西洋哲学框架中作为其注脚而难以逃离西学怪圈，此与“西化”款框架相类似。究其原因，便在于此“死”化西一式简单以中学话语套用于西学之上，乃“换汤不换药”、“治标不治本”之举。

张汝伦先生称此“死”化西一式为“比附”，并指出此种“比附”之缺陷，也即“死”化西一式之缺陷：

> 会通显然不是将中西哲学不顾其特殊性和差异性，用比附的方法生搬硬套在一起，那样的话只会是“汉话胡说”或“汉说胡话”，而不可能是真正的会通。……自从清末接触西方哲学至今，人们会通中西哲学的一个最流行的方法就是比附。比附是不顾被比较双方的由传统和历史产生的不可通约的特殊性，而将一方去比附另一方，这样做的结果是被比附的双方的特点（往往也是其优点）俱失。②

---

① 滕祥志：《当代中国思想的重大转向——经典、格式与道统》，《社会科学论坛》2012 年第 11 期。

② 张汝伦：《察异以求会通——熊十力与西方哲学》，《文史哲》2009 年第 4 期。

所谓“活”化西一式，于哲学而言，便是系统全盘运用中华传统哲学之丰富框架，有体系、有条理地消化西洋哲学，纳西洋哲学为我之一部“化西”框架。此可参鉴中华文化“化佛”之成功典范而为之。诚如张耀南先生云：

> 我们祖先在五千年的长史中，已经创造出一套完整的“格式系统”。我们就可以拿这个“格式系统”去吃掉西学、消化西学，最终把“西方哲学”变成“中国哲学”的一部分，产出“新中国哲学”。就像我们曾经拿这个“格式系统”吃掉佛学、消化佛学，最终产出“禅宗”一样。中国当代学人，要拿出“禅师”的勇气与气魄来。①

对于当今中华哲学界而言，“化西”框架乃中华哲学之唯一出路。张耀南先生亦云：

> “中西哲学比较研究”现在已被逼到“格式转换”的“拐点”上：摆脱“以西化中”之格式，摆脱“中西并置”之格式，摆脱“普世哲学”之格式，彻底转换到“以中化西”、“援西入中”之格式上来，彻底转换到“全盘化西”之格式上来。②

三、利玛窦东西文化汇合尝试之解读：“合儒”、“补儒”、“超儒”、“附儒”及其“三款五式”③

汤一介公原刊于《宗教》（1988 年第 2 期）及台湾《中国论坛》（1989

① 张耀南：《我们现在需要的是“全盘化西”——论“中西哲学比较研究”之“拐点”》，《北京行政学院学报》2009 年第 2 期。

② 同上。

③ 汤一介公“四句框架”，比张星曜“三句框架”，多出一句。可参张星曜《天儒同异考》。该书是 1715 年中国天主教信徒张星曜（教名依纳子 Ignace）所撰的抄写本，共 124 面，该书分为天教合儒、天教补儒、天教超儒三部分。天教合儒部分与耶稣会士的思想一致，即古儒敬天和补儒绝佛，特殊之处在于具体从《诗》、《书》、《礼》、《易》、《大学》、《中

年 3 月 25 日）之《论利玛窦汇合东西文化的尝试》一文，既涉及了前文所述有关中西哲学比较研究框架的问题，亦通过意儒利玛窦东西文化汇合之尝试这一具体案例对该问题加以具体说明。在笔者看来，汤公对意儒利玛窦东西文化汇合之尝试这一具体案例之研究，完全可以用前文所述的“三款六式”框架加以整合并明晰之。

在汤公看来，利氏主要从四个方面对东西文化汇合作出了尝试：一是“合儒”，即以天主教义与儒家学说相结合；二是“补儒”，即以天主教义补充儒家学说；三是“超儒”，即找出天主教义中超过儒家学说的方面；四是“附儒”，即对天主教义作出适当修改以附会儒家学说①。

（一）“合儒”：“并置”款及其“死”、“活”二式

利氏在“合儒”的过程中最具代表性的行为便是他如何处理西文 Deus 或 God 的中译名。汤公表示，利氏最初尽量避免直接用中国原来没有的“天主”一词来翻译西文 Deus 或 God。因此，利氏当时讲天主教教义的重要著作实际上并没有取名为《天主实义》，而是本作《天学实义》，意即取中国传统文化中有关“天”的学问与西洋之神学相对应；此外，该书中也尽量不用“天主”或“上主”翻译西文 Deus 或 God，而是多用中国传统文化中原本就有的“上帝”与“天”命名之：

> 《天主实义》这部书原名《天学实义》，看来利玛窦最初考虑避免

庸》、《论语》、《孟子》、《孝经》中引用经典来说明上帝属性。如果说耶稣会士引用儒家经典来解释神学思想时，对于儒家经典的理解程度是可以怀疑的，那么，张星曜在此的引用相比之下无疑是更有说服力的。天教补儒部分，除了生死鬼神之事外，增加了天主教能够及于人人事事，能够有力地改变人心，使人悔改，使人做到爱人如己。这里可谓涉及了作为宗教的教化能力的问题，以及天主教的更为普世的爱与儒家爱有差等之间的区别。而天教超儒部分，最主要的是耶稣降世的救赎世人，作为神的救世主的能力，与作为人的孔子，自是不同。该书之目的在于扫清天主教在中国传播过程中的文化障碍，使中国人认识到天主教既合乎儒家传统，有补于儒教教化，又有超越儒教之处，由此引导人们来信仰天主，得蒙救赎。

① 汤一介：《论利玛窦汇合东西文化的尝试》，《汤一介集》第 7 卷《面对中西文化》，中国人民大学出版社 2012 年版，第 277 页。

> 用中国原来没有的“天主”这一名称，而“天学”本身又无多大宗教性，中国较易接受。①
>
> 明版《天主实义》多用“上帝”与“天”之名命名“天主”或“上主”，而今本多改“上帝”与“天”为“天主”或“上主”，可见利玛窦为使中国人便于接受，采用了“上帝”或“天”这样的中国原有的名称。②

由此观之，利氏所谓的“合儒”，当属中西比较研究中的“并置”款，即取中意以译西文，既存中意之名，又表西文之实，中西双方并存不悖。进而言之，便可发现利氏采用中华古籍或经典中曾出现过的象征“皇天上帝”的“上帝”（“上帝是皇”、“明昭上帝”、“上帝是祗”、“昭事上帝”、“惟皇上帝”、“效社之礼，以事上帝也”）强行对应翻译西文 Deus 或 God，只考虑一般表象上二者之共性，不顾具体之微妙区别，不另新创中译名对应翻译之，故可曰其“死”。而后来传教士采用中译名“天主”翻译西文 Deus 或 God，是取中国传统范畴“天”与西洋文化语境之中译范畴“主”合而成“天主”这一新译名翻译之，既照顾到了中华文化语境，又很好地保留了西洋原文化语境，还避免了强行取中文原词以附会西文原词之嫌，故可曰其“活”。

综上可知，汤公谈及的利氏“合儒”之举实属比较研究视角之“并置”款，其中又可具体包含有“死”并置一式和“活”并置一式。

（二）“补儒”：“西化”款之“死”式

利氏在“补儒”方面之行为，汤公着重从利氏以天主教教义之“超现世报应”说补充儒家传统之“现世报应”说。笔者所谓“超现世报应”，即所谓“生后之报”，相信人生前行善，死后可登天堂免地狱；而所谓“现世报应”，即所谓“生时之报”（今生之善报）与“身后之报”（子孙受报）。利氏在“报应说”方面，用天主教“超现世”的“生后之报”消化儒家“积善之家，必有余庆；积不善之家，必有余殃”的观念，正是属以西化中之

① 汤一介：《论利玛窦汇合东西文化的尝试》，《汤一介集》第7卷《面对中西文化》，中国人民大学出版社2012年版，第278页。

② 同上。

“西化”款表现：

> 利玛窦据天主教义为之解。他认为对有德者的报应并不在于“位”与“寿”，一个人生活在世界上应为天主而劳苦，并不要求得到今生的善报，他应相信终归可以进入天堂。①

然而，天主教教义之“超现世报应”毕竟属“外在超越”之终极形式，儒家之“现世报应”毕竟属“内在超越”之终极形式。利氏这一“西化”之做法，就是企图用西洋之外在超越论强解儒家之内在超越论，强行从儒家经典文本中生发出西洋那种外在超越论。从这一点来看可曰其“死”：

> 盖儒家讲“善恶报应”是从个人的道德修养上讲的，因此，每个人应该“修身”，或者说应该“明明德”，这仅仅是求得个人内在的道德上的完善，就这一意义说它是追求一种“内在的超越”。但天主教行善终目的应是为了“天主”，而“天主”是一种“外在的超越”力量，所以它所追求的、所崇奉的是一种“外在的超越”。②

因此，从以上论述来看，汤公谈及的利氏“补儒”之举实属比较研究视角之“西化”款中“死”西化一式。

（三）“超儒”:“西化”款之“活”式

接着利氏“死”西化之“补儒”，汤公认为利氏用天主教教义之“外在超越”目标容纳儒家思想之“内在超越”目标可谓是“超儒”之行为。西洋哲学之“外在超越”传统自古希腊哲学把世界二分为超越性本体与现实性世界始便已有之，其后耶教之上帝不过是这一传统之延伸；而儒家哲学之“内在超越”，意指“人们可以通过其内在道德修养（因为人性善）而达到与超越的

---

① 汤一介:《论利玛窦汇合东西文化的尝试》,《汤一介集》第7卷《面对中西文化》,中国人民大学出版社2012年版，第280页。

② 同上书，第281页。

‘天道’汇通的境界，不需要有一外在的超越力量来促使他们如此”[1]。“超儒”与“补儒”都涉及中西方有关内、外超越的问题，二者不同之处便在于前者着重聚焦具体的报应说，未从宏观把握，故多少有些许牵强附会之成分在其中；后者则相对而言高屋建瓴，视角宏高，操作之可行性似乎更易。且看汤公引利氏《天主实义》一书之原语，以示利氏所认为的“天主教教义比儒家学说更圆满”[2]之表现，也同时彰显出利氏企图以天主教教义之“外在超越”消化儒家思想之“内在超越”的自信：

> 吾窃视贵邦儒者，病正在此第言明德之修，而不知人意易疲，不能自勉而修；又不知瞻仰天帝，以祈慈父之佑，成德者所以鲜见。[3]

在利氏看来，天主教教义之“外在超越”能够容纳儒家之“内在超越”于其中，因为人们具有“祈”的情感倾向，这一情感倾向实际上就是通过内在道德修养而达到与超越的“天道”汇通的境界。而这种境界的达至，不能依靠“心性”，得依靠“慈父之佑”。这就是利氏所认为的“外在超越”能够容纳“内在超越”的表现及原理所在。此外，“外在超越”亦能在“内在超越”遭遇“人意易疲”时有“天帝”施行“慈父之佑”，促使人们继续进行“明德之修”，这样就用“外在超越”消化“内在超越”于无形，这较之“补儒”对儒家文本的牵强“生”解，此“超儒”可谓是对儒家义理的灵活“熟”解，故可曰其“活”。

因此，汤公谈及的利氏“超儒”之举实属比较研究视角之“西化”款中“活”西化一式。

（四）“附儒”：“化西”款之“死”式

在汤公看来，利氏“附儒”之行为表现，主要有以下三个方面：

---

① 汤一介：《论利玛窦汇合东西文化的尝试》，《汤一介集》第 7 卷《面对中西文化》，中国人民大学出版社 2012 年版，第 282 页。

② 同上。

③ 同上。

其一是以天主教所主张之神像崇拜向儒家传统祭孔和祭祀祖先之偶像崇拜妥协，承认儒教偶像崇拜之礼俗是存乎中国天主教徒之礼仪，而非强行遵照西洋天主教之传统。此可谓以儒化耶之表现：

> 利玛窦从不批评儒家对孔子的祭祀，甚至也不批评中国人对祖先的祭祀。……看来，利玛窦比较了解中国的国情，为适应中国社会和便于他们传教，他采用了向中国传统妥协的办法，虽然这种做法与天主教教义不甚相合，利玛窦也这样做了。①

但利氏所谓“向中国传统妥协”，只是策略性行为。换言之，利氏这种妥协行为只是“为了附会中国儒家传统思想，而对天主教义作某些修改或迁就某些儒家思想”② 而已。可见利氏只向中国传统中的儒家思想妥协，而对于中国传统中的其他思想则丝毫没有妥协的亲近之举，汤公就提到利氏“对佛教和道教偶像崇拜的批评十分严厉”③。因此说利氏是“以儒化耶”，要比“以中化耶”的说法更恰当。从这一点而言，“附儒”虽属“化西”款，但由于其策略性动机而只能将其归入“死”化西一式中。

其二是将传统儒家之核心价值观同“天主”相比附，将二者同置于超验的终极之所在。这实际上是用儒家之“内在超越”消化“外在超越”。之前利氏已用天主教教义之“外在超越”对儒家之“内在超越”进行消化，为何还要多此一举，反其道而行之？原因就在于汤公所言：

> 利玛窦也知道儒家学说与天主教也有相当多的冲突处，他或者可以用“补儒”和“超儒”的办法来补救，但是如果他的传教要完全按照天主教义的一套，那肯定会遇到更多的困难。④

---

① 汤一介：《论利玛窦汇合东西文化的尝试》，《汤一介集》第 7 卷《面对中西文化》，中国人民大学出版社 2012 年版，第 283—284 页。

② 同上书，第 282 页。

③ 同上书，第 283 页。

④ 同上。

这进一步证明了“并置”的取向固然理想，但仍缺乏现实之可行性与可能性基础，尚须进一步之突破。“附儒”实际上就是对“补儒”和“超儒”之突破，故可进一步确定将“附儒”置于“并置”之上的“化西”款。但须注意，这种“附儒”有“比附”之嫌，其“有意适应当时中国人的需要而作如是说”① 的意图明显，仍是一种策略性作为。

其中一个具体表现，便是利氏将中华传统中内涵颇为丰富的基本范畴“天”狭隘化，仅取其中局部之义以“比附”西洋之 Deus 或 God 概念，这难免会引起歧义与偏颇，故说其为“死”亦不为过：

> 原中国有“上帝”或“天”之名词，但“天”在中国传统思想中实有多种含义，利玛窦虽取“上帝”、“天”即至高至尊人格神的含义，但在中国人看来仍可有其他的含义。……“上帝”和“天”可以引起不同的解释。②

其三是以儒家之“性善说”消化耶门之“原罪说”，以“人性本善”之“良能”消化“人性本恶”之“原罪”，使中国天主教徒对耶教之义理更容易接受，进而能够扩展天主教在华之信众：

> 利玛窦认为，所谓“人性”是指人区别于金石、草木、鸟兽以至于鬼神的，这就是人“能推理论者”。……所谓“能推理论者”是说有这样的为善的“良能”，就此意义说“人性本善”。这自然是为了迎合儒家的观点而有的。③

然而，利氏却在如何实现“能推理论者”上又陷入了矛盾：

---

① 汤一介：《论利玛窦汇合东西文化的尝试》，《汤一介集》第 7 卷《面对中西文化》，中国人民大学出版社 2012 年版，第 284—285 页。

② 同上书，第 284 页。

③ 同上书，第 285 页。

但利玛窦又不能全然违背天主教义，他又认为人虽有此“能推理论者”（得到理的能力，理即仁义礼智等），但如何才能得到……“学者先去恶，而后能致善，所谓有所不为，方能有为焉”。这一观点又和天主教“原罪说”联系起来，从而不能不与关于所谓“良能”的说法形成矛盾。①

在利氏看来，“善”仍须“去恶”而得之、而致之。如此则表示“善”实际上是属于经验者，这又与儒家传统所谓“良能”乃先天者之说相矛盾。从这一点上又可曰其“死”。

因此，从以上三点来看，汤公谈及的利氏“附儒”之举实属比较研究视角之“化西”款中“死”化西一式。

（五）小结

笔者对汤公谈及的意儒利玛窦东西文化汇合之四种尝试——“合儒”、“补儒”、“超儒”、“附儒”，建构出如下之“三款五式”框架：

“西化”款	“补儒”	“死”西化
	“超儒”	“活”西化
“并置”款	“合儒”	“死”并置
		“活”并置
“化西”款	“附儒”	“死”化西
	（阙）	“活”化西

由此可见，意儒利玛窦东西文化汇合之四种尝试总有“三款”，具有“五式”，仍尚缺“一式”，即“活”化西一式。在笔者看来，此一式西儒永不可发展出，非华儒不可为，非华儒不可实现、生发之。

① 汤一介：《论利玛窦汇合东西文化的尝试》，《汤一介集》第 7 卷《面对中西文化》，中国人民大学出版社 2012 年版，第 285 页。

四、余论：对中西体用之辨之再商榷与“会通”与“消化”之理解

汤公在《论利玛窦汇合东西文化的尝试》一文之最后部分由意儒利玛窦东西文化汇合之四种尝试引申出了有关中西体用之辨的思考。在汤公看来，所谓“中体西用”：

> 无非是想保存中国固有的内在精神或超越本体，以便排斥西方精神。①

似乎在汤公看来，凡持有“中体西用”者，皆是排斥论者。

另外，汤公还分别对“西体中用”以及“中西互为体用”三种观点作出了消极的评价：

> “西学为体，中学为用”也不可能。……必然也只能是“西体西用”。至于“中西互为体用”，据说它的意思是：中国好的东西就以“中学为体，西学为用”；西方好的东西就以“西学为体，中学为用”。这样的说法显然是很难成立的。它无非是要把“中学为体，西学为用”和“西学为体，中学为用”都包容在所谓“互为体用”之中。这不过是一折中主义东西。②

今之中华传统文化，所遭遇之瓶颈主要有二：其一为中华传统文化之承续，可简言之“古今之辨”；其二为中西文化之对待，可简言之“中西之辨”。今日之中华，势必须勇于面对此二瓶颈，而以兼容并蓄之姿态化解之。

当今全球化之世界寰宇，文化之多元浩浩荡荡、势不可当，“中西之辨”亦成为吾华人所面临之严峻问题。自晚明以降，吾人便持续面临此“中西之辨”。然吾人对此“中西之辨”所作出之回应者，各有不同。大致有三：其

---

① 汤一介：《论利玛窦汇合东西文化的尝试》，《汤一介集》第7卷《面对中西文化》，中国人民大学出版社2012年版，第287页。

② 同上。

一曰“西化”，其二曰“并置”，其三曰“化西”。“西化”者，崇西学以斥华学，今尤为盛而无所衰；“并置”者，言中西平等对话，今中和一派是也；“化西”者，以华学之架构消化西学，今主此回应者几稀，而人呲之为“复古保守”是也。

笔者以为“中西之辨”之三款回应，“西化”于吾中华实不可取。“并置”虽可取，甚至不失为最理想者，然西人未必愿意与吾人平等对话，盖因西洋文化于今仍显其强力于世界，其文化主导之地位决不允许吾人与其平起平坐。故所谓“并置”者，吾人之一厢情愿也。若西人亦情愿，善矣！若西人不情愿，难矣！

而“化西”者，今吾人对其有认知偏差。“化西”之“死化西”，即保守本国本民族之文化而坚守之，拒斥一切外来异域文化，如此则必将本国本民族之文化“化死”。笔者所倡之“化西”，乃“活化西”。此“活化西”非拒斥西洋文明，实容纳西洋文明以为中华文明之一部，且欲以中华文明之框架阐作为中华文明之一部之西洋文明之内容。一如当今西洋文化对待中华文化一般，吾中华之文化在今西洋学者处，皆为其以西洋文明之框架阐发之。以中华哲学为例，西洋学者阐发中华哲学之基本思想，基本运用西洋之本体论、认识论、逻辑学、实在、本原、元素、二分法等术语对待中华哲学，吾人岂不可以彼之道还之彼身，以中华文明之框架阐发西洋文明，岂不可耶？“化西”者，亦博采异域文明之众长以为己之文明要素，并以吾国吾民族之文化语境下之框架话语加以阐发，使异域文明化为吾国吾民族文明之一部。遥想汉唐之际佛教之中华化，即是如此之“化佛”也！

就中西哲学之融合而言，所融合之法不外有三：一曰“西化”，二曰“并置”，三曰化西。吾人万不可视“化西”为排斥中西哲学会通、规避试探异质性文明之自我封闭行径，“全盘化西”亦非等同于“全盘守旧”、“全盘复古”。今人视“西化”为中西哲学会通方式之一部者盛，视“并置”为中西哲学会通方式之另一部者众，独视“化西”为中西哲学隙离，然反视其为中西哲学会通方式之又一部者鲜且寡矣。

试想中西哲学，譬犹清水浊墨两相融合：或以水化墨而呈水之清色，或以墨化水而呈墨之浊色，虽有清浊之分，但断不可言水与墨两无相融，唯存水墨以彼化此而融或以此化彼而融之理耳。中西哲学会通亦是如此：或以西化中而呈西色，或以中化西而呈中色，但断不可言中哲与西哲两无会通，唯存中西哲以彼化此而通或以此化彼而通之理耳。

至此，尚有水墨泾渭分际者乎？曰几稀，未见有上水下墨、层次绝明之先例。“并置”亦同，尤于今日全球化之多元态势，中西分明之象断然已无。即便有以油水之分喻“并置”者，亦须知理想中之油与水上下层际分明无误，然现实之油水从无油上水下绝明分层而居之状，定是水中夹油、油中带水。

是故窃以为，“并置”一说为最和谐而少争议之理想之说，然颇不现实；而欲言中西哲学会通者，唯有“西化”与“化西”乃最现实却最具争议之道。而吾国之学者，究竟取“西化”之道以彰西色，抑或取“化西”之道以显中色？以笔者观之，道理自然从后者出。是故取“化西”之道，一可壮中华哲学之自信，二可使西人明晓，中华哲学之奥义，绝非西洋哲学之框架可包罗之，彼自有其中赜理以待中华思维框架探明，不可强植西学语境以阐，而使中学内涵滋生褊狭之误。

罗氏既为欧西学者，其文明母体毕竟在西，故其已能超越“西化”而入“并置”阶段，实属不易之先进者，不可强求作为欧西人之罗氏入“化西”之境界。然吾国学者不同，其文明母体尚在中，若失其本失其大而随西人入“西化”，此实不可取也。试问今之西人何时同今之华人浩浩荡荡般从西，而随华人入“华化”而从华耶？概率鲜稀矣。

“化”乃“消化”，其意不同于“吞并”、“消灭”、“吃掉”之说。后者吞而不融、灭而不存、食而不化。今之多数学者，皆以其矛攻“化”之后者，以倡其“并置”之和谐论调，殊不知其前提立意已然偏颇，其矛之锐铄安在？

吾人实当取“消化”之化，则矛之所存、攻之所向，皆不复矣。唯因此，故“化西”于今仍争议丛生，颇有误解，唯广大学者恒念于此，其真理当自明而彰，误读当不攻自破。

附：念汤公小诗一则（钱爽）

翳惟汤公，一介遗风。临责受难，吾辈所宗。相遇何晚？相去何急？缘虽未尽，使我心恻。

儒藏百卷，方资启迪。茫茫者天，悠悠者业。竟公西归，余哀犹存。吾怀敬畏，追踪蹑迹。

宿命可通，示吾消息。来世结缘，相期无极。翳惟汤公，一介米翁。英英朝日，盎盎春风。

岁在甲午，西元二千十四年九月十二日午撰于北京西城三塔寺

（本文曾在 2018 年 8 月 24—27 日浙江绍兴中华孔子学会 2018 年年会上宣读）

面向生活的比较哲学视域下的中国哲学研究

郑淑媛

一、不均衡的比较哲学视域下的中国哲学研究

在世界联系日益紧密的历史背景下，各种不同的哲学思想日益交汇成为各自的所谓“他者”，映照着各种哲学自身的思想，进行着与“他者”的比较。但是，这种比较不是均衡的或者是平等的比较，而大多数是倾向西方的比较，尤其对于中国哲学来说更是如此。

1. 不均衡的比较哲学视域下的中国哲学研究类型

我们可以把这种不均衡的比较哲学视域下的中国哲学研究分为几个类型，以便更好地看到这种不均衡性。

在西方哲学理论框架下整理中国传统思想。这以胡适、冯友兰、张岱年为较为典型的代表。他们按照宇宙论、认识论、人生论等西方哲学框架整理了中国传统思想，使中国哲学得以出现。冯友兰说：“今欲讲中国哲学史，其主要工作之一，即就中国历史上各种学问中，将其可以西洋所谓哲学名之者，选出而叙述之。”①

把西方哲学思想与中国传统的思想进行对比研究。这以梁漱溟、张东荪等为代表。他们找出了中国传统思想与西方哲学思想的不同，分别总结其特征。其中也是在西方哲学理论的框架下讨论问题。

以西方哲学的理论来诠释整理中国哲学思想。这就是刘笑敢所说的反向格义。运用西方的哲学理论、概念等来理解中国哲学思想。

---

① 《三松堂全集》第 2 卷，河南人民出版社 2001 年版，第 245 页。

以西方哲学理论所讨论的问题为目标寻求中国哲学在此问题上的看法，以引起西方哲学的注意和兴趣，以此参与世界哲学的讨论。

2. 不均衡的比较哲学视域下的中国哲学研究引出的问题

这种不均衡的比较哲学视域下的中国哲学研究引出了很多问题。

首先，不均衡的比较哲学视域下的中国哲学研究有西方中心主义之嫌。西方学者反思西方文明困境时，认为东方思想有可能治愈西方文明的痼疾。于是，学者们开始研究包括中国传统思想在内的东方思想。但是，这种研究不免带有西方学者自身的解释前见，其所解释的东方思想也是西方哲学思想自我的“他者”，是西方哲学自我的一个虚幻的影像或者投影，西方哲学自我反思的产物，局限于西方哲学思想体系内部。中国学者对中国哲学的研究不自觉地也带有了西方哲学思想的前见，使中国哲学成为西方哲学思想体系自我反思的镜像。如 19 世纪所撰写的中国哲学史基本上是以西方的某一种哲学思想来裁剪中国传统思想，使其成为西方哲学思想诸如实用主义、新实在论、生命哲学等观照自身的“他者”，自觉成为其例证或注脚，成为西方哲学思想投射在中国思想上的自身幻像。

其次，不均衡的比较哲学视域下的中国哲学研究引起身份认同焦虑。伴随着中国哲学研究的不断深入，研究者也开始对这种不均衡的比较哲学进行深刻的反思。反思过后即是对中国哲学身份认同的焦虑。“中国哲学合法性”问题的广泛讨论是这种焦虑的集中体现。景海峰说：“（合法性）更多的是一种借用。这一意涵曲折，甚至可能引起某种误会的表达不一定很恰当，但它附带的挑战性意味和刺激性感觉却也能很好地传达出议论者们内心的困顿之情状和其焦虑的强度。”① 对于中国哲学合法性的讨论引发了对中国哲学身份的更深刻的思考。许多学者对此作出了自己的回答。其中刘笑敢先生认为，中国哲学有两重身份、四种角色、多种功能。大体说来包括“现代学科”和“民族文化”两种身份，同时兼有“生命导师”和“世界文化资源”的角色，并发挥多种功能。②

---

① 景海峰：《中国哲学的现代诠释》，人民出版社 2004 年版，第 330 页。

② 刘笑敢：《简论中国哲学的身份、角色与功能中国哲学：话语体系与未来走向（笔谈）》，《文史哲》2010 年第 1 期。

最后，不均衡的比较哲学视域下的中国哲学研究使中国哲学在某种意义上呈现碎片化。随着中国与世界交流的进一步加强，中国哲学也急于在世界哲学中建立自己的话语权。为了能与西方哲学对话，不得不在中国哲学的议题中寻找西方哲学家感兴趣的部分来做研究，以期赢得与西方哲学对话的机会。“既然一个在西方语境中做中国哲学的人一定是说给（至少也要说给）西方的哲学家听，那么，他必须铭记一个重要的问题，为什么西方哲学家应当关注中国哲学。我相信他们几乎没有兴趣去学一些在中国哲学传统中所发展出来的低级的甚或荒谬的哲学观点；对于中国哲学家提出的一些与他们自身传统中类似的、尽管通常不那么系统的观点，特别是当这些观点在中国哲学中出现更早时，他们或许稍微有些兴趣甚或感到惊讶；然而，我想他们最想知道的是可以从中国哲学中学到什么，或者中国哲学家对他们一直面对的问题有什么更有意思的说法。”① 虽然也有对某一议题的历史梳理，但是，研究者的着眼点更多地关注于西方哲学的趣味和偏好，从而有使中国哲学的研究有碎片化的危险。

二、建立均衡的比较哲学的可能性

哲学的最初的和最终的目的应该是思考如何能使人类的生存更好，过上更好的生活。舒斯特曼（Richard Shusterman）在当代美国哲学界试图复兴哲学实践的传统，他说：“通过将哲学描绘为具体的生活实践而不仅仅是抽象的理论，哲学可以变得与更多人更有关系、在社会上更有影响，且自身更为丰富和更有活力。”② 比较哲学的目的之一应该也是在各民族的哲学中寻找一种使人类生活更好的哲学思想。基于这一点，比较哲学似乎在这种基础上可以达到一种比较均衡的状态，而不是单纯地倾向某一方的哲学。由此，可以提出一种面向生活的均衡的比较哲学。

---

① 黄勇著，陈乔见译：《如何在西方哲学语境中做中国哲学：以儒学研究为例》，《杭州师范大学学报》2014 年第 4 期。

② ［美］理查德·舒斯特曼：《哲学实践》，彭锋等译，北京大学出版社 2002 年版，第 1 页。

首先，悬置具体思想，看其起源。罗素说：“哲学乃是社会生活与政治生活的一个组成部分：它并不是卓越的个人所做出的孤立的思考，而是曾经有各种体系盛行过的各种社会性格的产物与成因。”① 历史上的各种中西哲学解决的问题之一是人面对生活所产生的问题。我们首先悬置这些具体的思想，先不去看各种哲学思想的具体内容。而是讨论各种哲学思想面对共同的生活问题提出了怎样的致思思路，这也是哲学普遍性的体现。

其次，对其哲学思想进行文化研究。马克思说：“任何真正的哲学都是自己时代的精神上的精华。”② 各种哲学思想之所以不同在于其所处的文化的不同。具体分析其产生如此哲学思想的文化背景，也有助于更加清晰地阐明其中的差异。这体现了哲学思想的具体性。

最后，各种哲学思想小心地详实地互相沟通、诠释。面向生活提出的共同问题，各自按照各自的哲学思想来共同商讨解决。

三、个案：刘文英的精神哲学研究

我的博士研究生导师，南开大学已故教授刘文英先生对于精神哲学的研究可以作为均衡的比较哲学研究的典型案例。先生对于比较哲学有自己的看法。他在《比较哲学史的几个问题》阐述了自己的观点。他认为，比较哲学史的着眼点在于把各地区、各民族、各国家的哲学史放在世界范围内来比较，揭示其同异特征。其目的在于揭示哲学思维发生、发展的规律，同时探寻各民族哲学发展的特殊规律，还要分析各民族哲学的交流和影响，发现他们吸收和改造外来哲学思想的规律，各民族要取长补短，发展马克思主义哲学。总起来说，比较哲学史的最后归宿和任务是研究哲学思维发生发展的规律，提高我们的哲学思维。③

先生把他的这些观点应用于关于中国传统精神哲学的研究之中。先生认

① ［英］罗素：《西方哲学史》（上卷），何兆武、李约瑟译，商务印书馆1997年版，第5页。

② 《马克思恩格斯全集》第1卷，人民出版社1995年版，第220页。

③ 参见刘文英：《比较哲学史的几个问题》，《兰州大学学报》1982年第3期。

为，中国传统精神哲学包括精神形上学与精神修养学两大部分，其旨趣在于人的精神提升和精神超越。①

首先，从中西方哲学所面对的生活问题是共同的这一方面来看，先生也有这样的看法。他指出，中西精神哲学面对同一对象，其思想必然有一定的共同性或共通性。中西哲学都必须承认人的精神特征及其种种精神活动和精神现象，并以此为出发点。因此都有形神之辨、心物之辨、主客之辨，都要谈论人的情感、意志、欲望、才能以至道德、智慧和艺术等。因此，先生考察了中西方精神的原初含义。“我们现在所使用的精神这个概念，就其词源而言也都来自‘灵魂’。在西方语言中，表示‘精神’的有 Spirit、Animus、Soul、Psyche 等。Spirit 来自拉丁语，原指人们呼吸中那种微弱的气息，这种气息就是灵魂。世界上许多原始语言中，灵魂和呼吸、气息为同一个词。中国人说‘人之歔吹出入之气为魂’，也属于这种原始观念。Animus 则直接由拉丁语 Anima 而来。人类学家概括原始人的‘万物有灵论’（Animism）也由这个词而来。英语 Soul 现在既表示灵魂，又表示精神。Psyche 原为希腊语，据说也与‘呼吸’有关。”② 先生追溯了中西哲学中精神概念的共同来源，来自于灵魂，灵魂表现为呼吸。在之后，精神概念含义由于中西不同的文化传承而发生了变化。但是，其面对精神问题的原初困惑是一致的。即为什么呼吸消失了，肉体就死亡。面对这一问题，人类的困惑是一致的。由此，中西方哲学一致需要解决形神问题、心身问题等问题。同理，人类生活同样提出了其他的精神问题。诸如主客问题、情感、欲望以至道德、文艺等问题，中西方哲学面对的是生活提出的相同的问题。

其次，先生对中西精神思想进行了文化学意义上的研究。第一，先生指出中西哲学关于精神的思想不一致在于文化因素。“由于社会历史和文化传统的不同，同是面对精神这个对象，东西方学者的视角、眼界和理解往往有很大差异。”③ 先生在《漫长的历史源头——原始思维与原始文化新探》中对

① 参见《中国传统精神哲学论纲》，《中国哲学史》2002 年第 1 期。

② 刘文英：《精神系统与新梦说》，南开大学出版社 1998 年版，第 4 页。

③ 同上书，第 3 页。

原始思维的产生做了文化发生学的探讨，为精神哲学的研究奠定了文化学基础。在《精神系统与新梦说》一书中，对精神系统的形成做了文化学上的考证。在本书中到处可以看到这种文化学意义上的例证。

另外，先生指出了西方哲学精神哲学理论的演进受到了文化因素的影响。他指出，近代西方由于自然科学否认灵魂的存在，于是哲学家们把精神限定在意识（mind）领域，大大缩小了精神的界域。在实证、实验方法的影响下，梦境、梦象这些日常生活的精神现象也被排除在精神研究之外。

中国哲学的精神演化文化影响。认为汉字“魂”从“云”，魂被想象为云气，后哲学家又创造出“精气”这一概念。并把精气与人的身体的活动结合起来。又分析了由于古汉语的使用习惯，中国哲学家把“精神”简化为“神”。同时，又指出了神话中黄帝梦游华胥、周穆王梦游钧天的活动也表明，中国哲学的精神概念是一个包括了各种心理活动的整体性概念。

第二，先生在文化学意义上探讨了中西方关于精神哲学的不同思想。弗洛伊德为代表的精神分析学派把潜意识概念引入精神哲学研究，扩大了精神界域。先生又指出了弗洛伊德的潜意识概念的建构有漫长的文化积累作为思想准备。西方古代许多学者对梦的探索已经接触到潜意识的存在和特征。又谈到了莱布尼茨的微觉理论和赫尔巴特的意识阀限理论以及费希特、康德、卡勒斯、冯哈特曼等潜意识相关理论。先生又对胡塞尔的意向性理论进行了分析。另外，先生还引用了古希腊关于灵魂—精神的神话来说明精神活动的潜意识要素。

先生关于中国哲学精神哲学的探讨主要集中在中国古代关于梦的探讨以及先生关于精神太极图的研究中，认为中国哲学的关于精神的看法是：精神是意识和潜意识的一个整体。并运用了“神蛰”、“神藏”、“志隐”之类的观念来表示意识与潜意识的关系。他在《中国传统精神哲学论纲》中分析了中国古代儒道佛的精神哲学思想。

最后，先生面向生活提出的共同问题，对西方哲学和中国哲学的精神哲学思想进行了小心而详实的互相沟通、诠释，提出了中国哲学按照自己的哲学思想来解决共同面对的问题。先生在《精神系统与新梦说》中比较明确地表明了这一观点。“最后，我们想在东西方之间做一个交叉比较。毫无疑义，中国古代没有明确的潜意识概念，也不可能明确地把梦的本质归于潜意识活动。这个概念和这个判断，乃是由现代弗洛伊德所作出的。这两者之间有很大的时代差异。但是，中国古代关于梦是‘神蛰’、‘神藏’状态的心理活动，关于梦‘无志’、梦‘无主’及其不受自我控制的论断，尽管缺少充分的论证，却忠实地反映了中国人对梦的体验，在客观上正确地揭示了梦之为潜意识的基本特征。而弗洛伊德的概念和判断，尽管也有一定的临床经验为基础，并在理论上有现代形式，但他的压抑说和化装说歪曲了他的潜意识概念及其对梦所做的判断。”①“中国古代哲人的那些思想，如果经过现代诠释，可以充实和修正弗洛伊德的概念和判断。要是能把两者融合起来，将更能充分揭示梦的本质及其精神特征”。②

四、余论

以上我比较粗略地概括了刘文英先生在精神哲学方面所做的比较哲学研究。主要是想通过先生的案例来说明建立均衡的比较哲学的可能方法。即是面对生活提出的共同问题寻找解决问题的思路，以完成哲学的普遍性本质；对各个民族的哲学思想进行文化学的观照，以明确比较的限度和界域；互相诠释，共同面对并解决生活所提出的问题。

这里可能存在着几个问题。第一，这种对哲学思想的文化学的研究是否逸出了哲学的研究范围。我觉得，这种文化学的研究尤其对于比较哲学是必要的。因为哲学思想的不同很大程度上是哲学家所处的文化不同。这种文化学的研究有助于认清哲学思想的不同并厘清其援入本民族哲学的限度。同时，也是应对生活的丰富性所做的较好选择。

第二，均衡的比较哲学对于中国哲学研究是否是真正的现实的均衡。只要是面对生活，无论是历史还是现实生活中人类所遇到的问题是类似的，这

---

① 刘文英：《精神系统与新梦说》，南开大学出版社1998年版，第174—175页。

② 同上书，第175页。

就为均衡的现实性提供了保证。

第三，现代面对生活提出的问题和古代面对生活提出的问题是不同的，对于这样不同问题的回答是否同样导致中国哲学思想的碎片化。我认为，把每一种哲学思想嵌入各自的文化之中来研究就避免了这一思想的碎片化。

责任编辑:陆丽云
封面设计:曹　春

图书在版编目(CIP)数据

中国现代哲学史论/侯才,乔清举 主编. —北京:人民出版社,2020.12
ISBN 978-7-01-021485-6

Ⅰ.①中…　Ⅱ.①侯… ②乔…　Ⅲ.①哲学史-中国-现代-文集
Ⅳ.①B260.5-53

中国版本图书馆 CIP 数据核字(2019)第 248003 号

中国现代哲学史论
ZHONGGUO XIANDAI ZHEXUE SHI LUN

侯　才　乔清举 主编

人民出版社 出版发行
(100706　北京市东城区隆福寺街 99 号)

北京汇林印务有限公司印刷　新华书店经销

2020 年 12 月第 1 版　2020 年 12 月北京第 1 次印刷
开本:710 毫米×1000 毫米 1/16　印张:70.25
插页:8　字数:1110 千字

ISBN 978-7-01-021485-6　定价:218.00 元(上、下)

邮购地址 100706　北京市东城区隆福寺街 99 号
人民东方图书销售中心　电话 (010)65250042　65289539